謝冰瑩・邱燮友
左松超・應裕康 註譯
黃俊郎・傅武光

新譯古文觀止

三民書局印行

國立中央圖書館出版品預行編目資料

新譯古文觀止／謝冰瑩等註譯.--修訂初版.--臺北市：三民，民80
面；　公分.--(古籍今註新譯叢書)
ISBN 957-14-0742-9（精裝）
ISBN 957-14-0743-7（平裝）

835　80001498

新譯古文觀止

註譯者　謝冰瑩　邱燮友　左松超　應裕康　黃俊郎　傅武光
注音者　張孝裕
發行人　劉振強
出版者　三民書局股份有限公司
印刷所　三民書局股份有限公司
地址／臺北市重慶南路一段六十一號
郵撥／〇〇〇九九九八—五號
初版　中華民國七十六年七月
四版　中華民國七十九年九月
修訂初版　中華民國八十年八月
編號　S 03029
特基價　肆元
行政院新聞局登記證局版臺業字第〇二〇〇號

ISBN 957-14-0743-7（平裝）

刊印古籍今註新譯叢書緣起

劉振強

一個世代昌隆的門第，必有它賴以持家的寶訓；一個源遠流長的民族，也必有它賴以立國的優良傳統。中國五千年來，聖賢相繼、德慧相承，匯積而成的典籍浩如瀚海，這些典籍正是我中華民族傳統文化與智慧的結晶。

近數十年來，我國在政治、經濟、科技各方面雖均有長足的進步，但仍存在著一個隱憂，那就是：我們已逐漸失去中國人的氣質和自信；中國文化的氣息一代比一代淡弱。其中原因固然很多，而不能讀懂中國典籍，應該是最主要的因素。由於語言文字、生活環境、教育方式等種種的演變，古人容易瞭解的書籍，我們現在讀來，往往覺得艱深難解。而身為中國人，不去接觸或讀不懂中國典籍，自然無從認識自己的民族與文化，甚至會產生誤解，這就無異於切斷個人通往民族大生命的血脈，而導致個人的生命不能與民族的大動脈同其跳動。

因此，在二十多年前，本局即聘請學有專長的教授，著手古籍註譯的工作；並從四書做起，後來陸陸續續完成了八九種，頗受社會大眾及學生的喜愛，使我們得到很大的鼓勵。於是擬定了更多長程和短程的註譯計畫，準備一部一部地做下去。這期間因「大辭典」的編纂而告中斷；如今花費了十四年歲月的「大辭典」業已問世，註譯的工作乃得以繼續進行。

大凡每樣事業的草創階段都是艱難的。累積了多年的經驗之後，重新檢視早期的譯本，發現其中有些地方尚待加強和改進，且原來的版子也因多次再版而有了字體模糊的現象；因而決定廢棄舊版，請原註譯者重新註譯、考證、勘訂並補充資料，經過再三審校後，方排版付印，以期精益求精。

古籍的整理是一件相當繁重的工作。本叢書由籌畫到刊印，雖力求盡善，諒難周全，如蒙博雅君子時賜教益，則不勝感激！

新序

謝冰瑩

文章的內涵不外乎人情與義理，情理的表達須講求行文與結構。基本上，一篇好的文章，總蘊含有人間至情，能使人沈吟低迴，心弦盪漾，因而容易感人；或者揭示宇宙至理，能使人鑽研推敲，心智靈明，因而容易服人。具備如此內涵，再加上行文的繁簡適度，清新流暢，結構的條理分明，波瀾起伏，便是天地間的絕佳文章。

清代吳楚材的「古文觀止」，流傳二百餘年，至今仍廣受推重，原因即在於吳氏所選的文章，不論內涵和表達，都有其或感人、或服人的吸引力。這樣一本薈萃古文精華的好書，如果能加以整理、標點，並且注釋、翻譯，使現代的讀者，不致因文字的隔礙，時空的疏遠而望之卻步，未始不是具有積極意義的文化紮根工作。

基於上述理念，同人於十六年前即在三民書局的鼎力支持下，出版了「新譯古文觀止」。此次的重新註譯，乃基於同人精益求精的一貫精神，期使此書更趨完美，以回饋十六年來廣大讀者、學界先進的不斷支持與教益。參與此次工作的同人，除原註譯者外，尚有國立高雄師範學院的應裕康教授、國立政治大學的黃俊郎教授、國立師範大學的傅武光教授。遺憾的是：前次註譯時出力不少的林明波教授，不幸於兩年前遽爾謝世。人生無常，令人不勝唏噓！跟過去一樣，我們抱著誠摯企盼的心情，期待廣大讀者、博雅君子的指正。

民國七十六年三月

序

繼「新譯四書讀本」之後，我們又再次地合作，把「古文觀止」做了一次整理的工作。我們有個構想：希望將古代的典籍，做一番審慎的整理，使它適合現代人閱讀之用。我們所做的，只是古籍的「推廣」工作罷了，先從通俗的、適用的典籍開始，漸次擴展到比較專門的、艱深的部份；使古人的言談謦欬，學術思想，文章精華，再度地被大家所熟悉、所運用，進而使人人瞭解我國學術的精奧，中華文化的博大。

當前，我們面對著這許許多多的書籍，我們已無須再為古今新舊的問題而爭論。如何從這許多的書籍中，選擇適合我們所需求的；如何從古人的經驗中，攝取其中寶貴的經驗；如何從古人的著述中，吸收其中的精華，作為我們宏揚民族文化的基石。所謂現代的，便溶解有傳統的成份；而一國的學術文化淵源，就好比廟堂前的一棵老榕樹，它的根是舊的、傳統的，它的枝葉是新的、現代的；但它本身就是一個整體，根的部份，永遠支持著新葉的滋長。中華文化的所以能淵源長流，日月常新，也就是靠這份血緣的關係。晉人王羲之在「蘭亭集序」中說得好：「後之視今，亦猶今之視昔。」古今的道理，自有它的共通性存在。

從古人的文章中，我們首先選擇了「古文觀止」，不是沒有原因的。這是一部文章的總集，有很濃厚的文學意味。雖然它比不上「昭明文選」、「古文辭類纂」、「經史百家雜鈔」那樣的有身價，只因它是前清康熙年間，浙江山陰縣的一個小小秀才吳楚材先生所編的，自然他比不上蕭統、姚鼐、曾國藩諸先生的名氣大；甚至我們想替吳楚材先生寫篇傳，都很難在史册上找到他的生平資料；但他所編的「古文觀止」，却在近三百年間，風行各地，成為一部家喻戶曉的書籍。它是一部以散文為主的選本，其間也雜有些辭賦和駢文。選文的時代，起自周代，迄於明朝，共收有兩百二十二篇，上下綜貫數千載，其間名家的代表作，可以說是網羅殆盡，真可稱得上是古代散文的「觀止」了。

關於這部書，我們所做的工作，首先依據原編者所選的篇目，重新做一次校勘的工作。目前坊間流行的版本，在文句上多少有些疏漏，我們特地從各專書專集中，找最好的版本來校訂，例如「左傳」、「公羊傳」、「穀梁傳」、「禮記檀弓篇」的選文，用南昌重刊宋本的十三經來校訂；「國語」、「國策」、「史記」的選文，用「四部叢刊」、「武英殿」的版本校訂；其他各家的文章，依據「四部叢刊」本的專集來校訂，使它恢復文章原來的面貌，然後對每篇文章，作下列數項的分析：

一、選文的部份，重新標點、分段，配以注音，便利現代人朗誦諷讀之用，不必因難讀的字，查索字典。

二、每篇列有作者的傳略，包括作者的生平遭遇、性情、品德、學養、著述的大略，以便瞭解作者創作該篇的時代和社會背景。

三、註釋，揀選文中的生難辭句，加以解釋。讀古人的文章，能渙然冰釋，領悟精義，以增進閱讀古文的能力。

四、語譯，採直譯式為主，使吾人讀古人的文章，毫無障礙，文白對照，猶如面語。

五、文章分析，包括選文出處，全篇主旨，文體，段落大意，以及寫作技巧，歷代名家的評語，文章作法的分析，瞭解古人文章表達的巧妙，啓示我們寫作的途徑。

全書共七十餘萬字，都是我們利用課餘之暇，從事集體創作編譯而成的，歷時兩年餘，其間遇有艱難疑義之處，朝夕討論，伏案「爬格子」，甘苦的情形，真是一言難盡。在這裏，我們發覺古人優美的文章，是不容易傳譯的，如同古代名家的書畫、墨跡，經過複製後，會失去原有的神采；而文學作品的傳譯，如同開瓶過久的汾酒，會失去原有的韻味；可是我們已盡了心力，來維護它的真實；同時，我們也發覺人類合作的可貴，能克服一切困難。本書除了供一般人閱讀進修之外，還可供參加高普考、留學考者增進國文程度之用；或供作大專散文教材之用。古人文章的博大，淵源的流變，從本書中，可略窺其概要。全書繁鉅，疏漏的地方，在所難免，尚祈博雅學者，有所指正是幸。

民國六十年二月於師大

新譯古文觀止目次

卷一　周文

卷二 周文

卷三 周文

卷四　秦文

卷五 漢文

卷六 漢文

卷七 六朝唐文

卷八　唐文

卷九 唐宋文

卷十　宋文

卷十一　宋　文

卷十二　明　文

周文新譯

卷一 周文

鄭伯克段于鄢

隱公元年　　左傳

初，鄭武公❶娶于申❷，曰武姜。生莊公及共叔段。莊公寤生❸，驚姜氏，故名曰寤生，遂惡之。愛共叔段，欲立之。亟請❹於武公，公弗許。及莊公卽位，爲之請制❺。公曰：「制，巖邑也。虢叔❻死焉，佗邑唯命。」請京❼，使居之，謂之京城大叔。祭仲❽曰：「都❾城過百雉❿，國之害也。先王之制，大都不過參國之一，中五之一，小九之一⓫。今京不度，非制也，君將不堪。」公曰：「姜氏欲之，焉辟⓬害。」對曰：「姜氏何厭之有。不如早爲之所，無使滋蔓⓭；蔓，難圖也。蔓草猶不可除，況君之寵弟乎？」公曰：「多行不義，必自斃，子姑待之。」

既而大叔命西鄙、北鄙貳於己⓮。公子呂⓯曰：「國不堪貳⓰。君將若之何？欲與大叔，臣請事之。若弗與，則請除之，無生民心⓱。」公曰：「無庸，將自及。」

大叔又收貳以爲己邑⓲，至于廩延⓳。子封曰：「可矣！厚⓴將得衆。」公曰：「不義不暱㉑，厚將崩。」

大叔完聚㉒，繕㉓甲兵，具卒乘㉔，將襲鄭，夫人將啟之。公聞其期曰：「可矣。」命子封帥車二百乘以伐京，京叛大叔段。段入于鄢㉕，公伐諸鄢。五月辛丑，大叔出奔共㉖。

書曰㉗：「鄭伯克㉘段于鄢。」段不弟，故不言弟㉙。如二君，故曰克。稱鄭伯，譏失教也。謂之鄭志㉚。不言出奔，難㉛之也。

遂寘㉜姜氏于城潁㉝，而誓之曰：「不及黃泉，無相見也。」既而悔之。潁考叔㉞爲潁谷㉟封人㊱，聞㊲之。有獻於公，公賜之食。食舍肉，公問之。對曰：「小人有母，皆嘗小人之食矣。未嘗君之羹㊳，請以遺㊴之。」公曰：「爾有母遺，繄㊵我獨無。」潁考叔曰：「敢問何謂也。」公語之故，且告之悔。對曰：「君何患焉。若闕㊶地及泉，隧㊷而相見，其誰曰不然？」公從之。

公入而賦㊸：「大隧之中，其樂也融融㊹。」姜出而賦：「大隧之外，其樂也洩洩。」遂爲母子如初。

君子曰：「潁考叔，純㊺孝也，愛其母，施㊻及莊公。詩曰㊼：『孝子不匱㊽，永錫爾類㊾。』其是之謂乎。」

【作者】左丘明，是春秋時魯國的太史，生平已多不可考。左傳一書，史記十二諸侯年表序稱為「左氏春秋」，認為是左丘明根據「孔子史記」（案：指春秋。）所寫。到了漢書藝文志，稱為「左氏傳」，與「公羊傳」、「穀梁傳」並列於春秋經下，這是春秋三傳名分的由來。

左傳一共有三十五卷，編年記事，以魯國為中心，內容博采春秋各國史、名人家傳、卜書、夢書、占書及小說等，時間起自魯隱公元年（西元前七二二年），歷隱、桓、莊、閔、僖、文、宣、成、襄、昭、定、哀十二公，至哀公二十七年（西元前四六八年），都二百五十五年。

細觀左傳的內容，我們可以發現有很多與經文參差的地方，許多地方有經無傳；也有許多地方有傳無經。近人劉逢祿氏考證，認為左傳並非春秋之傳，實是自成一家之言，所以書名左氏春秋，與晏子春秋、呂氏春秋一樣，並非為解釋春秋而作。大約秦火之後，漢張蒼首獻春秋左氏傳，把兩書混為一談。劉歆始引傳文以解春秋經，至晉杜預，於是以傳附經，作春秋左氏經傳集解，傳名自此通行了。

撇開左傳與春秋經的關係不談，左傳本身的文章，資料多，記事詳，文章雅，晉范寧穀梁傳序說他「豔而富」，很是中肯，所以歷代來最受重視。至於缺點，范寧說他「其失也巫」，大概左傳中喜歡敘述鬼神、禍福的緣故。整體看來，是不足為大疵的。

因為漢代以後，左傳盛行，所以注解之作也多，重要的計有：漢服虔注、漢賈逵注、晉杜預集解、唐孔穎達疏、宋林堯叟句解。清代顧炎武有左傳補正三卷，姚鼐有左傳補注一卷，劉文淇有左傳舊疏考證八卷。日人竹添光鴻也有左傳會箋三十卷。

【註釋】❶鄭武公　鄭，周宣王弟友之封國，原在陝西華縣西北。後隨周平王東遷，都新鄭（今河南新鄭），疆域有今河南中部。武公名掘突。❷申　姜姓國，伯夷之後。故城在今河南省南陽縣北。❸寤生　寤通啎。說文：「啎，逆也。」女人產子，頭先足後為順，足先頭後為逆。故逆生亦屬難產之一類也。❹亟請　屢次請求。❺制　鄭邑，即虎牢，故城在今河南省汜水縣西。❻虢叔　虢仲、虢叔，王季之子，文王之同母弟。虢仲封於西虢。虢叔封於東虢，即制邑也。虢叔恃制巖邑而不修德，鄭滅之。恐共叔段復然，故開以佗邑。❼京　鄭邑，故城在今河南滎陽縣東南三十里。❽祭仲　鄭大夫，以邑爲氏，仲其字。❾都　邑也。❿雉　方丈曰堵，三堵曰雉。一雉之城牆，高一丈，長三丈。⓫大都不過參國之一三句　參國之一，國城的三分之一也。五之一，國城的五分之一也。九之一，國城的九分之一也。鄭爲伯國，其國城方五里，長三百雉，故其大都不得過百雉也。⓬焉辟　焉，如何。辟同避。⓭滋蔓　喻共叔段勢漸強大，殆不可制，猶如草之滋生蔓延也。⓮西鄙北鄙貳於己　鄙，鄭邊邑。貳，兩屬也。⓯公子呂　鄭大夫，字子封，鄭之公族。⓰國不堪貳　孔穎達左傳疏：「兩屬則賦役倍，賦役倍則國人不堪也。」言國人需於莊公、共叔段兩面賦役，不堪負擔也。前祭仲云君將不堪，就莊公個人利害言，此子封云國不堪貳，就通國利害言。⓱無生民心　言舉國之民，當生他心也。⓲大叔又收貳以爲己邑　言西鄙北鄙本兩屬者，今則取以爲己邑矣。⓳廩延　鄭邊邑，在今河南延津縣北十五里。⓴厚　言土廣勢厚。㉑暱　親近也。㉒完聚　完者完城郭。聚者聚禾粟，以備軍糧。㉓繕　補也，治也。㉔卒乘　軍隊。步曰卒，車曰乘。㉕鄢　鄭邑名。舊說即今河南鄢陵縣。㉖共　共是共伯和之國，厲王諸侯，後爲衞所併。故城在今河南輝縣。㉗書曰　此言孔子作春秋，改舊史以明義也。㉘克　左傳會箋：「克者兩敵相角力勝之辭也。一書克，而鄭莊之用徒衆以加其弟，弟之用徒衆以抗其兄皆見。」可見夫子之用克字，乃譏鄭莊大叔之無兄弟手足之情也。㉙不言弟　不書弟也。㉚謂之鄭志　左傳會箋：「鄭志謂鄭國人之志也。」稱鄭伯譏其失教，從鄭人之志也。㉛難　言破之極難也。㉜寘　幽居也。㉝城潁　鄭邑，故城在今河南臨潁縣西北十四里。㉞潁考叔　鄭賢大夫。㉟潁谷　鄭地，在今河南登封縣。與城潁相距不遠。㊱封人　官名。掌典守封疆。㊲聞　聞其悔。㊳羹　漢呂忱字林：「羹，肉有汁也。」㊴遺　獻也。㊵繄　語詞。㊶闕　通掘。㊷隧　地道。㊸賦　賦詩。賦者，或作新篇，或誦古詩。此則自賦也。㊹融融泄泄，皆和樂之意。㊺純　大也。㊻施　移也，推也。㊼詩曰　詩曰兩句大雅既醉篇語。㊽匱　乏也。㊾類　朋類也。

【語譯】當初，鄭武公從申國娶來一位夫人，叫做武姜。生了莊公及共叔段。莊公出生的時候，脚先頭後，驚嚇了母親，故而取名叫寤生，從此便討厭他。而偏愛共叔段，想要立共叔段做太子。幾次向武公請求，武公都不答應。

等到莊公做了國君，武姜就替共叔段要求制地做封邑。莊公說：「制是個形勢險要的山城，以前虢叔就是因封在那裏而被滅的。只要是別的地方，我都可以從命。」武姜又替共叔段討封京地，莊公就把京封給共叔段。從此鄭國人都叫共叔段為京城太叔。

祭仲說：「城邑的直徑超過了三百丈，這是國家的禍根。先王的制度，大邑不過國城的三分之一，中邑只有五分之一，小邑只有九分之一。現在京邑超過了範圍，不合先王的制度，您將遭到難以收拾的後患。」莊公說：「我母親要這樣，叫我怎樣避害呢？」祭仲回答說：「您母親哪裏會有滿足的時候。不如早作安排，不要使他的勢力像野草般蔓延開去，蔓延起來就很難收拾了。蔓延的野草尚且很難剷除乾淨，何況是您自己寵愛的弟弟呢！」莊公說：「多做不義事情的人，一定會自取滅亡，你暫且等著瞧好了。」

後來，太叔叫西鄙北鄙也接受他的命令，向自己納賦役。公子呂就說：「老百姓不能負擔兩面的賦役。您到底怎樣打算呢？假如您要把國君的位子讓給太叔，我就請求去做他的臣子。若是不讓給他的話，就請趕快把他除掉，別使百姓生了他心。」莊公說：「用不著這樣做，他就會自取其禍的。」

太叔又進一步把西鄙北鄙收做自己的屬地，把廩延也併吞了。子封說：「到時候了，他的勢力再壯大下去的話，就會獲得民心了。」莊公說：「他對君不義，對兄不親，勢力愈雄厚，失敗得也愈快。」

太叔修治城郭，聚積軍糧，整補軍備，召集軍隊，準備要襲擊鄭國，夫人也準備開啟城門，作為內應。莊公聽到他進攻的日期，便說：「可以了。」就叫子封率領了兩百輛兵車去征伐京邑。京邑的人都反叛太叔段，段就退入鄢地。莊公再征伐到鄢地，五月辛丑那一天，太叔便逃到共國去。

春秋上記載著說：「鄭伯克段于鄢。」段不敬兄長，所以便不稱弟。好像兩個敵對的君主，所以叫做克。稱莊公做鄭伯，是譏諷他失教，這也可以說是符合全鄭國人的意思。並不說太叔出奔，是表示強臣難制的意思。

於是莊公就將母親幽居在城潁的地方。發誓說：「不到黃泉，不再相見。」過後卻又後悔了。潁考叔做潁谷封人，知道莊公後悔了，就藉貢獻的事，去見莊公。莊公賜他食物，他把肉放在一邊不吃。莊公問他，他就回答說：「小人的母親，凡是小人所得到的食物，她都嘗過了，卻還沒有嘗過國君所賜的肉羹，我想請求您准許我帶回去給她嘗。」莊公說：「你有母親可獻，唯我獨無！」潁考叔說：「這是什麼意思呢？」莊公就把事情的經過告訴他，而且告訴他自己很後悔。潁考叔回答說：「您何必憂愁呢？如果把地掘到見水，在地道中相見，誰又能說您不對呢？」莊公就聽從了他的話。

莊公進了地道，便賦了一首詩說：「地道之中，其樂融融。」武姜出了地道，也賦了一首詩說：「地道之外，其樂泄泄。」於是母子就和好如初。

當時的大雅君子說：「潁考叔眞是一個大孝的人啊！孝順他的母親，使得莊公也能盡孝。詩說：『孝子的心，是那樣的無窮無盡，他能感動別人，推及朋輩。』恐怕就是指著潁考叔而說的了。」

【文章分析】本文選自左傳隱公元年。是一篇敍記類的古文。所謂敍記類的古文，便是以記事爲主的散文。曾國藩在經史百家雜鈔序例上說：「敍記類，所以記事者。經如書之武成、金縢、顧命；左傳記大戰、記會盟，及全篇，皆記事之書。」古代朝廷設有左、右史，左史記事，右史記言，以記天子的言行舉止和國家大事；記事的便是「春秋」，記言的便是「尙書」。左丘明任太史，便是左史，所以他的「春秋左氏傳」，是一部以記事爲主的史書。

本文結構：大致分爲三大段，第一大段，記敍鄭莊公縱容他的弟弟共叔段，以致於造反，然後出兵討伐他。史家認爲莊公「失敎」，履霜堅冰至，莊公應在共叔段未驕時加以敎導，始克盡兄長的責任。第二大段，記敍莊公因討共叔段事，失歡於母親，幸得潁考叔的啟悟，使莊公重與母相見，以盡子孝。最後，是史家的評，左傳用「君子曰」來評論此事，認爲潁考叔是個純孝的人，能使莊公恢復孝心。假使當時有人啟示莊公友愛心，便不會使他陷於「失敎」的罪名了。

此篇開頭，便點出武姜不喜歡莊公而溺愛共叔段，後引出共叔段的叛變，莊公的征討，母子的失歡，再由潁考叔的啟示，使得母子團聚和好，文章前後呼應，脈絡相承，要不然眞不知如何結局。所以讀前段像淒風苦雨，讀後段似煦日和風，配合得當，記事高妙。

周鄭交質

隱公三年　　左傳

鄭武公、莊公❶爲平王❷卿士❸，王貳于虢❹，鄭伯怨王。王曰：「無之。」故周鄭交質❺。王子狐❻爲質於鄭；鄭公子忽❼，爲質於周。

王崩，周人將畀❽虢公政。四月，鄭祭足❾帥師❿取⓫溫⓬之麥，秋又取成周⓭之禾⓮。周鄭交惡。

君子曰：「信不由中⓯，質無益也。明恕而行；要⓰之以禮，雖無有質，誰能間⓱之？苟有明信，澗谿沼沚之毛⓲；蘋蘩薀藻之菜⓳；筐筥錡釜⓴之器；潢汙行潦㉑之水，可薦㉒於鬼神；可羞㉓於王公。而況君子結二國之信，行之以禮，又焉用質？風㉔有采蘩采蘋㉕，雅有行葦泂酌㉖，昭忠信也。」

【註釋】❶鄭武公莊公　二人見前鄭伯克段于鄢篇。❷平王　周天子，名宜臼，幽王為犬戎所弑，諸侯迎立平王，東遷洛邑，是為東周，在位五十一年崩，諡曰平。❸卿士　周初官制，冢宰總內外之政。其後改制，冢宰總朝中百官，而卿士專督諸侯。❹王貳于虢　貳，有二心。此謂分權而不專屬。虢指西虢公。王既使鄭伯為政，又不專信之，欲畀政於虢公。❺質　押物取信。❻王子狐　平王子。❼公子忽　莊公子。❽畀　與也。❾祭足　卽祭仲，鄭大夫，字仲名足。❿師　軍隊。⓫取　刈取之也。⓬溫　周地，今河南溫縣。⓭成周　周地，今河南洛陽縣城東二十里。⓮禾　五穀之總名。取成周之禾，言將成周之禾芟踐。⓯中　心也。⓰要　節也，約也。⓱間　離間。⓲澗谿沼沚之毛　澗、谿，皆山谷之水。沼，池也。小水止息曰沚。毛，草也。⓳蘋蘩薀藻之菜　此句與上句對文。蘋同苹。蘩，白蒿。薀，水草。藻係藻類植物之總名，此皆生於澗谿沼沚者。菜與上句毛同。⓴筐筥錡釜　筐筥皆竹器，筐方筥圓。錡釜皆鼎屬，錡有足，釜無足。㉑潢汙行潦　蓄小水曰潢，水不流曰汙。行潦，道路之水也。㉒薦　陳而祭之曰薦。㉓羞　進也。㉔風　詩經國風。㉕采蘩采蘋　國風兩篇名。義取不嫌薄物。㉖行葦泂酌　大雅兩篇名。行葦義取忠厚，泂酌義取雖行潦，可以供祭祀也。

【語譯】鄭武公、莊公做周平王的卿士，平王又想把政事分一半給虢公。莊公知道了，對平王很是怨恨。平王解釋說：「沒有這件事。」因此周鄭便交換人質來博取互相信任。王子狐到鄭國去做人質，鄭國的公子忽也到周京師去做人質。

平王死後，周的臣子要把政權交給虢公。四月，鄭國的祭足率領軍隊刈取溫地的麥子，秋天又把成周的穀類踐毀，從此周鄭便互相痛恨對方。

君子說：「誠信不從內心發出，光是交換人質，實在是沒有一點用處的。如果胸懷光明、互相諒解地去做，再用禮義來約束自己，雖然沒有質信，誰又能夠來離間呢？假如眞有信義，不論是溪邊池旁的萍藻蒿草；也不管用器是方的筐，圓的筥，有足的錡，沒有足的釜；也不管是止水活水，都可以用來祭祀神鬼，進獻王公。何況是兩國信義的結合，只要遵照著禮做去，又何必交換人質呢？國風有采蘩采蘋兩篇詩，大雅有行葦泂酌兩篇詩，可以說都是說明忠信在內心而不在於外的意思啊！」

【文章分析】本文選自左傳魯隱公三年，爲敍記類的古文。記述周平王與鄭莊公交換人質之事。

君子處己以信，方能馭下，周平王任莊公爲卿士，又想把政權分給虢公，在上的沒有信義，在下的就有怨恨了。君不君，則臣不臣，鄭莊公的不臣，可以說完全由平王自己造成的。

春秋戰國時代盛行交換人質以示信，「信不由中，質無益也。」可以說盡交質只是徒有形式而已，而且必要時可以背信，置人質於不顧，所以那時候做人質的往往做了可憐的犧牲品，眞是不人道極了。

文中用「周鄭交質」，用「二國」，這種字眼，便是降貶周天子，把他看作是諸侯之國，譏刺之意，寓於不言之中。

石碏諫寵州吁

隱公三年　左傳

衞❶莊公❷娶于齊❸東宮❹得臣❺之妹，曰莊姜❻。美而無子，衞人所爲賦碩人❼也。又娶于陳❽，曰厲嬀。生孝伯，早死。其娣❾戴嬀，生桓公❿，莊姜以爲己子。

公子州吁⑪，嬖人⑫之子也。有寵而好兵，公弗禁。莊姜惡之。

石碏⑬諫曰：「臣聞愛子，教之以義方⑭，弗納於邪。驕奢淫佚⑮，所自⑯邪也。四者之來，寵祿過也。將立州吁，乃定之矣。若猶未也，階之為禍。夫寵而不驕，驕而能降⑰，降而不憾，憾而能眕⑱者，鮮矣。且夫賤妨貴，少陵⑲長，遠間親，新間舊，小加大，淫破義，所謂六逆也。君義，臣行，父慈，子孝，兄愛，弟敬，所謂六順也。去順效逆，所以速禍也。君人者，將禍是務去⑳，而速之，無乃不可乎。」弗聽。

其子厚與州吁遊，禁之，不可。桓公立，乃老㉑。

【註釋】 ❶衛 國名。周武王少弟康叔之封國，今河北大名、河南衛輝、懷慶等皆其地。❷莊公 衛武公之子。❸齊 國名。周武王封太公望於此，都營丘，在今山東省臨淄縣。齊為姜姓之國。❹東宮 太子所居曰東宮。❺得臣 齊莊公太子，早夭，未立。❻莊姜 從夫之謚，故曰莊。姜其姓也。❼碩人 詩名。義取莊姜美于色，賢於德，而無子，國人憂之也。❽陳 國名。舜後，媯姓之國，都宛丘，在今河南淮陽縣。❾娣 左傳會箋：「娣非專謂女弟。其父母家以他女送嫁為女之伴者，謂之娣也。」❿桓公 名完，莊公之子。⓫州吁 莊公之子。⓬嬖人 賤而得幸曰嬖。⓭石碏 石碏，衛賢大夫。石氏，衛公族，以邑為氏。⓮義方 正道。⓯驕奢淫佚 驕，恃己陵人。奢，夸矜僭上。淫，嗜欲過度。佚，放恣無度。⓰自 由也。⓱降 降謂屈抑也。⓲眕 安重之貌，言能忍而不輕妄也。⓳陵 欺上曰陵。⓴禍是務去 猶言務去禍也。㉑乃老 謂告老致仕。

【語譯】 衛莊公在齊國娶了太子得臣的妹妹做君夫人，叫做莊姜。莊姜又賢又美，卻沒有生子，這就是衛人做碩人詩的原由。莊公又在陳國娶了個夫人，叫做厲媯，生子孝伯，年紀很小就死了。厲媯的從嫁娣戴媯，生了個兒子，就是桓公，莊姜把他當做自己的兒子。

公子州吁，是莊公賤妾所生的兒子。很得莊公的寵愛，而且很喜歡軍事，莊公也不加禁止。莊姜很討厭他。

石碏向莊公進諫說：「我聽說愛護自己的兒子 就應當用正當的道理去教訓他，不可把他引到邪路上去。驕傲、奢侈、淫樂、放恣，這都是邪惡的源由。而這四件事，卻都是因爲寵賜太過而引起的。如果要立州吁，就當立刻決定了；若不這樣，寵賜正是將來禍患的根源。凡是人受到寵愛而不驕傲，驕傲而能屈抑，屈抑而不怨恨，怨恨而又能忍耐的，實在太少。況且以地位低的妨害地位高的，輩分小的欺凌輩分長的，名分遠的離間名分近的，新來的離間舊時的，位分小的蓋過大的，淫亂的破壞禮義的，這便是所謂六逆。國君合乎義理，臣子服從命令，父親慈愛，兒子孝順，兄長友愛弟弟，弟弟敬重兄長，這就是所謂六順。去掉順理，去學逆理，就會召致禍患。治理國家的人，就應該要把禍患除掉，現在反而召致它，恐怕不可以吧？」莊公不聽。

石碏的兒子和州吁互相來往，石碏也禁止不了。因此到了桓公卽位，石碏就告老返家。

【文章分析】本文選自左傳魯隱公三年，爲奏議類的古文。記述石碏向衞莊公諫寵州吁的事。

衞公子州吁，是嬖人之子，莊公寵愛他，使得州吁驕奢淫佚，遺禍無窮，石碏勸諫莊公，應該愛人以德，教人以義方，將禍務去，否則愛人反而害人，使自己的後嗣受災。只是莊公不聽。莊公死，桓公立，魯隱公四年，州吁果弒桓公，一幕王室慘劇，可說都是由衞莊公不聽石碏忠言所造成。

自古以來，未有寵而不驕，驕而不敗的，此本理之常然，獨惜莊公剛愎自用，不肯聽諫，以致州吁在弒桓公之後，同年九月，也被國人所殺，愛之適足以害之，天下父母愛子之心，可不愼乎？

臧僖伯諫觀魚

隱公五年　　左傳

春，公❶將如棠❷觀魚者❸。臧僖伯❹諫曰：「凡物不足以講大事❺，其材不足以備器用，則君不舉焉。君將納民於軌❻物者也，故講事以度軌量謂之軌；取材以章❼物采❽

謂之物。不軌不物，謂之亂政。亂政亟⑨行，所以敗也。故春蒐⑩，夏苗⑪，秋獮⑫，冬狩⑬，皆於農隙以講事也。三年而治兵。入而振旅⑭，歸而飲至⑮，以數軍實⑯，昭文章⑰，明貴賤，辨等列，順少長，習威儀⑱也。鳥獸之肉，不登於俎⑲，皮革齒牙，骨角毛羽，不登於器，則公不射，古之制也。若夫山林川澤之實，器用之資⑳，皁隸㉑之事，官司㉒之守，非君所及也。」

公曰：「吾將略地㉓焉。」遂往。陳魚而觀之，僖伯稱疾不從。

書曰：「公矢㉔魚于棠。」非禮也；且言遠地也。

【註釋】❶公　指魯隱公。魯國姬姓，文王第四子周公旦之後，周公股肱周室，成王封其長子伯禽爲魯侯，都於曲阜，今山東曲阜縣是也。伯禽十三世，傳至隱公，又二百四十二年，哀公十四年，西狩獲麟，春秋以終。春秋、左傳，皆魯人著作，書中編年紀事以魯爲中心，故其稱公，皆指魯公也。❷棠　魯邑，在今山東魚臺縣北魚亭山。❸魚者　謂捕魚者，陳設取魚之備，觀其取魚。❹臧僖伯　孝公之子，魯大夫。僖伯諫觀魚，隱公不從。是年十二月辛巳，僖伯卒，隱公曰：「叔父（指僖伯）有憾於寡人。」❺大事　謂祭祀與戎事。此處指戎事而言。❻軌　法也。❼章　明也。❽物采　指器物的華采。❾亟　屢也。❿春蒐　春天田獵。⓫夏苗　夏季田獵。⓬秋獮　獮，殺也。指秋季田獵。⓭冬狩　狩，圍守也。冬季田獵。⓮振旅　謂整衆而返。爾雅釋天：「出爲治兵，尚威武也。入則振旅，反尊卑也。」⓯飲至　春秋國君出行，告于宗廟；反行飲至，告至於廟而飲也。⓰軍實　指兵器。⓱文章　車服旌旗。⓲威儀　儀容舉止。⓳俎　祭宗廟之器。⓴資　猶材也。㉑皁隸　至賤之人。㉒官司　指小吏主其事者。㉓略地　巡行土地，正其封疆。㉔矢　杜預注：「矢亦陳也。」

【語譯】春季，魯隱公要到棠地去觀看漁人捕魚。臧僖伯勸諫說：「凡是各種事物，不能拿來講習國家大事的；各種器材，不能當作軍國器具的，國君就不必親自去管它了。國君的責任，主要是把老百姓引入正軌，從事正當事情。所以把事情、法度納入一定的規矩，就叫做軌；取用材料，以彰顯器物的華采，就叫做物。器用衆物，沒有法度，就叫做亂政。亂政屢行，國家就要衰敗了。所以春夏秋冬，四季打獵，都是配合農事的空隙，藉著田獵來演習軍事的。三年之中，要出去作一次大的演習，然後整軍而返。回來還要到宗廟去告稟祖宗，然後喝酒，再檢點兵器，彰顯車服旌旗；表明貴賤的等級；分別上下的行列；講求幼賤和尊老出入的次序，這些都是演習軍隊威儀紀律啊！假若鳥獸的肉，不能放在俎器上供祭祀的；皮、革、齒、牙、骨、角、毛、羽，不能做器飾的，那麼國君就不去射獵，這是古時的遺法啊！說起那些山林川澤的雜物，以及不是重要器具的物資，這不過是賤役的事情，小吏所管的職務，不是國君所當過問的。」

魯隱公說：「我是爲了要巡視國境啊！」於是就動身前去，讓漁人捕魚，觀看了一番。臧僖伯假託生病，沒有陪去。

春秋上記載說：「公到棠地去檢閱魚具。」這是不合禮的；並且說所遊玩的地方太遠了。

【文章分析】本文選自左傳魯隱公五年，爲奏議類的古文。記述魯隱公要到棠地去觀魚，而臧僖伯加以勸阻的事。爲人君者，應該愛民如子，同時要爲民表率，所以一舉一動，關係極大。匹夫所爲，影響不過一人一家，人君所爲，影響就及全國，所以臧僖伯歷舉各種典故，說明人君是納民於正軌的，假如自己所作所爲，不合乎正軌，那麼就是亂政，亂政亟行，就是敗亡之源，隱然表示觀魚不過是小節，縱欲逸遊，卽是亂政、敗亡的開始了。

鄭莊公戒飭守臣

隱公十一年　　左傳

秋，七月，公❶會齊侯❷鄭伯❸伐許❹。庚辰，傅❺于許。潁考叔❻取鄭伯之旗蝥弧❼以先登，子都❽自下射之，顚❾。瑕叔盈❿又以蝥弧登，周麾⓫而呼曰：「君登矣。」

鄭師畢登。壬午，遂入許。許莊公奔衛⑫。齊侯以許讓公，公曰：「君謂許不共⑬，故從君討之。許既伏其罪矣，雖君有命，寡人弗敢與聞。」乃與鄭人。

鄭伯使許大夫百里，奉許叔⑭以居許東偏⑮。曰：「天禍許國，鬼神實不逞于許君⑯，而假手于我寡人。寡人唯是一二父兄，不能共億⑰，其敢以許自爲功乎？寡人有弟⑱，不能和協，而使餬其口於四方，其況能久有許乎？吾子其奉許叔以撫柔⑲此民也，吾將使獲⑳也佐㉑吾子。若寡人得沒于地㉒，天其以禮悔禍㉓于許；無寧茲㉔，許公復奉其社稷。唯我鄭國之有請謁焉，如舊昏媾㉕。其能降以相從也，無滋㉖他族，實偪處此，以與我鄭國爭此土也。吾子孫其覆亡之不暇㉗，而況能禋祀㉘許乎？寡人之使吾子處此，不唯許國之爲，亦聊以固吾圉㉙也。」

乃使公孫獲處許西偏，曰：「凡而㉚器用財賄㉛，無寘㉜于許。我死，乃亟㉝去之。吾先君新邑㉞於此，王室而既卑矣。周之子孫，日失其序㉟。夫許，大岳之胤㊱也。天而既厭周德矣，吾其能與許爭乎？」

君子謂鄭莊公於是乎有禮。禮，經㊲國家，定㊳社稷，序㊴民人，利後嗣者也。許無刑㊵而伐之，服而舍之。度德而處之，量力而行之。相時而動㊶，無累後人，可謂知禮矣。

【註釋】①公　指魯隱公。②齊侯　齊僖公也。③鄭伯　鄭見前鄭伯克段于鄢篇。鄭伯，鄭莊公也。④許　國名。周武王封四岳之裔文叔於許，卽今河南許昌縣。爲鄭所逼，遷於葉，卽今河南葉縣。戰國時爲楚所滅。⑤傅　同附。迫近也。⑥潁考叔　鄭大夫。⑦蝥弧　旗名。⑧子都　鄭大夫，卽公孫閼。鄭莊公伐許，授兵於宗廟，子都與潁考叔有爭車之怨，故射之以報怨也。⑨顚　墜而死也。⑩瑕叔盈　鄭大夫。⑪周麾　周，徧也。麾，招也。⑫衞　國名。見前石碏諫寵州吁篇。⑬不共　不供職貢也。⑭許叔　許莊公之弟也。⑮東偏　東邊之邊邑。⑯天禍許國二句　不逞，不快、不滿。二句一意。⑰共億　共，供給也。億，安也。⑱有弟　此指弟共叔段也。⑲撫柔　安撫也。⑳獲　鄭大夫公孫獲。㉑佐　助也。左傳會箋：「使公孫獲鎭撫許西鄙，其實以監百里所爲也。」㉒沒于地　以壽終也。㉓以禮悔禍　言天加禮於許而悔禍也。㉔無寧玆　玆字句絕，無寧玆猶云何止此也。㉕昏媾　婚姻之重疊者。鄭許異姓，故唯以婚姻繫親。㉖滋　日蔓也。㉗吾子孫其覆亡之不暇　猶言吾子孫憂其覆亡之不暇也。省憂字爲辭。㉘禋祀　潔齋以享也。㉙圉　邊陲。㉚而　通汝。㉛財賄　財謂金玉，賄言布帛。㉜寘　置也。㉝亟　急也。㉞新邑　武公得虢鄶之地，乃從而施舊號於新邑，至莊公纔二世，故曰新。此今河南新鄭，舊鄭在京兆。㉟失其序　周日衰，諸姬姓之國，侯不能侯，伯不能伯也。㊱大岳之胤　大岳，神農之後，爲堯四岳。胤，繼也。㊲經　綱紀。㊳定　保守。㊴序　謂安居樂業。㊵刑　法度。㊶相時而動　猶言見機而行也。

【語譯】秋七月，魯隱公會合齊僖公鄭莊公一起去討伐許國。庚辰那一天，打到了許國的城下。潁考叔首先拿了鄭伯的蝥弧旗，爬上了城。子都從城下發箭射他，潁考叔中箭，就跌下來死了。瑕叔盈又拿起蝥弧旗登城，向四面揮旗大聲叫喊說：「國君已經登城了！」鄭國的兵於是全部鼓勇登上了城。壬午那一天，便佔領了許國。許莊公也逃到衞國去了。齊僖公要把許國讓給魯隱公。隱公說：「您說許國不供給職貢，所以跟著您來討伐他。現在許國旣已伏罪了，雖然您有命令把許地給我，我還是不敢接受的。」於是就把許地給了鄭國。

鄭伯叫許國的大夫百里，奉了許叔居住在許國東面的邊城，對他說：「上天降禍許國，神鬼都對許君不滿，因此假借我的力量來討伐他；寡人連一兩個兄弟都不能輸誠相待，還敢把克服許國算作功績麼？我有個弟弟，不能和睦相處，使他寄生四方，怎麼能夠長久地擁有許地呢？你且奉了許叔，好好地使百姓安居，我將派公孫獲來幫助你。若寡人得以善終，上天或加恩禮，終止降禍許國；不止如此，卽連許公，也會讓他再做國君的。我鄭國如有所請求，希望許國還如舊日的親家一般，降心相許。勿放任別族，住在附近，來跟我鄭國爭奪這塊土地。我的子孫，憂愁他自己的滅亡尚且不暇，那裏還顧得及來統治許國呢？我所以請你住在這裏，不但是為了許國，也是為了鞏固我的邊境呢！」

於是派公孫獲治理許國四面的邊邑。對他說：「凡是你的金玉布帛，切勿放在許國。我死之後，你要趕快離開！我先君的新邑就在此地。周自從東遷之後，已經衰敗了，子孫的班列，也一天天地混亂了。那許國卻是神農的後嗣，上天既然已經厭惡周德，我又哪能和許國相爭呢？」

君子認為鄭莊公對於這件事情，很是有禮。禮是綱紀國家，保守社稷，使百姓安居樂業，有益子孫的。許國沒有法度，因而去討伐他；服罪以後，便不把他滅亡；酌量自己的德行力量來處理事情。見機而行，不連累子孫，可以說是知禮的了。

【文章分析】本文選自左傳魯隱公十一年，為敍記類的古文。記述鄭莊公伐許之後，戒飭守許之臣的事情。

全文共分四段，第一段記鄭莊公會同魯隱公、齊僖公伐許成功。第二段記鄭莊公使許大夫百里，奉許叔以居許東偏，而致戒飭之詞。這是本文的中心，委婉紆曲，時時事事似為許計，而卻句句有力，不容其有半絲反抗。第三段戒飭鄭大夫公孫獲不可作久留許的打算，與前段「吾子孫其覆亡之不暇，而況能禋祀許乎」相應，鄭莊公處事之精細，考慮之詳密，由此可見。最後一段讚美鄭莊公伐許無刑，服而舍之，是為有禮。實際上此也是就事論事，不是從責備他用心著眼。

臧哀伯諫納郜鼎

桓公二年　左傳

夏，四月，取郜❶大鼎于宋❷。戊申，納于大廟，非禮也。

臧哀伯❸諫曰：「君人者，將昭德塞違❹，以臨照百官。猶懼或失之，故昭令德以示子孫。是以清廟茅屋❺，大路越席❻，大羹不致❼，粢食不鑿❽，昭其儉也。袞冕黻珽❾，帶裳幅舄⑩，衡紞紘綖⑪，昭其度也。藻率鞞鞛⑫，鞶厲游纓⑬，昭其數也。火龍黼黻⑭，昭其文也。五色比象⑮，昭其物也。鍚鸞和鈴⑯，昭其聲也。三辰旂旗⑰，昭其明也。夫德，儉而有度，登降⑱有數，文物以紀之，聲明以發之，以臨照百官。百官於是乎戒懼，而不敢易紀律。今滅德立違⑲，而寘其賂器於大廟，以明示百官。百官象之⑳，其又何誅焉？國家之敗，由官邪也。官之失德，寵賂章也。郜鼎在廟，章孰甚焉。武王克商，遷九鼎㉑於雒邑㉒，義士㉓猶或非之，而況將昭違亂之賂器於大廟，其若之何？」公不聽。

周內史聞之曰：「臧孫達㉔其有後於魯乎！君違，不忘諫之以德。」

【註釋】❶郜　姬姓之國，周文王子所封地。在今山東城武縣。❷宋　國名，商後，為紂庶兄微子封國。在今河南商丘縣。❸臧哀伯　魯大夫。僖伯之子也。❹昭德塞違　昭，明也。違與德相對，邪也。❺清廟茅屋　清廟即天子宗廟也。蔡邕月令論曰：「取其宗祀之貌，則曰清廟。」茅屋，以茅覆屋也。❻大路越席　大路，郊祭車也。越同适，适通括，括，結也。結蒲為席，以為車墊，示其儉也。❼大羹不致　祭祀之禮，祭品有大羹。大羹者，太古食肉，羹之而已，未有五味調和之齊也。不致，不致五味也。❽粢食不鑿　粢，為黍稷別名。鑿，舂米使精也。❾袞冕黻珽　袞，畫衣。冕，冠之有旒者，大夫以上服之。黻，蔽膝，以韋為之。珽，玉笏也。❿帶裳幅舄　帶，紳帶。裳，下衣。幅，以布纏足跗，上達於膝，以偪束其脛，幅利於行路，故漢名行縢。縢，緘也；行而緘足也。今謂之綁腿，軍隊中多用之。舄，複履也。⓫衡紞紘綖　此四者皆冕之飾也。古者冕之制，上有笄，下有瑱，笄以固冕，亦以懸瑱，瑱者冕旁懸玉石至耳也。衡即橫笄，紞即懸瑱之繩也。紘者，以繩先屬一頭於左旁笄上，以一頭繞於頤下向上，於右旁笄上結之。綖，冠上之覆版。⑫藻率鞞鞛　藻，畫藻。率通帥，佩巾也。佩刀之鞘，其上飾曰鞞，下飾曰鞛。⑬鞶厲游纓　鞶，革帶也。鞶帶之垂下成飾者曰厲。游，旌旗之旒。纓，馬飾也。⑭火龍黼黻　火，畫火也。龍，畫龍也。黼，畫斧形也。黻，畫兩弓相背形。龍畫於衣，火、黼、黻皆畫於裳。⑮五色比象　五色以象天地四方，天玄地黃，東青西白，南赤北黑，玄色在赤黑之間，故不作別色，而稱五色。以五色畫於車服之屬，以比天地四方之象，故曰比象。⑯錫鸞和鈴　錫，馬額之飾，刻金屬爲之，有鳴聲。鸞，馬口兩旁之鈴。和，車鈴。鈴，飾於旌旂之首之鈴也。⑰三辰旂旗　三辰，日月星也。旂旗，古者畫龍曰旂，畫熊虎者曰旗，今則混用無別。⑱登降　猶謂損益。⑲立違　立邪惡之人也。宋督弒其君，魯桓公會齊侯、陳侯、鄭伯于稷，欲以平宋亂，以鼎賂魯桓公，齊、陳、鄭皆有賄，遂相與立華氏。⑳象之　言效其尤也。㉑九鼎　鼎名，貢金九牧鑄之，故曰九鼎，非言其鼎有九也。㉒雒邑　雒通洛。洛邑，周之東都，在今河南洛陽。㉓義士　高義之士也。㉔臧孫達　即臧哀伯。

【語譯】夏四月，在宋國取了郜國的大鼎，戊申日，把它放進太廟，這是不合禮的事情。

臧哀伯勸諫說：「做國君的，要彰明善德，閉塞邪惡，來昭示百官，這樣尚且憂懼不能沒有過失，所以要昭著善德，來垂示子孫。因此宗廟以茅蓋屋，大路以蒲作墊，大羹不調五味，黍稷不加舂杵，都是要昭示儉約的意思。畫衣禮帽，蔽膝玉笏，紳帶下衣，行縢複履，以及帽上的衡紞紘綖，都是表示上下有度。畫藻佩巾，刀鞘上下的飾品，革帶上的垂飾，旗旒馬鞅，都是表示上下各有定數。衣裳上畫的火龍黼黻，都是表示上下各有文采。五色比天地四方的形象，都是表示大小各有物彩。車馬旌旗上的鈴鐺，都是表示一切合乎節奏。日月星辰，以及畫上龍虎熊的旗子，都是表示光明燦爛。

所以說起美德，就是儉約而有法度，損益而有定數；以文物來綱紀其本，以聲音顏色來發揚于外。這樣昭示百官，百官就會警惕謹慎，不敢變動綱紀法律了。現在反而滅德立邪，把受賄賂得來的器具放在太廟，公開地陳列給百官看，那麼百官學起樣來，又怎樣能去誅責他們呢？國家的敗亡，是由百官邪惡而起；百官失德，是由公然賄賂，無所顧忌而起。郜鼎放在太廟中，還有比這個更表示公開地受賄賂的嗎？以前武王滅商，把九鼎搬到洛邑，還有知義之士說他不對的，何況公然地把違亂賄賂之器，放在太廟，這怎麼可以呢？」桓公不聽。

周天子的內史聽到這件事情，說：「臧哀伯於魯國定有餘慶了。國君雖是違德，他卻不忘記用美德去勸諫國君啊！

」

【文章分析】本文選自左傳魯桓公二年，爲奏議類的古文。記述魯大夫臧哀伯勸諫桓公納郜鼎之事。

臧哀伯勸諫之文，主要在昭德塞違四字。而納郜鼎於廟，是示公開寵賂於百官，百官哪有不學樣失德的，等到貪污公行，社會風氣敗壞，國家就走向敗亡的道路了。所以納鼎事小，而影響國家事大。可惜做國君的，總是貪圖既得之利，而不肯在國家前途上著眼，此所以忠言逆耳，而獨多不聽勸諫之君啊！

八、季梁諫追楚師

桓公六年　　　　左傳

楚❶武王侵隨❷，使薳章❸求成焉。軍於瑕❹以待之。

隨人使少師❺董成❻，鬬伯比❼言于楚子❽曰：「吾不得志於漢東也，我則使然❾。我張吾三軍，而被❿吾甲兵，以武臨之，彼則懼而協⓫以謀我，故難間也。漢東之國隨爲大，隨張⓬，必棄小國。小國離，楚之利也。少師侈⓭，請羸⓮師以張之。」熊率且比⓯曰：「季梁⓰在，何益？」鬬伯比曰：「以爲後圖，少師得其君⓱。」

王毀軍⓲而納少師。少師歸，請追楚師，隨侯將許之。季梁止之曰：「天方授楚⓳。楚之羸，其誘我也！君何急焉？臣聞小之能敵大也，小道大淫⓴。所謂道，忠於民而信於神也。上思利民，忠也。祝史正辭㉑，信也。今民餒而君逞欲，祝史矯舉以祭，臣不知其可也。」

公曰：「吾牲牷肥腯㉒，粢盛豐備，何則不信？」對曰：「夫民，神之主也。是以聖王先成民，而後致力於神。故奉牲以告曰：『博碩肥腯！』謂民力之普存也；謂其畜之碩大蕃滋㉓也；謂其不疾瘯蠡㉔也；謂其備腯咸有也。奉盛以告曰：『絜粢豐盛！』謂其三時㉕不害而民和年豐也。奉酒醴以告曰：『嘉栗旨酒㉖！』謂其上下皆有嘉德而無違心也。所謂馨香㉗，無讒慝㉘也。故務其三時，脩其五教㉙，親其九族㉚，以致其禋祀㉛。於是乎民和而神降之福，故動則有成㉜。今民各有心，而鬼神乏主，君雖獨豐，其何福之有？君姑脩政而親兄弟之國㉝，庶免於難。」隨侯懼而修政。楚不敢伐。

【註釋】❶楚　周成王封熊繹於楚，都丹陽，在今湖北秭歸縣東。楚爲子爵，春秋時僭稱王。楚國羋姓。❷隨　十二諸侯年表作隋。高誘淮南子注云：「隋侯漢中國，姬姓諸侯。」故城在今湖北德安。❸薳章　楚大夫，羋姓。薳章食邑於薳，故以名氏。❹瑕　隨地。❺少師　官名，其姓名不可考。❻董成　董理和議也。❼鬬伯比　楚大夫。❽楚子　楚武王也。❾我則使然　言我失策之所致也。❿被　通「披」，披掛也。⓫協　和同也。⓬張　自侈大也。⓭侈　驕傲自大。⓮羸　弱也。⓯熊率且比　熊率，複姓。楚大夫。⓰季梁　隨賢大夫。⓱得其君　得其君之寵信也。⓲王毀軍　王指楚武王。毀軍卽以羸師示之也。⓳天方授楚　言天意興楚也。⓴小道大淫　言小國有道，而大國淫亂也。㉑祝史正辭　祝史，司祝之官。正辭，謂言其實也。㉒牲牷肥腯　牲指牛羊豕。牷，色純而毛全也。腯亦肥也。㉓蕃滋　滋生蕃育。㉔瘯蠡　蠡通瘰。瘯瘰，疥癬之病也。㉕三時　春耕，夏耘，秋收。㉖嘉栗旨酒　栗讀爲洌，水清也。旨，美也。謂此酒既善美又清潔也。㉗馨香　祭品之香氣遠聞也。㉘慝　邪也。㉙五教　父子有親，君臣有義，夫婦有別，長幼有序，朋友有信。五倫之教也。㉚九族　左傳杜預注：「九族謂外祖父，外祖母，從母子，及妻之父，妻之母，姑之子，姊妹之子，女之子，并己之同族。」㉛禋祀　潔齋以享也。㉜動則有成　言戰則必勝也。㉝兄弟之國　指同姓之諸侯也。

【語　譯】楚武王要去侵略隨國，先派薳章去假意談和。一面把軍隊駐紮在瑕地，等待他的消息。隨國派國中的少師全權處理談和的事情。鬬伯比對楚武王說：「我們不能在漢水以東得志的緣故，完全是我們自己失策所致。我們大張三軍，披帶了全副武裝，以武力向他們示威，他們當然害怕，自然而然地便聯合起來對付我們了。因此也就不容易離間他們。漢東的國家中，隨國最大。隨國自大的話，一定會輕棄那些小國。小國一離，就對我們楚國有利啊！隨國的少師，是個驕傲自大的人，請把老弱的部隊陳列示弱罷！」熊率且比說：「隨國有季梁在，這計策又有什麼用呢？」鬬伯比說：「這是爲日後作一個長遠打算的。況且少師很得隨君的寵信啊！」

楚武王就依計把老弱殘兵去迎接少師。少師回去後，就請隨侯追擊楚軍。隨侯就要同意了，季梁勸止說：「現在天意正是屬於楚國的時候。楚國的老弱殘兵，恐怕都是引誘我們的吧！您何必那樣性急呢？我聽說小國之能夠抗衡大國，完全是因爲小國有道而大國荒淫的緣故。所謂道，就是對百姓要盡心，對鬼神要誠信。做君主的時刻爲百姓的利益著想，這就是忠；祝史的禱詞沒有虛假，這就是信。現在老百姓還挨著餓，而做君主的卻想滿足一己的私欲，祝史祭祀時，說些虛僞驕飾的禱詞，我眞不知道這是行得通的了。」

隨君說：「我用的祭牲，色純毛全，而且很肥胖，黍稷和其他的祭品也是豐盛完備，怎麼說是對鬼神不信呢？」季梁回答說：「百姓是鬼神的主宰。因此古時的聖王，先教養百姓，然後再將餘力去奉祀鬼神。所以捧了犧牲禱告鬼神時說：『很大！很肥！』這話的意思是說國內的百姓都很安定很富庶；是說牲畜又多又大；是說牲畜不生疾病；是說畜牲完備，毫不缺乏。捧了祭品禱告說：『黍稷乾淨豐滿！』這是說一點沒有妨礙百姓農忙的時候，所以百姓安定豐收。捧著醴酒禱告說：『酒甜水清！』這是說國內上下都有好的道德，沒有邪惡的心思。所謂祭物的馨香，就是沒有讒惡奸邪的意思。所以在農忙時盡力工作，修好五倫之教，親近九族，以盡心於鬼神。於是百姓和睦，鬼神降福，一舉一動就有成就了。現在我隨國的百姓，不能同心合力，鬼神無人奉祀，您的祭祀雖然特別豐盛，鬼神又哪裏會降福呢？您且修明政治，親善同姓之國，或許可望免去患難了。」隨君聽了，很是驚懼，於是便努力修明政治，而楚國也不敢來侵略了。

【文章分析】本文選自左傳魯桓公六年，爲奏議類的古文。敍述隨國大夫季梁忠言勸阻隨侯勿追楚師的故事。驕者必敗，楚國想利用隨國少師這種自大的心理，引誘隨軍來自投羅網，隨侯若聽從了少師的話，恐怕當時隨國就被楚國滅亡了。

季梁諫言之中，處處將民、神並提，而實際卻以民爲主，先民後神，也就是「天視自我民視，天聽自我民聽」的意思，文中「今民各有心，而鬼神乏主。」更明顯的表示國君應該利民、忠民的主旨來。加上說辭如行雲流水，一瀉千里，足以祛除隨侯之惑，而引起他的警惕了。

此文可以看出左傳文章之美，同樣在勸諫的文章中，也是極其成功的一篇。

曹劌論戰

左傳

莊公十年

齊師伐我❶。公❷將戰，曹劌❸請見，其鄉人曰：「肉食者❹謀之，又何間❺焉？」劌曰：「肉食者鄙，未能遠謀。」乃入見。問何以戰？公曰：「衣食所安，弗敢專也，必以分人。」對曰：「小惠未徧❻，民弗從也。」公曰：「犧牲玉帛❼，弗敢加也，必以信❽。」對曰：「小信未孚❾，神弗福也。」公曰：「小大之獄，雖不能察，必以情❿。」對曰：「忠之屬也，可以一戰，戰則請從。」

公與之乘，戰於長勺⓫，公將鼓之⓬。劌曰：「未可。」齊人三鼓。劌曰：「可矣。」齊師敗績⓭。公將馳⓮之，劌曰：「未可。」下視其轍⓯，登軾⓰而望之。曰：「可矣。」遂逐齊師。

既克⑰，公問其故。對曰：「夫戰，勇氣也。一鼓作氣，再而衰，三而竭。彼竭我盈，故克之。夫大國，難測也，懼有伏⑱焉。吾視其轍亂，望其旗靡⑲，故逐之。」

【註釋】❶我　指魯國。❷公　指魯莊公。❸曹劌　魯人。❹肉食者　在位享有厚祿的人。❺間　干預，參與。❻偏　普及的意思，❼犧牲玉帛　犧牲指牛羊豕之屬。玉指玉石珪璧之類。帛指綢緞。此皆古時祭祀所用的禮品。❽必以信　指祭祀時一定要以誠信的心來敬鬼神。❾孚　取信也。❿小大之獄三句　獄是訴訟之案件。此言不管處理任何訟案，雖然不能明察，卻一定要求其實情。⓫長勺　魯地名。成王以商民六族賜魯公，中有長勺氏。⓬鼓之　鼓用作動詞，擊鼓進兵也。⓭敗績　大敗。⓮馳　追擊。⓯轍　車輪的軌跡。⓰軾　車前橫木。⓱克　勝也。⓲伏　伏兵。⓳旗靡　旗幟倒壞。

【語譯】齊軍來侵略我魯國，莊公要準備抗戰。曹劌請求進見，鄉人們說：「這事自有掌權的大臣們討論，你又何必去多管呢？」曹劌說：「這些大臣都很淺薄，不能作遠大的計劃。」說了，就進去見莊公。

他問魯國憑什麼和齊國去作戰？莊公說：「暖衣美食，我不敢獨享，一定分給別人。」曹劌回答說：「這不過是小恩小惠，何況還沒有做到普及的地步，百姓是不會聽從您的。」莊公又說：「犧牲、玉器、絲帛，我都不敢隨意添加，一定以誠信去祭祀鬼神。」曹劌回答說：「這種還不能取信各方的小誠信，神未必會降福的。」莊公又說：「我對大小的訴訟，雖不敢說都反覆詳審，但一定求得實情。」曹劌回答說：「這是盡心於民的事，做到這點，可以一戰了，請准許我隨從去作戰。」

莊公和曹劌同乘一輛戰車，在長勺的地方與齊會戰。莊公想要擊鼓進攻。曹劌說：「還不可以。」等到齊軍敲過第三通鼓，曹劌說：「現在可以進攻了。」齊軍大敗崩潰，莊公要追擊他們。曹劌說：「還不可以。」他下了戰車，察看齊軍的車跡，又爬上車前的橫木，瞭望了一下，說：「現在可以追擊了。」於是就進兵追擊齊軍。

打了勝仗之後，莊公問他這樣做的道理。曹劌回答說：「作戰要靠勇氣，第一通鼓振作士氣，第二通鼓就會慢慢衰落下來，到第三通鼓士氣就疲盡了。他們士氣疲盡，我們的士氣卻正飽滿，所以能打勝仗。再說大國用兵，很難猜測，我怕他們有埋伏；後來看到他們戰車轍跡紛亂，又望到他們旌旗倒歪，纔斷定他們眞的打敗了，所以去追擊他們！」

【文章分析】此篇爲論辨類的古文。論作戰之道，先問能不能戰。上下一心，全國團結，雖弱猶強，可以一戰了。所以曹劌在戰前就先問魯國有沒有資格跟齊國一戰。等到聽到莊公說：「小大之獄，雖不能察，必以情。」曹劌就覺得莊公執政公正，民心大平，可以跟齊國作戰。

至於作戰之時，鎮靜沉著，指揮若定，才不會浮躁失敗。勝利在握，還是小心翼翼，才沒有中伏的危險。這就是所謂遠謀，也是大將之風。至「肉食者鄙，未能遠謀。」則可說又罵盡一般謀國僨事的重臣了。

齊桓公伐楚盟屈完

僖公四年　　左傳

春，齊侯❶以諸侯之師侵蔡❷。蔡潰，遂伐楚❸。楚子使與師言曰：「君處北海❹，寡人處南海❺，唯是風馬牛❻不相及也。不虞❼君之涉吾地也，何故？」管仲❽對曰：「昔召康公❾命我先君太公❿曰：『五侯九伯⓫，女⓬實征之，以夾輔周室。』賜我先君履⓭，東至于海，西至于河，南至于穆陵⓮，北至于無棣⓯。爾貢苞茅⓰不入，王祭不供，無以縮酒⓱，寡人是徵⓲。昭王⓳南征而不復，寡人是問。」對曰：「貢之不入，寡君之罪也，敢不供給。昭王之不復，君其問諸水濱。」師進，次于陘⓴。

夏，楚子使屈完㉑如師㉒。師退，次于召陵㉓。齊侯陳諸侯之師，與屈完乘而觀之。

齊侯曰：「豈不穀㉔是為，先君之好是繼。與不穀同好如何？」對曰：「君惠徼㉕福於敝邑之社稷，辱收寡君，寡君之願也。」

齊侯曰：「以此眾戰。誰能禦之？以此攻城，何城不克？」對曰：「君若以德綏諸侯，誰敢不服？君若以力，楚國方城㉖以為城；漢水㉗以為池，雖眾，無所用之。」

屈完及諸侯盟。

【註釋】❶齊侯　齊，國名，見前石碏諫寵州吁篇。齊侯，齊桓公也，名小白。❷蔡　國名，周武王弟叔度之封地，今河南上蔡縣西南。平侯時地被楚奪，平王更封平侯於今河南新蔡縣地。昭侯時又因避楚，遷至今安徽鳳臺縣。❸楚　見前季梁諫追楚師篇。❹北海　渤海也。❺南海　對齊之北海言，喻相去甚遠也。❻風馬牛　服虔曰：「牝牡相誘謂之風，此言風馬牛，謂馬牛風逸，牝牡相誘，蓋是末界之微事，言此事不相及，故以取喻不相干也。」❼不虞　不料也。❽管仲　齊賢大夫，名夷吾。❾召康公　周太保邵公奭。❿太公　即呂望，名尚，齊之祖也。⓫五侯九伯　統言天下諸侯之國。⓬女　汝也。⓭履　封土也。⓮穆陵　地名。史記索隱：「今淮南有故穆陵關，是楚之境。」此太公征伐所至之域，與上言五侯九伯女實征之相應，管仲以之折楚使之口也。⓯無棣　地名，在遼西孤竹縣。即今河北省盧龍縣一帶。⓰苞茅　苞，裹也，束也。茅，菁茅也，是楚之當貢者也。⓱縮酒　祭時束茅立之祭前，灌以鬯酒，象神之飲也。⓲徵　問也，上命下之辭也。⓳昭王　周天子，成王之孫。⓴陘　楚地。其勢甚險，故據之。㉑屈完　楚大夫。㉒如師　前往齊軍駐地；求盟也。㉓召陵　地名，在今河南郾城縣東。㉔不穀　不善也。諸侯自謙之稱。㉕徼　求也。㉖方城　山名，在今河南葉縣南四十里。㉗漢水　水名，漢水出武都，至江夏南入江。方城漢水皆誇其天險也。

【語譯】春天，齊侯率領了八國諸侯的軍隊，攻打蔡國。蔡國的軍隊潰散了，於是又去攻打楚國。楚君派人對齊侯說：「您在北海，我在南海，就算牛馬發情相追逐，也不會牽涉到兩方。不料您要來攻打我國，是什麼緣故呢？」管仲回答說：「從前召康公命我先君太公望說：『天下各國諸侯，你都可以征伐他們，以輔助周室。』還劃給我先君征伐的區域，東方到海，西方到河，南面到穆陵，北邊到無棣。你不進應當進貢的菁茅，以至祭祀時，無法用來吸酒，這是我要責問你的。還有昭王南來巡狩，就沒有回去，這也是我要責問你的。」

楚使回答說：「不貢菁茅，是我們國君的過失，以後豈敢不進貢。至於昭王溺死的事情，請您到漢水的水邊去問吧！」齊侯見楚國不肯認罪，便進兵駐紮在陘地。

夏天，楚君派屈完來求和，聯軍便退到召陵。齊侯把聯軍全部排好了隊，和屈完一同乘車檢閱。齊侯說：「諸侯們肯跟我結盟，豈是爲我一人，實在也是繼續我先君的舊好。不知貴國肯跟我結好嗎？」屈完回答說：「承您的厚愛，向我國的社稷求福；蒙您不棄我國君。這正是我國君的心願。」

齊侯說：「以這些軍隊打仗，誰能抵擋得住呢？以這些軍隊攻城，哪個城邑攻不破呢？」屈完回答說：「您如以德安撫諸侯，誰敢不服從您？您如依賴武力的話，那麼楚國有方城山作城牆，漢水作護城河，您軍隊雖多，還是沒有什麼用處的。」

屈完終於和諸侯訂了和約。

【文章分析】本文選自左傳魯僖公四年，爲敍記類的古文。記述齊桓公聯合諸侯侵蔡伐楚，以及與楚屈完訂盟之事。

古代出征，講究「師出有名」，桓公伐楚，本是侵蔡以後，得隴望蜀之舉，無「名」可言，所舉「苞茅不入」及「昭王南征不復」兩點，是管仲臨機應對間想出來的，可見管仲之急智，及其對國際事務與歷史之嫻熟。「苞茅不入」既失尊王之心，又影響天王祭祀之事，罪實不輕，故楚使也只好承認。至於「昭王南征不復」，乃四百年前舊帳，此一理由，實屬勉強，所以楚使敢幽默地回答：「昭王之不復，君其問諸水濱。」進一步更理直氣壯地教訓齊國，霸諸侯以德，並非以力，若以力較，楚有天險，並不怕齊國兵精士衆。

最後結盟了事，可見齊國對楚國還是無可奈何。

宮之奇諫假道

僖公五年

左傳

晉侯復假道於虞以伐虢❶，宮之奇❷諫曰：「虢，虞之表也。虢亡，虞必從之。晉不可啟❸，寇不可翫❹，一之謂甚，其可再乎？諺所謂『輔車相依❺，脣亡齒寒』者，其虞虢之謂也。」

公曰：「晉，吾宗也❻，豈害我哉？」對曰：「大伯、虞仲，大王之昭也❼。大伯不從，是以不嗣❽。虢仲虢叔，王季之穆也❾。爲文王卿士，勳在王室，藏於盟府❿。將虢是滅，何愛於虞？且虞能親於桓莊⓫乎？其愛之也，桓莊之族何罪？而以爲戮。不唯偪⓬乎？親以寵偪，猶尚害之，況以國乎？」

公曰：「吾享祀豐絜，神必據我⓭。」對曰：「臣聞之，鬼神非人實親，惟德是依。故周書曰：『皇天無親，惟德是輔。』又曰：『黍稷非馨，明德惟馨⓮。』又曰：『民不易物，惟德繄物⓯。』如是，則非德民不和，神不享矣。神所馮⓰依，將在德矣。若晉取虞，而明德以薦馨香，神其吐之乎？」

弗聽，許晉使。宮之奇以其族行，曰：「虞不臘矣⓱！在此行也，晉不更舉矣。」

冬，晉滅虢。師還，館於虞。遂襲虞，滅之，執虞公。

【註釋】❶晉侯復假道於虞以伐虢　晉侯，晉獻公，名詭諸。周成王封弟唐叔虞於晉，都絳，今山西翼城縣之東南。傳至獻公，疆域大闢，略有今山西大部，河北西南部，河南西端、北端，陝西東端等地。虞，國名，武王克殷，封虞仲於此。在今山西平陸縣東北。虢，國名。假，借。❷宮之奇　虞之賢大夫。❸晉不可啟　啟是開的意思。此言不可輕啟晉的貪心。❹翫　同玩。玩忽，忽視也。❺輔車相依　左傳注：「輔，頰輔；車，牙車。」此句與下脣亡齒寒句，皆喻虞虢兩國，須互助合作，不可分離。❻吾宗也　晉，周成王弟叔虞之後。虞則周太王子虞仲之後。兩國同出於周，故為同宗。❼大伯虞仲大王之昭也　大伯，為周太王之長子，虞仲為周太王次子。禮記祭統：「昭穆者，所以別父子、遠近、長幼、親疏之序而無亂也。」昭穆都是宗廟之次，如父在昭位，則子在穆位；如父在穆位，則子在昭位。太王於周廟為穆，所以大伯、虞仲為昭。❽大伯不從是以不嗣　太王三子，季歷最少。季歷生子昌（周文王），有聖瑞。太王曰：「我世當有興者，其在昌乎！」大伯、虞仲知太王欲立季歷以傳位於昌，乃逃往荊蠻，以讓季歷。大伯不從者，不從大王於國也。不嗣者，故未嗣位也。❾虢仲虢叔王季之穆也　王季即季歷，文王子名發，滅殷而有天下，是為武王，追王季歷為王季，古公亶父為太王。虢仲、虢叔，王季之子，文王之同母弟。言太王為穆，王季為昭，則虢仲、虢叔俱為穆也。虢仲封於西虢，虢叔封於東虢，是晉、虞、虢皆是周之同姓諸侯。❿盟府　司盟之府。周禮秋官司寇有司盟，掌盟載之法。⓫桓莊　桓指桓叔。莊指莊伯，桓叔子。晉獻公為桓叔曾孫，莊伯之孫。桓莊之族，與獻公為同祖兄弟，而獻公於魯莊公二十五年，竟將其羣公子盡殺之，因懼其族太盛，而逼公室也。⓬偪　同逼。⓭據我　據，杜預注：「據，猶安也。」⓮黍稷非馨明德惟馨　黍，穀類。稷，高粱也。二者皆祭品。馨，香氣遠聞。此言黍稷的香氣不能達於鬼神，惟有君的明德，才能達於鬼神。語見尚書君陳篇。⓯民不易物惟德繄物　易，改變。物，祭物。此言百姓不易其祭物，而鬼神唯享有德者之祭物也。語見尚書旅獒篇。⓰馮　同憑。⓱虞不臘矣　歲終祭衆神曰臘。此言虞國不到十二月歲終，就要滅亡。

【語譯】晉侯再向虞國借路去攻打虢國。宮之奇向虞公勸諫說：「虢國是虞國的屏障。虢國亡了，虞國一定會跟著滅亡。我們不可引起晉國的貪心，也不可輕視敵人。一次借路，已經太過分，哪裏可以再次答應呢？俗語說：『頰輔跟牙車是要互相依靠的；嘴脣沒有了，牙齒就會受到風寒。』這眞是虞虢兩國最好的寫照啊！」

虞公說：「晉是我的同宗，哪裏會加害我呢？」宮之奇回答說：「太伯和虞仲，都是太王的兒子。太伯不隨侍太王，所以沒有繼嗣國君的位子。虢仲和虢叔都是王季的兒子，當過文王的卿士，對王室有大功勞，有盟書藏在盟府。虢國被他滅亡了，哪裏還會愛護虞國呢？並且虞國能比桓叔、莊伯之與晉國更親近嗎？桓莊兩族是晉獻公應友愛的，他們有些什麼罪？獻公竟把他們全族殺掉？這還不是為了他們族大勢逼嗎？親族的人因為勢逼公室，尚且把他們滅掉，何況為著一國的利益呢！」

虞公說：「我奉享祭祀，豐盛潔淨，鬼神一定會保祐我的。」宮之奇說：「我聽說鬼神不是什麼人都保祐的，只保祐有德的人。所以周書上說：『皇天沒有私親，只祐助有德的人。』又說：『人人的祭品都是相同的，只有有德的人的祭品才會顯得馨香而與衆不同。』照這樣說來，沒有德的君主，不但百姓不擁護他，連鬼神也不會來享他的祭品了。鬼神既是親近那些有德的；那麼如果晉國滅了虞國，用明德來表現他的馨香，鬼神哪裏就會棄而不享呢？」

虞公不聽從宮之奇的勸諫，向晉國使者答應借路。宮之奇就帶著他的家族，逃到別處去，說：「不到冬天，虞國就要滅亡了。就在這一次虞國就要被滅，晉國以滅虢的軍隊滅虞，不必再興師動衆了。」

冬天，晉國滅了虢。回師的時候，中途駐紮在虞國休息，趁機襲擊虞國，把虞國滅掉，同時捉住了虞公。

【文章分析】本文節選自左傳僖公五年，為奏議類的古文。記述晉國向虞國借道伐虢的事。通篇以宮之奇的勸諫為主，前段論虞虢兩國患難相依，不可分割的形勢，所謂「輔車相依，脣亡齒寒」便是。次段論國際間只有利害，沒有情義。桓莊之族，與晉獻公為從祖昆弟，尚且被滅；何況「虞能親於桓莊乎？」末段論理，「鬼神非人實親，惟德是依。」「若晉取虞而明德以薦馨香，神其吐之乎？」敘述晉若滅虞，也並不會有什麼後患的。宮之奇的諫諍，雖然層次井然，慷慨激昂，然而忠言逆耳，終不見聽，令人浩歎。

本書尚有虞師晉師滅夏陽一文，讀者可以參閱。

齊桓下拜受胙

僖公九年　　左傳

會于葵丘❶。尋❷盟，且脩好，禮也。

王使宰孔❸賜齊侯胙❹，曰：「天子有事于文武，使孔賜伯舅❺胙。」齊侯將下拜。孔曰：「且有後命。天子使孔曰：『以伯舅耋老❻，加勞❼，賜一級，無下拜❽。』」對曰：「天威不違顏咫尺❾，小白余❿敢貪天子之命，無下拜？恐隕越⓫于下，以遺⓬天子羞，敢不下拜。」下，拜；登，受⓭。

【註釋】❶葵丘　宋地。在今河南東仁縣境。考城縣志：「葵丘東南有盟臺，其地亦名盟臺鄉。」案：魯僖公九年，葵丘之會，與會者有齊、魯、宋、衞、鄭、許、曹諸國。周襄王命周公忌父涖焉。❷尋　與燖同，重溫也。❸宰孔　即周公忌父。宰，官名。周公忌父，周文公之後。❹胙　祭肉。❺伯舅　周天子稱異姓諸侯。❻耋老　耋亦老也。❼加勞　言加以有功勞於王室也。❽賜一級無下拜　級猶等也。侯伯九命，九命加一級，則可以無下拜也。後世官階謂之級，始此。❾天威不違顏咫尺　天威，天子之威也。違，離也。八寸曰咫。此言天威之切近也。❿小白余　小白，齊桓公名。小白余，猶言余小白也。⓫隕越　隕，顚也。越，墜也。⓬遺　貽也。⓭登受　登，升也，升階而受胙也。

【語譯】齊桓公在葵丘的地方會合諸侯，重申舊結盟，並且增進彼此友好的關係，這是合禮的。

周襄王派宰孔賜給齊桓公一塊祭肉；說：「天子因爲在文王與武王廟內有祭事，特地差我把這塊祭肉賜給伯舅。」齊侯要下階拜賜，宰孔說：「且慢！還有後命哩。天子叫我對你說：『因爲伯舅年老，且對王室有功，加賜一級，不必下階拜謝了。』」

齊桓公回答說：「天子的威嚴，時時就在面前，我小白怎敢貪圖天子的寵命，而不下階拜謝呢？恐怕貪了就要得罪上天，使我顚墜，反使得天子蒙羞。我豈敢不下階拜謝。」說完便下階拜謝，然後才登階受賜。

【文章分析】本文選自左傳魯僖公九年，爲敘記類的古文。記述周襄王賜齊桓公胙肉，齊桓公下拜接受的故事。

齊桓公是春秋有名的霸主，九合諸侯，一匡天下，表現非常特出；然而在他的功績中，最爲人所稱道的，莫過於「尊王攘夷」，這不但是戰國時有勢的諸侯所做不到的，在春秋時期，也沒有多少諸侯可以做到。讀者參閱本書「王孫滿對楚子」一篇，就知道當時諸侯的無禮和野心了，所以齊桓公能對周天子禮敬，自然就成了他的霸業。

全文很短，而下拜的字樣，用了五次之多，一個賜兗，一個堅持下拜，尊王之意，乃充分流露在字裏行間。

陰飴甥對秦伯

僖公十五年　　左傳

十月，晉①陰飴甥②會秦伯③，盟于王城。秦伯曰：「晉國和乎？」對曰：「不和。小人恥失其君④，而悼喪其親，不憚征繕⑤，以立圉⑥也。曰：『必報讎，寧事戎狄⑦。』君子愛其君而知其罪，不憚征繕，以待秦命⑧。曰：『必報德，有死無二。』以此不和。」

秦伯曰：「國謂君何⑨？」對曰：「小人慼⑩，謂之不免⑪。君子恕⑫，以爲必歸。小人曰：『我毒秦⑬，秦豈歸君？』君子曰：『我知罪矣，秦必歸君。』貳而執之，服而舍之，德莫厚焉！刑莫威焉！服者懷德，貳者畏刑。此一役也⑭，秦可以霸。納而不定，廢而不立⑮，以德爲怨，秦不其然。」

秦伯曰：「是吾心也。」改館晉侯，饋七牢⑯焉。

【註釋】①晉　見前宮之奇諫假道篇。②陰飴甥　晉大夫。飴名。甥者，晉侯之甥也。食邑於陰，遂以爲氏。③秦伯　秦，嬴姓之國。秦伯，指秦穆公，名任好，春秋五霸之一。勤政愛民，獨霸西戎，銳意向東方發展。④君　指晉惠公，名夷吾，獻公子。⑤不憚征繕　不以賦車馬、治兵甲爲難。此言必欲致秦於死地也。⑥圉　晉懷公，名圉，惠公太子。⑦戎狄　夷狄。⑧秦命　秦歸惠公之命也。⑨國謂君何　猶言國人以爲君下場如何也。⑩慼　憂愁也。⑪不兗不免秦害也。⑫恕 君子以己之心，度人之心，故曰恕。⑬我毒秦 晉饑，秦予之粟；秦饑，則閉糴不施，是毒害也。⑭此一役也 服虔以爲秦擒惠公于韓原之役；杜預則以還惠公，可當一事之功役也。⑮納而不定廢而不立 始納之，是德也；今廢之，是變德爲怨也。⑯饋七牢 周禮掌客：「侯伯饗飧七牢。」牛羊豕各一，爲一牢。因欲歸惠公，故禮遇之。

【語譯】十月，晉國的陰飴甥和秦穆公在秦國的王城地方訂立和約。秦穆公說：「晉國和睦嗎？」飴甥回答說：「不和。百姓們都以國君被俘而感到羞恥；並且以作戰的親人被殺而感到悲痛，所以不怕賦車馬、治兵甲的困難，立太子圉做國君；說：『一定要報讎！寧願屈事戎狄。』在上位的人，愛惜國君，並且知道自己的過失；也不怕加重賦稅，修治兵甲，以等待秦國放回國君的命令，說：『秦國的大恩一定要報答的，至死不變。』因此不和。」

秦穆公說：「晉國的人對晉君的前途，看法如何？」飴甥回答說：「百姓們很憂慮，以爲國君一定會被秦國殺害的。在上位的人，很有恕心，以爲秦國一定會將國君送回的。百姓說：『我們對秦國恩將讎報，秦國哪裏還肯將國君送回呢？』在上位的人說：『我們已經認罪了，秦國一定會將國君送回的！』晉君有二心，就把他捉去；認罪以後，就把他釋放，這是最厚的恩德，最嚴的刑罰啊！服罪的懷念秦國的恩德；有二心的畏懼秦國的刑罰。這一次韓原戰役，秦國可以完成霸業了。秦國起先已接納了晉君，若是又把他廢棄了，這是把恩德變爲怨讎，我看秦國一定不會這樣做的。」

秦穆公說：「這正是我的意思啊！」於是把晉惠公遷到賓館去居住，贈送他七副牛、羊、豕等食品。

【文章分析】本文選錄自左傳魯僖公十五年，爲敍記類的古文。記述魯僖公十四年，秦國饑荒，晉國閉糴不救，於是十五年九月秦穆公伐晉，交戰結果，俘虜了晉惠公。此時秦國大臣有兩派意見，一派主張殺晉惠公而滅晉，一派主張晉未可滅，不如把晉惠公送歸晉國，乘機議和，取得優厚的條約。十月，秦穆公與陰飴甥會於王城，穆公的意思，就是要看看晉國內部的情形，可滅則滅，可和則和。

全文語勢變幻，陰飴甥利用君子小人的對比，說盡晉國對秦國的觀感，而晉國內部的情勢，卻絲毫不洩，秦伯無機可乘，只好優禮惠公，和成了事。

子魚論戰

僖公二十二年　　左傳

楚❶人伐宋以救鄭❷，宋公❸將戰。大司馬固諫❹曰：「天之棄商久矣！君將興之，弗可赦也已❺。」弗聽。

及楚人戰于泓❻，宋人既成列，楚人未既濟❼。司馬曰：「彼眾我寡，及其未既濟也，請擊之。」公曰：「不可。」既濟，而未成列，又以告。公曰：「未可。」既陳❽而後擊之，宋師敗績❾。公傷股❿，門官⓫殲焉。

國人皆咎⓬公。公曰：「君子不重傷⓭，不禽二毛⓮。古之爲軍也，不以阻隘⓯也。寡人雖亡國之餘，不鼓不成列⓰。」子魚曰：「君未知戰。勍敵⓱之人，隘而不列，天贊我也。阻而鼓之，不亦可乎？猶有懼焉！且今之勍者，皆吾敵也。雖及胡耇⓲，獲則取⓳之，何有於二毛？明恥教戰，求殺敵也。傷未及死，如何勿重？若愛重傷，則如⓴勿傷。愛其二毛，則如服焉！三軍以利用也㉑，金鼓以聲氣也㉒，利而用之，阻隘可也。聲盛致志，鼓儳㉓可也。」

【註釋】❶楚 見前季梁諫追楚師篇。❷鄭 見前鄭伯克段于鄢篇。❸宋公 宋襄公，名茲父。宋爲紂庶兄微子封國，故爲商之後。❹大司馬固諫 大司馬掌軍旅之事，此指司馬子魚，宋襄公庶兄，仁愛多智。固諫，堅諫、強諫也。❺弗可赦也已 左傳會箋：「赦通釋，解也。言天固棄之，君將興之，是違天舉事，必得罪於天，不可解脫也。」也已，猶言「也矣」。❻泓 泓水，在今河南柘城縣北。❼濟 渡也。❽陳 同陣。❾敗績 大敗。❿股 大腿。⓫門官 君主近衞，在國守門，師行則在君之左右。⓬咎 罪也。⓭君子不重傷 此言君子有仁心，敵已受傷者，不再殺害。⓮不禽二毛 禽同擒。二毛謂毛髮有黑白二色者，卽年老者頭髮由黑轉白也。⓯不以阻隘 阻，扼也。左傳會箋：「言不扼敵於險隘之地也。」⓰不鼓不成列 鼓，擊也。此言不攻尚未列陣之敵。⓱勍敵 卽強敵。⓲胡耇 元老也。指年老之人。⓳取 古時掠物、奪地、殺人，皆曰取。此言殺人。⓴如 左傳會箋：「如，猶不如。」㉑三軍以利用也 古時萬二千五百人爲軍，周制天子六軍，大國三軍。春秋時各國僭制者多，又以爲軍隊之通稱。此言三軍必以戰有利而動用也。㉒金鼓以聲氣也 金，鐃也。鐃鼓皆古時軍中司號令之樂器。此言以鐃鼓振奮士氣也。㉓儳 不整也。鼓儳謂於敵不成列時擊之也。

【語譯】楚國爲援救鄭國而去攻打宋國，宋襄公準備應戰。大司馬子魚竭力勸諫說：「上天廢棄商朝已經很久了，您想要振興商朝，那是不可能的事，還是放過他們罷！」宋襄公不聽。

宋襄公和楚國在泓水交戰。宋國的軍隊已經排好陣勢，楚軍卻還沒全部渡過泓水。司馬子魚說：「他們人多，我們人少，趁他們還沒有全部渡過泓水來的時候，請下令攻擊他們。」宋襄公說：「不可以這樣做。」等到楚軍全部渡過泓水，但是還沒擺好陣勢，子魚又勸告襄公下令攻擊。宋襄公說：「還不可以。」等到楚軍擺好陣勢，然後才進攻，結果宋軍大敗。宋襄公的股部受傷，連左右的衞士都陣亡了。

宋國全國上下都怪罪宋襄公。宋襄公說：「君子不再殺害已經受傷的敵人，也不俘虜頭髮斑白的老人。古人用兵，不藉險隘的地形來阻擋敵人。我雖然是亡國的後代，但還不肯做攻擊尚未排好陣勢敵人的事。」子魚說：「您不了解戰爭。強大的敵人，在險地中來不及佈陣，那是天助我們。我們迫近去襲擊他，又有什麼不可以呢？只恐還未必獲勝呢！且說現在跟我們作戰的就是敵人，卽使七八十歲頭髮全白的老頭子，也要把他抓到殺掉，何況只是頭髮斑白的人呢？闡明恥辱來鼓勵士氣，就是要求消滅敵人！受傷還沒有死亡的敵人，爲什麼不能再殺死他呢？若是不忍心殺害受傷的敵人，那就乾脆不要傷他；若是不忍俘虜頭髮斑白的敵人，那就不如投降敵人。軍隊是爲戰爭有利而發動的；鐃鼓都是用來振奮士氣的。既是爲了有利戰爭才發動軍隊，那麼利用險隘的地方與敵人相抗，當然是可以的；鐃鼓既是用來鼓勵士氣，那麼攻擊尚未擺好陣勢的敵人，當然也是可以的呀！」

【文章分析】本文選自左傳僖公二十二年，爲論辨類的古文。是時宋襄公與楚爭霸，怒鄭伯如楚，於是起兵伐鄭。楚國援救鄭國，宋襄公與楚軍遂戰於泓水之上，襄公在戰場上高揭仁義，結果大敗，傷股而卒。

首段述子魚勸諫襄公勿與楚戰，未蒙見聽。本書曾選有曹劌論戰一文，敍述戰爭有可勝之道，方始作戰。子魚勸諫襄公，也本此意；可惜襄公勿聽，宜其兵敗身卒也。

子魚認爲作戰以求勝爲目的，所謂「明恥敎戰，求殺敵也。」但襄公處處在戰場講仁義，無怪人批評他假仁假義，適成其愚了。

寺人披見文公

僖公二十四年

左傳

呂郤❶畏偪，將焚公宮而弒晉侯❷。寺人披❸請見，公使讓❹之，且辭❺焉。曰：「蒲城之役❻，君❼命一宿，女❽卽至。其後余從狄君❾以田渭濱，女爲惠公❿來求殺⓫余，命女三宿，女中宿⓬至。雖有君命，何其速也？夫袪⓭猶在，女其行乎！」

對曰：「臣謂君之入也，其知之矣⓮。若猶未也，又將及難。君命無二，古之制也。除君之惡，唯力是視⓯。蒲人狄人，余何有焉⓰？今君卽位，其無蒲狄乎⓱？齊桓公⓲置射鉤而使管仲⓳相，君若易之，何辱命焉⓴？行者甚眾，豈唯刑臣㉑？」

公見之，以難告㉒，晉侯潛會秦伯㉓于王城㉔。己丑晦㉕，公宮火，瑕甥㉖郤芮不獲公。乃如河上，秦伯誘而殺之。

【註釋】❶呂郤 呂，呂甥，卽陰飴甥，又食邑於呂，故曰呂甥。郤，郤芮，亦晉惠公舊臣。❷晉侯 指晉文公，名重耳，晉惠公兄，繼惠公立。❸寺人披 寺人，宦官。披，人名。❹讓 責也。❺辭 拒也。此謂拒而不見。❻蒲城之役 蒲城，地名，在今陝西省。蒲城之役在魯僖公五年。文公居蒲，獻公命寺人披伐蒲。❼君 指文公父晉獻公也。❽女 汝也。❾狄君 夷狄之君。❿惠公 名夷吾，文公弟，詳見前陰飴甥對秦伯篇。⓫求殺 尋求殺害也。⓬中宿 間一宿也，卽兩日一夜。⓭袪 衣袂也。蓋言披所斬文公衣袂也。⓮其知之矣 有二解：杜預注：「知君人之道也。」左傳會箋：「言知己所以欲速殺文公之事理矣。」會箋爲長。⓯唯力是視 視個人能力所及而行也。⓰余何有焉 左傳會箋：「何有焉，易之之辭，言視之猶無也。」此釋披之未殺文公，非不能也，乃不爲也。⓱其無蒲狄乎 猶言豈無蒲狄之禍也。⓲齊桓公 齊，國名，見前石碏諫寵州吁篇。桓公名小白，春秋五霸之一。⓳管仲 齊人，名夷吾，字仲，諡敬，亦稱敬仲。初事齊公子糾，與公子小白爲敵，嘗射中小白衣帶之鉤。小白立，不念舊惡，以管仲爲相，尊周攘夷，九合諸侯，一匡天下，桓公尊爲仲父。論語憲問：「微管仲，吾其被髮左衽矣。」⓴君若易之何辱命焉 左傳會箋：「君若不爲齊桓，臣亦何爲於是邦乎？」㉑刑臣 宦官必宮，故稱刑臣，猶言刑餘之臣也。㉒以難告 以呂甥、郤芮欲發難之事告之。㉓秦伯 秦穆公。前文公避驪姬之難於秦時，穆公妻以宗室女。曰文嬴。㉔王城 秦地。㉕晦 陰曆月末之日。㉖瑕甥 卽呂甥，亦食邑瑕，故曰瑕甥，或曰瑕呂甥。

【語譯】晉惠公的舊臣呂甥和郤芮，爲了怕受晉文公的迫害，準備放火燒掉晉文公的宮室，並且把他殺死。一個名叫披的宦官求見文公告密，文公不肯見他，並且派人責備他，說：「你到蒲城來殺我的那回事情，獻公限你隔夜趕到，你卻當天就趕到了。以後我逃到狄國，跟狄君在渭水旁邊打獵。你爲惠公來搜殺我，惠公限你三天趕到，你卻兩天就趕到了。雖然說是奉了國君的命令，但是爲什麼要那麼快呢？在蒲城被你割下的衣袂還在呢，你還是趕快走吧！」

披回答說：「我以爲您這次回來，應該了解我的苦心了。假如還不了解的話，恐怕又要遭禍難了。接受君命，說一不二，這是古代的遺制啊！爲君除害，只有盡我的能力去做；況且眞正說來，蒲人狄人都是不堪一擊的啊！再說您做了國君，難道就沒有像在蒲地狄地時所遭遇的禍難了嗎？齊桓公不念管仲箭射帶鉤的舊怨，叫管仲做宰相；您若不能學習桓公的作法，那麼不必您下命令，我自己就會離開的；只恐要走的人還很多，豈止我一人而已？」

文公聽了，便趕快召見。披就把呂甥、郤芮要發難的事告訴文公。文公就暗暗到秦國的王城地方去會見秦穆公。月底己丑那一天，火燒公宮，呂甥、郤芮搜索不到文公，就趕到河上，秦穆公用誘兵之計把他們都殺掉了。

【文章分析】此篇爲敍記類的古文。敍述晉文公初卽位時，惠公舊臣呂甥、郤芮等密謀殺害文公，宦官披前向文公告密的故事。

文公因以前披有兩次加害自己的事跡，很討厭他。披於是說出自己對文公的一片忠心。蒲城、渭濱兩役，披並非不能殺文公，而是不欲殺文公。若是想殺文公，恐怕不光是割下文公的衣袂，而是連頭也割下來了。披說：「蒲人狄人，余何有焉？」可以說是不欲殺文公最好的證據，因爲蒲狄的力量實在不能和晉相比；披眞想殺文公，文公又哪能逃得掉呢？

其次，披又舉出齊桓公不念舊惡，以管仲爲相的例子。說明成大業，立大功的雄君霸主，必須有開闊的心胸，時時爲國家著想，而捐棄個人的私怨。文公究竟是個賢君，經披這樣一點醒，就豁然大悟了。

披的說辭，面面俱到，爲故君的忠，於新君的恩，最後責以大義，使人肅然！披雖然是個刑餘之人，但的確是一個了不起的人才啊！

介之推不言祿

僖公二十四年　左傳

晉侯❶賞從亡者❷，介之推❸不言祿❹，祿亦弗及。

推曰：「獻公❺之子九人，唯君在矣。惠、懷❻無親，外內棄之。天未絕晉，必將有主。主晉祀者，非君而誰？天實置之，而二三子以爲己力，不亦誣乎？竊人之財，猶謂之盜；況貪天之功，以爲己力乎？下義❼其罪，上賞其奸；上下相蒙❽，難與處矣。」

其母曰：「盍亦求之？以死，誰懟❾？」對曰：「尤而效之，罪又甚焉！且出怨言，不食其食。」其母曰：「亦使知之，若何？」對曰：「言，身之文❿也。身將隱⓫，焉用文之？是求顯⓬也。」其母曰：「能如是乎？與汝偕隱。」遂隱而死。

晉侯求之不獲，以緜上⓭爲之田，曰：「以志吾過，且旌善人。」

【註釋】❶晉侯　卽晉文公，詳見上篇。❷從亡者　從文公出亡在外之衆臣，如狐偃、趙衰之屬也。❸介之推　介推也。之字爲氏名之間助聲者，因音節之便也。介推亦從亡之臣。❹祿　功也。❺獻公　文公父。❻惠懷　惠，晉惠公，名夷吾，文公弟。懷，惠公子，名圉。❼義　動詞，此言反以其罪爲義也。❽蒙　蒙蔽之義。❾以死誰懟　懟，怨也。此言不求而死，死而怨誰也。❿身之文　文，飾也。此謂人之有言，粉飾自身而已。俗語臉上貼金，此之謂也。⓫隱　謂隱居也。⓬顯　顯達也。⓭緜上　江永曰：「今山西沁州府介休沁源之間有緜上。」緜上卽介山，介推死於是，後因以名縣。

【語譯】晉文公封賞跟他一起流亡的臣子。介之推不提自己的功勞，因此也沒有得到利祿。

介之推嘆道：「獻公有九個兒子，現在只剩下君主一個了。惠公、懷公沒有得力的大臣，因此國內國外都摒棄他們。天還沒有棄絕晉國的話，一定要替晉國立一個君主的。主持晉國宗廟祭祀的人，除了君主，還會有誰呢？這實在是上天的安排啊！然而這般從亡的臣子，個個都以爲是自己的功勞，這不是欺騙麼？偷取別人的錢財，尚且叫他做盜賊；何況是奪取上天的功勞，作爲自己功勞的呢？在下的把罪惡當作忠義；在上的反而去封賞那些邪惡的人；上下互相蒙蔽，這就難跟他們相處了。」

介之推的母親說：「你何不也去討賞呢？沒有得到封賞而死的話，死了怨誰？」介之推說：「既歸咎他們，又去效法他們，罪惡更重了；況且已經口出怨言，決不能再吃他的俸祿了。」介之推的母親說：「也讓他知道知道，你看如何？」介之推說：「語言是紛飾自己的。我就要隱居了，何必藉語言來紛飾自己呢？這明明是求顯榮了。」介之推的母親說：「你眞的能夠這樣嗎？我就跟你一起去隱居罷。」於是從此隱居，一直到死。

晉文公找介之推不著，就把緜上作爲介之推的祭田，說：「這是用來標示我的過失；並且表揚好人。」

【文章分析】本文選自左傳魯僖公二十四年，爲敘記類的古文。敘述晉文公重耳返國卽位，從行諸臣，紛紛爭功，而介之推廉潔自守，獨不言祿的故事。

古代賢人，得力於賢母之敎者很多，像介之推就是一例。看本文描述介之推的母親，有三樣寫法。首先說：「盍亦求之，以死誰懟？」這是一種反激的說法；其次說：「亦使知之，若何？」觀察介之推是否有不平憤憤之心，若有此心，卽尙未脫離功名利祿的觀念；等到介之推說出「焉用文之」的話，便加以鼓勵說：「能如是乎？與女偕隱！」可見介之推的淸高，多半是他的母親所成全的。

展喜犒師

僖公二十六年　　左傳

齊孝公❶伐我❷北鄙。公❸使展喜❹犒❺師，使受命于展禽❻。

齊侯❼未入竟❽，展喜從之，曰：「寡君聞君親舉玉趾，將辱於敝邑，使下臣❾犒執事❿。」齊侯曰：「魯人恐乎？」對曰：「小人⓫恐矣，君子則否。」齊侯曰：「室如懸罄⓬，野無青草，何恃而不恐？」對曰：「恃先王⓭之命。昔周公大公⓮，股肱⓯周室，夾輔⓰成王。成王勞之，而賜之盟，曰：『世世子孫，無相害也。』載在盟府⓱，太師職之⑱。桓公是以糾合諸侯，而謀其不協，彌縫⑲其闕⑳，而匡㉑救其災，昭舊職㉒也。及君卽位，諸侯之望㉓曰：『其率㉔桓之功。』我敝邑用不敢保聚㉕，曰：『豈其嗣世九年，而棄命廢職？其若先君何㉖？君必不然。』恃此以不恐。」

齊侯乃還。

【註　釋】❶齊孝公　齊桓公之子。❷我　指魯國。❸公　指魯僖公，名申。❹展喜　魯大夫。展，姓；喜，名也。魯語作乙喜。乙，字也。❺犒　勞也。❻展禽　卽柳下惠。姓展，名獲，字禽，食邑柳下，諡曰惠，展喜之兄也。❼齊侯　指齊孝公。❽竟　通「境」。❾下臣　賤臣也。此自謙之辭。❿執事　供使令之人。此指齊孝公之隨從衆臣也。⓫小人　指百姓。⓬室如懸罄　罄，樂器，中空。此言百姓貧乏，家無儲蓄，止餘屋舍，兩脊高起，兩簷下垂，望之恰如磬形也。左傳會箋：「計其時，魯必有旱荒，史佚之耳。」⓭先王　指周成王。⓮周公大公　周公，名旦。大公，卽呂望，名尙。⓯股肱　自髀至膝曰股；自肘至腕曰肱。此言周室之有二公，猶人之有股肱，足以自衞也。⓰夾輔　左右挾之爲夾。輔，助也。⓱盟府　司盟之府。掌管盟約者也。⓲太師職之　職，主掌也。呂望爲周太師，兼主司盟之官也。⓳彌縫　補救也。⓴闕　通「缺」。㉑匡　救也。㉒舊職　此言舊時太公呂望之職也。㉓諸侯之望　謂諸侯希望之所及也。㉔率　遵也。㉕保聚　聚衆保守之意。㉖其若先君何　猶言無以對太公桓公也。

【語　譯】齊孝公攻打魯國北面的邊境。魯僖公派展喜前去犒勞齊軍，並且叫他先到展禽那裏，討敎犒師的辭令。齊孝公尙未進入魯國國境，展喜就去見他，說：「我國國君聽說您親自光臨我國，所以特地差賤臣我前來慰勞貴國的執事。」齊孝公說：「魯國害怕嗎？」展喜回答說：「百姓們很害怕，但是朝中的大臣卻不害怕。」齊孝公說：「你們國中，室空如洗，像掛起來的磬一樣。而且野無青草，究竟仗著甚麼而不覺得害怕呢？」展喜回答說：「我們所仗的是先王的命令罷了。從前周公跟太公擁護王室，輔功天子，好似股肱一般。成王犒勞他們，就賜給他們盟約說：『世世代代，子子孫孫，勿相殺害！』這誓約就藏在盟府，由太師執掌。因此桓公九次聯合諸侯，來調解他們的糾紛，彌補他們的過失，挽救他們的災害，這就是要昭明舊時太公的職務罷了。等到您即位以後，大家都盼望著說：『君王一定能夠繼承桓公的功業。』因此我國不敢私自發展武力，以圖保守，心想：『難道他接位才九年，就拋棄先王的命令，荒廢自己的職務了嗎？如果眞是這樣，那又如何對得起太公、桓公呢？您一定不會這樣做的。』我國執政的君子，仗著這樣的想法，所以不覺得害怕。」

齊侯聽了這話，就收兵回去了。

【文章分析】本文選自左傳魯僖公二十六年，爲敍記類的古文。敍述魯國展喜犒齊師之說辭。

全文共分三段，首段述僖公使展喜犒師，而使受命於展禽。可見展喜之說辭，大半都是出於展禽。孟子稱展禽爲聖人，此篇說辭，出於展禽，其佳妙可見。次段述展喜之說辭，大義凜然，而又委婉動聽，使齊孝公一無措口之餘地。三段僅一句「齊侯乃還」，寫得乾淨俐落之至。

燭之武退秦師

僖公三十年　　左傳

晉侯❶秦伯❷圍鄭❸，以其無禮於晉❹，且貳於楚❺也。晉軍函陵❻，秦軍氾南❼。

佚之狐❽言於鄭伯❾曰：「國危矣！若使燭之武❿見秦君，師必退。」公從之。辭曰：「臣之壯也，猶不如人。今老矣，無能爲也已。」公曰：「吾不能早用子，今急而求子，是寡人之過也。然鄭亡，子亦有不利焉。」許之，夜縋而出⓫。見秦伯曰：「秦晉圍鄭，鄭既知亡矣。若亡鄭而有益于君，敢以煩執事⓬。越國以鄙遠⓭，君知其難也。焉用亡鄭以陪鄰⓮？鄰之厚，君之薄也。若舍鄭以爲東道主，行李⓯之往來，共其乏困，君亦無所害。且君嘗爲晉君賜矣⑯，許君焦瑕⑰，朝濟而夕設版焉⑱，君之所知也。夫晉，何厭⑲之有？既東封⑳鄭，又欲肆㉑其西封，若不闕㉒秦，將焉取之？闕秦以利晉，唯君圖之。」

秦伯說㉓，與鄭人盟。使杞子、逢孫、楊孫㉔戍之㉕，乃還。

子犯㉖請擊之，公曰：「不可，微夫人㉗之力不及此。因人之力而敝之，不仁；失其所與㉘，不知；以亂易整㉙，不武。吾其還也。」亦去之。

【註釋】❶晉侯　指晉文公。❷秦伯　指秦穆公。❸鄭　國名，見前鄭伯克段于鄢篇。❹無禮於晉　晉文公出亡時過鄭，鄭不以禮待之也。❺貳於楚　貳謂不專服晉，有二心也。❻函陵　鄭地名，在今河南開封新鄭縣北十三里。與氾甚近。❼氾南　氾水之南。氾在今河南開封中牟縣南。❽佚之狐　鄭大夫。❾鄭伯　指鄭文公。❿燭之武　鄭大夫，以邑爲氏，燭城在今河南新鄭縣。⓫夜縋而出　以繩懸城而出也。必以夜者，懼晉覺也。⓬敢以煩執事　執事謂供使令之人，此處指秦大夫也。此猶言若亡鄭於秦有益，則值得勞師動衆。⓭越國以鄙遠　越過別國而以遠方的土地作爲邊邑。鄙，邊邑；此作動詞。遠，指遠方。⓮陪鄰　陪，益也，於鄰有益也。鄰，指晉。晉與秦爲鄰。⓯行李　行人之官。⓰嘗爲晉君賜矣　賜，恩惠也。晉君，指晉惠公，詳見前陰飴甥對秦伯篇。⓱焦瑕　焦本晉同姓國，爲晉所滅，遂爲晉地，今陝縣南二里有焦城。瑕亦晉地，陰飴甥食邑於瑕，故又稱瑕甥也。⓲朝濟而夕設版焉　言晨渡河而夕即築牆版以距秦，此謂背秦之速也。⓳厭　同饜，滿足也。⓴封　開闢疆域也。㉑肆　伸張也。㉒闕　損也。削小之意。㉓說　通悅。㉔杞子逢孫楊孫　皆秦大夫，逢孫、楊孫皆複姓。㉕戍之　助鄭守也。㉖子犯　即狐偃，字子犯，晉大夫，文公之舅。㉗微夫人　微，無也。夫，語辭。夫人，猶言此人，指秦穆公。㉘失其所與　與，指友邦。左傳會箋：「今擊之，則失與國也。」㉙以亂易整　杜預注：「秦晉和整，而還相攻，更爲亂也。」

【語譯】晉文公、秦穆公圍攻鄭國，因爲鄭國曾對晉文公無禮，而且又不能專心順服晉國，暗中還想和楚國勾結。晉軍駐紮在函陵，秦軍駐紮在氾水之南。

佚之狐對鄭文公說：「國家很危急了！假若派燭之武去游說秦穆公的話，秦軍一定會撤退的。」鄭文公聽從他的話去請燭之武。燭之武推辭說：「我在壯年的時候，才能還比不上人家；現在老了，更是不能再做什麼事了！」鄭文公說：「我不能早用你，現在事情危急了，才來請你幫忙，這實在是我的過失啊！不過鄭國亡了，對你也有不利的呢！」燭之武就答應去做說客。到了晚上，偷偷地用繩子吊到城外去。

燭之武見了秦穆公說：「秦晉兩個大國聯合圍攻鄭國，鄭國已經自知要亡了。如果鄭亡了對秦國有好處的話，實在還值得您勞師動衆的；越過別國，而以遠方的土地作爲自己的邊邑，想您也知道是不容易的吧！這樣說來，您何必滅掉鄭國來增加鄰國的土地呢？鄰國壯大了，就顯得貴國弱小了。您如果肯放過鄭國，以後秦國的使者過往，鄭國還可以供應一切的補給品，盡個地主之誼。對秦國又有什麼不好呢？並且您也曾對晉惠公有過恩惠的，惠公當時答應將焦、瑕兩地讓給秦國，誰知早上渡河，晚上已經築起牆板來抵抗秦國了。這是您知道的啊！再說晉國何嘗有滿足的時候，滅掉鄭國，開拓了東面的邊境，一定又要擴展他西邊的領土了。那時除了侵削秦國的土地以外，又從哪裏去擴展呢？損秦來利晉，還是請您好好考慮考慮吧！」

秦伯聽了，很是高興，就與鄭國訂了盟約，派杞子、逢孫、楊孫屯兵守在鄭國，自己就返國了。

晉國的子犯請晉文公下令去攻打秦軍。晉文公說：「不行！若沒有秦穆公的幫助，我哪能有此地位？靠了別人的力量，再去傷害他，這是不仁；失掉盟國，這是不智；本是同心協力，卻變得自相殘殺，這是不武！我們還是回去吧！」於是晉國也退兵了。

【文章分析】本文選自左傳魯僖公三十年，爲敘記類的古文。敘述鄭大夫燭之武，單人說服秦國退兵之事。

鄭是小國，而且處在晉、秦、楚等大國之間，其處境之難可見；而鄭國所以能求生存者，也只有使晉、秦等大國相互矛盾，乃能在夾縫中苟安。看燭之武說秦穆公之詞，純以鄭亡對秦不利，鄭存對秦有益說之，使得秦穆公悅而結盟，眞是高度的外交手法。

晉國的子犯要伐秦不守信約，晉文公以伐秦爲不仁、不知、不武，終於振旅而還，也可見其霸主之器度，自有超乎常人者。

蹇叔哭師

僖公三十二年　　左傳

杞子❶自鄭❷使告于秦❸曰：「鄭人使我掌其北門之管❹。若潛師以來，國可得也。」穆公❺訪諸蹇叔❻。蹇叔曰：「勞師以襲遠❼，非所聞也。師勞力竭，遠主備之，無乃不可乎！師之所爲，鄭必知之，勤而無所，必有悖心。且行千里，其誰不知？」公辭焉。召孟明❽、西乞❾、白乙❿，使出師于東門之外。蹇叔哭之曰：「孟子，吾見師之出，而不見其入也。」公使謂之曰：「爾何知？中壽，爾墓之木拱矣⓫！」蹇叔之子與師，哭而送之，曰：「晉人禦師必於殽。殽有二陵焉，其南陵，夏后皋⓬之墓也。其北陵，文王之所辟風雨⓭也。必死是間，余收爾骨焉。」秦師遂東。

【註釋】❶杞子　秦大夫。❷鄭　國名，見鄭伯克段于鄢篇。❸秦　國名，見陰飴甥對秦伯篇。❹掌其北門之管　管都城北門的啟閉。管是管鑰、鎖鑰。周禮地官司門：「掌授管鍵，以啟閉關門。」❺穆公　秦穆公，名任好。❻蹇叔　秦穆公時賢大夫。❼勞師以襲遠　勞動軍隊以襲擊遠國。襲是攻其不備。❽孟明　名視，百里奚之子。❾西乞　名術，秦大夫。史記以為蹇叔子。❿白乙　名丙，秦大夫。⓫中壽爾墓之木拱矣　呂氏春秋安死篇：「中壽不過六十。」

兩手相合曰拱。言汝若中壽而死，則墓上之木已成拱矣，言其衰老失智而不可用。⑫夏后皋 夏桀祖父，爲夏朝第十五王，在位十一年。⑬文王之所辟風雨 周文王，名昌，姬姓。此謂深谷委曲，兩山相嶔，故可以避風雨。相嶔之山亦名嶔崟山，其深谷卽古今之所謂函谷。辟，通「避」。

【語　譯】杞子派人回國報告秦穆公說：「鄭國派我掌管北門的鎖鑰，如果偷偷發兵前來，就可以佔領鄭國了。」秦穆公去徵詢蹇叔的意見。蹇叔說：「勞動軍隊去襲擊遠方的國家，我沒聽過這種道理。兵一勞累，戰力就衰；加上對方有了準備，恐怕不成吧？出兵的行動，鄭國一定偵查得出來的；那麼勞苦而沒有所獲，軍心一定不順了。況且行軍千里，還有誰不曉得呢？」

穆公不聽蹇叔的勸諫，就命令孟明視、西乞術和白乙丙帶兵從東門出發。蹇叔哭著送他們說：「孟將軍，我只見軍隊出發，卻看不到他們回來啊！」

穆公叫人對蹇叔說：「你知道什麼？你要是中壽就死了的話，現在你墳上的樹已經長得合抱那麼粗了。」蹇叔的兒子也在軍隊中，蹇叔哭著送他說：「晉國的伏兵，一定在殽山。殽山有兩個陵：南陵是夏后皋的墓地；北陵是文王避風雨的地方。我料定你會死在那裏，讓我來收你的屍骨吧！」秦軍就此向東出發了。

【文章分析】本文選自左傳僖公三十二年，爲敍記類的古文。僖公三十年，鄭國與楚國通好，晉文公與秦穆公共圍鄭國，秦私與鄭議和，並且助鄭防晉，晉軍於是撤退。僖公三十二年，晉文公卒，鄭國又使杞子掌管北門，於是秦國想乘晉國新喪，無暇外顧之機，襲滅鄭國。結果被晉軍邀擊，全軍覆沒。

秦軍所以覆滅，穆公請教蹇叔之時，蹇叔已說得很明白：「勞師以襲遠，非所聞也。師勞力竭，遠主備之，無乃不可乎！」可惜穆公不聽，難怪蹇叔在師行之時，要一哭再哭，所謂「見師之出，而不見其入」，故爲不得不哭。如穆公兵敗嚮師而哭，可說已經晚了。

全文在左傳中記載極詳，別的文選採擇此篇的，都稱名爲「秦晉殽之戰」。本書節錄的，只是秦軍出師的一段，所以叫做「蹇叔哭師」。

卷二　周文

鄭子家告趙宣子

文公十七年

左傳

晉侯❶合諸侯于扈❷，平宋❸也。於是晉侯不見鄭伯❹，以為貳於楚❺也。鄭子家❻使執訊❼而與之書，以告趙宣子❽，曰：「寡君即位三年，召蔡侯❾而與之事君❿。九月，蔡侯入于敝邑以行。敝邑以侯宣多⓫之難，寡君是以不得與蔡侯偕。十一月克減⓬侯宣多，而隨蔡侯以朝于執事。十二年六月，歸生⓭佐寡君之嫡夷⓮，以請陳侯⓯于楚而朝諸君⓰。十四年七月，寡君又朝，以蕆⓱陳事。十五年五月，陳侯⓲自敝邑往朝于君。往年正月，燭之武往朝夷也⓳。八月，寡君又往朝。以陳蔡之密邇於楚，而不敢貳焉，則敝邑之故也。雖敝邑之事君，何以不免⓴？在位之中，一朝于襄，而再見于君。夷與孤之二三臣㉑，相及于絳㉒。雖我小國，則蔑㉓以過之矣。今大國曰：『爾未逞吾志。』敝邑有亡，無以加焉。古人有言曰：『畏首畏尾，身其餘幾㉔。』又曰：『鹿死不擇音㉕。』小國之事大國也，德，則其人也；不德，則其鹿也。鋌而走險㉖，急何能擇？命之罔極㉗，亦知亡矣。將悉敝賦以待於鯈㉘，唯執事命之。文公㉙二年，朝於齊㉚。四年，爲齊侵蔡，亦獲成於楚㉛。居大國之間，而從於強令，豈其罪也？大國若弗圖，無所逃命。」

晉鞏朔㉜行成於鄭，趙穿㉝公壻池㉞爲質焉。

【註釋】①晉侯　指晉靈公，名夷皋。②扈　鄭邑，在今河南原武縣西北。③平宋　與宋媾和。平，媾和。宋，國名，見臧武伯諫納郜鼎篇。④鄭伯　指鄭君穆公，名蘭。⑤貳於楚　謂不專服晉，暗中勾結楚也。楚，國名，見前季梁諫追楚師篇。⑥子家　鄭大夫，即公子歸生。⑦執訊　官名。掌通報訊息。鄭處大國之間，非文辭不爲功，故其官有執訊者，爲他國所無。⑧趙宣子　晉卿。即趙盾。⑨蔡侯　蔡，國名，見齊桓公伐楚盟屈完篇。蔡侯，指蔡莊公，名甲午。⑩君　指晉襄公。⑪侯宣多　鄭大夫，援立穆公有功，恃寵而專，終作亂也。⑫克減　猶消滅。克，制勝。滅，絕。⑬歸生　子家自稱其名。⑭嫡夷　嫡，嫡子，謂太子。夷，鄭太子名。⑮陳侯　陳，國名，見石碏諫寵州吁篇。陳侯，指陳共公，名朔。⑯君　此以下皆指晉靈公矣。⑰蕆　整也。整成前好也。⑱陳侯　指陳靈公。⑲燭之武往朝夷也　燭之武，鄭大夫。往朝夷，謂隨太子夷往朝晉也。⑳不免　不免罪也。㉑孤之二三臣　左傳會箋：「上文曰寡君，曰敝邑，歸生自述其意也。在位之中以下，乃代鄭伯自謂。故曰孤曰小國，曰在位之中，蓋既稱大子名，連稱己等，故代君以自謂也。」㉒絳　晉國都。故城在今山西翼城縣東南。㉓蔑　無也。㉔畏首畏尾身其餘幾　言首尾俱畏，則身中不畏者少也。㉕鹿死不擇音　左傳會箋：「鹿得美草，呦呦相呼。至於困迫將死，則不暇復擇善音也。」㉖鋌而走險　杜預注：「鋌，疾走貌。言急則欲蔭茠於楚，如鹿赴險之也。」左傳會箋：「鋌，金杖也。考工記以箭足入藁中者爲鋌，古義可見。鋌而走險，言鹿爲人所擊，而投身於絕險中也。」㉗命之罔極　罔，無也。言晉命無盡也。㉘將悉敝賦以待於鯈　賦，兵也。鯈，晉鄭邊境。㉙文公　鄭文公也。㉚齊　國名，見前石碏諫寵州吁篇。㉛獲成於楚　鄭與楚成也。成，議和也。㉜鞏朔　晉大夫。㉝趙穿　晉卿也。㉞公壻池　杜預以公壻池爲晉侯女壻，左傳會箋則以趙穿爲晉侯女壻。

【語　譯】晉靈公爲了與宋國媾和的事，在扈地會合諸侯。靈公以爲鄭穆公和楚國有勾結，所以不願見他。

鄭國的大夫子家，派了一個執訊，送信給晉國的趙宣子。信中說：「我國君卽位三年，便叫蔡侯一起來服事你們的襄公。九月，蔡侯到了我國，再出發到貴國去，我國因爲有侯宣多的禍亂，我君所以不能和蔡侯同來。到了十一月，平定了侯宣多，就跟著蔡侯來朝見襄公。十二年六月，歸生隨從我國的太子夷，到楚國去請陳侯來朝襄公。十四年七月，我國國君又來朝見，以完成與陳國和好的事。十五年五月，陳侯就從我國出發來朝見晉君。去年正月，燭之武又輔從太子夷同來朝見晉君。八月，我國君又來朝見。以陳蔡兩國跟楚國那樣接近，對晉也不敢有二心，這完全是因爲我鄭國的緣故。我國雖然這樣服事晉君，爲何還不能免罪呢？我在位之中，一次朝見襄公，兩次朝見靈公；太子夷和我的幾個臣子，又接連不絕到晉國的國都去。鄭國雖小，實在也沒有別的國像我們這樣盡情盡禮的了。現在大國又說：『你還沒有讓我滿意。』如此，我國只有滅亡而已，實在不能再增加事晉的禮數了。古語說：『怕頭怕尾，那身體中不怕的還剩多少呢？』又說：『鹿到臨死的時候，也不選擇鳴聲是否好聽了！』小國服事大國，有恩德的話，就會以人道來禮事大國；沒有恩德的話，就會像鹿一樣，受到打擊，就會逃到極險的地方。危急之間，哪裏還能夠選擇呢？晉國的命令，永無止盡的時候，鄭國也知道終究是要滅亡的啊！只得盡起國中的軍隊，在鯈地等待，聽您晉國的命令罷了！文公二年，我國也曾朝過齊國。四年，爲了齊國去攻打蔡國，也得成和於楚國。居於大國之間，而聽從強國的命令，哪裏算是罪呢？大國若是不體恤我們，我們終是沒有法子逃避你們的命令了。」

晉國便派鞏朔與鄭國議和，並以趙穿、公壻池兩人做人質。

【文章分析】本文選錄自左傳魯文公十七年，爲書說類的古文。是鄭國子家對晉卿趙盾表白鄭國態度之詞。

鄭國處在大國之間，平時飽受欺凌壓迫，心中自有一股不平之氣，所以說辭前半，自「寡君卽位三年」起，至「則蔑以過之矣。」猶逐年逐月述事奉晉國，唯恐不謹。自「今大國曰」起，則不免說得激動，平時所積聚的憤懣之氣，一股而出，最後「大國若弗圖，無所逃命！」一正義不屈，使得晉國也望而生畏，媾和了事，本文請參看本書子產壞晉館垣一篇，實有異曲同工之妙。

王孫滿對楚子

宣公三年　　左傳

楚子❶伐陸渾之戎❷，遂至于雒❸，觀兵于周疆。定王使王孫滿❹勞楚子。楚子問鼎❺之大小輕重焉。對曰：「在德不在鼎。昔夏之方有德也，遠方圖物，貢金九牧❻，鑄鼎象物，百物而爲之備，使民知神姦。故民入川澤山林，不逢不若❼。螭❽魅❾罔兩❿，莫能逢之。用能協于上下，以承天休⓫。桀有昏德⓬，鼎遷於商，載祀⓭六百。商紂暴虐，鼎遷于周。德之休明⓮，雖小，重也。其姦回⓯昏亂，雖大，輕也。天祚⓰明德，有所厎止⓱。成王定鼎于郟鄏⓲，卜世三十，卜年七百，天所命也。周德雖衰，天命未改。鼎之輕重，未可問也。」

【註釋】❶楚子　指楚莊王，名旅。❷陸渾之戎　允姓，先居瓜州，陸渾其別部也，在秦晉西北，爲秦晉遷於伊川，離周京師甚近，故楚遠涉中原，以撻伐之，效齊桓晉文尊周攘夷之霸業也。❸雒　同洛，周都洛邑也。❹王孫滿　周之王孫，定王大夫。❺鼎　指禹之九鼎。❻貢金九牧　九牧，九州之長。遠方以金屬貢於九牧，九牧收之，以獻于京師。❼不若　不順。左傳會箋：「不若即螭魅罔兩也。」❽螭　山神，其形如獸。❾魅　木石之精。❿罔兩　亦作魍魎，水怪也。⓫天休　天祐也。⓬昏德　昏亂之德，猶言惡德也。⓭祀　年也。⓮休明　美善而光明也。⓯回　邪曲。⓰天祚　祚，福也，賜也。⓱有所厎止　厎，至也，定也。此言不可移易也。⓲郟鄏　周地，在今河南洛陽縣西。

【語譯】楚莊王去討伐陸渾的夷人，於是到了洛邑，在周境檢閱軍隊示威。

定王派王孫滿去慰勞楚莊王，楚莊王問起九鼎的大小輕重。王孫滿回答說：「九鼎之可貴，在德而不在鼎。從前夏朝興盛的時候，遠方的人，都把奇珍異物，畫圖進獻；九州的長官，也把轄地所產的金屬進貢。禹王就把這些金屬，鑄造了九鼎，並在鼎上完備地鑄著各種物類的形象，使得老百姓知道何者爲神物，何者爲惡物。所以老百姓進入川澤山林，不會遭遇不利；螭魅罔兩，沒有一樣會碰上。因此上下和睦，能夠得到上天的保祐。到了夏桀的作爲，荒淫無道，九鼎便爲商湯所有了。經過了六百年，紂王暴虐無道，九鼎又被搬到周朝去了。道德善美而光明，那麼鼎雖小，還是很重的；若是姦邪淫亂，那麼鼎雖大，還是很輕的。上天降福給有德的人，是有所固定的。成王定鼎在郟鄏，曾經占卜過，可傳三十代，享國七百年，這就是上天的命令啊！周的道德，雖然不如以前，可是天命並未改變，這九鼎的輕重，是不可詢問的。」

【文章分析】本文選錄自左傳宣公三年，爲敍記類的古文。記述周大夫王孫滿答對楚莊王問鼎之言。

楚國強大之後，頗思齊桓晉文的功業，興師勤王，其故在此；然而楚莊王問鼎之大小輕重，不免原形畢露，充分表現他的野心。王孫滿一開口卽是「在德不在鼎。」石破天驚，給楚莊王一個當頭棒喝，最後又提出「周德雖衰，天命未改。」快言快語，使人讀來，暢通無比。

齊國佐不辱命

成公二年　　左傳

晉❶師從❷齊❸師，入自丘輿❹，擊馬陘❺。齊侯❻使賓媚人❼，賂以紀❽甗玉磬❾與地。不可，則聽客❿之所爲。

賓媚人致賂，晉人不可，曰：「必以蕭同叔子⓫爲質。而使齊之封內⓬，盡東其畝⓭。」

對曰：「蕭同叔子非他，寡君之母也。若以匹敵⑭，則亦晉君之母也。吾子布大命於諸侯，而曰必質其母以為信，其若王命⑮何？且是以不孝令也。詩曰：『孝子不匱，永錫爾類⑯。』若以不孝令於諸侯，其無乃非德類⑰也乎？先王疆理⑱天下，物土之宜而布其利。故詩曰⑲：『我疆我理，南東其畝⑳。』今吾子疆理諸侯，而曰盡東其畝而已，唯吾子戎車㉑是利，無顧土宜。其無乃非先王之命也乎？

反先王則不義，何以為盟主？其晉實有闕㉒。四王㉓之王也，樹德而濟同欲焉。五伯㉔之霸也，勤而撫之，以役王命。今吾子求合諸侯，以逞無疆㉕之欲。詩曰：『布政優優，百祿是遒㉖。』子實不優，而棄百祿，諸侯何害焉？

不然，寡君之命使臣，則有辭矣。曰：『子以君師辱於敝邑，不腆㉗敝賦，以犒從者。畏君之震㉘，師徒橈㉙敗。吾子惠徼㉚齊國之福，不泯㉛其社稷，使繼舊好。唯是先君之敝器土地不敢愛，子又不許，請收合餘燼㉜，背城借一㉝。敝邑之幸㉞，亦云從也。況其不幸，敢不唯命是聽！』」

【註釋】❶晉　國名，見前宮之奇諫假道篇。❷從　就也。就而擊之。❸齊　國名，見前石碏諫寵州吁篇。❹丘輿　齊邑，在今山東益都縣。❺馬陘　齊邑，在益都西南。❻齊侯　指齊頃公。❼賓媚人　齊卿，即國佐也，謚武。❽

紀　國名。滅於齊。⑨甗玉磬　甗，甑屬。玉磬，樂器。甗與玉磬，皆滅紀所得也。⑩客　指晉國。⑪蕭同叔子　蕭，國名，滅於楚。同叔，蕭君字，齊頃公外祖父。子猶女也。不言頃公母而言蕭同叔子者，鄙之也。⑫封內　疆域之內。⑬盡東其畝　使隴畝由東向西，以利晉之兵車通行也。⑭匹敵　猶言相等也。⑮王命　指先王以孝治天下之命。⑯詩曰孝子不匱永錫爾類　大雅既醉篇語。匱，乏也。類，朋類也。⑰德類　孝德之類也。⑱疆理　疆，畫經界。理，分地理也，分別地所宜之理，如高田宜黍稷，下田宜稻麥也。⑲詩曰　小雅信南山篇語。⑳南東其畝　南謂南北，東謂東西也，皆以地制宜而已。㉑戎車　兵車。㉒闕　失也，謂過失也。㉓四王　禹、湯、文、武。㉔五伯　夏伯昆吾，商伯大彭、豕韋，周伯齊桓、晉文。㉕無疆　猶言無盡。㉖詩曰布政優優百祿是遒　詩商頌長發篇。優優，寬和也。遒，聚集也。㉗腆　富厚也。㉘震　威嚴。㉙橈　曲也。㉚徼　要求也。㉛泯　滅也。㉜餘燼　喻戰敗之餘兵。㉝背城借一　背向齊國之城，更與晉一戰也。㉞幸　謂幸而得勝。

【語　譯】晉軍追趕齊軍，從丘輿打到馬陘。齊頃公差賓媚人把紀國的甗、玉磬和土地去送給晉國，假如再不肯議和的話，那就隨他們怎麼辦吧。

賓媚人把東西送去，晉人不肯議和，說：「一定要以蕭同叔的女兒做人質；而且齊國國內，所有的田隴，都要改成由東向西，才能談和。」

賓媚人回答說：「蕭同叔的女兒，不是別人，是我國君的母親啊！若以齊晉本是相等的國家說來，那麼也是晉君的母親啊！您現在號令諸侯，偏說要以人家的母親做人質，怎麼能符合先王以孝治天下的命令呢？況且這都是教導別人都做不孝的事情哩！詩說：『孝子的心，是那樣的無窮無盡，他能感動別人，推及朋輩。』若是以不孝來號令諸侯，恐怕不是把孝道感動別人，推及朋輩吧？先王把天下的土地畫經界，分地理，完全是依照物盡其宜，地盡其利的方針去做的，所以詩上說：『我畫經界，分地理，田隴該東向的東向；該南向的就南向。』現在您替諸侯畫經界；分地理，卻說田隴該全部東向。單單講究對您的兵車有利，而不顧土勢是否適宜，這恐怕也不是先王的命令吧！

違反先王，就是不義，如何可以做盟主呢？這實在是晉國的過失。禹湯文武的王天下，都是立德而濟人所同好的。五伯的為諸侯之長，都是勤勞地安撫諸侯，來服事王命的。現在您糾合諸侯，卻想滿足自己無盡的欲望。詩上說：『布政寬和，福祿就會聚集。』您實在太不寬和，而自棄福祿；對諸侯來說又有什麼害處呢？

您若一定不允求和的話，我君遣派我的時候，已經有這樣的話了：『勞動您的軍隊到我國來，我國也還有些不怎麼精良的士卒和兵車，可以抵擋晉軍。只是因為懼怕您的聲勢，兵士們士氣不振，就失敗了。由於您惠臨而求齊國的幸福，不使齊國滅亡，仍舊繼續兩國的和好。因此我們不惜拿先君遺下的器具土地，來獻給晉國。現在您又不允許。那麼我只有收拾殘兵，背向城牆，再和您決一死戰了！我國幸而勝利，也是會聽從晉國命令的；何況不幸失敗，又那敢不聽從您的命令呢！』」

【文章分析】本文選自左傳魯成公二年，為敘記類的古文。記述齊國國佐不辱使命，與晉國等議和事。

穀梁傳成公元年記載：「冬十月，季孫行父禿、晉郤克眇，衛孫良夫跛，曹公子手僂，同時而聘於齊。齊使禿者御禿者；使眇者御眇者；使跛者御跛者；使僂者御僂者，蕭同姪子處臺上而笑之。」齊國這樣做是非常不對的事，蕭同姪子一笑，更笑出了災禍。成公二年：「六月癸酉，季孫行父、臧孫許、叔孫僑如、公孫嬰齊，帥師會晉郤克、衛孫良夫、曹公子手，及齊侯戰于鞍，齊師敗績。」終於吃了敗仗，齊國求和，晉人提出兩個條件，一要以蕭同叔子為質；二要齊國的田地，盡東其畝。

蕭同叔子是蕭同姪子的母親，要以蕭同叔子為質，禍根就起在蕭同姪子的譏笑上。但是蕭同姪子與齊頃公是同母異父的兄妹，所以蕭同叔子也是齊頃公的母親，要以齊國國君之母做人質，這是齊國所無法接受的。其次，齊之封內，盡東其畝，以利晉國的兵車，失掉土宜不說，使齊國變成毫無防守，這也是齊國所無法接受的。

所以國佐開始先駁質母及東畝兩件事，繼而屢稱反先王之道，不可以為盟主。又以詩經之語作為總結，最後又再翻起，不惜背城借一，作一決戰。語雖婉轉，卻始終不肯乞哀，眞有大國之器度也。在這種情勢下，晉國等聯軍，終於與齊訂盟。

楚歸晉知罃

成公三年

左傳

晉❶人歸楚公子穀臣❷與連尹襄老❸之尸于楚，以求知罃❹。於是荀首❺佐中軍矣，故楚人許之。

王送知罃曰：「子其怨我乎？」對曰：「二國治戎⑥，臣不才，不勝其任，以爲俘馘⑦。執事⑧不以釁鼓⑨，使歸卽戮，君之惠也。臣實不才，又誰敢怨？」

王曰：「然則德我乎？」對曰：「二國圖其社稷而求紓⑩其民，各懲⑪其忿以相宥⑫也。兩釋纍囚⑬，以成其好。二國有好，臣不與及。其誰敢德？」

王曰：「子歸，何以報我？」對曰：「臣不任⑭受怨，君亦不任受德。無怨無德，不知所報？」

王曰：「雖然，必告不穀⑮。」對曰：「以君之靈⑯，纍臣得歸骨於晉。寡君之以爲戮，死且不朽。若從君之惠而免之，以賜君之外臣首⑰。首其請于寡君，而以戮於宗⑱，亦死且不朽。若不獲命，而使嗣宗職⑲。次⑳及於事㉑，而帥偏師㉒以修封疆㉓。雖遇執事，其弗敢違，其竭力致死，無有二心，以盡臣禮。所以報也！」

王曰：「晉未可與爭。」重爲之禮而歸之。

【註釋】①晉　國名，見前宮之奇諫假道篇。②楚公子穀臣　楚，國名，見前季梁諫追楚師篇。公子穀臣，楚王子也。③連尹襄老　連尹，楚官名。襄老，人名。④知罃　荀首之子。⑤荀首　卽知莊子，晉之上卿，食邑於荀。魯宣公十二年，晉楚交戰，楚獲知罃，知莊子乃射襄老，載其尸歸，又射穀臣，囚之。以今魯成公三年推之，事在九年之前也。❻治戎　猶言交戰。❼俘馘　猶言俘虜。❽執事　供使令之人也。❾釁鼓　殺人以血塗鼓也。❿紓　緩解也。⓫懲　止也。⓬宥　赦也。⓭纍囚　纍，繫也。囚，俘虜。⓮不任　未嘗。⓯不穀　穀，善也。不穀，諸侯自謙之詞。⓰靈　靈猶寵也。⓱外臣首　指知罃父荀首。大夫對於他國之君，稱外臣。⓲宗　宗廟也。⓳宗職　父職也。⓴次　輪次也。㉑事　軍事也。㉒偏師　全部軍隊中的一部分軍隊。㉓修封疆　治理疆域。

【語　譯】晉國把楚國的公子穀臣，以及連尹襄老的屍體，送還給楚國，以交換知罃。那時荀首已做到晉國中軍之佐，所以楚國便答應了。

楚王送知罃說：「你怨恨我嗎？」知罃回答說：「兩國交戰，我沒有才能，不能盡我的責任，以致做了俘虜。您不把我殺掉祭鼓，讓我回到本國去受罰，這是您的恩惠啊！我實在不才，又敢怨恨誰呢？」

楚王說：「那麼你感激我的恩德嗎？」知罃回答說：「晉楚兩國，爲謀國家的安定，解除百姓在戰亂中的痛苦，各自抑止以前作戰時的忿恨，互相原諒，兩國都釋放俘虜，以結成友好。兩國和好，和我並不相干，我又敢感激誰的恩德呢？」

楚王說：「你回國以後，如何報答我？」知罃回答說：「我未嘗受怨恨，您也未嘗受恩德，無恩無怨，我不知道報答些什麼？」

楚王說：「雖然這樣說，但是你還是一定要告訴我的！」知罃說：「靠您的恩惠，我這被俘的人能夠活著回晉國去。假如我君以國法把我殺掉，就是死也算不朽了；假如隨着君惠而赦免了我，把我交給荀首，荀首請求我君，准以家法把我在宗廟處死，我死了也是不朽的；假如不殺我，使我繼續父親的職務，輪到了服務軍隊的事情，帶領一部分軍隊，來保衛國境，那時雖然遇到您，我也不敢放棄我的責任的。盡忠而死，沒有二心，以盡我做臣子的道理。這就是我報答楚國的了。」

楚王說：「晉國實在是不能和他相爭的！」便加禮款待知罃，送他回國。

【文章分析】本文選錄自左傳魯成公三年，爲敍記類的古文。記述楚王放歸晉國知罃，兩人的一段對答。

晉楚兩國，在魯宣公十二年交戰，楚國俘虜了知罃，知罃的父親知莊子也俘虜了楚公子的穀臣，及射死了連尹襄老。此時知莊子已佐晉國中軍，位高權重，於是要以穀臣及連尹襄老之尸來交換知罃。

知罃是個鐵血軍人，所以答語非常慷慨激昂，一點也沒有奴顏婢膝忍辱偷生的意圖，尤其說：「無怨無德，不知所報。」一充分表現軍人的本色，最後「其竭力致死，無有二心」幾句，更流露出知罃盡忠報國的決心。

實際上楚國也不願縱虎歸山，放知罃回去的；但是畏知莊子的權勢，不得不放。楚王最後說：「晉未可與爭。」一言兩意，也可謂說出心中的隱衷了。

呂相絕秦

成公十三年　　　　左傳

晉侯[1]使呂相[2]絕秦，曰：「昔逮我獻公[3]及穆公相好[4]，戮力[5]同心，申[6]之以盟誓[7]，重之以昏姻[8]。天禍晉國[9]，文公如齊[10]，惠公如秦[11]。無祿[12]，獻公即世[13]，穆公不忘舊德，俾我惠公，用能奉祀于晉[14]；又不能成大勳[15]，而為韓之師[16]。亦悔於厥心[17]，用集我文公[18]，是穆之成也！文公躬擐甲冑[19]，跋履山川[20]，踰越險阻[21]，征東之諸侯，虞、夏、商、周之胤[22]而朝諸秦，則亦既報舊德矣。

鄭人怒君之疆埸[23]，我文公帥諸侯及秦圍鄭[24]。秦大夫不詢于我寡君，擅及鄭盟[25]，諸侯疾之，將致命于秦[26]。文公恐懼，綏靖[27]諸侯。秦師克[28]還無害，則是我有大造於西[29]也。

無祿，文公即世[30]，穆為不弔[31]，蔑死我君[32]，寡我襄公[33]，迭[34]我殽[35]地，奸絕我好[36]，伐我保城，殄滅我費滑[37]，散離我兄弟[38]，撓亂我同盟[39]，傾覆我國家。我襄公未忘君之舊勳[40]，而懼社稷之隕，是以有殽之師[41]。猶願赦罪于穆公[42]，穆公弗聽，而即楚謀我[43]。天誘其衷[44]，成王隕命[45]，穆公是以不克逞志[46]于我。

穆、襄即世[47]，康、靈即位[48]。康公，我之自出[49]，又欲闕翦我公室；傾覆我社稷；帥我蝥賊[50]，以來蕩搖我邊疆，我是以有令狐之役[51]。康猶不悛[52]，入我河曲[53]，伐我涑川[54]，俘我王官[55]，翦我羈馬[56]，我是以有河曲之戰[57]。東道之不通，則是康公絕我好也。

及君之嗣[58]也，我君景公[59]引領西望，曰：『庶撫我乎！』君亦不惠稱盟[60]，利吾有狄難[61]，入我河縣[62]；焚我箕、郜[63]；芟夷我農功[64]；虔劉我邊陲[65]；我是以有輔氏之聚[66]。君亦悔禍之延，而欲徼福于先君獻、穆[67]，使伯車[68]來命我景公，曰：『吾與女[69]同好棄惡，復修舊德，以追念前勳。』言誓未就，景公即世[70]，我寡君[71]是以有令狐之會[72]。君又不祥[73]，背棄盟誓。白狄及君同州[74]，君之仇讎，而我之昏姻[75]也。君來賜命曰：『吾與女伐狄。』寡君不敢顧昏姻，畏君之威，而受命於使。君有二心於狄[76]，曰：『晉將伐女。』狄應且憎[77]，是用告我。楚人惡君之二三其德[78]也，亦來告我曰：『秦背令狐之盟，而來求盟于我。昭告昊天上帝，秦三公[79]，楚三王[80]，曰：「余雖與晉出入[81]，余唯利是視。」不穀[82]惡其無成德[83]，是用宣之，以懲不壹[84]。』諸侯備聞此言，斯是用痛心疾首[85]，暱就寡人。

寡人帥以聽命[86]，唯好是求[87]。君若惠顧諸侯，矜哀[88]寡人而賜之盟，則寡人之願也。其承寧諸侯以退[89]，豈敢徼亂[90]？君若不施大惠，寡人不佞[91]，其不能以諸侯退矣！敢盡布之執事，俾執事實圖利之。」

【註釋】❶晉侯　指晉厲公，名壽曼，景公子。❷呂相　即魏相，魏錡之子，以食邑於呂，以邑爲氏，故稱呂相。一稱呂宣子。後爲晉卿。呂相使秦在厲公三年。❸獻公　晉獻公，名詭諸，在位二十六年。❹穆公　秦穆公，名任好，在位三十九年。秦自穆公始強大。❺戮力　併力。❻申　申明。明白宣布曰申。❼盟誓　結盟宣誓。❽重之以昏姻　周惠王二十一年（西元前六五六），晉獻公以女妻秦穆公爲夫人。❾天禍晉國　周惠王二十一年，晉獻公信嬖妾驪姬之讒，殺太子申生；又欲立驪姬之子奚齊，盡殺諸公子。於是公子重耳、夷吾皆出奔他國。❿文公如齊　如，往也。文公，名重耳，於周惠王二十二年奔狄。在狄十二年，後始轉往齊國。不言奔狄，而言如齊者，以大國爲重。⓫惠公如秦　惠公，即夷吾，重耳弟於周惠王二十年奔梁。至襄王元年（西元前六五一）始轉往秦國。⓬無祿　死亡的別稱，此猶言不幸。⓭即世　去世。案晉獻公卒於周襄王元年（西元前六五一）。⓮俾我惠公用能奉祀于晉　俾，使也。奉祀，奉行社稷宗廟之祭祀，指繼位。周襄王元年，秦穆公助公子夷吾回晉，立爲晉君，是爲惠公。⓯不能成大勳　言秦不能始終其德，成就立惠公之大功。⓰韓之師　韓，韓原，在今山西省榮河縣東北。夷吾爲得秦助，曾許歸國後割河外五城於秦爲謝禮。及爲晉君，背約不與。秦饑，請粟於晉，晉不許。周襄王七年（西元前六四五）九月，秦與晉戰於韓原，擄晉惠公。⓱亦悔於厥心　厥，其也。秦欲殺惠公，周天子爲之請，穆公夫人爲夷吾姊，以死爭，秦乃釋歸晉君，收河西地，並以晉太子圉爲人質。⓲用集我文公　集是成就。周襄王十五年晉惠公卒，懷公圉立，與秦不和。次年（西元前六三六）秦穆公陰結晉大臣送重耳回晉，立爲文公。懷公被殺。⓳躬擐甲冑　躬，親也。擐，穿也。冑是頭盔。⓴跋履山川猶言登山涉水。㉑踰越險阻　難下曰險，難上曰阻。㉒虞夏商周之胤　胤，後裔。陳、杞、宋、衞、曹等國皆在秦東。陳始祖胡公滿是虞舜之後。杞始祖東樓公是夏禹之後。宋始祖微子是商帝乙庶長子（晉於周襄王十八年服宋）。曹始祖叔振鐸，衞始祖康叔，皆周武王弟。㉓怒君之疆埸　怒是挑釁。疆埸，是邊界。言鄭擾秦邊疆。㉔及秦圍鄭　周襄王二十二年，晉秦共圍鄭，因鄭於重耳流亡過鄭時，遇之無禮，又陰通於楚。左傳杜預注：「晉自以鄭貳於楚，故圍之；鄭非侵秦也。晉以此誣秦。」㉕秦大夫不詢于我寡君二句　詢是謀。寡君指晉文公。擅是專斷。事詳見前陰飴甥對秦伯篇。㉖將致命于秦　言將效死命而討秦。致命，授命，捐軀之意。論語子張注：「致命，不愛其身也。」㉗綏靖　安定、勸止的意思。㉘克　能也。㉙有大造於西　西指秦國，言有大功於秦國。㉚文公卽世　文公卒於周襄王二十四年。㉛弔　慰問死者遺族。㉜蔑死我君　蔑是輕視。輕視我死君。㉝寡我襄公　寡是孤弱。襄公，文公子，名驩。言秦以襄公新立，孤弱可欺。㉞迭　迭通軼。侵襲也。㉟殽　亦作崤，在今河南洛寧縣北，地極險峻。㊱奸絕我好　奸是犯。干犯舊盟好。㊲殄滅我費滑　殄是絕。滑，姬姓國，伯爵，在鄭國以西，今河南偃師縣南之緱氏城；都於費，故稱費滑。周襄王二十五年，秦襲鄭無功，乃滅滑而還。㊳散離我兄弟　滑與晉皆姬姓，爲兄弟之國。㊴撓亂我同盟　撓是擾。滑與鄭時皆從晉，故爲同盟。㊵舊勳　指秦助文公回國爲晉君事。㊶有殽之師　周襄王二十五年四月，晉襄公截擊秦兵於殽，盡殲秦兵，俘其大將孟明視等。㊷願赦罪于穆公　晉擄秦將孟明視、西乞術、白乙丙等，以文嬴（文公夫人，秦女）之請，釋還。此言猶願與秦和解。㊸卽楚謀我　卽是就。穆公於殽戰敗後，使鬬克（本楚大夫，囚于秦）歸楚求連和。見左傳魯文公十四年追敍語。㊹天誘其衷　言上天使其暴露陰謀。㊺成王隕命　隕命，死也。周襄王二十六年，楚成王被太子商臣所弒。㊻逞志　遂其謀晉之志。㊼穆襄卽世　晉襄公於周襄王三十一年八月卒，秦穆公於十一月卒。㊽康靈卽位　秦康公、晉靈公卽位。㊾康公我之自出　康公名罃，穆公子，晉獻公女伯姬（惠公、文公姊）所生，是晉之外甥，故云出自我。㊿蝥賊　食禾稼之害蟲。隱指晉襄公弟雍。雍爲秦姬所出，秦康公要結晉大臣，欲立爲晉君。(51)令狐之役　令狐，晉地名，在今山西猗氏縣西。晉襄公卒，太子夷皋年幼，大臣游疑，各欲以迎立新君爲功。已派士會至秦迎公子雍，秦以兵送雍至令狐。而晉朝議突變，竟立夷皋爲靈公，發兵敗秦兵於令狐。(52)悛　改悔。(53)河曲　晉地名。在今山西永濟縣。黃河自永濟折而東流，入芮城縣，謂之河曲。(54)涑川　卽涑水，原出山西絳縣陳村峪，西流經聞喜縣南，又西南流經猗氏縣，至永濟縣，入五姓湖，又西南入黃河。(55)王官　晉邑，在今山西聞喜縣西十五里。周襄王二十八年，秦穆公伐晉，濟河焚舟，取王官及郊。(56)羈馬　晉邑，在今山西永濟縣南。取羈馬事在周頃王四年。(57)河曲之戰　周頃王四年（西元前六一五）十二月，秦晉戰於河曲。(58)及君之嗣　君指秦桓公。桓公，康公孫，共公子。周定王三年（西元前六〇四年）即位。嗣是繼承君位。(59)景公　名據，襄公弟成公之子。(60)不惠稱盟　言不肯副晉之望而結盟好。(61)狄難　赤狄潞氏為蒙古種，故城在今山西潞城縣東北。周定王十三年，赤狄潞氏為晉荀林父所滅。次年士會滅赤狄甲氏。晉冀境內赤狄領土皆入於晉。(62)入我河縣　秦兵乘機侵入晉河東各縣。(63)箕郜　箕，在今山西蒲縣東北。郜，在今山西祁縣境。皆晉地。(64)農功　農作物也。(65)虔劉我邊陲　玉篇：「虔，強取也。」虔劉有劫掠之意。邊陲是邊疆。(66)輔氏之聚　輔氏，在今陝西省朝邑縣西北。聚是聚衆為堡壘。周定王十三年，晉敗秦兵於輔氏。(67)獻穆　獻謂晉獻公。穆謂秦穆公。(68)伯車　秦桓公子。(69)女　汝也。(70)景公即世　景公於周簡王五年（西元前五八一）卒。(71)寡君　指晉厲公。(72)令狐之會　周簡王六年（西元前五八〇）晉厲公與秦桓公盟於令狐（在今山西猗氏縣西），晉厲公先至，秦桓公不肯渡河，次於王城，使史顆盟晉厲公於河東。晉郤犫盟秦桓公於河西。秦桓公歸而背盟。事見左傳成公十一年。(73)不祥　祥，善也。此言秦桓公又萌不善之心也。(74)白狄及君同州　白狄，在今陝西膚施縣及山西汾陽縣西。與秦同處雍州（包括陝西、甘肅兩省，及青海額濟納一帶）之域。(75)我之昏姻　白狄伐赤廧咎如得二女：季隗妻晉文公生伯儵、叔劉；叔隗妻趙衰生趙盾。盾為晉名臣。(76)君有二心於狄　言秦陰謀挑撥晉、狄之邦交。(77)狄應且憎　狄雖應秦而惡其無信。(78)二三其德　猶言反覆無常。(79)秦三公　謂穆公、康公、共公。(80)楚三王　謂成王、穆王、莊王。(81)出入　猶言來往也。(82)不穀　不穀，猶言不善。諸侯自謙之詞。(83)成德　成人之德。儀禮士冠禮：「棄爾幼志，順爾成德。」(84)以懲不壹　壹是專一。以戒不誠也。(85)痛心疾首　痛恨的意思。疾亦痛也。(86)帥以聽命　帥領諸侯以候秦國回音。(87)唯好是求　所求者，唯與秦修好言和。(88)矜哀　矜憫憐恤。(89)承寧諸侯以退　言晉奉秦之命以安撫諸侯撤兵。(90)徼亂　徼倖為戰亂。徼是冀求。(91)不佞　猶言不才，自謙之詞。

【語　譯】晉厲公派呂相到秦國去致最後通牒說：「從前我獻公與穆公和好，同心合力，用盟誓加以申明，再加上互相通婚，結成親戚。後來上天禍害晉國，文公逃到齊國，惠公逃到秦國。不幸獻公去世，穆公不忘舊日的交情，使我惠公能回國即位；可是秦國又作好事作不到底，因此發生了韓原的戰役。大概穆公心中也有些後悔吧，因此助我文公回國，這是穆公的成就啊！但是我文公親自率領軍隊，登山涉水，歷經險阻，征討東方的諸侯，使得虞、夏、商、周四代帝王的後人，都來朝見秦國，這也算報答了以前的恩德了吧！

鄭國在您的邊境惹事，我文公率領諸侯及秦國包圍鄭國。秦國的大夫沒有和我國君商量，就擅自和鄭國談和，諸侯們很是憤恨，要用全力攻打秦軍。文公恐怕貴國受害，好言安撫諸侯，秦國的軍隊才能平安地回去，這是我國對貴國有大功勞的地方。

不幸，文公去世，穆公不來弔喪，看不起我死去的國君，又以我新君襄公孤弱可欺，侵入我殽的地方，破壞友好的條約，攻打我保城，消滅我費滑，離散我同姓之國，擾亂我的盟國友邦，顛覆我國家。我襄公雖然沒有忘記你們舊時的一點功勞，但是也怕國家的滅亡，因此就有殽的戰役。還希望穆公能放過我們，穆公不聽，勾結楚國陰謀對付我們。幸上天保祐，楚成王被自己的兒子殺了，穆公圖謀我國的心願才不能達到。

穆公、襄公去世以後，康公、靈公作了君主。康公是我國的外甥，卻想推翻我公室，危害我國家，帶領了我國的敗類，來擾亂我邊疆，因此又有令狐的戰役。康公還是不肯悔改，侵入我河曲，攻打我涑水，掠奪我的王官，佔領我的羈馬，因此才有河曲的戰役。東西的交通因此隔絕，那完全是康公和我們斷絕友好的緣故啊！

到了您即位以後，我君景公，伸長脖子望着西面說：『也許可以和我們和好了吧！』但是您依舊不肯和我們盟好，趁著我有赤狄內患的時候，侵入我沿河的各縣；焚燒我箕、郜等城，破壞我農作物，劫殺我邊境，因此我也在輔氏集結了軍隊，準備抵抗。您也後悔恐怕戰禍蔓延，想求福於獻公、穆公，就派伯車來對我說：『我和你談和，丟開前嫌，重修舊好，以紀念祖宗的功業。』談判還沒有結果，我景公就去世了。我國君因此發起令狐的盟會，您又不存好心，違背盟誓。白狄跟您同處一州，是您的讎敵，卻是我國的親戚。您派人來說：『我們一起去打白狄。』我君不敢顧及婚姻之好，怕您的威勢，就接受了使者的命令。您卻又勾結白狄說：『晉國要攻打你了。』白狄口上雖然答應，心中卻懷著憎恨，因此把一切經過都告訴了我國。楚國也討厭您的反覆無常，也來告訴我說：『秦國違背了令狐的盟約，向我國要求結盟，共同祭告天地鬼神。他說：「我雖然和晉國來往，只不過是想取利而已。」我討厭他沒有信義，所以公開發表密約，來懲戒那些心口不一的人。』諸侯們都聽到這些話了，所以非常痛恨，都來跟我國親近。

現在我率領各國諸侯，聽候您的指示，所求的不過是和好而已；假如您肯愛護諸侯，體恤我國，而願意訂立盟約，這是我所願望的啊！我會奉命安撫諸侯退兵，豈敢挑起戰亂以圖徼倖。假如您不肯施恩，就恕我沒有才德，恐怕不能教諸侯退回去了！我敢把這種情形全部報告給您聽，希望您好好考慮，向有利的方面去做才好！」

【文章分析】本文選自左傳成公十三年，是晉卿呂宣子一篇外交辭令，爲書說類的古文。秦晉兩國，在地理上爲鄰國，也常爲婚姻，「秦晉之好」於是成爲我國用於婚姻的一句成語。但是兩國爲了各求發展，爭爲雄長，和戰不常，所以恩怨很多，本書前所選的蹇叔哭師一文，便是敘述秦晉間的一次大戰。

秦晉兩國權詐相傾，本無專直；可是此文歷數秦穆公以來，違信背約，惟利是圖之事實，句句緊迫，不使置辯，深文曲筆，變化縱橫，可謂是一篇強辭奪理的典型文章，晉國的目的，實在宣傳，使秦國在國際間孤立；同時鼓舞國人反秦的熱情。軍事戰前先以外交戰，未出兵以前，已勝利了一半。果然在是年五月，晉聯諸侯兵伐秦，在麻隧（今陝西涇陽）戰敗秦國，並俘獲秦將成差、女父，深入至涇水。秦國斂軍據險自保，晉國始班師而返。

駒支不屈于晉

襄公十四年

左傳

會于向❶，將執戎子駒支❷，范宣子❸親數諸朝，曰：「來，姜戎氏。昔秦人迫逐乃祖吾離❹于瓜州❺，乃祖吾離被苫蓋❻，蒙荊棘❼，以來歸我先君。我先君惠公❽有不腆❾之田，與女剖分而食之。今諸侯之事我寡君，不如昔者，蓋言語漏洩，則職女之由❿。詰朝⓫之事，爾無與⓬焉，與將執女。」

對曰：「昔秦人負恃其眾，貪于土地，逐我諸戎。惠公蠲⓭其大德，謂我諸戎，是四嶽⓮之裔胄⓯也。毋是翦棄⓰，賜我南鄙之田，狐狸所居，豺狼所嗥⓱。我諸戎除翦其荊棘，驅其狐狸豺狼，以爲先君不侵不叛⑱之臣，至于今不貳⑲。昔文公與秦伐鄭，秦人竊與鄭盟而舍戍⑳焉，於是乎有殽之師㉑。晉禦其上，戎亢㉒其下，秦師不復㉓，我諸戎實然。譬如捕鹿，晉人角之㉔，諸戎掎之㉕，與晉踣㉖之。戎何以不免㉗？自是以來，晉之百役㉘，與我諸戎，相繼于時，以從執政，猶殽志也。豈敢離逷㉙？今官之師旅㉚，無乃實有所闕，以攜㉛諸侯，而罪我諸戎。我諸戎飲食衣服，不與華同，贄幣不通㉜，言語不達，何惡之能爲？不與於會，亦無瞢㉝焉！」賦青蠅㉞而退。宣子辭㉟焉。使即事於會，成愷悌㊱也。

【註釋】①向　地名，在今安徽鳳陽懷遠縣西四十里。漢置向縣，龍亢在其西。參與向之會者，有晉、魯、齊、宋、衞、鄭、曹、莒、邾、滕、薛、杞、小邾等。②戎子駒支　戎，指姜姓之戎，西戎之別種也。居晉之南鄙，歸服於晉。駒支，戎子名。③范宣子　晉大夫，名鞅。④吾離　戎祖之名。⑤瓜州　地名，今甘肅之敦煌也。⑥被苫蓋　被，披也。苫，白茅也。蓋，苫之別名。⑦蒙荊棘　蒙，冒也。荊，灌木。棘，多刺之木。荊棘喻無道路可從也。⑧惠公　晉惠公，詳見前呂相絕秦篇。⑨不腆　不多也。⑩則職女之由　職，主也。女，汝也。此謂語言洩漏，皆由汝戎之故也。⑪詰朝　明日也。⑫與　參加。⑬蠲　明也。⑭四嶽　堯時方伯。⑮裔冑　後代也。⑯翦棄　翦，滅也。⑰嗥　咆哮也。⑱不侵不叛　不侵言不爲晉之患，不叛言事晉之忠。⑲不貳　無二心也。⑳舍戍　留守也。事詳見前燭之武退秦師篇。㉑殽之師　魯僖公三十三年，晉與姜戎敗秦師于殽。㉒亢　亢猶當也。㉓秦師不復　殽之戰秦軍全軍覆沒，而主帥咸被囚，前蹇叔哭師篇：蹇叔哭之曰：「孟子，吾見師之出，而不見其入也。」可謂應驗。㉔角之　執其角也。㉕掎之　牽其足也。㉖踣　僵斃也。㉗不免　不免於罪也。㉘百役　言凡晉征討之役。㉙逷　遠也。㉚官之師旅　羣有司也。㉛攜　離貳也。㉜贄幣不通　猶言素不來往也。贄，古人相見所執之物。幣，古人用以爲饋贈之禮物也。㉝瞢　悶也。㉞青蠅　詩小雅篇名，意取愷悌君子，無信讒言也。㉟辭　謝罪也。㊱成愷悌　此言范宣子欲成愷悌君子之名。

【語　譯】晉國在向的地方會合諸侯。范宣子準備要捉住戎子駒支，因此親自在朝上指責他的罪惡，說：「姜戎氏，來！從前秦國在瓜州追逐你的祖宗吾離，吾離披了白茅，歷盡艱辛，來歸順我先君。我先君惠公的土地不多，卻與你平分享食。現在諸侯事奉我君，已大不如前。大概是由於很多機密的事情都被你洩漏的緣故。明日之會，你不要參加了，假如參加的話，我就要把你抓起來！」

駒支回答說：「從前秦國仗著人多勢強，貪得別人的土地，驅逐我姜戎之族。惠公深明大德，說我諸戎，是四嶽的後代，不當滅亡，因此賜我晉國南境的田地，本是狐狸豺狼居住出沒的地方。我戎族斬除雜木野草，趕走狐狸豺狼，做晉國不內侵不外叛的臣子！到今天一直沒有二心。

從前文公與秦國伐鄭國，秦國私自與鄭國談和，而且派人留守鄭國，因此就發生了殽的戰爭。晉國在上抵禦秦軍，我戎族在下面抗拒秦軍，使得秦國全軍覆滅，這也是我戎族出力所致啊！就好像捕鹿一樣，晉國執住牠的角，我拉住牠的腳，兩個人一起打死了這隻鹿。有這樣大的功勞，爲什麼還不能免罪呢？從那次打敗秦國以後，晉國所有征伐的事情，我戎族每次都聽你執政的命令，就跟在殽地作戰時候一樣的忠誠，豈敢有疏遠離貳的心呢？現在晉國的官吏們，恐怕實在有些過失，所以使得諸侯有了二心，卻反來歸咎我戎族。我戎族的衣食，都不跟中國相同；語言不通；互不往來，能做些什麼壞事呢？我不參加明天的會，也沒有什麼不快的！」便賦了青蠅那首詩而走了。

范宣子連忙向駒支道歉，叫他參加會事，想成就自己愷悌君子的名聲哩！

【文章分析】本文選自左傳襄公十四年，爲敍記類的古文。晉楚爭霸，晉悼公聯合諸侯，三次征伐楚之友邦鄭國，唯因國內諸臣不和，又使吳攻楚失敗，諸侯俱有貳心。事不順遂，總想遷怒於人，此是人之常情，晉卿范宣子在此種心情下，於是把責任都推給戎子駒支。

駒支雖是西戎之人，但是對於范宣子所指責的，逐句反駁，辭正義嚴，言婉理直，眞辭令中之妙品，如狐狸所居等句，說明受恩之不大；譬如捕鹿等句，又自居功高，最後藉小人讒言，脫宣子之罪，實在高妙，使范宣子只有謝罪之一途。

祁奚請免叔向

襄公二十一年　左傳

欒盈❶出奔楚❷，宣子❸殺羊舌虎❹，囚叔向❺。人謂叔向曰：「子離❻於罪，其為不知乎❼？」叔向曰：「與其死亡若何？詩曰❽：『優哉游哉，聊以卒歲。』知也！」

樂王鮒❾見叔向曰：「吾為子請。」叔向弗應❿。出不拜，其人皆咎叔向。叔向曰：「必祁大夫⓫。」室老⓬聞之曰：「樂王鮒言於君，無不行，求赦吾子，吾子不許。祁大夫所不能也，而曰必由之。何也？」叔向曰：「樂王鮒，從君者也。何能行？祁大夫，外舉不棄讎⓭；內舉不失親⓮，其獨遺我乎⓯？詩曰：『有覺德行，四國順之⓰。』夫子覺者也。」

晉侯⓱問叔向之罪於樂王鮒。對曰：「不棄其親，其有焉⓲。」於是⓳祁奚老矣，聞之，乘馹⓴而見宣子曰：「詩曰：『惠我無疆，子孫保之㉑。』書曰：『聖有謨勳，明徵定保㉒。』夫謀而鮮過，惠訓不倦者，叔向有焉。社稷之固㉓也，猶將十世宥之，以勸㉔能者。今壹不免其身，以棄社稷，不亦惑乎？鯀殛而禹興㉕；伊尹放太甲㉖而相之，卒無怨色；管蔡爲戮，周公右王㉗。若之何其以虎也棄社稷？子爲善，誰敢不勉？多殺何爲？」

宣子說，與之乘，以言諸公而免之。不見叔向而歸，叔向亦不告免焉而朝。

【註釋】❶欒盈　晉公族大夫。與范宣子不能共處，圖謀害之。❷楚　國名，見前季梁諫追楚師篇。❸宣子　范宣子，晉公族大夫，名鞅。❹羊舌虎　晉大夫，盈之黨。❺叔向　卽羊舌肸，肸音ㄒㄧˋ。羊舌虎之兄。❻離　麗也，罹也。❼其爲不知乎　知，智也。此譏其不能保身也。❽詩曰　杜預以爲小雅之詩，然今小雅無此詩。蓋逸詩也。❾樂王鮒　晉大夫樂桓子也。❿弗應　不答之也。⓫必祁大夫　祁奚也。食邑於祁，因以爲氏。言免其罪者，唯由祁大夫耳。⓬室老　古卿大夫皆有家臣，室老乃家臣之長。⓭不棄讎　此謂舉其讎解狐也。⓮不失親　此謂舉其子祁午也。⓯其獨遺我乎　言必不棄而爲之求赦也。⓰詩曰有覺德行四國順之　詩大雅抑篇語。取言德行直，則天下順之也。覺，直也。四國，四方之國也。⓱晉侯　指晉平公。⓲不棄其親其有焉　言叔向篤親親，友愛弟，必與羊舌虎同謀也。⓳於是　是，此也，猶言此時。⓴馹　驛傳之車。朱駿聲說文通訓定聲：「車曰馹，曰傳；馬曰驛，曰遽。」㉑詩曰惠我無疆子孫保之　詩周頌烈文篇語。言文武有惠訓之德，加於百姓，故子孫保賴之也。㉒書曰聖有謨勳明徵定保　此夏書胤征篇語。謨，謀劃也。勳，功勞也。徵，定也，信也。保，安也。此言聖哲有謀功者，當明信而安保之也。㉓固　安也。㉔勸　鼓勵。㉕鯀殛而禹興　鯀，禹父。殛，誅也。此言不以父罪廢其子。㉖伊尹放太甲　伊尹，湯相。太甲，湯之孫也。又稱太宗，既立，荒淫失度，伊尹放之桐宮，三年，改悔而復之。能修德，諸侯咸歸，百姓以寧。不念舊惡，並以伊尹爲相，卒無怨色也。㉗管蔡爲戮周公右王　管叔蔡叔，皆周公弟。右同佑，助也。此言弟罪兄不相及，以譬叔向不及於虎之罪也。

【語譯】欒盈逃到楚國去，范宣子就殺了他的同黨羊舌虎，而把羊舌虎的哥哥叔向關了起來。

有人對叔向說：「這是因爲您的不智，才會遭到這個災禍吧！」叔向說：「比起那些被殺的來又如何？詩中說：『閒暇自適，賴以終了我的天年！』這就是智啊！」

樂王鮒見了叔向說：「我替你請求國君赦罪。」叔向不回答。樂王鮒出去的時候，叔向也不拜送，旁人都埋怨叔向。叔向說：「一定要祁大夫替我請求赦罪。」叔向的室老聽了說：「欒王鮒在國君前說的話，沒有行不通的。他去請求赦您的罪，您卻不許；祁大夫實在沒有什麼能力，您反說一定要他，這是什麼緣故呢？」叔向說：「欒王鮒是順和國君的人，怎麼能夠做這救人的事？祁大夫荐外人不避仇人；荐親人不避自己的兒子，那裏會獨獨不管我的事情呢？詩上說：『有正直的德行，四方的人都會順從。』祁夫子是個正直的人啊！」

晉平公向欒王鮒問叔向是否有罪，欒王鮒回答說：「叔向非常愛護他的弟弟，也許有通謀的事吧！」那時祁大夫已經告老還鄉了，聽到叔向被監禁的事，便坐了驛車，來見范宣子說：「詩上說：『文王武王能加惠百姓，因此子孫都能靠他們的保祐。』夏書說：『聖人有謀劃和功勞的，應該相信而保護安定他的。』謀劃正確而少過失，對國家盡忠而不怕勞累，叔向就有這樣的功勞。使得國家安定的忠臣，他十代以後的子孫有罪，還要寬宥他的，這是勸人盡忠報國的道理。現在卻爲了他一個弟弟的罪過，連他自身都不免，徒失國家的棟樑，這不是很令人疑惑不解嗎？以前舜雖誅責了鯀，卻仍重用他的兒子；伊尹雖然放逐太甲，但太甲卻仍舊用伊尹做宰相，沒有怨恨的臉色；周公的弟弟管叔蔡叔被殺，周公仍舊可以輔助成王。怎麼爲了羊舌虎，而棄國家安危不管呢？您能多做好事，誰敢不奮發努力？何必多殺人呢？」范宣子聽了很高興，於是和他一起坐了車，去見平公，赦免叔向的罪。祁大夫沒有見叔向一面，就回家了。叔向也沒有感謝祁大夫的援救，就上朝去見平公。

【文章分析】本文選錄自左傳襄公二十一年，爲敘記類的古文。記述晉國賢士祁奚，說免叔向之罪的事。

本書選有「叔向賀貧」一文，讀者參閱以後，就知叔向是一個賢臣，他拒絕欒桓子的援救，而且覺得祁奚一定會援救他，自有他敏銳的觀察力及不苟活的心胸在。

祁奚已老，而乘馹說范宣子以免叔向之罪，忠臣憂國愛賢之心，至老不減如此，也可見叔向之知人了。

先說父子，次說君臣，最後說兄弟，兄弟之句實爲主體，這也是「興」的說法。

子產告范宣子輕幣

襄公二十四年　　左傳

范宣子❶爲政，諸侯之幣❷重，鄭❸人病之。

二月，鄭伯④如晉。子產⑤寓書於子西⑥，以告宣子，曰：「子為晉國⑦，四鄰諸侯，不聞令德而聞重幣。僑也惑之。僑聞君子長國家者，非無賄⑧之患，而無令名⑨之難。夫諸侯之賄，聚於公室⑩，則諸侯貳⑪；若吾子賴⑫之，則晉國貳。諸侯貳則晉國壞，晉國貳則子之家壞。何沒沒也？將焉用賄？

夫令名，德之輿也⑬。德，國家之基也。有基無壞⑭，無亦是務乎？有德則樂，樂則能久。詩云：『樂只君子，邦家之基⑮。』有令德也夫！『上帝臨女，無貳爾心⑯。』有令名也夫！恕思以明德⑰，則令名載而行之，是以遠至邇安⑱。毋寧⑲使人謂子，子實生我，而謂子浚⑳我以生乎？象有齒以焚㉑其身，賄也。」

宣子說，乃輕幣。

【註釋】①范宣子　晉大夫范鞅。②幣　帛也。古人用以為餽贈之物。③鄭　國名，見前鄭伯克段于鄢篇。④鄭伯　指鄭簡公，名嘉。⑤子產　鄭大夫。即公孫僑，子產其字。居於東里，又稱東里子產。自鄭簡公時起執國政，歷定公、獻公、聲公。子產內以禮法馭強宗，外以口舌折晉楚等列強，使鄭不被兵革者數十年。子產卒，孔子為之出涕。⑥寓書於子西　寓，寄也。子西，鄭大夫公孫夏，字子西。⑦晉國　見前宮之奇諫假道篇。⑧賄　財也。⑨令名　善譽。此言不慮無財，而患無名也。⑩公室　猶言公家。⑪貳　有二心也。⑫賴　取也，聚也。⑬德之輿也　輿，車輿也。此言德須令名為輿，而遠聞也。⑭無壞　不敗也。⑮詩云樂只君子邦家之基　小雅詩南山有臺篇語。言君子樂美其道，為邦家之基，所以濟令德。只，語助詞。樂只猶樂哉。⑯上帝臨女無貳爾心　女，汝也。見大雅大明之篇。⑰恕思以明德恕思，以恕存心也。此謂以恕思爲明德之根柢。⑱遠至邇安　邇，近也。言遠者至而近者安也。⑲毋寧　寧也。⑳浚取之深也。㉑焚　服虔云：「焚讀曰僨。」僨，僵也。

【語譯】范宣子執掌晉國國政，加重諸侯們向晉進貢的禮物。鄭國的人因此覺得不堪負擔。二月，鄭簡公到晉國。子產寫信給子西，勸告范宣子，信中說：「您執掌晉國的國政，四鄰的諸侯，不聽見您有什麼美德，卻聽見您加重諸侯的貢物。我很不了解。我聽說執掌國政的君子，不愁沒有錢財，只愁沒有美好的名譽。您若將諸侯的錢財，聚於晉國的政府，那末諸侯便要有二心了；假如您私自聚藏起來的話，晉國就要對您猜疑了。諸侯有了二心，晉國就不能保國；晉國對您猜貳，您就不能保家了。爲什麼還要執迷不悟呢？聚財的爲害如此，還要它作甚？

美好的名聲，好似德行的車子；德行則是立國的基礎啊！有了根基，國家就不致敗亡。您何不盡力去求美好的名聲呢？有了德行，就能與人同樂；能與人同樂，就能久安於位。詩上說：『快樂啊，君子，是國家的柱石！』這就是說他有好的德行啊！又說：『上帝呵護你，百姓就沒有二心。』這就是說你有美好的名譽啊！能夠存恕心，明德行，那麼自有美好的名譽，載負這德行到四方去，所以遠地的人，聞風而至；近地的人，都能安定不叛。寧可叫別人議論您，說您養活了他們；哪裏可以使他們說您榨取了他們的錢財，用以自養呢？象有珍貴的象牙而致死，這是因爲象牙值錢的緣故啊！」

宣子聽了很高興，於是減輕了各國的貢物。

【文章分析】本文選錄自左傳魯襄公二十四年，爲書說類的古文。記述鄭子產勸說晉國范宣子輕幣之事。全文以君子爲政以德爲主，而極說貪利的害處，於公於私，都易引起別人的貳心。子產是鄭國一位偉大的政治家，本書選錄有關子產的文章，有五篇之多，讀者相互參閱，就可了解子產出色的辭令，和超人的見解了。

通篇將德名與重幣對比，寫德名則贊歎，寫重幣則危激，循環往復，剴切詳明，眞是一篇有力的文章。

晏子不死君難

襄公二十五年　左傳

崔武子❶見棠姜❷而美之❸，遂取❹之。莊公❺通焉，崔子弒之。

晏子❻立於崔氏之門外，其人❼曰：「死乎？」曰：「獨吾君也乎哉？吾死也。」曰：「行❽乎？」曰：「吾罪也乎哉？吾亡也。」曰：「歸❾乎？」曰：「君死安❿歸？君民者⓫，豈以陵⓬民？社稷是主。臣君者⓭，豈為其口實⓮？社稷是養。故君為社稷死則死之；為社稷亡則亡之。若為己死而為己亡，非其私暱⓯，誰敢任之？且人⓰有君而弒之，吾焉得死之？而焉得亡之？將庸何歸？」

門啟而入，枕尸股⓱而哭。興⓲，三踊⓳而出。人謂崔子必殺之，崔子曰：「民之望也，舍之得民。」

【註釋】❶崔武子 齊卿，名杼。❷棠姜 齊棠公妻。棠公，齊棠邑之大夫，邑大夫而稱公者，蓋其家臣僕呼之，因沿之，非齊公也。❸美之 以為美。❹取 同娶。其時棠公死，棠姜寡居，因得娶之也。❺莊公 指齊莊公，名光。❻晏子 齊大夫，名嬰，諡平，字仲，故史又稱晏平仲。歷事齊靈公、莊公、景公三朝，以節儉力行顯於世。後人采其行事及諫議之言，輯為晏子春秋。❼其人 指晏子之左右也。❽行 行謂出亡。❾歸 猶言歸家。❿安 何也。⓫君民者 言為民之君主者。⓬陵 欺侮也。中庸：「在上位，不陵下。」⓭臣君者 言為臣者。⓮口實 俸祿也。⓯私暱 所親愛也。指寵臣。⓰人 左傳會箋：「人指崔杼。言君之可尊親為何如，而杼忍弒之。殘虐無道，皆杼所為，予無一毫干涉，何得死亡乎？此晏子之意也。有餘而不敢盡，所謂危行言孫也。」⓱枕尸股 以公尸枕己股。非謂枕尸之股。⓲興 起也。⓳踊 跳也。

【語譯】崔武子看到齊棠公的寡妻棠姜很美，便娶了她。齊莊公和棠姜私通，被崔武子殺死。

晏子站在崔家門外，他的左右說：「您要為莊公殉死嗎？」晏子說：「是我一個人的君主嗎？是的話，我就為他殉死。」左右說：「您要出亡嗎？」晏子說：「是我的罪嗎？是我的話，我就出亡。」左右說：「那麼回家嗎？」晏子說：「國君死了，又回到哪裏去呢？做君主的，豈是欺壓百姓？全在主持國家大計啊！做臣子的，豈是爲了俸祿？全在幫助國家的行政啊！所以國君爲了國家死的，就應該爲他殉死；國君爲了國家出亡的，就應該一起出亡。假如爲了自己而死，爲了自己而出亡的，那麼除了他的寵臣以外，誰敢當其難呢？而且那個人不管君臣之義，而把君主殺掉，我怎能殉死？怎能出亡？還打算回到哪裏去呢？」

等到崔家開了門，晏子便走了進去，把莊公的屍身靠著自己的大腿上，哭了一回；起來後，跳了三跳，再走出來。大家說崔子一定會把他殺死。崔子說：「晏子是得民望的人，放了他可以得到民心。」

【文章分析】 本文選錄自左傳魯襄公二十五年，爲敍記類的古文。記述齊卿崔武子弒君，而晏子不死君難之事。

魯襄公二十五年春，崔武子帥師伐魯，魯大夫孟公綽說：「崔子將有大志，不在病我。」可知崔武子之志於君，久矣。

崔武子弒君之後，太史書曰：「崔杼弒其君。」崔杼把他殺了，其弟嗣書而死者二人，其弟又書，終於舍之，由此也可見古時史官之忠於職守，秉筆直書，不爲死亡所逼。

晏子立論在「社稷」二字，「故君爲社稷死則死之，爲社稷亡則亡之。」兩句可說是全文的中心，君不徒居民上，臣不徒求祿，都是爲了社稷，所以晏子之言，不單責崔杼，也責齊莊公。

季札觀周樂

襄公二十九年　　左傳

吳公子札❶來聘❷，請觀於周樂。

使工❸爲之歌❹周南召南。曰：「美哉！始基之矣❺。猶未也❻，然勤而不怨❼矣。

為之歌邶鄘衛❽。曰：「美哉！淵❾乎！憂而不困者也❿。吾聞衛康叔武公⓫之德如是，是其衛風乎？」

為之歌王⓬。曰：「美哉！思⓭而不懼。其周之東乎？」

為之歌鄭。曰：「美哉！其細已甚⓮，民弗堪也。是其先亡乎？」

為之歌齊。曰：「美哉！泱泱⓯乎大風也哉！表東海者其大公乎⓰？國未可量也！」

為之歌豳⓱。曰：「美哉！蕩⓲乎！樂而不淫⓳。其周公之東乎？」

為之歌秦。曰：「此之謂夏聲⓴。夫能夏則大，大之至也。其周之舊乎？」

為之歌魏㉑。曰：「美哉！渢渢㉒乎！大而婉，險㉓而易行。以德輔此，則明主也。」

為之歌唐。曰：「思深哉！其有陶唐氏㉔之遺民㉕乎？不然，何憂之遠也？非令德之後，誰能若是？」

為之歌陳㉖。曰：「國無主㉗，其能久乎？」

自鄶㉘以下無譏㉙焉。

為之歌小雅㉚。曰：「美哉！思㉛而不貳，怨而不言，其周德之衰乎？猶有先王㉜之遺民焉！」

為之歌大雅。曰：「廣哉！熙熙㉝乎！曲而有直體，其文王之德乎？」

為之歌頌㉞。曰：「至矣哉！直而不倨㉟；曲而不屈㊱；邇而不偪㊲；遠而不攜㊳；遷而不淫㊴；復而不厭㊵；哀而不愁；樂而不荒；用而不匱；廣而不宣；施而不費㊶；取而不貪；處而不底㊷；行而不流。五聲㊸和，八風㊹平，節有度㊺，守有序。盛德之所同㊻也！」

見舞象箾㊼南籥㊽者。曰：「美哉！猶有憾㊾！」

見舞大武㊿者。曰：「美哉！周之盛也，其若此乎？」

見舞韶濩(51)者。曰：「聖人之弘(52)也，而猶有慚德(53)，聖人之難也！」

見舞大夏(54)者。曰：「美哉！勤而不德，非禹其誰能修之？」

見舞韶箾(55)者。曰：「德至矣哉！大矣！如天之無不幬(56)也，如地之無不載(57)也。雖甚盛德，其蔑(58)以加於此矣！觀止矣！若有他樂，吾不敢請已。」

【註釋】①吳公子札　吳，國名，周初，泰伯居吳，傳至壽夢，僭稱王，國始大，奄有今淮泗以南至浙江省嘉湖之境。公子札，即季札，壽夢之幼子。②聘　訪問曰聘。古諸侯使大夫相互訪問曰聘。③工　樂工。④歌　絃歌。⑤始基之矣　謂周南召南，王化之基也。⑥猶未也　言王化猶未洽也。以其時猶有商紂之虐政。⑦勤而不怨　勤，勞也。言民受文王之安撫存恤，雖勤於王室，亦不怨恨也。⑧邶鄘衛　周武王伐紂，分其為三監，封武庚於邶；使管叔尹鄘；使蔡叔尹衞。三監叛，周公滅之。更封少弟康叔，兼有三國，名曰衞。故邶鄘衞三國之詩，皆衞詩也。因作者各有所感，故從其本國而分之。⑨淵 深也。⑩憂而不困者也 窮居戚戚，困也。困則失志失身。衞賴康叔武公德化深遠，迭遭宣公淫亂，懿公滅亡，雖憂而不困也。⑪武公 康叔九世孫，康叔、武公，皆衞之賢君也。⑫王 王風也。王亦以地而言，王城也。稱周則與周混矣。⑬思 亦言憂思也。⑭其細已甚 譏其煩碎，知不能久也。⑮泱泱 弘大之聲。⑯表東海者其大公乎 大公望封齊，爲東海之表式。⑰豳 周之舊國，今陝西邠州東北有豳亭，東五十里有豳谷，三水縣西二十里有古豳城，皆是也。⑱蕩 寬大也。⑲樂而不淫 淫，過甚也。此言有節。⑳夏聲 杜預以秦本西戎，至秦仲始有車馬禮樂，去戎狄之音，而有諸夏之聲。左傳會箋則以爲夏指秦聲，不指中國也。㉑魏 國名，姬姓，魯閔公元年，晉獻公滅之。㉒渢渢 宛約之貌。㉓險 杜預以爲儉字之誤。㉔陶唐氏 唐堯也。晉本唐國，故有堯之遺風。㉕民 風字之誤。㉖陳 國名，見前石碏諫寵州吁篇。㉗國無主 主君荒淫，而民仿效之，上下不相維繫，與無君同。㉘鄶 國名，妘姓之國，祝融之後，在今河南密縣境。㉙無譏 譏，評也。以其微，故不復評論矣。㉚雅 雅者正也，政也。天子之詩，政有大小，故有小雅，有大雅。㉛思 杜預以爲思文武之德；會箋以爲只是哀思。㉜先王 指文武成康諸王。㉝熙熙 和樂貌。㉞頌 容也。謂歌樂之兼有舞容者，與風雅之徒歌者不同。㉟直而不倨 倨者，驕傲也。人性正直者，易失於驕傲。王者質直，雖有四海，而不傲慢也。㊱屈 撓也。㊲偪 逼迫。㊳攜 離貳。㊴遷而不淫 此言王者雖有遷動，能以德自守，不至過蕩也。㊵復而不厭 此言王者政教日新，雖反覆施行，而民不厭棄也。㊶施而不費 此言王者以民所利而利之，故雖好施而無所費折也。㊷處而不底 底，滯也。此言王者順時而動，無所拘泥底滯也。㊸五聲 宮商角徵羽，謂之五聲。㊹八風 八音，指用金、石、絲、竹、匏、土、革、木八類樂器。㊺節有度 八音之作有節，其節有常度也。㊻盛德之所同 言周魯商三頌之盛德皆同。㊼象箾 武舞。㊽南籥 文舞。㊾猶有憾 象箾、南籥，皆文王之樂，此言文王恨不及由己致太平也。㊿大武 武王之樂。(51)韶濩 商湯之樂。(52)弘 言其德盛大，能達節通變也。(53)猶有慙德 湯以征伐得天下，故自慙其德不足也。(54)大夏 夏禹之樂。(55)韶箾 虞舜之樂。(56)幬 覆也。(57)載 負也。(58)蔑 無也。

【語譯】吳國的公子季札，到魯國來訪問，請求欣賞周朝的音樂。

差樂工爲他歌唱周南、召南的詩，季札說：「好啊！王化的始基，就在二南了，雖然還沒有到和洽的地步；但是勤勞王室，已沒有什麼怨聲了。」

爲他歌唱邶風、鄘風和衞風，季札說：「好啊！音調眞深沉啊！百姓雖是憂思，卻不窮困。我聽說衞國康叔、武公的德化如此，不就是那衞風嗎？」

爲他歌唱王風，季札說：「好啊！憂思而不懼怕，那就是周朝東遷以後的詩嗎？」

爲他歌唱鄭風，季札說：「好啊！可惜太過煩碎了，百姓不堪負擔，恐怕要早亡吧？」

爲他歌唱齊風，季札說：「好啊！這眞是大國的宏大的作風啊！作東海表率的，不正是大公望嗎？國家的前途，眞是未可限量呢！」

爲他歌唱豳風，季札說：「好寬大的聲音啊！快樂而不荒淫，那不正是周公東征時的詩嗎？」

爲他歌唱秦風，季札說：「這就叫做夏聲。能夠有這夏聲，就能強大，眞是大得很啊！那不正是周朝舊地的音調嗎？」

爲他歌唱魏風，季札說：「好啊！這正是宛約的聲音！高大而又婉順，勤儉而又易行；假如再用德行去輔助他，就可以做英明的君主了。」

爲他歌唱唐風，季札說：「憂思好深啊！恐怕還有堯的遺風吧？不然，爲什麼還有這樣的憂思呢？不是聖人的後代，誰又能像這樣啊！」

爲他歌唱陳風，季札說：「君主荒淫，上行下效，立國難道能夠長久嗎？」

從鄶以下的詩，季札沒有什麼可批評的了。

爲他歌唱小雅的詩，季札說：「好啊！憂思而沒有二心，怨恨而能不發，那是周朝王化衰落的時候，但還有文武成康諸王的遺化呢！」

爲他歌唱大雅的詩，季札說：「廣大啊！聲調是這樣的和美啊！音節曲折柔緩，但是立意正直，那不是文王的德化嗎？」

爲他歌頌，季札說：「好極了！正直而不倨傲；委婉而不卑下；親近而不逼迫；疏遠而不猜貳；遷動而不淫蕩；反覆卻不厭煩；哀思而不愁困；安樂而不荒淫；用得其時而不缺乏；廣大而不宣揚；施與而不費損；收取而不貪求；居處而不凝滯；運行而不流放。五聲和諧，八音均平，音節有一定的尺度，樂器鳴奏相守有序。這三頌的盛德，都是相同的啊！」

看見有舞象箾南籥的，季札說：「好啊！只是文王還有遺恨吧！」

看見舞大武的，季札說：「好啊！周朝的興盛，就是這樣的吧！」

看見舞韶濩的，季札說：「像商湯那樣寬大的聖人，還有自己感覺慚愧的地方，可見聖人之難啊！」

看見舞大夏的，季札說：「好啊！勤勞而不誇自己的德行，除了禹王，誰能夠有這樣的修養呢？」

看見有舞韶箾的，季札說「德行到了極點了！偉大極了！就像上天一般，沒有一處不涵蓋；像大地一般，沒有一處不裝載啊！雖有極盛的德行，也無法再加了。欣賞得心滿意足了，我不敢再請求欣賞別的音樂了！」

【文章分析】本文選錄自左傳魯襄公二十九年，爲頌贊類的古文。記述吳公子季札，在魯國欣賞周樂的感想和頌辭。

季札是吳王壽夢的幼子，本書選錄公羊傳吳子使札來聘一文，記述他的事蹟很詳細，讀者可以相互參閱，當可增加不少的了解。

季札既有賢名，他的器識智慮，在當時說來，都是第一流的，所以在魯觀賞各國的歌舞，就能盡察究竟。而所批評的話，又在在都有言外的意思，讀者讀了本篇，對於春秋各國，可以增進認識。除此之外，左傳文句之美，在此也有一個更好的印證。

子產壞晉館垣

襄公三十一年　左傳

子產❶相鄭伯❷以如晉❸，晉侯❹以我喪❺故，未之見也。子產使❻盡壞其館之垣，而納車馬焉。

士文伯❼讓之曰：「敝邑以政刑之不修，寇盜充斥❽，無若諸侯之屬❾，辱在寡君者何，是以令吏人完客所館，高其閈閎⑩，厚其牆垣，以無憂客使。今吾子壞之，雖從者能戒⑪，其若異客何？以敝邑之為盟主，繕完葺牆⑫，以待賓客。若皆毀之，其何以共⑬命？寡君使匄⑭請命！」

對曰：「以敝邑褊小，介於大國，誅求無時，是以不敢寧居，悉索敝賦⑮，以來會時事⑯。逢執事之不閒，而未得見，又不獲聞命，未知見時。不敢輸幣⑰，亦不敢暴露。其輸之，則君之府實也。非薦陳之，不敢輸也。其暴露之，則恐燥濕之不時，而朽蠹⑱以重敝邑之罪。

僑聞文公之為盟主也，宮室卑庳⑲，無觀臺榭⑳，以崇大諸侯之館，館如公寢㉑。庫廄㉒繕修，司空㉓以時平易道路，圬人㉔以時塓㉕館宮室。諸侯賓至，甸設庭燎㉖，僕人巡宮；車馬有所，賓從有代㉗，巾車脂轄㉘，隸人牧圉㉙各瞻其事；百官之屬，各展其物；公不留賓，而亦無廢事；憂樂同之，事則巡之㉚；教其不知，而恤其不足。賓至如歸，無寧菑患㉛；不畏寇盜，而亦不患燥濕。

今銅鞮㉜之宮數里，而諸侯舍於隸人，門不容車，而不可踰越㉝；盜賊公行，而天厲㉞不戒。賓見無時，命不可知。若又勿壞，是無所藏幣以重罪也。敢請執事，將何所命之

㉟？雖君之有魯喪，亦敝邑之憂也。若獲薦幣，修垣而行，君之惠也，敢憚勤勞？」文伯復命。趙文子㊱曰：「信！我實不德，而以隸人之垣以贏㊲諸侯。是吾罪也。」使士文伯謝不敏焉。

晉侯見鄭伯，有加禮，厚其宴好而歸之，乃築諸侯之館。叔向㊳曰：「辭之不可以已也如是夫！子產有辭，諸侯賴之，若之何其釋辭也？詩曰：『辭之輯矣，民之協矣；辭之繹矣，民之莫矣㊴！』其知之矣！」

【註釋】❶子產　見前子產告范宣子輕幣篇。❷鄭伯　指鄭簡公，名嘉。❸晉　國名，見前宮之奇諫假道篇。❹晉侯　指晉平公。❺我喪　左傳以魯為主，凡云我者，皆指魯。此指魯襄公之喪也。❻使　使人。❼士文伯　名匄，字伯瑕，晉司功之官。❽充斥　充滿也。此言盜賊之多。❾諸侯之屬　諸侯之大夫，尊之不相斥言也。❿閈閎　閈與閎皆謂門也。猶牆與垣同義，皆謂牆也。⓫雖從者能戒　言雖鄭從者知所戒備。⓬葺牆　以草覆牆也。⓭共　同供。⓮匄　士文伯自稱其名。⓯賦　指財物。⓰來會時事　隨時來朝會也。⓱輸幣　輸者，載以致之于晉府庫也。幣，帛也，貢物。⓲朽蠹　朽，腐也。蠹，蟲敗也。⓳庳　同卑。重言之。⓴觀臺榭　遊賞憩息的場所。㉑如公寢　如晉君之路寢。㉒庫廄　庫房馬廄。㉓司空　周官六卿之一，所掌猶後世之工部。㉔圬人　泥水匠。㉕塓　塗也。㉖甸設庭燎　甸，即甸人，負責管理薪火之官。庭燎，設火於庭也。古者有大事，夜則燃薪以照衆，謂之庭燎。周語：「甸人積薪，火師監燎。」㉗賓從有代　賓之從僕皆有代役者。㉘巾車脂轄　巾車，主車之官。轄，車軸鐵，脂轄謂灌脂於轄，使輪潤滑也。㉙隸人牧圉　隸人，掌掃除之事。牧，養牛者。圉，養馬者。㉚事則巡之　無事僕人巡宮；有事則兵卒巡查，以戒備之。㉛無寧菑患　此言晉之待遇如此，豈再有災患也。㉜銅鞮　地名，今山西沁縣西南。晉平公築宮于此。㉝門不容車而不可踰越　門庭之內迫窄，又有牆垣之限也。㉞天厲　天災也。㉟何所命之　反問藏幣何所也。㊱趙文子　晉卿趙武。

㊲贏　受也。㊳叔向　晉大夫，見前祁奚請免叔向篇。㊴詩曰五句　杜預注：「詩大雅。言辭輯睦則民叶同，辭說繹則民安定。」

【語　譯】子產隨從鄭簡公到晉國去。晉平公因爲魯襄公喪事的緣故，所以沒有出見。子產派人把賓館的垣牆全部拆毀了，而放車馬進去。

士文伯責讓子產說：「我國由於政事刑法不能修明，所以盜賊很多。無奈諸侯和卿大夫等都屈駕來見我君，不便推辭。因此差小官吏，修建賓館，加高館門，增厚牆壁，使得賓客沒有盜賊的憂慮。現在您把它拆毀了，雖然您的隨從能夠自行戒備，可是別的賓客到此，又怎麼辦呢？因爲我國是諸侯的盟主，所以修建館舍，搭蓋牆壁，以接待賓客；若是都把它毀壞，那我國如何供給得起呢？我君命我前來，請問拆毀垣牆的理由！」

子產回答說：「因爲我國地壤狹小，處在大國之間，時時責求貢獻，因此不敢安居，完全搜求了全國的財富，隨時來朝見。恰巧碰到執事沒有閒暇，不能見面；又沒有聽到命令，不知何時能夠朝見，因此不敢把幣帛交給府庫，又不敢把幣帛暴露在外面。要是放在庫內呢，那是晉國的府庫，還沒有進呈晉君，是不敢交給府庫的；若是讓他放在露天，那麼晴雨不常，恐怕幣帛腐爛蟲蛀，而加重我們鄭國的罪孽。

我聽說晉文公做盟主的時候，自己居住的宮室很低小，也沒有觀臺堂榭；諸侯的賓館卻蓋得又高又大，好像文公的正寢一樣。館中的庫房馬廄，都建築得很堅固，司空時時修建道路；泥水匠時時塗飾館舍宮室。諸侯賓客來了，甸人就點著大燭；僕人巡守宮室；車馬有地方安置；賓客的僕從，都有代役的人，巾車把車軸鐵都安置加油；隸人和養牛馬的，都各當其事；百官等屬，也都陳列他接待賓客的東西。文公不久留賓客，也不荒廢接見賓客的事務，憂樂和賓客相共；事有廢失，則替諸侯巡察；賓客有禮儀不周的，便教導他；貢物有不足的，便體恤他。因此賓客到了晉國，就好像回家一樣。哪裏有什麼憂患呢？不畏盜賊，也不怕日燥雨濕。

現在銅鞮的宮室，大至數里，而諸侯的賓館，僅如徒隸所居的地方，門庭狹小，車馬不能進去，門限又高，不能越過，盜賊公然搶刼；天災也不預防；賓客進見，沒有確切的日期；召見的命令，也不知幾時才下。假如再不拆毀垣牆，只怕又要加重沒有保管幣帛的罪了！敢請問執事，叫我要把幣帛放在哪裏呢？雖然晉國有魯喪的憂事，可也是我國的憂事啊！若能進見晉君，貢陳幣帛，鄭國自當修好垣牆，然後回去。那是蒙晉君的恩惠，哪敢怕擔起修牆的煩勞呢？」

士文伯回去復命。趙文子說：「說得很對！我實在不德，以隸人所住的地方，去接待諸侯，這是我的過失啊！」於是便派士文伯向子產賠禮。

晉平公會見鄭簡公，禮節非常的隆重，以豐盛的酒食招待，並且送他回國。從此改建諸侯的賓館。叔向說：「說話是如此的需要注意啊！靠著子產說了這幾句話，諸侯就有好的賓館可以居住。這樣說來，該說的話，如何能不說呢？詩上說：『說話和睦，百姓就會同心協力；說話和樂，百姓就安定了！』詩人是知道說話有益處的了！」

【文章分析】本文選自左傳魯襄公三十一年，爲敍記類的古文。記述鄭國子產嚴辭責備晉國身爲霸主，而不肯以禮接待小國的故事。

大國對於小國，時有一種優越感，假如小國對之逆來順受，則大國一定變本加厲。所以小國必須辭正義嚴，據理力爭才行。在這種情況之下，除了要理直站得穩以外，語詞還要強而有力，使得對方沒有一絲一毫置辯的機會。子產是春秋時鄭國有名的賢大夫，除了內能定國以外，在外交上所表現的，尤有超人之處，讀者如能把子產卻楚逆女以兵一文，和本文參閱，就可知道子產對外辭鋒之利，理義之正。叔向是晉國的賢大夫，聞之欽佩歎息不已，也可知子產於鄭功勞之大了。

子產論尹何爲邑

襄公三十一年　　左傳

子皮❶欲使尹何❷爲邑❸。子產曰：「少❹，未知可否？」子皮曰：「愿❺，吾愛之，不吾叛也。使夫往而學焉，夫亦愈知治矣。」子產曰：「不可。人之愛人，求利之也。今吾子愛人則以政❻，猶未能操刀而使割也，其傷實多。子之愛人，傷之而已，其誰敢求愛於子？

子於鄭國，棟也。棟折榱❼崩，僑將厭❽焉，敢不盡言。子有美錦，不使人學製❾焉。大官大邑，身之所庇也，而使學者製焉。其爲美錦，不亦多乎？僑聞學而後入政，未聞以政學者也。若果行此，必有所害。譬如田獵，射御貫❿，則能獲禽。若未嘗登車，射御，則敗績厭覆⓫是懼，何暇思獲？」

子皮曰：「善哉！虎不敏⓬，吾聞君子務知大者遠者，小人務知小者近者。我，小人也。衣服附在吾身，我知而愼之。大官大邑，所以庇身也，我遠而慢之。微⓭子之言，吾不知也。他日我曰：『子爲⓮鄭國，我爲吾家，以庇焉，其可也。』今而後知不足，自今請，雖吾家，聽子而行。」

子產曰：「人心之不同，如其面焉。吾豈敢謂子面如吾面乎？抑心所謂危，亦以告也。」

子皮以爲忠，故委政焉。子產是以能爲鄭國。

【註釋】❶子皮　鄭上卿罕虎。❷尹何　子皮家臣。❸邑　此邑是子皮私邑，非國邑也。❹少　謂尹何年少也。❺愿　謹厚也。❻以政　以其執政。❼榱　屋椽。❽厭　同壓。❾製　裁也。❿貫　習也。⓫敗績厭覆　此敗績言車馬之顛踣覆墜，敗其功也。厭同壓。⓬不敏　猶言不才。⓭微　無也。⓮爲　治理也。

【語譯】子皮要叫尹何做他私邑的大夫，子產說：「年紀還輕，不知道能不能勝任？」子皮說：「人還謹厚，我很喜歡他，一定不會叛變的。差他去學習學習，也能更加知道治理地方的道理了。」

子產說：「不可。凡是愛護一個人，一定要求能夠有利於他。現在您愛護人，就叫他管理政事；就如還沒有學會拿刀的人，就叫他去宰牛割羊一樣，一定會傷害到他自己了。您這種愛護人的方式，只是叫他受傷害罷了，這樣還有誰敢來求您喜歡他呢？

您在鄭國，好比房屋的棟樑，棟樑一折斷，屋椽就要倒塌，那麼連我也要壓在裏面了，我怎敢不盡情說出來呢？譬如您有美好的錦綢，一定不願讓人去學裁剪的；大官大邑，是一身所託庇的，卻差學習政治的人去管理，豈不是更愛惜美錦嗎？我只聽說學習好了，然後可以辦政事，卻沒有聽說以辦政事來學習的。假若眞的這樣做的話，一定有害處的。譬如打獵，射箭駕車都學得很好了，就能獵獲禽獸；要是不曾上過車、射過箭、駕過車，那麼只害怕車子會不會顚覆，哪裏還有時間想到禽獸呢？」

子皮說：「好啊！我眞愚笨！我聽說君子專著眼大的遠的；小人專著眼小的近的。我是一個小人啊！衣服披在身上，我知道小心愛護；大官大邑，用來寄託一身的，我卻疏遠忽略它。沒有您這幾句話，我眞不知道自己的過失啊！前日我說：『您管理鄭國，我管理我家，用來寄託一身，還是可以的。』從今以後，我知道自己不足了。從今天起，雖然是我的家事，也要請您來管理。」

子產說：「人心不同，就像每人臉面不同一樣。我豈敢說您的臉面像我的臉面一樣呢？但在我心有不安，就據實告訴您罷了！」

子皮因爲子產很忠心，所以把政事託付給他。子產因而能夠掌管鄭國的政事。

【文章分析】本文選自左傳魯襄公三十一年，爲論辨類的古文。記述鄭國上卿欲以尹何爲私邑之宰，子產勸阻不可之事。

子皮以爲尹何忠心謹厚，所以雖然沒有行政經驗，仍舊想把私邑託付給他。子產則純粹站在愛人以德的觀點上，覺得只有學而後入政，未聞以政學的；況且一人之成敗，其影響還小，以一邑之百姓作試驗，影響極大，萬一不愼，其傷實多。所以不論公私，都是不適合叫沒有經驗的尹何去做邑宰的。

全文記述子產和子皮的對答，一個知無不言，傾心吐露；一個從善如流，虛心接納，相知之深，無過於此。且通篇純以譬喻作態，勸諫而不傷人，自是勸諫文章的佳品。

子產卻楚逆女以兵

昭公元年　　左傳

楚❶公子圍聘❷于鄭，且娶於公孫段❸氏。伍舉為介❹，將入館。鄭人惡之❺，使行人❻子羽與之言，乃館于外。

既聘，將以眾逆❼。子產患之❽，使子羽辭曰：「以敝邑褊小，不足以容從者，請墠❾聽命。」

令尹❿命大宰伯州犁對曰：「君辱貺⓫寡大夫圍，謂圍將使豐氏⓬撫有而室。圍布几筵⓭，告於莊共⓮之廟而來。若野賜之，是委君貺於草莽⓯也；是寡大夫不得列於諸卿也。不寧唯是，又使圍蒙⓰其先君，將不得為寡君老⓱，其蔑以復矣⓲。唯大夫圖之！」

子羽曰：「小國無罪，恃⓳實其罪。將恃大國之安靖己⓴，而無乃包藏禍心㉑以圖之，小國失恃而懲㉒諸侯，使莫不憾者，距違君命，而有所壅塞不行是懼。不然，敝邑，館人之屬㉓也，其敢愛豐氏之祧㉔？」

伍舉知其有備也，請垂櫜㉕而入。許之。

【註釋】❶楚　國名，見前季梁諫追楚師篇。❷聘　古諸侯使大夫訪問諸侯曰聘。❸公孫段　鄭大夫子石也。❹

伍舉爲介　伍舉，楚大夫伍參之子。食邑於椒，亦曰椒舉。介，副使也。❺惡之　杜預注：「知楚懷詐也。」❻行人　官名，掌朝覲聘問及禮賓之事。❼衆逆　以兵衆入城迎婦也。❽患之　子產懼楚襲鄭。❾墠　除地以祭也。墠與壇相近。❿令尹　楚執政之官，此指公子圍也。⓫貺　賜也。⓬豐氏　公孫段也。⓭几筵　古祭席也。筵鋪于下，席加于上，所以爲位也。⓮莊共　莊，楚莊王，圍之祖。共，楚共王，圍之父。⓯莽　草深曰莽。⓰蒙　欺也。⓱老　大臣也。言鄭賤辱如此，無復面目列於寡君老也。與上文不得列於諸卿成對。⓲蔑以復矣　蔑，無也。復，返也。⓳恃　依靠也。⓴安靖己　此言本恃楚以安定其國。㉑禍心　爲害之心。㉒懲　警惕。㉓館人之屬　館人，守賓館者。屬，類也。㉔祧　遠祖之廟。㉕垂櫜　櫜，弓衣。倒垂弓衣，示無弓也。

【語　譯】楚國的公子圍到鄭國聘問，而且要娶公孫段的女兒爲婦。伍舉做副使，將入住鄭國的賓館。鄭國擔心楚國有詐，便派行人子羽婉辭拒絕，纔住在城外。

聘問以後，楚國要用兵衆進城迎親。子產很憂慮，派子羽去辭謝說：「因爲我國地方狹小，不足容納那麼多隨從來的人，請在城外設墠舉行婚禮，我便遵命。」

公子圍派太宰伯州犁回答說：「蒙您厚賜我國的大夫圍，說將使豐氏把女兒嫁給他做妻子。圍便設了几筵，向莊王、共王的廟中祭告了才來的。若是在城外舉行婚禮，這是把您的厚賜丟棄在草莽之間了；這樣我國的大夫圍，也不再有面目置身在衆卿的班列了。不但如此，又使得圍欺蒙自己的先君，將不能做楚國的大臣，恐怕無法再回國去了。請大夫爲他打算一下吧！」

子羽說：「小國沒有過失，依靠大國而不設防備就是他的過失了。鄭國和楚國聯姻，本是想依靠大國來安定國家。只怕您包藏禍心，暗中打算進攻我國，我國失了依靠，也給別國一個警惕，使得沒有一個不恨楚國行詐的，從此不遵楚君的命令，楚君的命令阻礙難行，這是鄭國所深深恐懼的。若是楚國沒有惡意，那麼我國之於楚國，本來就像館人一樣，哪敢愛惜豐氏的祖廟，不使在廟中舉行婚禮呢？」

伍舉知道鄭國已有防備了，便請倒掛著弓衣進城去。鄭國便答應了。

【文章分析】本文選自左傳魯昭公元年，爲敍記類的古文。記述鄭子產打消楚公子圍野心之事。

楚公子圍藉口娶公孫段之女，要帶兵入城迎親，準備乘機一舉滅掉鄭國，子產識破他的計謀，於是請在城外成親。

楚國州犂的一段話，語詞婉轉，而理氣正直，但若鄭國一答應，則進城之後，局面無可收拾，所以子產派子羽回答，索性說出楚國包藏禍心的計謀，使得他無從置辯，並且語氣強硬，若不惜決絕然，因為此時稍一軟化，楚國一定會用更強硬的壓力，子產對強國，時時用此對付，可說是深知小國對待強國之道。

子革對靈王

昭公十二年　　左傳

楚子❶狩❷于州來❸，次❹于潁尾❺。使蕩侯❻、潘子、司馬督、囂尹午、陵尹喜，帥師圍徐❼以懼吳❽。楚子次于乾谿❾，以為之援。

雨雪，王皮冠，秦復陶❿，翠被⓫，豹舄⓬。執鞭以出⓭，僕析父⓮從。

右尹子革夕⓯，王見之。去冠被，舍鞭⓰，與之語。曰：「昔我先王熊繹⓱，與呂伋⓲、王孫牟⓳、燮父⓴、禽父㉑，並事康王㉒。四國皆有分㉓，我獨無有。今吾使人于周，求鼎㉔以為分，王其與我乎？」

對曰：「與君王哉！昔我先王熊繹，辟在荊山，篳路㉕藍縷㉖，以處草莽。跋涉山林，以事天子。唯是桃弧棘矢㉗，以共禦王事。齊，王舅㉘也。晉及魯衛，王母弟也。楚是以無分，而彼皆有。今周與四國，服事君王。將唯命是從，豈其愛鼎？」

王曰：「昔我皇祖伯父昆吾㉙，舊許㉚是宅。今鄭㉛人貪賴其田而不我與，我若求之，其與我乎？」

對曰：「與君王哉！周不愛鼎，鄭敢愛田？」

王曰：「昔諸侯遠我而畏晉，今我大城陳蔡㉜不羹㉝，賦皆千乘㉞，子與有勞焉。諸侯其畏我乎？」

對曰：「畏君王哉！是四國者㉟，專足畏也。又加之以楚，敢不畏君王哉？」

工尹路㊱請曰：「君王命剝圭以爲鏚柲㊲，敢請命㊳。」王入視之。

析父謂子革：「吾子，楚國之望也。今與王言如響㊴，國其若之何？」

子革曰：「摩厲以須㊵。王出，吾刃將斬矣。」

王出，復語。左史倚相㊶趨過，王曰：「是良史也，子善視之，是能讀三墳五典八索九丘㊷。」對曰：「臣嘗問焉，昔穆王㊸欲肆其心，周行天下，將皆必有車轍馬跡焉。祭公謀父㊹，作祈招之詩，以止王心，王是以獲沒於祇宮㊺。臣問其詩而不知也，若問遠焉，其焉能知之？」

王曰：「子能乎？」對曰：「能。其詩曰：『祈招之愔愔㊻，式㊼昭德音。思我王度，式如玉；式如金，形民之力㊽，而無醉飽㊾之心。』」

王揖而入。饋㊿不食，寢不寐。數日，不能自克51，以及於難。

仲尼曰：「古也有志：『克己復禮，仁也。』信善哉！楚靈王若能如是，豈其辱于乾谿？」

【註釋】❶楚子 指楚靈王，名虔。❷狩 多獵也。❸州來 小國，服役于楚。故城在今安徽鳳臺縣北。❹次 師止曰次。❺潁尾 地名，在今安徽鳳陽府壽州西北四十里。潁水入淮處。❻蕩侯 蕩侯等五人，皆楚大夫。❼徐 國名，伯益之後，故城在今安徽泗縣北。❽吳 國名，見前季札觀周樂篇。❾乾谿 地名，今安徽亳縣境。❿秦復陶 復陶，衣名。杜預注：「秦所遺羽衣也。」可禦雨雪。⓫翠被 被通帔，披之肩背者也。翠被，雜翠羽而織之帔。⓬豹舄 以豹皮爲履。⓭執鞭以出 出而監督將士也。⓮僕析父 楚大夫。⓯右尹子革夕 右尹，官名。子革，即鄭丹。夕，晚上來見也。⓰去冠被舍鞭 敬大臣，故去冠被舍鞭也。⓱熊繹 楚始封之君。⓲呂伋 齊太公之子丁公。⓳王孫牟 衞康叔之子康伯。⓴燮父 晉唐叔之子。㉑禽父 周公子伯禽。㉒康王 周成王子。㉓四國皆有分 四國，齊、晉、魯、衞也。皆有分，分珍寶之器也。㉔鼎 九鼎也。傳國之寶物，本非分器。㉕篳路 柴車也。㉖藍縷 青衣也。㉗桃弧棘矢 桃弧，以桃木爲弓。棘矢，以棘木爲矢。㉘王舅 成王母，齊太公女。㉙皇祖伯父昆吾 昆吾與季連爲兄弟，季連爲楚之遠祖，故謂昆吾爲皇祖伯父。㉚許 地名，在今河南許昌縣。昆吾嘗居許。㉛鄭 國名，見前鄭伯克段于鄢篇。㉜陳蔡 陳蔡，二國名，陳見前石碏諫寵州吁篇。蔡見前齊桓公伐楚盟屈完篇。㉝不羹 地名，在今河南省境。㉞賦皆千乘 賦，兵也。皆可出兵車千輛。㉟是四國者 陳、蔡、不羹，則三國也。鄭玄云：「四當爲三。」是也。㊱工尹路 工尹，官名。路，人名。㊲剝圭以爲鏚柲 剝，削也。圭，玉也。鏚，斧也。柲，柄也。此謂削圭玉以爲斧柄之飾也。㊳請命 請制度之命。㊴嚮 應聲。㊵摩厲以須 厲，利也。此言準備利器，待時而動也。㊶左史倚相 左史，官名。倚相，人名。㊷三墳五典八索九丘 三墳，三皇之書。五典，五帝之典。八索，八卦之說。九丘，九州之志。皆古書名。㊸穆王 指周穆王。㊹祭公謀父 祭，周畿內之國。謀父，周卿士，封於祭，故曰祭公謀父。㊺祗宮 周穆王離宮，在今陝西華縣境。㊻愔愔 安和貌。㊼式 用也。㊽形民之力 言用民力，當隨其力任，如金冶之器，隨器而制形也。㊾醉飽　喻過盈也。㊿饋　進食也。51不能自克　不能勝其慾念也。

【語譯】楚靈王在州來狩獵，軍隊駐紮在潁尾，派蕩侯、潘子、司馬督、囂尹午、陵尹喜等領兵圍攻徐地，藉以威嚇吳國。楚靈王自己在乾谿紮營，作他們的後援。

天正下雪，楚靈王戴了皮帽，穿了秦國所贈的羽衣，翠羽織成的披肩，豹皮做的鞋子，手裏拿著皮鞭，走出來發號施令。僕析父跟從在他的後面。

晚上，右尹子革來見靈王。靈王脫去了帽子披肩，放下鞭子，跟他說話。靈王說：「以前我的先王熊繹，與呂伋、王孫牟、燮父、禽父等人，同在康王朝中輔政，四國都有康王所賜的珍寶，我獨沒有。現在我想派人到周天子那裏去，要求把九鼎分給我，周天子肯給我嗎？」

子革回答說：「肯給您的！以前先王熊繹，偏居在荊山地方，柴車青衣，奔走山林，以開闢深山野地，服事天子。只用桃木做的弓，棘枝做的箭，來抵抗天子的敵人。齊是成王的舅父，晉、魯及衛，都是成王的母弟，這就是四國都分到珍寶，而楚國獨獨沒有的緣故。現在周與四國，都臣服君王，處處都聽楚國的命令，豈有愛惜九鼎，不肯給楚國的道理呢？」

楚靈王說：「以前我皇祖伯父昆吾，嘗居於許地。現在鄭國霸佔了許地而不給我。假若我向他索討，他肯給我嗎？」

子革說：「肯給您的，周天子尚且不敢愛惜九鼎，鄭國又豈敢愛惜這許地呢？」

楚靈王說：「從前諸侯都疏遠我國，卻畏懼晉國，現在大築陳、蔡和不羹的城牆，且都能夠出到兵車千乘，你也同有功勞的。諸侯都怕我嗎？」

子革回答說：「都怕您的。這陳蔡等三國，已足使他們懼怕了，再把楚國加上，敢不懼怕您嗎？」

工尹路來請示說：「您叫我削圭玉來做斧柄的飾玉，請問是照什麼樣的式樣呢？」楚靈王便進去視閱工尹路所做的情形。

析父對子革說：「您是楚國最有聲望的人，現在和君王說話，好像回聲一樣，國家的前途怎麼辦呢？」

子革說：「我正在把刀磨快，以等待時機，等到君王出來，我就要斬斷他的邪念了。」

楚靈王出來，再跟他說話。左史倚相正走過那裏。楚靈王說：「那是個好史官，你要好好看待他，三墳、五典、八索、九丘的古書他都能夠讀的。」子革回答說：「我曾問過他的：從前周穆王要放縱他的心志，走徧天下，要各地都有他的車轍馬迹。祭公謀父做了一篇祈招的詩，以勸止穆王的野心，穆王因此能在祗宮得到善終。我問這一首詩的內容，他尚且不知道；若是問他遠大的事情，他怎麼知道呢？」

楚靈王說：「那麼你能知道嗎？」子革回答說：「能的！這首詩說：『祈招的安和，因此能夠顯揚好的名聲。當思我王的風度，像金玉一樣的堅重；若使用民力，要隨其所能，不可存過度的心。』」

楚靈王聽了，就作了一個揖進去了。好幾天吃不下飯，睡不著覺，仍舊不能克制慾念，終究遭遇到災禍。

仲尼說：「古書上說：『克制自己的慾念，使自己的言行回復禮上來，這便是仁。』這句話眞是好啊！楚靈王若能這樣，哪會在乾谿受辱呢？」

【文章分析】本文選自左傳昭公十二年，爲奏議類的古文。記述楚國右尹子革諫楚靈王事。

楚靈王好大喜功，剛愎自用，連周天子都不在眼內，故有「今吾使人于周，求鼎以爲分，王其與我乎」之語，而子革對其一番盛氣凌人之言，初不辯駁，一味諾諾如響，實在是養精蓄銳，一擊中其要害，既不忤聽，又得易入，子革可算是善諫之臣了。

只是楚靈王起先能從善如流，最終卻不能克制自己的慾望，而遭遇災禍，這也可爲一般貪婪不悟者戒也。

子產論政寬猛

昭公二十年　　左傳

鄭子產❶有疾。謂子大叔❷曰：「我死，子必爲政。唯有德者能以寬服民，其次莫如猛❸。夫火烈，民望而畏之，故鮮死焉。水懦弱❹，民狎而翫之，則多死焉。故寬難❺。」疾數月而卒。

大叔為政，不忍猛而寬。鄭國多盜，取人❻于萑苻❼之澤。大叔悔之，曰：「吾早從夫子❽，不及此。」興徒兵❾以攻萑苻之盜，盡殺之，盜少止。

仲尼曰：「善哉！政寬則民慢，慢則糾❿之以猛。猛則民殘，殘則施之以寬。寬以濟猛，猛以濟寬，政是以和。

詩曰⓫：『民亦勞止⓬，汔⓭可小康，惠此中國⓮，以綏四方。』施之以寬也。『毋從詭隨⓯，以謹無良，式遏寇虐⓰，慘⓱不畏明。』糾之以猛也。『柔遠能邇⓲，以定我王。』平之以和也。又曰⓳：『不競不絿⓴，不剛不柔，布政優優㉑，百祿是遒㉒。』和之至也！」

及子產卒，仲尼聞之，出涕曰：「古之遺愛㉓也。」

【註釋】❶子產　見前子產告范宣子輕幣篇。❷子大叔　鄭大夫游吉也。❸猛　嚴也。❹懦弱　柔弱也。❺寬難　行寬政實難也。❻取人　殺人也。❼萑苻　澤名，在今河南中牟縣西北。❽夫子　指子產。❾徒兵　步兵也。❿糾　攝束也。⓫詩曰　詩大雅民勞之篇。周厲王暴虐，民勞於苛政，故詩人刺之，欲其施之以寬也。⓬止　語辭。⓭汔　幾也，期也，近也。⓮惠此中國　惠，愛也。中國，西周王朝直接統轄之區域，即王畿，京師。⓯詭隨　杜預注：「詭人、隨人無正心，不可從也。」⓰式遏寇虐　式，用也。遏，止也，絕也。此謂遏絕其殘虐之事也。⓱慘　曾也。⓲柔遠能邇　柔，安也。能，親善也。邇，近也。⓳又曰　又曰下四句，商頌長發之章，言成湯之文德。⓴不競不絿　競，強也。絿，急也。㉑優優　和也。㉒遒　聚也。㉓遺愛　此謂子產愛人，有古人之遺風也。

【語　譯】鄭國的子產生病了，就對子大叔說：「我死之後，你一定會執政的。只有有德行的人，才能夠以寬和的政治來治理百姓；自己沒有好的德行，那還是嚴厲一點的好。就像火一樣，火勢猛烈，百姓見了，沒有不害怕的，因此少有投火而死的人；水性柔弱，百姓都接近它，忽略它，因此死在水中的就多了。故而實施寬和的政治是很難的。」子產病了幾個月，就去世了。

大叔接掌政事，不忍用嚴厲的手段，就用寬和的政治治理鄭國。鄭國的強盜從此就多起來了，在萑苻的水邊，殺人劫貨。大叔很後悔，說：「我早聽夫子的話，就不會到此地步了。」於是便派出步兵，去攻打萑苻的強盜，把他們全部殺死，強盜就慢慢地少了。

仲尼聽到子產病時教訓大叔的話，便說道：「好啊！行政若是太寬和，百姓就容易慢忽，這時就要用嚴厲的手段來約束他；太嚴厲了，百姓就會受到傷害，那時就要寬和地來安撫他。用寬和來補嚴厲的不足；用嚴厲來補寬和的不足，政事就此平和了。

詩上說：『百姓很勞苦了，可以稍使他們得到安寧，惠愛京師的人，以安定四方的人民。』這就是用寬和的方法來安撫他。『不放縱居心不正的人；小心謹防不善的人，遏止殘虐的事，制裁那些冥頑不怕明法的。』這就是用嚴厲的方法來約束他們的行為。『安撫遠來歸附的人，親善近地的百姓，以安定我王室。』這就是用和平的方法來治理政事。詩上又說：『不強，不急，不硬，不軟，很平和地施政，所以各種福祿，都會聚集起來了。』這眞是和平到極點了！」

等到子產死了，仲尼聽到這個消息，禁不住流淚，說：「子產愛人，眞是有古代的遺風啊！」

【文章分析】本文選自左傳昭公二十年，爲論辨類的古文。君子以仁政愛民，子產叫大叔寧用嚴政，粗看起來，好像子產有失君子之道。但是看到孔子對子產的批評，我們可以知道子產不是一個虐民的人。子產叫大叔「莫如猛」，那是因爲知道他太軟弱，軟而不嚴，百姓自然就流于輕忽玩法的地步。子產所以要大叔以嚴厲配合寬和，純粹是針對大叔的缺點，這一點，我們讀這篇文章，必須先了解的。

其次，孔子的這段話雖然在最後，但是所講的時間，卻是在聽到子產教導大叔的話的時候，古文紀事，常有這樣的體裁，把全事敍述完畢，再記述批評的話。所以我們把仲尼曰，翻譯成「仲尼聽到子產病時敎訓大叔的話，便說道」，用意便是引起讀者讀時的注意，嚴格說來，直譯是不可以這樣的。

吳許越成

哀公元年

左傳

吳王夫差❶敗越❷于夫椒❸，報檇李❹也。遂入越，越子❺以甲楯❻五千，保于會稽❼。使大夫種❽，因吳大宰嚭❾以行成❿，吳子⓫將許之。

伍員⓬曰：「不可。臣聞之，樹德莫如滋⓭，去疾⓮莫如盡。昔有過⓯澆⓰殺斟灌⓱以伐斟鄩⓲，滅夏后相⓳。后緡方娠⓴，逃出自竇㉑，歸于有仍㉒，生少康焉。爲仍牧正㉓，惎澆能戒之㉔，澆使椒㉕求之，逃奔有虞㉖。爲之庖正㉗，以除㉘其害。虞思㉙於是妻之以二姚㉚，而邑諸綸㉛。有田一成㉜，有眾一旅㉝，能布其德而兆其謀，以收夏眾㉞，撫其官職。使女艾㉟諜澆，使季杼㊱誘豷㊲，遂滅過戈㊳，復禹之績。祀夏配天，不失舊物㊴。今吳不如過，而越大於少康，或將豐㊵之，不亦難乎？句踐能親而務施㊶，施不失人，親不棄勞。與我同壤，而世爲仇讎。於是乎克而弗取，將又存之，違天而長寇讎，後雖悔之，不可食已㊷。姬㊸之衰也，日可俟也。介在蠻夷，而長寇讎。以是求伯，必不行矣！」

弗聽。退而告人曰：「越十年生聚，而十年教訓。二十年之外，吳其爲沼㊹乎？」

【註釋】①吳王夫差　吳，國名，見前季札觀周樂篇。夫差，闔廬之子，吳傳於夫差而亡於越。②越　國名。夏少康封其庶子於此。傳至句踐，滅吳，遂有今浙江、江蘇及山東之南部。③夫椒　越地。④報檇李　吳地，在今浙江嘉興縣南四十五里。魯定公十四年，越句踐敗吳闔廬於檇李。此曰報，報檇李之仇也。⑤越子　指越王句踐。⑥甲楯　此言衣甲持盾之兵。⑦會稽　越山名，在今浙江紹興會稽縣東南十二里。⑧大夫種　越大夫文種。⑨大宰嚭　楚臣，奔吳爲太宰。⑩行成　求和。⑪吳子　指吳王夫差。⑫伍員　楚人，字子胥，以父伍奢兄伍尚皆爲楚平王所殺，遂奔吳，時爲吳大夫。⑬滋　長也，益也。⑭疾　本又作惡。戰國策秦策引書作害。⑮過　古國名，在今山東掖縣北。⑯澆　即寒浞子，封於過者。⑰斟灌　夏同姓諸侯國，故城在今山東壽光縣東北。⑱斟鄩　夏同姓諸侯國，故城在今山東濰縣。⑲夏后相　夏禹生啟，啟生太康，太康崩，弟仲康立，仲康崩，子相立，是后相啟之孫，仲康之子也。⑳后緡方娠　后緡，后相之妻。娠，有孕也。㉑竇　孔穴。㉒有仍　古國名，未知所在。以后緡有仍氏之女也。㉓牧正　牧官之長。㉔惎澆能戒之　惎，忌也。戒，備也。㉕椒　澆臣。㉖有虞　虞，國名。見前宮之奇諫假道篇。㉗庖正　掌膳羞之官。㉘除　猶避也。㉙思　虞君名。㉚姚　有虞之姓。㉛綸　虞邑，在今河南虞城縣東南義原鄉。㉜一成　田方十里曰成。㉝一旅　五百人爲旅。㉞夏衆　謂夏之遺民也。㉟女艾　少康臣。㊱季杼　少康子后杼。㊲豷　澆之弟。㊳戈　豷之國。㊴舊物　指夏禹之天下。㊵豐　大也。㊶施　賜惠也。㊷不可食已　食，消也。已，止也。㊸姬　吳，姬姓之國。㊹沼　池也。此言吳被滅，宮室毀壞，廢爲汙池。

【語譯】吳王夫差在夫椒的地方把越國打敗，報了在檇李吃敗仗的仇，趁勢就攻進了越國。越王句踐，率領著五千個披甲執楯的兵士，退守會稽。派了大夫文種，去走太宰嚭的門路，請求講和。吳王夫差想要答應了。伍員勸諫說：「不可！我聽說：立德愈多愈好，除害卻不如斷根爲妙。從前過國的澆，殺掉斟灌的君主，又去攻打斟鄩，滅掉夏后相。后相的妻子后緡已經有孕，從城牆的小洞逃出來，回到有仍去，生下了少康。少康長大了，做有仍的牧正，知道澆想害他，很能小心防備，澆派椒來搜索少康，少康便逃到有虞去，做有虞的庖正，以躲避澆的殺害。虞國的國君思，便將兩個女兒嫁給少康，而把綸邑封給他。此時少康只有十方里的田，五百個兵士；可是他能夠施布他的恩德，實踐他的計劃，招撫夏朝的遺民，使他們各居官職。差了女艾去偵察澆的動靜；又差了季杼把豷引誘了來，就此在過滅掉了澆，在戈滅掉了豷。恢復了夏禹的功績；把夏朝的祖宗，配享上天；光復舊時的天下。現在吳國比不上那時的過國；而越國卻比少康還要大得多，假如使他壯大，豈不糟糕！句踐能夠親愛百姓，好施恩惠。好施恩惠，能夠得到人才；親愛百姓，就不會漏失有功的人。況且越國與我國接壤，又世世是仇讎，現在打勝了還不把他滅掉，反打算保存它。違背天道而增長了仇人，以後再懊悔也來不及了！吳國的衰亡，日子就在眼前。況且我國居在蠻夷之間，再增長仇人的實力，要想稱霸天下，一定做不到的！」

吳王夫差不聽伍員的話。伍員退了出來，告訴人說：「越國以十年的工夫增加生育，聚集財貨；再用十年的工夫去教育訓練。二十年之後，吳國的宮室，恐怕就要變做汚池了。」

【文章分析】本文選自左傳哀公元年，爲奏議類的古文。吳王夫差，是一個雄心勃勃的君主，一心想使吳國變成天下的霸主；但是才不得其用，終於葬送了吳國的前途。

列代君主，總希望自己有不凡的成就，可是有抱負而能成功的，在歷史上卻寥寥無幾。這就是因爲人主易有自雄自智毛病的緣故。以夫差爲例來說，任用大宰嚭，便是不智；不納伍員忠諫，便是自雄，總以爲越國打敗，沒有能力再和吳國爲敵，而忽略「去疾莫如盡」的道理。

反過來說，伍員的個性耿介，不善言辭，也是勸諫失敗的一個主因。他最後說的一段話，相當刺耳，當然不爲自大的夫差所能接受。讀者請參閱觸讋說趙太后那篇文章，就知道勸諫君王，說話的技巧是多麼重要了。

卷三 周文

祭公諫征犬戎

國語

穆王①將征犬戎②。祭公謀父③諫曰：「不可，先王耀德不觀兵④。夫兵戢而時動⑤，動則威，觀則玩，玩則無震⑥。是故周文公⑦之頌⑧曰：『載戢干戈⑨，載櫜⑩弓矢，我求懿德，肆于時夏⑪，允⑫王保之。』

先王之於民也，懋正其德而厚其性⑬；阜其財求；而利其器用。明利害之鄉⑭，以文修之，使務利而避害；懷德而畏威，故能保世以滋大。

昔我先王世后稷⑮，以服事虞夏⑯。及夏之衰也⑰，棄稷不務⑱。我先王不窋⑲，用失其官，而自竄於戎狄之間⑳，不敢怠業㉑，時序㉒其德；纂修其緒㉓；修其訓典，朝夕恪㉔勤，守以敦篤㉕；奉以忠信㉖；奕世㉗載德，不忝前人㉘。至于武王，昭前之光明，而加之以慈和。事神保民，莫不欣喜。商王帝辛㉙，大惡於民，庶民不忍，欣戴㉚武王，以致戎于商牧㉛，是先王非務武也，勤恤民隱㉜，而除其害也。

夫先王之制，邦內甸服(33)，邦外侯服(34)，侯衛賓服(35)，蠻夷要服(36)，戎狄荒服(37)。甸服者祭，侯服者祀，賓服者享(38)，要服者貢(39)，荒服者王(40)。日祭(41)、月祀(42)、時享(43)、歲貢(44)、終王(45)，先王之訓也！有不祭則修意(46)，有不祀則修言(47)，有不享則修文(48)，有不貢則修名(49)，有不王則修德(50)，序(51)成而有不至則修刑，於是乎有刑不祭(52)，伐不祀(53)，征不享(54)，讓不貢(55)，告不王(56)。於是乎有刑罰之辟(57)，有攻伐之兵，有征討之備，有威讓之令，有文告之辭。布令陳辭而又不至，則增修於德，而無勤民於遠(58)。是以近無不聽，遠無不服。

今自大畢、伯士(59)之終也，犬戎氏以其職來王(60)，天子曰：『予必以不享征之(61)。』且觀之兵，其無乃廢先王之訓，而王幾頓(62)乎！吾聞夫犬戎樹惇(63)，帥(64)舊德，而守終純固(65)，其有以禦我矣。」

王不聽，遂征之。得四白狼、四白鹿以歸，自是荒服者不至。

【作者】國語，書名。漢書司馬遷傳贊：「孔子因魯史記而作春秋，而左丘明論輯其本事以為之傳，又纂異同為國語。」以為國語與左傳俱是左丘明所作。康有為新學偽經考、崔適史記探源，更以為左傳、國語本是一書，而左傳析自國語。近人張以仁嘗考證兩書的關係，認為國語所記二百四十餘事，其中約三分之一為左傳所無，其餘三分之二記事與左傳相重，而所記史實與左傳相異者居多，結論證明左傳、國語不是一書，也不出於一人之手（詳見中央研究院歷史語言研究所集刊第三十三、四本，論國語與左傳的關係）。國語分周語、魯語、齊語、晉語、鄭語、楚語、吳語、越語，凡二十一卷，所記起自周穆王，止於春秋末，成書約在戰國時代。三國時吳有韋昭，為之作注。

【註釋】①穆王　周穆王。②犬戎　又名昆夷，西戎之屬。③祭公謀父　祭，畿內之國，謀父封於祭，故曰祭公。祭公謀父，周穆王卿士。④觀兵　耀其兵威以示人也。⑤戢而時動　戢，斂也。時動，及時而動也。⑥震　懼也。⑦周文公　卽周公。⑧頌　此指詩周頌時邁之章。⑨載戢干戈　載，語辭。干，盾也。戈，戟之屬，有小刃旁出而平頭者。戢謂收斂不用。⑩櫜　韜而藏之。⑪肆于時夏　肆，陳也。時，是也，此也。夏，中國也。⑫允　信也。⑬懋正其德而厚其性　懋，勉也。厚，敦厚也。⑭鄉　通嚮，所在也。⑮后稷　舜時農官名。周之始祖棄，爲舜時農官，故亦稱之爲后稷。⑯服事虞夏　棄爲舜之后稷，棄子不窋，繼之于夏，故曰服事虞夏。⑰夏之衰也　指夏王太康之時。⑱棄稷不務　謂去稷之官而不務農事也。⑲不窋　棄之子。⑳竄於戎狄之間　竄，亡匿也。戎狄之間，今甘肅慶陽縣東南有不窋故城。㉑怠業　怠，懈怠也。業，指農業。㉒序　布也。㉓緒　業也。㉔恪　敬也。㉕守以敦篤　以篤厚守之。㉖奉以忠信　奉，奉行，以忠信奉行之。㉗奕世　猶言累世也。㉘不忝前人　忝，辱也。前人，指先祖。㉙商王帝辛　卽紂王也。辛，紂王之名。㉚戴　擁戴尊奉之意。㉛戎于商牧　戎，戎事，兵事也。商牧，商之牧野，在今河南淇縣南。㉜勤恤民隱　恤，體憫也。隱，痛也。㉝邦內甸服　邦內指畿內之地。甸服，去王城周圍五百里之地。㉞侯服　離王畿五百里至一千里之地。㉟侯衞賓服　侯，侯圻。衞，衞圻，皆邊圻也。賓服，離王畿一千里至一千五百里之地。㊱蠻夷要服　南曰蠻，東曰夷，蠻夷去王畿已遠，離王畿一千五百里至二千里之地。㊲戎狄荒服　西曰戎，北曰狄，此去王畿益遠，約離王畿二千里至二千五百里之地。㊳享　指享於二祧。㊴貢　指貢於墠壇。㊵王　諸侯一世一朝見曰王。㊶日祭　謂祭以日至也。㊷月祀　謂祀以月至也。㊸時享　謂享以時至也。㊹歲貢　謂貢以歲至也。㊺終王　王以終世至。舊君死，新君卽位來見也。㊻意　指王意。以地最近者則修王意以使知之。㊼言　指王言。稍近者則修王言以使聽之。㊽文　指王之號令也。稍遠者則修號令以申之。㊾名　指仁聲。㊿德　指文德。(51)序　此謂意、言、文、名、德五者之次序。(52)刑不祭　命士師以法罰其不祭也。(53)伐不祀　命司馬以兵伐其不祀也。(54)征不享　命諸侯承王命征其不享也。(55)讓不貢　命行人奉令以責讓其不貢也。(56)告不王　命行人陳辭以諭其不王也。(57)辟　法也。(58)無勤民於遠　征伐遠方，則須勞民以遠。(59)大畢伯士　犬戎氏之二故君。(60)以其職來王　犬戎荒服，故終世一王，是其職也。(61)不享征之　享，賓服之禮，以責荒服之犬戎，非也。(62)頓　壞也。(63)樹惇　樹，立也。惇，厚也。(64)帥　循也。(65)純固　指專一也。

【語　譯】周穆王要去攻打犬戎，祭公謀父勸諫說：「不可以。先王的施政，都是昭明德行，而不用兵示威的。用兵要能待時而動，一動就可使人害怕。時時示威，就近乎玩忽，玩忽就不會使人懼怕了。所以周文公所作的頌詩說：『收起干戈，藏起弓箭；我求善美的德行，傳布於中國，相信我王能保有天命。』

先王對於百姓，都是勉正他們的德行；敦厚他們的性情；增加他們的財源；便利他們的用器。明白他們利害所在，用文德去陶冶他們，使他們能趨利避害；感德畏威，所以能夠世代保全而長大。

從前我先祖世代做后稷的官，服事虞夏。當夏朝中衰的時候，不再從事農業。我先王不窋，因此失去官職，自己跑到戎狄之間。不敢怠廢農事，時時陳布他的德行；繼續整理他的事業；修治他的教誨和法度；日夜恭敬勤勞，守身篤厚，行爲忠信，世代相傳，都繼承他的德行，不辱祖宗。到了武王的時候，更發揚光大以前的明德，加上慈愛和善，事奉上天，愛護百姓，所以百姓沒有一個不歡喜的。商朝的紂王，殘虐百姓，百姓不能容忍，大家都很高興地擁戴武王，因此才和紂王在商牧作戰，這並非先王喜歡戰爭，實在是體恤百姓的痛苦，而除掉他們的禍患罷了！

先王的制度，畿內的地方是甸服，畿外是侯服，再遠一點就是賓服，到了蠻夷的地方就是要服，戎狄之地就是荒服了。甸服祭祖考，侯服祀高曾，賓服享二祧，要服貢墠壇，荒服入朝天子。祭于祖考的每日一次，祀于高曾的每月一次，享于二祧的每季一次，貢于墠壇的每年一次，入朝天子的一世一次，這是先王的遺訓啊！有不祭的，便申王意，使他覺悟；有不祀的，便告以王言，使他聽從；有不享的，便申明號令；有不貢的，便播揚仁聲；有不王的，便修明文德。經過這五種次序之後，還有不來的，那就當加以制裁了。所以不祭的加以刑罰，不祀的加以攻伐，不享的加以征討，不貢的加以責讓，不朝的加以告諭。因此，有刑罰的法律，有攻伐的兵士，有征討的裝備，有責讓的命令，有告諭的文辭。如已宣布命令告諭，而還不來的，那麼再增修自己的文德，不使百姓出征到遠處去。這麼一來，近的諸侯，沒有不聽命的；而遠地諸侯，也沒有不服從的。

現在自從大畢和伯士去世之後，犬戎氏按照他荒服的法度來朝天子，天子還說：『我一定要責備他不享。』同時用兵向他們示威，這恐怕是拋棄先王對待荒服的遺訓了吧！而一世一朝的禮節，也要被破壞了！我聽說犬戎氏以敦厚立心，能夠依循他先祖的德行，專心一致的守國，這恐怕是有抵抗的準備了。」

周穆王不聽從祭公謀父的話，就去征伐犬戎，得到四隻白狼、四隻白鹿回來。而從此以後，荒服的諸侯便不來朝了。

【文章分析】本文選錄自國語周語，爲奏議類的古文。是敘述周穆王欲征犬戎，祭公謀父苦諫，穆王不肯聽用之事。

全文凡分六段，第一段，述穆王將征犬戎，祭公謀父諫以先王耀德不觀兵，此爲全段中心，也爲全篇之中心。第二段，述先王於民之德。第三段，述周之始祖，及其興起。第四段，述先王之制，以德爲主。第五段，諫王不可廢先王之訓。第六段，述穆王不聽勸諫，起兵伐戎，終使荒服者不至，威信大弱。

通篇以耀德不觀兵爲主，反復進諫，不出此意。然穆王廣侈自大，不肯聽從，於是伐戎歸來，所得僅四白狼、四白鹿而已，勞師動衆，所得僅此，豈不令人慨歎？而結尾荒服不至，尤具深意，足爲窮兵黷武者之戒。

召公諫厲王止謗

國語

厲王[1]虐，國人謗王。召公[2]告曰：「民不堪命矣！」王怒，得衛巫[3]，使監謗者。以告[4]，則殺之。國人莫敢言，道路以目[5]。

王喜，告召公曰：「吾能弭[6]謗矣，乃不敢言。」召公曰：「是障[7]之也，防民之口，甚於防川。川壅而潰[8]，傷人必多，民亦如之。是故爲川者[9]決之使導；爲民者宣之使言[10]。故天子聽政[11]，使公卿[12]至於列士[13]獻詩[14]，瞽獻曲[15]，史獻書[16]，師箴[17]，瞍賦

⑱，矇誦⑲，百工諫⑳，庶人傳語㉑，近臣盡規㉒，親戚補察㉓，瞽史教誨，耆艾修之㉔，而後王斟酌㉕焉，是以事行而不悖。

民之有口也，猶土之有山川也，財用於是乎出；猶其原隰之有衍沃㉖也，衣食於是乎生。口之宣言也，善敗㉗於是乎興。行善而備敗，其所以阜㉘財用衣食者也。夫民慮之於心，而宣之於口，成而行之，胡可壅也？若壅其口，其與能幾何㉙？」

王弗聽，於是國人莫敢出言。三年，乃流王於彘㉚。

【註　釋】❶厲王　周夷王子，名胡，穆王四世孫，周之暴君也。❷召公　即穆公虎，爲厲王卿士。❸衞巫　巫，祝也，爲人祈禱通鬼神者。衞巫，指衞國之巫。❹以告　以謗者告王也。❺道路以目　言路人不敢發言，目盼示意而已。❻弭　止息也。❼障　阻塞也。❽川壅而潰　壅，塞也。潰，旁決。言川流受阻，則必潰決也。❾爲川者　治理河川之人。❿宣之使言　宣，導也。導之使其言也。⓫天子聽政　天子聽大臣朝奏政事曰聽政。⓬公卿　三公九卿。周以太師、太傅、太保爲三公，以少師、少傅、少保、冢宰、司徒、宗伯、司馬、司寇、司空爲九卿。⓭列士　上士也。天子之上士亦名元士，受采地視子男。⓮獻詩　獻詩以勸善規過也。⓯瞽獻曲　瞽，無目者也。古時樂官多以無目者爲之，故曰瞽。獻曲謂獻樂歌，以辨其邪正。⓰史獻書　史，太史也，掌史書。獻書是陳古今史事以爲鑑戒。⓱師箴　師是少師，位卑於公，尊於卿。箴，規諫也。⓲瞍賦　瞍，無眸子者。說文段注：「無目與無眸子別，無眸子者黑白不分，無目者其中空洞無物。」賦是歌誦詩。瞍歌誦公卿列士所獻之詩。⓳矇誦　矇即今之青盲也。矇主弦歌諷誦箴諫之語。⓴百工諫　百工，百官也。諫乃就所見以進言。㉑庶人傳語　庶人，百姓也。庶人卑賤，見時得失不得直言，間接聞於王。㉒近臣盡規　近臣，王左右待從之臣。盡規，盡力規諫。㉓親戚補察　親戚，指父族母族妻族與王同休戚者。補察爲補過失及察辨是非。㉔耆艾修之　耆艾，師傅也。荀子致士：「耆艾而信，可以爲師。」修之爲整理各方文獻以聞於王。㉕斟酌　度量其事之可否而去取之曰斟酌。㉖原隰之有衍沃　原，平原也。隰，低下之濕地。衍沃，平坦肥美也。㉗善敗　猶言善惡。㉘阜　豐富。㉙其與能幾何　猶言能有多久。㉚流王於彘　流，放逐也。彘，在今山西霍縣。國人叛，厲王乃出奔於彘。

【語　譯】周厲王殘虐無道，百姓都毀謗他。召公告訴周厲王說：「百姓都不能再忍受了！」周厲王很生氣，便找到一個衞國的巫婆，叫她監視毀謗的人。一經報告，就加以處死。從此，國人沒有再敢說話的，路人只是以目光表示內心的憤怒。

周厲王很高興，告訴召公說：「我能弭止毀謗了，他們已經不敢再說了！」召公說：「您只不過是把他們的口堵住罷了，要知道堵塞百姓的嘴，比堵塞大河還要危險！大河受到堵塞，就會泛濫爲災，受害的人一定很多；堵塞百姓的嘴，也有這樣的危險。因此治河的人，一定要疏導河流，使它通暢；管理百姓的，也一定要引導他們，使他們儘量說話。所以天子施政，一定要叫公卿大臣，一直到上士，都獻詩來勸善規過；樂官獻曲以分辨邪正；史官獻史書以作鑑戒；少師作規箴；瞍人唱詩；矇人誦文；百官進諫；百姓表達心意；左右近臣，盡力勸諫；王室親臣，補救過失，察辨是非；太師太史，互相勉勵；元老師傅，整理意見，然後天子斟酌施行，因此所一切事情都能順利實施而不悖情理。

百姓有嘴，就像大地有山川一樣，財貨、物資都是從這裏產生的；也好像原野上有肥沃的田地一樣，衣服、食物都從這裏產生。人民的口裏發出言論，國家政事的好或壞都從這裏反映顯露。好的施行，壞的防備，這就是爲了增進國家的財貨、物資、衣服、食物啊！百姓心中所思想的，從口中說出來，合理的就要實行，哪裏可以阻止呢？假如去堵塞百姓的嘴，又能維持多久呢？」

周厲王不肯聽從，因此百姓都不敢說話了。過了三年，終於把周厲王流放到彘地去。

【文章分析】本文選自國語周語，爲奏議類的古文。周厲王以暴力止謗，時召康公奭之後召穆公虎，爲厲王卿士，苦諫不聽，厲王終至流亡失國。

全文自防民之口起，至民亦如之，敍述防民口則有大害。故天子聽政起，至是以事行而不悖，敍述爲政之道，必須廣開諫路，以啟聖明，則政事順遂，而國家富強，百姓得安。民之有口也起，至其與能幾何，敍述宣民之言，則對國家有百利而無一害。

此三段正文中，前後兩段俱是設喻，中間一段，則正講君子爲政之大義，正意喻意夾和成文，故寫來氣勢雄渾，筆勢縱橫，爲勸諫文章中之佳品。

襄王不許請隧

國語

晉文公❶既定襄王❷于郟❸，王勞❹之以地。辭，請隧❺焉。王弗許，曰：「昔我先王之有天下也，規❻方千里，以爲甸服❼。以供上帝山川百神之祀，以備百姓兆民❽之用，以待不庭不虞❾之患。其餘以均❿分公侯伯子男，使各有寧宇⓫，以順及天地，無逢⓬其災害。先王豈有賴⓭焉？內官不過九御⓮，外官不過九品⓯，足以供給神祇⓰而已，豈敢厭縱⓱其耳目心腹，以亂百度⓲？亦唯是死生之服物、采章⓳，以臨長⓴百姓，而輕重布之㉑，王何異之有？

今天降禍災於周室，余一人僅亦守府㉒，又不佞以勤叔父㉓，而班㉔先王之大物㉕，以賞私德㉖。其叔父實應且憎㉗，以非余一人。余一人豈敢有愛㉘？先民有言曰：『改玉改行㉙。』叔父若能光裕大德，更姓改物㉚，以創制天下，自顯庸㉛也，而縮取備物㉜以鎮撫百姓。余一人其流辟於裔土㉝，何辭之與有？若猶是姬姓也，尚將列爲公侯，以復先王之職，大物其未可改也。叔父其懋昭明德㉞，物將自至，余何敢以私勞㉟變前之大章㊱，以忝㊲天下。其若先王與百姓何？何政令之爲㊳也？若不然，叔父有地而隧焉，余安能知之？」

文公遂不敢請，受地而還。

【註釋】❶晉文公　見前寺人披見文公篇。❷襄王　周襄王名鄭，惠王之子。❸郟　周王城之地，在今河南洛陽縣之西。❹勞　賞也。❺隧　隧葬也。隧葬自平地下斜以入塋墳者，蓋天子之葬禮也。❻規　規畫。❼甸服　見前祭公諫征犬戎篇。❽百姓兆民　百姓，百官也。兆民，萬民也。❾不庭不虞　諸侯朝天子，皆於庭中成禮，不庭者，言諸侯不來朝也。不虞，言不可預之變。❿均　平也。⓫寧宇　安居也。⓬逢　遇也。⓭賴　利也。⓮九御　即九嬪。掌婦德、婦言、婦容、婦功之女官。⓯九品　九卿。⓰神祇　神，天神。祇，地神。⓱厭縱　縱肆也。⓲百度　指各種典章制度。⓳服物采章　服物，衣服與祭物。采章，采色之文章。⓴臨長　長，君也。臨長，猶君臨之意。㉑輕重布之　位尊者重；位卑者輕，各有等差也。㉒守府　府，指先王之府藏。此猶言守先王之業也。㉓叔父　天子稱同姓諸侯曰叔父。㉔班　通頒。㉕大物　指隧葬。㉖私德　晉文公納襄王入周，故曰私德。㉗應且憎　應，接受也。且，亦且也。憎，憎惡也。㉘愛　吝惜也。㉙改玉改行　玉，佩玉，所以節行步者。此喻君臣尊卑不同，文公諸侯，不可請隧葬。㉚更姓改物　更，改易也。改物，指改正朔，易服色也。㉛自顯庸　顯，昭明。庸，功也。㉜縮取備物　縮取，收取也。備物，指服物采章也。㉝流辟於裔土　流，流放。辟，殺戮。裔土，邊遠之地。㉞懋昭明德　懋，勉也。懋昭明德與前光裕大德意同。㉟私勞　與私德同，蓋於襄王爲德，於文公爲勞也。㊱大章　章，法也，率也。㊲忝　辱也。㊳爲　有也。

【語譯】晉文公保定周襄王在郟做天子之後，周襄王用土地來賞賜他。文公辭謝了，請求周襄王准許他用隧葬的禮節。周襄王不允許，說：「從前我先王有天下之後，規畫千里的土地，作爲甸服。以甸服的田賦職貢，來供給天地百神的祭祀，來留作百官萬民的費用，來應付諸侯不朝和意外的災患。甸服以外的土地，都平分給公、侯、伯、子、男各國的諸侯，使他們各自安居，以順應天地，不致遭遇災禍。先王豈有什麼別的利益呢？內官只有九嬪，外官不過九卿，僅夠供給祭祀神祇罷了。哪敢放肆自己的耳目心腹，以擾亂各種典章制度呢？也只有以死生的衣服、祭物，以及采色文章，來君臨百姓，表示貴賤的品級罷了！除此之外，還有什麼不同的地方呢？

現在上天將災禍降到周室，我只能保守先王的府藏，自己沒有才幹，以致勞動叔父。若要把先王的『大物』頒給叔父，以報答對我的恩德，恐怕叔父接受了也會抱怨，說我作事不當的。我豈敢吝惜這隧葬之禮而不肯許你呢？古人有句話說：『改玉改行。』叔父如能廣揚你的德行，易姓氏，改正朔，自己創造制度，以顯示你的功勞，進一步取得天子的服物采章，來鎭撫百姓。那麼我卽使被殺或者流放到邊遠的地方，也是沒話可說的！假如天子還是姬姓，叔父仍舊列在公侯，恢復先王的事業，那麼『大物』還是不能更改的。叔父能廣揚你的德行，『大物』自會歸臨，我怎麼敢以私恩來改變以前的大法，使天下受辱呢？這樣又叫我怎麼對得住先王和百姓呢？還有什麼政令可言呢？假如叔父不以爲然的話，叔父自己有土地，私下實行隧葬，我怎麼能夠知道呢？」

晉文公於是不敢再請，接受了賞賜的土地回去。

【文章分析】本文選自國語周語，爲詔令類的古文。周襄王卽位，子帶引狄人進攻襄王，襄王只好逃到鄭國去。晉文公爲了求霸諸侯，便出師勤王，於周襄王十七年（西元前六三五）在隰城把子帶殺死，然後迎襄王入王城。

晉文公以自己的大功，便向襄王請求隧葬的禮節，假如襄王答應，晉文公除了有資格舉行隧葬之外，其他有關葬禮的一切，便都和周天子一樣，這無疑表示晉侯也是天子了。所以儘管周室東遷之後，聲譽已經日衰，但還不肯答應這縮短周室命脈的要求。

全篇大意，只是在不爲天子，不得用隧之上，卻用逆筆振入，無一字實寫不許，而不許之意，卻一步緊似一步，這是襄王在辭令中第一個獨到與成功的地方。其次襄王善於正反兩面的對比，如「亦唯是……王何異之有」一小節，「亦唯是」三字，沉重嚴正，加上「王何異之有」，就成爲一個強烈的對比，使人覺得天子自是天子，諸侯自是諸侯，天子有其神聖不可侵犯的地方，不是諸侯可以隨便竊襲的。

同時襄王又敢於言險，「叔父有地而隧焉，余安能知之」。實際上晉侯如此做了，襄王也無可奈何，如此言險，便是賭晉侯還不敢明目張膽地竊襲天子儀禮的信心，而這種富於挑動性的言辭，在文章中也容易製造攤牌性的高潮，使讀者在不知不覺中激動，同情起說話者來。

單子知陳必亡

國語

定王❶使單襄公❷聘於宋，遂假道於陳，以聘於楚。火朝覿矣❸，道茀❹不可行，侯不在疆❺，司空❻不視塗，澤不陂❼，川不梁，野有庾積❽，場功❾未畢，道無列樹，墾田若蓺❿，膳宰不致餼⓫，司里⓬不授館，國無寄寓⓭，縣無施舍。民將築臺於夏氏⓮。及陳，陳靈公⓯與孔寧儀行父⓰，南冠以如夏氏，留賓⓱弗見。

單子歸，告王曰：「陳侯不有大咎，國必亡。」王曰：「何故？」對曰：「夫辰角見而雨畢⓲，天根⓳見而水涸⓴，本見而草木節解㉑，駟見而隕霜㉒，火見而清風戒寒㉓。故先王之教曰：『雨畢而除道㉔，水涸而成梁㉕，草木節解而備藏，隕霜而冬裘具，清風至而修城郭宮室。』故夏令曰：『九月除道，十月成梁。』其時儆㉖曰：『收而㉗場功，侍而畚梮㉘。營室之中，土功㉙其始；火之初見，期㉚於司里。』此先王所以不用財賄，而廣施德於天下者也。今陳國火朝覿矣，而道路若塞，野場若棄，澤不陂障，川無舟梁，是廢先王之教也！

周制有之曰：『列樹以表道，立鄙食以守路(31)，國有郊牧(32)，疆有寓望(33)，藪有圃草，囿有林池，所以禦災也。其餘無非穀土。民無懸耜(34)，野無奧草(35)，不奪(36)民時，不蔑(37)民功。有優無匱(38)，有逸無罷(39)。國有班事，縣有序民(40)。』今陳國道路不可知，田在草間，功成而不收，民罷於逸樂，是棄先王之法制也！

周之秩官(41)有之曰：『敵國(42)賓至，關尹(43)以告，行理以節逆之(44)，候人爲導，卿出郊勞，門尹除門(45)，宗祝執祀(46)，司里授館，司徒具徒(47)，司空視塗，司寇詰姦(48)，虞人入材(49)，甸人積薪(50)，火師監燎(51)，水師監濯(52)，膳宰致饔(53)，廩人獻餼(54)，司馬陳芻(55)，工人展車，百官以物至，賓入如歸。是故小大(56)莫不懷愛。其貴國之賓至，則以班加一等，益虔(57)。至於王吏(58)，則皆官正涖事(59)，上卿監之。若王巡守，則君親監之。』今雖朝(60)也不才，有分族於周，承王命以爲過賓(61)於陳，而司事莫至，是蔑先王之官也！

先王之令有之曰：『天道賞善而罰淫。故凡我造國(62)，無從非彝(63)，無即慆淫(64)，各守爾典，以承天休(65)。』今陳侯不念胤續(66)之常，棄其伉儷妃嬪，而帥其卿佐，以淫於夏氏，不亦嬻姓(67)矣乎？陳，我大姬之後(68)也。棄袞冕(69)而南冠以出，不亦簡彝乎？是又犯先王之令也！昔先王之教，懋(70)帥其德也，猶恐隕越(71)。若廢其教而棄其制，蔑其官而犯其令，將何以守國？居大國之閒，而無此四者，其能久乎？」

六年，單子如楚。八年，陳侯殺于夏氏72。九年，楚子入陳73。

【註釋】1定王　周天子，襄王之子。2單襄公　名朝，周卿士。3火朝覿矣　火，星名，亦名心星，下同。覿，見也。謂夏正十月，晨早見於辰道。4茀　道多穢草，不可行也。5候不在疆　候，候人也，掌迎送賓客之官。疆，界也。6司空　掌水土之官。7澤不陂　澤，湖沼之屬。陂，澤障也。8野有庾積　庾，露也。積，指米穀。9場功　謂收禾之事。10墾田若蓺　墾，指耕種。蓺，茅芽。此言既耕之田，稻禾稀少，如茅芽也。11膳宰不致餼　膳宰，掌膳之吏。餼，生牲及禾米也。12司里　掌授客館之吏。13寄寓　停息居止之處所。14夏氏　陳大夫夏徵舒也。15陳靈公　陳君，名平國。16孔寧儀行父　二人皆陳之大夫。17賓　指單襄公。18辰角見而雨畢　辰角，星名，大辰蒼龍之角也。見，現也。此當寒露節，辰角朝見，殺氣日盛，雨氣日盡，故曰雨畢。19天根　星名。寒露雨畢之後五日，天根朝見。20水涸　水乾也。21本見而草木節解　本，氐星。此謂寒露之後十日，陽氣盡，草木之枝節皆脫落也。22駟見而隕霜　駟，星名，即天駟也，一名房星。隕霜，降霜也。23火見而清風戒寒　此謂火星現而清風至，所以戒人爲寒冷之備也。24除道　謂闢治道路也。25成梁　謂架設橋梁。成，完成。梁，橋梁也。26時儆　儆通警，戒也。謂以時而告戒其民也。27而　汝也。28偫而畚梮　偫，具也。畚，盛土之器。梮，舉土之器。29土功　土木之工也。30期　會也。31立鄙食以守路　鄙，邊邑也。十里有廬，廬設飲食，以候路人也。32郊牧　郊，距國都百里曰郊。牧，郊地曰牧，所以放牧者。33疆有寓望　疆，邊境也。寓，寄寓也。望，守候之人。34縣耜　縣掛耒耜而不用。耜，所以起土之農具。35奧草　叢生之雜草也。36不奪　猶言不害也。37不蔑　不棄也。38有優無匱　優，餘也。匱，乏也。39有逸無罷　逸，安也。罷，疲也。40國有班事縣有序民　國，都城。班，次序。縣，指都城以外之縣邑，與國相對。二句謂朝政處理得井然有序，縣邑有守法的人民。41秩官　周官篇名。42敵國　相等之國，猶言別國也。43關尹　司關之吏也。44行理以節逆之　行理，官名。掌朝覲聘問之事，即小行人。節，符節也。逆，迎也。45門尹除門　門尹，司門之吏。除，掃除也。46宗祝執祀　宗，宗伯，周六卿之一，掌邦國祭事典禮。祝，太祝也，掌祝辭祈禱之事。賓來有事於廟，則宗伯太祝執祭祀之禮也。47司徒具徒　司徒，掌禮教導民之官。具，供給也。具徒謂供徒役而修道路。48司寇詰姦　司寇，掌刑之官，周六卿之一。詰，禁詰也。姦謂盜賊也。(49)虞人入材　虞人，掌山澤之事。材，木材也。(50)甸人積薪　甸人，卽甸師，掌供野物。薪，柴木也。(51)火師監燎　火師，司火之官。燎，庭燎也。古有大事，則大燭照庭。(52)水師監濯　水師，掌濯滌之事。濯，滌也。(53)饔　熟食曰饔。(54)廩人獻餼　廩人，掌出納米穀之官。餼，生牲及禾米也。(55)司馬陳芻　司馬，掌圉人之官，非掌軍旅之司馬也。陳，列。芻，乾草也。(56)小大　大謂賓，小謂副手。(57)則以班加一等益虔　班，位次也。虔，敬也。此言司事皆用尊一級之官，以示敬。(58)王吏　天子之吏臣也。(59)官正涖事　官正，官之長也。涖事，執行職務。(60)朝　單襄公自稱其名。(61)過賓　過路之客也。(62)造國　猶言建設國家。(63)無從非彝　不可背離常法。彝，法度。(64)無卽慆淫　不可陷於過度的享樂。卽，靠近。慆，喜悅。淫，過甚。(65)天休　天賜的喜慶。休，美善。(66)胤續　胤，嗣也。續，繼也。(67)嬻姓　嬻，褻也。通「瀆」。靈公與徵舒同爲嬀姓，今靈公淫於徵舒之母，故爲自褻其姓也。(68)陳我大姬之後　大姬，武王之女，陳之遠祖妣也。(69)袞冕　古之禮服，謂袞服而冕也。(70)懋　勉也。(71)隕越　隕，顚也。越，墜也。(72)陳侯殺于夏氏　夏徵舒病靈公之淫其母，弒之。(73)楚子入陳　楚子，指楚莊王。楚以夏氏亂政，伐陳而滅之，遂入陳國。

【語譯】周定王派單襄公去聘問宋國，於是借道陳國，去聘問楚國。那時火星已經出現，道路荒塞，很難行走，邊境沒有迎送賓客的候人，司空不巡道路，湖澤不設障，河上不架橋，田野上有露聚的米穀，收割還未完畢，道路旁沒有排列表識的路樹，開墾的田地稻禾稀少，膳宰不致生牲，司里不供客館，都城沒有寄寓，外縣沒有旅舍，百姓都替夏氏築臺去了。到了陳國，陳靈公和孔寧儀行父戴了楚冠，到夏徵舒家中去，卻放着賓客不見。

單襄公回來，報告定王說：「卽使靈公自己不遭大禍，陳國也一定要亡的。」定王問道：「什麼緣故呢？」單襄公回答說：「凡是辰角星早晨出現時，那麼雨氣就盡了；天根星早晨出現時，水潦就乾了；氐星早晨出現時，草木就枯落了；房星早晨出現時，天就開始降霜；火星早晨出現時，那時清風先來，警惕人要準備禦寒了。所以先王的教訓說：『雨氣日盡，就要修治道路；水潦乾了，就要架橋梁；草木枯落，就要預備收藏；降霜時節，就要準備寒衣；清風來了，就要修治城郭宮室。』所以夏后氏的命令說：『九月修路，十月造橋。』又按時警告他的百姓說：『修護你的場圃，預備你盛土舉土的器具。到了定星正中，開始營造宮室；火星初現的時候，便把築室的器具，會集在司里之處。』這就是先王能夠不用財貨，卻能大施恩德給天下百姓的道理。現在陳國，火星早晨出現了，道路還隔絕不通，野場也荒棄不收，湖澤不設障，水上不設浮橋，這是廢掉先王的教訓啊！

周書上說：『種列樹木以表明道路的距離，邊境備有飲食以守候路人，郊有牧地，境界上有客舍和守候的人，無水的湖中有茂盛的草，有垣的苑裏有林木和池水，這都是用以防禦災害的。其餘都是種穀的地方，百姓沒有空懸的農具，田野沒有深長的雜草，不妨礙農忙的時候，不蔑棄百姓的功夫。豐裕而不缺乏，安樂而不疲勞。都城的事做得很有條理，外縣的人民，也很守次序。』現在陳國的道路，沒有標識，田在雜草之中，就是成熟了也不去收穫，百姓都由於逸樂而疲勞，這是廢棄先王的法制啊！

周書的秩官這樣說：『別國的賓客到了，關尹就去報告國君；行理拿着符節去歡迎他；候人在前引導；公卿出郊去慰勞；門尹掃除門庭；宗伯太祝執掌祭祀的禮節；司里供給館舍；司徒供給使役；司空視察道路；司寇禁詰盜賊；虞人供給木材；甸人堆積薪柴；火師監察照庭的大燭；水師照料洗滌的事情；膳宰供上熟食；廩人獻上禾米；司馬陳列乾草；匠人檢視客車；百官各拿供應的物品前來。賓客進了國境，好像回到自己的家中一般，所以主賓副手沒有一個不感激的。如果大國的賓客來了，那麼執事的官員，都要用位次高一級的，更加敬重。至于天子的使臣來臨，那麼都用官長執事，上卿監察。若是天子巡守到了，那麼國君就要親臨監察。』現在我雖不才，可是也有我的地位，而且也是天子的親族，奉了天子的命令，是一個借道陳國的賓客；然而沒有一個執事來招呼我，這是漠視先王的官制啊！

先王的遺訓這樣說：『天道獎勵善良，而懲罰邪惡。所以我們建設國家，不能沒有常法，也不要慢易放縱。大家守着自己的本分，以承受天恩。』現在陳侯不顧繼嗣的法度，拋棄他的后妃，帶領他的臣子，在夏氏那裏淫樂，不是褻瀆自己的姓氏嗎？陳國是我大姬的後代，拋棄袞冕而不穿戴，反而戴著楚冠出來，不是忽略他的常服嗎？這也觸犯了先王的法令啊！從前先王的教訓，勉勵遵循他的德行，還怕墮落。假若廢棄了他的教訓法制，漠視他的官制訓令，又怎麼可以保得住國家呢？居於大國之間，沒有以上四種操守，國家還能維持得長久嗎？」

六年，單襄公到楚國去。八年，陳靈公被夏徵舒殺死。九年，楚莊王攻進了陳國。

【文章分析】本文選自國語周語，爲論辨類的古文。周定王派單襄公出訪宋國，單襄公又借道陳國，去訪問楚國。在陳國所見所聞，覺得陳國一切作爲，已離亡國不遠。

全文共分五段，首段敍述單襄公在陳國之所見，從次段起敍述單襄公的論點，引古證今，逐事辯駁，最後「若廢其教而棄其制，蔑其官而犯其令，將何以守國？」說明陳無立國之基礎；「居大國之間，而無此四者，其能久乎？」更說明陳是小國，居大國之間，不兢兢業業，以求生存，反驕奢荒淫，自是速亡之道也。

國語

展禽論祀爰居

海鳥曰爰居❶，止於魯❷東門之外三日，臧文仲❸使國人祭之。展禽❹曰：「越哉❺！臧孫之爲政也。夫祀，國之大節也；而節，政之所成也。故愼制祀以爲國典。今無故而加典，非政之宜也。

夫聖王之制祀也，法施於民❻則祀之，以死勤事❼則祀之，以勞定國❽則祀之，能禦大災則祀之，能扞❾大患則祀之。非是族❿也，不在祀典。

昔烈山氏⓫之有天下也，其子曰柱⓬，能殖百穀百蔬。夏之興也，周棄⓭繼之，故祀以爲稷⓮。共工氏之伯九有⓯也，其子曰后土⓰，能平九土⓱，故祀以爲社⓲。黃帝能成命百物，以明民共⓳財，顓頊⓴能修之。帝嚳㉑能序三辰㉒以固㉓民，堯㉔能單均㉕刑法以儀㉖民，舜㉗勤民事而野死㉘，鯀㉙鄣洪水而殛死，禹㉚能以德修鯀之功，契㉛爲司徒而民輯㉜，冥勤其官而水死，湯以寬治民而除其邪，稷勤百穀而山死㉝，文王以文昭，武王去民之穢。故有虞氏禘㉞黃帝而祖顓頊，郊堯而宗舜㉟。夏后氏禘黃帝而祖顓頊，郊鯀而宗禹。商人禘舜而祖契㊱，郊冥而宗湯。周人禘嚳而郊稷，祖文王而宗武王㊲。幕㊳能帥顓頊者也，有虞氏報焉。杼[39]能帥禹者也，夏后氏報焉。上甲微[40]能帥契者也，商人報焉。高圉、大王[41]能帥稷者也，周人報焉。

凡禘郊祖宗報，此五者，國之典祀也。加之以社稷山川之神，皆有功烈於民者也。及前哲令德之人，所以爲明質。及天之三辰，民所以瞻仰也。及地之五行，所以生殖也。及九州名山川澤，所以出財用也。非是不在祀典。

今海鳥至，己不知而祀之，以爲國典，難以爲仁且智矣！夫仁者講功，而智者處物。無功而祀之，非仁也；不知而不能問，非智也。今茲海其有災乎？夫廣川[42]之鳥獸，恆知避其災也。」

是歲也，海多大風，冬煖[43]。文仲聞柳下季之言曰：「信吾過也！季子之言，不可不法也。」使書以爲三筴[44]。

【註釋】❶爰居　亦作鶢居。❷魯　國名，見前臧僖伯諫觀魚篇。❸臧文仲　魯大夫。❹展禽　名獲，即柳下惠。❺越哉　越，過也。此謂過於禮也。❻法施於民　此謂立法能有大惠於民者。❼以死勤事　猶言以身殉國也。❽以勞定國　勤勞國事也。❾扞　衞也。❿族　類也。⓫烈山氏　即神農氏。⓬柱　神農之子，爲農官，能植穀蔬。⓭周棄　周之始祖，名棄。⓮稷　穀神。棄爲夏之后稷，故名穀神曰稷。⓯共工氏之伯九有　共工氏，水官。以官爲氏，世居江淮之間。伯，霸也。九有，指九州。顓頊之衰，共工欲霸九州，帝使高辛滅之。⓰后土　名句龍，共工之子，黃帝時爲土官，後遂祀爲土神。⓱九土　九州之土也。⓲社　土神。⓳共　供也。⓴顓頊　黃帝孫。年十歲，佐少昊。二十卽帝位，初建國於高陽，故號高陽氏。後都於帝丘，在位七十八年。㉑帝嚳　黃帝曾孫。名夋。年十五，佐顓頊，受封於辛，後繼顓頊王天下，號高辛氏。㉒三辰　日月星也。㉓固　安也。㉔堯　帝嚳次子，生於伊，嗣徙耆，故號伊耆氏。初封陶，後封唐，故又號陶唐氏，在位九十八年。㉕單均　單，盡也。均，平也。㉖儀　通宜。㉗舜　古虞帝。唐堯使之攝政，天下大治。攝政三十年，受禪卽帝位。號曰有虞氏。㉘野死　舜南巡，崩於蒼梧（今湖南省寧遠縣境）之野。㉙鯀　夏禹之父，堯封爲崇伯，治水無功，舜殛之於羽山（一說羽山在今江蘇省東海縣；一說在山東省蓬萊縣）。㉚禹　姒氏。黃帝之後。後繼舜有天下，又稱夏后氏。㉛契　帝嚳之子，商之始祖。㉜輯　和也。㉝山死　后稷死於黑水（黑水所在，異說紛紜，大抵都在西部或南部邊陲）之山。㉞禘　王者大祭。㉟郊堯而宗舜　郊，祭天之禮。宗，宗其有德者，亦百世不遷之廟也。㊱禘舜而祖契　禘舜當作禘嚳，契爲帝嚳之子也。㊲周人禘嚳而郊稷二句　周人本禘嚳而祖稷，後以武王定天下，其廟不可廢。故改祖稷爲郊稷。㊳幕　舜後，爲夏諸侯。㊴杼　夏禹之七世孫，少康之子。㊵上甲微　契八世孫，湯之先也。㊶高圉大王　高圉，稷十世孫。大王卽太王也，文王之祖。㊷廣川　大海。㊸煖　與暖同，溫也。㊹三筴　筴同策，簡策，古以爲書者。三，謂三書之，以備忘也。

【語譯】一隻名叫爰居的海鳥，停在魯國的東門外，已經有三天了。臧文仲叫國人去祭牠，展禽說：「臧孫施政，也太過越禮了！祭祀是國家最重要的禮節，祭祀合禮，政治就能安定。所以要謹愼制訂祭祀的法度，作爲一國的常法。現在無緣無故地增加典制，不是執政的人所應當做的。

聖王制訂祭典，凡是創法能恩施百姓的人，就祭祀他；爲國殉難的人，就祭祀他；勤勞國事的人，就祭祀他；能抵禦大災的人，就祭祀他；能抵擋外患的人，就祭祀他。不是這一類的人，就不在祭祀之列。

以前烈山氏有天下，他的兒子名叫柱，能夠種植農作物。等到夏朝興起了，周棄能接續他的事業，所以尊他爲稷神。共工氏稱霸九州，他的兒子名叫后土，能夠整治九州的土地，所以尊他爲社神。黃帝能夠定百物的名稱，使百姓不惑，供給財用；顓頊能續修他的功業。帝嚳能序日月星辰，使百姓知道作息的時間。堯能盡平刑法，使百姓向善。舜因爲勤勞民事，而死在蒼梧之野。鯀因爲治水無功而被殺。禹能夠繼續父親未成的功業。契做司徒的官，使百姓和睦相處。冥因忠於職務，而死在水中。湯治民寬大，而能除去姦邪。稷盡力農事，死在黑水之山。文王的文德昭著。武王爲民除害。所以有虞氏禘祭黃帝，祖祭顓頊，郊祭堯，宗祭舜。夏后氏禘祭黃帝，祖祭顓頊，郊祭鯀，宗祭禹。商人禘祭舜，祖祭契，郊祭冥，宗祭湯。周人禘祭嚳，郊祭稷，祖祭文王，宗祭武王。幕是能遵循顓頊德行的人，所以有虞氏報祭他。杼是能遵循大禹德行的人，所以夏后氏報祭他。上甲微是能遵循契德行的人，所以商人報祭他。高圉和太王是能遵循后稷德行的人，所以周人報祭他。

凡是禘、郊、祖、宗、報，這五種都是國家的祭典，再加上社稷山川的神，都是有大功德於百姓的；以及前聖美德的人，都是使百姓明信的；日月星辰，都是百姓所仰望的；地上的金木水火土五行，都是百姓賴以生活的；九州的名山川澤，都是資源的所在。除了這些以外，便不在祭典之中了。

現在海鳥飛來，自己不了解，便貿然去祭祀牠，當做國家的法典，這就難以說是愛人知物的了。仁者一定講求人的功德，知者一定明白處物的方法。沒有功德而去祭祀牠，不是仁；不知又不問，不是知。現在海上恐怕有災難吧！那些大海中的鳥獸，是常常知道怎樣去避掉牠們的災難的啊！」

這一年，海上風大，多天溫暖。文仲聽到展禽的話，便說：「這實在是我的過失！季子的話，是不能不取法的啊！」便叫人記在簡策上，一共寫了三份。

【文章分析】本文選自國語魯語，爲論辨類的古文。臧文仲率國人祭海鳥爰居，而展禽加以阻止。展禽就是柳下惠，是當時的聖人，論語記載：「柳下惠爲士師，三黜，人曰：『子未可以去乎？』曰：『直道而事人，焉往而不三黜；枉道而事人，何必去父母之邦。』」（微子），孟子中記述他的更多，如：「柳下惠不羞汙君，不卑小官；進不隱賢，必以其道；遺佚而不怨，阨窮而不憫。」（公孫丑上）「柳下惠，聖之和者也。」（萬章下）其他記述尚多，讀者可自行參閱。

全文以祀爰居爲無故加典，發出如許大議論，而指文仲爲不知、不仁。以不知而言，我們可以把展禽當作破除迷信的先知看待。展禽說明列在祀典的，如禘、郊、祖、宗、報各種祭祀的對象，都是先民中對於國家、社稷、百姓有大功有大恩的，愼終追遠，所以要祭祀他。至於爰居，則是一隻海鳥而已，若去祭牠，就是愚昧迷信了。至於率民以祭，勞民傷財，更是有失仁愛了。所以展禽覺得千萬不可以的。最後又說海鳥來是爲避災的道理，使人口服心服。聖人之言，果然不同啊。

里革斷罟匡君

國語

宣公❶夏濫❷於泗淵❸，里革❹斷其罟❺而棄之，曰：「古者大寒降，土蟄❻發，水虞於是乎講罛罶❼，取名魚；登川禽❽，而嘗之寢廟❾，行諸國人❿，助宣氣⓫也。鳥獸孕，水蟲成，獸虞⓬於是乎禁罝羅⓭，矠⓮魚鱉，以爲夏犒⓯，助生阜⓰也。鳥獸成，水蟲孕⓱，水虞於是禁罝罜麗⓲，設穽鄂⓳，以實廟庖⓴，畜功用也。且夫山不槎蘖㉑，澤不伐夭㉒，魚禁鯤鮞㉓，獸長麑麌㉔，鳥翼鷇㉕卵，蟲舍蚳蝝㉖，蕃庶物也。古之訓也。今魚方別孕，不教魚長，又行網罟，貪無藝㉗也。」

公聞之曰：「吾過，而里革匡我，不亦善乎！是良罟也，爲我得法。使有司藏之，使吾無忘諗㉘。」師存侍㉙曰：「藏罟，不如寘㉚里革於側之不忘也。」

【註　釋】❶宣公　指魯宣公，名委，一名接。❷濫　此謂浸網於水以取魚也。❸泗淵　泗，水名，在今山東泗水縣。淵，回水也。❹里革　魯大夫。❺罟　網之總名。❻蟄　蟲類。❼罛罶　罛，魚網。罶，捕魚具。❽川禽　指鼈蛤之屬。❾嘗之寢廟　嘗，秋祭。寢廟，卽宗廟也。❿行諸國人　謂令百姓捕食之也。⓫助宣氣　此謂助陽氣上升也。宣，發揚。⓬獸虞　官名，主司獸。⓭罝羅　罝，兔網。羅，鳥網。⓮矠　刺也。⓯犒　曝日使乾。⓰生阜　生長。⓱鳥獸成水蟲孕　此指夏時矣。⓲罜麗　小網也。⓳穽鄂　穽同阱。鄂，捕獸之器。⓴廟庖　指宗廟祭祀所需。庖，廚房。㉑槎蘖　槎，斫也。蘖，樹木遭伐後所生的嫩枝。㉒夭　草木未成曰夭。㉓鯤鮞　皆魚子。㉔麑麌　麑，鹿子。麌，麋子。㉕鷇　雛鳥。㉖蚳蝝　蚳，蟻子。蝝，蝗子，未有翅者。㉗無藝　猶言無極。㉘諗　諫也，告也。㉙師存侍　師，樂師。存，人名。侍，侍立也。㉚寘　安置，同「置」。

【語　譯】夏天的時候，魯宣公在泗水中下網捕魚。里革把網割破並且把它丟掉，說：「古代，大寒以後，伏藏在土中的蟲類才開始活動。於是水虞策劃網鉤的事，捕大魚，捉鼈蜃，拿到宗廟裏去祭祀，然後再叫百姓去捕捉取食。這是爲了幫助陽氣上升啊！鳥獸懷孕，魚類長成的時候，獸虞就要禁止罝網鳥羅，叫百姓刺取魚鼈，以做夏天的魚乾。這是幫助鳥獸的生長繁殖啊！到了鳥獸長成，魚類懷卵的時候，水虞就要禁止小網，叫百姓開設陷阱，去捕捉禽獸，作爲祭享祖宗的祭品。這是積蓄有用之物啊！至於上山砍樹，那些新生的嫩枝，就不應該再砍；水澤裏那些尚未長成的草木，也不應該砍伐；捕魚禁捕小魚；小鹿小麋應讓牠成長；雛鳥鳥卵應該使牠成長發育；殺蟲應該避殺蚳蝝。這是爲了繁殖萬物啊！這些都是古時的遺訓啊。現在魚方有卵，不教牠產卵成長，反用網罟去捕捉牠，眞是貪極了！」

魯宣公聽了說：「我有過失，里革就來改正我，眞是好極了！這是張很好的網，使我得到古人的法度。叫有司把它好好地保藏，使我勿忘里革諫告我的話。」樂師存在一旁侍候，就說：「藏網，還不如把里革放在身旁，可以永遠不忘呢！」

【文章分析】本文選自國語魯語，爲奏議類的古文。敘述里革斷罟勸諫魯宣公之事。全文以述古訓爲主，說明斧斤以時入山林，網罟以時入山澤，所以蕃庶物，存仁愛，否則與殺雞取卵何異。

最後以「今魚方別孕，不教魚長，又行網罟，貪無藝也。」爲結，極具諫意。而魯宣公聞諫改過，從善如流，不失爲明主。至於師存「藏罟，不如寘里革于側之不忘也」之言，更是意味深長，與里革之諫，可以並美。

敬姜論勞逸

國語

公父文伯❶退朝，朝其母❷。其母方績❸，文伯曰：「以歜之家而主❹猶績，懼干季孫之怒❺也，其以歜爲不能事主乎？」其母歎曰：「魯❻其亡乎？使僮子備官❼而未之聞耶？居❽，吾語女❾。

昔聖王之處民❿也，擇瘠土⓫而處之，勞其民而用之，故長王⓬天下。夫民勞則思，思則善心生；逸則淫，淫則忘善，忘善則惡心生。沃土之民不材⑬，淫也；瘠土之民，莫不嚮義，勞也。

是故天子大采朝日⑭，與三公九卿祖識地德⑮；日中考政，與百官之政事，師尹惟旅牧相⑯，宣序⑰民事；少采夕月⑱，與大史司載⑲，糾虔天刑⑳；日入，監九御㉑，使潔奉禘郊之粢盛㉒，而後即安㉓。

諸侯朝修天子之業命㉔，晝考其國職㉕，夕省其典刑㉖，夜儆㉗百工，使無慆淫㉘，而後即安。

卿大夫朝考其職，晝講其庶政，夕序其業，夜庀㉙其家事，而後即安。

士朝受業，晝而講貫㉚，夕而習復㉛，夜而計過，無憾，而後即安。

自庶人以下，明而動㉜，晦而休㉝，無日以怠㉞。

王后親織玄紞㉟；公侯之夫人加之以紘綖㊱，卿之內子爲大帶㊲，命婦成祭服㊳，列士㊴之妻加之以朝服㊵，自庶士以下，皆衣其夫㊶。社而賦事㊷，蒸而獻功㊸，男女效績㊹，愆則有辟㊺，古之制也。君子勞心，小人勞力，先王之訓也。自上以下，誰敢淫心舍力㊻？

今我寡也，爾又在下位，朝夕處事，猶恐忘先人之業。況有怠惰，其何以避辟？吾冀而朝夕修我㊼，曰：『必無廢先人。』爾今曰：『胡不自安？』以是承君之官，余懼穆伯之絕祀也。」

仲尼聞之曰：「弟子志之，季氏之婦不淫矣！」

【註釋】❶公父文伯　魯大夫，名歜，季悼子之孫，公父穆伯之子。❷朝其母　朝，謁見也。其母，公父文伯之母，公父穆伯之妻，名敬姜，賢而有禮。❸績　緝麻也。❹主　家主。❺干季孫之怒　干，觸犯也。季孫，即季康子，時季康子為魯之正卿，公父文伯慮以不能孝母氏，而遭季康子之責也。❻魯　國名。見前臧僖伯諫觀魚篇。❼備官　謂備員充數，不能稱職也。❽居　坐也。❾女　同汝。❿處民　猶言治民也。⓫瘠土　不肥饒之土。⓬王　動詞，猶言君臨也。⓭材　通才。⓮大采朝日　大采，五采之服也。朝日，即古時天子祭日之禮。⓯祖識地德　祖，學習也。識，認識也。地德，猶言地之利。地能生百物，育人民，故曰地德。⓰師尹惟旅牧相　師尹，官名。惟，與也。旅，衆士也。牧，州之長。相，國相。⓱宣序　宣，宣布也。序，次第也。⓲少采夕月　少采，三采之服。古者天子以秋分夕時，祭月於西郊，故曰夕月。⓳大史司載　大史，即太史也，三代時為史官及曆官之長。載，年也。司載，司一年之天文，以預測災祥。⓴天刑　天法也。㉑監九御　監，視。九御，即九嬪之官，掌祭服祭品。㉒禘郊之粢盛　禘，大祭。郊，祭天。粢，黍稷也。黍稷在器曰盛。㉓安　休息也。㉔業命　業謂事業，命謂命令。㉕國職　國事。㉖典刑　刑通型。典刑，常法也。㉗儆　通警，愓也。㉘慆淫　慢忽放蕩也。㉙庀　治理也。㉚講貫　講習。㉛習復　複習。㉜明而動　天明即作也。㉝晦而休　天黑而息也。㉞怠　懈怠。㉟玄紞　玄，黑也。紞為冕冠懸瑱（瑱，耳飾也。）之繩，垂於冠之兩旁，以雜綵線織之。㊱紘綖　紘，繫冕冠之帶，自頷下屈，上連於兩旁。綖，冕上覆之版，上黑下淺紅，以布為之。㊲卿之內子為大帶　卿之嫡妻曰內子。大帶，合黑帛為之，故亦曰緇帶，加於革帶之上。㊳命婦成祭服　婦人有封號者曰命婦。此指大夫之妻。祭服，祭祀時之禮服。㊴列士　上士也。㊵朝服　君臣朝會之服。㊶衣其夫　衣，動詞。此謂為其夫製衣也。㊷社而賦事　社，土神，古春分祭社。賦事，頒布農桑之事也。㊸蒸而獻功　蒸，冬祭也。獻功，獻告農事之成也。㊹效績　努力工作。㊺慆則有辟　慆，過也。辟，刑罰也。㊻淫心舍力　淫心，放肆其心也。舍力，省力而不用。㊼冀而朝夕修我　而通汝。修，警也。

【語　譯】公父文伯退朝回家，去拜見他的母親，她正在績麻。公父文伯說：「像我們這樣的人家，做老太太的還要績麻，我怕會引起季孫生氣，以爲我不能奉養母親呢！」他的母親歎氣說：「魯國恐怕要亡國了吧！叫年輕的人做官，卻還沒有聽過治國的大道呢！你且坐下，讓我來告訴你。

以前聖王治理百姓，是選擇不肥的土地讓他們去耕種，使百姓勞苦慣了，再去用他們，所以能夠長久地君臨天下。因爲百姓勞苦了，就會想到生活艱難；想到生活艱難，就自然而然產生向上向善的念頭。如果生活安逸，自然就放縱起來；放縱了，就自然忘了善心；忘了善心，惡心就產生了。肥沃地方的百姓總是不成才，這是因爲放逸的緣故。瘠薄地方的百姓，沒有一個不趨向義理的，這就是因爲勤勞的緣故。

所以天子在春分的早晨，穿上五采的大禮服，祭祀太陽，和三公九卿辨認土地的性能；白天辦理政事，和督促百官的政務。師尹、衆士、州牧、國相，都宣布民事，依次推行。秋分晚上，穿上三采的禮服，去祭月亮；和太史司載，敬察上天的刑法。晚上還要監察九嬪，把祭品祭服都預備好，然後才能安睡。

諸侯在早晨要做天子命令的事情，白天考察國家的事務，傍晚省察規章法制，夜間儆戒百官，使他們不敢怠忽放蕩，然後才能安睡。

卿大夫早晨要考察自己的職務，白天辦理一般政事，傍晚整理事務，晚上處理家務，然後才能安睡。

士早晨努力學業，白天用心講習，傍晚再複習，夜間省察自己的過失，細察自己都能改正了，然後才能安睡。

自平民以下，日出而作，日入而息，沒有一日懈怠。

王后要親織玄紞，公侯的夫人再要加做紘綖，卿的嫡妻就要做大帶，大夫的妻子要做祭服，上士的妻子還要加做朝服。從下士以下，妻子都要做丈夫的衣服。祭祀以後就頒布各人應做的事，冬祭時候就要獻上工作的成果。男女都要努力工作，有了過失便要受罰，這是古代的制度啊！在上位的應該勞心，在下位的應該勞力，這是先王的教訓啊！自上到下，誰敢放蕩而不努力呢？

現在我是個寡婦，你的官位又很低，就是日夜做事，還怕失掉祖宗的事業；何況怠惰，又如何避罪呢？我希望你早晚要警惕我：『一定不要荒廢祖宗的遺業！』現在你反而說：『爲什麼不自安逸？』照這樣去做國家的官，我正怕你父親要絕祀了!」

仲尼聽到這話,便說:「弟子們記着!像季氏這樣的婦人,可說是不放縱的了。」

【文章分析】本文選自國語魯語,為論辨類的古文。敬姜是魯大夫公父穆伯之妻,賢而有禮,勤而守家,為魯正卿季康子所重。敬姜曾對季康子說:「君子能勞,後世有繼。」本文訓戒其子公父文伯之言,正好具體說明敬姜這種人生觀。

全文以勞字為主。自天子至於庶人,自王后至於庶人之妻,無一人、一日、一時之不勞,以闡明勤勞與修身、齊家、治國之關係。賢母之言,讀之如見其人。

叔向賀貧

國語

叔向❶見韓宣子❷,宣子憂貧,叔向賀之,宣子曰:「吾有卿之名而無其實❸,無以從二三子❹,吾是以憂,子賀我,何故?」

對曰:「昔欒武子❺無一卒之田❻,其宮不備其宗器❼;宣其德行,順其憲則❽,使越❾于諸侯,諸侯親之,戎狄懷❿之,以正⓫晉國,行刑不疚⓬,以免於難。及桓子⓭驕泰奢侈,貪欲無藝⓮,略則行志⓯,假貸居賄⓰,宜及於難,而賴武⓱之德以沒其身。及懷子⓲改桓之行,而修武之德,可以免於難,而離⓳桓之罪,以亡⓴於楚。

夫郤昭子㉑,其富半公室,其家半三軍,恃其富寵,以泰㉒于國,其身尸於朝㉓,其宗滅於絳㉔。不然,夫八郤,五大夫三卿㉕,其寵大矣,一朝而滅,莫之哀也,唯無德也。今吾子有欒武子之貧，吾以爲能其德矣，是以賀。若不憂德之不建，而患貨之不足，將弔㉖不暇，何賀之有？」

宣子拜稽首㉗焉，曰：「起㉘也將亡，賴子存之。非起也，敢專承之㉙；其自桓叔㉚以下，嘉吾子之賜。」

【註釋】❶叔向　晉大夫，詳見前祁奚請免叔向篇。❷韓宣子　名起，晉悼公、平公時爲卿，卒諡宣子。❸實　此指財富。❹二三子　指晉之卿大夫。❺欒武子　名書，晉景公時爲卿，卒諡武子。❻一卒之田　百人爲卒，一夫授田百畝。一卒之田，蓋指百夫所受之田。❼宗器　宗廟祭器及禮樂之器。❽憲則　憲，法也。憲則，法制也。❾越　揚也，傳布也。❿懷　歸附也。⑪正　定也。⑫行刑不疚　刑，法也。疚，憂苦也。⑬桓子　欒武子之子，名黶。⑭無藝　無極也。⑮略則行志　略，忽也。則，法也。行，逞也。志，意也。⑯假貸居賄　假貸，謂借人以財物。居，蓄也。賄，財也。此言以借人錢物而蓄財也。⑰武　指欒武子。⑱懷子　桓子之子，名盈。⑲離　通罹，遭也。⑳亡　逃亡。㉑郤昭子　名至，晉景公時爲大夫。㉒泰　侈也。㉓尸於朝　謂死刑後，陳尸於朝也。㉔絳　地名，晉之舊都，在今山西新絳縣之北。㉕八郤五大夫三卿　八郤，指郤氏八人。五大夫爲郤文、郤豹、郤芮、郤穀、郤溱。三卿爲郤錡、郤至、郤犨。㉖弔　慰唁也。㉗稽首　以首至手而至地，停留始起，謂之稽首。㉘起　韓宣子自稱其名。㉙敢專承之　此言不唯宣子一人承其所賜。㉚桓叔　晉文侯弟，名成師，生子萬，受韓地爲大夫，其後遂以韓爲氏，故爲韓之始祖。

【語譯】叔向去見韓宣子。韓宣子對於自己貧困十分憂愁，叔向卻慶賀他，韓宣子說：「我徒有卿的空名，卻沒有卿的實利，不能跟其他的同事相比，因此很是憂愁，您卻反來賀我，這是什麼緣故？」

叔向回答說：「以前欒武子沒有百夫的田產，因此宮室連祭器都不能具備；可是他能發揚他的德行；順從法則。所以名譽傳布到各國，諸侯都來親近他，戎狄也都前來歸附，晉國由此安定。欒武子執法行政，都沒有內疚的地方，因此自己也沒有遭到禍難。到了桓子的時候，因爲他驕慢放肆，窮奢極慾，藐視法則，任性逞意，貸人貨物，刮取利息，應該是遭遇禍難的了！但是靠着欒武子的遺德，因而可以保全到死。到了懷子的時候，力改桓子的所作所爲，繼紹欒武子的德行，照說可以免除禍難了，但卻遭遇桓子的罪殃，逃亡到楚國去。再說郤昭子吧，富有抵得上半個晉國，家臣之多，也有半個三軍，仗着財富地位，在國內非常驕奢，結果陳屍於朝，連在絳地的宗族也全被戮殺。不然的話，以郤氏八人，三個做卿，五個做大夫，威勢可算大了吧，可是一朝被滅，卻沒有一個人可憐他，這實在是因為他們沒有德行的緣故啊！現在您像欒武子那樣的貧窮，我以為一定能行他的品德了，所以才慶賀您。假如您不憂不立德，而愁財貨不足，我弔您還來不及，還有什麼可賀的呢？」

韓宣子跪拜稽首，說：「我幾乎要滅亡了，全仗您的忠言，才得保全。這樣大的恩惠，不但我一個人承受，即是桓叔以下，列祖列宗，都要拜謝您的恩惠呢。」

【文章分析】本文選自國語晉語，為贈序類的古文。韓宣子以自己身為晉卿，而財富不能與地位相稱，深為不悅，叔向乃為他暢述富貴貧窮與仁德的關係。叔向的事蹟為人，我們參閱前祁奚請免叔向一篇，就可有個充分的了解。叔向身在縲絏之中，而救援他的人，叔向都要加以選擇，以仁德的人救援，才肯接受。而大德不言謝，叔向免罪之後，既不向祁奚道謝，祁奚也不要叔向道謝。雙方的基礎，都在一「公」字上，高風亮節，令人敬佩。

全文說明身居高位者，貧之可賀，及富之可憂，不過貧之可賀，全在有德，有德者自不憂貧。最後結以「若不憂德之不建，而患貨之不足，將弔不暇，何賀之有？」說出徒貧並不足賀，而仁德才是一切的根本，與叔向的中心思想，平時為人，十分吻合，可謂文如其人。

王孫圉論楚寶

國語

王孫圉❶聘❷於晉，定公❸饗❹之，趙簡子❺鳴玉以相❻，問於王孫圉曰：「楚之白珩❼猶在乎？」對曰：「然。」簡子曰：「其為寶也幾何❽矣？」

曰：「未嘗為寶。楚之所寶者，曰觀射父❾。能作訓辭，以行事於諸侯，使無以寡君爲口實⑩。又有左史倚相，能道訓典⑪，以敘百物⑫，以朝夕獻善敗⑬于寡君，使寡君無忘先王之業；又能上下說⑭乎鬼神，順道其欲惡⑮，使神無有怨痛⑯于楚國。又有藪⑰曰雲⑱連徒洲⑲，金木竹箭⑳之所生也。龜、珠、角、齒、皮、革、羽、毛，所以備賦用，以戒不虞㉑者也。所以共幣帛，以賓享於諸侯者也。若諸侯之好幣具，而導之以訓辭，有不虞之備，而皇神相之㉒，寡君其可以免罪於諸侯，而國民保焉。此楚國之寶也。若夫白珩，先王之玩也，何寶之焉？

圉聞國之寶六而已。明王聖人能制議百物，以輔相國家，則寶之；玉足以庇廕㉓嘉穀，使無水旱之災，則寶之；龜足以憲臧否㉔，則寶之；珠足以禦火災，則寶之；金足以禦兵亂，則寶之；山林藪澤，足以備財用，則寶之。若夫譁囂㉕之美，楚雖蠻夷㉖，不能寶也！」

【註釋】❶王孫圉　楚大夫。爲楚王族，故稱王孫；圉，其名。❷聘　訪問。禮記曲禮：「諸侯使大夫問於諸侯曰聘。」❸定公　晉定公，名午，晉頃公之子。❹饗　設盛禮以飲賓客曰饗。❺趙簡子　晉卿，名鞅。卒諡簡子。❻相　贊助行禮。❼白珩　楚美玉也。❽幾何　多少也。此言白珩之價值多少也。❾觀射父　楚賢大夫。❿口實　猶言話柄。⓫訓典　指先王之書。⓬以敘百物　敘，序也，次第也。物，事也。⓭善敗　指事之善惡。⓮說　通悅。⓯欲惡　好惡也。⓰怨痛　恚恨也。⓱藪　大澤。⓲雲　雲夢，在今湖北安陸縣南。⓳徒洲　水中地曰洲。徒洲，洲名。⓴箭　小竹。㉑不虞　虞，料度也。不虞，謂意外之災。㉒皇神相之　皇，大也。相，助也。㉓庇廕　祐護也。㉔臧否　善惡吉凶。㉕譁囂　諠譁之聲。此喻佩玉之聲，不足爲美也。㉖蠻夷　楚始祖熊繹，封於荊蠻，故爲蠻夷之國。

【語譯】王孫圉到晉國去訪問，晉定公設筵款待他。晉國的大夫趙簡子贊禮，把身上的佩玉弄得玎璫作響，問王孫圉說：「楚國的白珩還在嗎？」王孫圉回答說：「還在。」趙簡子說：「這樣的寶貝，值多少錢呢？」

王孫圉說：「根本沒有把它當作寶貝。楚國所寶貴的，有個觀射父，嫻於辭令，差到別的國家去，都不會被別人當作話柄。還有個左史倚相，能說解先王的書，能序次百事，早晚替我國君分辨善惡，使我君能不忘先王的功業。又能上下取悅神鬼，依順他們的好惡，使得神明不會怨恨楚國。此外還有一個叫雲夢的大湖澤，連着徒洲，是金、木、竹、箭、龜、珠、齒、角、皮革、羽毛等的產地，是用來供給軍備，以防意外災禍的。又用來供作幣帛，以奉獻給諸侯的。假若諸侯喜愛的禮物已具備了，再用好言去交結他。這樣再加上已經有了意外災禍的準備，大神的祐護，我君一定可以不致得罪諸侯，國家也就保得住了。這才眞正是我楚國的寶物啊！至於白珩，不過是先王的玩物，算得了是什麼寶貝呢？

我聽說國家的寶貝，不過六種：明王聖人能夠制訂百事，輔助國家，那可算是一種寶貝；祭祀的玉器，能夠保護百穀，使得沒有水災旱災，那可算是一種寶貝；龜能占卜善惡吉凶，那可算是一種寶貝；珠能夠防禦火災，那可算是一種寶貝；金屬能抵禦兵禍，那可算是一種寶貝；山林湖澤，能夠供給資源，那可算是一種寶貝。至於只會發出嘈雜之聲的美玉，楚國雖然是蠻夷之國，還不至於把它當作寶貝啊！」

【文章分析】本文選自國語楚語，爲論辨類的古文。記楚大夫王孫圉在晉國論寶之事。以趙簡子問白珩爲引子，說出國當寶者，共有六種：一是人才；二是庇穀之玉；三是憲臧否之龜；四是禦火災之珠；五是禦兵亂之金屬；六是山林藪澤等資源。六者之中，自然又以人才爲主，至於白珩等佩玉，徒有譁囂之美，何足寶哉！

全文針對趙簡子所寶之白珩，句句加以有力之打擊，末句以「楚雖蠻夷」作結，尤足以令趙簡子羞煞愧煞，無地自容了。

國語

諸稽郢行成於吳

吳王夫差①起師②伐越③，越王句踐起師逆④之江。大夫種⑤乃獻謀曰：「夫吳之與越，唯天所授，王其無庸⑥戰。夫申胥⑦華登⑧，簡服⑨吳國之士於甲兵，而未嘗有所挫⑩也。夫一人善射，百夫決拾⑪，勝未可成也。夫謀，必素⑫見成事焉，而後履⑬之，不可以授命⑭。王不如設戎⑮，約辭行成⑯，以喜其民⑰，以廣侈⑱吳王之心。吾以卜之於天，天若棄吳，必許吾成而不吾足⑲也，將必寬然有伯⑳諸侯之心焉。既罷弊其民，而天奪之食㉑，安受其燼㉒，乃無有命㉓矣。」

越王許諾，乃命諸稽郢㉔行成於吳，曰：「寡君句踐使下臣郢不敢顯然布幣行禮，敢私告於下執事曰：昔者越國見禍，得罪於天王。天王親趨玉趾，以心孤㉕句踐，而又宥赦之。君王之於越也，繄㉖起死人而肉白骨也！孤不敢忘天災，其敢忘君王之大賜乎？今句踐申㉗禍無良㉘，草鄙之人，敢忘天王之大德，而思邊陲㉙之小怨，以重得罪於下執事？句踐用帥二三之老㉚，親委㉛重罪，頓顙於邊㉜。今君王不察㉝，盛怒屬㉞兵，將殘伐越國。越國固貢獻之邑㉟也，君王不以鞭箠㊱使之，而辱軍士，使寇令㊲焉！句踐請盟：一介㊳嫡女㊴，執箕帚以晐姓㊵於王宮；一介嫡男，奉槃匜以隨諸御㊶；春秋貢獻，不解㊷於王府。天王豈辱裁㊸之？亦征諸侯之禮也！夫諺曰：『狐埋之而狐搰㊹之，是以無成功。』今天王既封殖越國，以明聞於天下，而又刈㊺亡之，是天王之無成勞也。雖四方之諸侯，則何實以事吳？敢使下臣盡辭，唯天王秉利度義焉！」

【註釋】❶吳王夫差　見前吳許越成篇。❷師　軍隊。❸越　見前吳許越成篇。❹逆　迎也。❺大夫種　越賢大夫文種。❻無庸　不用，無須也。❼申胥　伍子胥也。楚人，姓伍名員，父兄俱被楚平王所殺，乃出奔吳。夫差之父闔廬甚信任之，與之申地，故又號申胥。❽華登　宋司馬華費遂之子，華氏作亂失敗後，奔吳為大夫。❾簡服　訓練也。❿挫　敗也。⓫決拾　決，以象骨為之，射者用以鉤弓弦者，著於右手之拇指。拾，如今之護袖，皮製，射者著於左臂。⓬素　豫先也。⓭履　實踐。⓮授命　猶言送命。⓯設戎　以兵設守。⓰約辭行成　卑辭求和也。⓱以喜其民　喜，動詞。此言使其民喜也。⓲廣侈　驕慢。⓳不吾足　不以我為足也。⓴伯　霸也。㉑天奪之食　此謂天祿盡也。㉒安受其燼　燼，餘也。此承上句吳天祿既盡，我乃安心取天之餘也。㉓乃無有命　乃，於是也。此言吳便無天命也。㉔諸稽郢　越大夫。㉕孤　棄也。㉖繄　是也。㉗申　重也，再也。㉘無良　不善也。㉙邊陲　邊疆也。㉚用帥二三之老　用，因也。帥，率領也。諸侯之大夫曰老。二三，古人常用之詞，猶言諸也。㉛委　任也。㉜頓顙於邊　頓顙，叩首至地也。邊，邊境也。㉝察　審度也。㉞屬　聚也。㉟貢獻之邑　猶言屬國，附庸也。㊱鞭箠　擊馬之策。㊲寇令　抵禦兵寇之號令。㊳一介　一個。㊴嫡女　正室所生之女。㊵晐姓　晐該古今字。備也。晐姓謂納女於天子為妃嬪也。㊶奉槃匜以隨諸御　槃匜皆盛器也。御，妃嬪也。隨諸御，謂宦豎之屬。㊷解　通懈。㊸裁　制裁也。㊹搰　掘也。㊺刈　斷殺也。

【語譯】吳王夫差起兵攻打越國，越王句踐就起兵在江邊迎戰。大夫文種獻計說：「吳國與越國，都是上天所授命的，您可以無須作戰。伍子胥和華登兩人，為吳國訓練甲兵，不曾吃過敗仗。一人箭射得好，就有一百個人爭著拉弦去學，因此未必能夠打勝吳國。有所計畫，必須預見它的成功，然後才努力地去實行，貿貿然去送死，那是不可以的。您不如設兵自守，一面卑辭求和，使他百姓快樂，使吳王驕逸。我把此事問之於天，天若是棄絕吳國，一定使得吳國答應我們求和而且不以此為滿足；又將好大喜功而起了與諸侯爭霸的心了。他這樣做，一定使得百姓疲困，那麼天祿也就完了。我們安心等待取天的剩餘，吳國就再也沒有天命了。」

越王接納了他的話，就命諸稽郢到吳國去求和，說：「我君句踐，派下臣郢來，不敢公然地獻幣行禮，敢私下告訴執事的人說：以前越國遭禍，得罪了天王，天王親自領兵來征伐我國，內心棄絕句踐，而又原諒赦免了我。以此說來，君王對於越國，實在是一個起死回生的救命恩人啊！我不敢忘天災，又哪裏敢忘君王的大恩呢？現在句踐重遭災禍，實在是自己不善。草野的人，豈敢忘天王的大德，爲了邊疆的小糾紛，再得罪貴國呢？因此句踐帶領了幾個臣子，親來領罪，在邊境叩頭待罪。現在君王不細察究竟，就盛怒發兵，嚴酷地征伐越國。越國本來只是一個附庸之國，君王何必不用鞭子驅使他，一定要驚師動衆，發出禦寇的號令呢？句踐請您結盟：以一個嫡女，叫她執箕帚，以充大王的後宮；一個嫡男，叫他捧槃匜，跟在妃嬪之後，以供使喚。每年的貢獻，決不懈怠，以充大王的庫府。豈敢有辱天王來制裁，這也是征稅諸侯的禮啊！俗語說：『狐狸自埋自掘，因此沒有成功。』現在天王把越國當作附庸，已經昭聞天下了，而又要滅掉它，這就是天王沒有功勞的原因。雖四方諸侯，也不敢相信而事奉吳國了。因此敢使下臣來說這幾句話，請大王對於義利兩面，仔細考慮考慮吧！」

【文章分析】本文選自國語吳語，爲敘記類的古文，與下文申胥諫許越成，應該連在一起閱讀。本文主要敘述諸稽郢至吳行成之詞，而下文則敘述吳王夫差之自大自用，及申胥勸諫之詞。

諸稽郢行成之詞中，破綻很多，如「孤不敢忘天災，其敢忘君王之大賜乎？」以天災與吳賜相比，其復仇之心，發奮之意，已昭然顯露。「狐埋之而狐搰之，是以無成功。」則充分表示出輕視吳國的態度。所以儘多奉承之辭，太半都是玩弄外交辭令而已，稍一考究，莫不原形畢露，而吳王卻不細察，終被越國所愚，眞可以說是天亡吳國了。

申胥諫許越成

國語

吳王夫差乃告諸大夫曰：「孤❶將有大志於齊，吾將許越成，而❷無拂❸吾慮。若越既改❹，吾又何求？若其不改，反行❺，吾振旅❻焉。」

申胥諫曰：「不可許也！夫越，非實忠心好吳也，又非懾❼畏吾甲兵之彊也。大夫種勇而善謀，將還玩⑧吳國於股掌之上，以得其志。夫固知君王之蓋⑨威以好勝也，故婉約⑩其辭，以從逸⑪王志，使淫樂於諸夏⑫之國以自傷⑬也。使吾甲兵鈍弊⑭，民人離落⑮，而日以憔悴⑯，然後安受吾燼⑰。夫越王好信以愛民，四方歸之，年穀時熟，日長炎炎⑱。及⑲吾猶可以戰也，為虺⑳弗摧，為蛇將若何？」

吳王曰：「大夫奚隆㉑於越？越曾㉒足以為大虞㉓乎？若無越，則吾何以春秋曜㉔吾軍士？」乃許之成。

將盟，越王又使諸稽郢辭曰：「以盟為有益乎？前盟口血未乾㉕，足以結信矣。以盟為無益乎？君王舍甲兵之威以臨使之，而胡㉖重於鬼神而自輕也？」吳王乃許之，荒㉗成不盟。

【註釋】①孤　諸侯自稱。②而　你們，通「爾」。③拂　逆也。④改　謂改昔惡而誠心事吳也。⑤反行　伐齊而返之時。⑥振旅　兵返整陣曰振旅，此指伐越也。⑦懾　懼也。⑧還玩　還，轉也。玩，玩弄也。⑨蓋　崇尚也。⑩婉約　婉，順也。約，卑也。⑪從逸　從通縱。逸亦縱也。⑫諸夏　春秋吳越皆為蠻夷之國，諸夏為中國之諸侯也。⑬傷　害也。⑭鈍弊　不利曰鈍。弊通疲。⑮離落　猶言離散。⑯憔悴　言衰敗也。⑰安受吾燼　見上篇。⑱炎炎　日上興盛之貌。⑲及　乘也。⑳虺　小蛇也。㉑奚隆　奚，何也。隆，尊崇也。㉒曾　何也，豈也。㉓虞　慮也。㉔曜　耀也。㉕口血未乾　古人歃血為盟，此言前盟之血未乾，喻盟日之近也。㉖胡　何。㉗荒　空也，徒也。

【語譯】吳王夫差便告諭大夫們說：「我的目標是齊國，所以答應越國求和算了，你們不要違背我的計畫。假若越國已經改過自新，我還有什麼別的要求？假若不改過，等我伐齊回來時，再去征伐他就是了。」

伍子胥勸諫說：「不能答應他們求和的！越國並不是誠心服事我吳國的呢！也並不是害怕我甲兵的強悍呢！越國的大夫文種，勇敢而又多計謀，只不過想要玩弄吳國在他的股掌之上，得以隨心所欲罷了。他原本知道君王是尙武好勝的，所以用謙卑的說辭，使君王的意志放縱，在與諸夏之國交戰中，傷害自己。使得我們的甲兵疲困，百姓離散，而一天天地衰亡，然後他就可輕易地把我們滅掉了。越王好信愛民，四方歸服，五穀豐收，國勢蒸蒸日上。乘現在我們還可以和他一戰——小蛇不滅，到了大時，又該怎麼辦呢？」

吳王說：「你爲什麼把越國看得那樣高呢？越國又何足爲慮呢？假若沒有越國，春秋季節，我又到哪裏去耀揚我的軍隊呢？」於是便允許了越國的求和。

到要訂盟的時候，越王又派諸稽郢婉拒說：「認爲盟誓有用的話，那麼上次剛結盟誓，到現在口血還沒乾呢？認爲盟誓沒有用的話，那麼君王捨武力而結盟誓，又爲何這樣看重鬼神而看輕自己呢？」吳王就答應了，兩國只講和，而不盟誓。

【文章分析】本文選自國語吳語，緊承上文而來，讀者宜先閱讀上篇諸稽郢行成於吳，然後再來欣賞本文，可以事半功倍。同時前文中吳許越成一篇，也可以相互參閱。

驕者必敗，是我國的至理名言，吳國後被越國所滅，起因卽在於夫差太過驕傲，驕則輕敵，傲則自用，自用則諫諍不入，加以輕敵，能無敗乎？「越曾足以爲大虞乎？若無越，則吾何以春秋曜吾軍士？」自大如此，所以雖有千百諫諍，也聽不進去了。

至於申胥謀國之誠，用計之智，本不在越國文種之下，而越國興吳國亡，能不令人欷歔之餘，重以警惕嗎？

春王正月

隱公元年

公羊傳

元年者何？君之始年也。春者何？歲之始也。王者孰謂？謂文王❶也。曷爲先言王而後言正月？王正月❷也。何言乎王正月？大一統❸也。公❹何以不言卽位？成公意也。何成乎公之意？公將平國而反之桓⑤。曷爲反之桓？桓幼而貴，隱長而卑。其爲尊卑也微，國人莫知。隱長又賢，諸大夫扳⑥隱而立之。隱於是焉而辭立⑦，則未知桓之將必得立也。且如桓立，則恐諸大夫之不能相幼君也。故凡隱之立，爲桓立也。隱長又賢，何以不宜立？立適以長不以賢⑧，立子以貴不以長。桓何以貴？母貴也。母貴則子何以貴？子以母貴，母以子貴。

【作者】公羊傳是解春秋經而作，舊題公羊高撰，徐彥疏引戴宏序則說：「子夏傳與公羊高，高傳與其子平，平傳與其子地，地傳與其子敢，敢傳與其子壽。至漢景帝時，壽乃與齊人胡毋子都著於竹帛。」則著書立說的，實是公羊高的玄孫公羊壽。

漢何休作解詁，發明春秋大義，如所謂張三世、通三統、絀周王魯、受命改制之類，在公羊傳都無明文，何休自稱：「往者略依胡毋生條例，多得其正，故遂隱括，使就繩墨焉。」大約都是先師口傳相承之說。

公羊傳除了何休解詁，唐徐彥疏以外，久成絕學，到清代姚鼐作公羊補注，孔廣森作公羊通義，陳立作春秋公羊義疏，劉逢祿作公羊何氏釋例、何氏解詁箋等，始又復興。

【註釋】①文王　周始命之王，姓姬名昌。②王正月　正月，歲之首月也。王者受命卽位，必改正朔，故曰王正月。③大一統　統一中國，天下臣服也。大當動詞，謂重視。④公　指魯隱公。詳見臧僖伯諫觀魚篇。⑤公將平國而反之桓　桓，桓公，隱公異母弟。左傳：「惠公元妃孟子，孟子卒，繼室以聲子，生隱公。宋武公生仲子，仲子生而有文在其手，曰爲魯夫人，故仲子歸于我，生桓公。」是仲子以夫人禮歸魯，則隱公長而卑，桓公幼而貴也。⑥扳　挽也。⑦辭立　辭謝諸大夫之所立也。⑧立適以長不以賢　適通嫡。謂正室也。此謂立正夫人之子，以長幼爲次，不問賢不肖也。

【語譯】什麼叫做元年？就是君王即位的第一年。什麼叫做春？就是一年之中的第一季。王字指誰？是指文王啊！為什麼先說王而後說正月呢？因為王者受命即位，必改正朔的緣故。為什麼叫做王正月？是表示重視統一天下的意思。隱公為什麼不說即位？這是成全隱公的意志。成全隱公什麼意志呢？因為隱公想安定國家，然後把政權歸還桓公的緣故。為什麼要歸還桓公呢？因為桓公年紀雖小，地位卻貴；隱公年紀雖大，地位卻低。不過他們地位的尊卑，相差極微，國人無從分別。隱公年紀大，而且又賢，許多大夫就攀附隱公，立他做君了。隱公當時假如辭讓，那麼其他的公子還多，桓公不見得一定能立做國君的。況且即使桓公被立，那麼恐怕諸大夫不肯好好地輔助一個幼君吧？所以隱公做君，實在是為著桓公而做的。那麼隱公年長又賢，為什麼不宜立呢？因為立嫡從長不從賢，立子從貴不從長的緣故。桓公為什麼算貴呢？因為母貴的緣故。母貴為什麼就子貴呢？因為母親貴了，兒子就可立做國君；兒子立做國君，母親也就貴了。

【文章分析】本文選自公羊傳魯隱公元年，體裁為論辨類。隱公元年是起傳之年，所以開始之時，解釋春、王、正月三個名詞。繼而又解釋隱公之賢而即位，完全是為了「平國而反之桓」的緣故。因此雖然立而不言即位，就有為桓公看守大位的微意在。

范寧穀梁傳序讚美公羊，說他「辯而裁」，辯就是說事分明；裁就是善能裁斷。我們讀了這篇短文，可以發現它遣辭造句，直截了當，而又靈活萬分；至於簡中有勁，跌宕多姿，可說猶其餘事了。

宋人及楚人平

宣公十五年　公羊傳

外平不書❶，此何以書？大其平乎己❷也。何大乎其平乎己？莊王圍宋❸，軍有七日之糧爾，盡此不勝，將去而歸爾。於是使司馬❹子反❺乘堙❻而闚宋城，宋華元❼亦乘堙而出見之。

司馬子反曰：「子之國何如？」華元曰：「憊❽矣。」

曰：「何如？」

曰：「易子而食之，析骸而炊❾之。」

司馬子反曰：「嘻！甚矣憊。雖然，吾聞之也，圍者柑馬而秣之❿，使肥者應客⓫。是何子之情也？」華元曰：「吾聞之，君子見人之厄則矜之，小人見人之厄則幸⓬之。吾見子之君子也，是以告情于子也。」司馬子反曰：「諾，勉之矣！吾軍亦有七日之糧爾，盡此不勝，將去而歸爾。」揖而去之。

反于莊王。莊王曰：「何如？」司馬子反曰：「憊矣！」

曰：「何如？」

曰：「易子而食之，析骸而炊之。」

莊王曰：「嘻！甚矣憊。雖然，吾今取此，然後而歸爾。」司馬子反曰：「不可，臣已告之矣，軍有七日之糧爾。」莊王怒曰：「吾使子往視之，子曷爲告之？」司馬子反曰：「以區區之宋，猶有不欺人之臣，可以楚而無乎？是以告之也。」莊王曰：「諾，舍而止⓭。雖然，吾猶取此，然後歸爾。」司馬子反曰：「然則君請處于此，臣請歸爾。」莊王曰：「子去我而歸，吾孰與處于此？吾亦從子而歸爾。」引師而去之。

故君子大其平乎己也。此皆大夫也，其稱人何？貶⑭。曷爲貶？平者在下⑮也。

【註釋】❶外平不書　春秋記書，以魯爲中心，故對他國稱外。平，和也。外平者，他國與他國言和，非干魯事，故不記。❷大其平乎己　大，盛贊也。楚宋此次之平，全在乎楚大夫子反及宋大夫華元。故謂平乎子反華元自己，非平乎兩國君也。己指兩大夫己身，對君而言也。❸莊王圍宋　莊王，楚君，楚見前季梁諫追楚師篇。莊王名侶。宋，國名，見前臧哀伯諫納郜鼎篇。❹司馬　官名，掌軍事。❺子反　楚大夫公子側。❻堙　土山也。❼華元　宋大夫。❽憊　疲困也。❾析骸而炊　剖枯骨以爲燃料。❿柑馬而秣之　柑同鉗，以木勒馬口，秣，飼也。⓫使肥者應客　肥者指肥馬，肥馬示客，以示糧秣富足也。⓬幸　慶幸。⓭舍而止　築舍而止宿也。⓮貶　譏刺也。春秋以一字爲褒貶。子反華元以大夫而平，罪其專也。⓯在下　言不在君而在下位。

【語譯】別國講和的事，春秋是不記的，這裏爲什麼要記載呢？這是稱讚子反、華元能夠靠自己講和的緣故。爲什麼要稱讚子反、華元能夠談和呢？楚莊王圍攻宋國，全軍只有七天的糧食了。吃完這些糧食，再不能打勝的話，就要放棄而回去了。於是楚莊王派司馬子反登上土山，去探測宋城，宋國的大夫華元也出城到土山上來見子反。

司馬子反說：「您的國家情況如何？」華元說：「疲困極了。」

「疲困到什麼程度呢？」

「互相交換兒子做食物，剖枯骨做燃料。」

司馬子反說：「唉！眞的疲困極了。不過我聽說，被圍的人，往往用木勒住馬口，使牠不能進食；又使肥馬出來見客，表示十分富足的樣子。您卻爲什麼肯告訴我實情呢？」華元說：「我也聽說，君子看到別人危急的時候，就會憐憫同情，小人才會幸災樂禍。我知道您是君子，所以肯把實情告訴您。」司馬子反說：「好！再努力吧！我軍也只有七日的糧食了，吃完了還打不勝的話，就要回去了！」說罷拱了拱手，就告別了。

子反回到楚莊王那裏，楚莊王說：「情形怎麼樣？」司馬子反說：「疲困極了！」

「疲困到什麼程度？」

「交換兒子來做食物，剖析枯骨做燃料！」

楚莊王說：「唉，可算疲困極了。不過我現在還是要把它滅掉，然後才回去。」司馬子反說：「不行，我已經告訴他，我們只有七日的糧食了。」楚莊王發怒地說：「我叫你去偵測敵情，你爲什麼把這些事情告訴敵人？」司馬子反說：「小小的宋國，還有不肯欺人的臣子，楚國卻可以沒有嗎？因此告訴了他。」楚莊王說：「好，你等在這裏吧！不過我還是要滅掉它，然後才回去呢！」司馬子反說：「那麼您請在這裏吧，我可要回去了。」楚莊王說：「你離開我而回去，我跟誰在這裏呢？我也跟你回去了。」於是帶領軍隊離開了宋國。

所以君子稱讚這次和平完全由於子反和華元的緣故。子反和華元都是大夫，爲什麼稱「人」呢？那是譏刺的緣故。爲甚麼要譏刺他們呢？因爲他們身居下位，擅自作主講和的緣故。

【文章分析】本文選自公羊傳魯宣公十五年，爲敘記類的古文。敘述楚莊王圍宋，宋大夫華元與楚司馬子反相互坦誠不欺的故事。

華元解釋爲什麼把實情告訴子反說：「君子見人之厄則矜之，小人見人之厄則幸之。」子反是君子，所以把實情告訴子反。「以區區之宋，猶有不欺人之臣，可以楚而無乎？」於是也把實情告訴了華元，甚至當楚王堅持要取宋之時，說出「然則君請處于此，臣請歸爾」的話，眞是難得的君子。

同時，我們又可以看到公羊簡明果決的文字，在這一篇文章中有很多簡單的語詞，都是我們寫文言文時應該學習使用的。

吳子使札來聘

襄公二十九年　公羊傳

吳無君無大夫❶，此何以有君有大夫？賢季子❷也。何賢乎季子？讓國❸也。其讓國奈何？謁❹也，餘祭也，夷昧也，與季子同母者四。季子弱❺而才，兄弟皆愛之，同欲立之以爲君。謁曰：「今若是迮❻而與季子國，季子猶不受也。請無與子而與弟❼，弟兄迭

❽為君，而致國乎季子。」皆曰：「諾。」故諸為君者，皆輕死為勇。飲食必祝曰：「天苟有吳國，尚速有悔❾於予身。」故謁也死，餘祭也立。餘祭也死，夷昧也立。夷昧也死，則國宜之季子者也。

季子使而亡❿焉，僚⓫者，長庶⓬也，即之⓭。季子使而反⓮，至而君之爾。闔廬⓯曰：「先君之所以不與子國而與弟者，凡為季子故也。將從先君之命與？則國宜之季子者也。如不從先君之命與？則我宜立者⓰也。僚惡⓱得為君乎？」於是使專諸刺僚⓲，而致國乎季子。

季子不受曰：「爾弒吾君，吾受爾國，是吾與爾為篡⓳也。爾殺吾兄，吾又殺爾，是父子兄弟相殺，終身無已也。」去之延陵⓴，終身不入吳國。

故君子以其不受為義，以其不殺為仁。賢季子，則吳何以有君有大夫？以季子為臣，則宜有君者也。札者何？吳季子之名也。春秋賢者不名，此何以名？許夷狄者，不壹而足㉑也。季子者，所賢也，曷為不足乎季子？許人臣者，必使臣。許人子者，必使子也！

【註釋】❶吳無君無大夫　吳為夷狄之國，春秋記載吳事，向僅稱國而不言其君與大夫，以示與中國不同也。❷季子　即季札，詳見前季札觀周樂篇。❸讓國　謂季子讓國不受也。❹謁　謁、餘祭、夷昧、季札皆吳王壽夢之子。❺弱　幼也。❻迮　倉卒。❼請無與子而與弟　言不傳位於子而傳位於弟也。❽迭　更替也。❾悔　咎也。❿使而亡　謂出使不歸也。⓫僚　夷昧之子。⓬長庶　言於謁、餘祭、夷昧三人衆子之中，爲最長。⓭即之　即位也。⓮使而反　出使歸國也。僚立國有君，故季札返。⓯闔廬　謁之子。⓰我宜立者　立嫡以長，則謁死後，闔廬宜立爲君。⓱惡　何也。⓲專諸刺僚　專諸，吳之膳夫。專諸以匕首置於魚腹中，進於僚，遂以刺之。⓳簒　奪取也。⓴延陵　地名，在今江蘇武進縣。㉑不壹而足　謂不以一事之美而滿足也。

【語　譯】吳國無君無大夫，這裏記載爲什麼有君有大夫呢？因爲贊美季子的緣故。贊美季子什麼呢？贊美他能讓國。他讓國的事情是怎麼一回事呢？謁、餘祭、夷昧和季子是同母的四個兄弟，季子年紀最小，卻有才能，哥哥們都愛他，希望立他做君。謁說：「現在若是倉卒地把君位讓給他，季子還是不會接受的。我請大家不要把君位傳給兒子，而傳給弟弟。弟兄更替做君主，就可以把國家讓給季子了。」大家都說：「好的！」所以這幾個做君主的，都勇敢地希望自己早點死，飲食時一定禱告說：「上天若是保祐吳國，就快些把禍災降臨到我的頭上。」所以謁死了，餘祭就做國君。餘祭死了，夷昧就做國君。夷昧死了，國家就應該傳給季子了。

季子出使在外，沒有回來。僚是庶子中最長的，便即位做了國君。季子出使回來時，僚已經做了國君了。闔廬說：「先君所以不傳位給兒子，而傳位給弟弟，都是爲了季子的緣故。如聽從先君的命令，那麼國君的位子應該傳給季子。如不聽從先君的命令，那麼應該我做國君的。僚如何能做國君呢？」於是使專諸去刺殺僚，而把君位讓給季子。季子不接受，說道：「你殺了我的國君，我接受了你的國家，這便是我贊同你簒位了。你殺了我哥哥的兒子，我再殺你，這是父子兄弟互相殺害，永遠沒有停止的時候了。」於是他就到延陵去，終生不回吳國。

所以君子以他不受國是義，不殺闔廬是仁。何以贊美季子，就可知吳國有君有大夫呢？因爲有季子這樣的人做臣子，則應該是有君的了。札是誰？札是吳國季子的名字。春秋凡是賢者，不直寫他的名字，此何以寫名字呢？因爲吳是夷狄之國，不能爲了他一事之美，就滿足的。季子既是很賢，還有什麼不滿意的呢？因爲做臣子的尊榮，都是和君父相共的。讚許他，必使他可做臣子才好。贊美季子而稱他的名字，就是所以使他做吳國的臣子啊！

【文章分析】本文選自公羊傳魯襄公二十九年，爲敍記類的古文。敍述吳國季札兄弟讓國的事。

兄弟讓國自古傳爲美談，所以史記本紀首揭堯舜禪讓；世家首記吳太伯讓國；列傳以伯夷叔齊冠首。這表示中國傳統重視「讓」的美德，「讓」就是尊敬別人的表示；體現在行爲上便是「禮」。換言之，「讓」是「禮」的本質，爲成立人格的基本條件之一。人而不讓，便是無禮；無禮，便與禽獸無別。「讓國」乃讓之大者，亦卽禮之大者，此乃人生最崇高的美德，季札能讓，所以孔子稱其爲「吳之習禮者」，而爲萬代所宗仰。我國之所以爲禮儀之邦，其來有自矣。

鄭伯克段於鄢

隱公元年　　穀梁傳

克者何？能也。何能也？能殺也。何以不言殺？見段❶之有徒眾也。段，鄭伯❷弟也。何以知其爲弟也？殺世子❸母弟目❹君，以其目君，知其爲弟也。段，弟也，而弗謂弟；公子❺也，而弗謂公子。貶之也。段失子弟之道矣。賤段而甚❻鄭伯也。何甚乎鄭伯？甚鄭伯之處心積慮❼，成於殺❽也。于鄢❾，遠也，猶曰取之其母之懷中而殺之云爾，甚之也。然則爲鄭伯者宜奈何？緩追逸賊，親親❿之道也。

【作　者】穀梁傳和公羊傳一樣，也是解春秋經之作。戰國末期，專門解釋春秋的有許多家，公羊和穀梁較晚出而僅存。這兩家固然有許多彼此相異之處，但淵源似乎是相同的，他們所引別家的解說也有些是一樣的。兩傳經過秦火，也多有殘闕的地方。到了漢景帝、武帝的時候，才有經師重加整理，傳授給人。

據唐楊士勛穀梁傳疏，以為穀梁傳是穀梁子所作，穀梁子名俶，一名赤，字元始，受經於子夏。但是徐彥公羊傳疏以為「穀梁亦是著竹帛者題其親師」，而認為當是傳其學者所作。四庫提要說：「初獻六羽一條，稱穀梁子曰，傳既穀梁自作，不應自引己說，疑徐彥之言為得其實。但誰著於竹帛，則不可考耳。」由此看來，徐彥的說法，比較可信，不過這樣一來，穀梁傳的作者反而不可考了。

穀梁傳自晉范寧作集解後，唐楊士勛作疏，就是十三經注疏之本。清代有許桂林著穀梁釋例，柳興宗著穀梁大義述，鍾文蒸著穀梁補注等，其中以鍾氏補注，最為詳博。

【註釋】❶段　共叔段，鄭莊公弟。❷鄭伯　指鄭莊公。❸世子　天子諸侯之嫡長子。❹目　稱也。❺公子　諸侯之子，除嫡長為嗣者外，皆稱公子。❻甚　甚言之也。❼處心積慮　謂蓄意甚久也。❽成於殺　猶言致之於死地。❾鄢　鄭邑，在今河南鄢陵縣。❿親親　上親動詞，猶言親愛，下親名詞，親者也。

【語譯】克是什麼意思？克就是能夠。能夠什麼呢？就是能夠殺。那麼為什麼不說殺呢？因為段有兵衆，不容易殺他的緣故。段是鄭莊公的弟弟，何以知道他是弟弟呢？凡是殺世子和同母弟的，都稱君，因為他稱君，就知道段是弟弟了。段既是弟，而不稱弟；既是公子，卻不稱公子，這是譏刺他的意思，因為段失了做子弟的道理了。賤段也就是極言鄭莊公罪惡的意思。說他什麼罪惡呢？就是極言他平日早就蓄意要殺他的弟弟了。說于鄢，是表示路遠，鄭莊公尚且像把他從母親懷中取來一樣，去把段殺死，這是極言鄭莊公罪惡的意思。然則做鄭伯的應該怎樣做法呢？不要去拚命的追共叔段，讓他逃走，那才是親親的道理啊！

【文章分析】本文選自穀梁傳魯隱公元年，是為解經文鄭伯克段于鄢而作，為論辨類的文章。

范寧穀梁傳序批評穀梁傳說：「穀梁清而婉，其失也短」。清而婉是指穀梁辭清義通，短則指它敘事太短略，不夠詳盡。這一點，本書頭一篇有左傳的鄭伯克段於鄢，記述本末極詳細，讀者可以互相參閱。

全文責段失子弟之道輕，責鄭伯失兄長之道深。尤其是「處心積慮」四字，把鄭伯惡養天倫，陷弟於罪，全部描繪出來了；同時把春秋誅禍意、正人心的大義，也透徹闡發了。

虞師晉師滅夏陽

僖公二年　穀梁傳

非國而曰滅，重夏陽也❶。虞無師❷，其曰師，何也？以其先❸晉，不可以不言師也。其先晉，何也？爲主④乎滅夏陽也。夏陽者，虞、虢⑤之塞邑⑥也。滅夏陽，而虞、虢舉⑦矣。

虞之爲主乎滅夏陽何也？晉獻公⑧欲伐虢，荀息⑨曰：「君何不以屈產之乘⑩，垂棘之璧⑪，而借道乎虞也？」公曰：「此晉國之寶也！如受吾幣⑫，而不借吾道，則如之何？」荀息曰：「此小國之所以事大國也。彼不借吾道，必不敢受吾幣；如受吾幣而借吾道，則是我取之中府⑬而藏之外府，取之中廄⑭而置之外廄也！」公曰：「宮之奇⑮存焉，必不使受之也。」荀息曰：「宮之奇之爲人也，達心而懦⑯；又少長于君⑰。達心則其言略⑱；懦則不能強諫；少長於君，則君輕之。且夫玩好⑲在耳目之前，而患在一國之後⑳，此中知㉑以上乃能慮之。臣料虞君中知以下也。」公遂借道而伐虢。

宮之奇諫曰：「晉國之使者，其辭卑㉒而幣重，必不便㉓於虞。」虞公弗聽，遂受其幣，而借之道。宮之奇又諫曰：「語曰：『脣亡則齒寒㉔。』其斯之謂與？」挈㉕其妻子以奔曹㉖。

獻公亡虢，五年，而後舉虞。荀息牽馬操璧而前，曰：「璧則猶是也，而馬齒加長㉗矣。」

【註　釋】❶非國而曰滅重夏陽也　夏陽（在今陝西省韓城縣南），虢都。時虢有二都，夏陽而外，尚有上陽（在今河南省陝縣東南）。夏陽爲虞虢要塞，地位重要，故下文云「滅夏陽而虞、虢舉矣。」故曰滅。❷虞無師　虞，國名。五旅爲師，師二千五百人。此處指軍隊。左傳以爲虞與晉聯合出師伐虢，穀梁傳則虞未出師伐虢，僅借道及引導伐虢而已。❸先　導也。❹主　猶主動、主使。❺虢　國名。❻塞邑　邊界之地。❼舉　攻取也。❽晉獻公　名詭諸。❾荀息　晉獻公大夫，字叔。❿屈產之乘　屈，晉地。乘，一車四馬曰乘，此指馬。言屈所產之名馬也。⓫垂棘之璧　垂棘，地名。言垂棘所產之美璧也。⓬幣　禮物也。⓭府　聚藏財貨之處。⓮廄　馬房。⓯宮之奇　虞賢大夫，詳見前宮之奇諫假道篇。⓰達心而懦　達，明達。懦，懦弱。⓱少長于君　此言宮之奇自幼生長於虞宮。⓲略　簡略也。簡略則愚者不易了解。⓳玩好　指璧與馬。⓴一國之後　言在滅虢之後也。㉑中知　中人之智。㉒卑　謙卑。㉓便　利也。㉔脣亡則齒寒　亡，無也。脣在外，齒在內，無脣則齒覺寒也。㉕挈　帶領也。㉖曹　姬姓之國。武王同母弟叔振鐸所封。在今山東定陶縣西北。㉗馬齒加長　馬齒隨年齡而增長，蓋數馬齡視其齒。

【語　譯】不是國家，卻說是滅，這是看重夏陽地位重要的緣故。虞國並沒有出兵，卻說他出兵，這是因爲他引導晉軍滅虢，所以不可以不說是出兵啊！虞國爲什麼要引導晉軍呢？爲了主動地去滅夏陽啊！夏陽是虞、虢的邊界地方，晉國滅掉夏陽，就可攻取虞國和虢國了。

那麼虞國爲什麼要主動滅夏陽呢？那時晉獻公要攻打虢國，大夫荀息說：「您何不拿屈地的良馬，和垂棘的美玉，去向虞國借路呢？」晉獻公說：「這些都是晉國的寶貝，假如虞國接受了禮物，又不肯借路，怎麼辦？」荀息說：「這就是小國事奉大國必然的道理了。他不肯借路給我們，就一定不敢接受我們的禮物。假如接受了禮物，借路給我們，那就好像我們把寶物從內府放到外府，把良馬從內廄放到外廄十樣啊！」晉獻公說：「但是宮之奇在，一定不會讓虞君接受這禮物的。」荀息說：「宮之奇這個人，內心明達，卻很懦弱，又是從小就生長在虞宮裏的。內心明達，說話就簡略而不容易了解；懦弱就不敢對君強諫；從小就生長在宮裏，國君就親暱而不尊重他。況且良馬美玉就在眼前，禍患卻要見於滅虢之後，這一定要中智以上的人，才能預想得到。我料虞君不過是一個中智以下的人罷了。」晉獻公於是就向虞國借路去打虢國。

宮之奇勸諫虞公說：「晉國的使者，說話謙遜，禮物又重，一定會對虞國不利！」虞公不聽，就收下晉國的禮物，把路借給晉國。宮之奇再勸諫說：「俗語說：『脣亡則齒寒』大概就是這個意思吧？」因虞公不聽，就帶着家人逃到曹國去了。

晉獻公滅了虢國，僖公五年，再滅掉了虞國。荀息牽着原來送給虞國的馬，拿着美玉，到晉獻公面前說：「美玉還是老樣子，不過馬的年齒增長了些！」

【文章分析】本文節選自穀梁傳僖公二年，爲敘記類的古文。敘述晉荀息請以屈產名馬與垂棘之璧借道於虞以滅虢之夏陽的事。虞國並未出兵，而春秋經記載「虞師、晉師滅夏陽」，就是責備虞國不該借道與晉，與大國做爪牙，其罪是跟滅人國者一樣的重。

本書前有宮之奇諫假道一文，選自左傳僖公五年，讀者可以互參。宮之奇諫假道一文，詳於宮之奇的諫諍，而本文則詳於荀息的策畫。筆端明快，計畫周詳，合情合理，難怪虞君入其圈套。尤其「且夫玩好在耳目之前，而患在一國之後」兩句，更寫盡一般禍患所以生成之原因。國家如此，個人何嘗不是如此。讀本文，對於這兩句話，讀者應多加體味才好。

晉獻公殺世子申生

檀弓

晉❶獻公將殺其世子申生❷，公子重耳❸謂之曰：「子蓋❹言子之志❺於公乎？」世子曰：「不可！君安驪姬❻，是我傷公之心也❼。」曰：「然則蓋行乎？」世子曰：「不可！君謂我欲弒君也，天下豈有無父之國哉❽？吾何行如之❾？」

使人辭於狐突❿曰：「申生有罪，不念伯氏之言⓫也，以至于死。申生不敢愛其死。雖然；吾君⓬老矣，子少⓭，國家多難，伯氏不出而圖⓮吾君。伯氏苟出而圖吾君，申生受賜⑮而死。」再拜稽首⑯乃卒。是以爲恭⑰世子也。

【作者】禮記一書，是儒家雜述禮制及禮意之作。初以附經之形式出現於儀禮各篇之末，以「記曰」二字識別之。今存儀禮十七篇中，有十一篇尚遺此制，多記心得或制度。後因餘簡不敷使用，乃記於他簡，自成單篇，仍名曰記，凡數百篇。西漢戴德從中選取八十五篇，其姪戴聖選取四十九篇以授徒。前者稱大戴記，後者稱小戴記。其後鄭玄為小戴記作注，故較受重視，而至今四十九篇尚存；大戴記則僅餘四十篇。其實，從材料來源看，二戴記之價值，當完全相同，今所稱禮記，指小戴記而言。

劉向別錄，曾分禮記各篇為十一類：制度、通論、通錄、明堂陰陽、喪服、世子法、子法、祭祀、樂記、吉禮、吉事。本書所選錄的各文，都出於檀弓一篇，在十一類中，屬於通論。檀弓是人名，姓檀名弓，魯國人。檀弓篇第一節就記載他的事：「公儀仲子之喪，檀弓免焉……。」檀弓篇各節，都是獨立而不相屬，很難定出一個共同的篇名，檀弓節既在篇首，又以他善於禮，就用他來做篇名了。至於檀弓篇之著成時代，孔穎達禮記正義說：「此檀弓在六國之時。知者，以仲梁子是六國時人。此篇載仲梁子，故知也。」

梁啓超先生曾評論禮記一書的價值：「禮記之最大價值，在能供給以研究戰國秦漢間儒家者流——尤其是荀子一派——學術思想史之極豐富的資料。蓋孔氏之學，在此期間始確立，亦在此期間而漸失其真。其蛻變之跡與其幾，讀此兩戴記八十餘篇最能明了也。」可謂的論。此外，關於先秦的政教禮俗，禮記中尤有極豐富的資料。範圍又廣大又重要，故為儒家重典之一。

禮記的註解，漢有鄭玄注，合唐孔穎達正義，就是十三經注疏所見的。此外宋代衛湜有禮記集說，清代朱彬有禮記訓纂；孫希旦有禮記集解；鄭元慶有禮記集說。

【註釋】❶晉　國名，見前宮之奇諫假道篇。❷申生　獻公長子名。❸重耳　晉文公名。爲申生異母弟。❹蓋通恚，何不也。❺志　意也，謂被驪姬所譖之意。❻驪姬　驪戎之女，晉獻公寵妃。❼是我傷公之心也　言其意則驪姬必誅，而公不歡，故謂傷公之心。❽天下豈有無父之國哉　言人有父，皆惡弒父者也。❾吾何行如之　如，往也。此言吾往何處也。❿狐突　晉大夫，申生之傅。⓫伯氏之言　伯氏，狐突別氏。魯閔公二年，晉獻公使申生伐東山皋落氏，將戰，狐突勸其奉身出奔，申生不從，故此曰不念伯氏之言。⓬吾君　指晉獻公。⓭子少　指驪姬之子奚齊。⓮圖　謀也。謂謀劃國家之政。⓯受賜　受狐突之恩惠也。⓰稽首　叩首至地，謂之稽首，拜中至敬之禮也。⓱恭　謚法：「敬順事上曰恭。」申生之行，順於父母，故謚為恭。

【語　譯】晉獻公要殺世子申生，公子重耳對申生說：「您何不對父親表明您的心意呢？」世子說：「不行！父親沒有驪姬就不安，如果為我的事而殺了驪姬，就傷了父親的心了。」

重耳說：「那麼何不逃走呢？」世子說：「不行！父親說我要弒君，天下哪有無父的國家呢？我逃到哪裏去呢？」世子派人去跟狐突訣別，說：「申生有罪，都是因為以前不聽您的話，以至於到了死的地步。雖然申生並不怕死，但是我的父親年紀老了，所愛的兒子年紀又小，國家的患難正多，您又不肯出來幫助我的父親。您如果肯出來幫助我的父親，那麼就像我親身受到您的恩惠一樣，死了也是甘心的。」拜了兩拜，稽首，然後自殺死了。因此稱他做恭世子。

【文章分析】本文選錄自禮記檀弓篇，為敘記類的古文。記述晉獻公寵信驪姬，要殺世子申生，申生並不表白，甘心受死的故事。

驪姬立為晉獻公夫人後，生子奚齊，自此處心積慮謀害世子，以俾奚齊繼位。驪姬慫恿世子申生去祭世子的亡母齊姜，祭罷回來，歸胙於公，驪姬就在胙中下毒，偽稱世子下毒，以譖害世子。

檀弓此文，行文極短，但其中對君國之愛，對父親之孝，令人讀來，一字一淚，可算是一篇至情的文章。

曾子易簀

檀弓

曾子❶寢疾，病❷。樂正子春❸坐於牀下，曾元曾申❹坐於足，童子隅坐而執燭。童子曰：「華而睆❺！大夫之簀❻與。」子春曰：「止。」

曾子聞之，瞿然❼曰：「呼❽。」曰：「華而睆！大夫之簀與。」曾子曰：「然！斯季孫❾之賜也。我未之能易❿也。元起易簀！」曾元曰：「夫子之病革⓫矣，不可以變⓬，幸而至於旦，請敬易之。」

曾子曰：「爾之愛我也不如彼⓭。君子之愛人也以德，細人⓮之愛人也以姑息。吾何求哉？吾得正而斃⓯焉，斯已矣。」舉扶而易之，反席未安而沒⓰。

【註釋】❶曾子　魯人，名參，字子輿。孔子弟子。❷病　謂病重。輕曰疾，重曰病。❸樂正子春　曾子弟子。❹曾元曾申　皆曾子之子。❺華而睆　華，畫也，謂畫有文采者。睆，美好貌，刮削竹木之節目，使其平瑩美觀也。❻簀　牀蓆。❼瞿然　驚駭貌。❽呼　問辭。❾季孫　魯大夫。❿未之能易　以病，故不能自易。⓫革　急也。⓬變　猶言翻動。⓭彼　指此童子也。⓮細人　小人。⓯正而斃　謂合於正禮而死也。⓰反席未安而沒　席，通蓆。言復臥於所換之蓆，尚未安妥，即已死矣。

【語　譯】曾子臥病在牀，病勢很是沉重。樂正子春坐在牀下，曾元曾申坐在曾子脚邊，小童坐在牆角，手中拿着燈。小童說：「大夫的蓆子，眞是美麗得很啊！」子春說：「住口！」

曾子聽見了，很吃驚地問：「哦？你說什麼？」小童說：「大夫的蓆子，眞是美麗得很啊！」曾子說：「是的！這是季孫賜給我的。我自己不能起來把它換掉。元兒，把我扶起來，把蓆子換掉！」曾元說：「父親的病很重，現在不能動，還是等到天亮，我再扶父親起來換掉它。」

曾子說：「你還不如那小童愛我呢！君子用德愛人；小人愛人，不顧道義，只苟且取安。我又有什麼要求呢？我能夠合着正禮而死的話，就心滿意足了。」曾元便把他扶起來，換掉了蓆子，再把他扶睡到牀上。曾子還沒有躺好，就去世了！

【文章分析】本篇選自禮記檀弓篇，是一篇敘記類的文章。朱子說：「季孫之賜，曾子之受，皆爲非禮。或者因仍習俗，嘗有是事而未能正耳。但及其疾病不可以變之也。一聞人言，而必舉扶以易之，則非大賢不能也。此事切要處，正在此毫釐頃刻之間。」

儒家講求禮，孔門弟子，都知道克己復禮的重要。曾子不顧生命之危，毅然命人更蓆，正像曾子自己所說：「吾何求哉？吾得正而斃焉，斯已矣。」合禮而死，是跟安貧樂道一樣重要的！

有子之言似夫子

檀弓

有子❶問於曾子❷曰：「問喪❸於夫子乎？」曰：「聞之矣。喪欲速貧，死欲速朽。」有子曰：「是非君子之言也！」曾子曰：「參❹也聞諸夫子也！」有子又曰：「是非君子之言也！」曾子曰：「參也與子游❺聞之。」有子曰：「然？然則夫子有爲言之❻也。」

曾子以斯言告於子游。子游曰：「甚哉！有子之言似夫子也。昔者夫子居於宋，見桓司馬自爲石槨❼，三年而不成，夫子曰：『若是其靡❽也，死不如速朽之愈也！』死之欲速朽，爲桓司馬言之也。南宮敬叔反❾，必載寶而朝❿。夫子曰：『若是其貨⓫也，喪不如速貧之愈也！』喪之欲速貧，爲敬叔言之也！」

曾子以子游之言告於有子。有子曰：「然！吾固曰非夫子之言也。」曾子曰：「子何以知之？」有子曰：「夫子制於中都⑫，四寸之棺，五寸之椁，以斯知不欲速朽也。昔者夫子失魯司寇⑬，將之荊⑭，蓋先之以子夏⑮，又申之以冉有⑯，以斯知不欲速貧也。」

【註釋】①有子　魯人，名若，字子有，孔子弟子。爲人強聞博識，好古道，貌似孔子。②曾子　曾參，孔子弟子。③問喪　問通聞。喪，失位也，下同。問喪於夫子乎，猶言曾聞失位之禮於孔子否乎？④參　曾子名。⑤子游　吳人，姓言，名偃，字子游，孔子弟子。仕魯爲武城宰，特習於禮，於孔門中，尤以文學著。⑥有爲言之　此謂言之必另有其意也。⑦桓司馬自爲石椁　桓司馬名魋，司馬其官名。椁，外棺，或作槨。⑧靡　奢侈。⑨南宮敬叔反　南宮敬叔，魯大夫孟僖之子仲孫閱，以失位去國。反通返，返國也。⑩載寶而朝　言載珍寶以朝魯君，欲求復位也。⑪貨　賄賂。⑫制于中都　中都，魯邑，在今山東汶上縣西。魯定公九年，孔子爲中都宰，制定棺槨之法，故曰制於中都。⑬失魯司寇　司寇，官名。孔子由中都宰而司空，司空而司寇。失魯司寇位，在魯定公十四年。⑭荊　楚之舊號，楚國見前季梁諫追楚師篇。⑮子夏　衛人，姓卜，名商，孔子弟子。擅文學，習於詩。孔子沒後，子夏講學於西河，魏文侯師事之。⑯冉有　魯人，名求，字子有，亦稱有子，孔子弟子。性謙退，有才藝，仕爲季氏宰。

【語　譯】有子問曾子說：「您在夫子那裏聽到過有關失掉官位的話麼？」曾子說：「聽到過的。失了位要貧窮得快；死了要腐爛得快。」有子說：「這不是君子的話啊！」曾子說：「我聽見夫子說的！」有子又說：「這不是君子的話啊！」曾子說：「我同子游都聽到的。」有子說：「是嗎？那麼夫子一定另有用意的。」

曾子把這話告訴子游。子游說：「太像了！有子說話，實在太像夫子了！以前夫子住在宋國，看到司馬桓魋自己做石槨，三年還沒有做好，夫子便說：『像這樣的浪費，死後還不如快點腐爛的好呢！』『死了要腐爛得快』這句話，是爲桓司馬說的。南宮敬叔回國，總是帶着許多珍寶，去朝見君王。夫子便說：『像這樣賄賂的行動，失位後還不如快點貧窮好呢！』『失位了要貧窮得快』這句話，是爲敬叔說的。」

曾子把子游的話告訴有子。有子說：「是啊！我就說這不是夫子的話！」曾子說：「你怎麼知道的呢？」有子說：「夫子治理中都時，制定棺槨的法度，棺厚四寸，槨厚五寸。因此我知道夫子並不主張死後腐爛得快的。再說以前夫子失了魯國司寇的官位，要應聘到荆國去，先差子夏前去，又差冉有跟上，因此知道他並不是主張要貧窮得快的。」

【文章分析】本篇選自禮記檀弓篇，爲敍記類的文章。孔夫子因時因人設教，所以就有各種不同的說法。桓魋太過浪費，所以用不如速朽來譏刺他；南宮敬叔載寶賄賂，以求復位，不是一個失位的人所該做的，所以用不如速貧來譏刺他。進而言之，孔夫子都是以他們所爲不合禮而加以譏刺的！

有子能分辨夫子的中心思想，與因人設教所說的話的分別。所以覺得速朽速貧不是夫子的主張，即使說過此話，也是另有用意。如此看來，有子不但貌言如孔子，連思想也是深得聖人之心啊！

公子重耳對秦客

檀弓

晉獻公❶之喪，秦穆公❷使人弔公子重耳❸，且曰：「寡人❹聞之，亡國恆於斯❺，得國恆於斯。雖吾子儼然❻在憂服❼之中，喪❽亦不可久也，時亦不可失也，孺子其圖之❾！」

以告舅犯❿，舅犯曰：「孺子其辭焉！喪人⓫無寶，仁親以爲寶。父死之謂何⓬？又因以爲利⓭，而天下其孰能說之？孺子其辭焉！」

公子重耳對客⓮曰：「君惠弔亡臣重耳，身喪父死，不得與於哭泣之哀，以爲君憂。父死之謂何？或敢有他志，以辱君義。」稽顙⓯而不拜，哭而起，起而不私⓰。

子顯⓱以致命⓲於穆公。穆公曰：「仁夫公子重耳！夫稽顙而不拜，則未爲後也⓳，故不成拜。哭而起，則愛父⑳也！起而不私，則遠利㉑也！」

【註釋】❶晉獻公　晉，國名，見前宮之奇諫假道篇。獻公見前呂相絕秦篇。❷秦穆公　秦，國名，見前陰飴甥對秦伯篇。穆公見前呂相絕秦篇。❸重耳　晉文公名。❹寡人　諸侯自稱謙辭。❺恆於斯　言恆於此喪禍交代之時也。❻儼然　矜莊端靜之貌。❼憂服　憂戚喪服也。❽喪　失位也。此言文公出奔在外，託身他國也。❾孺子其圖之　孺子，嫡長爲後者，獻公諸子，世子申生外，文公爲最長也。圖，謀也。❿舅犯　晉文公之舅狐偃，字子犯。⓫喪人　失位之人。⓬父死之謂何　此言父死爲何等大事也。⓭又因以爲利　此言若於此時返國襲位，是以父死爲利也。⓮客　指穆公所遣慰唁之人也。⓯稽顙　居喪時拜賓客之禮，拜時以額觸地。⓰不私　不私言也。⓱子顯　秦王所遣慰唁之使者，秦公子縶也。顯當作縶。⓲致命　反命也。⓳則未爲後也　言文公未得立爲獻公之嗣君也。⓴愛父　謂痛哀其父。㉑遠利　謂不欲得國之利。

【語譯】晉獻公死了，秦穆公派人去慰唁公子重耳，並且這樣說：「我聽說：『亡國得國，都在這種時候！』現在您雖然矜莊地在喪服之中，但是您也不能長時的流亡在外，時機也不能輕易失掉，您自己好好考慮考慮吧！」

重耳把這話告訴舅犯，舅犯說：「你一定要謝絕他啊！失位的人，沒有什麼寶物，只有仁愛孝親才是寶物。父親去世是何等的大事，還要趁此得利，那麼天下的人，誰又能夠解釋呢？您一定要謝絕啊！」

公子重耳因此回答客人說：「承蒙君王來弔唁亡臣重耳。父親死了，而我又流亡在外，不能參與哭泣的悲哀，以致使君王替我憂愁，眞是感激極了！父親去世是何等的大事？哪裏還敢有別的心思，以辜負君王弔唁的好意呢？」說完，稽顙而不拜，哭了才起，起來了也不再和使者談話。

子顯向秦穆公覆命。秦穆公說：「公子重耳眞是仁愛極了！稽顙而不拜，是因未得做晉獻公嗣君的緣故，故而不必拜謝賓客。哭了才起來，那是痛哀父親的去世啊！至於起立了不再和使者談話，那是爲了遠避得國之利啊！」

【文章分析】本文選錄自禮記檀弓篇，爲敘記類的古文。重耳是晉獻公的兒子，中生的弟弟。中生的故事見前晉獻公殺世子中生篇，讀者可以參閱。中生自殺之後，重耳便出亡在外，最後便在秦國安頓下來，魯僖公九年，（當周襄王二年，秦穆公九年，西元前六五一年）晉獻公卒，秦穆公有意助重耳回晉繼位，以言試探，卻遭重耳大義拒絕。

重耳與狐偃備嘗憂患，故處事沉着勇敢，計慮深遠，故所答都是一國大道理，使人心折。當時若稍一動心，秦國恐怕就要威逼利誘，趁重耳尚未即位時，即先訂下許多城下之盟了。晉文公（重耳）雄才大略，於此可見。然明主得有賢臣，狐偃之言，其功也不可沒。

杜蕢揚觶

檀弓

知悼子❶卒，未葬。平公❷飲酒，師曠李調侍❸，鼓鐘。杜蕢❹自外來，聞鐘聲，曰：「安在？」曰：「在寢❺。」杜蕢入寢，歷階而升，酌，曰：「曠飲斯！」又酌，曰：「調飲斯！」又酌，堂上北面，坐飲之❻。降❼，趨而出。

平公呼而進之，曰：「蕢！曩者爾心或開❽予，是以不與爾言。爾飲曠，何也？」曰：「子卯不樂❾；知悼子在堂，斯其爲子卯也大矣！曠也，大師❿也，不以詔⓫，是以飲之也。」「爾飲調，何也？」曰：「調也，君之褻臣⓬也，爲一飲一食，亡君之疾⓭，是以飲之也。」「爾飲，何也？」曰：「蕢也，宰夫⓮也。非刀匕⓯是共，又敢與知防⓰，是以飲之也！」

平公曰：「寡人亦有過焉！酌而飲寡人！」

杜蕢洗而揚觶⑰。公謂侍者曰：「如我死，則必無廢斯爵也！」至于今，既畢獻，斯揚觶，謂之杜舉⑱。

【註釋】❶知悼子　即知罃，見前楚歸晉知罃篇。❷平公　指晉平公，名彪。❸師曠李調侍　師曠，晉樂官。李調，平公近臣。❹杜蕢　或作屠蒯，晉之膳宰。❺寢　古宮室之一座落。天子曰燕寢，諸侯曰路寢。❻北面坐飲之　古時臣北面見君，此言北面，猶見其君也。坐，古時兩膝著地，尻着足跟而稍安者爲坐。❼降　由堂自階降下。❽開　謂啟發。❾子卯不樂　紂以甲子死，桀以乙卯亡，王者謂之疾日，不以舉樂。❿大師　樂官之長。⓫不以詔　詔，告也，不以此告君也。⓬褻臣　猶言狎近之臣。⓭疾　猶言疾日。指子卯忌日。⓮宰夫　即膳夫。⓯匕　同匙。⓰知防　知，知諫。防，防閑。⓱揚觶　揚，舉也。觶，酒器。⓲杜舉　謂杜蕢舉觶也。

【語譯】知悼子死了，還沒有下葬。晉平公就飲酒，師曠和李調在旁作陪，還敲了一回鐘。

杜蕢從外面進來，聽到鐘聲，就問道：「在哪裏啊？」有人回答說：「在宮裏。」杜蕢就走進宮裏，走上石階，到了堂上。他斟了一杯酒說：「曠，喝了它！」又斟了一杯酒說：「調，喝了它！」再酌了一杯酒，自己坐在堂上，面向北喝了。喝完，就從堂上走下石階，很快就走出去了。

晉平公把他喊進來，對他說：「蕢！剛才你這樣做，我想你一定有事要啟發我，因此沒有跟你說話。你叫曠喝酒，是什麼意思？」

「忌日不作樂；現在知悼子死了還沒下葬，可以算是大忌的日子。曠是太師，不把這意思告訴您，因此罰他喝酒！」

「那麼你叫李調喝酒，又是什麼意思呢？」

「李調是您的近臣，爲了貪飲食，忘記君王的忌日，因此也罰他喝酒。」

「那麼你自己喝酒，又是什麼意思呢？」

「我是宰夫，不去做刀匙的事，又敢參與知諫防閑的事，所以罰我自己喝！」

晉平公說：「這樣說我也有過失啊！斟杯酒給我喝吧！」

杜蕢把觶洗了以後，雙手舉給晉平公。晉平公對侍者說：「我死了以後，也不要把這隻爵丟掉！」到了現在，宴禮終了，一定舉觶，就叫做杜舉。

【文章分析】本文選錄自禮記檀弓篇，爲奏議類的古文。敍述晉平公大臣知罃卒而燕飲失禮，杜蕢加以勸諫，平公從善改過的故事。

杜蕢知道忠言逆耳，假如犯顏直諫，平公不一定肯接受，說不定惱羞成怒，反而責罪杜蕢不敬。於是採用懸宕的說法，三酌之後，匆匆走出，使得平公猜疑，然後乃得從容述說，最後並責自己身爲宰夫，不供刀匕，反與知防，更是精采，逼得平公說：「寡人亦有過焉！」杜蕢眞可謂善說人主之人了。

晉獻文子成室

檀弓

晉獻文子❶成室，晉大夫發❷焉。張老❸曰：「美哉輪❹焉！美哉奐❺焉！歌於斯❻，哭於斯❼！聚國族於斯❽！」文子曰：「武❾也得歌於斯，哭於斯，聚國族於斯，是全要領以從先大夫於九京也❿！」北面再拜稽首。

君子謂之善頌善禱⓫。

【註釋】❶晉獻文子　晉，國名。文子，晉卿趙武。獻，慶賀也。❷發　發禮也。❸張老　晉大夫。❹輪　高大。❺奐　通「煥」，華美。❻歌於斯　斯，此也。謂祭祀奏樂於此室。❼哭於斯　死亡哭踊亦於此室。❽聚國族於斯宴嘉賓，會宗族於此室。❾武　文子自稱其名。❿是全要領句　要通腰，領，頸也。古者死罪之重者斬腰，輕者斬頸。全要領謂免於斬戮之刑，而得壽終也。九京，京當作原，九原，晉卿大夫之墓地，在今山西絳縣北，接汾城縣界。後世謂墓爲九京，本此。⓫善頌善禱　善頌指張老之言，能頌人之美。善禱者，指趙武之言，能求福自輔也。

【語　譯】 晉國的國君慶賀趙文子的新屋落成，大夫們也都送了賀禮。張老說：「好啊！高大極了！好啊！文采鮮明極了！在這裏祭祀奏樂吧！死了在這裏辦喪事吧！在這裏宴集賓客宗族吧！」

趙文子說：「我如能在這裏祭祀，辦喪事，宴集賓客，就是能保全我的身體，得以壽終，好去跟隨我死去的祖宗啊！」說了，便向北面再拜稽首，謝了張老。

君子們都說張老作了好的頌詞，趙文子作了好的祈禱。

【文章分析】 此篇選錄自禮記檀弓篇，爲頌贊類的古文。大凡在位得勢者，往往不求自足自保，持盈保泰，因而身遭橫禍者，比比皆是。

張老以趙文子築新室，大會賓客，嫌他太招搖，而以頌言譏諷他，趙文子能從善如流，接受張老的勸告，再拜稽首，可說有禹拜昌言的遺風。至於全要領一句，尤爲一針見血之論，所以善頌善禱，兩人可以當之無愧。

前子產壞晉館垣篇，可見趙文子的器度，讀者參閱這兩篇，可以對「宰相肚中可撐船」這一俗語，有更深刻的體會了。

秦文新譯

卷四 秦文

蘇秦以連橫說秦

戰國策

蘇秦❶始將連橫❷說秦惠王❸曰：「大王之國，西有巴蜀❹漢中❺之利，北有胡貉❻代馬❼之用，南有巫山黔中之限❽，東有殽❾函❿之固，田肥美，民殷富，戰車萬乘⓫，奮擊百萬，沃野千里，蓄積饒多，地勢形便⓬，此所謂天府⓭，天下之雄國也。以大王之賢，士民之眾，車騎之用，兵法之教，可以并諸侯，吞天下，稱帝而治。願大王少留意，臣請奏其效⓮。」

秦王曰：「寡人聞之，毛羽不豐滿者，不可以高飛。文章⓯不成者，不可以誅罰。道德不厚者，不可以使民。政教不順者，不可以煩大臣⓰。今先生儼然⓱不遠千里而庭教之，願以異日。」

蘇秦曰：「臣固疑大王之不能用也！昔者神農伐補遂⓲，黃帝伐涿鹿而禽蚩尤⓳，堯伐驩兜⓴，舜伐三苗㉑，禹伐共工㉒，湯伐有夏，文王伐崇㉓，武王伐紂，齊桓任戰㉔而霸天下。由此觀之，惡[25]有不戰者乎？古者使車轂擊馳[26]，言語相結，天下爲一。約從連橫，兵革不藏；文士並飭[27]，諸侯亂惑；萬端俱起，不可勝理。科條[28]既備，民多僞態；書策稠濁[29]，百姓不足；上下相愁，民無所聊[30]；明言章理[31]，兵甲愈起；辯言偉服[32]，戰攻不息；繁稱文辭，天下不治；舌敝耳聾，不見成功；行義約信，天下不親。於是乃廢文任武，厚養死士，綴甲厲兵，效勝於戰場。夫徒處[33]而致利，安坐而廣地，雖古五帝[34]、三王[35]、五霸[36]，明主賢君，常欲坐而致之，其勢不能，故以戰續之。寬則兩軍相攻，迫則杖戟相撞，然後可建大功。是故兵勝於外，義強於內；威立於上，民服於下。今欲并天下，凌[37]萬乘，詘[38]敵國，制海內，子元元[39]，臣諸侯，非兵不可。今之嗣主，忽于至道[40]，皆惛於教，亂於治，迷於言，惑於語，沈於辯，溺於辭[41]。以此論之，王固不能行也。」

說秦王書十上，而說不行，黑貂之裘敝，黃金百斤盡[42]，資用乏絕，去秦而歸。羸縢履蹻[43]，負書擔橐，形容枯槁，面目黧[44]黑，狀有愧色。歸至家，妻不下紝[45]，嫂不爲炊，父母不與言。蘇秦喟然[46]歎曰：「妻不以我爲夫，嫂不以我爲叔，父母不以我爲子，是皆秦之罪也！」

乃夜發書，陳篋數十，得太公陰符[47]之謀。伏而誦之，簡練以為揣摩[48]。讀書欲睡，引錐自刺其股，血流至足，曰：「安有說人主，不能出其金玉錦繡，取卿相之尊者乎？」朞年，揣摩成，曰：「此真可以說當世之君矣。」於是乃摩燕烏集闕[49]，見說趙王[50]於華屋之下，抵掌[51]而談，趙王大悅，封為武安君[52]，受相印。革車[53]百乘，錦繡千純[54]，白璧百雙，黃金萬鎰[55]，以隨其後，約從散橫[56]，以抑強秦。故蘇秦相於趙，而關不通[57]。當此之時，天下之大，萬民之眾，王侯之威，謀臣之權，皆欲決蘇秦之策。不費斗糧，未煩一兵，未戰一士，未絕一弦，未折一矢，諸侯相親，賢於兄弟。夫賢人在而天下服，一人用而天下從。故曰：「式[58]於政，不式於勇；式於廊廟[59]之內，不式於四境之外。」當秦之隆[60]，黃金萬鎰為用，轉轂連騎，炫熿[61]於道。山東[62]之國，從風而服，使趙大重。

且夫蘇秦特窮巷、掘門[63]、桑戶、棬樞[64]之士耳，伏軾撙銜[65]，橫歷天下，庭說諸侯之主，杜[66]左右之口，天下莫之伉。將說楚王[67]，路過洛陽。父母聞之，清宮[68]除道，張樂設飲，郊迎三十里。妻側目而視，側耳而聽；嫂蛇行匍伏[69]，四拜自跪而謝。蘇秦曰：「嫂何前倨[70]而後卑也？」嫂曰：「以季子之位尊而多金。」蘇秦曰：「嗟乎！貧窮則父母不子，富貴則親戚畏懼。人生世上，勢位富厚，蓋[71]可忽乎哉？」

【作　者】戰國策，本來有國策、國事、短長、事語、長書、書策等不同的名稱。劉向以為都是戰國時遊士輔所用之國，為之策謀，所以定名為戰國策。

漢書藝文志載本書，注云：「記春秋後。」隋書經籍志云：「劉向錄。」舊唐書云：「劉向撰。」新唐書同。四庫全書總目提要云：「編自劉向。」大約本書作者，並非一人，今本所見的，只不過是劉向所編定而已。新舊唐書說是劉向撰，這話沒有根據。

戰國策一共三十三篇，漢魏以後，頗有散佚，至宋曾鞏加以採求訂正，又恢復原來面目。本書時代，上繼春秋，下迄楚漢，先後約二百四十五年；地區則包括西周、東周、秦、齊、楚、趙、魏、韓、燕、宋、衛、中山等十二國。大約在戰國時代，戰爭最多，人人只講詐取與利害，不肯講仁義與是非，因此策士活躍，到處游說，縱橫捭闔，便產生一種權變之術。戰國策便是記載這種權變術的書，因此書內的文章，生動活潑，變化無窮，情趣橫溢，辭鋒縱恣，影響後世的文人極大，也是學作文章的人很好的範本。北宋三蘇（洵、軾、轍）父子，寫策論如行雲流水，通變多方，可說受戰國策的影響極大。

戰國策的注解有漢高誘注宋姚宏校正補注本三十三卷、宋鮑彪校注元吳師道補正本五十卷。高注姚校本較佳。

【註　釋】❶蘇秦　東周洛陽人，與張儀同師事鬼谷子，學縱橫家言，俱知名。蘇秦以連橫之策說秦惠王，不聽。後以合縱說六國，身爲合縱之長，並相六國。使秦兵不敢窺函谷關。後去燕，客於齊，爲齊人所殺。❷連橫　東西爲橫，秦地在西，六國在東，故分化六國以事秦曰連橫。❸秦惠王　即惠文王，名駟，孝公子。❹巴蜀　巴，國名，後滅於秦，置爲巴郡，在今四川東部。蜀，即古蜀國，後秦改爲郡，在今四川西北部。是時巴、蜀皆不屬秦，所謂利者殆指物資、商業交通之利。❺漢中　本楚地，後秦置爲郡，在今陝西西南部及湖北西北境。❻胡貉　胡，北狄。貉，形似貍，銳頭尖鼻，毛深厚，溫滑可爲裘。❼代馬　代，古國名，戰國時爲趙所滅，置代郡，在今山西北部及河北西北境，地多產馬。❽巫山黔中之限　巫山，在今四川巫山縣東。黔中，本楚地，故城在今湖南沅陵縣西。限是界限。謂此二地可爲屏障。巫山、黔中時亦尚未歸秦。❾殽　見前蹇叔哭師篇。❿函　函谷關，在今河南靈寶縣西南。⓫萬乘　乘是車輛單位。古代以兵車多少，形容國之大小。周制天子兵車萬乘。⓬地勢形便　土地形勢便於攻守。⓭天府　財物所聚曰府。言關中物產饒多，如天然府庫。⓮奏其效　奏是進言於上。謂陳述進取吞併天下之效驗。⓯文章　指禮儀法令也。⓰煩大臣　此謂勞大臣於外。⓱儼然　矜莊貌。⓲神農伐補遂　神農，古帝，始製耒耜，敎民稼穡，故號神農氏。補遂，古國名。⓳黃帝伐涿鹿而禽蚩尤　涿鹿，山名，在今河北涿鹿縣東南。禽，與擒通。蚩尤，黃帝時諸侯。史記五帝紀：「蚩尤作亂，黃帝徵師諸侯，與蚩尤戰於涿鹿之野，遂禽殺蚩尤。」⓴堯伐驩兜　驩兜，堯時人，與共工朋比爲惡；堯伐之，放於崇山。㉑舜伐三苗　書經舜典：「竄三苗於三危。」今湖南岳陽、湖北武昌、江西九江一帶，皆古三苗地。㉒禹伐共工　共工，卽顓頊時共工氏之子孫，爲四凶之一，舜命禹伐之。㉓文王伐崇　崇侯虎，商紂卿士，助紂爲虐，故周文王伐之。㉔齊桓任戰　齊桓公，春秋時五霸之一。任是堪、能之意。桓公曾滅郯，敗魯，伐山戎，侵蔡，伐楚。事見史記齊世家。㉕惡　豈也。㉖車轂擊馳　轂是車輪中心圓木，衆輻所聚者。擊馳，相擊而速行，謂使者往來之多。㉗文士並飭　飭，與飾通，巧飾之意。㉘科條　法律之條文曰科。㉙書策稠濁　策是竹簡，古代以竹寫書，故謂之書策。稠是多。濁是混亂。㉚聊　依賴。㉛章理　章通彰。彰理是明顯之理。㉜辯言偉服　辯言是善辯之言。偉服是儒者盛服。㉝徒處　空處。㉞五帝　史記以黃帝、顓頊、帝嚳、堯、舜爲五帝。㉟三王　指夏禹、商湯、周武王。㊱五霸　指齊桓公、晉文公、秦穆公、楚莊王、宋襄公。㊲淩　淩是侵犯。㊳詘　屈服。㊴子元元　天子爲民之父母，故以民爲己子。子，作動詞用。元元，庶民也。㊵至道　要術，暗指用兵。㊶迷於言四句　言，自言。語，論難。辭，文章。㊷黑貂之裘敝黃金百斤盡　貂，鼠屬，毛長寸許，色黃或紫黑，皮輕煖，爲貴重裘料。敝是壞。蘇秦初入趙，三見趙相李兌。兌忌其才，不用，乃厚贈以珠、璧、貂裘、黃金，因得資以入秦。㊸羸縢履蹻　羸是裹束、纏繞。縢，如今之綁腿。履，穿鞋，作動詞用。蹻是草鞋。㊹黧　黑而黃。㊺妻不下紝　紝是機縷，織繒帛爲紝，謂妻不下機縷而織自若。㊻喟然　嘆息貌。㊼太公陰符　陰符，書名，一名陰符經，舊題黃帝撰。隋書經籍志兵家類有太公陰符鈐錄一卷，周書陰符九卷。歷代史志，則以周書陰符著錄於兵家，而以此陰符入道家。今本題太公、范蠡、鬼谷子、張良、諸葛亮、李筌六家注，卽所謂太公陰符。內容爲道家書，非兵家書。㊽簡練以爲揣摩　簡擇熟練，揣摩時勢而用之。揣是度量。摩是研究。㊾摩燕烏集闕　摩是逼近經過。烏集闕，燕地名。㊿趙王　趙肅侯，名語。(51)抵掌　猶言鼓掌。抵，應作扺。(52)封爲武安君　武安，趙邑名，在今河南武安縣西南。蘇秦得趙王封，事在東周顯王三十四年（西元前三三五年）。(53)革車卽兵車也。(54)純　布帛一端曰一純。(55)鎰　古衡名，二十四兩。(56)約從散橫　合六國之從以離秦之連橫。蘇秦爲從約長，事在周顯王三十七年。(57)關不通　秦國不與六國交通。(58)式　用。(59)廊廟　朝廷。(60)秦之隆　指蘇秦盛時。(61)炫熿光輝照耀。(62)山東　指崤山以東。(63)窮巷掘門　窮巷是狹陋之巷。掘門是鑿垣爲門。掘，與窟通。(64)桑戶棬樞　桑戶是以桑木爲戶。棬樞是以屈木爲戶樞。戶樞必用直木，此極言其貧。(65)伏軾撙銜　軾是車前橫木。撙銜是以手勒住馬韁。撙是頓挫，手持馬韁，或張或弛。(66)杜　塞也。(67)楚王　指楚威王，名熊商。(68)淸宮　灑掃居室。宮，古爲室之通稱。(69)蛇行匍伏　蛇行是如蛇之屈曲而行。匍伏，亦作匍匐，謂手足伏地而行。(70)倨　驕傲也。(71)蓋　通盍。

【語　譯】蘇秦起初用連橫的計謀去遊說秦惠王說：「大王的國家，西面有巴、蜀、漢中的財富，北面有胡地的貉皮、代地的良馬可以使用，南面有巫山、黔中的險阻，東面有殽山、函谷關做要塞，田地肥美，百姓富足，戰車萬輛，精兵百萬，肥沃的土地一千里，貯藏的物資充足，地理的形勢，攻守都很方便，這可以說是天然的府庫，天下的強國了。再說以大王那樣的賢明，那樣多的百姓，再加靈便的車馬，熟習的兵法，一定可以併吞天下諸侯，自己稱帝來統治天下。只要大王稍加留意，臣願說明進取吞併天下的效驗。」

秦惠王說：「我聽說：羽毛不豐滿的，不能夠高飛。法令不完善的，不能夠責罰罪人。道德不深厚的，不能夠管理百姓。政教不和順的，不能夠指揮大臣。現在先生居然千里迢迢地老遠跑來指教我，希望將來再談吧！」

蘇秦說：「我本來就懷疑大王不能採用我的計畫啊！以前神農氏征伐補遂，黃帝征伐涿鹿，捉住了蚩尤，堯征伐驩兜，舜征伐三苗，禹征伐共工，湯征伐有夏，文王征伐崇，武王征伐紂，齊桓公憑藉作戰才能稱霸天下。由此看來，哪有不戰爭而稱王的呢？古時候使臣來往頻繁，車子碰著車子；用談判締結盟約，天下就一統起來。後來有時南北聯合，有時東西聯合，但是戰爭卻廢不掉，文人們推波助浪，諸侯們心亂惶恐，各種問題就產生了，連整理都整理不完的。法令完備了，百姓們卻更虛僞；文書册籍又多又亂，百姓反而衣食不足；君臣互相責怨，百姓無所依靠。愈講明道理，戰爭愈多；有能言善辯的儒生，戰爭愈不能平息；愈是講書籍上的道理，天下反而不能安定。說的人舌頭爛了，聽的人耳朵聾了，仍舊不能成功；儘管行仁義，講約信，天下也不能和平。於是才廢除文治，重視軍事，厚待敢死的武士，縫綴盔甲，磨利兵刃，在戰場上一決勝負。如果想不勞而獲，安坐不動，就想擴展領土，雖古代的五帝、三王、五霸那樣的賢明君主，常想坐著達到這個願望，事實上也是辦不到的，所以也只得用戰爭來解決。兩軍距離遠的，便互相追逐；距離近的，便杖戟相撞。這樣才能建立偉大的功業。所以軍隊在外作戰，君主在內行仁義，國家的威望建立了，百姓自然服從領導。現在要併吞天下，侵奪帝位，折服敵國，統一天下，親愛百姓，臣服諸侯，都非用兵不可。然而現在繼位做君主的，都忽略用兵的至道，都不懂教化，胡亂推行政治，被各種言論迷惑，沈溺在各種辭說裏。以此說來，大王本來就不能採行我的計畫啊！」

蘇秦游說秦王的奏章上了十次，秦王都沒有採納。黑貂的皮襖破了，一百斤的黃金用完了，旅費也用盡了，只得離開秦國回家。腿上綁著綁腿，脚上穿著草鞋，背著書囊，挑著行李，身體乾瘦，面目黃黑，帶著慚愧的臉色。回到家中，妻子沒有離開織布機來迎接，嫂子也不燒飯給他吃，父母不跟他說一句話。蘇秦長嘆了一聲說：「唉！妻子不把我當作丈夫，嫂子不把我當作小叔，父母不把我當作兒子，這都是我自己的過失啊！」

於是在夜裏找書，在十幾個舊箱子裏，找出太公的陰符經來，伏案讀書，並揣摩時事，熟練其中的道理。到了讀得疲倦要睡的時候，就拿錐子刺自己的大腿，血一直流到脚上。對自己說：「憑此去游說人主，哪還不能拿到金玉錦繡，取得卿相之位的呢？」

隔了一年，揣摩成了，蘇秦對自己說：「現在眞的可以去游說當代的君主了。」於是就到燕國烏集闕的地方，在華麗的宮室中游說趙王，兩人抵掌高談。趙王非常高興，就封他做武安君，給他宰相的印。又給他兵車一百輛、錦繡一千綑、玉璧一百雙、黃金二十萬兩，讓他帶著這些財物，去跟諸侯訂立縱約，解散連横，用以抑制強秦。所以蘇秦在趙國做相的時候，六國的關口都不和秦國相交通。當這個時候，廣大的天下，衆多的百姓，威武的王侯，有權的重臣，都要聽從蘇秦的決策。不費一斗糧餉，不動一個兵，不用一個將，不斷一條弦，不折一枝箭，可是諸侯相親相愛，比兄弟還要親密。賢人在位，天下全都歸服；一個人用事，天下全都聽從。所以說：「執政不必用武力，要在朝廷上謀畫，不必到國境外去打仗。」當蘇秦全盛的時候，有萬鎰的黃金可以使用，車馬連接，在道路上眞是威風得很。殽山以東的各國，望風服從，使趙國的地位大爲提高。

蘇秦只不過是一個窮巷之中，鑿牆做門，桑木做戶，彎木做門樞的寒士罷了，他安坐在車上，拉著馬韁，遊歷天下，到各國朝廷去游說諸侯，卻使諸侯的親信左右，都說不過他，天下沒有一個可以跟他抗衡的。蘇秦要去游說楚王，路過洛陽。他的父母聽見這個消息，連忙打掃房屋，清除道路，預備音樂，陳設酒席，到城外三十里的地方去迎接他。妻子不敢正眼看他；嫂子伏在地上，不敢直行，拜了四拜，長跪謝罪。蘇秦說：「嫂嫂！爲何你以前那樣傲慢，現在又這樣謙卑呢？」嫂子說：「因爲您升官發財了啊！」蘇秦說：「唉！貧窮時連父母都不把我當作兒子，富貴了親戚也要懼怕，人生在世，權勢財富，怎麼可以看輕呢？」

【文章分析】本文選自戰國策秦策，爲傳狀類的古文。孟子離婁篇說：「爭地以戰，殺人盈野；爭城以戰，殺人盈城。」可以說明戰國時代戰爭慘烈的情形。那一個戰禍隨時會起的時代裏，便興起了一批游說之士，也就是所謂說客、策士，他們憑自己的智謀辯才，替人主畫策、設謀、辦外交，不論出身貴賤，只要人主聽信，立談之下，便可以取卿相，得富貴。

至於那些策士們，除了能言善道之外，並沒有什麼中心思想，他們純是職業化的，所圖的僅是自己的功名富貴而已，蘇秦引錐刺股，說：「安有說人主，不能出其金玉錦繡，取卿相之尊者乎？」正可說是戰國策士典型的思想，所以蘇秦起先主張連橫，後來又主合縱，翻覆無常，實則他們爲了自己的通達，沒有一定非幫誰的想法。實際上戰國七雄分立，優勝劣敗，勝則得勢，敗則滅亡，國際間既無道義，也無是非。所以在策士們眼中看來，都是一樣，愛幫誰便幫誰，誰給富貴就幫誰。所以主客之間，我用你才，你得我富貴；合則留，不合則去，也根本談不上什麼道義的。

這篇文章以蘇秦的困頓、通達爲經，游說各國爲緯，有兩點倒是值得我們注意的：第一是蘇秦說秦不成以後的用功。一個策士如此，要建立大事業的人更要如此，勞其筋骨，苦其心志，才能擔當大任啊！

第二是蘇秦家人的態度，因蘇秦的困頓與通達而作了一百八十度的轉變，親人尚且如此，況他人乎？人情冷暖，在在說明人必須依靠自己，自力更生，個人如此，國家也是如此。

司馬錯論伐蜀（ㄙ ㄇㄚˇ ㄘㄨㄛˋ ㄌㄨㄣˋ ㄈㄚ ㄕㄨˇ）

戰國策（ㄓㄢˋ ㄍㄨㄛˊ ㄘㄜˋ）

司馬錯❶與張儀❷爭論於秦惠王❸前。司馬錯欲伐蜀❹，張儀曰：「不如伐韓❺。」王曰：「請聞其說。」

對曰：「親魏❻善楚❼，下兵三川❽。塞轘轅緱氏❾之口，當屯留之道❿。魏絕南陽⓫，楚臨南鄭⓬；秦攻新城⓭宜陽⓮，以臨二周⓯之郊；誅⓰周主之罪，侵楚魏之地。周自知不救，九鼎⓱寶器必出。據九鼎，按圖籍，挾天子以令天下，天下莫敢不聽，此王業也。今夫蜀，西僻之國，而戎狄之長也。敝兵勞眾，不足以成名；得其地，不足以爲利。臣聞爭名者於朝⓲，爭利者於市。今三川周室，天下之市朝也，而王不爭焉，顧爭於戎狄，去王業遠矣。」

司馬錯曰：「不然。臣聞之：欲富國者，務廣其地；欲強兵者，務富其民；欲王者，務博其德。三資⓳者備，而王隨之矣。今王之地小，民貧，故臣願從事於易。夫蜀，西僻之國也，而戎狄之長也，而有桀紂之亂，以秦攻之，譬如使豺狼逐羣羊也。取其地，足以廣國也；得其財，足以富民；繕⓴兵不傷眾，而彼已服矣。故拔㉑一國，而天下不以爲暴。利盡西海㉒，諸侯不以爲貪。是我一舉而名實兩附，而又有禁暴正亂之名。今攻韓，劫天子；劫天子，惡名也，而未必利也，又有不義之名。而攻天下之所不欲，危。臣請謁㉓

其故：周，天下之宗室也。韓，周之與國㉔也。周自知失九鼎，韓自知亡三川，則必將二國并力合謀，以因乎齊趙，而求解乎楚魏。以鼎與楚，以地與魏，王不能禁，此臣所謂危，不如伐蜀之完也。」

惠王曰：「善！寡人聽子。」卒起兵伐蜀，十月取之㉕。遂定蜀。蜀主更號爲侯，而使陳莊㉖相蜀。蜀既屬，秦益強，富厚，輕諸侯。

【註釋】①司馬錯　戰國秦人。②張儀　戰國魏人，與蘇秦同師事鬼谷子。蘇秦相趙，儀往謁，不納，乃去之秦，惠王以爲相，號之曰武信君。③秦惠王　秦，國名，見前陰飴甥對秦伯篇。惠王，秦孝公子，名駟。④蜀　爲帝嚳支子封地，歷夏、商、周，爲秦所滅，置蜀郡，在今四川省成都市。⑤韓　春秋時，晉韓武子封地。周威烈王時，趙、魏、韓三家分晉，遂爲諸侯。戰國七雄之一，盛時奄今陝西東部及河南西北部之地。⑥魏　三家分晉，魏都安邑，故城在今山西夏縣北。戰國七雄之一，奄有河南北部及山西西南部之地。後徙都大梁，故又稱梁。⑦楚　國名，見前季梁諫追楚師篇。⑧三川　黃河、洛水、伊水三川之間的地區。⑨轘轅緱氏　均山名，轘轅山在今河南鞏縣西南。緱氏山在今河南偃師縣南。⑩屯留之道　屯留，地名，在今山西屯留縣。道，指太行羊腸阪道也。⑪南陽　地名，在今河南獲嘉縣北。⑫南鄭　地名，在今河南新城縣西北。⑬新城　地名，今河南洛陽縣有新城故城。⑭宜陽　地名，在今河南宜陽縣東。⑮二周　東周、西周也。周末所分，非指平王前後之西周、東周也。⑯誅　責也，聲討。⑰九鼎　王者有天下之寶器也。爲禹所鑄，詳見前王孫滿對楚子篇。⑱朝　朝廷。⑲三資　指地廣、民富、德博。⑳繕　治也。㉑拔　取也。㉒西海　指蜀。㉓謁　告也，白也。㉔與國　謂相與友好之國。㉕十月取之　史記載，秦滅蜀在秦惠王二十二年十月。㉖陳莊　秦臣。

【語譯】司馬錯跟張儀在秦惠王面前爭論。司馬錯主張伐蜀，張儀說：「不如伐韓。」秦惠王說：「請你說出理由，讓我聽聽。」

張儀回答道：「我們先跟魏楚兩國親善，然後出兵三川，塞住轘轅山緱氏山的要津，擋住屯留的通道。魏國封鎖南陽，楚國兵臨南鄭；然後秦兵攻打新城宜陽，直到東周西周的郊外；聲討周天子的罪狀，再去侵襲楚魏兩國的地方。周天子知道自己沒有希望，一定會將九鼎寶器獻出。我們得了九鼎，按照地圖戶籍，挾持周天子以號令天下，天下還有誰敢不聽從我命令的呢？這是眞正的王業啊。至於蜀國，不過是一個西方偏僻的國家，戎狄的領袖罷了。疲師動衆，也談不上什麼名望；即使得了他的地，也談不上什麼利益的。我聽說：『爭名的就要在朝廷上去爭；爭利的就要在市場上去爭。』現在三川和周室，就是天下的市朝啊！而王不去爭奪，反而去和戎狄相爭，離王業未免太遠了！」

司馬錯說：「不對。我聽說：『想富國的，必須要使土地廣大；要兵強的，一定要使百姓富足；要想王天下的，就必須要廣施他的德行。』這三件事都做到了，那麼王業就隨之實現了。現在大王的土地還小，百姓還窮，所以我以爲應該先從容易做的著手。蜀國是西方偏僻的國家，戎狄的領袖；但是像桀、紂一樣的荒淫。以秦國的兵力去攻打他，就像豺狼追逐羣羊一樣的方便。取了他的地，就可以擴展疆土；取了他的財貨，就可以富足百姓；只要裝備軍隊，用不著傷人，而蜀國早就屈服了。所以雖然滅了一國，天下都不會以爲暴虐；收盡了蜀國的財物，諸侯也不會以爲貪婪。名義實際都可兼得，豈不是一舉兩得？而且還可得到除暴止亂的好名聲呢！現在去攻打韓國，刼持天子；要知道刼持天子是最壞的名聲，未必有利，而又落得不義之名。攻打諸侯都尊重的周室，眞是危險極了。請讓我來說明其中的緣故：周天子是天下的宗室，韓是周室友好的諸侯。周天子知道要失九鼎，韓國知道要失三川，那麼兩國必將同心合力，共同設法，一面聯絡齊趙去解救楚魏的圍，將鼎給楚，將地給魏，這是大王所不能禁止的。這就是我所說的危險，不如伐蜀萬全的緣故呢！」

秦惠王說：「好，寡人聽你的話。」終於發兵伐蜀，秦惠王二十二年十月就取了蜀地。就此平定了蜀國，蜀君改稱爲侯，派了陳莊去做蜀相。蜀國歸附之後，秦國愈加強盛，富厚，從此就傲視諸侯了。

【文章分析】本文選自戰國策秦策，此爲論辨類的古文。策士舌翻蓮花，說得天花亂墜，我們在本文中又可以得到一個印證。張儀爲了自己富貴，就沒有大義尊王的思想，所以他建議秦惠王下兵三川，伐韓鄭而逼二周，奪九鼎寶器，以成帝業，此種謀策，實是喪心。

可喜司馬錯以富國廣地、強兵富民、王者博德之說，建議伐蜀，與張儀針鋒相對，句句駁倒張儀的說法。秦惠王平時雖專寵張儀，也只得首肯司馬錯之此策，由此說來，秦惠王也可說是一英明識時的君主。

至於司馬錯在人人爲己的紛亂時代，獨能顧惜大義，見解超人，也不愧是一賢士。

范雎說秦王

戰國策

范雎❶至，秦王❷庭迎范雎，敬執賓主之禮，范雎辭讓。是日見范雎，見者無不變色易容❸者。秦王屏❹左右，宮中虛無人。秦王跪而請曰：「先生何以幸教寡人？」范雎曰：「唯唯❺。」有間❻，秦王復請。范雎曰：「唯唯。」若是者三。秦王跽❼曰：「先生不幸❽教寡人乎？」

范雎謝曰：「非敢然也。臣聞始時呂尚❾之遇文王也，身爲漁父，而釣於渭陽❿之濱耳。若是者交疏也已，一說而立爲太師⓫，載與俱歸者，其言深也。故文王果收功於呂尚，卒擅天下，而身立爲帝王。鄉⓬使文王疏呂望而弗與深言，是周無天子之德，而文武無與成其王也。今臣羈旅⓭之臣也，交疏於王，而所願陳者，皆匡⓮君臣之事。處人骨肉之間⓯，願以陳臣之陋忠，而未知王心也，所以王三問而不對者是也。

臣非有所畏而不敢言也。知今日言之於前，而明日伏誅⓰於後，然臣弗敢畏也。大王信行臣⓱之言，死不足以爲臣患；亡不足以爲臣憂；漆身而爲厲⓲，被髮而爲狂，不足以爲臣恥。五帝⓳之聖而死，三王⓴之仁而死，五霸㉑之賢而死，烏獲㉒之力而死，賁育㉓

之勇而死。死者，人之所必不免也。處必然之勢，可以少有補於秦，此臣之所大願也，臣何患乎？伍子胥橐㉔載而出昭關，夜行而晝伏，至於蔆水㉕，無以餌其口。膝行蒲伏，乞食於吳市，卒興吳國，闔廬㉖爲霸。使臣得進謀如伍子胥，加之以幽囚，終身不復見，是臣說之行也，臣何憂乎？箕子接輿㉗，漆身而爲厲，被髮而爲狂，無益於殷楚。使臣得同行于箕子接輿，可以補所賢之主，是臣之大榮也，臣又何恥乎？

臣之所恐者，獨恐臣死之後，天下見臣盡忠而身蹶㉘也，是以杜口裹足㉙，莫肯即秦耳！足下上畏太后㉚之嚴，下惑姦臣之態，居深宮之中，不離保傅㉛之手，終身闇惑㉜，無與照奸㉝。大者宗廟滅覆㉞，小者身以孤危，此臣之所恐耳。若夫窮辱之事，死亡之患，臣弗敢畏也。臣死而秦治，賢於生也。」

秦王跽曰：「先生是何言也。夫秦國僻遠，寡人愚不肖。先生乃幸至此，此天以寡人慁㉟先生，而存先王之廟也！寡人得受命於先生，此天所以幸先王，而不棄其孤也！先生奈何而言若此，事無大小，上及太后，下至大臣，願先生悉以教寡人，無疑寡人也！」

范雎再拜，秦王亦再拜。

【註釋】❶范雎　戰國魏人，字叔。善口辯，初事魏中大夫須賈，以事笞逐，乃易名張祿，至秦說昭王。❷秦王指秦昭王，名則。❸變色易容　改變臉色容貌，在此指肅然起敬之狀。❹屏　斥退。❺唯唯　卑遜之應辭。❻有間　謂不多時也。❼跽　長跪曰跽。❽不幸　猶言不屑。❾呂尙　卽太公望也。❿渭陽　河名。⓫太師　三公之一。呂尙爲武王之師，故謂。⓬鄉　昔也。⓭羈旅　羈，寄也。旅，客也。此謂旅人寄迹於外也。⓮匡　正也，助也，濟也。⓯骨肉之間　指宣太后與秦昭王也。⓰伏誅　受死也。⓱行臣　猶前云羈旅之臣。⓲漆身而爲厲　漆身，以漆塗身也。厲，史記索隱云：「厲癩聲相近，古多借厲爲癩。」⓳五帝　上古之帝也。史記以黃帝、顓頊、帝嚳、堯、舜爲五帝。⓴三王　謂禹、湯、武王。㉑五霸　謂齊桓公、晉文公、秦穆公、宋襄公、楚莊王。㉒烏獲　人名，古之力士。㉓賁育　賁，孟賁。育，夏育。皆古之勇者。㉔橐　囊袋也。㉕淩水　水名，卽溧水，在今江蘇溧陽縣。㉖闔廬　春秋吳王，名光，一作闔閭，詳見前吳子使札來聘篇。㉗箕子接輿　箕子，紂時太師，諫紂被囚，佯狂爲奴。接輿，春秋楚人，姓陸名通，佯狂避世。㉘蹶　斃也。㉙杜口裹足　杜口，閉口不言也。裹足，止足不前也。㉚太后　指宣太后。㉛保傅　指女保女傅。㉜闇惑　謂不識事理，被人所惑也。㉝照奸　洞燭其奸也。㉞宗廟滅覆　謂亡國。㉟慁　汚也，辱也。

【語　譯】范雎到了秦國，秦昭王在階前歡迎他，很恭敬地行賓主之禮，范雎推讓辭謝，不肯接受。這一天秦王接見范雎，凡看見范雎的秦國臣子們，沒有不肅然起敬的。秦昭王屏退了左右侍候的人，宮裏沒有別的人在跟前。於是秦昭王跪著請求道：「先生怎樣教我呢？」范雎連聲謙應道：「噢！噢！」過了一會，秦昭王再向范雎請教，范雎還是連聲謙應道：「噢！噢！」這樣的問了三次。於是秦昭王長跪著說：「先生不肯教導我嗎？」

范雎謝罪道：「不敢，不敢。我聽說早先呂尙和周文王相遇的時候，只是一個在渭陽水邊垂釣的漁夫而已。像這樣疏淡的交情，跟文王一談之下，馬上就被立爲太師，跟他一同乘車回去，這就是因爲呂尙的話，關係很深切的緣故。所以周文王果然依靠呂尙立了大功，終於得了天下，而做了帝王。倘使周文王忽略了呂尙，沒有跟他深刻的談論，那麼周代也就沒有做天子的德行，而也沒有人跟文王、武王造成王業了。我現在只是一個客卿，跟大王的交情很疏淡，而我所願說的，都是匡正君臣的事。處在人家骨肉之間，雖很願意貢獻我卑陋的忠心，卻不知道大王的心思如何？所以大王問了三次，我都沒有回答，就是這個緣故啊！

我並不是有什麼忌憚而不敢說的。明知今天說了，明天就有殺身之禍，我也並不害怕。只要大王能夠相信我的話，卽使死亡，也不足爲我的禍患，卽使要出奔逃命，也不足爲我的憂愁；卽使漆了身子去做癩子，披散頭髮去做瘋子，也不足爲我的恥辱。聖哲如五帝要死，仁義如三王也要死，賢明如五霸也要死，力大如烏獲也要死，勇敢如賁育也要死。死亡，是任何人所不能避免的事，在必然會死的形勢下，假如可以對於秦國稍有補益，即使死了也是我的大願，我還有什麼害怕的呢？伍子胥藏在袋子裏逃出了昭關，白天藏匿，晚上行路，到了蔆水，沒有食物充飢，跪伏在吳國的市上，求討食物，而終於振興了吳國，使闔閭做了霸主。假使我能像伍子胥那樣進些計謀，就是把我一輩子關在不見天日的地方，從此不再相見，可是我的計謀已經實行，我還有什麼可憂愁的呢？箕子、接輿漆了身子做癩子，披散頭髮做瘋子，對於殷、楚，並沒有什麼利益。假使我學了箕子、接輿的所作所爲，可以對賢明的君主有所助益，就是我最大的光榮，還有什麼可恥的呢？

我所怕的，是獨怕我死了之後，天下的人見我盡忠而死，因此堵住了口不言，裹住了脚不前，不肯再到秦國來了。您上怕太后的嚴厲，下受姦臣醜態的迷惑，住在深宮之中，不離保姆、師傅的左右，一生迷惑不明，沒有人和您說明奸詐的所在。這樣大則足以使宗廟傾覆滅亡，小則也會使得自身孤立危險，這才是我所害怕的呢。至於窮困、恥辱的事情，死歿、出亡的憂患，我是並不畏懼的。我死了使得秦國興盛，那要比活在世上好得多呢！」

秦昭王跪著說道：「先生，這是什麼話呢！秦國又偏僻又荒遠，我又是愚昧無能。幸而先生到了這裏，這實在是天使得我有幸向先生請教，而使得先王宗廟得以保存啊！我能親受先生的教誨，這是因爲上天寵愛先王，所以也不拋棄我呢！先生爲何要說這樣的話呢？今後不管大小之事，上到太后，下到大臣，願先生都來指導我，千萬不要疑心我的誠意。」

范雎再拜，秦昭王也跟著再拜。

【文章分析】本文選自戰國策秦策，爲書說類的古文。記載范雎說秦昭王事。范雎自魏到秦，是個客卿，要想奪當時大權在握、且又是太后之弟的穰侯，事情豈是簡單？因此當秦王跪而求教，三次相問，范雎都是以唯唯作答，這種以退爲進的作法，更容易吸引別人，因此便使昭王更專心地聽他的說辭了。

范雎始以交疏言深爲辭，再言盡忠，死不足患，亡不足憂，狂不足恥，翻覆而言，說得千穩萬穩，而秦王之心也千肯萬肯，然後一言破的，戰國時策士之利口，由范雎可見一斑了。

鄒忌諷齊王納諫

戰國策

鄒忌❶脩❷八尺有餘，而形貌昳麗❸。朝服衣冠，窺鏡❹，謂其妻曰：「我孰與城北徐公❺美？」其妻曰：「君美甚，徐公何能及君也。」城北徐公，齊國之美麗者也。忌不自信，而復問其妾曰：「吾孰與徐公美？」妾曰：「徐公何能及君也。」旦日❻，客從外來，與坐談。問之曰：「吾與徐公孰美？」客曰：「徐公不若君之美也。」

明日，徐公來，熟視❼之，自以爲不如。窺鏡而自視，又弗如遠甚。暮寢而思之曰：「吾妻之美我者，私❽我也。妾之美我者，畏我也。客之美我者，欲有求於我也。」

於是入朝見威王❾曰：「臣誠知不如徐公美，臣之妻私臣，臣之妾畏臣，臣之客欲有求於臣，皆以美於徐公。今齊❿，地方千里⓫，百二十城。宮婦左右，莫不私王；朝廷之臣，莫不畏王；四境之內，莫不有求於王。由此觀之，王之蔽⓬甚矣。」

王曰：「善！」乃下令：「羣臣吏民，能面刺⓭寡人之過者，受上賞。上書諫寡人者，受中賞。能謗議⑭於市朝，聞寡人之耳者，受下賞。」

令初下，羣臣進諫，門庭若市⑮。數月之後，時時而間進⑯。朞年之後，雖欲言，無可進者。燕趙韓魏⑰聞之，皆朝於齊。此所謂戰勝於朝廷⑱。

【註釋】❶鄒忌　戰國齊人。❷脩　長也。❸形貇昳麗　形貇，同形貌。昳麗，光豔也。❹窺鏡　照鏡也。❺城北徐公　齊之美容顏者。❻旦日　明日也。❼熟視　審視也。❽私　偏也。❾威王　齊大夫田氏之後。❿齊　國名，見前石碏諫寵州吁篇。⓫地方千里　土地四方皆千里也。⓬蔽　蒙蔽也。受人欺蔽，不能得見事物眞相之謂。⓭面刺　猶言面責也。⓮謗議　放言曰謗，微言曰議。皆謂道人之過惡也。⓯門庭若市　市，市集也。此喻進諫者之多。⓰間進　謂進諫有隙，不如往者之多也。⓱燕趙韓魏　皆國名。⓲戰勝於朝廷　意指不用出兵就打了一次勝仗。

【語譯】鄒忌身高八尺有餘，容貌很漂亮。有天早上，穿好了衣服，戴好了帽子，照著鏡子問他的妻子說：「我跟城北徐公比起來，到底是誰比較美些？」他的妻子回答道：「您美得多，徐公哪裏能夠比得上您呢！」城北徐公，是齊國的美男子，鄒忌自己不相信會比他美，於是再去問他的妾說：「我跟徐公，到底誰比較美呢？」妾說：「徐公哪裏比得上您呢！」

第二天，有一個客人上門來拜訪，鄒忌跟客人坐著談天，問他道：「我跟徐公，誰比較美？」客人說：「徐公比不上您的美麗。」

次日，徐公來了，鄒忌細細地看了一看，自己覺得不如徐公，再去對著鏡子照照自己，更覺得差得太遠了。晚上躺在牀上，細細地想：「我的妻子說我美，那是偏袒我啊！我的妾說我美，那是怕我啊！客人說我美，那是想對我有所求啊！」

於是鄒忌上朝去謁見齊威王說：「我實在知道自己不如徐公美；但是我的妻子偏袒我，我的妾怕我，我的客人對我有所求，都說我比徐公更美。現在齊國，四方有千里之大，城有一百二十個之多。宮中的后妃和近身的太監，沒有一個不偏袒您大王的；朝中的臣子，沒有一個不怕您大王的；全國上下，沒有一個不對大王有所求的。由此看來，大王所受的蒙蔽，實在已經達到極點了。」

齊威王說：「對極了！」於是就下一道命令：「羣臣百姓，能夠當面指出我過失的，受上等的賞。上書規諫我的，受中等的賞。能在市上朝中評論我的過失，傳到我耳中的，受下等的賞。」

命令才下的時候，羣臣們紛紛進諫，門庭熱鬧得像市場一樣。幾個月以後，進諫的人便慢慢地少了。一年以後，想要進諫的人，也覺得無話可說了。燕、趙、韓、魏等國家，聽得這樣，都到齊國來朝見齊威王。這就是說不用打仗，在朝廷中就獲勝了。

【文章分析】本文選自戰國策齊策，爲奏議類的古文。齊威王的相鄒忌，以妻、妾、客人讚美他容貌美麗的話作引子，勸諫齊威王，不可雄才自智，而被小人所愚；更應廣開諫路，善納忠言。然後才能治臻郅隆，化成久道。

全文修詞簡麗，而用意深刻；尤其可喜的，是齊威王能夠接納鄒忌的忠言，勵精圖治，國富民強，致以後二十餘年中，列國諸侯，都不敢侵犯齊國，成爲國君納諫的一個好榜樣。

至於全文中，內容相同的地方很多，鄒忌跟徐公誰美的句子，重複出現，有三次之多，但作者能加以種種不同的變化，文章立刻生動起來，我們作文造句，不管白話文言，都要特別注意這種避免重出的道理，而加以運用才好。

顏斶說齊王

戰國策

齊宣王❶見顏斶❷曰：「斶前。」斶亦曰：「王前。」宣王不說❸。左右曰：「王，人君也。斶，人臣也。王曰斶前，斶亦曰王前，可乎？」斶對曰：「夫斶前爲慕勢❹，王前爲趨士❺，與❻使斶爲慕勢，不如使王爲趨士。」

王忿然作色❼曰：「王者貴乎？士貴乎？」對曰：「士貴耳，王者不貴。」王曰：「

有說乎？」斶曰：「有。昔者秦攻齊，令曰：『有敢去柳下季⑧壟⑨五十步而樵采者，死不赦。』令曰：『有能得齊王頭者，封萬戶侯，賜金千鎰。』由是觀之，生王之頭，曾不若死士之壟也。」

宣王曰：「嗟乎！君子焉可侮⑩哉？寡人自取病⑪耳。願請受爲弟子，且顏先生與寡人遊，食必太牢⑫，出必乘車，妻子衣服麗都⑬。」

顏斶辭去，曰：「夫玉生於山，制⑭則破焉，非弗寶貴矣，然太璞不完⑮。士生乎鄙野，推選則祿焉，非不尊遂⑯也，然而形神不全。斶願得晚食⑰以當肉，安步以當車，無罪以當貴，清淨貞正以自虞⑱。」則再拜而辭去。

君子曰：「斶知足矣！歸眞反璞⑲，則終身不辱。」

【註　釋】①齊宣王　名辟疆，戰國時齊國的君主。②顏斶　戰國齊人。③說　通悅。④慕勢　謂趨炎附勢也。⑤趨士　求賢士也。⑥與　如。⑦忿然作色　忿然，怒貌。作色，謂變臉色也。⑧柳下季　即柳下惠也。姓展名禽，字季。食邑柳。惠，其諡也。⑨壟　墳也。⑩侮　慢易也。⑪病　辱也。⑫太牢　謂牛羊豕三牲也。⑬麗都　華美。都，美也。⑭制　同製。指玉工雕琢。⑮太璞不完　玉在石中，未琢磨者曰太璞。完，全也。⑯尊遂　尊，貴也。遂，達也。⑰晚食　遲食也。⑱虞　通娛。⑲歸眞反璞　猶言還其本眞也。

【語　譯】齊宣王召見顏斶，說：「顏斶到我面前來。」顏斶也說：「大王到我面前來。」齊宣王很不高興。左右侍從的臣子們對顏斶說：「大王是國君，你顏斶是臣子，大王叫你到他面前，你也叫大王到你面前，這樣做可以嗎？」

顏斶回答道：「我走到大王面前，表示我慕勢，大王走到我面前來，表示大王趨士。與其使我顏斶慕勢，不如使大王趨士。」

齊宣王憤怒地變了臉色說：「是王尊貴呢？還是士尊貴呢？」顏斶回答說：「士尊貴，王不尊貴。」齊宣王說：「有什麼理由呢？」顏斶說：「有的。以前秦國攻打齊國，下令說：『有敢在柳下季墳墓五十步內去採柴的人，一定處死。』另一個命令說：『有能得齊王頭的人，封萬戶侯，賜黃金兩萬兩。』由此看來，一個活著的王的頭，還不及一個死士的墳墓呢！」

齊宣王說：「唉！君子哪裏是可以怠慢的呢，這是我自取其辱啊！請您收我做弟子，且顏先生如能同我交往，吃的是牛羊豕，出門坐車，您的夫人兒子，一定有華麗美好的衣服穿。」

顏斶辭別宣王說：「玉生在山中，一旦經玉工製造將石弄破，取出玉來。並不是玉的價值不寶貴，但卻不能恢復璞石本來的面貌。士人生在鄉野，一旦被政府推選，就走上利祿之路，雖然也不能不算他尊貴通達，但也失去了士人的本眞了。我顏斶情願飢而後食，就像有肉吃一樣；慢慢地步行，就像有車坐一樣；不招罪孽，就像有了富貴。清淨自守，循理去做，也可以自得其樂。」說完就拜了兩拜，辭別而去。

君子說：「顏斶可說知足了。回復他的本眞，如同那美玉回到太璞一樣。這樣終身也不會再受到恥辱了。」

【文章分析】本文選自戰國策齊策，爲書說類的文章。敍述齊國賢士顏斶以「好士」向齊宣王進諫要優禮賢士，進用人才的故事。

戰國時代，「士氣」極其卑汙，我們看到蘇秦以連橫說秦一文，可以知道當時策士的一般情形，都是爲了富貴利祿，幾乎連一點羞惡之心都沒有了。也可說謀士對諸侯那種卑顏屈膝的態度，養成了諸侯頤使氣指的神氣。顏斶「生王之頭，曾不若死士之壟」一語，可以替眞正的國士揚眉吐氣，而「形神不全」一句，也說盡了那些富貴利達的卑汙之士。

馮諼客孟嘗君

戰國策

齊❶人有馮諼❷者，貧乏不能自存，使人屬❸孟嘗君❹，願寄食門下❺。孟嘗君曰：

「客何好❻？」曰：「客無好也。」曰：「客何能？」曰：「客無能也。」孟嘗君笑而受之，曰：「諾❼。」左右以君賤之也，食以草具❽。

居有頃❾，倚柱，彈其劍，歌曰：「長鋏❿歸來乎！食無魚。」左右以告。孟嘗君曰：「食之，比⓫門下之客。」居有頃，復彈其鋏，歌曰：「長鋏歸來乎！出無車。」左右皆笑之，以告。孟嘗君曰：「爲之駕⓬，比門下之車客。」於是乘其車，揭其劍⓭，過其友⓮。曰：「孟嘗君客我。」後有頃，復彈其劍鋏，歌曰：「長鋏歸來乎！無以爲家⓯。」左右皆惡⓰之，以爲貪而不知足。孟嘗君問：「馮公有親乎？」對曰：「有老母。」孟嘗君使人給其食用，無使乏⓱，於是馮諼不復歌。

後孟嘗君出記⓲，問門下諸客：「誰習計會⓳，能爲文收責⓴於薛㉑者乎？」馮諼署㉒曰：「能。」孟嘗君怪之曰：「此誰也。」左右曰：「乃歌夫長鋏歸來者也。」孟嘗君笑曰：「客果有能也。吾負㉓之，未嘗見也。」請而見之。謝㉔曰：「文㉕倦於事，憒於憂㉖，而性懧愚㉗，沈於國家之事。開罪於先生，先生不羞㉘，乃有意欲爲收責於薛乎？」馮諼曰：「願之。」

於是約車治裝㉙，載券契㉚而行。辭曰：「責畢收，以何市而反㉛？」孟嘗君曰：「

視吾家所寡有者。」驅而之薛，使吏召諸民，當償者悉來合券㉜。券徧合，起矯命㉝，以責賜諸民，因燒其券。民稱萬歲！長驅㉞到齊，晨而求見。孟嘗君怪其疾也，衣冠而見之，曰：「責畢收乎？來何疾也？」曰：「收畢矣。」「以何市而反？」馮諼曰：「君云視吾家所寡有者，臣竊計：君宮中積珍寶，狗馬實外廄，美人充下陳㉟，君家所寡有者以義耳！竊以爲君市義。」孟嘗君曰：「市義奈何㊱？」曰：「今君有區區之薛，不拊㊲愛子其民，因而賈利㊳之。臣竊矯君命，以責賜諸民。因燒其券，民稱萬歲！乃臣所以爲君市義也。」孟嘗君不說㊴，曰：「諾，先生休㊵矣。」

後朞年㊶，齊王㊷謂孟嘗君曰：「寡人不敢以先王之臣爲臣。」孟嘗君就國於薛。未至百里，民扶老攜幼，迎君道中。孟嘗君顧謂馮諼：「先生所爲文市義者，乃今日見之。」

馮諼曰：「狡兔有三窟㊸，僅得免其死耳。今君有一窟，未得高枕而臥也！請爲君復鑿二窟。」孟嘗君予車五十乘，金五百斤，西遊於梁㊹。謂梁王㊺曰：「齊放其大臣孟嘗君於諸侯，諸侯先迎之者，富而兵強。」於是梁王虛上位，以故相㊻爲上將軍；遣使者，黃金千斤，車百乘，往聘孟嘗君。馮諼先驅，誡㊼孟嘗君曰：「千金，重幣也；百乘，顯

㊽使也。齊其聞之矣！」梁使三反，孟嘗君固辭不往也。

齊王聞之，君臣恐懼。遣太傅㊾齎㊿黃金千斤、文車二駟(51)、服劍(52)一，封書(53)謝孟嘗君，曰：「寡人不祥(54)，被於宗廟之祟(55)，沈於諂諛(56)之臣，開罪於君。寡人不足為也，願君顧先王之宗廟，姑反國，統萬人(57)乎！」馮諼誡孟嘗君曰：「願請先王之祭器，立宗廟於薛(58)。」廟成，還報孟嘗君。曰：「三窟已就，君姑高枕為樂矣。」

孟嘗君為相數十年，無纖介(59)之禍者，馮諼之計也。

【註釋】①齊 國名，見前石碏諫寵州吁篇。②馮諼 亦作馮驩或馮煖。③屬 通囑，託也。④孟嘗君 姓田名文，齊威王之孫，田嬰之子，齊之公族也。為齊相，門客數千人，名聞各國。⑤寄食門下 謂託身為門客也。⑥好 嗜好。⑦諾 恭應之辭。⑧食以草具 食，飼也。草具，謂粗食。⑨有頃 謂不多時也。⑩長鋏 劍之一種，劍鋒長者。一說鋏為劍把。⑪比 比照也。⑫駕 駕車也。⑬揭其劍 謂高舉其劍也。⑭過其友 往訪其友也。⑮無以為家 此謂無以維持生計也。⑯惡 動詞，厭惡也。⑰乏 缺乏也。⑱記 文告也。⑲計會 清算帳目也。⑳責 通債。㉑薛 孟嘗君父田嬰之封國，在今山東滕縣東南四十四里。㉒署 簽署姓名也。㉓負 辜負也。㉔謝 謝罪。㉕文 孟嘗君自稱其名。㉖憒於憂 憒，心亂也。憂，憂思也。㉗懧愚 懧，懦也，弱也。愚，不智。㉘不羞 不以此為羞也。㉙約車治裝 約車，束車也。治裝，整理行裝也。㉚券契 合同也。㉛何市而反 市，動詞，購也。謂購何物而歸也。㉜合券 對合其券契也。㉝矯命 偽託命令。㉞長驅 直驅。㉟下陳 謂後宮所陳之姬妾也。㊱奈何 如何也。㊲拊 撫也。以手撫慰也。㊳賈利 猶言取利也。㊴說 通悅。㊵休 息也。㊶朞年 一年。㊷齊王 指齊湣王。㊸狡兔三窟 窟，洞穴也。三窟喻藏身之密也。㊹梁 即魏也。戰國七雄之一，以徙都大梁，故又稱梁。㊺梁王 指梁惠王。㊻故相 謂舊相也。惠王徙其相為上將軍，虛相位以待孟嘗君也。㊼誡 誡告。㊽顯 顯赫。㊾太傅 官名。太傅、太師、太保，稱爲三公。(50)齎　持送。(51)文車二駟　文車，文采飾繪之車。駟，一車四馬之車曰駟。(52)服劍　佩劍也。(53)封書　封，緘也。書，信也。(54)不祥　不善也。(55)祟　鬼神爲禍。(56)諂諛　諂，希承人意。諛，甘言迎人。(57)統萬人　指請孟嘗君復爲相也。(58)立宗廟於薛　謂得立先王宗廟於薛，則爲根本重地，難以動搖也。(59)纖介　細微之意。

【語譯】 齊國有個名叫馮諼的人，貧困到不能過活，就託人和孟嘗君說，願意做他門下的食客。孟嘗君問道：「您有什麼嗜好？」回答說：「我沒有嗜好。」孟嘗君又問道：「您有什麼才能？」回答說：「我沒有才能。」孟嘗君笑著接受了，說：「好吧！」左右的僕人們以爲孟嘗君輕視他，就只拿粗菜淡飯供養他。

馮諼住了些時間，就靠了庭柱，彈著劍唱道：「長劍，我同你回去吧，沒有魚吃啊！」僕人們就去告訴孟嘗君，孟嘗君說：「給他吃魚，比照門下的食客的待遇。」住了些時間，馮諼又彈著劍唱道：「長劍，我同你回去吧，出門沒有車子坐。」僕人們都笑他，告訴孟嘗君，孟嘗君說：「給他備車，比照門下坐車的食客。」於是馮諼坐著車，舉著劍，去拜訪他的朋友，說：「孟嘗君用客禮厚待我。」後來過了一段時間，馮諼又彈着劍唱道：「長劍，我同你回去吧，不能養家啊！」僕人們都討厭他，以爲他貪心不足。孟嘗君問道：「馮公雙親還健在嗎？」馮諼回答說：「老母親還健在。」孟嘗君就差人供給吃用，不使缺乏。於是馮諼不再唱歌了。

後來孟嘗君出佈告，問門下的食客，哪一個學過會計，可以爲他到薛地去收債。馮諼簽名說：「我能。」孟嘗君奇怪地問道：「這是哪一位？」僕人們說：「這就是唱『長劍回去吧』的那個人。」孟嘗君笑著說：「客人果然是有才能的，我對不起他，從來沒有跟他見面。」便請馮諼相見，道歉說：「我被國事忙得疲倦了，被憂思擾得心亂了，生性愚弱，只管忙著國家大事，因而得罪了先生。先生不以爲羞辱，反有意替我到薛地去收債嗎？」馮諼說：「我願意的。」

於是準備好車輛，整理好行裝，載著契據動身。辭行的時候說：「債收完了，買些什麼東西回來呢？」孟嘗君說：「看看我家少些什麼，就買什麼回來好了。」馮諼乘車到了薛國，叫吏卒召集那些應當還債的百姓，都來合券。對了合約，馮諼就起來假傳孟嘗君的命令，把應收的債賜給老百姓，就此把合約燒掉。百姓都歡呼萬歲。馮諼毫不停留地一直回到齊國，清晨去求見孟嘗君。孟嘗君奇怪他回來得這麼快，穿戴好衣冠見他，說：「債都收完了嗎？何以回來這樣快呢？」馮諼說：「都收完了。」孟嘗君說：「買了什麼東西回來呢？」馮諼回答說：「您說：『看看我家少些什麼就買什麼回來好了。』我私下計量：您宮中積滿珍寶，畜舍中滿是犬馬，後宮姬妾都是美人；您家中所少有的只是『義』罷了，因此我替您買了『義』回來。」孟嘗君說：「您怎樣買的『義』呢？」馮諼回答說：「您只有一個小小的薛地，不去像撫愛兒子般地愛您的百姓，還要向他們圖利。所以我私自假傳您的命令，把債都賜給百姓，燒掉了債券。百姓都高呼萬歲。這就是我替您買來的『義』啊！」孟嘗君不高興地說：「噢，先生去休息吧！」

過了一年，齊湣王對孟嘗君說：「我不敢把先王的臣子當作臣子。」孟嘗君只好回到自己的封國——薛地去。到了離薛還有一百里的地方，百姓們都扶著老人，帶著小孩，在路上等著迎接他。孟嘗君回頭對馮諼說：「先生替我買的『義』，終於在今天見著了。」

馮諼說：「狡猾的兔子都有三個洞，才能免得一死。現在您只有一個洞，還不能高枕無憂呢！讓我再替您挖兩個洞。」孟嘗君就給他五十輛車子，五百斤金子，西面去遊說梁國，對梁惠王說：「齊國把大臣孟嘗君放逐給諸侯，先迎接到的，一定國富兵強。」於是梁惠王空出最高的官位，把原來的宰相調做上將軍；派使者，帶著一千斤黃金，一百輛車子，前去聘請孟嘗君。馮諼先趕回薛地，通知孟嘗君說：「一千斤黃金，是重禮；一百輛車子，是顯赫的使節。齊國應該聽到這消息了。」梁國的使者來往了三次，孟嘗君都堅辭不去。

齊湣王聽到這個消息，君臣們都非常害怕，派了太傅拿著黃金一千斤、彩車兩輛、佩劍一柄，寫了一封信向孟嘗君謝罪，說：「都是我不好，被宗廟的鬼神作祟，朝內諂媚阿諛的臣子迷惑，以致得罪了您。我是沒有多大作爲的，希望您顧念先王的宗廟，姑且回國來管理政事吧！」馮諼又告誡孟嘗君說：「希望將先王的祭器移到薛地來，建立宗廟。」宗廟落成了，馮諼回來報告孟嘗君說：「三個洞都挖好了，您可以高枕享樂了。」

孟嘗君做了幾十年的齊相，沒有一點災禍，這都是馮諼的謀劃啊！

【文章分析】本文選自戰國策齊策，爲傳狀類的古文。敘述落魄之士馮諼，在孟嘗君家作食客的經過，及其替孟嘗君市義，經營三窟，使田氏爲齊相數十年，而無纖介之禍的才智。

全篇寫來，生動活潑，先述豪士淪落的不平之氣，三番彈鋏，令人迴腸蕩氣。次述雖然小人恥笑厭惡，但孟嘗君卻有容人的雅量。依次又敘述馮諼爲孟嘗君市義及經營三窟的經過。寫來波瀾層出，姿態橫生；記事逼眞，一個個人物，彷彿在紙中躍躍欲出。眞可當作一篇最好的短篇歷史小說來讀。

趙威后問齊使

戰國策

齊王❶使使者問趙威后❷。書❸未發❹，威后問使者曰：「歲亦無恙❺耶？民亦無恙耶？王亦無恙耶？」使者不說❻曰：「臣奉使使威后，今不問王，而先問歲與民，豈先賤而後尊貴者乎？」

威后曰：「不然。苟❼無歲，何以有民？苟無民，何以有君？故❽有問，舍本而問末者耶！」乃進而問之曰：「齊有處士❾曰鍾離子❿，無恙耶？是⓫其爲人也，有糧者亦食⓬，無糧者亦食；有衣者亦衣，無衣者亦衣⓭。是助王養其民也，何以至今不業⓮也！葉陽子⓯，無恙乎？是其爲人，哀鰥寡，卹孤獨，振⓰困窮，補不足。是助王息⓱其民者也，何以至今不業也！北宮之女嬰兒子⓲，無恙耶？徹其環瑱⓳，至老不嫁，以養父母。是皆率民而出於孝情者也，胡爲至今不朝也！此二士弗業，一女不朝，何以王齊國子萬民乎？於陵⓴子仲尚存乎？是其爲人也，上不臣於王，下不治其家，中不索交㉑諸侯。此率民而出於無用者，何爲至今不殺乎？」

【註釋】❶齊王　名建，齊之末代君。齊王建四十四年，秦始皇二十六年，秦使將軍王賁從燕南攻齊。得齊王建，齊亡。至此六國皆滅，秦併天下。❷趙威后　趙，國名，見前司馬錯論伐蜀篇。威后，趙惠文王后也。❸書　信也。❹發　拆封也。❺無恙　猶言無憂。❻說　通悅。❼苟　若也。❽故　舊例。❾處士　有學行而隱居不仕者。❿鍾離子　齊國賢士。複姓鍾離。⓫是　句首語氣詞。意同「夫」。⓬食　動詞，飼也。下食同。⓭有衣者亦衣無衣者亦衣　兩亦字下衣字，動詞，予之衣也。⓮業　職也。⓯葉陽子　齊國賢士。葉陽是地名，此以地稱人。⓰振　救也，濟也。⓱

息 安也，養也。⑱北宮之女嬰兒子 北宮，複姓，嬰兒子，女名。⑲徹其環瑱 徹，除也。環，耳環。瑱，充耳之玉。此謂除而不飾也。⑳於陵 齊邑，在今山東長山縣西。㉑索交 交結也。

【語　譯】齊王派了一個使者去晉謁趙威后。書信還沒有拆封，趙威后就問使者說：「收成也還好嗎？百姓也都平安嗎？王也好嗎？」使者不高興地說：「我奉命來做聘問威后的使節，現在您先不問王，卻問年歲和百姓，難道是先卑賤而後尊貴嗎？」

趙威后說：「不是這樣說。假若沒有收成，哪裏還有百姓？假若沒有百姓，哪裏還有國君呢？照舊例的那種問法，都是拋棄根本而去問枝葉的事情呢！」於是又接著問道：「齊國有個叫鍾離子的隱士，他好嗎？他的爲人，有糧的也給他們吃，沒有糧的也給他們吃；有衣服的也給他們穿，沒有衣服的也給他們穿。這是幫助君王撫養老百姓的賢士啊！爲何至今還沒有職位呢？葉陽子好嗎？他的爲人，能哀憐鰥夫、寡婦、孤兒、寡老，救助困苦貧窮的人，接濟食用不足的人。這是幫助國君生養百姓的人，爲何也至今沒有職位呢？北宮家的女兒嬰兒子好嗎？她除掉耳環和耳玉，終身不嫁，以奉養父母。這是教導百姓走到孝道上去的人，爲什麼至今還沒有讓她做命婦入朝呢？這兩個賢士沒有職位，一個孝女不入朝，如何能治理齊國牧養百姓呢？那於陵子仲還在嗎？他的爲人，上對王不像做臣的樣子，下不能夠齊家，中不能結交諸侯。是教導百姓走到無用路上去的人，爲什麼又至今還不殺掉呢？」

【文章分析】本文選自戰國策齊策，爲敘記類的文章，是敘述趙威后問齊使的故事。通篇之中，以民爲主，在各國君后之中，趙威后可說是見識超人的一個。

其次，趙威后對於齊國的一切，是如此的熟悉，即使是民間人物的情報，也不輕易放過。在戰國時代，列強環伺，知己知彼，對別國多一分了解，也就多一分防衛的能力，多一分勝算，我想趙威后所要責問齊使的，實在已超過關心齊國隆廢的程度，多少有點炫耀自己對齊國的了解廣博吧！

莊辛論幸臣

戰國策

臣聞鄙語曰：「見兔而顧犬①，未爲晚也；亡羊而補牢，未爲遲也。」臣聞昔湯、武以百里昌，桀、紂以天下亡。今楚國雖小，絕長續短❷，猶以❸數千里，豈特百里哉？王獨不見夫蜻蛉❹乎？六足四翼，飛翔乎天地之間，俛啄蚊虻而食之，仰承甘露而飲之，自以爲無患，與人無爭也。不知夫五尺童子，方將調飴膠絲❺，加己乎四仞❻之上，而下爲螻蟻食也。

蜻蛉其小者也，黃雀因是以。俯噣白粒，仰棲茂樹，鼓翅奮翼，自以爲無患，與人無爭也。不知夫公子王孫，左挾彈，右攝丸，將加己乎十仞之上，以其類爲招❼。晝游乎茂樹，夕調乎酸鹹❽，倏忽之間，墜於公子之手。

夫雀其小者也，黃鵠因是以。游乎江海，淹乎大沼，俯噣鱔鯉，仰嚙蔆衡❾，奮其六翮，而淩清風，飄搖乎高翔，自以爲無患，與人無爭也。不知夫射者，方將脩其碆盧❿，治其矰繳⓫，將加己乎百仞之上。被礛磻⓬，引微繳，折清風而抎⓭矣。故晝游乎江河，夕調乎鼎鼐。

夫黃鵠其小者也，蔡聖侯之事因是以。南游乎高陂，北陵乎巫山⓮，飲茹谿⓯之流，食湘波之魚，左抱幼妾，右擁嬖女，與之馳騁乎高蔡⓰之中，而不以國家爲事。不知夫子發方受命乎宣王⓱，繫己以朱絲而見之也。

蔡聖侯之事其小者也，君王之事因是以。左州侯，右夏侯⑱，輦從鄢陵君與壽陵君⑲，飯封祿之粟，而戴方府⑳之金，與之馳騁乎雲夢㉑之中，而不以天下國家為事。不知夫穰侯方受命乎秦王㉒，塡黽塞㉓之內，而投己乎黽塞之外。

【註釋】❶見兔而顧犬　喻應把握事機，不可坐失當務之急。❷絕長續短　此謂移餘而補不足。❸以　有也。❹蜻蛉　蜻蜓也。❺調飴膠絲　飴，糖也，有黏性。此謂用飴黏在絲上，以捉蜻蜓。飴，一本作鉛。❻仞　古以周尺八尺或七尺為一仞，經清儒程瑤田涌藝錄考定為七尺，段玉裁、宋駿聲等著名學者皆韙是說。❼招　此謂射之目的也。❽調乎酸鹹　此謂以為饌食。❾仰嚙蔆衡　嚙，噬也。蔆同菱，果類植物。衡即荇，水草也。❿碆盧　碆，可為矢鏃之石。盧，黑弓。⓫矰繳　矰，短矢。繳，生絲縷名。所以繫矢者。⓬礛磻　礛同厱，厲刃之石。引申為利。磻同碆。⓭抎同隕。自高下落也。⓮北陵乎巫山　陵，登也。巫山，在今四川巫山縣東。⓯茹谿　巫峽溪名。⓰高蔡　地名。即上蔡。⓱子發方受命乎宣王　子發，楚大夫。宣王，楚君。左傳昭公十一年：「楚子虔誘蔡侯般殺之於申。」即述殺蔡聖侯之事也。⓲左州侯右夏侯　州侯、夏侯皆襄王寵臣。⓳輦從鄢陵君與壽陵君　輦，天子之車。從謂隨從也。鄢陵君、壽陵君亦襄王寵臣。⓴方府　方指四方所貢。府指府庫。㉑雲夢　古澤藪名，在今湖北安陸縣南。㉒穰侯方受命乎秦王　穰侯，秦將魏冉。秦王，秦昭王也。㉓塡黽塞　塡謂兵滿也。黽，古地名，即黽阨（在今河南信陽縣境）。塞謂要塞也。

【語譯】臣聽得俗語說：「見了兔子再去找狗，還不算晚；丟掉羊再去修羊欄，還不算遲。」臣聽說從前商湯、周武王只有百里的地方，便昌盛起來；夏桀、紂王雖然有了天下，依舊被人滅亡。現在楚國雖小，長短相補，還有幾千里地方，何止百里呢？

君王沒有看見那蜻蜓嗎？牠有六隻脚，四張翅膀，在天空中飛翔。低下頭來，可以去啄蚊虻來吃；仰起頭來，可以去飲那甜蜜的露水。自以為和人無爭，沒有什麼災禍了。哪裏知道五尺童子，正要調了有黏糖的膠絲，要在四仞高的天空上把牠捉下來，給螻蟻去吃呢！

蜻蜓還是小例子哩，黃雀也是這樣。下吃米粒，上棲高樹，振翅張翼，飛來飛去。自以為與人無爭，沒有什麼災禍了。不知道公子王孫，左手挾了彈弓，右手拿了彈丸，正要把在十仞高的天空上的牠們當作鵠的。白天在樹林中游息，晚上已經變作了菜肴，不過一剎那之間，就落在那公子的手中了。

黃雀還是小例子哩，黃鵠也是這樣。游息在江海之上，停在池沼之中。低頭啄吃鱔鯉，仰頭咬嚼菱衡。張開了龐大的翅膀，便直上清風，飄飄搖搖地在高空中飛翔。自以為與人無爭，沒有什麼災禍了。不知道射鳥的人，正要修好了短矢繫繩，打算在百仞的高空之上射牠下來。牠中了銳利的箭頭，帶著微細的繫繩，顛倒地從清風中跌了下來。所以白天還在江河上游息，晚上已經放到鼎鼐中去烹羹了。

黃鵠還是小例子哩，蔡聖侯的事也是這樣。南游高陂，北登巫山，飲茹溪的水，吃湘波的魚，左抱年輕的美妾，右擁寵幸的女姬，在上蔡地方游玩，不把國家大事放在心上。不知子發正在宣王面前受了命令，要拿紅繩縛了他去見楚王呢。

蔡聖侯的事還是小例子哩，君王的事也是這樣。左邊有個州侯，右邊有個夏侯，車子後面跟著鄢陵君和壽陵君，吃封地的米，拿府庫的金，跟他們遨遊在雲夢之中，卻不把天下國家的事放在心上。不知穰侯剛受了秦王的命令，要塡塞黽塞的要阨，把您趕到黽塞外面去呢。

【文章分析】本文選自戰國策楚策，為奏議類的古文，記楚臣莊辛勸諫楚襄王遠小人的事。州侯、夏侯、鄢陵君、壽陵君等奸佞小人，都包圍在楚襄王的左右，國家非常危險。莊辛於是拿蜻蛉、黃雀、黃鵠、蔡聖侯等事作譬喻，層層進說，使楚襄王知道專事淫逸侈靡，不顧國政，忽略百姓，以及被奸佞小人所包圍的禍害。

全文除了起首、結尾略略點綴正意以外，其餘純用引喻之文。自小到大，自物及人；寬寬說來，卻緊緊逼入。最後點破題面，令人不寒而慄。進諫之文多隱喻，而此文辭旨更危，格調尤雋，讀之如飲佳茗，韻味無窮。

觸讋說趙太后

戰國策

趙太后新用事❶，秦急攻之。趙氏求救於齊。齊曰：「必以長安君❷為質，兵乃出。」太后不肯，大臣強諫。太后明謂左右：「有復言令長安君為質者，老婦必唾其面。」

左師觸讋❸願見太后。太后盛氣而揖之❹。入而徐趨，至而自謝，曰：「老臣病足，曾❺不能疾走，不得見久矣。竊自恕❻，而恐太后玉體之有所郄❼也，故願望見太后。」太后曰：「老婦恃輦❽而行。」曰：「日食飲得無❾衰乎？」曰：「恃鬻❿耳。」曰：「老臣今者殊不欲食，乃自強步，日三、四里，少益耆食，和於身也。」太后曰：「老婦不能。」太后之色少解。

左師公曰：「老臣賤息舒祺⓫，最少，不肖⓬。而臣衰，竊愛憐之，願令得補黑衣之數⓭，以衛王宮。沒死以聞⓮。」太后曰：「敬諾！年幾何矣？」對曰：「十五歲矣。雖少，願及未塡溝壑⓯而託之。」太后曰：「丈夫⓰亦愛憐其少子乎？」對曰：「甚於婦人。」太后笑曰：「婦人異甚⓱！」對曰：「老臣竊以爲媼⓲之愛燕后，賢於長安君。」曰：「君過矣！不若長安君之甚。」左師公曰：「父母之愛子，則爲之計深遠。媼之送燕后也，持其踵爲之泣，念悲其遠也！亦哀之矣。已行，非弗思也，祭祀必祝之，祝曰：『必勿使反⓳！』豈非計久長，有子孫相繼爲王也哉？」太后曰：「然。」

左師公曰：「今三世以前，至於趙之爲趙⓴，趙主之子孫侯者，其繼有在者乎？」曰：「無有。」曰：「微㉑獨趙，諸侯有在者乎㉒？」曰：「老婦不聞也。」「此其近者禍及身，遠者及其子孫。豈人主之子孫，則必不善哉？位尊而無功，奉厚而無勞，而挾重器㉓多也。今媼尊長安君之位，而封之以膏腴之地㉔，多予之重器，而不及今令有功於國。一旦山陵崩㉕，長安君何以自託於趙？老臣以媼為長安君計短也，故以為其愛不若燕后。」太后曰：「諾！恣君之所使之！」

於是為長安君約車百乘，質於齊，齊兵乃出。

子義㉖聞之曰：「人主之子也，骨肉之親也，猶不能恃無功之尊，無勞之奉，而守金玉之重也，而況人臣乎？」

【註釋】❶趙太后新用事秦急攻之　史記趙世家：「（惠文王）三十二年，惠文王卒，太子丹立，是為孝成王。孝成王元年，秦伐我，拔三城。趙王新立，太后用事，秦急攻之。」趙太后，即趙惠文王后。用事猶言任事也。❷長安君　惠文后之少子。❸左師觸讋　左師，官名。觸讋，人名。清王念孫讀書雜志云：「戰國策及史記趙世家，皆作『左師觸龍言願見太后。』今本龍言二字誤合。」是觸讋本作觸龍也。❹盛氣而揖之　盛氣，盛怒之氣也。揖，王念孫以為係胥字形近之誤，是也。胥，猶等待也。❺曾　清王引之經傳釋詞：「曾，乃也。」❻自恕　猶言自忖度也。❼郄　同隙。有所不足也。此處引申為身體不健康之意。❽輦　古時人力挽拉之車。❾得無　猶言能不也。❿鬻　同粥。⓫賤息舒祺　息，子息也。賤息猶言賤子。舒祺，人名，觸讋之子。⓬不肖　肖者似也。不肖猶言不如先人。⓭補黑衣之數　黑衣，衞士之服，此指衞士。數，名額也。⓮沒死以聞　沒死猶言冒死。聞，上達也。⓯填溝壑　猶言死也。喻賤者死後，屍骨棄田溝谿壑也。此觸讋自謙之詞。⓰丈夫　已成年之男子曰丈夫。⓱異甚　特別厲害。⓲媼　母之別名。此處指趙太后。⓳勿使反　反同返。古時君主嫁女與異國，不返。國滅，被廢，始得返，稱大歸。故祝其勿返也。⓴趙之為趙　指趙肅侯時，趙由大夫之家而成諸侯之國。㉑微　否定之詞，猶無、不也。論語，子曰：「微管仲，吾其披髮左衽矣。」㉒諸侯有在者乎　即「諸侯之子孫侯者，其繼有在者乎？」承上句而省字也。㉓重器　寶器也。㉔膏腴之地　肥沃之土地也。㉕山陵崩　帝后去世曰崩。山陵以喻其崇高也。㉖子義　趙國賢士。

【語　譯】趙太后纔掌國政，秦國便立即來攻打趙國。趙國向齊國求救兵。齊國表示：「一定要長安君做人質，纔肯出兵。」太后不肯，大臣們都極力勸諫她。太后公開地對臣子們說：「哪個再說派長安君去做人質的，我就要唾他的臉。」

左師觸讋願意去見太后，太后繃著臉見他。觸讋進來後，慢慢地走到太后面前，道歉著說：「我的脚有病，不能走得快，因此很久沒有能夠來進見您。我私底下想，恐怕太后的健康也不如以前了，所以又希望來看一看您。」太后說：「我都是靠坐著輦車行走的。」觸讋說：「近日的飯量沒有減少吧？」太后說：「吃點粥罷了。」觸讋說：「老臣近來很不想吃東西，於是勉強地走走，每天走個三四里路，可以增進一點食慾，調和一下身體。」太后說：「我做不到呀。」這時太后的臉色平和一點了。

觸讋說：「老臣有個小兒子，名叫舒祺，最不成材。我已衰老了，但又很疼愛他，希望讓他補上一個侍衞的缺，保衞王室。我冒死向太后奏聞。」太后說：「好，幾歲了？」觸讋說：「十五歲了。雖然還小，但我情願在死前拜託太后。」太后說：「男人也疼愛小兒子嗎？」觸讋說：「比女人還要疼愛得厲害些。」太后笑著說：「女人可疼得特別厲害呢！」觸讋說：「老臣以爲您疼愛燕后，比對長安君疼愛得多了。」太后說：「你錯了！比不上我疼愛長安君的。」觸讋說：「父母之愛兒子，要爲他做長遠的打算。您老人家送燕后出嫁的時候，拖著她流眼淚，是想到她要遠離啊！可算疼愛她了。走了以後，並非不想念她，可是每逢祭祀，一定爲她祝禱說：『一定別讓她回來！』這豈不是爲她做長遠的打算，希望她的子孫能夠世世代代爲王嗎？」太后說：「是的。」

觸讋說：「現在看看三世以前，趙王的子孫封侯的，還有存在的嗎？」太后說：「沒有。」觸讋說：「不單單是趙國，三世以前其他諸侯的子孫封侯的，還有存在的嗎？」太后說：「我沒有聽說過。」觸讋說：「這都是因爲近些的自身就遭禍，遠些的禍及子孫的緣故。難道國君的子孫一定都不好嗎？那只是因爲他們爵位太高，卻沒有功勳；俸祿太厚，卻沒有勞績；而所挾的財寶太多，以致遭禍啊！現在您給長安君很高的爵位，肥沃的土地，很多的寶器，可是不讓他趁現在爲國家立一點功勞。一旦您去世以後，長安君靠什麼在趙國立足呢？所以我以爲您沒有替長安君作長遠的打算，覺得您愛長安君比不上愛燕后。」太后說：「好吧，由你叫他到哪裏去吧！」

於是替長安君準備了一百輛車，送到齊國去做人質，齊國於是出兵。

子義聽到這件事說：「國君的兒子，是骨肉之親，還不能仗著沒有功勳的爵位，沒有勞績的俸祿，而守住他的地位；何況做臣子的人呢？」

【文章分析】本文選自戰國策趙策，爲奏議類的古文。忠言逆耳，所以勸諫實在是一件難事；而勸諫長輩又比平輩要困難；勸諫國君又比一般的長輩更來得困難；至於勸諫盛怒中的國君，可以說難上加難。說話之中，沒有比這更難的了。

觸讋能夠說動了盛怒中的趙太后，不但沒遭唾面之辱，而且在愉快的氣氛中達到目的，這主要的是觸讋完美地把握了兩種說話的技巧：

1. 對方情緒的操縱。勸諫時若對方的情緒愉快，忠言便容易聽得進去；否則，情緒惡劣，好話也變作壞話了。因此勸諫時必須要操縱對方的情緒，使他的喜怒哀樂，隨著自己的意思轉移，這樣才能成功。觸讋初見太后，只是使太后由盛怒的情緒，慢慢地鬆弛下來，然後再轉變到愉快的情緒。最後借拜託兒子的事，引起對方的共鳴，拉近彼此的距離。一下子變成一個知無不言，言無不盡的老朋友一樣，自然說的話就容易入耳了。

2. 分析利害。在對方情緒平靜穩定以後，再把事件的是非利害，逐一分析清楚，就會使對方恍然大悟。觸讋在操縱了趙太后的情緒以後，如沒有最後一段說明利害的話，恐怕趙太后還是不會接受他的意見的啊！

本文與上幾篇勸諫的文章，比照著來讀，相信一定能增進自己說話的技術。

魯仲連義不帝秦

戰國策

秦圍趙之邯鄲❶，魏安釐王使將軍晉鄙救趙。畏秦，止於蕩陰❷，不進。魏王使客將軍辛垣衍❸間入❹邯鄲，因平原君❺謂趙王❻曰：「秦所以急圍趙者，前與齊湣王❼爭強爲帝，已而復歸帝，以齊故❽。今齊益弱，方今唯秦雄天下，此非必貪邯鄲，其意欲求爲帝。趙誠發使⑨尊秦昭王為帝，秦必喜，罷兵去。」平原君猶豫未有所決。

此時魯仲連⑩適⑪游趙，會⑫秦圍趙。聞魏將欲令趙尊秦為帝，乃見平原君曰：「事將奈何矣？」平原君曰：「勝也何敢言事？百萬之眾折於外⑬，今又內圍邯鄲而不能去。魏王使將軍辛垣衍令趙帝秦，今其人在是。勝也何敢言事？」魯連曰：「始吾以君為天下之賢公子也，吾乃今然後知君非天下之賢公子也。梁⑭客辛垣衍安在？吾請為君責而歸之。」平原君曰：「勝請為召而見之於先生。」平原君遂見辛垣衍曰：「東國⑮有魯連先生，其人在此，勝請為紹介而見之於將軍。」辛垣衍曰：「吾聞魯連先生，齊國之高士也。衍，人臣也，使事有職，吾不願見魯連先生也。」平原君曰：「勝已泄之矣。」辛垣衍許諾。

魯連見辛垣衍而無言。辛垣衍曰：「吾視居此圍城之中者，皆有求於平原君者也。今吾視先生之玉貌，非有求於平原君者，曷為久居此圍城之中而不去也？」魯連曰：「世以鮑焦⑯無從容而死⑰者，皆非也。今眾人不知，則為一身⑱。彼秦者，棄禮義而上首功之國⑲也。權⑳使其士，虜㉑使其民。彼則肆然而為帝，過而遂正於天下㉒，則連有赴東海而死矣。吾不忍為之民也！所為㉓見將軍者，欲以助趙也。」辛垣衍曰：「先生助之奈何？」魯連曰：「吾將使梁及燕助之，齊、楚則固助之矣。」辛垣衍曰：「燕則吾請以從矣。若乃梁，則吾乃梁人也，先生惡能使梁助之邪？」魯連曰：「梁未睹秦稱帝之害故也。使梁睹秦稱帝之害，則必助趙矣。」

辛垣衍曰：「秦稱帝之害將奈何？」魯仲連曰：「昔齊威王㉔嘗爲仁義矣，率天下諸侯而朝周。周貧且微，諸侯莫朝，而齊獨朝之。居歲餘，周烈王㉕崩，諸侯皆弔，齊後往。周怒，赴㉖於齊曰：『天崩地坼，天子下席㉗。東藩之臣田嬰齊後至，則斮㉘之。』威王勃然怒曰：『叱嗟㉙！而㉚母婢也！』卒爲天下笑。故生則朝周，死則叱之，誠不忍其求也。彼天子固然，其無足怪。」辛垣衍曰：「先生獨未見夫僕乎？十人而從一人者，寧力不勝，智不若邪？畏之也。」魯仲連曰：「然梁之比於秦，若僕邪？」辛垣衍曰：「然。」魯仲連曰：「然吾將使秦王烹醢㉛梁王。」辛垣衍怏然㉜不悅，曰：「噫，亦太甚矣，先生之言也！先生又惡能使秦王烹醢梁王？」

魯仲連曰：「固也，待吾言之。昔者鬼侯㉝、鄂侯㉞、文王，紂之三公也。鬼侯有子而好，故入之於紂。紂以爲惡，醢鬼侯。鄂侯爭之急，辨之疾，故脯㉟鄂侯。文王聞之，喟然而歎，故拘之於牖里㊱之庫㊲百日，而欲舍㊳之死。曷爲與人俱稱帝王，卒就脯醢之地也？齊湣王將之魯，夷維子(39)執策而從，謂魯人曰：『子將何以待吾君？』魯人曰：『吾將以十太牢(40)待子之君。』維子曰：『子安取禮而來待吾君？彼吾君者，天子也。天子巡狩(41)，諸侯避舍(42)，納于筦鍵(43)，攝衽抱几(44)，視膳(45)於堂下，天子已食，乃退而聽朝也。』魯人投其籥，不果納(46)，不得入於魯。將之薛(47)，假涂於鄒(48)。當是時，鄒君死，湣王欲入弔，夷維子謂鄒之孤曰：『天子弔，主人必將倍殯柩(49)，設北面於南方，然後天子南面弔也。』鄒之羣臣曰：『必若此，吾將伏劍(50)而死。』故不敢入於鄒。鄒、魯之臣，生則不得事養，死則不得飯含(51)，然且欲行天子之禮於鄒魯之臣，不果納。今秦萬乘之國，梁亦萬乘之國。俱據萬乘之國，交有稱王之名，睹其一戰而勝，欲從而帝之，是使三晉(52)之大臣，不如鄒、魯之僕妾也。且秦無已(53)而帝，則且變易諸侯之大臣。彼將奪其所謂不肖，而予其所謂賢；奪其所憎，而予其所愛。彼又將使其子女讒妾(54)為諸侯妃姬，處梁之宮，梁王安得晏然(55)而已乎？而將軍又何以得故寵乎？」

於是辛垣衍起，再拜，謝曰：「始以先生為庸人，吾乃今日而知先生為天下之士也。吾請去，不敢復言帝秦。」秦將聞之，為卻軍五十里。適會魏公子無忌(56)奪晉鄙軍以救趙擊秦，秦軍引而去。

於是平原君欲封魯仲連。魯仲連辭讓者三，終不肯受。平原君乃置酒，酒酣，起，前，以千金為魯連壽㊼。魯連笑曰：「所貴於天下之士者，為人排患、釋難、解紛亂而無所取也。卽㊽有所取者，是商賈之人也，仲連不忍為也。」遂辭平原君而去，終身不復見。

【註釋】❶邯鄲　戰國時趙國都城，在今河北省邯鄲縣。❷蕩陰　魏國地方，在今河南省湯陰縣。❸客將軍辛垣衍　辛垣姓，衍名。也作新垣衍。本他國人，仕魏，故稱客將軍。❹間入　祕密由僻徑小道進入邯鄲。❺平原君　趙公子勝，趙武靈王子，惠文王弟，封於平原（今山東省平原縣），故號為平原君。時為趙相。❻趙王　趙孝成王。❼齊湣王　齊宣王子，名遂。❽已而復歸帝以齊故　周赧王二十七年（西元前二八八年）冬十月，秦昭王稱西帝，遣使立齊湣王為東帝。齊王稱帝二日，因蘇代說去帝號，秦亦去帝號復稱王，故曰以齊故。❾發使　派遣使者。❿魯仲連　姓魯，一說姓魯仲。戰國時齊國高士，為人慷慨尚節義，喜為人排難解紛，而功成不居。⓫適　恰好。⓬會　遇到。⓭百萬之衆折於外　周赧王五十五年，卽孝成王六年，秦將白起大敗趙兵於長平（今山西高平縣西北二十里之王報村），坑趙降卒四十萬，此言百萬，乃誇張言之。折，損也。⓮梁　魏國建都大梁，故亦稱梁國。⓯東國　指齊國。因齊國在趙、魏之東。⓰鮑焦　周之隱士，廉潔自守，以不滿現實，抱木而死。事見韓詩外傳。⓱無從容而死　不能從容保愛生命而隨便自殺。⓲今衆人不知則為一身　言當今衆人不明死生有道之理，故僅為一己利害打算。⓳上首功之國　上，崇尚也。秦國法令，作戰斬一人首，賜爵一級。斬首愈衆，爵賞愈多，故曰上首功之國。⓴權　權詐。㉑虜　奴隸。㉒彼則肆然而為帝二句　則，若。肆然，猶今語「公然」。過，甚。正，為政。此謂秦公然為帝，甚至統治天下。㉓所為　所以。㉔齊威王　齊桓公子，名嬰齊。㉕周烈王　周考王子，名午，在位二十三年。㉖赴　告喪也。今作訃。㉗天子下席　天子，指周烈王弟顯王扁。下席，是說守喪禮，不能安居帝位。㉘斮　殺。㉙叱嗟　怒斥聲。㉚而　你。㉛烹醢　烹，煮。醢，剁肉為醬。㉜怏然　心不快貌。㉝鬼侯　鬼，殷時國名。據王國維考證，與匈奴同種。㉞鄂侯　鄂，殷時國名。㉟脯　作成肉乾。㊱牖里　地名，今河南省湯陰縣北有牖城，卽其舊址。㊲庫　古貯藏財物兵車之所。㊳舍　置也。一本作「令」。㊴夷維子　夷維，邑名，在今山東高密縣西南。子，男子美稱。以邑為姓，故稱夷維子。㊵太牢　牛羊豕三牲齊備之祭物。㊶巡狩　天子巡視諸侯守地。㊷避舍　遷避自己的居所，不敢有其國也。㊸納于筦鍵　納，獻出。筦，鎖。鍵，鑰匙。謂交出國庫之鎖鑰。㊹攝衽抱几　提起衣襟，移動几案。言其國君親為奔走服役。㊺視膳　侍候飯食。㊻投其籥不果納　言下鎖閉門不納齊君。果，竟也，終也，凡事與預期相合者曰果。㊼薛　國名，後為齊所滅，地在今山東省滕縣西南。㊽假涂於鄒　涂同途，今作途。假涂猶言借道。鄒，國名，今山東鄒縣是其地。㊾倍殯柩　倍同背，已殯未葬曰殯。意謂把靈柩移至相反方位。㊿伏劍　以刀劍自殺。(51)飯含　以米入死人口曰飯，以玉曰含。春秋說題辭：「古者含歛之物，天子以珠，諸侯以玉，大夫以璧，士以貝，庶人以飯。」(52)三晉　韓趙魏初皆為晉大夫，後分晉而三，故曰三晉。(53)無已　無止，無盡。(54)讒妾　工於欺詐害人之女子。(55)晏然　安適貌。(56)魏公子無忌　即信陵君，魏昭王少子。晉鄙將兵救趙，畏秦不敢進，無忌用侯嬴之計，使朱亥椎殺晉鄙，奪其軍，遂大破秦軍，解趙邯鄲之圍。(57)壽　以金帛贈人曰壽。(58)即　若。

【語　譯】秦國包圍了趙國的京城邯鄲，魏安釐王派將軍晉鄙去援救趙國。因為害怕秦軍，把軍隊停留在蕩陰，不敢前進。魏王又派了客將軍辛垣衍，從小路祕密進入邯鄲，託平原君向趙王說：「秦國所以要急急圍困趙國的原因，是為了從前曾同齊湣王爭僭皇帝的稱號，後來因為齊王取消了帝號，秦王也只好跟著取消。現在齊國更加衰弱，只有秦國稱雄天下，秦國這一次來並不一定要貪取邯鄲，他的意思是想做皇帝啊！趙國假若眞能派遣使者，尊奉秦昭王做皇帝，秦王必定歡喜而撤退軍隊的。」平原君遲疑著，不能決定。

這時魯仲連恰好到趙國遊歷，正遇到秦兵圍困趙國。聽說魏國將要使趙王尊奉秦王做皇帝，就去見平原君，說：「這件事情打算怎麼辦呢？」平原君說：「我哪裏敢決定什麼事？百萬的兵在國外損失了，現在邯鄲被圍，又不能退敵。魏王派客將軍辛垣衍叫趙國尊奉秦王做皇帝，此人現在還在這裏。我哪裏敢決定什麼事？」魯仲連說：「起初我以為你是天下的賢公子呢，到現在我才知道你並不是天下的賢公子了。魏客辛垣衍現在哪裏？我替你責備他一頓，叫他回去。」平原君說：「讓我叫他來見先生。」平原君就去見辛垣衍說：「齊國有一位魯仲連先生，人現在這裏，讓我介紹他來和將軍一見。」辛垣衍說：「我聽說魯連先生，是齊國的高尚之士。衍是人主的臣子，奉了君主的差使，有職務在身，我不願去見魯仲連先生的。」平原君說：「我已經跟他說了。」辛垣衍只得答應。

魯仲連見了辛垣衍，沒有說話。辛垣衍說：「我看住在這圍城中的人，都是有求於平原君的。現在我看先生的樣子，並不是有求於平原君的人，為什麼長久居住在圍城當中而不離去呢？」魯仲連說：「世人以為鮑焦不能從容保愛自己的生命而隨便自殺，都是錯誤的。現在一般人不明白死生有一定的道理，所以只爲個人利害打算。那個秦國，是一個拋棄禮義，崇尚殺敵計功的國家。用權詐的手段差使將士，像奴隸一樣的奴役百姓。他若公然地竟做了皇帝，甚而統治天下，那麼我魯仲連只有跳到東海裏自盡了。我不願做他的百姓啊！我所以來見將軍的緣故，是想幫助趙國啊！」辛垣衍說：「先生如何幫助趙國呢？」魯仲連說：「我將使魏國和燕國幫助他，齊楚二國早已幫助他了。」辛垣衍說：「燕國，我就算他順從你。至於魏國，那麼我是魏國人，先生怎能使魏國來幫助趙國呢？」魯仲連說：「這是魏國沒有看到秦國稱帝的害處的緣故啊。假使魏國看到了秦國稱帝的害處，那麼他一定會幫助趙國了。」

辛垣衍說：「秦國稱帝的害處是怎樣呢？」魯仲連說：「從前齊威王曾經推行仁義，率領了天下諸侯去朝見周王。那時周又貧窮又衰弱，諸侯都不來朝，齊國卻單獨朝見。過了一年多，周烈王死了。諸侯都去弔喪，齊國最後到。周朝發怒，訃告齊國說：『天子死了，猶如天崩地裂，所以接位的皇帝也寢苫居廬的守喪，不能安居帝位。東藩的臣子田嬰齊到得最後，應得死罪。』威王怒不可遏地罵道：『呸！呸！你媽是賤婢！』這樣一來，齊威王終於爲天下人譏笑。所以，周王活著的時候去朝見他，死了卻去罵他，實在因爲不能忍受他過分的要求啊。其實那天子本來就是這個樣子，是不值得奇怪的。」辛垣衍說：「先生難道不見那僕役麼？十個人隨從一個人，難道力量不敵，智識不及麼？原是怕他的威力啊。」魯仲連說：「可是魏國和秦國相比，像僕役對待主人一樣麼？」辛垣衍說：「是的。」魯仲連說：「那麼我將使秦王把魏王羹成肉醬。」辛垣衍不高興地說：「唉！先生的話也太過分了！先生又怎能使秦王把魏王羹成肉醬呢？」

魯仲連說：「原是可以的啊！待我告訴你。從前鬼侯、鄂侯、文王是商紂的三公。鬼侯有一個女兒生得很美麗，所以獻給紂王。但是紂王以爲她不好，就把鬼侯剁成肉醬。鄂侯爲了這件事，極力諫爭，極力辯護，所以又把鄂侯殺死，做成肉乾。文王聽見了，忍不住歎息，所以被拘禁在牖里的庫裏一百天，還想把他置之死地。爲什麼同人一道稱帝王，結果被剁爲肉醬做成肉乾呢？齊湣王將要到魯國去，夷維子拿著馬鞭子隨行，對魯國人說：『你們預備怎樣接待我國國君？』魯國人說：『我們準備用牛羊豕各十隻款待你們的國君。』夷維子說：『你們從那裏學來這樣的禮節來接待我們的國君？我國的國君，是天子啊。天子巡行到諸侯地方，諸侯要避開正朝，住在外面，繳納國庫鎖鑰，提起衣襟，搬動几案，在堂下侍候天子進食。天子吃完了，方才退下去聽朝。』魯國人聽了，下鎖閉門，不肯接納，齊湣王因此就不能到魯國去。將往薛國，向鄒國借路。那時鄒國的君主剛死，湣王想去弔喪。夷維子對鄒國的嗣君說：『天子以坐北朝南爲正位，所以天子來弔諸侯的喪，主人必須把諸侯的棺柩，從坐北向南的方位，移到坐南向北的方位去，好讓天子面向南方而弔。』鄒國的羣臣說：『一定要像這個樣子，我們情願用劍自殺。』所以又不敢到鄒國去。那鄒魯兩國的臣子們，當他們國君活著的時候，不能夠侍奉供養，死了又不能行飯含的禮節，然而當齊湣王要對鄒魯的臣子行天子的禮節時，竟然不被接納。現在秦國是有一萬輛兵車的國家，魏國也是有一萬輛兵車的國家，都是據有萬乘兵車的國家，都有稱王的名義，看見秦國打了一次勝仗，就想趁此尊他做皇帝，這是使三晉的大臣，還不如鄒魯的奴僕婢妾了。況且秦王的野心無盡，若一旦果眞做了皇帝，那麼就要變動諸侯的大臣，他將要撤換他所謂的壞人，任命他所謂的好人。撤換他所不喜歡的人，任命他所喜歡的人。他還會差他的女兒和欺詐害人的女子，做諸侯的嬪妃姬妾，住在魏王的宮殿裏。魏王還能安適無虞嗎？而將軍你還能得到舊時的恩寵和信任嗎？」

辛垣衍聽了，起來拜了兩拜，謝罪說：「起初以爲先生是個平常人，到現在我才知道先生是天下的賢士。我就此回去了，不敢再講尊秦爲帝的話了。」秦國的將官聽見了，因此退兵五十里。恰巧魏公子無忌奪得了晉鄙的軍隊，來救趙國，攻擊秦兵，秦兵就退走了。

後來，平原君想分封土地給魯仲連。魯仲連推讓了三次，到底不肯接受。平原君就設酒筵款待他，飲得快樂時，平原君起身，向前，以千金贈給魯仲連。魯仲連笑著說：「一般人尊敬天下賢士的緣故，爲的是他能夠替人家排除憂患、解決困難、調解糾紛，並且不受任何報酬。如果受了報酬，那就變成商人了，我仲連是不能這樣做的。」就辭別平原君而去，終生不再見面。

【文章分析】本文選自戰國策趙策。東周赧王五十七年（趙孝成王八年，西元前二五八年），秦將王齕率領軍隊圍困了趙國都城邯鄲。那個時候，城內人心惶惶，謠言四起，加之間諜活動，宣傳失敗的投降主義。而外面的魏國援軍，畏怯觀望，逡巡不前，情勢十分的險惡。魯仲連以一個普通外國旅客的身份，獨不肯與強權妥協，向暴力低頭。他說服辛垣衍，取消尊秦爲帝的建議。語多慷慨，讀了很使人振奮。

這是一篇書說類的文章。全文分七段，首段寫邯鄲被圍，魏將晉鄙畏秦不敢前進，梁客辛垣衍企圖游說趙王尊秦爲帝，妥協空氣極爲濃厚，未來的發展，十分令人關心。這好像一場戲，一開幕，就造成了緊張的氣氛，吸引了觀衆的心，只等主角登場，就有好戲可看了。所以次段寫魯仲連見平原君及辛垣衍，三段寫寧死不屈服於強權，四、五兩段寫秦稱帝的害處，六段寫辛垣衍不敢再言帝秦，七段寫魯仲連不受封賞，飄然遠去。層次井然，如江水東流，極爲自然流暢。

全文對於魯仲連未著一字描寫，然而他的慷慨激昂，大節凜然，功成不居，輕財尚義等性格，在他的滔滔雄辯中，表露無遺，使兩千多年以後的人讀來，如見其人，如聞其聲。

魯共公擇言

戰國策

梁王魏嬰❶觴❷諸侯於范臺❸。酒酣，請魯君舉觴❹。魯君興❺，避席擇言❻曰：「昔者帝女❼令儀狄❽作酒而美，進之禹，禹飲而甘之，遂疏儀狄，絕旨酒❾，曰：『後世必有以酒亡其國者。』齊桓公夜半不嗛❿，易牙⓫乃煎敖燔炙⓬，和調五味⓭而進之，桓公食之而飽，至旦不覺，曰：『後世必有以味亡其國者。』晉文公得南之威⓮，三日不聽朝，遂推南之威而遠之，曰：『後世必有以色亡其國者。』楚王登強臺⓯而望崩山⓰，左江而右湖，以臨彷徨⓱，其樂忘死，遂盟⓲強臺而弗登，曰：『後世必有以高臺陂池⓳亡其國者。』今主君之尊⓴，儀狄之酒也；主君之味，易牙之調也；左白臺而右閭須㉑，南威之美也；前夾林而後蘭臺㉒，強臺之樂也。有一於此，足以亡其國。今主君兼此四者，可無戒與？」梁王稱善相屬㉓。

【註釋】❶梁王魏嬰　嬰，史記作罃，即梁惠王。❷觴　飲酒。❸范臺　魏國臺名。❹魯君舉觴　魯君，魯共公。舉觴，舉杯進酒。❺興　起立。❻避席擇言　古人席地而坐，有所敬則離坐而起，謂之避席。擇言猶今語「致辭」。

⑦帝女　舜女。⑧儀狄　夏人，始釀酒者。⑨旨酒　美酒。⑩嗛　同慊，足也，快也。⑪易牙　春秋齊人，善烹調。⑫煎敖燔炙　有汁而煎之使乾曰煎，乾煎曰敖，敖同熬，燒肉曰燔，烤肉曰炙。⑬五味　辛、酸、鹹、苦、甘。⑭南之威　即南威，春秋美人。⑮強臺　楚國臺名，即章華臺，故址在今湖北省監利縣。強，一作荆。⑯崩山　楚國山名。藝文類聚引作「崇山」，高大之山也。⑰彷徨　即方湟。淮南子道應篇：「強臺者，南望料山，以臨方皇。」注：「方皇，水名也。一曰，山名。」藝文類聚引作「方湟」。⑱盟　誓也。言誓不再登強臺也。⑲陂池　蓄水之處也。「陂」亦「池」也。⑳尊　酒器。㉑白臺閭須　二人皆美人。㉒夾林蘭臺　梁王游觀之處。㉓稱善相屬　稱善不已。屬，續也。

【語譯】梁惠王請諸侯在范臺喝酒。喝到快樂時，請魯君舉杯進酒。魯君站起來，離開了座位，致辭說：「從前舜帝的女兒命儀狄作美酒，進呈夏禹。禹飲了，覺得滋味很好，因此就疏遠了儀狄，戒絕了美酒，說：『後代的君主，一定有因貪喝美酒而亡國的。』齊桓公在夜半的時候，心中覺得悶悶不樂，易牙就揀那桓公喜吃的東西，煎的煎，熬的熬，燒的燒，烤的烤，調和了五味，進呈桓公。桓公吃飽了，到了天明還不覺得餓，便說：『後代的君主，一定有因貪吃美味而亡國的。』晉文公得到美人南之威，三天不上朝聽政，因此就遠遠地丟開南之威，說：『後代的君主，一定有因貪戀美色而亡國的。』楚王登上了強臺，眺望崩山，左邊是江，右邊是湖，方湟水橫在眼前，快樂得簡直像忘記了死。因此就發誓永不再上強臺，說：『後代的君主，一定有因貪遊高臺和水池而亡國的。』現在主君酒樽裏的酒，就像是儀狄的酒啊；主君吃的滋味，就像是易牙的烹調啊；左邊的白臺，右邊的閭須，就像是南之威一樣的美女啊；前面有夾林，後面有蘭臺，就像是登臨強臺的快樂啊。這四件事情犯了一件，就足以亡國了。現在主君完全犯了，可以不警戒麼？」梁惠王聽了，連連說好不止。

【文章分析】本文選自戰國策魏策，爲贈序類的古文。是記載魯共公贈梁惠王的一段嘉言。旨酒、美味、女色、池臺，沈溺於其中的一種，都足以亡國。而梁惠王卻全犯了，豈不是很危險麼？難怪魯共公一說，梁惠王連聲叫好了。魯共公可以說是會說話的了，梁惠王可以說是會聽話的了。本文主題嚴肅，而全用故事表達，沒有一句說教的話，所以活潑有情趣。全篇結構嚴整，文字簡潔，是值得一讀再讀的範文。

唐睢說信陵君

戰國策

信陵君殺晉鄙，救邯鄲，破秦人，存趙國，趙王自郊迎。唐雎❶謂信陵君曰：「臣聞之曰，事有不可知者，有不可不知者；有不可忘者，有不可不忘者。」信陵君曰：「何謂也？」對曰：「人之憎我也，不可不知也；吾憎人也，不可得而知也。人之有德於我也，不可忘也；吾有德於人也，不可不忘也。今君殺晉鄙，救邯鄲，破秦人，存趙國，此大德也。今趙王自郊迎，卒然❷見趙王，臣願君之忘之也！」信陵君曰：「無忌❸謹受教❹。」

【註　釋】❶唐雎　戰國魏人。❷卒然　急遽貌。❸無忌　信陵君的名字。❹受教　猶言聽命。

【語　譯】信陵君殺死了晉鄙，救了邯鄲，擊敗了秦軍，保全了趙國。趙王親自到郊外迎接他。唐雎向信陵君說：「我聽說，事情有不可使人知道的，有不可不知道的；有不可忘記的，有不可不忘記的。」信陵君說：「這話怎麼講啊？」唐雎回答說：「別人憎恨我，不可以不知道；我憎恨別人，卻不可以使人知道。別人對我有恩惠，不可以忘記；我對別人有恩惠，卻不可以不忘記。現在你殺了晉鄙，救了邯鄲，打敗了秦軍，保全了趙國，這是很大的恩德。現在趙王親自到郊外迎接，倉猝間見了趙王，願你把這施恩的事忘了吧！」信陵君說：「無忌謹接受你的教訓。」

【文章分析】本文選自戰國策魏策，是一篇書說類的文章，說明的重點在有恩於人，「不可不忘」，以警戒信陵君不可恃恩驕人；然而先說事有「不可知」者，次說有「不可不知」者，再說有「不可忘」者，最後才說到主題——事有「不可不忘」者。一波三折，相反相生。文章雖短，卻頗富變化之美。

唐雎不辱使命

戰國策

秦王❶使人謂安陵❷君曰：「寡人欲以五百里之地易❸安陵，安陵君其許寡人！」安陵君曰：「大王加❹惠，以大易小，甚善。雖然❺，受地於先王，願終守之，弗敢易。」秦王不說❻。安陵君因使唐雎使於秦。

秦王謂唐雎曰：「寡人以五百里之地易安陵，安陵君不聽❼寡人，何也？且秦滅韓亡魏，而君以五十里之地存者，以君爲長者，故不錯意❽也。今吾以十倍之地，請廣於君，而君逆❾寡人者，輕寡人與？」唐雎對曰：「否，非若是也。安陵君受地於先王而守之，雖千里不敢易也，豈直❿五百里哉？」

秦王怫然⓫怒，謂唐雎曰：「公亦嘗聞天子之怒乎？」唐雎對曰：「臣未嘗聞也。」秦王曰：「天子之怒，伏屍百萬⓬，流血千里。」唐雎曰：「大王嘗聞布衣⓭之怒乎？」秦王曰：「布衣之怒，亦⓮免冠徒跣⓯，以頭搶地⓰耳。」唐雎曰：「此庸夫⓱之怒也，非士之怒也。夫專諸⓲之刺王僚⓳也，彗星⓴襲月；聶政㉑之刺韓傀㉒也，白虹貫日；要離之刺慶忌㉓也，蒼鷹㉔擊於殿上。此三子皆布衣之士也，懷怒未發，休祲㉕降於天。與臣而將四矣。若士必怒，伏屍二人，流血五步，天下縞素㉖，今日是也。」挺劍而起。秦王色撓㉗，長跪而謝之，曰：「先生坐，何至於此！寡人諭㉘矣。夫韓、魏滅亡，而安陵以五十里之地存者，徒㉙以有先生也。」

【註釋】❶秦王　名政，後滅六國，稱始皇帝。❷安陵　戰國時屬於魏的附庸。❸易　交換。❹加　施。❺雖然　猶今語「不過」。❻說　同悅。❼聽　從。❽錯意　置意，放在心上。錯，通「措」。❾逆　違背。❿直　但。⓫怫然　忿怒貌。⓬伏屍百萬　伏屍，言屍體偃仆也。百萬，言其多也。⓭布衣　平民。⓮亦　不過。⓯徒跣　赤足。⓰搶地　觸地。⓱庸夫　凡人。⓲專諸　春秋吳國刺客。⓳王僚　春秋吳國君主，名僚。⓴彗星　俗稱掃帚星。㉑聶政　戰國韓國人。㉒韓傀　戰國韓國之相。㉓要離之刺慶忌　要離，春秋吳人。吳公子光既弒王僚，憂僚子慶忌在外，遣要離往刺之。要離詐以罪亡，令吳戮其妻子，見慶忌於衞而刺之，中其要害。慶忌義其行，使還吳以旌其忠。要離至江陵，亦伏劍以報。㉔蒼鷹　鷙鳥，勁而有力，目光甚銳。此言要離刺慶忌時，突有蒼鷹飛擊殿上，也是天垂異象。㉕休祲　休，吉兆。祲，妖氛。㉖縞素　喪服。㉗撓　屈。㉘諭　明白。㉙徒　只也。

【語　譯】秦王派人對安陵君說：「寡人想要用五百里地方交換安陵，你可要答應我啊！」安陵君說：「大王施恩，拿大地方來交換小地方，固然很好。不過，土地是先王傳下來的，希望始終保守它，不敢交換。」秦王很不高興。安陵君因此派唐雎出使秦國。

秦王對唐雎說：「寡人用五百里地方交換安陵，安陵君不肯，是什麼緣故呢？並且秦國滅亡了韓、魏，區區五十里的安陵，反而能夠保全的緣故，就因安陵君是位忠厚長者，所以才不介意。現在我拿廣大十倍於安陵的地方來交換，安陵君卻不肯答應，豈不是輕視寡人麼？」唐雎回答說：「不，並不是這樣的。安陵君承受了先王的土地而保守它，縱然拿千里的地方也不敢交換，何況只有五百里呢？」

秦王非常生氣，對唐雎說：「你曾聽過天子怎樣發怒麼？」唐雎回答說：「臣沒有聽過。」秦王說：「天子發怒，死人百萬，血流千里。」唐雎說：「大王曾聽過平民怎樣發怒麼？」秦王說：「平民發怒，不過脫帽赤腳，用頭來撞地罷了！」唐雎說：「這是凡人的發怒，不是勇士的發怒。那專諸刺殺吳王僚時，掃帚星侵襲月亮；聶政刺殺韓傀時，白虹穿過太陽；要離刺殺慶忌時，蒼鷹搏擊在殿上。這三人都是平民出身的勇士，只因懷藏了怒氣，沒有發洩，吉兆妖氛，竟然從天降下。現在加上我，將要有四個了。倘使勇士果眞發怒，橫屍兩人，血流五步，天下的人都將穿白色的喪服，就在今天了。」就拔了劍起立向前。秦王露出畏怯的樣子，長跪謝罪說：「先生請坐，何至於這樣呢？我也明白了，那韓、魏滅亡，而安陵以五十里的地方倒能保存的緣故，只因爲有先生你啊！」

【文章分析】本文選自戰國策魏策，爲書說類的古文。自古以來，君子愈退讓，小人愈狂妄；眞理越消沉，邪惡越囂張。其實，殘暴是不足懼的，只要我們站在公理的一邊，堅強、勇敢，魔鬼就會退縮。唐雎以一個弱國小使，一怒而使暴君屈服，就是很好的教訓。文分三段：首段寫安陵君不允秦王易地的請求，秦王不悅。次段寫唐雎向秦王解釋安陵君不允易地的原因。末段作者用力最勤，也非常成功，寫唐雎不畏秦王的威脅，以其人之道，還治其人，反而使秦王色沮，虎虎有生氣。

樂毅報燕王書

戰國策

昌國君樂毅❶爲燕昭王❷合五國❸之兵而攻齊，下七十餘城，盡郡縣之❹以屬燕。三城❺未下，而燕昭王死。惠王❻卽位，用齊人反間❼，疑樂毅，而使騎劫❽代之將。樂毅奔趙，趙封以爲望諸君❾。齊田單❿詐騎劫，卒敗燕軍，復收七十餘城以復齊。燕王悔，懼趙用樂毅，承燕之敝⓫以伐燕。

燕王乃使人讓⓬樂毅，且謝之曰：「先王舉國而委將軍，將軍爲燕破齊，報先王之讎，天下莫不振動，寡人豈敢一日而忘將軍之功哉？會先王棄羣臣⓭，寡人新卽位，左右誤寡人。寡人之使騎劫代將軍者，爲將軍久暴露於外，故召將軍且休計事。將軍過聽⓮，以與寡人有隙⓯，遂捐⓰燕而歸趙。將軍自爲計則可矣，而亦何以報先王之所以遇將軍之意乎？」

望諸君乃使人獻書報燕王曰：「臣不佞⑰，不能奉承先王之教，以順左右之心，恐抵⑱斧質之罪⑲，以傷先王之明，而又害於足下⑳之義，故遁逃奔趙。自負以不肖之罪，故不敢爲辭說。今王使使者數之罪，臣恐侍御㉑者之不察先王之所以畜幸臣之理，而又不白於臣之所以事先王之心，故敢以書對。

臣聞賢聖之君，不以祿私其親，功多者授之；不以官隨其愛，能當者處之。故察能而授官者，成功之君也；論行而結交者，立名之士也。臣以所學者觀之，先王之舉錯㉒，有高世之心，故假節於魏王㉓，而以身得察㉔於燕。先王過舉，擢之乎賓客之中，而立之乎羣臣之上，不謀於父兄㉕，而使臣爲亞卿㉖。臣自以爲奉令承教，可以幸無罪矣，故受命而不辭。

先王命之曰：『我有積怨深怒於齊，不量輕弱，而欲以齊爲事。』臣對曰：『夫齊，霸國之餘教㉗而驟勝㉘之遺事㉙也。閑於兵甲，習於戰攻。王若欲攻之，則必舉天下而圖之。舉天下而圖之，莫徑於結趙矣。且又淮北、宋地，楚魏之所同願㉚也。趙若許，約楚、魏、宋盡力，四國攻之，齊可大破也。』先王曰：『善。』

臣乃口受令[31]，具符節[32]，南使臣於趙。顧反[33]命，起兵隨而攻齊。以天之道，先王之靈，河北之地[34]，隨先王舉而有之於濟上[35]。濟上之軍，奉令擊齊，大勝之。輕卒銳兵，長驅至國。齊王[36]逃遁走莒[37]，僅以身免。珠玉、財寶、車甲、珍器，盡收入燕——大呂[38]陳於元英[39]，故鼎[40]反於曆室[41]，齊器設於寧臺[42]，薊丘之植，植於汶篁[43]——自五伯以來，功未有及先王者也。先王以爲順于志，以臣爲不頓命[44]，故裂地而封之，使之得比乎小國諸侯。臣不佞，自以爲奉令承教，可以幸無罪矣，故受命而弗辭。

臣聞賢明之君，功立而不廢，故著於春秋；蚤知之士，名成而不毀，故稱於後世。若先王之報怨雪恥，夷萬乘之強國，收八百歲[45]之蓄積，及至棄羣臣之日，遺令詔後嗣之餘義，執政任事之臣，所以能循法令，順庶孽[46]者，施及萌隸[47]，皆可以教於後世。

臣聞善作者不必善成，善始者不必善終。昔者伍子胥說聽乎闔閭，故吳王遠迹至於郢[48]。夫差弗是也，賜之鴟夷[49]而浮之江。故吳王夫差不悟先論[50]之可以立功，故沈子胥而不悔。子胥不蚤見主之不同量，故入江而不改[51]。夫免身全功，以明先王之迹者，臣之上計也。離[52]毀辱之非，墮[53]先王之名者，臣之所大恐也。臨不測之罪，以幸爲利[54]者，義之所不敢出也。

臣聞古之君子，交絕不出惡聲；忠臣之去也，不潔其名。臣雖不佞，數奉教於君子矣。恐侍御者之親左右之說，而不察疏遠之行也，故敢以書報，唯君之留意焉！」

【註釋】❶樂毅　魏將樂羊的後裔，賢而好兵，自魏使燕，昭王以為亞卿。❷燕昭王　惠王父，姓姬名平。屈身下士，以招賢者，用樂毅破齊。❸五國　燕、趙、韓、魏、楚。❹郡縣之　畫其地以為郡縣。❺三城　聊、莒、即墨。未下之城，僅莒與即墨，而曰三城者，因聊為燕守將所誤，復齊之本在此也。❻惠王　燕昭王子。❼反間　兵法之一，孫子用間：「反間者，因其敵間而用之。」其時田單縱反間於燕曰：「齊城不下者，兩城耳，然所以不早拔者，以樂毅與新王有隙，欲久仗兵威以服齊人，南面而王耳。」❽騎劫　燕人。❾望諸君　史記索隱：「望諸，澤名，在齊。趙蓋有之，故號焉。」❿田單　齊人，敗燕復齊，封安平君。⓫承燕之敝　乘燕之疲。⓬讓　責。⓭棄羣臣　猶言死也，諱辭。⓮過聽　猶今語「誤會」。⓯有隙　有嫌隙，不睦也。⓰捐　棄，舍。⓱不佞　不才，自謙之詞。⓲抵　觸犯。⓳斧質之罪　斧質，皆刑人之器，斧質之罪，謂腰斬死罪也。⓴足下　稱人之敬詞。㉑侍御　給事左右之人。不敢直言惠王，故托稱其侍御也。㉒舉錯　舉動，作為。㉓假節於魏王　節，使節。樂毅見燕昭王有大志，故假魏節以使燕。假，借。㉔察　經考察而保舉。㉕父兄　謂同姓羣臣。㉖亞卿　次卿。㉗餘敎　史記作「餘業」，較勝。㉘驟勝　常勝。㉙遺事　謂餘威、餘烈。㉚願　欲。㉛口受令　接受先王親口之命令。㉜符節　古使臣執以示信之物。㉝顧反　同復。㉞河北之地　謂黃河以北，今密雲等縣。㉟濟上　指濟水之西，為樂毅聯軍破齊處。㊱齊王　齊湣王。㊲莒　今山東莒縣。㊳大呂　古鐘名。㊴元英　燕宮名。㊵故鼎　本為燕鼎，輸於齊者。㊶曆室　燕宮名。㊷寧臺　燕臺名，在今河北薊縣西。㊸薊丘之植植於汶篁　薊丘，燕都，即今河北省大興縣。於，以也。汶，水名，在齊境。篁，竹也。此謂薊丘所種的植物，來自於汶水。因齊地已為燕所有，故齊國植物可移植燕地也。㊹頓命　猶言辱命。㊺八百歲　齊自太公至湣王約計八百年。㊻庶孽　謂庶子也。公羊傳注：「庶孽，衆賤子。」㊼萌隸　萌，氓也。隸，役也。㊽吳王遠迹至於郢　郢，楚都，今湖北江陵縣。周敬王十四年，吳破楚，入於郢。㊾鴟夷　革囊。吳王殺伍子胥，以鴟夷盛尸，投之江。㊿先論　賢者之先見。(51)不改　不悔。(52)離　同罹，遭也。(53)墮　同隳，敗也，毀也。(54)以幸為利　以幸災為利也。謂樂毅乘燕之敝，以趙伐之也。

【語　譯】昌國君樂毅替燕昭王連合燕、趙、韓、魏、楚五國軍隊攻打齊國，佔領了七十多城，全改爲郡縣，做爲燕國的屬地。還有三個城沒有攻下，而燕昭王死了。惠王卽位，因爲中了齊國的反間計，懷疑樂毅，就派騎劫代替他領軍。樂毅就逃亡到趙國，趙國封他做望諸君。齊國田單用計策欺騙騎劫，終於擊敗燕軍，收復了七十多城，因此復興了齊國。燕惠王後悔，又恐怕趙國用樂毅，乘燕國疲乏時來攻伐燕國。

燕惠王於是派人責備樂毅，並且謝罪說：「先王把全國委託給將軍，將軍替燕國打敗齊國，報了先王的仇恨，天下人沒有不震動的，寡人怎麼敢一天忘了將軍的功勞呢？適逢先王去世，寡人新卽王位，左右的臣子蒙蔽寡人。寡人派騎劫代替將軍，爲的是將軍長久在外苦戰，所以召回將軍，暫時休息，並且共同計議國事。將軍誤會，以爲寡人和你有嫌隙，就離棄了燕國，投奔趙國。將軍爲自己打算是可以的，但又怎樣報答先王對待將軍的厚意呢？」

望諸君就派人送信答覆燕惠王說：「臣不才，不能奉承先王的敎訓，順適大王左右的心意，恐怕犯了刀斧誅戮的罪，有傷先王的賢明，而又損害了大王的義氣，所以逃奔趙國。自己已經擔了不好的罪名，所以不敢有什麼辯白。現在大王派使者來責備臣的罪過，臣恐怕左右近臣不明白先王愛護臣的道理，又不了解臣事奉先王的心，所以才敢以這封信回答您。

臣聽說聖賢的君主，不把俸祿私自給他親近的人，而授給功勞多的人；不把官職隨意給他喜歡的人，而授給有能力的人。所以察看能力而任命官職的，是成功的君主；選擇品行而結交朋友的，是立名的士人。臣拿自己淺陋的學識來看，先王的舉動，有超出當世諸侯的大志，所以借替魏王做使者的機會，來到了燕國。先王過分抬舉，把臣從賓客當中提拔出來，擢升在羣臣之上，不和宗室大臣商議，就任命臣做亞卿。臣自以爲奉守命令，秉承敎訓，可以僥倖沒有罪，所以接受命令，不敢推辭。

先王下命令給臣說：『我和齊國有積怨深怒，所以不顧自己的力量大小，想和齊國較量一下。』臣回答說：『那個齊國，繼承了霸國的餘業，又有常勝的餘威。並且精於用兵，熟習戰爭。大王要想攻打他，就要聯合天下各國一致行動。聯合天下各國，沒有比結合趙國更便捷了。並且淮水以北的地和宋地，是楚、魏二國都想要的。趙國假使答應了，再約楚、魏、宋等國出力，四國一起攻擊他，可以大敗齊國了。』先王說：『好！』

臣就接受了先王親口的命令，拿了符節，出使到南方的趙國。復命後，就發兵攻打齊國。靠了天道和先王的靈威，大軍在濟水西岸就打了勝仗，河北的地方，爲先王所有。濟上的軍隊，奉令攻擊齊國，又獲大勝。輕裝的士卒，精銳的兵將，一直打到齊國都城，齊王逃往莒城，自己一人勉強脫身。珠玉、財寶、車輛甲冑、珍貴的器具，完全歸於燕國——大呂鐘陳列在元英宮，燕國的舊鼎復歸於曆室宮，齊國的寶器都陳設在寧臺，薊丘所種的，是從齊國汶水邊移植來的竹子——自從五霸到現在，功業未有像先王所建這般偉大的。先王覺得滿意，以爲臣沒有辱命，所以封臣土地，使臣能夠像小國諸侯一樣。臣不才，以爲奉守命令，秉承教訓，可以僥倖沒有罪，所以接受命令，不敢推辭。

臣聽說賢明的國君，功業建立了不會廢敗，所以昭明於歷史；有遠見的士人，名譽成就了不會毀壞，所以傳揚到後世。像先王的報怨仇，雪恥辱，平服了萬輛兵車的大國，沒收了齊國八百多年來的積蓄，到了去世的時候，遺命詔告後王爲政的道理，使執政辦事的大臣，能夠依循法令，安撫庶親，施恩到一般百姓，這些都可以做後世的模範。

臣聽說善於創作的，未必善於成功；善於開始的，未必善於結束。從前伍子胥說服了闔閭，所以吳王的足跡，能夠遠到楚國的郢都。夫差不是這樣，卻賞他一個皮囊，把他投到江裏。吳王夫差不明白賢人的先見之明可以建立功業，所以把子胥沉在江裏卻不懊悔。伍子胥不早見前後君主的度量不同，所以被投入江裏還不悔悟。免於身體遭受殺戮，保全伐齊的功業，以表明先王偉大的業蹟，這是臣的上策。遭受毀謗污辱，敗壞了先王的名譽，這是臣所最怕的。身受不測的罪名，乘著燕國衰敝，幸災樂禍以謀私利，基於道義，臣是不敢做的。

臣聽說，古時候的君子，和人絕交，不出惡聲；忠臣離國他去，不洗刷自己的罪名。臣雖然不才，可是常常受君子的教訓。恐怕大王只相信左右親近的人的話，卻不明察臣的行爲，所以敢上書回報，希望大王留意啊！」

【文章分析】本文選自戰國策燕策，文體爲書說類。文分九段：一、說樂毅伐齊、奔趙及燕惠王後來懊悔害怕的經過，雖然只有短短幾句，但是交代得非常清楚。二、燕惠王派人責備樂毅，並且謝罪。三、樂毅恐怕燕惠王一方面不明白先王愛他的道理，一方面不了解他事奉先王的忠心，所以才敢上書辯白。四、樂毅身受先王的特殊待遇，所以感恩圖報，接受任命，不敢推辭。五、商定伐齊的計策。六、大敗齊國，建立了自五霸以來未有的大功。七、說先王的賢明。八、說去燕奔趙的原因，並且表明不會乘燕疲弱而伐燕的心迹。九、再度申明上書辯白的不得已。

樂毅曾經替燕國建立了蓋世的功勞，但是到後來，他的忠貞換來的是小人的毀謗，他的信實得到的是君主的懷疑，落得個亡命天涯，試想他的內心會不會憤懣呢？然而他在信中流露的，卻是光明磊落的胸襟，溫柔敦厚的情懷，眞正做到了「君子交絕，不出惡聲；忠臣之去，不潔其名」，是一封感人至深的書信。吳楚材評道：「察能論行，則始進必嚴；善成善終，則末路必審。樂毅可謂明哲之士矣。至其書辭，情致委曲，猶存忠厚之遺，其品望固在戰國以上。」非常恰當。

諫逐客書

李斯

秦宗室大臣皆言秦王曰：「諸侯人來事秦者，大抵爲其主遊閒於秦耳，請一切逐客。」李斯議亦在逐中。

斯乃上書曰：「臣聞吏議逐客，竊以爲過①矣。昔穆公②求士③，西取由余於戎④，東得百里奚於宛⑤，迎蹇叔於宋⑥，來丕豹、公孫支於晉⑦。此五子者，不產於秦，而穆公用之，并國二十，遂霸西戎⑧。孝公⑨用商鞅之法⑩，移風易俗，民以殷盛，國以富彊，百姓樂用，諸侯親服，獲楚、魏之師⑪，舉⑫地千里，至今治彊。惠王⑬用張儀⑭之計，拔三川之地⑮，西并巴蜀⑯，北收上郡⑰，南取漢中⑱，包九夷⑲，制鄢郢⑳，東據成皋之險㉑，割膏腴之壤㉒，遂散六國之從，使之西面事秦，功施到今。昭王㉓得范睢㉔，廢穰侯㉕，逐華陽㉖，彊公室㉗，杜私門㉘，蠶食諸侯，使秦成帝業。此四君者，皆以客之功，由此觀之，客何負於秦哉！向使四君卻客而不內㉙，疏士而不用，是使國無富利之實，而秦無彊大之名也。

今陛下致昆山之玉[30]，有隨和之寶[31]，垂明月之珠[32]，服太阿之劍[33]，乘纖離[34]之馬，建翠鳳之旗[35]，樹靈鼉之鼓[36]。此數寶者，秦不生一焉，而陛下說之，何也？必秦國之所生然後可，則是夜光之璧，不飾朝廷；犀象之器，不爲玩好；鄭衛之女[37]，不充後宮；而駿馬駃騠[38]，不實外廄[39]；江南金錫不爲用，西蜀丹青不爲采[40]。所以飾後宮，充下陳[41]，娛心意，說耳目者，必出於秦然後可，則是宛珠之簪[42]，傅璣之珥[43]，阿縞之衣[44]，錦繡之飾，不進於前，而隨俗雅化[45]，佳冶窈窕[46]，趙女不立於側也。夫擊甕叩缶[47]，彈箏搏髀[48]，而歌呼嗚嗚快耳者，真秦之聲也；鄭衛桑間[49]，昭虞武象[50]者，異國之樂也。今棄擊甕叩缶而就鄭衛，退彈箏而取昭虞，若是者何也？快意當前，適觀而已矣！今取人則不然，不問可否，不論曲直，非秦者去，爲客者逐。然則是所重者在乎色樂珠玉，而所輕者在乎民人也。此非所以跨海內[51]、制諸侯之術也。

臣聞地廣者粟多，國大者人眾，兵彊則士勇。是以太山不讓[52]土壤，故能成其大；河海不擇細流，故能就其深；王者不卻眾庶，故能明其德。是以地無四方，民無異國，四時充美[53]，鬼神降福，此五帝三王[54]之所以無敵也。今乃棄黔首以資敵國[55]，卻賓客以業[56]

諸侯，使天下之士，退而不敢西向，裹足㊼不入秦：此所謂藉寇兵而齎盜糧㊽者也。

夫物不產於秦，可寶者多；士不產於秦，而願忠者眾。今逐客以資敵國，損民以益讎，內自虛而外樹怨於諸侯㊾；求國無危，不可得也。」

秦王乃除逐客之令，復李斯官。

【作者】李斯（西元前？——西元前二〇八），楚國上蔡（今河南省汝南縣北）人，大儒荀子的學生。學成以後，到西方的秦國去，本想游說秦王，碰巧秦莊襄王去世，就投身在秦相呂不韋門下做門客。不韋很看重他，任命他做郎；因此有機會游說秦王，陳述併吞六國的計策；秦王政就任命他做長史。秦王政稱皇帝以後，他做丞相。廢除封建，實行郡縣制度，簡化文字，統一全國的道路，明白規定法度律令，大多數的法令都出於他的建議。他的「書同文，車同軌」的主張，對於後來中國統一的局面，非常有貢獻。秦二世卽位後，他仍然做丞相，後來被趙高陷害，在咸陽被腰斬，並且殺了他的三族。

【註釋】❶過　錯誤。❷穆公　秦穆公，嬴姓，名任好，成公之弟，春秋五霸之一。❸求士　招攬人才。士，才德兼具者之稱。❹西取由余於戎　由余，其先本晉人，亡入戎，能晉言，為戎王使秦。穆公與語，賢之。以計間戎王，戎王疑由私秦，由遂降秦。事見史記秦本紀。❺東得百里奚於宛　百里奚，楚宛（今河南省南陽縣）人，仕虞為大夫。晉獻公滅虞，虜之歸，以為其女（秦穆公夫人）媵（陪嫁之僕）。奚恥之，亡走宛。楚鄙人執之。後穆公聞其賢，欲重贖之，恐楚人不與，乃以五羖羊（黑色公羊）皮贖之歸。與議國政，大悅，授以國政。為相七年，秦遂霸。事見秦本紀。❻迎蹇叔於宋　蹇叔，岐州人，游宋。穆公授百里奚國政，奚讓曰：「臣不及臣友蹇叔，蹇叔賢而世莫知。」穆公使人厚幣迎蹇叔，以為上大夫。事見秦本紀。宋，春秋國名，奄有今河南省商邱縣以東至江蘇省銅山縣以西之地。❼來丕

豹公孫支於晉　丕豹，亦作丕豹，晉人丕鄭之子。晉惠公殺丕鄭，豹遂奔秦。事見左傳僖公十六年及秦本紀。公孫支，亦作公孫枝，卽秦大夫子桑，曾勸穆公輸粟賑晉。公孫支本秦大夫，而云求之於晉者，史記正義引括地志曰：「公孫支，岐州人，游晉，後歸秦。」❽幷國二十遂霸西戎　史記索隱：「秦本紀：『穆公用由余謀，伐戎王，益國十二，開地千里，遂霸西戎。』此總說五子之功，故云『幷國二十』。」❾孝公　秦孝公，名渠梁，獻公子，穆公十五世孫。❿商鞅之法　商鞅，戰國衞人，亦稱衞鞅，相秦孝公，定變法之令，廢井田，開阡陌，改賦稅之法。封於商，又稱商鞅。事見史記商君列傳。⓫獲楚魏之師　孝公十年，鞅率兵圍魏之安邑，降之。二十二年（楚宣王三十年）南侵楚，復擊魏，虜魏公子卬，魏割河西之地於秦以和。事見史記秦本紀、商君傳、楚世家。⓬舉　拔、佔奪。⓭惠王　秦惠文君，也稱惠文王，孝公之子，名駟。⓮張儀　戰國魏人，惠王用爲相，遊說六國，使背蘇秦之縱約，連橫事秦。⓯拔三川之地　三川，今河南省黃河兩岸之地，秦置郡，治滎陽（在今滎澤縣西南）。以其地有河、洛、伊三川，故名。⓰西幷巴蜀　巴蜀，今四川省地。秦置巴郡，轄今四川省東部地。又置蜀郡，轄今四川省中部地。⓱北收上郡　上郡，今陝西省西北部及綏遠省鄂爾多斯旗左翼皆其地，治膚施（在今陝西省綏德縣東南）。⓲南取漢中　漢中，今陝西省東南部及湖北省西北部地。秦置郡，治南鄭（今陝西南鄭縣東）。⓳包九夷　包，兼。九夷，蠻夷通稱。九者言其多，非九種夷也。⓴制鄢郢　制，控制、威脅之謂。鄢、郢，皆楚地。㉑東據成皋之險　成皋，春秋爲鄭邑，又名虎牢，戰國屬韓。故城在今河南省成皋縣西北。㉒膏腴之壤　膏，肉之肥者。腴，腹下肥肉。膏腴之壤，肥沃之土地。㉓昭王　秦昭襄王，名稷，惠王子，武王異母弟。㉔范雎　戰國魏人，秦昭王相，封應侯。㉕穰侯　姓魏名冉，昭王母宣太后異父弟。時爲相國，專權擅政，雎勸昭王廢黜之。㉖逐華陽　華陽君，昭王母宣太后同父弟芈戎，與穰侯結納，雎說昭王，逐之關外。㉗公室　王室。㉘杜私門　杜，塞。私門，權臣之門；此指穰侯、華陽之門。㉙內　通「納」。㉚致昆山之玉　致，招至。昆山，卽昆岡，在于闐國東北四百里，相傳其岡出玉。㉛隨和之寶　隨，漢水東岸之國，姬姓諸侯也。淮南子：「隋（與隨通）侯見大蛇傷斷，以藥敷而塗之。後蛇於大江中銜珠以報之。因曰隋侯之珠。」楚人卞和得璞玉於荊山中，以獻厲王。王以爲誑，刖其左足。武王卽位，復獻之。又以爲誑，刖其右足。及文王立，乃抱璞泣於荊山之下。王使人問之。曰：「臣非悲刖。寶玉而題之以石，貞士而名之爲誑，所以悲也。」王乃使工理其璞，果得玉焉。事見韓非子和氏及淮南子覽冥篇高誘注。㉜明月之珠　夜光之珠，有似月光，故曰明月。見淮南子氾論篇高誘注。㉝服太阿之劍　服，佩帶。越絕書：「楚王召歐冶子、干將作鐵劍三枚，其二曰太阿。」㉞纖離　良馬名。㉟建翠鳳之旗　建，設置。翠鳳之旗，以翠鳳羽爲飾之旗。㊱樹靈鼉之鼓　樹，架設。鼉，形似鱷魚，皮可製鼓。古以鼉爲神異，故曰靈鼉。㊲鄭衞之女　春秋戰國時，鄭衞風俗淫靡，故稱女子之美豔者爲鄭衞之女。此泛指外國美女。㊳駃騠　北狄良馬名。㊴廄　馬舍。㊵西蜀丹青不爲采　丹，朱砂。青，空青。皆礦物。產西蜀，可入藥，又爲顏料。采，彩之本字，謂彩繪。㊶下陳　猶後列，指侍妾。㊷宛珠之簪　宛，地名，卽南陽。產珠玉，俗稱南陽玉，堪以飾簪。㊸傅璣之珥　傅，附。璣，珠之不圓者。珥，充耳之瑱也。㊹阿縞之衣　王念孫讀書雜誌：「阿縞之衣與錦繡之飾，相對爲文。阿爲細繒之名，阿或作絅。廣雅曰：『絅，練也。』」縞，白色生絹。集解引徐廣，以爲：阿乃齊之東阿縣，繒帛所出。㊺隨俗雅化　文選李善注：「謂閑雅變化而能隨俗也。」㊻佳冶窈窕　佳冶，豔麗。窈窕，幽靜閒雅。㊼擊甕叩缶　甕，汲瓶。缶，瓦器。秦人鼓之以節樂。㊽彈箏搏髀　箏，古樂器，原爲五絃，秦蒙恬改爲十二絃，唐以後十三絃。髀，股骨。搏髀，拍股爲節。㊾鄭衞桑間　禮記樂記：「鄭衞之音，亂世之音也。桑間、濮上之音，亡國之音也。」桑間、濮上，亦衞國地名。㊿昭虞武象　昭虞，舜樂。昭，通「韶」。武象，周武王之樂。(51)跨海內　跨，臨。海內，四海之內，指天下。意爲君臨天下。(52)讓　辭讓、拒受。(53)四時充美　四時，四季也；意卽時時、經常。充美，充實美好。(54)五帝三王　五帝有數說，依史記爲黃帝、顓頊、帝嚳、唐堯、虞舜。三王，夏、商、周三代開國之君，卽禹、湯、文武。(55)棄黔首以資敵國　黔首，百姓。資，助，給。(56)業　事。(57)裹足　駐足、止步。(58)藉寇兵而齎盜糧　藉，借。兵，兵器。齎，持送。(59)外樹怨於諸侯　謂客卿被逐事他國，必爲新王圖秦。

【語　譯】秦國的宗室大臣們都向秦王說：「各國諸侯的人來委身事秦的，只是爲他們的國君游說，來離間秦國的，請驅逐所有在秦國服務的外國人。」議決結果，李斯也在驅逐之中。

李斯就上書說：「臣聽說官吏們建議驅逐客卿，臣以爲這是錯誤的。從前穆公徵求賢士，從西方的戎地，聘請了由余，從東方的宛國贖得了百里奚，從宋國迎來了蹇叔，從晉國延攬了丕豹和公孫支。這五位賢士，都不是秦國人；可是穆公任用他們，結果併吞了二十多國，就稱霸西戎。孝公用商鞅的新法，改變風俗。人民因此殷實興盛，國家因此富足強大，百姓樂於爲國效力，諸侯親近服從；先後擊敗楚國魏國的兵，佔領了千里土地。直到現在，還是政治修明，國家強盛。惠王用張儀的計策，奪取了三川的土地，西方併吞巴蜀兩郡，北方取得了上郡，南方佔有了漢中，兼併了九夷，控制了鄢郢，東方佔據了成皋險要地區，割取了肥沃土地。因此拆散了六國合從的盟約，使他們西面事奉秦國，功勞到現在還在。昭王得到了范睢，於是廢免穰侯，驅逐華陽君，強大王室，杜塞權貴私門；像蠶吃桑葉似的，逐漸奪取諸侯土地。使秦國完成帝國基業。這四位君主，都是靠了客卿的功勞。由此看來，客卿有什麼對不起秦國呢！假使過去這四位君主，拒絕客卿而不容納，疏遠賢士而不任用，這就會使國家在實際上得不到富足，而在外面也得不到強大的威名了。

現在大王得到了昆山的美玉，有了隨侯的明珠和卞和的寶璧，掛着明月珠，佩着大阿劍，駕着纖離馬，豎着翠鳳旗，擺着靈鼉鼓。這幾種寶物，沒有一件產在秦國的；可是大王卻喜愛它，爲什麼呢？一定要秦國出產的才可以用，那麼夜光璧就不該裝飾在朝廷裏，犀牛和象牙的器具就不該作爲玩好，鄭衞的美女不該藏在後宮，駃騠好馬不該養在馬棚，江南的金錫不該用，西蜀的丹青不該拿來塗彩。所有用來裝飾後宮，充作姬妾，娛樂心意，快活耳目的，一定要出產在秦國的然後才可以用，那麼宛珠簪，傅璣珥，阿縞衣，以及錦繡華美的裝飾，不該進呈到面前；而時髦幽雅，豔麗美好的趙國女子，也不該站立在身旁。那敲水瓶、打瓦缶、彈竹箏，拍着股骨，嗚嗚歌唱用來快活聽覺的，是道地的秦國音樂；鄭衞桑間的靡靡之音，虞舜周武的古樂，都是外國的音樂。現在捨棄了敲瓦罐、水瓶而聽鄭衞的歌曲，不用彈箏而欣賞韶虞的古樂，這樣做爲什麼呢？還不是快樂當前，適合欣賞嗎？現在用人卻不是這樣，不問是非，不論好壞，只要不是秦國人，就不用；做客卿的，就驅逐。那麼所看重的是女色、音樂、寶珠、美玉，所輕視的是人才了。這不是統一天下、控制諸侯的辦法啊！

臣聽說土地廣的糧食多，國家大的人口衆，軍隊強大的士卒勇敢。所以泰山不排除土壤，才能成就它的大；河海不拒絕小水，才能成就它的深；帝王不捨棄百姓，才能顯揚他的盛德。因此土地不分東西南北，人民不分本國外國，經常追求充實美好，鬼神就會降福，這就是五帝三王無敵的原因。現在大王卻要拋棄人民來幫助敵國，排斥賓客使他們事奉諸侯，使得天下的人才退縮不敢西來，止步不再踏入秦國。這就叫做借兵器給敵人，送糧食給盜賊啊！

物品不出產於秦國，值得寶貴的有很多；人才不出於秦國，願意效忠的也不少。現在驅逐客卿來幫助敵國，損害人民來有益仇人，使國內空虛而外面又和諸侯結怨；卻希望國家沒有危險，那是不可能的。」

秦王就取消了驅逐客卿的命令，恢復李斯的官職。

【文章分析】本篇選自史記李斯傳，是一篇奏議類的文章。主旨在說明秦國因爲靠了客卿而富足強大，成就了王業的基礎，所以驅逐客卿的計畫是不可行的。除了首尾爲史家的敍筆外，其餘均爲李斯的上書。共分四段：首段拿秦國的歷史事實做證，穆公、孝公、惠王、昭王都因爲任用客卿而使國家富強，證明了秦國用客卿的好處。次段說秦王的珍寶玩好，都不限於秦產；獨獨對於用人，不是秦國人就驅逐，這不是君臨天下的好計策。三段從宇宙自然的道理，五帝三王的成功，反證逐客的不當。末段總說驅逐客卿的害處。通篇反覆說明客觀的利害，純就秦國王室着想，沒有一句爲自己乞憐的話，所以容易動人。

何義門評曰：「戰國之文，楚人頗工爲詞。李斯本楚產，故其文亦華。漢以後文字，筆力不能若此馳騁。」吳楚材評曰：「此先秦古書也。中間兩三節，一反一覆，一起一伏，略加轉換數個字，而精神愈出，意思愈密，無限曲折變態。誰謂文章之妙，不在虛字助詞乎？」

卜居

屈原

屈原既放，三年不得復見。竭知❶盡忠，而蔽鄣於讒❷，必煩慮亂，不知所從，乃往見太卜鄭詹尹❸，曰：「余有所疑，願因先生決之。」詹尹乃端策拂龜❹，曰：「君將何以教之？」

屈原曰：「吾寧悃悃款款❺朴以忠❻乎？將❼送往勞❽來斯無窮❾乎？寧誅鋤草茅以力耕乎？將游大人❿以成名乎？寧正言不諱以危身乎？將從俗富貴以媮生⓫乎？寧超然高舉⓬以保真乎？將哫訾栗斯、喔咿儒兒⓭以事婦人⓮乎？寧廉潔正直以自清乎？將突梯滑稽，如脂如韋⑮以潔楹⑯乎？寧昂昂⑰若千里之駒乎？將氾氾⑱若水中之鳧⑲，與波上下，偷以全吾軀乎？寧與騏驥⑳亢軛㉑乎？將隨駑馬之跡乎？寧與黃鵠㉒比翼乎？將與雞鶩㉓爭食乎？此孰吉孰凶，何去何從？世溷濁㉔而不清：蟬翼為重，千鈞㉕為輕；黃鐘㉖毀棄，瓦釜雷鳴；讒人高張㉗，賢士無名。吁嗟默默兮，誰知吾之廉貞！」

詹尹乃釋策而謝㉘曰：「夫尺有所短，寸有所長㉙；物有所不足，智有所不明㉚；數有所不逮，神有所不通㉛。用君之心，行君之意，龜策誠不能知此事。」

【作者】屈原，名平，戰國時楚國的宗族。生在周顯王二十六年（西元前三四三年）。先後做過左徒和三閭大夫，很受楚懷王的親信。後來遭受小人的讒言，就逐漸被懷王疏遠。秦昭王約懷王到武關見面，屈原曾經極力諫止；懷王不肯聽。因此一度被放逐到江北去。秦國背約扣留懷王，要求割地，懷王不答應，終於死在秦國。他的兒子頃襄王即位，依然和秦國通好，聽信讒言，把屈原放逐到江南。屈原被放逐之後，徘徊在沅湘一帶，作九歌、九章諸篇，表明自己的心意；但是頃襄王始終不醒悟。屈原見返回朝廷的希望已經斷絕，就自投汨羅江而死。他到底死在那一年，目前有好幾種說法，還無法確定。

【註釋】❶知　同智。❷蔽鄣於讒　鄣，同障，遮蔽。史記屈原列傳：「上官大夫（靳尚）與之同列，爭寵而心害其能。懷王使屈平造為憲令，屈平屬草藁未定，上官大夫見而欲奪之，屈平不與。因讒之曰：『王使屈平為令，眾莫不知，每一令出，平伐其功，以為非己莫能也。』王怒而疏屈平。」❸太卜鄭詹尹　太卜，掌卜之官，姓鄭名詹尹。❹端策拂龜　端，正。策　蓍草莖。龜，龜甲。❺悃悃款款　誠懇貌。❻朴以忠　樸實忠貞。❼寧……將　寧可……還是。❽勞迎。❾斯無窮　斯，如此。無窮，王逸曰：「不困貧也。」或解，無窮，不止也。❿游大人　交結奉事權貴。⓫媮生　媮同偷。偷生，苟且求生。⓬超然高舉　超然，無所繫屬。高舉，謂丟棄名利，遠離是非。⓭哫訾栗斯喔咿儒兒　哫訾，以言求媚。栗斯，故作小心狀。喔咿，儒兒，皆囁嚅強笑媚人貌。⓮婦人　指楚懷王寵姬鄭袖。⓯突梯滑稽如脂如韋　王逸注：「突梯滑稽，轉隨俗也；如脂如韋，柔弱曲也。」言圓滑而柔輭。⓰潔楹　圓通。或說潔楹合音如「敬」，足恭媚世之意。⓱昂昂　出衆貌。⓲氾氾　浮游無定貌。⓳鳧　野鴨。⓴騏驥　駿馬。㉑亢軛　猶言「抗衡」，並駕齊驅之意。㉒黃鵠　大鳥，一飛千里。㉓鶩　鴨。㉔溷濁　混濁淆亂。㉕千鈞　三十斤爲一鈞，千鈞極言其重。㉖黃鐘　鐘大而聲宏，其音中黃鐘之律者。㉗高張　居高位而夸大。張，自侈大也。㉘釋策而謝　釋，捨。謝，辭。謂辭不爲之卜也。㉙尺有所短寸有所長　喻器物之用，各有所偏，不能兼備。㉚物有所不足智有所不明　物指龜。智，靈。言龜卜雖然靈驗，然仍有所不足不明。㉛數有所不逮神有所不通　數指策。不逮，不及。言蓍筮雖然神妙，然仍有所不逮不通。

【語　譯】屈原被放逐了三年，還不能再見到楚王。他雖然竭盡了智慧和忠貞，楚王卻依然被小人讒言所蒙蔽。因此心煩意亂，不知如何是好。於是就去拜訪太卜鄭詹尹，說：「我有些猶疑不決的事，希望先生替我作一個決定。」詹尹就擺正了蓍草，擦乾淨龜甲，說：「先生有什麼見教？」

屈原說：「我寧可誠誠懇懇地樸實而忠貞呢？還是送往迎來，周旋應酬，就這樣一直混下去呢？寧可割除茅草而努力耕種呢？還是巴結權貴而造成自己的虛名呢？寧可直言無隱而危及自身的安全呢？還是隨從流俗，貪圖富貴，而苟且偷生呢？寧可遠走高飛來保全自己的天眞呢？還是諂媚奉承去伺候婦人女子呢？寧可廉潔正直來保全自身的淸白呢？還是油滑沒有骨氣地求媚於人呢？寧可昂昂然像千里馬呢？還是搖搖蕩蕩像水鴨似地隨波上下苟且保全生命呢？寧可和千里馬並駕齊驅呢？還是追隨着劣馬的足跡呢？寧可和黃鵠比翼同飛呢？還是和鷄鴨爭食呢？那個是吉？那個是凶？那條路能走？那條路不能走？在這混濁不淸的社會裏，以爲蟬翼很重，而千鈞很輕；聲音宏大的黃鐘丟棄了，卻把瓦罐敲得像雷鳴似的；諂佞的人居高位，自誇自大，賢士卻被放逐，身窮名絕。唉！不要說了吧，誰又能了解我的正直和忠貞呢？」

詹尹收拾起蓍草和龜甲向屈原辭謝道：「尺有時候顯得它短，寸有時候顯得它長；龜卜雖然靈驗，仍然有它不知道不明白的事情；蓍筮雖然神妙，仍然有它不能解答，不能通曉的問題。根據你的心意，去做你自己認爲應該做的事吧！龜甲、蓍草實在不能幫你解決啊。」

【文章分析】本篇選自楚辭，體裁爲辭賦類。文中屈原和鄭詹尹的一番對答，並不表示眞有其事。王逸以爲屈原「心迷意惑，不知所爲，乃往至太卜之家，稽問神明，決之蓍龜，卜己居世何所宜行，冀聞異策，以定嫌疑。」是錯誤的。朱熹則認爲是作者的託辭，因爲「哀憫當世之人，習安邪佞，違背正直」，所以「陽爲不知二者之是非可否，而將假蓍龜以決之。」這個看法極爲正確。

屈原是一個情感極爲豐富，品格非常高超，是非善惡分辨極其嚴明的人，他對於個人的進退出處怎麼會「不知所從」呢？他不過藉此文來表明他的憤激的情感和絕不妥協的立場吧了。「用君之心，行君之意。」雖出自詹尹之口，卻是屈原的自明心迹，也是本文的主旨。

本篇共分三段，眉目淸楚，文字也很容易了解。第二段假設八問，用反詰連詞「寧」字「將」字貫串到底，吳楚材說：「語意低昂，隱隱自見。」

對楚王問

宋玉

楚襄王❶問於宋玉曰：「先生其有遺行❷與？何士民眾庶不譽之甚也！」

宋玉對曰：「唯，然，有之！願大王寬其罪，使得畢其辭。客有歌於郢中者，其始曰『下里巴人❸』，國中屬❹而和者數千人；其爲『陽阿薤露❺』，國中屬而和者數百人；其爲『陽春白雪❻』，國中屬而和者不過數十人；引商刻羽❼，雜以流徵❽，國中屬而和者，不過數人而已。是其曲彌高，其和彌寡。故鳥有鳳而魚有鯤❾。鳳凰上擊九千里，絕雲霓，負蒼天⑩，翱翔乎杳冥⑪之上；夫蕃籬之鷃⑫，豈能與之料⑬天地之高哉？鯤魚朝發崑崙之墟⑭，暴鬐⑮於碣石⑯，暮宿於孟諸⑰；夫尺澤之鯢⑱，豈能與之量江海之大哉？故非獨鳥有鳳而魚有鯤也，士亦有之。夫聖人瑰意琦行⑲，超然獨處；夫世俗之民，又安知臣之所爲哉？」

【作　者】宋玉，字子淵，戰國時楚人，王逸的九辯序說他是屈原的弟子。他曾經做過楚襄王的大夫，因為受讒罷去。

【註　釋】❶楚襄王　即楚頃襄王，懷王之子。❷遺行　過失的行爲。❸下里巴人　俗曲名。❹屬　聚。❺陽阿薤露　楚曲之稍高尚者。❻陽春白雪　楚曲之高級者。❼引商刻羽　拉長商聲，縮減羽聲。引，伸長。刻，減損。❽雜以流徵　雜，相合。流徵，激盪的徵聲。❾鯤　大魚。❿負蒼天　謂飛至極高處，如背著蒼天。負，背。⓫杳冥　謂絕遠絕高之處。⓬鷃　小雀。⓭料　計、論。⓮墟　本作虛，大丘。⓯鬐　魚脊。⓰碣石　山名。水經濡水：「碣石山在遼西臨渝縣南水中。」⓱孟諸　澤名。在河南省商丘縣。⓲尺澤之鯢　尺澤，一尺之水，極言其淺也。鯢，小魚名，一名山椒魚，常居溪流中。⓳瑰意琦行　奇偉的思想與行爲。瑰，偉。琦，美。

【語　譯】楚襄王問宋玉說：「先生大概有些過失的行爲吧？爲什麼士人百姓都很不稱贊你呢？」

宋玉回答說：「啊，是的，有的！希望大王饒恕我的罪，讓我把話解釋清楚。有客在郢都唱歌，他開始唱的叫做下里巴人的曲子，國中跟着唱和的有好幾千人；接着唱陽阿薤露，國中跟着唱和的也有好幾百人；再唱陽春白雪，國中跟着唱和的就減少到幾十個人了；最後拉長商聲，縮短羽聲，中間加上抑揚激盪的徵聲，國中能跟着唱和的，不過幾個人而已。這就表示，曲調愈高，唱和的人愈少。所以鳥類當中有鳳，魚類當中有鯤。鳳凰高飛九千里，超絕雲霓，背負蒼天，飛翔在極高的天際；那些只能在籬笆上跳來飛去的小雀，怎麼能和牠討論天地的高低呢？鯤魚早上從崑崙山出發，魚脊露在碣石山，晚上住宿在孟諸大澤；那個淺水裏的小魚，怎麼能和牠討論江海的大小呢？所以不單鳥中有鳳，魚中有鯤，士人之中也有這樣的情形。那聖人的偉大的思想，美好的行爲，傑出高超，不與人同；世上一般淺俗的人，又怎麼能了解臣的所作所爲呢？」

【文章分析】本篇選自昭明文選，是一篇辭賦類的古文。作者藉楚襄王之口提出問題，引出下文一大段妙答，以說明曲高和寡，聖賢寂寞的主題。全文分兩段，前一段楚王問，後一段宋玉答。所答都用譬喻，全不正面實說，而效果比實說更好，手法眞是十分的高妙了。吳楚材評曰：「意想憑空而來，絕不下一實筆；而騷情雅思，絡繹奔赴，固軼羣之才也。夫聖人一段，單筆短掉，不說盡，不說明，尤妙。」

漢文新譯

卷五 漢文

五帝本紀贊

史記

太史公❶曰：「學者多稱五帝❷尚❸矣，然尚書獨載堯以來；而百家言黃帝，其文不雅馴❹，薦紳❺先生難言之。孔子所傳宰予❻問五帝德及帝繫姓❼，儒者或不傳。余嘗西至空桐❽，北過涿鹿❾，東漸❿於海，南浮⓫江淮矣；至長老皆各往往稱黃帝堯舜之處，風教固殊焉。總之，不離古文⓬者近是。予觀春秋、國語⓭，其發明五帝德、帝繫姓，章⓮矣；顧弟⓯弗深考，其所表見皆不虛。書缺有間矣，其軼⓰乃時時見於他說。非好學深思，心知其意，固難爲淺見寡聞道也。余幷論次⓱，擇其言尤雅者，故著爲本紀⓲書首。」

【作者】史記，書名。漢司馬遷撰。原來只叫太史公記，或太史記。後漢書班彪傳稱司馬遷作史記，吳均西京雜記也稱司馬遷發憤作史記，才有史記這個名稱。

史記共一百三十卷，記由黃帝以來到漢武帝二千多年間的大事。司馬遷自稱共有五十二萬字。是紀、傳、書、表合組而成的通史，為我國正史之祖。內容共分為十二本紀、十表、八書、三十世家、七十列傳。是一部包羅萬象，博大謹嚴的作品。記載翔實，描寫生動，剖析縝密。不僅是正史之祖，也是百代文章的典範。

司馬遷，字子長，漢左馮翊夏陽（今陝西省韓城縣芝川鎮）人。據楊家駱太史公父子年譜所考，生於景帝中元五年（西元前一四五年），卒於昭帝始元元年（西元前八六年），年六十。

司馬氏先代曾經是周朝的太史，周朝東遷後失掉官位。他的父親司馬談，學問淵博，武帝建元、元封年間，又做漢太史。司馬遷十歲時就能背誦尚書、左傳、國語等書。二十歲時，奉漢武帝的命令出使天下，尋求遺書，開始游歷名山大川，親自探訪許多名勝古蹟。二年後回來，補博士弟子員。次年二十三歲仕為郎中。三十五歲漢定西南夷時，奉命從征。三十六歲隨武帝封禪泰山。三十八歲繼承父親司馬談為太史令。四十二歲那年，跟壺遂、公孫卿定律曆。隱然以繼承春秋，彰明聖德為己任。史記的寫作大概就是開始在這年。四十八歲時，因為替李陵辯白，觸怒漢武帝，因此遭受最殘忍、最羞辱的宮刑。第二年升為中書令，雖然很受尊寵；但是他對政治心灰意冷，只一心發憤努力，從事寫作，志在「究天人之際，通古今之變，成一家之言」。五十五歲那年十二月曾寫信給任安，說明成書一百三十卷。以後事蹟難考。

司馬遷學識豐富，見聞廣闊，加上才氣過人，品德超羣，所以他的史記真可說是博大精深，包括了天文、地理、歷史、哲學、政治、經濟、土木、水利、工藝，以至於社會百態。寫什麼像什麼，說什麼是什麼，不僅是史學家，更是文學家。

【註釋】❶太史公　史記諸贊稱「太史公」皆遷自稱；但天官書、封禪書及自序前篇兩稱「太史公」，孫指其父司馬談。❷五帝　即黃帝、顓頊、帝嚳、堯、舜。❸尚　上也。言五帝的事已很久遠。❹不雅馴　因諸家所錄有關黃帝著述，多依記附會，甚或荒謬不經，故太史公謂不雅馴。雅，正也，常也。馴，順也。❺薦紳　即搢紳，或作縉紳。古朝士也，今泛指一般仕宦者。❻宰予　春秋魯人，字子我，亦稱宰我，孔子弟子。❼五帝德及帝繫姓　大戴禮篇名。❽空桐　山名。即崆峒。在今河南臨汝縣西南六十里。❾涿鹿　山名。在今河北涿鹿縣東南。❿漸　入也。⓫浮　汎也。⓬古文　指用籀文寫成之載籍。與今文（用漢代隸書寫成）相對。言舊籍略近於眞也。⓭春秋國語　二書名。⓮章　著也。⓯顧弟　顧，特也，與但義近。弟，但也。⓰軼　散失也。⓱論次　以次敍述也。⓲本紀　史記篇名。以序帝王。

【語　譯】太史公說：「學者都說五帝的事情太久遠了，可是書經的記載獨從唐堯開始；至於後世諸家所說有關黃帝時的許多事情，多依記憶附會，文辭也多荒誕不雅順，所以很多有學問的縉紳們都不談這些。像孔子所傳下的宰予問五帝德及帝繫姓兩篇，一般讀書人以爲不像聖人說的話，便不肯傳述。我曾經西邊到過空峒山，北面經過涿鹿山，東至海，南游江淮一帶。每到一處，長老們常常講述很多某處與黃帝有關或某處與堯舜有關的一些事情；風俗教化原本各處不同，但總以古文圖籍略近於眞。我看春秋、國語二書，很明顯的，其間有很多可和五帝德及帝繫姓兩篇互相發明。但是，如果不加深考，自然會覺得他所發表的都很實在。若一經細考，就可知其書原是殘缺脫漏的，因此它的遺聞軼事，時常散見於其他載籍中，若不是好學深思，明白他的意思，實在也是很難爲孤陋寡聞的人說得明白的。我選擇載籍中文詞最雅馴的，按照時代次序向下記述，所以把它寫在本紀中的第一篇。」

【文章分析】本篇選自史記，體裁屬於頌贊類。五帝的名稱，見於孔子家語及大戴禮記。有兩種說法：一指伏羲、神農、黃帝、少昊、顓頊五人，一指黃帝、顓頊、帝嚳、堯、舜五人。太史公是採用後一種的說法。並說明所以本紀始自黃帝的原因。因爲有許多事實都是史公親自採訪來的，雖然文獻不足，也不能不寫。至於贊的來源，可推溯到左傳的「君子曰」；可是，畢竟跟太史公的史評有所不同。

項羽本紀贊

史記

太史公曰：「吾聞之周生❶曰：『舜目蓋重瞳子❷。』又聞項羽❸亦重瞳子。羽豈其苗裔❹邪？何興之暴也！夫秦失其政❺，陳涉首難❻，豪傑蠭起❼，相與並爭，不可勝數。然羽非有尺寸❽，乘勢起隴畝之中，三年，遂將五諸侯❾滅秦，分裂天下，而封王侯，政由羽出，號爲霸王。位雖不終，近古以來，未嘗有也。及羽背關懷楚❿，放逐義帝⓫而自立，怨王侯⑫叛己，難矣！自矜功伐⑬，奮其私智而不師古，謂霸王之業，欲以力征經營⑭天下。五年卒亡其國。身死東城⑮，尚不覺寤，而不自責，過矣！乃引『天亡我，非用兵之罪也』，豈不謬哉？」

【註釋】❶周生　漢時儒者。❷重瞳子　一個眼珠有兩個瞳孔。❸項羽　秦末下相（今江蘇省宿遷縣西）人，名籍，楚將項燕之後，隨項梁起兵，自封西楚霸王，後爲劉邦所敗。❹苗裔　後嗣也。❺秦失其政　謂始皇暴虐，人民怨恨，及二世卽位，趙高弄權，內政混亂，革命四起。❻陳涉首難　陳涉名勝，陽城（今河南省登封縣）人，二世元年，與吳廣起兵，不久自立爲王，後爲其車夫莊賈所殺。首難，軍事行動必予人以難，故最先興兵起事的叫首難。❼蠭起　蜂湧而起；形容其多。蠭，「蜂」之古字。❽非有尺寸　謂沒有尺寸的封地。❾五諸侯　卽齊、燕、韓、趙、魏。❿背關懷楚　背，離也。背關卽離鴻門也。懷楚，懷念楚國也。謂羽離去鴻門東歸楚地也。⓫義帝　卽楚懷王孫心，爲項梁所立。羽入關，尊爲義帝。後徙之長沙，陰令吳芮、共敖擊殺之江中。⓬王侯　指韓廣、劉邦等。⓭功伐　乃同義詞。伐亦功也。⓮經營　治理營謀也。⓯東城　縣名。在今安徽省定遠縣東南。羽至此僅剩二十八騎，雖奮戰三勝，終敗死於此。

【語譯】太史公說：「我聽周生說過：『舜的眼睛是眼珠裏有兩個瞳子。』又聽說項羽也有兩個瞳子。項羽難道是舜的後代嗎？要不然，爲什麼會興起得這麼快呢！想那秦國政治失修，陳勝首先發難，當時英雄豪傑跟着起事，相互爭奪天下的，眞不知有多少。然而項羽並沒有一尺一寸的土地，赤手空拳也乘勢從田野中起來，只不過三年的工夫，就率領了齊、燕、韓、趙、魏五國的兵將秦國滅掉，瓜分天下，分封給許多侯王，一切政令都由項羽發佈，自號西楚霸王。他的王位雖然不能保住，可是近幾百年來，還沒有過這樣的人物呢！到了項羽離開鴻門，回到楚國，於是趕走義帝自立，自己先背叛了義帝，卻又怨恨韓廣、劉邦等背叛自己，這事就很難了！自我誇大作戰的功勞，只憑一己的智慧，卻不取法古聖先賢，以爲霸王的事業，是要用武力去征伐，才能治理營謀天下。僅僅五年，終於亡國。自己被迫自刎於東城，至死還不覺悟，不肯自責，那眞是錯誤極了！還要引用『那是天意要亡我，不是我打不過敵人』這句話來自我解嘲，豈不荒唐透頂麼？」

【文章分析】本文選自史記，體裁與前篇相同。項羽二十四歲起兵，五年間，立下了蓋世功勳，封侯稱王，號令天下。但是，如果沒有太史公過人的見識，生花的妙筆，惜才的情誼，縱然不被湮滅，也不會這樣精采動人，是可以斷言的。這是一篇頌贊類的文章。在這短短不足二百字的贊文中，雖然是在分析項羽失敗的原因；但是憐惜之情，溢於言表。

本篇有兩大特點，其一是項羽列本紀。史公這種超人的見識，眞不是班固可以望其項背的。秦漢五年間，稱霸諸侯，號令天下，列爲本紀有何不可？其二是補述「舜目蓋重瞳子」這件逸事。以項羽這樣偉大人物，若無顯赫的家世，怎好相襯？但項氏興起不久，無可追述，太史公巧妙地補記這件逸事，使他跟舜發生關係，眞可說是神來之筆。

秦楚之際月表❶

史記

太史公讀秦楚之際❷，曰：「初作難，發於陳涉❸。虐戾滅秦❹，自項氏❺。撥亂誅暴，平定海內，卒踐帝祚，成於漢家。五年之間❻，號令三嬗❼。自生民以來，未始有受命若斯之亟也。

昔虞夏之興，積善累功數十年❽，德洽百姓，攝行政事，考之於天❾，然後在位。湯武之王，乃由契后稷❿，修仁行義十餘世，不期而會孟津⓫八百諸侯，猶以爲未可，其後乃放弒⓬。秦起襄公⓭，章於文、繆⓮，獻、孝⓯之後，稍以蠶食六國，百有餘載，至始皇乃能幷冠帶之倫⓰。以德若彼⓱，用力如此，蓋一統若斯之難也。

秦既稱帝，患兵革不休，以有諸侯也，於是無尺土之封，墮壞名城，銷鋒鏑⑱，鉏⑲豪傑，維萬世之安。然王跡之興，起於閭巷⑳，合從討伐，軼於三代㉑。鄉秦之禁㉒，適足以資賢者爲驅除難耳。故憤發其所爲天下雄，安在無土不王，此乃傳之所謂大聖乎？豈非天哉！豈非天哉！非大聖孰能當此受命而帝者乎？」

【註釋】❶月表　表，乃史記文體之一。在考諸侯王歷代大事，提綱挈領，匯列綜要，較時事，明年差。年代不可考者作「世表」；可考者作「年表」；變化太劇烈則作「月表」。❷秦楚之際　謂秦二世失政，項羽起兵之間。❸陳涉　卽陳勝，與吳廣爲首先發難抗秦者。旋自立爲王，後爲其車夫莊賈所殺。❹虐戾滅秦　謂殘暴凶狠，屠秦咸陽，殺二世也。❺項氏　卽項羽。❻五年之間　指自劉邦封爲漢王之元年至五年，亦卽自項羽稱王至烏江自刎之五年。❼三嬗　嬗通禪，更替也。三嬗者，謂自陳涉首難至項羽，由項羽而再至劉邦，三次更替也。❽積善累功數十年　謂舜禹在未卽帝位前已服務國家數十年，且有功於百姓。按堯薦舜於天凡二十八年；舜薦禹於天凡十七年。❾考之於天　謂受考察於天也。卽所謂：「天聽自我民聽，天視自我民視。」❿契后稷　契，帝嚳之子，商之始祖。后稷，卽司稷也。周始祖棄曾爲舜后稷，因號曰后稷。⓫孟津　地名，在今河南省孟縣南。⓬放弒　謂湯放桀，武王弒紂也。⓭襄公　秦嬴之後，犬戎作亂，秦襄公率兵救周，有功；周平王東遷，又以兵送之。於是賜以岐豐之地，爲諸侯。秦由是始大。⓮文繆　謂秦文公與秦繆公也。繆，也作穆。⓯獻孝　秦獻公與秦孝公也。⓰并冠帶之倫　謂吞滅文明較高的六國而統一天下也。冠帶，戴冠束帶。代表重視禮儀。倫，輩也，類也。⓱以德若彼　彼，指上述虞、夏、商、周也。⓲銷鋒鏑　銷，鑠金也，卽鎔化。鋒，刀末曰鋒，指兵刃也。鏑，一作鍉，卽箭鏃。按：秦銷鋒鏑，作十二金人，以弱天下之兵也。⓳鉏　通作鋤，除也，卽誅滅。⓴閭巷　謂鄉里也。蓋高祖出身亭長。㉑軼於三代　軼，過也。三代，指夏、商、周。㉒鄉秦之禁　指上文而言，謂秦墮壞名城，銷鋒鏑等事。

【語譯】太史公讀秦楚之間的一段史實說：「起初發難抗秦的是陳勝。用暴虐的手段滅秦的是項羽。撥除混亂，誅伐昏暴，平定天下，終於完成帝業的是漢家。只有五年的時間，號令卻更改了三次。自有生民以來，從沒有受天命有這樣快的。

以前虞舜、夏禹的興起，都是積了幾十年的善政事功，恩惠施及百姓，代行天子職務期間，是在接受上天的考察，人服天順，然後才正式即位爲天子。商湯、周武的成就王業，是從他們的祖先契和后稷開始，修行仁政十幾代，在孟津大會諸侯，不約而來的有八百餘，還覺得不夠，以後更放夏桀，殺商紂。秦由襄公救周時興起，文公、繆公時，名聲才大起來，到了獻公、孝公以後，漸漸東侵，蠶食諸侯，又過了一百多年，到始皇才併呑六國而有天下。用德如虞、夏、商、周，用力如秦，一統天下，原是這樣的不容易啊！

秦既稱帝，擔心因爲有諸侯而戰爭不止。於是廢除封建，毀壞有名的大城，鎔化所有的兵刃，誅殺了許多英雄豪傑，以圖維持萬代的安定。然而帝王的興起，卻出於鄉里，聯合了天下英雄，討伐暴虐的秦朝，其成就遠超過夏、商、周三代。從前秦朝的禁令，恰好幫助有才能的人排除患難罷了！所以說，發憤爲強，稱霸天下，怎麼能說沒有土地便不能成王呢？這大概就是古書上所說的大聖吧？難道不是天意麼？難道不是天意麼？假如不是大聖，誰能擔當這滅秦的重任而受上天之命爲帝王呢？」

【文章分析】本篇選自史記，文體屬於序跋類。秦楚交替的五年間，擾攘篡奪，此起彼落，是最紛亂的時代，史公能以不滿五百字的短文勾勒出這段大事，眞是文章大手筆。本文共分三段：首言陳涉、項羽、劉邦三人受命之速。次段言虞、夏、商、周、秦五代的統一甚難。末段言漢滅秦，純爲天意，由於大聖的緣故，才能得天命。

高祖功臣侯年表

史記

太史公曰：「古者人臣功有五品❶：以德立宗廟、定社稷曰勳❷，以言曰勞❸，用力曰功❹，明其等曰伐❺，積日曰閱❻。封爵之誓曰：『使河如帶，泰山若厲，國以永寧，爰及苗裔❼。』始未嘗不欲固其根本，而枝葉稍陵夷衰微也。

余讀高祖侯功臣，察其首封，所以失之❽者，曰：異哉所聞。書曰：『協和萬國❾』，遷于夏商，或數千歲。蓋周封八百，幽厲❿之後，見於春秋。尚書有唐虞之侯伯，歷三代千有餘載，自全以蕃⓫衛天子，豈非篤于仁義，奉上法哉？

漢興，功臣受封者，百有餘人，天下初定，故大城名都散亡，戶口可得而數者十二三。是以大侯不過萬家，小者五六百戶。後數世，民咸歸鄉里，戶益息⓬，蕭曹絳灌⓭之屬，或至四萬，小侯自倍，富厚如之。子孫驕溢，忘其先，淫嬖。至太初，百年之間，見侯五，餘皆坐法⓮隕命亡國，耗矣。罔亦少密焉，然皆身無兢兢⓯於當世之禁云。

居今之世，志古之道，所以自鏡也，未必盡同。帝王者，各殊禮而異務，要以成功爲統紀⓰，豈可緄⓱乎？觀所以得尊寵及所以廢辱，亦當世得失之林⓲也，何必舊聞？於是謹其終始，表見其文，頗有所不盡本末；著其明，疑者闕之。後有君子，欲推而列之，得以覽焉。」

【註釋】❶五品　品，類也，等差也。五品卽五類。❷勳　功也。說文：「能成王功也。」卽能輔成王業曰勳。❸勞　用力甚也。❹功　以勞定國曰功。❺伐　功績也。❻閱　經歷也。❼苗裔　後嗣也。❽失之　謂失侯也。❾萬國　猶萬邦，指四方諸侯言。❿幽厲　幽王、厲王。周朝二個暴虐君主。⓫蕃　通藩，屏也。⓬息　生長也。⓭蕭曹絳灌　謂蕭何、曹參、絳侯周勃、灌嬰也，皆豐沛故人。⓮坐法　猶言犯法。坐，因。⓯兢兢　戒愼貌。⓰統紀　卽綱紀也。⑰緄　縫而合之也。謂帝王之道，原各不同，不可強合也。⑱林　凡叢集之所皆曰林。

【語　譯】太史公說：「古時人臣的功勞有五等：用仁德建立國家、安定社會叫勳，用言論的叫勞，用武力的叫功，明其功績叫伐，任事長久叫閱。封爵時宣誓道：『使黃河細得像帶子，泰山夷平似磨刀石，國家藉此長久安寧，一直傳到後代子孫。』最初分封的時候，本想使他的基業鞏固；可是後來的子孫，卻日漸衰頹下去。

我研究高祖封侯的功臣，仔細考察他們初封的時候，以及所以又失侯的原因，那眞是和我所聽說的完全不一樣。書經上說：『使天下的諸侯都和諧相處。』經過了夏朝、商朝，有的已幾千年了。周朝所封的八百個諸侯，幽王、厲王以後的，見於春秋。尙書裏則有唐、虞時代的侯伯，經過三代達一千多年，善自保全以藩衞天子，難道不是篤守仁義而又能奉行皇命的緣故嗎？

漢朝興起後，分封功臣有一百多位，這時候，天下剛平定，過去的大城名都，戶口散亡甚多，算得出來的，大概只剩下十之二三。所以大侯的食邑不過萬家，小的只有五六百戶罷了。隔了幾年，人民大都還鄉，再加上新生的，戶口日漸增多，以至於像蕭何、曹參、周勃、灌嬰他們，有的竟封到四萬戶。就是小的侯，也比以前加了一倍，富貴殷厚也和大侯一樣。他們的子孫們驕奢淫逸，忘卻了祖上創業的艱難，專做荒淫邪辟的事。到了太初年間，僅百餘年，能見的侯只有五個，其餘的都因犯了罪，喪了性命，亡了國家，差不多都完了。法律固然嫌嚴了點，然而，都因他們不謹愼才觸犯禁令的啊！

處在現在的時代，記取古道，正是用來照見自己，但也未必完全一樣。做帝王的，各有各的禮教，各有各的事務，總之以成功做標準就是了，那裏可以強合的呢？看他們所以得到尊貴寵愛，以及他們遭到被廢的恥辱，這也是當世得失事例的總會，何必要談過去？於是就謹愼地記下他們的始末，用文字表明出來，但有許多地方不能原原本本地說出來，所以只把顯明的說一說，疑惑的從缺。倘後世的有志之士，想廣爲敘述，也可以用此作參考。」

【文章分析】本篇選自史記，也是序跋類的文章。全篇以古今二字做脈絡，層層推進，步步照顧，就文章技巧言，値得學習；更何況通篇從慨嘆着筆，悲天憫人，超然物外，眞是神品。共分爲四段，首段在說明封建的精神。次段敘古概今。第三段以今印古，以明興衰。末敘寵辱在於自取，所以寫此垂教的本意。

孔子世家❶贊

史記

太史公曰：「詩❷有之：『高山仰止，景行行止❸。』雖不能至，然心鄉❹往之。余讀孔氏書，想見其爲人。適魯，觀仲尼❺廟堂❻車服禮器❼，諸生❽以時習禮其家❾，余低回❿留之，不能去云。天下君王，至於賢人，衆矣！當時則榮，沒則已焉！孔子布衣⓫，傳十餘世，學者宗之。自天子王侯，中國言六藝⓬者，折中⓭於夫子，可謂至聖矣！」

【註釋】❶世家　乃史記體例之一，與本紀同。惟本紀記統治天下之人。世家則記統治某一區域或有功於天子之諸侯。❷詩　指詩經。❸高山仰止景行行止　見小雅車舝篇。景行，偉大高明的德行。一說：音ㄐㄧㄥˇ ㄏㄤˊ，大道也，以喻夫子之道廣大，爲天下人所遵行。止，當「之」講。一本卽作「之」。仰，瞻望也。意謂夫子之德如山，高不可攀。❹鄉　同嚮。❺仲尼　孔子字。❻廟堂　指孔子廟。❼車服禮器　指孔子之遺物。❽諸生　學官弟子也，卽學生。❾習禮其家　謂學禮於孔宅。❿低回　徘徊流連。⓫布衣　謂庶人老百姓也。⓬六藝　有二說：其一指禮、樂、射、御、書、數；其一指詩、書、易、禮、樂、春秋之六經。此謂六經也。⓭折中　無過與不及之謂。謂以夫子爲標準，凡過與不及，皆取斷於夫子而得中也。

【語譯】太史公道：「詩經小雅車舝篇說：『高山是可以瞻望的，大道是可以行走的。』我們偉大的孔子也就像這樣崇高，雖然我們無法及得上，但卻一心企慕着呢！我讀孔子的書，因而體會出他的爲人。到了魯國，看到紀念夫子的禮堂，和一些夫子遺留下來的車服禮器，有許多學生按時到此來學習禮儀，我看了後，徘徊留戀，竟捨不得離去。天下的君王和歷代賢能之士實在是太多了，當他們在世時，卻也榮耀得很，但死了也就什麼都沒有了！孔子是一介平民，卻傳了十幾代，讀書人都推尊他。從天子到王侯，中國講六經的人，都以夫子爲標準，而求其至當。那眞可算是聖人中至上的了。」

【文章分析】本篇選自史記，文體屬頌贊類。全文分兩段。首段以詩云二句開端，把讀者的思想視野拉得高高地，一筆轉到孔子，又是那麼地眞實親切，而以「不能去云」作結。雖然只有幾十個字，但變化曲折已夠耐人尋味了。末段以天子王侯作比，權力到底不如知識，此乃太史公借他人杯酒澆自己胸中塊壘，忍辱含垢而作史記，難道是沒有微旨的嗎？

孔子以一介平民而列世家，就像項羽列在本紀，同樣看出太史公史德的崇高和析物的精密。夫子雖然沒有諸侯的高位，但代代有賢哲學者宗仰，站在學術的立場，把孔子列爲世家，不是很恰當的嗎！

外戚世家序

史記

自古受命帝王及繼體❶守文之君，非獨內德❷茂也，蓋亦有外戚之助焉。夏之興也以塗山❸，而桀之放❹也以末喜❺。殷之興也以有娀❻，紂之殺也嬖妲己❼。周之興也以姜原❽及大任❾，而幽王之禽也淫於褒姒❿。故易基乾坤⓫，詩始關雎⓬，書美釐降⓭，春秋譏不親迎⓮。夫婦之際，人道之大倫⓯也；禮之用，唯婚姻爲兢兢⓰。夫樂調而四時和，陰陽之變，萬物之統⓱也，可不愼與？「人能弘道⓲」，無如命何？甚哉妃匹⓳之愛，君不能得之於臣，父不能得之於子，況卑下乎？既驩合矣，或不能成子姓⓴；能成子姓矣，或不能要其終；豈非命也哉？孔子罕稱命㉑，蓋難言之也！非通幽明㉒之變，惡能識乎性命㉓哉？

【註釋】❶繼體　謂嗣位也。❷內德　謂中心之德。❸塗山　國名。❹放　謂湯放桀於南巢也。❺末喜　桀妻。國語晉語云：「昔夏桀伐有施，有施人以末喜妻焉。」❻有娀　國名。❼嬖妲己　嬖，愛幸也。妲己，紂妃，專寵，助紂為虐。周武王滅紂，殺之。❽姜原　一作姜嫄。帝嚳妃，后稷母。列女傳：「姜嫄性清靜，好稼穡，嘗行於野，見巨人跡，履之，歸而有娠，遂生后稷。」❾大任　文王母。列女傳：「太任者，王季娶為妃，性端一誠莊，及有娠，目不視惡色，耳不聽淫聲，口不出惡言，能以胎教，而生文王。」❿褒姒　周幽王寵妃。⓫易基乾坤　易經之理，始於乾坤。基，始也。乾坤，二卦名。乾為天，坤為地，故又謂天地為乾坤。⓬關雎　詩經國風首篇名。⓭釐降　釐，飭也，令也。降，下嫁也。謂堯令二女下嫁於舜也。事見尚書堯典。⓮親迎　婿自迎娶也。⓯大倫　重大的倫常也。夫婦為五倫之一；有夫婦，而後有父子、兄弟等倫，故曰大倫。⓰兢兢　戒慎貌。⓱統　系也，紀也，卽綱紀。⓲人能弘道　論語衛靈公篇句。子曰：「人能弘道，非道弘人。」弘，大也。謂人能將道擴而大之也。⓳妃匹　謂夫婦也。⓴子姓　卽子孫。㉑孔子罕稱命　論語子罕篇：「子罕言利與命與仁。」㉒幽明　幽，闇也。謂有形無形之意也。㉓性命　易乾卦云：「乾道變化，各正性命。」疏云：「性者，天生之質，若剛柔遲速之別。命者，人所稟受，若貴賤夭壽之屬。」

【語譯】古來開國的君主，或是繼承法統，持守典章的帝王，不僅靠內在德行的美好，原也有外戚的幫助呢！夏朝的興起，由於娶了塗山氏的女兒；但是到了桀，卻因寵幸末喜而被放逐到南巢。殷商的興盛，因為娶了有娀國的女兒；到了紂王，卻因寵幸妲己而被殺了。周朝的興盛，因為娶了有邰氏的姜嫄和太任；可是幽王的被擒卻因為被褒姒所迷惑。

所以，易經的道理，始於乾坤，詩經第一章是論后妃之德的關雎，書經上特別贊美堯下嫁二女給舜，春秋譏諷的是娶不親迎。因為夫婦之間，是人道中最大的倫常；體的作用，只有在婚姻上最應謹慎留心。要知道，音樂協調，則四時和順。陰陽的變化，是萬物的法則，怎可能不謹慎呢？人縱然能宏揚大道，但是對於天意命運卻無法可想。夫婦的愛，眞可說是至乎其極了！君王不能在臣子身上得到，父親不能在兒子身上得到，更何況那些卑微低下的人呢？既已相愛結合了，也許還不能繁衍子孫；就算有了子孫，是否能保他終身還很難說；這難道不是命運嗎？孔子所以少談命理，就因爲它很難講啊！不是通達陰陽變化的人，怎能了解那性命呢？

【文章分析】 本篇選自史記，文體屬序跋類。

從古以來，一個王朝的興盛或是衰敗，多少都和外戚有關，太史公深深了解這點，爲了警惕後世，因此寫作本文。全文凡分三段：第一段開宗明義就說，一個成功的君王，不僅是他自身的德行要修明，而且還要靠外戚的幫助。第二段在說明三代所由廢興的情形。末段由說明六經的本始推開到人類本有的親愛。全文有勸有戒，最後歸之於命。史公雖引孔子罕稱命，想要人能弘道以立命，但呂后之禍，不就是老天有意安排的嗎？

伯夷列傳

史記

夫學者載籍❶極博，猶考信於六藝❷。詩書雖缺，然虞、夏之文可知也。堯將遜位❸，讓於虞舜，舜、禹之間，岳牧❹咸薦，乃試之於位。典職數十年❺，功用既興❻，然後授政❼。示天下重器❽，王者大統❾，傳天下若斯之難也。而說者❿曰：「堯讓天下於許由⓫，許由不受，恥之逃隱。及夏之時，有卞隨、務光⓬者。」此何以稱焉？太史公曰：余登箕山⓭，其上蓋有許由冢云。孔子序列古之仁聖賢人，如吳太伯、伯夷⓮之倫，詳矣。余以所聞，由光義至高，其文辭不少概見⓯，何哉？

孔子曰：「伯夷、叔齊，不念舊惡，怨是用希⓰。」「求仁得仁，又何怨乎⓱？」余悲伯夷之意，睹軼詩，可異焉。其傳曰⓲：「伯夷、叔齊，孤竹⓳君之二子也。父欲立叔齊，及父卒，叔齊讓伯夷。伯夷曰：『父命也。』遂逃去。叔齊亦不肯立而逃之。國人立其中子。於是伯夷、叔齊聞西伯昌⑳善養老，『盍往歸焉！』及至，西伯卒，武王載木主㉑，號為文王，東伐紂。伯夷、叔齊叩馬而諫曰：『父死不葬，爰㉒及干戈，可謂孝乎？以臣弒君，可謂仁乎？』左右欲兵之。太公㉓曰：『此義人也。』扶而去之。武王已平殷亂，天下宗周㉔；而伯夷叔齊恥之，義不食周粟，隱於首陽山㉕，采薇㉖而食之。及餓且死，作歌，其辭曰：『登彼西山㉗兮，采其薇矣！以暴易暴兮，不知其非矣！神農㉘、虞、夏，忽焉沒兮；我安適歸㉙矣？于嗟徂㉚兮，命之衰矣！』遂餓死於首陽山。」由此觀之，怨邪非邪？

或曰：「天道無親㉛，常與善人。」若伯夷、叔齊，可謂善人者非邪？積仁絜㉜行如此而餓死。且七十子之徒㉝，仲尼獨薦顏淵為好學㉞；然回也屢空㉟，糟糠不厭㊱，而卒蚤㊲夭。天之報施善人，其何如哉？盜蹠日殺不辜㊳，肝㊴人之肉，暴戾恣睢㊵，聚黨數千人，橫行天下，竟以壽終。是遵何德哉？此其尤大彰明較著㊶者也。若至近世，操行不軌，專犯忌諱㊷，而終身逸樂，富厚累世不絕。或擇地而蹈之，時然後出言㊸，行不由徑㊹，非公正不發憤，而遇禍災者，不可勝數也。余甚惑焉。儻㊺所謂天道，是邪非邪？

子曰：「道不同，不相爲謀㊻。」亦各從其志也。故曰：「富貴如可求，雖執鞭之士，吾亦爲之；如不可求，從吾所好㊼。」「歲寒，然後知松柏之後凋㊽。」舉世混濁，清士乃見。豈以其重若彼，其輕若此哉？「君子疾沒世而名不稱焉㊾。」賈子㊿曰：「貪夫徇(51)財，烈士徇名，夸者死權(52)，眾庶馮生(53)。」「同明相照，同類相求。雲從龍，風從虎。聖人作而萬物覩(54)。」伯夷、叔齊雖賢，得夫子而名益彰；顏淵雖篤學，附驥尾(55)而行益顯。巖穴之士，趨舍有時(56)若此，類名堙滅而不稱，悲夫！閭巷之人，欲砥行立名者，非附青雲之士(57)，惡能施於後世哉！

【註釋】❶載籍　猶言書籍。書所以記載事實也。❷六蓺　即詩、書、易、禮、樂、春秋之六經也。蓺，通「藝」。❸遜位　即讓位。❹岳牧　岳指四岳，即四方諸侯之長。牧，指十二牧，即十二州之州長。唐虞時分天下爲十二州。❺典職數十年　指舜攝政二十八年，舜薦禹於天下十七年而言，即代理一二十年也。典，掌管。❻功用既興　指代理期間表現很好，很有功績。❼授政　指禪位也。❽重器　寶器也。❾大統　謂天子之位。❿說者　謂諸子百家也。⓫許由　上古高士。堯以天下讓之，不受，遁耕於潁水之北，箕山之下。堯又欲召爲九州長，由不欲聞，洗耳於潁水之濱。⓬卞隨務光　卞隨，夏時高士。湯欲以天下讓之，恥而自投於潁水。務光，夏時高士。好琴。湯伐桀，與之謀，遭拒。聞湯欲以天下讓，乃負石自沉於蓼水。⓭箕山　亦名崿嶺，在河南登封縣東南。⓮吳太伯伯夷　吳太伯，古公亶父長子，文王伯祖，爲讓國乃弟季歷，而逃至吳。伯夷，孤竹君之長子。⓯槪見　槪，梗槪，約略也。⓰伯夷三句　見論語公冶長。⓱求仁得仁又何怨乎　見論語述而篇。⓲其傳曰　指韓詩外傳及呂氏春秋。⓳孤竹　國名，湯時所封。⓴西伯昌　謂文王姬昌也。㉑木主　即神主。㉒爰　於是也。㉓太公　謂姜太公呂尙也。㉔宗周　主周也。謂周爲天下所宗。㉕首陽山　在今山西永濟縣南。㉖采薇　薇，草名，嫩時可食。㉗西山　即首陽山。㉘神農　生於姜水，以姜爲姓。敎民務農，故號神農氏。又以火德王，故又稱炎帝。㉙適歸　歸向何處也。㉚徂　往也。人死謂之徂，蓋謂生者來而死者往也。㉛親　愛也。㉜絜　修整也。㉝徒　輩也。㉞好學　論語雍也篇：哀公問弟子孰爲好學，孔子對曰：有顏回者好學。㉟屢空　經常貧窮。論語先進篇：子曰：回也其庶乎？屢空。㊱糟糠不厭　最粗劣的食物，都不能吃飽。糟糠，酒滓及穀皮。貧者之所飧也。厭，飽足。㊲蚤　同早。㊳盜蹠日殺不辜　盜蹠，古之大盜。展禽之弟。蹠，也作跖。不辜，卽無罪。㊴肝　此處作動詞用。㊵暴戾恣睢　暴戾，謂剛暴狠戾也。恣睢，矜放之貌。㊶彰明較著　顯明之義也。較，明也。㊷忌諱　凡有所避忌而諱言者。㊸時然後出言　論語憲問篇云：夫子時然後言。㊹行不由徑　見論語雍也篇。㊺儻　亦作倘，苟也。㊻道不同不相爲謀　見論語衞靈公篇。㊼富貴如可求五句　見論語述而篇。㊽歲寒然後知松柏之後凋　見論語子罕篇。㊾君子疾沒世而名不稱焉　見論語衞靈公篇。㊿賈子　卽賈誼。以下四句見漢書賈誼傳。(51)徇　以身從物曰徇。(52)夸者死權　莊子曰：權勢不充則夸者悲。(53)衆庶馮生　漢書作「品庶每生」。按馮，恃也。每，貪也。衆庶猶品庶，謂衆生也。(54)同明相照五句　見易乾卦。世用以喻君臣之遇合。(55)附驥尾　謂附人而成名者。乃尊人自卑之詞。(56)趣舍有時　進退有時也。(57)青雲之士　有美德令譽之士也。

【語譯】身爲學者的，雖書籍極多，但還要以詩、書、易、禮、樂、春秋爲徵信的依據。詩經、尙書雖有缺略，然而虞夏時的事情還是可由此而得知。堯準備退位，讓給虞舜，以及後來舜又讓位給禹，都是經過四岳十二牧的一致推薦，才得先行代理。經過二十多年的試驗考察，各方面都有表現，而且有功績，然後才將帝位正式傳給他。這是表示帝位是天下的寶器，帝王之治是重大的法統，傳讓天下是這樣的愼重啊！可是有人說：「堯讓位給許由，許由不但不受，反引以爲恥，於是逃隱於箕山之下。夏代又有卞隨、務光兩人，也不受湯讓。」這憑什麼這樣說呢？太史公說：我曾爬上過箕山，山上傳說有許由的墳墓。孔夫子論列古代仁人聖賢，像吳太伯、伯夷這一輩詳細得很。就我所知，許由、務光他們，義行極高，可是詩書上卻很少見有關他們事蹟的約略記載，這是爲什麼呢？

孔子說：「伯夷和叔齊，不記人家過去的不是，怨他的人也就很少了。」又說：「要求仁德，就得到仁德，還有什麼可怨的呢？」我悲伯夷兄弟相讓，義不食周粟的用意，再看下面那首未經詩經收錄的詩，實在有點兒奇怪。他們的傳記是這樣的：「伯夷、叔齊是孤竹君的兩個兒子，父親的意思想立叔齊爲儲君，等到父親死了，叔齊讓給伯夷，伯夷道：『這是父親的命令啊！』就此出逃。叔齊也不肯受位逃去，國人就立老王的中子爲王。這時候，伯夷叔齊聽到西伯昌尊老養老，心想：『何不到他那兒去呢？』等到了周地，西伯已死，武王載了神主，追諡西伯曰文王，東去伐紂。伯夷叔齊拉住武王的馬頭向他勸說：『父親死了還沒有安葬就興動刀兵，可以算得孝嗎？做臣子的要去殺死國君，可以算是仁嗎？』武王跟隨的人想把他倆殺掉，太公呂尙說：『這是有正義感的人啊。』叫人攙扶開去。武王平定了殷紂的混亂以後，天下都歸附周朝；可是伯夷、叔齊卻對周朝的行爲引以爲羞，立志不吃周朝的東西，隱居於首陽山上，採些野菜來充飢。等到餓得將要死的時候，作了一首歌，那歌辭道：『登上那西山呀，采些可食的薇草！以凶暴代替凶暴，自己錯了，都還不知道呢！神農呀！虞夏呀！都匆匆地過去了，叫我往何處去呢！唉！唉！死期到了！我的命運爲什麼這樣薄呢！』於是餓死在首陽山上。」由這情形來看，是怨呢？還是不怨呢？

有人說：「天道沒有偏愛，只是常愛好人。」像伯夷、叔齊，可以算是善人不是呢？累積仁義，修整德行，這樣的人竟會餓死？還有孔子的學生七十二大賢，夫子單稱顏回好學；可是顏回經常鬧窮，就連最差的食物都吃不飽，而且早死。上天報答好人的，竟是這樣的嗎？盜蹠常常殺些無罪的人，烤人的肉，剛暴凶狠，聚集黨羽幾千人，橫行天下，後來竟終其天年，這又是依據什麼準則呢？這些都是大而顯明的例子；至於像近代，那些品性不端，行爲不正的人，專犯忌諱，卻是終身安逸快樂，而且富貴幾代不絕。有些謹愼的人，講究出處進退，該說話的時候才說，連走路都不由捷徑小路，不是公正的事，決不措意；可是這些人遭遇災禍的，簡直無法計算！眞使我感到迷惘，或者這就是上天的公道？是呢？不是呢？

孔子說：「志趣觀念不同的人，是不能相謀的。」也只得聽從各人的心志了。所以孔子又說：「富貴如果可以強求的話，就是叫我替人家趕車子我也幹；如果是勉強不了的話，那只好依我所喜歡的去做了。」因爲「只有到天冷了，才知道松柏是不凋的，不同於其他草木。」只有世上一片混濁，淸白的士子才能顯得出來。那裏會因善惡的後果輕重顚倒而改其節操呢？所以夫子說：「君子最恨的是身死了而名不稱揚於世。」賈誼也說：「貪婪的人爲財而死，英烈的人爲名而死，矜夸的人則死於權勢，一般常人只知道活命保身。」「同是燈火，自然互相照亮；同是一類，自然互相應求；所以龍飛雲隨，虎嘯風吹，聖人起而居位，則萬物之情皆得見。」伯夷、叔齊雖是賢人，得到夫子的稱揚，名譽就更加彰明。顏回雖然是努力好學，由於學於夫子而德行更顯。那些山野隱逸之人，那樣講究進退有時，卻大多姓名埋沒，不能稱揚於後世，眞是可悲啊！鄉里小民，想要敦品礪行，創立名譽，不附着德高望重的人，怎能夠傳聲名於後世呢？

【文章分析】本篇選自史記。史記世家太伯第一，列傳伯夷第一，這是史公有意的安排。在尊崇他們能謙虛讓國，爲善不圖報的精神。文體屬傳狀類。傳體的通例是先敍後贊，本篇以議論代敍事，篇末不用贊語，是一種變體。因爲是特殊人物，所以用特殊的筆法。通篇以孔子爲主，由、光、顏淵作陪，雜引經傳，變化奇特，是只可意求，難以言盡的絕妙好辭。

本文共分四段：首以堯讓天下引起，襯出伯夷讓國的美德。拿堯作比，也正看出對伯夷的推崇。第二段爲全文主體，雜引經傳的記載，透出一個伯夷來，眞是神來之筆；尤其以「怨邪非邪」的懸疑之語作結，更是耐人尋味。第三段以顏回、盜跖一正一邪的人物，反覆述說，以襯托出伯夷叔齊的爲人。末段以孔子的「道不同，不相爲謀」爲主旨，以增強讀者對「怨邪非邪」的觀念。全文似在寫伯夷叔齊，實在也是史公的自述，寓意深遠。

管晏列傳

史記

管仲夷吾[1]者，潁上[2]人也。少時，常與鮑叔牙[3]游，鮑叔知其賢[4]。管仲貧困，常欺鮑叔；鮑叔終善遇之，不以爲言。已而鮑叔事齊公子小白[5]，管仲事公子糾。及小白立爲桓公，公子糾死[6]，管仲囚[7]焉。鮑叔遂進管仲[8]。管仲既用，任政于齊，齊桓公以霸，九合[9]諸侯，一匡[10]天下，管仲之謀也。

管仲曰：「吾始困時，嘗與鮑叔賈[11]。分財利，多自與，鮑叔不以我爲貪，知我貧也。吾嘗爲鮑叔謀事，而更窮困，鮑叔不以我爲愚，知時有利不利也。吾嘗三仕三見逐於君，鮑叔不以我爲不肖，知我不遭時也。吾嘗三戰三走，鮑叔不以我爲怯，知我有老母也。

公子糾敗，召忽死之，吾幽囚受辱，鮑叔不以我為無恥，知我不羞小節，而恥功名不顯於天下也。生我者父母，知我者鮑子也！」

鮑叔既進管仲，以身下之。子孫世祿於齊，有封邑者十餘世，常為名大夫。天下不多⑫管仲之賢，而多鮑叔能知人也。

管仲既任政相齊，以區區之齊在海濱，通貨積財，富國彊兵，與俗同好惡。故其稱曰⑬：「倉廩實而知禮節，衣食足而知榮辱。上服度⑭，則六親⑮固。四維⑯不張，國乃滅亡。下令如流水之原，令順民心。」故論卑而易行。俗之所欲，因而予之；俗之所否，因而去之。其為政也，善因禍而為福，轉敗而為功。貴輕重⑰，慎權衡⑱。桓公實怒少姬，南襲蔡⑲，管仲因而伐楚，責包茅不入貢於周室⑳。桓公實北征山戎㉑，而管仲因而令燕修召公之政㉒。於柯之會㉓，桓公欲背曹沫之約，管仲因而信之，諸侯由是歸齊㉔。故曰：「知與之為取，政之寶也㉕。」

管仲富擬於公室，有三歸㉖、反坫㉗，齊人不以為侈。管仲卒，齊國遵其政，常彊於諸侯。後百餘年而有晏子㉘焉。

晏平仲嬰者，萊㉙之夷維㉚人也。事齊靈公、莊公、景公，以節儉力行重於齊。既相齊，食不重肉，妾不衣帛。其在朝，君語及之，卽危言㉛；語不及之，卽危行。國有道，卽順命；無道，卽衡命㉜。以此三世㉝顯名於諸侯。

越石父㉞賢，在縲紲㉟中，晏子出，遭之塗㊱，解左驂㊲贖之，載歸。弗謝，入閨，久之，越石父請絕㊳，晏子戄然，攝衣冠謝㊴曰：「嬰雖不仁，免子於厄，何子求絕之速也？」石父曰：「不然，吾聞君子詘於不知己，而信㊵於知己者。方吾在縲紲中，彼不知我也。夫子既已感寤而贖我，是知己；知己而無禮，固不如在縲紲之中。」晏子於是延入爲上客。

晏子爲齊相，出，其御之妻從門閒而闚其夫。其夫爲相御，擁大蓋㊶，策駟馬㊷，意氣揚揚，甚自得也。既而歸，其妻請去。夫問其故。妻曰：「晏子長不滿六尺，身相齊國，名顯諸侯。今者妾觀其出，志念深矣，常有以自下㊸者。今子長八尺，乃爲人僕御。然子之意，自以爲足，妾是以求去也。」其後，夫自抑損。晏子怪而問之，御以實對。晏子薦以爲大夫。

太史公曰：吾讀管氏牧民、山高、乘馬、輕重、九府㊹，及晏子春秋㊺，詳哉其言之也。既見其著書，欲觀其行事，故次其傳。至其書，世多有之，是以不論，論其軼事。管仲世所謂賢臣，然孔子小之。豈[46]以為周道衰微，桓公既賢，而不勉之至王，乃稱霸哉？語曰：「將順其美，匡救其惡，故上下能相親也[47]。」豈管仲之謂乎？方晏子伏莊公尸[48]哭之，成禮然後去，豈所謂「見義不為無勇」[49]者邪？至其諫說，犯君之顏，此所謂「進思盡忠，退思補過[50]」者哉！假令晏子而在，余雖為之執鞭[51]，所忻慕焉。

【註釋】❶管仲夷吾　姓管，字仲，名夷吾。春秋時齊桓公賢相，桓公尊為仲父。❷潁上　在今安徽潁上縣。❸鮑叔牙　姓鮑，字叔，名牙。齊大夫，與管仲善，同賈於南陽。後鮑叔事齊桓公小白，管仲事公子糾。公子糾敗，鮑叔薦之齊桓公。❹賢　多才也。❺小白　齊桓公名。❻公子糾死　齊亂，小白奔莒，鮑叔傅之。公子糾奔魯，管仲、召忽傅之。後小白立為桓公，遺書於魯，殺公子糾。❼管仲囚　魯殺公子糾，召忽自殺，管仲請囚。❽鮑叔遂進管仲　管仲被囚，桓公欲殺之，因鮑叔之薦，桓公因以為相。❾九合　九，糾也，鳩也。鳩，聚也。九合即多次聚會也。❿一匡　整個匡正過來。一，整全。匡，正也。⓫賈　居貨待賣曰賈。⓬多　美也，重也。⓭故其稱曰　以下八句引文語出管子牧民篇。⓮服度　服行法度也。⓯六親　六親：王先謙謂諸父一，諸舅二，兄弟三，姑姊四，昏媾五，姻亞六。⓰四維　禮義廉恥也。⓱貴輕重　管子有輕重篇，此言重於斟酌輕重。⓲慎權衡　慎於衡量得失。⓳桓公實怒少姬南襲蔡　少姬，蔡氏。周惠王二十年，桓公與蔡姬戲舟中，蕩舟驚公，公怒，使蔡姬歸母家省過。蔡更嫁其女，桓公怒而興兵欲伐之。蔡地在今河南上蔡縣，南鄰楚國。⓴責包茅不入貢於周室　周惠王二十一年，齊合八諸侯入蔡，順道伐楚。楚成王遣使問何故。管仲責以不貢包茅於周天子，及昭王南征不復事。楚自承失貢之罪，乃盟於召陵。按楚時稱王，周室衰微，久不入貢。包，裹也。茅，乃菁茅，香草名，供祭祀漉酒之用。㉑山戎　北狄一部。常為齊燕之患。㉒令燕修召公之政　召公名奭，文王庶子，封於燕。周惠王十四年，山戎入侵，齊桓公救燕而北伐山戎，因勸燕莊公入貢天子。㉓柯之會　柯，在今河南內黃縣東北。周僖王元年，齊敗魯，魯莊公獻邑以和，齊桓公與魯會於柯。㉔桓公欲背曹沫之約三句　曹沫，魯人，疑即左傳之曹劌。齊與魯會於柯時，沫以匕首劫桓公，請返魯侵地，桓公許之。後欲不許，管仲以為不可背信而損威。遂與魯地。諸侯聞之，皆信齊而附焉。㉕知與之爲取政之寶也　語出管子牧民篇。老子：「將欲取之，必固與之。」㉖三歸　三歸之家也。詳韓非子外儲說。㉗反坫　古諸侯燕飲享客所設的土臺，獻酬禮畢，將空酒杯放回坫上。㉘晏子　名嬰，字平仲，齊大夫。㉙萊　即萊州，舊治在今山東省掖縣。㉚夷維　萊之邑名。㉛危言　即直言。㉜衡命　衡，横之假借字，抗也。此示其政治操守，不同流合汚也。可行則行，不可行則寧抗命不行。㉝三世　謂靈公、莊公、景公也。㉞越石父　齊人。㉟縲紲　縲，黑索。紲，繫也。黑索所以繫罪人。指因案下獄也。㊱遭之塗　遇於途。之，於。塗，通「途」。㊲左驂　駕車馬之在左旁者。㊳請絕　請求絕交。㊴謝　此處作請罪講。㊵信　伸也。㊶擁大蓋　抱持着車上的傘蓋。㊷策駟馬　駕着四匹馬。㊸目下　自謙；不如人的樣子。㊹牧民山高乘馬輕重九府　皆管子篇名。山高、九府二篇不在今管子八十六篇內，疑爲劉向所删去者。㊺晏子春秋　書名。舊題晏子所撰，後漢應劭疑出於齊春秋，爲戰國人摭集晏子遺事而成之書。㊻豈　通「其」，猜測性副詞，表示疑而有定，猶言「大概」。下文二「豈」字，義同。㊼將順其美三句　語出孝經事君章。謂國君有好的行爲則順而行之，如有惡處則匡而救之。㊽伏莊公尸　周靈王二十四年崔杼弒齊莊公，晏子枕尸而哭，盡禮而出。㊾見義不爲無勇　語出論語爲政篇。㊿進思盡忠退思補過　語出孝經事君章。(51)執鞭　指操賤役。語出論語述而篇。

【語譯】管仲名叫夷吾，是潁上人。小時候常和鮑叔在一起，鮑叔知道他多才，有本領。管仲很窮，常常佔鮑叔的便宜；但鮑叔始終待他很好，從不說一句閒話。後來，鮑叔投効了齊公子小白，管仲則事奉公子糾。到了小白立爲齊君，公子糾被殺，管仲也成了囚犯。鮑叔因爲知道管仲有才能，就向齊桓公大力舉薦。管仲被任用後，執掌了齊國的政權，桓公因此成了霸業，聚會了各國諸侯，匡正了整個天下，這些都是管仲的計謀啊。

管仲說：「我從前窮困的時候，曾和鮑叔合夥做生意，分紅利時，往往自己多拿些，鮑叔並不認爲我貪財，因爲他知道我窮困。我曾經替鮑叔出主意計謀事情，卻使他反而更困難，他並不認爲我笨，知道時運有時順有時不順。我也曾經三次出來做官，卻三次被免職，鮑叔不以爲我沒有才能，知道我沒有逢到好機會。我曾經三次打仗，三次失敗逃跑，鮑叔並不以爲我膽小，知道我有老母在堂的緣故。公子糾爭位失敗，召忽自殺了，我被關在囚車裏，遭受侮辱，鮑叔並不以爲我沒有廉恥！知道我是不羞小節，恥的是功名不能顯揚於天下的緣故啊！生我的是父母，眞正能了解我的卻是鮑叔。」

鮑叔舉薦了管仲以後，自己情願做他的部屬。他的子孫世世代代都做齊國的官，有封地的足有十幾代，而且代代都有著名的大夫。因此，天下的人並不贊美管仲的才能，卻敬重鮑叔能夠識人。

管仲做了齊相，執掌政權，他以一個地處海邊的小小齊國，流通貨物，聚積財帛，因此國富兵強，且深得民心。所以他說：「倉庫充實，人人有飯吃，才能知道禮節。食飽衣暖，才會注意到榮辱。在上的能夠服行法度，六親才會團結和睦。禮義廉恥的教化不把它發揚光大，那國家就要滅亡了。發布命令，要像水的源頭往下流，總要使它順着百姓的意思才好。」所以論調低一點，容易實行。百姓所希望的就給他，百姓所反對的就除去它。他處理政事，善於利用時機，能夠轉禍爲福，轉敗爲功。注重斟酌輕重，謹愼衡量得失。比如桓公事實上是恨少姬改嫁，才南侵蔡國；管仲卻趁機討伐楚國，責楚不向周天子進貢包茅之罪。又桓公本來是向北討伐山戎；管仲卻趁此機會敎燕國重修召公時的政治，效忠周天子。在柯地的那次會盟，桓公本想背棄對曹沫的許諾；管仲卻使桓公踐約，好藉此機會昭信於天下，於是諸侯們都歸附了齊國。所以說：「知道『給』就是『取』，這是爲政的法寶啊。」

管仲家中的富有可以跟一般諸侯相比，有三個公館，以及安放酒杯的土坫。可是齊國人並不認爲他奢侈。管仲死後，齊國執政者，還能一直遵行他的法度，因此往往比其他諸侯都強。後來隔了一百多年，又有一個晏子出現。

晏平仲，名嬰，是萊州夷維地方人氏。曾歷事齊靈公、莊公、景公，因爲生活節儉，做事勤勉，爲齊人所推崇。直到他做了齊國的執政大臣，在生活上，每餐未曾有過兩樣以上的肉食，姬妾都不穿綢緞。他在朝廷上的從政態度：如國君問到他，他就直言無隱；不問到他，就正直地做事。政治上軌道，就照着正常的法令去做；政治不上軌道，就斟酌情形，可行則行，不可行寧抗命而不做。因爲他有這麼好的政治操守，所以在靈公、莊公、景公三朝中，名望一直都顯揚於諸侯間。

越石父是個有才能的人，卻因案被繩索囚繫著，晏子在路上遇到他，於是馬上解下車左的一匹馬爲他贖罪，並把他請上車，一同回家。到了家，沒有向越石父告辭就進了內室，過了很久才出來。越石父很不高興，就向晏子提出告別的要求。晏嬰聽了大吃一驚，慌忙地整理衣帽，向他道歉道：「我晏嬰雖然無德，但總算免除了你的厄運，爲什麼這樣快就要告別呢？」越石父說：「話不是這麼說，我聽說君子被不了解自己的人所寃屈；但在知己面前可以獲得伸雪諒解。當我被扣押的時候，是因辦案的人不了解我。你既然了解我而把我贖出來，那就是知己；知己而對我無禮，實在還不如被囚繫的好。」晏子聽了，馬上請他爲自己的上賓。

晏子做齊相時，有一天出去，他車伕的妻子從門縫中偷看她的丈夫。她丈夫替國相駕著車，坐在有傘蓋的車上，用鞭子抽打著駕車的四匹馬，趾高氣昂，十分得意。不久，回來了，他妻子請求離婚，車伕問她是爲了什麼，她說：「晏先生身高不到六尺，做了國相，名聲傳揚各國。今天我偷看他出門時，志氣深遠，態度謙虛。現在看你，身高八尺，卻做人家的車伕；可是看你的意思，好像覺得很滿足，我所以要求跟你離婚。」以後她丈夫處處收斂，謙虛多了，晏子覺得很奇怪，就問他怎麼回事；車伕據實相告。晏子就舉荐他做大夫。

太史公說：我讀了管子的牧民、山高、乘馬、輕重、九府諸篇，以及晏子春秋，關於他們的思想主張眞是說得詳細啊！我已經看過他們所著的書，還想看看他們的事蹟，這就是我所以要爲他倆寫這篇傳的緣由。至於他們的書，世上很流行，所以不再介紹，僅記些他們的瑣碎軼事。管仲是世人公認的賢臣，可是孔子卻說他器量狹小。大概是因爲周道衰微，桓公既然賢明多才，管仲不勉他建立王業，卻僅使他稱霸的緣故吧？孝經上有句話說：「有好的行爲，要跟着他走，有惡處就要匡正他，因此君臣上下就能夠互相親近。」這句話大概說的就是管仲吧？當晏子不畏強權，伏在莊公尸上痛哭，做到應有的禮節，然後從容走開，這大概就是論語上所說的「見到義行而不去做就是無勇」的說法吧？至於進諫忠言，冒犯了君王，這正是孝經上所說的「爲官就想到盡忠，居家則思補過」的意思啊？假使晏子現在還活着，我雖然替他拿鞭子趕車，也是衷心所欣喜愛慕的。

【文章分析】 此篇選自史記，爲傳狀類的古文。伯夷傳，詳論孝友的倫常；管晏傳，則在敍述朋友的交誼。旨在敍述管仲的被知和晏子的知人。史公寫此，在感嘆自己沒有知己。越石父犯罪能遇到晏子；賢過越石父的自己，卻遇不到晏子這樣的人。本篇因有齊世家在，所以只記些瑣事，在取材方面，史公又露了一手。

本篇共分八段：第一段述管仲受知鮑叔，再受知桓公，終得一展才華，垂名青史。第二段在以管仲自己的話，說明鮑叔不但知人，更能容人。以「多鮑叔能知人」作結，是畫龍點睛的筆法。第三段在敍管仲的功績。第四段則寫齊人對管仲的推崇。第五段寫晏嬰的爲人—節儉守正。第六段寫越石父遇晏子，也是史公有意借題發揮的地方。第七段寫晏子識御者的經過，頗饒趣味。末段史公的贊語除說明本文的取材情形外，對晏子的推崇可以說到了極點。這大概也是有爲而作的吧！

屈原列傳

史記

屈原者，名平，楚之同姓❶也。為楚懷王左徒❷。博聞彊志，明於治亂，嫺❸于辭令。入則與王圖議國事，以出號令；出則接遇賓客，應對諸侯。王甚任之。上官大夫❹與之同列，爭寵而心害其能。懷王使屈原造為憲令❺，屈平屬❻草槀未定。上官大夫見而欲奪之，屈平不與，因讒之曰：「王使屈平為令，眾莫不知，每一令出，平伐❼其功曰：以為非我莫能為也。」王怒而疏屈平。

屈平疾王聽之不聰也，讒諂之蔽明也，邪曲之害公也，方正之不容也，故憂愁幽思而作離騷❽。離騷者，猶離憂也。夫天者，人之始也；父母者，人之本也。人窮則反本，故勞苦倦極❾，未嘗不呼天也；疾痛慘怛❿，未嘗不呼父母也。屈平正道直行，竭忠盡智，以事其君，讒人間之，可謂窮矣。信而見疑，忠而被謗，能無怨乎？屈平之作離騷，蓋自怨生也。國風好色而不淫，小雅怨誹而不亂⓫，若離騷者，可謂兼之矣。上稱帝嚳⓬，下道齊桓，中述湯武，以刺世事，明道德之廣崇⓭，治亂之條貫⓮，靡不畢見。其文約，其辭微，其志潔，其行廉，其稱文小而其指極大，舉類邇而見義遠。其志潔，故其稱物芳；

其行廉，故死而不容自疏。濯淖汙泥⑮之中，蟬蛻⑯於濁穢，以浮游塵埃之外，不獲⑰世之滋垢，皭然⑱泥而不滓者也。推此志也，雖與日月爭光可也。

屈原既絀⑲，其後秦欲伐齊，齊與楚從親⑳，惠王患之，乃令張儀詳去秦，厚幣委質事楚㉑，曰：「秦甚憎齊，齊與楚從親，楚誠能絕齊，秦願獻商於㉒之地六百里。」楚懷王貪而信張儀，遂絕齊，使使如秦受地。張儀詐之曰：「儀與王約六里，不聞六百里。」楚使怒去，歸告懷王。懷王怒，大興師伐秦。秦發兵擊之，大破楚師於丹淅㉓，斬首八萬，虜楚將屈匄㉔，遂取楚之漢中㉕地。懷王乃悉發國中兵，以深入擊秦，戰於藍田㉖。魏聞之，襲楚至鄧㉗。楚兵懼，自秦歸。而齊竟怒不救楚，楚大困。

明年，秦割漢中地與楚以和。楚王曰：「不願得地，願得張儀而甘心焉！」張儀聞，乃曰：「以一儀而當漢中地，臣請往如楚。」如楚，又因厚幣用事者臣靳尚，而設詭辯於懷王之寵姬鄭袖㉘。懷王竟聽鄭袖，復釋去張儀。是時屈平既疏，不復在位，使於齊，顧㉙反，諫懷王曰：「何不殺張儀？」懷王悔追張儀不及。其後諸侯共擊楚，大破之，殺其將唐昧㉚。

時秦昭王與楚婚，欲與懷王會。懷王欲行，屈平曰：「秦，虎狼之國，不可信，不如無行。」懷王稚子子蘭㉛勸王行：「奈何絕秦歡？」懷王卒行。入武關㉜，秦伏兵絕其後，因留懷王，以求割地。懷王怒，不聽。亡走趙，趙不內㉝。復之秦，竟死於秦而歸葬。長子頃襄王立，以其弟子蘭爲令尹㉞。楚人既咎子蘭以勸懷王入秦而不反也。

屈平既嫉㉟之，雖放流，睠顧㊱楚國，繫心懷王，不忘欲反，冀幸君之一悟，俗之一改也。其存君興國而欲反覆之，一篇之中三致志焉。然終無可奈何，故不可以反，卒以此見懷王之終不悟也。人君無愚智賢不肖，莫不欲求忠以自爲，舉賢以自佐；然亡國破家相隨屬㊲，而聖君治國累世而不見者，其所謂忠者不忠，而所謂賢者不賢也。懷王以不知忠臣之分，故內惑於鄭袖，外欺於張儀，疏屈平而信上官大夫、令尹子蘭。兵挫地削，亡其六郡，身客死於秦，爲天下笑。此不知人之禍也。易曰：「井渫不食，爲我心惻，可以汲。王明，並受其福㊳。」王之不明，豈足福哉？令尹子蘭聞之，大怒，卒使上官大夫短屈原於頃襄王，頃襄王怒而遷㊴之。

屈原至於江濱，被髮行吟澤畔。顏色憔悴，形容枯槁。漁父見而問之曰：「子非三閭大夫㊵歟？何故而至此？」屈原曰：「舉世混濁而我獨清，眾人皆醉而我獨醒，是以見放。」漁父曰：「夫聖人者，不凝滯於物，而能與世推移㊶。舉世混濁，何不隨其流而揚其波？眾人皆醉，何不餔其糟而啜其釃㊷？何故懷瑾握瑜㊸，而自令見放為？」屈原曰：「吾聞之：新沐者必彈冠，新浴者必振衣㊹，人又誰能以身之察察㊺，受物之汶汶㊻者乎？寧赴常流㊼而葬乎江魚腹中耳，又安能以皓皓㊽之白而蒙世之溫蠖㊾乎？」乃作懷沙之賦㊿。於是懷石，遂自沈汨羅51以死。

屈原既死之後，楚有宋玉、唐勒、景差之徒者52，皆好辭而以賦見稱。然皆祖屈原之從容辭令，終莫敢直諫。其後楚日以削，數十年，竟為秦所滅。自屈原沈汨羅後百有餘年，漢有賈生53，為長沙王54太傅，過湘水55，投書以弔屈原。

太史公曰：余讀離騷、天問、招魂、哀郢56，悲其志。適長沙，觀屈原所自沈淵，未嘗不垂涕，想見其為人。及見賈生弔之，又怪屈原以彼其材，游諸侯，何國不容，而自令若是？讀服鳥賦57，同生死，輕去就，又爽然自失矣！

【註釋】❶同姓　屈氏為楚族。❷左徒　楚官名。史記正義以為：相當於後世的左、右拾遺之類。❸媚　習也。❹上官大夫　姓上官而為大夫者。即懷王寵臣靳尚。❺憲令　法令也。❻屬　音燭，綴輯成文也。❼伐　矜也。❽離騷　書名。離，遭也。騷，憂也。❾極　疲困。❿慘怛　慘，毒也。怛，痛也。⓫國風好色而不淫二句　詩經分風、雅、頌三部分。風有十五國風，雅有大小雅，頌有周、魯、商三頌。⓬帝嚳　古帝名。⓭廣崇　廣博而崇高也。⓮條貫　條析而貫穿也。⓯濯淖汙泥　四字一意，即汙濁也。⓰蟬蛻　喻解脫也。⓱獲　辱也。言不為滋垢所辱也。⓲皭然　潔白貌。⓳絀　同黜，貶官也。⓴從親　謂約縱而相親也。從，通縱，指「合縱」；與「連橫」相對。㉑乃令張儀詳去秦二

句　詳通佯，詐也。質，讀如贄。古人相見必執贄以為禮也。㉒商於　秦地。在今河南淅川縣西。㉓丹淅　二水名。今河南淅川縣為二水會合處。㉔屈匄　楚將。㉕漢中　地名。在今陝西南部及湖北西北部。㉖藍田　在今陝西藍田縣。㉗鄧　古國名。春秋時滅於楚。㉘鄭袖　鄭國之女，美而善舞，懷王冊封為南后。㉙顧　猶乃也。㉚唐昧　楚將。㉛稚子子蘭　稚子，幼子也。子蘭，懷王幼子名。㉜武關　地名，在今陝西商縣東。㉝內　納也。㉞令尹　官名。為楚國最高執政長官。㉟嫉　惡之也。㊱睠顧　睠戀顧念也。㊲屬　連也。㊳易曰六句　見易井卦。渫，浚治去泥濁也。食、汲而飲之也。為，猶使也。言井治而不汲飲，猶人修身潔行而不被用，使我心惻然。此井水之可汲，實猶此人之可用。王如明察而用之，則並受其福矣。㊴遷　貶謫也。㊵三閭大夫　楚官名。三閭，邑名，今河南淅川縣。春秋戰國時，縣邑之首長稱某某大夫。㊶與世推移　謂隨世俗而調整態度。㊷何不餔其糟而啜其醨　餔，食也。糟，酒滓也。啜，飲也。醨，薄酒也。㊸懷瑾握瑜　瑾瑜，皆美玉。㊹振衣　抖衣也。㊺察察　明淨貌。㊻汶汶　汙濁也。㊼常流　猶長流。㊽皓皓　潔白貌。㊾溫蠖　猶惛憒也。㊿懷沙之賦　賦名。(51)汨羅　水名，在今湖南湘陰縣北。(52)楚有宋玉句　宋玉，屈原弟子。唐勒，楚人。景差，楚公族大夫。(53)賈生　即賈誼。(54)長沙王　漢景帝子，名發。(55)湘水　一名湘江。(56)天問招魂哀郢　皆離騷篇名。(57)服鳥賦　楚人名鴞曰服，賈誼作此賦以自傷。

【語　譯】屈原，名平，與楚國同姓，做過楚懷王左徒的官。學識淵博，記憶力很強，精通治國之道，熟習外交辭令。入朝就跟懷王商討國家大事，發布號令；出外，就接待賓客，應付各方來的諸侯，懷王很信任他。有個上官大夫，跟他職位同等，和他爭寵，妒忌他的能幹。有一次，懷王命令屈原草擬法令，寫好草稿，還沒有定案。上官大夫見了，想奪為己功，屈原不肯給他，因此，就在懷王前進讒言說：「大王命令屈原起草各項法令，大家沒有不知道的；但是，每當有一法案公佈，屈原都會自誇是自己的功勞說：『如果不是我，誰能做這工作。』」懷王聽了很生氣，從此疏遠屈原。

屈原痛心君主誤聽讒言，幾句小話就遮蔽了賢明，歪曲邪辟的人傷害了公正，方正的人不能容納，因此憂悶愁思而寫了離騷一書。取用離騷二字，在表明自己遭遇了憂患的事。說到天，那是人類的起源；父母呢，是人的根本。一個人到窮困無法可施時，常想回到自己的來處。所以，到了苦難無告時，沒有不喊天的；痛苦難挨時，也沒有不喊父母的。屈平為人正直，大公無私，盡忠職守，努力從公，來對待他的國君，竟被小人離間，命運可算是糟透了。誠信的人，倒被猜疑，忠心主上的反遭毀謗，怎能叫他不怨呢？所以屈原寫離騷，實在是怨自己的遭遇啊。國風裏所採的詩，雖有許多關於男女私情的，但不淫亂；小雅中的詩，雖有許多怨恨的文辭，但不過分；像離騷這本書，可算是兼而有之了。書的內容：對上古的帝嚳贊美，對近世的齊桓公也很稱道，中間敍述湯武革命的事，用來譏諷世事，彰明道德的廣博崇高，治亂得失的條理系統，沒有不眞相畢露。他的文章簡約，文辭隱微，志向高潔，操行淸廉；他的文章雖然像小品，但是內涵極大，譬喻雖很淺近，但寓意卻很深遠。因爲他的志行高潔，所以他稱引的物類都是芳香的；因爲他的操守淸廉，所以到死不肯稍有疏忽。處在汚泥之中，能像蟬脫殼一般，不着一點汚穢，因此能浮游在塵世之外，不受世上垢濁的沾汚，淸淸白白，一塵不染，這種高潔的心志，就是跟日月爭光，也未嘗不可以呢！

屈原罷斥以後，秦又想攻齊，但是齊跟楚約縱相親，秦惠王爲此頗爲憂慮，於是差遣張儀假意離開秦國，帶着很多錢財禮物來事奉楚國，因此對楚懷王說：「秦國非常痛恨齊國，只因爲齊跟楚有約縱相親的關係，不敢攻打；假使楚國能和齊國絕交，秦國願意獻上商於一帶六百里的地方作爲報酬。」楚懷王起了貪心，信了張儀的話，於是和齊絕交。到他派使者到秦國接受贈地的時候，張儀卻騙說：「儀和王約定的是六里，沒有說六百里！」楚使一怒離去，回來報告懷王。懷王大怒，馬上起兵攻打秦國。秦也出兵迎擊，在丹水和淅水一帶將楚兵打得大敗，殺了八萬多人，俘虜楚將屈匄，就佔領了楚國的漢中地。懷王於是盡起全國兵將，直入秦國，會戰於藍田。魏國聽到了這消息，出兵偸襲楚國，打到鄧地。楚兵害怕，趕忙從秦撤兵回來。齊國竟然也怨怒楚國而不救，楚國因此大感困難。

第二年，秦國割漢中地跟楚國講和。楚王道：「不願得地，情願得到張儀就甘心了！」張儀聽到說：「拿我張儀一個人，可以抵上漢中的地方，我願意到楚國去。」到了楚國，又因爲化了大量的金錢賄賂了懷王寵臣靳尙，用詭詐的言詞說服懷王的寵姬鄭袖，使他誘騙懷王。懷王竟然聽了鄭袖的話，再把張儀放回去。這時候，屈原已經被疏遠，不再在位，出使在齊國，等到回來以後，進諫懷王道：「爲什麼不殺張儀？」懷王聽了才後悔，派人追趕已來不及了。以後諸侯都來攻打楚國，把楚國打得大敗，並且殺了大將唐眛。

這時，秦昭王又和楚通婚姻，想跟懷王聚會。懷王也想成行，屈平說：「秦國好比虎狼，不可輕信，最好不去。」懷王的小兒子子蘭卻竭力勸王去，並且說：「怎麼可以失卻秦國的歡心？」懷王終於去了。進了武關，秦國預設的伏兵斷了他的歸路，因而扣留懷王，要求割地。懷王大怒，不聽他的要求。逃亡到趙國，趙國不肯收留。再回到秦國，終於死在秦國，運回楚國安葬。

大兒子頃襄王繼位，用他弟弟子蘭做令尹。楚國人都怨子蘭勸懷王到秦國去，以致一去不返。

屈平心裏怨恨，雖然被放逐流亡，但眷戀楚國，還念着懷王，時時不忘想回國來，希望國君能夠有所覺悟，世俗也因而能有所改變。他那種滿懷忠君愛國、想要力挽頹勢的願望，一篇之中，再三地致意；然而終究無可奈何，所以不能再回來，由這可以看出懷王始終沒有覺悟。人君不論笨的，聰明的，賢能的，不肖的，沒有不想求忠臣做自己的幫手，舉用有才能的做自己的輔佐；然而亡國破家的事連接不斷，而聖明天子與太平盛世，竟然經歷幾代都看不到的原因，那都是因爲君主所認爲的忠臣未必忠，所認爲賢能的未必賢啊！懷王因爲分不清怎樣叫忠臣，所以內受鄭袖的惑亂，外受張儀的欺騙，疏遠屈原而信任上官大夫以及令尹子蘭。以至兵敗地失，丟了六郡，自身死在外國，爲天下人所恥笑，這是不知人的禍患啊！易經井卦說：「浚治過的井水，竟無人取用，使我心痛！浚治過的井水，是可以飲用；猶如賢能的人，是王可以任用的；王如果賢明，上下都會得到福祉的。」王不聰明，那裏能夠有福呢？令尹子蘭聽到了，大爲生氣，終使上官大夫在頃襄王前說屈平的壞話。頃襄王動了怒，於是驅逐屈原。

屈原來到江畔，披頭散髮，一邊走一邊嘆息，面容憔悴，形像乾枯，漁父見了便問道：「你不是三閭大夫嗎？爲什麼到這兒來？」屈原說：「世上混濁一片，只有我最清白；衆人都醉了，只有我最清醒。所以被驅逐到此地來。」漁父說：「凡是聖人，往往不拘泥於某事，常能隨俗而調整態度。旣然世上都是混濁的，何不也跟他們同流合汚一起瞎混呢？大家都醉了，何不也吃別人殘餘的酒糟，與他們同醉呢？何必自守美德而弄到被放逐的地步？」屈原說：「我聽說過：剛洗過頭的人，必定彈彈帽子上的灰；剛洗過澡的人，一定抖一抖衣服。那一個能拿自己的清白去受穢物的沾汚呢？寧可投水自盡葬身魚肚中，又怎能把潔白的人格去蒙受世俗的齷齪呢？」於是做了一篇懷沙的賦，抱了石頭，自沈於汨羅江而死。

屈原死了後，楚國有宋玉、唐勒、景差一班人，都喜好辭章，而以賦出名於當時；但是他們只取法屈原的從容辭令，終沒有敢直諫的。以後，楚國日益衰弱，不到幾十年，竟被秦國滅亡。從屈原自沈汨羅江以後一百多年，漢朝有位賈誼先生，做過長沙王的老師，當他經過湘水時，曾經寫過文章弔念屈原。

太史公說：我讀了離騷中天問、招魂、哀郢這幾篇，很悲傷屈原那種高潔的心志。到了長沙，經過他自盡的汨羅江，不自禁地落下淚來，並且想到他的爲人。等到看見賈誼弔他的文章，又怪屈原憑他那樣的才幹，去游說諸侯，那一個國家不會容納他，卻使自己弄到這步田地？讀了賈誼的服鳥賦，對於生死看得一樣，對於去就看得很輕，又不覺爽然若失了。

【文章分析】 本篇選自史記，爲傳狀類的古文。太史公作屈原傳，文筆就像離騷，哀婉悽慘，使人讀了，不勝欷歔；大概窮愁時著書的人都有着同樣的心理狀態吧！

本文連贊共分八段：第一段寫屈原因才華出衆遭忌而失勢。第二段在介紹離騷文約辭微，烘托出屈原志潔行廉，平實中見突顯。第三段看似在述懷王貪利受辱，折將失地，而實在是表明屈原之偉大。因爲屈原被逐之後，才有這樣的事啊！這一虛筆用得好。第四段述子蘭的無知，送了懷王的命，旁顯屈原雖有灼見終不被用，而且爲子蘭不容屈原伏下一筆，眞是巧妙極了。第五段議論懷王的失敗由於不知忠臣之分。末以子蘭排逐屈原掀起文章的高潮，也由此顯示出屈原步步走入低潮。第六段取材特別，史公藉屈原自己向世人剖白何以要自殺的原委，極盡憐惜之意，卻不着一句憐惜的話語。第七段說明屈原在政治上雖然沒有得到發展，想不到卻成爲辭賦之祖，大概這就是史公對屈原的一點報償吧！最後是太史公的贊，反覆贊嘆，責亦不是，美亦不是，而實在是悲而又悲。

酷吏列傳序

史記

孔子曰：「導之以政，齊之以刑，民免而無恥；導之以德，齊之以禮，有恥且格❶。」老氏❷稱：「上德不德，是以有德；下德不失德，是以無德❸。」「法令滋章，盜賊多有❹。」太史公曰：信哉！是言也。

法令者治之具，而非制治清濁之源也。昔天下之網❺嘗密矣，然姦僞萌起，其極也，上下相遁❻，至於不振。當是之時，吏治若救火揚沸❼，非武健嚴酷，惡能勝其任而愉快乎？言道德者，溺其職❽矣。故曰：「聽訟，吾猶人也，必也使無訟乎❾。」「下士聞道，大笑之❿。」非虛言也。

漢興，破觚而爲圜⓫，斲雕而爲朴⓬，網漏於吞舟之魚⓭，而吏治烝烝⓮，不至於姦，黎民艾安⓯。由是觀之，在彼不在此。

【註釋】❶格 正也。導之以政六句見論語爲政篇。❷老氏 即老子。❸上德不德四句 語見老子道德經三十八章。失，忘也。❹法令滋章盜賊多有 語見老子道德經五十七章。意謂法令愈嚴明，盜賊愈多也。所謂道高一尺，魔高一丈，必須齊之以禮，方能使民有恥且格，不觸法網也。❺網 法網，法令也。❻上下相遁 遁，逃也。謂大家皆以逃避法令也。即今所謂鑽法令之漏洞。❼救火揚沸 救火，「抱薪救火」的縮語。比喻欲除其害而反助其勢。揚沸，「揚湯止沸」的縮語。比喻捨本逐末。止沸之本在釜底抽薪。❽溺其職 溺，沒也。溺其職，即失職。❾聽訟三句 語見論語顏淵篇。按：聽訟係治其末，塞其流。正本清源則在於無訟。欲民無訟，須施德化，非酷刑可奏功也。❿下士聞道大笑之 語見老子道德經四十一章。下士，下愚之人也。⓫破觚而爲圜 猶改方爲圓。謂去除秦之苛法也。觚，飲酒器，方形，故引申而有方意。圜，讀圓。⓬斲雕而爲朴 斲，即斲字，斫也，雕，雕飾也。斲雕，即彫琢修飾也。朴，通樸，樸實也。即華麗的變爲樸實。⓭網漏於吞舟之魚 網目寬疏，吞舟大魚都可從網裏漏掉。比喻法令寬大。⓮烝烝 物盛貌。⓯艾安 艾應作乂，治也。艾安，治平無事也。

【語譯】孔子說：「用法令來治理人民，用刑罰來齊一老百姓，他們勉強能免於刑罰，但無所謂羞恥。若用道德來引導他們，再用禮來約束他們，那人民不但知廉恥，而且很方正。」老子說：「上德的人，天性淳厚，不倡道德而德被羣生，所以有德。下德的人，不忘其德，而有心做作，所以反而無德。」又說：「法令愈嚴明，盜賊也愈多。」太史公說：的確是如此啊！

因爲法令是治理天下的工具，並不是政治清濁的本源。過去在秦朝的時候，法網可算得嚴密了；然而奸詐虛假的事層出不窮，可謂多到了極點，甚至上下通同作弊，鑽法律的漏洞，弄得國家衰頹不振。當這個時候，吏治已成抱薪救火、揚湯止沸的局面，若不是用勇武剛健嚴厲酷烈的手段，怎麼能夠擔當這個責任，而且能愉快地達成任務呢？假如這時候還談道德，那就是他的失職了。所以孔子說：「審理案子，我還比得上能幹的法官。要緊的是使人民不打官司，那才是治國的根本。」老子也說：「下愚的人，不懂眞正的道，因此他一聽到眞正的道，就必定要大笑。」孔、李二人的話，眞是一點不虛假啊！

漢朝興起，大力改革，有如破方爲圓。破除了嚴厲的刑法，去華采而崇尚樸實，法網寬大，就是吞舟的大魚都能漏掉，然而治績蒸蒸日上，不但沒有奸邪之事，老百姓都能安逸度日，天下太平無事。由這些事實看來，治理天下是在於道德，而不在於嚴刑酷法啊！

【文章分析】此篇選自史記，爲序跋類的文章。旨在說明法令是政治的工具，而不是政治清濁的根源。全文可分三段：首段，分別引述孔子、老子的話，是立言主意，表明酷吏不可推崇。次段述秦法苛刻，但姦僞萌起，雖用酷吏亦無能爲力。末段述漢初吏治寬仁，黎民生活安定；然而今日酷吏屢見，漢德衰微。意在言外，語不多而意深遠。

酷吏傳有兩大特點：第一，所序十人，行爲表現大抵相同，但敍述排比各各不同。分列可以各自獨立，併合則猶如天孫機上無縫天衣，一篇完整的文章，不着一點花分穿插的痕跡。第二，所序十人，都是武帝時候的人，不是前此之後沒有酷吏，這好比循吏傳所序諸人無一是武帝時候的人一樣，相互比較來看，就可以瞭解史公是有所爲而作的。雖然意在譏刺漢武帝，卻不着一點痕跡。構思，取材，眞可說是神妙極了。

游俠列傳序

史記

韓子❶曰：「儒以文亂法，而俠以武犯禁❷。」二者皆譏，而學士多稱於世云。至如以術取宰相卿大夫，輔翼❸其世主，功名俱著於春秋❹，固無可言者。及若季次❺、原憲

⑥，閭巷⑦人也，讀書懷獨行君子之德，義不苟合當世，當世亦笑之。故季次、原憲，終身空室蓬戶⑧，褐衣疏食不厭。死而已四百餘年⑨，而弟子志之不倦。今⑩游俠，其行雖不軌於正義；然其言必信，其行必果，已諾必誠，不愛其軀，赴士之阨困，既已存亡死生矣，而不矜其能，羞伐其德，蓋亦有足多者焉。

且緩急人之所時有也。太史公曰：昔者虞舜窘於井廩⑪，伊尹負於鼎俎⑫，傅說匿於傅險⑬，呂尚困於棘津⑭，夷吾桎梏⑮，百里飯牛⑯，仲尼畏匡⑰，菜色陳蔡⑱。此皆學士所謂有道仁人也，猶然遭此菑，況以中材而涉亂世之末流乎？其遇害何可勝道哉！鄙人有言曰：「何知仁義，已饗其利者爲有德。」故伯夷醜周，餓死首陽山，而文武不以其故貶王；跖蹻⑲暴戾，其徒誦義無窮。由此觀之，「竊鉤者誅，竊國者侯⑳。侯之門，仁義存。」非虛言也。今拘學或抱咫尺之義㉑，久孤於世，豈若卑論儕俗，與世沉浮而取榮名哉？而布衣之徒，設㉒取予然諾，千里誦義，爲死不顧世，此亦有所長，非苟而已也。故士窮窘而得委命，此豈非人之所謂賢豪間者邪？誠使鄉曲㉓之俠，予㉔季次、原憲比權量力，効功於當世，不同日而論矣。要以功見言信，俠客之義，又曷可少哉！

古布衣之俠，靡得而聞已。近世延陵、孟嘗、春申、平原、信陵㉕之徒，皆因王者親屬，藉於有土卿相之富厚，招天下賢者，顯名諸侯，不可謂不賢者矣。比如「順風而呼，聲非加疾㉖，」其勢激也。至如閭巷之俠，脩行砥名㉗，聲施於天下，莫不稱賢，是爲難耳。然儒墨皆排擯不載。自秦以前，匹夫㉘之俠，湮滅不見，余甚恨之。以余所聞：漢興，有朱家、田仲、王公、劇孟、郭解㉙之徒，雖時扞當世之文罔㉚，然其私義，廉潔退讓，有足稱者。名不虛立，士不虛附。至如朋黨㉛宗彊㉜比周㉝，設財役貧，豪暴侵凌孤弱，恣欲自快，游俠亦醜之。余悲世俗不察其意，而猥㉞以朱家郭解等令與暴豪之徒同類，而共笑之也。

【註釋】❶韓子　即韓非，戰國時人。爲人口吃，但善著書，喜刑名法術之學，與李斯俱事荀卿。後使秦，爲李斯所陷。❷儒以文亂法二句　見韓非子五蠹篇。❸輔翼　輔助也。❹春秋　古史名。❺季次　即公息哀。❻原憲　春秋魯人，字子思，亦稱原思。孔子弟子。❼閭巷　閭，廿五家爲一閭。巷，里中道也。指隱逸鄉里不仕的人。❽蓬戶　編蓬爲戶也。言簡陋也。❾死而已四百餘年　已，止也，至也。即死後至今四百多年。❿今　猶「夫」，提示性發語詞。⓫虞舜窘于井廩　謂瞽叟使舜塗糧倉，而於下以火焚之。又使舜穿井，而以土實之。語出五帝本紀。⓬伊尹負於鼎俎　伊尹，商朝名相。鼎俎，調五味之器。謂伊尹負鼎俎以滋味說商湯也。見殷本紀。⓭傅說匿於傅險　傅說，殷高宗賢相，代人作工於傅巖，高宗夢而求得之。見殷本紀。險，通「巖」。⓮呂尚困於棘津　呂尚本姓姜，名尚，字子牙，又名太公望，行年七十，嘗賣食於棘津。棘津，今河南延津縣東北。⓯夷吾桎梏　夷吾，即管仲。桎梏，刑具。桎，腳鐐。梏，手銬。指公子糾敗，管仲被囚，因而得見齊桓公。⓰百里飯牛　百里奚，春秋虞人。少貧，流落不遇。虞亡，爲晉所虜。逃亡時又爲楚人所獲。秦繆公聞其賢，以五羖羊皮贖之。後爲秦相。或曰百里奚，餵牛以干秦穆公。⓱仲尼畏匡　魯定公十四年，孔子經匡地到陳國去，匡人誤以爲陽虎；陽虎曾爲害匡人，故圍而欲殺之。五日始得脫。⓲菜色陳蔡魯哀公四年，孔子在陳蔡之間，楚欲聘之。陳蔡大夫懼孔子為楚所用，乃圍之於野，孔子等絕糧。後使子貢至楚，昭王興師迎之始得脫。菜色，因飢餓而蒼白的臉色。⑲跖蹻　跖卽柳下惠之弟盜跖，蹻卽楚莊王弟莊蹻，二人皆古之大盜。⑳竊鉤者誅二句　語出莊子胠篋篇。謂罪小被殺，罪大則封侯。鉤，腰帶鉤，比喻賤物。㉑咫尺之義　猶言片段拘束之義。㉒設　建立也。㉓鄉曲　謂窮鄉僻壤之處。㉔予　與也。㉕延陵句　延陵，卽吳公子季札。孟嘗，卽齊孟嘗君田文。春申，卽楚春申君黃歇。平原，卽趙平原君趙勝。信陵，卽魏公子無忌。㉖順風而呼聲非加疾　語出荀子勸學篇。㉗砥名　砥，磨刀石。此謂磨練名節也。㉘匹夫　卽平民。㉙朱家句　朱家，漢初魯人，為俠，活豪傑百數。田仲，楚人，喜劍術。王公，疑卽王孟，俠名聞於江淮。劇孟，漢洛陽人，以商賈為資，名顯當世。郭解，漢軹（音ㄓˇ，卽今河南省濟源縣軹城鎭）人。漢之游俠，朱家後首推郭解。㉚文罔　卽法網，法律。㉛朋黨　相互依附之人。㉜宗彊　謂強族大戶，指地方之豪富。㉝比周　相與朋比結納之謂。㉞猥　濫也，苟且也。

【語譯】韓非子說：「術士常舞文弄墨，顚倒是非，壞法亂紀；俠客們常以武力挾持人，觸犯禁令。」這兩類人，都受到非議。但讀書人還是常被人所稱頌。例如用智術取得宰相或卿大夫的位置，來輔佐他的主上，功勳與名譽並垂青史的人，自是不消說了。至於像季次及原憲，他們是鄉下人，只顧讀書，懷抱着特立獨行的高超志節，不隨便迎合當世，當世的人也笑他們。所以季次、原憲一生困窮，住的是草屋，穿的是粗布衣，飲食還經常不足；可是死後至今四百多年了，弟子們還敬慕不止。至於游俠們，他們的行為雖然不合於正義，可是說話一定算數，行事也很果敢，凡答應人家的，必定誠信無欺。不愛惜自己的身體，肯救人家的困難，已經有使將亡的復存，使將死的重生的功勞了，可是不誇耀自已的本領，更羞於稱揚自己的功德，這些人，也有值得我們稱道的地方。

而且緊急的事，是人所免不了的。太史公說：像從前舜帝幾乎在浚井修糧倉的時候被害。伊尹未被任用前曾做過廚師。傅說是在傅巖作工時被找到的。姜太公呂尙未遇文王前，曾在棘津擺攤子。管仲被囚過。百里奚曾替人餵牛。孔子也曾在匡地遭受困厄，在陳蔡間絕糧。以上這些人，都是學者所說的有道的君子人，他們尙且遭逢這些災難，何況那些中等材質的人，又面臨亂世的末俗呢？他們所遭受的禍害，又怎能說得盡呢？鄉下人有句話說：「什麼叫仁義，讓我享受過利益的人，就是有德的人。」所以伯夷雖恥於武王伐紂，不吃周粟，餓死在首陽山上；可是文王武王並未因伯夷的關係而貶低他們王業的聲譽。像盜跖莊蹻兇狠乖戾，他們的門生黨徒，卻讚美稱頌不止。由這兩個例子看來，那麼莊子所說的：「偷腰帶鉤的要受到處罰；而竊據國家的，可以封侯。諸侯的門第，存在著仁義。」這話一點也不虛假啊！那些篤守學術的人，抱持一點正義，就寧願長久忍受孤獨，那像那些見識低下的俗人，跟着社會浮沉，去求取榮名呢？至於布衣之俠，他們建立了取予的分寸，及說到做到的精神。念在道義，不辭千里，爲人犧牲，而不顧世俗的議論，這也是他們的長處，不是苟且所能做到的。所以一般士子當窮困窘迫的時候，可以託命於他們，這豈不就是世人所謂的聖賢豪傑的人嗎？假使窮鄉僻壤的布衣之俠，和季次、原憲比比權，量量力，那他們表現於當世的事功，就不可同日而語了。總而言之，拿事功的表現、言語信守來說，俠客的行誼，又怎可缺少呢？

古代的布衣俠客，不能再聽到了。近代的像吳季札、孟嘗君、春申君、平原君、信陵君這一輩，都憑藉着是王侯親屬的關係，靠着自己有封地或爲卿相的富厚的祿位，招羅天下有才能的人，因此顯名於諸侯之間，不可以說他們不是賢者了。好比荀子說的：「順着風向呼叫，聲音並沒有加響，可是聽得更清楚。」這是受風勢影響的緣故。至於像布衣俠客，修養品行，砥礪名節，聲名遠播於天下，沒有不稱他們是賢者的，這是很難得的了；然而儒家和墨家對他們都揚棄不記，因此，秦以前的平民俠客被埋沒而不爲人所知，眞令我深以爲憾。拿我所知道的，自漢以來，有朱家、田仲、王公、劇孟、郭解等，雖然常常觸犯當時的法律，可是他們個人的品德，卻是清廉高潔，退讓不爭，實在有值得稱道的地方。聲名並不是虛立，士人也不是隨便附和他們的。至於像那些相互依附及強族大戶朋比營私的小人，互相以施捨錢財來役使貧民，仗着豪強去欺侮孤弱，放縱私欲以自快的，也是游俠引以爲羞而不肯做的。我可憐世俗不察爲俠的宗旨，卻隨便地把朱家、郭解等人和那些豪強之輩一樣看待，並且同樣地加以譏笑啊！

【文章分析】本篇選自史記，是一篇序跋類的古文。中國古無俠客，到了戰國時代，天下大亂，強權當道，正義不伸，因此有游俠的產生。由於他們「言必信，行必果，不矜其能，羞伐其德」，常能濟人於急難，是法律之外，伸張正義的一種無形力量，對世道人心很有影響。太史公對社會百態從不輕忽，所以也爲游俠立傳。其實，這也是有感而發的。太史公遭遇李陵的事件，平日交游，沒有一個肯伸援手，終於遭受酷刑。太史公感游俠的輕身重義，嘆自己的含寃莫白；表彰好義的游俠，不也是應該的嗎？班固譏笑他是獎進奸雄，那是不瞭解太史公的偉大啊！

全文咨嗟慷慨，感嘆宛轉，反覆排比，層層推進，眞可說是絕妙好文。文分三段，首引韓非的話，使儒俠相比，以提高俠的地位，托出俠之不可少，眞是筆力萬鈞。次段寫世人認爲道德無標準是不正確的，那是因爲沒有重俠的緣故。

末段敘述布衣之俠的難能可貴。外遭排擯，內無助援，而終能聲施天下，眞是難能啊！

滑稽列傳

史記

孔子曰：「六藝於治一也❶。禮以節人，樂以發和，書以道事，詩以達意，易以神化，春秋以道義。」太史公曰：天道恢恢❷，豈不大哉？談言微中❸，亦可以解紛。

淳于髡❹者，齊之贅壻❺也。長不滿七尺，滑稽❻多辯，數使諸侯，未嘗屈辱。齊威王❼之時，喜隱❽，好爲淫樂長夜之飮。沉湎❾不治，委政卿大夫。百官荒亂，諸侯並侵。國且危亡，在於旦暮，左右莫敢諫。淳于髡說之以隱，曰：「國中有大鳥，止❿王之庭，三年不蜚⓫，又不鳴。王知此鳥何也？」王曰：「此鳥不飛則已，一飛沖天；不鳴則已，一鳴驚人。」於是乃朝⓬諸縣令長七十二人，賞一人，誅一人，奮兵而出。諸侯振驚，皆還齊侵地。威行三十六年。語在田完世家中⓭。

威王八年，楚大發兵加齊。齊王使淳于髡之⓮趙請救兵，齎⓯金百斤，車馬十駟⓰。淳于髡仰天大笑，冠纓索絕⓱。王曰：「先生少之乎？」髡曰：「何敢！」王曰：「笑豈有說乎？」髡曰：「今者臣從東方來，見道傍有禳田⓲者，操一豚蹄、酒一盂⓳而祝曰：

『甌窶滿篝⑳，汙邪滿車㉑，五穀蕃熟㉒，穰穰㉓滿家！』臣見其所持者狹㉔，而所欲者奢，故笑之。」於是齊威王乃益齎黃金千鎰㉕，白璧十雙，車馬百駟。髡辭而行，至趙。趙王與之精兵十萬，革車㉖千乘。楚聞之，夜引兵而去。

威王大說，置酒後宮，召髡賜之酒。問曰：「先生能飲幾何而醉？」對曰：「臣飲一斗亦醉，一石亦醉。」威王曰：「先生飲一斗而醉，惡㉗能飲一石哉？其說可得聞乎？」髡曰：「賜酒大王之前，執法在傍，御史在後㉘，髡恐懼俯伏而飲，不過一斗徑醉矣。若親有嚴客㉙，髡帣韝鞠跽㉚，侍酒於前，時賜餘瀝㉛，奉觴上壽㉜，數起，飲不過二斗徑醉矣。若朋友交遊，久不相見，卒然相覩㉝，歡然道故，私情相語，飲可五六斗徑醉矣。若乃州閭㉞之會，男女雜坐，行酒㉟稽留，六博投壺㊱，相引爲曹㊲，握手無罰，目眙㊳不禁，前有墮珥㊴，後有遺簪㊵，髡竊樂此，飲可八斗而醉二參㊶。日暮酒闌㊷，合尊促坐㊸，男女同席，履舃交錯㊹，杯盤狼藉㊺，堂上燭滅，主人留髡而送客，羅襦襟解㊻，微聞薌澤㊼，當此之時，髡心最歡，能飲一石。故曰：『酒極則亂，樂極則悲。』萬事盡然。」言不可極，極之而衰。以諷諫焉。齊王曰：「善。」乃罷長夜之飲。以髡爲諸侯主客㊽，宗室置酒，髡嘗在側。

【註釋】❶六藝於治一也　六藝，指六經。即詩、書、易、禮、樂、春秋。言六藝內容雖不同，其於治世則一致。❷恢恢　廣大的樣子。❸談言微中　謂滑稽者流，不言大道，而言小事，婉譬曲諷，精微要妙，亦頗合於事理也。中，合。此謂合理。❹淳于髡　複姓淳于，名髡。戰國齊人。❺贅壻　男子就婚於女家之謂。❻滑稽　猶言詼諧、幽默。❼齊威王　戰國齊桓公（非五霸之一的齊桓公）田午之子，名因齊。❽隱　指隱語。即打暗語，供人猜測。❾沉湎　猶沉溺，沉溺於酒色之謂。❿止　居也，棲也。⓫蜚　通「飛」。⓬朝　召見也。⓭語在田完世家中　自「賞一人」以下諸事，皆詳見史記田敬仲完世家。此乃太史公獨創之體例，凡互見之文皆曰「語在……中」，避免重贅也。⓮之　之，適也，往也。⓯齎　持送。⓰駟　一車四馬也。⓱冠纓索絕　冠纓，冠上之帶，所以結冠者，俗謂帽帶。索，盡也。即帽帶子斷了。⓲禳田　禳，求神降福。禳田，祈田豐收也。⓳盂　盛飲食之器也。⓴甌窶滿篝　甌窶，高地狹小之區。篝，籠也。謂高地狹小之區，能收成滿籠也。盼豐收也。㉑汙邪滿車　汙邪，低窪之田。祈求低窪之地亦收穫多也。㉒五穀蕃熟　五穀，稻、黍、稷、麥、菽。蕃，衆多也。㉓穰穰　禾實豐盛貌。㉔狹　少也。㉕鎰　二十四兩爲鎰。或曰二十兩爲鎰。㉖革車　兵車。古代戰車有革車馳車之分。革車，重車也。馳車，輕車也。㉗惡　同烏，何也。㉘執法在傍御史在後　古人宴會，恐飲酒亂序，醉後失禮，故立執法酒吏，執行飲酒號令，違者罰飲。並使御史監正醉者之言行，勸使勿亂。㉙嚴客　貴賓。嚴，敬也。㉚帣韝鞠𦛗　帣，斂也，即收袖也。韝，臂衣也，即袖子。帣韝，即捲袖子。鞠，曲身也。　同跽，小跪也。此寫侍宴陪酒之情形。㉛餘瀝　即餘酒。㉜奉觴上壽　奉觴，捧着酒杯也。上壽，謂敬酒也。㉝卒然相覩　卒同猝。覩，見也。謂忽然相見也。㉞州閭　猶言鄉里。㉟行酒　循環斟酒與人。㊱六博投壺　六博，亦作陸博，古遊戲之事，猶今之以棋局爲博也。行六棋，故曰六博。投壺，古賓主燕飲時之遊戲。設特製之壺，賓主依次投矢於其中。中多者爲勝；少者罰酒。㊲曹　輩也。㊳眙　直視不移也。猶瞪。㊴珥　玉瑱也。㊵簪　首笄也。用以固定髮髻。㊶二參　參，通「三」、「叁」。此謂十分之二、三。㊷酒闌　闌，殘盡。酒闌，謂酒客漸稀。㊸合尊促坐　謂合杯而飲，迫近而坐也。尊，通「樽」，酒器。㊹履舄交錯　履舄猶今之鞋襪。此謂鞋子錯置也。㊺杯盤狼藉　狼藉，狼藉草而臥，去則滅亂，故凡物之散亂者曰狼藉。此言菜肴食盡，盤杯雜亂未收也。㊻羅襦襟解　羅，輕軟有疏孔之絲織品。襦，短襖也。襟解，謂前襟解開也。㊼薌澤　薌通香，即香氣。㊽主客　官名。掌接待給賜之車。

【語譯】孔子說：「六藝於治道方面是一樣的：禮用以節制人的行爲，樂用以調和人的性情，書用以記載史事，詩用以表達情思，易則用來占卜陰陽變化，春秋則寄寓襃貶，伸張正義。」太史公說：「天道廣大，無所不包，豈不偉大嗎？然而，那些滑稽人士，言談間，常寓婉譬曲諷之意，而妙合事理，也常可以排難解紛。」

淳于髡這個人，是齊國的一個贅婿。身高不到七尺；但是詼諧善辯。多次出使列國，都因他應對得體，從來沒有使國家受過屈辱。齊威王在位，喜歡聽隱語，愛好享樂，常常終夜宴飲，整天沈迷於酒色而不理國事，把一切政務都委託給公卿大夫們。於是政府一片混亂，鄰國都來侵伐。國家危在旦夕。左右大臣沒有誰敢進諫。於是淳于髡用隱語諷諫他說：「國內有一隻大鳥，棲息在大王的宮庭上，三年不飛，也不叫一聲。大王你知道是什麼鳥嗎？」威王說：「這鳥不飛便罷了，一飛起來，就要沖上天去；不叫便罷，一叫起來便要使人驚怕。」於是馬上召見各縣首長七十二人，賞了一人，誅了一人，整兵出戰。各國大驚，都把所侵佔的土地還給齊國，聲威維持了三十六年。這段史話詳記在第四十六卷田敬仲完世家。

威王八年，楚國派大軍來攻齊。齊王派淳于髡到趙國去求救兵，準備送上黃金百斤，車馬十輛。髡見了，仰天大笑，把帽帶子都笑斷了。威王說：「先生嫌它少麼？」髡說：「豈敢？」王說：「那你笑，大概有什麼道理吧？」髡說：「剛剛我從東邊來的時候，看見路旁有一個求神降福祈田豐收的農夫，拿了一隻豬蹄子和一壺酒，他禱告說：『那邊窄小的高地要滿籠滿籠地收穫，這邊低窪的水田要滿車滿車的裝載，五穀都要大熟豐收，堆滿我的家。』我看他拿的祭品那麼少，希望卻是這麼大，所以我覺得好笑。」於是威王馬上加上黃金一千鎰，白璧十雙，車馬百駟。髡即刻辭行到趙國去。趙王給他精兵十萬，兵車一千輛。楚國聽到趙國的救兵來了，就連夜撤兵回去。

威王非常開心，於是在後宮備了酒席，召髡來爲他洗塵慶賀。威王問他說：「先生喝多少才會醉？」髡說：「我喝一斗也會醉，喝十斗也會醉。」威王說：「先生你喝一斗就醉了，如何能喝十斗呢？其中原由能說來聽聽嗎？」髡說：「接受大王的賞賜，在大王面前喝酒，傍邊是執法官員，後面有御史大夫，我恐懼害怕，低頭伏地飲酒，不過一斗就醉了。如果父親招待貴賓，要我捲起袖子，哈腰跪起地在面前侍奉陪酒，時常有剩酒要我喝，還要舉杯敬酒，這樣子幾次，總共喝不到二斗也就醉了。假若知己的朋友，長久不見了，忽然相遇，很高興地談起往事，再說些知心的話，這樣可以喝上五六斗才會醉。假如是鄉里有集會，男男女女，混雜一起，隨時可以走動敬酒，隨便可以停下說笑聊天，下棋也好，賭博也好，大家可以隨便捉對尋伴，遇到好的拉拉手也不會受罰，見到美的瞪大眼看，也不必禁忌，可以盡情地歡樂，前面有掉落的耳環，後面有遺失的髮簪，我最喜歡這樣，可以喝上八斗，也只不過有二三分醉意。太陽西下了，酒客漸少，大家合杯而飲，挨近相坐，男女同在一席，地上鞋子交錯，桌上杯盤散亂，這時大堂上的燭火熄滅了，主人留下我，送走了其他的客人，於是輕解羅襟，微微聞到香氣，這時候，我是最快樂了，竟能喝到十斗。所以說：『飲酒過了分就要昏亂；歡樂極了，就會生悲。』凡百事情都是如此。」他的意思是說：「一切都不可過分，過了分，就要衰敗。」他就是借這話來諷喻勸諫齊王的。威王說：「好！」於是立刻停止終夜晏飲的習慣，並派淳于髡擔任接待諸侯賓客的官。凡是宗室有宴會，髡一定在一旁侍候。

【文章分析】本篇選自史記，屬於傳狀類的古文。太史公不但是史學之祖，也是文學大家。史記一百三十卷合起來是一篇，分開來則各自成篇。內容更是包羅萬象，上至天文，下至地理，以至於風俗人情，社會百態，無所不包，無所不容。尤其難能的是以文學家的筆寫歷史家的事，生動不脫眞實，眞實不現呆板。像本篇就是以一種調笑嬉戲的筆法，道出嚴肅的治國之道，眞是清新俊逸，別具一格。

全文共分四段：首拿孔子的六藝打前鋒，這正是太史公的滑稽處。暗示六藝之道可以治國，一句滑稽的話，也同樣可以產生治國的妙用。次段在說明由於淳于髡的一句隱語，而激起齊威王的奮發，暗示突梯滑稽的話常能孕育大作用。第三段在寫淳于髡的「言非若是，說是若非」的辯才。末段詳加發揮淳于髡的妙譬，掀起文章的高潮。在輕佾喜樂中，兼寓諷勸；在笑的發洩中，隱現淚光。淳于髡固然會說，太史公實在是太能寫了。

貨殖❶列傳序

史記

老子曰：「至治之極，鄰國相望，雞狗之聲相聞，民各甘其食，美其服，安其俗，樂其業，至老死不相往來。」必用❷此爲務，輓❸近世，塗民耳目，則幾無行矣。

太史公曰：「夫神農❹以前，吾不知已，至若詩書所述虞夏以來，耳目欲極聲色之好，口欲窮芻豢❺之味，身安逸樂，而心誇矜勢能之榮，使俗之漸❻民久矣。雖戶說以眇論

⑦，終不能化。故善者因⑧之，其次利道⑨之，其次教誨之，其次整齊之，最下者與之爭。」

夫山西⑩饒材、竹、穀、纑、旄⑪、玉石；山東⑫多魚、鹽、漆、絲、聲色；江南出柟、梓、薑、桂、金、錫、連、丹沙、犀、瑇瑁、珠璣、齒、革⑬；龍門、碣石⑭，北多馬、牛、羊、旃、裘⑮、筋、角，銅、鐵則千里往往山出棊置⑯，此其大較⑰也。皆中國人民所喜好，謠俗被服飲食奉生送死之具也。故待農而食之，虞⑱而出之，工而成之，商而通之，此寧有政教發徵期會哉？人各任其能，竭其力，以得所欲。故物賤之徵⑲貴，貴之徵賤，各勸⑳其業，樂其事，若水之趨下，日夜無休時。不召而自來，不求而民出之，豈非道之所符，而自然之驗邪？

周書曰：「農不出，則乏其食；工不出，則乏其事；商不出，則三寶絕；虞不出，則財匱少，財匱少，而山澤不辟矣。」㉑此四者，民所衣食之原也。原大則饒，原小則鮮。上則富國，下則富家。貧富之道，莫之奪予；而巧者有餘，拙者不足。故太公望封於營丘㉒，地潟鹵㉓，人民寡。於是太公勸其女功，極技巧，通魚鹽，則人物歸之，繈㉔至而輻湊㉕。故齊冠帶衣履天下，海岱㉖之間，斂袂㉗而往朝焉。其後，齊中衰，管子修之。設輕重九府㉘，則桓公以霸。九合諸侯，一匡天下㉙。而管氏亦有三歸㉚，位在陪臣㉛，富於列國之君，是以齊富彊至於威宣㉜也。故曰：「倉廩實而知禮節，衣食足而知榮辱。」㉝禮生於有而廢於無。故君子富，好行其德；小人富，以適其力。淵深而魚生之，山深而獸往之，人富而仁義附焉。富者得勢益彰，失勢則客無所之。以而不樂，夷狄益甚。諺曰：「千金之子，不死於市。」㉞此非空言也。故曰㉟：「天下熙熙㊱，皆為利來；天下壤壤㊲，皆為利往。」夫千乘之王，萬家之侯，百室之君，尚猶患貧，而況匹夫編戶之民㊳乎？

【註釋】❶貨殖　貨，財利也。殖，生也。❷用　以也。❸輓　與晚通。❹神農　古帝稱號。始製耒耜，教民務農，故號神農氏。以火德王，又稱炎帝。❺芻豢　芻，草食之獸類也，如牛、羊。豢，穀食之獸類也，如豕、犬。❻漸　漸染也。❼眇論　眇同妙。❽因　相依就也。即襲也。❾道　同導。❿山西　山指太行山。山西，謂太行山以西。非今山西省。⓫饒材竹穀纑旄　饒，多也。穀即楮，可造紙之木。纑，山中之苧，可為夏布。旄，犛牛尾，此處應作獸毛解。⓬山東　太行山以東之謂。⓭江南出枏梓　枏，即楠木。梓，有木王之稱。連，指未鍊之鉛。丹即朱砂。犀，犀牛角極堅，可為器。瑇瑁，龜類，甲可為飾。璣，珠之不圓者。齒，獸齒，如象牙。革，獸皮去毛者。⓮龍門碣石　二山名。⓯旃裘　旃與氈通。裘，皮衣也。⓰山出棊置　言產銅鐵之礦山，如棋之佈置甚密也。⓱大較　猶大略。⓲虞　掌山澤之官。⓳徵　兆也。⓴勸　勉也。㉑農不出十句　書經逸文。㉒營丘　齊地。在今山東臨淄縣西北。㉓潟鹵　謂海水所浸之鹹地，不適耕種。㉔繈　所以縛小孩於背也。㉕輻湊　言人物之聚集，如車輻之聚於轂也。㉖海岱　海指東海，岱指泰山。㉗斂袂　斂其衣袖也。㉘輕重九府　輕重，錢也。九府，周時掌財幣之九官：大府、玉府、內府、外府、泉府、天府、職內、職金、職幣也。㉙九合諸侯一匡天下　九，糾也。謂糾合諸侯，匡正天下也。㉚三歸　三歸之家也。㉛陪臣　諸侯之上卿也。㉜威宣　威王、宣王也。㉝倉廩實而知禮節二句　語出管子牧民篇。㉞千金之子不死於市　謂千金之子，雖有罪，亦可設法，不至伏法而死市中也。㉟故曰　以下引文爲古代歌謠。㊱熙熙　煩囂貌。㊲壤壤　紛錯貌。㊳編戶之民　戶口編於版籍者，謂平民也。

【語譯】 老子說：「政治好到極點的情況，是鄰國可以相望見，鷄啼狗叫的聲音也可相互聽得到，人民都能以常食爲甘，常衣爲美，安於本地的習俗，喜愛自己的職業，到老死都彼此不相來往。」如果一定要如此的話，那必定要掩飾老百姓的耳目才可以，但到晚近時代，這幾乎是不可行的。

太史公說：「神農以前的事我不知道，至於像詩經、尙書上所記載從虞、夏到現在，人的耳要聽動人的聲音，眼要看漂亮的東西，口要吃美味，身體要安逸快樂，心裏想誇張自己的功勞、權勢、能力的榮耀，使人民染上這種風氣已經很久了。雖然拿最妙的理論，挨家去說明，也不能感化他們了。所以最上等的治民，是順應人事的自然；次一等的，因勢利導；再次一等的，就要教誨人民；再次一等的，就要用法令強制人民；最下等的，就是與民爭利了。」

那山西地方，多產木材、竹子、楮木、苧麻、獸毛、玉石等東西；山東多產魚、鹽、漆、絲和聲色方面的東西；江南多產楠木、梓木、薑、桂、金、錫、鉛、丹砂、犀角、玳瑁、珠璣、齒、革等；龍門、碣石以北，多產馬、牛、羊、旃、裘、筋、角；而周圍大到一千里的產銅、鐵的礦山，像棋盤子般密佈着；這是四方出產的大概情形。都是中國百姓所喜歡的，也是習俗中一切衣服、飲食，和養生送死所必備的啊！所以必須等待農人耕種才能有得吃，山澤之官把資源開採出來，工人把它加工，商人把它流通出去，這難道有政令敎他們、打發他們、召募他們，或是訂個什麼期會使他們相聚的嗎？不過是人人各盡一己之能，出一己之力，來得到他們所想得的罷了！所以東西便宜了，那就是貴的徵兆；貴了，就是賤的預兆，各人勤勉自己的事業，樂於從事自己所做的事，就像水向低窪處流的一樣，一天到晚都沒有休息的時候。不必召請，自己會來；不必請求，人民自會努力增產；這難道不是符合道理，應驗於自然的現象嗎？

周書上說：「農夫不耕田，糧食就要缺乏；工人不做工，物資便要缺少，沒有商人交易，那珠、玉、金三寶便要斷絕；沒有山澤之官，物資就貧乏；物資貧乏，那山林河川就不能開闢了。」上面所說的農、工、商、虞，都是人民衣食的來源，來源多當然就富足，來源少就缺乏了。這些，大可以富國，小可以富家。貧富有一定的道理，是不可以爭奪，也是無法施與的。大體來說，巧妙的人常常有餘，笨拙的人就常感不足。所以當太公望封於營丘的時候，因地質鹹鹵，不適耕種，人民稀少。於是太公就勸婦女做女紅，盡量發揮巧妙的技藝，同時發展漁業，運買食鹽，四方人物都扶老攜幼聚集而來。所以齊國的衣帽鞋帶，天下的人都穿着；海岱一帶，大家都結伴到齊國來。後來，齊國一度衰弱，到管仲執政又復興盛。他設立藏錢的府庫，論鑄錢的輕重，桓公因此成了霸業，聯合所有諸侯，共同匡正天下。管仲自己因而有了三個公館，地位雖然是陪臣，但是富厚超過了各國的君主，因此齊國的富強一直維持到威王、宣王時代。所以說：「倉庫充實，才知道禮節；吃飽穿煖了，才知道什麼是榮辱。」禮生於富有，卻因窮困而廢棄。所以君子富裕則樂善好施，小人要是富有，就用來獨自享受。水深，魚就產生在那裏；山勢險峻，猛獸就住到那裏去；人要是有錢了，仁義也就依附他了。有錢的人得勢，就愈加顯赫；失了勢，就沒有人理會了。若因此而不快樂，那就錯了；西夷北狄的野蠻人，比這樣還厲害呢！俗話說：「有錢人的子弟，不死在市朝之上。」這並不是空話啊！所以說：「天下煩囂混雜一片，都是為利而來；天下紛亂擾攘，都是為錢而往。」那有千輛兵車的國君，有萬戶封爵的諸侯，有百家的卿大夫，他們還怕窮，何況那些尋常的老百姓呢？

【文章分析】本篇選自史記，是屬於序跋類的古文。史記有平準書、貨殖列傳，說明史公是極其注重民生的。因為社會百態，不可或缺，凡關乎世道人心與社會民生的，史公都不忽略，由此可見他才德的崇高。班氏譏刺他崇勢利，羞貧賤，那裏是這樣呢？

本文凡四段：首引老子的話為標的，但在貨殖盛行的近代是無法做到的。第二段是全文重心，說明人雖重利，但要看情形因之、道之、教誨之、整齊之。最下是與民爭利，此是暗譏武帝的鹽鐵、平準政策。第三段發揮「善者因之」的意思。末段申述太公的治齊，是屬於利道的情形，以及管仲「教誨、整齊」的情形。再以「千金之子，不死於市」，暗傷自己遭刑而家貧不足自贖。全文議論敘事，夾雜行之，出入變化不可捉摸，真文章之大手筆也。

太史公自序

史記

太史公曰：「先人❶有言：『自周公卒，五百歲而有孔子；孔子卒後，至於今五百歲。有能紹明世❷，正易傳❸，繼春秋❹，本詩書禮樂之際，意在斯乎？意在斯乎？』小子

❺何敢讓焉！」

上大夫壺遂❻曰：「昔孔子何爲而作春秋哉？」太史公曰：「余聞董生❼曰：『周道衰廢，孔子爲魯司寇❽；諸侯害之❾，大夫壅之❿。孔子知言之不用，道之不行也，是非二百四十二年之中，以爲天下儀表；貶天子，退諸侯，討大夫，以達王事⓫而已矣。』子曰：『我欲載之空言，不如見之於行事之深切著明也。』夫春秋上明三王之道，下辨人事之紀；別嫌疑，明是非，定猶豫；善善、惡惡⓬，賢賢、賤不肖；存亡國，繼絕世，補敝、起廢：王道之大者也。易著天地、陰陽、四時、五行，故長於變；禮經紀⓭人倫，故長於行；書記先王之事，故長於政；詩記山川、谿谷、禽獸、草木、牝牡、雌雄，故長於風⓮；樂，樂所以立，故長於和；春秋辯是非，故長於治人。是故禮以節人，樂以發和，書以道事，詩以達意，易以道化，春秋以道義。撥亂世反之正⓯，莫近於春秋。春秋文成數萬，其指⓰數千：萬物之散聚，皆在春秋。春秋之中，弑君三十六，亡國五十二，諸侯奔走不得保其社稷者不可勝數。察其所以，皆失其本已。故易曰：『失之毫釐，差以千里⓱。』故曰：『臣弑君，子弑父，非一旦一夕之故也；其漸久矣！』故有國者不可以不知春秋，前有讒而弗見，後有賊而不知；爲人臣者不可以不知春秋，守經事⓲而不知其宜，遭變事而不知其權⑲。爲人君父而不通於春秋之義者，必蒙首惡之名；爲人臣子而不通於春秋之義者，必陷簒弒之誅，死罪之名。其實皆以爲善，爲之不知其義，被之空言而不敢辭。夫不通禮義之旨，至於君不君，臣不臣，父不父，子不子。夫君不君，則犯；臣不臣，則誅；父不父，則無道；子不子，則不孝。此四行者，天下之大過也；以天下之大過予之，則受而弗敢辭。故春秋者，禮義之大宗也。夫禮禁未然之前，法施已然之後；法之所爲用者易見，而禮之所爲禁者難知。」

壺遂曰：「孔子之時，上無明君，下不得任用，故作春秋，垂空文以斷禮義，當一王⑳之法。今夫子上遇明天子，下得守職，萬事旣具，咸各序其宜；夫子所論，欲以何明？」太史公曰：「唯唯，否否㉑，不然！余聞之先人曰：『伏羲至純厚，作易八卦；堯舜之盛，尚書載之，禮樂作焉；湯武之隆，詩人歌之；春秋采善貶惡，推三代之德，褒周室，非獨刺譏而已也。』漢興以來，至明天子，獲符瑞㉒，建封禪㉓，改正朔㉔，易服色㉕，受命於穆淸㉖，澤流罔極。海外殊俗，重譯款塞㉗，請來獻見者，不可勝道。臣下百官，力誦聖德，猶不能宣盡其意。且士賢能而不用，有國者之恥；主上明聖而德不布聞，有司㉘之過也。且余嘗掌其官，廢明聖盛德不載，滅功臣、世家、賢大夫之業不述，墮先人所言㉙，罪莫大焉！余所謂述故事，整齊其世傳，非所謂作也。而君比之於春秋，謬矣！」

於是論次其文，七年，而太史公遭李陵之禍㉚，幽於縲紲㉛。乃喟然而歎曰：「是余之罪也夫！是余之罪也夫！身毀不用㉜矣！」退而深惟㉝曰：「夫詩、書隱約㉞者，欲遂其志之思也。昔西伯拘羑里㉟，演周易㊱；孔子戹陳蔡㊲，作春秋；屈原放逐，著離騷；左丘失明㊳，厥有國語㊴；孫子臏腳㊵，而論兵法；不韋遷蜀㊶，世傳呂覽㊷；韓非囚秦㊸，說難孤憤㊹；詩三百篇，大抵賢聖發憤之所為作也。此人皆意有所鬱結，不得通其道也，故述往事，思來者。」

於是卒述陶唐以來，至于麟止㊺，自黃帝始。

【註釋】❶先人　謂父司馬談也。❷紹明世　紹，繼也。明世，謂治世也。漢書作紹而明之。❸易傳　指易繫辭傳也。❹春秋　書名。孔子據魯史而制作者也。❺小子　司馬遷自稱，乃謙詞。❻上大夫壺遂　上大夫，官名。壺遂，與司馬遷等定漢律曆，為人深中篤行。❼董生　即董仲舒。少治春秋，學有原委，嘗言：仁人正其誼，不謀其利；明其道，不計其功。免官家居，朝廷有大議，常遣使就其家問之。❽司寇　官名。❾諸侯害之　謂齊人懼而歸女樂也。❿大夫壅之　壅，隔也，阻也。季桓子受女樂而三日不朝。⓫王事　即王道也。⓬善善惡惡　謂善則美之，惡（ㄜˋ）則惡（ㄨˋ）之。⓭經紀　漢書經作綱。謂治理之也。⓮風　風俗。⓯撥亂世反之正　謂治亂世，使復正道也。⓰指　旨之假借字，要旨也。⓱失之毫釐差以千里　或曰差以毫釐，謬以千里，今易無此語，易緯有之。⓲經事　常事也。⓳權　權衡也。即權衡輕重也。⓴一王　謂天子也。孟子滕文公篇：「世衰道微，邪說暴行有作。臣弒其君者有之，子弒其父者有之。孔子懼，作春秋。春秋，天子之事也。」㉑唯唯否否　唯唯，姑應之也；否否，略折之也。應其是而辨其非。㉒符

瑞 祥瑞也。謂天以祥瑞之事，爲王者受命之徵也。指武帝元狩元年冬十月，行幸雍，獲白麟。㉓封禪 築土爲壇以祭天曰封，除地而平以祭山川曰禪。㉔正朔 卽正月初一。古王者易姓，必改正朔。㉕服色 衣服之顏色。㉖受命於穆清 卽承天景命之意。史記集解引如淳曰：「受天地清和之氣。」案劉攽曰：「穆清，天也。」其義較勝。㉗重譯款塞 重譯，輾轉翻譯也。款塞，謂叩邊關來服從也。款，叩也。㉘有司 此謂司文史之官。㉙墮先人所言 墮，毀也，謂不修之也。前文記司馬談將卒，執遷手而泣曰：「予先，周室之太史也。自上世嘗顯功名於虞夏，典天官事，後世中衰，絕於予乎？女復爲太史，則續吾祖矣。」所謂先人之言，指此。㉚李陵之禍 李陵，漢將，廣孫。征匈奴，戰敗被俘。司馬遷爲之陳說，竟遭宮刑。禍卽指此。㉛縲紲 縲，黑索也。紲，攣也。此謂監獄也。㉜身毀不用 謂身受宮刑無可用也。㉝深惟 深思也。㉞隱約 謂言簡意微，不易明也。㉟西伯拘羑里 西伯，西方諸侯之長，指周文王也。羑里，地在今河南湯縣。㊱演周易 演，引申其義而詳言之也。文王因伏義所畫八卦，演之爲六十四卦。㊲孔子戹陳蔡 戹，窮困也。謂夫子周遊列國，絕糧陳蔡也。㊳左丘失明 左丘，卽左丘明，魯太史。失明，謂目不見也。㊴厥有國語 丘明曾取列國之史，集爲國語。㊵孫子臏腳 孫子，戰國齊人。與魏人龐涓同學於鬼谷子，涓自以爲不及臏，乃陰召至魏，以法刖其足。會齊使至魏，載歸，威王以爲師。後齊魏戰，卒勝之，涓自殺。臏脚，刖足而去膝蓋骨也。以孫子曾受此刑，故後世名爲孫臏。㊶不韋遷蜀 呂不韋，秦相，秦王政立，尊爲仲父。後得罪免相，徙蜀。畏罪自殺。㊷呂覽 卽呂氏春秋，爲呂不韋門下所集，約二十餘萬言。㊸韓非囚秦 韓非與李斯俱學於荀卿，後奉命使秦，爲李斯所陷，死於獄中。㊹說難孤憤 韓非子二篇名。非爲韓諸公子，以書諫韓王，不能用，乃作孤憤說難等十餘萬言。㊺至于麟止 武帝幸雍，獲白麟，太史公作史記，上紀黃帝，下至獲麟止。

【語譯】太史公說：「先人曾經說過：『從周公死後，五百年而有孔子；孔子死後，到現在又是五百年。有人能夠繼承盛世，整理易傳，上接春秋，根據詩書禮樂的宗旨，然後有所述作。用意就在這方面嗎？用意就在這方面嗎？』小子怎敢把責任推讓給別人呢！」

上大夫壺遂說：「過去孔子爲什麼要作春秋呢？」太史公說：「我聽董仲舒先生說過：『周朝的政治衰微，孔子做魯國的司寇；諸侯忌害他，大夫阻撓他。孔子知道自己的言語不會被採用，王道也不會行得通，所以批評二百四十二年中的事情，做爲天下人的標準；褒貶天子，斥退諸侯，誅討大夫，拿這個來說明王道罷了！』孔子說：『我想與其徒託空言，不如就實際的人事加以批評來得深切著明。』所以春秋這部書，上明三王的道理，下理人事的綱紀；辨別嫌疑，明判是非，斷定猶豫；稱贊善人，誅罰惡人，尊敬有才能的人，鄙賤那些不好的人；保存亡國，延續絕世，修補破敗，興起衰頹；這些都是王道的大端啊！易經說明天地、陰陽、四時、五行的關係，所以長於變化；禮記治理人類的五倫，所以長於行爲；尚書記載先王的事情，所以長於政治；詩經記的都是山川、谿、谷、禽獸、草木、牝牡、雌雄，所以長於記載風俗；樂經能使人愉悅和樂，所以長於和順；春秋主要在能辨別是非，所以長於治人。禮用來節制人，樂用來興起和樂，書經在記載事情，詩經在傳達情意，易經在說明事物天理的變化，春秋在辨別道義。挽回亂世，回反正道，沒有比春秋這部書更重要了。春秋的文字有數萬，他的意旨也有幾千：一切事物的聚散，都載在春秋裏。春秋二百四十二年中，弒君的有三十六，亡國的也有五十二，至於諸侯出亡，無法保持他社稷國家的，那簡直數不清。考察他的原因，都因爲失去了根本。易經上說：『一絲一毫的錯誤，相差竟會有千里。』所以說『臣下殺君，兒子殺父，不是一天兩天的緣故，由來已經很久了。』因而做領袖的人，不可以不知道春秋，否則，面前有進讒言的看不見，背後有奸邪的人也不知道；爲人臣的人不可以不知道春秋，否則，死守常事而不知道作適當的處理，遇到事變也不知作權宜的變通。做人君父的如果不通達春秋的意義，必定會遭受到首惡的名聲；爲人臣子的如果不知道春秋的意義，必定會因想篡國弒君而遭受誅戮，落得個死罪的壞名。其實他們的心本想爲善，但是不知義理，做了還不知是犯了罪，因此受到譴責也不敢置言推辭。說到那些不通義理主旨的人，以至於君不像君，臣不像臣，父不像父，子不像子。君不像君，那就會被臣下所侵犯；臣不像臣，那就會遭到殺戮；父不像父，就不會有爲父之道；子不像子，就是不孝順。這四種人的行爲表現，是天下的大罪惡啊；把大罪惡的名加在他的身上，那只有接受而不敢推辭。所以春秋一書，是禮義的總會。禮是束縛你不犯法，而法律則是在你犯過之後加以處罰；法的功效顯而易見，禮的束縛卻是隱微難知。」

壺遂說：「孔子的時候，上面沒有聖明天子，他在下面無法得到任用，所以著春秋，想以文字的表現來斷定人事的合不合乎禮義，當作天子的法度。如今先生你上面有聖明天子，自己在下也有專職可守，各種事情都很具備，一切都上軌道；先生的議論，想要表明什麼呢？」太史公說：「是的！是的！不對！不對！話不是這樣說。我聽先人說過：『伏羲氏的德性最爲純厚，作了易經的八卦；堯舜極盛時代，尚書裏有記載，禮、樂也在這時候興起了；商湯、武王的興隆，詩人歌頌他；春秋一書表彰好的，貶損壞的，推廣三代的道德，褒揚周朝王室，並不是單單諷刺而已啊。』自漢朝建立以來，到現在的聖明天子，得到祥瑞的應兆，舉行了封禪大典，改訂正月初一，變換衣服顏色，承受天命，恩澤無窮。海外異俗的人，經過輾轉翻譯，請求前來朝見獻禮的人，多得無法計算。所有的官吏，都極力地歌頌聖德，還怕不能完全表達他的心意。而且士子有才能的，卻不能錄用，那是當國君的恥辱；主上明聖，而德澤不能傳布至四方，那是有關官員的過錯。況且我曾經執掌過這種職務，廢棄聖明天子的德業不加以記載，丟掉功臣諸侯賢大夫們的事業不去敘述，毀敗了先人所說的話，罪沒有比這個更大的了！我所說的只在敘述故事，整理那些世家列傳，不能算是創作啊！而你把它和春秋相比，那就大錯了。」於是編寫這本書，經過了七年，太史公遭遇了因爲替李陵辯護而引起的災禍，被關在監牢裏。我嘆息說：「這都是我的罪孽啊！這都是我的罪孽啊！身體遭受毀傷，不能用了！」私下我獨自深思道：「那詩書所以要隱約其辭的道理，還不是想要傳達作者的意志！過去西伯被紂囚禁在羑里，他卻藉此而推演周易；孔子困於陳蔡，開始寫作春秋；屈原被放逐後，著了離騷；左丘明瞎了眼，才有國語；孫子被刖了雙脚，因此談論兵法；呂不韋被廢遷蜀，呂氏春秋因此傳世；韓非被秦幽禁，才作說難、孤憤諸篇；詩經三百零五篇，大概都是聖賢們有所憂怨，發憤而爲的作品。這些人都是因心裏充滿了鬱結苦悶，沒辦法把他的道理表達出來，所以只好敘述以往的事情，留給未來的人。」

於是我詳盡地敘述陶唐以來的事情，從黃帝開始，到獲麟爲止。

【文章分析】本篇選自史記，是屬於序跋類的古文。史記一百三十卷，合起來是一部書，分開是一百三十篇。每篇終了，多有「贊」敘明述作的經過。一百三十篇終了，當然也須作一總結，本文正是爲此而作。一方面是在傳自己，一方面也是在贊前文，複雜錯綜，變化多端，眞不愧是大家手筆。

史公畢生精力，全在史記一書，不論鍊字、造句、立意、裁章、取材、結構，無不精益求精，認眞努力，眞是無往不收，無微不盡，不僅是史學之祖，也是文學之祖。

本篇共分四段：第一段以「何敢讓焉」作結，這是何等氣魄，一把就接住了周公、孔子所交下來的棒子。不是有擔當、有作爲的人，誰敢作此豪舉？第二段借與壺遂的答問，表明春秋的義例，以烘托出史記不僅是源於六經，更是上繼春秋。第三段由往聖遭難而有著述說起，以明自己所以遭李陵之禍不死的原委，忍辱含垢，都是爲了紹明世，繼春秋，史記的完成，眞是不容易啊！末段說明史記的起迄時代。

報任少卿書

司馬遷

太史公牛馬走①，司馬遷再拜言少卿足下②：曩③者辱④賜書，教以順於接物，推賢進士為務；意氣懃懃懇懇⑤，若望⑥僕不相師，而用流俗人之言，僕非敢如此也。僕雖罷駑，亦嘗側聞長者之遺風矣。顧⑦自以為身殘處穢⑧，動而見尤⑨，欲益反損，是以獨鬱悒而與誰語⑩？諺曰：「誰為為之，孰令聽之⑪？」蓋鍾子期死，伯牙終身不復鼓琴⑫。何則？士為知己者用，女為說己者容⑬。若僕大質⑭已虧缺矣，雖才懷隨、和⑮，行若由、夷⑯，終不可以為榮，適足以見笑而自點⑰耳。書辭宜答，會東從上來⑱，又迫賤事，相見日淺，卒卒⑲無須臾之間，得竭志意。今少卿抱不測之罪⑳，涉旬月㉑，迫季冬㉒，僕又薄從上雍㉓，恐卒然不可為諱㉔。是僕終已不得舒憤懣㉕以曉左右，則長逝者魂魄，私恨無窮，請略陳固陋。闕然久不報，幸勿為過。

僕聞之：脩身者，智之符㉖也；愛施者，仁之端也；取與者，義之表也；恥辱者，勇之決也；立名者，行之極也。士有此五者，然後可以託於世，而列於君子之林矣。故禍莫憯於欲利㉗，悲莫痛於傷心，行莫醜於辱先㉘，詬莫大於宮刑㉙。刑餘之人，無所比數，非一世也，所從來遠矣。昔衛靈公與雍渠同載，孔子適陳㉚；商鞅因景監見，趙良寒心㉛；同子參乘，袁絲變色㉜；自古而恥之。夫以中才之人，事有關於宦豎㉝，莫不傷氣，而況於慷慨之士乎！如今朝廷雖乏人，奈何令刀鋸之餘，薦天下豪俊哉？僕賴先人緒業㉞，得待罪輦轂下㉟，二十餘年矣。所以自惟㊱：上之，不能納忠效㊲信，有奇策才力之譽，自結明主；次之，又不能拾遺補闕，招賢進能，顯巖穴之士；外之，又不能備行伍，攻城野戰，有斬將搴旗之功；下之，不能積日累勞，取尊官厚祿，以為宗族交遊光寵。四者無一遂，苟合取容，無所短長之效㊳，可見如此矣。鄉者，僕亦常廁下大夫之列㊴，陪外廷末議㊵，不以此時引維綱，盡思慮；今已虧形，為掃除之隸，在闒茸㊶之中，乃欲仰首伸眉，論列是非，不亦輕朝廷，羞當世之士邪？嗟乎！嗟乎！如僕尚何言哉！尚何言哉！

且事本末，未易明也。僕少負不羈之材㊷，長無鄉曲之譽，主上幸以先人之故，使得奏薄伎㊸，出入周衛㊹之中。僕以為戴盆何以望天㊺，故絕賓客之知，亡室家之業，日夜思竭其不肖之才力，務一心營職，以求親媚於主上；而事乃有大謬不然者！夫僕與李陵㊻，俱居門下㊼，素非能相善也，趣舍異路㊽，未嘗銜盃酒，接慇懃之餘懽。然僕觀其為人，自守奇士㊾：事親孝，與士信，臨財廉，取與義，分別有讓，恭儉下人；常思奮不顧身，以徇國家之急。其素所蓄積也，僕以爲有國士[50]之風。夫人臣出萬死不顧一生之計，赴公家之難，斯以奇矣。今舉事一不當，而全軀保妻子之臣，隨而媒孽[51]其短，僕誠私心痛之！且李陵提步卒不滿五千，深踐戎馬之地，足歷王庭[52]，垂餌虎口，橫挑彊胡，仰[53]億萬之師，與單于連戰十有餘日，所殺過當。虜救死扶傷不給，旃裘[54]之君長咸震怖，乃悉徵其左右賢王[55]，舉引弓之人，一國共攻而圍之。轉鬭千里，矢盡道窮，救兵不至，士卒死傷如積。然陵一呼勞，軍士無不起，躬自流涕，沬血[56]飲泣，更張空拳[57]，冒白刃，北嚮爭死敵者。陵未沒時，使有來報，漢公卿王侯皆奉觴上壽。後數日，陵敗書聞，主上爲之食不甘味，聽朝不怡，大臣憂懼，不知所出。僕竊不自料其卑賤，見主上慘愴怛悼[58]，誠欲效其款款[59]之愚，以爲李陵素與士大夫絕甘分少[60]，能得人死力，雖古之名將不能過也。身雖陷敗，彼觀其意，且欲得其當而報於漢；事已無可奈何，其所摧敗，功亦足以暴於天下矣。僕懷欲陳之而未有路；適會召問，即以此指[61]推言陵之功，欲以廣主上之意，塞睚眦[62]之辭，未能盡明。明主不曉，以爲僕沮貳師[63]，而爲李陵遊說，遂下於理[64]。拳拳[65]之忠，終不能自列[66]；因爲誣上，卒從吏議。家貧，貨賂不足以自贖；交遊莫救；左右親近，不爲一言。身非木石，獨與法吏爲伍，深幽囹圄[67]之中，誰可告愬[68]者？此眞少卿所親見，僕行事豈不然乎？李陵既生降，隤其家聲；而僕又佴之蠶室(69)，重為天下觀笑。悲夫！悲夫！事未易一二為俗人言也！

僕之先，非有剖符丹書(70)之功，文史、星曆(71)，近乎卜祝之間，固主上所戲弄，倡優(72)所畜，流俗之所輕也。假令僕伏法受誅，若九牛亡一毛(73)，與螻蟻何以異？而世又不與能死節者，特以為智窮罪極，不能自免，卒就死耳。何也？素所自樹立使然也。人固有一死，或重於太山，或輕於鴻毛，用之所趨異(74)也。太上不辱先；其次不辱身；其次不辱理色(75)；其次不辱辭令；其次詘體(76)受辱；其次易服(77)受辱；其次關木索(78)，被箠楚(79)受辱；其次剔毛髮(80)，嬰金鐵(81)受辱；其次毀肌膚，斷肢體受辱；最下腐刑(82)極矣！傳曰：「刑不上大夫(83)。」此言士節不可不勉勵也！猛虎在深山，百獸震恐；及在檻穽之中，搖尾而求食；積威約之漸也(84)。故士有畫地為牢，勢不可入；削木為吏，議不可對；定計於鮮(85)也。今交手足，受木索，暴肌膚，受榜箠，幽於圜牆之中。當此之時，見獄吏則頭槍地(86)，視徒隸則正惕息。何者？積威約之勢也。及以至是，言不辱者，所謂強顏耳，曷足貴乎？且西伯伯也，拘於羑里(87)；李斯相也，具于五刑(88)；淮陰王也，受械於陳(89)；彭越、張敖(90)，南面稱孤，繫獄抵罪；絳侯誅諸呂(91)，權傾五伯，囚於請室(92)；魏其(93)大將也，衣赭衣，關三木[94]；季布爲朱家鉗奴[95]；灌夫受辱於居室[96]。此人皆身至王侯將相，聲聞鄰國，及罪至罔[97]加，不能引決自裁[98]，在塵埃之中，古今一體，安在其不辱也？由此言之：勇怯，勢也；強弱，形也；審矣，何足怪乎？夫人不能早自裁繩墨[99]之外，以稍陵遲[100]，至於鞭箠之間，乃欲引節，斯不亦遠乎？古人所以重施刑於大夫者，殆爲此也。夫人情莫不貪生惡死，念父母，顧妻子；至激於義理者不然，乃有所不得已也！今僕不幸，早失父母，無兄弟之親，獨身孤立。少卿視僕於妻子何如哉？且勇者不必死節；怯夫慕義，何處不勉焉？僕雖怯懦，欲苟活，亦頗識去就之分矣，何至自沈溺縲紲[101]之辱哉！且夫臧獲婢妾[102]，由[103]能引決，況僕之不得已乎！所以隱忍苟活，幽於糞土之中而不辭者，恨私心有所不盡，鄙陋沒世，而文采不表於後世也。

古者，富貴而名摩滅，不可勝記，唯倜儻[104]非常之人稱焉。蓋文王拘而演周易[105]；仲尼厄而作春秋[106]；屈原放逐，乃賦離騷[107]；左丘失明，厥有國語[108]；孫子臏脚，兵法脩列[109]；不韋遷蜀，世傳呂覽[110]；韓非囚秦，說難孤憤[111]；詩三百篇[112]，大抵聖賢發憤之所爲作也。此人皆意有鬱結，不得通其道，故述往事，思來者。乃如左丘無目，孫子斷足，終不可用，退而論書策，以舒其憤，思垂空文以自見。僕竊不遜，近自託於無能之辭，網羅天下放失舊聞，略考其行事，綜其終始，稽其成敗興壞之紀。上計軒轅，下至于茲：爲十表，本紀十二，書八章，世家三十，列傳七十(113)，凡百三十篇。亦欲以究天人之際(114)，通古今之變，成一家之言。草創未就，會遭此禍；惜其不成，是以就極刑而無慍色。僕誠以著此書，藏諸名山，傳之其人(115)，通邑大都；則僕償前辱之責，雖萬被戮，豈有悔哉！然此可爲智者道，難爲俗人言也。

且負下未易居(116)，下流多謗議(117)。僕以口語遇遭此禍，重爲鄉里所戮笑，以汙辱先人，亦何面目復上父母丘墓乎？雖累百世，垢彌甚耳！是以腸一日而九迴，居則忽忽若有所亡，出則不知其所往。每念斯恥，汗未嘗不發背沾衣也！身直爲閨閤之臣(118)，寧得自引於深藏岩穴邪？故且從俗浮沈，與時俯仰，以通其狂惑。今少卿乃教以推賢進士，無乃與僕私心刺謬(119)乎？今雖欲自雕琢曼辭(120)以自飾，無益於俗，不信，適足取辱耳。要之，死日然後是非乃定。書不能悉意，略陳固陋。謹再拜。

【註釋】❶太史公牛馬走　太史公一詞，史記中多見，有司馬遷自稱者，亦有稱其父談者，此爲司馬遷自稱。牛馬走，乃自謙之詞，猶後世稱僕。❷少卿足下　少卿，任安字。足下，書信中稱人之敬詞。❸曩　昔也。❹辱　屈承也，應酬語。❺懃懃懇懇　忠誠貌。❻望　怨也。❼顧　但也。❽身殘處穢　謂受腐刑而被惡名也。❾尤　咎也。即過錯。❿與誰語　語，告語也，即無人可供訴說也。⓫誰爲爲之孰令聽之　誰爲，爲誰也。孰令，令誰也。言無知己者，縱欲爲善，當爲誰做呢？又有誰聽呢？⑫鍾子期死二句　子期、伯牙皆春秋楚人。伯牙鼓琴，志在泰山，子期曰：「善哉！巍巍乎若泰山。」志在流水，子期曰：「善哉！湯湯乎若流水。」及子期死，伯牙破琴絕絃，終身不復鼓琴。事見呂氏春秋本味篇及淮南子修務篇。⑬士爲知己者用二句　見戰國策趙策及史記刺客列傳。⑭大質　大體也，身也。⑮隨和　指隨侯珠、和氏璧。事見淮南子覽冥篇高誘注及韓非子和氏篇。⑯由夷　許由及伯夷，皆古隱逸高士。⑰自點　點，辱也，汚也。卽自取汚辱。⑱東從上來　隨武帝從東還長安。⑲卒卒　匆促急遽也。⑳抱不測之罪　不測，謂生死不可知也。任安爲戾太子事囚於獄。㉑涉旬月　涉旬兼月也，言爲時已久。㉒迫季冬　迫，近也。季冬，十二月，爲漢時行刑之期。㉓薄從上雍　薄，近也。雍，今陝西鳳翔縣。謂近將從皇帝往雍也。㉔不可爲諱　謂死也。難言其死，故曰不可諱。㉕憤懣　憤恨苦悶也。㉖府　府也，所聚之處。㉗憯於欲利　憯卽慘，痛也。欲利，多欲貪利也。㉘醜於辱先　醜，穢也。辱先，辱及先人也。㉙詬莫大於宮刑　詬，恥也。宮刑，古五刑之一，亦曰腐刑。男子割勢，女子幽閉（幽閉宮中使不得出）。㉚衞靈公與雍渠同載二句　衞靈公與夫人同車，宦者雍渠參乘，使孔子爲次乘，招搖市過之。孔子曰：「吾未見好德如好色者也。」醜之，去衞。事見史記孔子世家。㉛商鞅因景監見趙良寒心　商鞅，姓公孫，名鞅，衞人，故一名衞鞅。入秦，因宦者景監見孝公，變法強秦，封於商，號商君，因曰商鞅。趙良以商君係嬖人引進，非爲名之道，是以寒心。事見史記商君列傳。㉜同子參乘袁絲變色　同子姓趙名談，與遷父同名，故諱曰同子。袁絲，袁盎字。漢文帝出，宦者趙談參乘，袁絲伏車前曰：「臣聞天子所與共六尺輿者，皆天下英豪，今漢雖乏人，陛下奈何與刀鋸之餘同載！」文帝笑，命談下車。事見史記袁盎傳。㉝宦豎　卽閹豎，宦官也。㉞緒業　餘業也。㉟輦轂下　天子車曰輦。轂，輻之所湊也。故謂京師曰輦轂下。㊱惟　思也。㊲效　致也。㊳無所短長之效　無短長，謂無所長。效，驗也。㊴僕亦常廁下大夫之列　常，通嘗。廁，雜次也，置身也。漢書百官志：「太史令六百石。」宣帝黃龍元年詔：「吏六百石，位大夫。」故比下大夫。㊵末議　議席之末。㊶闒茸　猥賤也。㊷少負不羈之材　負，恃也。不羈，謂才質高遠，不可羈絆也。㊸奏薄伎　謂襲太史之舊職也。㊹周衞　侍衞周密。㊺戴盆何以望天　戴盆望天，兩有所妨，喻事不可兼施。意謂一心于史職，不暇修人事也。㊻李陵　隴西人，字少卿，廣孫。㊼俱居門下　李陵少爲侍中，遷自敍嘗仕爲郎中。郎中卽侍中，俱出入宮門，故云：「俱居門下。」㊽趣舍異路　李陵好武，子長著文。好尙不同。㊾自守奇士　以奇士自居。㊿國士　國中傑出人才之謂。(51)媒糵　媒卽酶，酒酵也。糵，麴也。謂如釀酒，無中生有，造成其罪也。(52)王庭　單于所居之處。(53)仰　匈奴地高，自南攻北，故曰仰。(54)旃裘　匈奴所服。(55)左右賢王　匈奴單于下設左右兩賢王，皆單于子弟當之。左賢王位猶太子。56沫血　言血流滿面也。沫，古類字，洗面也。57空弮　弮，弓也。矢盡，故張空弓。58慘愴怛悼　悽慘感傷也。59款款　忠實貌。60絕甘分少　甘則自絕，雖少猶分之。言與人同甘苦也。61此指　指，意也。62睚眦　怒目相視貌，此謂擧目相忤之小怨。言杜塞怨家挾嫌報之復辭。63沮貳師　沮，毀也。貳師，西域大宛城名，武帝寵姬李夫人兄李廣利伐大宛，入貳師，因以李廣利爲貳師將軍。及征匈奴，貳師以三萬騎爲主力，陵提步兵五千爲游擊。廣利未遇敵，陵軍苦戰失敗，故武帝疑遷毀謗貳師也。64理　治獄之官。景帝更廷尉爲大理，武帝復爲廷尉，此從舊名。65拳拳　忠謹貌。66列　陳也。67囹圄　監牢。68愬　與訴同。69佴之蠶室　佴，次也，處也。蠶室，施宮刑之密室。養蠶之室，宜溫而且密。腐刑畏風，須入密室乃得全，因以爲稱。70剖符丹書　凡封功臣，分剖符節之半，與之以爲信。丹書謂頒給功臣符契，鐵券書以丹。71文史星歷　遷父爲太史，掌知天文律曆卜筮祠祝之事。72倡優　女樂也。賤者之稱。73九牛亡一毛　喻輕微之極。74趣異　不同也。75理色　理，義理。色卽顏色。荀子正名篇：「形體色理以自異。」76詘體　長跪也。77易服　罪人服赭衣。赭，赤色也。78關木索　關，貫也，穿也。木，械也。索，繩也。謂罪人加上械具繩索也。79被箠楚　謂受杖刑也。80剔毛髮　卽古去髮之髡刑。81嬰金鐵　嬰，繞也，卽古以鐵束頸上之鉗刑。82腐刑　宮刑之別一名。因宮刑腐臭也。83刑不上大夫　語見禮記曲禮。謂大夫有罪，則賜自盡，不加刑辱也。84積威約之漸也　被制約後，積威漸失也。85定計於鮮　鮮，吳汝綸謂借爲先字。意謂須早作打算。86頭槍地　槍，通搶。卽頭觸地。謂叩頭乞哀也。87西伯伯也拘於羑里　周文王，紂時爲西伯，爲崇侯虎所譖，被囚於羑里。羑里，在今河南湯陰縣。88李斯相也具于五刑　李斯，楚上蔡人，秦始皇時爲丞相。二世立，趙高用事，誣其子與盜通，腰斬咸陽。五刑：墨、劓、剕、宮、大辟。89淮陰王也受械於陳　韓信初封齊王，後改封楚王，都下邳。有人告信反，漢高祖用陳平計，僞遊雲夢，召信會於陳(今河南淮陽)，高祖令武士縛之，械信至洛陽，赦爲淮陰侯。後爲呂后所殺。90彭越張敖　彭越，漢初封爲梁王。或告越反，高祖捕之，囚於洛陽，後被殺。張敖，趙王張耳子，尙魯元公主。趙臣貫高等謀殺高祖事發，同被捕。91絳侯誅諸呂　絳侯周勃與陳平謀，誅呂祿呂產等，迎立漢文帝。92權傾五伯囚於請室　勃誅諸呂有功，爲丞相，權重一時。不久，免相就國。後有人上書告勃反，下廷尉捕治之。五伯，五霸也。請室，謂請罪之室也。93魏其　文帝竇后之侄，名嬰。景帝時，平七國之亂有功，封魏其侯。94三木　刑具。卽枷、桎、梏。95季布爲朱家鉗奴　季布，楚人。曾爲羽將，數窘漢王。羽敗，高祖購求布千金。布初匿於周氏，周氏髡鉗布，衣褐，雜群奴中，賣之大俠朱家所。96灌夫受辱於居室　灌字仲孺，潁陰人，嘗爲將軍。爲人剛直使酒，與竇嬰善。

因在丞相田蚡席上罵座，被縛繫居室，以不敬論罪。居室，即監獄。(97)罔　同網，法網也。(98)引決自裁　猶言自殺也。(99)繩墨　喻法度也。(100)陵遲　遲疑也。(101)縲紲　縲，黑索也。紲，攣也。此謂監獄也。(102)臧獲婢妾　方言：「海岱之間，罵奴曰臧，罵婢曰獲。」(103)由　猶。(104)倜儻　卓異也。(105)文王拘而演周易　文王拘於羑里，乃演易八卦為六十四卦，作卦爻辭。(106)仲尼厄而作春秋　孔子周遊列國，不得行其道，乃退而據魯史作春秋。厄，窮困也。(107)屈原放逐乃賦離騷　名平，別號靈均，仕楚為三閭大夫，楚懷王重之。後為靳尚等譖，被逐，乃作離騷。(108)左丘失明厥有國語　左丘即左丘明，魯人。取列國之史，集為國語。(109)孫子臏脚兵法脩列　孫子，齊人，與魏人龐涓學兵法於鬼谷子，涓自以為不及臏，陰召至魏，以法刖其足黥其面，欲使隱勿見。會齊使至魏，載歸，齊威王以為師。後齊魏戰，設計困涓於馬陵，涓自殺。(110)不韋遷蜀世傳呂覽　秦王政立，尊呂不韋為相，號仲父。集門下士所著書為呂氏春秋，有八覽、十二紀、六論，二十餘萬言，亦稱呂覽。後得罪免相，徙蜀，畏罪自殺。(111)韓非囚秦說難孤憤　非，韓之諸公子。與李斯俱學於荀況。以書諫韓王，不能用，乃作孤憤、說難等十餘萬言。秦王見其文而悅之。後非使秦，秦王大喜。斯誣之下獄，遺藥殺之。(112)詩三百篇　詩經凡三百五篇，舉其成數則曰三百。(113)上計軒轅七句　述史記之內容者也。表以序年月，本紀以紀帝王，書以記典制，世家以記諸侯，列傳以記人物。為第一部紀傳體之通史。(114)天人之際　天道人事相應之關係。(115)傳之其人　傳之與己同志者。(116)負下未易居　負罪之下，不易自處。(117)下流多謗議　居下位，多遭毀謗。(118)閨閣之臣　閨閣，指宮禁。謂身遭宮刑如閹宦。(119)刺謬　刺，戾也。謬，誤也。(120)彫琢曼辭　彫琢，刻也。曼，美也。

【語　譯】太史司馬遷，再拜言於少卿先生之前：前些時，承蒙你來信，教我謹慎結交朋友，努力推舉賢人，提拔後進；語氣非常誠懇，好像在埋怨我不肯接受，而聽了那些流俗人的話，我實在是不敢這樣的。我雖然平庸，也曾領略到前輩的風範。只因為身體殘廢，遭受惡名，一動就錯，想要做好，反而弄糟，所以只有獨自苦悶，卻和誰去說呢？俗話說得好：「為誰去做呢？又有誰聽呢？」所以鍾子期死了，伯牙終身不再彈琴。這是為什麼呢？因為男人只為了解自己的人效力，女人只為喜歡她的人打扮修飾。像我身體已經傷殘了，雖然品德像隨侯珠、和氏璧一樣的純潔，行為像許由、伯夷一樣的高超，終究不可以算做榮耀，恰足被人譏笑，自取汚辱罷了。你的信本當早日回覆的，恰好跟着皇帝從東方回長安來，又忙些卑賤的瑣事，見面的機會很少，匆匆忙忙地沒有一點兒空閒，能夠表明我的心意。現在你犯了不知生死的罪，再個把月，就到冬末大審的日子，可是我又要跟皇帝到陝西鳳翔縣去，恐怕匆促之間你有三長二短，這樣我就永遠不能抒寫我內心的憤恨和苦悶使你知道了，那麼對你這一去不返的魂魄，也許要感到無窮的遺憾，現在我就簡略地表達一下我鄙陋的看法。耽擱了好久才回信，敬請原諒！

我聽說過：修身是智慧的積聚，樂於施捨是仁愛的開端，嚴於取予是義的表現，知恥忍辱是勇氣的考驗，建立名譽是行爲的最高成就。一個人有了這五點，然後可以立足世間，排在君子的行列中了。所以，禍患沒有比求利更慘的，悲哀沒有比傷心更厲害的，行爲沒有比辱沒祖先更可羞的，恥辱沒有比受宮刑還大的。受過刑的人，不能跟常人比，不但現代是這樣，自古以來就是這樣的。從前衞靈公跟宦者雍渠同車，孔子見了很生氣，因此離衞到陳國去；商鞅係因太監景監的介紹，得見秦孝公而爲相，趙良以爲非爲名之道，爲他寒心；宦者趙談陪文帝乘車，袁絲氣得臉色都變了；自古以來閹宦就被人瞧不起。中才的人，凡事牽涉到閹宦，沒有不損傷志氣的，更何況那些慷慨的志節之士呢！現在朝廷雖然缺乏人才，但怎能教受過宮刑的人去推薦天下的豪傑呢？我靠了先人的餘蔭，能夠在京師工作，如今二十多年了。自己想：往上說，不能夠進納忠信，貢獻奇策，表現高才的美譽，使自己與明主密切結合；其次，又不能出些小主意，彌補漏洞，招進有才能的人，顯揚隱居的高士；對外說，不能率領軍隊，攻城野戰，有斬將拔旗的功勞；往下說，又不能積年累月積聚功勞，取得高官厚祿，使得宗族朋友都感到光榮。這四項沒有一件成功，只是苟且活着沒有一點功效，從這裏可以看出來了。過去我也曾經雜在下大夫的行列裏，參與外廷的討論，不在那時就大綱大法，竭盡思慮；現在已經形體殘缺，就像那最低下的隸卒，處在最猥賤的地位，倒要想仰首展眉，議論是非，這豈不是輕視朝廷、羞辱當世的才識之士嗎？唉！唉！像我這種人還有什麼可說的呢！還有什麼可說的呢！

並且事情的原原本本，不是容易明白的。我年輕的時候，自負有些超越出衆的才能，但是到了長成，在家鄉並沒有好譽，幸而主上因爲我先人的緣故，使我繼承父業，得有機會貢獻我微薄的能力，出入宮禁之中。我認爲應當一心於史職，所以謝絕賓客的交遊，忘掉家裏的產業，一天到晚只想盡我一點微薄的能力，專心從事自己的職務，希望贏得主上的歡心；那裏曉得滿不是那麼回事呢！我和李陵雖同爲侍中，但平日並無什麼交情，各走各的路，從來沒有一同喝酒聯歡過。但我看他的爲人，卻是很不平凡：侍奉父母很孝順，跟人交往有信用，對於金錢很清廉，取與有義氣，有爭執時肯退讓，恭敬儉樸，謙和下人；常想奮發有爲，爲國家的急難而犧牲自己。他平日的修養是這樣，我以爲有國士的風範。說到一個臣下，能不顧生命的危險，爲公家的急難效力，這就已經算是奇士了。現在做事一有不對的地方，那些只爲自己打算畏禍保家的傢伙們，就無中生有地說他壞話，陷他入罪，我內心實在是悲痛極了！而且李陵所帶的步兵不到五千人，深入戰地，直達匈奴單于的根據地，就像在虎口一般的危險，還公然向頑強的胡人挑戰，抵抗成億上萬的敵人，跟單于一連打了十幾天，殺死的敵人遠超過他的兵力所能殺的數目。敵人救護死傷都來不及，匈奴的君長大爲震驚，就徵集他們的左右賢王，集中所有的弓弩手，舉國來攻，團團圍住他。我軍輾轉戰鬥一千多里，箭射完了，路也斷了，援兵又不能及時趕到，士兵死傷積野。然而李陵向士卒一聲高呼慰問，士兵無不奮起，感激流涕，血淚滿面，悲憤飲泣，拉緊無矢空弓，冒着白刃，北向敵人拼命死戰。當李陵還沒有戰敗，使者來報捷，漢朝的公卿王侯都舉杯慶祝，向主上致賀。隔了幾天，李陵戰敗的消息傳來，主上爲此吃飯無味，上朝不悅，大臣們都憂慮害怕，不知道怎麼辦。這時候我不顧自己的鄙陋，看見主上悽慘感傷，實在想盡我的一點忠心，以爲李陵跟人向來能夠同甘共苦，很能得到別人死力的幫助，就是古時候的名將也不能超過他。現在他雖然陷落敵手，看他的意思，實在是想等待適當的機會來報答國家；事情已經無可挽回，以他摧敗敵人的功勞，也足夠表白於天下了。我有這個意思想要說明，卻沒有機會；恰巧遇到召見詢問，我就根據這個意思，說明李陵的功勞，想藉此來寬慰主上的心，堵塞寃家趁機報復的壞話；但是沒有能夠說得明白，主上不瞭解我的意思，以爲我在毀謗貳師將軍，替李陵做說客，於是把我交付審判。一片忠誠，始終無法表明；因而變成了欺蒙主上，結果被判有罪。可憐我家境淸貧，沒有錢贖罪；平日交往的人，沒有一個肯來營救；左右親近的人，也不肯爲我說一句話。我不像木石毫無感情，獨自和獄吏在一起，深閉在監牢裏，這種寃苦有誰可以告訴呢？這是你親眼看見的，我的事情不是這樣嗎？李陵既然生降敵人，敗壞了他的家聲；我呢？也被送入執行宮刑的刑房，更被天下人看作笑話。傷心啊！傷心啊！事情眞不容易向俗人一一說明啊！

我的先人，沒有剖符節賜丹書的功勞，管的是天文、太史、律曆一類的事，近乎那卜筮、祝禱的一流，本來是主上所戲弄，像倡優一樣蓄養着，是一般世俗所輕視的。如果我犯罪被殺，像九牛身上掉下一根毛，跟螻蛄螞蟻的死，有什麼兩樣呢？而且世俗又不能把我和死節的人相比，不過認爲我心機用完，罪大惡極，無法生存，終於不免一死罷了！爲什麼呢？這是自己平日的作爲造成這樣的啊！人本來都有一死，有的死得像泰山那樣重，有的死得比鴻毛還輕，這是死的方式不同啊！最上等的死不辱沒祖先；其次不辱沒自身；其次不輸理不讓人瞧不起；其次不受言辭汚辱；其次長跪受辱；其次穿上囚衣受辱；其次戴上刑具、遭受鞭打受辱；其次被剔了毛髮，頸上加上鎖鏈受辱；再次毀傷肌膚，截斷肢體受辱；最下等的受宮刑，那是最大的恥辱了。古書上說：「刑罰不加到大夫身上。」這是說讀書人的節操不可不勉勵啊！兇猛的老虎在山裏，百獸見了都害怕；等到被關在鐵籠或陷阱中，也只得搖尾乞憐，向人求食；這是因爲被人制服，威風漸漸消失的關係啊！所以讀書人的氣概，雖然在地上劃圈作爲監牢，也不能到裏面去；就是削支木頭當作法官，也不受它的審問；這是要早作打算的呀！現在手脚被綁，戴上刑具，光着身體，挨棍子打，拘禁在牢裏。這時，見了獄官就叩頭，看到看守人員就心驚肉跳。這是什麼道理呢？因爲長久被押受制，勢必這樣啊！已經到了這個田地，還說不受辱，這叫做厚臉皮，有什麼可貴呢？並且文王做西伯時，是諸侯之長，紂還把他關在羑里；李斯貴爲宰相，照樣備受五刑；韓信也是封王的，高祖到陳地時照樣把他綁起來；彭越、張敖都曾開府稱王，也一樣被關在牢裏受罪；周勃平定了諸呂，權比五霸還大，結果也被囚在請罪室中；竇嬰大將軍，曾因功封魏其侯，穿上囚衣，頸枷足梏手桎一樣加在他的身上；季布被鎖頸剃髮，做朱家的奴隸；灌夫被囚在監獄中。這些人都曾做到王侯將相，聲名傳播國際，等到犯了罪，觸了法網，不能早早自殺，偷活在塵世間，古今是一樣的，那裏能不受辱呢？這樣看來，勇敢或膽怯，是情勢造成的；強和弱，得看當時形勢；明白了這些，還有什麼奇怪呢？一個人不能在法律制裁之前早日自殺，已經有點兒優柔寡斷，到了被鞭打的時候，才要引節自殺，那不是太晚了嗎？古人所以愼重對大夫的施刑，大概就是這個意思吧！人的常情，沒有不貪生怕死，思念父母，掛記妻子；到了被義理所激動時就不然了；那是因爲有不得已的地方啊！現在我不幸得很，父母早死，又無兄弟，形單影隻，孤立無援。少卿，你看我對妻子的情形怎樣呢？並且勇敢的人不一定要死節，懦弱的人，能夠仰慕道義，什麼地方不能奮勉呢？我雖然膽小懦弱，想苟且偷生，但也很了解生死的分別，怎麼會自願沈溺在監牢裏受辱呢！而且像奴隸婢妾們，有的還能自殺，何況我的不得已呢！我所以忍辱偷生，情願被拘禁在汚穢的監牢裏的緣故，是恨我的心思還沒有表達出來，怕鄙陋地死掉，文采不能顯揚於後代啊！

古來富貴的人，聲名埋沒的，不知有多少，只有卓異非凡的人才被人稱揚。文王被囚禁，才演周易；孔子遭困厄，才寫春秋；屈原被放逐，才作離騷；左丘明瞎了眼，才編國語；孫子雙脚被刖，才整理兵法；呂不韋被貶到四川，呂氏春秋才流傳後世；韓非在秦被囚，說難、孤憤才更有名；詩經三百零五篇，大概都是聖賢們心裏有所憂怨才創作的啊！這些人都是心裏有鬱結苦悶，卻又沒法子宣洩自己的見解與道理，所以記述過去的事，留給未來的人。至於像左丘明瞎了眼，孫子斷了脚，終究不能被用了，就隱居著書立說，來發洩內心的憤懣，想留下點作品來表現自己的心志。我不自量力，近來也想用不通的文筆把自己的心意表現出來，搜求了許多天下的舊聞遺事，簡略地加以考證，綜合它的起因和結果，考察它成功、失敗、興盛、衰亡的道理。上從軒轅起，下到現在止，作了十篇表，十二篇本紀，八篇記載事物的書，三十篇世家，七十篇列傳，總共一百三十篇。我也想拿它來探究宇宙人生的關係，明察古今一切的演變，成爲一家的著作。草草開始，還沒有完成，恰巧遭逢這種禍事；可惜書沒有完成，所以受了極刑，也只好隱忍着。我如眞能著成這本書，藏在名山，傳給後來志同道合的人，流傳通都大邑；那就可以補償我以前所以忍辱不死所得的責難了，就是要我死一萬次，也沒有後悔！然而這話只能跟明達的人講，是無法跟世俗的人說的啊！

況且負罪之下做人是很難的，在下賤的地位也最容易遭受誹謗。我因說話不謹愼，遭遇這場禍事，着實被鄉黨的人所譏笑，因此汚辱了先人，還有什麼臉再上父母的墳墓呢？縱然是隔上千百年，這種恥辱還會更利害啊！所以愁腸一天九轉，在家裏，恍恍惚惚，總像掉了什麼似的，出了門，常不知到那兒去。每一想到這種恥辱，就冷汗直流，連衣服都溼透了！現在我就跟宦官一樣，怎麼能自己高潔而深藏隱居呢？所以姑且跟着世俗浮沈，隨着時尚轉動，和狂妄愚蠢的同流合汚。如今你卻教我推舉賢人，獎掖後進，那不是跟我的私心大相違誤嗎？我現在雖然想用最好的字眼，最美的文辭來掩飾我自己，對於世俗毫無益處，人家不但不信，反而正好自取羞辱罷了！總之，要到死了之後，是非才有定論。這封信沒法說完我所有的意思。只能簡略地寫點鄙陋的想法。謹再拜。

【文章分析】本篇選自昭明文選，是屬於書說類的古文。漢武帝征和二年的秋天，戾太子據因爲遭受江充的陷害，一怒之下，把江充殺了，並且率兵攻入丞相府。當時任安任職監北軍使者護軍，太子召他發兵，任安拜受節，但是閉門未出。事平，武帝認爲他坐觀成敗，有二心，下令腰斬。這時司馬遷已受宮刑，在朝任中書令。任安寫信給他，有意向他求援。太史公就覆他這封長信，將內心的感慨，及許多客觀事實，反覆說明，委婉曲折，扣人心弦，令人一洒同情之淚。

全文共分六段：一般書信的第一段多是客套話，但是史公不落窠臼，手起筆落，全篇的主旨已隱約顯現。一是刑餘之人，一是待罪死囚，時光無多，還有什麼好客套的？哀婉悽慘，令人鼻酸。「垢莫大於宮刑」，刑餘之人還有什麼臉面推薦人才？這是第二段的主旨。列舉自古以來宦豎不被重視的史實，說明自己並不是在自尋煩惱，實在是奇恥大辱令人擡不起頭，「尙何言哉！」「尙何言哉！」直像是在泣血。第三段說明自己爲李陵辯護，完全是出於忠君愛國，崇賢尙義。然忠而見疑，義而受辱，「悲夫！」「悲夫！」怎能叫他不悲呢？第四段說明忍辱含垢，爲的是要完成史記的著作，「鄙陋沒世，而文采不表於後世」，常人還有此恨，何況才華蓋世的太史公呢？第五段說明發憤著作，已成書一百三十卷。末段說明自己無能爲力，刑餘之人，生不如死，心、力兩無，委婉悽惻，令人欷歔！「要之，死日然後是非乃定。」是安慰老友，也是自慰。

卷六 漢文

高帝求賢詔

漢高祖

蓋聞王者莫高於周文❶，伯❷者莫高於齊桓❸，皆待賢人而成名。今天下賢者智能，豈特❹古之人乎？患在人主不交故也，士奚由進？

今吾以天之靈，賢士大夫，定有天下，以爲一家，欲其長久世世奉宗廟亡❺絕也。賢人已與我共平之矣，而不與吾共安利之，可乎？賢士大夫，有肯從我游者，吾能尊顯之。布告天下，使明知朕意。

御史大夫昌❻下相國，相國酇侯❼下諸侯王；御史中執法❽下郡守❾。其有意稱明德❿者，必身勸，爲之駕，遣詣相國府，署行義年⓫。有而弗言，覺，免⓬。年老癃⓭病，勿遣。

【作者】漢高祖，漢朝開國皇帝，姓劉，名邦，字季。

【註釋】❶周文　周文王。❷伯　通霸。❸齊桓　齊桓公，春秋諸侯，任用管仲爲相，尊周室，攘夷狄，九合諸侯，一匡天下，遂成霸業。❹特　僅。❺亡　無。❻御史大夫昌　是時未有尚書，則凡詔令，御史起草，付外施行。御史大夫為御史之長，故徑以詔書下之於相國也。昌，漢書注謂為周昌；然當時周昌已為趙相，不在御史大夫之位，故王先謙補注疑為誤文。⑦酇侯　酇侯蕭何，時為相國。酇縣屬南陽，故城在今湖北省光化縣北。⑧中執法　官名，卽中丞。漢御史大夫有兩丞，一曰御史丞，一曰中丞。⑨郡守　官名，一郡之長。漢景帝中二年，更名太守。⑩意稱明德　意古與懿通，懿稱，美稱也，與明德對文。⑪署行義年　署，書。行，行狀。義，同儀，儀容。年，年紀。言書明其人之行狀、儀容、年紀也。⑫覺免　謂發覺而免官。⑬癃　疲病。

【語譯】聽說統有天下的帝王裏頭，沒有比周文王更好的了；稱霸一方的諸侯裏頭，沒有比齊桓公更好的了；可是他們都是得到賢人的輔助，然後才成名的。現在天下也一定有智能的賢人，那裏僅古人才有呢？毛病在人主不能和他們交接的緣故啊，這樣的話，賢士怎能來呢？

現在我靠了上天的威靈，賢士大夫的力量，平定統一了天下，成為一家，希望世世代代永遠奉祀宗廟，綿延不絕。賢人們已經和我共同平定天下了，卻不和我共同安寧它改善它，可以嗎？賢士大夫有肯為朝廷服務的，我能夠尊貴他，顯揚他。把這個詔令公布天下，使大家都明白我的意思。

御史大夫周昌傳達相國，相國蕭何傳達諸侯王；御史中丞傳達各郡郡守。他們所管的地方，假若有聲名美好，德行光明的人，一定要親自去勸他出來，替他準備車輛，送他到相國府，並且寫明他的行狀、儀容和年紀。如果有這樣的人而不報告的話，一經發覺，立刻免職。不過年老有病的，不必送來。

【文章分析】本篇選自漢書高帝紀，是屬於詔令類的文章。文心雕龍詔策篇說：「詔者，告也。詔誥百官。」詔這種文體，是皇帝用以布告臣民的。西漢初年的詔文，辭與意之美，最為人稱道，後代是沒有能趕得上的。本文共分三段：首段說賢人的重要及賢人的必須訪求。二段說自己求賢若渴的心意。三段指示各級官吏務必切實遵行。漢高帝的「屈意求賢，如恐不及」的懇切，在這篇短短詔書中，表露無遺。

文帝議佐百姓詔

漢文帝

間①者數年比②不登③，又有水旱疾疫之災，朕甚憂之。愚而不明，未達其咎④。

意者朕之政有所失，而行有過與？乃天道有不順，地利或不得，人事多失和，鬼神廢不享與？何以致此？將❺百官之奉❻養或費，無用之事或多與？何其民食之寡乏也？夫度❼田非益寡，而計民未加益，以口量地，其於古猶有餘，而食之甚不足者，其咎安在？無乃百姓之從事於末❽以害農者蕃❾，爲酒醪❿以靡穀者多，六畜⓫之食焉者眾與？

細大之義，吾未能得其中，其與丞相、列侯、吏二千石、博士議之⓬。有可以佐百姓者，率意⓭遠思，無有所隱！

【作者】漢文帝，高帝子。名恆。原為代王，周勃平諸呂之亂，迎立為帝。仁慈恭儉，以德化民，海內豐殷，天下大治。

【註釋】❶間　近。❷比　頻。❸不登　五穀不熟。❹咎　過錯。❺將　猶抑也，如口語「或者」、「或許」。❻奉　同俸。❼度　計算。❽末　謂工商業。❾蕃　通繁。❿醪　酒之有滓者。⓫六畜　馬牛羊鷄犬豕。⓬其與丞相句　其，無意虛詞，惟助語勢之增強。與，使也。丞相，即相國，漢初朝廷及王國皆置相國，旋改相國爲丞相。列侯，謂諸侯王也。吏二千石，漢太守秩二千石，故後世以之稱郡守也。博士，官名，兩漢爲太常屬官。議，謀。⓭率意　猶言竭意。

【語譯】近幾年來，常常年歲不熟，又有水旱疾病的災禍，我非常憂愁。我昏愚不明，還不知道到底是什麼過錯。

或許是我的施政不當和行爲有過失嗎？或許是天道有不順，地利沒有開發，人事不能調和，鬼神廢棄不享受嗎？爲什麼會這樣呢？或者是官吏的奉養也許浪費，無用的事也許太多嗎？爲什麼民食這樣的缺乏呢？

計算起來，田地並沒有減少，人民也沒有增加，以人口度量土地，比之古時只多不少，但糧食非常不足的毛病，究竟在那裏呢？恐怕是老百姓因做無益的事而妨害農耕的太多，爲了釀酒而耗費大量米穀，以及馬、牛、羊、鷄、犬、家吃的東西太多了吧？

這種種不同的疑問，我得不到合理的解釋，特着丞相、列侯、官吏有二千石俸祿的、博士等仔細討論。凡是有可以幫助老百姓的，要盡心竭意的考慮，不可隱諱不說。

【文章分析】本篇選自漢書文帝紀，是屬於詔令類的古文。全文共分四段：首段說明憂慮民生的日益困苦。二段從朝廷行政和官吏方面設想民困的原因。三段從民情習俗方面設想民困的原因。末段令丞相、列侯、吏二千石、博士等仔細討論，不可以隱諱。通篇辭、意委婉，官式文書而如話家常，流露在字裏行間的愛民之心，特別感人。

景帝令二千石修職詔

漢景帝

雕文刻鏤❶，傷農事者也；錦繡纂組❷，害女紅❸者也。農事傷，則飢之本也；女紅害，則寒之原也。夫飢寒並至而能亡爲非者，寡矣。朕親耕，后親桑，以奉宗廟粢盛❹祭服，爲天下先，不受獻❺，減太官❻，省繇❼賦，欲天下務農蠶，素有畜積，以備災害。彊毋攘❽弱，衆毋暴寡，老耆❾以壽終，幼孤得遂❿長。

今歲或不登，民食頗寡，其咎安在？或詐僞爲吏，吏以貨賂爲市，漁奪⓫百姓，侵牟⓬萬民。縣丞，長吏也，姦法與盜盜⓭，甚無謂⓮也。其令二千石⓯各脩其職，不事官職耗亂⑯者，丞相以聞，請其罪，布告天下，使明知朕意。

【作者】漢景帝，文帝長子。名啓，字開。卽位後，節儉愛民，有文帝風，史稱文景之治。

【註釋】❶雕文刻鏤　雕、刻、鏤，統言之則意義無別；分別言之，則玉謂之雕，木謂之刻，金謂之鏤。文，錯畫。❷錦繡纂組　錦繡，謂精麗之服飾用品。纂，赤組。組，綬也。❸紅　通工。❹粢盛　黍稷曰粢，在器曰盛。❺不受獻　謂不受四方貢納。❻太官　掌帝家飲食。❼繇　同徭，役也。❽攘　取。❾耆　年老。❿遂　成。⓫漁奪　言貪取民物，如漁者之取魚，侵奪無擇之意。⓬牟　食苗根之蟲，此處用作動詞，猶蝕也。⓭姦法與盜盜　姦法，因法而爲姦邪也。盜盜，謂共盜爲盜。⓮無謂　猶今語「不應該」。⓯二千石　謂郡守。⓰不事官職耗亂　耗，音義皆同眊，不明也。不事官職，謂郡守不稱其職；耗亂，謂郡守不能明察丞吏之非。

【語譯】雕琢玉石，刻鏤金鐵，這是傷害農業的；精美的服飾，紅色的綬帶，這是傷害女紅的。農事受傷，就是飢的開始；女紅受害，就是寒的起源。到了飢寒交迫的時候，卻能夠不爲非作歹的，那就少了。我親自耕地，皇后親自採桑，來供奉祭祀宗廟用的黍稷和祭服，做天下人的模範，不接受四方的奉獻，減少宮中的太官，節省徭役賦稅，希望天下的人民，都注重農桑，平時有了積蓄，就可以防備災害。彊大的不奪取弱小的，衆多的不欺侮寡少的，老年人能夠壽終，幼子孤兒能夠長成。

今年收成不豐，民食很缺乏，這個毛病，究竟在那裏？也許是詐僞的小人，做了官吏，賄賂成了風氣，像商人的買賣一樣，掠奪百姓，侵蝕萬民。縣丞，是一縣的長官，卻違法作奸，助盜爲虐，實在非常不應該。特着各郡郡守整飭自己的官職，凡是不稱職或不能考察屬下行爲的，丞相可以奏聞，定他的罪，布告天下，使大家都明白知道我的意思。

【文章分析】本篇選自漢書景帝紀，是屬於詔令類的古文。文章分兩段：前段講注重農桑，後段講注重考察官吏。意思雖簡，卻頗得要。因爲這兩者是直接有關於人民生計的。在此，也可看出漢景帝的治術重點了。吳楚材評論說：「一念奢侈，饑寒立至，起首數言，窮極原委。姦法與盜盜一語，透盡千古利弊。國家最患在吏飽，府庫空虛，百姓窮困，而姦吏自富，此大害也。二千石修職，誠足民本務。」

武帝求茂才異等詔

漢武帝

蓋有非常之功，必待非常之人，故馬或奔踶❶而致千里，士或有負俗之累❷而立功名。夫泛駕之馬❸，跅弛❹之士，亦在御之而已。其令州郡察吏民有茂材異等❺，可爲將相及使絕國❻者。

【作　者】漢武帝，景帝中子，名徹。以即位之年為建元元年，是我國帝王有年號的開始。在位時，興學崇儒，平定南越、東越、朝鮮、滇和西南夷，逐匈奴，通西域，是一代雄主。

【註　釋】❶奔踶　踶，俗作踢。不受羈勒之馬，立則踶人，走則能奔致千里。❷負俗之累　謂被世議論。❸泛駕之馬　泛，覆也。覆駕之馬，言馬有逸氣，而不循軌轍也。❹跅弛　不自檢束之意。❺茂材異等　茂材，即秀才，後人避光武帝劉秀諱改稱茂才。異等，超等軼羣，不與凡同。❻絕國　絕遠之國。

【語　譯】要建立非常的功勞，一定要等待非常的人，所以馬有一種時常狂奔踢人的，卻可以遠走千里，士有一種常被世人議論的，卻可以建功樹名。那不循着軌道走的馬，不自己檢點約束的士人，全在於駕御得當不得當而已。今特令各州各郡的官吏，留心考察吏民當中有秀才不凡可以做將做相和出使外國的。

【文章分析】本篇選自漢書武帝紀，是屬於詔令類的古文。簡短扼要，氣勢不凡，自是一代雄主的口吻。比之文景二帝的詔文，雄偉過之，敦厚不足。

過秦論上

賈誼

秦孝公①據殽函②之固，擁雍州③之地，君臣固守，以窺周室；有席卷④天下，包舉宇內，囊括四海之意，并吞八荒⑤之心。當是時也，商君⑥佐之，內立法度，務⑦耕織，修守戰之具，外連衡而鬬諸侯⑧。於是秦人拱手⑨而取西河⑩之外。

孝公既沒，惠文、武、昭襄⑪蒙⑫故業，因遺策，南取漢中⑬，西舉巴蜀⑭，東割膏腴之地，北收要害之郡。諸侯恐懼，會盟而謀弱秦，不愛珍器重寶肥饒之地，以致天下之士，合從締交⑮，相與⑯爲一。當此之時，齊有孟嘗⑰，趙有平原⑱，楚有春申⑲，魏有信陵⑳，此四君者，皆明知而忠信，寬厚而愛人，尊賢重士，約從離橫㉑，兼韓、魏、燕、趙、齊、楚、宋、衛、中山㉒之眾。於是六國㉓之士，有甯越㉔、徐尚㉕、蘇秦㉖、杜赫㉗之屬爲之謀；齊明㉘、周最㉙、陳軫㉚、昭滑㉛、樓緩㉜、翟景㉝、蘇厲㉞、樂毅㉟之徒通其意；吳起㊱、孫臏㊲、帶佗㊳、兒良、王廖㊴、田忌㊵、廉頗㊶、趙奢㊷之倫㊸制其兵。嘗以十倍之地，百萬之眾，叩關而攻秦㊹。秦人開關延敵，九國㊺之師，逡巡㊻遁逃而不敢進。秦無亡矢遺鏃㊼之費，而天下諸侯已困矣。於是從散約解，爭割地而賂秦。秦有餘力而制其敝㊽，追亡逐北㊾，伏尸百萬，流血漂櫓㊿；因利乘便，宰割天下，分裂河山，彊國請服，弱國入朝。施及孝文王(51)、莊襄王(52)，享國日淺(53)，國家無事。

及至秦王[54]，續六世之餘烈[55]，振長策而御宇內，吞二周[56]而亡諸侯[57]，履至尊而制六合，執捶拊以鞭笞天下[58]，威振四海。南取百越之地以為桂林、象郡[59]；百越之君，俛首係頸[60]，委命下吏[61]；乃使蒙恬北築長城而守藩離，卻匈奴七百餘里[62]；胡人不敢南下而牧馬，士不敢彎弓而報怨。於是廢先王之道，焚百家之言，以愚黔首[63]；墮[64]名城，殺豪俊，收天下之兵，聚之咸陽，銷鋒鑄鐻，以為金人十二[65]，以弱天下之民。然後踐華為城[66]，因河為池[67]，據億丈之城，臨不測之谿以為固。良將勁弩[68]，守要害之處；信臣精卒，陳利兵而誰何[69]？天下已定，秦王之心，自以為關中[70]之固，金城千里[71]，子孫帝王萬世之業也。

秦王既沒[72]，餘威震于殊俗[73]。然而陳涉[74]，甕牖繩樞[75]之子，甿隸[76]之人，而遷徙之徒也，才能不及中人，非有仲尼、墨翟[77]之賢，陶朱[78]、猗頓[79]之富；躡足行伍之間[80]，而倔起阡陌之中[81]，率罷散之卒，將數百之眾，轉而攻秦，斬木為兵[82]，揭[83]竿為旗，天下雲集而響應[84]，贏糧而景從[85]，山東[86]豪俊，遂並起而亡秦族矣。

且夫天下非小弱也，雍州之地，殽函之固，自若[87]也；陳涉之位，非尊於齊、楚、燕、趙、韓、魏、宋、衛、中山之君也，鉏櫌棘矜[88]，非銛於鉤戟長鎩也[89]；謫戍[90]之眾，，非抗91於九國之師也；深謀遠慮，行軍用兵之道，非及曩時之士也；然而成敗異變，功業相反。試使山東之國，與陳涉度長絜大92，比權量力，則不可同年而語93矣；然秦以區區之地，致萬乘之權，招八州而朝同列94，百有餘年矣，然後以六合為家，殽函為宮；一夫作難95而七廟96墮，身死人手97，為天下笑者何也？仁義不施，而攻守之勢異也。

【作　者】賈誼，西漢洛陽人，生在高祖七年，死在文帝十二年（西元前二〇〇——一六八年）。年輕的時候，就通曉諸子百家的學說，二十多歲，文帝召他做博士，一年多，又超升他為太中大夫。於是他上書給朝廷，主張改正朔，易服色，制法度，興禮樂。文帝很想破格重用他，卻遭到周勃、灌嬰等的反對。文帝四年（西元前一七六年），賈誼被外放為長沙王太傅，過湘水的時候，想到屈原的賢能而被逐，觸景生情，曾經寫了一篇非常有名的「弔屈原賦」。在長沙一年多，文帝就召他回來，任命他做梁懷王太傅。十一年六月，梁懷王因為從馬上摔下來而死，賈誼自以為沒有盡職，常常悲傷哭泣，因此憂鬱成疾，第二年也就死了，那時他只不過三十三歲。

【註　釋】❶秦孝公　嬴姓，名渠梁，獻公子，穆公十六世孫。❷殽函　殽山，在今河南省洛寧縣境。函谷關，在今河南省靈寶縣南。❸雍州　古九州之一，包括今陝西、甘肅及青海之一部。❹席卷　卷同捲。言征服天下易如捲席。❺八荒　八方荒遠之地。❻商君　即商鞅。❼務　專力。❽外連衡而鬬諸侯　衡與橫同。西秦與東方諸侯單獨聯合曰連衡。鬬諸侯，謂使諸侯自相爭鬬。❾拱手　兩手相合，大指相並以示敬。此處喻輕易。❿西河　魏邑，今陝西大荔、宜川等縣地，以在黃河之西得名。周顯王二十九年（西元前三四〇年）秦商鞅敗魏兵，魏割西河之地於秦。⓫惠文武昭襄　此五字史記秦始皇本紀原作「惠王、武王」，據新書、漢書陳勝項羽傳贊訂正。惠文王，孝公子，名駟，周顯王三十二年（西元前三三七年）即位，始稱王。子武王，名蕩，周赧王五年（西元前三一〇年）即位。昭襄王，武王異母弟，名則，周赧王九年（西元前三〇六年）即位。⑫蒙　承受。⑬漢中　今陝西南部及湖北西北部地。周赧王三年（西元前三一二年）秦敗楚，置漢中郡。⑭西舉巴蜀　舉，攻拔。巴國，今四川巴縣一帶。蜀國，今四川成都縣一帶。周慎靚王三年（西元前三一八年），巴、蜀互相攻擊，俱求救於秦。秦惠文王出兵滅兩國，置巴、蜀二郡。⑮合從締交　從同縱。六國地互南北，聯盟抗秦，曰合縱。締交，締結盟約。⑯與　親。⑰孟嘗　孟嘗君，姓田名文，齊威王孫，靖郭君田嬰子。爲齊相，封於薛，號孟嘗君。善養士，有食客三千人。⑱平原　平原君，姓趙名勝，趙武靈王子，惠文王弟，相惠文王及孝成王，封於平原，號平原君。喜賓客，食客常數千人。⑲春申　春申君，姓黃名歇，相楚二十餘年。封於春申，號春申君。有食客三千餘人。⑳信陵　信陵君，魏昭王少子，名無忌，封信陵君。禮賢下士，食客常三千人。㉑約從離橫　相約合從，離散連橫。㉒韓魏燕趙齊楚宋衞中山　皆國名。韓、魏、燕、衞、中山均姬姓。韓始都平陽（山西臨汾），後徙鄭（河南新鄭）；魏始都安邑（山西夏縣），後徙大梁（河南開封）；燕都薊（河北薊縣）；衞都帝丘（河北濮陽）；中山都今河北定縣。趙姓趙，都邯鄲（河北邯鄲）；齊姓田，都臨淄（山東臨淄）；楚姓芈，都郢（湖北江陵）；宋姓子，都商邱（河南商邱）。㉓六國　指韓、趙、魏、齊、楚、燕六大國。㉔甯越　趙中牟人。㉕徐尚　宋人。㉖蘇秦　東周洛陽人。師事鬼谷子。周顯王時，以合縱遊說六國，合力抗秦。蘇秦爲從約長，佩六國相印。趙封爲武安君。㉗杜赫　周人。曾以安天下說周昭文君。㉘齊明　東周臣。後事楚及韓。㉙周最　東周成君子。曾使秦仕齊。㉚陳軫　夏人。先仕秦，後仕楚。曾諫楚懷王勿貪秦地，楚王不聽，終爲秦欺。㉛昭滑　楚人。曾奉楚王令使越。㉜樓緩　曾爲魏相，又爲秦相。㉝翟景　王念孫謂即戰國策魏策之魏相翟強，梁玉繩謂疑即戰國策趙策之翟章，二說未知孰是。㉞蘇厲　蘇秦弟，仕於齊。㉟樂毅　魏靈壽人，仕燕昭王，爲亞卿。後爲上將軍，率趙、楚、韓、魏、燕五國聯軍伐齊，下七十餘城。㊱吳起　衞人，通兵法，初仕魯，後爲魏文侯將，守西河，使秦不敢東侵。武侯時，被譖，奔楚，楚悼王用爲相。悼王卒，爲楚貴戚所忌，被害。㊲孫臏　齊人，兵家孫武之後，與龐涓同師鬼谷子。涓爲魏將，嫉其才，召臏至魏，刖其兩足。後臏爲齊將，敗魏兵於馬陵，射殺龐涓。㊳帶佗　楚將。㊴兒良王廖　王廖貴先，兒良貴後，善用兵。見呂氏春秋。㊵田忌　齊將，伐魏三戰三勝。㊶廉頗　趙名將，惠文王時伐齊，大破之，拜爲上卿。㊷趙奢　趙將，擊秦有功，封馬服君。㊸倫　輩。㊹叩關而攻秦　叩，擊。關，指函谷關。周慎靚王三年，即秦惠文王改元後七年（西元前三一八年），燕、韓、趙、魏、齊等國兵共攻秦，秦兵出，各國皆敗走。㊺九國　指燕、韓、趙、魏、齊、楚、宋、衞、中山。㊻逡巡　疑懼退卻之意。㊼亡矢遺鏃　亡，失。鏃，箭頭。㊽敝　敗。或解爲疲憊。㊾追亡逐北　亡，逃走。北，敗走。言秦追擊諸侯的敗退軍隊。㊿漂櫓　漂，浮。櫓，大盾。(51)孝文王　秦昭襄王子，名柱，在位一年。(52)莊襄王　孝文王子，名異人，改名子楚，在位四年。(53)享國日淺　謂在位期短。享，食也，食國之供養。(54)秦王　指秦始皇，莊襄王子，名政。始皇二十六年（西元前二二一年），統一天下，自以爲德兼三皇，功過五帝，故號皇帝，又欲傳世一至萬世，乃除諡法，號始皇帝。(55)六世之餘烈　六世指孝公、惠文王、武王、昭襄王、孝文王、莊襄王。餘烈，猶云餘威。(56)吞二周　周考王封其弟於河南（今洛陽西北），爲桓公。赧王時，桓公孫惠公，封其長子武公居洛陽，號西周；少子惠公居鞏邑，號東周，周分爲二。秦昭襄王五十二年（西元前二五五年）滅西周，莊襄王元年（西元前二四九年）滅東周，並非始皇時事。(57)亡諸侯　秦始皇十七年（西元前二三三年）滅韓，十九年滅趙，二十三年滅魏，二十四年滅楚，二十五年滅燕，二十六年滅齊。(58)執捶拊以鞭笞天下　執，拿。捶，杖。拊，刀柄。鞭笞，鞭打笞擊。(59)南取百越句　百越亦作百粵，包括浙江、福建、廣東、廣西、越南之地，古爲越族所居，因其種族不一，故稱百越。秦桂林郡，約有今廣西北部地。秦象郡，約有今廣東西南部、廣西南部及越南之地。秦始皇三十三年（西元前二一四年）取百越、陸梁等地，置桂林、象郡。(60)俛首係頸　俛同俯，低也。係同繫。俛首係頸，謂投降請罪。(61)委命下吏　下吏，獄官。把生命交給獄官。(62)蒙恬北築長城而守藩籬二句　蒙恬，秦名將。藩籬，本爲竹木編成之屏障，此處引申稱邊牆。卻，退。始皇三十三年（西元前二一四年），蒙恬率兵三十萬，北逐匈奴，收復黃河以南地，爲四十四縣。三十四年，築長城。(63)廢先王之道三句　先王，謂古代聖王。百家，謂諸子。黔首，百姓。始皇三十四年，以諸生不師今而學古，譏議當世，惑亂人民，下令史官非秦紀皆燒之，非博士官所職，天下有藏詩書百家語者，悉詣守尉雜燒之。(64)隳　毀壞。一作墮。(65)收天下之兵四句　兵，兵器。咸陽，秦國都，在今陝西咸陽縣東二十里。鐻，懸鐘鼓之架。金人，即銅人，當時兵器以銅質爲主。(66)踐華爲城　踐，登。華，即西嶽太華山，在今陝西華陰縣南。謂以華山爲城郭。(67)因河爲池　因，依。河，黃河。池，環城之水。謂以黃河爲護城河。(68)勁弩　強有力，設有機括，能遠射之弓。(69)誰何　猶今言「誰敢怎樣？」(70)關中　秦地，東有函谷關，南有武關，西有散關，北有蕭關，居四關之中，故曰關中。(71)金城千里　金城，喻城郭堅固。史記張良傳：「關中所謂金城千里，天府之國也。」(72)秦王既沒　始皇三十七年（西元前二一〇年）卒於沙丘平臺（在河北平鄉縣東北）。(73)殊俗　指風俗不同之遠方蠻夷。(74)陳涉　名勝，字涉，秦陽城（今河南登封）人。少爲人傭耕，有大志。二世元年（西元前二〇九年）七月，謫戍漁陽（今河北密雲縣），爲屯長。行至大澤鄉（安徽宿縣南），會天大雨，道不通，失期當斬，遂與吳廣起兵反秦，自號「張楚」。[75]甕牖繩樞　以破甕爲窗牖，以繩繫戶樞。形容貧家。[76]甿隸　甿，田夫。隸，奴隸。[77]墨翟　即墨子。戰國時宋人，倡兼愛之說。[78]陶朱　即春秋越國范蠡，輔勾踐滅吳後，變姓名，經商於陶（今山東肥城縣西北），自稱陶朱公。[79]猗頓　春秋魯之窮士，學致富之術於陶朱公，乃適河東猗氏（今山西安澤縣境），大畜牛羊，十年之間，富比王侯。[80]躡足行伍之間　躡，蹈、踏。躡足猶言置身。行伍，猶言軍隊，古時軍制二十五人爲行，五人爲伍。[81]倔起阡陌之中　倔起，驟起。阡陌，田間道路，南北曰阡，東西曰陌。[82]斬木爲兵　砍樹木爲兵器。[83]揭　高舉。[84]雲集而響應　如雲聚集，如響應聲。喻應和之多而速。[85]贏糧而景從　贏糧，擔糧。景同影，景從，如影之隨形也。[86]山東　秦在華山以西，故稱華山以東之六國爲山東。[87]自若　自如，仍舊不變之意。[88]鉏耰棘矜　耰，摩田之器；一云鋤柄。棘，同戟。矜，戟柄。[89]非銛於鉤戟長鎩也　銛，鋒利。鉤戟，有鉤之戟。長鎩，長矛。[90]謫戍　謫，罰罪。因罪充軍守邊曰謫戍。[91]抗　當、比。[92]度長絜大　度，量度。絜，圍而量之。[93]同年而語　相提並論之意。[94]招八州而朝同列　古時分天下爲雍、兗、冀、青、徐、豫、幽、揚、荊九州，秦僅佔雍州一地，偏能招其他八州同列之諸侯朝秦。招，舉。[95]一夫作難　一夫猶言一人。作難，起兵與之爲難。[96]七廟　禮記王制：「天子七廟，三昭三穆，與太祖之廟而七。」[97]身死人手　指秦王子嬰，爲項羽所殺。

【語　譯】秦孝公佔據了險固的殽山和函谷關，又擁有雍州地方，君臣嚴密防守，以窺伺周朝的政權；有奪取天下，佔領海內，統一全中國的意思，併吞八方荒遠的野心。當這個時候，商鞅幫助他，在內，制定法律制度，專力發展農耕和紡織，整修防禦及進攻的裝備；對外，採用連橫政策，使諸侯自相爭鬭。於是，秦人輕易地取得了黃河西岸的土地。

孝公死後，惠文王、武王、昭襄王繼承了前代的基業。遵照前王遺留下的政策，向南取得了楚國的漢中，向西攻克了巴蜀兩國，東邊割據了韓魏的肥沃土地，北邊也佔有了險要地區。於是各國諸侯都害怕起來，開會聯盟，計畫削弱秦國，不愛惜珍奇的器物、貴重的寶貝和肥美的土地，用以延攬各方的人才，聯合起來抵抗秦國，相親如同一體。當這個時候，齊國有孟嘗君，趙國有平原君，楚國有春申君，魏國有信陵君，這四位公子，都是很明智而又忠信的，寬厚而能愛人，並且能夠尊敬賢者，重用人才，約定了南北連合抗秦的合從政策，拆散了秦國的連橫之計，集合韓、魏、燕、趙、齊、楚、宋、衞、中山的軍隊，組成聯軍。那時，六國的賢士，有甯越、徐尙、蘇秦、杜赫這些人替各國計畫；有齊明、周最、陳軫、昭滑、樓緩、翟景、蘇厲、樂毅這些人溝通各國的意見；有吳起、孫臏、帶佗、兒良、王廖、田忌、廉頗、趙奢這些人統帥各國的軍隊。曾經以十倍於秦的土地，上百萬的兵力，進擊函谷關，攻打秦國。但是，當秦國軍隊開關迎敵時，九國的軍隊，都疑懼退卻，不敢前進。秦國沒有耗費一矢一鏃，天下諸侯卻已受困了。於是合從條約解體，各國爭先割讓土地來賄賂秦國。讓秦國有餘力制服疲憊的諸侯，追擊各國敗退逃亡的兵，橫在地上的死屍多到百萬，流的血可以浮起盾牌；於是秦國憑藉有利的形勢，趁着良好的時機，宰割天下諸侯，分裂各國土地，因此強國請求降服，弱國入朝稱臣。傳到孝文王、莊襄王，在位的日子不久，國家沒有什麼大事。

到了秦始皇，繼承了六代的餘威，搖動着長鞭來統御天下，併呑了東西二周，滅亡了各國諸侯，登上了帝位，控制了上下四方，拿着刀杖，鞭策天下人民，威風震動四海。南方奪取了百越地方，改爲桂林、象郡；百越的君主，都投降請罪，把性命交給獄吏；又派遣蒙恬到北方修築長城防衞邊疆，擊敗匈奴七百多里；胡人不敢南下牧馬，兵士也不敢拉弓放箭來報仇。於是廢棄了先王的道理，燒燬了百家的書籍，來實施愚民的政策；毀壞名城，殺戮英雄豪傑，沒收天下的兵器，聚集在咸陽，鎔化改造，鑄成了十二個銅人，以削弱民間的武力。然後靠華山做城郭，把黃河做護城河，憑據這樣的億丈高城，臨靠如此的不測深水，作爲堅固的防禦。再加上優秀的將帥，強硬的弓弩，防守在險要的地方；親信的臣子，精銳的士卒，擺着鋒銳的兵器，誰敢怎樣呢？天下已經平定，始皇的心中，自以爲關中的堅固，眞像圍繞千里的金城，可以作爲子孫萬世做皇帝的基業了。

始皇死後，遺留的聲威還震動著遠方的蠻夷；然而陳涉，是個用破甕作窗、草繩繫門軸的窮苦人家子弟，種田做工的僕役，發配充軍的賤人，才能趕不上中等人，沒有孔子、墨子的賢明，陶朱、猗頓的財富，出身在行伍裏，奮起在田野間，率領着幾百個疲勞散亂的配卒，反過來攻打秦國；砍伐樹木當做兵器，高舉竹竿作爲旗幟，天下人像雲聚集一般起來響應，挑着糧食追隨他，華山以東的英雄豪傑，就此一同起來，滅亡秦族了。

講到那秦國的天下，既不小，也不弱，雍州的地方，殽山和函谷關的堅固，仍舊和從前一樣；陳涉的地位，遠不如齊、楚、燕、趙、韓、魏、宋、衞、中山各國國君的尊貴；鋤柄戟柄，更比不上鉤戟長矛的鋒利；罰罪戍邊的一些配卒，更比不上九國的正規軍隊；深謀遠慮，行軍用兵的方法，也遠不及從前那些謀士將領；然而成敗不同，功業恰恰相反。假使把以前的山東各國，和陳涉度量長短大小，比較權勢力量，是根本不能相提並論的啊！然而秦國以小小的地方，取得了天子的威權，招致八州同等的地位的諸侯來朝拜他，已經一百多年了，然後才把天下合併為一家，把殽山函谷關當作宮室的；但是只有一個人起來發難，竟然七廟被毀，君主本身死在敵人手中，為天下人譏笑，這是什麼緣故呢？只因為不行仁義的政治，而且攻和守的形勢也和從前不同啊！

【文章分析】本篇選自史記秦始皇本紀，是屬於論辨類的古文。評論秦的過失，以作漢代的鑑戒。要旨在說秦朝的覆亡，由於不施行仁義的政治，山河的險固，兵力的強大，是不足恃的。全文可分五段：第一段說秦孝公發憤圖強，用商鞅為輔，奠定了富強的基礎。第二段講秦惠文王、武王、昭襄王逐步發展，國力益強；諸侯雖然想聯合抗秦，結果卻「從散約解，割地賂秦」，從抵抗走上了妥協，九國諸侯已經名存實亡了。第三段講秦始皇滅亡諸侯，統一天下，兵強將勇，形勢險固，自以為是萬世不拔的基業。第四段敘述陳涉發難，天下響應，秦國就被滅亡了。第五段拿陳涉與九國諸侯相比，無論地位、兵力、人才，都不能同日而語，然而九國為強秦所滅，強秦卻為陳涉所亡，一方面固然是攻守異勢，主要的是秦不施行仁義，所以易於滅亡。

吳楚材批評說：「過秦論者，論秦之過也。秦過只是『仁義不施』一句便斷盡，從前竟不說出，層層敲擊，筆筆放鬆，正筆筆鞭緊，波瀾層折，姿態橫生，使讀者有一唱三歎之致。」

余自明批評說：「其文平舖直敘中自具縱橫馳驟，向背往來。『且夫』以上是敘事，『且夫』以下是議論，其實敘事內原帶議論，議論內亦兼有敘事，變化錯綜，不可端倪。」

治安策一

賈誼

夫樹國固，必相疑之勢❶。下數❷被其殃，上數爽其憂❸，甚非所以安上而全下也。今或親弟謀為東帝❹，親兄之子西鄉而擊❺，今吳又見告矣❻。天子春秋鼎盛❼，行義未過⑧，德澤有⑨加焉，猶尚如是；況莫大⑩諸侯，權力且十此者虖⑪！然而天下少安，何也？大國之王幼弱未壯，漢之所置傅相，方握其事⑫。數年之後，諸侯之王，大抵皆冠⑬，血氣方剛，漢之傅相，稱病而賜罷，彼自丞、尉以上，偏置私人⑭，如此有異淮南濟北之爲邪？此時而欲爲治安，雖堯舜不治。黃帝曰：「日中必熭，操刀必割⑮。」今令此道順，而全安甚易⑯。不肯早爲，已迺墮骨肉之屬而抗剄之⑰，豈有異秦之季世⑱虖？

夫以天子之位，乘今之時，因天之助，尚憚以危爲安，以亂爲治；假設陛下居齊桓⑲之處，將不合諸侯而匡天下乎？臣又以知陛下有所必不能矣。假設天下如曩時⑳：淮陰侯㉑尚王楚，黥布㉒王淮南，彭越㉓王梁，韓信㉔王韓，張敖㉕王趙，貫高㉖爲相，盧綰㉗王燕，陳豨㉘在代，令此六七公者皆亡恙，當是時，而陛下即天子位，能自安乎？臣有以知陛下之不能也。天下殽㉙亂，高皇帝與諸公併起，非有仄室㉚之勢以豫席㉛之也。諸公幸者，迺爲中涓㉜，其次廑得舍人㉝，材之不逮至遠也。高皇帝以明聖威武，即天子位，割膏腴之地，以王諸公，多者百餘城，少者乃三四十縣，悳至渥也㉞；然其後十年之閒，反者九起。陛下之與諸公，非親角㉟材而臣之也，又非身封王之也，自高皇帝不能以是一歲爲安，故臣知陛下之不能也。

然尚有可諉者，曰疏。臣請試言其親者：假令悼惠王王齊，元王王楚，中子王趙，幽王王淮陽，共王王梁，靈王王燕，厲王王淮南㊱，六七貴人皆亡恙，當是時，陛下即位，能為治虖？臣又知陛下之不能也。若此諸王，雖名為臣，實皆有布衣昆弟之心㊲，慮亡不帝制而天子自為者㊳，擅㊴爵人，赦死罪，甚者或戴黃屋㊵。漢法令非行也，雖㊶行不軌如厲王者，令之不肯聽，召之安可致乎？幸而來至，法安可得加？動一親戚，天下圜視㊷而起。陛下之臣，雖有悍如馮敬㊸者，適啟其口，匕首已陷其匈㊹矣。陛下雖賢，誰與領⑮此？故疏者必危，親者必亂，已然之效也。其異姓負彊而動者，漢已幸勝之矣；又不易其所以然㊻。同姓襲是跡而動，既有徵㊼矣；其勢盡又復然㊽。殃旤㊾之變，未知所移，明帝處之，尚不能以安，後世將如之何？

屠牛坦㊿一朝解十二牛，而芒刃不頓(51)者，所排擊剝割，皆眾理解(52)也。至於髖髀(53)之所，非斤則斧。夫仁義恩厚，人主之芒刃也；權勢法制，人主之斤斧也。今諸侯王，皆眾髖髀也；釋斤斧之用，而欲嬰(54)以芒刃，臣以為不缺則折。胡不用之淮南濟北？勢不可也。臣竊跡前事(55)，大抵彊者先反：淮陰王楚最彊，則最先反；韓信倚胡，則又反；貫高因趙資(56)，則又反；陳豨兵精，則又反；彭越用梁，則又反；黥布用淮南，則又反；盧綰最弱，最後反；長沙迺在二萬五千戶耳，功少而最完，勢疏而最忠[57]，非獨性異人也[58]，亦形勢然也。曩令樊、酈、絳、灌[59]據數十城而王，今雖以殘亡，可也[60]；令信、越之倫，列為徹侯而居，雖至今存可也。然則天下之大計可知已。

欲諸王之皆忠附，則莫若令如長沙王；欲臣子之勿菹醢[61]，則莫若令如樊、酈等；欲天下之治安，莫若眾建諸侯而少其力[62]。力少，則易使以義[63]；國小，則亡邪心。令海內之勢，如身之使臂，臂之使指，莫不制從[64]。諸侯之君，不敢有異心，輻湊[65]並進，而歸命天子。雖在細民，且知其安，故天下咸知陛下之明。割地定制，令齊、趙、楚各為若干國，使悼惠王、幽王、元王之子孫，畢以次各受祖之分地，地盡而止，及燕、梁它國皆然。其分地眾而子孫少者，建以為國，空而置之，須其子孫生者，舉使君之。諸侯之地，其削頗入漢者，為徙其侯國，及封其子孫也，所以數償之[66]。一寸之地，一人之眾，天子亡所利焉，誠以定治而已，故天下咸知陛下之廉。地制壹定，宗室子孫，莫慮不王，下無倍畔之心，上無誅伐之志，故天下咸知陛下之仁。法立而不犯，令行而不逆，貫高、利幾[67]之謀不生，柴奇、開章[68]之計不萌，細民鄉善，大臣致順，故天下咸知陛下之義。臥赤子天下之上而安[69]，植遺腹[70]，朝委裘[71]，而天下不亂。當時大治。後世誦聖[72]，壹動而五業73附，陛下誰憚而久不爲此？

天下之勢，方病大瘇74。一脛之大幾如要75，一指之大幾如股。平居不可屈信76，一二指搐，身慮亡聊77。失今不治，必爲錮疾78，後雖有扁鵲79，不能爲已。病非徒瘇也，又苦跖盭80。元王之子，帝之從弟也81，今之王者，從弟之子也；惠王之子，親兄子也82，今之王者，兄子之子也。親者83或亡分地以安天下，疏者84或制大權以偪85天子，臣故曰：「非徒病瘇也，又苦跖盭。」可痛哭者，此病是也。

【註釋】❶夫樹國固必相疑之勢　謂建國於險固之處，諸侯強大，則必與天子有相疑之勢。❷數　常。❸上數爽其憂　爽，傷。謂下疑上則必反，而上必因諸侯之反而數爲憂慮所傷。❹今或親弟謀爲東帝　親弟謂淮南厲王長。長謀反，故謂謀爲東帝。東帝，東方之帝也。❺親兄之子西鄉而擊　親兄之子，謂齊悼惠王之子濟北王興居。興居謀反而西擊滎陽，故曰西向而擊。❻今吳又見告矣　吳謂吳王濞。見告者，謂濞不遵漢之法制，而爲人所告發。❼春秋鼎盛　春秋，指年齡。鼎盛，方盛。❽行義未過　行義，即行誼，謂品行也。品行必求合於道義，故謂品行曰行誼。未過，未有過失。❾有　又。❿莫大　謂無有大於其國者，言最大也。⓫權力且十此者虖　謂今諸侯之最強大者，其權力且十倍於淮南、濟北，以此言之，其反無疑也。虖，同乎。⓬事　權勢。⓭大抵皆冠　大抵，大略。冠，成年。古人成年則加冠，故以喻成年。⓮彼自丞尉以上偏置私人　郡縣各有丞有尉，此謂自郡縣丞尉以上，至於王朝之傅相，皆諸王之私人，則漢朝不能制之。⓯日中必蔧操刀必割　日中，陽光最盛之時。蔧，暴乾。謂欲暴物使乾，當俟日中，過此則失時。臣瓚曰：「太公曰：『日中不蔧，是謂失時；操刀不割，失利之期。』言當及時也。」⓰今令此道順而全安甚易　令，若。順，遵循。而，則。言今若能遵循此道，則全下安上甚易也。⓱已迺句　迺，同乃。墮，毀。抗，舉。剄，以刃割頸。此謂必俟諸侯之叛，而後毀骨肉之親恩，以法誅滅之，則於義不安。⓲季世　末世也。⓳齊桓　齊桓公，春秋齊國君主。名小白。五霸之首。⑳曩時　從前。㉑淮陰侯　韓信。漢淮陰人。助高祖定天下，先後被立爲齊王、楚王。與張良、蕭何，稱漢興三傑。㉒黥布　即英布。漢六人。曾坐法黥，因稱黥布。曾從高祖破項羽於垓下，封淮南王。及彭越、韓信見誅，懼禍及己，遂反，兵敗死之。㉓彭越　漢昌邑人。曾收魏、定梁、滅楚，多建奇功，封梁王。㉔韓信　漢初人，與淮陰侯韓信同時，高祖略定韓地，立爲韓王。後結匈奴叛漢，高祖遣柴武擊斬之。㉕張敖　漢張耳之子，耳卒，嗣立爲趙王。㉖貫高　趙王張敖之相，高祖過趙，貫請殺之，敖不許。㉗盧綰　漢豐人。與高祖同里同日生，從高祖起兵，爲將軍，以破臧荼功，封燕王。陳豨反，帝疑綰與通，綰遁降匈奴，封東胡盧王。㉘陳豨　漢宛朐人。高祖時以郎中封列侯，統趙代邊兵，招賓客善遇之，趙相周昌以豨有異圖奏上，帝召，豨遂反，自稱代王，被誅。㉙殽　雜也。㉚仄室　仄通側，卿大夫之支子爲側室。㉛席　藉也。言非有側室之勢，爲之資藉也。㉜中涓　內侍官名。謂居中而涓潔者也。㉝廑得舍人　廑同僅。舍人，掌宮中之政，乃近侍之官。㉞悳至渥也　悳，古德字。渥，厚也。㉟角　校也。㊱悼惠王王齊七句　悼惠王，齊悼惠王肥，高祖微時外婦之子。元王，楚元王交，高祖弟。中子，即趙隱王如意，高祖寵姬戚夫人所出。幽王，趙幽王友，高祖子。共王，梁共王恢，高祖子。靈王，燕靈王建，高祖子。厲王，淮南厲王長，高祖子。㊲實皆有布衣昆弟之心　自以爲與天子爲昆弟，而不論君臣之義。㊳慮亡句　慮，謀思。亡，通無。言諸侯皆皇帝欲同之制度，而爲天子之事。㊴擅　專也。㊵戴黃屋　戴一作蓋。黃屋，天子車以黃蓋，繒爲裏。㊶雖　語首助詞，猶今口語「就像」。㊷圜視　圜同圓。圓視，言驚愕也。㊸馮敬　文帝時爲典客，奏淮南厲王反。始欲發言，節制諸侯王，旋爲刺客所殺。㊹匈　通胸。㊺領　治理。㊻易其所以然　謂變更其法制，以消弭所以反叛之根源。㊼徵　證驗。㊽其勢盡又復然　謂與異姓諸王之叛，如出一轍。㊾嘅　古漑字。㊿屠牛坦　古之善屠牛者，名坦。(51)芒刃不頓　芒刃，鋒刃。頓與鈍通。(52)理解　理，肌膚之文理。解，支節，骨節。(53)髖髀　髖，兩股間。髀，股也。(54)嬰　加也。(55)跡前事　追尋前事之蹤跡。(56)因趙資　謂憑藉趙國之資力。(57)功少而最完勢疏而最忠　漢初異姓諸王，至文帝時惟長沙以忠謹獨存。(58)非獨性異人也　謂非獨其秉性忠貞，異於常人。(59)樊酈絳灌　謂樊噲、酈商、絳侯周勃、灌嬰。(60)今雖以殘亡可也　謂其勢強必反，而招致殘亡。(61)菹醢　將人剁爲肉醬，爲古代酷刑之一。(62)衆建諸侯而少其力　謂多立諸侯之國，減削其權力，無使過於強大。(63)使以義　以禮義約束之。(64)制從　從其節制。(65)輻湊　輻，車輪中之支木。湊，歸聚。謂天下諸侯，歸命於天子，如車輻之歸聚於車轂。(66)諸侯之地五句　謂諸侯之地，有因犯罪削入于漢者，則從其地，及改封其子孫，而以相等之數償之。67利幾　項羽將。68柴奇開章　皆與淮南王謀反者。69臥赤子天下之上而安赤子，謂尚在襁褓之幼孩。謂使幼孩繼嗣爲帝，以治天下。幼孩不能坐，故謂之臥。70植遺腹　遺腹，謂父死而子尚在母腹中未出生者。植，謂立之以繼嗣。71朝委裘　謂垂先帝裘衣於朝廷而羣臣謁之。72誦聖　歌誦其聖明。73五業謂明廉仁義聖也。74瘇　腫足曰瘇。75要　通腰。76信　通伸。77一二指搐身慮亡聊　搐，動而痛。慮，恐。聊，恃賴。此謂指病腫甚，有一二指痛則身懼，若無所恃賴。喻諸侯強大，朝廷微弱，有一二反者，則朝廷爲之震動，而不能自保。78錮疾　經久不癒之疾。亦作痼疾。79扁鵲　古之良醫。80盭跊　盭，脚掌。跊，古戾字。謂脚掌反戾，不可行也。81元王之子帝之從弟也　元王交，高祖之弟，其子於文帝爲從弟。82惠王之子親兄子也　惠王下原脫「之子」二字。齊悼惠王肥，高祖之庶長子，其子於文帝爲親兄之子。83親者　謂文帝之子孫。84疏者　謂元王、惠王之後。85偪　古逼字。

【語譯】諸侯建國在險固的地方，國力強大，那麼一定會造成與天子互相猜忌的形勢。上疑下一定要討伐，下面就要常受禍害；下疑上一定會反叛，上面就會常爲憂慮所傷害，這實在不是安上全下的道理啊。現在或者是親兄弟想做東帝，或者是親兄弟的兒子領兵向西來進犯，現在吳王又被人告發了。天子正在壯年，品行完美，沒有過失，又能多加德行恩惠，尚且這個樣兒；何況最強大的諸侯，權力還要加十倍呢！然而現在天下還能少安，是什麼故緣呢？因爲大國的王，年幼體弱，尚未長大成人，朝廷所置的傅相，正掌握着權勢。幾年以後，諸侯王大多成年，血氣正是剛盛的時候，朝廷所置的傅相，都稱病而解職，從丞、尉以上的官職，滿布私人，這樣的做法，和淮南厲王、濟北王的行爲有什麼兩樣呢？到了這個時候，想要政治安定，就是堯舜也不能夠。黃帝說：「陽光最盛的時候，就該當曬東西；手裏拿著刀子，就該當割東西。」假若現在能遵循着這個道理，那麼安上全下就很容易了。不肯早日處理，到了後來，毀壞了骨肉的親恩，把他們的頭割去，這和秦末的殺戮慘劇有什麼兩樣呢？

以天子的尊位，趁現在天下一統的時候，靠了上天的幫助，尚且害怕把危險當做平安，把擾亂當做太平；假使陛下處在齊桓公的地位，會不糾合諸侯匡正天下嗎？臣又知道陛下必然不會的了。假設現在的天下，還像從前：淮陰侯韓信還做楚王，黥布做淮南王，彭越做梁王，韓信做韓王，張敖做趙王，貫高做趙相，盧綰做燕王，陳豨在代，這六、七個人，都是依然如故，這時陛下即天子位，能夠自安嗎？臣知道陛下是不能的。天下紛亂，高皇帝與這些人同時起來攻打天下，並沒有卿大夫支子的勢力做依靠。有些人僥倖地做了中涓的官職，次一等的，僅得了舍人的官職，才情相差實在很遠呢。高皇帝以他的明聖威武，卽天子之位，劃出肥美的地方，封諸公爲王，多的有一百多城，少的也有三四十縣，恩德可說非常的深厚；但是後來七年中間，謀反的有九次。陛下和諸公，並非親自較量才情而臣服他們，又不是親身封他們爲王，從高皇帝尚且不能因此有一年的安逸看來，所以臣知道陛下是不能的。

然而還有可以推託的，說這些王侯並非親屬。現在臣就講那些親信的：假使悼惠王做齊王，元王做楚王，中子如意做趙王，幽王做淮陽王，共王做梁王，靈王做燕王，厲王做淮南王，這六、七個貴人，都依然如故，在這個時候，陛下卽位，能夠治理嗎？臣又知道陛下是不能的。像這幾位王，名義上雖是臣，實際上都有普通兄弟的想法，沒有不想僭皇帝的制度而自己做天子的，擅自把爵祿封人，赦免人的死罪，甚至於有的用了天子的車蓋。朝廷的法令不行，就像行爲不軌如同厲王的，命令他，他還不聽，召他，怎肯來呢？幸而來了，法令又怎能加在他的身上呢？只要動了一個親戚，天下的諸侯都驚視而起。陛下的臣子，雖有勇敢像馮敬的，恐怕剛開他的口，七首已經貫穿他的胸膛了。陛下雖然賢明，有誰給你治理呢？所以疏的必危，親的必亂，這是已然的事實。以前那些異姓仗着自己的強固而作亂的，漢朝已僥倖勝他了；但是又不知道變更法制，消弭所以反叛的根源。同姓的照著樣子造反，也有了證驗；和異姓諸王的叛亂，如出一轍。禍殃的變亂，不知道改善，明君處在這種地位，尚且不能安逸，後世將怎樣呢？

屠牛坦一天殺牛十二頭，而鋒刃不鈍的緣故，因爲他所宰割的地方，都是肌肉的文理和支節。至於股骨的部分，不是用砍刀，就是用斧頭。那仁義恩厚，就是人主的芒刃；權勢法制，就是人主的斤斧。現在的諸侯王，全都是那些股骨，不用砍刀斧頭，卻加之以芒刃，臣以爲不缺便要折斷。爲什麼不用於淮南厲王、濟北王呢？這是形勢有所不可啊！臣察看以前的事，大概強大的先反：淮陰侯韓信做楚王，最強盛，便最先反；韓王信靠了胡人，便又反；貫高仗着趙國的資力，便又反；陳豨兵精，便又反；彭越做梁王，便又反；黥布做淮南王，便又反；盧綰最弱，所以最後反；長沙王吳芮不過二萬五千戶罷了，功勞最少卻能夠保全地位，關係最疏卻最忠謹，這不但是他的秉性忠貞，和常人不同，也是形勢不得不如此啊！假使從前樊噲、酈商、周勃、灌嬰都各佔據幾十城爲王，現在或許也滅亡了；假使韓信、彭越等人只位居徹侯，或許現在還存在。這樣看來，天下的大計是可以知道的了。

要諸王都忠心內附，最好叫他們都像長沙王；要臣子不受醢刑，最好叫他們都像樊噲、酈商等；要天下長治久安，最好多封諸侯而減少他們的力量。力量減少，就容易用禮義約束；國小，便不會起邪心。使海內的形勢，像身體的使用臂，臂的使用指，沒有不聽從節制的。諸侯的君主，不敢存有貳心，像車輻的一齊歸聚於車轂，都聽從天子的命令。雖然是小民，也知安樂，所以天下人都知道陛下的聖明。明定劃地分封的制度，令齊、趙、楚各分做許多國，使悼惠王、幽王、元王的子孫，都以次各受諸宗的分地，到封地盡了爲止，至於燕梁他國皆是如此。那分地多而子孫少的，先建立王位暫時空着的國，等到子孫生出來，再使他做王。諸侯的土地，因爲犯罪而削入于漢的，就遷地改封他的子孫，償還的數目和從前一樣。一寸地，一個人，天子都沒有好處在上頭，不過用來安定政治罷了，所以天下的人都知道陛下的廉潔。劃地分封的制度一定，宗室的子孫，沒有憂慮不能做王的了，在下的沒有背叛的心理，在上的沒有誅滅征伐的意思，所有天下的人都知道陛下的仁德。法律立了，卻沒有人去觸犯；號令頒行了，卻沒有人敢違背；貫高、利幾的謀略不生，柴奇、開章的計策不出；百姓向善，大臣和順，所以天下的人都知道陛下的高義。使一個年紀幼小的君主統治天下，卻很平安，立遺腹子做君主，把先王的袞衣掛在朝廷上叫羣臣拜謁，天下卻仍然不亂。當時大治，後代的人歌誦聖明，一動而成就了明、廉、仁、義、聖五種功業，陛下怕什麼而遲遲不這樣做呢？

現在天下的大勢，正像害了足腫病。一條腿，粗得幾乎像腰一樣；一個手指，又粗得幾乎像大腿一樣。平常不能夠屈伸，一二個手指疼痛，就全身恐懼，好像無所依賴。現在不療治，一定會變成痼疾，後來雖有扁鵲良醫，也是無法的了。並且不僅僅是足腫的病，又苦於脚掌反戾不能行走。元王的兒子，是皇帝的從弟，當今的王，是皇帝從弟的兒子；惠王的兒子，是皇帝親兄的兒子，當今的王，是皇帝兄子的兒子。嫡親的子弟，或者沒有得到分封土地來安定天下人的心，疏遠的子弟，反執掌大權，來逼迫天子，臣所以說：「不但害了足腫病，又苦於脚掌反戾不能行走。」可以痛哭的，就是這個病啊。

【文章分析】 本篇選自漢書賈誼傳，是屬於奏議類的古文。臣民把個人對於政治上的種種看法與建議，主動的寫成文字，奏告朝廷，這種文章叫做策，又叫做進策。全文共分六段，各段大意是：首段說明諸侯強大，一定會危害朝廷，當今天下所以能夠少安，由於各強國侯王尙未長大，一旦長大，羽翼成就，就難以制服了，所以必須早作準備。二段以高皇帝的明聖威武，七年之中，諸王發生叛亂的倒有九起，今皇帝與諸王，既不是親自較量材情而臣服他們，又不是親身封他們爲王，怎能自安呢？三段言諸王不論親疏，只要力量強固，就會作亂，這是不爭的事實；所以想長治久安，就該變更法制，消滅反叛的根源。四段觀察以往的事實，侯王強大的先反，弱小的反而忠貞，由此看來，天下大計是可知的了。五段言多建立王國，分散各國的權力，這是使天下不亂、政治安定的最好的辦法。末段言弊病深重，現在不治療，將來更不可收拾。

作者所建議的，不過是「衆建諸侯而少其力」一意，就是推恩分封諸王子弟，增加諸侯的數字，而削弱他們的勢力；但是作者卻在前面用了四大段文字，極言異姓同姓諸王強大的可怕，層層推展，波瀾排擊，不由讀者不驚愕悚動，而認爲作者建議的正確和必須採納推行。作者的文章雄奇奔放，縱筆揮灑，淋漓盡致，極有說服人的力量。

論貴粟疏

鼂錯

聖王在上，而民不凍飢者，非能耕而食之，織而衣之也❶；爲開其資財之道也。故堯禹有九年之水，湯有七年之旱，而國亡捐瘠者❷，以畜❸積多，而備先具也。今海內爲一，土地人民之衆，不避❹湯禹；加以亡天災數年之水旱，而畜積未及者，何也？地有遺利，民有餘力；生穀之土未盡墾；山澤之利未盡出也；游食之民❺，未盡歸農也。

民貧則姦邪生。貧生於不足，不足生於不農，不農則不地著❻，不地著則離鄉輕家，民如鳥獸，雖有高城深池，嚴法重刑，猶不能禁也。夫寒之於衣，不待輕煖；飢之於食，不待甘旨；飢寒至身，不顧廉恥。人情一日不再食則飢，終歲不製衣則寒。夫腹飢不得食，膚寒不得衣，雖慈母不能保其子，君安能以有其民哉？明主知其然也，故務民於農桑，薄賦斂，廣畜積，以實倉廩，備水旱；故民可得而有也。

民者，在上所以牧⑦之；趨利如水走下，四方亡擇也。夫珠玉金銀，飢不可食，寒不可衣；然而眾貴之者，以上用之故也，其爲物輕微易藏，在於把握，可以周海內而亡飢寒之患。此令臣輕背其主，而民易去其鄉，盜賊有所勸⑧，亡逃者得輕資⑨也。粟米布帛，生於地，長於時，聚於力，非可一日成也。數石之重，中人弗勝，不爲姦邪所利；一日弗得而飢寒至。是故明君貴五穀⑩而賤金玉。

今農夫五口之家，其服役者，不下二人；其能耕者，不過百畝。百畝之收，不過百石。春耕，夏耘，秋穫，冬藏；伐薪樵，治官府⑪，給繇役⑫；春不得避風塵，夏不得避暑熱，秋不得避陰雨，冬不得避寒凍：四時之間，亡日休息。又私自送往迎來，弔死問疾，養孤長幼⑬在其中。勤苦如此，尚復被水旱之災，急政暴賦⑭，賦斂不時，朝令而暮當具⑮。有者，半賈⑯而賣；亡者，取倍稱之息⑰；於是有賣田宅，鬻⑱子孫，以償債者矣！而商賈⑲，大者積貯倍息，小者坐列⑳販賣，操其奇贏㉑，日游都市，乘上之急，所賣必倍。故其男不耕耘，女不蠶織，衣必文采㉒，食必粱㉓肉；亡農夫之苦，有阡陌之得。因其富厚，交通王侯，力過吏勢；以利相傾，千里游敖，冠蓋相望，乘堅㉔策肥，履絲曳縞㉕。此商人所以兼并農人，農人所以流亡者也。

今法律賤商人，商人已富貴矣；尊農夫，農夫已貧賤矣。故俗之所貴，主之所賤也；吏之所卑，法之所尊也。上下相反，好惡乖迕㉖，而欲國富法立，不可得也。方今之務，莫若使民務農而已矣。欲民務農，在於貴粟。貴粟之道，在於使民以粟為賞罰。今募㉗天下入粟縣官㉘，得以拜爵，得以除罪；如此，富人有爵，農民有錢，粟有所渫㉙。夫能入粟以受爵，皆有餘者也。取於有餘，以供上用，則貧民之賦可損㉚，所謂損有餘，補不足，令出而民利者也。順於民心，所補者三：一曰主用足；二曰民賦少；三曰勸農功㉛。今令，民有車騎馬㉜一匹者，復卒三人㉝。車騎者，天下武備也，故為復卒。神農之教曰：「有石城十仞，湯池㉞百步，帶甲百萬，而亡粟，弗能守也。」以是觀之，粟者，王者大用，政之本務。令民入粟受爵，至五大夫㉟以上，迺復一人耳，此其與騎馬之功，相去遠矣。

爵者，上之所擅㊱，出於口而亡窮；粟者，民之所種，生於地而不乏。夫得高爵與免罪，人之所甚欲也。使天下人入粟於邊，以受爵免罪，不過三歲，塞下之粟必多矣。

【作　者】鼂錯（？——西元前一五四年），西漢潁川（今河南禹縣）人。是一位卓越的政論家，與賈誼齊名。文帝時，做博士，常上書陳述時務，文帝很愛好他的才幹，拜他做太子家令，以他的智辯，也得到太子（景帝）的寵任，時號為「智囊」。景帝登位時，匈奴常來侵略邊境，帝詔賢良的文學士對策，鼂錯列高第，由是遷為御史大夫。後來因建議削奪諸侯的封地，引發吳、楚七國叛變，要求誅殺鼂錯。景帝受情勢所迫，就在三年正月把他殺了，可是亂兵並未因此解除，所以朝野皆以為冤。

【註 釋】❶非能耕而食之二句 「食」、「衣」兩字均作動詞用。食，同飼。衣，拿衣服給……穿。之，指人民。❷國亡捐瘠者 亡，通無。捐，棄。瘠，瘦病。言民無有因飢相棄而病瘦者。❸畜 積也，古通蓄。❹避 讓。❺游食之民 游手好閒，坐食之人。❻地著 土著，久居一地，而不遷徙。❼牧 治理。❽勸 鼓勵、引誘。❾輕資 古資、齎字通，說文：「齎，持遺也。」輕資是攜帶輕物。❿五穀 稻、黍、稷、麥、菽。⓫治官府 修建官舍。⓬繇役 力役及兵役。⓭長幼 撫育幼童。長，作動詞用。⓮急政暴賦 原作「急政暴虐」，王念孫讀書雜志依景祐本改正。政，同「征」。⓯朝令而暮當具 俗本「當具」多誤作「改當其」，今據日本內閣文庫唐寫本漢書食貨志校正。言朝令索而暮當具備也。⓰賈 同價。⓱取倍稱之息 取一償二為倍稱。言無現穀以應，則必稱貸於人，而償加倍之息。⓲鬻 賣。⓳商賈 行賣曰商，坐販曰賈。⓴列 市列，猶今店鋪商行。㉑操其奇贏 意謂操其餘財，以蓄積奇異之貨物。奇，餘。奇贏，餘利，贏利。㉒文采 衣上美麗錦繡之彩色。㉓粱 好米。㉔堅 好車。㉕曳縞 曳，拖。縞，細白之綢。㉖乖迕 乖，違背。迕，反逆。㉗募 徵求。㉘縣官 指朝廷。㉙渫 散。㉚損 減。㉛勸農功 鼓勵農民努力生產。㉜車騎馬 戰車騎兵所用之馬，配有鞍轡。㉝復卒三人 免役三人。復，除。卒，繇役。㉞湯池 池，護城河。沸湯為池，言嚴固之甚。㉟五大夫 漢第九等爵名，時令入粟四千石為五大夫。㊱擅 專有。

【語 譯】聖明的君主在位，人民就可以不受飢寒的痛苦，並不是君主能夠自己耕田產糧食給他們吃，織布給他們穿；只是替他們開闢財源的路罷了。所以唐堯、夏禹的時候有九年的水災，商湯的時候有七年的旱災，人民卻沒有因為飢餓而互相拋棄或者疾病的，因為儲藏的糧食多，準備早就作好了。現在天下統一，土地的廣大，人口的衆多，不下於商湯夏禹時代；並且也沒有接連幾年的水旱天災，可是儲藏的糧食趕不上古代，是什麼緣故呢？就是土地的財利沒有充分開發，人民的勞力沒有十足利用，能夠生產五穀的土地沒有盡量開墾，山川河流的資源沒有完全取出，光吃飯不做事的游民沒有全部回去耕種啊。

人民一貧窮，奸詐邪惡的事就發生了。人民貧窮，由於生活不足；生活不足，由於不注重農耕；不重視農耕，就不能長久住在一個地方；沒有一定居住的地方，就會輕易地離開家鄉，像鳥獸一樣亂飛亂跑；雖然有高城深池，嚴法重刑，也不能禁止。寒冷的時候，不一定要等待有輕煖的衣服才穿；飢餓的時候，也不一定要等待有好吃的東西才吃；人到了飢餓和寒冷的時候，往往就不顧廉恥。通常的情形，人一天吃不到兩頓飯，就會飢餓；一年不做衣服，就要挨凍。肚子餓了沒有東西吃，身體冷了沒有衣服穿，雖然是慈愛的母親，也不能安保他的兒子，君主怎麼能夠保有他的百姓呢？聖明的君主知道這種情形，所以使人民盡力耕田種桑，減輕賦稅，大量儲蓄，藉以充實糧食倉庫，防備水災旱災；所以才能保有人民啊。

一般的人民，完全看主持政治的怎樣管理他們；他們趨向利益，就像水向低處流，不分東西南北。說到那些珠玉金銀，餓了不能吃，冷了不能穿；可是一般人卻很貴重它，因爲在上的人用它的緣故啊。這些東西，重量輕，體積小，容易收藏，手裏有了它就可以周遊天下而沒有飢餓寒冷的憂慮。這種情形，使人臣輕易背叛君主，人民容易離開家鄉，盜賊有了引誘，逃亡的人得到了便於攜帶的財物。糧食和布帛是要在土地上生長的，要較長的時間才能長成，要集合很多人的力量才能完成，不是一天就可以成就的啊。幾石的重量，中等力氣的人挑不動，因而不被奸詐邪惡的人所利用；但是一天沒有它，便要挨餓受凍。所以聖明的君主就貴重五穀而輕視金玉。

現在的農民，五口的人家，要替公家服役的不下二人；但是他們能夠耕種的田地不過一百畝。一百畝田地的收成，不過一百石。但是春天要耕地，夏天要除草，秋天要收穫，冬天要儲藏；還要砍柴草，修官舍，給政府服勞役和兵役；春天不能避開風塵，夏天不能避開暑熱，秋天不能避開陰雨，冬天不能避開寒凍：一年到頭，得不到一天休息。並且在私人方面，招待來往的親友，弔喪，探病，養育孤兒，教養幼童，都要在這有限的收入中開支。像這樣的勤勞困苦，還要遭受水災旱災，緊急徵收的苛捐雜稅，不論時期，早晨下令要，晚上就要準備好。有剩餘糧食的，逼得半價賤賣；沒有的，就以加倍的利息去向人借貸；於是就有賣田地、賣房屋、賣子孫還債的人了。而商人，大資本的囤積居奇，獲得雙倍的利息，小資本的坐在店鋪裏經營，憑着餘錢，蓄積一些奇異的貨物，天天逛都市，乘着上面的人的急用，賣的價格一定要加倍。所以他們男的不耕田不除草，女的不養蠶不織布，穿的一定要華麗，吃的一定要精美；沒有農夫耕種的辛苦，卻有土地上的收成。憑藉著他們雄厚的財力，和王侯結交往來，勢力超過了官吏；大家以利相交，千里出遊，往來不絕，坐着好車，趕着肥馬，穿着絲履，飄着絹帶。這就是商人兼有併吞農人以及農人流亡的原因了。

現在的法律規定，雖然輕視商人，可是商人已經富貴了；尊重農人，可是農人已經貧賤了。所以社會上一般人所貴重的，卻是君主所輕賤的；官吏所鄙視的，卻是法律所尊重的。上下的看法相反，喜歡和厭惡相違背，卻希望國家富強，法律樹立，是做不到的啊。現在首先要做的，沒有比使人民努力農耕更重要的了。要人民努力農耕，在於貴重糧食。貴重糧食的方法，在於政府用糧食來賞罰老百姓。如果現在向天下徵求，肯向政府獻糧食的人，政府可以賜封爵位，可以免除罪罰；這樣的話，富人可以封爵，農民可以有錢，糧食也有了銷路。那些能夠獻糧食得官爵的，都是有餘財的人。取這些人的餘財來供應政府開支，那麼，貧民的賦稅就可以減少，這就是所謂取富人的餘財，來貼補窮人，推行政府的命令而老百姓能得到好處。這樣做法，一方面順應了民心，另方面還有三種好處：一是政府用費可因此充足；二是人民的賦稅可以減少；三是可以收到獎勵農業的功效。但現在的法令卻是：凡老百姓有獻車騎馬一匹的，可以免除三個人的服役。車騎，是國家的軍事設備，所以准許免役。神農氏有一段教訓說：「有石城八丈，險池百步，帶甲的兵百萬；然而沒有糧食，還是不能夠防守啊。」由此看來，糧食對於做帝王的有很大的用處，也是政治上的根本問題。現在命令人民獻糧食受爵位，到五大夫爵位以上，才能免一個人的役，這和獻車騎的辦法比較，功效大得多了。

爵位，是君主所專有的，只要一開口就行了，要封多少有多少，是沒有窮盡的；糧食，為人民所種植，生在土地上，是不會缺乏的。得到崇高的爵位和免除罪罰，是人人所極願的。叫天下人民獻糧食到邊塞，來獲得爵位，免除罪罰，不過三年，邊塞所儲藏的糧食一定很多了。

【文章分析】本篇選自漢書食貨志，是屬於奏議類的古文。疏，是臣子奏告君上的一種文體，與表、奏、議、上書、封事等，名異而實同。漢朝初年，在經濟方面，實行放任政策，結果工商業發達，操縱了社會經濟，併吞了農民的土地，使農民不能安居樂業，四散逃亡，商人卻過著奢侈的生活。因此當時的儒家學者，像賈誼、董仲舒等都主張「重農抑商」。本文就是代表這種思想的重要文獻，是作者於文帝十二年（西元前一六八年）上的奏疏。本文共分六段：首先討論財源之道；次論人民的本性；三段說明糧食的重要超過金玉；四段敘述農民的苦衷和商人的奢侈；最後兩段主張人民用糧食來得官和免罪，並且分析實行這種政策的好處。據說文帝看到以後，就立刻勸百姓專務農業，開墾田地，並且命令人民獻糧食以獲取爵位和免除罪罰，結果公家的儲糧漸多，人民的賦稅減少。

獄中上梁王書

鄒陽

鄒陽從梁孝王❶游。陽為人有智略，忼慨❷不苟合，介於羊勝、公孫詭❸之間。勝等疾陽，惡之孝王。孝王怒，下陽吏❹，將殺之。陽迺從獄中上書，曰：

「臣聞忠無不報，信不見疑。臣常以為然；徒虛語耳。昔荊軻❺慕燕丹之義，白虹貫日，太子畏之❻；衛先生為秦畫長平之事，太白食昴❼，昭王疑之。夫精誠變天地，而信不諭兩主，豈不哀哉？

今臣盡忠竭誠，畢議願知❽。左右不明，卒從吏訊❾，為世所疑。是使荊軻衛先生復起，而燕秦不寤也。願大王孰察之！昔玉人獻寶，楚王誅之❿；李斯竭忠，胡亥極刑⓫。是以箕子陽狂⓬，接輿避世⓭，恐遭此患也。願大王察玉人李斯之意，而後楚王、胡亥之聽，毋使臣為箕子接輿所笑。臣聞比干剖心⓮，子胥鴟夷⓯。臣始不信，迺今知之。願大王孰察，少加憐焉！語曰：『有白頭如新，傾蓋⓰如故。』何則？知與不知也。故樊於期逃秦之燕，藉荊軻首以奉丹事⓱；王奢去齊之魏，臨城自剄，以卻齊而存魏⓲。夫王奢、樊於期非新於齊、秦而故於燕魏也，所以去二國，死兩君者，行合於志，慕義無窮也。是以蘇秦不信於天下，為燕尾生[19]；白圭戰亡六城，為魏取中山[20]。何則？誠有以相知也。蘇秦相燕，人惡之燕王，燕王按劍而怒，食以駃騠[21]；白圭顯於中山，人惡之於魏文侯，文侯賜以夜光之璧。何則？兩主二臣，剖心析肝相信，豈移於浮辭哉！故女無美惡，入宮見妒；士無賢不肖，入朝見嫉。昔司馬喜臏腳於宋[22]，卒相中山；范雎[23]拉脅[24]折齒於魏，卒為應侯。此二人者，皆信必然之畫，捐朋黨之私，挾孤獨之交，故不能自免於嫉妒之人也。是以申徒狄蹈雍之河[25]，徐衍負石入海[26]。不容於世，義不苟取比周[27]於朝，以移主上之心。故百里奚[28]乞食於道路，繆公委之以政；甯戚[29]飯牛車下，桓公任之以國。此二人者，豈素宦於朝，借譽於左右，然後二主用之哉？感於心，合於行，堅如膠漆，昆弟不能離，豈惑於眾口哉？

故偏聽生姦，獨任成亂。昔魯聽季孫[30]之說，逐孔子；宋任子冉[31]之計，囚墨翟。夫以孔墨之辯，不能自免於讒諛，而二國以危。何則？眾口鑠金，積毀銷骨[32]也。秦用戎人由余[33]而伯中國，齊用越人子臧而彊威宣[34]。此二國豈係[35]於俗，牽於世，繫奇偏之浮辭哉？公聽並觀，垂明當世。故意合則胡越為兄弟，由余、子臧是矣；不合則骨肉為讎敵，朱、象、管、蔡[36]是矣。今人主誠能用齊、秦之明，後宋、魯之聽，則五伯不足侔，而三王易為也。是以聖王覺寤，捐子之[37]之心，而不說田常[38]之賢，封比干之後[39]，修孕婦之墓[40]，故功業覆於天下。何則？欲善亡厭也。夫晉文親其讎[41]，彊伯諸侯；齊桓用其仇[42]，而一匡天下。何則？慈仁殷勤，誠加於心，不可以虛辭借也。

至夫秦用商鞅之法，東弱韓、魏，立彊天下，卒車裂之。越用大夫種之謀，禽勁吳而伯中國，遂誅其身。是以孫叔敖[43]三去相而不悔；於陵子仲[44]辭三公，為人灌園。今人主誠能去驕傲之心，懷可報之意，披心腹，見情素，墮[45]肝膽，施德厚，終與之窮達，無愛於士，則桀之犬可使吠堯，跖[46]之客可使刺由[47]，何況因萬乘之權，假聖王之資乎？然則荊軻湛[48]七族，要離[49]燔妻子，豈足為大王道哉？

臣聞明月之珠，夜光之璧，以闇投人於道，眾莫不按劍相眄[50]者。何則？無因而至前也。蟠[51]木根柢，輪囷離奇[52]，而為萬乘器者，以左右先為之容也。故無因而至前，雖出隨珠[53]和璧[54]，秖[55]怨結而不見德。有人先游，則枯木朽株，樹功而不忘。今夫天下布衣窮居之士，身在貧羸，雖蒙堯、舜之術，挾伊、管之辯，懷龍逢[56]、比干之意，而素無根柢之容，雖竭精神，欲開忠於當世之君，則人主必襲按劍相眄之迹矣。是使布衣之士不得為枯木朽株之資也。

是以聖王制世御俗，獨化於陶鈞(57)之上，而不牽乎卑亂之語，不奪乎眾多之口。故秦皇帝任中庶子蒙(58)之言，以信荊軻，而匕首竊發；周文王獵涇渭(59)，載呂尚歸，以王天下。秦信左右而亡，周用烏集(60)而王。何則？以其能越攣拘(61)之語，馳域外之議，獨觀乎昭曠之道也。今人主沈諂諛之辭，牽帷廧之制(62)，使不羈之士與牛驥同皁(63)，此鮑焦所以憤於世也(64)。

臣聞盛飾入朝者，不以私汙義；底厲(65)名號者，不以利傷行。故里名勝母，曾子不入(66)；邑號朝歌，墨子回車(67)。今欲使天下寥廓(68)之士籠於威重之權，脅於位勢之貴，回面汙行，以事諂諛之人，而求親近於左右，則士有伏死崛(69)穴巖藪(70)之中耳，安有盡忠信而趨闕下(71)者哉？」

【作者】鄒陽，漢臨淄（今山東臨淄縣）人。漢景帝時，和枚乘、嚴忌等在吳國做官，都以善於辯論和寫文章著名。吳王濞要謀逆朝廷，他上書勸諫，可惜不被吳王接受，就和枚乘、嚴忌等一起投奔梁孝王。後因被羊勝、公孫詭等陷害，被判下獄，他便在獄中上書自辯。書上，孝王立刻下令釋放他，並尊為上客。

【註釋】❶梁孝王　漢景帝少子。❷忼慨　意氣激昂。❸羊勝公孫詭　二人皆梁孝王客。❹吏　獄吏。❺荊軻　戰國衞人，為燕太子丹刺秦王，不中，被殺。❻白虹貫日太子畏之　史記集解：「應劭曰：『精誠感天，白虹為之貫日也。』如淳曰：『白虹，兵象；日為君。』列士傳曰：『荊軻發後，太子自相氣，見虹貫日不徹，曰：「吾事不成矣。

」後聞軻死，事不立，曰：「吾知然也。」』」⑦衞先生爲秦畫長平之事二句　白起爲秦伐趙，破長平軍，欲遂滅趙，遣衞先生說昭王益兵糧，爲應侯所害，事用不成。其精誠上達於天，故太白爲之食昴。太白，金星。昴，白虎宿星。食，干歷。趙將有兵，故太白食昴以示兆。⑧畢議願知　盡其計議，願王知之。⑨卒從吏訊　訊，鞫問。謂左右不明，竟從法吏之審訊也。⑩玉人獻寶楚王誅之　楚人卞和得玉璞，獻之。武王以爲詐，刖其左足。文王時復獻，又以爲詐，刖其右足。及成王卽位，抱璞哭。王使玉人琢之，果得寶玉。⑪極刑　死刑。⑫箕子陽狂　箕子，商紂諸父。紂無道，箕子諫，不聽，被髮佯狂。陽，通佯。⑬接輿避世　接輿，楚人，姓陸名通，昭王時，政令不修，乃被髮佯狂不仕。⑭比干剖心　比干，商紂諸父。史記殷本紀：「紂淫亂不止，比干曰：『爲人臣者，不得不以死爭。』乃諫紂三日不去，紂怒曰：『吾聞聖人心有七竅。』遂剖觀其心。」⑮子胥鴟夷　伍子胥，春秋楚人，名員，曾佐吳王夫差伐越，大破之。越王勾踐請和，夫差許之。子胥屢諫不聽，自剄死。吳王乃以子胥尸，盛以鴟夷之革，浮於江中。鴟夷，猶後世之皮囊。⑯傾蓋　道行相遇，軿車對語，兩車蓋相切而稍傾斜也。⑰故樊於期逃秦之燕二句　樊於期，本爲秦將，被讒走燕。始皇滅其家，又重購之。燕遣荆軻欲刺秦王，於期自刎，令軻齎首往。藉，獻。奉，助。⑱王奢去齊之魏三句　王奢，齊臣，亡至魏，齊因伐魏。奢登城謂齊將曰：「今君之來，以奢故，義不爲魏累。」遂自剄。⑲是以蘇秦不信於天下二句　言蘇秦於天下則反覆無信，而於燕則獨守信如尾生。尾生，古之信士，與女子期於梁下，水至不去，抱梁柱而死。⑳白圭戰亡六城二句　白圭爲中山將，亡六城。君欲殺之，亡入魏。魏文侯厚遇之，還拔中山。㉑駃騠　駿馬名。㉒司馬喜臏腳於宋　司馬喜，六國時人，曾三相中山，事見戰國策及呂氏春秋。臏腳，去膝蓋骨。㉓范雎　魏人。隨中大夫須賈使齊，齊襄王賜之金及牛酒。須賈以爲持魏國陰私告齊，以告魏相魏齊，使舍人笞擊雎，折脅摺齒。雎得出亡，入秦，爲應侯。㉔拉脅　拉，摧折。脅，胸之兩旁有肋骨處。㉕申徒狄蹈雍之河　申徒狄，殷末人。雍，甕之假字。謂蹈甕自沈於河也。劉向新序作「抱甕自沈於河」。㉖徐衍負石入海　徐衍，周末人。負石者，欲速沈也。㉗比周　猶言阿附。㉘百里奚　春秋虞人。爲秦穆公之賢佐。㉙甯戚　齊桓公夜出，戚叩牛角而歌，桓公與語，悅之，以爲大夫。㉚季孫　魯大夫季桓子，名斯。論語微子：「齊人饋女樂，季桓子受之，三日不朝，孔子行。」㉛子冉　史記作子罕，姓樂名喜，宋賢臣。㉜積毀銷骨　謂讒毀之言，積之既久，則骨亦爲之銷也。㉝由余　春秋秦穆公時人。穆公用其謀，拓地千里，遂霸西戎。㉞威宣　指齊威王與齊宣王。㉟係　王先謙謂係、繫二字不當連用，史記文選「係」作「拘」是也。㊱朱象管蔡　朱，丹朱，堯子。象，舜弟。管叔鮮、蔡叔度，周公二弟。㊲子之　燕相，燕王噲以國讓之，國乃大亂。

(38)田常　卽陳恆。齊簡公悅其賢而用之，後遂被弒。(39)封比干之後　武王克商，乃命封其墓。(40)修孕婦之墓　紂刳妊者觀其胎產，武王克商，乃封修之。(41)晉文親其讎　謂寺人披爲獻公逐文公，斬其祛。後文公聽其言，以免呂郤之難也。(42)齊桓用其仇。謂管仲射桓公中鉤，後乃用以爲相也。(43)孫叔敖　楚國處士。虞丘相進之，三月而相楚，三得相而不喜，三去相而不悔。(44)於陵子仲　卽陳仲子。戰國齊之高士，名子終。自稱陵仲子。窮不苟求，不食不義之食。楚王欲聘以爲相，逃去爲人灌園。(45)墮　布。(46)跖　盜跖。(47)由　許由。(48)湛　同沈，滅沒也。(49)要離　春秋吳人。吳公子光遣之刺殺慶忌，要離詐以罪亡，令吳戮其妻子，見慶忌於衞而刺之。(50)眄　邪視。(51)蟠　屈曲。(52)輪囷離奇　委曲盤戾。(53)隨珠　卽隨侯之珠。(54)和璧　卽卞和所獻玉。(55)秖　通祇。(56)龍逢　夏時賢臣關龍逢。逢，一作逄，音ㄆㄤˊ。桀爲長夜之飲，龍逢極諫，桀怒殺之。(57)陶鈞　陶人稱模下圓轉者爲鈞，蓋取周回調鈞，言聖王制馭天下，亦猶陶人轉鈞也。(58)中庶子蒙　中庶子，官名。蒙姓。(59)涇渭　二水名，在陝西省。(60)烏集　乍合乍離如烏之集。言文王之得太公，非因舊故，若烏鳥之暴集。(61)攣拘　牽制。(62)牽帷廧之制　言爲帷廧臣妾所牽制。廧，同牆。(63)皁　櫪。養牛馬之所。(64)此鮑焦所以憤於世也　鮑焦，周之介士，怨時之不用己，采蔬於道。子貢難曰：「非其時而采其蔬，此焦之有哉！」棄去蔬，乃立枯於洛水之上。(65)底厲　砥礪。(66)里名勝母曾子不入　勝母則不孝，故曾子不入。(67)邑號朝歌墨子回車　朝歌則不時，故墨子回車。(68)寥廓　高遠。(69)崛　同窟。(70)藪　大澤。(71)闕下　宮闕之下，指天子所居言之。

【語　譯】鄒陽跟著梁孝王做事。陽的爲人有智慧才略，性情激昂慷慨，不肯苟且迎合，夾在羊勝和公孫詭的中間。他們痛恨嫉妒鄒陽，便在孝王面前說他的壞話。孝王動了怒，把鄒陽關入監獄，交給獄吏審問，打算殺了他。鄒陽便從獄中上書給孝王說：

「臣聽說忠心的人，沒有不想報答的，已經信任了的，就不再有懷疑。臣常把這句話當做天經地義，那裏料到都是空話罷了。從前荊軻羨慕燕太子丹的節義，所以替他去刺秦王。在出發的時候，因爲白虹穿過太陽，太子丹就害怕事情不能成功。衞先生替秦國計畫長平的事情，因爲太白星食昴，昭王就懷疑不敢相信。這種可以變動天地的精誠，竟不能得到這兩位君主的信任，豈不是很哀痛的嗎？

現在臣竭盡忠誠，儘量貢獻計議，願大王明察。可惜左右不明，竟然聽從了獄吏的審訊，使臣被世人懷疑。這樣卽使荊軻和衞先生從地下復活，也不能使燕太子和秦王覺悟了。希望大王細心考察啊！從前卞和獻寶玉，反被楚王刖足；李斯竭盡忠誠，竟然遭受胡亥的極刑。因此箕子假裝顛狂，接輿避世隱居，都是恐怕遭受到這個禍災啊！希望大王明察卞和和李斯的心意，不要像楚王和胡亥一樣的聽信讒言，不要使臣被箕子和接輿所譏笑。臣聽說比干被紂王剖心，子胥被夫差裝入皮囊投在江中。起初不相信，現在才知道是眞的。希望大王細細審察，稍加憐憫罷！古語說：『有的人結交朋友，等到頭髮白了，交情還像新認識一般的淺；有的人在路上偶然遇到，就並車談話，好像是多年未見的老朋友似的。』這是什麼道理呢？只是知心和不知心的分別罷了。所以樊於期從秦國逃到燕國，把自己的頭給荊軻，幫助太子丹完成刺殺秦王的壯舉；王奢離齊到魏國，登城自剄，以此來退卻齊兵，保存魏國。那王奢和樊於期，並不是和齊、秦是新交而和燕、魏有深厚的關係，他們所以離開齊、秦，爲燕、魏兩君死的原因，是由於行爲合於他們的志向，羨慕無窮的道義啊。所以蘇秦對天下沒有信義，卻獨對燕國卻像尾生似的守信；白圭做中山將的時候，失守六城，逃到魏國，卻能替魏拔取中山。這是什麼道理呢？因爲他們眞能夠彼此互相了解啊。蘇秦做燕相，有人在燕王面前說他的壞話，燕王按了劍大怒，反把駿馬的肉賜給蘇秦吃；白圭在拔取了中山以後，非常得意，有人在魏文侯面前說他壞話，文侯反而賜他夜光璧。這是什麼道理呢？因爲他們都能夠剖心析肝，互相信任，那裏會被別人的浮辭動搖呢？所以女子的容貌，不論美與醜，一入皇宮，便受妒忌；士人的才智，不論賢與不肖，一入朝廷，便遭嫉恨。從前司馬喜在宋國被斬斷了脚，終於做了中山的相；范睢在魏國被打斷了肋骨，敲落了牙齒，終於在秦國做了應侯。這兩個人，都是相信自己的計畫必然完善可行，拋棄了朋黨的私情，只靠著自己和君主的單獨交情，所以不能避免別人對他們的妒忌。因此申徒狄抱著甕跳入河中自殺；徐衍負了石頭，自投入海。雖然不容於世，到底不肯苟取，不肯在朝上結交朋黨，以求改變主上的心意。所以百里奚在道路上乞食，秦穆公把國政委託給他；甯戚在車下餵牛，齊桓公任命他做大夫。這兩個人難道是素來在朝上做官，託左右的人說好話，然後兩個國君才用他的嗎？不過彼此心靈感應，行爲相合，像膠漆一般的堅固，雖是兄弟也不能離間，豈會因衆人的話而心中惑亂呢？

所以偏聽一方面的言論，便生奸邪；單獨任用一人，便會鬧出亂子來。從前魯國聽了季孫的話，趕走孔子；宋國用了子冉的計謀，囚禁了墨翟。那孔墨是聖賢，尙且不能免去別人的毀謗，而二國也因此危險。這是什麼道理呢？因爲衆人的謠言，可以銷金；積久的讒毀，可以銷骨啊。秦國用了戎人由余，稱霸中國；齊國用了越人子臧，威王宣王因此強大。這兩個國家，難道是被世俗牽累，被畸偏亂言所惑動嗎？公正的聽，仔細的看，所表現的是光明磊落。所以意見相合，吳越也可變爲兄弟，由余、子臧就是例子；意見不合，骨肉也可變爲仇敵，丹朱、象、管叔和蔡叔就是例子。現在的人主，如果能夠採用齊、秦兩國的明舉，不像宋、魯的聽信讒言，那麼一定能勝過五霸，不難做到三王的事業。因此聖王覺悟，貶損了子之的心思，不喜歡田常虛假賢明，封比干的子孫，修孕婦的墳墓，所以成就了偉大的功業。這是什麼道理呢？因爲求善的心沒有滿足啊。那晉文公親近他的仇敵，卻能彊霸諸侯；齊桓公用他的仇人，卻能一匡天下。這是什麼道理呢？因爲慈愛、仁厚的情意周到，誠懇存在心裏，不是虛僞的言辭所能假借的啊。

至於秦國用了商鞅的法令，東面挫弱了韓、魏，立卽成了天下的強國；但商鞅竟遭受了車裂的酷刑。越國用了大夫文種的計謀，滅了強勁的吳國，而稱霸中國；但文種終被迫自殺。因此孫叔敖三次辭去宰相的職位，卻不懊悔；陳仲子情願不做三公的高爵，替人家灌園。現在的人主，果眞能拋棄驕傲的心理，懷著報答功德的心意，披開心腹，現露本心，披肝瀝膽，施德廣厚，待士有始有終，和他窮達相共，絲毫沒有吝嗇的心，那麼夏桀的狗可以使牠去吠堯帝，盜跖的客可以使他去刺許由，何況靠著萬乘的權柄，憑著聖王的力量呢？這樣說來，那麼荆軻刺殺秦王不成而被滅七族，要離爲了刺殺慶忌先讓吳王殺掉自己的妻子，那裏値得向大王說呢！

臣聽說把明月珠、夜光璧，在黑暗中拋擲在路人的身上，大家沒有不拔劍怒目斜視的。這是什麼緣故呢？因爲無緣無故而來到面前啊。彎曲的樹根，委曲盤戾的樣子，卻可以做天子的車輛。因爲左右的人，先替它彫刻裝飾了。所以無緣無故而來到面前，雖然拿出的是隨侯珠、和氏璧，也只有結怨，得不到別人的感激。如果有人先爲介紹引進，便是枯木朽株，也可以樹立功勞，永遠不忘。現在那些天下的布衣，窮居的士人，處在窮困的環境中，雖然擁有堯舜的學術，挾了伊尹管仲的言論，懷有龍逢、比干的忠心；但一向沒有容身之處，雖然竭盡精神，想盡忠於當世的君主，而人主必定會有拔劍擊案、瞪目相視的現象的呢！這是使得布衣士人，竟不能做枯木朽株的資質了。

所以聖王治世御俗，像陶人轉鈞似的，周回調均，不會被卑賤的浮辭所牽制，也不會被衆人的謠言所移動。所以秦始皇聽了中庶子蒙嘉的話，相信了荆軻，結果卻是圖窮匕見；周文王在涇水渭水一帶打獵，載了呂尙一同回來，因此王於天下。秦始皇相信了左右的話，便亡了國；周文王任用了偶然遇到的呂尙，卻王天下。這是什麼道理呢？因爲文王能夠跳出牽制的言語，超出世俗的議論，只留心那光明曠達的道理啊。現在的人主，沈溺在諂諛的辭令中，受到臣妾的牽制，使曠達不羈有才學的人士，和牛驥同櫪，這就是鮑焦憤世疾俗的原因了。

臣聽說盛飾入朝的人，不拿私情汚壞公義；砥礪名號的人，不拿利欲損傷行爲。所以有個里名叫『勝母』，曾子不肯進去；碰到邑名叫『朝歌』，墨子就轉回了車子。現在想使天下高遠曠達的士人，被威重的權柄籠絡，受尊貴的勢位脅迫，改面辱行，來事奉那些諂諛的小人，求親近在左右的人，那麼士人只有伏死在深山窮谷中間罷了。怎麼會有盡忠盡信貢獻才智到朝廷裏來的人呢？」

【文章分析】本篇選自漢書鄒陽傳，屬於奏議類的古文。全文共可分爲七段，大意是：首段說信而被疑的可哀。二段說君臣如果眞能相待以誠信，那麼君主就不會受浮辭的影響。三段說君主如果能不聽小人的讒言，明察臣子的忠誠，那麼成就一定超過五霸，就是達到三王的地步，也不困難。四段說君主如果能去掉驕傲的心，披肝瀝膽，施恩輸誠，那麼就可使士人效忠效死。五段說士人如果沒有人替他推薦的話，就是有堯舜的術，伊管的辯，龍逢比干的意，也得不到君主的賞識。六段說君主不應當沈溺於小人的諂諛之辭。末段說君主如果要得到士人的效忠，就不可以用威權和貴勢來籠絡和脅迫。

本文是鄒陽在獄中呈給梁孝王替自己辯護的一篇奏文，主旨很簡單，就是說君臣應該忠誠相待，君主不可輕信小人的讒言。但是作者寫得很繁雜，引證極多，並且設了許多比喻來替自己辯護。

吳楚材批評說：「此書詞多偶儷，意多重複。蓋情至窘迫，嗚咽涕洟，故反覆引喻，不能自已耳。」

上書，是一種文體的名稱。本來凡是寫信給尊長如君上、長吏等，都可以叫作上書。不過漢朝人的上書，都是專對君上用的，屬於奏議類。

上書諫獵

司馬相如

相如從上至長楊❶獵。是時天子❷方好自擊熊豕，馳逐壄❸獸，相如因上疏諫，其辭曰：

「臣聞物有同類而殊能者，故力稱烏獲❹，捷言慶忌❺，勇期賁育❻。臣之愚竊以爲人誠有之，獸亦宜然。今陛下好陵❼阻險，射猛獸，卒❽然遇逸材之獸❾，駭不存之地❿

，犯屬車之清塵⓫，輿不及還轅，人不暇施巧，雖有烏獲、逢蒙⓬之技不能用，枯木朽株盡為難矣。是胡越起於轂⓭下，而羌夷接軫⓮也，豈不殆哉？雖萬全而無患，然本非天子之所宜近也。

且夫清道而後行，中路而馳，猶時有銜橛之變⓯。況乎涉豐草，騁丘虛⓰，前有利獸⓱之樂，而內無存變之意，其為害也不難矣！

夫輕萬乘之重，不以為安，而樂出萬有一危之塗以為娛，臣竊為陛下不取。蓋明者遠見於未萌，而知者避危於無形。旤⓲固多藏於隱微，而發於人之所忽者也。故鄙諺曰：『家絫⓳千金，坐不垂堂⓴。』此言雖小，可以諭大。臣願陛下留意幸察。」

【作者】司馬相如（？——西元前一一七年），字長卿，漢蜀郡成都（今四川成都）人。少名犬子，因為羨慕藺相如的為人，所以也改名叫相如。景帝時，做過武騎常侍。武帝時，因為進奏上林賦，帝大悅，拜他為郎，後來又做過中郎將和孝文園令。著有賦二十九篇。今有司馬文園集輯本一卷傳世。

【註釋】❶長楊　宮名。❷天子　漢武帝。❸壄　古野字。❹烏獲　秦武王力士。❺慶忌　吳王僚子，其走甚捷。❻賁育　孟賁與夏育，皆古之力士。❼陵　升。❽卒　同猝。❾逸材之獸　謂健壯有力之猛獸。❿不存之地　謂不及察之地。爾雅釋詁：「存，察也。」⓫犯屬車之清塵　屬，連續不絕。續車，連續不絕之天子從車。漢依秦制，大駕屬車八十一乘。此處指天子車駕而言。塵而言清者，尊貴之意也。⓬逢蒙　夏時善射者。⓭轂　車輪中間車輻湊集的圓環。六書故曰：「輪之中為轂，空其中，軸所貫也。」⓮軫　車後橫木。⓯銜橛之變　銜，馬勒口。橛，車之鉤心。言車馬馳驅，恐馬勒或斷，鉤心或出，致有傾覆之患也。⓰騁丘虛　騁，奔馳。丘虛，大丘也。⓱利獸　貪獸。⓲旤　古禍字。⑲絫：同累。⑳坐不垂堂：謂不坐在堂之下，恐瓦墜而傷之也。

【語譯】司馬相如跟著皇上到長楊打獵。這時候，天子正喜歡親自射擊熊豕，追逐野獸，相如因此就上奏章諫阻說：

「臣聽說物有同類而技能卻不一樣的，所以力氣要稱烏獲，捷行要推慶忌，勇敢要數賁育。臣的愚見，以為人類固然有這種情況，野獸也應當一樣。現在陛下喜歡攀登危險的地方，親自射獵猛獸，要是突然遇著兇猛的野獸，在事先沒有覺察的危險地方受驚，天子車駕受了衝犯，車子來不及轉輪，人也沒有工夫施行靈巧的手段，雖然有烏獲逢蒙的技能，也沒有用處，路上的枯木朽株，都是災害了。這就像胡越的敵寇叛變於轂下，羌夷的敵寇叛變於車後了，豈不是很危險嗎？退一步說，就是計出萬全，毫無危險，然而本來也不是天子所應該接近的呢！

並且清除了道路，在中路馳驅，有時也會發生馬勒斷、鉤心出的意外。何況跋涉在深草裏，馳騁在丘嶺間，眼前只貪獵獸的樂趣，心裏並沒有顧到可能發生的意外，真不難受著禍害了。

輕視萬乘的尊貴，不顧自己的安全，樂於冒著萬一的危險，以求快樂。我私底下，實在為陛下不取呢。因為明察的人，能夠在事變沒有產生前及早發現；聰明的人，能夠在危險沒有形成前及早躲避。禍患本來都藏匿在隱微的地方，而常在人所忽略的時候發動。所以俗語有句話說：『家裏積了千金，就不坐在屋簷邊。』這句話雖沒有什麼大道理，卻可以拿它來比喻大事。臣願陛下留心明察。」

【文章分析】此篇節錄自漢書司馬相如傳，為奏議類的古文。全文分三段：首段說野獸的兇猛，地勢的險惡。行獵本來就是危險的事情，不是天子所應該做的，把主題點得非常明確。次段說行獵時常有想不到的意外禍害，補充加強前一段的意思。末一段反覆說明，並且引用當時的俗語做比喻，更容易動人。全文設想周到，委曲婉轉，相如可以說是會進諫的人了。

吳楚材批評說：「卒然遇獸一段，寫獸之駭發；清道後行一段，寫人之不意；末復反覆申明之。悚然可畏之中，復委婉易聽，武帝所以善之也。」

答（ㄉㄚˊ）蘇（ㄙㄨ）武（ㄨˇ）書（ㄕㄨ）

李（ㄌㄧˇ）陵（ㄌㄧㄥˊ）

子卿❶足下❷：勤宣令德❸，策名清時❹，榮問休暢❺，幸甚！幸甚！遠託異國，昔人所悲。望風❻懷想，能不依依❼？昔者不遺，遠辱還答❽，慰誨勤勤，有踰骨肉。陵雖不敏，能不慨然？自從初降，以至今日，身之窮困，獨坐愁苦。終日無覩，但見異類，韋韝毳幕❾，以禦風雨；羶肉酪漿❿，以充飢渴。舉目言笑，誰與爲歡？胡地玄冰⓫，邊土慘裂，但聞悲風蕭條之聲。涼秋九月，塞外草衰，夜不能寐，側耳遠聽，胡笳互動⓬，牧馬⓭悲鳴，吟嘯成羣，邊聲⓮四起。晨坐聽之，不覺淚下。嗟乎！子卿！陵獨何心，能不悲哉！

與子別後，益復無聊⓯。上念老母，臨年被戮⓰；妻子無辜，並爲鯨鯢⓱。身負國恩，爲世所悲！子歸受榮，我留受辱，命也如何！身出禮義之鄉，而入無知之俗；違棄君親之恩，長爲蠻夷之域。傷已⓲！令先君之嗣，更成戎狄之族，又自悲矣！功大罪小，不蒙明察，孤負陵心區區之意⓳。每一念至，忽然忘生。陵不難刺心以自明，刎頸⓴以見志；顧㉑國家於我已矣，殺身無益，適足增羞，故每攘臂㉒忍辱，輒㉓復苟活。左右之人，見陵如此，以爲不入耳之歡，來相勸勉，異方之樂，秖㉔令人悲，增忉怛㉕耳！嗟乎！子卿！人之相知，貴相知心。前書倉卒㉖，未盡所懷，故復略而言之。昔先帝

㉗授陵步卒五千，出征絕域，五將失道㉘，陵獨遇戰。而裹萬里之糧，帥徒步之師，出天漢㉙之外，入彊胡之域。以五千之眾，對十萬之軍；策疲乏之兵，當新羈㉚之馬。然猶斬將搴㉛旗，追奔逐北㉜，滅跡掃塵㉝，斬其梟帥㉞，使三軍之士，視死如歸。陵也不才，希當大任㉟，意謂此時，功難堪矣㊱。

匈奴既敗，舉國興師，更練精兵，彊踰十萬，單于㊲臨陣，親自合圍。客主之形，既不相如；步馬之勢㊳，又甚懸絕㊴。疲兵再戰，一以當千。然猶扶乘創痛㊵，決命爭首㊶。死傷積野，餘不滿百，而皆扶病，不任干戈。然陵振臂一呼，創病皆起，舉刃指虜，胡馬奔走。兵盡矢窮，人無尺鐵，猶復徒首㊷奮呼，爭爲先登。當此時也，天地爲陵震怒，戰士爲陵飲血㊸。單于謂陵不可復得，便欲引還，而賊臣㊹教之，遂便復戰，故陵不免耳。

昔高皇帝以三十萬眾，困於平城㊺，當此之時，猛將如雲，謀臣如雨，然猶七日不食，僅乃得免。況當陵者，豈易爲力哉？而執事者㊻云云㊼，苟怨陵以不死。然㊽，陵不死，罪也；子卿視陵，豈偷生之士，而惜死之人哉？寧有背君親，捐妻子，而反爲利者乎？然陵不死，有所爲也。故欲如前書之言㊾，報恩於國主耳。誠以虛死不如立節，滅名不如報德也。昔范蠡不殉會稽之恥[50]，曹沫不死三敗之辱[51]，卒復句踐之讎，報魯國之羞。區區之心，切[52]慕此耳。何圖志未立而怨已成，計未從而骨肉受刑？此陵所以仰天椎心[53]而泣血也。

足下又云：「漢與[54]功臣不薄。」子為漢臣，安得不云爾乎？昔蕭樊囚縶[55]，韓彭葅醢[56]，鼂錯受戮[57]，周魏見辜[58]；其餘佐命[59]立功之士，賈誼亞夫之徒[60]，皆信命世[61]之才，抱將相之具，而受小人之讒，並受禍敗之辱，卒使懷才受謗，能不得展。彼二子之遐舉[62]，誰不為之痛心哉？陵先將軍[63]功略蓋天地，義勇冠三軍，徒失貴臣[64]之意，剄身絕域之表[65]。此功臣義士所以負戟而長歎者也！何謂不薄哉？

且足下昔以單車之使[66]，適萬乘之虜[67]；遭時不遇，至於伏劍不顧，流離辛苦，幾死朔北之野[68]。丁年[69]奉使，皓首[70]而歸。老母終堂[71]，生妻去帷[72]。此天下所希聞，古今所未有也。蠻貊之人，尚猶嘉子之節，況為天下之主乎？陵謂足下，當享茅土之薦，受千乘之賞[73]。聞子之歸，賜不過二百萬，位不過典屬國[74]，無尺土之封，加子之勤。而妨功害能之臣，盡為萬戶侯[75]；親戚貪佞之類，悉為廊廟宰[76]。子尚如此，陵復何望哉？

且漢厚誅陵以不死，薄賞子以守節，欲使遠聽之臣[77]，望風馳命，此實難矣！所以每顧而不悔者也。陵雖孤[78]恩，漢亦負德。昔人有言：「雖忠不烈，視死如歸[79]。」陵誠[80]能安，而主豈復能眷眷乎？男兒生以不成名，死則葬蠻夷中，誰復能屈身稽顙[81]，還向北闕[82]，使刀筆之吏[83]，弄其文墨[84]邪？願足下勿復望陵！

嗟乎！子卿！夫復何言？相去萬里，人絕路殊，生為別世之人，死為異域之鬼，長與足下生死辭矣！幸謝故人[85]，勉事聖君。足下胤子無恙[86]，勿以為念。努力自愛！時因北風，復惠德音[87]！李陵頓首[88]。

【作者】 李陵，隴西成紀（今甘肅秦安縣）人。父親名當戶，是漢朝名將李廣的大兒子。當戶早死，李陵是遺腹子，由他的母親撫養長大。武帝時，做騎都尉的官，天漢二年（西元前九十九年）貳師將軍李廣利出征匈奴，李陵率領了五千步兵做先鋒，遇到了匈奴的主力。他邊打邊退，轉戰千里，給敵人很大的打擊。但終因沒有後援，力盡投降。單于很敬愛他，把女兒嫁給他，並封他為右校王。漢昭帝元平元年（西元前七十四年），病死在匈奴。

【註釋】 ❶子卿　蘇武字。❷足下　稱人之敬辭，書札中多用之（用於平輩）。❸令德　美德。❹策名清時　謂仕宦為臣於清平之時。❺榮問休暢　問通聞，名譽。榮問，即榮名。休，美。暢，通。❻望風　想望風采。❼依依　思慕之意。❽昔者不遺遠辱還答　指李陵以前曾與蘇武書，武有回信。遺，棄。辱，承蒙。❾韋韝毳幕　韋，皮。韝，臂衣。毳，獸之細毛。幕，帳。謂以韋皮作臂衣，氈毛作帳幕。❿羶肉酪漿　謂飲食與中土異，但牛羊羶臭之肉，及乳酪之漿，以為充飢解渴之物也。⓫玄冰　厚冰。冰厚則色玄。⓬胡笳互動　胡人捲蘆葉吹之，謂之笳。互動，由此而彼，由彼而此，互相應和。⓭牧馬　放牧之馬。⓮邊聲　邊塞上的各種聲音，如笳聲、風聲、馬鳴聲、戰鼓聲等。⓯無聊　心無所託。意謂不樂。⓰臨年被戮　臨年，臨老之年。戮，殺。⓱妻子無辜並為鯨鯢　左傳宣公十二年：「古者明王伐不敬，取其鯨鯢而封之，以爲大戮。」杜預注：「鯨鯢，大魚名，以喻不義之人，呑食小國。」一雄鯨曰鯢。此句言其妻子無罪，亦被視爲不義，而受誅戮。⑱已　同矣。⑲孤負陵心區區之意　孤負，同辜負，對不起之意。區區之意，小小的報國之意。⑳刺心刎頸　均謂自殺。㉑顧　但是。㉒攘臂　捲袖捋臂，奮起振作貌。㉓輒　每。㉔秖　同祇，與只通用。㉕忉怛　悲痛。㉖卒　同猝。㉗先帝　指漢武帝。此書作於昭帝時，故稱武帝爲先帝。㉘五將失道　謂當時軍將有五，與陵相期不至，故曰失道。按文選李善注：「漢書武帝紀：『天漢二年，將軍李廣利出酒泉，公孫敖出西河，騎都尉李陵將步卒五千出居延（城在今寧夏額濟納旗境）。』時無五將。未審陵書之誤抑而武紀略之。」㉙天漢　以漢配天，蓋美稱大漢也。㉚新羈　羈，馬絡頭。謂匈奴騎兵所騎皆新籠馬絡頭之野馬。㉛搴　拔取。㉜北　敗走。㉝滅跡掃塵　謂殺敵之易，如滅行跡，如掃塵埃。㉞梟帥　勇將。㉟希當大任　謂難得當此大任。㊱功難堪矣　堪，勝、比。自以爲功大不可勝比也。㊲單于　匈奴之君長曰單于。㊳步馬之勢　李陵兵爲步卒，匈奴兵爲騎兵。㊴懸絕　相差甚遠。㊵扶乘創痛　言士卒皆扶其創，乘其痛，爭先而決戰也。乘，有耐義。㊶決命爭首　拼命死戰，爭先取敵首級。㊷徒首　頭無盔甲也。㊸飲血　血卽淚，淚流入口謂飲淚。此處形容戰士含蘊悲憤之甚，故曰飲血。㊹賊臣　指管敢。敢本陵軍候，爲校尉所辱，亡降匈奴，言陵無後援，匈奴遂復進攻。㊺平城　在今山西大同縣東。㊻執事者　謂漢廷辦事之臣也。㊼云云　多言貌。㊽然　猶則也。相當口語「那麼」。㊾前書之言　陵前與武書云：「陵前爲子卿死之計，所以然者，冀其驅醜虜，翻然南馳，故且屈以求伸；若將不死，功成事立，則將上報厚恩，下顯祖考之明也。」見文選注。㊿范蠡不殉會稽之恥　范蠡，春秋越國大夫。越王句踐爲吳王夫差所敗，困於會稽山（今浙江紹興縣東南）。後七年，用范蠡計，遂破吳。是不殉恥而能復仇也。(51)曹沬不死三敗之辱　曹沬，春秋魯將，與齊三戰三敗。魯莊公懼，乃獻地以和。後魯與齊盟于柯，曹沬以匕首劫齊桓公於壇上，令還所侵地，桓公許之。是報魯國之羞也。(52)切　確實。殷切。(53)椎心　同搥心。謂悲痛之極，以手自搥其胸。(54)與　對待。(55)蕭樊囚縶　蕭，蕭何，爲民請上林苑，高祖怒，下廷尉，械繫之。樊，樊噲，高祖病甚，人有惡樊噲黨于呂后，欲以兵盡誅戚夫人、趙王如意之屬，高祖大怒，乃使陳平載絳侯周勃代將，卽軍中斬噲，陳平畏呂后，執噲詣長安，至則高祖已崩。囚縶，囚拘也。(56)韓彭葅醢　韓信、彭越，漢初功臣。信助高祖破項羽，定天下，封爲齊王、楚王，後爲呂后所殺。越封梁王，後被誣以謀反，夷其三族。葅醢，謂斬割成肉醬。(57)鼂錯受戮　鼂錯，漢景帝時任御史大夫，患諸侯強大，請削奪諸侯封地。後吳、楚七國反，以誅錯爲名，景帝遂殺錯以謝諸侯。(58)周魏見辜　周勃，平呂氏之亂，迎立漢文帝，拜右丞相。其後免相，有人告勃欲反，帝下詔廷尉捕治之，薄太后爲之言，始得赦免。竇嬰，漢景帝時，拜大將軍，平七國之亂，封魏其侯。武帝時，因其客灌夫罵丞相田蚡不敬，連坐棄市。辜，罪。(59)佐命　古稱創業之君，受天命而爲天子，其輔佐者謂之佐命。(60)賈誼亞夫之徒　賈誼，雒陽人，年少多才。漢文帝欲任以公卿之位，周勃、灌嬰、張相如、馮敬等人盡讒之，文帝遂疏之而不用，致使抑鬱以終。亞夫，周勃之子，封條侯，漢文帝時名將。景帝時，吳楚反，拜太尉；大破之，拜丞相。因與梁孝王有隙，孝王常言其短，終以病免相，又以其子之事，牽連下獄，嘔血而死。(61)命世　名高一世。命，名。(62)彼二子之遐舉　二子，謂賈誼亞夫。遐舉，遠去，卽不用之意。(63)先將軍　謂陵之祖父李廣。(64)貴臣　卽指衞青而言。(65)表　外。(66)單車之使　言從行者之少。(67)適萬乘之虜　適，往。萬乘，周制，天子地方千里，出兵車萬乘；後世因謂兵力強大者爲萬乘之國。稱敵人曰虜，蓋輕視之也。(68)遭時不遇四句　武奉使入匈奴，衞律欲武降。武謂屈節辱命，雖生何面目歸漢。引佩刀自刺。衞律驚，自抱持武。武氣絕，半日復蘇。乃徙武北海上無人處。流離，窮困轉徙。朔北，北方、塞外。(69)丁年　謂壯年。(70)皓首　白頭，謂年老。武留匈奴凡十九年，始以強壯出，及還，鬚髮盡白。(71)老母終堂　世謂母存曰在堂，卒曰終堂。終，死。堂，指北堂，古爲婦人住處。(72)生妻去帷　去帷，離開帷房，蓋婉言改嫁。(73)享茅土之薦受千乘之賞　皆謂封侯之事。尙書緯：「天子社：東方青，南方赤，西方白，北方黑，上冒（覆也）以黃土。將封諸侯，各取其方土，苴（藉也）以白茅，（授之，使歸國）以爲社。」薦，藉也。周制：諸侯大者有兵車千乘，故又稱諸侯爲千乘之國。(74)典屬國　官名，掌蠻夷降者。(75)萬戶侯　漢制：列侯大者食邑萬戶，小者五六百戶。(76)廊廟宰　謂朝廷大臣。(77)遠聽之臣　在遠方聽事之臣。(78)孤　負。(79)雖忠不烈視死如歸　言忠臣不必爲激烈之行，而亦能不愛其死也。陵蓋引昔人之言，以申己意。(80)誠　果眞，假設副詞。(81)稽顙　居喪時拜賓客之禮。拜時以額觸地也。(82)北闕　漢書高帝紀：「上至長安，蕭何治未央宮，立東闕、北闕、前殿、武庫、太倉。」注：「尙書奏事，謁見之徒，皆詣北闕。」闕，觀闕。(83)刀筆之吏　謂獄吏。(84)文墨　謂法律。(85)故人　指任立政、霍光、上官桀等。(86)胤子無恙　胤子，嗣子。武在匈奴時，娶胡婦，生子名通國，後歸漢。時尙在匈奴中，故陵告以無恙。無恙，平安之意。(87)復惠德音　惠，賜。德音，善言。(88)頓首　用頭叩地。書信結尾常用謙詞，猶今人用鞠躬。

【語譯】子卿足下：聽說您努力發揚美德，在這清平的時代裏，服務朝廷，得到了美好光榮的名譽，眞值得慶幸啊！託身僻遠的外國，這是前人所悲傷的事。想望風采，懷念老友，怎麼能不叫我懸念呢？從前承您不棄，老遠地回信給我，安慰教誨，親切誠懇，超過了自己的兄弟。我雖然愚魯，能夠不感動嗎？自從投降到現在，可說處身在窮途困境。一個人坐著，心裏眞是憂愁苦悶。整天看不到別的，見到的就只是異族。他們穿皮衣，住氈帳，來擋風避雨；吃羊肉，喝牛奶，來充飢解渴。擡起眼來，想談談笑笑，但是有誰能和我一同歡樂呢？胡地鋪著厚冰，邊土凍得裂開，只聽到悲風蕭條的聲音。到了涼秋九月，塞外的草兒衰枯了，夜裏睡不著，豎起耳朵遠聽：胡人的笳聲，此起彼落；牧放的馬，悲涼的嘶叫；吟叫嘯呼，成羣結隊；這種邊地的聲音，從四面響起，早晨起來，坐著聽了，不覺眼淚直下。唉！子卿！我豈是沒有心肝的人，怎能不悲傷呢？

和您分別以後，格外無聊。想起老母，臨老了，還被誅戮；妻子沒有罪，也被認爲不義，被殺死；自己辜負了國恩，爲世人所悲傷！您回國接受光榮，我留此忍受屈辱，這是命啊！有什麼可說的呢？我出身在講禮義的邦國，卻來到這野蠻無知的地方；違棄了君主和父母的恩德，長留在蠻夷的異域。眞悲傷啊！使先君的子孫，變成了戎狄的族人，更加重了自己的悲傷！功大罪小，卻不蒙主上的明察，辜負了我小小的報國的心意。每一次想到這裏，突然間就痛苦得好像忘記了自己的存在。我原不難刺心斷頸來表明自己的心迹志願，但是國家對於我，已經是恩斷義絕了，殺身沒有好處，只有增加羞辱，所以每每強自振作，忍受恥辱，苟且活命。左右的人，看到我這樣，拿一些不入耳的歡笑來勸慰我，哪曉得異國所認爲歡樂的事，只有叫人傷心，而更加悲痛罷了！

唉！子卿！人的相知，可貴的是了解彼此的心志。上一封信，匆匆寫成，沒有說盡我的意思，所以再大略地講一講。從前，先帝給我步兵五千人，出征遙遠的匈奴。五個將領迷路沒到，只有我遇到匈奴兵，和他們交戰。帶著糧餉度越萬里，領著徒步的士兵，出了大漢的國境，進入強胡的地方。用五千士兵，對十萬大軍；驅策疲乏的戰士，抵擋敵人精銳的騎兵。還能斬將奪旗，追逐奔逃敗走的敵人，像滅行跡、掃塵埃一樣地砍殺他們的勇將。使三軍的將士，都能視死如歸。我沒有才幹，難得擔當這樣重大的責任。自以爲這時的功勞，很少人能比得上了。

匈奴敗後，全國動員。再練精兵，數目超過十萬。單于到陣前，親自包圍。客軍和主軍的形勢，既不相當；步兵馬兵的實力，又相差很遠。疲憊的兵士再起來作戰，一個人抵擋一千人。然而還扶了傷，忍住痛，拚命作戰，爭先殺敵。死傷的人，積滿了荒野，剩下的不到一百人，而且都是有病在身，不能作戰的。可是當我振臂一呼，受傷的，有病的，個個起來，拿了刀去殺敵，胡人就騎著馬逃走了。到了兵器弓箭都損傷耗盡的時候，各人手裏連一點武器都沒有，連頭盔都砸爛了，還奮勇大叫，爭先恐後地上前。在這個時候，天地爲我震動發怒，戰士爲我流下血淚，單于認爲我終不會被俘，就想領兵回去；但是叛賊管敢教導他，因此使單于再次進攻，所以我終不能逃脫了。

從前，高皇帝領了三十萬大兵，被匈奴困在平城。當這時候，猛將多得像雲聚，謀臣多得像雨集；然而尚且七天沒有飯吃，僅僅得脫身而已。何況遇著像我這樣的情況，又那裏容易成功呢？而朝廷上那些辦事的人，卻議論紛紛。胡妄地拿不能死節來責備我，不錯，我的不能死節，當然是有罪；但是子卿看我，難道是偷生怕死的人嗎？那裏有叛離了君親，拋棄了妻子，反而去圖利的呢？那麼我的不死，原是想有所作為啊！就是像前封信所說的，報答君主的恩惠罷了。實在因為白白犧牲，不如建立名節；殞滅性命，不如報答國家的恩德。從前范蠡不在句踐被困會稽山時殉職，曹沫沒有為三次率領魯軍戰敗而死難，終於范蠡報復了句踐被困的怨讎，曹沫洗雪了魯國戰敗的恥辱。我小小的心願就是羨慕這種做法啊！那裏曉得志向還沒有達到，怨恨卻已經造成；計策尚未實現，骨肉卻已經遭受誅殺呢？這就是我要擡頭問天，搥胸痛哭的原因了。

您又說：「漢朝對待功臣不薄。」您是漢朝的臣子，怎能不這樣說呢？但是從前蕭何、樊噲被拘囚，韓信、彭越被剁成肉醬，鼂錯被殺，周勃、竇嬰被判罪。其他輔佐天子，建立功勞的人士，像賈誼、周亞夫的一流人物，都是眞正名高一世的人才，具有出將入相的才器，卻因受了小人的讒害，都遭受到禍患失敗的恥辱。終於使他們懷有才能卻遭受毀謗，空有能力抱負卻不能開展。像賈誼、亞夫的被廢不用，誰能不替他們痛心呢？我的先祖父，功勞才略籠罩了天地，義氣勇敢是三軍的第一，只因為失了權貴大臣的歡心，逼得自殺於絕遠的地方。這就是功臣、義士持戟長歎的原因了！怎麼說對待功臣不薄呢？

並且您從前帶了很少的隨從，出使到強大的虜國，時運不佳，竟至拔劍自殺，不顧性命，顛沛流離，辛辛苦苦，幾乎死在北海的荒野。壯年的時候受了使命出去，頭髮白了才回來。堂上的老母已經逝世，帷內的妻子也已經改嫁。這是天下很少聽見，古往今來所沒有的事。蠻貊夷狄的人，尚還稱贊您的節操，何況統治天下的君主呢？我以為您應當享分茅裂土的封爵，受千乘的獎賞，但是聽說您回去之後，賞賜不過兩百萬錢，位置不過典屬國，沒有尺土的封地，賞您的功勞。可是一般妨功勳、害賢能的臣子，都做了萬戶侯；皇親國戚，貪汚拍馬的，都做了朝廷的大臣。您尚且如此，我還有什麼指望呢？

並且漢家對於我的不曾死節，就嚴厲的誅罰；但是對於您的守節，卻薄薄的獎賞。這樣，要使在遠方聽到這消息的臣子，望風來歸，奔馳效命，實在是太難了！這就是我每次回想起來，卻不覺得後悔的原因。我雖然忘恩，漢朝也是背德。從前人有句話說：「雖然忠臣不一定要有激烈的行為，但是也都能夠在必要的時候不惜犧牲性命。」我如果眞能夠甘心死於王事，主上又怎見得念念不忘我呢？男兒生不能成名，死就葬身在蠻夷中吧！誰能夠再屈身磕頭，回向北闕，叫那些獄吏，賣弄他的文墨呢？願足下不要再希望我回去了！

唉！子卿！還有什麼可說的呢？相隔萬里，往來斷絕，道路不同。活著做另一個世界的人，死了做異地的鬼，永遠和您生離死別了！替我謝謝那些老朋友，勉力事奉聖君。令郎平安，不必掛念。希望您努力自愛！能常因北來的風記起我，再給我來信！李陵頓首。

【文章分析】 此篇選自昭明文選，爲書說類的古文。漢武帝天漢元年（西元前一〇〇年），蘇武出使匈奴，單于威脅他投降，不屈，被扣在北海地方牧羊。第二年，李陵率領步兵五千人出塞，與匈奴轉戰千里，結果力盡援絕而投降。李陵與蘇武原是好朋友，因此時常見面。蘇武在匈奴被留了十九年，到了漢昭帝始元六年（西元前八一年），漢與匈奴和親，才得釋放回國。這封信是在蘇武回國得官後，李陵寫給他的，說明不能歸漢的原因，在於大丈夫不能再次受辱。

全信共可分爲九段：一、二兩段寫流落異國的淒苦。前段描述胡地的民情、風俗、景象、人物，與中國不同，處處令遊子傷懷；後段說作者個人遭遇的慘痛，思國、思君、念母、念妻，想朋友、想自己，在在使作者悲憤。三段寫以少數兵力，對抗匈奴大軍，還能建立大功。四段寫戰鬥的慘烈，以及投降的不得已。五段寫作者的沒有立即爲國效死，在於想以更好的方法報效國家，沒有想到竟然不獲朝廷的諒解，作者思之，更加悲痛不已了。六段責備漢朝廷對待功臣刻薄寡恩。七段寫以蘇武的犧牲之大，建功之高，而朝廷所賞報的，賜不過二百萬，位不過典屬國，不由作者不問出「子尚如此，陵復何望」的話了。八段以堅決的語氣，表示不再歸國受辱。就行文來說，經過了前面七段文字的申述、推展，可以說是「水到渠成」，自是非如此不可的了；但就作者個人來說，這是一個血淚的決定，也是一個絕望的宣告。最後一段以溫語相慰作結。

李陵的遭遇是令人同情的，但造成這樣悲慘的結果，他自己不能說毫無責任。孔子說：「大德不踰閑。」這話是值得李陵再思三思的。

到底這封信是不是李陵寫的？自來有許多說法。劉知幾史通卷十八雜說下篇說：「李陵集，有與蘇武書，詞采壯麗，音句流靡。觀其文體，不類西漢人，殆後來所爲，假稱陵作也。遷史缺而不載，良有以焉；編於李集中，斯爲謬矣。」東坡詩話補遺以爲「齊梁間文士擬作者。」王峻說：「子瞻疑此書，出齊梁人手，恐亦強坐。江文通上建平王書，已用『少卿搥心』之語，豈以時流語作典故哉？當是漢季、晉初人擬爲之。」但是，拋開考據不論，只就文章而言，這是一封情辭懇摯，感人肺腑的書信。

尚德緩刑書

路溫舒

昭帝❶崩，昌邑王賀廢❷，宣帝❸初即位，溫舒上書，言宜尚德緩刑。其辭曰：

「臣聞齊有無知之禍，而桓公以興❹；晉有驪姬之難，而文公用伯❺。近世趙王❻不終，諸呂作難❼，而孝文爲太宗❽。繇是觀之，禍亂之作，將以開聖人也！故桓文扶微興壞，尊文武之業，澤加百姓，功潤諸侯，雖不及三王，天下歸仁焉。文帝永思至德，以承天心，崇仁義，省刑罰，通關梁❾，一遠近❿，敬賢如大賓⓫，愛民如赤子⓬，內恕⓭情之所安，而施之於海內，是以囹圄⓮空虛，天下太平。夫繼變化之後，必有異舊之恩，此賢聖所以昭天命也。往者昭帝即世⓯而無嗣，大臣憂戚，焦心合謀，皆以昌邑尊親，援而立之。然天不授命，淫亂其心，遂以自亡。深察禍變之故，迺皇天之所以開至聖也。故大將軍受命武帝⓰，股肱⓱漢國，披⓲肝膽，決大計，黜亡⓳義，立有德，輔天而行，然後宗廟以安，天下咸寧。臣聞春秋正即位⓴，大一統而慎始也。陛下初登至尊㉑，與天合符，宜改前世之失，正始受命之統，滌煩文㉒，除民疾，存亡繼絕㉓，以應天意。

臣聞秦有十失㉔，其一尚存，治獄之吏是也。秦之時，羞文學，好武勇，賤仁義之士，貴治獄之吏；正言者謂之誹謗，遏㉕過者謂之妖言。故盛服先生，不用於世；忠良切言，皆鬱於胸；譽諛之聲，日滿於耳；虛美熏心，實禍蔽塞。此乃秦之所以亡天下也！方今天下賴陛下恩厚，亡金革之危，飢寒之患，父子夫妻勠力㉖安家，然太平未洽者，獄亂之也！夫獄者，天下之大命也。死者不可復生，絕㉗者不可復屬㉘。書曰：『與其殺不辜，寧失不經㉙。』今治獄吏則不然，上下相敺㉚，以刻為明；深者獲公名，平者多後患。故治獄之吏皆欲人死。非憎人也；自安之道，在人之死。是以死人之血流離於市，被刑之徒比肩而立，大辟㉛之計，歲以萬數，此仁聖之所以傷也。太平之未洽，凡以此也。

夫人情安則樂生，痛則思死。棰楚㉜之下，何求而不得？故囚人不勝痛，則飾辭以視㉝之；吏治者利其然，則指道以明之；上奏畏卻㉞，則鍛練而周內㉟之。蓋奏當㊱之成，雖咎繇㊲聽之，猶以為死有餘辜。何則？成練者眾㊳，文致之罪明㊴也。是以獄吏專為深刻，殘賊而亡極，媮㊵為一切，不顧國患，此世之大賊也。故俗語曰：『畫地為獄，議不入；刻木為吏，期不對㊶。』此皆疾吏之風，悲痛之辭也。故天下之患，莫深於獄；敗法亂正，離親塞道，莫甚乎治獄之吏。此所謂一尚存者也。

臣聞烏鳶㊷之卵不毀，而後鳳凰集；誹謗之罪不誅，而後良言進。故古人有言：『山藪㊸藏疾㊹，川澤納汙，瑾瑜㊺匿惡，國君含詬。』唯陛下除誹謗以招切言，開天下之口，廣箴諫之路，埽亡秦之失，尊文武之德，省法制，寬刑罰，以廢治獄，則太平之風可興於世，永履和樂，與天亡極，天下幸甚。」上善其言。

【作者】路溫舒，漢鉅鹿（今河北平鄉縣）人。字長君。年輕時，家裏很窮，放羊為生。但是他不因此荒廢讀書，常常編蒲學習寫字。長大以後，學習律令，又研究春秋，很有成績。昭帝時，做過廷尉史。宣帝時，做過臨淮太守。

【註釋】❶昭帝　漢武帝子，名弗陵。❷昌邑王賀廢　漢昭帝崩，無嗣，迎立昌邑王賀即位。後行淫亂，大將軍霍光，率羣臣白太后廢之。賀，昌邑哀王髆之子，武帝之孫。❸宣帝　武帝子戾太子之孫，名病已。❹齊有無知之禍二句　春秋時，齊襄公為公子無知所殺，雍廩復殺無知，齊國大亂。襄公弟小白自莒入立，是為桓公，竟霸諸侯。❺晉有驪姬之難二句　春秋時，晉獻公信驪姬之讒，殺世子申生，逐公子重耳、夷吾，而立驪姬之子奚齊、卓子。獻公卒，二人先後為里克所殺，夷吾入立，是為惠公。夷吾死，子圉嗣，是為懷公。秦人納重耳，重耳殺懷公而入立，是為文公，遂霸諸侯。❻趙王　戚夫人生，名如意，為呂后所害。❼諸呂作難　呂產、呂祿，呂后封之為王。兵權歸之，欲危劉氏，諸大臣共謀誅之。迎立代王劉恆，是為孝文帝。❽孝文為太宗　景帝時，丞相申屠嘉等奏，高皇帝宜為太祖之廟，孝文皇帝宜為太宗之廟。❾通關梁　謂遇關市橋梁，只稽查而不征稅，乃王政之一也。❿一遠近　謂待遠近之人如一也。⓫大賓　古鄉飲酒禮舉齒德兼優者一人為賓，俗稱大賓。⓬赤子　嬰兒。⓭恕　推想。⓮囹圄　與囹圉同，牢獄名。⓯即世　逝世。⓰大將軍受命武帝　大將軍，謂霍光。武帝遊五柞宮病篤，命霍光立昭帝，行周公事。⓱股肱　喻君之卿佐，即輔助之義。⓲披　開、發、露。⓳亡　通無。⓴春秋正即位　春秋之法，君被弒而繼其位，不言即位，蓋求繼位必得之於正。㉑至尊　謂天子。㉒煩文　謂苛法。㉓存亡繼絕　謂使亡者存之，絕者繼之。㉔十失　廢封建、築長城、鑄金人、造阿房、焚書、坑儒、營驪山之冢、求不死之藥、使太子監軍、用治獄之吏。㉕遏　止。㉖勠力　努力。㉗

古絕字。㉘屬　連續。㉙書曰三句　爲僞古文尚書虞書大禹謨所載咎繇之言（按左傳襄公二十六年引此文，云「夏書曰」，未指明篇名）。辜，罪惡。不經，指不合常法。意謂人命至重，治獄宜愼，寧失之於不合常法，而不濫殺無罪之人，所以崇尙寬恕。㉚毆　古驅字。㉛大辟　死刑。㉜棰楚　與箠楚同，亦作捶楚，杖刑。㉝視　通示。㉞畏卻　畏爲上所批駁卻退。㉟鍛鍊而周內　冶金使精熟曰鍛鍊，此謂深文之吏，巧入人罪，猶工冶金使之成熟。周內，謂多方組織以成其罪。㊱奏當　進奏判決的結果。㊲咎繇　卽臯陶，舜臣，善聽獄訟，故以爲喩。㊳成練者衆　謂揑造之犯罪理由甚爲周備。㊴文致之罪明　謂入人於罪，而文飾之辭甚爲詳明。㊵媮　苟且。㊶畫地爲獄四句　意謂雖畫地爲獄，刻木爲吏，罪人亦不肯入對質證，況眞實者乎？期，猶必。㊷鳶　鷙鳥，狀如鷹。㊸藪　大澤。㊹藏疾　謂藏毒害。㊺瑾瑜　美玉。

【語　譯】昭帝死後，昌邑王賀也被廢免了，宣帝初卽位，路溫舒上了一道奏章，說應當崇尙德行，輕緩刑罰。他的奏章說：

「臣聽說齊國有公孫無知的禍患，桓公卻因此興起；晉國有驪姬的災難，文公卻因此稱霸；近代的趙王不得善終，呂產、呂祿等作亂，孝文皇帝卻因此被尊爲太宗。照這樣看來，禍亂的發生，是用來開啟聖人的呢！所以桓公文公扶助微弱，興起亡國，尊尙文王武王的法度，把德澤施給百姓，恩惠潤及諸侯，雖然比不上三王，然而天下的人都歸附了。文帝常常想著美好的德行，用以承接天心，崇尙仁義，減省刑罰，通暢關梁道路，遠近人民同樣看待，尊敬賢人如同對待大賓，愛護人民如同寶貝嬰兒，自身設想覺得心安的，才推行到天下人民身上，所以牢獄空虛，天下太平。那些在變亂之後繼承王位的，一定有異於舊時的恩惠，這便是聖賢用以章明天命的了。以前昭帝死了，沒有兒子，大臣憂戚焦心，共同計謀，都以爲昌邑王尊貴親近，援例立他。可是上天不肯授命，淫亂他的心，因此自取滅亡。臣深入觀察禍患變亂的緣故，實在是皇天用以開啟至聖的啊！故大將軍霍光受了武帝的遺命，輔助漢朝，披露肝膽，決定大計，廢除無義的暴君，立有德的聖君，依順天道行事，然後宗室因此安定，天下都得安寧。臣聽說春秋主張君主繼位一定要出於正道，這是重視一統和小心謹愼於開始啊！陛下初登天子的尊位，和天道符合，應當改正前代的錯誤，校正方才受命的大統，洗滌苛法，爲民除害，使亡國復興，絕祀繼存，來順應天意。

臣聽說秦朝有十種失策，其中的一種還存在，就是治獄的官吏。秦的時候，輕視文學，喜歡勇武，輕賤仁義的士人，貴重治獄的官吏；正言的人，說他誹謗；止過的人，說他妖言。所以極力佩服先王的人，沒有服務社會的機會；忠良懇切的言論，都悶在心裏不能夠發出來；稱讚諂諛的聲音，天天充滿了耳朵；虛榮華美的話，熏滿心中，實在可以消滅禍亂的建議卻受到蔽塞；這就是秦朝被滅亡失掉天下的原因啊！現在天下，靠了陛下的厚恩，沒有戰爭的危險，飢寒的患難，父子夫妻，努力安家，可是並沒有十分太平和洽，究其原因，是受了刑獄擾亂啊！那刑獄，是天下人寄託生命的地方。死的不能夠再生，斷絕的不能夠再連續。書經上說：『與其誤殺沒有罪的人，寧可失之於寬縱而不合常法。』現在治獄的官吏卻不是這樣。上下相效，把峻密刻薄當作明察。峻密刻薄的獲得了公平的名譽，眞正公平的人反多後患。所以治獄的官吏，都要人死。並不是仇恨人，因爲他們保全自己的方法，就在定人的死罪。所以死人的血，街道上流滿了；受刑的人，一個挨著一個；被刑殺的人，每年要用萬數計算。這就是仁德的聖人悲傷的緣故了。天下不能太平和洽，都是這個原因。

人的本性，平安的話便喜歡活著；痛苦時便想尋死。在鞭子木棍的脅迫下，有什麼口供求不到呢？所以犯人在受不了痛苦時，便僞供以求解脫；審獄的官吏利用這個道理，便牽引法律來證實他的罪；上奏的時候，恐怕被批駁，便巧妙的設辭，多方面引用有利的法律條文，曲折周至地，把人定罪。大約判決書奏上去，就是臯陶聽了，也以爲死有餘辜。這是什麼道理呢？因爲揑造的犯罪理由非常的周備，而掩飾的文辭又十分的巧妙詳細啊！所以獄吏專講峻密刻薄，殘害無辜，沒有止境，一切事都苟且妄作，不顧國家的患難，這是世上的大害。俗語說：『雖然是畫地爲牢，也不肯進去；雖然是刻木爲吏，也不肯對質。』這都是痛恨獄吏的風氣，悲痛的言語啊！所以天下的憂患，沒有比牢獄更深；破壞法律，擾亂正道，離間親近，閉塞道義，沒有比治獄的官吏更厲害的了。這便是所謂秦朝遺留下來的一件苛政。

臣聽說烏鳶的卵不毀壞，然後鳳凰聚集；誹謗的罪不誅殺，然後忠良的言論進諫。所以古人有句話說：『高山大澤藏匿毒害，川澤容納汚穢，美玉藏著瑕點，國君包容辱罵。』但願陛下除去誹謗的罪名，藉此招求懇切的言論。開天下人的口，廣大規戒諫勸的路。掃除亡秦的苛政，尊尙文王武王的德行。減省法制，寬舒刑罰，以廢除治獄的官吏。那麼太平的景象，可以充滿社會。永遠踏在和平快樂境地，和老天一樣，沒有窮盡。天下人民就非常幸福了。」皇帝以爲他的建議很好。

【文章分析】本篇選自漢書路溫舒傳，爲奏議類的古文。

漢高祖入關，和人民約法三章，把秦朝的嚴刑峻法一概廢除，人民大喜。漢文帝施政，也以仁孝寬厚爲主；但到了景帝、武帝以後，刑法漸漸煩苛，一般所謂能吏幹員，都以刻薄寡恩，妄殺擅磔為能事，人民的性命一點保障都沒有了。孔子說：「用法制政令來治理人民，用刑罰來整飭齊一人民的行動，人民只知道避免觸犯刑罰，而沒有羞恥的心理；如果用道德來引導人民，用禮制來整飭齊一人民的行動，人民便知道羞恥，且能改邪歸正。」（見論語為政篇）這就是說：治理人民不能單靠刑政，要著重道德禮教的感化。作者此疏，主張「尚德緩刑」，正是這個意思。

全文共分四段：第一段建議宣帝廢除苛法，解救人民的困苦。第二段說天下的不能太平和洽，實在是由於刑獄的敗壞。第三段敘獄吏殘刻的可畏可怕。第四段希望宣帝減省法制，寬舒刑罰，使社會太平，人民安樂。

全文深切悲痛，作者深厚的同情心，充滿在字裏行間。

報孫會宗書

楊惲

惲既失爵位，家居治產業，起室宅，以財自娛。歲餘，其友人安定太守西河孫會宗❶，知略士也，與惲書諫戒之。為言大臣廢退，當闔門惶懼，為可憐之意，不當治產業，通賓客，有稱譽。惲，宰相子，少顯朝廷，一朝晻昧❷，語言見廢，內懷不服，報會宗書曰：

「惲材朽行穢，文質無所底❸。幸賴先人餘業，得備宿衛❹。遭遇時變❺，以獲爵位。終非其任，卒與禍會。足下哀其愚蒙❻，賜書教督❼以所不及，殷勤❽甚厚。然竊恨足下不深惟❾其終始，而猥隨俗之毀譽❿也。言鄙陋之愚心，若逆指而文過⓫；默而息乎，恐違孔氏各言爾志⑫之義。故敢略陳其愚，唯⑬君子察焉！

惲家方隆盛時，乘朱輪⑭者十人，位在列卿⑮，爵爲通侯，總領從官⑯，與聞政事。曾不能以此時有所建明⑰，以宣德化；又不能與羣僚⑱同心幷力，陪輔朝廷之遺忘⑲，已負竊位素餐⑳之責久矣。懷祿貪勢，不能自退，遭遇變故，橫被口語㉑，身幽北闕㉒，妻子滿獄。當此之時，自以夷滅不足以塞責㉓，豈意得全首領，復奉先人之丘墓㉔乎！

伏惟㉕聖主之恩，不可勝量。君子游道，樂以忘憂；小人全軀，說以忘罪。竊自思念，過已大矣，行已虧矣，長爲農夫以沒世矣！是故身率妻子，戮力耕桑，灌園治產，以給公上㉖。不意當復用此㉗爲譏議也。夫人情所不能止者，聖人弗禁。故君父至尊親，送其終也，有時而既㉘。臣之得罪，已三年矣！田家作苦，歲時伏臘㉙，亨羊炰羔㉚，斗酒自勞。家本秦也，能爲秦聲。婦，趙女也，雅㉛善鼓瑟。奴婢歌者數人。酒後耳熱，仰天拊缶㉜，而呼烏烏。其詩曰：『田㉝彼南山，蕪穢不治。種一頃㉞豆，落而爲萁㉟。人生行樂耳，須㊱富貴何時！』是日也，拂衣㊲而喜，奮褎低卬㊳，頓足起舞。誠淫荒無度，不知其不可也。

惲幸有餘祿，方糴㊴賤販貴，逐什一之利。此賈豎㊵之事，汙辱之處，惲親行之。下流之人，眾毀所歸㊶，不寒而栗。雖雅知惲者，猶隨風而靡㊷，尚何稱譽之有？董生㊸不云乎：『明明㊹求仁義，常恐不能化民者，卿大夫意也；明明求財利，常恐困乏者，庶人之事也。』故道不同，不相為謀㊺。今子尚安得以卿大夫之制而責僕哉？

夫西河魏土㊻，文侯㊼所興，有段干木、田子方㊽之遺風，漂然㊾皆有節槩㊿，知去就之分51。頃者，足下離舊土，臨安定52，安定山谷之間，昆戎53舊壤，子弟貪鄙，豈習俗之移人哉？於今迺睹子之志矣。方當盛漢之隆，願勉旃54，毋多談。」

【作者】楊惲，字子幼，漢華陰（今陝西華陰縣）人。他的父親楊敞，做過昭帝時的丞相，又曾經擁立宣帝。他的母親，是大史學家司馬遷的女兒。宣帝地節四年（西元前六六年），因為密告霍氏謀反有功，被封為平通侯，升官中郎將。神爵初年，又擢升為九卿之一的光祿勳。宣帝五鳳二年（西元前五六年），因為他和太僕戴長樂不合，互相攻擊，被廢為平民。後來又有人告他「驕奢不悔過」，五鳳四年（西元前五四年），被腰斬，妻子流放酒泉郡。

【註釋】❶安定太守西河孫會宗　安定，漢郡名，今甘肅固原縣其舊治也。太守，官名，秩二千石。西河，漢郡名，今山西西北部及綏遠省南隅皆其地，在河套間，有三十六縣。孫會宗，楊惲之友，時為安定太守。❷晻昧　昏昧不明。❸文質無所底　文謂華美文采。質謂樸實本質。底，俗本作底，今據樸書顏師古注及說文「厎」字段玉裁注從文選作厎，訓致，成也。❹得備宿衞　備，備位，意謂僅備於官位，未能盡職，謙辭也。宿衞，直宿禁闥，當警衞之任也。得備宿衞，言在宿衞之官中，能虛佔一位置。❺時變　指霍光子禹及侄山、雲等謀反事。❻愚憃　無知。❼教督　教訓指正。❽殷勤　關心周到之意。❾惟　思。❿猥隨俗之毀譽　猥，曲。言曲從流俗之毀譽。⓫若逆指而文過　指，意。謂逆會宗之意旨，而文飾自己之過失。⓬各言爾志　論語公冶長：「顏淵季路侍。子曰：盍各言爾志。」⓭唯　命令副詞，表希望時用之。⑭朱輪　貴者所乘之車。⑮位在列卿　漢以太常、光祿勳、衞尉、太僕、廷尉、大鴻臚、宗正、大司農、少府爲九卿，惲曾任光祿勳。⑯總領從官　惲曾官中郎將、光祿勳，所領皆宿衞士，故曰總領從官。柏梁詩光祿勳曰：「總領從官柏梁臺。」⑰建明　建議表白。⑱僚　同官。⑲陪輔朝廷之遺忘　陪，助。輔，正。遺忘，謂缺失。言又不與羣僚同心并力，輔助匡正朝廷遺忘缺失之事。⑳竊位素餐　竊，偷。素，空。言不能宣化補遺，是偷安官位，空食天子之祿。㉑橫被口語　橫，不順理也。口語，指戴長樂所告發。㉒身幽北闕　幽，囚。謂惲囚于北闕，不在常禁之所。㉓自以夷滅不足以塞責　夷，滅。滅，絕。塞，補。自以爲滅絕宗族不足以補償罪責。㉔復奉先人之丘墓　言幸免誅戮，復得奉祀先人墳墓。㉕伏惟　言俯伏而思惟，謙敬之詞。㉖給公上　充公家之賦斂也。㉗用此　因此。㉘送其終也有時而既　終，死。既，盡。言送死之哀，有時而盡，隱喻臣之見逐，其罪亦有時而盡也。㉙伏臘　夏伏，多臘，兩祭名。㉚炰羔　炰，同炮，裹物而燒也。羔，小羊。㉛雅　甚。㉜拊缶　拊，擊。缶，瓦器，秦人擊之以節歌。㉝田　音佃，墾耕也。㉞一頃　百畝。㉟落而爲萁　萁，豆莖。言豆落只餘莖也。㊱須　待。㊲拂衣　提衣。㊳奮褎低卬　奮，舉。褎，古袖字。言舉袖高低揮舞也。㊴糴　買穀。㊵賈豎　猶言卑賤之商人，詆辱之詞。㊶下流之人衆毀所歸　論語子張：「紂之不善，不如是之甚也。是以君子惡居下流，天下之惡皆歸焉。」㊷隨風而靡　靡，披靡。言隨風之吹而偃伏，以喻雖深知惲者，亦逐衆議皆相毀也。㊸董生　即董仲舒。㊹明明　即黽黽，努力之意。㊺道不同不相爲謀　見論語衞靈公篇。此言己爲庶人，會宗爲官，地位既異，行徑難同。㊻西河魏土　西河，今陝西大荔縣一帶，因在黃河之西，故名，戰國時屬魏。春秋時，子夏居西河，戰國時吳起爲西河守，皆即此。㊼文侯　魏文侯，名斯。曾受經藝於子夏，客遇段干木，師事田子方。㊽段干木田子方　段干木，晉人，守道不仕。魏文侯欲見，造其門，干木踰牆避之。文侯以客禮待之，過其閭必軾。又請爲相，不肯。後卑己固請見，與語，文侯立倦不敢息。田子方，魏人，賢者，魏文侯師事之。㊾漂然　高遠意。㊿有節槩　言有節有度，能有所不爲，即有節操也。(51)去就之分　去就，去留。分，分際。(52)臨安定　安定，漢郡，即今甘肅舊平涼府及固原州、涇州之地。時會宗爲安定太守。(53)昆戎　西戎。(54)旃　之。

【語　譯】楊惲失去爵位以後，住在家裏，治理產業，建造房屋，用錢財來行樂。過了一年多，他的朋友安定太守孫會宗——西河人，是一個有知識有謀略的士人——寫信勸諫規戒他。向他說當大臣被廢退的時候，應該閉門思過，萬分恐懼，做出令人憐憫的樣子，不該治理產業，交遊賓客，受人家的稱讚。楊惲本來是丞相的兒子，少年得志，在朝廷做大官，一朝失時，因爲偶語流言而被治罪，心裏很不服氣，回信給孫會宗說：

「我的才能低劣，行爲卑汚，外表和內德，都沒有什麼成就。幸而靠了先人的餘蔭，做了皇帝的侍衞官。遇到霍氏的變亂，因而得到平通侯的爵位。終於不能勝任，到底遭到了禍患。您哀憐我的愚昧，寫信來教訓指正我的錯誤，您的殷勤照顧太深厚了。可是我私底下卻深憾您不深思事情的始末，而只是跟著流俗說好說壞。如果向您表白我鄙陋的心情，就像反駁您的意見，掩飾自己的錯誤；要是沈默不說呢，恐怕不合孔子所說的『各言爾志』的道理。所以不得不簡略敍述一下我的愚見，希望您能加以明察！

我家在隆盛的時候，坐朱輪車的有十個人。我自己做光祿勳，官位是九卿之一，爵位是通侯。總管侍從人員，參與政事討論。卻不能在這時候有所建議表白，來宣揚德化；又不能和同朝的官員們，同心合力，輔助匡正朝廷上顧不到的事，早就受到白做官，吃糧不管事的指責了。貪戀祿位權勢，不能自動引退。遭到了變故，橫受人家的告發，被囚禁在北闕，妻子兒女也下了監獄。在這個時候，自以爲絕滅家族都不能補償罪責，那裏料到還能保全性命，仍舊奉祀先人的墳墓呢！

我低頭想，聖主的恩澤，實在深厚無窮。君子游在道義中，快樂得忘了憂患；小人保全了性命，也高興得忘了罪過。我私下想：罪過已經是太大了，行爲已經是虧缺了，只有長遠做農夫了結這一輩子了！所以率領了妻子兒女，努力耕田種桑，灌溉田園，治理產業，用來繳納賦稅。沒有料到又因此招來譏笑批評！那人情所不能阻遏的事，聖人也不禁止。所以像君是至尊，父是至親，但對君父的送喪之禮，也有終止的期限。我的得罪已經三年了！田家的工作很辛苦，到了夏天冬天的伏臘二祭，便燒羹了大羊小羊，預備斗酒，慰勞一下自己。我家本是西秦人，能夠演唱西秦的音樂。妻是河北女子，很會彈瑟。奴婢中會唱歌的也有幾個。每當酒後耳熱，我仰頭對著天，手敲著瓦盆，嘴裏就烏烏唱起歌來。歌詞是：『種田在那南山下，荒蕪不去治理。上百畝的豆子，豆莢落光了，只賸下豆桿。人生在世，不過行樂罷了，等待富貴到何年何月呢！』在這種日子，快樂地提起衣服，高低揮舞著袖子，頓著腳跳舞。實在淫泆荒唐得沒有譜兒，一時忘了禁忌。

我幸運還有剩餘的俸錢，方才賤買貴賣，追求十分之一的利潤。這種卑賤商人的事情，汚濁可羞的地方，我都親自去做。下流的人，原是大家批評的目標，眞叫人不寒而慄。就是平素很知道我的，尙且隨風倒似的附和譏評，還有什麼可以稱讚的名譽呢？董仲舒不是說過嗎：『努力求仁義，常恐怕不能教化老百姓的，這是卿大夫的用心啊；努力求財利，常恐怕窮困缺乏的，這是平民做的事情啊！』所以走的路不同，就不互相商量謀畫。現在您怎能夠還拿卿大夫的法度，來責備我這平民呢？

西河原是戰國時候的魏地，魏文侯是在這裏興盛起來的。有段干木、田子方的遺風，當地人都是意態高遠而有節操，知道應去應留的分際。現在您離開了故鄉，到安定郡；安定的山谷裏，本是西戎的舊地，子弟們都是貪婪鄙陋的。難道是習慣風俗把人改變了嗎？現在我才看出您的志向了。如今正當漢朝隆盛的時期，願您多多自勉，不要多說空話了！」

【文章分析】本篇選自漢書楊惲傳，為書說類的古文。

楊惲出身官宦世家，父親做過丞相，自己為朝廷立過大功，因此做了高官，少年得志，免不了年輕氣盛。加上他的性情刻薄，喜歡譏貶是非，揭人陰私，所以結怨多人。後來被人告發，廢為平民，心裏自然是不甘願的，言行也不肯檢束。他的朋友孫會宗寫信勸告他，他不但不接受，反而回信大發牢騷，這眞是良藥苦口，忠言逆耳了。

楊惲是司馬遷的外孫，因此文字頗受史記的影響。本文筆勢勁悍，言辭鋒利，很像太史公報任少卿書。但是辭氣怨激，語多陰損，有失忠厚，給人一種強詞奪理，徒逞口舌的感覺。終於被人告以「驕奢不悔過」，引來殺身之禍，也可說是咎由自取了。

全文共分五段：第一段說不能不辯白的理由。第二段說由於自己名高爵顯，所以招來讒忌，以致免官被囚。第三段說得罪家居，在耕桑的閒暇，以歌酒自娛，並不知道是不可以的呢。第四段說自己已經被廢為平民，會宗豈可再以大夫的法度來責備他呢。第五段反譏孫會宗的鄙陋。

臨淄勞耿弇

漢光武帝

車駕至臨淄❶，自勞軍，羣臣大會。帝謂弇❷曰：

「昔韓信破歷下❸以開基，今將軍攻祝阿❹以發迹，此皆齊之西界，功足相方。而韓信襲擊已降，將軍獨拔勍敵，其功乃難於信也。又田橫❺亨酈生❻，及田橫降，高帝詔衛尉不聽爲仇❼。張步❽前亦殺伏隆❾，若步來歸命，吾當詔大司徒❿釋其怨，又事尤相類也。將軍前在南陽⓫，建此大策，常以爲落落難合，有志者事竟成也。」

【作者】漢光武帝，東漢開國的君主。他是漢高祖的九世孫。姓劉，名秀，字文叔。

【註釋】❶臨淄　縣名，卽今山東臨淄縣。❷弇　耿弇，東漢茂陵人。❸歷下　故城在今山東歷城縣治西。❹祝阿　或作祝柯。故城在今山東長清縣東北。❺田橫　秦人。本齊王田氏族。韓信既破齊王，田橫遂自立爲齊王。漢滅項羽，橫與其徒屬五百人，亡入海島中。高祖使人招之曰：「橫來，大者王，小者侯；不來，且舉兵加誅。」橫因與二客詣洛陽，未至三十里，曰：「始與漢南面，今奈何北面事之。」遂自殺。❻酈生　酈食其也。漢高陽人，沛公至高陽，食其獻計下陳留，嘗爲說客說齊，憑軾下齊七十餘城。及韓信攻齊，齊王以食其賣己，遂烹之。❼高帝詔衞尉不聽爲仇　衞尉，食其弟酈商也。高帝恐商與田橫爲仇，詔酈商曰：「橫卽至，敢動者族之。」❽張步　琅邪人。字文公。光武初起，步擁衆據本部，光武遣伏隆拜步爲東萊太守，步殺隆，爲耿弇所敗，降漢，封安丘侯。旋欲招其衆入海，琅邪太守陳俊擊斬之。❾伏隆　湛子。字伯文。光武時張步據齊地，隆爲大中大夫，移檄告以順逆，青齊羣盜皆降，步遣使隨隆詣闕下，光武拜隆光祿大夫，遣使於步，步欲自王，留隆共守二州，隆不從，爲步所殺。❿大司徒　伏隆之父湛也。字惠公。⓫南陽　指春陵，故城在今湖北棗陽縣東。

【語譯】光武帝的車駕到了臨淄，親自慰勞三軍，大會羣臣。皇帝對耿弇說：

「從前韓信攻破了歷下，奠定了漢室的基礎；現在將軍攻下了祝阿，開展了中興的大業。這都是從前齊國的西界，功勞足以相等。但是韓信襲擊已經投降的敵人，將軍獨自攻克強大的勁旅，這功勞比起韓信的又更加大了。

齊王田橫因爲受了酈食其的欺騙，把他烹殺，等到田橫投降的時候，高皇帝下詔食其的弟弟酈商，不准他向田橫尋仇。張步以前也殺過伏隆，假若他來投降的話，我也當下詔給大司徒伏湛，叫他放棄報仇。這又是非常相似的事情了。將軍以前在南陽，建立這偉大的計策，常以為志氣太大，恐怕疏闊得難以成功。現在才曉得有志氣的，事情畢竟會成功啊！」

【文章分析】此篇選自後漢書耿弇傳，為詔令類的文章。言語溫厚，器度恢弘。史言光武帝是一位仁厚的君主，觀此數語，可見大概。吳楚材評論說：「前一段表弇之功，末一段嘉弇之志，中間將自己處張步，與高帝處田橫，比方一番，以勸步歸誠之意。英主作用，全在此數語。」

誡兄子嚴敦書

馬援

援兄子嚴、敦❶，並喜譏議，而通輕俠客❷。援前在交趾❸，還書誡之曰：

「吾欲汝曹❹聞人過失，如聞父母之名，耳可得聞，口不可得言也。好論議人長短，妄是非正法❺，此吾所大惡也，寧死不願聞子孫有此行也。汝曹知吾惡之甚矣，所以復言者，施衿結褵❻，申父母之戒，欲使汝曹不忘之耳！

龍伯高❼敦厚周慎，口無擇言❽，謙約節儉，廉公有威❾。吾愛之重之，願汝曹效之。杜季良❿豪俠好義，憂人之憂，樂人之樂，清濁無所失⓫；父喪致客，數郡畢至。吾愛之重之，不願汝曹效也。效伯高不得，猶為謹敕之士，所謂刻鵠不成，尚類鶩⓬者也。效季良不得，陷為天下輕薄子，所謂畫虎不成，反類狗者也。訖今季良尚未可知，郡將下車

⑬輒切齒，州郡以爲言，吾常爲寒心，是以不願子孫效也。」

【作者】馬援，字文淵，東漢扶風茂林（在今陝西省興平縣東北）人。事奉光武帝，消滅隗囂；又奉命出征先零羌，肅清隴右；平定交趾，豎立了銅柱表功而回，威震南疆。拜伏波將軍，封新息侯。曾經說：「大丈夫爲志，窮當益堅，老當益壯。」又說：「男兒要當死於邊野，以馬革裹尸還葬，何能臥牀上在兒女子手中邪？」後五溪蠻造反，馬援以六十二歲高齡自動請命率兵征討，病死於軍中。

【註釋】❶嚴敦　援二姪名。❷輕俠客　謂輕薄之人。❸交趾　地名。漢置交趾郡，即今安南北部之東京州。❹曹輩。❺是非正法　謂譏刺時政也。❻施衿結褵　衿，佩帶。褵，香囊。古代婚禮時，母親爲所嫁之女整理佩帶，結香囊，並申誡之。❼龍伯高　名述，京兆人，爲山都長。❽口無擇言　語出孝經。謂不喜譏議也。蓋以所言皆善，故無可選擇也。❾廉公有威　廉明公正而有威嚴也。❿杜季良　名保，京兆人，爲越騎司馬。⓫清濁無所失　清濁指善惡。謂所交者，善惡皆有，而能得其宜也。⓬刻鵠不成尚類鶩　鵠，鳥名，似雁而大，俗名天鵝。鶩，野鴨。⓭下車　謂官吏初到任。

【語譯】馬援的姪子馬嚴、馬敦，都喜歡譏刺議論別人，又常和一些輕薄之徒來往。馬援從前在交趾的時候，曾經寫信訓誡他們說：

「我希望你們聽到別人的過失，如同聽到自己父母的名字，耳朵可以聽，嘴巴卻不可以說。喜歡議論別人的好壞，隨便批評當時的政治，這是我最最厭惡的事。寧願死，也不願意聽到子孫有這樣的行爲。你們已經知道我平時很痛恨了，而我卻再要說的原因，好像父母送女兒，替她掛上佩帶，結了香囊，反覆叮嚀訓誡一樣，希望你們一輩子不忘記罷了！

龍伯高這個人，敦厚篤實，周到謹慎，不說人長短，謙虛節儉，廉明公正，很有威儀。我敬愛他，器重他，希望你們學他。杜季良這個人，豪情俠骨，急公好義，憂人家的憂，樂人家的樂，交的朋友好人壞人都有，但都能相處適宜；父喪的時候，招致賓客，好幾郡的人都到了。我敬愛他，器重他，但是不希望你們學他。學不到伯高，還可以做一個謹愼的士人，所謂刻鵠不成，還像隻野鴨。學不到季良，那就壞成了天下的輕薄子弟，所謂畫虎不成，反像狗了。到現在爲止，季良這個人到底如何，還未可知，郡將剛剛到任的時候，每每切齒痛恨他，州郡裏的人都把他當做話題，我常常替他害怕，所以不願意我的子孫學他。」

【文章分析】此篇選自後漢書馬援傳，爲書說類的古文。

馬援是漢光武朝的名將，他的南征交趾（今越南北部地方），武力、德教並用，當地百姓，無不感悅，許多他所頒布的法令，經過很多年，人民還都奉行不替，稱爲馬將軍故事。在歷史上，他是最能發揚我中華民族精神的一位大英雄。他的兩個姪兒，仗恃著叔父在朝中的聲望，免不了有年輕人的驕傲浮躁的毛病。所以馬援在交趾作戰時，於軍事倥傯百忙之中，寫信告誡他們。

全信分兩段：前一段說不可以批評政治、議論人物的意思，但卻不是嚴厲的指責。作者說：「我情願死，都不願意子孫有這樣的行爲。」這種長者的慈愛關顧之情，做子姪的怎能不感動呢？後一段舉兩個時人爲例，說那個可學，那個不可學，是活的、眞實的教訓。

讀了這一封信，我們知道馬援在歷史上所以是一個偉大的人物，他的成功不僅僅在武功方面了。

前出師表

諸葛亮

臣亮言❶：先帝❷創業未半，而中道崩殂❸，今天下三分❹，益州罷弊❺，此誠危急存亡之秋❻也！然侍衛之臣不懈於內，忠志❼之士忘身於外者，蓋追先帝之殊遇❽，欲報之於陛下也。誠宜開張聖聽❾，以光先帝遺德，恢宏❿志士之氣；不宜妄自菲薄⓫，引喻失義⓬，以塞忠諫之路也。

宮中府中⑬俱為一體。陟罰臧否⑭，不宜異同⑮。若有作姦犯科⑯，及為忠善者，宜付有司論其刑賞⑰，以昭陛下平明之治；不宜偏私，使內外異法也。

侍中、侍郎郭攸之、費禕、董允等⑱，此皆良實，志慮忠純，是以先帝簡拔以遺陛下。愚以為宮中之事，事無大小，悉以咨⑲之，然後施行，必能裨⑳補闕漏，有所廣益。將軍向寵㉑，性行淑均㉒，曉暢軍事，試用於昔日，先帝稱之曰「能」，是以眾議舉寵為督㉓。愚以為營中之事，悉以咨之，必能使行陣和睦，優劣得所㉔。親賢臣，遠小人，此先漢㉕所以興隆也；親小人，遠賢臣，此後漢㉖所以傾頹也。先帝在時，每與臣論此事，未嘗不歎息痛恨於桓、靈㉗也。侍中、尚書、長史、參軍㉘，此悉貞亮死節㉙之臣也，願陛下親之信之，則漢室之隆，可計日而待也。

臣本布衣㉚，躬耕於南陽㉛，苟全性命於亂世，不求聞達㉜於諸侯。先帝不以臣卑鄙，猥自枉屈㉝，三顧㉞臣於草廬之中，諮㉟臣以當世之事。由是感激，遂許先帝以驅馳㊱。後值傾覆㊲，受任於敗軍之際，奉命於危難之間，爾來二十有一年㊳矣！先帝知臣謹慎，故臨崩寄臣以大事㊴也。受命以來，夙夜憂勤㊵，恐託付不效㊶，以傷先帝之明。故五月渡瀘㊷，深入不毛㊸。今南方已定，兵甲已足，當獎率三軍，北定中原，庶竭駑鈍㊹，攘除姦凶㊺，興復漢室，還於舊都㊻。此臣所以報先帝而忠陛下之職分也。至於斟酌損益㊼，進盡忠言，則攸之、禕、允之任也。願陛下託臣以討賊興復之效㊽；不效則治臣之罪，以告先帝之靈。若無興德之言，則戮攸之、禕、允等，以彰其慢㊾。陛下亦宜自課㊿，以諮諏(51)善道，察納雅言(52)，深追先帝遺詔(53)。臣不勝受恩感激，今當遠離，臨表涕泣，不知所云。

【作者】諸葛亮，字孔明，後漢瑯琊郡陽都縣（故城在今山東省沂水縣南）人。蜀漢丞相。劉備死，受遺命輔佐後主。生於漢靈帝光和四年，卒於後主建興十二年（西元一八一年——二三四年），年五十四歲。

【註釋】①臣亮言　臣亮，作者自稱。言，上言、上奏也。②先帝　指蜀漢昭烈帝劉備。③中道崩殂　中道，猶言半途、中途。天子死曰崩，言如山岳之崩，天下為之震動也。殂，死亡也。④天下三分　曹魏占領華北，建都洛陽；孫吳據有東南，建都建業（今南京市）；與建都成都之蜀漢三分天下，史稱三國。⑤益州罷弊　益州，後漢州名，統轄今四川全省地，為蜀漢國土之主要部份。弊，破敗之意。劉備伐吳失利，後又用兵南蠻，征兵征糧，故人力物力，感到疲勞貧困。⑥秋　穀熟時節，故用以代稱重要時候、關頭。⑦忠志　猶言忠心。⑧殊遇　特殊優厚之待遇。⑨開張聖聽　廣開言路，擴大見聞。尊天子，故曰聖。⑩恢宏　擴大。⑪不宜妄自菲薄　妄，錯亂也。菲，亦薄也。言不當任意看輕自己，認為國土狹隘，不能恢復中原。⑫引喻失義　引證比附之事實，不合義理。例如引用公孫述、劉璋一類失敗往事，以為蜀漢不能恢復進取之證據，將令志士氣餒，忠臣不敢進言也。⑬宮中府中　宮中，指後主宮庭。府中，指丞相府。⑭陟罰臧否　陟，擢升。罰，懲罰。臧否，善惡，此處用為動詞，謂品評善惡也。⑮不宜異同　不應該有所不同。⑯作姦犯科　作惡事，犯法令也。科，法令科條也。⑰宜付有司論其刑賞　有司，官吏也。職有所司，故稱有司。論，謂判定功罪。⑱侍中句　侍中、侍郎，皆天子左右侍從之臣。侍中，分掌乘輿服物，贊儀護駕。侍郎有數種，此指黃門侍郎，掌侍從左右，傳達內外。郭攸之，南陽人；費禕，字文偉，江夏人；時均爲侍中。董允，字休昭，南郡人，時爲侍郎。⑲咨　詢問。⑳裨　助益也。㉑將軍向寵　襄陽宜城人。三國志向朗傳：「朗兄子寵，先主時爲牙門將。秭歸之敗，寵營特完，故先主稱之曰能。」㉒淑均　賢善公平。㉓舉寵爲督　後主建興元年，向寵爲中都督。㉔優劣得所　得所，得當、得宜也。言寵用人公明，使人才無論優劣強弱，皆得適當之位置，能人盡其才也。㉕先漢　指漢朝前段強盛之時。㉖後漢　指東漢末期。㉗桓靈　東漢桓帝與靈帝，皆昏荒無道之君。㉘侍中尚書長史參軍　侍中，指郭攸之、費禕。尚書，指陳震。長史，指丞相府長史張裔。參軍，指蔣琬。㉙貞亮死節　貞，堅定不移。亮，誠信不欺。死節，殉節。㉚布衣　平民也。㉛躬耕於南陽　躬耕，親自耕種。南陽，漢南陽郡，轄有舊南陽、襄陽兩府地。亮居南陽郡西境，距湖北襄陽縣城西二十里，號曰隆中。㉜不求聞達　不求名位。聞，謂名譽。達，謂顯達居上位。㉝猥自枉屈　猥，猶辱也。枉屈，委屈，降低身分之意。劉備曾任高官，又爲皇室，名滿天下，親身拜訪二十餘歲之平民，故曰猥自枉屈。㉞顧　求見。㉟諮　同咨。㊱驅馳　奔走效力。㊲傾覆　猶言失敗。指漢獻帝建安十三年（西元二〇八年），先主在湖北當陽長坂坡爲曹操所敗，棄兵逃走之事。㊳爾來二十有一年　爾，如此。來，至今。先主自建安十二年（西元二〇七年），三請諸葛亮，至建興五年（西元二二七年）出師時，首尾共二十一年。㊴臨崩寄臣以大事　章武三年（西元二二三年）四月先主病危，召亮託以後事，曰：「君才十倍曹丕，必能安國，終建大業。」又敕後主曰：「汝與丞相從事，事之如父。」㊵夙夜憂勤　夙夜，早晚。憂勤，憂慮勤勞。㊶不效　不成功。㊷五月渡瀘　雅礱江之下游名曰瀘水，在四川會理縣西南入金沙江，二水合流之下，即諸葛亮渡瀘處。一說：瀘水在今四川越嶲縣下三百里，爲入滇必經之道。益州記曰：「瀘水兩峯有殺氣，暑月舊不行，故武侯以夏渡爲艱。」後主建興元年夏，牂牁郡（今貴州省遵義、石阡、思南等縣地）太守朱褒叛亂，益州大族雍闓、越嶲夷族首領高定亦叛。諸葛亮於建興三年五月南征，全部亂事皆告敉平。㊸不毛　毛，草木也。瘠土不生五穀曰不毛。此處指蠻荒之地。㊹駑鈍　謂才能低劣，自謙之詞。㊺攘除姦凶　攘除，排除、消滅。姦凶，邪惡之人，指曹魏。㊻舊都　西漢都城原在長安，東漢光武帝遷至洛陽。㊼斟酌損益　度量事情之可否而去取曰斟酌。損，減少。益，增多。㊽興復之效　興復之任務，效爲名詞；下句「效」爲動詞，義爲成功。㊾若無興德之言三句　興德之言，謂增進德行之善言。戮，懲罰。彰，表明。慢，怠慢職守。本句，三國志諸葛亮傳作「責攸之、禕、允等之慢，以彰其咎。」董允傳作「若無興德之言，則戮允等以彰其慢。」文選作「責攸之、禕、允等咎，以章其慢。」玆據董傳補。㊿自課　課，三國志諸葛亮傳作謀，此據文選，文義較爲警切。課，考察也。(51)諮諏諮，問。諏，謀。諮諏，訪問謀求。52雅言 正言。53深追先帝遺詔 深切追念先帝臨終遺詔。

【語譯】臣亮說：先帝開創大業，不到一半，就在中途去世了，現在的天下，分成三國，我們的益州又是民困財盡，這實在是危急存亡的關頭啊！然而侍衞的臣子們在內勤修職務，忠義的志士在疆場上捨生忘死的作戰，因爲追念先帝對他們的特殊待遇，打算報答在陛下身上啊！陛下實在應該多聽多聞，來光大先帝的遺德，提高志士們的信心；不應當隨便小看自己，引證比附不合義理的事情和道理，來堵塞了忠臣勸諫的道路啊！

皇宮和丞相府，都是一體。擢升、懲罰、獎善、黜惡不應該有所不同。假使有做壞事犯法的，或者盡忠行善的，應該交給主管官吏，判定功罪，加以賞罰，以表示陛下公平開明的政治；不應該偏私，使內外有不同的法律。

侍中郭攸之、費禕，侍郎董允這些人，都是善良誠實，志向思慮忠貞純一的，所以先帝特地選拔出來，留給陛下。我以爲宮中的事，無論大小，都要問問他們，然後再做，一定能補救缺點和漏洞，有不少的好處。將軍向寵，品格和行爲善良公正，通達軍事。以前曾經試用過，先帝稱讚他能幹，所以大家公議推舉他做都督。我以爲軍營方面的事，都先問問他然後去做，必然能夠使軍隊和睦，好的人和差一點的人，各得其所。親近賢臣，疏遠小人，這是漢朝初年興盛的原因；親近小人，疏遠賢臣，這是漢朝末年衰敗的原因。先帝在世的時候，每次和臣談論這件事，沒有不歎息痛恨桓靈二帝的錯誤的。侍中郭攸之、費禕，尚書陳震，長史張裔，參軍蔣琬，這些都是忠貞誠信能夠爲國犧牲的臣子，希望陛下親近他們，相信他們，那麼漢朝的興盛就在目前了。

臣本來是一個普通的老百姓，在南陽耕田，只求在亂世裏苟且保全性命，不希望結交當代的顯要。先帝不因爲臣的低下卑陋，親自屈駕，到臣的草廬來訪問了三次，問臣當世的事情。因此感激，就答應替先帝奔走效力。後來遭逢到兵敗，在敗軍中接受任務，在危難時接受任命，到現在已經有二十一年了。先帝知道我謹愼，所以臨死的時候，把重任託付給我。自從接受了這樣重大的使命以來，日夜憂勤，深怕不能做好先帝託付的任務，而使人家批評先帝不能知人。所以在五月間渡過瀘水，深入草木不生的蠻荒之地。現在南方已經平定，軍備也很充足，應當鼓舞士氣，率領三軍，出師北伐，收復中原，好盡我微薄的力量，消滅叛逆，復興漢朝，回到故都。這就是臣所以報答先帝和盡忠於陛下的職責啊。至於政治上斟情酌理，應興應革的事，隨時貢獻好意見，這是郭攸之、費禕、董允他們的責任。希望陛下把討漢賊、興漢室的責任交給臣；不成功的話，就治臣的罪，以告先帝的神靈。要是沒有增進德行的善言，就責戮郭攸之、費禕、董允等，表明他們的怠慢失職。陛下自己也應當多考察，以訪問謀求好的道理，明察接納忠臣們正當的勸告，仔細追想先帝臨死的詔書。臣受了陛下的大惠，非常感激，現在就要遠離陛下，在寫這張表的時候，不覺涕淚交流，自己也不知道說的是什麼話了。

【文章分析】本篇見於三國志及昭明文選，茲依文選。

三國志蜀志諸葛亮傳說：「（建興）五年（西元二二七年），率諸軍北駐漢中，臨發上疏。」所上的疏，就是本表。後來又有一表流傳，俗叫做後出師表，就把本篇叫做前出師表。

表，是臣下向皇帝上書的一種，屬於奏議類。文心雕龍章表篇說：「降及七國，未變古式，言事於主，皆稱上書。秦初定制，改書曰奏。漢定禮儀，則有四品：一曰章，二曰奏，三曰表，四曰議。章以謝恩，奏以按劾，表以陳情，議以執異。」釋名說：「下言上曰表，思之於內，表施於外也。」

全文共分四段：第一段，勉勵後主廣開言路，擴大見聞，修德圖強；不可妄自菲薄，引喻失義，堵塞忠諫的道路。第二段，希望後主賞罰公正分明，不應該偏私。第三段，以先漢所以興盛，後漢所以衰敗作證，要求後主親近賢臣，疏遠小人。並指出忠貞的文武官吏，供給後主諮詢。第四段，說明自己的志願，在於消滅叛逆，復興漢室。

作者對於蜀漢昭烈帝的感恩，國家的忠誠，以及對於後主的殷切盼望，語語從肺腑中流出，懇摯深切，自是一篇叫人感動的至文。

後出師表

諸葛亮

先帝慮漢賊❶不兩立，王業不偏安，故託臣以討賊也。以先帝之明，量臣之才，故❷知臣伐賊，才弱敵彊也；然不伐賊，王業亦亡，惟坐而待亡，孰與伐之？是故託臣而弗疑也。

臣受命之日，寢不安席，食不甘味，思惟北征，宜先入南，故五月渡瀘，深入不毛，并日而食❸。臣非不自惜也，顧王業不得偏全於蜀都，故冒危難以奉先帝之遺意，而議者謂爲非計。今賊適疲於西❹，又務於東❺，兵法乘勞，此進趨之時也。謹陳其事如左：

高帝明竝日月，謀臣淵深；然陟險被創❻，危然後安。今陛下未及高帝，謀臣不如良、平❼，而欲以長策取勝，坐定天下，此臣之未解一也。劉繇❽、王朗❾，各據州郡，論安言計，動引聖人，羣疑滿腹❿，衆難塞胸⓫，今歲不戰，明年不征，使孫策⓬坐大，遂并江東，此臣之未解二也。曹操智計殊絕於人，其用兵也，髣髴孫吳⓭，然困於南陽⓮，險於烏巢⓯，危於祁連⓰，偪於黎陽⓱，幾敗北山⓲，殆死潼關⓳，然後僞定⓴一時爾，況臣才弱，而欲以不危而定之，此臣之未解三也。曹操五攻昌霸㉑不下，四越巢湖㉒不成，任用李服而李服圖之㉓，委任夏侯而夏侯敗亡㉔，先帝每稱操爲能，猶有此失，況臣駑下，何能必勝？此臣之未解四也。自臣到漢中，中間朞年耳，然喪趙雲、陽羣、馬玉、閻芝、丁立、白壽、劉郃、鄧銅等，及曲長、屯將七十餘人，突將無前㉕。賨叟㉖、青羌㉗散騎、武騎一千餘人，此皆數十年之內所糾合四方之精銳，非一州之所有，若復數年，則損三分之二也，當何以圖敵？此臣之未解五也。今民窮兵疲，而事不可息，事不可息，則住與行勞費正等，而不及早圖之，欲以一州之地，與賊持久，此臣之未解六也。

夫難平者，事也。昔先帝敗軍於楚㉘，當此時，曹操拊手，謂天下以㉙定。然後先帝東連吳、越㉚，西取巴蜀㉛，舉兵北征，夏侯授首㉜，此操之失計而漢事將成也。然後吳更違盟㉝，關羽毀敗㉞，秭歸蹉跌㉟，曹丕稱帝㊱。凡事如是，難可逆見。臣鞠躬盡力㊲，死而後已。至於成敗利鈍，非臣之明所能逆覩㊳也。

【註釋】①漢賊　漢，蜀自謂也。賊，指曹魏。②故　通「固」。③并日而食　謂兩日惟食一日之供也。④疲於西　謂建興五年，亮攻祁山。南安、天水、安定三郡皆叛魏應漢，關中響應也。⑤務於東　謂曹休與吳陸遜戰于石亭，又大敗也。務，事也。⑥陟險被創　陟險，如困於滎陽。被創，如項羽伏弩傷高祖之胸。⑦良平　張良、陳平，皆漢高祖謀臣。⑧劉繇　字正禮，三國吳牟平人。漢興平中爲揚州刺史，袁術據淮南，繇不敢至州。吳景、孫賁迎置曲阿。孫策東渡，繇保豫章，駐彭澤，尋病卒。⑨王朗　字景興，三國魏郯人。文帝時累官司空，封樂平鄉侯，卒諡成。初爲徐州刺史陶謙治中，以勸謙勤王有功，拜會稽太守，後爲孫策所敗。⑩羣疑滿腹　謂用人則妒賢嫉能，羣疑滿于腹內也。⑪衆難塞胸　謂行事則畏首畏尾，衆難塞于胸中也。⑫孫策　孫權之兄，字伯符。⑬孫吳　春秋孫武，戰國吳起，並精兵法，世言善用兵者，輒並稱孫吳。⑭困於南陽　謂曹操與張繡戰於宛城，爲流矢所中也。⑮險於烏巢　謂攻袁紹將淳于瓊時也。⑯危於祁連　事不詳。或曰謂圍袁尚於祁山時也。⑰偪於黎陽　謂攻袁譚兄弟時也。⑱幾敗北山　北，宋本作伯。錢大昕曰：「古伯白通。」謂與烏桓戰于白狼山時也。⑲殆死潼關　謂操討馬超韓遂於潼關，超將步騎萬餘人，來奔操軍，矢下如雨也。⑳僞定　以蜀爲正統，故指魏爲僞也。㉑五攻昌霸　謂東海昌霸反，操遣劉岱王忠擊之也。㉒四越巢湖　謂攻孫權也。㉓李服圖之　李服，其人不詳。或謂卽王服，與董承謀殺操，被誅。㉔夏侯敗亡　謂操留夏侯淵守漢中，爲先主所敗也。㉕突將無前　謂衝鋒之將無有前者。㉖賨叟　賨，巴夷之名。叟，蜀之西南夷也。賨叟，謂巴蜀之兵也。㉗青羌　青衣羌，羌之一種。㉘敗軍於楚　謂先主敗於當陽之長坂也。㉙以　通「已」。㉚東連吳越　謂赤壁破操也。㉛西取巴蜀　謂進兵成都，攻取劉璋也。㉜夏侯授首　謂斬殺夏侯淵也。㉝吳更違盟　謂孫權用呂蒙計，襲取荊州也。㉞關羽毀敗　關羽，字雲長，謚壯繆侯。謂關羽在荊州被害也。㉟秭歸蹉跌　秭歸，地名。謂先主痛關羽之亡，奮力復仇，又為吳陸遜所敗也。㊱曹丕稱帝　丕，操之子，廢漢獻帝為山陽公，自立為帝。㊲鞠躬盡力　言為國盡力，無恤勞瘁也。按後世傳載本文，多作鞠躬盡瘁。㊳逆覩　預見。

【語譯】先帝決意漢朝和魏賊不能兩立，王業也不可偏安於四川一地，所以把討賊的事交託給臣。以先帝的明見，衡量臣的才幹，本來也曉得叫臣去討賊，是臣的才能薄弱而敵人的勢力強大啊。然而不去討賊，王業也要滅亡。與其坐著等待滅亡，還不如主動的去攻打賊人了。因為這個緣故，所以把討賊的事託給臣而不懷疑。

臣接受命令以後，睡不安，吃不下。想到要北征，應該先平定南方。所以五月裏渡過瀘水，深入不能種植的蠻荒地區，一天的糧食分做兩天吃。臣並不是不知道愛惜自己，但是想到王業不可以偏安在蜀都，所以冒著危險和艱難，來奉行先帝的遺意。一般議論的人，卻批評這不是好的計策。現在的魏賊，在西方剛剛被我們打敗，又在東方生事，被東吳擊潰。兵法上講究趁敵人的疲勞，這正是進攻的時刻了。現在恭敬地把這些事情說明於左：

高皇帝的明察，像日月一樣，謀臣的計畫，像淵水一樣深沈。可是還遭遇艱險，受過創傷，經過許多危險，然後才安定。現在陛下趕不上高皇帝，謀臣又不如張良、陳平。卻想用持久的計策獲得勝利，安逸地坐著來平定天下。這是臣不懂的第一件事情。劉繇和王朗，各人都佔據了州郡，議論安危，談論計策。動不動就引用古時的聖人；用人就妒嫉賢能，一肚子的猜疑；做事就畏首畏尾，樣樣事怕難。今年不打，明年不戰，使得孫策一天天坐大，終於併吞了江東。這是臣不懂的第二件事情。曹操的智慧計謀，特別超過了一般人，他的用兵，好像孫武和吳起；可是先後在南陽、烏巢、祁連、黎陽、北山、潼關遭遇到危險和失敗，然後才得到短時間的安定。何況臣的才能薄弱，怎麼能不冒危險而安定天下呢？這是臣不懂的第三件事情。曹操五次攻打昌霸沒有攻下，四次想越過巢湖沒有成功。任用李服，李服卻想謀殺他；任用夏侯淵，結果夏侯淵失敗被殺。先帝常常稱讚曹操能幹，還有這種種的失敗。何況臣的能力低劣，怎麼能一定獲得勝利呢？這是臣不懂的第四件事情。自臣到漢中，中間經過一年罷了，可是趙雲、陽羣、馬玉、閻芝、丁立、白壽、劉郃、鄧銅等人先後去世，又死了曲長、屯將七十多人，以及殺敵奮勇爭先的巴蜀戰士、武騎常侍一千多人，這都是幾十年之內所集合的四方的精銳，不是一州的地方所有，假使再隔幾年，那就要損失三分之二了，還拿什麼來對敵呢？這是臣不懂的第五件事情。現在人民窮困，軍隊疲憊，可是討賊的事絕不可中止。討賊既然不能中止，那麼攻戰和防守，勞苦和費用正是相等，卻不肯儘早地進兵克敵，而想拿一州的地方，和賊人持久。這是臣不懂的第六件事情。

最難定的，是天下事情的變化。從前先帝在當陽長坂失敗的時候，曹操快樂得拍手，說天下已經平定。可是後來先帝東邊連和吳、越，西邊攻取巴、蜀，派軍北伐，斬殺了曹魏大將夏侯淵。這是曹操的失計，而也正是漢朝的大事將要成功的時機。後來東吳違背盟約，關羽失敗被殺，先帝在秭歸遭到了挫敗，曹丕自立爲皇帝。凡事都是這樣，很難預先料到的。臣只有爲國家盡力，不計個人的勞苦，一直到死就是了。至於事情的成功失敗，或者好或者不好，那就不是臣的見識能夠預料得到的了。

【文章分析】本篇選自漢晉春秋（裴松之三國志注所引），是一篇奏議類的古文。主旨在說明漢、賊不兩立，王業不應該偏安，討賊事在必行，不必瞻顧猶疑。蜀漢後主建興六年十一月，諸葛亮聽說東吳擊破曹休，魏兵東下，關中空虛，想趁這個機會出兵擊魏，因爲羣臣多表懷疑，所以特上表加以解釋。

全文共分四段：第一段說賊必不可不伐，所以先帝把這個責任託給他而不懷疑。第二段敍述受命以後的戒懼、行動，以及準備趁敵空虛再度北伐的計畫。第三段提出六不解，希望後主醒悟。最後一段說凡事難以逆料，惟當不計成敗，行所當行罷了。

本表不見於三國志諸葛亮傳，只見於裴松之注。裴氏說：「此表爲亮集所無，出張儼默記。」又表中有「喪趙雲」一語，考趙雲死在後主建興七年，亮上此表時是六年，不應當有這種記載，所以有些人便以爲是僞作。但到底是誰僞作的呢？有人以爲是張儼，有人以爲是諸葛恪，到目前還沒有定論。

六朝唐文新譯

卷七 六朝唐文

陳情表

李密

臣密言：臣以險釁❶，夙遭閔凶❷。生孩六月，慈父見背❸。行年四歲，舅奪母志❹。祖母劉愍❺臣孤弱，躬親撫養。臣少多疾病，九歲不行；零丁❻孤苦，至于成立。既無伯叔，終鮮兄弟；門衰祚薄❼，晚有兒息❽。外無朞功強近之親❾，內無應門五尺之僮。煢煢獨立❿，形影相弔⓫。而劉夙嬰⓬疾病，常在牀蓐⓭；臣侍湯藥，未曾廢離。

逮奉聖朝，沐浴清化⓮。前太守臣逵⓯，察臣孝廉⓰；後刺史臣榮⓱，舉臣秀才；臣以供養無主，辭不赴命。詔書特下，拜臣郎中⓲。尋⓳蒙國恩，除臣洗馬⓴。猥㉑以微賤，當侍東宮㉒，非臣隕首㉓所能上報。臣具以表聞㉔，辭不就職。詔書切峻㉕，責臣逋慢㉖；郡縣逼迫，催臣上道；州司臨門，急於星火㉗。臣欲奉詔奔馳，則劉病日篤㉘；欲苟順私情，則告訴不許。臣之進退，實爲狼狽㉙。

伏惟聖朝以孝治天下，凡在故老㉚，猶蒙矜育㉛；況臣孤苦，特爲尤甚㉜。且臣少仕僞朝㉝，歷職郎署㉞，本圖宦達，不矜名節㉟。今臣亡國賤俘，至微至陋，過蒙拔擢，寵命優渥㊱；豈敢盤桓㊲，有所希冀？但以劉日薄西山㊳，氣息奄奄㊴，人命危淺，朝不慮夕。臣無祖母，無以至今日；祖母無臣，無以終餘年。母孫二人，更相爲命。是以區區不能廢遠㊵。臣密今年四十有四，祖母劉今年九十有六，是臣盡節於陛下之日長，報養劉之日短也。烏鳥私情㊶，願乞終養。

臣之辛苦，非獨蜀之人士，及二州牧伯㊷，所見明知；皇天后土㊸，實所共鑒㊹。願陛下矜愍愚誠，聽臣微志。庶劉僥倖，保卒餘年。臣生當隕首，死當結草㊺。臣不勝犬馬㊻怖懼之情，謹拜表㊼以聞。

【作者】李密，字令伯，三國蜀漢犍為郡武陽縣（今四川彭山縣）人。父親早死，母親何氏再嫁，由祖母劉氏撫育成人。長大以後，事奉祖母非常孝順，有很好的名譽。蜀漢後主時，做過尚書郎，又好幾次代表蜀漢出使東吳。蜀亡以後，晉武帝泰始三年（西元二六七年）朝廷徵召他做太子洗馬，李密因為祖母年老多病，就上此表懇辭。武帝讀表之後，很受感動，特地賞賜他奴婢二人，又叫地方政府供給他祖母的生活所需，完成他終養祖母的孝心。

【註釋】❶險釁　謂命運惡劣也。釁，禍兆。❷閔凶　憂患凶禍也，指其父死母去。❸見背　猶言相違，謂父死永別，不忍言親死，但云見背。❹舅奪母志　謂舅父奪去其母守節之志，逼使其母改嫁也。❺愍　同憫，憐惜之意。❻零丁　孤單危弱貌。❼門衰祚薄　門，家門之意。祚，福。謂家族衰微，福祚淺薄也。❽晚有兒息　息，子也。兒息猶言兒子。晚有兒息，謂得子甚遲。❾朞功強近之親　朞、功皆喪服名。朞服，周年之服。如本宗爲伯叔父母、兄弟之屬皆服朞服。功，大功服，九月；小功服，五月。如本宗爲堂兄弟之屬服大功，爲堂姪、堂姪孫之屬皆服小功。強近之親，謂強有力而親近之親屬。⑩煢煢獨立　煢煢，孤獨貌。獨，孤獨之意。⑪相弔　相憐，相慰。⑫嬰　纏也。⑬蓐　席也。⑭沐浴清化　蒙受清明之敎化。⑮太守臣逵　犍爲郡太守之名，姓不詳。⑯察臣孝廉　漢書武帝紀：「元光元年冬十一月，初令郡舉孝廉。」注：「孝，謂善事父母者；廉，謂清潔有廉隅者。」孝廉、秀才皆漢代始定選舉科目之稱（秀才謂人才之秀異者），後世因之。察，猶識拔。⑰刺史臣榮　益州刺史之名，姓不詳。⑱拜臣郎中　拜，任命也。郎中，官名。⑲尋　不久，接着。⑳除臣洗馬　除，任命之意，凡言除者，除舊官任新官也。洗馬本作先馬，漢時爲東宮官屬，太子出，則前驅，晉以後改掌圖籍。㉑猥　猶言辱也。自謙之辭。㉒當侍東宮　當，爲也，作也。東宮，太子所居之宮，因以東宮稱太子。㉓隕首　隕，落。隕首，斷頭也。卽捨命之意。㉔聞　上奏達聽之意。㉕切峻　嚴厲，嚴峻。㉖逋慢　逃避，怠慢。㉗星火　言如流星之速，救火之急。喻急迫。㉘篤　沉重。㉙狼狽　言進退失據。唐段成式酉陽雜俎：「狽前足絕短，每行常駕於狼腿上，狽失狼則不能動，故世言事乖者稱狼狽。」㉚故老　指前朝故舊年老者。㉛矜育　矜憐養育。謂矜憐故老，使其子孫得盡孝養之道也。㉜特爲尤甚　特猶言獨。言己孤苦獨異於諸故老而更過之也。㉝少仕僞朝　指早年曾任職蜀漢。仕，同事。明楊愼丹鉛錄總卷十三：「李密陳情表有『少事僞朝』之句，責備者謂其篤於孝，而妨於忠。嘗見佛書引此文，『僞朝』作『荒朝』蓋密之初文也，僞朝字蓋晉改之以入史耳。」按：荒朝，卽亡朝。㉞歷職郎署　密在蜀漢曾官尚書郎。㉟不矜名節　矜，惜也。名節，名譽節操也。不矜名節，言不重名節。㊱寵命優渥　恩寵極爲優厚。㊲盤桓　猶徘徊，謂逗留不進也。㊳日薄西山　薄，迫。日迫西山，比喻年老殘生將盡。㊴奄奄　微弱貌。㊵是以區區不能廢遠　區區，愛戀之意。言依戀祖母，不忍廢養而遠離也。㊶烏鳥私情　烏，孝鳥。母烏老，子能反哺。言孝養之情，出於自然。㊷二州牧伯　二州，指梁、益二州。牧伯，州長。㊸皇天后土　謂天地神明。皇天，指天神。后土，地神也。㊹鑒　見。㊺死當結草　春秋時，晉魏武子有嬖妾，無子，武子疾，命子顆曰：「必嫁之！」病亟，又曰：「必以爲殉！」顆不從其父病亟迷亂之命而嫁之。後，顆與秦師戰於輔氏，見一老人結草以抗秦將杜回，回仆，因獲之而敗秦師。夜夢老人自稱爲嬖妾之父（事見左傳宣公十五年）。後世因稱死後報恩爲結草。㊻犬馬　臣對君自卑之辭。㊼拜表　人臣上書給國君，拜而後上表，故上表爲拜表。

【語譯】臣密上書：臣因爲命運不好，從小就遭到憂患喪事。出生六個月，父親就死了。到了四歲，母親被舅父逼迫改嫁。祖母劉氏可憐臣孤苦幼弱，親自撫養。臣小時候常常生病，九歲還不能走路；在孤單困苦中，長大成人。既沒有伯伯叔叔，也沒有哥哥弟弟；家門衰微，福氣淺薄，直到很遲才有兒子。外面沒有三服四服有力而親近的親屬，裏面沒有守候門戶應接客人的五尺僮僕。孤孤單單一個人，只有形體和影子互相安慰。而祖母劉氏，早年就有病，常常躺在牀上；臣侍候她老人家喝水吃藥，從來沒有停止和離開過。

到了聖朝，蒙受著清明的教化。前任太守逵，選臣作孝廉；後來刺史榮，又推舉臣作秀才；臣因爲沒有人供養祖母，便辭謝了沒有接受命令。皇帝特別頒下詔書，派臣做郎中。不久又蒙受國恩，派臣作太子洗馬。像臣這樣微賤的人，居然做侍候太子的事，不是臣粉身碎骨所能夠報答的。臣把實際的情形都奏報上去，辭不就職。詔書嚴厲，責備臣有意規避，存心傲慢。郡縣裏的差人，逼臣上路；州裏的官吏，也來催促，急得像流星像救火似的。臣要服從詔書，馬上動身到職；可是劉氏的病一天比一天嚴重；要想暫時顧着私情，請求又不許可。臣的處境，實在是進退兩難了。

臣低頭想，聖朝是以孝道治理天下的，凡是前朝的故舊老人，尙且受到憐恤養育；何況臣的孤苦，比別人更爲嚴重呢？況且臣在年輕的時候，曾在蜀漢做官，做過尙書郎，本來就想做官顯達，並不愛惜重視名節。臣現在是亡國的俘虜，極微賤極鄙陋的，蒙陛下過分提拔，賜給臣這麼優厚的恩寵，怎麼敢遲疑不決，有別的企圖呢？只是因爲祖母劉氏，就像快要落山的太陽，只剩下微弱的氣息，生命垂危，時日不多，過了早上，不一定還有晚上呢。臣沒有祖母，不能活到今天；祖母沒有臣，就不能過她的殘年。祖孫兩個人，相依爲命；所以臣不能丟下她而遠遠離去。臣今年四十四歲，祖母今年九十六歲，由此看來，臣盡忠陛下的日子長，報答祖母的日子不多了。這點像烏鳥反哺的私情，希望能奉養到她老人家到最後的一天。

臣的辛苦，不但四川的人士，和梁、益二州的官長都知道得很淸楚；就是天地神靈，也一樣看得明白。願陛下憐憫臣的誠心，成全臣小小的志願。好讓臣的祖母，僥倖平安度過她的餘年。臣活在世上，一定捨命盡忠，就是死了，也會結草報恩的。臣懷著無限恐懼的心情，恭恭敬敬呈上表章，希望陛下諒察！

【文章分析】本篇爲奏議類的古文，選自於昭明文選。一個亡國的降臣，當勝國的君主徵召他服官時，他敢拒絕嗎？拒絕的可能後果又怎樣呢？可是從小把他撫養長大和他相依爲命的祖母，風燭殘年，纏綿病榻，隨時有死亡的可能，他又怎忍心離去呢？這種情況，眞是進退兩難了；丟下祖母去做官，依戀難捨；不應召而留在家中事奉祖母，惶恐畏懼。作者就是在這種處境與心情下完成本文的，語語從肺腑間流出，故而眞摯感人。

全文分四段：第一段敍述幼年遭遇孤苦，全靠祖母撫養，才得以成立；第二段說朝廷屢次徵召，而祖母又病情沈重，無人奉養，進退兩難；第三段說明自己的不奉召，並非重視名節，實在因爲祖母年邁病危，沒有自己就餘年不保；末段懇求准許所請。

文中字字是淚，語語嗚咽，作者的痛苦，作者的惶懼，作者的悲傷，作者的矛盾，在在感動了讀者；尤其第三段的「臣無祖母，無以至今日」以下幾句，眞可叫讀者爲他一流同情的淚了。

蘭亭集序

王羲之

永和九年❶，歲在癸丑，暮春之初，會於會稽山陰之蘭亭❷，修禊事❸也。羣賢畢至，少長咸集。此地有崇山峻嶺，茂林修竹，又有清流激湍❹，映帶❺左右。引以爲流觴曲水❻，列坐其次；雖無絲竹管絃之盛，一觴一詠，亦足以暢敍幽情。

是日也，天朗氣清，惠風❼和暢，仰觀宇宙❽之大，俯察品類❾之盛，所以游目騁懷❿，足以極視聽之娛，信可樂也。

夫人之相與俯仰⓫一世，或取諸懷抱，晤言⓬一室之內；或因寄所託，放浪形骸之外⓭。雖趣舍⓮萬殊，靜躁⓯不同，當其欣於所遇，暫得於己，快然自足，不知老之將至。及其所之⓰既倦，情隨事遷，感慨係之矣。向之所欣，俛仰⓱之間，已爲陳迹，猶不能不以之興懷；況修短隨化⓲，終期於盡。古人云：「死生亦大矣⓳。」豈不痛哉！

每覽昔人興感之由，若合一契⑳，未嘗不臨文嗟悼，不能喻㉑之於懷。固知一死生爲虛誕㉒，齊彭殤爲妄作㉓。後之視今，亦猶今之視昔，悲夫！故列敘時人，錄其所述，雖世殊事異，所以興懷，其致㉔一也。後之覽者，亦將有感於斯文。

【作者】王羲之，字逸少，晉瑯琊臨沂（今山東省臨沂縣北）人。生在晉元帝太興四年（西元三二一年），死在孝武帝太元四年（西元三七九年）。做過秘書郎、參軍、長史、寧遠將軍、江州刺史等官職。西晉亡，遷居會稽。仕東晉官至右軍將軍、會稽內史，所以世人又稱他為王右軍。他長於書法，草書隸書，為古今第一人，有書聖的美譽。

【註釋】❶永和九年　永和，晉穆帝年號。時羲之年三十三。❷會於會稽山陰之蘭亭　會稽，郡名，今江蘇東部浙江西部皆其地。山陰，縣名，今并山陰會稽爲紹興縣。縣西南有蘭渚，渚中有亭，名爲蘭亭。❸修禊事　古修禊之俗，於陰曆三月上旬巳日舉行，是日臨水灌濯以祓妖邪。自魏以後，但用三月三日，不復泥用巳日。民國十九年，改以國曆三月三日爲修禊之辰，並廢上巳之稱，惟此風已不流行。禊是潔的意思。❹激湍　急流。❺映帶　映，水光反映。帶，圍繞。❻流觴曲水　引水環曲成小渠，置酒杯於水之上游，與會者環坐渠旁，杯隨波而下，止於某處，則其人取而飲之。觴，酒杯。今北平中海有曲水亭，即師此意修建。❼惠風　溫和之風。❽宇宙　淮南子齊俗：「往古來今謂之宙，四方上下謂之宇。」宇宙猶言世界。❾品類　猶言品物。❿游目騁懷　遊覽景物，開暢胸懷。⓫俯仰　周旋，應付。⓬晤言　相對談。⓭形骸之外　外在的身體。⓮趣舍　取捨。⓯躁　急躁、浮動。⓰所之　之，往。謂興趣之所追求。⓱俛仰　俛通俯。猶言瞬息。⓲修短隨化　謂人命長短，隨造化作主也。⓳死生亦大矣　莊子德充符引孔子曰：「死生亦大矣，而不得與之變。」⓴合一契　相一致。契是契約。周易：「聖人易之以書契。」鄭玄注云：「書之於木，刻其側爲契，各持其一，後以相考合。」㉑喻　明白。㉒一死生爲虛誕　以死生爲一致的說法爲虛誕。虛誕，大言不實也。莊子齊物論：「予惡乎知悅生之非惑耶？予惡乎知惡死之非弱喪而不知歸者耶？……予惡乎知夫死者不悔其始之蘄生乎？」㉓齊彭殤爲妄作　彭，彭祖，古之長壽者。殤，短命而死者。莊子齊物論：「莫壽乎殤子，而彭祖爲夭。」㉔致　情趣意態。

【語　譯】永和九年，是癸丑歲，三月初的時候，大家聚會在會稽郡山陰縣的蘭亭，舉行「修禊」的事。賢達都到了，年少的年長的也都聚在一起。這裏有高山，峻嶺，茂盛的樹林，修長的竹叢；又有清水急流，映照圍繞在亭子左右。引導流水成爲曲折的小溪，酒杯順着水波浮動，大家依次序坐在那裏；雖然沒有琴、瑟、簫、笛的熱鬧，但是喝一杯酒，吟一首詩，也足夠痛快地發抒幽雅的情意。

這一天，天氣爽朗，空氣新鮮，溫和的風使人暢快；擡起頭來，看到世界的廣大，低下頭去，察見事物的繁多；放開眼界，舒暢心胸，耳目都可以儘情享受，眞是叫人快樂呀！

大抵人和人共同生活在世上，有的人把自己的抱負，面對著知友傾心談論；有的人寄情在自然界，行爲無拘無束。雖然取捨的方式不一樣，安靜、躁動也不相同，可是當他樂於自己的遭遇，暫時得意，痛快滿足的時候，簡直不知道會有老的一天來到。等到他所追求的厭倦了，情感隨著事情變化，感慨就跟著來了。從前所快樂的，轉瞬間已經變成過去的事迹，對此還不能不引起感慨；何況人的壽命長短，雖然由上天作主，終歸有窮盡的期限。古人說：「死生也可說是大事了。」怎麼能不悲痛呢？

我每次觀察古人感慨的原因，就如同契約的驗合那樣吻合，沒有一次不對著文章歎息悲傷的，自己也不知道是甚麼緣故。我很知道把死生看做一樣是謊話，把長壽早夭看做齊等也是亂說。後來的人看現在，也像現在的人看從前，眞是可悲的事！所以列敍當時聚會的人，記錄大家所作的詩，雖然將來的時代不同，事情有異，可是感觸的原因是一樣的！後世讀這篇文章的人，或許也會對它有所感動吧。

【文章分析】東晉穆帝永和九年（西元三五三年）三月三日，王羲之和太原孫綽、廣漢王彬之、陳郡謝安等名士，以及他的兒子凝之、徽之等一共四十一人，會聚在蘭亭，舉行祓禊的事。參加集會的人，很多都作了詩，有四言的也有五言的。羲之因此作了這一篇序，說明當時的盛況，發抒個人的感懷，以及作者的意趣。

這是一篇序跋類的文章，選自晉書王羲之傳。共分四段：第一段描寫蘭亭山水的秀麗。第二段說天氣的清朗，更增加了與會人士的樂趣。第三段觸景生情，文章到此一變，由自己遊賞的樂趣，想到樂去以後的悲哀，再想到世事的多變，人生的無常，末尾用「豈不痛哉」四字作結，更有餘意。最後一段說記錄大家所作的詩的原因，就是希望後世讀到的人，也能受到感動，暗中寄託了「人的生命雖然有限，文學的生命卻可以不朽」的意旨。

歸去來辭

陶淵明

歸去來兮❶，田園將蕪胡不歸？既自以心爲形役❷，奚惆悵而獨悲？悟已往之不諫❸，知來者之可追；實迷途其未遠，覺今是而昨非。舟搖搖以輕颺❹，風飄飄而吹衣，問征夫❺以前路，恨晨光之熹微❻。乃瞻衡宇❼，載❽欣載奔。僮僕歡迎，稚子候門。三徑❾就荒，松菊猶存。攜幼入室，有酒盈罇❿。引壺觴以自酌，眄⓫庭柯⓬以怡顏。倚南窗以寄傲⓭，審容膝⓮之易安。園日涉以成趣，門雖設而常關。策扶老⓯以流憩，時矯首而遐觀。雲無心以出岫⓰，鳥倦飛而知還。景翳翳以將入⓱，撫孤松而盤桓。

歸去來兮，請息交以絕游。世與我而相遺，復駕言兮焉求⓲？悅親戚之情話，樂琴書以消憂。農人告余以春及，將有事乎西疇⓳。或命巾車⓴，或棹孤舟。既窈窕㉑以尋壑，亦崎嶇而經丘。木欣欣以向榮，泉涓涓㉒而始流。羨萬物之得時，感吾生之行休㉓。

已矣乎！寓形宇內㉔復幾時？曷不委心任去留㉕？胡爲遑遑㉖欲何之㉗？富貴非吾願

，帝鄉㉘不可期。懷良辰以孤往，或植杖而耘耔㉙。登東皋㉚以舒嘯㉛，臨清流而賦詩。聊乘化以歸盡㉜，樂夫天命復奚疑？

【作者】陶淵明，名潛，一說名淵明，字元亮。潯陽柴桑（今江西九江縣）人，生於東晉哀帝興寧三年（西元三六五年），卒於宋文帝元嘉四年（西元四二七年）。死後，朋友送他一個謚號叫做靖節，世稱靖節先生。他人格高潔，愛好自然；喜歡讀書，不慕榮利，是我國最有名的隱逸田園詩人。著有陶淵明集。

【註釋】❶歸去來兮　來、兮，並語末助詞，無義。歸去來兮，猶今語「回去了吧」。❷心爲形役　言心在求祿，不能自主，反爲口腹形體所役也。❸諫　糾正。❹颺　與揚通，搖蕩之意。❺征夫　行人。❻熹微　微明，指光未盛也。熹，同熙，光明也。❼衡宇　指家門和屋宇。衡，衡門，橫木爲門。宇，屋邊。❽載　助詞，無義。❾三徑　指庭園中的小路。三輔決錄：「蔣詡，字元卿，舍中竹下開三徑，惟羊仲、求仲從之遊。」徑，小路。❿罇　酒器。⓫眄　斜視。⓬柯　樹枝。⓭寄傲　謂寄託曠放不受拘束之本性。⓮容膝　言居處狹小。⓯策扶老　策，扶也。扶老，手杖之別名。⓰岫　山谷。古人以爲大山主風雨，風從谷生，雲自岫出。⓱景翳翳以將入　景，日光。翳翳，漸暗貌。⓲復駕言兮焉求　駕，乘車。言，助詞，無義。焉，何也。⓳將有事乎西疇　有事，謂耕作。一井謂疇，言田間也。⓴巾車　指車之有帷幔幕蓋者。㉑窈窕　深長貌。㉒涓涓　水細流不絕貌。㉓行休　行其當行，休其當休。㉔寓形宇內　指生存於天地間。㉕委心任去留　委，棄也，謂委棄名利之心而聽時之去留也。一說去留指生死。㉖遑遑　不安貌。㉗之　往。㉘帝鄉　上帝所居。指天上。莊子天地篇：「乘彼白雲，至於帝鄉。」㉙或植杖而耘耔　植，立。耘，除草。耔，壅土培苗也。㉚東皋　文選潘岳秋興賦：「耕東皋之沃壤兮。」李善注：「水田曰皋。」㉛舒嘯　舒，緩也。發聲清越而悠長謂之嘯。㉜聊乘化以歸盡　且隨自然的變化而到生命的盡頭。聊，且也。化，謂自然變易。盡，猶死也。孔子家語：「化於陰陽，象形而發謂之生，化窮數盡謂之死。」

【語譯】回家去吧！田園快荒蕪了，爲什麼還不回去呢？自己既然知道作官使心靈受形體奴役，爲甚麼還獨自悲傷呢？覺悟過去的不能改正，就知道未來的還可以追及；曉得現在做得對，以前是錯了，迷路實在還不算遠啊！

船輕輕地搖着，風飄飄地吹著衣服。向行人打聽前面的道路，恨早晨的天不太明亮。看見了家門和房屋，一面歡喜，一面奔跑。僮僕出來歡迎，孩子們在門口等候。園中的小路已長滿了荒草，松樹和菊花卻依然生長着。帶着孩子走進屋裏，罈子裏裝滿着酒。拿起了酒壺酒杯獨個兒暢飲，看着庭中的樹，不覺欣喜於色。靠着南窗寄託我曠放的心意，覺得小小的地方僅能容膝，也容易得到滿足。天天在園中遊覽，已經成了一種樂趣，雖有大門，卻是常常關着。拄着手杖隨處休息，時常擡起頭來眺望遠處的風景。雲兒無心浮出山谷，鳥兒飛倦了也知道回巢。夕陽漸漸昏暗快沈沒了，撫摸着孤松，自個兒在那裏徘徊留連。

回家去吧！從此斷絕一切的交遊。世間和我已經互相遺棄，我還坐車出去要求什麼？親戚們富有人情味的談話，聽到就高興；彈彈琴，讀讀書，快樂得忘記了憂愁。農人告訴我春天到了，將要在西面的田裏有所耕種。有時候坐着有圍篷的車，有時候搖着小船。或者是探訪幽深的溪谷，或者是經歷崎嶇的山丘。樹木欣欣向榮，泉水潺潺不絕。羡慕萬物能夠適應時節生長，感慨自己也應該行止自由。

算了吧！形體寄託在天地間能有多久呢？爲甚麼不能丟掉名利的心而任情自由呢？爲甚麼遑遑不安，到底要上哪兒去呢？富貴不是我的願望，神仙世界也不可期待。想起好日子就獨個兒去遊玩，或者是拄了拐杖在田裏除草培苗。有時登上東邊的高岸悠然長嘯，有時候面臨着清澈的流水作詩。且順着自然的變化過完這一生吧，快快樂樂地聽天由命，還猶疑什麼呢？

【文章分析】本文原來的題目叫做「歸去來兮」，蕭統的陶淵明傳和文選，删掉「兮」字，叫做「歸去來」。因爲本文的文體屬於辭賦類，所以後來又加上文體名「辭」，合稱「歸去來辭」。陶淵明集、文選、晉書本傳、宋書本傳均收有此篇。

本文是作者在東晉安帝義熙元年（西元四〇五年，時年四十一）十一月辭去官職，回歸田園時所作的。作者本性愛好自然，不喜歡做官；但是因爲家裏貧窮，無法維持生活，所以在親友的勸告之下，到離家鄉並不很遠的彭澤去做縣令；可是他只做了八十多天的彭澤令，再也忍受不了心靈的矛盾和痛苦，就毅然決然地辭官回家了。從此以後，終身不仕，自由自在快樂地生活在田園琴書中。梁啟超說：「大文學家，眞是大文學家，和我們不同就在這一點，他的神經極銳敏，別人不感覺的痛苦，他會感覺，他的情緒極熱烈，別人受痛苦，擱得住，他卻擱不住，……那種慚愧痛苦，眞深刻入骨，直到擺脫後，纔算是精神上解脫了。」

本文可分爲四段：第一段說他辭官回家的理由。第二段寫出回家時所見所感的事物。第三段描寫回家後的日常生活和性格的所好。第四段說他的願望和志向。

桃花源記

陶淵明

晉太元❶中，武陵❷人，捕魚爲業，緣溪行，忘路之遠近❸；忽逢桃花林，夾岸數百步，中無雜樹，芳草鮮美，落英繽紛❹，漁人甚異之。復前行，欲窮其林。林盡水源，便得一山。山有小口，髣髴若有光，便捨船，從口入。

初極狹，纔通人；復行數十步，豁然開朗❺。土地平曠，屋舍儼然❻。有良田、美池、桑、竹之屬❼，阡陌❽交通，雞犬相聞。其中往來種作，男女衣著，悉如外人❾；黃髮❿、垂髫⓫，並怡然自樂。見漁人，乃大驚，問所從來；具⓬答之。便要⓭還家，設酒、殺雞、作食。村中聞有此人，咸來問訊。自云：「先世避秦時亂，率妻子邑人⓮來此絕境⓯，不復出焉；遂與外人間隔。」問「今是何世？」乃不知有漢，無論魏、晉。此人一一爲具言所聞，皆歎惋⓰。餘人各復延⓱至其家，皆出酒食。停數日，辭去。此中人語云：「不足爲⓲外人道也。」

既出，得其船，便扶向路⓳，處處誌之⑳。及郡下，詣㉑太守㉒，說如此，太守即遣人隨其往，尋向所誌，遂迷不復得路。南陽劉子驥㉓，高尚士也，聞之，欣然規往㉔，未果，尋病終㉕。後遂無問津㉖者。

【註　釋】❶太元　東晉孝武帝年號（西元三七六－三九六年）。俗本元誤作原。❷武陵　晉郡名，郡治在今湖南省常德縣境。❸忘路之遠近　忘了行多少路，指迷路。遠近，此指遠，近爲襯詞，無義。❹落英繽紛　英，花也。繽紛，繁多雜亂貌。❺豁然開朗　豁然，開通貌。朗，明也。❻儼然　整齊貌。❼屬　類。❽阡陌　田間分界道，東西曰阡，南北曰陌。❾外人　指桃花源以外的人。❿黃髮　老人髮色轉黃，蓋高壽徵象，故謂老人爲黃髮。⓫垂髫　兒童垂髮爲飾，故謂兒童爲垂髫。⓬具　詳細。⓭要　邀請。⓮邑人　同鄉。⓯絕境　與外界隔絕的地方。⓰惋　驚訝。⓱延　請。⓲爲　替。⓳便扶向路　扶，沿也，順也。向，前時也；向路，謂前時來此之路。⓴處處誌之　誌，記識也。處處爲標記，備再來識路也。㉑詣　往謁也。㉒太守　指武陵郡太守。㉓南陽劉子驥　南陽，郡名，郡治在今河南省南陽縣。劉子驥，名驎之，喜遊山水。㉔規往　規，計畫也。俗本規誤爲親。㉕尋病終　尋，不久。言劉子驥不久病故。㉖問津　津，渡口；問津，猶言問路，謂訪尋桃花源也。

【語　譯】晉朝太元年間，有一個武陵人，靠打魚爲生，一天，他搖着小船，順着一條小溪划上去，忘記了路途的遙遠；忽然遇到一片桃花林，溪水兩岸幾百步的土地上，全都是桃樹，一棵雜樹也沒有，地上芬芳的青草又新鮮又美麗，樹上落下來的桃花，隨着風飄散，漁人覺得非常稀奇。他接著再向前划，想划到桃花林的盡頭。林子的盡處便是小溪的水源，在那兒還有一座小山。山上有個小洞，好像有光亮，就下了船，從洞口走進去。

山洞起先很狹窄，只夠一個人通過；又走了幾十步，就突然開闊明朗起來。地面平坦寬廣，房屋也很整齊。有肥沃的田地，美好的池塘，還有桑樹、竹子一類的東西。田中間的小路，四通八達；鷄啼狗叫，到處都能聽見。這兒來來往往耕田作活的，男女的裝束，完全和外邊人一樣；老人和小孩，都很安適地自得其樂。他們看見這個漁人，大吃一驚，問他從那兒來的，漁夫便詳詳細細地告訴他們。於是他們便邀請漁人到家裏去，殺雞、擺酒，請他吃飯。村裏人聽說來了這麼一個人，就都跑來問這問那。他們自己說：「先人在秦朝的時候，爲了躲避禍亂，帶領了家人和同鄉來到這個荒僻不通的地方，再沒有出去，從此就和外邊的人隔絕了。」他們問漁人「現在是甚麼時代？」原來，他們連漢朝都不曉得，更不用說魏朝和晉朝了。這個漁人他把所曉得的事一件一件地都告訴他們，他們都很感歎驚訝。其餘的人也分別請他到家裏去，預備酒飯招待他。逗留了幾天，漁人告別回去。村裏人囑咐他說：「不值得向外邊的人說啊！」

漁人出來以後，找到他的船，就順着原路划回去，一路上處處都做了記號。到了城裏，拜見太守，說有這麼回事。太守就派人跟他去找，尋找上次所留下的記號，遂迷路再也找不到了。南陽的劉子驥先生，是位高尚的人士，聽說這個消息，很高與地計畫去找這個地方，還沒有去成，不久就得病死了。以後就沒有人再去尋訪這個桃花源了。

【文章分析】本文是一篇雜記類的文章，選自陶淵明集。作者把心中虛構的桃花源，當作一個與世隔絕的和平安寧的村落來描寫。實際上並沒有這個地方，不過是因為作者不滿意於當時的紊亂黑暗的社會，暴虐迫害的政治，而假設一個理想的極樂世界，來諷刺現實的環境。本文雖然出於幻想；但是描摹極具眞實感，使人讀了為之欣然神往。另有一說：陶淵明的桃花源，就是以他的家鄉柴桑為藍圖，所描繪出來的桃花源世界。

本文共分三段：第一段寫漁人發現桃花源的經過。第二段寫漁人在洞中的所見所聞，這就是作者心目中的理想世界——土地平曠，房屋整齊，田疇肥美，交通方便，人民勤勞，生活愉快，民情淳厚。第三段寫桃花源不能再往，暗示這只是作者的假託，現實中那裏眞有這麼好的所在呢！

五柳先生傳

陶淵明

先生不知何許人也，亦不詳其姓字，宅邊有五柳樹，因以為號焉。閑靜少言，不慕榮利。好讀書，不求甚解❶；每有會意，便欣然忘食。性嗜酒，家貧不能常得。親舊知其如此，或置酒招之，造❷飲輒盡，期在必醉；既醉而退，曾不吝❸情去留。環堵蕭然❹，不蔽風日；短褐穿結❺，簞瓢❻屢空，晏如❼也。嘗著文章自娛，頗示己志。忘懷得失，以此自終。

贊曰：黔婁❽有言：「不戚戚❾於貧賤，不汲汲❿於富貴。」其言茲若人之儔⓫乎！銜觴賦詩，以樂其志，無懷氏之民歟？葛天氏之民歟⓬？

【註釋】❶不求甚解　謂讀書但通大意，遇有艱深難通處，姑置闕如也。❷造　到也。❸吝　吝嗇也。❹環堵蕭然　環，周也。牆長丈廣丈爲一堵。環堵謂寬廣僅一丈之小屋也。蕭然，空寂貌。❺短褐穿結　褐，貧者之服，以毛布爲之。穿結，言其不完也。穿，謂破洞。結，謂補綻。❻簞瓢　簞，盛飯之竹器。瓢，剖瓠爲之，用以挹水之具也。❼晏如　安然貌。❽黔婁　齊之隱士，魯恭公聞其賢，賜粟三千鍾，辭不受。著書四篇，號黔婁子。❾戚戚　憂慮。❿汲汲　欲速之意。⓫儔　類。⓬無懷氏之民歟二句　無懷氏、葛天氏，皆上古之帝號。

【語譯】先生不知道是什麼地方的人，也不清楚他的姓名字號，他屋邊有五棵柳樹，因此就叫做五柳先生。先生的爲人，安閑沈靜，很少說話，不羨慕榮華利祿。喜歡讀書，但求通達大意而已；每當有所領會的時候，便高興得忘記了吃飯。生性喜歡喝酒，可是家裏貧窮，不能常常得到酒。親戚故舊知道他有這個嗜好，就常有人備酒請他，他到了便盡情暢飲，必定喝醉才肯停止；醉了就告辭，去留完全隨心所願，一點也不介意。他住的是一間小屋子，四壁空空，遮蔽不了風雨和陽光；穿的是補過的粗布短衣，盛米的桶和瓢裏經常空着，可是先生卻安然自得不以爲意。常寫些文章娛悅自己，很能夠表示自己的志向。對於得意和失意的事，不放在心上，他就這樣地過了一生。

贊說：黔婁曾經說過：「不憂慮貧賤，不急求富貴。」這兩句話，就是說的像他這一類人吧！飲酒作詩，快樂自己的心志，是無懷氏的百姓呢？還是葛天氏的百姓呢？

【文章分析】此篇爲傳狀類的文章，選自陶淵明集。短短的兩小段文字，把一個清靜恬淡、詩酒爲樂、逍遙自適、安貧樂道的淵明先生，生動眞實地呈現在我們的眼前。淵明先生的文章叫人喜悅，淵明先生的爲人叫人欽羨。

北山移文

孔稚珪

鍾山之英❶，草堂之靈❷，馳煙驛路，勒移山庭❸。夫以耿介拔俗之標❹，瀟灑出塵

⑤之想，度白雪以方絜，干青雲而直上⑥，吾方知之矣。若其亭亭⑦物表，皎皎⑧霞外；芥千金而不盼⑨，屣萬乘其如脫⑩；聞鳳吹於洛浦⑪，值薪歌於延瀨⑫，固亦有焉。豈期終始參差，蒼黃翻覆，淚翟子之悲，慟朱公之哭⑬；乍迴跡以心染⑭，或先貞而後黷⑮，何其謬哉！嗚呼！尚生不存，仲氏既往⑯，山阿寂寥⑰，千載誰賞？

世有周子⑱，儁俗⑲之士，既文既博，亦玄亦史⑳。然而學遁東魯，習隱南郭㉑；竊吹㉒草堂，濫巾北岳㉓；誘我松桂，欺我雲壑；雖假容於江皋，乃纓情於好爵㉔。

其始至也，將欲排巢父，拉許由㉕，傲百氏，蔑王侯。風情張日，霜氣橫秋。或歎幽人長往，或怨王孫不游。談空空於釋部，覈玄玄於道流㉖。務光㉗何足比？涓子不能儔㉘！

及其鳴騶㉙入谷，鶴書赴隴㉚，形馳魄散，志變神動。爾乃眉軒㉛席次，袂聳筵上；焚芰製而裂荷衣，抗塵容而走俗狀㉜。風雲悽其帶憤，石泉咽而下愴。望林巒而有失，顧草木而如喪。

至其紐金章，綰墨綬㉝，跨屬城之雄㉞，冠百里之首㉟，張英風於海甸㊱，馳妙譽於浙右㊲。道帙㊳長擯，法筵㊴久埋。敲扑諠囂㊵犯其慮，牒訴倥偬㊶裝其懷。琴歌既斷，酒賦無續。常綢繆於結課(42)，每紛綸於折獄。籠張趙於往圖(43)，架卓魯於前籙(44)。希蹤三輔豪(45)，馳聲九州牧(46)。

使我高霞孤映，明月獨舉；青松落蔭，白雲誰侶？磵(47)戶摧絕無與歸，石徑荒涼徒延佇(48)！至於還飆(49)入幕，寫霧出楹(50)，蕙帳(51)空兮夜鶴怨，山人去兮曉猿驚！昔聞投簪逸海岸(52)，今見解蘭縛塵纓(53)。於是南嶽獻嘲，北隴騰笑，列壑爭譏，攢峯竦誚(54)。慨遊子(55)之我欺，悲無人以赴弔。故其林慚無盡，澗愧不歇，秋桂遣風，春蘿罷月(56)。騁西山之逸議(57)，馳東皋之素謁(58)。

今又促裝下邑，浪栧上京(59)；雖情投於魏闕，或假步於山扃(60)。豈可使芳杜厚顏，薜荔蒙恥(61)，碧嶺再辱，丹崖重滓(62)，塵游躅於蕙路，汙淥池以洗耳(63)？宜扃岫幌(64)，掩雲關(65)，斂輕霧，藏鳴湍，截來轅於谷口，杜妄轡於郊端(66)。於是叢條瞋膽，疊穎怒魄(67)；或飛柯以折輪(68)，乍低枝而掃迹(69)。請迴俗士駕，為君謝逋客(70)。

【作者】孔稚珪，字德璋，南朝齊山陰（今浙江紹興縣）人。生於宋元嘉二十四年（西元四四七年），少有文采，辭章清拔。南朝齊高帝時任記室參軍，後來做到都官尚書。死於永元三年（西元五〇一年），追贈為金紫光祿大夫。

【註釋】(1)鍾山之英　鍾山即北山，在今南京市之北。英，精靈也，言山神。(2)草堂之靈　草堂，寺名，為周顒所建，在鍾山上。梁簡文帝草堂傳：「汝南周顒昔經在蜀，以蜀草堂寺林壑可懷，乃於鍾嶺雷次宗學舘立寺，因名草堂。」靈，神也。❸馳煙驛路勒移山庭　驛，馬遞也，舊時傳達官文書者。移，卽移文，官文書之一種。二句謂山之英靈馳騖於雲煙之驛路中，而刻此文於山庭也。作者知周顒必過此，乃借山靈之意移之，使不可再至。❹耿介拔俗之標　耿介，堅貞守正也。拔俗，超出庸俗也。標，儀表也。❺瀟灑出塵　瀟灑，清高絕俗也。出塵，超出塵俗。❻度白雪以方絜二句　度，揣度。白雪，喻其行也。方，比也。絜，音義同潔。干，觸也。青雲，喻其志也。二句言其性行之廉潔，可與白雪相比擬，志向之高遠，直可上觸青雲也。❼亭亭　高聳貌。❽皎皎　潔白貌。❾芥千金而不盼　芥，草芥也，當動詞，比喻輕賤。謂視千金猶草芥也。❿屣萬乘其如脫　屣，草履也。萬乘，兵車萬乘，謂天子也。脫屣，言棄之輕也。指輕視高位如棄草鞋。⓫聞鳳吹於洛浦　王子喬，周靈王太子晉也，好吹笙作鳳鳴，遊於伊洛之間。⓬值薪歌於延瀨　文選呂向注：「蘇門先生遊於延瀨，見一人採薪，謂之曰：『子以此終乎？』採薪人曰：『吾聞聖人無懷，以道德爲心，何怪乎而爲哀也。』遂爲歌二章而去。」延，水名，在今陝西省境。瀨，水流沙上也。⓭終始參差四句　終始參差，謂始終不一也。蒼黃翻覆，謂素絲染蒼則蒼，染黃則黃，變化無常也。翟子，卽墨翟。朱公，卽楊朱。淮南子說林：「楊子見逵路而哭之，爲其可以南可以北；墨子見練絲而泣之，爲其可以黃可以黑。」⓮乍迴跡以心染　乍，暫也。言周顒雖暫時避迹山林，而「六根未淨」，心猶染於寵榮也。⓯先貞而後黷　貞，潔也。黷，汚濁也。⓰尙生不存仲氏既往　尙生仲氏，卽尙子平與仲長統也，皆東漢隱士。⓱山阿寂寥　山阿，山之隱曲處。寂寥，寂寞也。⓲周子　卽周顒，字彥倫，南齊汝南人。爲周顗的七世孫，官至中書郎、國子博士。⓳儁俗　謂俗中之俊士也。儁，同俊。⓴既文既博亦玄亦史　既裴然有文，復淵然以博，亦造乎揚子之玄，亦兼乎馬遷之史。蓋謂周顒博學多才也。㉑學遁東魯習隱南郭　遁，隱去也。東魯，謂顏闔，春秋時魯賢人。莊子讓王：「魯君聞顏闔得道之人也，使人以幣先焉。顏闔守陋閭，苴布之衣，而自飯牛。魯君之使者至，顏闔自對之。使者曰：『此顏闔之家與？』顏闔對曰：『此闔之家也。』使者致幣。顏闔對曰：『恐聽者謬而遺使者罪，不若審之。』使者還，反審之，復來求之，則不得已。故若顏闔者，眞惡富貴也。」南郭，謂南郭子綦也。莊子齊物論：「南郭子綦隱几而坐，仰天而噓，嗒焉似喪其耦。顏成子游立侍乎前，曰：『何居乎？形固可使如槁木，而心固可使如死灰乎？』」此言顒欲效東魯、南郭之隱遁也。㉒竊吹　竊，盜也。吹，謂吹竽，借用濫竽充數之故事。謂顒本非隱者，如吹竽之南郭處士，濫居其間也。㉓濫巾北岳　濫，猶僭也。巾，隱者之服。北岳，卽北山也。謂顒僭服幅巾，貌托隱士也。㉔雖假容於江皋二句　假容，假託隱者之容。江皋，江畔之澤也。

纓情，猶言繫情。好爵，美好之官爵，如公卿大夫之類。二句言其身在江湖之上，而心則縈繫於魏闕之下也。㉕排巢父拉許由　排，推倒。拉，摧折。巢父、許由，二人堯時隱士，堯欲以天下讓之，二人皆不受。㉖談空空於釋部二句　空空，佛家語，謂空亦空也。釋部，佛家之典籍也。覈，考驗以求其實也。玄玄，卽道德經所謂玄之又玄也。道流，謂道家之流也。案南齊書卷四十一周顒本傳謂顒泛涉百家，長於佛理，兼善老易，著有三宗論云。㉗務光　夏時人，湯得天下，讓之，光不受而逃。見列仙傳。㉘涓子不能儔　涓子，春秋齊人，好餌朮，著天人經四十八篇，隱於宕山。儔，匹配也。㉙鳴騶　前導與從騎皆曰騶，云鳴騶者，蓋舊時顯貴者出行，前後侍從之騎卒，必馬引先爲喝道也。㉚鶴書赴隴　鶴書，書體名，亦名鶴頭書。古詔板書體用鶴頭書，故曰鶴書。隴，與壟通，土阜，指山野。㉛眉軒　卽揚眉之意。表示喜悅。㉜焚芰製而裂荷衣二句　言其棄隱者之服而爲塵俗之狀也。芰，菱也。芰製，製芰荷以爲衣也。芰製、荷衣，隱者之服也。抗，舉也。塵容，謂趨炎附勢之態。㉝紐金章綰墨綬　紐，結也。金章，銅印也。綰，繫也。墨綬，黑色印組也。漢制秩六百石以上者皆銅印墨綬。㉞屬城之雄　言海鹽爲諸城之冠也。案周顒後應詔出爲海鹽令，卽今浙江海鹽縣。㉟百里之首　猶云一邑之長。縣大率屬地百里，故云然。㊱張英風於海甸　英風，美聲也。海甸，猶言海疆，指海鹽城一帶。㊲馳妙譽於浙右　江水以東至會稽山陰爲浙右，此指海鹽之所在也。㊳道帙　泛指道家之書。帙，書衣也。㊴法筵　佛家說法之講壇也。㊵敲扑諠嚻　敲扑，笞責人也。諠嚻，哄鬧之聲。㊶牒訴倥偬　牒，舊制公文之一種。倥偬，忙亂也。㊷常綢繆於結課　綢繆，結縛也。結課，猶言考課，謂考核官吏在職之功過善惡也。此言顒常爲公務員之考核事務所羈纏也。㊸籠張趙於往圖　籠，籠蓋，有超越之意。張趙，謂張敞與趙廣漢也，俱爲西漢名臣。往圖，猶前績。㊹架卓魯於前籙　架，凌而上之也。卓魯，謂卓茂與魯恭也，並爲東漢循吏。籙，籍也，簿書也。前籙，猶云過去之記載，謂前人所爲之事業也。㊺希蹤三輔豪　希蹤，希望跟上。漢以京兆、左馮翊、右扶風爲三輔，卽今陝西省中部之地。豪，州郡官吏中之特出者。㊻馳聲九州牧　馳聲，聲聞遠播。九州牧，指全國州長。㊼磵　通澗，山夾水也。㊽延佇　引頸而長望也。㊾還飆　迴風、旋風。㊿楹　堂屋之柱。(51)蕙帳　蕙，香草，俗名佩蘭，圍植於帷之四周，取其香氣也。(52)投簪逸海岸　簪所以固冠，投簪者，謂掛冠去官也。逸，隱也。漢疏廣棄官歸隱東海。(53)解蘭縛塵纓　幽人佩蘭，仕則非幽人，故云解蘭。縛塵纓，謂參與塵俗之事也。入仕已入塵網而有冠纓，故云塵纓。(54)攢峯竦誚　攢，聚也。攢峯，羣峯也。竦誚，猶驚笑也。(55)遊子　指周顒。(56)秋桂遺風春蘿罷月　蘿，松蘿也。言桂蘿得秋風春月之助，逞其娉婷之姿，曳其婀娜之態，今則無人賞玩之，應可以棄之罷之也。(57)騁西山之逸議　騁，謂文辭之恣放也。西山，指首陽山，伯夷、叔齊餓死處也。逸議，清議也。武王克商，夷、齊恥之，義不食周粟，隱於首陽山，採薇而食之，及餓且死，作歌曰：「登彼西山兮，采其薇矣。以暴易暴兮，不知其非矣。神農虞夏忽焉沒兮，我安適歸矣。于嗟徂兮，命之衰矣。」(58)馳東皋之素謁 東皋，東首之水澤也。素，平素也。謁，告也。此言伯夷等方是眞隱，以西山之清議，揭露此東皋者之平素行爲反覆無常者，以告於人。(59)促裝下邑浪栧上京 下邑，指海鹽。浪，用作動詞，鼓也，擊也。栧，同櫂，楫也。上京，指南齊都城建康，即今南京市。二句言周顒以海鹽令秩滿入京也。(60)雖情投於魏闕二句 魏闕，宮門外縣法之所，此泛指朝廷。假步，言周顒欲假跡再遊北山也。山扃，山門也。(61)芳杜厚顏薜荔蒙恥 芳杜、薜荔，皆香草名。(62)滓 濁也。(63)汙淥池以洗耳 淥，水清也。言因洗耳而汚染清池也。(64)扃岫幌 扃，閉也。岫幌，山窗也。(65)掩雲關 雲關，謂以雲爲關鍵也。(66)截來轅於谷二句 謂截止周顒之車馬，不令入山也。(67)叢條瞋膽疊穎怒魄 叢條，衆多之枝條。瞋膽，猶言張膽，怒也。疊穎，重疊之草穗也。此狀草木皆不歡迎周顒。(68)飛柯以折輪 柯，樹枝。言樹枝飛動，足以擊折顒之車輪。(69)埽迹 謂掃去顒之行迹也。(70)請迴俗士駕爲君謝逋客 俗士、逋客，皆指周顒。逋，逃也。君，指山靈。以辭相告曰謝。

【語譯】鍾山的英靈，草堂的神明，奔馳在雲烟的驛路上，把這篇移文刻在山庭。那具有忠貞守正、超出流俗的儀表，清高絕俗，超逸出塵的思想；行爲的廉潔，可以和白雪相比，志向的高遠，可以觸青雲而直上，這種眞正的隱士，如今我才知道不容易達到。至於那崇高超物表，潔白像雲霧；看千金同草芥，棄高位如敝屣；在洛浦吹笙，在延瀨高歌，這種高士，世上原是有的。那裏知道有一種人，始終不一，反覆無常；墨子見了他，一定悲傷落淚；朱公見了他，一定要悲哀痛哭；他們暫時隱避到山林裏去，但心裏仍是染着俗氣；或是起先清正，後來汚穢，這是多麼荒謬呢！唉！尚子平不再有了，仲長統已經過去，名山寂寞，千年以來，有誰來賞玩呢？

現在有個周君，堪稱凡俗中的俊士，既富有文采，又博學多才，也精玄學，也通歷史。然而學習顏闔的遁世，仿效南郭的隱居；住在北山草堂裏面，穿着隱者的衣服；騙松桂，欺雲壑；雖然僞裝成隱士住在江邊，卻掛心於名利爵祿。他剛來北山隱居時，想超過巢父，領先許由，傲視諸子百家，看輕王侯將相。他的風致，勝過日月；他的氣節，猶如深秋；有時歎息隱居的人，永遠的去了，有時怨恨王孫名士不到山中遊玩。有時談佛學，有時講講老莊。好像務光、涓子那樣的高士都不足和他比擬了。

誰知等到欽差使者車駕入山，皇上的詔書來到，他就改換了形貌，飛散了魂魄，一向的志氣精神，也都起了變化和動搖了。竟然在筵席上邊，眉飛色舞，捲衣撩袖；焚燬了隱者的服裝，露出了趨炎附勢的醜態。因此風雲悽愴帶恨，泉石悲愴下淚，樹林岡巒，花草樹木，都傷痛若有所失。

等到他掛了縣令的印章，佩了黑色的印綬，擔任海鹽大縣的縣長，美好的聲譽傳佈在浙右一帶。從此道書永遠拋棄，佛經久已埋藏：天天處理那審判的事情，來往的公文眞是忙碌。彈琴、唱歌、飲酒、賦詩，都沒有工夫了；忙的是考核官吏，煩的是斷決獄訟，想要超越張敞、趙廣漢的成績，凌駕卓茂、魯恭的事業。希望趕上三輔豪吏的成就，聲名遠播到九州州長的耳裏。

如此一來，使得山中的高霞明月，孤映獨照；青松白雲，零落寂寞。磵戶已經破壞，離人不再歸來；石路也已荒涼，白白使人盼望！至於旋風飄飄入簾幕，吐霧裊裊出楹柱；蕙帳空了，使得夜鶴悲鳴；山人去了，使得晨猿驚懼！從前聽說他拋棄簪子，隱居海邊；現在卻看見他脫去了蘭衣，落在塵網裏了。於是南嶽諷嘲，北山譏笑，萬壑衆峯，都相譏議。慨歎受了遊子的欺騙，又悲傷沒人前來慰問。樹林澗水，都爲他慚愧不止；秋桂春蘿，也不要風月傳香增美了；所以宣揚西山的清議，暴露東臯的反覆無常。

現在又在海鹽整頓行裝，鼓起舟楫，直上京都；雖然念念不忘朝廷，卻還要託跡再遊北山。怎可使芳杜薛荔蒙受恥辱，碧嶺丹崖再受穢濁，俗跡汚染蕙路，因洗耳而沾汚了清池呢？應當關了山窗，閉了雲關，收斂輕霧，藏匿鳴湍，截住他的車輛在谷口，拒絕他的馬匹在郊外。於是草木發怒動火，有的枝條橫出，準備折斷車輪，有的枝葉低垂，準備掃去穢迹。替山神告訴那逃客，請回吧俗士，我們拒絕你進入北山。

【文章分析】本篇選自昭明文選，爲辭賦體的駢文。

周顒，字彥倫，長於佛理，又兼通老、易，起初隱居北山，後來卻應詔做起官來了，是一個外表好像恬淡，其實非常熱衷名利的假隱士。當他做海鹽令任滿回京時，作者寫了本文來嘲諷他，藉山神草木的意思，拒絕他再次登臨，以免名山二度蒙羞。北山，卽今南京市城北的鍾山，南北朝時，南京稱爲建康，是南朝的京都，鍾山在城北，故稱北山。全文共分七段：第一段泛說隱士。第二段說周顒的隱居北山，不是本意，不過藉此立異鳴高罷了。第三段寫周顒初隱時的僞裝清高，第四段寫周顒奉詔後醜態，與前一段成爲強烈的對比。第五段述周顒做官後的種種情形。第六段敍述山靈蒙羞。末段說名山不可再辱，不許周顒再至，點出本文的主旨。

全文用辭工整而秀麗，運典也非常圓達，虛字的轉接呼應，尤其靈活。借用山靈的口吻，譏諷虛僞的名士，也是別出心裁的構想。孫月峯評曰：「六朝雖然尙雕刻，然屬對尙未盡工，下字尙未盡險，至此篇則無不入髓，句必淨，字必巧，眞可謂精絕之甚，此唐文所祖。」王文濡評曰：「借物諷人，古有此法，此文益廣其體，尤稱絕妙，語語切北山，語語切周子，足令山林生色，俗士汗顏。」

諫太宗十思疏

魏徵

臣聞：求木之長者，必固其根本；欲流之遠者，必浚❶其泉源；思國之安者，必積其德義。源不深而豈望流之遠？根不固而何求木之長？德不厚而思國之治，雖在下愚，知其不可，而況於明哲❷乎？人君當神器❸之重，居域中❹之大，將崇極天之峻❺，永保無疆之休❻，不念於居安思危，戒奢以儉，德不處其厚，情不勝其欲；斯亦伐根以求木茂，塞源而欲流長者也。

凡百元首❼，承天景命❽，莫不殷憂而道著❾，功成而德衰。有善始者實繁，能克終者蓋寡。豈其取之易而守之難乎？昔取之而有餘，今守之而不足，何也？夫在殷憂，必竭誠以待下；既得志，則縱情以傲物❿。竭誠，則胡越爲一體⓫；傲物，則骨肉爲行路⓬。雖董⓭之以嚴刑，震⓮之以威怒，終苟免而不懷仁⓯，貌恭而不心服。怨不在大，可畏惟人⓰；載舟覆舟⓱，所宜深愼。奔車朽索⓲，其可忽乎？

君人者⑲，誠能見可欲，則思知足以自戒；將有所作，則思知止以安人；念高危，則思謙沖而自牧⑳；懼滿溢，則思江海而下百川㉑；樂盤遊，則思三驅以爲度㉒；憂懈怠，則思愼始而敬終；慮壅蔽㉓，則思虛心以納下；想讒邪，則思正身以黜惡㉔；恩所加，則思無因喜以謬賞；罰所及，則思無因怒而濫刑。總此十思，弘茲九德㉕。簡能而任之，擇善而從之，則智者盡其謀，勇者竭其力，仁者播其惠，信者效其忠。文武爭馳，君臣無事，可以盡豫遊㉖之樂，可以養松喬之壽㉗，鳴琴㉘垂拱㉙，不言而化。何必勞神苦思，代下司職，役聰明之耳目，虧無爲之大道㉚哉？

【作者】魏徵，字玄成，鉅鹿曲城（今河北晉縣西）人，生於北周靜帝大象二年（西元五八〇年），死於唐太宗貞觀十七年（西元六四三年）。小時是貧苦孤兒，但很有大志。喜歡讀書，留心經國治民的方法。隋末，天下大亂，李密起兵，他曾經貢獻十策，可是李密不能用。後來跟着李密降唐，太子建成很愛重他，任命他做洗馬官。建成失敗，太宗召他做詹事主簿。太宗即位後，任命他做諫議大夫。魏徵素有才略，性又正直，見太宗信任自己，因此知無不言，言無不盡，先後上了二百餘奏，都非常切要。後來又擔任過尚書左丞、秘書監、侍中、太子太師等官職。死後，太宗親臨慟哭，廢朝五日。追贈司空，諡號文貞，陪葬昭陵。後來太宗常思念他，曾經向侍臣說：「夫以銅為鏡，可以正衣冠；以古為鏡，可以知興替；以人為鏡，可以明得失。朕寶此三鏡，以防己過。今魏徵殂逝，遂亡一鏡矣！」可見太宗是多麼地敬重他。

【註釋】❶浚　挖除淤積、疏深水道也。❷明哲　猶言明智，謂深明事理者。❸神器　謂帝位。老子：「將欲取天下而爲之，吾見其不得已，天下神器，不可爲也。」老子目天下爲神器，爲帝者擁有天下，因以帝位爲「神器」。❹域中　猶言域內、國內。❺將崇極天之峻　意謂高與天齊。崇，高也，用爲動詞，上達之意。極，盡。峻，高。❻永保無疆之休　無疆，無限度、無窮盡也。休，美善、福祥。❼凡百元首　謂所有君主。❽承天景命　景，大。奉天大命，謂受天命君臨天下。❾殷憂而道著　殷憂，深憂也。意謂當艱苦之時。道著，大道彰明。❿傲物　傲氣凌人。⓫胡越爲一體　胡在北，越在南，喻疏遠也。爲一體，合爲一身，休戚與共也。⓬骨肉爲行路　骨肉，喻至親之人。行路，謂行路之人，漠不相關也。⓭董　督促。⓮震　恐嚇。⓯苟免而不懷仁　謂人民唯知苟且求避免觸犯刑罰，而不存仁義心。⓰可畏惟人　人，民也。唐太宗李世民，避其諱，故用人字。言可畏者乃民人也。⓱載舟覆舟　水能載舟，水亦能覆舟。用水、舟比喻民、君。荀子哀公篇：「孔子曰：『君者，舟也；庶人者，水也。水則載舟，水則覆舟。』」⓲奔車朽索　尚書五子之歌：「懍乎若朽索之馭六馬。」懍，懼也。朽索，腐繩也。六馬駕車，而以朽索制馭之，喻其危也。⓳君人者　即指人君，「君」字用作動詞，意爲「領導」、「統治」。⓴謙沖而自牧　謙沖，謙虛也。牧，養也。㉑江海而下百川　江海比百川低下，故百川之水歸之。老子道德經：「江海所以能爲百谷王者，以其善下之。」河上公注：「江海以卑，故衆流歸之，若民歸就王。」㉒樂盤遊則思三驅以爲度　謂畋獵當有節制也。盤通般，樂也。三驅以爲度，謂天子出獵，一年以三次爲限度。漢書五行志：「田狩有三驅之制。」或謂是圍合其三面，前開一路，使之可去，不忍盡物，好生之仁也。㉓壅蔽　謂耳目蔽塞也。㉔黜惡　斥退惡人。㉕總此十思弘茲九德　九德，見尚書臯陶謨：「寬而栗（敬嚴也），柔而立，愿（謹也）而恭，亂（治也）而敬，擾（順也）而毅，直而溫，簡而廉，剛而塞（實也），彊而義。」二句意謂總十思工夫，弘大九種德行。㉖豫遊　豫亦遊也。㉗松喬之壽　赤松子、王子喬，皆古仙人。漢書王吉傳：「心有堯舜之志，則體有松喬之壽。」㉘鳴琴　說苑政理：「宓子賤治單父，鳴琴，身不下堂，而單父治。」言無爲而治也。㉙垂拱　尚書武成：「垂拱而天下治。」言天子垂衣拱手，無爲而天下自治。㉚無爲之大道　道家主張清靜無爲，使民自化自治。老子道德經云：「道常無爲而無不爲。」又云：「聖人云：『我無爲而民自化，我好靜而民自富，我無欲而民自樸。』」

【語譯】臣聽說：要樹長得高大，一定先要鞏固樹根；要水流得長遠，一定先要疏濬泉源；要想使國家安定，一定先要積德行義。泉源不深，怎麼能希望水流得長遠？根柢不鞏固，怎麼能希望樹長得高大？道德不深厚，要想使國家太平，就是最笨的人，也知道是不可能的，何況賢明的人呢？君主負有治國的重任，統治廣大的天下，處在崇高的地位，想永保無窮的美業，不在安樂時節思慮危難，戒除貪侈，崇尙節儉，道德不能積聚深厚，情感不能克制欲望；這就像砍伐樹根卻要求樹長得茂盛，堵塞泉源還希望水流得長遠啊！

歷代所有的君主，承受上天偉大的使命，莫不是在艱苦時期，道德非常崇高；成功以後，道德反而衰微。有好開始的實在很多，能夠有好結果的卻很少。難道是取天下容易，而守天下困難嗎？從前取天下而能力有餘，現在守天下反而感到力量不足，這是什麼緣故呢？因爲在艱苦的時候，一定非常眞誠地對待部下；已經成功得意了，就放縱性情，傲氣凌人。以眞誠待人，就是北胡南越也會融爲一體；傲氣凌人，就是至親骨肉也會變成路人。雖然用嚴厲刑罰督促人，用威勢怒氣壓制人，結果只使人存着僥倖的心理，而不懷仁義的心思；表面恭敬，而內心不服。怨恨不在大小，最可怕的還是人民；人民像水，君王像船，水能行船，也能翻船，所以應該特別謹愼啊！像用爛繩子駕快車，怎麼可以疏忽呢？

做國君的人，見到可愛的東西，就該想到知足，以警戒自己；將有所作爲，就該想到適可而止，以安定人民；怕地位高危險大，就該想到以謙虛來修養自己的德行；怕自滿驕盈，就該想到江海比河流低下；喜歡打獵遊玩，就該想到不超過三次爲限度的原則；怕鬆懈怠惰，就該想到做事要謹愼開始，小心結束；憂慮上下意見蔽塞不通，就該想到虛心接納臣下的勸諫；擔心姦邪的人進讒言，就該想到要端正自己，斥退惡人；要嘉奬人，就該想到不要因爲高興而錯用奬賞；要處罰人，就該想到不要因爲生氣而濫用刑罰。總括上面十種反省工夫，發揚古人所提倡的九種美德。選拔能力強的人任用，選擇好的話聽從，那麼聰明的人能提供他的謀畫，勇敢的人能竭盡他的力量，仁愛的人能播施他的恩惠，信實的人能夠獻出他的忠心。文武百官，爭展所長；君臣之間，平安無事。可以享受逸遊的樂趣，可以獲得神仙一般的高壽，逍遙彈琴，垂衣拱手，不用說話就能把天下治好。何必勞心費神，絞盡腦汁，代部下管理事務，勞碌自己聰明的耳目，虧損人君「無爲而治」的大道呢？

【文章分析】本篇選自舊唐書魏徵傳，是魏徵上唐太宗的一篇奏章，文體屬奏議類。魏徵是唐代一位公忠體國、直言敢諫的名臣，太宗對他是又敬又畏。本文先用淺顯的例子，說明要安定國家，一定先要積德行義。接着說自古人君，都是在艱難困苦的時期，道德崇高，成功以後就衰微了，不可不深省切戒。最後以十思進諫，希望太宗從善任能，達到不言而化，無爲而治的理想。全文剴切懇摯，謀國的忠誠，愛君的深厚，在字裏行間，流露無遺。

本文字句原來有許多缺略和譌誤，現在根據舊唐書魏徵傳所載的原文，一一改正補足。

為徐敬業討武曌檄

駱賓王

僞臨朝[1]武氏[2]者，性非和順，地實寒微[3]。昔充太宗下陳[4]，曾以更衣入侍[5]。洎[6]乎晚節[7]，穢亂春宮[8]。潛隱先帝之私[9]，陰圖後房之嬖[10]。入門見嫉，蛾眉[11]不肯讓人；掩袖工讒[12]，狐媚[13]偏能惑主。踐元后於翬翟[14]，陷吾君於聚麀[15]。加以虺蜴[16]爲心，豺狼成性。近狎邪僻[17]，殘害忠良[18]；殺姊屠兄[19]，弒君鴆母[20]。神人之所共嫉，天地之所不容。猶復包藏禍心，窺竊神器[21]。君之愛子[22]，幽之於別宮；賊之宗盟[23]，委之以重任。嗚呼！霍子孟[24]之不作，朱虛侯[25]之已亡。燕啄皇孫[26]，知漢祚之將盡；龍漦帝后[27]，識夏庭之遽衰。

敬業[28]皇唐舊臣，公侯冢子[29]。奉先帝之成業，荷本朝之厚恩。宋微子[30]之興悲，良有以也；袁君山[31]之流涕，豈徒然哉？是用氣憤風雲，志安社稷，因天下之失望，順宇內之推心，爰舉義旗，以清妖孽。

南連百越[32]，北盡三河[33]。鐵騎[34]成羣，玉軸[35]相接。海陵紅粟[36]，倉儲之積靡窮；江浦[37]黃旗，匡復[38]之功何遠！班聲動而北風起[39]，劍氣沖而南斗平[40]。喑嗚[41]則山岳崩顙，叱咤㊷則風雲變色。以此制敵，何敵不摧？以此圖功，何功不克？

公等或居漢地㊸，或叶周親㊹，或膺重寄於話言㊺，或受顧命於宣室㊻。言猶在耳，忠豈忘心，一抔之土未乾㊼，六尺之孤何託㊽？倘能轉禍為福㊾，送往事居㊿，共立勤王(51)之勳，無廢大君(52)之命，凡諸爵賞，同指山河(53)。若其眷戀窮城，徘徊歧路，坐昧先幾之兆(54)，必貽後至之誅(55)。請看今日之域中，竟(56)是誰家之天下！

【作者】駱賓王，字觀光，唐義烏（今浙江省義烏縣）人。七歲賦詩，為初唐四傑之一。初為道王府屬，歷武功縣主簿，調長安主簿，遷侍御史。高宗時，政由武氏。賓王數諷諫，為當時所忌，繫獄。後遇赦，除臨海縣丞，棄官去。武氏僭位，徐敬業起兵討之，賓王為府屬，為傳檄天下。敬業敗，賓王亡命，不知所之。中宗時，詔求其文，得數百篇，今有駱臨海集。

【註釋】❶偽臨朝　此三字，原作「偽周」，駱賓王文集同，今據資治通鑑卷二〇三唐紀十九改。偽，僭竊者之稱。臨朝，指垂簾聽政也。❷武氏　武氏，即武則天，名曌，唐太宗選為才人。太宗崩，削髮為尼。高宗時，蓄髮入宮。旋立為皇后，政事皆決焉。高宗崩，臨朝稱制。廢中宗為廬陵王，改國號周，僭位二十一年。❸地實寒微　言出身微賤也。地，指地位、身分。❹昔充太宗下陳　下陳，猶後列也。此指武氏曾為太宗才人。❺曾以更衣入侍　更衣，謂易衣也。此言因更衣之便而入侍得幸也。❻洎　及也。❼晚節　即晚年。❽穢亂春宮　穢亂，猶淫亂也。春宮，猶東宮也。謂太子之宮。此指高宗為太子時，入問太宗疾，見武氏而悅之。❾潛隱先帝之私　謂削髮為尼，以掩其為太宗才人之跡也。❿陰圖後房之嬖　謂蓄髮入宮，暗圖高宗後房之嬖幸也。嬖，卑賤而得寵。⓫蛾眉　蛾通娥，美好輕揚之意。⓬掩袖工讒　掩袖，以袖掩面。工讒，謂巧於用讒也。武氏生女，王皇后憐而弄之。后出，武氏潛扼殺之，以誣害王皇后，由是上有廢立之意。⓭狐媚　言武氏媚惑高宗，如狐之為魅也。⓮踐元后於翬翟　謂王皇后廢，武氏升登元后之位也。翬，雉五采備也。翟，雉羽也。按雉之交，守死而不犯分，婦德所宜，故后之車服皆畫飾翬翟之形。⓯陷吾君於聚麀吾君，謂高宗也。聚麀，父子共乘一牝，謂亂倫也。禮曲禮：「夫惟禽獸無禮，故父子聚麀。」注：「聚，猶共也。鹿牝曰麀。」孫希旦集解：「父子共麀，言無別之甚。」⑯虺蜴　虺，蛇類，有劇毒。蜴，卽石龍子。虺蜴，以喻毒害。⑰邪僻　指李義府、許敬宗等邪僻之人。⑱忠良　指褚遂良、長孫無忌等。⑲殺姊屠兄　通鑑胡注：姊，謂韓國夫人。兄，謂元爽、元慶。事見二〇一卷，高宗乾封元年。據新唐書武后傳，武后姊早寡，封韓國夫人，有女美，封魏國夫人，出入禁中，帝皆寵之。韓國夫人尋卒，魏國夫人爲后所毒殺。又武后有異母兄二人，因對后薄禮，均遭外放而死。⑳弒君鴆母　高宗病頭眩，醫張文仲欲砭之，后故怒曰：「帝頭可刺血邪！」帝遂崩。鴆，毒鳥也，其羽瀝酒，飲之立死。王皇后與蕭妃，被武氏投鴆酒，中毒死。皇后爲天下母，故謂武氏鴆母。㉑神器　帝位也。㉒愛子　謂中宗也，廢爲盧陵王，而幽之於房州。㉓宗盟　通鑑胡注：「謂用武承嗣等。」㉔霍子孟　霍光，漢平陽（今山西省臨汾縣南）人，去病弟，字子孟。武帝時，爲奉常都尉，甚見親信。帝崩，受遺詔與金日磾等輔昭帝，拜大司馬，爲大將軍，封博陸侯。帝幼，政事壹決於光。昭帝崩，迎立昌邑王賀，以淫亂廢之。迎立宣帝，仍秉政。地節間卒，諡宣成。㉕朱虛侯　卽劉章，漢齊悼惠王子。入宿衞，高后封爲朱虛侯，以呂祿女妻之。嘗以侍讌，請以軍法行酒。諸呂有一人醉亡酒，章追斬之，自是諸呂憚章。高后崩，章與周勃、陳平誅諸呂。㉖燕啄皇孫　漢成帝后趙飛燕，性妬，於後宮有孕者輒殺之，故有「燕啄皇孫」之謠。㉗龍漦帝后　漦，龍所吐涎沫也。夏后氏之時，有神龍止於帝庭，夏后取其漦而藏之，傳及殷周。厲王之末，發布觀之。漦流於庭，入於後宮，有帝妾遭之而生女，怪棄於市，卽褒姒也。後幽王伐褒，褒人獻此女，幽王嬖之，遂至失國。㉘敬業　唐離狐（今河北省東明縣東南）人，徐世勣（賜姓李）之孫，少從勣征伐，有勇名，襲封英國公。㉙冢子　長子也。㉚宋微子　殷紂庶兄。武王滅殷，封之於宋，以代殷後。微子過殷故墟，悲之，作麥秀之歌一章。㉛袁君山　漢袁安子，以漢主年少，外戚專權，言及國事，每喑嗚流涕。㉜百越　古者江浙閩粵之地，皆爲越所居，故曰百越。㉝三河　謂黃海、淮河、洛河也。又漢時稱河東、河內、河南三郡曰三河。㉞鐵騎　謂強悍之騎兵。㉟玉軸　車之美稱。㊱海陵紅粟　海陵，今江蘇泰縣。紅粟，言粟多至紅腐也。㊲江浦　今江蘇江浦縣。㊳匡復　匡救將傾之國祚而恢復之也。㊴班聲動而北風起　班，別也。謂聞戰馬之班聲動地，凜然若北風之起也。㊵劍氣沖而南斗平　謂觀橫劍之紫氣沖天，煥然若南斗之平也。晉書張華傳：「初吳之未滅也，斗牛之間，常有紫氣。及吳平之後，紫氣愈明。華聞豫章人雷煥妙達緯象，乃要煥宿，因登樓仰觀。煥曰：『僕察之久矣。惟斗牛之間，頗有異氣。』華曰：『是何祥也？』煥曰：『寶劍之精，上徹於天耳。』華曰：『在何郡？』煥曰：『在豫章豐城。』卽補煥爲豐城令。煥到縣，掘獄屋基，入地四丈餘，得一石函，光氣非常。中有雙劍，並刻題，一曰龍泉，一曰太阿。其夕斗牛間氣，不復見焉。」㊶暗嗚　亦作暗噁，懷怒氣也。㊷叱咤　亦作叱吒，發怒聲也。㊸公等或居漢地　謂或爲居於州郡之異姓功臣。漢行郡國制，拜異姓功臣爲州郡牧守。㊹或叶周親　謂或爲合於王室之同姓近親。叶，協合。周親，至親。㊺或膺重寄於話言　謂或則承當重託於善言也。膺，當也。重寄，猶言重託。話言，善言也，謂太宗臨危時託孤之善言也。㊻或受顧命於宣室　臨終之命曰顧命，卽遺命。宣室，未央前正室也。在此指天子之大室。㊼一抔之土未乾　一抔土，謂墳墓也。未乾，謂高宗葬未久也。㊽六尺之孤何託　指中宗也。論語泰伯：「可以託六尺之孤。」注：「六尺之孤，幼少之君。」㊾轉禍爲福　謂遇禍變，而善處置之，可以轉化爲福也。㊿送往事居　謂送已往之高宗，而事居今之中宗也。左傳僖公九年：「送往事居，耦俱無猜，貞也。」注：「往，死者。居，生者。」(51)勤王　謂起兵爲王室靖難也。(52)大君　天子也。(53)同指山河　古者分封功臣，必指山河以爲誓也。(54)坐昧先幾之兆　謂因不明當前大勢而坐失先幾。先幾，指事未發生之初所呈現的先兆。(55)後至之誅　夏禹會諸侯於塗山，防風氏以後至被誅。(56)竟　終也，最後。

【語譯】 僭竊帝位垂簾聽政的武氏，性情暴戾，出身微賤。以前充當太宗的才人，曾因爲在內宮侍候更衣的機會，獲得太宗的寵幸。到了後來，居然在東宮裏，做了荒淫穢亂的事。然後悄悄地剃了頭髮當尼姑，掩飾她曾經當太宗才人的痕跡，又蓄髮入宮，暗地裏企圖在高宗的後宮，獲得嬖幸。她剛一入宮，就表現出她那善於嫉妒的劣根性來，在眉宇之間，表現着盛氣凌人的樣子，一點都不肯讓人；扭揑作態，很會說讒言，她的妖媚，偏偏能夠把人主(高宗)迷惑住。她得寸進尺，後來居然奪取王皇后的位置，車服都繪繡雉羽的圖案。使我們的主上，變成了父子共乘一牝的禽獸。再加上她的心地好像虺蜴那樣惡毒，性情好像豺狼那樣貪殘。於是她和那些邪僻的人，胡混在一起，殘害朝廷忠良的人士。她屠殺她的姊姊哥哥，害死皇上，毒死王皇后。她眞是人和鬼神共同痛恨的對象，天地都不能容納的人。她還懷着一顆禍心，企圖竊取帝位。皇上的愛子，被她幽禁在別宮裏；凡是她同姓的親人，朝廷的重任都交給他們。唉！可惜現在沒有像漢朝輔助幼主，維護王室的霍子孟那樣的人。就是像剷除諸呂，保全劉家天下的朱虛侯那樣的人，也已經看不見了。從漢后趙飛燕的殺戮皇孫，就知道漢家的天下，快要滅亡；從龍涎的誕生怪物，也可知道夏朝的王業，將要很快地衰敗了。

我徐敬業是大唐的舊臣，公侯的嫡長子。繼承着先帝已完成的事業，承受了本朝深厚的恩典。像宋微子經過殷商故墟的時候，不禁悲從中來，實在是有道理的。像漢袁君山，看到外戚那樣專權，每次談到國事，便痛哭流涕，難道是無緣無故的嗎？因此我那憤怒的氣，連風雲都被激動起來。我的志向，在安定國家，我順著天下人對武氏失望的心理，以及他們對我的推心置腹，於是我高高地舉起正義的旗幟，來清除這禍國殃民的妖孽。

南到江、浙、閩、粵，北到淮河、洛河、黃河，大家都與我們站在一條戰線上。我們強悍的騎兵，成羣結隊；我們精良的戰車，遠近相接。海陵這一帶的糧食，倉庫裏的儲藏是無窮盡的；江浦這一帶，都插着我們的黃旗，完成匡救國家，恢復國運的功業，爲期不遠。我們的部隊移動時，馬匹的叫聲，凜然就像北風怒吼一樣，我們的劍氣沖天，光輝耀目，就像與南斗一樣高。我們一發怒氣，能夠使山岳都崩頹；我們一發怒聲，能夠使風雲都變色。以這種力量來制服敵人，什麼敵人不被打垮？以這種力量來建立功業，有什麼功業不能完成？

諸位有的是異姓的功臣，有的是唐朝的近親，有的承受重託，分封在外，有的拜受遺命，受託在朝。先君的遺言還響在耳邊，難道心裏就忘了忠信？高宗的墳墓，土還未乾，中宗這孤兒，將寄託誰呢？倘使能夠轉變武氏的禍患，爲唐朝的幸福，送已往的高宗，事現在的中宗，共同建立盡力王室的功勳，不違背天子的命令，那末，凡是有功的都賞賜以爵位，我們可以一同指着山河來立誓。如果仍然眷戀你們的地盤，在歧途上徘徊，不明當前的局勢而坐失良機，那末也一定會遭遇後到的懲罰！請看今日的國中，最後究竟是哪一家的天下！

【文章分析】本篇選自唐文粹，並據駱賓王文集校訂，是屬於詔令類的駢文。武則天是武士彠的女兒，十四歲，就當唐太宗的「才人」。高宗當太子時，就很喜歡她。太宗崩，武氏削髮到感應寺去當尼姑。高宗卽位後，就把武氏接回後宮來，封她爲「昭儀」，後來又改封「宸妃」。永徽六年，高宗廢掉王皇后，封武氏爲皇后，許多政事都由她決定。高宗因爲有病，管不住她，於是她就更加爲所欲爲了。後來高宗雖然很懊悔，想把她廢掉，可是沒有成功。弘道元年十二月，高宗崩，中宗卽位，武氏臨朝聽政。後來她又把中宗廢爲廬陵王，立睿宗。過了六年，武氏自稱皇帝，改國號爲周。大殺唐朝的宗室，任用來俊臣等酷吏。武氏執政時，很有權略，也很會用人。可是到了晚年，張宗昌當宰相，朝政就大亂了。武氏僭位十五年，到中宗神龍元年六月，張柬之、崔玄暉、敬暉、桓彥範、袁恕己等，舉兵殺掉張宗昌，把武氏遷到上陽宮去，中宗復位，才恢復唐的國號。那年的冬天，武氏崩，享年八十二歲。光宅元年，眉州刺史徐敬業，舉兵於揚州，以駱賓王爲記室，移檄天下，以匡復大唐爲號召。武氏看到這篇檄文，大爲歎賞。檄是一種對外發表的下行文體，始見於戰國策中的張儀檄告楚相。其後多用於軍旅討伐之事，急件就加插羽毛，叫做羽檄。本文的主旨，是聲罪致討，示義勤王。全文共分四段：首段數武氏的罪過。第二段述起兵的原因。第三段寫兵威的盛大。第四段勉內外諸臣，共起響應，匡復大唐。這篇文章，吳楚材有這樣的評語：「起寫武氏之罪不容誅，次寫起兵之事不可緩，末則示之以大義，動之以刑賞。雄文勁采，足以壯軍聲而作義勇，宜則天見檄而歎其才也。」過商侯評曰：「前半寫娥媚奸雄處，字字足令彼心折。中幅爲義旗設色，寫得聲光奕奕，山嶽震動，覺兒女世界中，得復覩丈夫梗概。」

滕王閣序

王勃

豫章故郡，洪都新府①。星分翼軫②，地接衡廬③。襟三江而帶五湖④，控蠻荊而引甌越⑤。物華天寶⑥，龍光射牛斗之墟⑦；人傑地靈⑧，徐孺下陳蕃之榻⑨。雄州霧列⑩，俊彩星馳⑪。臺隍枕夷夏之交⑫，賓主盡東南之美⑬。都督閻公之雅望⑭，棨戟遙臨⑮；宇文新州之懿範⑯，襜帷暫駐⑰。十旬休暇，勝友如雲⑱。千里逢迎，高朋滿座⑲。騰蛟起鳳，孟學士之詞宗⑳；紫電青霜，王將軍之武庫㉑。家君作宰㉒，路出名區㉓。童子何知㉔？躬逢勝餞。

時維九月，序屬三秋㉕。潦水盡而寒潭清㉖，烟光凝而暮山紫㉗。儼驂騑於上路，訪風景於崇阿㉘。臨帝子之長洲㉙，得仙人之舊館㉚。層巒聳翠㉛，上出重霄㉜；飛閣流丹㉝，下臨無地㉞。鶴汀鳧渚㉟，窮島嶼之縈迴㊱；桂殿蘭宮㊲，即岡巒之體勢㊳。披繡闥㊴，俯雕甍㊵。山原曠其盈視㊶，川澤紆其駭矚㊷。閭閻撲地㊸，鐘鳴鼎食㊹

之家；舸艦迷津[45]，青雀黃龍之舳[46]。虹銷雨霽[47]，彩徹區明[48]。落霞與孤鶩齊飛[49]，秋水共長天一色[50]。漁舟唱晚，響窮彭蠡[51]之濱；雁陣驚寒，聲斷衡陽之浦[52]。

遙襟甫暢，逸興遄飛[53]。爽籟發而清風生[54]，纖歌凝而白雲遏[55]。睢園綠竹[56]，氣凌彭澤之樽[57]；鄴水朱華[58]，光照臨川之筆[59]。四美具[60]，二難并[61]。窮睇眄於中天[62]，極娛遊於暇日。天高地迥[63]，覺宇宙之無窮；興盡悲來，識盈虛之有數。望長安於日下，指吳會[64]於雲間。地勢極而南溟深[65]，天柱高而北辰遠[66]。關山難越，誰悲失路之人。萍水相逢[67]，盡是他鄉之客。懷帝閽而不見[68]，奉宣室[69]以何年？

嗟乎！時運不齊，命途多舛。馮唐[70]易老，李廣[71]難封。屈賈誼[72]於長沙，非無聖主；竄梁鴻[73]於海曲，豈乏明時？所賴君子安貧，達人知命。老當益壯，寧移白首之心[74]；窮且益堅，不墜青雲之志。酌貪泉而覺爽[75]，處涸轍[76]而猶懽。北海雖賒[77]，扶搖[78]可接；東隅已逝，桑榆[79]非晚。孟嘗[80]高潔，空懷報國之情；阮籍猖狂[81]，豈效窮途之哭？

勃三尺微命[82]，一介書生。無路請纓，等終軍之弱冠[83]；有懷投筆，慕宗愨之長風[84]。舍簪笏於百齡，奉晨昏於萬里[85]。非謝家之寶樹[86]，接孟氏之芳鄰[87]。他日趨庭[88]，叨陪鯉對[89]；今晨捧袂，喜托龍門[90]。楊意[91]不逢，撫凌雲而自惜[92]；鍾期[93]既遇，奏流水

(94)以何慚？

嗚呼！勝地不常，盛筵難再。蘭亭(95)已矣，梓澤邱墟(96)。臨別贈言，幸承恩於偉餞(97)；登高作賦，是所望於羣公！敢竭鄙誠，恭疏短引(98)。一言均賦(99)，四韻俱成(100)。請灑潘江，各傾陸海(101)云爾。

滕王(102)高閣臨江渚，佩玉鳴鸞罷歌舞(103)。畫棟朝飛南浦雲(104)，珠簾暮捲西山雨(105)。閒雲潭影日悠悠(106)，物換星移幾度秋(107)。閣中帝子(108)今何在？檻(109)外長江空自流！

【作者】 王勃，字子安，唐絳州龍門（今山西河津縣西）人。生於高宗永徽元年（西元六五〇年），卒於高宗上元二年（西元六七五年），年二十六。六歲解屬文，構思無滯，詞情英邁。九歲讀顏師古漢書注，撰指瑕十卷，十歲該綜六經。龍朔元年（西元六六四年），十四歲，以神童薦於朝。麟德元年（西元六六四年），對策高第，授朝散郎，數獻頌闕下。沛王賢聞其名，召為府修撰，作「平臺鈔略」十篇。時諸王鬪鷄，勃戲為「檄英王鷄文」，高宗覽之，以為交構之漸，怒斥出府。勃旣廢，遠游江漢。咸亨四年，勃聞虢州（今河南靈寶縣南）多藥草，乃求補虢州參軍。恃才傲物，為同僚所嫉。會有官奴曹達犯罪，勃匿之，又懼事洩，乃殺達以塞口責。事發當誅，後遇赦除名。勃父福時時為雍州司功參軍，坐勃故左遷交趾令。上元二年，勃侍父交趾上任，八月過淮陰，九月至洪州（江西南昌），故有「秋日登洪府滕王閣餞別序」（俗稱滕王閣序）一文，十一月次至南海，渡海溺水，驚悸致病而卒，年二十六。勃文章宏麗，與楊炯、盧照隣、駱賓王齊名，稱「初唐四傑」。著有王子安集十六卷。

王勃之生卒年壽，新舊唐書、唐才子傳及楊炯王子安集序等說法不一，各有出入，今據高步瀛及姚大榮二氏之考訂，高氏有唐宋文舉要注，姚氏有書秋日登洪府滕王閣餞別序後，可供參考。

【註釋】❶豫章故郡洪都新府　豫章，原作「南昌」，據文苑英華改。因唐時稱洪州，南唐時始稱南昌。即今江西南昌，漢爲豫章郡。洪都卽豫章，隋置洪州於此，故名。廣輿記：「漢曰豫章，晉曰江州，隋唐曰洪州，南唐曰南昌。」按此言建閣之地。洪都豫章，原非兩地。豫章乃故郡之名，而洪都則新立之府也，故云豫章故郡，洪都新府。❷星分翼軫　翼軫，二星名，別稱鶉尾。南昌本斗星分野，翼軫二星，乃楚之分野。今南昌而曰翼軫者，以楚與南昌，南北相望，借楚以形其遠耳。此謂據洪都而上考天文，則與南七宿之翼星軫星，遙相分界。❸地接衡廬　衡廬，二山名，衡山在其西南，廬山則在其北。此言下徵輿地，則見衡山、廬山，緊相接連。❹襟三江而帶五湖　三江，卽荆江、松江、浙江也。因其據三江之上，宛如衣之襟焉。五湖，卽太湖、鄱陽湖、青草湖、丹陽湖、洞庭湖也。因其據五湖之中，若腰帶之垂而相貫穿焉。❺控蠻荆而引甌越　此言荆楚本南蠻之地，此則控扼之。甌越爲百越之一，在今浙江之境，此則接引之。謂其往來於此，道路所通也。❻物華天寶　謂物之光華，乃爲天之瑞寶也。❼龍光射牛斗之墟　龍光，劍氣也。牛斗，二星名，指牽牛與南斗。墟，域也。晉武帝時，牛斗二星間，常有紫氣。張華問雷煥，答曰：「此寶劍之精耳。」後煥爲豐城令，掘獄得二劍：一名龍泉，一名太阿。此言不特形勢廣遠，其地且有奇物。因知物之光華，卽天之瑞寶，故雷煥豐城之劍，其龍文光彩，直射於牛星斗星之域，此物之奇也。❽人傑地靈　謂人之英傑，乃由於地之靈也。❾徐孺下陳蕃之榻　徐孺子名穉，漢豫章郡南昌縣之高士也。豫章太守陳蕃，字仲舉，特設一榻以待穉。此又知人之英傑，皆由於地之靈也。故洪州之徐孺子，其高節清風，每下於太守陳蕃之榻，此人之奇也。❿雄州霧列　雄州，謂大郡也。此言連接大郡之多，如霧之氤氳列於上。⓫俊彩星馳　俊彩，謂人物也。此言往來君子之衆，如星之拱環以奔馳。⓬臺隍枕夷夏之交　臺，城上之樓臺也。隍，城下近河處也。臺隍並稱，指城池之意。枕，以首枕物，猶言壓也。夷，東夷也，指前甌越而言。夏，華夏也，指中原之地。謂州之臺隍，地處於此華夷之交界，言地處勝區也。⓭賓主盡東南之美　賓，來賓也，謂他州之賓客。主，謂本州之都督。時宴於此閣者，賓盡賢豪，主稱俊傑，德業文章，盡東南之美，言與會者多名流也。⓮都督閻公之雅望　都督，官名。唐置都督府，分上中下三等，領諸州軍事。其邊方有寇戎之地，則加以旌節，謂之節度使。在此指州牧。閻公，不知其名，爲洪州州牧。張遜業校正王勃集序及舊注，或以爲閻伯嶼，無據。伯嶼玄宗天寶中爲起居舍人，與勃相去七八十年，自非一人。雅望，清望，猶令名也。⓯棨戟遙臨　棨戟，有衣之戟，以爲前驅者也，此都督之儀制也。遙臨，指閻公非洪州人，由遠方來此做州牧。⓰宇文新州之懿範　宇文，複姓，名鈞，新任豐州牧，道經於此。懿範，美型也。前贊閻公，此則帶贊宇文。⓱襜帷暫駐　襜帷，謂車帷也。坐車馬者，蔽前曰襜，在旁曰帷。此行人之儀制也。駐，車馬停止也。以上數句謂賓主之美，非徒虛語。若都督閻公者，其雅正之聞，昭昭在人。今棨戟遙遠而臨於洪州。若宇文新州者，其懿美之儀範，表表出羣，今襜帷亦暫止而同宴。⑱十旬休暇勝友如雲　謂閻公、宇文，乘此十旬閒暇之日，有此勝舉，故一時之勝友，如雲之會集。唐制，遇旬休假。時爲重九，而曰十旬，蓋言次日又休假也。問奇類林：「唐制十日一休沐，故韋應物詩云：九日馳驅一日閒。」⑲千里逢迎高朋滿座　謂客從遠方來者，相逢而迎接，故高雅之朋儔，森然而滿座。⑳騰蛟起鳳孟學士之詞宗　騰蛟起鳳，喻才華英發。謂論文才，則如蛟之騰升，光輝奪目。鳳之飛舞，章彩耀空，蔚然爲詞章之宗匠者，孟學士也。孟學士，指晉時的孟嘉，爲桓溫參軍，有文名。詞宗，詞章之宗，爲文人所推重也。或言比喻文章壯麗。㉑紫電青霜王將軍之武庫　謂論武略，則如威光激發之紫電，浩氣凜然之青霜，於王將軍之武庫中，無所不有也。王將軍指南北朝時梁朝的王僧辯，祁人，學貫九流，武該七略。任江州刺史征東大將軍。遂克建業，平侯景之亂。以功封永寧郡公，官至太尉，車騎大將軍。明楊愼丹鉛總錄卷七引三國典略曰：蕭明與王僧辯書：「凡諸部曲，並使招攜。赴投戎行，前後雲集。霜戈電戟，無非武庫之兵。」武庫，古時藏兵器之庫。以上數句，總贊座客。㉒家君作宰　家君，子稱父也。宰，縣令。勃父名福疇，時爲交趾令。㉓路出名區　路出，路過也。名區，指南昌，猶如貴處。㉔童子何知　童子，自謙之稱。勃時年二十六，非以年幼爲童子也。㉕時維九月序屬三秋　維，爲也。序，時序也。三秋，季秋也。按時方九月九日，序屬三秋之末。九月與三秋重複，考古質疑以爲「月」爲「日」字之誤。㉖潦水盡而寒潭清　潦，路上無源之水，即雨水也。潭，深水。謂春夏泥潦之水，至秋已盡，而寒潭俱澄清矣。㉗烟光凝而暮山紫　烟光，烟嵐也，指林間雲氣。此謂煙霞之光凝聚，夕陽而晚山若紫矣，豈不助人游興乎。此序九月之景。㉘儼驂騑於上路二句　儼，嚴整昂首貌。驂騑，駕車之馬在兩旁者。上路，即道路之上。訪風景於崇阿，崇阿，高陵也。此兩句謂與客赴會同行，儼駕驂騑于道路之上。追尋古跡，徧訪風景於高陵之間。㉙臨帝子之長洲　臨，至其地也。帝子，滕王元嬰，係高祖之子，故曰帝子。長洲，指建閣之基，即在南昌章江門外，爲贛江中之沙洲，今名新洲。㉚得仙人之舊館　得，謂登其上也。仙人，本或作夫人，亦指滕王。舊館，指滕王閣。此二句言沿途攬勝，未幾而到建閣之基矣，又未幾而到閣之上矣。以上敘九日同會到閣之涉歷也。㉛層巒聳翠　層，重也。巒，山峯之小銳者。言當閣之面，但見層疊峯巒，聳其翠色也。㉜上出重霄　言高出於重重霄漢之上。㉝飛閣流丹　丹，赤色。言閣之倒影映於水，飛舞莫定，其丹色如在水中流也。㉞下臨無地　言此閣臨於江上，如騰空不着地也。或謂無地，言皆水也。此數句言：吾登閣而仰觀其上，則見層叠之峯巒，高聳其翠色，直上出於重霄，此閣之當山也。俯瞰其下，則見飛出之閣，四流其丹影，宛如下臨於無地，此閣之映水也。㉟鶴汀鳧渚　汀，水邊平地。鳧，野鴨也。渚，小洲也。汀有鶴聚，故曰鶴汀。渚有鳧宿其中，故曰鳧渚。㊱窮島嶼之縈迴　窮，極也，盡也。島，水中小陸地也。嶼，水中小山也。縈迴，縈曲迴環也。此二句謂，登閣而望，則見鶴聚於汀，鳧宿於渚，窮極于水中島嶼縈曲迴環之處，以增水之勝。㊲桂殿蘭宮　閣中祠宇，或列桂於殿庭，或植蘭於宮闕，故曰桂殿蘭宮，用桂蘭以形容殿閣之華貴。㊳即岡巒之體勢　即，就也，配合之意。言宮殿之構築，就岡巒之體勢，以增山之勝。以上敍閣在山水之間，極其壯觀。㊴披繡闥　披，開也。門屏曰闥。繡闥，如繡之闥，喻其華麗也。㊵俯雕甍　俯，下視也。屋棟曰甍。雕甍，雕刻之屋棟也。㊶山原曠其盈視　原，廣平之地也。曠，曠遠也。盈視，極目也。此言山原曠遠，令人曠覽而盈滿其所視，山野之大可知矣。㊷川澤紆其駭矚　紆，屈折也。矚，遠視也。駭矚，言足以駭人之目也。此謂川澤紆曲，令人遠視而驚駭，其所矚水之奇可知矣。㊸閭閻撲地　閭，里門也。閻，里中門也。方言：「撲，聚也。」撲地，猶言遍地也。㊹鐘鳴鼎食　古富貴者，列鼎而食，食時擊鐘。此二句言閭閻遍地，又非寒族，鳴鐘列鼎而食，此于盈視中，又見宮室之大矣。㊺舸艦迷津　舸，大船也。艦，戰船也。津，渡口也。迷津，言船多至迷失水津也。㊻青雀黃龍之舳　言又非小艇，皆彩畫青雀黃龍之大船也。舳，船尾也，一說船舵。此於駭矚中，又見舟楫之大矣。㊼虹銷雨霽　霽，雨止也。言虹氣已銷，雨已止也。㊽彩徹區明　彩，光彩也，指夕陽。徹，通也。區，泛指大地。㊾落霞與孤鶩齊飛　鶩，野鴨也。齊飛，言落霞自天而下，鶩自下而上，形如齊飛也。㊿秋水共長天一色　言秋水碧而連天，長天空而映水，不分天地也。(51)彭蠡　即鄱陽湖，書經禹貢稱彭蠡。在南昌東北。(52)聲斷衡陽之浦　斷，盡也。衡陽，衡山之南也。衡山之南，有峯曰回雁峯，雁不過此。此言斯時漁舟唱晚，若遠若近，響且盡於彭蠡之濱。雁陣驚寒，或橫或斜，其聲漸斷于衡陽之浦。以上寫閣外當秋奇景。(53)遙襟甫暢逸興遄飛　遙，遠也。襟，襟懷也。甫，始也。幽遠之襟懷，始告舒暢。逸興，超逸之意興。遄，速也。超逸之意興，疾速飛揚。(54)爽籟發而清風生　凡空虛所發之聲皆曰籟。此言晚秋爽氣，皆發于萬籟之鳴，而清風舒徐以生矣。此言天時涼氣之佳。(55)纖歌凝而白雲遏　纖，細也。纖歌，美好之歌聲。遏，停留也。樂之纖歌凝止于侍宴之側，故白雲爲之停留。此言侍宴歌舞之妙。(56)睢園綠竹　梁孝王，漢文帝第二子。景帝時貴達，於睢陽築東苑，治宮室，招延豪傑。嘗修菟園，中多植竹。西京雜記：「梁孝王遊於忘憂之館，集諸游士，使各爲賦，鄒陽爲酒賦。」故後人常以梁園事，喻遊宴之盛，座中皆有德之士。(57)氣凌彭澤之樽　凌，超越也。樽，酒器。彭澤，陶淵明爲彭澤令，嘗置酒召客。此借以美座中之有德而善飲者。(58)鄴水朱華　鄴，今河南臨漳縣，乃曹操興王之地，文人最多。朱華，芙蓉也，荷花。建安末，曹丕爲五官中郎將，在鄴宮，常與其弟植，名士王粲、劉楨等遊讌西園。曹植公讌詩：「朱華冒綠池。」(59)光照臨川之筆　臨川，即江西撫州也。王羲之嘗爲臨川內史，此借以美座中之有文而善書者。或謂謝靈運，嘗爲臨川內史，文章之美，江左莫逮。此借以美座中之善文者。(60)四美具　四美，謂良辰、美景、賞心、樂事也。具，謂俱得之也。(61)二難幷　二難，謂賢主嘉賓難得之遇合也。幷，謂兼而有之也。以上寫在閣之會，歌飲文詞諸樂，無所不備。(62)窮睇眄於中天　睇，小視也。眄，斜視也。中天，半空也。此言盡觀覽之所至。(63)迥　寥遠也。(64)吳會　吳郡、會稽郡。此泛指江南也。(65)地勢極而南溟深　極，遠也。南溟，南海也。莊子逍遙遊：「鵬（自北溟）之徙於南溟也，水擊三千里，摶扶搖而上者九萬里，去以六月息者也。」(66)天柱高而北辰遠　天柱，神異經：「崑崙之山，有銅柱焉，其高入天，故曰天柱。」北辰，卽北極星也。以上言側身西向，遙望長安，則如在日之下。極目東觀，遙指吳會，則如在雲之間。由南視之，則見地勢極于南地，地陷東南，而南溟最深。由北瞻之，則見天柱之高莫攀，天傾西北，而北辰之星亦遠也。(67)萍水相逢　萍浮生水上，隨風漂流，喻人偶然相逢也。(68)懷帝閽而不見　帝閽，本爲看守天門的人，在此指君門也。屈原離騷：「吾令帝閽開關兮，倚閶闔而望予。」此言己如屈原，心懷君上而不得見。(69)宣室　漢未央宮前正殿也。賈誼高才能文，文帝召爲博士，歲中超遷至太中大夫，絳侯周勃灌嬰等毀之，出爲長沙王太傅。帝後思誼，召見宣室。深夜問鬼神之本，備極親重。此言欲如賈誼之蒙召問，不知又在何年也。(70)馮唐　漢趙人，白首爲郎。文帝輦過郎署，與論將帥，拜爲車騎都尉。武帝時，求賢良。舉馮唐，年已九十餘。不能復爲官矣。事見史記馮唐傳。(71)李廣　漢武帝時爲右北平太守，匈奴號爲飛虎將軍。因命運不好，不得封侯。(72)賈誼　漢洛陽人，爲絳侯灌嬰所忌，謫爲長沙王太傅。(73)竄梁鴻　竄，逃匿也。梁鴻，魏人。恥事權貴，佞臣毀之，自竄東吳海曲。海曲，指濱海偏遠之處。(74)老當益壯寧移白首之心　後漢書馬援傳：馬援，扶風茂陵人。嘗謂賓客曰：「丈夫立志，窮當益堅，老當益壯。」建武中，拜伏波將軍，平定交趾，封新息侯。會武陵五溪蠻反，援復請將兵討之，年已六十二。被甲上馬，據鞍顧眄，以示可用。光武帝遂遣之，終卒於軍。(75)酌貪泉而覺爽　貪泉，晉吳隱之爲廣州刺史，未至州二十里，地名石門，有水曰貪泉。故老云：飮此水者，廉士皆貪。隱之至泉所，酌而飮之。賦詩曰：古人言此水，一歃懷千金。試使夷齊飮，終當不易心。此言志苟不貪，雖酌吳隱之之貪泉，而亦覺爽。(76)涸轍　涸，乾也。轍，車輪之迹也。此喻窮困之境遇。(77)北海雖賒　北海雖遠。賒，遠也。北海卽莊子逍遙遊所謂北溟。(78)扶搖　暴風自下而上也。莊子逍遙遊：「北海有魚，其名爲鯤。化而爲鵬，摶扶搖而上者九萬里。」(79)桑榆　日落之時，其光尙留於桑榆之上，故借爲西方之稱。漢馮異曰：「始雖垂翅洄溪，終能奮翼澠池，可謂失之東隅，收之桑榆。」(80)孟嘗　字伯周，漢順帝時，爲合浦太守，性高潔。(81)阮籍猖狂　阮籍，字嗣宗，三國魏尉氏人。倜儻不羈，嗜酒放蕩。阮籍率意獨駕入山，徑路車跡所窮，輒痛哭而返。(82)三尺微命　周禮官秩，自一命至九命，分爲九等：王之上公九命，三公八命，侯伯七命，卿六命，子男五命，大夫四命，上士三命，中士再命，下士一命，見周禮春官典命及鄭玄注。官之衣服，視命之數，各有定制。禮記玉藻：「紳制，士長三尺。」紳，衣帶也。王勃曾爲虢州參軍，故自比於一命之士。(83)無路請纓等終軍之弱冠　南越與漢和親，終軍年二十，請受長纓，羈南越王，致之闕下。弱冠，指男子二十歲。禮記曲禮：「二十曰弱，冠。」（冠，謂行冠禮。）(84)有懷投筆慕宗愨之長風　漢班超嘗爲人書記，意不屑，投筆有封侯萬里之志。宗愨，南北朝宋南陽人，字元幹，少時叔父問其志，愨曰：「願乘長風破萬里浪。」後果封洮陽侯。(85)舍簪笏於百齡二句　簪，冠簪。笏，手版。皆仕宦之所用也。謂舍去簪笏百年富貴之途。曲禮：「凡爲人子之禮，冬溫而夏清，昏定而晨省。」定，安床席。省，謂問安也。此言已將終身棄官，侍父於邊荒也。(86)謝家之寶樹　謝玄爲叔父安所器重，玄曰：「譬如芝蘭玉樹，使其生于庭階耳。」謝家寶樹，喻佳子弟。(87)孟氏之芳鄰　孟母三遷，爲子擇鄰。此言幸與諸賢相接也。(88)趨庭　論語季氏篇：「鯉趨而過庭。」言子承父教也。(89)叨陪鯉對　叨，忝也。鯉對，用論語季氏篇的典故，鯉，孔子的兒子。當時孔子和鯉的對答，後世作爲庭訓。謂己到交趾，侍受父教，忝陪孔鯉趨庭之對也。(90)喜托龍門　漢李膺以聲名自高，有被其容接者，謂之登龍門，勃蓋以閻公比膺也。(91)楊意　漢武帝讀司馬相如凌雲賦而善之，楊得意遂薦之於武帝。(92)撫凌雲而自惜　凌雲，賦名，司馬相如所作。勃言不逢楊得意之薦，但誦相如凌雲之賦，而自惜其不遇耳。(93)鍾期　卽鍾子期，春秋時楚人。(94)流水　伯牙鼓琴，志在流水。鍾子期曰：「洋洋乎若江河。」勃謂既遇閻公之知音，卽呈此序，又何愧焉。(95)蘭亭　王羲之宴集之地。(96)梓澤邱墟　梓澤，晉石崇有別館，在洛陽之金谷，一名梓澤。邱墟，言已荒廢而爲邱墟也。(97)承恩於偉餞　言承閻公之恩于偉餞也。偉餞，盛餞也。(98)恭疏短引　疏，條陳其事而書之也。短引，卽短序也。(99)一言均賦　均，同也。一言，一字也。謂同用一字爲韻而賦詩也。(100)四韻俱成　詩兩句爲一韻，謂八句俱成也。(101)請灑潘江各傾陸海　詩品：「陸才如海，潘才如江。」潘岳字安仁，陸機字士衡，俱西晉太康時詩人。此以潘陸比與會諸文士。(102)滕王　唐高祖子元嬰，詔封滕王，遂以名閣。按以下七言古詩一首，爲原本所無，而衆本有之。(103)佩玉鳴鸞罷歌舞　佩玉鳴鸞，皆歌舞者衣上之飾也。罷歌舞，謂宴畢而歌舞亦罷也。(104)畫棟朝飛南浦雲　南浦，地名，今江西南昌縣西南，往來舟楫之所。此謂朝看畫棟，如飛南浦之雲也。(105)珠簾暮捲西山雨　西山，山名，在今江西新建縣西，章江門外三十里，一名南昌山。此謂暮捲珠簾，如捲西山之雨也。(106)悠悠　閒靜貌。(107)物換

星移幾度秋　言景物隨時變化，今已多歷年所。⑱閣中帝子　帝子，指滕王。元嬰卒於武后文明元年。⑲檻　欄杆也。

【語譯】豫章是以前的郡名，如今是洪都新府的所在地。這裏是天上翼星、軫星的分野，地方和衡山、廬山緊相接連。三江像衣襟一樣，交流在前面。五湖像腰帶一般，環繞在四周。可以控制荆蠻的地區，連繫甌越的邊界。這裏是物產的精華，也是上天的瑞寶，像龍泉的劍光，往上一直射到斗、牛二星座的境域。講到人中的俊傑，正是地方靈氣的所鍾。只有這裏的高士徐稺，才值得陳蕃特別爲他設榻。四週霧氣氤氳地擺著多少大城，俊秀人物，來來往往，就像衆星環拱著在奔馳一樣。城池正當華夏東夷交界的地方，賓客主人都是東南一帶的名流。以閣都督的雅望，儀仗雍容，從遠處蒞臨。像宇文新州牧的風範，也暫停車馬，參加宴會。碰到十日一天的休假，好朋友就像雲彩般聚集在一起。賓客都是從遠道來的，大家彼此相逢，互相迎接。因此高雅的朋友，坐滿所有的座位。講到文才，像蛟般的騰升，光輝奪目，像鳳般的飛舞，文彩璀璨；正如孟學士一般，蔚然爲詞章的宗匠。講到武略，有的威光激發如紫電，有的浩氣凜然若青霜；正如王將軍的武庫一樣，無所不有。我因家父做交趾的縣長，隨父上任，路過貴地。我年紀輕輕的，能知道些什麼呢，居然碰到這麼盛大的宴會。

時候是重九，論時序正當暮秋。路上的雨水已經全乾了，冷冷清清的小潭，水是澄清的。烟霞的光彩已凝集，晚山呈現着一片紫色。駕着嚴整的車馬，行走在道路上。爲了遊覽風景，奔向高山。來到滕王所管領的長洲，登上了仙人住過的舊館。只見一層層碧綠的山巒，高入雲霄。滕王閣的倒影，映在水中，飛舞不定，它的紅色就好像在水中流動一樣。站在閣上向下看，下面好像是懸空的。沙洲島嶼，曲折迴環，是仙鶴野鴨住宿聚集的地方。華貴的宮殿，都配合山巒的形勢，錯落地排列着。

打開華麗的門扉，往下看雕鏤得很美的屋棟。開闊的山野，都收入眼簾。遠看河川湖水的流注，心目都受震動。到處都是民房，盡是敲鐘擺席吃飯的富貴人家。大船兵艦，瀰漫着渡口，都是畫着青雀黃龍的大彩船。虹消失了，雨停止了，夕陽照遍大地。落霞和那孤單的野鶩，一齊飛舞，秋天的碧水，和那無邊的藍天，接連成一種顏色，讓人分不出天地。漁船上的漁人，唱着晚歌，若遠若近，聲音一直傳到鄱陽湖邊；成行的雁羣，因感到寒冷，或橫或斜地飛着，陣陣的叫聲，漸漸消失在衡陽的水濱。

悠遠的情懷才告舒暢，超逸的意興很快又飛揚起來。清爽的籟聲一鳴發，清風也跟着舒徐而吹來，宴會時美妙的歌聲一凝止，天上的白雲好像也跟着停止飄動。像在睢園綠竹下，梁王宴賓客時的快飲，氣派勝過陶淵明的小酌。像在鄴水邊欣賞紅蓮花的魏太子盛宴，花光和王羲之的妙筆相輝映。這眞是良辰、美景、賞心、樂事四美齊全，賢主、嘉賓兩難得的遇合。往天空盡情觀覽，在閒暇的日子裏盡情玩樂。看天是那樣高，地是那樣遠，令人感到宇宙的無窮無盡。這種意興一過去，悲哀立刻就襲上心頭，知道盛衰是有定數的。向着遠處望，長安好像在太陽下面，比太陽還遠。指着近處看，吳會二郡好像就在白雲的深處。深深的南海，就在大地的邊上。高高的天柱山，跟北極星一樣高。關塞山嶺，很難超越，誰可憐那些失意的人？好像浮萍在水上一般，偶然相逢，遇到的都是一些他鄉的旅客。懷念帝京，可是無由覲見，奉召在宣室裏答話，不知到那年那月？

唉！時運不濟，命運不順。像馮唐的見識，到老也不得志。像李廣的驍勇善戰，終久也難封侯。委屈了賈誼讓他遠去長沙當太傅，並不是當時沒有聖明的君主。讓梁鴻逃匿到東海海邊，也不是沒有清明的時代。好在君子能夠安於貧困，達人都知道天命的道理。像馬援一樣，愈老愈壯，頭髮都白了心也不變。像伯夷一樣，越窮越硬，到死也不失去他那高潔的志節。就是喝了貪泉的水，也能清廉。就是飢渴得要死，也能歡然樂道。南天離北海雖然遙遠，一連風也能吹上去。早上過去了，傍晚努力還不算晚。立身像孟嘗那樣高潔，空懷着報國的心志，偶而和阮籍一樣放蕩，那敢學他的窮途痛哭呢！

我是一個小小的公務員，一個平凡的書生。雖然和終軍一樣少年，但是卻沒有請纓報國的機會；我有心投筆從戎，愛慕宗愨那種乘長風破萬里浪的志向。現在我要拋棄一生富貴的政治生涯，到遠方去侍奉父親。我雖不是謝家芝蘭玉樹一樣的好子弟，但是卻欣喜能夠接觸到孟母所選擇的芳鄰。將來恭承父親的教訓，學孔鯉的讀詩學禮。今天進謁長者，我很高興能夠像鯉魚一樣跳上龍門。我雖然碰不到像楊得意這樣的人，只好撫摸着教人飄飄凌雲的佳作而自我憐惜。但我已遇到了知音的鍾子期，那麼就彈奏那如流水的名曲，又有甚麼好慚愧的呢？

唉！名勝的地方不會永久不變，如此盛大的宴會也很難再有。王羲之那種在蘭亭的雅集，已經是過去的了，石崇的金谷園，也早已變成土堆。臨別贈言，爲的是慶幸自己能夠承受恩禮在這盛大的宴會上。登高賦詩，這是我所希望於諸位先生的。我只是盡我的一點誠意，恭恭敬敬地寫了這篇短序。願大家同用一個字爲韻，分別作詩八句。敬請大家揮灑像潘安仁那種江水一樣的才華，傾倒像陸士衡那種海濤一樣的文思。

滕王的高閣，下臨着贛江的沙洲，

鳴鑾佩玉的歌姬們，早已停止歌舞了。

那雕繪得很華麗的屋棟，早晨看來，就像飛往南浦的雲彩，
晚上捲起珠簾，就好像把西山的雲雨，也都捲了起來一樣。
天上的閒雲，清晰地映在碧澄的潭水裏，
天上的白日，看起來是那樣悠遊自在。
景物在不斷地變化，時序在不停地轉移，如今已不知過了多少年了。
滕王閣裏的王子，如今到哪裏去了呢？
看到的只有欄杆外面的江水，空自在滾滾地流着啊！

【文章分析】本篇選自王子安集，是屬於贈序類的駢文。本篇標題，文苑英華本作「秋日登洪府滕王閣餞別序」，四部叢刊本王子安集作「滕王閣詩序」，今從俗本稱「滕王閣序」，且將「滕王閣詩」附列於文後。滕王，爲唐高祖第二十二子李元嬰，滕王閣卽爲其所建，在今江西省南昌縣治。江西通志云：「顯慶之間，滕王元嬰都督洪州，營造此閣。洎落成，而滕王之封適至，因以名之。後閻伯嶼來督，其婿吳子章能文，令宿構閣序，因九日宴僚屬，欲出誇之。先是，王勃往交趾省親，舟次馬當山，去南昌七百餘里。神見夢焉，且許助風。及明而至，遂得預宴。閻徧請賓客爲序，皆辭謝。至勃，不辭。文成，一座敬服。」唐摭言云：「王勃著滕王閣序，時年十四，都督閻公不之信。勃雖在座，而閻公意屬子婿孟學士者爲之，已宿構矣。及以紙筆巡讓賓客，勃不辭讓。公大怒，拂衣而起，專令人伺其下筆。第一報云：『南昌故郡，洪都新府。』公曰：『亦是老生常談。』又報云：『星分翼軫，地接衡廬。』公聞之，沈吟不言。又云：『落霞與孤鶩齊飛，秋水共長天一色。』公矍然而起曰：『此眞天才，當垂不朽矣。』遂亟請宴所，極歡而罷。」摭言謂勃年十四歲作此序，此言有誤。據各家考證，當時勃年已二十六歲。又江西通志謂勃往交趾省親，其實勃赴交趾，是隨父上任，並非自往省親。

本文主旨，是敘說因隨父上任，路過洪都，躬逢盛宴。感閻公的知遇，呈序贈別，藉抒自己的懷抱。全文共分九段：首段敘洪州接跡鍾靈，向爲人物薈萃的地方。第二段敘閻公廣致嘉賓，與自己參加盛宴的緣由。第三段敘赴會的日期，與沿途所見的勝景。第四段敘滕王閣當山映水，極其壯觀。第五段寫登臨所見閣外的遠景。第六段寫閣中文酒盛會，無所不備，及因遊觀之樂，而生身世之感。第七段以見幾知命，老壯窮堅，自我解喻，並以慰勉與會失意的朋友。第八段介紹自己。末段言作序之由，並寫詩四韻，顧與會的人，吟詩作賦，共襄盛舉。此文布局靈巧，開闔相因。珍詞繡句

，層見疊出。王先謙說：「文興到，落筆不無機調過熟之病。而英思壯采，如泉源之涌。流離遷謫，哀感駢集。固是名作，不能抹殺。」

與韓荊州書

李白

白聞天下談士①相聚而言曰：「生不用封萬戶侯，但願一識韓荊州②。」何令人之景慕③，一④至於此耶？豈不以有周公之風，躬吐握⑤之事，使海內豪俊，奔走而歸之，一登龍門⑥，則聲價十倍。所以龍蟠鳳逸⑦之士，皆欲收名定價⑧於君侯。願君侯不以富貴而驕之，寒賤而忽之，則三千⑨賓中有毛遂⑩，使白得脫穎而出⑪，即其人焉。

白隴西布衣⑫，流落楚漢⑬。十五好劍術，徧干⑭諸侯。三十成文章，歷抵卿相。雖長不滿七尺，而心雄萬夫⑮。王公大臣，許與氣義。此疇曩⑯心跡⑰，安敢不盡於君侯哉？

君侯制作侔⑱神明，德行動天地，筆參造化，學究天人。幸願開張心顏，不以長揖⑲見拒。必若接之以高宴，縱之以清談，請日試萬言，倚馬⑳可待。今天下以君侯爲文章之司命㉑，人物之權衡㉒，一經品題㉓，便作佳士。而君侯何惜階前盈尺之地，不使白揚眉吐氣、激昂青雲耶？

昔王子師㉔爲豫州㉕，未下車，卽辟㉖荀慈明㉗。既下車，又辟孔文舉㉘。山濤㉙作冀州㉚，甄拔㉛三十餘人，或爲侍中尚書，先代所美。而君侯亦一薦嚴協律㉜，入爲祕書郎㉝。中間崔宗之、房習祖、黎昕、許瑩之徒㉞，或以才名見知，或以清白見賞。白每觀其銜恩撫躬，忠義奮發。白以此感激，知君侯推赤心㉟於諸賢之腹中，所以不歸他人，而願委身於國士㊱。儻急難有用，敢效微軀！且人非堯舜，誰能盡善？白謀猷籌畫㊲，安敢自矜？至於制作，積成卷軸㊳，則欲塵穢視聽。恐雕蟲小技㊴，不合大人。若賜觀芻蕘㊵，請給紙墨，兼之書人㊶。然後退掃閑軒，繕寫呈上。庶青萍㊷、結綠㊸，長價於薛卞㊹之門。幸推下流，大開獎飾㊺，唯君侯圖之。

【作者】 李白，字太白，其先世隴西成紀（今甘肅省秦安縣）人。晉涼武昭王九世孫，居緜州昌明縣青蓮鄉，故又自號青蓮居士。生於武后長安元年（西元七〇一年），卒於代宗寶應元年（西元七六二年），年六十二歲。十歲通詩書，飄然有超世之心。雲夢許氏，以女妻白。後與孔巢父、韓準、裴政、張叔明、陶沔等居於徂徠山之竹溪，酣歌縱酒，時號「竹溪六逸」。天寶元年，李白四十二歲，他初至長安，賀知章奇其文，嘆曰：「子謫仙人也。」道士吳筠推薦李白給玄宗，玄宗詔就金馬，命他任翰林供奉。玄宗善度曲，欲造樂府新詞，召白而白已醉。左右以水頮面，稍解，授筆立就，婉麗精切，卽世所傳清平調三章是也。嘗沉醉殿上，引足令高力士脫靴。力士恥之，摘其詩，以激楊貴妃，遂輒沮其官。白自知不為親近所容，益驁放，不自修。與賀知章等，號為酒中八仙。三年後，棄官離京，浪跡天涯而終。著有太白詩文集三十卷行世。

【註釋】❶談士 擅長談論之士。❷韓荊州 卽韓朝宗。唐玄宗時，朝宗爲荊州刺史，故以此稱之。❸景慕 景仰傾慕。❹一 猶乃也。❺吐握 周公戒伯禽曰：「我一沐三握髮，一飯三吐哺，起以待士，猶恐失天下之賢人。」❻龍門 比喻顯赫的名位。❼龍蟠鳳逸 龍的盤曲，鳳的飛逸。比喻非凡之才也。❽收名定價 收美名，定聲價也。❾三千 三千食客也。史記孟嘗君傳：「食客三千人，邑入不足以奉客。」❿毛遂 戰國時趙平原君之食客。⓫脫穎而出 穎，刀錐之末也。戰國時，秦圍趙邯鄲，趙使平原君求救於楚，毛遂自薦請從。平原君曰：「夫士之處世，譬如錐處囊中，其末立見。」毛遂曰：「臣乃今日請處囊中耳。使遂得早處囊中，乃脫穎而出，非特其末見而已。」事見史記孟嘗君傳。⓬隴西布衣 隴西，縣名，隋置，故城在今甘肅隴西縣南。布衣，無官職的百姓。李白本蜀人，稱隴西者，本先世族望而言也。⓭楚漢 卽荊州古號。⓮干 犯也。⓯心雄萬夫 言志之大也。⓰疇曩 疇，曩也。疇曩，猶平昔也。⓱心跡 本謂存心與行事，今專稱存心亦曰心迹。⓲侔 齊等也。⓳長揖 士有氣節者，見公卿長揖不拜。⓴倚馬 謂作文敏捷也。晉桓溫北征，命袁宏倚馬前作露布文，手不停輟。俄成七紙。王東亭歎爲奇才。㉑文章之司命 司文章之命脈也。㉒人物之權衡 察人物之輕重也。㉓品題 謂評鑑人物也。㉔王子師 東漢人。㉕豫州 略相當於今河南省。㉖辟 徵召也。㉗荀慈明 名爽，淑之子，爲荀氏八龍之一。㉘孔文舉 名融，孔子二十世孫。獻帝時，爲北海相，故又稱孔北海。㉙山濤 晉人，字巨源，武帝時爲吏部尚書，清儉無私。甄拔人物，皆一時之選。㉚冀州 古九州之一，今河北山西二省，及河南黃河以北，遼寧遼河以西之地。㉛甄拔 甄，察也。言甄別人材而薦舉之也。㉜嚴協律 其名未詳。㉝祕書郎 官名，掌圖書。㉞崔宗之……之徒 此四人皆當時韓荊州所接引之後進。㉟推赤心 赤心，猶眞心也。心色赤，故云赤心。此言推誠心以待天下人。後漢書光武紀：「光武擊銅馬於鄡，大破之。……降者猶不自安，光武知其意。敕令各歸營勒兵，迺自乘輕騎，案行部陣。降者更相語曰：『蕭王（劉秀）推赤心置人腹中，安得不投死乎？』由是皆服。」㊱國士 指韓荊州。言其才德爲國內所重，所謂國士無雙也。㊲謀猷籌畫 謀猷，謀爲也。籌畫，計策也。㊳卷軸 謂書也。㊴雕蟲小技 揚雄法言：「或問：『吾子少而好賦？』曰：『然，童子雕蟲篆刻。』俄而曰：「壯夫不爲也。』」後人言作文之事，恆引此語爲謙辭。㊵芻蕘 刈草曰芻，析薪曰蕘。謂草野之人也。㊶兼之書人 舊本作「兼人書之」，今從唐文粹本。書人，繕寫之人。㊷青萍 劍名。㊸結綠 玉名。㊹薛卞 薛，薛燭也，善相劍。卞 卞和也，得玉璞。此謂賞識之眞也。㊺獎飾 嘉獎而藻飾之也。

【語譯】我曾聽到這樣的話，天下善於談論的士人，聚集在一起說：「人生在世，不一定要封甚麼萬戶侯，只希望能夠見到韓荊州一面。」爲什麼您能使人景仰傾慕到這般地步呢？難道不是因爲您有周公的風範，能親身做着「一沐三握髮，一飯三吐哺」的事情，使海內的英豪俊傑，大家都奔走來歸附您！大家都以爲，只要一登龍門，身價就增加十倍。所以那些有非凡才能的士人，大家都希望能夠在您那兒獲得名譽，定個身價。但願您不因爲自己很富貴，就對他們很驕傲；也不因爲他們很微賤，就輕視他們。那末在三千食客中，就一定有像毛遂那樣的人。使我能夠出人頭地的，我也就是這些食客中的那個毛遂哩。

我本來是隴西地方的一介平民，流落在荊州的地方。十五歲的時候，我就很喜歡劍術，到處去干犯那些諸侯。到了三十歲，學會做文章，便一個個地去觸怒那些卿相。我的身高雖不滿七尺，可是雄心卻勝過萬人。那些王公大人，對我的氣節道義，都很稱贊。這是我平昔的心迹，怎麼敢不在您的面前和盤托出呢？

您的制作，和神明齊等；您的德行，感動了天地；您的筆鋒，參與了天地的化育；您的學問，窮盡了天上人間的奧祕。但願您能開展心胸，不會因爲我長揖不拜，就拒絕接納我。如果一定要用盛筵來接待我，縱容我清談，試試我的才情，一日寫上萬把字的文章，等在馬旁邊，便可立即寫好。現在天下的人，都把您看成文章的司命，考察人物輕重的權衡，經過您的品評，便算是佳士。可是，您爲甚麼吝惜臺階前尺把的地方，不讓我揚眉吐氣，激昂奮發，直上青雲呢？

從前王子師，做豫州的刺史，還未到任，就延聘了荀慈明。到任以後，又延聘了孔文舉。山濤做冀州的刺史，甄選人材，薦舉了三十多人，有的還做了侍中，這是前代的人所贊美的事。至於您，也曾經薦舉了嚴協律，到朝內去做祕書郎。其中崔宗之、房習祖、黎昕、許瑩這些人，有的因爲有才名，受您的知遇。有的因爲人品淸白，受您的賞識。我每次看到他們那樣撫躬自問，受恩感德，心存忠義，激昂奮發，因此就非常感激，知道您是眞心對待那些賢人。所以我不願依附他人，卻願意委身於您這位國士。倘使遇急難，有用得着我的時候，我願意以自己微賤的身軀，來報効您。並且，人非堯舜，誰能十全十美，沒有一點過失？我的謀劃計策，又怎敢自己矜誇？至於我所創作的文章，已經積成許多卷軸了。想要給您看看，又恐怕雕蟲小技，不能合您大人的意思。如果能蒙您賞識，要看看我這草野的人的文章，請您賜我紙和筆墨，以及抄寫的人。然後我回去把空房子打掃乾淨，謄寫好了，再呈獻給您。這樣青萍的寶劍，結綠的美玉，才能夠在薛燭卞和的門下，賣到很好的價錢。但願您能推恩到下面的人，大大地獎飾我一番，這就全靠您去考慮了。

【文章分析】本篇選自李太白詩文集，是一篇書說類的古文。唐玄宗時，韓朝宗當荊州刺史，喜歡識拔後進，許多人對他都很景慕，因此李白上書自薦。本文的主旨，在說明自己對韓氏的傾慕，並稱述自己的才能，希望韓氏薦舉他。

全文共分四段：首段說天下人與自己對韓氏的傾慕。第二段說自己的生平志趣。第三段說韓氏是文章的司命，請韓氏試試他的文章。第四段說以前王子師、山濤與韓氏自己，都曾薦舉過許多人，希望韓氏薦舉他。過商侯評曰：「人謂白一生負才使氣，未免粗豪。然觀其不敢爲黃鶴樓詩，乃是天下第一虛心人。能識郭子儀于行伍，乃是天下第一有眼人。卽如此書，雖有一段強項不服處，然畢竟眼中知有荆州，並未曾有目空天下之想。故必有李太白之虛心隻眼，然後可以爲狂爲傲，人固可負才使氣乎哉。」所以這是「衒玉求售」的一篇好文章，希望有識之士，讀其文而加以賞識、舉用。

春夜宴桃李園序

李白

夫天地者，萬物之逆旅❶。光陰者，百代之過客。而浮生❷若夢，爲歡❸幾何？古人秉燭夜遊❹，良有以❺也。況陽春❻召我以烟景❼，大塊❽假❾我以文章❿。會桃李之芳園⓫，序天倫之樂事。羣季⓬俊秀，皆爲惠連⓭。吾人詠歌，獨慚康樂⓮。幽賞未已，高談轉清。開瓊筵以坐花⓯，飛羽觴而醉月⓰。不有佳作，何伸雅懷。如詩不成，罰依金谷酒數⓱。

【註釋】❶逆旅　客舍也。❷浮生　人生世上，虛浮無定，故曰浮生。❸歡　喜也。❹秉燭夜遊　秉，執也。古詩云：「晝短苦夜長，何不秉燭遊。」❺以　因也。❻陽春　謂春日也。❼烟景　謂春日之景象也。❽大塊　天地也。莊子云：「大塊噫氣。」❾假　借也。❿文章　謂春日之景，皆天地之文章也。⓫會桃李之芳園　一作會桃花之芳園。⓬羣季　謂諸弟也。⓭惠連　謝惠連也。爲族兄靈運所稱賞，後因以爲美弟之稱。⓮康樂　謝靈運襲祖爵，爲康樂侯，故世又稱謝康樂。⓯開瓊筵以坐花　瓊筵，喻筵席之珍貴也。坐花，圍羣花而坐也。以，與下句而字同，皆爲連接詞，無義。⓰飛羽觴而醉月　羽觴，卽耳杯。醉月，醉酒於月下。⓱罰依金谷酒數　晉石崇有金谷園，宴賓園中，賦詩不成，罰酒三斗之數。

【語譯】天地是萬物的旅館，光陰是百代的過客。至於虛浮無定的人生，就好像作夢一樣。眞正算是歡樂的，能有多少時候呢？古人拿着火燭，夜裏去遊玩，實在是很有道理的啊！何況，陽春用如煙似霧的景色來召喚我，天地萬物都借給我許多美麗的風光，在桃李盛開的花園裏，父子兄弟聚集在一起，一同喝酒，一同談笑，享受着天倫間的樂趣。我這個做大哥的，吟詩雖然不如謝靈運，但是我的許多弟弟，都有謝惠連的才華。幽雅賞心還沒有結束，高談闊論反而轉爲清高的論調。大家圍坐在花叢中，擺開美盛的筵席。把鳥形的酒爵，好像飛一般地傳遞著，大家一起陶醉在月下。在這種情況下，沒有好作品，怎樣能表現自己幽雅的情懷呢？如果詩沒有寫成的，就照金谷園的成例，罰酒三斗。

【文章分析】本篇選自李太白詩文集，是屬於序跋類的文章。原題作「春夜宴從弟桃花園序」。主旨是說人生宜及時行樂。全文共分三小段：首段說：浮生若夢，歡樂的時光不多，所以古人秉燭夜遊，尋歡作樂。中段說：良辰美景當前，機會難得。末段說：諸弟都很有才華，不能沒有詩記述宴會的盛事。本文所表現的，是一種曠達的胸懷。春夜桃李等等，只是用作表現胸懷的憑藉而已。所以吳楚材說：「發端數語，已見瀟灑風塵之外；而轉落層次，語無泛設。幽懷逸趣，辭短韻長，讀之增人許多情思。」

弔古戰場文

李華

浩浩乎平沙無垠❶，夐❷不見人。河水縈帶❸，羣山糾紛❹。黯兮慘悴❺，風悲日曛❻。蓬斷草枯，凜若霜晨。鳥飛不下，獸鋌亡羣❼。亭長❽告予曰：「此古戰場也，嘗覆三軍。往往鬼哭，天陰則聞。」傷心哉！秦歟？漢歟？將近代歟？

吾聞夫齊魏徭戍❾，荊韓召募❿。萬里奔走，連年暴露⓫。沙草晨牧⓬，河冰夜渡⓭。地闊天長，不知歸路。寄身鋒刃，腷臆⓮誰愬？秦漢而還，多事四夷⓯。中州耗斁⓰，無世無之。古稱戎夏，不抗王師⑰。文教失宣，武臣用奇。奇兵有異於仁義，王道迂闊而莫爲。

嗚呼噫嘻！吾想夫北風振漠，胡兵伺便。主將驕敵，期門⑱受戰。野豎旄旗⑲，川迴組練⑳。法重心駭，威尊命賤。利鏃㉑穿骨，驚沙入面。主客相搏，山川震眩㉒。聲析江河㉓，勢崩雷電㉔。至若窮陰凝閉，凜冽㉕海隅。積雪沒脛㉖，堅冰在鬚。鷙鳥休巢㉗，征馬踟躕㉘。繒纊㉙無溫，墮指裂膚。當此苦寒，天假強胡㉚。憑陵㉛殺氣，以相剪屠。徑截輜重㉜，橫攻士卒。都尉㉝新降，將軍復沒。屍填巨港之岸，血滿長城之窟。無貴無賤，同爲枯骨，可勝言哉！

鼓衰兮力竭，矢盡兮弦絕。白刃交兮寶刀折，兩軍蹙㉞兮生死決。降矣哉！終身夷狄。戰矣哉！骨暴沙礫。鳥無聲兮山寂寂，夜正長兮風淅淅㉟。魂魄結兮天沉沉，鬼神聚兮雲冪冪㊱。日光寒兮草短，月色苦兮霜白。傷心慘目，有如是耶！

吾聞之：牧㊲用趙卒，大破林胡。開地千里，遁逃匈奴。漢傾天下，財殫力痡㊳。任人而已，其在多乎？周逐獫狁㊴，北至太原。旣城朔方㊵，全師而還。飲至策勳，和樂且閒。穆穆棣棣㊶，君臣之間。秦起長城，竟海爲關。荼毒生靈㊷，萬里朱殷㊸。漢擊匈奴，雖得陰山44。枕骸45偏野，功不補患。蒼蒼蒸民46，誰無父母？提攜捧負，畏其不壽。誰無兄弟？如足如手。誰無夫婦？如賓如友。生也何恩？殺之何咎？其存其歿，家莫47聞知。人或有言，將信將疑。悁悁48心目，寤寐見之。布奠傾觴49，哭望天涯。天地爲愁，草木悽悲。弔祭不至，精魂何依？必有凶年，人其流離。嗚呼噫嘻！時耶？命耶？從古如斯，爲之奈何？守在四夷50。

【作者】李華，字遐叔，唐贊皇（今河北省贊皇縣）人。開元間，擢進士弘辭科。少曠達，外若坦蕩。內謹重，尚然許。天寶間，官監察御史。按劾不撓，為權倖所嫉。後去官隱山陽，戒子弟力農，安於窮槁。晚事浮圖法，不甚著書。文辭綿麗，少宏傑氣，時謂不及蕭穎士。著有李遐叔文集。

【註釋】❶垠　崖岸也，界限也。❷夐　遠也。❸縈帶　言縈繞如帶。❹糾紛　言雜亂也。❺慘悴　悽愴也。❻曛　日入餘光也。❼獸鋌亡羣　鋌，疾走貌。亡羣，謂各獸失散也。❽亭長　秦漢之制，每十里有一亭，亭有亭長，掌捕劾盜賊者。又亭長，老人也。❾齊魏徭戍　齊魏，戰國時二國名。徭，役也。戍，守邊之卒也。❿荊韓召募　荊韓，亦戰國時二國名，荊卽楚也。召募，以財召兵也。⓫萬里奔走連年暴露　言路之遠，時之久也。暴露，言暴于日而宿於露之中。⓬沙草晨牧　謂侵曉卽起，牧馬於沙漠有草之地。⓭河冰夜渡　謂於黑夜，淩冰而渡河。⓮腷臆　屏氣不泄，指悶在心頭。⓯多事四夷　多事於四夷，多事，謂征伐也。⓰中州耗斁　中州，或稱中原，指中國。耗，消損也。斁，敗壞也。⓱古稱戎夏不抗王師　王師，天子之兵也。古者天子以文教安天下，戎狄諸夏，皆不敢抗拒王師，以其用正也。⓲期門　官名。漢置，掌門禁護衞之事。漢武帝好微行，常使隴西北地良家子善騎射者期於殿門，故有期門之稱。⓳野豎旄旗　野，山野。豎，植立。旄，用犛牛尾或羽毛飾竿首的旗子。此言陸戰也。⓴川迴組練　組謂組甲，練謂練袍，皆戰袍也。此言水戰，謂河中有著戰袍之兵士。㉑利鏃　銳利之箭鏃。㉒震眩　震，驚也。眩，兩眼昏花也。㉓聲析江河　析，分也。謂擊戰之聲，可以分裂江河也。㉔勢崩雷電　謂交戰之聲，如雷電之崩頹。崩，本或奔。㉕凜冽　寒甚也。㉖沒脛　自膝至踵爲脛。沒脛，喻雪厚。㉗鷙鳥休巢　鷙鳥，鳥類之猛者，如鷹鸇之屬。休巢，謂畏寒休憩於巢中，不敢出也。㉘踟躕　不進貌。㉙繒纊　繒，帛也。纊，綿也。㉚天假強胡　謂胡人慣受寒冷，乃天假之機會也。假，給予。㉛憑陵　謂有所依恃而陵人也。㉜徑截輜重　言徑自截取輜重也。徑，直也。截，截取也。衣車曰輜，載重曰重，軍中裝載衣物之車也。㉝都尉　官名。漢時都尉官甚多，此當爲武階官。㉞蹙　迫也。㉟淅淅　微風之聲。㊱冪冪　陰慘貌。㊲牧　李牧也，戰國時趙之良將。㊳財殫力痡　殫，盡也。痡，病也。㊴玁狁　北狄名。周宣王時入寇，逼近京邑，王命尹吉甫伐之，逐之太原而歸。㊵朔方　地名，卽內蒙古鄂爾多斯地，今綏遠南境也。㊶穆穆棣棣　穆穆，和敬貌。棣棣，嫻習貌。㊷荼毒生靈　荼，苦菜。毒，螫蟲。皆惡物。幷言荼毒，以喻苦也。生靈，卽生民，百姓也。㊸萬里朱殷　朱，紅色也。殷，赤黑色。血色本紅，久則變爲殷也。萬里朱殷，謂血流萬里也。㊹陰山　山名，在綏遠，橫障漠北。㊺枕骸　謂屍骨以屍骨爲枕也。㊻蒸民　蒸，衆也。蒸民，衆民也。㊼莫　無人也。㊽悁悁　憂思貌。㊾布奠傾觴　謂設靈而祭也。㊿守在四夷　守，守土也。謂惟宣文敎，行王道，使戎夏爲一，則四夷各爲天子守土，無用戰矣。

【語譯】一片茫茫無邊無際的平沙，是那麼遼遠，看不見一個人的影子。河水像帶子般地縈繞着，許多山峯雜亂地散置著。風在悲鳴，太陽無光，呈現著一幅黯淡悽愴的景象：蓬草都折斷了，野草都枯黃了。冷冷清清的，就像有霜的早晨。鳥兒在匆匆地飛著，不肯下來。野獸很快地在跑，都離羣失散了。亭長告訴我說：「這兒是古時候的戰場，曾經有三軍的人馬，在這兒覆沒。因此常常有鬼哭的聲音，只要是天地陰黯的時候，就可以聽見。」唉！眞令人傷心啊！這是秦代的戰場呢？漢代的戰場？還是近代的戰場呢？

我曾聽說：從前齊國、魏國，都派遣軍隊去防守邊境，韓國、楚國也募集士兵。這些士兵，奔走萬里的路程，連年都風吹日曬，露宿在外。早晨天一亮就起來，在沙漠有水草的地方牧馬。在黑夜裏，橫渡已結冰的河川。天地是那麼遼闊，他們不知道回家的道路。把身體寄託在刀鋒上，痛苦悶在心裏，向誰去傾訴呢？自秦漢到現在，常常都在征討四境的夷狄。中國折兵損將，遭敗北的事，沒有那一代沒有。古時有這樣的話：夷狄諸夏，不抵抗天子的軍隊。但是到了後來，文敎沒有宣揚開去。那些武將，專用奇兵。奇兵和仁義之師是不同的，可是大家都認爲王道太迂闊了，沒有人肯去實行。

唉！想到北風吹動沙漠的時候，胡人就乘機來侵犯；只因主將輕視敵人，等到敵兵到了，連守在殿門口的護衞都受到威脅，要參與作戰。這時候，曠野裏豎着旌旗，河川上圍繞着穿戰袍的戰士。軍法很嚴，大家心裏都很害怕。將領們的權威都很尊嚴，而戰士們的生命，都很輕賤。銳利的箭頭，穿進骨裏。令人心驚的塵沙，撲在臉上。主客兩軍互相搏鬬，陣陣的戰鼓聲使山川都震動，嚇得人兩眼昏花。陣陣的喊殺聲，使江河的水，都因而分裂。人馬交戰的聲勢，就像雷電崩頹一樣。至於在天昏地暗，凝結不開的時候，在朔風凜冽的海邊，雪堆積得很高，埋沒了人的脚脛。堅硬的冰，凝結在鬚髮上。就是兇惡的鷙鳥，都躲在巢裏休息，不敢出來。奔騰的戰馬，也巡逡徘徊，不敢前進。身上穿的綿衣，一點暖氣也沒有，凍得人皮膚都裂開，手指都要掉落了。當這苦寒的時候，上天給頑強的胡人好機會。他們靠着騰騰的殺氣，來對他們的敵人加以翦伐屠殺。直接攔截了輜重，又橫出攻擊他們的士兵。都尉新近投降了，將軍們都覆沒死亡了。屍體塡塞着大河的隄岸，鮮血流滿了長城邊的洞穴。不分貴賤，一同都變成了枯骨。這種悲慘的事，可以說得完嗎？

到了後來，戰鼓聲衰疲了，人的力氣也用完了，箭也射光了，弓弦也斷了。這時候，白刃交鋒，寶刀也折斷了。兩軍互相迫近，誰生誰死，就可以做最後的決定：投降嗎？那就終生淪落在夷狄；再戰嗎？那就只好讓自己的屍骨，暴露在沙礫上。鳥兒已經沒有聲音了，山野是一片寂靜。夜正還長得很呢，微微的風聲，在淅淅地響着。魂魄都結合在一起，天是陰沉沉的。鬼神聚集在一起，雲霧是陰慘慘的。陽光是寒冷的，地上的草都變短了。月色是苦寂的，霜雪是那樣慘白。唉！傷心慘目的事，竟有像這樣的嗎！

我聽說：李牧只用趙國的士兵，便把林胡打得大敗。他開拓了千萬里的土地，使匈奴都逃竄而去。漢朝傾全國的力量來作戰，結果弄得財盡力疲。所以我想，用人只要得當就行了，那裏在乎人數多呢？周朝驅逐玁狁，往北一直趕到太原。後來在北方築了城池，軍隊很完整地凱旋回來。朝廷爲他們舉行慶功宴，把他們的功勳記錄在簿册上。大家是那樣和樂安閒，君臣之間，也是那樣從容互敬。秦朝的時候，建築萬里長城，東邊一直到海爲止，設立許多關塞。因爲這件事，殘害了不知多少人民的生命。使千萬里的土地，都變成赤黑色。漢朝的時候，攻擊匈奴，雖然佔領了陰山的地方，但是滿山遍野都是縱橫枕藉的屍體，功勞也抵不過損失呀。

天地間的許多人，哪一個沒有父母呢！小時候父母提攜他，抱他，背他，就怕他不會長壽。哪一個沒有兄弟，他們像手足一般，關係密切，相親相愛。哪一個沒有丈夫或妻子，夫婦相處，就像賓客一樣相敬，像朋友一樣互助。上天生他們，是什麼恩惠？現在殺了他們，又是什麼罪過？他們的生死存亡，家裏沒有人知道。有時聽到人家講起，也是信疑參牛。心裏憂思，連睡覺時都夢見他。於是設立靈位祭奠他，哭着向遠方眺望。這時候，天地都爲他憂愁，草木都在悲哀。弔祭他他不來，那麼他的精靈魂魄，又將依附什麼呢？大軍之後，必有凶年，人民又將流離失所了。唉！這是時會呢？還是命運呢？從古到今，都是這樣，又有甚麼法子呢！只有施行仁義，使夷狄歸服，替天子守護四方邊境，就可以避免戰爭了。

【文章分析】本篇選自李遐叔文集，是屬於哀祭類的古文，舊唐書本傳原題作「祭古戰場文」。本文主旨是傷弔戰爭犧牲的慘烈，說明要避免戰爭，只有施行仁義，使夷狄歸服。全文共分六段：首段傷弔古戰場所看見的淒涼景象。第二段說自古到今，都有派兵守邊，損兵折將的事，這是沒有用「仁義之師」的緣故。第三段描寫古時兩軍交戰前與交戰時的情形。第四段描寫兩軍交戰以後的情形。第五段說戰爭的結果，不論勝負，都是得不償失。第六段就戰爭的悲慘，說明要避免戰爭，只有施行仁義，使夷狄歸服，點出本文的主旨。過商侯評曰：「通篇大旨，在多事四夷一句。通篇歸束，在守在四夷一語。蓋守者，正仁義之用也，王道也，文教也。武臣用奇則有戰，戰則有民生流離之苦。文教旬宣則有守，守則有策勛飲至之樂，此是作文人意中主見。至描寫戰場之苦，陣亡之慘，雖極酷極慘，反是第二層好處。按唐人詩云：『澤國山河入戰鬥，生民何計樂樵蘇。憑君莫話封侯事，一將功成萬骨枯。』夫戰勝功成，猶尙乃爾，況將沒卒斃耶，得失不可不辨。」本文通篇用韻，且有換韻的現象。

陋室銘

劉禹錫

山不在高，有仙則名。水不在深，有龍則靈。斯❶是陋室❷，惟吾德馨❸。苔❹痕上階綠，草色入簾青。談笑有鴻儒❺，往來無白丁❻。可以調素琴❼，閱金經❽。無絲竹❾之亂耳，無案牘❿之勞形⓫。南陽諸葛廬⓬，西蜀子雲⓭亭。孔子云：「何陋之有？」⓮

【作者】劉禹錫，字夢得，唐彭城（今江蘇省銅山縣）人。生於代宗大曆七年（西元七七二年），卒於武宗會昌二年（西元八四二年）。德宗貞元九年進士，官監察御史。後坐王叔文黨，貶連州刺史。歷任播州、連州、夔州、和州等州刺史，入為主客郎中，集賢殿學士，出為蘇州刺史，遷太子賓客。武宗會昌時，加檢校禮部尙書。著有劉賓客集（一稱劉夢得文集）四十卷。

【註　釋】❶斯　此也。❷陋室　陋，狹小也。此爲室名，故址在今安徽和縣。❸惟吾德馨　言惟吾之德馨之也。馨，香氣遠播。德馨，德望像香氣遠播。❹苔　隱花植物之一種，如地錢、鱗苔等是。❺鴻儒　鴻與洪通，大也。大儒，謂博學之士。❻白丁　平民也。指沒有知識的俗人。❼素琴　未加雕飾的琴。❽金經　佛家之經。❾絲竹　音樂之總稱，絲謂琴瑟，竹謂簫管。❿案牘　官府文書也。⓫勞形　謂形神勞頓也。⓬南陽諸葛廬　南陽，今湖北襄陽縣地。諸葛廬，諸葛亮的草廬。諸葛亮前出師表云：「臣本布衣，躬耕於南陽。苟全性命於亂世，不求聞達於諸侯。……先帝不以臣卑鄙，猥自枉屈，三顧臣於草廬之中。」⓭子雲　漢揚雄字。⓮孔子云何陋之有　論語子罕：「子欲居九夷，或曰：『陋，如之何？』子曰：『君子居之，何陋之有？』」

【語　譯】山不在乎高，只要有神仙居住在那兒，就有名氣，水也不在乎深，只要有龍潛藏在那兒，便顯得很靈異。這是一間很簡陋的房子，只有我的德望，才能使它像馨香遠播。那青色鮮苔的痕迹，一直蔓延到臺階上，那碧綠的草色，也映入簾中來。那些博學的士人，常常來這兒談笑。沒有知識的俗人，便不會到這兒來。我可以在這兒，彈彈素琴，讀讀佛經。沒有管絃的聲音來擾亂我的淸聽，也沒有許多公文來勞累我的形體與精神。這兒就好像南陽地方的諸葛廬、西蜀地方的子雲亭一樣。孔子說：「這有甚麼簡陋的呢？」

【文章分析】本篇選自全唐文，是屬於箴銘類的古文。陋室，是劉禹錫的居室。室雖簡陋，但是也自有一種幽雅的情趣，所以作者寫這篇「銘」來表彰它。銘，文體的一種。本爲刻於金石器上的文章，用以稱述生平功德，或用以自警。陸機文賦：「銘博約而溫潤。」本文主旨是說：居室的好壞，不關重要。就是很簡陋的居室，如果是有德的人居住，也能觸目都成佳趣。全文共分三小段：首段用山水來比喻居室，用仙龍來比喻美德。中段寫陋室的景色、往來陋室的嘉賓與在陋室中的娛樂。末段引古爲喻，說明有德的人，居陋室也不妨。本篇文字簡短，每兩句一韻，韻脚爲名、靈、馨、青、丁、經、形、亭等字，用庚青韻。林西仲說：「通篇總是『惟吾德馨』四字衍出，言有德之人，室藉以重，雖陋亦不陋也。起四句以山水喻人，次言室中之景、室中之客、室中之事，種種不俗，無他縈苦。卽較之南陽草廬、西蜀玄亭，匪有讓焉。蓋以有德者處此，自有不同者在也。末引夫子何陋之言，隱藏『君子居之』四字在內，若全引便著迹，讀者皆不可不知。」

阿房宮賦

杜牧

六王畢❶，四海一❷。蜀山兀❸，阿房❹出。覆壓三百餘里，隔離天日。驪山❺北構而西折，直走咸陽❻。二川溶溶❼，流入宮牆。五步一樓，十步一閣。廊腰縵迴❽，簷牙高啄❾。各抱地勢，鉤心鬭角❿。盤盤⓫焉，囷囷⓬焉，蜂房水渦⓭，矗不知乎幾千萬落⓮。長橋臥波，未雲何龍⓯？複道行空，不霽何虹⓰？高低冥迷⓱，不知西東。歌臺暖響，春光融融⓲。舞殿冷袖，風雨淒淒⓳。一日之內，一宮之間，而氣候不齊。

妃嬪媵嬙，王子皇孫⓴，辭樓下殿，輦來於秦㉑。朝歌夜絃，爲秦宮人。明星熒熒㉒，開妝鏡也；綠雲擾擾，梳曉鬟也㉓；渭流漲膩㉔，棄脂水也；烟斜霧橫，焚椒蘭㉕也；雷霆㉖乍驚，宮車過也；轆轆㉗遠聽，杳㉘不知其所之也。一肌一容，盡態極妍；縵立㉙遠視，而望幸㉚焉。有不得見者三十六年㉛。

燕、趙之收藏，韓、魏之經營，齊、楚之精英，幾世幾年，剽掠其人㉜，倚疊㉝如山。一旦不能有，輸來其閒。鼎鐺玉石，金塊珠礫㉞，棄擲邐迤㉟。秦人視之，亦不甚惜。

嗟乎！一人之心，千萬人之心也。秦愛紛奢，人亦念其家。奈何取之盡錙銖㊱，用之如泥沙！使負棟之柱㊲，多於南畝㊳之農夫；架梁之椽㊴，多於機上之工女；釘頭磷磷㊵，多於在庾㊶之粟粒；瓦縫參差，多於周身之帛縷；直欄橫檻㊷，多於九土㊸之城郭；管絃嘔啞㊹，多於市人之言語。使天下之人，不敢言而敢怒。獨夫㊺之心，日益驕固。戍卒叫，函谷舉，楚人一炬，可憐焦土㊻。

嗚呼！滅六國者，六國也，非秦也；族㊼秦者，秦也，非天下也。嗟夫！使六國各愛其人，則足以拒秦；秦復愛六國之人，則遞三世可至萬世而爲君，誰得而族滅也。秦人不暇自哀，而後人哀之；後人哀之，而不鑑之㊽，亦使後人而復哀後人也。

【作者】杜牧，字牧之，唐京兆萬年（今陝西省長安縣）人，杜佑之孫。生於德宗貞元十九年（西元八〇三年），卒於宣宗大中六年（西元八五二年），年五十。美姿容，好歌舞，善為詩文。太和二年，擢進士第，官至中書舍人。剛直有奇節，不為齪齪小謹，敢論列大事，指陳利病尤切。詩與李商隱齊名，人亦稱「李、杜」。其詩情緻豪邁，有類杜甫，故亦稱「小杜」。著有樊川文集。

【註釋】❶六王畢　六王，謂齊、楚、燕、韓、趙、魏六國之王。畢，猶言亡也，六國皆亡於秦。❷四海一　四海，謂四海之內，猶言天下也。一，謂統一也。❸蜀山兀　蜀山，蜀中之山。荊、蜀之山，材木最盛。建築阿房宮之木材，皆採自此。兀，高而上平也。此謂樹木伐盡，山成禿頂也。❹阿房　秦所建宮名，故址在今陝西長安縣西北。❺驪山　山名，又稱麗山，在陝西臨潼縣東南二里。❻驪山北構而西折二句　構，築造也。咸陽，地名，故城在渭水北，今陝西咸陽縣東二十里，當驪山西北八十里。❼二川溶溶　二川，指涇渭二水，涇渭皆源出甘肅。溶溶，水盛貌。一曰安流貌。或謂二川，一指渭川，一指樊川，誤。樊川爲渭水所納潏水之支流，似難與渭川並稱。❽廊腰縵迴　廊腰，謂廊之轉折處。縵，繒之無文者。本句言廊腰之曲折，如繒帛之迴環也。❾簷牙高啄　簷牙，屋簷兩端上翹如牙者。本句言簷牙之高聳，如鳥喙之高啄也。❿鉤心鬬角　鉤，交連。鬬，接比。謂屋宇交錯，屋心交連，屋角接比。或謂建築精巧，各具匠心。⓫盤盤　曲折貌。⓬囷囷　迴旋貌。⓭蜂房水渦　言遠望天井、瓦溝，如蜂房，如水渦也。⓮矗不知乎幾千萬落　矗，高峙貌。落，居處。指房舍院落。言高峙之屋宇、院落多至不知其數。⓯長橋臥波未雲何龍　謂自阿房宮渡渭川至咸陽，有長橋橫臥水波之上，其形似龍，然而未見有雲，又何來之龍耶。三輔舊事：「中渭橋，廣六尺，長三百八十步，有六十八間，七百五十柱，二百二十樑，又號石柱橋。」⓰複道行空不霽何虹　複道，一曰閣道，高樓之間，架有淩空的走廊。三秦記云：「始皇作閣道至驪山八十里，人行橋上，車行橋下。」自殿下至驪山之麓，架木為複道。蜿蜒曲折，若遊行於空中也。複道之朱碧輝映，猶如彩虹。雨止曰霽，虹現於雨後。既非雨後，何來彩虹。言非彩虹，乃複道也。⓱冥迷　幽深冥遠，使人迷惑。⓲歌臺暖響春光融融　融融，和樂也。言歌臺樂聲熱鬧，猶春光之和樂也。⓳舞殿冷袖風雨淒淒　言舞罷下殿，則袖為之冷，猶如有淒涼之風雨也。或曰舞殿長袖生風，如淒涼之風雨也。⓴妃嬪媵嬙王子皇孫　史記秦始皇本紀：「每破諸侯，寫放其宮室……所得諸侯美人、鐘鼓，以充入之。」妃，次於后者。嬪，婦官名。媵，從嫁之妊娣也。嬙，亦婦官名。此言六國之宮妃與宗室。㉑辭樓下殿輦來於秦　辭樓，辭六國之樓也。下殿，下六國之殿。輦，車之以人挽者。此處用為動詞，以車載也。㉒明星熒熒　熒熒，光閃動也。謂鏡之光，如明星之熒熒。㉓綠雲擾擾梳曉鬟也　綠雲，言美人之髮，其多如雲。擾擾，猶紛紛也。鬟，環髮所成之髻也。㉔渭流漲膩　渭流，渭水也。膩，滑澤也。㉕椒蘭　椒，香木也。椒為有刺之灌木，莖、葉與種子，均有香味。蘭，香草也。㉖雷霆　喻車聲之振動。㉗轆轆　車聲也。㉘杳　幽寂冥遠也。㉙縵立　久立等待也。縵，慢也。㉚幸　天子車駕所至曰幸。㉛有不得見者三十六年　始皇在位三十七年（公元前二四六—二一〇年）意謂妃嬪有終始皇之世，不得一見始皇者，極言妃嬪之多。㉜剽掠其人　剽掠，剝奪。人，民也。唐世避太宗（李世民）諱，改民為人。㉝倚疊　猶堆積也。㉞鼎鐺玉石金塊珠礫　言視鼎如鐺，視玉如石，視金如土塊，視珠如沙礫。鼎，三足兩耳，為傳國之寶器。鐺，釜屬，鍋也。礫，小石也。此處鼎、玉、金、珠四字，皆用為動詞。㉟棄擲邐迤　邐迤，接連也。言棄擲遍地。㊱錙銖　喻細微也。一銖約當百黍之重，六銖為錙，二十四銖為一兩。㊲負棟之柱　棟，大梁也。柱，楹也，柱所以負棟者。㊳南畝　田畝也。詩豳風七月：「饁彼南畝。」㊴椽　以短木布列於屋之上層，兩端附於梁上，以承屋瓦者。㊵磷磷　衆多貌。㊶

庾　無頂之穀倉。㊷直欄橫檻　軒窗下之檻曰欄，以板者曰檻。㊸九土　卽九州。禹分天下爲雍、梁、豫、冀、兗、青、徐、荆、揚等九州。㊹嘔啞　樂器之聲。㊺獨夫　無道之君，此指衆叛親離之秦君。㊻戍卒叫四句　戍卒，守邊之軍士，此指陳涉。舉，攻拔也。楚人，指項羽。炬，火炬也。秦二世元年（公元前二〇九年）七月，戍卒陳涉、吳廣等九百人，於蘄縣大澤鄉，起兵反，天下紛紛響應。三年十月，劉邦入武關，至咸陽，秦王子嬰迎降。十二月，楚項羽入函谷關，屠咸陽，殺子嬰及秦諸公子宗族，收秦珍寶婦女，焚秦宮室，火三月不息。事見史記秦始皇本紀、項羽本紀、陳涉世家。㊼族　刑及父母妻子也。㊽鑑之　以秦敗亡事爲戒也。鑑，鏡也。

【語　譯】六國覆滅後，天下就統一了。蜀山上的樹木一砍光，阿房宮便出現了。宮殿樓臺，連接覆蓋了三百多里的地方，幾乎把天和太陽，都隔開了。從驪山北面蓋起，又向西折，一直蓋到咸陽。涇水、渭水，和緩地流進了宮牆。距離五步就有一座樓臺，十步就有一座亭閣。那長長的走廊，像彩緞一般地迴旋著。那高高翹起的簷角，就像鳥喙向高處啄食一樣。分別依地勢建築，費盡了匠心技巧。曲曲折折，轉來彎去。那整整齊齊的天井，就像蜂房。那迴旋的瓦溝，就像水渦。屋宇高高地聳立著，不知有幾千萬個院落。那長橋橫臥在河上，就像一條游龍。可是，沒有雲興起，那來的龍呢？那一直架到驪山山巔的複道，就像在空中遊行一樣。高架的複道朱碧輝映，就像彩虹一般。可是，不是在雨停之後，又那來的彩虹呢？高高低低，幽深曲折，連東南西北都分不清楚。臺上歌聲響亮熱鬧，就像和暖的春天，風光明媚。殿上的舞袖，揮動生風，就像陣陣的風雨，淒淒涼涼。同在一天裏，同在一座宮殿中，可是氣候卻大不相同。

六國諸侯的貴妃宮女，王子皇孫，都離開了他們自己的宮殿，用車子載來秦國。他們早上唱歌，夜晚奏樂，做秦王的宮人。看呀，那點點的星光在閃爍。啊！原來不是星光，而是他們打開梳妝臺的鏡子。看呀！那一捲捲的綠雲在飄動。啊！原來不是綠雲，而是她們早晨在梳頭。渭河裏漲著膩滑的水，原來是宮女們所傾倒的脂粉水。到處都烟飄霧騰，原來是她們在薰椒香，燒蘭草啊。雷聲隆隆，教人猛吃一驚，原來是天子的車駕經過啊！轆轆的車聲，遠遠聽去，幽寂冥遠，不知道它到哪裏去。每一個人的肌膚，每一個人的容貌，不論是化裝與表情，都極盡豔麗嬌媚的能事。她們都伸長著脖子，向著遠處看，希望天子來臨幸。可是竟有一連三十六年都沒有見著皇帝的呢！

燕國、趙國所收藏的，韓國、魏國所經營的，齊國、楚國的精華，不知多少代、多少年，從老百姓那兒搶奪搜括來，堆積起來就像山一樣高。然而一旦不能保有它，就都搬運到這兒來。寶鼎被看成飯鍋，美玉被看成石頭，黃金好像土塊，珍珠好像沙礫，到處隨地亂扔。秦王看在眼裏，也不愛惜。

唉！一個人的心，也就是千萬人的心。秦王喜歡豪華奢侈，人民也希望他的家庭幸福美滿。為什麼點點滴滴地搜括來的財物，而用起來卻像泥沙一樣，一點也不愛惜呢？讓那撐著棟樑的柱子，比田畝裏的農夫還多。樑上的椽桷，比織布機旁的女工還多。密密麻麻的釘頭，比穀倉裏的穀粒還多。參差不齊的瓦縫，比全身衣服的絲縷還多。直的欄杆，橫的檻板，比天下的城郭還多。吹彈歌唱的聲音，比市街上路人的言語還多。使天下的人，不敢說話，只有憤怒。暴君的心，越來越驕橫固執了。到防守邊境的兵卒一聲叫喊，函谷關就陷落了。楚國人一把火，可憐啊，阿房宮就變成一片焦土！

滅亡六國的，是六國自己，不是秦國；把秦國皇族殺盡的，是秦國自己，也不是天下的人。假使當年六國諸侯，分別都愛他們自己的人民，他們就能夠抵抗秦國；假使秦皇也愛六國的人民，就可以從三代傳到萬代，一直做他的皇帝，誰能滅他的族呢？秦朝的人，來不及為自己哀傷，只有讓後代的人為他哀傷；後人替他哀傷，如果不拿他做自己的鏡子，那末也只好讓更後來的人，為後人哀傷了啊！

【文章分析】本篇選自樊川文集，是屬於辭賦類的古文。賦這種文體，是由詩與散文融合而成的。主要的特徵，是就一件事物，盡量描寫、鋪張。文心雕龍云：「賦者，鋪也。鋪采摛文，體物寫志也。」阿房宮是秦始皇所建的宮室，故址在今陝西長安縣西北。三輔黃圖云：「秦惠文王造阿房宮，未成。始皇廣其宮規，恢三百餘里。」本文主旨，藉述阿房宮的由繁華到燬滅，以秦國的暴興與暴亡，來儆戒後代的君主。全文共分五段：首段描述阿房宮的高大壯麗。第二段寫宮中嬪妃的衆多。第三段寫珠玉珍寶的充積。第四段寫獨夫因驕橫而亡國。末段論秦人不愛天下人，因此自取滅亡。本篇前數段，極寫阿房宮的瑰麗，不是羨慕，而是要表現暴君的驕橫，與當時的「民不堪命」，伏有不愛六國之人的意思。最後楚人的一把火，把一切都燒得精光，便盡情痛悼一番。所以過商侯說：「前半將宮殿樓閣，迴廊複道，美女珍奇，千態萬狀，逐一描寫，或壯麗，或紆折，或窈窕，阿房一齊都見。讀至『楚人一炬，可憐焦土』，其壯麗者、紆折者、窈窕者，阿房頃刻都盡。世上一切夢幻泡影，石火電光，如是如是。」

原道

韓愈

博愛之謂仁，行而宜之之謂義。由是而之焉之謂道，足乎己無待於外之謂德。仁與義爲定名，道與德爲虛位。故道有君子小人，而德有凶有吉。老子❶之小仁義❷，非毀之也，其見者小也。坐井而觀天❸，曰天小者，非天小也。彼以煦煦❹爲仁，孑孑❺爲義，其小之也則宜。其所謂道❻，道其所道，非吾所謂道也。其所謂德❼，德其所德，非吾所謂德也。凡吾所謂道德云者，合仁與義言之也，天下之公言也。老子之所謂道德云者，去仁與義言之也，一人之私言也。

周道衰，孔子沒❽。火于秦❾，黃老于漢❿，佛于晉、魏、梁、隋之間⓫。其言道德仁義者，不入于楊，則入于墨⓬。不入于老，則入于佛。入于彼，必出于此。入者主之，出者奴之。入者附之，出者汙之。噫！後之人其欲聞仁義道德之說，孰從而聽之？老者曰：「孔子，吾師之弟子也。」⓭佛者曰：「孔子，吾師之弟子也。」⓮爲孔子者，習聞其說，樂其誕⓯而自小也，亦曰：「吾師亦嘗師之云爾。」⓰不惟舉之於其口，而又筆之於其書。噫！後之人，雖欲聞仁義道德之說，其孰從而求之？甚矣！人之好怪也，不求其端，不訊⑰其末，惟怪之欲聞。

古之爲民者四⑱，今之爲民者六⑲。古之教者處其一⑳，今之教者處其三㉑。農之家一，而食粟之家六。工之家一，而用器之家六。賈之家一，而資㉒焉之家六。奈之何民不窮且盜也！

古之時，人之害多矣。有聖人者立，然後教之以相生養之道。爲之君，爲之師，驅其蟲蛇禽獸，而處之中土㉓。寒，然後爲之衣。飢，然後爲之食。木處而顛㉔，土處而病也，然後爲之宮室。爲之工，以贍㉕其器用。爲之賈，以通其有無。爲之醫藥，以濟㉖其夭死。爲之葬埋祭祀，以長其恩愛。爲之禮，以次其先後。爲之樂，以宣其湮鬱㉗。爲之政，以率其怠倦。爲之刑，以鋤其強梗㉘。相欺也，爲之符璽㉙斗斛權衡以信之。相奪也，爲之城郭甲兵以守之。害至而爲之備，患生而爲之防。今其言曰：「聖人不死，大盜不止。剖斗折衡，而民不爭。」㉚嗚呼！其亦不思而已矣！如古之無聖人，人之類滅久矣。何也？無羽毛鱗介㉛以居寒熱也，無爪牙以爭食也。是故君者，出令者也。臣者，行君之令而致之民者也。民者，出粟米麻絲，作器皿，通貨財，以事其上者也。君不出令，則失其所以爲君。臣不行君之令而致之民，則失其所以爲臣。民不出粟米麻絲，作器皿，通貨財，以事其上，則誅。今其法曰：「必棄而君臣，去而父子，禁而相生養之道。」以求其所謂清淨寂滅㉜者。嗚呼！其亦幸而出於三代㉝之後，不見黜於禹、湯、文、武、周公、孔子也。其亦不幸而不出於三代之前，不見正於禹、湯、文、武、周公、孔子也。

帝之與王，其號名殊，其所以爲聖一也。夏葛而冬裘㉞，渴飲而飢食，其事殊，其所以爲智一也。今其言曰：「曷不爲太古之無事？」是亦責冬之裘者曰：「曷不爲葛之之易也？」責飢之食者曰：「曷不爲飲之之易也。」傳曰：「古之欲明明德於天下者，先治其國。欲治其國者，先齊其家。欲齊其家者，先修其身。欲修其身者，先正其心。欲正其心者，先誠其意。」㉟然則古之所謂正心而誠意者，將以有爲也。今也欲治其心，而外天下國家，滅其天常㊱：子焉而不父其父，臣焉而不君其君，民焉而不事其事。孔子之作春秋㊲也，諸侯用夷禮，則夷之㊳。進於中國，則中國之㊴。經曰：「夷狄之有君，不如諸夏之亡！㊵」詩曰：「戎狄是膺，荊舒是懲㊶。」今也舉夷狄之法，而加之先王之教之上，幾何㊷其不胥㊸而爲夷也！

夫所謂先王之教者，何也？博愛之謂仁，行而宜之之謂義，由是而之焉之謂道，足乎己無待於外之謂德。其文，詩書易春秋；其法，禮樂刑政；其民，士農工賈；其位，君臣父子師友賓主昆弟夫婦；其服，麻絲；其居，宮室；其食，粟米果蔬魚肉；其爲道易明，而其爲教易行也。是故以之爲己，則順而祥；以之爲人，則愛而公；以之爲心，則和而平；以之爲天下國家，無所處而不當。是故生則得其情，死則盡其常㊹；郊焉而天神假㊺，廟焉而人鬼饗㊻。曰：「斯道也，何道也？」曰：「斯吾所謂道也，非向所謂老與佛之道也。」堯以是傳之舜，舜以是傳之禹，禹以是傳之湯，湯以是傳之文武周公，文武周公傳之孔子，孔子傳之孟軻。軻之死，不得其傳焉。荀與揚㊼也，擇焉而不精，語焉而不詳。由周公而上，上而爲君，故其事行；由周公而下，下而爲臣，故其說長。

然則如之何而可也？曰：「不塞不流，不止不行㊽。人其人㊾，火其書，廬其居㊿，明先王之道以道㉛之，鰥寡孤獨廢疾者㉜，有養也，其亦庶乎㉝其可也。」

【作者】 韓愈，字退之，唐南陽（今河南省孟縣）人。其先世嘗居昌黎（今河北徐水縣西），故自稱昌黎韓愈。生於大曆三年（西元七六八年），卒於長慶四年（西元八二四年），年五十七歲。愈三歲而孤，嫂鄭氏撫之成立。早歲刻苦為學，通六經百家之書。德宗貞元八年，登進士第。官至吏部侍郎，卒謚文。愈才高好直言，官刑部侍郎時，憲宗遣使迎佛骨，愈上表極諫。帝大怒，將置之死。賴裴度等力救，乃貶潮州刺史，直聲動天下。愈自許極高，以聖學為己任。自魏晉以降，佛老盛行，愈不恤生死以排斥之。唐初文章，崇尚駢體，愈力主文以載道，以復古為革命。用散文代替駢體之時文，影響當時及後代甚鉅。後世選家，錄韓、柳、歐、曾、王、三蘇八家文為習文之範本，號稱唐宋八大家，而以愈為首。著有昌黎先生集。

【註釋】❶老子　姓李，名耳，字聃。楚國苦縣厲鄉曲仁里人，作周守藏室史。著道德經五千言，言道德之意。見史記老子列傳。❷小仁義　輕視仁義。老子嘗云：「大道廢，有仁義。……絕仁棄義，民復孝慈。」又云：「失道而後德，失德而後仁，失仁而後義。」❸坐井而觀天　喻所見之小也。❹煦煦　小惠貌。❺孑孑　小貌，指小善行。❻其所謂道　老子云：「有物混成，先天地生。寂兮寥兮，獨立而不改，周行而不殆，可以爲天下母。吾不知其名，字之曰道。」又云：「地法天，天法道，道法自然。」老子之所謂道，乃物之所由也，指自然之本體而言，與儒家之所謂道不同。❼其所謂德　老子云：「是以萬物莫不尊道而貴德。」王弼注：「道者，物之所由也。德者，物之所得也。」老子又云：「孔德之容，惟道是從。」❽孔子沒　沒通歿。孔子卒於魯哀公十六年（公元前四七九年）。❾火于秦　謂典籍爲秦所焚也。秦始皇三十四年（公元前二一三年），始皇從李斯議，焚民間書籍。儒家典籍，多被焚燬。❿黃老于漢　漢初，黃帝老子之說盛行。如惠帝時，曹參爲相，武帝時汲黯爲東海太守，皆用黃老之術治國。文帝、景帝、竇太后、淮南王等，皆尊信黃老。⓫佛于晉魏梁隋之間　佛教於漢明帝時，自西域傳入中國，至梁隋之間大盛，譯經典，建寺院，信者極衆。⓬不入于楊則入于墨　楊，楊朱也。楊朱倡爲我，不肯拔一毛以利天下，孟子斥爲無君。墨，墨翟也。墨翟倡兼愛，摩頂放踵以利天下，孟子斥爲無父。⓭老者曰三句　孔子至周，嘗問禮於老聃。莊子天運篇：「孔子行年五十有一，而不聞道。乃南之沛，見老聃。」此外天地、天道、田子方、知北遊等篇，均載老子教孔子之事。⓮佛者曰三句　佛家稱孔子爲儒童菩薩。清淨法行經：「佛云遣三弟子，教化震旦。儒童菩薩，彼稱孔丘。」⓯誕　大也，妄爲大言也。⓰吾師亦嘗師之云爾　禮記曾子問記孔子從老子學禮事，共四則。他如史記孔子世家、老子列傳，均載孔子問禮於老子事。⓱訊　問也。⓲古之爲民者四　穀梁傳成公元年云：「古者有四民：有士民，有商民，有農民，有工民。」⓳今之爲民者六　謂士、農、工、商四民外，加佛教徒與道士也。⓴處其一　指儒學。㉑處其三　指儒、道、佛。㉒資　藉也。謂藉是以生也。㉓中土　謂中原，即中國也。㉔木處而顛　顛，墜也。言人巢居而墜也。㉕贍　給也。㉖濟　賙救也。㉗宣其湮鬱　宣，發洩也。湮鬱，抑塞鬱積之苦悶也。㉘強梗　指頑強不法之人。㉙符璽　符，古時用爲徵信者，以竹、木等爲之，其上書刻文字，剖而爲二，各持其一以爲信。璽，印也。古者尊卑之印皆稱璽，秦漢以後，惟天子之印稱璽。㉚聖人不死四句　語見莊子胠篋篇。㉛介　介殼。㉜清淨寂滅　清淨，佛家語。謂遠離罪惡與煩惱。俱舍論：「暫永遠離一切惡行煩惱垢，故名爲清淨。」寂滅，梵語「涅槃」之義譯，佛家主修眞養性，求功德圓滿，超出世間，入於不生不死之門，曰涅槃。㉝三代　指夏、商、周。㉞夏葛而冬裘　夏穿葛衣，冬穿皮衣也。㉟傳曰十一句　此文引自禮記大學篇。㊱天常　倫常也。㊲孔子之作春秋　孔子據魯之史記，而作春秋，嚴其褒貶。孟子曰：「世衰道微，邪說暴行有作，臣弒其君者有之，子弒其父者有之。孔子懼，作春秋。」㊳夷之　以之爲夷狄也。夷此處用爲動詞。㊴中國之　以之爲中國也，中國二字，亦用爲動詞。㊵夷狄之有君二句　諸夏，謂中國也。亡，同無。謂夷狄雖有君長，然無禮義，不如中國之無君也。引自論語八佾篇。㊶戎狄是膺荊舒是懲　見詩魯頌閟宮篇。是，語中助詞。膺，擊也。荊，楚之舊稱，春秋僖公元年，始稱荊曰楚。舒，楚之與國，故地在今安徽合肥一帶。懲，懲戒也。此詩原指魯僖公二年，僖公與齊桓公等諸侯救衞伐戎狄，及四年伐楚事，楚亦戎狄也。此以言戎狄異族，當討伐懲戒也。㊷幾何　言無多時也。㊸胥　皆也。㊹生則得其情死則盡其常　言生時能遂其情性，死時能全其常道。㊺郊焉而天神假　郊，祭天也。古時天子祭天於圜丘，地在京師之南郊，故稱祭天曰郊。假，至也。㊻廟焉而人鬼饗　廟，宗廟也。此處用爲動詞，謂入廟祭祀祖宗也。饗，同「享」。㊼荀與揚　荀，謂荀卿，名況，趙人，戰國末大儒，著有荀子一書。揚，指揚雄，字子雲，西漢末儒者，嘗仿易作太玄，仿論語作法言。韓愈讀荀篇云：「孟氏醇乎醇者也，荀與揚，大醇而小疵。」與此意近。㊽不塞不流不止不行　言佛老之異端不堵塞禁止，則聖人之道，不能流布通行也。㊾人其人　上人字爲動詞，使其爲人也。言使僧尼道士還俗爲常人也。㊿廬其居　廬，居舍也，此處用爲動詞，言使佛寺道觀，改爲民房也。(51)道　通「導」字。(52)鰥寡孤獨廢疾者　語見禮記禮運篇。老而無妻曰鰥，老而無夫曰寡，幼而無父曰孤，老而無子曰獨，殘廢有疾病者爲廢疾。(53)其亦庶乎　庶，近也。論語先進篇云：「回也，其庶乎。」

【語譯】 博愛叫做「仁」，做事合宜叫做「義」。照著仁義做去叫做「道」，自己的天性，修養得很圓滿，無求於他人叫做「德」。「仁」和「義」是有一定含義的名稱，「道」和「德」是空虛的品位。所以道有君子之道與小人之道的分別，德有吉的善德與凶的惡德的不同。老子的看不起仁義，並不是他有意譭謗它，而是因爲他的見識實在太小了。坐在井裏看天，所以會說天很小，並不是天眞的很小。他把小小的恩惠看做仁，小小的善行看做義。他看不起仁義，便自然很應當了。他所講的「道」，是講他自己的「道」，不是我所講的「道」。他所講的「德」，也是講他自己的「德」，不是我所講的「德」。凡是我所講的道德，是把仁義合起來一起說的，這是天下的公論。老子所講的道德，是離開仁和義而講的，這是他自己一個人的私論。

自從周道衰微，孔子去世，典籍被秦始皇焚燒了以後，黃老的學說，在漢代很流行，佛教在晉魏梁隋這一段期間很興盛。那些講道德仁義的人，不是屬於楊朱這一派，就是屬於墨翟這一派。不是加入老子這一派的行列，就是加入佛教這一派的行列。加入那一派，相信那種道，一定離開這一派，不信這種道。加入了就奉他為主，不加入的，就要把他看成為奴。加入了就附和他們，不加入的，就汚辱他們。唉！後代的人，他們想要知道仁義道德的學說，又從那裏去聽呢？道家的信徒說：「孔子，是我們老師的弟子。」佛教的信徒說：「孔子，是我們老師的弟子。」尊奉孔子的人，聽慣了這種說法，於是就喜歡他們的怪誕，自以為儒道很偏狹，因而也就說：「我們的先師，也曾經拜過老子和佛祖做老師。」不但說在嘴上，而且還寫在書上。唉！後代的人，雖然想知道仁義道德的學說，他們又從那裏去找呢？人們眞是太喜歡怪誕的學說了，不研究它的起因，也不追究它的後果，他們只要是奇怪的，就喜歡聽。

古時的人民，只有士、農、工、商四種。現在的人民，卻有士、農、工、商、僧、道六種。古時候推行教化的，只有一個儒家。現在推行教化的，卻有儒、道、釋三家。種田的只有一家，可是消耗糧食的卻有六家；做工的只有一家，可是使用器具的卻有六家；做生意的只有一家，可是靠他們買賣東西的卻有六家。這樣，人民又怎樣能不窮困而且去做盜賊呢？

古時候，人類的災害多得很。後來有聖人出來，才把相生相養的道理教他們，做他們的人君，做他們的老師，替他們驅除蟲蛇禽獸，讓他們居住在中原的地方。天氣冷了，就教他們作衣服穿。肚子餓了，就教他們弄東西吃。怕住在樹上不安全，會掉下來，住在山洞裏很潮濕，會生病，然後又教他們蓋房子。教他們工藝，以供應他們各種器具。教他們做買賣，以流通他們的貨物。替他們研究醫藥，來治療他們，使他們不會夭折死亡。為他們制定埋葬祭祀的禮制，來增長他們彼此間的恩愛。為他們制定各種禮節，來分別他們尊卑先後的次序。替他們製作音樂，來發洩他們鬱積苦悶的情感。替他們定了許多制度，來糾正他們的倦怠懶惰。替他們制定法律，來剷除那些強橫不法的人。怕他們彼此互相欺詐，又替他們發明了符契印璽，以及斗斛稱衡，使他們彼此守信。怕他們互相爭奪，替他們建築城郭，製造盔甲刀兵來防守。災害要來的時候，就替他們先作準備。禍患要發生，就替他們防止。現在道家卻說：「聖人不死，大盜是不會停止的。毀壞斗斛，折斷秤桿，這樣人民就不會互相爭奪了。」唉！這只是他不用心思罷了！假如古時候沒有聖人，人類早就消滅了。爲什麼呢？因爲人類沒有羽毛、鱗甲、介殼，來適應或寒或熱的環境，沒有銳利的爪與牙，來爭奪食物啊。因此，做人君的人，是發布命令的；而人臣是奉行人君的命令，把它轉達給人民的；人民是生產稻、米、絲、麻，製造器具，流通貨物錢財，來事奉他的長上的。人君不會發布命令，就不配做人君。人臣不能奉行人君的命令，把它轉達給人民，就不配做人臣。人民不能生產穀、米、麻、絲，製造器具，流通貨物財錢，來事奉人君，就應該受懲罰。現在佛法說：「一定要拋棄你們的君臣關係，離開你們的父子關係，禁止你們那種相生相養的道。」去追求他們那種所謂「清淨寂滅」的道。他們幸而生在三代以後，才沒有被夏禹、商湯、文王、武王、周公、孔子所排斥；他們也是不幸，不能生在三代以前，才不能被夏禹、商湯、文王、武王、周公、孔子所糾正啊。

「帝」和「王」，名號雖然不同，他們所以成爲聖人的道理是一樣的。夏天穿葛衣，冬天穿皮衣；渴了就喝水，餓了就吃飯。這些事情雖然不同，但是它們所以成爲知識的道理是一樣的。現在道家說：「爲什麼不學太古時候的簡單無事呢？」這就好像責備冬天穿皮衣的人說：「爲什麼不穿葛衣省些事呢？」責備肚子餓了要吃飯的人說：「爲什麼不喝水省些事呢？」古書上說：「古時候，想要發揚他光明德性於天下的人，先要治理他的國家；想要治理國家的人，先要整頓他的家庭。想要整頓家庭的人，先要修養他個人；想要修養他個人的人，先要端正他自己的心意；想要端正他自己的心意的人，先要使他自己的意志誠懇。」這樣說來，古時候所說的「正心誠意」的工夫，爲的是準備有所作爲啊。現在要修養心性，卻把天下國家擺在一邊，毀滅倫常，做兒子，不把父親看作父親，做臣子，不把人君看作人君，做老百姓，不做他本分所應該做的事。孔子作春秋，褒貶很嚴正，對於那些採用夷狄禮儀的諸侯，就把他看成夷狄。對於那些能夠進用中國禮儀的夷狄，就把他看成中國人。論語上說：「夷狄就是有個君主，也趕不上中國沒有君主啊！」詩經上說：「戎狄要討伐，楚、舒這些蠻夷之人，是要懲戒的。」現在卻把夷狄的文化，擡到先王的教化上面去，怎能不很快就全部變成夷狄呢？

講到所謂先王的教化，究竟是什麼呢？博愛叫做仁，做事合宜叫做義，照着仁義做去叫做道，自己的天性，修養得很圓滿，無求於他人叫做德。寫成的書是詩、書、易、春秋；治國的法度是禮樂刑政；人民分士農工商四種；人的地位關係是君臣、父子、師友、賓主、兄弟、夫婦等；穿的是麻葛絲綢，住的是宮室，吃的是穀米果蔬和魚肉。這種道，是很容易明白的；這種教化，是很容易實行的。因此，用這種道來修養自己，能夠很順利，很吉祥；用來治理別人，就能很仁愛而且很公正。用來修養心性，就能很和諧平靜。用來治理天下國家，就能沒有一點不合宜的。因此，活著的時候，就能順遂情性；死了的時候，就能全盡常道。祭天的時候，天神來接受；祭祀祖宗，祖宗會享受。如果有人問：「這個道，是什麼道呢？」我便回答說：「這就是我所講的道，不是前面所說的老子和佛家的道呀！」堯把這個道傳給舜，舜把這個道傳給夏禹，夏禹把這個道傳給商湯，商湯把這個道傳給文王、武王、周公，文王、武王、周公傳給孔子，孔子又傳給孟軻。孟軻死了以後，就沒有人得到眞傳了。荀卿與揚雄，選擇得不夠精純，說明得也不夠詳細。從周公以前的聖人，在上面做人君，所以能把這個道付諸實行；從周公以後的聖人，在下面做臣子，所以只好把這個道廣加傳揚。

那麼要怎樣做才對呢？我說：「不堵塞佛、老思想，聖人的道就不能流傳，不禁止佛、老思想，聖人之道就不能風行。僧尼道士都叫他們還俗，燒掉佛經道書，把寺觀改成民房；闡揚先王的道，用它來教導人民，使那些鰥夫、寡婦、孤兒、沒有子女的老人和殘廢有病的人，都能有養活他們的地方，能夠這樣，也就差不多了。」

【文章分析】本篇選自韓昌黎集，是屬於論辨類的古文。錢大昕十駕齋養新錄云：「原道二字，出淮南子原道訓，劉氏文心雕龍亦有原道篇。」原是探尋其根源，道是指儒家的道術。本文的主旨爲衞儒道，闢老佛，以正人心。全文共分八段：首段將儒家仁義道德的大旨，與老子的主張，作一番比較，分出是非來。第二段慨嘆異端邪說妨害儒道，分棄儒從老佛與援儒入老佛兩層來加以推論。第三段慨嘆世人喜歡怪異，以致無所事事的老佛，能與儒家並行，對於民生實在有害。第四段說自有生民以來，完全依靠聖人相生相養的道理，興利除害，人類才能不消滅；可是老氏卻要絕聖毀制，寧非怪事。第五段說君臣民互相維繫，爲的是要實行聖人相生相養的道理；可是佛氏卻棄君臣父子，求清淨寂滅，這是非常錯誤的。第六段說老佛主張無爲，和儒家講正心誠意，主張有爲，大相違背。第七段說明儒道的眞諦。末段敍述儒道的傳統來歷，然後揭出衞道的對策。自孔孟以後，異端邪說，橫行天下。韓愈辭而闢之，大有功於名教。過商侯評曰：「渾浩流轉，傲岸不羣，可與子輿氏若干卷，並勒不朽。」

原毀

韓愈

古之君子，其責己也重以周，其待人也輕以約❶。重以周，故不怠❷。輕以約，故人樂為善。

聞古之人有舜者，其為人也，仁義人也。求其所以為舜者，責於己曰：「彼人也，予人也；彼能是，而我乃不能是。」早夜以思，去其不如舜者，就其如舜者。聞古之人有周公者，其為人也，多才與藝❸人也。求其所以為周公者，責於己曰：「彼人也，予人也；彼能是，而我乃不能是。」早夜以思，去其不如周公者，就其如周公者。舜，大聖人也，後世無及焉。周公，大聖人也，後世無及焉。是人也，乃曰：「不如舜，不如周公，吾之病也。」是不亦責於身者重以周乎。其於人也，曰：「彼人也，能有是，是足為良人矣。能善是，是足為藝人矣。」取其一，不責其二；即其新，不究其舊❹；恐恐然❺惟懼其人之不得為善之利。一善易修也，一藝易能也；其於人也，乃曰：「能有是，是亦足矣」曰：「能善是，是亦足矣。」不亦待於人者輕以約乎。

今之君子則不然。其責人也詳，其待己也廉❻。詳，故人難於為善。廉，故自取也少。己未有善，曰：「我善是，是亦足矣。」己未有能，曰：「我能是，是亦足矣。」外以欺於人，內以欺於心，未少有得而止矣，不亦待其身者已廉乎。其於人也，曰：「彼雖能是，其人不足稱❼也。彼雖善是，其用不足稱也。」舉其一，不計其十❽；究其舊，不圖其新；恐恐然惟懼其人之有聞也，是不亦責於人者已詳乎。夫是之謂不以眾人待其身，而以聖人望於人，吾未見其尊己也。

雖然，爲是者，有本有原⑨，怠與忌之謂也。怠者不能修，而忌者畏人修。吾常試之矣，常試語於眾曰：「某良士，某良士。」其應者，必其人之與⑩也。不然，則其所疏遠，不與同其利者也。不然，則其畏也。不若是，強者必怒於言，懦者必怒於色矣。又嘗語於眾曰：「某非良士，某非良士。」其不應者，必其人之與也；不然，則其所疏遠，不與同其利者也。不然，則其畏也。不若是，強者必說⑪於言，懦者必說於色⑫矣。是故事修而謗興，德高而毀來。

嗚呼！士之處此世，而望名譽之光，道德之行，難已！將有作於上者，得吾說而存之，其國家可幾而理⑬歟。

【註釋】①其責己也重以周二句　重，嚴厲。以，而，爲連詞。周，周密。輕，要求的少。約，簡易。此二句與論語衛靈公篇所云：「子曰：『躬自厚而薄責於人，則遠怨矣。』」意思相近。②不怠　指自修上不敢懈怠。③藝　技藝，技能也。④即其新不究其舊　新，猶言現在。舊，猶言過去。⑤恐恐然　驚懼惶恐貌。⑥廉　本謂有分辨不苟取，今以言其少也。即疏略寬鬆。⑦稱　稱道也。⑧舉其一不計其十　言僅舉其一端，不計其他也。⑨有本有原　本即根，原爲源之本字。本原，猶言原因。⑩與　黨與，互相交好之人。⑪說　與悅通。⑫色　臉色。⑬理　治理。

【語　譯】古時候的君子，他們責備自己，很嚴厲而且很周密，他們對別人的要求，很輕易而且很簡約。因爲責備自己嚴厲而且周密，所以他們不怠惰。因爲對別人的要求很輕易而且簡約，所以人家就高興去做善事。

聽說古時候有個叫做舜的人，他的做人，是屬於仁義的人。研究他所以成爲舜的道理，就責備自己說：「他是一個人，我也是一個人；他能夠這樣，但是我竟然不能這樣。」早晚都把這事記在心裏，改掉那些不像舜的，學成了那些像舜的。聽說古時有個叫周公的，他的做人，是屬於多才多藝的人。研究他所以成爲周公的道理，就責備自己說：「他是一個人，我也是一個人；他能夠這樣，但是我竟然不能這樣。」早晚都把這事記在心裏，改掉那些不像周公的，學成了那些像周公的。舜是一個大聖人，後代沒有人比得上他；周公是一個大聖人，後世也沒有人比得上他。有這麼一個人，居然說：「我比不上舜，我也比不上周公，這是我的缺點啊。」這不就是責備自己很苛重而且很周密嗎？對於別人，就說：「那個人能夠有這樣的成就，可以算是好人了。能夠把這個做得很好，可以算是有本領的人了。」只稱贊他這一方面的，不責備他別的地方。只論他的現在，不追究他的過去。戰戰兢兢的，只怕人家不能得到爲善的好處。一件善事是容易做的，一種技藝是容易學會的；對於別人，卻說：「他能夠有這樣，那也就儘夠了。」或者說：「他能夠把這個做得很好，那也就儘夠了。」這不就是對別人的要求很輕易而且很簡約嗎？

現在的君子，就不是這樣：他們責備人家，周詳得很；他們對自己的要求，過於疏略。因爲責備周詳，所以人家很難去做善事；因爲要求簡單，所以自己獲得的很少。自己沒有善行表現，卻說：「我能夠把這事做好，這也就夠了。」自己沒有本領，卻說：「我能這樣，這也就夠了。」外面用來欺騙別人，裏面用來欺騙自己的良心；對於自己的修養，沒有獲得一點什麼便停止了，這不就是對自己的要求太簡單了嗎？他們對於別人，就說：「他雖然能夠做這件事，但是他這個人，是不值得稱道的。他雖然能夠把這件事做得很好，但是它的用處是不足稱道的。」只提他這一方面的事，不計其他的善行。只追究他過去的表現，不論他現在的成就。戰戰兢兢的，就只怕別人有名望，這不就是責備別人的已經太周詳了嗎？這就是所謂不用要求別人的來要求自己，而用聖人的條件來希望別人做到。這種人我看不出他自己尊重自己的地方。

話雖這麼說，這樣做的人，也是有他根本的原因的，就是「怠惰」與「妒忌」。怠惰的人不能修養自己，至於妒忌的人，怕人家修養自己，這個我曾經試驗證明過了。我曾試過告訴許多人說：「某人是一個良士，某人是一個良士。」

那些附和響應的人，一定是這個人的同黨；否則，就是他所疏遠，與他沒有利害關係的人；否則，就是那些怕他的人。如果不是這樣，那些強橫的人，一定會在言語上表現他的憤怒，懦怯的人，一定會在臉色上表現出憤怒來。我又曾對許多人說：「某人不是良士，某人不是良士。」那些不贊同的人，一定是這個人的同黨；否則，便是他所疏遠，與他沒有利害關係的人；否則，就是怕他的人。如果不是這樣，那些強橫的人，一定會在言語上表現出喜悅來，懦怯的人，一定會在臉色上表現出喜悅來。因此，事情做成功，譭謗他的話就興起來了。德行高了，譭謗他的話也來了。唉！士人處在這個世界裏，希望自己的名譽放出光輝，道德能傳佈出去，實在太難了。那些在上位希望有所作爲的人，聽到我的這一番言論，如果把它牢牢地記在心裏，那麼這個國家，差不多可以治理得很好了。

【文章分析】本篇選自韓昌黎集，是屬於論辨類的古文。原是探尋根源，毀是說別人不好。說別人不好，是妬忌心在作祟。妬忌心的發生，是由於自己懈怠。自己所以會懈怠，又是因爲不責備自己，所以「毀」是源於不責己。本文的主旨，是說人要求自己要「重」而「周」，要求別人要「輕」而「約」，如果大家都這樣，國家就太平了。全文共分五段：首段就古時君子責己與待人的不同，引出議論。第二段說古時的君子，責己「重」而「周」，待人「輕」而「約」。第三段說現在的人，都是責人「詳」，而待己「廉」。第四段說現在的人所以責人「詳」，待己「廉」，是因「忌」與「怠」所使然，這也就是譭謗所以產生的原因。第五段點出主旨作結。過商侯說：「看來似兩扇文字，亦似八股文字，責己待人是一篇之柱。故詳與廉毀之枝葉，怠與忌毀之本根。全文不說毀，而毀意自見。末幅結到國家，此是文公立言主意，卽君子器使魯元公無求備之心歟。」

獲麟解

韓愈

麟❶之爲靈，昭昭也。詠於詩❷，書於春秋❸，雜出於傳記百家之書。雖婦人小子，皆知其爲祥也。然麟之爲物，不畜於家，不恆有於天下。其爲形也不類，非若馬牛犬豕豺狼麋鹿然。然則，雖有麟，不可知其為麟也。角者吾知其為牛，鬣❹者吾知其為馬。犬、豕、豺❺、狼、麋❻、鹿，吾知其為犬、豕、豺、狼、麋、鹿。惟麟也不可知，不可知則其謂之不祥也亦宜。雖然，麟之出，必有聖人在乎位，麟為聖人出也。聖人者，必知麟，麟之果不為不祥也。又曰：麟之所以為麟者，以德不以形。若麟之出不待聖人，則謂之不祥也亦宜。

【註　釋】❶麟　獸名，即麒麟。舊說麟似鹿而大，牛尾馬蹄，有肉角一，背毛五彩，腹毛黃。不履生草，不食生物。聖人出，王道行，則見云。此古人之神話，今人或以為即長頸鹿。❷詠於詩　詩即詩經，詩經有麟之趾篇。❸書於春秋　孔子因覩麟而作春秋，獲麟而絕筆，此謂魯哀公十四年，西狩獲麟之事。❹鬣　頸項上之長毛。❺豺　狼屬，身瘦，尾長下垂，性貪殘。❻麋　似鹿而大。

【語　譯】麒麟是一種靈異的動物，這是很明白的。在詩經上，有歌詠麒麟的詩篇，也記載在春秋裏。各種傳記、諸子百家的書裏，提到麒麟的地方也很多。即使是婦人、小孩，也都知道麒麟是一種祥瑞的動物。但是麒麟這種動物，不畜養在家裏，世界上也不是經常有的。牠的形狀，和別的動物不一樣，不像馬、牛、狗、豬、豺、狼、麋、鹿的樣子。那麼，即使有麒麟，也不能認得牠就是麒麟了。有角的，我知道牠是牛，有鬣毛的，我知道牠是馬。是狗、豬、豺、狼、麋、鹿，我知道牠是狗、豬、豺、狼、麋、鹿。只有麒麟，無法知道。因為無法知道，那麼說牠是不吉祥的動物，也是合適的。話雖然這樣說，可是，麒麟出現，一定有聖人在位，麒麟是為了聖人才出現的。做聖人的人，一定認得麒麟，麒麟畢竟不是不祥的動物。再說，麒麟所以為麒麟的原因，是因為牠的德行，不是因為牠的形狀。如果麒麟不等待有聖人就出現，那麼說牠是不吉祥的動物，也是合適的。

【文章分析】本篇選自韓昌黎集，是屬於論辨類的古文。本文主旨為以麒麟自喻，慨嘆生不逢辰。文分五小段：首段說麒麟是一種祥瑞的動物。第二段從「然麟之為物」起，說麒麟是一種不常見的動物。第三段從「角者吾知其為牛」

起，說因爲不常見，大家都不認識，說牠是不祥的動物也可以。第四段從「雖然」起，說有聖人在位，麒麟才出現，所以麒麟畢竟是祥瑞的動物。第五段從「又曰」起，說麒麟的出現，如果不等到聖人在位的時候，就是不祥的，暗喻自己不是聖人在位的時候出來，點出主旨作結。前人的評語有云：「此解與論龍馬，皆退之自喻，有爲之言，非有所指實，文僅一百八十餘字，凡五轉。如游龍，如轆轤，變化無窮，眞奇文也。」

雜說一

韓愈

龍❶噓❷氣成雲。雲固弗靈於龍也，然龍乘是氣，茫洋❸窮乎玄間❹，薄❺日月，伏❻光景❼，感震電，神變化，水下土❽，汩❾陵谷，雲亦靈怪矣哉。雲，龍之所能使爲靈也。若龍之靈，則非雲之所能使爲靈也。然龍弗得雲，無以神其靈矣。失其所憑依，信不可歟。異哉！其所憑依，乃其所自爲也。易曰：「雲從龍❿。」既曰龍，雲從之矣。

【註釋】❶龍　舊說謂鱗蟲之長，能興雲雨，利萬物，故與麟、鳳、龜並稱爲四靈。❷噓　吹噓也。凡出氣，急曰吹，緩曰噓。❸茫洋　廣大貌。❹玄間　猶言天空、天際。天色玄。❺薄　近也，逼近也。❻伏　遮蔽也。❼景　同「影」。❽水下土　使水偏於地也。土，卽地也。❾汩　沒也。❿雲從龍　易經曰：「雲從龍，風從虎。」言氣類相感也。

【語譯】龍吐出氣來，便成爲雲。雲本來不會比龍靈怪神奇，然而龍一乘了這股雲氣，在廣大無邊的天空裏無所不至。它逼近太陽、月亮，遮蔽了太陽月亮的光芒。它觸動雷電，使雷電發生神妙變化。它使雨水遍灑大地，淹沒了丘陵山谷：所以雲這個東西，也實在太靈怪神奇了。雲，是龍所能夠使它變得很靈怪神奇的。至於龍的靈怪神奇，就不是雲所能使牠變得如此靈怪神奇了。然而，龍如果沒有雲，就沒有法子使牠自己很靈怪神奇。龍失去了牠所依憑的東西，就眞的不可以嗎？奇怪得很啊！牠所依憑的東西，竟然是牠自己製造出來的。所以易經上說：「雲是跟著龍的。」既然稱爲龍，雲就跟從著牠了。

【文章分析】本篇選自韓昌黎集，是屬於論辨類的古文。文中以龍比喻聖君，以雲比喻賢臣。主旨是說，賢臣固不可無聖君，而聖君尤不可無賢臣。文分五小段：首段說龍噓氣成雲，雲不會比龍神奇。第二段從「然龍乘是氣」起，說龍一乘了雲，雲就變得很神奇了。第三段從「雲，龍之所能使爲靈也」起，說龍能使雲顯得很神奇，但龍若無雲，自己就不能顯得很神奇。第四段從「異哉」起，說龍所憑依的雲，是牠自己造成的。第五段引易經點出題旨。韓愈這篇文章，寫得很委婉曲折，一句一轉，一轉一意，若無而又有，若絕而又生，可以說是筆端有神了。

雜說四

韓愈

世有伯樂❶，然後有千里馬。千里馬常有，而伯樂不常有。故雖有名馬，秖❷辱於奴隸人之手，駢❸死於槽櫪❹之間，不以千里稱也。馬之千里者，一食或盡粟一石。食❺馬者，不知其能千里而食也。是馬也，雖有千里之能，食不飽，力不足，才美不外見，且欲與常馬等不可得，安求其能千里也。策❻之不以其道，食之不能盡其材，鳴之而不能通其意，執策而臨之曰：「天下無馬。」嗚呼！其真無馬邪？其真不知馬也！

【註釋】❶伯樂　本星名，掌天馬。秦穆公時有孫陽者，善相馬，因亦名伯樂。❷秖　祇也。❸駢死　駢，並也。駢死，謂與常馬並死也。❹槽櫪　槽，食馬之器，櫪，養馬之所。❺食　音寺，食之也。❻策　馬箠也，此處用爲動詞，謂以策策馬也。

【語譯】世間有伯樂這種識馬的人，然後才有千里馬。千里馬是常常有的，可是像伯樂這種識馬的人，卻不是常常有的。所以，即使有名馬，只不過在奴隸的手下受辱，與平常的馬一起死在馬棚的槽下，不能因爲牠是千里馬而被人家所稱道。能夠日行千里的馬，一頓有的要吃掉一石的穀子。餵馬的人，不知道牠能夠日行千里，應以千里馬的食量餵牠。那麼這匹馬，卽使有日行千里的能力，牠吃不飽，力氣不夠，才情雖然很好，可是不能表現出來，將要和平常的馬相等，尙且還不能夠，怎麼能要求牠日行千里呢？不能依照御馬的方法鞭策牠，不能盡牠的食量餵牠，不能明白牠的意思就向牠發聲，卻手裏拿着馬鞭，站在牠的面前說：「天下沒有千里馬！」唉！難道眞的沒有千里馬嗎？其實是他眞的不認識千里馬啊！

【文章分析】本篇選自韓昌黎集，是屬於論辨類的古文。全文以馬做比喻，說英雄豪傑，一定要遇到賞識他的人，給他很高的爵位，很厚的俸祿，很大的權力，然後才能施展他的才能；否則，英雄豪傑就要被埋沒。主旨是慨嘆知遇之難。全文共分四小段：首段說世間千里馬很多，但是認識千里馬的伯樂不多。第二段從「故雖有名馬」起，說因爲沒有伯樂，所以許多千里馬都被埋沒。第三段從「馬之千里者」起，說千里馬的食量比普通的馬大，如果餵千里馬和普通的馬一樣，千里馬就不能日行千里了。第四段從「策之不以其道」起，以慨嘆無人認識千里馬作結，點出題旨。

唐文新譯

卷八 唐文

師說

韓愈

古之學者必有師。師者，所以傳道❶、受業❷、解惑❸也。人非生而知之者，孰能無惑？惑而不從師，其爲惑也，終不解矣。生乎吾前，其聞道也，固先乎吾，吾從而師之。生乎吾後，其聞道也，亦先乎吾，吾從而師之。吾師道也。夫庸❹知其年之先後生於吾乎？是故無貴、無賤、無長、無少❺，道之所存，師之所存也。

嗟乎！師道之不傳也久矣，欲人之無惑也難矣！古之聖人，其出人也遠矣❻，猶且從師而問焉。今之眾人，其下聖人也亦遠矣❼，而恥學於師。是故聖益聖，愚益愚。聖人之所以爲聖，愚人之所以爲愚，其皆出於此乎？

愛其子，擇師而教之，於其身也，則恥師焉❽，惑矣。彼童子之師，授之書而習其句讀❾者，非吾所謂傳其道、解其惑者也。句讀之不知，惑之不解，或師焉，或不❿焉，小學而大遺⑪，吾未見其明也。巫、醫、樂師、百工之人，不恥相師。士大夫之族，曰師、曰弟子云者，則羣聚而笑之。問之，則曰：「彼與彼年相若也，道相似也。」位卑則足羞⑫，官盛則近諛⑬。嗚呼！師道之不復可知矣。巫、醫、樂師、百工之人，君子不齒⑭，今其智乃反不能及，其可怪也歟！

聖人無常師⑮，孔子師郯子⑯、萇弘、師襄、老聃⑰。郯子之徒，其賢不及孔子。孔子曰：「三人行，必有我師。」⑱是故弟子不必不如師，師不必賢於弟子。聞道有先後，術業有專攻，如是而已。

李氏子蟠⑲，年十七，好古文。六藝經傳⑳，皆通習之。不拘於時，學於余。余嘉其能行古道，作師說以貽之。

【註釋】❶傳道　師以道傳於弟子。道，謂事物當然之理，修己治人之方也。❷受業　受疑當作授，授與也。業，大板也。古時無紙，書於竹簡木板，故有修業、受業之言。授業，謂師以詩書六藝之業，授於弟子也。或言此從學者之立場以論師，言學者欲傳道、受業、解惑，必賴於師也。下文始從師之立場言，故變文授之書，傳其道，解其惑。然則作受業亦通也。❸解惑　惑，疑惑。謂解道、業二者之疑惑也。❹庸　豈也。❺無貴無賤無長無少　不分貴賤長少也。❻其出人也遠矣　謂聖人之學問道德，超出衆人之上甚遠也。❼其下聖人也亦遠矣　言衆人不及聖人亦甚遠。❽於其身也則恥師焉　言於其自身，則以從師爲可恥。❾句讀　讀音豆。文中語意完足曰句，語意未完而點分之，以便誦讀曰讀。前者標點符號爲「。」，後者標點符號爲「，」。❿不　讀如否。⓫小學而大遺　小學，學習其小者，此指句讀之學習。大遺，遺漏其大者，此言解道業之惑。⓬位卑則足羞　言所師之人，如官位卑下，則以爲可羞。⓭官盛則近諛　諛，諂也，以甘言入於人也。此言所師之人，如官高爵顯，則近於諛諂也。⓮不齒　齒有並列排次之意。君子卑視巫醫之流，不屑與之同列。⓯聖人無常師　論語子張篇：「子貢曰：『夫子焉不學，而亦何常師之有？』」意謂聖人好學，無所不師，故曰無常師。⓰孔子師郯子　郯，春秋時小國。郯子，郯國之君。左傳昭公十七年：郯子來朝，公與宴。昭公問曰：「少皞氏以鳥名官，何故也。」郯子曰：「吾祖也，我知之……。」仲尼聞之，見于郯子而學之。⓱萇弘師襄老聃　萇弘，周敬王時大夫。師襄，魯之樂官，史記孔子世家：「孔子學鼓琴于師襄子。」老聃，即老子，姓李，名耳，字伯陽，諡曰聃。孔子家語觀周篇云：「孔子謂南宮敬叔曰：『吾聞老聃博古知今，通禮樂之原，明道德之歸，則吾師也。今將往矣。』與俱至周，問禮於老聃，訪樂于萇弘。」⓲三人行必有我師　語見論語述而篇。朱熹注云：「三人同行，其一我也。彼二人者，一善一惡，則我從其善而改其惡焉。是二人皆我師也。」⓳李氏子蟠　李蟠，貞元十九年進士。⓴六藝經傳　六藝，謂易、書、詩、禮、樂、春秋六經也。聖人的著作稱爲經，賢人解釋經文的著作稱爲傳。傳，讀去聲。如解春秋之左氏、公羊、穀梁，謂之春秋三傳。

【語譯】古代求學問的人，一定有老師。老師是傳授道術、講授學業、解釋疑惑的人。人不是生來就知道一切道理的，誰能沒有疑惑呢？有疑惑，可是又不去請教老師，他的疑惑，就永遠不能解決了。

出生在我的前面，比我年歲大的人，他理解道術，固然比我早，我必須跟他學習。就是出生在我的後面，比我年歲小的人，他理解道術，也可能比我早，我也應該跟他學習。我所要學習的是道術，哪裏管他年歲比我大還是小呢？所以不管他是顯貴，還是貧賤，是年長，還是年幼，只要他存有道術學問，他就可以做我的老師。

唉！從師問道的風氣，不流行已經很久了。要一般人沒有疑惑，實在很困難。古時候的聖人，超出一般常人，是很遠的，他們尚且跟從老師學習問難。現在大多數的人，比起聖人來，都差得很遠，但是他們卻覺得跟老師學習是很可恥的。因爲這樣，所以聖人就更加聖明，愚人就更加愚笨了。聖人所以能夠做聖人，愚人所以始終是愚人，其原因不都出在這裏嗎？

人們愛他的子女，都選擇好老師來教導他們；可是他自己，卻以向老師學習爲可恥，眞是使人迷惑不解。那些兒童的老師，教導他們讀書，他們學習的是句讀，而不是我所說的傳授道術、解釋疑惑。句讀不曉得，就去請教老師。有疑問不能解決，卻不去請教老師。小的地方去學習，可是大的地方反而遺漏，不去學習，我眞不明白他們的聰明究竟在那裏哩。

巫師、醫生、樂工、各種工匠，不以跟老師學習是可恥的。至於士大夫這些人，一稱呼「老師」、一稱呼「學生」，大家就圍聚在一起恥笑他。問他們爲什麼緣故要這樣，他們就說：「因爲他和他的年紀相差不多，道術也相差不多呀。」如果向地位低的人學習，就覺得這是很可恥的事。如果拜地位高的大官做老師，就覺得好像是巴結他。唉！從師問道的風氣，不可能恢復起來，這是很明白的了。巫師、醫生、樂工、各種工匠，是君子所瞧不起的，現在自己的知識反而比不上他們，這眞是太奇怪了。

聖人沒有一定的老師，孔子就曾經請教過郯子、萇弘、師襄、老聃。郯子這些人，他們的賢明，趕不上孔子。孔子說：「三個人一起走，這裏面一定有我的老師。」所以學生不一定不如老師，老師也不一定什麼都比學生好。理解道術早晚的差別，道術、學業各人有各人的專門研究，就是像這樣罷了。

李蟠今年十七歲，很喜歡古文。六經的經文和傳注，他全部都讀過了。他不受時下風氣的拘束，來跟從我學習。我讚賞他能照古人的師道去做，所以寫了這篇「師說」送給他。

【文章分析】本篇選自韓昌黎集，是屬於贈序類的古文。全篇主旨在說明師道，所以仍是論說文性質。韓愈對於師道的淪喪，時俗的錯誤，有所感慨。所以當李蟠來做他的學生時，就做了這篇文章贈送他，說明爲學一定要有老師的道理。全文共分七段：首段說爲學一定要從師。第二段說師無長幼貴賤的分別，只要是能傳道的人，就是老師。第三段說世人因爲恥於從師，所以愚笨的人就更愚笨了。第四段說一般人常知道爲子女選擇老師，可是自己卻又恥於從師，這是很錯誤的。第五段說巫、醫、樂師、百工不以相師爲可恥，而士大夫卻故步自封，這是很令人疑惑不解的事。第六段再舉聖人殷勤求師，反證世俗的錯誤。末段說李蟠從己學文，所以作此文給他。韓愈此文，雖說是爲李生而作，但實際上是爲當世的風氣而發。李氏只是從韓愈學古文，可是韓愈卻從傳道、授業、解惑等大處立論。此文一開始，就把這層意思提明。然後再發明道與惑，或只單說道。至篇末，又只說道業而不說惑，文章變化很多；至於闡發師字，前虛後實，有反有正，波瀾層出。

進學解

韓愈

國子先生[1]，晨入太學[2]，召[3]諸生立館下，誨之曰：「業精於勤，荒於嬉[4]。行成於思，毀於隨[5]。方今聖賢相逢[6]，治具畢張[7]，拔去兇邪，登崇俊良[8]。占小善者率以錄[9]，名一藝者無不庸[10]。爬羅剔抉[11]，刮垢磨光[12]。蓋有幸[13]而獲選，孰云多而不揚？諸生業患不能精，無患有司之不明；行患不能成，無患有司之不公。」

言未既，有笑於列者曰：「先生欺余哉！弟子事先生，於茲有年[14]矣。先生口不絕吟於六藝[15]之文，手不停披[16]於百家[17]之編。記事者必提其要[18]，纂言者必鉤其玄[19]。貪多務得，細大不捐。焚膏油以繼晷[20]，恆兀兀[21]以窮年：先生之業，可謂勤矣。

觝排異端[22]，攘斥佛老[23]。補苴罅漏[24]，張皇幽眇[25]。尋墜緒之茫茫，獨旁搜而遠紹[26]。障百川而東之，迴狂瀾於既倒[27]：先生之於儒，可謂有勞[28]矣。

沈浸醲郁[29]，含英咀華[30]，作爲文章，其書滿家。上規姚姒[31]，渾渾無涯[32]。周誥[33]殷盤[34]，佶屈聱牙[35]。春秋謹嚴[36]，左氏浮誇[37]。易奇而法[38]，詩正而葩[39]。下逮莊騷[40]，太史所錄[41]。子雲相如[42]，同工異曲[43]：先生之於文，可謂閎其中而肆其外[44]矣！

少始知學，勇於敢爲。長通於方[45]，左右具宜：先生之於爲人，可謂成矣。然而公不見信於人，私不見助於友。跋前躓後[46]，動輒得咎。暫爲御史，遂竄南夷[47]。三年博士[48]，冗不見治[49]。命與仇謀，取敗幾時[50]！冬暖而兒號寒，年豐而妻啼飢。頭童齒豁[51]，竟死何裨[52]？不知慮此，而反教人爲！」

先生曰：「吁！子來前。夫大木爲宗[53]，細木爲桷[54]，欂櫨[55]侏儒[56]，椳[57]闑[58]扂[59]楔[60]。各得其宜，施以成室者，匠氏之工也。玉札[61]、丹砂[62]，赤箭[63]、青芝[64]，牛溲[65]、馬勃[66]，敗鼓之皮[67]，俱收並蓄，待用無遺者，醫師之良也。登明選公，雜進巧拙，紆餘[68]爲妍，卓犖[69]爲傑，校短量長，惟器是適者，宰相之方也。

昔者孟軻好辯[70]，孔道以明。轍環天下，卒老於行。荀卿守正，大論是弘。逃讒於楚，廢死蘭陵[71]。是二儒者，吐辭爲經，舉足爲法。絕類離倫，優入聖域，其遇於世何如也？

今先生學雖勤而不繇[72]其統，言雖多而不要[73]其中。文雖奇而不濟於用，行雖修而不顯於眾。猶且月費俸錢，歲糜廩粟[74]。子不知耕，婦不知織。乘馬從徒，安坐而食。踵常途之促促[75]，窺陳編以盜竊。然而聖主不加誅，宰臣不見斥，茲非其幸歟？動而得謗，名亦隨之。投閑置散(76)，乃分之宜。若夫商財賄之有亡，計班資之崇庳(77)。忘己量(78)之所稱，指前人之瑕疵。是所謂詰匠氏之不以杙爲楹(79)，而訾醫師以昌陽(80)引年，欲進其豨苓(81)也。」

【註釋】❶國子先生　韓愈自謂也。國子，公卿大夫之子弟。唐國子監設國子博士二人，掌教國子。唐憲宗元和七年，韓愈復爲國子博士。❷太學　國學。虞之上庠、夏之東序、商之右學、周之東膠，皆太學。漢興太學，立五經博士，以養天下之士。唐代太學與國子學、四門學、律學、算學、書學，並隸國子監。宋因之，明稱國子監。❸召　呼也，以手曰招，以言曰召。❹業精於勤荒於嬉　言學業之精進，由於勤勉；荒廢，由於嬉戲。❺行成於思毀於隨　言德行之成就，由於愼思。毀敗，由於精神委隨，遇事因循苟且也。❻聖賢相逢　言聖君賢相相遇合也。❼治具畢張　言各種政治設施，盡皆舉辦。❽登崇俊良　登崇，謂擢升序用也。俊良，謂俊秀賢良之士。❾占小善者率以錄　占，擅有也。率，大抵也。錄，錄用也。❿名一藝者無不庸　名，著聞也。藝，技藝也。庸，攬用也。⓫爬羅剔抉　爬羅，搜集也。剔抉，挑選也。謂徵拔人才也。⓬刮垢磨光　刮去汚垢，磨發光澤，謂造就人才也。⓭幸　福也，可喜慶也。⓮於茲有年　韓愈自德宗貞元十八年，至憲宗元和七年，屢爲國子博士，故謂有年。⓯六藝　謂易、書、詩、禮、樂、春秋六經。⓰披　翻閱。⓱百家　諸子也。⓲記事者必提其要　言於記載事實之書，必挈舉其綱領。⓳纂言者必鉤其玄　言於纂輯言論之書，必探索其奧旨。鉤，言如以鉤取物也。⓴晷　日影也。言夜以繼日也。㉑兀兀　或作矻矻，勞苦不休貌。㉒觝排異端　觝同抵，抵制也。排，擯卻也。異端，非聖人之道，而別爲一端者。此言闢除邪說淫辭也。㉓攘斥佛老　攘，排拒也。斥，驅逐也。佛謂佛教，老謂道家，老子爲道家之祖。㉔補苴罅漏　言儒術之間隙缺漏處，則彌補塡塞之。㉕張皇幽眇　張，發揚。皇，光大。言聖道之精微要妙處，則發揚光大之。㉖尋墜緒之茫茫二句　此承上文補苴張皇而言。謂尋繹廣遠難明之絕學，獨多方搜求，以繼承往古之聖賢。尋，繹理也。墜緒，中衰將絕之事業，猶言絕學也。茫茫，廣遠貌。搜，求也。紹，繼也。㉗障百川而東之二句　言防堵百川橫流之水，使之東流入海，以挽回已崩潰之驚濤駭浪。障，防堵也。東之，使之東流也。謂嚮往儒道，隱以海比孔聖也。瀾，大波也。此以狂瀾喻佛老之思想。㉘勞言備道有功也。㉙沈浸醲郁　言涵泳典籍之厚味烈香。醲，厚酒也。郁，香氣盛也。㉚含英咀華　言咀嚼文字之精英芳華。㉛上規姚姒　規，摹擬也。姚、姒，指尚書中之虞書、夏書。虞舜生於姚墟，後因以爲氏。夏禹姒姓。㉜渾渾無涯　言其辭義深遠，若無邊際也。㉝周誥　周，周代。此指尚書中之大誥、康誥、洛誥等篇。㉞殷盤　盤，盤庚也，商王名。尚書中有盤庚三篇。㉟佶屈聱牙　言文辭艱澀，不易誦讀。佶屈，卽詰屈，言文勢曲折。聱牙，言辭不平易也。㊱春秋謹嚴　言春秋文簡義深，每以一字爲褒貶，書法至爲謹嚴也。㊲左氏浮誇　左氏，指左丘明之春秋左氏傳。浮誇，謂其文辭虛浮誇大。以其多記鬼神禍福預言，雖文章靡麗，難免不甚實際也。㊳易奇而法　謂易之卦象變化神奇，但至變之中，而有不易之道，所謂奇中有法則是也。㊴詩正而葩　葩，古花字，引申爲華麗之意。言詩經義理雅正，辭藻華美。㊵莊騷　莊子與離騷。㊶太史所錄　指太史公司馬遷所著之史記。㊷子雲相如　揚雄，字子雲。司馬長卿，名相如。二人爲西漢之辭賦大家。㊸同工異曲　言二人文章之風格雖異，而其巧妙則同也。㊹閎其中而肆其外　言其文辭義蘊閎深，而用筆豪放，發揮盡致也。㊺長通於方　言及年長，通達古聖賢之道術。㊻跋前躓後　詩豳風狼跋：「狼跋其胡，載疐其尾。」毛傳：「跋，躐。疐，跲也。老狼有胡（頷下懸肉），進則躐其胡，退則跲其尾。」躓通疐。言進退兩難，不得自由也。㊼暫爲御史遂竄南夷　德宗貞元十九年冬十二月，愈任監察御史。旋被讒，貶爲陽山令。陽山屬廣東連州，當時以南夷稱。㊽三年博士　愈於憲宗元和元年六月，拜國子博士。四年六月，遷都官員外郞。㊾冗不見治　言處於閒散，而無以見其治績。㊿命與仇謀取敗幾時　言命運與仇敵爲謀，屢遭失敗也。(51)頭童齒豁　山無草木曰童。豁，通谷也。此言頂禿牙脫也。(52)裨　補益也。(53)杗　棟也。(54)桷　椽之方者。(55)欂櫨　柱上方木，卽斗拱也。(56)侏儒　梁上短柱。(57)椳　門臼。(58)闑　門梱也，亦稱門橛。(59)扂　所以閉戶，俗稱門閂。(60)楔　門棖，門兩旁木也。(61)玉札　藥名，卽地榆，亦稱玉豉。(62)丹砂　卽硃砂，醫藥上用爲鎭心劑。(63)赤箭　一名天麻，莖似箭簳，供藥用。(64)青芝　芝爲菌類，生枯木上。本草謂芝有青、黃、赤、白、黑、紫六色。古以爲瑞草，服之可延年。(65)牛溲　卽牛遺，車前之別名，供藥用。(66)馬勃　俗稱馬屁勃，擔子菌類植物，可爲止血藥。(67)敗鼓之皮　主治蟲毒。(68)紆餘　曲折徐緩貌。謂才之縈紆不迫，而綽有餘裕者。(69)卓犖　才能特異出衆也。(70)孟軻好辯　孟子滕文公下：「公都子曰：『外人皆稱夫子好辯，敢問何也？』孟子曰：『予豈好辯哉？予不得已也。』」(71)廢死蘭陵　蘭陵，楚邑名，在今山東嶧縣東南。荀卿仕齊，三爲祭酒。後避讒適楚，楚黃歇爲相，以爲蘭陵令。歇死，荀卿亦廢。卒葬蘭陵。(72)繇　通由。(73)要　約也，會也。74歲糜廩粟　糜通靡，耗費也。廩粟，公家供給之米粟也。75促促　言隨俗而無異能也。或作役役，謂疲役而不休也。76投閑置散　謂不居要職也。77班資之崇庳　班資，品秩也。崇庳，高下也。78己量　謂自己之器量也。79以杙為楹　杙，㮰也，即小木樁。楹，柱也。80昌陽　即白菖，生池澤中，可入藥。81豨苓　一名豬苓，菌類植物，多生楓樹上。供藥用，主滲泄。

【語譯】國子先生早晨到太學去，召集學生們站在課堂下，教訓他們說：「學業的精進，由於勤勉進取；荒廢，由於嬉戲怠惰。德行的成就，由於深思精求；敗壞，由於苟且隨便。現在我們遇到了有聖君又有賢相的時代，一切治理國家的措施，都很完備，除去凶惡不正的人，擢用俊秀賢良的人。只要有一點好處的人，大抵都被錄取。能以一技聞名的人，沒有不被攬用的。多方搜羅，仔細挑選。除去他們的缺點，造就他們的長處。可以說只有僥倖被選上的，誰說有眞正本事，而又不能顯揚的呢？諸位只怕學業不能精進，不必怕主管不英明。只怕德行不能修成，不必怕主管不公平。」

國子先生的話還沒有說完，在學生的行列裏，有人笑著說：「老師騙我們喲！我們侍候老師，跟老師學習，到現在已經好幾年了。老師的嘴，不停地吟誦著六經的文字；老師的手，不停地翻動著諸子百家的書籍。記載事情的書，一定都記下綱要；闡發義理的書，一定都探求深意。貪多不饜，而且都努力去獲得它。大的小的，都不肯捨棄。白天過去了，夜裏就點着油燈繼續讀下去。經常都是終年不停地用功：老師對於學業，可以說是夠勤勉的了。

抨擊異端邪說，排斥佛教道家。彌補儒學的缺點漏洞，發揚光大儒學深奧微妙的道理。找出渺茫將要斷絕的道術，獨自多方面去追求，承繼遠古的聖賢。擋住四處橫溢的流水，使它向東流去，挽回已經倒了下去的大波濤：老師對於儒學，可以說是最有功勞的了。

浸潤在典籍的香味裏，咀嚼著典籍的精華。寫成文章，編著成書，堆滿了整個房子。往上說，學虞書、夏書文氣的廣大沒有邊際。學周書中大誥洛誥、商書中盤庚等篇字句的艱澀難讀，學春秋體例的謹愼嚴正，學左傳風格的浮虛誇大，學易經的神奇變化而有法則，學詩經的思想純正、辭藻華麗。往下說，研究莊子和離騷、太史公的史記，以及司馬相如、揚子雲的文章，尋求他們風格不同但是一樣巧妙的道理：老師對於文章，可以說內容既豐富，又發揮得淋漓盡致了！

老師年輕的時候，就知道努力求學，而且作事又勇敢。到了年長，便通達道術，到處都能適宜。老師對於做人，可以說是修養到家了！

然而，在公的方面，不被人所信任；在私的方面，不能得到朋友的幫助。進不是，退也不是，動不動就錯。做御史只是很短的時間，就被放逐到南方荒蠻的地方去。做了三年的國子博士，一直閒散着，顯不出成績來：命運之神和您的仇敵正在計算著您，遭遇失敗不知道在什麼時候哩！在溫暖的冬天，您的子女還凍得哇哇叫；豐收的歲月，您的妻子還餓得哭哭啼啼。您的頭髮都脫落了，牙齒也掉了。這樣一直到老死，學問文章又有什麼用呢？現在老師不知道憂慮這些，反而教人家這樣那樣的！」

國子先生說：「唉！你到前面來！大的木料做棟樑，小的木料做椽桷。柱子上的墊木、樑上的短柱、門臼、門檻、門閂、門柱，各有適當的材料。用這些材料來造成房子，這是木匠的技巧呀。地榆、硃砂、天麻、青芝、牛溲、馬屁勃、破鼓皮等，一起都收藏起來，等待將來派上用場，沒有一樣遺漏，這是醫師的才能。用人明智，選拔人材公道。智巧的、笨拙的都收羅進去，行動緩慢懶散的有好處，才智過人的算是英傑。比較長短，量才錄用，這是宰相的方略。

從前由於孟軻好辯論，孔子之道因此便昌明了。可是他遊遍天下，到老奔走於道路上，也沒有人重用他。荀卿守著正道，弘揚偉大的言論。爲了逃避讒言，跑到楚國去。最後也被罷免官職，老死在蘭陵。這兩位大儒，說出來的話就是經典，一舉一動都可以效法。超過常人，造詣之高，已經到了聖人的地步，可是他們在人世間的遭遇怎樣呢？

現在我對學業雖然勤勉，卻沒有承繼道統；言論雖然多，卻不中肯；文章雖然奇特，卻不適於用；行爲雖然端正，卻沒有多少人知道；尙且每月都用公家的薪俸，每年都消費政府的公糧。兒子不會耕田，妻子不會織布。自己出門時騎著馬，帶著隨從的人。安逸地坐著吃飯，跟著常人，做著平平凡凡的事。看些舊書，只是爲了便於抄襲。然而，聖主並不加以責罰，宰相也不加以排斥，這不是我的幸運嗎？一動就被人譭謗，名聲也跟著大起來。處在閒散的地位，這是我的本分所應當的。至於談到財物的有無，計較到官職的高低，忘了自己的器量有多麼大，指摘上司的錯誤，這正像責問木匠，爲什麼不用小木樁做柱子。罵醫生教人吃菖蒲滋補身體，自己卻要吃那些豬苓哩！」

【文章分析】本篇選自韓昌黎集，是屬於辭賦類（散賦）的古文。新唐書韓愈傳裏說：「（韓愈）操行堅正，鯁直無所忌。……元和初，權知國子博士，（六年）爲職方員外郎。（七年）華陰令柳澗有辠，前刺史（閻濟美）劾奏之。未奏，而刺史罷，澗諷百姓遮索軍頓役直。後刺史（趙昌）惡之，按其獄，貶澗房州司馬。愈過華，以爲刺史陰相黨，上疏治之。既御史覆問，得澗贓，再貶封溪尉，愈坐是復爲博士。既才高數黜，官又下遷，乃作進學解以自諭云云。

執政覽之，奇其文。（八年）改比部郎中史館修撰。」韓愈作這篇文章時，年紀是四十五歲。他當國子先生，雖有其事，而且不止一次。但本文所說的，完全是「設言託諷」，不是事實。他只不過是借別人的嘴，說自己「業精行修」，可是得到的卻是「投閑置散」，來發發牢騷而已。這種假設問答，託詞寄諷的文章，導源於楚辭。姚鼐古文辭類纂序說：「漁父及楚人以弋說襄王，宋玉對王問遺行。皆設辭無事實，皆賦類耳。太史公劉子政不辨，而以事載之，蓋非是。辭賦固當有韻，然古人亦有無韻者，以義在託諷，亦謂之賦耳。」漢人這類的賦，以東方朔的答客難、揚雄的解嘲，與班固的答賓戲，最有名。本文的主旨，是哀傷自己才華很好，可是幾度被貶黜，因此假設師生問答的話，來自我解嘲，發洩自己的怨憤，譏諷執政者不能重用他。全文共分三大段：首段假設國子先生向學生訓話，勉勵學生努力進德修業，不必躭心執政者的不明不公。次段是假設學生詰問先生的話，又可分為五小段：㈠說他對於學業的勤勉。㈡說他弘揚儒術的功勞。㈢說他文章寫得很好。㈣說他德行的成就。㈤說他成就這樣高，而所得到的待遇，卻是那樣壞。這樣就是執政者不明不公，而先生的話，也就不能相信了。末段是國子先生向學生解釋的話，表示自己誰也不埋怨，這話又可分為三小段：㈠說才能大或小的人，都有適當的用途。怎樣大才大用、小才小用，這是宰相的職責，暗示宰相不能賞識他。㈡用孟子荀子來自況，說他們成就很高，可是也並不得意。㈢故意說些謙虛的話，替自己不能被重用解嘲。這篇文章，林西仲曾有這樣的評語：「首段以進學校發端，中段句句是駁，末段句句是解。前呼後應，最為綿密。其格調雖本答客難、解嘲、答賓戲諸篇，都是自疏己長。此則把自己許多技倆、許多抑鬱，盡數借他人的口中說出，而自家卻以平心和氣處之，看來無嘆老嗟卑之迹，其實嘆老嗟卑之心，無有甚於此者，乃送窮之變體也。」

圬者王承福傳

韓愈

圬❶之為技，賤且勞者也。有業之，其色若自得者。聽其言，約而盡。問之，王其姓，承福其名，世為京兆長安❷農夫。天寶之亂❸，發人為兵。持弓矢十三年，有官勳，棄之來歸，喪其土田，手鏝❹衣食，餘三十年。舍❺於市之主人，而歸其屋食之當❻焉。視時屋食之貴賤，而上下⑦其圬之傭以償之。有餘，則以與道路之廢疾餓者焉。

又曰：「粟，稼而生者也。若布與帛，必蠶績而後成者也。其他所以養生之具，皆待人力而後完也，吾皆賴之。然人不可徧為，宜乎各致其能以相生也。故君者，理我所以生者也。而百官者，承君之化者也。任有小大，惟其所能，若器皿焉。食焉而怠其事，必有天殃，故吾不敢一日舍鏝以嬉。夫鏝易能，可力焉，又誠有功。取其直⑧，雖勞無愧，吾心安焉。夫力，易強而有功也。心，難強而有智也。用力者使於人，用心者使人，亦其宜也。吾特擇其易為而無愧者取焉。

嘻！吾操鏝以入富貴之家有年矣。有一至者焉，又往過之，則為墟矣。有再至、三至者焉，而往過之，則為墟矣。問之其鄰，或曰：『噫，刑戮也。』或曰：『身既死，而其子孫不能有也。』或曰：『死而歸之官也。』吾以是觀之，非所謂食焉怠其事而得天殃者邪？非強心以智而不足，不擇其才之稱否而冒之者邪？非多行可愧，知其不可而強為之者邪？將富貴難守，薄功而厚饗⑨之者邪？抑豐悴有時，一去一來而不可常者邪？吾之心憫焉，是故擇其力之可能者行焉。樂富貴而悲貧賤，我豈異於人哉。」

又曰：「功大者，其所以自奉也博。妻與子，皆養於我者也。吾能薄而功小，不有之可也。又吾所謂勞力者，若立吾家而力不足，則心又勞也。一身而二任焉，雖聖者不可能也。」

愈始聞而惑之，又從而思之：蓋賢者也，蓋所謂「獨善其身」者也。然吾有譏焉，謂其自爲也過多，其爲人也過少。其學楊朱⑩之道者邪？楊之道，不肯拔我一毛而利天下。而夫人以有家爲勞心，不肯一動其心以畜其妻子，其肯勞其心以爲人乎哉？雖然，其賢於世之患不得之而患失之者，以濟其生之欲，貪邪而亡道，以喪其身者，其亦遠矣！又其言有可以警余者，故余爲之傳而自鑒焉。

【註釋】❶圬　同杇，泥鏝。此言以圬鏝爲業者，俗稱泥水匠。❷京兆長安　唐關內道京兆府長安縣。十億爲兆，十兆爲京。唐建都之地稱京兆，言其人民衆多也。❸天寶之亂　天寶，唐玄宗年號，時有安祿山、史思明之亂。❹鏝亦作槾，泥水匠所用以塗泥之工具。❺舍　居住。❻屋食之當　屋食，房租和伙食費也。當，所當之值。❼上下　猶增減也。❽直　同「値」，指工資。❾饗　同「享」，享受。❿楊朱　字子居，戰國時人。其說在愛己，不拔一毛以利天下，與墨子相反。作者故作貶抑之辭，而以之喻承福。

【語譯】做泥水這種行業，是卑賤而且勞苦的。有個以這種工作爲職業的人，他的樣子好像很得意似的。聽他講話，既簡單又明瞭。問他生平，他說姓王，名字叫承福，世代都在京兆長安縣做農夫。天寶年間，天下動亂的時候，政府徵召老百姓去當兵，他在軍隊裏過了十三年拿弓箭的生活。他有可以當官的功勳，但他放棄做官的機會，回到家裏，他的田地早已沒有了。他當泥水匠來謀生活，這樣又過了三十多年。他借住在街上的人家裏，給人家相當的房租和伙食費。看當時房租伙食費的貴賤，來定他泥水工的價錢。如果有剩餘，就送給道路上那些殘廢沒有飯吃的人。

他又說：「稻穀，是要耕種才生長出來的。至於布疋綢緞，一定要養蠶績麻才織成的。其他一切維持生活的物資，都是需要人力然後才能完成的，我們樣樣都要依賴它來維持生活。可是一個人，不可能什麼都自己去做，應當各盡自己的能力，互相幫助來生活。所以，人君是管理我們，使我們能平安生活的。至於所有的官吏，是秉承人君的意旨，宣揚他的教化的。責任有大有小，要看他們的才能，就像器具一樣，各有各的用處。假使只吃飯，而懶於做事，一定會受到上天的懲罰，所以我從來不敢有一天丟開泥鏝去遊蕩。做泥水這種技術，很容易學會，可以努力去做，又的確有功勞。拿這種工錢，雖然勞苦些，但是沒有什麼慚愧，所以我很安心。用氣力的事情，容易勉強去做，而且能夠有功効。用心思的事，很難勉強去做，而且要有智慧。勞力的人，被人指使，勞心的人，指使別人，這是很應該的。我只是選擇那種容易做而且不慚愧的事兒來做。

唉！我拿着泥鏝，到那些有錢有勢的人家裏去工作，已有好多年了。有去過一次的，以後再走過那地方，就變成廢墟了；有去過兩次三次的，後來再走過那地方，也變成廢墟了。向那些鄰居一打聽，有的說：『唉！因犯罪被殺了。』有的說：『本人死了以後，他的子孫們，守不住這些產業呀！』有的說：『人死了，家產充公了。』從這些事情看來，這些不就是我所說的好吃懶做而受到上天懲罰的人嗎？不就是強用心思，可是自己的智力又不夠，不管自己的才能稱與不稱，就冒充能幹的人嗎？不就是自己做了許多應該感到慚愧的事，明知道不可以做，還勉強去做的人嗎？還是富貴很難守得住，功勞小可是又享受太過的緣故呢？還是因爲盛衰有一定的時期，一會兒去，一會兒來，一切都不可能很長久的緣故呢？對於這些事，我心裏很感傷，所以我選擇自己的能力可以做的事去做。喜歡富貴，哀傷貧賤，我難道和別人不一樣嗎？」

他又說：「功勞大的人，他用來奉養自己的也多些。妻子和兒女，都是要靠自己養活的。我的能力薄弱，功勞又小，沒有家是可以的。同時，我是所謂勞力的人，如果成了家，可是力量不夠，那又要勞心了。一個人要擔負雙重的責任，卽使是聖賢，也是不可能做到的。」

我起初聽了這些話，感到很疑惑。接着又仔細地想了一想，才發覺他實在是一個很賢明的人，可能他就是古人所謂「獨善其身」的那種人吧？不過，我對於他，還有要批評的地方：我以爲他爲自己著想的地方太多，爲別人著想的地方太少。或許他是信仰楊朱學說的人吧？楊朱的學說：不肯拔自己的一根毛去使天下的人都有利。至於這個人，以爲有家庭是勞心的，不肯動一動他自己的心思，來養活他的妻子兒女，他還肯勞心去爲別人著想嗎？話雖這麼說，但他比起世間那些患得患失，只求滿足自己生活上的慾望，因而貪贓枉法，胡作非為，以致丟了性命的人，要好得多了！還有，他的話有可以警戒我的地方，所以我替他寫了這篇傳記，當作自己的借鏡，時時警惕著自己。

【文章分析】本篇選自韓昌黎集，是屬於傳狀類的古文。主旨是借泥水匠的話，勸諭世人應各盡其能。如果只吃飯不做事，一定會遭到天殃，作為那些只享富貴而無功勞的人的警誡。全文共分五段：首段敘泥水匠的姓名籍貫，以及他當泥水匠的經過。第二段說人應該各盡所能，彼此互相合作，使大家都能生活得很好。這也就是說明了王承福自己所以不做官的原因。第三段述王承福做泥水這種工作所生的感喟，也是說明他不做官的原因。第四段說他所以不娶妻生子的道理所在。末段說作者聽了泥水匠的話以後的感慨。韓愈因鑒於世人患得患失，貪祿恣欲，以致辱身喪命，實在是連泥水匠都不如，所以借泥水匠的話，寫了這篇傳，來諷諭世人。這篇文章的格調，和答客難、解嘲、答賓戲等篇相近。前面略敘一段，後面略斷數語，中間都是借他人的話，點出無限煙波。機局絕高，而規世之意，也極切至。

諱辯

韓愈

愈與李賀❶書，勸賀舉進士。賀舉進士有名，與賀爭名者毀之，曰：「賀父名晉肅，賀不舉進士為是，勸之舉者為非❷。」聽者不察也，和而唱之，同然一辭。皇甫湜❸曰：「若不明白，子與賀且得罪。」愈曰：「然。」

律曰：「二名不偏諱❹。」釋之者曰：「謂若言徵不稱在，言在不稱徵❺是也。」律曰：「不諱嫌名❻。」釋之者曰：「謂若禹與雨。丘與蓲之類是也。」今賀父名晉肅，賀舉進士，為犯二名律❼乎？為犯嫌名律乎？父名晉肅，子不得舉進士；若父名仁，子不得爲人乎？

夫諱始於何時？作法制以敎天下者，非周公、孔子歟？周公作詩不諱[8]，孔子不偏諱二名[9]，春秋不譏不諱嫌名[10]。康王[11]「釗」之孫，實爲「昭」王[12]。曾參[13]之父名「晳」，曾子不諱「昔」[14]。周之時有騏期，漢之時有杜度[15]，此其子宜如何諱；將諱其嫌，遂諱其姓乎？將不諱其嫌者乎？

漢諱武帝[16]名「徹」爲「通」，不聞又諱車轍之「轍」爲某字也。諱呂后[17]名「雉」爲野雞，不聞又諱治天下之「治」爲某字也。今上章及詔，不聞諱「滸」[18]「勢」[19]「秉」[20]「饑」[21]也。惟宦官宮妾，乃不敢言「諭」[22]及「機」，以爲觸犯。士君子言語行事，宜何所法守也？

今考之於經，質之於律，稽之以國家之典，賀舉進士，爲可邪？爲不可邪？凡事父母得如曾參，可以無譏矣。作人得如周公、孔子，亦可以止矣。

今世之士，不務行曾參、周公、孔子之行，而諱親之名，則務勝於曾參、周公、孔子，亦見其惑也。夫周公、孔子、曾參，卒不可勝。勝周公、孔子、曾參，乃比於宦者宮妾，則是宦者宮妾之孝於其親，賢於周公、孔子、曾參者邪？

【註　釋】❶李賀　人名，唐鄭王後，字長吉。七歲能詩。家於福昌縣之昌谷，所著有昌谷集。❷賀父名晉肅三句　按晉肅與進士聲近，古諱嫌名，故謂賀舉進士爲犯諱。❸皇甫湜　人名，新安人，字持正。元和進士，官至工部郎中。❹諱　避也。❺言徵不稱在言在不稱徵　孔子母名徵在，故二字不並言。❻嫌名　謂聲相近也，若禹與雨聲相近，諱禹則不言雨，此之謂諱嫌名。❼犯二名律　謂犯二名俱不諱之法。❽周公作詩不諱　文王名昌，武王名發，而詩有「克昌厥後」、「駿發爾私」等句。或謂周公所作，而昌發二字，皆不諱也。❾孔子不偏諱二名　謂孔子母名徵在，而「宋不足徵」、「某在斯」等句，徵、在二字不諱是也。❿春秋不譏不諱嫌名　謂春秋時，不譏不諱聲相近者，若衞桓公名完是也。⓫康王　成王子，名釗。⓬昭王　康王子，名瑕。文中作康王孫，誤。釗昭聲近而不諱。⓭曾參　孔子弟子，字子輿。⓮曾子不諱昔　謂參父名皙，論語：「昔者吾友。」昔皙聲近而不諱也。⓯杜度　字伯度，東漢人，善章草。⓰武帝　名徹，因改徹侯爲通侯。⓱呂后　漢高祖后。⓲滸　唐太祖名虎，滸虎聲近。⓳勢　唐太宗名世民，勢世聲近。⓴秉　唐世祖（高祖之父）名昞，秉昞聲近。㉑饑　玄宗名隆基，饑基聲近。㉒諭　代宗名豫，諭豫聲近。

【語　譯】我曾經給李賀一封信，勸他去考進士。李賀應進士考試出了名。和他爭名的人就毀謗他，說：「李賀的父親，名叫晉肅，所以他不去考進士是對的，勸他去考進士的人是錯的。」聽到這種論調的人，沒有仔細去考察一下，便隨聲附和，大家都說著相同的話。皇甫湜對我說：「如果這件事不分辨清楚，您和李賀都將要得罪了。」我回答說：「是的。」

諱法上說：「兩個字的名字，不單單避諱一個字。」解釋這條規定的人說：「這就是說：好比孔子的母親，名叫徵在，如果說了徵字，不說在字。說了在字，不說徵字便是了。」諱法上說：「不避諱字音相近的字。」解釋這條規定的人說：「這就是說：好比『禹』和『雨』，『丘』和『蓲』，這一類字音相近的字便是。」現在李賀的父親，名叫「晉肅」，而李賀去應考「進士」，這是犯了兩個字的名字應避諱一個字的諱法呢？還是犯了名字字音相近應避諱的諱法呢？父親名叫「晉肅」，就不能考「進士」，那麼，如果父親名叫「仁」，難道兒子就不能做「人」嗎？

試想這種避諱的事，是什麼時候開始的？制定法制來教天下人的，不是周公、孔子等聖人嗎？周公作詩，並沒有避諱。孔子對於兩個字的名字，也不單單避諱一個字。春秋裏，也不批評不避諱字音相近的名字。周康王名叫「釗」，他的子孫實際上就有一個叫「昭」王。曾參的父親名叫「皙」，曾子不避諱「昔」字。周朝的時候，有一個人叫騏期，漢朝的時候，有一個人叫杜度。在這種情形下，他們的兒子，應該怎樣避諱呢？是要避字音相近的字，因此就避諱他的姓呢？還是不避字音相近的字呢？漢朝，諱武帝的名字「徹」爲「通」字，但是沒有聽說諱車轍的「轍」爲什麼字。諱呂后的名字「雉」爲野雞，沒有聽說又諱治天下的「治」字爲某字。現在的奏章和詔命，也沒有聽說諱「滸」、「勢」、「秉」、「饑」這一類的字。只有宦官宮女這一類的人，才不敢提到「諭」字和「機」字，以爲這樣算是犯諱的。

士君子說話做事，應該取法遵守些什麼呢？現在從經籍裏考證，從諱法上解釋，從國家的典章中查驗，李賀去考進士，是可以的呢？還是不可以的呢？大凡事奉父母，能夠像曾參一樣，便可以沒有人譏評了。做人能夠像周公、孔子一般，也可以算是好極了。

現在世上的士人，不知道極力去做曾參、周公、孔子所做的事，卻在避諱父母親的名字上，一定要極力去求勝過曾參、周公、孔子，他們的糊塗迷惑，也就可見了。像周公、孔子、曾參這些人，到底是無法勝過的。勝過周公、孔子、曾參，是自己拿宦官宮女來相比，那麼，難道宦官宮女的孝順父母，是勝過周公、孔子、曾參的嗎？

【文章分析】本篇選自韓昌黎集，是屬於論辯類的古文。李賀，字長吉，是唐皇的諸孫。有詩四卷，韓愈對他非常贊賞。賀七歲的時候，韓愈與皇甫湜曾經叫他賦詩，賀作了一首「高軒過」。後來韓愈等勸他參加進士的考試，那些和賀爭名的人，因爲賀的父親名字叫晉肅，晉和進士的進同音，父親的名字，應該避諱，不能舉進士，所以就說韓愈等不應該勸他考進士。韓愈因此就寫這篇文章，折服他們。本文的主旨，在辯李賀參加進士的考試，並無不當。避諱嫌名，是不合理的。全文共分六段：首段敘所以作文辯諱的緣由。第二段引諱法，說李賀不必以「嫌名」爲諱。第三段歷舉經傳爲證，說古人不但對嫌名不避諱，而且實際上有時候也無法避諱。第四段查證古事，說漢、唐人也不全諱嫌名。第五段總結前文，說避諱嫌名，極不合理。第六段譏世人避諱嫌名之不當。此文似莊似諧，王鐸庵說：「律經典雖勢若三峯，每段亦復總結，而正意止在『爲犯嫌名律乎』一句，是以辯之甚悉。父名仁，子不得爲人，此辯其嫌名也。夫諱始於何時，從提筆再發議論，以下一辯未已，又復一辯，極其明晰，極其婉折，眞大辯才也。」此文盡是正反兩面的話，待智者自己選擇，又是另一種筆法。

爭臣論

韓愈

或①問諫議大夫②陽城③於愈：「可以爲有道之士乎哉？學廣而聞多④，不求聞於人也，行古人之道。居於晉⑤之鄙⑥，晉之鄙人⑦，薰其德⑧而善良者幾千人。大臣聞而薦之⑨，天子以爲諫議大夫。人皆以爲華，陽子不色喜⑩。居於位五年矣，視其德，如在野，彼豈以富貴移易其心哉？」

愈應之曰：「是易所謂『恆其德貞，而夫子凶⑪』者也，惡得爲有道之士乎哉？在易蠱⑫之上九⑬云：『不事王侯，高尚其事。』蹇⑭之六二⑮則曰：『王臣蹇蹇，匪躬之故⑯。』夫亦以所居之時不一，而所蹈之德不同也。若蠱之上九，居無用之地，而致匪躬之節；以蹇之六二，在王臣之位，而高不事之心，則冒進⑰之患生，曠官⑱之刺興，志不可則，而尤不終無也⑲。今陽子在位，不爲不久矣。聞天下之得失，不爲不熟矣。天子待之，不爲不加⑳矣，而未嘗一言及於政。視政之得失，若越人視秦人㉑之肥瘠，忽焉不加喜戚於其心。問其官，則曰：『諫議也。』問其祿，則曰：『下大夫之秩也。』問其政，則曰：『我不知也。』有道之士，固如是乎哉？且吾聞之：『有官守者，不得其職則去。有言責者，不得其言則去。』今陽子以爲得其言乎哉？得其言而不言，與不得其言而不去，無一可者也。陽子將爲祿仕乎？古之人有云：『仕不爲貧，而有時乎爲貧。』謂祿仕者也，宜乎辭尊而居卑，辭富而居貧，若抱關擊柝㉒者可也。蓋孔子嘗爲委吏㉓矣，嘗爲乘田㉔矣，亦不敢曠其職，必曰：『會計當而已矣。』必曰：『牛羊遂㉕而已矣。』若陽子之秩祿，不爲卑且貧，章章㉖明矣，而如此，其可乎哉？」

或曰：「否，非若此也。夫陽子惡訕上㉗者，惡爲人臣招㉘其君之過而以爲名者，故雖諫且議，使人不得而知焉。書曰：『爾有嘉謨嘉猷㉙，則入告爾后㉚於內；爾乃順之於外，曰：斯謨斯猷，惟我后之德。』夫陽子之用心，亦若此者。」愈應之曰：「若陽子之用心如此，滋㉛所謂惑者矣！入則諫其君，出不使人知者，大臣宰相者之事，非陽子之所宜行也。夫陽子本以布衣，隱於蓬蒿之下㉜。主上嘉其行誼，擢㉝在此位。官以諫爲名，誠宜有以奉其職。使四方後代，知朝廷有直言骨鯁㉞之臣，天子有不僭賞㉟從諫如流之美。庶巖穴之士，聞而慕之。束帶結髮，願進於闕下而伸其辭說。致吾君於堯舜，熙鴻號㊱於無窮也。若書所謂，則大臣宰相之事，非陽子之所宜行也。且陽子之心，將使君人者惡聞其過乎？是啟之也。」

或曰：「陽子之不求聞，而人聞之。不求用，而君用之。不得已而起，守其道而不變，何子過之深也？」愈曰：「自古聖人賢士，皆非有求於聞用也。閔㊲其時之不平，人之不乂㊳。得其道，不敢獨善其身，而必以兼濟天下也。孜孜矻矻㊴，死而後已。故禹過家門不入㊵，孔席不暇暖㊶，而墨突不得黔㊷。彼二聖一賢者，豈不知自安佚㊸之爲樂哉？誠畏天命而悲人窮也。夫天授人以賢聖才能，豈使自有餘而已，誠欲以補其不足者也。耳目之於身也，耳司聞而目司見。聽其是非，視其險易，然後身得安焉。聖賢者，時人之耳目也。時人者，聖賢之身也。且陽子之不賢，則將役於賢以奉其上矣。若果賢，則固畏天命而閔人窮也，惡得以自暇逸乎哉？」

或曰：「吾聞君子不欲加諸人，而惡訐㊹以爲直者。若吾子之論，直則直矣，無乃傷於德而費於辭乎？好盡言以招人過，國武子㊺之所以見殺於齊也，吾子其亦聞乎？」愈曰

：「君子居其位，則思死其官。未得位，則思修其辭以明其道。我將以明道也，也以爲直而加人也。且國武子不能得善人，而好盡言於亂國，是以見殺。傳曰：『惟善人，能受盡言。』謂其聞而能改之也。子告我曰：陽子可以爲有道之士也。今雖不能及已，陽子將不得爲善人乎哉㊻？」

【註　釋】❶或　稱代詞，此指人，謂有人也。❷諫議大夫　官名，省稱諫議。秦置諫大夫，掌議論。漢屬光祿勳，後改爲諫議大夫，歷代因之。❸陽城　唐北平人，字亢宗。在唐德宗朝，爲諫議大夫。❹學廣而聞多　此謂陽城性好學，貧不能得書，求爲吏，隸集院，竊院書讀之，六年無所不通也。❺晉　今山西省。❻鄙　邊鄙之地。❼鄙人　邊鄙之人。❽薰其德　受其德之薰陶也。❾大臣聞而薦之　德宗四年，李泌薦之。❿色喜　喜形於顏色也。⓫恆其德貞而夫子凶　易恆卦六五：「恆其德貞，婦人吉，夫子凶。」疏云：「婦人吉者，用心專貞，從唱而已。夫子凶者，夫子須制斷事宜，不可專貞從唱也。」⓬易蠱　易經蠱卦。⓭上九　蠱卦之第六爻爲陽爻，卦之陽爻稱九，陰爻稱六。第一爻爲初，第六爻稱上。⓮蹇　易經卦名。⓯六二　蹇卦之第二爻爲陰爻，故稱六二。⓰王臣蹇蹇匪躬之故　上蹇字爲動詞，下蹇字爲名詞，言爲王臣者，當王朝有大難時，當蹇其危難，不以自身之故，而不往濟君也。⓱冒進　謂干祿也。⓲曠官　居官而曠其職守也。⓳志不可則而尤不終無也　則，動詞，作爲法則也，效法也。尤，過也。蠱上九象曰：「不事王侯，志可則也。」蹇六二象曰：「王臣蹇蹇，終無尤也。」⓴加　猶言厚也。㉑若越人視秦人　越與秦，春秋時二國名，越在東南而秦在西北，喻人之疏遠而毫無關係者也。㉒抱關擊柝　抱關，司門，司門者。擊柝，打更守夜。㉓委吏　主倉廩之吏。㉔乘田　苑囿芻牧之吏。㉕遂　成也，猶生長之意。㉖章章　明著也。㉗訕上　譏謗在上者。㉘招　揭舉也。㉙嘉謨嘉猷　嘉，善也。謨、猷，皆謀也。㉚后　君也。㉛滋　更加。㉜蓬蒿之下　指草野田間。㉝擢　拔也。㉞骨鯁　忠言逆耳，如魚骨之鯁於喉間。㉟僭賞　假借名器以賞之，猶濫賞之意。㊱熙鴻號　熙，廣也。鴻，大也。號，名也。㊲閔　通憫，哀憐也。㊳乂　治也。㊴孜孜矻矻　勤勉之意。㊵禹過家門不入　言大禹治水，在外八年，三過也家門而不入。㊶孔席不暇暖　言孔子僕僕道路，坐席不及溫暖，又遊他國也。㊷墨突不得黔　墨謂墨翟。突，竈額也。黔，黑也。言竈口不及黑卽去也。㊸安佚　卽安逸。㊹訐　發人陰私也。㊺國武子　名佐。柯陵之會，單襄公見國武子，其言盡。襄公曰：「立於淫亂之國，而好盡言，以招人過，怨之本也。」後果見殺。㊻今雖不能及已二句　言今雖不能及聖人，將終不得爲善人也。

【語　譯】有人向我問起諫議大夫陽城這個人，說：「他可以算是有道的人士嗎？他的學問廣博，而且見聞又多，不求聞名，按照古人的道理行事。居住在山西的邊境，山西邊境上的人，受他道德的薰陶，因而變爲善良的人，有幾千人之多。朝廷的大臣們聽到這件事，於是就薦舉他，天子封他做諫議大夫。人家都以爲這是很光榮的事，但是陽城卻沒有高興的樣子流露在臉色上。他做官已經五年了，觀察他的德行，和在野沒有做官時一樣，他難道會因爲富貴改變了他的心志嗎？」

我回答他說：「這就是易經所謂：『婦人常久不改變她柔順從人的美德，才可以算是貞正，可是這不是做丈夫的正道。』他怎麼能算是有道的士人呢？易經蠱卦的上九說：『不去臣事王侯，那麼就高尙自己的志節吧。』蹇卦的六二卻說：『王臣在國家危急的時候，便去冒險犯難，援救國家，不會因爲自身的緣故，不去冒險犯難。』這也許是因爲所處的時代不同，所以實踐的德行也不同吧！至於像蠱卦的上九，處於無所事事的地位，但是卻要盡鞠躬盡瘁的節操；像蹇卦的六二，在王臣的地位上，卻要高尙自己不事王侯的心志；那樣就要發生妄求仕進的憂患，興起曠廢官職的譏刺了。這種人的志節，不可以效法，他的過失，終究是免不掉的。如今陽城居在諫議大夫的官位上，不能算是不久了；他對於天下事情的得失，不能算是不熟悉的了；王子待他，也不能算不厚了；但是他未嘗有一句話說到政事。他看政事的得失，就好像越國人看毫無關係的秦國人的肥瘦一樣，漠不關心，在他心裏一點也沒有快樂或憂愁的感覺。問他的官職，就說是：『諫議大夫。』問他的俸祿，就說是：『下大夫的品級。』問他政事，就說：『我不知道。』有道的士人，本來應該是這樣的嗎？

而且我曾經聽人家說過這樣的話：『有官職的人，不能盡他的職責，就離開他的職位。有進言責任的人，不能盡他進言的責任，就離開他的職位。』現在陽城他自己以爲盡了進言的責任嗎？有進言的責任，可是不進言；和不能盡進言的責任，可是又不離職，這一樣都是錯誤的。陽城或許是爲了俸祿才做官吧？古時候的人曾說：『做官並不是爲了家裏貧窮，但是有時是爲了貧窮。』這是說爲了俸祿才做官的人，應該辭去尊貴，而處在卑賤的地位；不貪富厚，而處在貧困的境地，好像那些守門擊柝警夜的小吏，是可以的。孔子就曾經當過管糧草的小官，也曾經當過管理牛羊芻牧的小官，但他也不敢曠廢他的職守，一定說：『我一定要把財物弄妥當才罷了。』一定說：『我一定要使牛羊生長得很好才罷了。』像陽城的官階俸祿，不算卑賤貧困，這是非常顯明的了，然而卻如此，這樣可以嗎？」

有人說：「不，不是這樣的。陽城厭惡那些譭謗長上的人；厭惡那些身爲人臣，而以揭舉人君的過失，來作爲自己求名手段的人。因此他對人君雖然進諫，也有建議，但是他做得使人無法知道。書經上說：『你有好的計畫，就到裏面去告訴你的君上。你到外面就揚言說：能想出這個好計畫，是我們君上的大德。』陽城的用心，也是這樣的。」我回答他說：「如果陽城的用心是這樣，那就更加可以說是迷惑的人了。進去進諫他的君上，出來不使人知道的，這是大臣宰相的事情，不是陽城所應該做的。陽城本來是一個平民，隱居在田野間。皇上贊賞他的德行道誼，提拔他在這個官位上。官用諫字來做名稱，實在應該極力奉行他的職務，使得天下後代的人，知道朝廷上有直言敢諫的君子，天子又有不濫賞、能夠從諫如流的美德。這樣隱居山野的人士，聽了這種事情，就會覺得很羨慕。於是他們整理整理衣帶，把髮髻紮好，預備出來做官。願意來到宮闕的下面，發表他們的言論。使我們的人君，能做到堯舜的地步，使他的大名，能流傳到千秋萬世以後。至於像書經上所說的，那是大臣宰相的事，不是陽城所應該做的。並且像陽城那種心理，爲的是使做君上的人，厭惡聽到自己的過失嗎？這是啟發人君厭惡聽到自己的過失的開頭哩！」

有人說：「陽城不求聞名，可是人家卻把他的大名，傳揚出去了。他不求被人重用，可是人君重用了他。他不得已才出來做官，他守着他自己做人的道理，始終不改變，爲什麼您這樣苛責他呢？」我說：「自古以來，那些聖人賢士，都不是希望能聞名被重用的。他們只是哀憐時代的動盪，百姓的不安。他們有學問才幹，不敢只使他自己一切都很完美，而且一定還要使天下的人一切都很完美。他們勤勤懇懇，一直到老死才停止。所以大禹治洪水，在外八年，曾經三次走過自己的家，而沒有進去。孔子風塵僕僕，連席子都沒有工夫坐到發熱，又遊他國去了。至於墨翟，連竈口都來不及燒得發黑，就匆匆離去，救助別人。那兩位聖人，一位賢者，難道不知道使自己安逸是很快樂的嗎？他們實在是敬畏天命，而且悲傷別人的窮困哩！上天把聖賢的才能給人，難道只是爲了使他自己有餘嗎？實在是要他用他的才能來補充別人的不足呢。正如耳朵眼睛在人身上的用處，耳朵管聽，眼睛管看。聽是非，看險易，然後身體才能安全。聖賢的人，就好像世人的耳朵眼睛一樣；世上的人，就好像是聖賢的身體。而且，陽城如果不賢明，那麼就應該被賢人所役使，來事奉他的君上；如果眞的很賢明，那麼本來就應該敬畏天命，而且哀憐人家的窮困，怎麼能夠自己使自己很空閒安逸呢？」

有人說：「我曾經聽說過，君子人不過分責備人家，也不喜歡那種揭發人家的陰私，以爲這樣才算是正直的人。像您的這種論調，正直是正直了，但是恐怕未免有些損傷德行，而且說話太多了吧？喜歡直言不諱，去指摘人家的過失，這是國武子這個人所以被人殺死在齊國的原因，您也聽說過嗎？」我說：「君子在位時，就想到爲他的官職而死。沒有得到官位時，就想到練好辭令，闡明道理。我這樣做，爲的是闡明道理，並不是以爲自己正直，因而就去責備人家啊！而且國武子是因爲沒有遇到善人，但是他卻喜歡在亂世直言不諱，所以才被人殺了。古書上說：『只有善人，才能夠接受直言不諱的話。』這是說他聽到了自己的錯誤能改過。您告訴我說：『陽城可以算是有道的士人。』現在他雖然夠不上稱爲有道的士人，難道就不能做善人嗎？」

【文章分析】本篇選自韓昌黎集，是屬於論辨類的古文。陽城是唐朝北平人，當時當諫議大夫，對於政治的得失，知道得很清楚，可是他始終不肯說話，沒有盡到諫官的言責，所以韓愈寫這篇文章譏責他。也有人說，當時陽城所以不說話，是因爲有所等待，那麼韓愈所以寫這篇文章，爲的是激他說話了。本文主旨，是譏責諫官不能盡言責。全文共分六段：首段假設問者的話，說像陽城那樣好的人，是否可以說是有道之士，引起下面的議論。第二段是作者自答的話，引證易經，說他沒有盡到言責，不能算是有道之士。第三段補充前面的話，說陽城不能盡言責，就當去位。第四段自問自答，說諫官應該盡言責，天子應該從諫如流。第五段再自問自答，說一個賢明的人，應以國家人民爲念。第六段再自問自答說明自己所以要直言的原因，點出陽城應該善盡言責作結。這篇文章是箴規體，四問四答，首尾照應。後來德宗聽裴延齡的讒言，欲罷黜宰相陸贄，而欲相裴延齡，陽城乃上疏力諫，爲陸贄申屈而極言裴延齡之非，使裴延齡不得入相，或許就是受了韓愈此篇的激勵。所以過商侯說：「此篇到底是諷陽子以必諫，不是譏陽子以不諫也。若說以不諫譏陽子，安見其非盡言以招人過哉？看其從寬處逼緊，更從逼緊處放寬，層層辯駁，始終只是聳動陽子。其後陽子果論裴延齡、陸贄兩事，至欲裂其脈，安知非退之一擊之力。」

後十九日復上宰相書

韓愈

二月十六日，前鄉貢❶進士❷韓愈，謹再拜言相公閣下❸：向上書及所著文，後待命❹凡十有九日。不得命，恐懼不敢逃遁。不知所爲，乃復敢自納於不測之誅，以求畢其說，而請命於左右。

愈聞之：蹈水火者之求免於人也，不惟其父兄子弟之慈愛，然後呼而望之也；將有介於其側者，雖其所憎怨，苟不至乎欲其死者，則將大其聲，疾呼而望其仁之也。彼介於其側者，聞其聲而見其事，不惟其父兄子弟之慈愛，然後往而全之也。雖有所憎怨，苟不至乎欲其死者，則將狂奔盡氣，濡❺手足，焦毛髮，救之而不辭也。若是者何哉？其勢誠急，而其情誠可悲也。

愈之強學力行有年矣，愚不惟道之險夷，行且不息，以蹈於窮餓之水火。其既危且亟矣，大其聲而疾呼矣。閣下其亦聞而見之矣，其將往而全之歟？抑將安而不救歟？有來言於閣下者曰：「有觀溺於水而爇❻於火者，有可救之道，而終莫之救也。」閣下且以爲仁人乎哉？不然，若愈者，亦君子之所宜動心者也。或謂愈：「子言則然矣，宰相則知子矣，如時不可何？」愈竊謂之不知言者，誠其材能不足當吾賢相之舉耳。若所謂時者，固在上位者之爲耳，非天之所爲也。

前五六年時，宰相薦聞，尚有自布衣蒙抽擢者，與今豈異時哉？且今節度觀察使❼，及防禦營田❽諸小使等，尚得自舉判官❾，無間於已仕未仕者，況在宰相，吾君所尊敬者，而曰不可乎？古之進人者，或取於盜❿，或舉於管庫⓫。今布衣雖賤，猶足以方⓬乎此。情隘辭蹙，不知所裁，亦惟少垂憐焉。愈再拜。

【註釋】❶鄉貢　唐取士之法，由州縣舉選，不由學館者曰鄉貢，見唐書選舉志。❷進士　禮：「大樂正論造士之秀者，以告于王，而升之司馬，曰進士。」謂士之可進受爵祿者也。至隋始設此科目，唐宋以來皆因之。唐制，應舉者謂之舉進士，試畢放榜合格者曰成進士。凡試於禮部者，皆謂之進士。明清時，舉人會試中式，殿試二甲以上，賜進士出身，三甲賜同進士出身，通稱皆曰進士。❸相公閣下　相公，宰相之稱。閣下，不敢直斥其名，因卑達尊之意。古者三公開閤，故書題有閤下之稱。閤與閣通，後世書札作閣下者，即閤下也。❹待命　待覆命也。❺濡　溼也。❻爇　燒也。❼節度觀察使　節度，官名，本掌軍中糧運。自唐而有節度使，則爲領兵之官。唐志、通典皆云：邊方寇戎之警，則加旌節，謂之節度使。始惟邊疆有之，後則全國徧設。凡軍民之政，用人理財，皆得主之。觀察，即觀察使，亦官名，唐置，位亞於節度使，後爲節度使兼職。❽防禦營田　防禦，官名，唐置防禦使，位在團練使之下。凡大郡要害之地則置之，以治軍事，刺史兼之。營田，集流民，官給廬舍，使之爲官力田。見通典，此謂主其事之官。❾判官　官名，唐置，如節度觀察防禦諸使，皆有判官爲僚屬，謂之節度判官、觀察判官。❿或取於盜　禮雜記：「孔子曰：管仲遇盜，取二人焉，上以爲公臣，曰：『其所與遊，辟也，可人也。』」⓫舉於管庫　禮檀弓：「趙文子所舉於晉國管庫之士，七十有餘家。」⓬方　比方，比擬。

【語　譯】二月十六日，前鄉貢進士韓愈謹再拜言相公閣下：前些時候，我呈上一信和所做的文章，等待著您的回音，一共有十九天了。沒有接到您的回音，心裏非常害怕，但是又不敢逃避。因為不知道怎麼樣才好，所以才又敢讓自己得到不可預料的責怪，為的是要說完自己要說的話，同時向您討個回音。

我聽說：一個陷於水火中向人求救的人，不一定要有像自己父兄子弟一樣的慈愛，然後才向人家呼救，並且希望人家救他出險。只要有站在他旁邊的人，即使那個人是他所憎惡怨恨的，如果他憎惡怨恨的程度，還不至於要那個人死，那麼他就要把聲音放大，極力呼喊，希望那個人對他仁慈，救他出險。那個站在他旁邊的人，聽到他的聲音，看見他陷在水火中的事實，不一定要有像自己父兄子弟一樣的慈愛，然後才去救他。即使對他有所憎惡怨恨，如果憎惡怨恨的程度還不至於要他死，那麼那個人也要極力奔走，費盡力氣，弄溼了手足，燒焦了毛髮去救他而不推辭。像這樣的事情，是什麼道理呢？這是因為他的情勢實在危急，同時情況實在令人同情呀！

我勤勉求學，努力實踐，已經好多年了。我很愚笨，沒有考慮到道路的平坦或險阻，便行走不停，因此才受貧窮飢餓的痛苦，就好像陷在水火中一樣。情況已經是很危險而且很急迫了，我已經放大聲音極力在呼救了，您應該也聽到而且見到了。您是要去保全我呢，還是要自己安逸不救我呢？假使有人來對您說：「有些人，看見人家掉落在水裏，焚燒在火中，雖然有可以去救他的方法，但卻始終沒有人去救他。」您以為這些人是仁人嗎？否則，像我這樣的遭遇，也是君子所應該會動心的。有人對我說：「您的話是對的，宰相是了解您的，怎奈時機不對，怎麼辦呢？」我私下以為他是不會說話的人，其實不過是我的才能不夠當我們賢宰相的舉薦罷了。至於所謂時機，本來是在上位的人造成的，並非上天所造成。

在五六年前的時候，宰相薦舉上奏，還有從平民承蒙提拔的，和現在難道時機就不同了嗎？並且現在的節度觀察使，和防禦營田等許多地方官，他們還可以自己推薦判官，對於已做官未做官的人，都沒有分別，一律推薦。何況宰相是我們君上所尊敬的人，反而說不能夠嗎？古時候薦舉人材的人，有的取自強盜隊裏，有的取自管倉庫的人羣中。現在我這個平民雖然卑賤，但對於這些人，總還比得上他們。我的性情狹窄，辭氣急迫。不知道怎樣才好，只希望您對我稍加關愛就好了。愈再拜。

【文章分析】本篇選自韓昌黎集，是屬於書說類的古文。唐貞元十一年正月二十七日，韓愈曾寫信給宰相趙憬、賈耽、盧邁，請宰相薦舉他。該上書題為「上宰相書」，然古文觀止未選此篇。但是過了十九日，還沒有接到回信，於是才又寫了這封信，題作「後十九日復上宰相書」。本文的主旨，是請宰相薦舉他。全文共分四段：首段是書信開頭的話，同時說明所以寫這封信的原因。第二段是比喻，說一個陷於水火中的人，等人去救他，他所等待的人，不一定是他的父兄。救他的人，也不一定因爲他是自己的父兄，所以才去救他。第三段由比喻說到自己就像一個陷於水火中的人，正等待宰相援引他。第四段引宰相與其他的官員都曾薦舉人爲例，說明自己希望宰相薦舉，宰相也能薦舉他作結。這篇文章前幅設喻，中段入正文，後幅再發一議，文筆曲折，似悲戚而不悲戚，是用「激」的方法。所以過商侯說：「鍾竟陵謂此書所見，似悲似戚，非悲戚也。如此大聲疾呼，氣實足以籠罩之。只因昌黎目空時宰，故發言激宕如此。卽孟子所云，說大人則藐之，勿視其巍巍然也。若視其巍巍，必爲莊語軟語，不敢激宕如此矣。如謂悲戚而求，非善讀昌黎之文者。」

後廿九日復上宰相書

韓愈

三月十六日，前鄉貢❶進士❷韓愈，謹再拜言相公閣下❸：愈聞周公❹之爲輔相，其急於見賢也，方一食三吐其哺，方一沐三握其髮❺。當是時，天下之賢才，皆已舉用；姦邪讒佞欺負之徒，皆已除去；四海皆已無虞；九夷八蠻❻之在荒服❼之外者，皆已賓貢❽；天災時變，昆蟲草木之妖，皆已銷息；天下之所謂禮樂刑政教化之具，皆已修理；風俗皆已敦厚；動植之物，風雨霜露之所霑❾被者，皆已得宜；休徵嘉瑞❿，麟鳳龜龍之屬，皆已備至。而周公以聖人之才，憑叔父之親，其所輔理承化之功，又盡章章如是。其所求進見之士，豈復有賢於周公者哉？不惟不賢於周公而已，豈復有賢於時百執事⓫者哉？豈復有所計議，能補於周公之化者哉？然而周公求之如此其急，惟恐耳目有所不聞見，思慮有所未及，以負成王託周公之意，不得於天下之心。如周公之心，設使其時輔理承化之功，未盡章章如是，而非聖人之才，而無叔父之親，則將不暇食與沐矣，豈特吐哺握髮為勤而止哉？維其如是，故於今頌成王之德，而稱周公之功不衰。

今閣下為輔相亦近耳。天下之賢才，豈盡舉用？奸邪讒佞欺負之徒，豈盡除去？四海豈盡無虞？九夷八蠻之在荒服之外者，豈盡賓貢？天災時變，昆蟲草木之妖，豈盡銷息？天下之所謂禮樂刑政教化之具，豈盡修理？風俗豈盡敦厚？動植之物，風雨霜露之所霑被者，豈盡得宜？休徵嘉瑞，麟鳳龜龍之屬，豈盡備至？其所求進見之士，雖不足以希望盛德，至比於百執事，豈盡出其下哉？其所稱說，豈盡無所補哉？今雖不能如周公吐哺握髮，亦宜引而進之，察其所以而去就⑫之，不宜默默而已也。

愈之待命，四十餘日矣。書再上而志不得通，足三及門而閽人⑬辭焉。惟其昏愚，不知逃遁，故復有周公之說焉，閣下其亦察之？古之士，三月不仕則相弔，故出疆必載質⑭。然所以重於自進者，以其於周不可，則去之魯；於魯不可，則去之齊；於齊不可，則去之宋、之鄭、之秦、之楚也。今天下一君，四海一國，舍乎此則夷狄矣，去父母之邦矣。

故士之行道者，不得於朝，則山林而已矣。山林者，士之所獨善自養，而不憂天下者之所能安也。如有憂天下之心，則不能矣，故愈每自進而不知愧焉。書亟⑮上，足數及門，而不知止焉。寧獨如此而已，惴惴⑯焉惟不得出大賢之門下是懼，亦惟少垂察焉！瀆冒威尊⑰，惶恐無已！愈再拜。

【註釋】①鄉貢　見前。②進士　見前。③相公閤下　見前。④周公　周文王子，名旦，相武王伐紂。武王崩，成王幼，周公攝政。誅武庚，殺管叔，放蔡叔。定制度禮樂，制冠婚喪祭之儀，天下大治。⑤一食三吐其哺二句　哺，口中嚼物。沐，濯髮也。握，持以五指也。周公輔相成王時，戒子伯禽曰：我一沐三握髮，一飯三吐哺，起以待士，猶恐失天下之賢人。⑥九夷八蠻　九夷，東方之夷，種有九也，見後漢書。八蠻，謂南方之蠻，國數有八也，見周禮職方氏。⑦荒服　離王畿二千里至二千五百里之地，古五服最遠之處也。見書經禹貢。⑧賓貢　古鄉舉之法，賢能之士，地方官以賓禮待之，而貢於京師也。⑨霑　涵濡也。⑩休徵嘉瑞　休，美善也。此統言祥瑞之物也。⑪百執事　謂百官也。⑫去就　去舊職而就任新職。在此指革職和委以新職。⑬閽人　守門人也。周禮天官之屬有閽人，司晨昏以啟閉，使刑人守之。⑭質　與贄通，初見時所獻物也，如大夫執羔，士執雉之類。⑮亟　屢次也。⑯惴惴　憂懼貌。⑰瀆冒威尊　瀆冒，猶言觸犯。威尊，言威儀尊嚴也。

【語譯】三月十六日，前鄉貢進士韓愈，謹再拜言相公閤下：我聽說：周公輔佐成王做宰相的時候，他因爲急著要見到賢人，所以他才吃一次飯，竟三次吐掉所吃東西；洗一次頭，竟三次握着溼溼的頭髮，出來迎接賢人。當這時候，天下有才能的賢人，都已經被薦舉錄用了；那些姦邪讒佞欺負的人，都已經被除去了；天下都已沒有憂患；那些遠在王畿外面的九夷八蠻，都已用賓禮待他們，他們也都來朝貢了；天災時變的殃禍，昆蟲草木的妖孽，都已銷聲斂跡了；天下所謂禮樂刑政教化等各方面的設施，都已修治整理得很好了；各地方的風俗都已很敦厚了；動物植物，凡是受風雨霜露所滋潤的，都已各得其宜了；美好的徵兆，像麒麟、鳳凰、靈龜、神龍這一類祥瑞的東西，都已全部出現了。可是周公以聖人的才能，又靠皇叔的親近關係，他所輔助治理承行教化的功勞，又都是這樣的璀璨。他所尋求來進見的士人，難道還有比周公還賢明的嗎？不但沒有比周公賢明而已，難道還有比當時的百官還賢明的嗎？難道還有什麼計策建議對於周公的教化，能夠有所裨益的嗎？但是周公尋求他們，竟是這樣急切，只擔心耳朵有沒有聽到的，眼睛有沒有看到的，自己的思考有沒有想到的。因爲這樣就辜負了成王託付周公的一番美意，失去天下的人心。照周公的心意推想起來，假使那時他所輔助治理承行教化的功勞，沒有全部這樣璀璨，也沒有聖人的才能，沒有皇叔這種親近的關係，那麼他恐怕要連吃飯和沐浴的時間都沒有了，那裏只是吐哺握髮這樣勤勞而已呢？因爲他這樣，所以到現在大家還歌頌成王的美德，而且稱頌周公的功勞，永遠不衰。

現在您當宰相，還沒有多久。但天下有才能的賢人，那裏都被薦舉錄用了呢？那些姦邪讒佞欺負的人，那裏都被除去了呢？天下那裏是完全沒有憂患的呢？那些遠在王畿外面的九夷八蠻，那裏是全部都已用賓禮待他們，他們也都來朝貢了呢？天災時變的殃禍，昆蟲草木的妖孽，那裏是全都銷聲斂跡了呢？天下所謂禮樂刑政敎化的設施，那裏是全部都修治整理好了呢？各地的風俗，那裏是全都敦厚了呢？動物植物，凡是受風雨霜露所滋潤的，那裏是都已各得其宜了呢？美好的徵兆，像麒麟、鳳凰、靈龜、神龍這一類祥瑞的東西，那裏都全部出現了呢？您所尋求進見的士人，雖然不能夠希望像有盛德的您一樣好，至於比起那些百官，那裏是都不如他們呢？他們的建議，那裏是完全都無所裨益呢？現在您雖然不能像周公那樣吐哺握髮，但也應當引他們進來，觀察他們一舉一動，然後予以革職或委以新職，不應該一直一言不發就算了。

我等待您的回音，已經四十多天了。上了兩次書，可是我的意思不能被您了解，我的脚三次走到您的門前，可是門房都拒絕我進見。因爲我的昏庸愚昧，不知道逃避，所以才會又有前面關於周公的這一套說法，您也審察一下嗎？古時候的士人，如果三個月沒有官做，就彼此互相慰問。所以出境的時候，一定載著初次見面的禮物。但是他們所以會對於自求進見看得很重，是因爲他們如果在周朝不能實現理想，就離開周朝到魯國去；在魯國不能實現理想，就離開魯國到齊國去；在齊國不能實現理想，就離開齊國到宋國、到鄭國、到秦國、到楚國去。現在天下只有一個人君，四海之內只有一個國家，除了這個國家，就只有夷狄，就只有離開父母的家鄉了。所以士人中那些要實現理想的人，如果在朝廷不得志，便只有隱居到山林裏去了。山林，是士人獨善其身、自我修養的地方，而且是對天下事不憂心的人才能夠處之泰然。如果對天下事有憂慮之心的人，就不能夠那樣了。所以我每次來進見，不知道慚愧。書信屢次呈上，脚步屢次走到門前，而不知道停止。那裏只是這樣罷了，我心裏還非常憂懼，心裏害怕不能出自大賢人的門下。這一點，也希望您稍加垂察。褻瀆而且冒犯了您的威儀尊嚴，眞是惶恐得很！愈再拜。

【文章分析】本篇選自韓昌黎集，是屬於書說類的古文。此篇可與上篇「後十九日復上宰相書」連貫來看，韓愈接連寫了兩封信給當時的宰相，希望宰相薦舉他。因爲沒有接到回音，所以才寫這第三封信，題作「後廿九日復上宰相書」，但遺憾得很，都沒有得到宰相的回響。本文的主旨，依然是希望宰相薦舉他。全文分爲三大段：首段舉周公爲例，周公是一位聖人，當時國家的政治是那麼好，可是周公仍然急於尋求賢人。次段說當時的宰相，不能和周公相比。國家的政治，也沒有周公時那麼好，怎麼可以不急著去尋求賢人。末段爲自己的一再上書解釋，申明自己的立場。全篇以周公與當時的宰相對比，只用一二個虛字，斡旋成文。直言無諱，但不犯嫌忌。最後迴護自己，理直氣也壯。所以過商侯說：「前後分明，只是一開一闔，妙于兩股開合中，各另有抑揚頓挫，自成結構，文勢便覺峥嶸峭兀。至以周公立說，先壓倒後來時相。轉入不如周公處，既不失輕，又不失重，可想見立言之妙。」

與于襄陽書❶

韓愈

七月三日，將仕郎守國子四門博士❷韓愈，謹奉書尚書❸閤下：士之能享大名，顯當世者，莫不有先達❹之士，負天下之望者，爲之前焉❺。士之能垂休光，照後世者，亦莫不有後進之士，負天下之望者，爲之後焉❻。莫爲之前，雖美而不彰；莫爲之後，雖盛而不傳。是二人者，未始不相須❼也，然而千百載乃一相遇焉。豈上之人無可援❽，下之人無可推歟？何其相須之殷❾，而相遇之疎也？其故在下之人負❿其能，不肯諂其上；上之人負其位，不肯顧⓫其下。故高材多戚戚之窮⓬，盛位無赫赫之光⓭。是二人者之所爲，皆過也。未嘗干之，不可謂上無其人；未嘗求之，不可謂下無其人。愈之誦此言久矣，未嘗敢以聞於人。

側聞：閣下抱不世之才，特立而獨行，道方而事實⑭；卷舒不隨乎時⑮，文武⑯唯其所用，豈愈所謂其人哉！抑未聞後進之士，有遇知於左右，獲禮於門下者。豈求之而未得邪？將志存乎立功，而事專乎報主，雖遇其人，未暇禮邪？何其宜聞而久不聞也？愈雖不材，其自處不敢後於恆人，閣下將求之而未得歟？古人有言：「請自隗始⑰！」

愈今者，惟朝夕芻米僕賃⑱之資是急，不過費閣下一朝之享而足也。如曰：「吾志存乎立功，而事專乎報主，雖遇其人，未暇禮焉。」則非愈之所敢知也。世之齪齪⑲者，既不足以語之；磊落⑳奇偉之人，又不能聽焉，則信乎命之窮也！謹獻舊所爲文一十八首，如賜覽觀，亦足知其志之所存。愈恐懼再拜。

【註釋】❶與于襄陽書　襄陽，郡名，屬湖廣。于襄陽，卽于頔。頔，字允元。貞元十四年九月，以工部尚書爲山南東道節度使，愈以此書上。❷將仕郎守國子四門博士　將仕郎，唐之封階也，猶清登仕郎之類。國子，國子監也，卽太學。四門博士，古者天子設四學于四部，後魏以其遼遠，建于四門，置四門博士，歷代因之。時愈爲國子博士，故以此自稱也。❸尚書　官名，頔爲工部尚書。❹先達　猶言前輩也。❺爲之前焉　謂在下之士，必賴在上者爲之前以提挈之，而後得以彰其身也。此隱然有許于公之意。❻爲之後焉　言在上之人，亦必賴在下者爲之後，以聲譽之，而後得以傳其名也。❼須　待也。❽援　引而進之也。❾殷　盛也。❿負　恃也。⓫顧　視也。⓬故高材多戚戚之窮　言雖有高材，不能享大名，顯當世。⑬盛位無赫赫之光　言不能垂休光照後世也。⑭道方而事實　道方，方正不苟合。事實，言行事以實而不浮夸也。⑮卷舒不隨乎時　卷，藏也。舒，放也。謂用舍意不隨時，不肯與俗浮沈也。⑯文武　謂士具文武之才者。⑰請自隗始　此爲郭隗答燕昭王語。按史記燕召公世家記載：燕昭王卑身厚幣以招賢者，謂郭隗曰：「齊因孤之國亂而襲破燕，孤極知燕小力少，不足以報，然誠得賢士以共國，以雪先王之恥，孤之願也。先生視可者，得身事之。」郭隗曰：「王必欲致士，先從隗始，況賢於隗者，豈遠千里哉？」於是昭王爲隗改築宮而師事之。樂毅自魏往，鄒衍自齊往，劇辛自趙往，士爭趨燕。昭王以樂毅爲上將軍，任之以國事。⑱芻米僕賃　芻，養馬之芻。米，應飧之粟。僕，隨從之僕。賃，賃屋之資。⑲齷齪　急促偏狹貌。⑳磊落　中懷坦白也，不覊也。

【語　譯】七月三日，將仕郎守國子四門博士韓愈，謹奉書尙書閤下：一個士人，能夠享有大名，顯揚於當代的，沒有一個不是有先進而負有天下聲望的人做他的前導。一個士人，能夠留傳美好的光輝，照耀後世的，也沒有一個不是有後起而負有天下聲望的人做他的後援。沒有人做他的前導，卽使很有才能，也不能聞名。沒有人做他的後援，卽使有盛名，也不能流傳久遠。這兩種人，未嘗不是相待相成的；但是在千百年中間，只能相逢到一次罷了。難道這是在上面的人沒有可以攀援的；在下面的人，沒有可以推舉的嗎？爲什麼相待相成的關係這樣密切，可是相逢的機會又這麼少呢？這個原因，這是由於在下面的人，自恃他的才能，不肯奉承他上面的人。在上面的人，自恃他的高位，不肯照顧他下面的人。所以才能好的人，大多憂戚窮困；地位高的人，沒有顯赫的光輝。這兩種人所做的事，都是錯誤的。未曾去請求他，不可以說上面沒有那種人；未曾去尋求他，不可以說下面沒有那種人。我說這種話已經很久了，從來未嘗敢把這些話告訴別人。

我私下曾聽說：您懷抱着超出世人的才能，有高尙的志節，不隨俗浮沉。行道有規矩，做事不浮誇；一切行爲不隨時尙；文武百官，量才錄用。難道就是我所說的那種爲人前導的人嗎？但是我沒有聽說起，有那個後起的士人，曾受您的賞識，在您的門下得到相當的禮遇。難道您是尋求而沒有尋求到嗎？還是您的志向是在於建立功業，您所做的事，是專注在報答主上之上，雖然遇到了這種人，卻沒有工夫去接待他呢？爲什麼應該聽到而沒有聽到呢？我雖然沒有什麼才能，但我在自處方面，不敢落在常人的後面。難道我是您所尋求而沒有尋求到的人嗎？古人有一句話說：「如果要尋求良士，請先從我郭隗開始。」

我現在，只有每天的柴米、僕役的工錢、房租等費用是最緊急的，這些費用花費您一天享用的就夠的。如果說：「我的志向是在於建立功業，而所做的事，是專注在報答主上之上。雖然遇到了這種人，也沒有工夫去接待他。」那便不是我所敢聽的了。世間那些心胸狹窄的人，既然不值得和他講；那些胸襟磊落、氣概奇偉的人，又不能聽我這些話，那麼這眞的是我命運的窮困了。謹獻上我以前所寫的文章十八篇，如果蒙您賜閱，也可以知道我的志向所在了。我感到萬分惶恐，再拜。

【文章分析】本篇選自韓昌黎集，是屬於書說類的古文。襄陽是郡名。于頔，字允元，唐貞元十四年九月，以工部尙書爲山南東道節度使，韓愈寫了這封信給他。本文的主旨，是請于氏薦舉他。全文共分三大段：首段說一個讀書人能享大名，要有有聲望的人做前導。有聲望的人，也要有後起的讀書人做後援。次段說于氏是一個有才能的人，他應該薦舉賢士，而韓愈自己，就是于氏可以薦舉的對象，點出本文的題旨。末段說明自己的處境立場作結。這篇文章，寫得不亢不卑，措詞立意都很妙，而且變化很多，非常悽愴。于氏讀了這封信，一定會很受感動。有的人以爲韓愈這封信，言詞未免過於謙遜，過商侯說：「退之上諸當事書，皆各有自占地步處，人每不之察，而徒以其言詞之遜，共爲指摘，抑獨何哉。謝枋得評此，謂韓公自處最高，如下之人負其能不肯諂其上，不害爲君子；上之人負其位，不肯顧其下，不免爲小人。高材多戚戚之窮，則是君子而安貧賤；盛位無赫赫之光，則是庸人而爲富貴，是何等占地步處。最確。後之君子，幸勿輕議爲也。」

與陳給事書

韓愈

愈再拜：愈之獲見於閣下有年矣。始者，亦嘗辱一言之譽。貧賤也，衣食於奔走，不得朝夕繼見。其後，閣下位益尊，伺候於門牆者日益進。夫位益尊，則賤者日隔；伺候於門牆者日益進，則愛博而情不專。愈也道不加修，而文日益有名。夫道不加修，則賢者不與❶；文日益有名，則同進❷者忌。始之以日隔之疏，加之以不專之望，以不與者之心，而聽忌者之說，由是閤下之庭，無愈之跡矣。

去年春，亦嘗一進謁於左右矣。溫❸乎其容，若加其新也；屬❹乎其言，若閔其窮也。退而喜也，以告於人。其後如東京❺取妻子，又不得朝夕繼見。及其還也，亦嘗一進謁於左右矣。邈❻乎其容，若不察其愚也；悄❼乎其言，若不接其情也。退而懼也，不敢復進。

今則釋然悟，翻然悔，曰：「其邈也，乃所以怒其來之不繼也；其悄也，乃所以示其意也。」不敏之誅，無所逃避。不敢遂進，輒自疏其所以，并獻近所為復志賦以下十首為一卷，卷有標軸❽。送孟郊❾序一首，生紙寫，不加裝飾，皆有指字註字處。急於自解而謝，不能竢❿更寫，閤下取其意而略其禮可也。愈恐懼再拜。

【註　釋】❶與　猶許也，嘉許也。❷同進　謂同輩之人也。❸溫　溫和也。❹屬　連續也。❺東京　漢時洛陽之稱，唐因之。❻邈　遠也。❼悄　無聲也。❽標軸　謂書字於卷軸之上也。❾孟郊　唐武康人，字東野。愈送孟東野序，亦選錄於此編中。❿竢　同俟，待也。

【語　譯】愈再拜：承蒙您賞識我，到現在已有好幾年了。起初，我也曾經承蒙您的稱贊。可是，因為我是貧賤的人，為了衣食，到處奔走，就不能繼續常常和您相見。後來，您的地位更加尊貴，伺候在您門牆外面的人，一天比一天多。地位愈加尊貴，那麼，和卑賤的人，就漸漸隔閡。伺候在門牆外面的人一天比一天多，那麼，所欣賞的人多，情意就不能專一了。我在道德學問方面，沒有什麼進步，可是文章卻漸漸有名了。道德學問沒有進步，賢明的人，就不和他交往。文章漸漸有名，同輩的人就會妬忌。開始時因爲時間距離久不相見的疏遠，後來又加上情意不專的怨望；以一個不和他交往的人，又聽了妬忌他的人的話，因此，您的門庭，就沒有我的足跡了。

去年春天，我也曾經有一次去謁見您。您的態度很溫和，就好像對待新朋友一樣。您不斷安慰我的話，就好像同情我的窮困似的。回到家裏，我心裏覺得很高興，於是就把這事遍告大家。後來，我在洛陽娶了妻子，又不能繼續常常和您相見。等到我回來時，我也曾經有一次去謁見您。您的樣子與我距離很遠，好像覺得我很愚笨似的。您的話很少，好像並不了解我的心意。回到家裏，我感到很恐懼，於是就不敢再去謁見您了。

現在我的疑懼已消失，而且已覺悟了，我反而覺得很懊悔。我對自己說：「他這種有距離的神情，是怪我不繼續常常到他家裏去。他的話很少，是用來表示他責怪的意思啊。」責怪我不聰明，我是沒有託辭的。我不敢去謁見您，只是陳述我所以會如此的緣故，並且獻上我所寫的復志賦以下的文字——一共十篇，編爲一卷，卷軸上寫有標題。送孟郊序這一篇，用生紙寫成，沒有加以裝飾，都有塗改添注的地方。爲了急於自我表白和謝罪，不能再等待重新謄寫，您只要取用我的心意，而不要太拘守禮節就好了。我非常惶恐，謹再拜。

【文章分析】本篇選自昌黎先生集，體裁屬於書說類。陳給事名京，字慶復，是大曆元年的進士。他因爲評論「禘祭」，很合君主的意思，由考功員外郎，遷升給事中。韓愈寫這封信給他，向他表明自己的心迹。本文的主旨，是向陳氏說明自己對他的敬畏。全文共分三段：首段說明自己以前沒有常常去見他的原因。次段說後來去看他兩次前喜後懼的心情。末段說明自己雖不敢去見他，但實際上是很想去見他，以及呈獻近作的意思。韓愈這封信，都是在「見」字上做文章，前半篇從見說到不見，下半篇又從不見說到要見。一件很平常的事，在韓愈寫來，非常有變化，而且句句都很妙。所以過商侯說：「通篇以見與不見爲關目，作兩截看。自『愈之獲見于閤下』至『閤下之庭，無愈之跡矣』爲一截。口中雖說不得見，卻反是得見。自『去年春』至『其悄也，乃所以示其意也』爲一截，口中雖說要見，卻反是不得見。波瀾最闊，結構最嚴。」

應科目時與人書

韓愈

月日，愈再拜：天池❶之濱❷，大江之濆❸，曰：有怪物❹焉，蓋非常鱗凡介之品彙❺匹儔❻也。其得水，變化風雨，上下於天不難也❼。其不及水，蓋尋常尺寸之閒耳，無高山大陵曠途絕險爲之關隔也❽。

然其窮涸，不能自致乎水。爲獱獺之笑者，蓋十八九矣❾。如有力者，哀其窮而運轉之❿，蓋一舉手一投足之勞也。

然是物也，負其異於眾也，且曰：「爛死於沙泥，吾寧樂之。若俛首帖耳，搖尾而乞憐者，非我之志也⓫。」是以有力者遇之，熟視之若無覩也。其死其生，固不可知也。

今又有有力者當其前矣，聊試仰首一鳴號焉⓬。庸詎知有力者不哀其窮，而忘一舉手一投足之勞，而轉之清波乎？其哀之，命也。其不哀之，命也。知其在命而且鳴號之者，亦命也。

愈今者實有類於是，是以忘其疏愚之罪，而有是說焉，閣下其亦憐察之！

【註　釋】❶天池　謂南海也。❷濆　水涯也。❸濱　亦水涯也。❹怪物　蛟龍之屬，此愈舉以自況也。❺彙　類也。❻匹儔　言彼此相平等也。此謂同類。❼上下於天不難也　喻言得遇于時，上天下地，亦不難也。❽其不及水三句　此喻言雖無遇合，所差不多，自有用之之日。曠途，遠地也。❾爲猵獺之笑者二句　此喻己懷才負異，儘有可爲之機，止因無人薦引，不能自致，反爲小人所笑。獺，獸名，居水中食魚者。有水獺、海獺、旱獺三種。猵，小獺也。❿哀其窮而運轉之　喻言得遇當事者爲之提拔，便可運轉而無難。⓫負其異於眾也七句　喻言懷才負異，自當得售立志，斷然不苟，豈屑向人乞憐。⓬仰首一鳴號焉　鳴號者，使聞其聲而察之，非搖尾乞憐之態也。

【語　譯】某月某日，愈再拜：南海的水邊，大江的岸旁，有一個怪物，這怪物不是平常鱗甲介殼的一類。牠一得到水，就能變化風雨，要上天下地都不困難。牠如果沒有水，可以說只是處在平常的小地方罷了，因爲沒有高大的山陵、遙遠的道路、險阻的地方，作爲牠的關隔，來保護牠。

當牠在乾涸窮困的時候，自己無法到水裏去，所以常被猵獺所恥笑。如果有力量的人，哀憐牠的窮困，把牠挪動到有水的地方去，其實只是一舉手一動腳之勞罷了。

可是這個怪物，自恃牠和平常的物類不同，卻這樣說：「我寧願爛死在泥沙裏。如果要做那種低著頭，帖著耳朵，搖著尾巴，向人家乞憐的事，絕不是我的志願。」因此有力量的人遇到牠，見慣了就好像沒有見到一樣。至於牠會死還是會活，實在無法知道。

現在又有有力量的人在牠的面前了，牠姑且試著擡起頭來號叫了一聲。那裏知道有力量的人，並不哀憐牠的窮困，竟忘一舉手一動腳之勞，把牠挪動到清水裏去？如果他哀憐牠，那是命運；如果他不哀憐牠，那也是命運。知道一切都是命運，卻還要號叫，那也是命運。

我現在的境遇，實在和這怪物有些相像，因此我忘記了自己疏忽愚昧的罪過，而有這樣的說法，您也哀憐體察我一下吧！

【文章分析】本篇選自昌黎先生集，體裁屬於書說類。唐時舉子禮部及第，照例須守選。選未滿，或舉書。判拔萃，才有出仕的機會。此書所謂「其不及水，蓋尋常尺寸之閒」，是指貞元九年的宏詞試。本文的主旨，是請受書人提拔他。全文共分六小段：首段言天地間有蛟龍這種東西，以蛟龍比喻自己。次段說蛟龍在有水與無水的情況下的不同。有水無水喻遇時與不遇時。第三段說蛟龍不能自己跑到有水的地方去，喻自己需有人薦引。第四段說蛟龍不向人乞憐。第五段說現在蛟龍正在有力的人面前號叫，他救不救牠。那是命運。第六段說自己就是那個正在號叫的蛟龍，點出題旨作結。這篇文章，以蛟龍比喻自己，既有自負之意，又有悽愴之感。全文如細分，可分十小段，一段就是一個變化。陸雲士說：「以怪文寫怪物，眞乃咄咄怪事，此所謂大稱意之文。不知當日讀之者，亦怪之否？」

送孟東野序

韓愈

大凡物不得其平則鳴❶。草木之無聲，風撓❷之鳴；水之無聲，風蕩之鳴。其躍❸也，或激❹之；其趨❺也，或梗❻之；其沸❼也，或炙❽之。金石之無聲，或擊之鳴；人之於言也亦然。有不得已者而後言，其謳也有思，其哭也有懷。凡出乎口而爲聲者，其皆有弗平者乎？

樂也者，鬱於中而泄於外者也，擇其善鳴者，而假之鳴。金、石、絲、竹、匏、土、革、木❾八者，物之善鳴者也。惟天之於時也亦然，擇其善鳴者而假之鳴，是故以鳥鳴春，以雷鳴夏，以蟲鳴秋，以風鳴冬。四時之相推敓❿，其必有不得其平者乎？其於人也亦然。人聲之精者爲言，文辭之於言，又其精也，尤擇其善鳴者而假之鳴。其在唐虞，咎陶⓫禹其善鳴者也，而假以鳴。夔⓬弗能以文辭鳴，又自假於韶⓭以鳴。夏之時，五子⑭以其歌鳴。伊尹鳴殷，周公鳴周。凡載於詩書六藝⑮，皆鳴之善者也。周之衰，孔子之徒鳴之，其聲大而遠。傳曰：「天將以夫子爲木鐸⑯。」其弗信矣乎！其末也，莊周⑰以其荒唐⑱之辭鳴。楚⑲，大國也，其亡也，以屈原鳴⑳。臧孫辰㉑、孟軻㉒、荀卿㉓，以道鳴者也。楊朱㉔、墨翟㉕、管夷吾㉖、晏嬰㉗、老聃㉘、申不害㉙、韓非㉚、眘到㉛、田駢㉜、鄒衍㉝、尸佼㉞、孫武㉟、張儀㊱、蘇秦㊲之屬，皆以其術鳴。

秦之興，李斯㊳鳴之。漢之時，司馬遷、相如、揚雄，最其善鳴者也。其下魏、晉氏，鳴者不及於古，然亦未嘗絕也。就其善者，其聲清㊴以浮，其節數以急㊵，其辭淫以哀㊶，其志弛以肆㊷。其爲言也，亂雜而無章。將天醜其德，莫之顧耶？何爲乎不鳴其善鳴者也？

唐之有天下，陳子昂㊸、蘇源明㊹、元結㊺、李白、杜甫、李觀㊻，皆以其所能鳴。其存而在下者，孟郊㊼東野始以其詩鳴。其高出魏晉，不懈而及於古，其他浸淫乎漢氏矣。從吾遊者，李翺㊽、張籍㊾其尤也。三子者之鳴，信善矣！抑不知天將和其聲，而使鳴國家之盛耶？抑將窮餓其身，思愁其心腸，而使自鳴其不幸耶？三子者之命，則懸乎天矣。其在上也，奚以喜？其在下也，奚以悲？

東野之役於江南也，有若不釋然者，故吾道其命於天者以解之。

【註　釋】❶物不得其平則鳴　鳴，卽發聲也。此言凡物無蘊而不發之時，當其未發，未見其不平也。一有所感觸，便不平矣，不平則皆從聲以發之。不平二字，是全篇之總綱。❷撓　搖動也。❸躍　跳而上也。❹激　水激起疾波也。❺趨　言水之走下也。❻梗　阻塞也。❼沸　水滾也。❽炙　以火燒之也。❾金石絲竹匏土革木　金，鐘之屬。石，磬之屬。絲，琴瑟之屬。竹，簫管之屬。匏，笙之屬。土，塤之屬。革，鼓之屬。木，柷敔之屬。凡此謂之八音。❿推敚　敚同奪。推敚，猶推移也。⓫咎陶　人名，或作臯陶，虞舜時爲獄官之長。⓬夔　舜時典樂之官。⓭韶　舜樂。夔作韶樂，以鳴揖讓之化。⓮五子　太康好獵，其弟五人，述大禹之戒，作歌以諷之。⓯六藝　本指禮樂射御書數。古時敎六藝者，以六經爲敎本，故六經亦稱六藝。此指六經也。⓰木鐸　金口木舌，古施政敎時，所振以警衆者。或曰木鐸所以徇于道路。「天將以夫子爲木鐸」，見論語。此以論語爲證，謂明明是天假夫子，周流四方，以文詞垂敎，猶如木鐸之徇于道路，豈不可信乎。⓱莊周　戰國魏蒙（今河南省商丘縣）人，書名莊子。⓲荒唐　荒，大也。唐，空也。⓳楚　上本或別有楚字，作莊周以其荒唐鳴楚，楚大國也。⓴以屈原鳴　此言楚國雖大，其亡有因。以屈原之忠，爲騷爲歌，亦天使之自鳴其不幸者。㉑臧孫辰　卽臧文仲，魯大夫。㉒孟軻　卽孟子，鄒（今山東省鄒縣）人。㉓荀卿　名況，趙人，著荀子。㉔楊朱　卽楊子，倡爲我之說。㉕墨翟　卽墨子，魯人，仕宋。㉖管夷吾　卽管子，字仲，齊桓公相。㉗晏嬰　卽晏子，字平仲，齊人。著晏子春秋。㉘老聃　卽老子，字伯陽。著老子。㉙申不害　以黃老刑名之學，相韓昭侯。著申子。㉚韓非　韓公子，與李斯俱師荀卿，善刑名法術之學，著韓非子。㉛昚到　卽愼到，周人，韓大夫，善刑名。昚，古愼字。㉜田駢　齊人，好議論。㉝鄒衍　齊人。爲陰陽家先驅。㉞尸佼　魯人，衞商鞅師之，著尸子。㉟孫武　齊人，著兵法十三篇。㊱張儀　戰國時魏人。散六國合縱，連橫以事秦。㊲蘇秦　洛陽人，說六國從親以擯秦。㊳李斯　楚上蔡人，後爲秦相。㊴其聲清　清本或作輕。㊵數以急　煩數而躁急也。㊶淫以哀　淫佚而哀怨也。㊷弛以肆　縱弛而寬肆也。㊸陳子昂　字伯玉。射洪（今四川省射洪縣）人。㊹蘇源明　字弱夫，京兆武功（今陝西省武功縣）人。㊺元結　字次山，汝州（今河南省臨汝縣）人。㊻李觀　字元賓。贊皇（今河北省贊皇縣）人。㊼孟郊　字東野。湖州武康（今浙江省武康縣）人。㊽李翺　字習之。趙州（今河北省趙縣）人。㊾張籍　字文昌。烏江（今安徽省和縣）人。

【語　譯】大抵萬物如果得不到平衡，就會發出聲音來。草木本來沒有聲音，風搖動它，就發出聲音。水本來沒有聲音，風振盪它，就發出聲音。水的跳躍，是因爲有什麼東西激動它。水的奔流，是因爲有什麼東西阻塞它。水的沸騰，是因爲有火燃燒它。金石本來沒有聲音，因爲有東西敲打它，就發出聲音來。人類對於言辭，也是這樣，因爲不得已，然後才說出來。他歌詠，是因爲有所思念；他哭泣，是因爲心中悲傷。凡是從嘴裏發出來而成爲聲音的，大都是有所不平吧！

音樂，是鬱積在心裏而發洩到體外去的，選擇那種擅長發聲的東西，借它來發聲。金、石、絲、竹、匏、土、革、木等八類，是物體中擅長發聲音的東西。料想上天對於季節也是這樣，選擇那種擅長發聲的，借它來發出聲音。因此春天以鳥類來發聲，夏天以響雷來發聲，秋天以小蟲來發聲，冬天以風來發聲。四季相互推移，那一定是有什麼地方得不到平衡的緣故吧！在人類也是這樣，人聲的精華是語言，文辭又是語言的精華，自更要選擇擅長發聲的而借著他來發出聲音。

在唐堯、虞舜時代，咎繇、夏禹是擅長發聲的，於是借他們來發聲。夔不能用文辭來發聲，自己就又借韶樂來發聲。夏朝的時候，太康的五個弟弟用他們的歌唱來發聲；殷商時代，有伊尹來發聲；周朝的時候，有周公來發聲。凡是記載在詩書等六經上面的，都是聲音發得最好的。

到了周代衰微的時候，孔子這一班人發出鳴聲，他們的聲音宏亮而且傳播得很遠。論語上說：「上天要把孔子作爲警眾的木鐸。」這話難道是不可信的嗎！周朝末年，莊子用他那宏大空虛的文辭來發聲。楚國是一個大國，當它衰亡的時候，有屈原發出鳴聲。臧孫辰、孟軻、荀卿等人，用道理來發聲。楊朱、墨翟、管夷吾、晏嬰、老聃、申不害、韓非、慎到、田駢、鄒衍、尸佼、孫武、張儀、蘇秦這些人，都是用他們的道術來發聲的。

到了秦朝興起，李斯發出鳴聲。漢朝的時候，司馬遷、司馬相如、揚雄等人，是最擅長鳴的。以下到了魏晉時代，發聲的人比不上古代，但也不曾斷絕過。就當時擅長鳴的人來說，他們的聲音清新，然而輕浮，他們的音節細密，然而急促，他們的文辭淫佚而哀傷，他們的意志鬆弛而放肆，他們所作的文辭，雜亂而無條理。這是上天憎惡他們的德行，不去照顧他們吧？爲什麼不讓那些善鳴的人來發聲呢？

到了唐朝統治了天下，陳子昂、蘇源明、元結、李白、杜甫、李觀等人，各以所長而鳴。那些處下位還活著的人，孟郊東野始用他的詩來發聲。他的好作品高出魏晉時的文人，嚴謹不鬆懈，比得上古人。其他的作品，就受漢代的感染了。跟從我學習的人，李翺、張籍最爲特出。他們三個人的鳴聲，眞的太好了！然而不知道上天要應和他們的聲音，而使他們發出國家強盛的鳴聲呢？還是要使他們的身體受窮餓，讓他們的心腸受憂愁，而使他們自己發出他們不幸的鳴聲呢？這三個人的命運，是關連著上天的啊！然則在上位者又有何喜？在下位者又有何悲呢？

孟東野到江南去任職，好像很不快活的樣子，所以我說了這些命運是由天主宰的話來勸慰他。

【文章分析】本文選自昌黎先生集，是一篇「序」。序有兩種：一種是序跋，一種是贈序。序跋是爲了說明自己或他人著作的撰述旨趣、篇目次第而作的。贈序是爲了贈別的詩歌而作的，原與序跋相同，但後來也有無詩歌也作序的變體。這種無詩歌的贈序，取贈言惜別之意，性質、功用與序跋已不同，而與書牘相近。姚鼐古文辭類纂序說：「贈序類者，老子曰：『君子贈人以言。』顏淵子路之相違，則各以言相贈處。梁王觴諸侯於范臺，魯君擇言而進。所以致敬意，陳忠告之誼也。唐初贈人，始以序名，作者亦衆。至於昌黎，乃得古人之意，其文冠絕前後作者。」贈序的起源，從此可見其大概。

本篇的體裁，是屬於贈序類。孟東野名郊，唐湖州武康（今浙江省武康縣）人。他年輕時，在嵩山隱居。由於性情很耿介，和他合得來的人很少。他會寫詩，但是思苦奇澀。他和賈島，都是怪誕派的詩人，有「郊寒島瘦」之稱。韓愈很賞識他，和他是很好的朋友。貞元十五年，東野考中進士，那時他已四十九歲了。又過了四年，他被選派爲「溧陽尉」。垂老被派到遠地去，當一名縣尉的小官，他的失意，就可想而知了。韓愈這篇序，就是那時寫的。本文主旨，在以東野的才華，而被選派當縣尉，爲他抱屈。因此對他說明天命的道理，來寬解他，安慰他。全文共分四段：首段說：大凡一切物體，如果不得其平，就要發出聲音來。人在不得已的時候發言，也是因爲其中有不平的地方。第二段說：樂藉八音，天藉四時，人藉文辭，來發出不平的聲音。第三段歷舉唐虞三代，以至魏晉，那些善鳴與不善鳴的人，並指出天命盛衰的道理。末段就唐代許多善鳴的人，點出東野以詩來發不平的聲音。並以李翺、張籍作陪襯，惋惜他們三人的遭遇。最後以順天安命作結，表明作者眞正意旨的所在。這篇文章，重心在一個「天」字，而用「鳴」與「善鳴」等字縱橫組織起來，其間變化很多。所以吳楚材說：「此文得之悲歌慷慨者爲多，謂凡形之聲者，皆不得已。不得已中，又有善不善。所謂善者，又有幸不幸之分。只是從一鳴中，發出許多議論。句法變換，凡二十九樣。如龍變化，屈伸於天，更不能逐鱗逐爪觀之。」

送李愿歸盤谷❶序

韓愈

太行❷之陽有盤谷❸。盤谷之閒，泉甘而土肥，草木藂❹茂，居民鮮少。或曰：「謂其環兩山之閒，故曰盤。」或曰：「是谷也，宅幽而勢阻，隱者之所盤旋。」友人李愿居之。

愿之言曰：「人之稱大丈夫者，我知之矣。利澤施於人，名聲昭於時，坐於廟朝❺，進退百官，而佐天子出令❻；其在外，則樹旗旄❼，羅弓矢❽，武夫前呵❾，從者塞途。供給之人，各執其物，夾道而疾馳。喜有賞，怒有刑。才畯❿滿前，道古今而譽盛德⓫，入耳而不煩。曲眉豐頰⓬，清聲而便體⓭，秀外而惠中，飄輕裾，翳長袖⓮，粉白黛綠者，列屋而閒居⓯，妒寵而負恃，爭妍而取憐。大丈夫之遇知於天子，用力於當世者之所爲也。

吾非惡此而逃之，是有命焉，不可幸而致也。窮居而野處⓰，升高而望遠，坐茂樹以終日，濯清泉以自潔。採於山，美可茹⓱；釣於水，鮮可食。起居無時，惟適之安。與其有譽於前，孰若無毀於其後。與其有樂於身，孰若無憂於其心。車服不維⑱，刀鋸不加⑲。理亂⑳不知，黜陟㉑不聞。大丈夫不遇於時者之所為也，我則行之。伺候於公卿之門，奔走於形勢之途。足將進而趑趄㉒，口將言而囁嚅㉓。處穢汙而不羞，觸刑辟而誅戮。徼倖於萬一，老死而後止者，其於為人賢不肖何如也！」

昌黎韓愈㉔，聞其言而壯之。與之酒，而為之歌曰：「盤之中，維㉕子之宮。盤之土，可以稼。盤之泉，可濯可沿㉖。盤之阻，誰爭子所？窈而深，廓其有容。繚而曲，如往而復。嗟盤之樂兮，樂且無央㉗。虎豹遠跡兮，蛟龍遁藏。鬼神守護兮，呵禁㉘不祥。飲且食兮壽而康，無不足兮奚所望？膏吾車兮秣吾馬，從子於盤兮，終吾生以徜徉㉙！」

【註釋】❶送李愿歸盤谷　李愿，唐功臣李晟之子，向居盤谷，後為武寧節度使，以罪去職。不樂仕進，隱居盤谷之間。韓公作序送之還故居，故曰歸。❷太行　山名，綿延山西、河北、河南三省。❸盤谷　地名，在今河南濟源縣北。❹藂　同叢。❺廟朝　即朝廷也。❻進退百官而佐天子出令　謂居朝廷之上，總領百官，才者進，不才者退，以佐天子發政施令也。❼樹旗旄　謂其在外之儀從，則樹立旄旗以為標幟。❽羅弓矢　謂羅列弓矢以示威武也。❾呵　大聲喝斥也。❿才畯　秀士也。畯，與俊通，本或作俊。⓫道古今而譽盛德　謂援古證今，以比擬其盛德。⓬曲眉豐頰　謂左右之人，眉目婉曲，臉頰豐美。⓭清聲而便體　謂聲清而可聽，體便便而自在也。⓮飄輕裾翳長袖　裾，衣後也。翳，曳也。謂輕揚其後裾，曳拖其衣袖，體態柔美也。此寫其近侍。⓯粉白黛綠者列屋而閒居　謂寵愛之姬，面勻白粉，眉染青黛，不事女工，而閒居排屋以望幸焉。⓰窮居而野處　謂窮居下位，閒處林泉也。⓱美可茹　茹，食也。謂薇蕨之屬，甘美可食。⓲車服不維　維，縶也，持也。謂車服之榮，不能束縛于我。⓳刀鋸不加　刀鋸，古刑具。刀鋸之慘，不能加害於我。車服、刀鋸兩句謂刑賞不相及也。⑳理亂　猶言治亂。唐人避高宗（李治）諱，故以「理」代「治」。㉑黜陟　即升降。㉒趑趄　欲行不行貌。㉓囁嚅　欲言不言貌。㉔昌黎韓愈　愈爲昌黎（今河北省昌黎縣）人，故云昌黎韓愈。㉕維　有也。㉖沿　循行也。㉗無央　央，盡也。無央，不盡也。㉘呵禁　禁止也。㉙徜徉　逍遙自得之貌。

【語　譯】太行山的南邊，有個盤谷。在盤谷裏面，泉水甘甜，土地肥沃，草木長得又稠密，又茂盛；但是居住在那兒的人卻很少。有人說：「因爲那個地方有兩座山盤旋著，所以叫做盤谷。」也有人說：「這個山谷，位置幽僻，形勢險阻，是隱士們盤桓的地方，所以叫盤谷。」我的朋友李愿，就住在那裏。

李愿曾經這樣說過：「一般人所說的大人物，我是知道的了。他們能夠把利益恩惠施給別人，在當時說起來，誰都知道他的大名。他們坐在朝廷上，任免文武百官，幫助天子發布命令。他們出門在外的時候，插著各種旗幟，擺列著弓箭等武器。衞隊在前面叫喊著開路，跟從的人塞滿道路。侍候他的人，各人拿著各人的東西，夾在道路的兩旁，迅速地跟著跑來跑去。大人物高興了，就賞他們，生氣了就罰他們。傑出的門客，站滿他的面前。他們都能說善道，常常引古證今，贊美他偉大的德行，聽起來都很順耳，一點也不會令人厭煩。他們眉毛彎彎的，臉頰團團的。聲音很清脆，體態很輕盈。外表既好看，腦筋又聰明，身上穿著輕飄飄的衣服，手上拖着長長的袖子。還有濃妝淡抹的美人，她們住在一排排的屋子裏，什麼事都不做。只是爭寵吃醋，負氣撒嬌。大家都在賽美比巧，爭取主人的憐愛。這都是被皇帝賞識，能夠效力社會的大人物所做的事。

我不是不喜歡這一套，而有意去躲避它。這與命運有關係，不是可以僥倖得到的。過窮困的日子，住在山野的地方；跑到山崗上，向遠處眺望；坐在茂密的樹蔭下，消磨一整天；在清潔的泉水裏洗濯自己的身體。在山上採來野菜，味道很甘美，可以供食用。在河裏釣來的魚蝦，也很鮮美可口。起居沒有一定的時間，想睡就睡，想起來就起來，只求一個安適。與其現在被人贊美，不如以後沒人毀謗。與其身體享受一點快樂，不如心裏沒有憂愁。不受車馬衣冠榮華的束縛，刀鋸的刑罰也不會加在身上。天下太平還是紛亂，都不去理會。誰升官誰免官，也不聞不問。這是一個不得志的大丈夫所做的，我就是這樣辦。

伺候在達官貴人的門下，奔走在有權有勢者的道路上；腳要走又不敢走，嘴想說又不敢說；雖然是站在骯髒的地方，可是卻不感到羞恥。甚至觸犯法律而被殺戮。貪求那非份而渺茫的富貴，到死才休。在做人的品格上，那個好，那個壞呢？」

昌黎人韓愈，聽到他的話，覺得他的見解很了不起。於是請他喝酒，並且為他唱歌：「在盤谷裏面，有您的家。盤谷的土地，可以耕種。盤谷的泉水，可以洗濯，可以沿途欣賞。盤谷很難出入，有誰來爭您的地盤。又深又遠，那麼廣大，可以容納您居住。既曲折又迴旋，好像走一走又回到原來的地方。啊！盤谷的快樂，無窮無盡。山上沒有虎豹，水裏沒有蛟龍。有鬼神守護著，禁止那些不祥的東西出現。住在這裏，有吃的，有喝的，人可以活得很長命，而且很健康。沒有什麼不足的，還有什麼奢望呢？把我的車子上好潤滑油，餵飽我的馬，我要跟隨您到盤谷去，一輩子逍遙自在！」

【文章分析】本篇選自昌黎先生集，體裁屬於贈序類。主旨為送李愿歸隱。全文分五段：首段寫盤谷之美。第二段引李愿的話，敘得意的人所做的事。這不是僥倖可以得到的，所以李愿只有安於命而已。第三段敘不得意的人所做的事，李愿所做的，也就是這種事。第四段敘那些攀附權貴的人，降志辱身，最為可恥。末段作歌贊美李愿，並說出願意追隨他歸隱盤谷的意思。韓愈作序送李愿，是用李愿的話，還贈李愿。文中描述三種人：一種是得意而榮顯的人，一種是攀附權貴的人，另一種是不得意而隱居的人。前二種是賓，後一種是主，但是沒有明白說出李愿是那種人。最後用「聞言壯之」作結，並趁勢作歌，布局很奇特。歌中「無不足」句，暗寓「知足不辱」的良規，這又是弦外之音了。此文氣勢雄健，色彩絢麗。雖是古文，但是兼有駢體文之美。

送董邵南❶序

韓愈

燕趙古稱多感慨悲歌之士❷。董生舉進士❸，連不得志於有司，懷抱利器❹，鬱鬱適茲土，吾知其必有合❺也。董生勉乎哉！

夫以子之不遇時，苟慕義彊仁❻者，皆愛惜焉；矧❼燕趙之士，出乎其性者哉！然吾嘗聞：風俗與化移易。吾惡知其今不異於古所云邪？聊以吾子之行卜❽之也。董生勉乎哉！

吾因子有所感矣！為我弔望諸君❾之墓，而觀於其市，復有昔時屠狗❿者乎？為我謝⓫曰：「明天子⓬在上，可以出而仕矣。」

【註　釋】❶董邵南　壽州安豐（今安徽省壽縣）人。❷感慨悲歌之士　謂不得志之人。❸舉進士　唐時有進士科，此謂舉進士者，是指參加進士科考試，非已考中進士也。❹利器　喻英才也。❺必有合　謂與燕趙之士，意氣相投合也。❻慕義彊仁　企慕義，強行仁也。❼矧　況也。❽卜　謂以董生之合不合，卜風俗之異不異也。❾望諸君　樂毅去燕奔趙，趙封之於觀津，號曰望諸君。❿屠狗　荊軻至燕，結交燕市屠狗及善擊筑者高漸離，其後高亦以筑擊秦王而被殺。此言屠狗者，謂若高漸離、荊軻等不得志、悲歌感慨之士也。⓫謝　以辭相告也。⓬明天子　賢君也。

【語　譯】燕趙的地方，自古號稱獨多悲歌感慨的豪傑。董生參加進士考試，接連好幾次，都不能得到主考官的賞識，因此懷著英才，悶悶不樂地，要到這個地方去，我知道他一定會遇到意氣相投的人。董生呀！努力吧！

像你這樣的不遇良時，如果是愛慕正義，勉力行仁的人，一定都會愛惜你；何況燕趙的豪傑，仁義是出於他們的天性呢！但我曾經聽說過：一個地方的風氣習俗，是隨著教化而轉變的。我怎麼能知道，現在那兒的情形，跟古人所說的，有沒有不同呢！我今天姑且以你此行的能否遇到意氣相投的人，來卜卜看究竟現在的情形跟以前同不同。董生呀！努力吧！

因為你的北遊，我很有些感觸。請你替我憑弔一下望諸君樂毅的墳墓，並且去看看那裏的市區，是否還有像從前那種隱於市場中殺豬屠狗的豪傑呢？請替我向他們致意：「現在有英明的天子在朝廷上，可以出來做官了！」

【文章分析】本篇選自昌黎先生集，體裁屬於贈序類。董邵南參加進士科的考試，一連好幾次都失敗。他在悲憤之餘，便要到河北去。唐朝自天寶以後，河北的藩鎮，不聽朝廷的命令，常常自己招納人才。邵南要到那裏去，自然有用於藩鎮的意思。韓愈作序送他，話裏面含有譏諷他不應當去效命藩鎮的意思，只是說得非常含蓄委婉罷了。本文主旨，以慕義彊仁勸勉邵南，並暗示他自處的道理。全文分三段：首段說邵南因為不得志，要去河北，或許在那裏可以遇到意氣相投的人。第二段說風氣習俗，固然因地而不同，但也因時而不同。現在河北的情形，未必和古時一樣，所以也未必就能遇到意氣相投的人。第三段說，要邵南為他憑弔樂毅的墳墓，為他勸那些不得志的人出仕，就是隱諷邵南不該前往效命藩鎮。韓愈不贊成邵南前往河北，但既作序送他，又沒有說他不應該去的道理。所以韓愈下筆，不說現在的河北，只說以前的燕趙。不說那些做官的人，只說那些不得志之士。說那些慷慨悲歌之士，仁義是出自天性，與邵南同調相憐，就是說邵南也是仁義之人，這是勸勉他。最後要邵南弔古人，勸今人出仕，這是要邵南明白自處的道理。全篇以古今二字相呼應，而以風俗與化移易句為過脈。文字委宛含蓄，曲盡吞吐之妙。所以劉海峯說：「微情妙旨，寄筆墨之外。昌黎平生作文，不欲託史記籬下，獨此為近。」

送楊少尹序

韓愈

昔疏廣、受❶二子，以年老，一朝辭位而去。於時公卿設供張❷，祖道❸都門外，車數百兩；道路觀者，多歎息泣下，共言其賢。漢史既傳其事，而後世工畫者，又圖其迹，至今照人耳目，赫赫若前日事。

國子司業❹楊君巨源，方以能詩訓後進❺。一旦以年滿七十，亦白丞相，去歸其鄉。世常說古今人不相及，今楊與二疏，其意豈異也？

予忝在公卿後，遇病不能出，不知楊侯去時，城門外送者幾人，車幾兩，馬幾匹；道旁觀者，亦有歎息知其爲賢以❻否？而太史氏❼又能張大其事爲傳，繼二疏蹤跡否？不落莫❽否？見今世無工畫者，而畫與不畫固不論也。然吾聞楊侯之去，丞相有愛而惜之者，白以爲其都少尹❾，不絕其祿；又爲歌詩以勸之。京師之長於詩者，亦屬而和之。又不知當時二疏之去，有是事否？古今人❿同不同，未可知也。

中世⓫士大夫，以官爲家，罷則無所於歸。楊侯始冠，舉於其鄉，歌鹿鳴⓬而來也。今之歸，指其樹曰：「某樹，吾先人之所種也；某水、某邱，吾童子時所釣遊也。」鄉人莫不加敬，誡子孫以楊侯不去其鄉爲法。古之所謂鄉先生沒而可祭於社⓭者，其在斯人歟！其在斯人歟！

【註釋】❶疏廣受　疏廣，字仲翁，東海蘭陵人，爲漢太傅。廣兄子受，字公子，爲少傅，同時顯貴。廣謂受曰：「吾聞知足不辱，知止不殆。功成身退，天之道也。」乃上書乞骸骨，上許之。賜黃金百斤，太子贈五十斤。公卿大夫，設供帳祖道，送者車數百兩。道路觀者，皆稱其賢。❷供張　張亦作帳，謂設帳帷以爲道路駐足之所。❸祖道　昔黃帝子名纍祖，好遠游，死於道，後爲行神。凡遠行者，祭之謂之祖道。❹國子司業　官名。爲國子監祭酒的屬官，幫助祭酒教授生徒。❺以能詩訓後進　因話錄：「楊巨源在元和中，爲詩體律務實，工夫頗深，爲諸生所宗。」❻以　通與。❼太史氏　史官也。❽落莫　莫亦作寞，猶言寂寞也。❾其都少尹　巨源告老後，封爲河中少尹。以其爲河中人，故云其都少尹。❿古今人　古指二疏，今指楊少尹。⓫中世　猶言近世。⓬歌鹿鳴　鹿鳴，爲詩小雅之一篇，乃燕饗之詩，後人以舉人登第而宴，爲鹿鳴宴。⓭祭於社　古時祭士大夫之有功於鄉者，如後世之鄉賢祠，春秋致祭是也。

【語譯】從前疏廣、疏受叔侄，因爲年紀已經大了，一天，他們辭去官職，要回家鄉去養老。那時候，許多公卿們在路上設了帷帳，在都門外面替他餞行，來參加的人，車子有好幾百輛。路上看熱鬧的人，都爲他們歎息，有的還甚至掉下眼淚來，大家都說他們是賢明的人。漢史上既記載了這件事，讓這件事流傳下來；至於後代一些會畫畫的人，又把這件事畫成圖畫，直到現在，還照耀著人們的眼睛，清清楚楚的就好像前天的事情一樣。

國子司業楊巨源君，很會做詩，正在教導後輩。一天，因爲年紀已滿七十歲，他告訴丞相，要辭去官職，回他的家鄉去。一般人常說，古今的人，是不能相比的。現在楊君和疏廣、疏受叔侄，他們辭官的意思，難道不同嗎？

我位在公卿之後，因爲生病，不能出來歡送他。不知道楊侯離開的時候，城門外面歡送他的有多少人，車子有幾輛，馬有幾匹。道路旁看熱鬧的人，也有知道他賢明而贊歎的沒有？至於史官又能夠承繼二疏的事蹟，把這件事加以張大，替他立傳嗎？能夠使他不寂寞嗎？我看現在世上沒有很會畫畫的人，不過是否把這件事畫成圖畫，可以不必去管它。但是我聽說，楊侯離開的時候，丞相有愛惜他的意思，上了奏章，讓他當他家鄉的少尹，不斷絕他的俸祿，又做詩勸慰他。京都裏一些擅長做詩的人，也都接著和他的詩。我又不知道當年二疏離開的時候，有這種事情嗎？古時候的人和現在的人，究竟同不同，這是無法知道的。

近代的士大夫，都是以官爲家，一不做官，就沒有回去的地方。楊侯才及弱冠的年紀，就在他的鄉裏中了舉，以鄉貢進士的資格來朝廷做官。現在回去，他會指著那兒的樹說：「那一棵樹，是我的先人所種的。那一處河流，那一個山丘，是我小時候釣魚、遊玩的地方。」鄉裏的人，沒有不更加尊敬他的，訓誡他們的子孫，以楊侯不離開他的家鄉做模範。古時候所謂鄉先生死了以後，可以入鄉賢祠，受春秋的祭祀，楊侯就是這種人吧！楊侯就是這種人吧！

【文章分析】本篇選自昌黎先生集，體裁屬於贈序類。楊巨源，字景田，是貞觀五年的進士。他很會寫詩，在當時很有名，當「國子司業」的官。後來他年老退休，又加封「少尹」的官銜，韓愈就寫了這篇序送他。本文的主旨，是送楊氏退休返鄉。全文共分四段：首段敘漢時疏廣、疏受叔侄，年老退休時，世人對他們敬愛的表示。次段說楊氏的受人敬愛，應與疏廣叔侄一樣。第三段說楊氏退休時，世人對他敬愛的表示，有些是疏廣叔侄所沒有的。末段以「先生沒而可祭於社」，贊美楊氏的可敬可愛。楊巨源的可敬可愛，未必可與疏廣叔侄相比。韓愈爲了贊美他，拿楊氏來和疏廣叔侄相比，所以就不說得很確切。這樣既是贊美楊氏，又不至於失言。這種筆法，是很奇特的。所以過商侯說：「巨源之去，方之二疏，其詞不無溢美。故特作不了語，疑其同，又疑其異，究竟兩人亦各自成家，此是昌黎立言之妙。」

送石處士序

韓愈

河陽❶軍節度❷御史大夫烏公❸，爲節度之三月，求士於從事❹之賢者，有薦石先生者。公曰：「先生何如？」曰：「先生居嵩邙瀍穀❺之間，冬一裘，夏一葛；食朝夕，飯一盂，蔬一盤；人與之錢，則辭；請與出遊，未嘗以事辭；勸之仕，不應；坐一室，左右圖書；與之語道理，辨古今事當否，論人高下，事後當成敗，若河決下流而東注，若駟馬駕輕車，就熟路，而王良造父❻爲之先後也，若燭照數計而龜卜也。」

大夫曰：「先生有以自老，無求於人，其肯爲某來耶？」從事曰：「大夫文武忠孝，求士爲國，不私於家。方今寇聚於恆❼，師環其疆。農不耕收，財粟殫亡❽。吾所處地，歸輸之塗❾；治法征謀❿，宜有所出。先生仁且勇，若以義請而彊委重⓫焉，其何說之辭？」於是譔書詞⓬，具馬幣⓭，卜日以授使者，求先生之廬而請焉。先生不告於妻子，不謀於朋友，冠帶出見客，拜受書禮於門內。宵則沐浴，戒行事，載書冊，問道所由，告行於常所來往。晨則畢至，張⓮上東門外。

酒三行⓯，且起⓰，有執爵⓱而言者曰：「大夫真能以義取人，先生真能以道自任，決去就，爲先生別。」又酌而祝曰：「凡去就出處何常，惟義之歸，遂以爲先生壽⑱。」又酌而祝曰：「使大夫恆無變其初，無務富其家，而飢其師；無甘受佞人⑲，而外敬⑳正士；無昧於諂言，惟先生是聽；以能有成功，保天子之寵命！」又祝曰：「使先生無圖利於大夫，而私便其身圖！」先生起拜，祝辭曰：「敢不敬！蚤夜以求從祝規㉑。」於是東都之人士，咸知大夫與先生，果能相與以有成也。遂各爲歌詩六韻，遣愈爲之序云。

【註釋】❶河陽　即今河南。河陽節度使治孟州，領孟懷二州。孟州，舊治在今河南孟縣。❷節度　官名，節制邊郡戎寇之地，加以旌節，謂之節度。❸烏公　名重胤，字保君。❹從事　佐吏之稱。❺嵩邙瀍穀　嵩邙，二山名。瀍穀，二水名。皆在洛陽。❻王良造父　皆古之善御者。❼寇聚於恆　恆，州名，今河北正定縣境。恆與趙戴深三州，俱屬成德軍管轄。元和四年，成德軍節度使王士眞卒，其子承宗叛。十月，詔吐突承璀率諸道兵討之。❽財粟殫亡　殫，盡也。以寇盜師旅之集，政廢農功，故財粟皆無所出，不得不需諸道接濟。❾歸輸之塗　歸，同饋。塗，同途。糧餉轉運之地。❿治法征謀　治法，治民之法。征謀，徵輸之謀。⓫委重　委之以重任也。⓬書詞　即聘書也。⓭馬幣　即聘禮也。⓮張　謂張筵餞行也。⓯三行　行音杭，猶三巡。⓰且起　且將相別起行也。⓱爵　酒杯。⓲壽　以酒爲祝曰壽。⓳佞人　卑諂便佞之人。⓴外敬　謂虛文恭敬也。㉑祝規　祝辭中之規勸語。

【語譯】河陽軍節度使御史大夫烏公，當了節度使的第三個月，向他僚屬中賢明的，訪求士人，有人就推薦石先生。烏公說：「石先生爲人怎麼樣？」推薦他的人就說：「石先生住在嵩山、邙山，和瀍水、穀水的中間，冬天只穿一件皮裘，夏天只穿一件葛布衣；早晚吃飯，只是米飯一碗，蔬菜一盤；人家給他錢，就不接受；請他出來，一同去遊玩，從來沒有藉故推辭；勸他去做官，他不答應；他坐在一間房子裏，前後左右都是圖書。和他談論道理，他分析古今事情的對不對，評論人品的好壞，和將來的成功或失敗：就好像黃河決口的水往下流，流到東海去一樣；就好像四匹馬，駕著輕便的馬車，走在熟悉的道路上一樣，和古時最會駕車的王良和造父不相上下。他料事的準確，就好像用燭光照著來數計，用龜甲來占卜一樣。」

大夫說：「石先生自己有很好地過一輩子的辦法，對於別人，無所要求，難道他肯爲我而來嗎？」他的僚屬說：「大夫文武雙全，既忠且孝，爲國家訪求賢士，又不是爲一家的私利。現在匪寇聚集在恆山上，政府的軍隊環繞在這地方的周圍，農夫不能耕種收穫，錢財米糧，都全部消耗完了。我們所處的地方，是糧餉轉運的道路；治理人民的方法，徵輸糧餉的計畫，都應該有所建立。石先生既仁且勇，如果用大義去請求，同時強把重大的責任委託他，那他還有什麼話可以推辭呢！」大夫於是就寫了聘書，準備了聘禮，挑選好日子，把這些東西交給被派遣的人，到石先生的家裏去聘請。石先生沒有告訴他的妻子，也沒有和他的朋友商量，就穿著整齊，出來見客。在門內就接受了聘書聘禮。當天晚上就沐浴了一番，整理好行李，裝載了書籍，打聽好所經過的道路，向常常和他來往的人辭了行。第二天早晨，這些朋友都來了，在東門外爲他設筵餞行。

酒過三巡，石先生正要站起來告別，有一個人拿著酒杯對他說：「大夫眞是能夠用大義來延攬人，而先生也眞能夠把肩負道統看成自己的責任，決定去就。這一杯酒，就爲你的離別而乾吧！」又倒了酒，祝賀他說：「凡是一個人的去位、就任、出仕、處家，有什麼原則呢，只有依歸仁義啊。因此我就以這杯酒祝賀先生。」接著又倒了酒，祝賀他說：「願能使大夫不要改變他當初的態度，不要專做使他自己一家富有的事，而使他的軍隊飢餓；不要甘心受卑諂便佞的人的迷惑，而不敬重正直的賢士；不要受諂言的蒙蔽，而一切都只聽您的。他因此能成功，保全天子對他寵愛的任命。」又祝賀說：「願您不要只爲大夫圖利，也不要只爲自己圖利。」石先生站起來拜謝他的祝辭說：「我怎麼敢不專心致力去做呢！我一定朝朝暮暮努力去求符合您的祝辭中對我的規戒。」於是洛陽的人士，都知道烏大夫和石先生，果然能夠相處得很好，因此各方面的事情，都很有成就。於是各人就都做詩六韻，叫我爲它做一篇序。

【文章分析】本篇選自昌黎先生集，體裁屬於贈序類。石處士名洪，字濬川，洛陽人。他自黃州錄事參軍離職以後，退居洛陽，有十年的時間，沒有出去做官。後來河南節度使烏重胤禮聘他當河陽參謀，當他要去上任的時候，韓愈寫了這篇序送他。本文的主旨，規諷石處士善盡職責。全文共分三大段：首段敍石處士的素行與才學。次段敍烏公禮聘石處士與石處士欣然就道的經過情形。末段敍友好餞別石處士的祝辭。韓愈這篇文章，差不多全是用對話來敍事，又是另一種筆法。至於文章的曲折變化，那又是另一回事。過商侯說：「其文章深刻處，全在借他人口中，說盡許多規諷。所云處士，純盜虛聲，昌黎未必慮及此。而勉處士以勉烏公，說到保天子之寵命，愛國忠君，韓文杜詩，無篇不然，與漫作者別。」

送溫處士赴河陽軍序

韓愈

伯樂❶一過冀北❷之野，而馬羣遂空。夫冀北馬多天下，伯樂雖善知馬，安能空其羣耶？解之者曰：「吾所謂空，非無馬也，無良馬也。伯樂知馬，遇其良，輒取之，羣無留良焉。苟無良，雖謂無馬，不爲虛語矣。」

東都❸，固士大夫之冀北❹也。恃才能深藏而不市者，洛之北涯，曰石生❺；其南涯，曰溫生。大夫烏公❻，以鈇鉞❼鎮河陽之三月，以石生爲才，以禮爲羅，羅而致之幕下。未數月也，以溫生爲才，於是以石生爲媒，以禮爲羅，又羅而致之幕下。東都雖信多才士，朝取一人焉，拔其尤❽；暮取一人焉，拔其尤。自居守河南尹❾，以及百司之執事❿，與吾輩二縣⓫之大夫，政有所不通，事有所可疑，奚所諮⓬而處焉？士大夫之去位而巷處者，誰與嬉遊？小子後生，於何考德而問業⓭焉？搢紳⓮之東西行過是都者，無所禮於其廬。若是而稱曰：「大夫烏公，一鎮河陽，而東都處士之廬無人焉。」豈不可也？

夫南面⑮而聽天下，其所託重而恃力者，惟相與將耳。相爲天子得文武士於幕下。求內外無治，不可得也。愈縻⑯於茲，不能自引去，資二生以待老。今皆爲有力者奪之，其何能無介然於懷耶？

生既至，拜公於軍門，其爲吾以前所稱，爲天下賀；以後所稱，爲吾致私怨於盡取也！留守相公，首爲四韻詩歌其事，愈因推其意而序之。

【註釋】❶伯樂　姓孫名陽，秦之善相馬者。❷冀北　冀州之北，今河北山西兩省地，產馬。❸東都　卽今河南洛陽縣治。❹士大夫之冀北　謂東都多產賢士，猶之冀北多產名馬也。❺石生　卽石處士洪也。見前一篇。❻烏公　卽烏重胤，河陽節度使。❼鈇鉞　鈇，斫刀。鉞，大斧。古之爲臣者，賜之鈇鉞，然後得專征伐。時烏公爲河陽節度使，故用鈇鉞之儀衞。❽尤　特出之才也。❾居守河南尹　指東郡留守鄭餘慶。留守，官名，猶後之所謂府尹。❿百司之執事　如通判、經歷、知事、照磨之類。⓫二縣　謂東都所屬之邑，卽洛陽、河南也。時愈爲河南令。⓬諮　問也。⓭問業　以文字就正於人也。⓮搢紳　同縉紳，謂插笏帶間也。古之仕者，垂紳搢笏，故稱宦族曰搢紳。⓯南面　南面謂面南，向明之義。古者人君之位南向，因謂君人者爲南面。⓰縻　繫也。

【語譯】伯樂一經過冀北的原野，那裏的馬羣就空了。冀北的馬比天下任何地方的馬都多，那裏的馬羣怎麼會空了呢？解釋這話的人就說：「我所說的空，並不是沒有馬，而是說沒有好馬啊。伯樂知馬，遇到良馬，就選走了，馬羣中就沒有良馬留下。如果沒有好馬，卽使說沒有馬，也不算是空話了。」

洛陽這個地方，實在是士大夫的冀北。自恃有才能，深藏不露的，在洛水的北邊是石生，洛水的南邊是溫生。大夫烏公以節度使的身分鎭守河陽的第三個月，認爲石生有才能，拿了重禮去聘請，把他羅致在幕府中。不到幾個月，認爲溫生有才能，於是以石生爲介紹人，用重禮去聘請，又把他羅致在幕府中。洛陽雖然確實有才能的士人很多，但是早晨選一個人，揀其中最優秀的，晚上選一個人，揀其中最優秀的。這樣一來，從居守河南尹，到管各事的執事，和我們兩縣的縣令，如果在政治方面有不明白的，事情方面有疑惑的，將到那裏去問，然後加以處理呢？辭了官回到家鄉來隱居的士大夫，還有誰和他們一起遊玩呢？那些後生小子，從那裏去考求道德，講習學業呢？一般的縉紳，東西來往，經過這個地方的，也將沒有辦法到他們的家裏去拜訪他們。這樣一來，如果說：「大夫烏公，一鎮守河陽，於是洛陽隱士的家裏便沒有人了。」豈有不可以之理？

人君治理天下，他所交託重大責任，和依靠的人，只有宰相和將軍罷了。宰相爲天子找來許多賢人在朝廷裏，將軍爲天子找到許多文武賢士在幕府中，這樣即使希望內外都治理得不好，也不可能了！我被羈絆在這裏，無法自己引退，想依靠二生到老，現在都被有力量的將他們奪走，叫我怎麼能夠不耿耿於懷呢？

先生到了那邊以後，在河陽軍門拜見烏公的時候，請替我轉達心意：用我前面所說的話，爲天下人道賀；用我後面所說的話，替我表示對烏公挖空人才的不滿。東郡留守鄭公第一個做了八句的詩，歌詠這件事情，我因此推衍他的意思，做了這篇序。

【文章分析】本篇選自昌黎先生集，體裁屬於贈序類。溫處士名造，字簡輿，是溫大雅的五世孫，也是洛陽一帶優秀的處士之一。他死於唐文宗時禮部尚書任上。寫這篇序的時候，韓愈是當「河南令」。本文的主旨，是慶賀溫處士受烏公的禮聘。全文共分四段：首段說伯樂識良馬，喻烏公識賢士。次段說烏公禮聘了溫處士。第三段慶賀國家得人。末段賀溫處士被聘，點出題旨作結。韓愈這篇文章，以議論來敘事，又與前文不同。整篇沒有說到溫處士的好處，可是處士的好處自見。過商侯說：「同是一樣序，送河南石處士篇，純用實敘。溫處士篇，純用虛敘，而文各極其妙，此昌黎之所以不可測也。」

祭十二郎文

韓愈

年月日❶，季父❷愈，聞汝喪之七日，乃能銜哀❸致誠，使建中❹遠具時羞❺之奠，告汝十二郎❻之靈：

嗚呼！吾少孤[7]，及長，不省所怙[8]，惟兄嫂[9]是依。中年，兄歿南方[10]，吾與汝俱幼，從嫂歸葬河陽[11]，既又與汝就食江南[12]，零丁孤苦，未嘗一日相離也。吾上有三兄，皆不幸早世。承先人後者，在孫惟汝，在子惟吾。兩世一身，形單影隻。嫂嘗撫汝指吾而言曰：「韓氏兩世，惟此而已！」汝時尤小，當不復記憶；吾時雖能記憶，亦未知其言之悲也。

吾年十九，始來京城[13]。其後四年，而歸視汝。又四年，吾往河陽省墳墓，遇汝從嫂喪來葬。又二年，吾佐董丞相於汴州[14]，汝來省吾；止一歲，請歸取其孥[15]。明年，丞相薨，吾去汴州[16]，汝不果來。是年，吾佐戎徐州[17]，使取汝者始行，吾又罷去[18]，汝又不果來。吾念汝從於東[19]，東亦客也，不可以久；圖久遠者，莫如西歸[20]，將成家而致汝[21]。嗚呼！孰謂汝遽去吾而歿乎？吾與汝俱少年，以爲雖暫相別，終當久相與處，故捨汝而旅食京師，以求斗斛之祿。誠知其如此，雖萬乘之公相，吾不以一日輟汝而就也。

去年，孟東野[22]往，吾書與汝曰：「吾年未四十，而視茫茫，而髮蒼蒼，而齒牙動搖。念諸父與諸兄，皆康彊而早世，如吾之衰者，其能久存乎？吾不可去，汝不肯來，恐旦暮死，而汝抱無涯之戚也！」孰謂少者歿而長者存，彊者夭而病者全乎？嗚呼！其信然邪？其夢邪？其傳之非其真邪？信也，吾兄之盛德而夭其嗣乎？汝之純明而不克蒙其澤乎？少者彊者而夭歿，長者衰者而存全乎？未可以爲信也。夢也，傳之非其真也，東野之書，耿蘭㉓之報，何爲而在吾側也？嗚呼！其信然矣！吾兄之盛德而夭其嗣矣！汝之純明宜業其家者，不克蒙其澤矣！所謂天者誠難測，而神者誠難明矣！所謂理者不可推，而壽者不可知矣！雖然，吾自今年來，蒼蒼者或化而爲白矣㉔，動搖者或脫而落矣㉕；毛血日益衰，志氣日益微，幾何不從汝而死也！死而有知，其幾何離㉖；其無知，悲不幾時，而不悲者無窮期矣㉗！汝之子始十歲，吾之子始五歲，少而彊者不可保，如此孩提者，又可冀其成立邪！嗚呼哀哉！嗚呼哀哉！

汝去年書云：「比得軟腳病㉘，往往而劇。」吾曰：「是疾也，江南之人，常常有之。」未始以爲憂也。嗚呼！其竟以此而殞㉙其生乎？抑別有疾而致斯乎？汝之書，六月十七日也。東野云：汝歿以六月二日。耿蘭之報無月日。蓋東野之使者，不知問家人以月日；如耿蘭之報，不知當言月日。東野與吾書，乃問使者，使者妄稱以應之耳。其然乎？其不然乎？

今吾使建中祭汝，弔㉚汝之孤㉛，與汝之乳母㉜。彼有食，可守以待終喪，則待終喪而取以來；如不能守以終喪，則遂取以來。其餘奴婢，並令守汝喪。吾力能改葬，終葬汝於先人之兆㉝，然後惟其所願。

嗚呼！汝病吾不知時，汝歿吾不知日；生不能相養以共居，歿不能撫汝以盡哀；斂不憑其棺，窆㉞不臨其穴。吾行負神明，而使汝夭；不孝不慈，而不能與汝相養以生，相守以死。一在天之涯，一在地之角；生而影不與吾形相依，死而魂不與吾夢相接。吾實為之，其又何尤！彼蒼者天，曷其有極！自今以往，吾其無意於人世矣！當求數頃之田，於伊潁㉟之上，以待餘年，教吾子與汝子，幸其成；長吾女與汝女，待其嫁，如此而已！嗚呼！言有窮而情不可終，汝其知也邪？其不知也邪？嗚呼哀哉！尚饗㊱！

【註釋】❶年月日　文苑作貞元十九年五月二十六日。❷季父　即叔父。古時兄弟以伯仲叔季排行，韓愈行四，故稱季父。❸銜哀　銜，以口含物。銜哀，含悲傷也。❹建中　人名。❺時羞　謂應時之食物也。羞，美味的食物。❻十二郎　愈兄會為起居舍人，無子，以弟介之長子名老成者為後，即十二郎也。❼吾少孤　愈父仲卿為武昌令，生愈三歲而亡。❽不省所怙　不省，猶不識也。怙，依賴也。父死曰失怙，母亡曰失恃。❾兄嫂　兄，韓會。嫂，鄭夫人。即十二郎之父母。❿兄歿南方　大曆十二年，愈兄會坐宰相元載黨，貶韶州刺史，尋卒于官。愈時年十一，從至貶所。⓫河陽　愈鄧州南陽人（愈為文常自稱昌黎人，昌黎為其郡望）。河陽即南陽，故城在今河南孟縣。⓬就食江南　愈先依嫂北旋，以中原有事，就食江南。家于宣州（今安徽省宣城縣）。⓭始來京城　貞元二年，愈自宣州遊京師。自此始與姪相離。⓮佐董丞相於汴州　貞元十三年，董晉帥汴州，辟愈為節度推官，在汴佐軍。⓯孥　妻子之統稱。⓰吾去汴州　董晉卒，愈從喪而出。四日，汴軍亂，遂去汴州。從此與姪相離，未再相見。⓱佐戎徐州　愈去汴州後，乃往依武甯節度使張建封于徐州，張辟公爲節度推官。⑱吾又罷去　張建封使愈居符離睢上，旋罷去。⑲從於東　徐州屬東。⑳西歸　河東屬西。㉑將成家而致汝　愈自至京城以後，念離易而合難，雖偶相從，不過羈旅之客，終非久計，故圖成家于故土，以便與姪長相聚也。㉒孟東野　卽孟郊，時往江南爲溧陽尉。詳見前送孟東野序一文。㉓耿蘭　愈之家人名。㉔化而爲白矣　謂髮白也。㉕脫而落矣　謂齒落也。㉖其幾何離　言不久當相處泉下也。㉗其無知三句　謂若無知，則我之悲日無多；而不悲者，終古無盡時。蓋以生知悲，死不知悲也。㉘軟腳病　內經：「名曰痿，痿之爲狀，兩足痿弱，不能行也。」㉙殞　猶喪也。㉚弔　唁問也。㉛汝之孤　十二郎之子，名湘。㉜乳母　乳十二郎之母也。㉝兆　墳塋也。㉞窆　下棺于穴也。㉟伊潁　二水名，均在今河南省。㊱尚饗　祭文中之收尾語，謂希望來饗用也。

【語譯】某年某月某日，你的叔父愈，聽到你的死訊後的第七天，才能夠忍著悲哀，懷著誠意，叫建中由遠方帶了應時的祭品，供在你十二郎的靈前說：

唉！我年幼的時候就死了父親，長大以後，不知道父親是什麼樣子，只有依靠哥哥嫂嫂過日子。哥哥在中年時死於南方，那時我和你都還很小。跟著嫂嫂回來，把哥哥埋葬在河陽。後來爲了過生活，又同你一起到江南去。孤單窮困，卻沒有一天分開過。我上面雖然有三個哥哥，可是不幸都很早去世。繼承祖先的後代，在孫子這一輩只有你，在兒子這一輩只有我。兩代都只有一個人，眞是孤單得很，嫂嫂曾經撫摸著你而指著我說：「韓家兩代，就只剩下你們這兩個了！」你當時年紀更小，應當不會有什麼印象；我當時雖然已經能夠記憶，但也還不能體會到這話的悲哀！

我在十九歲時，才來到京城。隔了四年，曾回家去看你一次。後來又隔了四年，我去河陽掃墓，碰到你正跟著嫂嫂的靈柩來安葬。又隔了兩年，我在汴州幫助董丞相處理事情，你趕來看我；只住了一年，你說要回去接你的妻子。第二年，丞相去世，我離開汴州，結果你沒有來。那年，我在徐州幫助處理軍務，我派去接你的人剛剛動身，沒有想到突然我又離了職，結果你又不能來。我想你跟我到東邊去，在東邊也是作客，不能長久待在那裏。要謀求久遠的安定，不如回到西邊去。我準備把家安頓好後，再接你過來。唉！誰想到你竟突然去世了呢？我和你都是很年輕的人，我心裏總以爲雖然暫時分開，最後總會長久相處在一起的；所以我才離開你，去京都作客，當一名小官，以求微薄的薪俸。早知如此，卽使是最高的官職，最好的待遇，我也不肯有一天離開你而去就任的。

去年，孟東野到你那邊去，我曾經託他帶信給你說：「我的年紀，雖然還未滿四十歲，可是我的視覺已有些模糊，頭髮也灰白了，牙齒也動搖了。想到叔父和哥哥他們身體都很健康強壯，卻很早就去世；像我身體這樣衰弱的人，還有希望活得很長久嗎？我無法到你那裏去，你又不願到我這裏來，說不定我早晚間就會死去，那你就要抱著無限的悲哀了。」誰知道年輕的反而先死，而年長的卻留了下來；健康的反而短命，多病的人卻保全了呢？唉！這是眞的嗎？還是在做夢呢？難道是消息不確實嗎？如果眞的是這樣的話，難道以我哥哥德行那麼好，他的子嗣也要早死嗎？你的純美聰明，竟不能承受他的福澤嗎？或者是年輕的、強壯的應當早死，而年長的、衰弱的應當不死嗎？這是不可能的。假如說這是做夢，消息不確實，那麼，孟東野的來信，耿蘭的報告，爲什麼會在我的身邊呢？唉！這是千眞萬確的了。以我哥哥德行那樣好的人，他的子嗣也要早死了；像你那樣純美聰明的人，應該繼承家業的，是不能承受先人的福澤了！一般人所說的天命，實在很難料；所謂神意，實在很難了解！所謂道理，是不容易推想的；至於人壽，也很難知道啊！雖然如此，我從今年起，灰白的頭髮，有的全部變白了；動搖的牙齒，有的已經脫落了。體力一天比一天衰弱，精神一天比一天委靡。還能有多少時候，不跟著你死去呢？如果人死了，仍然還有知覺，那麼我們分離的日子還有多久呢？如果人死了便沒有知覺，那麼我爲你悲傷的日子，也不會多了；倒是不悲傷的日子，卻永遠沒有盡頭啊。你的兒子，現在才十歲；我的兒子，還只有五歲。年壯力強的人尙且不能保存，這麼年幼的孩子，又怎能期望他們長大成人呢？唉！眞是傷心啊！眞是傷心啊！

你去年的信上說：「最近患了軟腳病，常常發作得很厲害。」我說：「這種毛病，江南的人，常常有的。」我不曾把它當作一件可憂慮的事。唉！難道你就是因爲這毛病而喪生的嗎？或者是因爲另外還有病才弄到這樣呢？你的信，是六月十七日寫的；但是孟東野卻告訴我說，你是六月二日離世的。耿蘭的報告，沒有說明月日。可能這是因爲東野所派遣的人，不知道應該向家人問清楚日期；至於耿蘭的報告，不知道應當說明月日。至於東野寫信給我，日期一定是問他所派遣的人，那人隨便回答他罷了。事情眞是這樣嗎？還是不是這樣呢？

現在我叫建中祭奠你，同時慰問你的兒子，和你的乳母。他們如果能夠維持生活，守滿你的喪期，那麼就等喪期滿了，再接他們過來；如果不能守滿喪期，那麼就順便接過來。其餘的婢僕，也叫他們守你的喪。只要我的力量能夠負擔改葬，最後一定會將你改葬到祖先的墓地去，這樣才算了卻我的心願。

唉！你在什麼時候生病，我不知道；你在什麼時候去世，我也不知道。你活著的時候，我不能和你一起生活；你死了以後，我又無法去看看你，向你表示哀痛。在你入殮的時候，我不能站在棺木旁邊；在你下葬的時候，我又不能到墓地去。唉！大概是我的行爲對神明不住，因而才使你早死。我是既不孝，又不慈，才不能和你生活在一起，死在一道。我們一個在天涯，一個在地角。你活著的時候，影子不能和我的形體相依；死了以後，靈魂也不到夢中來和我相會。這都是我造成的，又怨尤什麼呢？老天呀！這究竟是怎麼回事呢？從今以後，我也沒有活在世間的興趣了！現在我只想在伊水和潁水之上，買下幾百畝的田地，來度過我的餘年，一方面教導我的兒子和你的兒子，希望他們能夠成立；撫養我的女兒和你的女兒，等待她們出嫁，就是這樣罷了。唉！話總是要說完的，但是情感卻永遠沒有完了的時候！你究竟知道呢？還是不知道呢？唉！眞是哀痛極了！希望你來享用這些祭品吧！

【文章分析】本篇選自昌黎先生集，體裁屬於哀祭類。曾國藩經史百家雜鈔序云：「哀祭類，人告於鬼神者。……後世曰祭文、曰弔文、曰哀辭、曰誄、曰告祭、曰祝文、曰願文、曰招魂，皆是。」古時祭告天地、山川、社稷、宗廟，雖用祭文，但意思只限於禮祀頌祝而已。後世的祭文，多半用於祭奠死者，意思在於表示哀思。文心雕龍祝盟篇云：「禮之祭祀，事止告饗。而中代祭文，兼讚言行。……是以義同於誄，而文實告神。……祈禱之式，必誠必敬。祭奠之楷，宜恭且哀，此其大較也。」祭文的體裁，有散文與韻語的不同。韻語又有四言、六言、雜言、騷賦、駢儷等之分。在這許多體裁中，以散文、四言與騷賦居多，用駢儷的很少。因爲祭文目的在表示哀傷，用駢儷的體裁，文字雖很華麗，但很難把眞情感表現出來。韓愈這篇祭文，就是散文。

韓愈的哥哥，名叫會，沒有兒子，以他弟弟介的兒子老成爲後，老成就是十二郎。韓愈年幼時所依靠的嫂嫂鄭氏，就是十二郎的嗣母。韓愈與十二郎生活在一起，輩分雖是叔姪，但情同兄弟。貞元十九（西元八〇三）年，十二郎死，所以韓愈作此文祭他。本文主旨，在述生離死別的悲痛。全文共分七段：首段言致祭的年月，這是祭文的發端。第二段述幼時孤苦相依，並引其嫂所言「兩世一身」的話，以見叔姪二人，關係韓家甚大。第三段敘叔姪會少離多，一病遽逝，深以旅食京師，不能長久相聚爲悔。第四段敍原恐自己不能久存，不料少而彊者反比自己先夭歿。又敍自己日漸衰耗，子女俱年幼，推出死後離合，知不知的可悲。第五段言病不知時，歿不知日。第六段言致祭以後，當爲處理家事，以安死者的心。末段就生前死後，一切憾恨哀痛作一總敍，並將以後的打算，再作交代，來安慰死者。這是一篇絕好的文章，字裏行間，處處都流露著眞摯的情感。讀這篇文章，會讓人想到他一面哭一面寫的情形。所以林西仲說：「祭文中出以至情之語，以此爲最。蓋以一身承世代之單傳，可哀一也。年少且強而早世，可哀二也。子女俱幼，無以爲自立計，可哀三也。就死者論之，已不堪道如此。而又公以不料其死而遽死，可哀四也。相依日久，因求祿遠離，不能送終，可哀五也。報者年月不符，不知是何病，何日歿，可哀六也。在祭者處此，更難爲情矣。故自首至尾，句句皆以自己揷入伴講。始相依，繼相離，瑣瑣敘出。復以己衰當死，少而強者不當死，作一疑一信波瀾。然後以不知何病，不知何日，慨嘆一番。末歸咎於己，不當求祿遠離。而以教嫁子女作結，安死者之心，亦將自己子女平平敘入。總見自生至死，無不一體關情，悱惻無極，所以爲絕世奇文。」

祭鱷魚文

韓愈

維年月日，潮州❶刺史韓愈，使軍事衙推秦濟❷，以羊一豬一，投惡谿❸之潭水，以與鱷魚食，而告之曰：

「昔先王既有天下，烈❹山澤，罔繩擉刃❺，以除蟲蛇惡物，爲民害者，驅而出之四海之外。及後王德薄，不能遠有，則江漢之閒，尚皆棄之，以與蠻夷楚越，況潮嶺海❻之閒，去京師萬里哉？鱷魚之涵淹❼卵育❽於此，亦固其所。

今天子嗣唐位，神聖慈武。四海之外，六合❾之內，皆撫而有之。況禹跡所揜❿，揚州之近地⓫，刺史縣令之所治，出貢賦以供天地宗廟百神之祀之壤者哉？

鱷魚！其不可與刺史雜處此土也！刺史受天子命，守此土，治此民。而鱷魚睅然⓬不安谿潭，據處食民畜⑬，熊豕鹿麞⑭，以肥其身，以種其子孫；與刺史抗拒，爭為長雄。刺史雖駑弱，亦安肯為鱷魚低首下心。伈伈⑮睍睍⑯，為民吏羞，以偷活於此耶？且承天子命以來為吏，固其勢不得不與鱷魚辨⑰。

鱷魚有知，其聽刺史言！潮之州，大海在其南。鯨⑱鵬⑲之大，蝦蟹之細，無不容歸，以生以食，鱷魚朝發而夕至⑳也。今與鱷魚約：盡三日，其率醜類南徙於海，以避天子之命吏！三日不能，至五日；五日不能，至七日；七日不能，是終不肯徙也。是不有刺史，聽從其言也；不然，則是鱷魚冥頑不靈，刺史雖有言，不聞不知也。夫傲天子之命吏，不聽其言，不徙以避之，與冥頑不靈而為民物害者，皆可殺。刺史則選材技吏民㉑，操強弓毒矢，以與鱷魚從事㉒，必盡殺乃止。其無悔！」

【註釋】①潮州　即今廣東潮安縣。②衙推秦濟　衙推，或作牙推，預軍事官名。唐書百官志：「節度使、觀察使、團練使皆有衙推，刺史領史亦置衙推，軍官之屬官也。」秦濟，衙推官之姓名。③惡谿　又名鱷谿，即韓江也，在潮州城之東北。④烈　火焚也。⑤罔繩擉刃　罔，同網。罔繩，以繩為網也。擉，以扠刺泥中取物。擉刃，以刃為刺也。⑥嶺海　謂在五嶺之外海之內也。⑦涵淹　潛伏也。⑧卵育　生息也。⑨六合　謂天地四方也。⑩揜　猶止也。⑪揚州之近地　揚州，古九州之一。此謂以四海六合言之，則潮地甚近揚州，為大禹足跡所臨，亦揚界也。因後王江漢不能保，故以潮州為遠。今天子四海皆撫有之，則潮州實為近地。⑫睅然　張目貌。⑬食民畜　謂食民所養之六畜也。六畜，即牛羊犬馬雞豕也。⑭熊豕鹿麞　此山澤中自生之物也。麞，似鹿而小。⑮伈伈　恐懼貌。⑯睍睍　目定貌。⑰辨爭論是非也。⑱鯨　海獸名。⑲鵬　大鳥也。⑳朝發而夕至　謂朝發於潮，夕至於海，去此土不費力也。㉑材技吏民　有長材奇技之吏民也。㉒從事　猶周旋，謂戰鬬也。

【語　譯】維某年某月某日，潮州刺史韓愈，派遣軍事衙推官秦濟，把一隻羊、一隻豬，投到惡谿的深潭裏去，用來給鱷魚吃，並且告訴鱷魚說：

「從前先王們擁有天下以後，就焚燒了山上水邊的草木，用繩子編成網，用利刃做成扠，來驅除蟲蛇毒物，凡是危害人民的東西，都驅逐到四海以外去。到了後來，天子的德行薄弱了，不能擁有邊遠的地方，就是江漢之間的地方，尚且都拋棄了，把這些地方都送給蠻夷中的楚、越，何況潮州的位置是在五嶺和南海的中間，離開都城上萬里呢！鱷魚在這裏產卵繁殖，潛伏生息，自然也是住得其所。

現在天子承繼了大唐的帝位，他既神聖而且又仁慈，又有魄力，四海以外，天地之間，所有的土地都為他所擁有，人民都為他撫管，何況是夏禹腳跡所到，是揚州的近地，同時又是刺史、縣令所治理，出貢物賦稅，供給天子祭祀天地、宗廟、百神這樣的地方呢！

鱷魚呀！你們不可以和刺史一起雜處在這塊地方！刺史承受天子的命令，防守這塊土地，治理這裏的人民；但是你們這些鱷魚，卻凶悍得很，不安分地住在谿潭裏，佔據地方，吃人民的禽畜，和熊豕鹿麞，養得身體肥胖，來繁殖你們的子孫，和刺史抵抗，爭做雄長。我這個做刺史的，雖然無能軟弱；可是怎樣肯為你們這些鱷魚低首下心，顯出目瞪口呆那種恐懼的樣子，被人民官吏所恥笑，來苟且偷生在這裏呢！而且我是奉了天子的命令，來這裏做官，我在情勢上，本來就不能不和你們這些鱷魚爭辯。

鱷魚！如果你們有知覺，應該聽刺史的話。潮州這個地方，大海就在它的南面，像鯨魚鵬鳥那樣大，蝦子螃蟹那樣小的生物，都沒有不容納的。牠們都在那裏生育，在那裏覓食。你們早晨出發，晚上就到了。現在我和你們約定：限你們在三天內，率領著你們的同類，向南邊遷徙到大海去，迴避我這天子的命吏！三天辦不到，寬限到五天；五天辦不到，寬限到七天。如果七天還辦不到，這樣是終究不肯遷徙了；這是你們的心目中沒有我這刺史，不聽從我的話了。否則就是你們冥頑不靈，我雖然說了許多話，你們都沒有聽見，都不知道了。看不起天子的命吏，不聽他的話。不遷徙到別處去，來迴避他，和冥頑不靈同時又是危害人民生物的東西，都是可殺的。刺史就可以挑選有才能有技藝的官吏、人民，拿了強弓毒箭來和你們周旋，一定要把你們完全殺光才停止，那時你們不要後悔啊！」

【文章分析】本篇選自昌黎先生集，體裁屬於哀祭類。鱷魚是一種爬蟲動物，體長丈餘，口大齒利，背有鱗甲，四足有蹼，性很兇猛，產於熱帶的河中。常潛水中，攫食動物。廣東潮安縣城東北，有鱷溪，鱷魚爲患。韓愈當時當潮州刺史，於是就寫了這篇祭文，投入河中祭鱷魚，把牠們加以驅逐。據說：當天夜裏，狂風暴雨，雷電交作。幾天以後，江水全乾了，鱷魚向西遷徙六百多里。從此以後，潮州就沒有鱷魚的禍害。本文的主旨，是命令鱷魚遷徙到南方的大海裏去。全文共分五段：首段是祭文的套語，第二段說先王把蟲蛇毒物，都驅逐到四海以外去。後王德薄，才讓鱷魚在嶺海之間繁殖。第三段說現在的天子，神聖慈武，不准蟲蛇毒物再住下去。末段命令鱷魚在一定期限內，一定要遷到南方的大海去。這篇文章，如興師問罪，能令心懷鬼胎的人，讀了心驚膽寒。過商侯說：「全提天子二字，壓倒在前，沒後轉入刺史正面，處處明是奉天討罪，何等義正詞嚴。中幅勸勉一番，令其從容悔過。鱷雖冥頑，不得不俛首遠退矣。然非平日實有一片忠愛心腸，可以通諸天地鬼神，雖有此篇妙文，未必感格乃爾。」

柳子厚墓誌銘

韓愈

子厚，諱[1]宗元。七世祖慶[2]，爲拓跋魏[3]侍中[4]，封濟陰[5]公。曾伯祖奭[6]，爲唐宰相，與褚遂良[7]、韓瑗[8]，俱得罪武后[9]，死高宗[10]朝。皇考[11]諱鎮，以事母，棄太常博士[12]，求爲縣令江南；其後以不能媚權貴，失御史[13]。權貴人死，乃復拜侍御史，號爲剛直。所與遊，皆當世名人。

子厚少精敏，無不通達。逮其父時，雖少年，已自成人，能取進士第[14]，嶄然[15]見頭角⑯，眾謂：「柳氏有子矣。」其後以博學宏詞⑰，授集賢殿⑱正字⑲。儁傑廉悍⑳，議論證據今古㉑，出入經史百子㉒。踔厲風發㉓，率常屈其座人，名聲大振，一時皆慕與之交。諸公要人㉔，爭欲令出我門下，交口薦譽之。

貞元㉕十九年，由藍田尉㉖拜監察御史。順宗㉗即位，拜禮部員外郎。遇用事者得罪，例出為刺史㉘；未至，又例貶永州司馬㉙。居閒，益自刻苦，務記覽，為詞章，汎濫停蓄㉚，為深博無涯涘㉛，而自肆㉜於山水閒。元和㉝中，嘗例召至京師；又偕出為刺史，而子厚得柳州㉞。既至，歎曰：「是豈不足為政耶㉟？」因其土俗，為設教禁，州人順賴㊱。其俗以男女質錢，約不時贖，子本相侔㊲，則沒為奴婢㊳。子厚與設方計，悉令贖歸。其尤貧力不能者，令書其傭，足相當，則使歸其質㊴。觀察使下其法於他州，比一歲，免而歸者且千人。衡湘㊵以南，為進士者，皆以子厚為師；其經承子厚口講指畫，為文詞者，悉有法度可觀。

其召至京師，而復為刺史也，中山㊶劉夢得㊷禹錫，亦在遣中，當詣播州㊸。子厚泣曰：「播州非人所居，而夢得親在堂，吾不忍夢得之窮，無辭以白其大人；且萬無母子俱往理。」請於朝，將拜疏，願以柳易播，雖重得罪，死不恨。遇有以夢得事白上者㊹，夢得於是改刺連州㊺。嗚呼！士窮乃見節義。今夫平居里巷相慕悅，酒食游戲相徵逐，詡詡㊻強笑語，以相取下，握手出肺肝相示，指天日涕泣，誓生死不相背負㊼，真若可信。一旦臨小利害，僅如毛髮比，反眼若不相識。落陷穽不一引手救，反擠之，又下石焉者，皆是也㊽。此宜禽獸夷狄所不忍爲，而其人自視以爲得計。聞子厚之風，亦可以少愧矣！

子厚前時少年，勇於爲人，不自貴重顧藉㊾，謂功業可立就，故坐廢退。既退，又無相知有氣力得位者推挽，故卒死於窮裔㊿。材不爲世用，道不行於時也。使子厚在臺省時，自持其身，已能如司馬刺史時，亦自不斥；斥時有人力能舉之，且必復用不窮。然子厚斥不久，窮不極，雖有出於人，其文學辭章，必不能自力以致，必傳於後如今，無疑也。雖使子厚得所願，爲將相於一時。以彼易此，孰得孰失，必有能辨之者。

子厚以元和十四年十一月八日卒，年四十七。以十五年七月十日，歸葬萬年(51)先人墓側。子厚有子男二人：長曰周六，始四歲；季曰周七，子厚卒乃生。女子二人，皆幼。其得歸葬也，費皆出觀察使河東裴君行立(52)。行立有節概，重然諾；與子厚結交，子厚亦爲之盡，竟賴其力。葬子厚於萬年之墓者，舅弟盧遵。遵，涿(53)人，性謹慎，學問不厭。自子厚之斥，遵從而家焉，逮其死不去。既往葬子厚。又將經紀其家，庶幾有始終者。銘曰

：

是惟子厚之室，既固既安，以利其嗣人。

【註釋】❶諱　名也。生曰名，死曰諱。❷慶　字更生，河東解（今山西省解縣）人。❸拓跋魏　拓跋，雙姓。拓跋珪開基，是爲北朝。稱拓跋魏者，以其別於曹魏也。❹侍中　官名。侍從皇帝，應對顧問。魏晉南北朝時，地位相當於宰相。❺濟陰　郡名，今山東定陶縣。❻奭　字子邵。貞觀中，爲吏部尚書。❼褚遂良　字登善，錢塘（今浙江省杭州市）人。❽韓瑗　字伯玉，京兆三原（今陝西省三原縣）人。❾俱得罪武后　三人俱以諫高宗勿立武氏爲后，故爲后所害。❿高宗　名治，字爲善。⓫皇考　謂已故之父。⓬太常博士　官名，掌宗廟儀禮。⓭失御史　肅宗平賊，鎭上書言事，擢左衞率府兵曹，佐郭子儀朔方府，遷殿中侍御史。以事觸寶參，貶夔州司馬。⓮取進士第　宗元爲唐貞元初進士。⓯嶄然　高峻出衆貌。⓰頭角　言龍生角，則能變化，喻少年將變化之候也。⓱博學宏詞　制科名，所以考拔淹博能文之士者。⓲集賢殿　原名集仙，唐開元十三年，改爲集賢。⓳正字　官名。唐祕書省的屬官，掌校讎典籍，刊正文章。⓴儁傑廉悍　儁同俊，絕異曰俊。才過萬人曰傑。廉，利也。悍，勇也。㉑證據今古　謂所言皆引經據典也。㉒出入經史百子　謂經史諸子百家諸書，無不翻閱。㉓踔厲風發　謂其卓絕之能，猛厲之氣，如風之疾也。㉔諸公要人　要人，顯貴者，指王叔文輩也。㉕貞元　唐德宗年號。㉖藍田尉　藍田，今陝西藍田縣。尉，官名，即後之典史之屬。㉗順宗　名誦，德宗子。㉘例出爲刺史　唐武德中，改太守曰刺史。例，猶類也。按王叔文、韋執誼用事，宗元爲尙書禮部員外郎。將大用，叔文等敗，例出爲刺史。此文爲王諱，故不列其名，亦甚婉曲也。㉙例貶永州司馬　永州，屬湖廣。永貞元年九月，貶宗元爲邵州刺史。以未至，故不著州名。十一月道貶永州司馬。連用兩例字，見當時坐貶者不止宗元一人。㉚汎濫停蓄　汎濫，言文氣如水之橫潰也。停蓄，言積學深厚。㉛涯涘　水邊也。㉜肆　磊落不羈之意。㉝元和　唐憲宗年號。㉞柳州　舊治在今廣西馬平縣。元和十年三月，以宗元爲柳州刺史。㉟是豈不足爲政耶　謂柳州雖荒辟之地，豈無政治可施而行者。㊱順賴　謂順從而利賴之也。㊲子本相侔　子，利息也。本，本金也。侔，相等也。㊳則沒爲奴婢　謂本利相等，不容取贖，即沒入爲奴婢也。㊴令書其傭三句　僱工謂之傭。因貧不能取贖，令書其役，使之工，數計其工，價足以抵償子本，使歸還其子女。㊵衡湘　二州名。今湖南衡陽長沙二縣，其舊治也。㊶中山　定州之別名，即今河北定縣。㊷劉夢得　名禹錫。以進士，登博學宏詞科，累官至集賢殿學士，出爲蘇州刺史，遷太子賓客，以附王叔文被貶。㊸詣播州 詣，往也。播州，舊治在今貴州遵義縣，此乃荒僻之地，難以居官。㊹遇有以夢得事白上者 時御史中丞裴度上奏，因改連州。㊺連州 舊治在今廣東連縣。㊻詡詡 和集貌。㊼背負 背恩負德也。㊽落陷穽不一引手救四句 喻人當患難時，不肯出力相救，反從而中傷之。㊾顧藉 顧惜藉賴也。㊿窮裔 邊遠之地也。(51)萬年 今陝西咸寧縣。(52)裴君行立 裴行立，守眞曾孫，絳州稷山（今山西省稷山縣）人。貞元中爲觀察使，有善政及民，民懷其德，立祠祀之。(53)涿 州名，今河北涿縣。

【語譯】子厚，名叫宗元。他的七世祖慶，是拓跋魏時候的侍中，封濟陰公。曾伯祖父奭，做過唐朝的宰相，和褚遂良、韓瑗等人，都因爲得罪了武皇后則天，在高宗時候死去。他的父親名叫鎮，爲了侍奉母親，辭去太常博士，請求到江南去做縣長。後來因爲不能巴結有權有勢的要人，失去了御史的職位。這個要人死了以後，才再出來當侍御史，以剛強正直有名。所交往的人，都是當代的名人。

子厚從小就很精明聰敏，無論什麼事，都很通達。當他的父親在世的時候，雖然年紀很輕，就已經能自立了，能考中進士，嶄露頭角。因此大家都說：「柳家算是有好兒子了。」後來因爲考上了博學宏詞科，在集賢殿裏，作正字的官。他的才智雄俊傑出，有操守，辦事精明幹練，發議論時，引古證今，參考經、史、諸子百家的書，高遠雄快，好像一陣風般地吹過來，經常折服那些在座的人。於是他的名聲振動了各方面的人，當時的人，大家都希望和他交朋友。那些大官要人，都爭着要讓他出於自己的門下，大家異口同聲地舉薦他，稱讚他。

貞元十九年，他從藍田縣尉調任監察御史。順宗卽位後，任禮部員外郎。後來遇到執政的犯了罪，因受牽連，按例降級外放邵州的刺史；還沒到任所，又按例降級作永州的司馬。他處在閒散的情況下，更加刻苦，專力記誦流覽典籍，作歌詩，寫文章。他的文章，因爲看書多，學識豐富，所以非常深厚博大，沒有邊際。同時他還盡情地去遊覽山水。元和年間，曾經照例召回京城，又和同案的人一齊外放作刺史，子厚分發到柳州。他到了任所，嘆息著說：「這個地方，難道就不能夠辦好政務嗎？」他順應當地的風俗習慣，訂立了許多教令禁條，永州的人，都很服從依賴他。當地的風俗，拿男女孩子當抵押品借錢，約定如果不按照期限贖回去，到利息和本金相等的時候，就沒收男女孩子作奴僕婢女。子厚爲他們想了辦法，都使他們能夠把子女贖回來。那些特別貧窮，沒有力量把子女贖回來的，讓他重訂契約做傭工，到工錢和所欠的債可以相抵，就敎債主放還他們所扣押的子女。觀察使把這種辦法頒行到其他的州郡去，才到一年的工夫，免除奴役而回家的將近一千人。從衡山湘水以南，做進士的，都拜子厚做老師。那些經過子厚講說指敎，作文章詩歌的，文法組織都有可觀的地方。

當他被召回京城，又出任刺史的時候，中山人劉夢得禹錫，也是被外放的，本來應當去播州。子厚流著淚說：「播州，不是人住的地方。夢得家裏有老母親，我實在不忍心看見他受這樣的苦，沒有話可以向他的老人家交代，並且也萬萬沒有母子都去播州的道理。」他將要上奏章向朝廷請求，願意將自己的柳州，換播州，即使又得到重罪，死也不怨恨。這時候剛好碰到有人把夢得的事情，向上面解釋，於是夢得才改派連州刺史。唉！讀書人要到窮困的時候，才能看出他的節操和義氣來。比如有些人平常住在一起，彼此互相愛慕，吃喝遊玩，來來往往，和和氣氣地聚集在一起，勉強談談笑笑，彼此互相敷衍，才一握手，就好像要把肝肺挖出來給人看，指著青天、太陽，流著眼淚，發誓要生死彼此不互相背棄，那種樣子就像眞的可信一樣；忽然碰到只是像毛髮一般小的利害，就翻臉不認人。朋友掉落陷穽裏去，不但不伸手援救，反而推擠他，又投下石頭，這樣的人，到處都是。這種事情，應當是連禽獸野蠻人都不忍心做的，但是他們卻自以爲計策很好。他們如果知道子厚的風度，也應該有點慚愧吧！

子厚從前年輕的時候，對於幫忙別人的事很有勇氣，不貴重自己愛惜自己，以爲功業可以馬上建立，所以結果遭到罷黜斥退。他被斥退以後，又沒有了解他、又有力量有地位的人來推舉、提攜他，所以結果死在窮荒的邊陲。這是人材不被社會所重用，直道不能通行於當時啊！假使子厚在中書省御史臺做官的時候，能謹愼自重像作司馬、刺史時那樣，也自然不會被斥退放逐。如果被斥退時，也一定有人夠力量推舉他，而且也一定會被再起用，不致很窮困。然而子厚被斥退的時間不長，窮困也沒有到極點，雖然會出人頭地，他的學問文章，一定不能靠自己努力，達到像現在這樣，必然可傳於後世的境地，這是沒有疑問的。假使子厚能夠達成他的願望，做一個時期的大將或宰相，拿那種一時的榮華富貴，換這種文章留傳後世的不朽，究竟那個好那個壞，一定有人能夠加以分辨的。

子厚在元和十四年十一月八日逝世，年紀是四十七歲。在十五年七月十日，靈柩運回去，埋葬在萬年縣他的祖先墳墓的旁邊。子厚有兩個兒子，大的叫周六，才四歲；小的叫周七，子厚死後才出生。女兒兩個，年紀都很小。他的靈柩能運回去安葬，費用都是觀察使河東裴行立先生出的。行立是有節操、重信義的人；他和子厚是好朋友，子厚也替他盡過力，而死後竟靠他的力量的幫助。安葬子厚在萬年縣祖先墳墓旁邊的，是他的表弟盧遵。盧遵是涿縣人，性情謹愼，做學問很勤勉。自從子厚被斥退以後，盧遵就跟著他，和他住在一起，直到他死都沒有離開。盧遵安葬了子厚以後，還要替他管理家務，可以說是一個有始有終的人。銘詞是：

這裏是子厚的住所，既堅固又安穩，以利他的子孫。

【文章分析】本篇選自昌黎先生集，體裁屬於碑誌類。姚鼐古文辭類纂碑誌類云：「誌者，識也。或立石墓上，或埋之壙中，古人皆曰誌。爲之銘者，所以識之之辭也。然恐人觀之不詳，故又爲序。世或以石立墓上者曰碑、曰表，埋乃曰誌。及分誌銘二種，獨呼前序曰誌者，皆失其義，蓋自歐陽公不能辨矣。」韓愈爲柳宗元的至交，宗元死，韓愈爲誌其墓。本文的主旨，敘宗元才行卓異，但不遇於時，至其文章的深博，必能傳於後世。全文共分七段。首段敘宗元先世的節概。第二段敘宗元少時的聲譽。第三段敘宗元遭貶及其學問與政績。第四段因宗元請以柳易播，感慨世態的涼薄。第五段總論宗元生平，並言其文辭，必傳於後世。第六段敘宗元卒葬以後的事，並言裴、盧二人的道義。末段爲銘辭。宗元以附王叔文被貶，王叔文或言並未誤國，則宗元之貶，甚是寃抑。韓愈此文言「材不世用，道不行於時。」是隱爲宗元鳴不平。至斷其文辭必傳，下筆甚有輕重。

唐宋文新譯

卷九 唐宋文

駁復讎議

柳宗元

臣伏見天后❶時，有同州❷下邽❸人徐元慶者，父爽，為縣尉趙師韞所殺，卒能手刃父讎❹，束身歸罪。當時諫臣❺陳子昂❻建議，誅之而旌其閭❼；且請編之於令，永為國典。臣竊獨過之。

臣聞禮之大本，以防亂也。若曰：無為賊虐❽，凡為子者殺無赦❾。刑之大本，亦以防亂也。若曰：無為賊虐，凡為治者殺無赦❿。其本則合，其用則異。旌與誅，莫得而並焉。誅其可旌，茲謂濫，黷⓫刑甚矣！旌其可誅，茲謂僭，壞⓬禮甚矣！果以是示於天下，傳於後代，趨義者不知所向；違害者，不知所立，以是為典可乎？

蓋聖人之制，窮理以定賞罰，本情以正褒貶，統於一而已矣。嚮使⓭刺讞⓮其誠偽⓯，考正其曲直⓰，原始而求其端⓱，則刑禮之用，判然離矣。何者？若元慶之父，不陷於公罪⓲，師韞之誅，獨以其私怨⓳；奮其吏氣，虐於非辜；州牧不知罪，刑官不知問；上下蒙冒，籲⑳號不聞；而元慶能以戴天㉑為大恥，枕戈㉒為得禮，處心積慮，以衝讎人之胸，介然自克，即死無憾㉓，是守禮而行義也。執事者，宜有慚色，將謝之不暇，而又何誅焉？

其或元慶之父，不免於罪；師韞之誅，不愆㉔於法；是非死於吏也，是死於法也。法其可讎乎？讎天子之法，而戕奉法之吏，是悖驁㉕而凌上也。執而誅之，所以正邦典，而又何旌焉？且其議曰：「人必有子，子必有親；親親相讎，其亂誰救？」是惑於禮也甚矣！禮之所謂讎者，蓋以冤抑沈痛而號無告也；非謂抵罪觸法，陷於大戮。而曰：「彼殺之，我乃殺之。」不議曲直，暴寡脅㉖弱而已。其非經背聖，不亦甚哉！

周禮調人㉗，掌司萬人之讎。凡殺人而義者，令勿讎，讎之則死。有反殺者，邦國交讎之，又安得親親相讎也！春秋公羊傳㉘曰：「父不受誅，子復讎可也㉙；父受誅，子復讎，此推刃㉚之道，復讎不除害㉛。」今若取此以斷，兩下相殺，則合於禮矣。

且夫不忘讎，孝也；不愛死，義也。元慶能不越於禮，服孝死義，是必達理而聞道者也。夫達理聞道之人，豈其以王法為敵讎者哉！議者反以為戮㉜，黷刑壞禮，其不可以為典明矣。請下臣議，附於令：有斷斯獄者，不宜以前議從事。謹議。

【作者】柳宗元，字子厚。原籍河東解縣（今山西省解縣），唐代宗大曆八年（西元七七三年）生於長安。他的父親名慶，作過侍御史。宗元四歲跟著母親盧氏讀詩賦，二十一歲就考中了進士。以後又考中博學宏詞科，博通經史，議論雄奇。最初作集賢殿校書郎，調任藍田縣尉。貞元十九年，升任監察御史。順宗永貞元年（西元八〇五年），王叔文、韋執誼等執政，想裁抑宦官，整理政治，破格登用人才，他被引用做禮部員外郎。沒幾個月，順宗病倒，傳位憲宗，政局驟變，王、韋等都得罪。是年九月，宗元被牽連貶作邵州刺史。在去邵州的路上，又貶作永州司馬。永州就是現在湖南的零陵，當時還非常荒涼，他沒事可做，就到處遊覽山水。憲宗九年（西元八一四年）冬天，他被召回長安。次年春天，調任柳州（今廣西柳城縣）刺史，地方更僻遠。不過刺史是一州之長，他勉強打起精神，替地方做了不少事，因此柳州人非常愛戴他。元和十四年（西元八一九年）十一月八日，宗元死於柳州。當時他的兩個兒子都年幼，賴觀察使裴行立、舅弟盧遵幫助，才能於次年歸葬於陝西萬年縣祖塋。柳州人在羅池（今廣西馬平縣東）立廟祭祀他，韓愈為作羅池廟碑。宗元的詩，留傳到現在的，只有一百幾十首。他的遺集四十五卷，是他的朋友劉禹錫代為編訂的，傳記有韓愈的柳子厚墓誌銘，新舊唐書都有他的傳，宋文安禮還編有柳先生年譜一卷。

【註釋】❶天后　謂武后則天也。❷同州　故治即今陝西大荔縣。❸下邽　故城在今陝西渭南縣東北。❹手　父讎後師韞爲御史，元慶變姓名，爲驛家傭力久之。師韞以御史舍亭下，元慶手　之，自囚請官。❺諫臣　時陳子昂爲諫議大夫，故稱諫臣。❻陳子昂　字伯玉，武后時人。❼誅之而旌其閭　時議者以元慶孝烈，欲捨其罪。左拾遺陳子昂建議，以爲國法專殺者死，元慶宜正國法；然旌其閭墓，以褒其孝烈可也。議者以子昂爲是，俱韙而不言。其後禮部員外郎柳宗元乃駁之。❽無爲賊虐　言無使殺人者逞其暴虐也。❾凡爲子者殺無赦　意謂置禮之意，凡爲賊虐者，雖人子亦不當仇，而仇者死。❿凡爲治者殺無赦　此謂凡官吏殺不應殺之人，也要被判死刑。⓫黷　汙也，慁亂之意。⓬壞　傷敗之意。⓭嚮使　猶言假使。⓮刺讞　刺，訊問也。讞，議罪也。⓯誠僞　言情之眞假也。刺讞其誠僞，謂察其情之眞僞也。⑯考正其曲直　謂究其理之曲直也。⑰原始而求其端　謂訊其復仇之始末也。原，推其根原。⑱不陷於公罪　謂其枉屈，未嘗干犯國法。⑲以其私怨　謂其懷挾私仇，借此以快報復。⑳籲　呼也。㉑戴天　言同戴一天，而立於天下。此代稱父讎。禮記曲禮上：「父之讎，弗與共戴天。」㉒枕戈　言以戈爲枕，不敢一日忘復讎之念也。㉓介然自克卽死無憾　介者，分辨之意。謂心上打算明白，毅然行殺，雖身死亦無懊悔。克，勝也。㉔愆　差錯也。㉕驁　驕蹇不馴也。㉖脅　恐迫也。㉗調人　官名，掌萬民之難而諧和之。㉘公羊傳　公羊，複姓。周公羊高作春秋傳，卽名公羊傳。㉙父不受誅子復讎可也　不受誅，謂罪不當誅，其子應報復。㉚推刃　一往一來，相殺無已時也。㉛復讎不除害　謂止殺仇身，不復因其子之欲害己而兼及其子。㉜戮　殺也。

【語譯】 臣聽說武后時，有一個同州下邽人，名字叫徐元慶的，他的父親徐爽，被縣尉趙師韞所殺。他後來竟能親手殺了殺父的仇人，然後去自首，接受所應得的罪。當時的諫議大夫陳子昂建議：將他誅戮以正國法，但是旌表他的閭墓以褒揚他的孝烈；並且請求把這判例，編到法令裏面去，永遠作爲國家的典章。臣獨以爲他的主意是錯誤的。

臣聽說：制禮的宗旨，是用來防止禍亂的。倘使說：爲了不要讓殺人的人，逞他的暴虐，凡是做兒子的，不可以報仇。如果報仇，就判死罪，決不赦免。立法的宗旨，也是用來防止禍亂的。倘使說：爲了不要讓殺人的人，逞他的暴虐，凡是官吏所不應當殺的人，如果官吏把他殺了，這官吏也要判死罪，決不赦免。這兩件事情的根本用意雖然相同，但運用起來就不同了。旌表和誅戮，不能並用。誅戮可以旌表的人，這叫做濫，是用刑太過分了。旌表可以誅戮的人，這叫做僭，是過分破壞禮法了。果眞以這種處理方法來曉諭天下人，並且傳到後代去，那麼行義的人，將不知往那裏走；要遠離禍害的人，將不知要站在那裏。以這種處理方法來作典章，可以嗎？

原來聖人建立各種制度，一定要窮究事情的道理，來決定賞罰。一定要根據事情的眞相，來使褒貶不會有偏差，一切無非要求統一而已。假使審察事情的眞假，研究道理的曲直，推原事情的開始，探求事情的結果，那麼該用刑用禮，就可以很明白地加以分辨了。這是爲什麼呢？如果元慶的父親，並未干犯國法，師韞所以殺他，只是因爲他的私怨的緣故，他藉他官吏的權勢，虐待沒有罪的人；州牧沒有判他罪，刑官也不加以訊問；上下的人，都糊裏糊塗；人家叫喊呼號，他們都不聞不問；於是元慶以爲與仇人並存，爲奇恥大辱；而睡時用戈做枕，不忘復仇是合禮的事；處心積慮，要用刀去衝刺仇人的胸；心裏打算明白，毅然去刺殺仇人，雖死也無遺憾，這不但是守禮而且是行義。執政的人，應該感到慚愧。向他謝罪都來不及，又怎樣可以加以誅戮呢？

如果元慶的父親，的確有罪，師韞殺他，在法律上沒有偏差，這樣他不是死於官吏，而是死於法律。法律難道可以敵視嗎？敵視天子的法律，而且殺害執行法律的官吏，這是違背道理，驕蹇不馴，又是犯上。逮捕這種人，而且把他誅戮，這是用來明正國家的典章，又有什麼可以旌表的呢？並且他的議論說：「人一定有兒子，兒子一定有父母親，爲了愛他的父母親，互相報仇，這個亂子，誰來挽救？」說這種話，是對禮太不了解了。禮所謂報仇的人，應該是那種人：他有冤枉，受到壓抑，心裏很沈痛；他呼號叫喊，可是又無可以告訴的人。而不是說觸犯法律，抵罪就死的人。現在這樣說：「他殺了他，我因此也殺他，這樣叫做報仇。」這只是不分是非曲直，衆欺侮寡，強壓迫弱罷了。他的背經叛道，不是也太過分了嗎？

周官裏「調人」這種官，是負責處理衆人仇恨的。凡是殺人，而合乎正義的，就叫人不要報仇，報仇就犯死罪。如果有反殺的人，全國的人都把他看成仇敵，這樣又怎麼會代代反覆相仇呢？春秋公羊傳上說：「父親不應被處死，可是卻被人殺了，兒子報仇是可以的。父親應被處死，兒子卻去報仇，這是互相殘殺。報仇只殺仇人，不能因爲他的兒子爲父親報仇，對自己有害，就殺掉他的兒子。」現在如果拿這話來推斷師韞元慶的互相殺戮，就合乎禮法了。

況且兒子沒有忘記爲父親報仇，這是孝。爲了報仇，不惜一死，這是義。元慶能夠不超越禮法的範圍，服從孝道，爲義而死，這個人一定是明白道理的人。明白道理的人，那裏是把王法看成仇敵的人呢？議論這件事的人，反而要把他誅戮，用刑太過分，又破壞禮法，這種辦法不可以作爲典章，是很明白的了。臣請求把臣這個意見，附在法令上：如果有判決這種獄訟的人，不應當以前面的主張辦理。臣恭恭敬敬地這樣建議。

【文章分析】本篇選自河東先生集，體裁屬於論辨類。唐武則天時，徐元慶的父親被縣尉趙師韞所殺。元慶爲父復讎，親手殺了師韞。然後自己去投案，接受國法的制裁。當時諫議大夫陳子昂，主張誅元慶以正國法，旌其閭墓以褒孝烈。柳宗元以爲這種做法是不對的，因此才寫了這篇駁復讎議。本文主旨，言「旌」「誅」不能並用，駁斥陳子昂主張誅元慶而旌其閭墓之不當。全文共分六段：首段敘元慶的復讎與陳子昂的主張。第二段言「旌」與「誅」不能並用。第三段言元慶的父親如果無罪，便不當「誅」。第四段言元慶的父親如果有罪，便不當「旌」。第五段引周官與公羊傳，說明「復讎」的意義。末段言元慶「不忘讎」，「不愛死」，「服孝死義」，不當「誅」。這篇文章，論理處，作兩平之言。論事處，有側重之語。引經據典，無游移之字。過商侯說：「只旌誅莫得而並一句，便已駁倒。以下設爲兩段議論，深明旌誅不可並處，更明白痛快，蕭、曹恐亦無此卓議。」

桐葉封弟辨

柳宗元

古之傳者❶有言：「成王❷以桐葉與小弱弟，戲❸曰：『以封汝。』周公入賀。王曰：『戲也。』周公曰：『天子不可戲。』乃封小弱弟於唐❹。」

吾意不然❺。王之弟當封耶？周公宜以時言於王，不待其戲，而賀以成之也；不當封耶？周公乃成其不中之戲，以地與人，以小弱弟者爲之主，其得爲聖乎？且周公以王之言，不可苟焉而已，必從而成之耶？設有不幸，王以桐葉戲婦寺❻，亦將舉❼而從之乎？凡王者之德，在行之何若。設未得其當，雖十易之不爲病；要於其當，不可使易也，而況以其戲乎？若戲而必行之，是周公教王遂❽過也。

吾意周公輔成王宜以道，從容優樂，要歸之大中而已❾。必不逢其失而爲之辭；又不當束縛之，馳驟之，使若牛馬然，急則敗矣。且家人父子，尚不能以此自克❿，況號爲君臣者耶！是直小丈夫缺缺⓫者之事，非周公所宜用，故不可信。

或曰：「封唐叔，史佚⑫成之。」

【註釋】❶古之傳者　此指史記晉世家。❷成王　武王子，名誦。❸以桐葉與小弱弟戲　史記晉世家：「成王與叔虞戲，削桐葉為圭，以與叔虞，曰：『以此封汝。』史佚因請擇日立之。成王曰：『吾與之戲耳。』史佚曰：『天子無戲言。』於是遂封叔虞於唐。」❹唐　地名，堯之故址也，即今河北唐縣。❺吾意不然　謂以吾意忖度之，斷其必無此事也。❻婦寺　謂婦人與宦官也。❼舉　施行之意。❽遂　成也。❾吾意周公輔成王宜以道三句　謂吾思周公之輔成王，是以聖臣佐聖君，宜以正道，從容不迫而開導之，優游和樂而勸諫之，要歸於不偏不倚之大中而已。必不俟其有游戲之失，而代為掩飾之詞也。❿自克　自制。⓫𨤲𨤲　小智也。⓬史佚　周太史尹佚也。

【語譯】古時候的書上說：「周成王拿梧桐的葉子給小弟弟，開玩笑地說：『我用這個封你。』周公聽見了這話，就進去道賀。成王說：『我是跟他說著玩的。』周公說：『天子不可以隨便開玩笑。』於是成王就封他的小弟弟在唐的地方。」

我想事情一定不是這樣的。如果成王的弟弟應當封，那麼周公應該在適當的時候，告訴成王，不必等到他鬧著玩的時候，去道賀促成他。如果不應當封，周公竟然促成這種不合理的遊戲，把土地、人民，給一個幼小的孩子，讓他去做那兒的君主，這樣能夠算是聖人嗎？

同時，周公只是認為天子的話，不可以隨便亂說罷了，那裏是一定要照著辦去促成他呢？如果不幸，成王拿梧桐葉跟婦人宦官說著玩，難道也要照著做嗎？一個王者的德行，主要是看他做得怎麼樣。如果做得不妥當，就是改十次也不算毛病；如果做得妥當，就不能讓他變更了，何況他是鬧著玩的呢？如果鬧著玩也一定要照辦，那就是周公教成王錯誤錯到底了。

我想周公輔助成王，一定是順著正道，而且從容不迫地開導他，優游和樂地諫勸他，做到不偏不倚、大中至正的境地而已。一定不會逢迎他，替他的過失掩飾。也不會束縛他，驅使他，使他好像牛馬一樣。如果太急躁，就把事情弄糟了。況且，家裏的人，有父子的關係的，尚且不能用這種方法自制，何況在名分上是君臣關係的人呢？這簡直是小人物要小聰明的事，不是周公所應當採用的，所以不可相信。

有人說：「成王封唐叔，是太史尹佚促成的。」

【文章分析】本篇選自河東先生集，體裁屬於論辨類。周成王，是周武王的兒子，名叫誦，他即位時，年紀很小，由周公代理政務。七年後，周公返政。成王在位三十七年，成是他的諡號。古書上有這樣的記載：成王拿桐葉剪成圭形，和他的弟弟叔虞鬧著玩說：「用這個封你。」周公說：「天子不可鬧著玩。」向他道賀。於是成王就眞的封叔虞於唐的地方。柳宗元以爲這話是不可信的，因此就寫了這篇文章。本文主旨，言人臣輔佐君主，應以中正之道，不應爲他的過失掩飾。全文共分五段：首段敍周公賀成王事。第二段論周公賀成王的不當。第三段再申論周公賀成王不當的理由。第四段言人臣輔佐君主的道理。第五段言賀成王的一定不是周公。這是一篇短文，但是反覆辨駁，都深中要害。前人有這樣的評語：「前幅連設數層翻駁，後幅連下數層斷案。俱以理勝，非尙口舌便便也。讀之反覆重疊愈不厭，如眺層巒，但見蒼翠可愛耳。」

箕子碑

柳宗元

凡大人❶之道有三：一曰正蒙難❷，二曰法授聖❸，三曰化及民❹。殷有仁人曰箕子❺，實具茲道，以立於世，故孔子述六經之旨，尤殷勤❻焉。當紂之時，大道悖亂。天威之動不能戒❼，聖人之言無所用。進死以併命❽，誠仁矣；無益吾祀，故不爲。委身以存祀❾，誠仁矣；與❿亡吾國，故不忍。具是二道，有行之者矣。是用保其明哲，與之俯仰。晦是謨範⓫，辱於囚奴。昏而無邪，隤而不息。故在易曰：「箕子之明夷⓬。」正蒙難也。及天命既改，生人以正。乃出大法⓭，用爲聖師，周人得以序彝倫⓮而立大典。故在書曰：「以箕子歸作洪範⑮。」法授聖也。及封朝鮮，推道訓俗。惟德無陋，惟人無遠。用廣殷祀，俾夷爲華，化及民也。率是大道，藂於厥躬。天地變化，我得其正，其大人歟。

於虖⑯！當其周時未至，殷祀未殄⑰。比干⑱已死，微子⑲已去。向使紂惡未稔而自斃，武庚⑳念亂以圖存；國無其人，誰與興理，是固人事之或然者也。然則先生隱忍而爲此，其有志於斯乎？

唐某年，作廟汲郡㉑，歲時致祀。嘉先生獨列於易象，作是頌云㉒。

【註釋】❶大人　有德者之稱。❷正蒙難　以正而犯難也，如箕子諫紂被囚。❸法授聖　以法授之於聖者也。❹化及民　其教化及於百姓也。❺箕子　商紂諸父，諫紂被囚，佯狂爲奴。武王滅殷，箕子率五千人避之朝鮮而君之。❻殷勤　情意深摯周到。❼戒　引以爲戒也。❽進死以併命　指比干也，諫紂不聽，爲紂所殺。❾委身以存祀　指微子也。數諫紂不聽，去之以存殷祀。委身，屈身。❿與　助。⓫晦是謨範　晦，藏也。謨，謀也。範，法也。⓬明夷　易卦名，離下坤上，其象爲日入地中，明而見傷。凡賢者不得志，憂讒畏譏，皆謂之明夷。其爻辭六五曰：「箕子之明夷。」言以宗臣居暗地，近暗君，而能正其志，箕子之象也。⓭大法　即洪範也。⓮彝倫　常倫也。⓯洪範　周書篇名。書：「天乃錫禹洪範。」蓋洪範發之於禹，箕子推衍增益，以陳之武王之治天下大法也。⓰於虖　同嗚呼。⓱殄　絕也。⓲比干　殷紂諸父，諫紂不聽，爲紂所殺。⓳微子　紂之庶兄。⓴武庚　殷紂之子，周公封爲殷後。㉑汲郡　即今河南汲縣。㉒云　語末助詞，有「如此」意。

【語譯】凡是做一個有德的大人，有三個條件：第一是不惜爲了正道去冒險犯難，第二是把道法傳授給聖者，第三是教化施及人民。

殷商的時候，有個仁人，叫箕子，他的確具備了這些條件；他就是以這些條件，立身在社會上。所以孔子敍述六經的意旨時，對於他這方面的事，特別周到。當商紂的時候，大道悖逆混亂，天威的震動，已沒有警戒作用；聖人的話，一點也沒有用處。冒死進諫，把生命置之度外，的確可以算是仁了；但是對於自己的社稷，沒有什麼益處，所以有人不願這樣做。屈辱自身以保存宗廟社稷的祭祀，也的確可以算是仁了；但是這有如助成別人來滅亡自己的國家，所以有人不忍心做。具備這兩個條件，有做到的人了。

因此他保全他明哲的身體，暫時和一般世俗的人一起浮沉。把自己的謀略隱藏起來，屈辱在奴隸羣中。他雖然不得意，但是他不做沒有道理的事。他雖然失敗，但是他不停止努力。所以在易經上說：「一個宗臣，處在黑暗的地方，接觸的是一個昏庸的人君，可是他的志節始終是純正的，這是箕子的遭遇的卦象。」這是說他能夠爲了正道去冒險犯難。

到了殷朝滅亡，周朝興起，世上的人，都納入正軌；於是他就拿出治天下的大法九類，傳授給周武王，做了聖人的老師。周人因此才能使常倫有序，才能創立偉大的典章，所以在書經上說：「因爲箕子回來作洪範。」這是說他把道法傳授給聖者。

到了封於朝鮮的時候，他就推廣大道，訓育化俗，講道德不分深淺，教人不論遠近。因此推廣了殷朝的祭祀，使夷狄變爲華夏，教化普及人民。大抵這些大道，都聚集在他的身上。天地無論如何變化，只有他始終是純正的，他應該是有德的大人了吧？

唉！當周朝還未建立，殷朝還沒有滅亡的時候，比干已經被紂殺了，微子也已經離開了；假使當時紂的罪惡還沒有滿盈就死了，武庚憂念國家的紛亂，想要救亡圖存，國裏卻沒有人，那麼誰和武庚一起來治理國家呢？這種事本來在人世中是很可能會發生的。這樣說來，那麼箕子先生隱忍受辱如此做，也許就是有這個志向吧！

唐朝某某年，在汲郡建了一座箕子廟，以後每年都按時祭祀。我佩服先生獨能列名在易經象辭裏，所以做了這篇頌詞。

【文章分析】 本篇選自河東先生集，體裁屬於碑誌類。箕子是商紂王的叔父，名叫胥餘。封子爵，國在「箕」這個地方。商紂無道，箕子勸告他，但他不聽，於是箕子就佯狂爲奴。周武王打敗了商紂，箕子作洪範，告訴武王治天下的大法。武王於是封箕子於朝鮮，不把他當作臣子看待。現在朝鮮平壤，還有箕子墓，就是他的遺跡。唐朝，河南汲縣的人，建築了一座箕子廟紀念他，柳宗元因此就寫了這篇碑誌。本文的主旨，是歌頌箕子的德行。全文共分七小段：首段說有道的大人所應具備的條件。第二段說比干、微子的行爲，都是「仁」的表現，但是箕子不忍這樣做。第三段說箕子佯狂爲奴，不惜爲了正道去冒險犯難。第四段說箕子把道法傳授給聖人。第五段說箕子施教化在人民身上。第六段說箕子所以這樣做，是因爲他有志於此。第七段說作碑的緣由。這篇文章，前人有這樣的評語「前立三柱，眞是天外三峯，卓然峭峙。於虖以下，忽然換筆，一往更有深情。」

捕蛇者說

柳宗元

永州❶之野產異蛇，黑質而白章❷，觸草木盡死；以齧❸人，無禦之者。然得而腊❹之以爲餌❺，可以已大風❻、攣踠❼、瘻❽、癘❾，去死肌❿，殺三蟲⓫。其始太醫⓬以王命聚之，歲賦其二。募有能捕之者，當其租入。永之人爭奔走焉。

有蔣氏者，專其利三世矣。問之，則曰：「吾祖死於是，吾父死於是，今吾嗣爲之十二年，幾死者數矣。」言之貌若甚戚者。余悲之，且曰：「若毒之乎？余將告於莅事者，更若役，復若賦，則何如？」蔣氏大戚，汪然⓭出涕，曰：「君將哀而生之乎？則吾斯役之不幸，未若復吾賦⓮不幸之甚也。嚮吾不爲斯役，則久已病矣。自吾氏三世居是鄉，積於今六十歲矣。而鄉鄰之生日蹙⓯，殫⓰其地之出，竭其廬之入。號呼而轉徙，餓渴而頓踣⑰。觸風雨，犯寒暑，呼噓毒癘⑱，往往而死者，相藉也。曩與吾祖居者，今其室十無一焉。與吾父居者，今其室十無二三焉。與吾居十二年者，今其室十無四五焉。非死即徙爾，而吾以捕蛇獨存。悍吏之來吾鄉，叫囂⑲乎東西，隳突⑳乎南北；譁然而駭者，雖雞狗不得寧焉。吾恂恂㉑而起，視其缶㉒，而吾蛇尚存，則弛然㉓而臥。謹食之，時而獻焉。退而甘食其土之有，以盡吾齒。蓋一歲之犯死者二焉，其餘則熙熙㉔而樂，豈若吾鄉鄰之旦旦有是哉。今雖死乎此，比吾鄉鄰之死則已後矣，又安敢毒耶？」

余聞而愈悲。孔子曰：「苛政猛於虎㉕也。」吾嘗疑乎是，今以蔣氏觀之，猶信。嗚呼！孰知賦斂之毒，有甚是蛇者乎！故為之說，以俟夫觀人風者㉖得焉。

【註釋】❶永州　州名，今湖南零陵縣，其舊治也。❷章　文也，采也。❸齧　以口噬人也。❹腊　乾肉也。腊之，以之為腊也。❺餌　藥餅也。❻大風　惡疾也。素問：「骨節腫，鬚眉落，名曰大風。」俗稱大痲瘋。❼攣踠　手腳曲而不能伸也。❽瘻　頸腫疾也。❾癘　惡瘡疾也。❿死肌　如癰疽之腐爛者。⓫三蟲　謂三尸蟲也。即潛於人體之寄生蟲。道家謂身中之神，一居腦，二居明堂，三居腹胃，能為人害。柳宗元文：「道士言：人皆有尸蟲三，處腹中，伺人隱微失誤。日庚申，出讒於帝。」太上三尸中經：「上尸名彭倨，在人頭中。中尸名彭質，在人腹中。下尸名彭矯，在人足中。」玉樞經注：「上尸名青姑，中尸名白姑，下尸名血姑。」⓬太醫　官名，主醫藥，即皇室之醫，亦曰御醫。⓭汪然　出淚貌。⓮賦　田賦也。⓯蹙　迫也。⓰殫　盡也。⓱頓踣　頓，頓躓，謂行路顛蹶也，喻人處境之窮困。踣，僵也，斃也。⓲呼噓毒癘　呼噓，猶言呼吸。毒癘，疫氣也。⓳叫囂　大聲呼噪也。⓴隳突　猶騷擾也。言其突入民家，擊毀其器物也。隳，毀也。㉑恂恂　徐緩貌。㉒缶　瓦器，腹大口小，可以盛流質者。㉓弛然　安放也。猶俗言放心。㉔熙熙　和也。㉕苛政猛於虎　謂煩苛之政令，其猛甚於虎也，語見禮記檀弓。㉖觀人風者　謂採風問俗之人也。

【語　譯】永州的郊野，出產一種特異的蛇，身上是黑色的底子，可是有白色的花紋。草木被碰到，都會枯死；咬著了人，便沒有可治的藥物。不過，要是捕捉到這種蛇，把牠風乾做成藥餅，可以治好痲瘋、手足拳曲、惡性腫瘡等疾病，還可以去腐生肌，殺死三尸蟲。當初太醫，以皇帝的命令，搜購這種蛇，每年進貢兩次。徵求能夠捕捉這種蛇的人，捕到的蛇可以當他應繳田賦的收入。於是永州的人，都爭先恐後地去捕捉。

有一個姓蔣的人，專門捕捉這種蛇已經三代了。問他捕蛇的情形，他就回答說：「我的祖父死於捕蛇，我的父親死於捕蛇，現在我接著做這種事已經十二年，險些兒送掉性命也有好幾次了。」他說這話的時候，臉上好像很悲戚的樣子。我很可憐他，便說：「你怨恨做這種事情嗎？我將替你去告訴這裏的地方官，換一件事情給你做，恢復你的賦稅，你看怎麼樣？」蔣氏聽了這話，更加悲傷，眼淚汪汪地說：「您是哀憐我，要使我活下去嗎？那麼我做這種工作的不幸，還沒有像恢復我的賦稅那樣不幸得厲害。以前如果我不做這種事情，那麼我早已困苦不堪了。自從我家三代住在這個地方，到現在已經六十年了。我這兒的鄉居，他們的生活，一天比一天艱難。他們用盡他們田地上的出產，屋子裏面的收入，呼號求救，輾轉遷徙，挨餓受渴，顛沛頓仆，冒著風雨，犯著寒暑，呼吸著疫氣，這樣死去的人，常常是屍首互相枕藉在一起。以前和我祖父同住在這兒的人，現在十家沒有一家了。和我父親同住在這兒的人，現在十家中沒有兩三家了。和我一同住過十二年的人，現在十家中沒有四五家在這兒了。他們不是死亡，就是遷徙，只有我因為捕蛇獨能仍在這兒。那些兇惡的差役來到我們鄉裏，到處叫囂騷擾，大家都喧譁起來，心裏非常害怕，即使鷄狗也無法安寧。每天我慢慢地起身，看看瓦罐裏的蛇還在，就很放心地睡覺。我小心地餵養著牠，到了時候就獻上去。回來以後，就安安逸逸地吃我田地裏所出產的東西，以盡我的天年。大約一年冒生命的危險不過兩次，其餘的時間，都是很和樂的，那裏會像我的鄰居，天天都在痛苦中呢？現在即使因捕蛇而死，比我鄉的一些鄰人，已經死得晚了，我又那裏敢抱怨呢？」

我聽了這些話，心裏就更加悲痛。孔子說：「苛政比老虎還厲害」，我以前很懷疑這句話，現在從蔣氏的遭遇看起來，是真可以相信的。唉！哪裏知道田賦稅收的毒害，竟然有比這種毒蛇還厲害的呢！所以寫了這篇捕蛇者說，等待那些觀察民情風俗的人，拿去做個參考。

【文章分析】 本篇選自河東先生集，體裁屬於雜記類。蛇性最毒，本草云：「以之治風最捷，惟產於永州者良，用以充貢。」宗元貶謫永州，正是李吉甫撰國計篇上憲宗的時候；賦斂煩苛，民不堪命。當時永州有人以捕到的蛇來充當賦稅，因此宗元藉捕蛇者的話，來發議論。本文主旨，在藉敍述捕蛇者寧願冒被毒蛇咬死的危險，而不願「更役復賦」，以見賦斂之毒，有甚於蛇，這也就是「苛政猛於虎」的意思。全文分四段；首段述毒蛇的用處，與永州人捕此蛇的原因。第二段敍蔣氏捕蛇的痛苦。第三段引捕蛇者的話，以見「復賦」之慘，比捕蛇更甚。末段引孔子的話作斷，點出作此說的用意。這是一篇小文章，卻發出這許多議論。作者心裏先有孔子「苛政猛於虎」的意思，然後才寫出此篇文章。前後起伏抑揚，包含著無限悲傷悽惋。在那政治黑暗的時代，如果人君看到這篇文章，是應當會有所警惕的了。

種樹郭橐駝傳

柳宗元

郭橐駝❶，不知始何名。病僂❷，隆然伏行❸，有類橐駝者，故鄉人號之駝。駝聞之，曰：「甚善！名我固當❹。」因捨其名，亦自謂橐駝云。

其鄉曰豐樂鄉，在長安❺西。駝業種樹，凡長安豪富人為觀游❻及賣果者，皆爭迎取養。視駝所種樹，或移徙，無不活；且碩茂❼，蚤實以蕃❽。他植者雖窺伺傚慕，莫❾能如也。

有問之，對曰：「橐駝非能使木壽且孳❿也。以能順木之天，以致其性焉爾。凡植木之性，其本欲舒⓫，其培欲平⓬，其土欲故⓭，其築欲密⓮。既然已，勿動勿慮⓯，去不復顧。其蒔⑯也若子，其置也若棄，則其天者全，而其性得矣。故吾不害其長而已，非有能碩而茂之也。不抑耗⑰其實而已，非有能蚤而蕃之也。他植者則不然：根拳⑱而土易⑲。其培之也，若不過焉，則不及。苟有能反是者，則又愛之太恩⑳，憂之太勤。旦視而暮撫，已去而復顧。甚者爪其膚以驗其生枯，搖其本以觀其疏密。而木之性日以離矣。雖曰愛之，其實害之。雖曰憂之，其實讎之。故不我若㉑也，吾又何能爲哉？」

問者曰：「以子之道，移之官理，可乎？」駞曰：「我知種樹而已，官理非吾業也。然吾居鄉，見長人者㉒，好煩其令。若甚憐焉，而卒以禍。旦暮，吏來而呼曰：『官命促爾耕，勗㉓爾植，督爾穫，蚤繅㉔而緒，蚤織而縷㉕，字㉖而幼孩，遂㉗而雞豚！』鳴鼓而聚之，擊木而召之。吾小人輟飧饔㉘以勞㉙吏者，且不得暇，又何以蕃㉚吾生而安吾性耶？故病且怠。若是，則與吾業者，其亦有類乎？」

問者嘻㉛曰：「不亦善夫！吾問養樹，得養人術。」傳其事以爲官戒也。

【註釋】❶橐駞　即駱駝，以其背隆起，若囊橐然，故名橐駞。駞，同駝。❷病僂　俯身曲脊，即俗名駝子。❸隆然伏行　隆，高也。伏行，謂面向地而行也。❹固當　固，本來。當，相當。❺長安　縣名，今陝西長安縣。❻觀游　觀賞，遊玩。❼碩茂　大而盛也。❽蚤實以蕃　蚤，同早。結實早而多也。❾莫　無人也。❿壽且孳　孳同滋。長生且孳茂也。⓫本欲舒　本即根，謂根欲得舒展也。⓬培欲平　培植欲得平均也。⓭故　指舊土。⓮築欲密　填泥欲得堅密。⓯慮　慮其不活也。⓰蒔　種也。⓱抑耗　抑，抑制、壓制也。耗，消滅、損害也。⓲根拳　拳，曲也，謂根拳曲而不舒也。⓳土易　謂土更換而非故。⓴恩　此作「殷勤」解。㉑不我若　不若我也。㉒長人者　官也。㉓勗　勉也。㉔繅　繅同繰，繹繭為絲也。㉕縷　布縷也。㉖字　撫養也。㉗遂　長也。長成也。㉘飧饔　熟食也，朝曰饔，夕曰飧。㉙勞　慰勞，接待。㉚蕃　昌盛。㉛嘻　笑貌，又感歎聲。

【語譯】郭橐駝，不知道他起初叫什麼名字。他患駝背的毛病，走路的時候，背部凸起，臉向著地，就像駱駝的樣子。所以鄉裏的人，為他取了一個外號，叫他「橐駝」。他聽了說：「很好！這樣叫我很恰當。」因此他就丟開原來的名字，也叫自己「橐駝」了。

他的家鄉叫豐樂鄉，在長安的西邊。他以種樹為業，在長安這一帶，凡是有錢有勢的人家，為了遊玩觀賞，還有賣水果的，都爭著接他到家裏去，並且很好地款待他。看他所種的樹，或移植的樹，沒有不活的，並且都長得很高大很茂盛，果子結得又早又多。別的種樹的人，卽使在暗地裏觀察，想做效他的種樹方法，可是沒有那一個人，能夠比得上他。

有人問他原因，他回答說：「我並沒有什麼祕訣能夠使樹木活得很長久，長得很茂盛，只不過是順著樹木的天性，讓它盡量發展罷了。凡是種樹要注意它的本性，根要舒暢，培土要均勻，根上要多帶舊土，種好之後，土要踩得緊緊的。一切都弄好了以後，就不要再去動它，憂慮它，走開，不再回頭去看它。種的時候，很小心，好像照顧自己的孩子似的。種好了，把它擺在一邊，就好像把它拋棄了似的。那麼它的天性就可以保全，而且可以獲得發展了。所以我不過是不妨害它的生長罷了，並不是有什麼祕訣能夠使它長得很高大，很茂盛。不過是不壓制損害它的果子罷了，並不是有什麼祕訣能夠使果子結得早，結得多。別的種樹的人就不是這樣：樹根弄得彎曲著，根上的舊土也換了新的。培土的時候，不是土太多，就是土太少。如果有人不是這樣粗心亂種，那麼他又會愛得太殷勤，擔心得太過分。早晨去看，晚上去摸。走了又回頭去看，甚至還抓破樹皮，查驗它的死活。搖搖樹根，看看泥土的鬆緊。這樣一來，樹木的本性就一天天地消散了。雖說是愛它，其實是害它。雖說是惦記它，其實是讎視它。所以他們比不上我，我又哪裏有什麼特別的能力呢？」

問的人說：「把您的辦法，應用到政治上去，可以嗎？」橐駝說：「我只懂得種樹罷了，政治，不是我的事情。但我住在鄉裏，看見那些做官的，老是喜歡多發命令。好像很憐惜老百姓，可是結果帶給老百姓的是災禍。早晚都有指導人員來叫著說：『政府的命令，教我來催促你們耕田，鼓勵你們種植，督促你們收穫。要你們早些繅絲，要你們早些織布。要好好地撫育小孩，要把雞、豬都飼養好。』一會兒敲鼓聚合老百姓，一會兒又打梆子召集老百姓。這樣我們這些做老百姓的，就是停了早餐晚飯，來慰勞接待這些官員，都還忙不過來，又怎麼能夠增加我們的生產，過我們自在安樂的日子呢？所以疲勞痛苦得不得了。像這種情形，和我所從事的種樹工作，不是有些相像嗎？」

問的人笑著說：「這不是好極了嗎，我問的是養樹，結果卻知道了養人的方法。」所以替他作了傳，作為那些做官治民的人的戒條。

【文章分析】本篇選自柳河東集，是屬於傳狀類的古文。這是柳宗元演繹老子「無為而治」的政治哲學所寫成的一篇寓言，不是真的有這回事。本文的主旨，是借種樹的道理，說明為政不可擾民。全文共分五段：首段敍述郭橐駝這個名字的由來。第二段說郭橐駝善於種樹。第三段說種樹的道理。第四段說為政者的擾民，和不會種樹的人種樹一樣。末段說為郭橐駝作傳的原因。這篇文章，前面寫種樹的方法，娓娓說來，好像是行家所說的話。後面寫官吏的擾民，寫得活形活現，入木三分。為政的道理，已暗寓在種樹的道理中，所以只要「得養人術」一句話就夠了。吳楚材的評語說：「前寫橐駝種樹之法，瑣瑣述來，涉筆成趣。純是上聖至理，不得看為山家種樹方。末入官理一段，發出絕大議論，以規諷世道，守官者當深體此文。」

梓人傳

柳宗元

裴封叔之第❶，在光德里❷。有梓人❸款❹其門，願傭隙宇而處焉❺。所職，尋、引、規、矩、繩、墨❻，家不居礱斲之器❼。問其能，曰：「吾善度材❽。視棟宇❾之制，高深方圓短長之宜，吾指使而羣工役❿焉。捨我，眾莫能就一宇。故食於官府⓫，吾受祿⓬三倍；作於私家，吾收其直⓭太半焉。」

他日，入其室，其床闕⑭足而不能理⑮，曰：「將求他工。」余甚笑之，謂其無能而貪祿嗜貨者。

其後，京兆尹⑯將飾⑰官署⑱，余往過焉。委⑲羣材，會眾工。或執斧斤，或執刀鋸，皆環立嚮之。梓人左持引，右執杖⑳，而中處焉。量棟宇之任㉑，視木之能舉，揮其杖曰：「斧！」彼執斧者奔而右。顧而指曰：「鋸！」彼執鋸者趨而左。俄而，斤者斲，刀者削，皆視其色，俟其言，莫敢自斷㉒者。其不勝任者，怒而退之，亦莫敢慍焉。畫宮於堵，盈尺而曲盡其制㉓。計其毫釐而構大廈，無進退㉔焉。既成，書於上棟，曰：「某年某月某日某建。」則其姓字也，凡執用之工不在列。余圜視㉕大駭，然後知其術之工大矣㉖。

繼而嘆曰：「彼將捨其手藝，專其心智，而能知體要㉗者歟！」吾聞勞心者役人，勞力者役於人；彼其㉘勞心者歟！能者用而智者謀㉙，彼其智者歟！是足為佐天子相㉚天下法矣。物莫近乎此也。彼為天下者，本於人。其執役者，為徒隸㉛，為鄉師、里胥㉜。其上為下士，又其上為中士，為上士。又其上為大夫，為卿，為公㉝。離而為六職㉞，判而為百役㉟。外薄㊱四海，有方伯、連率㊲。郡有守，邑有宰，皆有佐政㊳。其下有胥吏㊴

，又其下皆有嗇夫、版尹(40)以就役焉，猶眾工之各有執伎以食力(41)也。

彼佐天子相天下者，舉而加焉(42)，指而使焉，條其綱紀而盈縮焉(43)，齊其法制而整頓焉(44)；猶梓人之有規、矩、繩、墨以定制也。擇天下之士，使稱其職；居天下之人，使安其業。視都知野(45)，視野知國，視國知天下。其遠邇細大，可手據其圖而究焉。猶梓人畫宮於堵，而績(46)於成也。能者進而由之，使無所德(47)；不能者退而休(48)之，亦莫敢慍。不衒能(40)，不矜名(50)；不親小勞(51)，不侵眾官(52)；日與天下之英才，討論其大經(53)；猶梓人之善運眾工而不伐(54)藝也。夫然後相道得，而萬國理矣。

相道既得，萬國既理，天下舉首而望曰：「吾相之功也！」後之人循跡而慕曰：「彼相之才也！」士或談殷、周之理者，曰：「伊、傅、周、召(55)。」其百執事之勤勞，而不得紀焉。猶梓人自名其功，而執用者不列也。大哉相乎！通是道者，所謂相而已矣。其不知體要者反此；以恪勤(56)為功(57)，以簿書為尊(58)，衒能矜名，親小勞，侵眾官，竊取六職、百役之事，听听(59)於府庭，而遺其大者遠者焉，所謂不通是道者也。猶梓人而不知繩墨之曲直，規矩之方圓，尋引之短長，姑奪眾工之斧斤刀鋸以佐其藝，又不能備其工，以至敗績用(60)而無所成也，不亦謬歟！

或曰：「彼主為室者，儻或發其私智(61)，牽制梓人之慮，奪其世守(62)，而道謀是用(63)，雖不能成功，豈其罪耶？亦在任之而已。」

余曰：不然！夫繩墨誠陳(64)，規矩誠設，高者不可抑而下也，狹者不可張而廣也。由我則固，不由我則圮(65)。彼將樂去固而就圮也，則卷(66)其術，默其智，悠爾(67)而去，不屈吾道，是誠良梓人耳！其或嗜其貨利(68)，忍而不能捨也。喪其制量，屈而不能守也。棟橈(69)屋壞，則曰：「非我罪也！」可乎哉？可乎哉？

余謂梓人之道類於相，故書而藏之。梓人，蓋古之審曲面勢(70)者，今謂之「都料匠(71)」云。余所遇者，楊氏，潛其名。

【註釋】 (1)裴封叔之第　裴封叔，名瑾，柳宗元之姊夫。第，住宅也。(2)光德里　唐長安一里名。(3)梓人　考工記：攻木之工凡七，其一曰梓人，主以梓木造樂器、飲器及射侯等。本文所言梓人，猶今之建築師及領班工頭。(4)款　叩也。(5)願傭隟宇而處焉　傭，以力代租也。隟同隙。謂梓人叩門而請，願傭工其家，賃其室隙之屋以居也。(6)尋引規矩繩墨　八尺曰尋，一丈曰引，所以度長短也。規，所以為圓，矩所以為方，繩所以為直，墨即墨斗，所以彈線者。(7)家不居礱斲之器　居，猶言存也。礱，磨也。斲，削也。謂磨削工用之具，如刀鋸斧斤之類，家中無一而有也。(8)善度材　度，量度也。材，木料。材有大小短長，善度者度其大小短長而使之各得其用也。(9)棟宇　棟即樑，宇即檐。棟宇，猶言房屋。(10)役　服役也，作工之意。(11)食於官府　食，養也。為官府所養，即為官府所雇用。(12)祿　俸祿，此言工價也。(13)直　通值，工價也。(14)闕　通缺字。(15)不能理　言不能自為修理也。(16)京兆尹　官名。為管理京師地方之長官。(17)飭　治也。(18)官署　官舍也。(19)委　積也。(20)杖　丈量之尺也。(21)量棟宇之任　言度量其棟之所當任者何木，宇之所當任者何材也。㉒莫敢自斷　言皆聽梓人指揮，無人敢自出主意。㉓畫宮於堵二句　堵，牆也。謂梓人之籌畫，原是不繁，畫宮形于牆上，不過尺許之大，而廣狹高下之制，無不曲盡。㉔進退　猶言出入，即差誤也。㉕圜視　周視也。㉖知其術之工大矣　知梓人之術，可謂工且大矣。㉗體要　大體綱要也，猶言要領。㉘其　通「豈」字，表反詰。㉙能者用而智者謀　能者實行而智者策畫也。㉚相　治也。㉛徒隸　執役而應差使者。㉜鄉師里胥　鄉師，官名，周禮地官之屬。里胥，古之鄉職，如周禮之閭胥、里宰。㉝其上為下士六句　三代時，官職以公卿、大夫、士三者為等級。而士又分上中下三級。徒隸鄉師里胥以上，有才足以任事者曰士，初試為士者曰下士，下士以上有中士上士，中士上士以上，有智足以御人者為大夫，知進退而道上達者為卿，與天子坐而論道者為公。㉞離而為六職　離，分也。言由此分而為冢宰、司徒、宗伯、司馬、司寇、司空六職，即六部也。㉟判而為百役　判，分也。百役，百官也。㊱薄　至也。㊲有方伯連率　皆官名，率與帥同。禮王制：「千里之外設方伯。」又「十國以為連，連有率。」㊳郡有守邑有宰皆有佐政　言又分而為各郡，別而為各邑，郡有太守，邑有縣令，而守與宰又皆有佐政之官。㊴胥吏　衙役也。㊵嗇夫版尹　嗇夫，掌聽訟、收稅者。版尹，掌版圖戶籍者，皆供役之人。㊶食力　自食其力也。㊷彼佐天子相天下者二句　言惟宰相輔佐天子，平治天下，舉而加之百執事之上，不在羣工之列也。舉，舉薦也。加，居也，指任職。㊸條其綱紀而盈縮焉　謂其所事者，條貫其綱紀，輔相裁成，確然不易，而或增或減，足為子孫之成憲。㊹齊其法制而整頓焉　謂均齊其法制服物采章，正為一定，而以整以頓，足為臣工之法守。㊺視都知野　天子所居曰都，郊外曰野。此言視都城人民需要與治績成就，可以推知民間。㊻績　功業也。㊼德　感德也。㊽休　免職也。㊾不衒能　衒，自誇也。謂功高天下而不自誇其能。㊿不矜名　矜，自誇也。言德被生民而不自矜其名。(51)不親小勞　言相臣不身親瑣碎之小事。(52)不侵眾官　言相臣不參越眾官之職權。(53)大經　經，典常也。國家之常法也。(54)伐　自稱其功曰伐。(55)伊傅周召　殷之賢相伊尹傅說，周之賢相周公召公也。(56)恪勤　敬勤而勞苦也。(57)功　功勞。本作「公」，今據全唐文校改。(58)以簿書為尊　不以勢要為尊，而以綜核簿書為尊。簿書，材用冊也。(59)听听　爭辯貌。(60)績用　猶功用也。(61)私智　一人之見也。(62)世守　世守之業。(63)道謀是用　謂用道謀也。道謀，與行路人謀之也。(64)陳　設也。(65)圮　毀也。(66)卷　藏也。(67)悠爾　遠貌。(68)嗜其貨利　嗜，好也。金玉曰貨利，財也，凡有所好皆利也。(69)棟橈　橈，曲折也。(70)審曲面勢　言審察木材曲直方面形勢之宜也，見周禮考工記。(71)都料匠　即木工之長也。

【語譯】裴封叔的住宅，在光德里。有一天，有一個木匠去敲他的門，表示願意租他的一間空房子居住，而用替他做工來抵房租。他所做的工作，只用長尺、短尺、圓規、曲尺、墨線、墨斗，他家裏沒有刀鋸斧斤一類的工具。問他的本領，他就說：「我擅長計算材料，看房子的規格，知道高深圓方短長所需要的木材。我指揮工人們去工作。沒有我，工人們就沒有人能蓋好一幢房子。所以在政府機關裏做事，我領別人三倍的薪水。在私人家裏作工，我收的工錢也比別人多一大半。」

有一天，我到他的屋裏去。看見他的牀缺了腿，他自己不會修理。他說：「要找其他的工人來修。」我很覺得他可笑，以爲他是一個沒有能力，可是又貪圖薪水喜歡錢財的人。

後來，京兆尹要修理官署，我路過那兒，看見堆積著許多木材，聚集了許多工人。有的拿著斧斤，有的拿著刀鋸，大家圍成一個圓圈，面向他站著。這個木匠，左手拿著長尺，右手拿著手杖，站在中央的地方。他量量房子所需要的木材，看看木料的用處，就用手杖指揮著說：「砍！」那個拿斧頭的就跑到右邊去；他回過頭來指著說：「鋸！」那個拿鋸子的就跑到左邊去。過了一會兒，拿著斧頭的就斫，拿著刀的就劈。大家都看他的臉色，等他的吩咐，沒有一個人敢自己出主意。對工作不能勝任的人，他就很生氣，辭退他，也沒有人敢抱怨。他把房子的圖樣，畫在牆壁上，只有一尺大小，可是各部分的規格，都很完全地表示出來。依照他精密的計算，蓋成一幢大廈，也沒有一點差錯。房子蓋好了，在橫樑上寫著：「某年某月某某建。」寫的就是他的姓名。所有那些執行工作的工人，都不列名。我各方面都看了一下，不覺大吃一驚，這時我才知道他的技術的巧妙和偉大哩！

接著，我讚歎道：「他應該是一個捨棄手藝，專用心智，而且又能知道工作要領的人吧！」我聽說：勞心的人指使人，勞力的人被人指使。他應該是勞心的人吧！有技能的人工作，有智慧的人籌畫，他應該是有智慧的人吧！這可以做輔助天子治理天下的榜樣，再也沒有比這件事更相似的了。那些治理天下的人，完全靠著用人辦事。那些執行工作的人，是工役，是鄉師、里胥。上面是下士，再上面是中士、上士。再上面是大夫、是卿、是公。中央分別職務有六官，再細分爲百官。外面到四邊邊境，有方伯和連率。郡有太守，縣有縣令，都有佐理政事的人。下面有管文書的胥吏，再下面有管稅收訴訟的嗇夫、管戶籍版圖的版尹來辦理各種事情。就好像許多工人，各有專長技術，憑能力吃飯似的。

那個輔佐天子治理天下的宰相，舉用賢能，給他們各種官職，指揮他們，叫他們去工作；把治理國家的大綱領整理出來，眞正運用的時候，又加以伸縮；統一政府的法令制度，並且加以整頓。這就好像木匠有圓規、曲尺、墨線、墨斗來決定規格一樣。選擇天下的人才，使他們的能力能和職務相稱；安定天下的人，使他們都能安心工作。看了都城的情形，就知道民間的情形是怎樣。看了民間的情形，就知道全國的情形是怎樣。看了全國的情形，就知道全天下的情形是怎樣。那些遠近小大的事情，可以用手按著圖表，研究得清清楚楚。這就好像木匠把房子的圖樣畫在牆壁上，能夠照著圖樣完成工作一樣。有能力的人，薦舉他，給他合適的工作，使他不感到這是私人的恩惠；沒有能力的人，就辭退他，停止他的職務，也沒有人敢抱怨；不顯示自己的才能，不誇大自己的名聲；小的事情不自己去做，不侵犯眾官的職權；每天和天下的專家們，討論國家的常法；這就好像木匠善於運用工人們，而不誇耀自己的技藝。像這樣，當宰相的算是得到方法，同時天下也就平治了。

當宰相的得到了方法，天下都已經平治了。天下的人都擡著頭仰望著他說：「這是我們宰相的功勞啊！」後代的人照著他的行事去做，也羨慕地說：「他有宰相的才能啊！」讀書人有時談到商、周兩代的政績，總是說：「伊尹、傅說、周公、召公。」其餘那許許多多官吏的功勞，都沒有記載。這就好像木匠自己署名在他完成的建築物上，可是那些實際參加工作的工人不列名一樣。偉大啊，宰相！能夠懂得這個道理的，只有所謂宰相罷了。那些不知道要領的和這種人相反；把謹愼勤勞當作功勞，把簿記文書看得很貴重。處處顯示自己的才能，誇大自己的名聲，親自去做小事情，侵犯百官的職權，竊取中央各部甚至各職工的事，在政府機關裏爭論不停，反而把那些重大長遠的計畫遺漏了。這就是所謂不懂做宰相方法的人。這就好像做一個木匠，卻不懂得用墨線墨斗來定曲直，用圓規曲尺來定方圓，用長尺短尺來定短長，姑且把工人的斧斤刀鋸奪過來幫助他們工作。又不能把工作做得很完善，以至工作完全失敗，沒有一點成就。這不是很荒謬嗎？

有人說：「那個蓋房子的主人，倘使發揮他個人的聰明，牽制木匠的計畫，不用他世代相傳悠久的經驗，而採取些外行人的意見，縱然不能蓋好房子，難道能說是木匠的過錯嗎？這也是在於信任他不信任他罷了。」

我說：「不是這樣！墨線、墨斗、圓規、曲尺現在實實在在陳設在面前，高的不可以硬把它壓低，狹的不可以硬把它擴大。照我的做法就堅固，不照我的做法就會倒壞。如果他情願不要堅固而要會倒壞的，那麼就只好收起自己的技術，保留自己的智慧，遠遠地離開，而不變更自己的主張，這樣才是眞正的好木匠呀！如果因爲貪圖財利，容忍著不能捨去。不顧蓋房子的法則，遷就而不能堅持。等到棟樑彎曲了，屋子倒塌了，就說：『這不是我的罪過呀！』這可以嗎？

這可以嗎？」

我以為做木匠的道理和當宰相相似，所以記下來藏著。木匠大概就是古時候所說的「審曲面勢」的人，現在叫做「都料匠」。我所碰到的那一位，姓楊，名字叫潛。

【文章分析】本篇選自柳河東集，是屬於傳狀類。周官考工記：攻木之工凡七，其一曰梓人，主以梓木造樂器、飲器及射侯等。後世稱從事建築業者為梓人。本文所說的梓人，猶如現在的建築師、領班工頭。本文的主旨，是借建築師指揮工人蓋房子的道理，說明輔助天子治理國家的宰相，要懂得治理國家的要領，會任用百官，和堅持治國的法則。全文共分九段：首段敘述作者遇到自稱有能的梓人的事。第二段說作者以為梓人無能。第三段敘述梓人指揮工人工作的情形和他的權威。第四段說梓人與工人和宰相與百官很相似。第五段說宰相指揮百官，如果能和梓人指揮工人一樣，就可把國家治好。第六段說梓人蓋房子時，不必親自去動手，但要懂得蓋房子的法則和要領，當宰相也是如此。第七段說蓋房子的主人，如果不能讓梓人發揮他的本領，就無法把房子蓋得很好，天子對於宰相也是如此。第八段說梓人蓋房子，應堅持法則，宰相治國也是如此。末段說寫這篇文章的緣由與梓人的姓名。這篇文章，雖題目叫梓人傳，但真正說到梓人的地方很少，多半是作者自己的話。這是因為作者的用意，並不在為梓人立傳。前面寫梓人，句句暗伏為相的道理。後面寫為相的道理，句句照應梓人，最後又寫人主任用宰相與宰相自處的道理，次第摹寫，意思滿暢。

愚溪詩序

柳宗元

灌水❶之陽❷有溪焉，東流入於瀟水❸。或曰：「冉氏嘗居也，故姓是溪為冉溪。」或曰：「可以染也，名之以其能，故謂之染溪。」余以愚觸罪❹，謫❺瀟水上。愛是溪，入二三里，得其尤絕者家焉。古有愚公谷❻，今予家是溪，而名莫能定。土之居者❼，猶齗齗❽然。不可以不更也，故更之為愚溪。

愚溪之上，買小丘，爲愚丘。自愚丘東北行六十步，得泉焉。又買居之，爲愚泉。愚泉凡六穴[8]，皆出山下平地，蓋上出也。合流屈曲而南，爲愚溝。遂負土累石，塞其隘，爲愚池。愚池之東爲愚堂，其南爲愚亭，池之中爲愚島。嘉木異石錯置，皆山水之奇者。以余故，咸以愚辱焉。

夫水，智者樂也[9]。今是溪獨見辱於愚，何哉？蓋其流甚下，不可以溉灌。又峻急[10]，多坻石[11]，大舟不可入也。幽邃淺狹，蛟龍不屑[12]，不能興雲雨。無以利世，而適類於余。然則雖辱而愚之可也。

甯武子[13]邦無道則愚，智而爲愚者也。顏子終日不違如愚，睿而爲愚者也。皆不得爲真愚。今余遭有道，而違於理，悖於事。故凡爲愚者，莫我若也。夫然，則天下莫能爭是溪，余得專而名焉。

溪雖莫利於世，而善鑒萬類[14]。清瑩秀澈[15]，鏘[16]鳴金石。能使愚者喜笑眷慕，樂而不能去也。余雖不合於俗，亦頗以文墨自慰。漱滌[17]萬物，牢籠百態[18]，而無所避之。以愚辭歌愚溪，則茫然而不違，昏然而同歸。超鴻蒙[19]，混希夷[20]，寂寥而莫我知也。於是作八愚詩，紀於溪石上。

【註　釋】❶灌水　永州之水，瀟水之支流。❷陽　水的北邊，山的南邊，叫做陽。❸瀟水　永州之水，在今湖南省道縣北，源出九疑山。❹余以愚觸罪　憲宗朝，子厚坐王叔文黨，得罪朝廷，謫爲永州司馬。❺謫　凡職官之降調及遣戍皆曰謫。❻愚公谷　齊桓公出獵，入山谷中，見一老公，問曰：「是爲何谷？」對曰：「爲愚公之谷。」問其故。對曰：「以臣名之。」見說苑政理篇。此引古以見名溪非出己創。愚公谷在今山東臨淄縣西。❼土之居者　居斯土者，住在當地的人。❽齗齗　爭辯貌。謂居於此地之人，或名冉溪，或名染溪，相爭不決也。❾穴　孔竅也。❿夫水智者樂也　樂，喜好也。智者達于事理而周流無滯，有似于水，故樂水。此句取義於論語雍也篇：「子曰：『知者樂水，仁者樂山。』」⓫峻急　湍急也。⓬坻石　水中灘石。⓭不屑　輕之之意。⓮甯武子　衞大夫，當春秋成公無道之時，盡心竭力，不避艱險，而卒能保其身，以濟其君。論語公冶長：「子曰：『甯武子邦有道則知，邦無道則愚。其知可及也，其愚不可及也。』」⓯善鑒萬類　謂其水不渾濁，善能鑒別萬類之形容而又使之一無所逃也。⓰澈　水靜而清也。⓱鏘　玉聲也。⓲漱滌　以水洗淨也。⓳牢籠百態　謂水之清瑩秀澈，無所不照也。牢籠，包括之意。⓴鴻蒙　渾然元氣也。㉑希夷　老子云：「聽之不聞名曰希，視之不見名曰夷。」

【語　譯】灌水的北邊，有一條溪，向東流入瀟水。有人說：「因爲以前有一家姓冉的曾經住在這兒，所以就稱這條溪爲冉溪。」有人說：「因爲這條溪裏的水，可以染東西，以它的作用來取名，所以叫做染溪。」我因爲很愚笨，所以犯了罪，被貶到瀟水旁邊來。我很喜歡這條溪。沿著溪，往山裏走兩三里，找到一處景致特別好的地方，就在那裏住家。古時候有一個愚公谷，現在我住在這條溪的旁邊，可是這條溪的名字，沒有人能決定。住在這裏的人，現在還在爭辯不停。實在不能不替它換個名字，所以我就將它改名爲愚溪。

在愚溪的旁邊，我買了一座小山丘，稱它爲愚丘。從愚丘向東北走去，大約六十步的地方，發現一處泉水。我又把它買了下來，稱它爲愚泉。泉水一共有六個孔穴，都是從山下平地噴出來，泉水是向上噴的。幾道泉水匯合在一起，彎彎曲曲地向南流去，稱它爲愚溝。於是就挖了泥土，堆積了石頭，把這條溝狹窄的地方塞住，造成一口愚池。愚池的東邊是愚堂，愚堂的南邊是愚亭，池的中央是愚島。有許多美好的樹木、奇異的石頭，錯雜地散布在那兒。這些都是山水中很奇特的景致。卻因爲我的緣故，都辱沒它們，披上愚名了。

本來，水是聰明的人所喜歡的。現在這條溪，卻獨獨被一個愚字所屈辱，這是爲什麼呢？這是因爲溪的水流很低，不能用來灌溉。同時又很險峻湍急，水中灘石很多，大的船隻不能進來。地方幽僻遙遠，溪水又淺又狹，蛟龍也不屑居住，不能興雲作雨。這條溪對世人沒有什麼利益，可是和我這個人卻有些相像。照這樣說來，雖然屈辱它，稱它爲愚，也沒有什麼不可以。

從前，甯武子這個人，在國家的政治很紛亂不上軌道的時候，便表現出一種很愚笨的樣子，這是聰明人裝作愚笨的。顏回這個人，孔子和他談話一整天，他從來不反問，只是默默地聽著，好像很愚笨的樣子，這是通達事理的人裝作愚笨的。這些人都不能算是眞正的愚笨。現在我遭逢政治上軌道的時候，可是我卻違背事理，做事悖亂。所以凡是稱爲愚笨的人，沒有那一個像我這樣愚笨。照這樣說來，天下沒有那一個人能和我爭這條溪，爲它取名是我的專利。

這條溪，對世人雖沒有什麼利益，但是善於把萬物的面目很清晰地反映出來。裏面的水，平靜清澈，鏘鏘的水聲，就好像敲打金玉所發出來的一樣。它能使愚笨的人很高興地笑，眷戀它，愛慕它，快樂得捨不得離開它。我雖然和世俗不能相合。但是我很能夠用文章筆墨來自我安慰。這條溪的水，把萬物的汚穢都洗滌得乾乾淨淨，萬物的形像，都反映得清清楚楚，沒有什麼東西能躲避得了。用我愚笨的文字，來歌詠愚溪，那麼我和它，在不知不覺中，便彼此不相違逆，密密地融合在一起。超出了宇宙萬物，進入了不聞不見的境界，冷冷清清地沒有那一個知道我了。於是我作了八愚詩，記在溪中的石頭上。

【文章分析】本篇選自柳河東集，是屬於序跋類。柳宗元於貞元九年考中進士，後來又考中博學宏詞科。初任集賢殿校書郎，後調藍田縣尉。貞元十九年，升任監察御史。永貞元年，王叔文、韋執誼等執政，想裁抑宦官，整理政治，破格登用人才，宗元被引用做禮部員外郞。沒有幾個月，順宗病倒，傳位太子憲宗，政局驟變，王、韋得罪。這一年的九月，宗元被牽連貶作邵州刺史。在去邵州的路上，又貶作永州司馬。永州就是現在湖南的零陵。唐朝的時候，這地方還很荒涼，而司馬又是末秩微官。宗元的心裏，自然很不愉快。這篇文章，就是這時寫的。主旨是自傷觸罪被貶謫。全文共分五段：首段說愚溪原來的名字，與作者叫它愚溪的意思。第二段說丘、泉、堂、亭、島等，因作者愚的緣故，都以「愚」做它們的名字。第三段說愚溪沒有什麼價值，與作者相似。第四段說作者自己是眞「愚」。末段說愚溪能使作者快樂，作者能以寫文章自慰。因此寫了八愚詩，歌詠愚溪。這篇文章，全篇就用一個「愚」字點次而成，借愚溪來描寫自己。把愚溪的風景，自己的行事，都寫得很生動。過商侯說：「不過借一愚字，發洩胸中的抑鬱。故將山水亭池，咸以愚辱焉，詞委曲而意深長。」

永州韋使君新堂記

柳宗元

將為穹谷[1]嵁巖[2]淵池於郊邑之中，則必輦[3]山石，溝[4]澗壑，凌[5]絕險阻，疲極人力，乃可以有為也。然而求天作地生之狀，咸無得焉。逸其人，因其地，全其天，昔之所難，今於是乎在。

永州實惟九疑之麓[6]。其始度土[7]者，環山為城。有石焉，翳[8]於奧草[9]。有泉焉，伏於土塗[10]。蛇虺[11]之所蟠[12]，狸鼠之所游。茂樹惡木，嘉葩[13]毒卉，亂雜而爭植，號為穢墟[14]。

韋公[15]之來，既逾月，理甚無事。望其地，且異之。始命芟[16]其蕪，行其塗。積之丘如，蠲之瀏如[17]。既焚既釃[18]，奇勢迭出。清濁辨質，美惡異位。視其植，則清秀敷舒。視其蓄，則溶漾紆餘[19]。怪石森然，周於四隅。或列或跪，或立或仆。竅穴逶邃[20]，堆阜突怒[21]。乃作棟宇，以為觀遊。凡其物類，無不合形輔勢，效伎於堂廡[22]之下。外之連山高原、林麓之崖，間廁[23]隱顯。邇延野綠，遠混天碧。咸會於譙[24]門之內。

已乃延客入觀，繼以宴娛。或贊且賀曰：「見公之作，知公之志。公之因土而得勝，豈不欲因俗以成化？公之擇惡而取美，豈不欲除殘而佑仁？公之蠲濁而流清，豈不欲廢貪而立廉？公之居高以望遠，豈不欲家撫而戶曉？」夫然，則是堂也，豈獨草木土石水泉之適歟？山原林麓之觀歟？將使繼公之理者，視其細，知其大也。宗元請志諸石，措㉕諸壁，編以爲二千石㉖楷法㉗。

【註釋】❶穹谷　深谷也。❷嵁巖　山之高而不平者。❸輦　載也。❹溝　通之也。❺凌　升也。❻九疑之麓　九疑，山名。有九谿，皆相似，故名。亦作九嶷，在湖南寧遠縣南六十里。麓，山腳。❼度土　度量土地也。❽翳　隱蔽也。❾奧草　積草也。❿塗　泥土也。⓫蛇虺　毒蛇也。又小蛇也。⓬蟠　伏也。⓭葩　花之未放者。⓮穢墟　荒蕪之地。⓯韋公　名宙，永州刺史。⓰芟　刈草也。⓱蠲之瀏如　蠲，除也。瀏如，水清貌。言除去其穢而水清也。⓲釃　分也。言分其已清之流。⓳溶漾紆餘　溶漾，言水盛而搖動也。紆餘，言曲而曠也。⓴竅穴逶邃　竅穴，石之空穴也。逶邃，曲而深也。㉑堆阜突怒　堆阜，堆高如土阜也。突怒，言突出如怒目也。㉒效伎於堂廡　效伎，言如藝者之獻其技也，伎與技通。堂廡，堂下周屋也。㉓間廁　夾雜其中之意。㉔譙　城上之高樓，所以望敵者。新堂在郊邑之中，故云內。㉕措　置也。㉖二千石　唐時稱刺史也。㉗楷法　法式也。

【語譯】要在郊野和城市的中間，建造幽深的山谷、不平的高山、淵深的池塘，那麼一定要用車子去搬運山裏的石頭，把山澗山谷加以疏通，攀登踰越險阻的地方，用盡人力，然後才能成功。這樣去經營，希望能夠有天造地設的自然形勢，不論什麼人，都無法辦得到。人民可以很安逸，不必很辛苦地去建造，按照那個地方的形勢，保全它天生的樣子，而能夠有這些遊覽的地方，這是以前所難辦到的事情，但是現在全部都在這裏了。

永州這個地方，實際上就是九疑山的山腳。起初丈量土地的人，環繞著山建築了城牆。這兒有石頭，但都埋沒在草堆中。這兒有泉水，但也隱藏在泥土裏。這兒是蛇虺所盤據，狸鼠所遊息的地方。茂樹惡木，和好花毒草，雜亂地生長著，所以被人稱爲汚穢的地方。

韋公來到這裏，過了一個月以後，一切事情都治理得很好了，沒有什麼事可以做。他遠遠地看見這個地方，覺得很奇異。於是叫人把荒草剷除，開了道路。那些荒草堆積起來好像山丘一般，清除了水中的污穢，於是便有潔淨的泉水流出來。到了把堆積的荒草焚燒，疏通了已清的水流以後，於是奇異的形勢，便紛紛顯露出來。水的清濁有了分別，地的好壞也不同了。看看這裏所生長的樹木，都是很清秀舒暢的。看看這裏所蓄積的泉水，是那麼盈滿蕩漾，那麼彎曲空曠。奇形怪狀的石頭，密密地布滿四個角落。有的像在列隊，有的像在跪拜，有的站著，有的躺著。那些洞穴，又深遠又彎曲。那些堆積著的土石，好像土阜，突出來像發怒一般。於是就蓋了房子，作爲遊覽的地方。各種建設，都配合那兒的形勢，讓這些東西好像藝人一樣，在殿堂走廊的下面，表演著各種技藝。外面連綿的山巒和高原，樹林和山腳下的崖壁，都錯綜排列在那兒，隱約可見。近處和原野的綠色相接，遠處和天空的蔚藍色相混。這些景色，都會聚在譙門以內的地方。

後來韋公就延請賓客，進來參觀。接著又舉行宴會，娛樂一番。有人一面稱讚一面道賀說：「看了您這些建設，就知道您的志向。您依照地方的形勢，開闢成一個遊覽的勝地，難道不是要順著這兒的習俗，來完成您的教化嗎？您在好壞當中加以挑選，選取了那些好的，難道不是要剷除殘暴，維護善良嗎？您清除污濁，讓水流清潔，難道不是要廢除貪婪，建立清廉的風氣嗎？您處在高地以望遠處，難道不是要使每家的人都能得到撫養，每家的人都能得到教育而明白道理嗎？」如果是這樣，那麼這座新堂，那裏只是草木土石水泉讓人有舒適的感覺呢？那裏只是有山巒、原野、樹林、山麓的景色可供人觀賞呢？是要使接著韋公治理這個地方的人，看到小的地方就知道大的地方。我請求把這意思刻成石碑，安裝在牆壁上，作爲以後的刺史的法式。

【文章分析】本篇選自柳河東集，是屬於碑誌類。這篇文章，也是柳宗元被貶爲永州司馬時所作的。主旨是勉當時與以後的刺史行仁政。全文共分四段：首段說永州有一個天造地設可以遊覽的地方。第二段說這個遊覽勝地的本來面貌。第三段說這個地方經刺史整理後的樣子。末段寫新堂落成時賓客的賀辭，與作者寫此文的動機。這篇文章爲的是表揚刺史的功勞，所以先說勝地的難得，再說這個地方原來的荒穢，接著又說經過整理後的面目一新，於是刺史的功勞就表現出來了。最後發一番議論，點出題旨，這也是記中所不可少的話。寫來很有章法，所以金聖歎說：「逐段寫地、寫人、寫起工、寫畢工，乃至寫延客起賀，皆一定自然之法度。奇特在起筆，斗地作二反，一落如槎枒怪樹，不是常觀。」

鈷鉧潭西小丘記

柳宗元

得西山[1]後八日，尋山口西北道二百步，又得鈷鉧潭[2]。西二十五步，當湍[3]而浚[4]者為魚梁[5]。梁之上有丘焉，生竹樹。其石之突怒[6]偃蹇[7]，負土而出，爭為奇狀者，殆不可數。其嶔然[8]相累[9]而下者，若牛馬之飲於溪；其衝然[10]角列[11]而上者，若熊羆[12]之登於山。

丘之小不能一畝，可以籠而有之[13]。問其主，曰：「唐氏之棄地，貨[14]而不售[15]。」問其價，曰：「止四百。」予憐而售之[16]。李深源、元克己[17]時同游，皆大喜，出自意外。即更取器用，剷刈穢草，伐去惡木[18]，烈[19]火而焚之。嘉木立，美竹露，奇石顯。由其中以望，則山之高，雲之浮，溪之流，鳥獸之遨遊，舉熙熙[20]然迴巧獻技，以效茲丘之下。枕席而臥[21]，則清泠之狀與目謀[22]，瀯瀯[23]之聲與耳謀，悠[24]然而虛者與神謀，淵然[25]而靜者與心謀。不匝[26]旬而得異地者二，雖古好事之士[27]，或未能至焉。

噫！以茲丘之勝，致之灃[28]鎬[29]鄠[30]杜[31]，則貴游之士爭買者，日增千金而愈不可得[32]。今棄是州也，農夫漁夫，過而陋之。賈[33]四百，連歲不能售[34]。而我與深源、克己獨喜得之。是其果有遭乎㉟？書於石，所以賀茲丘之遭㊱也。

【註　釋】❶西山　在今湖南零陵縣城西。❷鈷鉧潭　鈷鉧，溫器熨斗也。或云鍑也。鈷鉧潭在今湖南零陵縣西三里中，有小泉，經愚溪入瀟水，以形如熨斗，故名，宗元別有鈷鉧潭記。❸湍　急流。❹浚　深也。❺魚梁　堰石障水空其中，以通魚之往來，卽今之石橋也。❻突怒　石突出而若怒也。❼偃蹇　高貌。❽嶔然　石勢聳立也。❾相累　層層相疊累也。❿衝然　直上貌。⓫角列　如犄角之對立排列也。⓬熊羆　皆野獸名。羆之形大於熊，毛黃白，能直立攫人，俗稱人熊。⓭籠而有之　謂私之甚便也。籠，以籠籠之也。⓮貨　賣也。⓯售　授償其價也。⓰憐而售之　愛其地，遂以價償之。⓱李深源元克己　二人皆子厚友。⓲惡木　木之不材而無用者。⓳烈　火猛也。⓴熙熙　和樂貌。㉑枕席而臥　枕石席地而臥也。㉒謀　合也。㉓瀯瀯　水聲清幽也。㉔悠　遠也。㉕淵然　水渟深貌。㉖匝　滿也。㉗好事之士　指好遊者。㉘灃　今陝西鄠縣。㉙鎬　今陝西長安縣西南。㉚鄠　今陝西鄠縣治北。㉛杜　今陝西長安縣東南。㉜愈不可得　子厚向以文名重京師，諸公要人皆欲令出其門下，猶致丘於灃鎬鄠杜之間也。此略說山川有不遇處，隱然自況。㉝賈　價也。㉞連歲不能售　此暗說己謫是州，爲世大僇，庸夫皆得詆訶，頻年不調，亦何異此丘，爲農夫漁夫所陋，難以售於人也。㉟果有遭乎　謂果有意外之奇遇乎。㊱賀茲丘之遭　隱謂茲丘有遭，而己無遭，賀丘所以自弔也。

【語　譯】我發現西山以後的第八天，在山口找到一條向西北去的路，走了二百步，又發現了鈷鉧潭。鈷鉧潭的西邊，大約二十五步，在那流急水深的地方，是一座石橋。石橋的上面，有一座小山丘，長著許多竹子和樹木。那兒的石頭，突出高聳，都從土裏冒出來，爭著做出各種奇奇怪怪的樣子，幾乎數都數不清。那些聳立著，一個個疊累在一起，向著下面的石頭，就好像一羣牛馬在溪裏飲水一樣；那些向前衝，一個個像獸角般地排列著，向著上面的石頭，就好像一羣熊羆，向山上攀登一般。

山丘的面積，還不到一畝，好像可以用籠子裝起來，把它據爲己有似的。我去打聽這個地方的主人，人家告訴我說：「這是唐家的棄地，想賣賣不出去。」我問他要賣多少錢。那人回答說：「只要四百錢。」我很喜歡這塊地，於是就把它買了下來。這時候李深源、元克己和我一同來遊玩，大家都很高興，因爲這是出乎意料之外的。接著大家又拿了工具，剗除穢亂的雜草，砍掉不好的樹木，用大火燒掉。這樣一來，那些美好樹木，就都卓立出來了；那些漂亮的綠竹，就都露出來了；那些奇異的石頭，就都顯現出來了。從山丘的中間向四周眺望，於是那山峯的高聳、白雲的飄浮、溪水的流動、飛鳥走獸游魚的遨游，統統都很和樂地，在這座山丘的下面，好像藝人一樣表演著各種巧妙的技術。以石爲枕以地爲席，躺在那兒，眼睛看到的是那清和的情狀，耳朵聽到的是那瀯瀯的水聲，精神接觸到的是那種悠遠虛空的境界，心靈感受到的是那種幽雅寧靜的情調。不到十天的工夫，居然發現兩處奇異的地方，即使是古時候那些喜歡遊山玩水的人，或許也不能得到這樣的機會。

唉！如果把這個地方的勝景，放到京師附近的灃、鎬、鄠、杜這幾個地方去，那麼，那些重視遊玩的人士，大家爭著去買的，每天增加千金，恐怕都買不到吧。現在卻被拋棄在這個地方，連農夫漁夫經過這兒，都看不起它。開價只有四百錢，一連好幾年都賣不出去。但是惟獨我和深源、克己，卻能夠很高興地得到它，這難道眞的是有什麼意外的奇遇嗎？

我把這篇鈷鉧潭西小丘記，寫在石頭上面，用來慶賀這座山丘的遭遇！

【文章分析】本篇選自柳河東集，是屬於雜記類。柳宗元謫官永州時，心情很苦悶，職務又很清閒，因此常常去遊山玩水，來排遣他心中的抑鬱。他所寫的遊記特別好，後代寫遊記的人，都效法他。這篇是永州八記之一，記小丘遊覽之勝。八記前後聯貫，但各篇也可獨立，這一篇是第三篇。本文主旨在借小丘的被賞識，哀悼自己的被貶謫。全文共分三段：首段寫小丘景物的特異。中段寫購得小丘的經過與同友人在此遊樂的情趣。末段賀小丘被作者等人所發現。這篇文章，前面描寫景物，雖無特別的用意，但造語另有一種趣味。最後因小丘而發出一番感慨，便不平常。所以劉海峯說：「前寫小丘之勝，後寫棄置之感，轉折獨見幽冷。」

小石城山記

柳宗元

自西山道口徑北❶，踰黃茅嶺而下，有二道：其一西出，尋之無所得。其一少北而東，不過四十丈，土斷而川分，有積石橫當其垠❷。其上爲睥睨❸梁欐❹之形，其旁出堡塢❺

，有若門焉。窺之正黑。投以小石，洞然❻有水聲。其響之激越❼，良久乃已。環之可上，望甚遠。無土壤而生嘉樹美箭❽，益奇而堅。其疏數❾偃仰，類智者所施設也。

噫！吾疑造物者之有無久矣。及是愈以為誠有。又怪其不為之於中州❿，而列是夷狄，更千百年不得一售其伎，是固勞而無用，神者儻不宜如是，則其果無乎？或曰：「以慰夫賢而辱於此者。」或曰：「其氣之靈，不為偉人，而獨為是物，故楚之南，少人而多石。」是二者，余未信之。

【註釋】❶徑北　直往北而行也。❷垠　厓也，岸也。❸睥睨　亦作埤堄，城上女牆也。開箭眼以望城下，故名。❹梁欐　負棟橫木曰梁。欐，棟也。❺堡塢　村落之外，築土如小城，藉以守衛者。❻洞然　深邃貌。❼激越　聲清遠也。❽箭　竹之小者。❾數　密也。❿中州　言天下之中，猶中原也。

【語譯】從西山的路口一直往北走，翻過黃茅嶺，再往下走去，有兩條路：一條路向西，在這條路上探尋，找不到風景可取的地方。另一條稍稍偏北向東，不過四十丈遠，地勢就斷了，河水從這裏分開，有許多堆積著的石頭，橫擋在這裏的岸旁。上面像城牆、屋棟的樣子，旁邊的堡塢，有一個地方好像門一般。朝裏面一望，是一片黑黝黝的。用小石塊投進去，發出一種好像很深邃的水聲，這種聲音很激揚清越，過了很久纔停止。繞著堡塢，可以走到上面去，那兒可以看得很遠。沒有泥土，卻長著許多美樹小竹，看起來好像格外的奇異堅固。竹樹疏密和俯仰的樣子，好像是經過聰明人所布置的。

唉！我疑心有沒有「造物者」已經很久了。等我看到這裏的景物時，就更加相信一定是有的。但是我又感到很奇怪，造物者不把這樣好的風景，安排在中原，卻安排在這個夷狄的地方。經過幾千百年，都不能被人賞識，這眞是勞苦而無功的事。神似乎不會這樣做，那麼是眞的沒有造物者嗎？有人說：「這是用來安慰那種賢明而受辱在這裏的人的。」有人說：「這種天地的靈氣，不賦予偉人身上，卻賦予物上，所以楚的南方，很少出偉人，卻多出奇石。」這兩種說法，我都不相信。

【文章分析】本篇選自柳河東集，是屬於雜記類，是柳宗元永州八記的第八篇。主旨在借山石的瑰麗，一吐胸中的悶氣。全文分為二大段：首段描寫山和石。末段寫作者看到這些景物以後的感觸。宗元永州諸記，篇篇都有奇情逸趣，引人入勝。也篇篇都有感慨議論，而這篇的議論，尤為特出。

賀進士王參元失火書

柳宗元

得楊八❶書，知足下遇火災，家無餘儲❷。僕始聞而駭，中而疑，終乃大喜，蓋將弔❸而更以賀也。道遠言略，猶未能究❹知其狀。若果蕩❺焉泯❻焉而悉無有，乃吾所以尤賀者也。

足下勤奉養❼，樂朝夕，惟恬安無事是望也。今乃有焚煬❽赫❾烈之虞，以震駭左右。而脂膏滫瀡❿之具，或以不給⓫。吾是以始而駭也。凡人之言皆曰：「盈虛倚伏⓬，去來之不可常。」或將大有為也，乃始厄困震悸⓭，於是有水火之孽⓮，有羣小之慍⓯。勞苦變動，而後能光明，古之人皆然。斯道⓰遼闊誕漫，雖聖人不能以是必信，是故中而疑也。

以足下讀古人書，為文章，善小學⓱，其為多能若是，而進不能出羣士之上，以取顯貴者，蓋無他焉：京城人多言足下家有積貨。士之好廉名者，皆畏忌不敢道足下之善。獨自得之，心蓄之，銜忍而不出諸口。以公道之難明，而世之多嫌也。一出口，則嗤嗤⑱者以為得重賂⑲。

僕自貞元⑳十五年，見足下之文章，蓄之者蓋六七年，未嘗言。是僕私一身而負公道久矣，非特負足下也。及為御史尚書郎，自以幸為天子近臣，得奮其舌，思以發明足下之鬱塞。然時稱道於行列㉑，猶有顧視而竊笑者。僕良恨修己之不亮，素譽㉒之不立，而為世嫌之所加。常與孟幾道㉓言而痛之。

乃今幸為天火之所滌盪，凡眾之疑慮，舉為灰埃。黔㉔其廬，赭㉕其垣㉖，以示其無有。而足下之才能，乃可以顯白而不汙。其實出矣，是祝融回祿㉗之相㉘吾子也。則僕與幾道十年之相知，不若茲火一夕之為足下譽也。宥㉙而彰之，使夫蓄於心者，咸得開其喙㉚。發策決科㉛者，授子而不慄㉜。雖欲如嚮之蓄縮㉝受侮，其可得乎？於茲吾有望於爾㉞，是以終乃大喜也。

古者列國有災，同位者皆相弔。許不弔災，君子惡之㉟。今吾之所陳若是，有以異乎古，故將弔而更以賀也。顏曾之養㊱，其為樂也大矣，又何闕焉！

【註　釋】❶楊八　人名。名敬之，宗元之戚，而參元深友也。❷儲　蓄積也。❸弔　慰問之意。❹究　盡也。❺蕩　滌除也。❻泯　盡也。❼奉養　指養親也。❽煬　火熾也。❾赫　火盛貌。❿脂膏滫瀡　謂調和飲食也。禮記：「滫瀡以滑之，脂膏以膏之。」滫瀡，即淅米汁。調和飲食之法，用淅米汁侵沃之，使柔滑也。⓫不給　給，備也。此謂飲食不能調和，無以勤奉養也。⓬盈虛倚伏　謂盛衰禍福，原非一定也。盈虛，猶言盛衰。倚伏，老子云：「禍兮福所倚，福兮禍所伏。」⓭悸　驚恐也。⓮孽　妖孽也。⓯慍　怒也。⓰斯道　謂始困而終亨之理。⓱小學　文字之學也。⓲　笑貌。⓳賂　貨財也。⓴貞元　唐德宗年號。㉑行列　猶同輩也。㉒素譽　平時之名譽也。㉓孟幾道　名簡，唐平昌人。㉔黔　黑色也。㉕赭　赤色也。㉖垣　牆垣也。㉗祝融回祿　顓頊子黎，死為火神，名祝融。回祿，亦火神也。㉘相　助也。㉙宥　助也。㉚喙　口喙也。㉛發策決科　唐制明經取士，以策為題，發問諸士，中式者謂之決科。㉜授子而不慄　謂向有稱道參元者，即以為得重賂，今果蕩焉無有，雖得科名，亦不畏人之譏議也。㉝蓄縮　謂畏忌世嫌也。㉞有望於爾　謂庶幾能出羣士之上，以取顯貴也。㉟古者列國有災四句　左傳昭公十八年，宋衞陳鄭災，許不弔災，君子是以知許之先亡也。㊱顏曾之養　顏為顏回，曾為曾參，皆孔子弟子，貧而能養其父母。

【語　譯】接到楊八的信，知道你遭遇火災，家裏的東西，燒得一點也不剩。我剛聽到這個消息時，大大地吃了一驚。到了半中間，就有點猶疑，最後卻感到非常高興。所以本來打算慰問你，現在卻改作向你道賀了。由於路途遙遠，信裏說得又很簡略，我還不能完全知道確實的情形。如果真的燒得精光，一點也不剩，那我要格外向你道賀了。

你很勤謹地奉養父母，從早到晚都很快樂，只希望平安無事。現在竟然有猛火烈焰的災難。使你感到震驚。而且調和飲食的東西，或者將因此無法供應。所以我在剛接到消息時，感覺很吃驚。一般人都這麼說：「盛衰互相倚伏，來去沒有一定。」有的人將要有大作為，卻在開始時，遭遇到種種困厄驚悸，於是有水火的災難。有許多小人懷恨他，經過許多勞苦變動，到最後才能有光明。古時的偉人，他們都是這樣的。不過這個道理很深遠廣大，即使是聖人，也不能認為這是一定確實的。所以到了半中間，我就起了疑心了。

以你讀古人的書，會寫文章，又擅長文字學，這樣多才多藝，照理應該是很不錯的了。然而你在進取方面，卻不能超過眾士，因而取得顯達富貴。這實在不是別的緣故，而是京城裏的人，大家都說你家裏很有錢。那些喜歡清廉名譽的人，大家都畏忌被人嫌疑，不敢稱道你的才能。他們只是自己心裏明白，藏匿著，隱忍著，不肯吐露。這是因為公道是很難明白的，而且社會上的人，大家又都很會猜疑。一說出來，人家就會笑他，以爲他是得到多大的賄賂。

我自貞元十五年，看見你的文章，就知道你很不錯。這件事，我隱藏在心裏，未曾說出來，大約有六七年了。那是因爲我只顧自己，實在不僅僅對不起你而已，也對不起公道很久了。到了我做御史尚書郎的時候，自以爲很幸運能夠做天子的近臣，能夠有機會發表自己的意見了。我很想能夠有什麼辦法，可以疏通發洩你心頭的抑鬱。但是我有時在同輩的面前稱道你的不錯，還有人你看我我看你的，在背地裏笑我。因此我很恨自己沒有把自己的德行修養好，平素的名譽沒有建立起來，所以世人的猜疑才會加到自己的身上。我常常跟孟幾道談起，每次談到這事，我就很痛心。

我的疑慮，現在幸運得很，都被天火燒得乾乾淨淨了。所有衆人的疑慮，也都全部變爲塵埃了。天火使你的房子變成黑色，使你的牆壁變成紅色，來表示你已經沒有錢了。這樣你的才能，纔可以顯露出來，不會被玷汚。你的眞正才能會顯露出來，那是火神祝融回祿幫助你哩。我和孟幾道與你十年的相知，竟比不上這場火災，只一夜工夫，就造成了你的名譽啊。這場火災，使大家都幫助你，表彰你。使那些隱藏在心裏不敢說的人，都能夠開口了。那些主持考試的官員，給你功名，也不會害怕。我雖然想要和以前一樣隱忍畏縮，受人家的欺侮，能夠辦得到嗎？關於這些，對於你，我是懷著很大的希望，所以到最後，我就非常高興了。

古時候，那一國有災難，同樣爵位的諸侯，彼此都互相弔慰。有一次，宋、衞、陳、鄭等國有災難，許國不弔慰，君子都厭惡許國，知道他一定會滅亡。現在我所陳述的卻是如此，情形和古時候不同，所以我本來要慰問你，後來又改作向你道賀。至於曾子和顏回，雖然貧窮，奉養父母不很豐富，但他們那樣是非常快樂的，那麼你又有什麼不能滿意的呢！

【文章分析】本篇選自柳河東集，是屬於書說類。主旨在安慰王參元失火。全文共分六段：首段說作者知道王氏失火，因此向他道賀。第二段以「盈虛倚伏」的道理安慰王氏。第三段說王氏有才學，所以未顯貴，是因爲他家裏太富有，有力舉拔他的人，都有所顧忌。第四段說作者自己所以未能舉薦他，也是因爲有所顧忌。第五段說王氏失火後，有力舉拔他的人，就可以無所顧忌了。第六段說有災應互相弔慰，但作者卻改弔爲賀。聽到王氏失火，卻寫信向他道賀，這是很奇特的事。作者所以要向他道賀，能自創一段議論，說得又不勉強，這是很奇特的文章。除了安慰王氏以外，也有諷世的意思。過商侯說：「失火而賀，最是奇情恣筆。然說至終乃大喜一段，眞有深識，眞有至理。駭者固不足駭，而疑者終無可疑。不火不足以表參元，不火之盡不足以大表參元。兩段分析，奇特尤甚。」

待漏院記

王禹偁

天道不言，而品物亨❶，歲功❷成者，何謂也？四時之吏❸，五行❹之佐，宣其氣矣❺。聖人不言，而百姓親，萬邦寧者，何謂也？三公論道❻，六卿❼分職，張其教矣❽。是知君逸於上，臣勞於下，法乎天也。古之善相天下者，自咎夔至房魏❾，可數也。是不獨有其德，亦皆務於勤爾❿。況夙興夜寐，以事一人。卿大夫猶然，況宰相乎？

朝廷自國初，因舊制，設宰臣待漏院於丹鳳門⓫之右，示勤政也。至若北闕⓬向曙⓭，東方未明，相君啟行，煌煌火城⓮。相君至止，噦噦⓯鑾⓰聲。金門⓱未闢，玉漏⓲猶滴。徹蓋⓳下車，于焉以息。

待漏之際，相君其有思乎？其或兆民未安，思所泰⓴之。四夷未附，思所來之。兵革未息，何以弭之？田疇多蕪，何以闢之？賢人在野，我將進之。佞臣㉑立朝，我將斥之。六氣㉒不和，災眚薦至㉓，願避位以禳之㉔。五刑未措㉕，欺詐日生，請修德以釐㉖之。憂心忡忡㉗，待旦而入。九門㉘既啟，四聰㉙甚邇㉚。相君言焉，時君納焉。皇風㉛於是乎清夷㉜，蒼生以之而富庶。若然，則總百官，食萬錢㉝，非幸也，宜也。其或私讎㉞未復，思所逐之。舊恩未報，思所榮之。子女玉帛，何以致之？車馬器玩，何以取之？姦人附勢，我將陟㉟之。直士抗言，我將黜㊱之。三時㊲告災，上有憂色，構㊳巧詞以悅之。羣吏弄法，君聞怨言，進諂容㊴以媚之。私心慆慆㊵，假寐㊶而坐。九門既開，重瞳屢迴㊷。相君言焉，時君惑焉。政柄于是乎隳㊸哉，帝位以之而危矣。若然，則死下獄，投遠方，非不幸也，亦宜也。

是知一國之政，萬人之命，懸于宰相，可不愼歟！復有無毀無譽，旅進旅退㊹，竊位而苟祿，備員㊺而全身者，亦無所取焉。

棘寺㊻小吏王禹偁爲文，請誌院壁，用規㊼於執政者。

【作者】王禹偁，字元之，北宋濟州鉅野人。生於周世宗顯德元年（西元九五四年），卒於宋真宗咸平四年（西元一〇〇一年），年四十八。九歲能文，詞學敏贍。太平興國八年擢進士，歷遷大理評事。與同年羅處約日相賦詠，人多傳誦。太宗召試，擢右拾遺，直史館。嘗與夏侯嘉正、羅處約、杜鎬表請同校三史書，多所釐正。太宗親試賢士，召禹偁賦詩，頃刻而就。帝大悅，卽拜左司諫，知制誥。咸平初，預修太宗實錄，因與宰相張齊賢、李沆意見不合，出知黃州，作三黜賦以見志。後徙蘄州，未踰月而卒。著有小畜集二十卷、承明集十卷、集議十卷、詩三卷，及五代史闕文，並傳於世。

【註釋】❶品物亨　品物，物類也。亨，通也。❷歲功　言一歲之時序也。卽四季。❸四時之吏　四時，春夏秋冬也。吏謂春勾芒、夏祝融、秋蓐收、冬玄冥之神也。❹五行　金木水火土也。❺宣其氣矣　此言天不言，而品物咸亨，歲功告成，非天自爲之，乃有四時若爲之吏，五行以爲之佐，代天以宣通其氣，故無待於言也。❻三公論道　三公，太師、太傅、太保也。論道，謂與人主講論天人之道。❼六卿　太宰、司徒、宗伯、司馬、司寇、司空爲六部，六部尚書爲正卿，六部侍郞爲亞卿。❽張其敎矣　此言聖人不言，而百姓親睦，萬國咸寧，非聖人自爲之，乃有三公調燮其陰陽，六卿分敍其政事，代聖人彰布其政敎，故無待於言也。❾自咎夔至房魏　咎通皋，卽皋陶，皋陶與夔，皆舜臣。房爲房玄齡，魏爲魏徵，皆唐太宗賢相。此句包數代相臣在內，謂古之善治天下者不一君，善相天下者不一臣，自舜之皋夔，以至唐之房魏，可歷數也。❿是不獨有其德二句　謂人見其事功彪炳，以爲德有獨隆，不知皆由于不敢自逸，惟勤是務耳。⓫丹鳳門　卽朱雀門。⓬北闕　古者建闕觀於宮殿之北，故曰北闕。⓭曙　天將明也。⓮煌煌火城　煌煌，光明貌。火城，謂宰臣早朝時，其途之燈燭，猶如火城也。⓯噦噦　車鑾聲。⓰鑾　鈴也。⓱金門　謂門飾以黃金者，天子之門。⓲玉漏　古計時器，卽銅壺之滴漏。⓳徹蓋　徹，除去也。蓋，傘也。⓴泰　安也。㉑佞臣　阿諛諂媚之臣。㉒六氣　謂陰陽風雨晦明也。㉓災眚薦至　災眚，因過失而造成之災害。薦至，迭至也。㉔避位以禳之　禳，祭名，以除癘殃者也。謂恐己德不稱其位，故避位以讓有德，以祈消此災戾也。㉕五刑未措　五刑，墨、劓、剕、宮、大辟也。措，棄置不用也。㉖釐　治也。㉗忡忡　心憂貌。㉘九門　古天子九門，一路門、二應門、三雉門、四庫門、五皋門、六城門、七近郊門、八遠郊門、九關門。㉙四聰　天子廣四方之聽，以決天下之壅蔽，此指天子而言也。㉚邇　近也。此言迨九門既啟，則天顏咫尺矣。㉛皇風　猶大風也。㉜清夷　清平也。㉝食萬錢　言食之費也。㉞私讎　一己之私仇，非關國家大計也。㉟陟　升也。進用也。㊱黜　廢也。退也。㊲三時　謂春夏秋農功之時也。㊳構　造作也。附會以成之也。㊴諂容　逢迎之貌也。㊵慆慆　瀰漫也。㊶假寐　不脫衣冠而睡也。㊷重瞳屢迴　重瞳，猶言兩目也。此謂九門既開，入而朝見，瞻前顧後，無所不至也。㊸隳　毀敗也。㊹旅進旅退　旅，衆也。謂衆進則進，衆退則退，與衆人共進退也。㊺備員　聊以充數也。㊻棘寺　大理寺也。事文類聚：「大理稱棘寺，卿爲棘卿。」㊼規　以法正人也。

【語　譯】天道並不說話，但是能夠使萬物都亨通，四時有秩序，這是什麼道理呢？因爲有四季的神，五行的輔佐，代替天宣通它的氣，所以不必說話。聖人也不說話，但是能夠使百姓親愛，萬國安寧，這是什麼道理呢？因爲有三公同人君討論天人的道理，六卿分別掌管他們的職務，推展他的教化，所以也不必說話。由此可以知道，在上面的人君很安逸，在下面的臣子很勞苦，這是效法天道。古時候的一些善於輔助天子治理天下的人，從舜時的臯陶、后夔，到唐時的房玄齡、魏徵，都是可以數得出來的。這些人不但有他們的德行，同時也都專力於必須勤勞的事務。他們早起晚睡，來事奉人君。卿大夫尚且如此，何況宰相呢？

本朝自立國開始，就依照以前的制度，設立了一座宰相的待漏院，在丹鳳門的右邊，表示他對政務很勤勞。當北闕將近天亮，但東方還未全白的時候，宰相就出發上朝。道路上炬火輝煌，就好像火城一樣。宰相到了，只聽到一陣噦噦的馬鈴聲。這時禁城的門還沒有開，計時的銅壺還在滴水。於是便除去車上的傘蓋，跑下車來，在這待漏院裏休息。

在待漏院裏等待入朝的當兒，宰相應該會有所思考吧？或許人民的生活還不很安定，他想要怎樣才能使他們生活安定。四方的夷狄還沒有全部歸附，他想怎樣使他們來歸附。戰爭還沒有停止，應該怎樣去消弭戰爭？田地大多都荒蕪了，應該怎樣去加以開闢？賢明的人在山野裏，要將他們延引進來。奸邪的人在朝廷上，要把他們加以驅逐。如果陰陽風雨晦明等六氣沒有調和，因過失而造成的災難一再發生，他願意離開，把官位讓給有德的人，來祈求消除這些災難。五刑還沒有停止不用，欺詐的事每天都在發生，他就請君上修明德行，來治理這些事情。所以他心裏是非常憂慮的，等到天亮入朝。九門都開了，聖明的天子就在眼前。這時宰相說話了，君上就聽他的話。於是國家的政風非常清平，人民因此非常富足。如果這樣，那麼他總管百官，享受很高的俸祿，不是僥倖，那是應該的。

宰相在待漏院裏等待入朝的時候，他或許有私仇還未報復，就想著要怎樣去驅逐他。有舊恩還未報答，就想著要怎樣去使他榮顯。那些子女玉帛，怎樣可以弄到？那些車馬玩器，怎樣可以取得？那些依附我的姦人，要提升他們。那些反抗我的直士，要罷黜他們。春夏秋農人耕作收成的時候，有人來報告災情，君上顯出憂慮的顏色，要編造一些巧妙的話去使他高興；許多官吏玩弄法令，君上聽到許多怨言，要表現諂諛的樣子，去向君上獻媚。所懷的全是私心，裝著瞌睡坐在那兒。等到天亮入朝，他的兩眼一再打轉。這時候，宰相說話了，君上就感到非常困惑。於是政治的權柄毀壞了，皇帝的位子危險了。如果這樣，那麼判他死罪，把他下到監獄裏，或充軍到遠方去，不能算不幸，那也是應該的。

由此可知，一個國家的政治，千萬人的性命，都懸掛在宰相的手上，怎麼可以不謹慎呢？此外還有一種人，既沒有人譭謗他，也沒有人稱贊他；他跟著衆人一起進退上下，竊取高位，騙點俸祿，只是做個充數的備員，只知道保全自身，這種人也是沒有什麼可取的。

大理寺小吏王禹偁作這篇文章，請記在待漏院的牆壁上，用來規勸執政的人。

【文章分析】本篇選自小畜集，是屬於雜記類。漏，就是玉漏。古時欽天監有銅壺玉漏，這是一種計時器，作用和現在的時鐘一樣。待漏院是宰相上朝時休息的地方。宰相每天早晨上朝，因爲時間還早，就在這裏休息，等到漏盡門開以後再入朝。本文主旨，在以勤規勉執政者。全文共分六段：首段說君逸臣勞是自然的道理，古時候的一些賢相，都很勤勞。第二段說待漏院是宰相上朝時休息的地方。第三段說宰相在待漏院休息時所應該想到的許多事情。第四段說宰相在待漏院休息時所不應該想到的許多事情。第五段說宰相責任重大，應謹慎勤勞。末段說作者寫此文，意在規勉執政者。本文雖名爲記，但很像箴體。以勤發端，以慎作結。中用賢相與奸相的心思作對照。寫來辭氣嚴正，可法可鑒。所以過商侯說：「通篇出力，只寫一勤字。勤字下得好，正與待漏待字恰相當。相君有思，亦是待漏時所必有之想，寫得森嚴可畏，有體有裁，宜與溫公諫院題名記並垂。」

黃岡竹樓記

王禹偁

黃岡❶之地多竹，大者如椽❷。竹工破之，刳❸去其節，用代陶瓦❹。比屋❺皆然，以其價廉而工省也。

子城❻西北隅，雉堞❼圮毀❽，蓁莽❾荒穢❿。因作小樓二間，與月波樓⓫通。遠吞山光⑫，平挹江瀨⑬，幽闃遼敻⑭，不可具狀。夏宜急雨，有瀑布⑮聲；冬宜密雪，有碎玉聲；宜鼓琴，琴調和暢；宜詠詩，詩韻清絕；宜圍棋，子聲丁丁⑯然；宜投壺⑰，矢⑱聲錚錚⑲然；皆竹樓之所助也。

公退之暇，被鶴氅⑳衣，戴華陽巾㉑。手執周易一卷，焚香默坐，消遣㉒世慮㉓。江山之外，第㉔見風帆沙鳥，煙雲竹樹而已。待其酒力醒，茶烟歇，送夕陽，迎素月，亦謫㉕居之勝概㉖也。彼齊雲㉗落星㉘，高則高矣；井幹㉙麗譙㉚，華則華矣。止於貯妓女，藏歌舞，非騷人㉛之事，吾所不取。

吾聞竹工云：「竹之為瓦，僅十稔㉜。若重覆㉝之，得二十稔。」噫！吾以至道㉞乙未歲，自翰林出滁上㉟。丙申，移廣陵㊱。丁酉，又入西掖㊲。戊戌歲除日㊳，有齊安㊴之命。己亥閏㊵三月到郡。四年之間，奔走不暇，未知明年又在何處。豈懼竹樓之易朽乎？幸後之人與我同志，嗣而葺㊶之，庶斯樓之不朽也。

咸平二年八月十五日記。

【註釋】❶黃岡　今湖北省，黃岡縣。❷椽　屋椽，所以承屋瓦者也。❸刳　挖也。❹陶瓦　製為土器者曰陶。瓦所以覆屋者也。❺比屋　謂屋相並也。❻子城　大城所屬之小城稱子城。如內城及附郭的月城等皆是。❼雉堞　城上女牆也。⑧圮毀　毀壞也。⑨蓁莽　草盛貌。⑩荒穢　荒蕪汚穢也。⑪月波樓　在黃岡城上，王禹偁所建。⑫遠吞山光　謂山光射入樓中，若遠吞之也。⑬平挹江瀨　挹，引而取之也。瀨，水流沙上也。謂江瀨上接樓影，若平挹之也。⑭幽闃遼夐　闃，寂靜也。言幽靜而深遠也。⑮瀑布　懸崖千仞，飛流湧散，如曳布然，謂之瀑布。⑯丁丁　狀聲之詞。此言棋聲也。⑰投壺　古賓主宴飲時，相與娛樂之事。設壺一，使賓主以次投矢於其中，勝者酌酒飲不勝者。⑱矢　投壺之籌也。⑲錚錚　金鐵相擊之聲。⑳鶴氅　氅，鳥羽也。鶴氅，析鳥羽爲裘也。世說載王恭時乘高輿，披鶴氅行雪中，孟昶於籬間窺之，歎爲神仙中人。㉑華陽巾　高隱者所戴之冠也。㉒消遣　猶言解愁去悶也。㉓世慮　猶言俗念。㉔第　但也。㉕謫　職官降調也。時禹偁貶謫黃州郡，故云謫居。㉖勝概　猶勝景也。㉗齊雲　樓名，五代韓浦所建。㉘落星　樓名，在金陵，爲吳大帝所建。㉙井幹　漢武帝作井幹樓，高五十尺。築累萬木，轉相交入，如井幹也，故名。幹音寒。㉚麗譙　亦樓名，魏武帝建。㉛騷人　謂詩人也。詩之佳者，多悲憤牢騷之作，故稱詩人曰騷人。㉜稔　穀熟也。古人謂一年爲一稔，取穀一熟之義。㉝覆　蓋也。㉞至道　宋太宗年號。㉟自翰林出滁上　翰林，唐宋爲內廷供奉之官，明清因之，專以處文學之士，遂爲科舉最清貴之途也。滁上，唐置滁州，即今安徽滁縣。禹偁爲知制誥，因議孝章后喪，貶滁州。㊱移廣陵　廣陵，縣名，故城在今江蘇江都縣東北。移，遷也。㊲西掖　中書省也。眞宗登極，禹偁復召還西掖。㊳除日　夏曆十二月晦日，謂之除日，取除舊更新之意。㊴齊安　今湖北黃岡縣。㊵閏　有所餘也。夏曆紀年月法，每歲多十日有奇，積以置閏，與節候相配，五歲再閏，謂之閏月。㊶葺　修補也。

【語譯】黃岡這個地方，出產的竹子很多，大的好像屋椽一樣。竹工剖開它，把竹節挖掉，用來代替土燒的瓦。附近的房子，家家都是如此。這是因爲價錢便宜，而且很省工的緣故。

子城的西北角，城上面的短牆都毀壞了，長滿雜草，又荒亂，又汚穢。因此我在這裏蓋了兩間小樓房，和月波樓相通。從樓上遠遠地望去，山野的風光，都投進樓裏來。平平地看去，樓房的影子，就和江邊的水灘連在一起。既幽靜，又遼遠，眞是無法一一加以描繪。夏天最合適下急雨，聽起來就好像瀑布的聲音一樣；冬天最好是下密雪，聽起來就好像玉碎了的聲音一般；適合彈琴，琴調和順舒暢；也適合吟詩，詩韻清麗無比；適合下棋，棋子發出丁丁的聲響；也適合餘興玩投壺的遊戲，竹籌投下去，會發出錚錚的聲音。能有這種情調，都是因爲竹樓的幫助。

下了班閒暇的時候，身上披一件鶴氅衣，頭上戴一頂華陽巾，手裏拿著一本周易，點上香，默默地坐著，可以消除世間一切無謂的煩惱。除了水光山色以外，看到的只有風帆、沙鳥、煙雲、竹樹罷了。等到酒醒過來，茶煙已消盡了。這時候，送別西沉的夕陽，迎接皎潔的月亮。這些，也都是被貶官以後住在這裏才能看到的勝景啊。那齊雲、落星二樓，高是夠高了；井幹、麗譙二樓，華麗也是夠華麗了。然而裏面只藏妓女，只藏歌舞，那不是騷人墨客的事，我並不覺得有什麼好。

我聽竹工說：「竹做的瓦，只能用十年。如果蓋上雙層，就能用二十年。」唉！我在至道乙未年，從翰林被貶到滁州。丙申年，又調到廣陵。丁酉年，又進入中書省。戊戌年除夕那天，又接獲派到齊安去的命令。己亥年閏三月，才到黃岡來。在這四年中，東西奔走，從未停歇過。明年不知道又在什麼地方。難道我還怕竹樓容易腐朽嗎？希望以後的人，和我志趣相同的，繼續修理它，那麼這兩座竹樓，就不會腐朽倒塌了！

【文章分析】本篇選自小畜集，是屬於雜記類。黃岡在今湖北省黃岡縣西北一百二十里。王禹偁於宋真宗咸平元年（西元九九八年），謫守黃岡。因爲這裏竹子很多，又很省工，所以就在子城上，建築了兩間竹樓，作爲公退之餘休憩的地方。又因頻年奔走，行止不定，心裏有所感慨，所以才寫了這篇記。本文主旨，是記述建造竹樓的觀感。全文共分五段：首段說建造竹樓的動機。第二段描寫竹樓內外的勝概。第三段寫公餘休憩竹樓的佳趣，並舉齊雲等四樓作比較，說明竹樓的這種情調，是不容易獲得的。第四段從竹瓦發出議論作結，言外又有隨遇而安的意思。末段點出作記的年月。本篇作者只是信手寫來，並不刻意安排，但也很生動有緻，引人入勝。前人的批語有云：「冷淡蕭疏，無意於安排措置，而自得之景象之外，可以上追柳州得意諸作。起結搖曳生情，更覺蘊藉。」

書洛陽名園記後

李格非

洛陽處天下之中，挾殽黽❶之阻，當秦隴❷之襟喉，而趙魏之走集❸，蓋四方必爭之地也。天下常無事則已，有事則洛陽必先受兵。予故嘗曰：「洛陽之盛衰，天下治亂之候

❹也。」

方唐貞觀❺開元❻之間，公卿貴戚，開館列第於東都❼者，號千有餘邸❽。及其亂離，繼以五季❾之酷，其池塘竹樹，兵車蹂蹴❿，廢而爲丘墟；高亭大榭⓫，煙火焚燎⓬，化而爲灰燼；與唐共滅而俱亡者，無餘處矣。予故嘗曰：「園囿⓭之興廢，洛陽盛衰之候也。」且天下之治亂，候於洛陽之盛衰而知；洛陽之盛衰，候於園囿之興廢而得；則名園記之作，予豈徒然哉？

嗚呼！公卿大夫，方進於朝，放乎一己之私以自爲，而忘天下之治忽⓮，欲退享此，得乎？唐之末路是矣！

【作者】李格非，字文叔，宋濟南人。進士及第。以文章受知于蘇軾。歷校書郎、著作佐郎、禮部員外郎、提點京東刑獄，以黨籍罷。年六十一卒。格非女清照，為當時有名之女詞人。

【註釋】❶殽黽　殽山、澠池也。殽山，山名，在河南洛寧縣北，西北接陝縣，東接澠池。澠池，即今河南澠池縣。❷秦隴　今陝西與甘肅也。❸走集　謂爭趨之地也。❹候　徵候，猶言測候計。❺貞觀　唐太宗年號。❻開元　唐玄宗年號。❼東都　即今洛陽縣治。❽邸　俗稱王侯府第爲邸。❾五季　即後梁、後唐、後晉、後漢、後周五代也。❿蹂蹴　猶言蹂躪。蹂，踐踏也。蹴，以足踢物也。⓫榭　臺有屋者。⓬燎　縱火也。⓭囿　苑之有垣者，所以蓄育鳥獸之所。⓮治忽　猶言治亂。

【語譯】洛陽的位置，正處在天下的中央，有殽山、澠池這兩個險阻的地方，又扼著陝西甘肅的咽喉，河北、山西這一帶的人，都爭著到這兒來，可以說是各國必爭的地方。天下平常沒有戰爭的時候，不覺得怎麼樣；如果有事，發生戰爭，那麼洛陽一定會最先受到兵災。所以我曾經說過：「洛陽的盛衰，是天下太平或不太平的測候計。」

當唐朝貞觀、開元這一段太平期間，那些公卿貴戚，在洛陽建造官邸的，號稱一千多家。到了後來，發生戰亂，接著又有五代的大混亂，這裏的許多池塘花園，經過兵車的蹂躪，全部被破壞，變成了廢墟；那些高大的亭臺樓閣，由於大火的焚燒，都成爲灰燼；和唐朝一起滅亡的，也沒有一點剩下來。所以我又曾經這樣說：「園囿的興廢，是洛陽盛衰的測候計。」同時，看天下的太平或不太平，可以預先知道洛陽的盛衰；看洛陽的盛衰，可以預先知道園囿的興廢；那麼我寫這篇名園記，怎麼會一點意思也沒有呢？

唉！那些公卿大夫，當他們進入朝廷裏面去做官的時候，放縱自己的私心，只知道爲自己的享樂著想，而忘記了天下的治亂。後來想從朝廷退下來，享享園囿亭榭的清福，能夠辦得到嗎？這是唐朝的末路啊！

【文章分析】 李氏作有洛陽名園記，此文爲其書後。本篇的體裁，是屬序跋類。主旨是借感慨園囿的興廢，勉勵公卿大夫，不要放縱自己的私慾，而忘了天下的治亂。全文共分三段：首段說洛陽地理位置的重要。次段說唐時洛陽園囿很多，但後來都隨唐朝的滅亡，化爲丘墟灰燼。末段說公卿大夫如只放縱自己的私慾，而忘了天下的治亂，便無法享受園囿遊觀的樂趣，點出題旨。本文雖從小處著手，但卻從大處著眼，小題而大作。說從園囿的興廢，可以看出洛陽的盛衰；從洛陽的盛衰，可以看出天下的治亂。這樣小的事物，而關係卻這樣大。不是有學有識，不能寫出這樣的文章。

嚴先生祠堂記

范仲淹

先生，漢光武之故人也，相尚以道❶。及帝握赤符❷，乘六龍❸，得聖人之時，臣妾億兆，天下孰加焉？惟先生以節高之。既而動星象❹，歸江湖❺，得聖人之清❻，泥塗軒冕❼，天下孰加焉？惟光武以禮下之。

在蠱之上九：「眾方有為，而獨不事王侯，高尚其事❽。」先生以❾之。在屯之初九：「陽德方亨，而能以貴下賤，大得民也❿。」光武以之。蓋先生之心，出乎日月之上⓫；光武之器，包乎天地之外⓬。微先生不能成光武之大，微光武豈能遂先生之高哉？而使貪夫廉，懦夫立，是大有功於名教⓭也。

仲淹來守是邦⓮，始構堂而奠⓯焉。迺復⓰其為後者四家，以奉祠事。又從而歌曰：「雲山蒼蒼，江水泱泱⓱。先生之風，山高水長⓲。」

【作者】范仲淹，字希文，北宋蘇州吳縣人。太宗端拱二年（西元九八九年）生，仁宗皇祐四年（西元一〇五二年）卒，享年六十四歲。仲淹二歲而孤，母再嫁長山朱氏，從其姓，名說。到了長大以後，知道自己的家世，於是辭母到應天府（故治在今河南商丘縣南）去，依戚同文學，晝夜不息。冬夜很疲倦，就用水洗面。食不足，就用稀粥餬口。真宗祥符八年，考中進士，為廣德司理參軍。迎其母歸養，恢復了本姓，改名仲淹。仁宗時，遷吏部員外郎，權開封府。忤呂夷簡，罷知饒州。西夏趙元昊反，仲淹以龍圖閣直學士，經略陝西。守邊數年，號令嚴明，羌人呼為「龍圖老子」，夏人不敢犯其境，說「小范老子，胸中自有數萬甲兵。」慶曆三年，拜樞密副使，參知政事，大事整飭吏治。因受人反對，罷相，出知青州，不久病卒。諡文正，著有范文正公集二十卷。

【註釋】❶漢光武之故人也二句　光武，漢帝劉秀也。故人，通稱朋友也。光武微時與子陵相識，故曰故人。相尚以道，言平素彼此以道相尚，道字包含文中所言節、禮在內。❷及帝握赤符　光武行至鄗，儒生彊華自關中奉赤符來詣王曰：「劉秀發兵捕不道，四夷雲集龍鬭野，四七之際火為主。」羣臣奏請，遂即皇帝位。貴高祖至光武，共二百四十八年，又光武以二十八歲起兵，又有二十八將，皆應四七之數。漢以火德王，故光武中興，是謂重握赤符。❸乘六龍　易乾卦象辭：「時乘六龍以御天。」謂卽位爲天子也，時指應運而興言。❹動星象　帝與子陵共臥，子陵以足加帝腹，明日太史奏客星犯帝座甚急。帝笑曰：「朕與故人嚴子陵共臥耳。」故曰動星象。❺歸江湖　謂子陵隱居不出，耕釣於富春山也。❻得聖人之清　謂子陵不受祿，而歸隱江湖，清比伯夷之聖也。❼泥塗軒冕　謂視軒冕如泥塗也。泥塗，汚濁之物。軒冕，顯貴者之車服也。❽在蠱之上九四句　蠱，周易卦名。蠱卦之第六爻爲陽爻，故稱上九。衆方有爲，而獨不事王侯云云，爲此爻爻辭。引此以證子陵之行，不事王侯，準之卦義，亦有合也。❾以　猶因也。❿在屯之初九四句　屯，周易卦名。屯卦之第一爻爲陽爻，故稱初九。陽德方亨，而能以貴下賤云云，爲此爻爻辭，引此以證光武所爲，以貴下賤，擬諸卦義，亦相類也。⓫先生之心出乎日月之上　謂子陵之心，本極高明也。⓬光武之器包乎天地之外　謂光武之器，本極廣大也。⓭而使貪夫廉三句　謂子陵之高，不但自成其高也，而能使天下之人，見子陵爵祿不能動其心，帝王不能奪其氣。雖貪夫亦自愧而知廉，懦夫亦自憤而思立。況不貪不懦者，是子陵大有功於名敎也。爲之立祠，不亦宜乎。名敎，謂有關名分之敎也，人倫之敎也。後漢書獻帝紀：「初平二年，夫君臣父子，名敎之本也。然則名敎之作，何爲者也，蓋準天地之性，求之自然之理，擬議以制其名，因循以弘其敎。」⓮是邦　謂睦州也，今浙江桐廬、建德等縣。⓯奠　設酒食以祭祀。今喪祭皆曰奠，謂置祭品於神前也。⓰復　除也，謂免其徭役也。⓱泱泱　水深廣貌。⓲先生之風山高水長　謂其清風，與山水並留千古。按范仲淹作此記，李太伯在座，謂曰：「公此文一出名世，只一字未安。」公曰：「何字？」曰：「先生之德，不如以風字代德字。」公欣然改之。

【語　譯】嚴光先生，是漢朝光武帝的老朋友，他們以道義相結交。等到光武掌握了赤符，應運而起，如飛龍在天而做了天子，合於聖人的時宜時，有無數的臣妾，天下有誰能超越他呢？只有嚴先生，憑他的氣節，高過了他。接著，嚴先生和光武帝同牀睡覺，動了星象，他回到富春江去隱居，合於聖人的清高，鄙棄榮華富貴，天下有誰能夠超越他呢？只有光武帝能夠以禮節敬重他。

在易經蠱卦上九的爻辭上說：「大家正當有爲的時候，只有他不去侍候王侯，高尙他自己的志節。」嚴先生就是照著這話做。在屯卦初九的爻辭上說：「在帝德正亨通時，卻能以尊貴的身分，去敬重卑賤的人，這是大得民心的。」光武帝就是照著這話做。因爲嚴先生心地的光明，在日月之上；光武帝的器量，包蓋在天地的外面。沒有嚴先生，不能成就光武帝的偉大；沒有光武帝，又那裏能夠成全嚴先生的清高呢？嚴先生能使貪婪的人清廉，懦怯的人自立，這對於名教，是很有功勞的呀！

我到這裏來做太守，開始建造祠堂祭祀嚴先生。又免除他後代子孫四家的賦稅徭役，讓他們去奉行祭祀的事。接著又做了一首歌：「雲山蒼茫一片，江水廣闊無邊。先生的高風亮節，就像山一樣崇高，水一樣長遠。」

【文章分析】本篇選自范文正公集，體裁屬於雜記類。嚴先生，名光，字子陵。本姓莊，因避漢明帝劉莊的諱，改姓嚴。少時與漢光武同遊學。光武登皇帝位後，要他當諫議大夫。他沒有接受，隱釣富春山。睦州（今浙江建德、桐廬縣）人因為敬仰他的風範，所以四時都祭祀他。後來范仲淹當睦州知州（州長），就蓋了一座祠堂，供州人祭祀，並且寫了這篇記。本篇主旨：表揚嚴光的高風亮節。全文共分為三段：首段說漢光武敬重嚴光。次段說嚴光造成漢光武的偉大，漢光武造成嚴光的清高，對名教都很有功勞。末段是說明作記的緣由，與一首歌頌嚴先生的歌。這篇文章，題目是嚴先生，但是文章裏面，是漢光武與嚴光並寫，相形之下，更顯得嚴光的了不起。最後又歸到嚴光，所以很有體格。過商侯說：「題目只是嚴先生與光武對講，正為先生占地步。字少意多，筆力老健。昔人題釣臺詩云：『卓哉嚴子陵，可惜漢光武！子陵有釣臺，光武無寸土。』寄慨特遠。」

岳陽樓❶記

范仲淹

慶曆❷四年春，滕子京❸謫❹守巴陵❺郡。越❻明年，政通人和，百廢具興。乃重修岳陽樓，增其舊制，刻唐賢今人詩賦於其上；屬予作文以記之。

予觀夫巴陵勝狀，在洞庭❼一湖。銜遠山，吞長江，浩浩❽湯湯❾，橫無際涯，朝暉❿夕陰，氣象萬千。此則岳陽樓之大觀也，前人之述備矣。然則北通巫峽⓫，南極瀟湘⓬

，遷客騷人⑬，多會於此，覽物之情，得無異乎？

若夫霪雨⑭霏霏⑮，連月不開；陰風怒號，濁浪排空，日星隱耀，山岳潛形，商旅不行，檣⑯傾楫⑰摧⑱，薄暮冥冥⑲，虎嘯⑳猿啼；登斯樓也，則有去國懷鄉，憂讒畏譏，滿目蕭然㉑，感極而悲者矣！

至若春和景明，波瀾不驚，上下天光，一碧萬頃，沙鷗㉒翔集㉓，錦鱗㉔游泳，岸芷汀蘭㉕，郁郁㉖青青㉗；而或長煙一空㉘，皓月千里㉙，浮光耀金㉚，靜影沉璧㉛，漁歌互答㉜，此樂何極！登斯樓也，則有心曠神怡，寵辱皆忘，把酒臨風，其喜洋洋者矣！

嗟夫！予嘗求古仁人之心，或異二者之爲㉝，何哉？不以物喜，不以己悲㉞。居廟堂之高，則憂其民㉟；處江湖之遠，則憂其君㊱。是進亦憂，退亦憂；然則何時而樂耶？其必曰：「先天下之憂而憂㊲，後天下之樂而樂㊳歟！」噫！微㊴斯人㊵，吾誰與歸㊶。

【註釋】❶岳陽樓　在湖南岳陽縣，時以滕宗諒子京修樓，范仲淹希文作記，蘇舜欽子美繕書，邵竦篆額，號稱四絕。❷慶曆　宋仁宗年號。❸滕子京　名宗諒。慶曆中，以司諫獲罪，謫爲巴陵守。❹謫　降官也。❺巴陵　即岳州，今湖南岳陽縣。❻越　過也。❼洞庭　湖名。在湖南境，長二百里，廣百里，華容、南縣、安鄉、沅江、湘陰各縣環之，巴陵縣城當其入江之口。五嶺之越城、萌渚、都龐、騎田以北之水，如湘、資、沅、澧等皆匯之。湖中小山甚多，君山最著。春冬水淺，夏秋盛漲，一望瀰漫。❽浩浩　水大貌。❾湯湯　水流貌。❿暉　光也。⓫巫峽　長江三峽之一，在湖北巴東縣西。⓬瀟湘　瀟水、湘水也。⓭遷客騷人　遷客，因罪被貶謫到外地的人。通鑑後晉紀：「池州多遷客。」注：「以罪遷降外州者，其州人謂之遷客。」騷人，詩人也。⑭霪雨　久雨也。⑮霏霏　雨絲紛飛的樣子。⑯檣　帆柱也。⑰楫　或作檝，槳也。⑱摧　折也。⑲冥冥　晦暗也。⑳嘯　凡發聲悠長多曰嘯。㉑蕭然　空寂貌。㉒沙鷗　水鳥也。㉓翔集　言飛止自由也。㉔錦鱗　魚也。㉕岸芷汀蘭　汀，水際小洲也。芷蘭，俱香草名。㉖郁郁　香氣散射也。㉗青青　茂盛貌。㉘長煙一空　言至于夜，長煙散盡，天若為之一空也。一，完全。㉙皓月千里　此言光明潔白的月亮，照遍天下。㉚浮光耀金　言當水動，月照之，而浮其光，則若金之耀于上也。㉛靜影沉璧　言當水靜，而定其影，則若玉璧之沉于下也。㉜漁歌互答　言漁人覽此幽景，此唱彼和，互為酬答也。㉝予嘗求古仁人之心二句　二者，指前悲喜二端，謂以樓外之陰雨為悲，晴和為喜，常情盡然也。而古之仁人，其用心則異乎是。㉞不以物喜不以己悲　此言仁人之異乎常情也。在常人則有悲喜，在仁人則惟有憂樂而已。同一樂也，勤於物則為喜，而仁人不然。同一憂也，出於己則為悲，而仁人又不然。此見仁人用心，與遷客騷人不同也。㉟居廟堂之高則憂其民　廟堂，朝廷也。言進居朝廷而顯達，以一夫不得其所為己罪，則憂在民也。㊱處江湖之遠則憂其君　江湖，遷客之所處也。遷謫在外，離君甚遠，不能盡匡救之力，則憂在君也。㊲先天下之憂而憂　謂仁人非獨有憂，且為天下之所共憂，顧天下昧昧不知憂，而未雨綢繆，已先憂之矣。㊳後天下之樂而樂　謂仁人亦有時而樂，亦為天下之所共樂，但天下已樂，而安不忘危，圖其萬全，然後樂之耳。㊴微　通無。㊵斯人　指古仁人。㊶吾誰與歸　謂必如古之仁人，方為吾所欣羨。若舉世無斯人，而皆如遷客騷人，隨物以為悲喜，則我將何所依歸耶？

【語　譯】慶曆四年的春天，滕子京降官來做巴陵郡的郡守。過了一年，政治通達，人民平安快樂，一切廢弛的事，都舉辦起來了。於是重新修葺岳陽樓，把舊有的規模，又加大了些。在樓上刻了唐朝賢人和現代人的詩賦，叫我寫一篇文章，來記述這件事的經過情形。

我看巴陵郡風景的秀麗，完全在一個洞庭湖。它銜著遠處的山巒，吞著長江的流水。湖水是那麼廣大洶湧，無邊無際；早晚陰晴不同，又有成千成萬景象的變化。這是岳陽樓所能看到的壯麗的景觀，以前的人記述得已經很詳備了。而湖的北邊通到巫峽，南邊一直到瀟水湘水。被貶謫的遷客，多情善感的詩人，常常在這兒會聚。他們觀覽景物的心情感想，能夠沒有不同嗎？

假如連綿不絕的霪雨，一直淅淅瀝瀝地下個不停，接連幾個月天都不放晴；陰冷的風，呼呼地怒吼著，混濁的波浪，高高地湧起；太陽和星星，都隱藏了光輝，大小的山岳，也看不見形影；商人旅客，誰也不敢行走，船桅被風吹倒了，槳也弄斷了；傍晚天昏地暗，只聽見老虎猿猴在大聲吼叫，這時候，如果爬到這座樓上去，就會有遠離祖國，懷念故鄉，既怕人毀謗，又怕人譏笑，滿眼蕭條，悲傷到極點的感覺了。

至於氣候溫和的春天，風光明媚，波浪平靜；天連水，水連天，整個湖都是碧綠的；沙鷗自由自在地在飛翔棲息，美麗的魚兒在水裏游上游下；岸上的白芷，洲上的香蘭，又芬芳又茂盛。有時候天上的雲煙全都散盡，皎潔的月亮，照耀千里。月光照在浮動的水面，閃閃地發出金色的亮光。月影投在平靜的水裏，就像一塊璧玉沉落在那兒。漁人互相酬答地唱著歌兒，這種快樂，眞是無窮無盡哩！這時候，爬到這座樓上去，就會胸襟開朗，精神怡悅，忘記所有的榮辱；並且當著春風，拿起酒杯，眞有得意洋洋的感覺。

啊！我曾經探求過古時候仁人的用心，他們和這兩種人的態度是不一樣的。這是爲什麼呢？因爲他們不因環境好而高興，也不因自己的遭遇不好而悲傷。他們在朝廷做官，高高在上的時候，就憂慮著人民的生活。退職在野，非常失意的時候，就憂慮著朝政的得失。這樣，他們在位的時候也憂慮，不在位的時候也憂慮。那麼，要到什麼時候才快樂呢？他們一定說：「在天下的人還沒有憂慮以前，自己就先憂慮；等到天下的人都得到快樂以後，自己才享受快樂。」唉！如果沒有這種人，那麼我將依歸誰呢？

【文章分析】本篇選自范文正公集，體裁屬於雜記類。歐陽修范文正公神道碑云：「公少有大節，於富貴、貧賤、毀譽、歡戚，不一動其心，而慨然有志於天下。常自誦曰：『士當先天下之憂而憂，後天下之樂而樂也。』」范文正公年譜云：「慶曆六年丙戌（西元一〇四六年），年五十八，公在鄧（時公知鄧州）。九月十五日，作岳陽樓記。」范仲淹寫這篇樓記，只是因事一抒他的生平抱負而已。本文主旨，借敍樓湖勝景，自抒先憂後樂的懷抱，並用以勉勵子京。全文共分五段：首段敍作記的緣由。第二段略述巴陵勝概。然後轉入登樓人物情趣的不同，引出下文悲喜兩種境界。第三段敍陰雨時看到景物而悲傷的人。第四段敍晴朗時看到景物而歡欣的人。末段說古時的仁人，不以物喜，不以己悲，點出題旨作結。岳陽樓的勝景，差不多被前人都寫光了，所以范仲淹不再加以描寫。只就登樓覽物之情的不同，寫出悲喜兩種不同的人，最後再寫到眞正要說的話——先憂後樂。過商侯說：「首尾布置，與中間狀物之妙，不可及矣。尤妙在入後憂樂一段，見得惟賢者而後有眞憂，亦惟有賢者而後有眞樂。樂以憂而廢，憂不以樂而忘。此雖文正自負之詞，而期子京，隱然言外，必如是始得斯文本旨。」

諫院題名記

司馬光

古者諫無官，自公卿大夫，至於工商，無不得諫者。漢興以來，始置官。夫以天下之政，四海之眾，得失利病，萃❶於一官。使言之，其為任亦重矣。居是官者，當志❷其大，舍其細；先其急，後其緩；專利國家，而不為身謀，彼汲汲❸於名者，猶汲汲於利也。其間相去何遠哉！

天禧❹初，真宗❺詔置諫官六員，責其職事。慶曆❻中，錢君始書其名於版。光恐久而漫滅❼，嘉祐❽八年，刻著於石。後之人將歷指其名而議之曰：「某也忠，某也詐，某也直，某也曲。」嗚呼！可不懼哉！

【作者】司馬光，字君實，北宋陝州夏縣（今山西夏縣）涑水鄉人。生於真宗天禧三年（西元一〇一九年），卒於哲宗元祐元年（西元一〇八六年），年六十八。光於仁宗寶元初中進士甲科，累官端明殿學士，知永興軍。神宗時，以議新法，與王安石不合，退居洛陽十五年，絕口不論時事。哲宗立，起為門下侍郎，轉尚書左僕射，悉去新法為民害者。遼、夏使至，必問光起居，敕其邊吏曰：「中國相司馬矣，毋輕生事，開邊隙。」光自見言行計從，欲以身殉社稷。躬親庶務，不舍晝夜。在相位八月而卒，贈溫國公，諡文正。光孝友忠信，恭儉正直，動作有禮。自少至老，語未嘗妄。著資治通鑑二百九十四卷，為我國史學名著。其他著作有司馬文正集八十卷，涑水紀聞十六卷等。

【註釋】❶萃　聚也。❷志　同誌。❸汲汲　急切的樣子。❹天禧　宋眞宗年號。❺眞宗　太宗之子，名恆。❻

慶曆　宋仁宗年號。❼漫滅　磨蝕消滅。❽嘉祐　亦宋仁宗年號。

【語譯】古時候，諫諍這種事情，沒有專設的官。上自公卿大夫，下至工人商人，沒有不可以進諫的。到了漢朝以後，才設立諫官。

把全國的政治，全國的人民，各方面的得失利弊，都聚在一個諫官的身上，讓他去負責發表意見，他的責任，也太重大了。當這個官的人，應當記著那些重大的事情，把那些細微末節捨棄；把急辦的事情擺在前面，可以緩辦的放在後面。專門替國家謀求利益，而不爲自身打算。那些急於求名的人，就和那些急於求利的人一樣，其間相差是多麼遠啊！

天禧初年，眞宗下了一道詔書，命令設立諫官六名，負責諫諍的職務。慶曆年間，錢君才把他們的名字寫在木版上。我怕時間久了，（木板會朽壞）字跡會磨蝕消滅，嘉祐八年，才改刻在石碑上。後來的人，就會一個個地指著上面的名字批評說：「某人很忠貞，某人很奸詐，某人很正直，某人很邪僻。」唉！這樣做，難道他們不害怕嗎！

【文章分析】本篇選自司馬文正集，體裁屬於雜記類。唐宋時，設有臺、諫兩官。臺官是侍御史、殿中侍御史、監察御史，負責糾劾官邪。諫官是諫議大夫、拾遺、補闕、司諫、正言，負責侍從規諫。諫官辦公的地方叫諫院。宋嘉祐年間，司馬光爲要引起諫官的儆懼，並表揚他們，在諫院裏刻了一塊石碑，上面列所有諫官的姓名，並且寫了這篇題名記。本文主旨在警戒諫官應專利國家，不應爲自身謀名利。全文共分三段：首段說古時無諫官，百姓都可以進諫。次段說諫官責任重大，應專利國家，不應專爲自身的名利打算。末段敘作題名記的緣由。這篇文章，雖只有百餘字，但筆鋒銳利，嚴厲無比。其最妙處，是世人以題名爲光榮，而此卻以題名爲可懼，關係世道很大。過商侯說：「非但筆霜凜冽，看其老成持重，渢渢乎有思款餘思，故詞不煩而簡嚴有體。」

義田記

錢公輔

范文正公❶，蘇人也。平生好施與，擇其親而貧、疏而賢者，咸施之。方貴顯時，置負郭❷常稔之田❸千畝，號曰義田，以養濟羣族之人。日有食，歲有衣，嫁娶凶葬皆有贍

❹。擇族之長而賢者主其計，而時其出納❺焉。日食人一升，歲衣人一縑❻，嫁女者五十千❼，再嫁者三十千，娶婦者三十千，再娶者十五千，葬者如再嫁之數，幼者十千。族之聚者九十口，歲入給稻八百斛❽。以其所入，給其所聚，沛然❾有餘而無窮。仕❿而家居俟代⓫者與焉；仕而居官者罷莫給。此其大較也。

初，公之未貴顯也，嘗有志於是⓬矣，而力未逮⓭者三十年。既而爲西帥⓮，及參大政⓯，於是始有祿賜之入，而終其志。公既歿，後世子孫修其業⓰，承其志，如公之存也。公既位充祿厚，而貧終其身。歿之日，身無以爲斂⓱，子無以爲喪。惟以施貧活族之義，遺其子而已。

昔晏平仲⓲敝車羸馬⓳，桓子⓴曰：「是隱君之賜㉑也。」晏子曰：「自臣之貴，父之族，無不乘車者；母之族，無不足於衣食；妻之族，無凍餒者；齊國之士，待臣而舉火者㉒三百餘人。以此而爲隱君之賜乎？彰君之賜㉓乎？」於是齊侯以晏子之觴而觴桓子㉔。予嘗愛晏子好仁，齊侯知賢，而桓子服義㉕也。又愛晏子之仁有等級，而言有次也；先父族，次母族，次妻族，而後及其疏遠之賢。孟子曰：「親親而仁民，仁民而愛物。」晏子爲近之。觀文正之義，賢於身後，其規模遠舉㉖，又疑過之。

嗚呼！世之都㉗三公位，享萬鍾㉘祿，其邸第㉙之雄，車輿之飾，聲色之多，妻孥之富，止乎一己；而族之人，不得其門而入者，豈少哉？況於施賢乎！其下爲卿大夫、爲士，廩稍㉚之充，奉養之厚，止乎一己；族之人，瓢囊爲溝中瘠者㉛，豈少哉？況於他人乎？是皆公之罪人也。公之忠義滿朝廷，事業滿邊隅，功名滿天下。後必有史官㉜書之者，予可略也。獨高其義㉝，因以遺於世云。

【作者】錢公輔，字君倚，宋武進人。第進士，為集賢校理，進知制誥。英宗卽位，陳治平議，王疇擢副樞密。公輔不肯草制，坐謫。神宗立，拜天章閣待制，以忤王安石，出知江寧府。徙揚州，改提舉崇福觀卒。

【註釋】❶范文正　名仲淹，字希文，文正其謚也，宋江蘇吳縣人，累官參知政事。❷負郭　負，背倚也。負郭，言距城郭甚近也。負，本或作附。❸常稔之田　稔，穀熟也。常熟之田，良田也。❹贍　補助。❺時其出納　言適時收付財物。❻縑　細密之絹，漢以後多用以贈遺賞賚者。❼千　猶貫也。古千錢爲一貫。宋有鐵錢、銅錢多種。太平興國四年，鐵錢十枚值銅錢一枚。銅錢奇缺，此當指鐵錢。❽斛　量器名。古以十斗爲斛，或以五斗爲斛。❾沛然　言多也，充裕貌。❿仕　曾出仕。⓫俟代　言待缺也。⓬是　此，指施與之事。⓭逮　及也。⓮爲西帥　宋仁宗慶曆二年，西夏趙元昊潛逆，公爲陝西西路安撫招討使，又爲陝西宣撫使。⓯參大政　公後召拜樞密副使，尋改參知政事。⓰修其業　謂修其置義田之事也。⓱斂　爲死者易衣曰小斂，入棺曰大斂。與殮同。⓲晏平仲　名嬰，字仲，謚曰平。齊大夫。⓳敝車羸馬　敝車，破舊之車；羸馬，瘦弱之馬。⓴桓子　陳無宇，齊景公大夫，謚曰桓。㉑隱君之賜　謂齊君有祿賜，而乘舊車弱馬，乃隱匿君之所賜也。㉒待臣而舉火者　言待其周給然後舉火而炊者。㉓彰君之賜　彰顯君之所賜。㉔齊侯句　觴，酒卮之總名，爵實曰觴，虛曰觶。上觴爲名詞，卽酒觶。下觴爲動詞，以酒飲人也。言齊侯乃以晏子之酒觴，飲桓子以酒，罰其失言之過也。㉕服義　言桓子受觴不辭，乃心服於義也。㉖遠舉　遠，謂可垂遠也。舉，謂可舉而行之也。㉗都　居也。㉘萬鍾　言受君祿之厚也。鍾，六斛四斗曰鍾，或曰十斛曰鍾。㉙邸第　王侯所居之府也。㉚廩稍　原爲國家養士之公糧，此處指官吏之俸祿。㉛瓢囊爲溝中瘠者　言族之貧者，操執瓢囊，乞食于道，卒餓死于溝壑之中也。瓢以盛水，囊以貯糧。㉜史官　司記載之官也。㉝高其義　高在此爲動詞，即以其義爲高也。

【語譯】范文正公，是蘇州人。他生平很喜歡布施，選擇那些關係親近卻很貧苦、關係疏遠卻很賢明的人，周濟他們。當他做了大官很顯達的時候，購置了一千畝近郊良田，取名爲義田，用來養活救濟全族的人。每天都發放食米，每年都發放布料。凡是有嫁娶喪葬的事，也都有補助。他挑選族中年長而且賢明的人當會計，隨時管理出入的帳目。每人每天一升米，每年一匹絹。嫁長女的，給錢五十貫。嫁次女的，給三十貫。娶長媳婦的給錢三十貫，娶次媳婦的給十五貫。有喪葬事的，給錢的數目，也是三十貫。如果喪葬的是小孩，就給十貫。族人聚居在一起的，一共有九十口，義田每年的收入，有八百斛稻子。拿這些收入，給與那些聚居的人，足足有餘，而且永遠沒有給光的時候。曾經出仕，離職家居等待補缺的人，給與補助；做官在職的人，就停發不給。這是義田的大概情形。

當初，文正公還沒有顯達的時候，就有志從事這種慈善事業，然而他的力量不夠，這種情形，前後有三十年。後來，他當了征西的統帥，並且參與國家大政，於是才有俸祿和賞賜的收入，來完成他的志願。文正公死了以後，他的後代子孫，仍然照舊辦理，繼承他的遺志，就和他活著的時候一樣。文正公固然官位很高，俸祿很厚，可是他終生都很貧窮。去世的時候，連壽衣棺材都買不起，他的子孫都無法辦喪事。他只把周濟貧人養活族人的道理，遺留給他的子孫罷了。

從前齊國的大夫晏平仲，他乘坐的是破車，駕車的是瘦馬。桓子就對他說：「你這種做法，是隱藏人君給你的賞賜。」晏子回答說：「自從我顯貴以後，我父親這一族的人，出門沒有不乘坐車子的；我母親這一族的人，沒有衣食不足的；我妻子這一族的人，沒有挨餓受凍的。齊國的士人，等我的錢，才能生火燒飯的，有三百多人。這樣算是隱藏人君的賞賜嗎？還是表彰人君的賞賜呢？」因爲桓子失言，於是齊侯就拿了晏子的酒杯，罰桓子喝酒。我曾經很喜歡晏子的愛好仁道，齊侯的知道賢人，桓子的服從正義。同時又喜歡晏子的仁愛有等級，而說話又有次序。他先是父族，其次母族，再次是妻族，最後才推廣到那些關係比較疏遠的賢人。孟子說：「親愛親人，然後才仁愛人民。仁愛人民，然後才愛護萬物。」晏子的作風，差不多是這樣了。現在看文正公的義行，能夠澤及後世，同時義田的規模和辦法，可以長久推行舉辦，恐怕又比晏子更高明了。

唉！世間那些位居三公，享受萬鍾俸祿的人，他們公館的建築很雄偉，車輿的裝飾很華麗，犬馬聲色供娛樂的東西很多，妻子兒女的享用很充足，這只不過是他自己一人的享受；他族裏的人，不能進他家門的，難道很少嗎？何況是周濟關係疏遠的賢人呢？至於下面做卿大夫、做士的，俸祿充足，奉養富厚，也只不過他自己一個人享受；他族裏的人，手上拿著瓢囊，到處求乞，最後餓死在溝壑中的，又難道很少嗎？何況是周濟其他的人呢？這些人都是文正公的罪人啊。文正公的忠義布滿朝廷，事業布滿邊境，功名布滿天下，後代一定有史官記載他的事跡，我可以不用多說。我只是推崇他的道義，因此寫了這篇記，讓他流傳在世間。

【文章分析】本篇選自宋文鑑，是屬於雜記類。購置田地，田地的收入，都用來救濟貧窮的人，這就是所謂義田。這個辦法，後世實行的人很多，而創始人是宋時的范仲淹。本文主旨，是表彰范文正公的義行。全文共分四段：首段敍范文正公創置義田的辦法。次段說范文正公未顯貴時，就有施貧活族的志願，歿後，也只有施貧活族的義行留傳給他的子孫。三段敍晏嬰的義行，並說范文正賢於晏嬰。末段以一般顯貴的人，都自養很厚，而視親族如路人作陪襯，更顯出范文正公的偉大。過商侯說：「只就施貧活族，說得等級次第，不落博愛一流，所以可法。後從世情中，兩提出族之人，不得其門，而爲溝中瘠者，作一唱歎。回顧義田之設，眞覺仁至義盡。」

袁州學記

李觏

皇帝❶二十有三年❷，制詔❸州縣立學。惟時守令❹，有哲❺有愚；有屈力殫慮❻，祗❼順德意；有假官借師❽，苟❾具文書。或連數城，亡誦弦聲❿。倡而不和⓫，敎尼不行⓬。

三十有二年，范陽祖君無擇⑬知袁州⑭。始至，進諸生，知學宮闕狀。大懼人材放失，儒效闊疎，亡以稱上旨。通判⑮潁川⑯陳君侁⑰聞而是之，議以克合⑱。相⑲舊夫子廟陿⑳隘，不足改為，乃營治之東北隅㉑。厥㉒土燥剛，厥位面陽㉓，厥材孔㉔良，瓦甓㉕黝堊丹漆㉖，舉以法。故殿堂室房廡㉗門，各得其度㉘；百爾㉙器備，並手偕作㉚。工善吏勤，晨夜展力，越明年成，舍菜㉛且有日。

盱江㉜李覯諗㉝於眾曰：「惟四代之學，考諸經可見已。秦以山西鏖㉞六國，欲帝㉟萬世；劉㊱氏一呼，而關門㊲不守。武夫健將，賣降恐後，何邪？詩書之道廢，人唯見利而不聞義焉耳。孝武㊳乘豐富，世祖㊴出戎行，皆孳孳㊵學術。俗化之厚，延於靈獻㊶。草茅㊷危言者，折首㊸而不悔；功烈震主者，聞命而釋兵。羣雄相視，不敢去臣位，尚數十年。教道之結人心如此。今代遭聖神，爾袁得聖君，俾爾由庠序㊹，踐古人之迹。天下治，則禪㊺禮樂以陶㊻吾民。一有不幸，猶當伏大節㊼：為臣死忠㊽，為子死孝，使人有所法，且有所賴，是惟㊾國家教學之意。若其弄筆墨以徼㊿利達而已，豈徒二三子(51)之羞，抑為國者之憂！」

【作者】李覯，字泰伯，宋南城人。俊辦能文，舉茂才異等。親老，以教授自資，學者常數十百人。皇祐初，范仲淹薦為試太學助教，上明堂定制圖。嘉祐中，歷太學說書卒，學者稱盱江先生。有周禮致太平論、土書、平禮論、退居類稿、皇祐續稿等書。

【註釋】❶皇帝　指宋仁宗。仁宗，名禎，眞宗之子。❷二十有三年　卽慶曆五年。❸制詔　天子之言曰制。制詔，天子之詔令。❹守令　守，州之太守。令，縣之縣令。❺哲　智也。❻屈力殫慮　屈力，竭力也。殫慮，盡心也。卽竭盡心力。❼祗　敬也。❽假官僭師　假通叚，借也。僭，假冒名義，超越本分。假借官師之名也。❾苟　聊且、粗略也。❿亡誦弦聲　亡，通無。誦，讀之而有音節者。弦，通絃。誦絃聲，誦讀絃歌之聲也。禮記：「春誦夏絃。」謂春讀詩書，而夏奏樂歌也。⓫倡而不和　倡，始事也，猶言提倡。和，應和也，猶言響應。⓬教尼不行　尼，止也。言教化尼止而不行也。⓭范陽祖君無澤　范陽，郡名，故城在今河北涿縣。祖無澤，宋上蔡人，字擇之。以進士高第，累官知制誥，歷典大州。⓮袁州　州名，今江西宜春縣其舊治也。⓯通判　官名。宋初欲削藩鎭之權，命朝臣通判府州軍事，與知府知州共治政事，後遂爲例。元不設通判，明復設之。清沿明制，稱府通判曰通判，州通判曰州判。⓰潁川　郡名，今河南禹縣其舊治也。⓱陳君侁　陳侁，人名，生平未詳。⓲議以克合　謂陳侁之議而能與祖無澤之意相合也。⓳相　視也。⓴陿　同狹。㉑營治之東北隅　營治之於東北邊也。㉒厥　其也。㉓面陽　向南也。㉔孔　甚也。㉕瓦甓　瓦磚。㉖黝堊丹漆　黝，微青黑色。堊，白土，所以塗牆者。丹，赤色也。言殿堂之牆，皆塗以青黑色之堊，門窗皆漆以丹色之漆也。㉗廡　堂下周屋，亦謂之廊。㉘度　法制也，見說文，標準之意。㉙百爾　猶言凡百。㉚並手偕作　並手卽偕作，猶言通力合作也。㉛舍菜　卽釋菜也。周禮：「春入學，舍菜，合舞。」謂入學之始，以芹藻之屬禮先師也。舍菜有日，謂學子入學之時不遠也。㉜盱江　郡名。㉝諗　告也。㉞鏖　苦戰多殺曰鏖。㉟帝　爲帝也。㊱劉　指漢高祖劉邦。㊲關門　謂秦之函谷關。㊳孝武　卽漢武帝，名徹。㊴世祖　卽東漢光武帝，名秀。㊵孳孳　勤勉之意。㊶靈獻　靈，漢靈帝，名宏。獻，漢獻帝，名協。㊷草茅　在野之稱。儀禮：「在野則曰草茅之臣。」㊸折首　折斷其頭。此謂斬首。㊹庠序　學校也。孟子：「夏曰校，殷曰序，周曰庠。」㊺禪　傳與也。㊻陶　造就也。言造就人才如陶者之造物也。㊼伏大節　守大節也，爲大節而死也。大節，死生危難之際之節操。論語：「臨大節而不可奪也。」㊽死忠　爲忠而死。㊾惟　爲也。㊿徼　要求也。(51)二三子　論語：「二三子以我爲隱乎，吾無隱乎爾。」二三子指及門諸子。此則猶言諸學子也。

【語譯】宋仁宗二十三年，天子下了一道命令，叫各州縣都設立學校。不過這時的太守縣令，有很賢明的，也有很愚昧無知的。因此有的人，竭盡心力，恭恭敬敬地，順從天子的美意；有的人假借官員教師的名義，徒具公文，虛應故事，敷衍了事。有些地方，接連好幾縣都沒有讀書奏樂的聲音。有人提倡，沒有人響應。教育就障礙重重，無法推行普及了。

到了三十二年的時候，范陽郡祖無澤先生，來袁州當太守。他剛剛到任，就召見一般讀書人，和他們談話，知道各學校的腐敗情形。他深恐人材散失，儒敎失去效驗，不合天子興學的意旨。當時的通判，穎川陳侁先生聽到了，很同意他的看法，意見和他完全相同。

他們去察看舊有的孔子廟，覺得那個地方太狹小，無法改造；於是就在那個地方的東北邊，著手建築房屋。這裏的泥土乾燥堅硬，房子面向南，所用的材料很好，瓦磚，牆塗灰色的石灰，木料用紅色的漆，都照著規格。殿、堂、室、房、門廊，都有一定的尺度。各種器材很完備，大家都通力合作。工人都有專長，官吏勤謹，早晚盡力工作。過了一年，校舍就告成了，用芹藻這類祭品祭孔子，舉行開學典禮的日子，也揀定了。

盱江郡李覯在衆人面前宣告道：「從前虞、夏、商、周四代的學校，情形是怎樣，查考各種經書就可以明白了。後來秦國用陝西這一帶地方的兵力，與六國作戰，殺了許多人，想千年萬代做皇帝；可是劉邦登高一呼，函谷關的門，就守不住了。這時候，武夫健將，都爭先恐後地賣國投降，這是什麼緣故呢？只不過是因爲詩書的道理荒廢了，一般人都只看見利益，不知道什麼是道義罷了。漢武帝在位時，天下太平富足。光武帝是軍人出身，他們對學術的發展，都很努力。那種敦厚的社會風氣，一直延續到漢靈帝漢獻帝的時候。在野的人，都直言無忌，即使因此被斬首，也不懊悔。功業很大，連皇上都震驚的人，只要一接到命令，就把兵權放棄。許多強而有力的人，雖然彼此互相顧忌，但是也不離開臣道。這種情形，也還維持了數十年。敎化的深入人心，竟然如此。現在又欣逢聖明神武的皇帝，你們袁州的人，因爲有聖君，才使你們可以到學校去讀書，照著古人的道理去做。天下太平的時候，可以傳授禮樂，來敎育我們的人民。萬一不幸，你們更應當守大節：做臣子的，爲忠義犧牲；做人子的，爲盡孝道而犧牲。使得人人有所效法，而且有所憑藉。這是國家重視敎育的本意。如果只是舞文弄墨，去追求富貴利達而已，那麼這不僅是諸位的恥辱，同時也是國家的憂患哩。」

【文章分析】本篇選自直講李先生文集，是屬於雜記類。袁州的舊治，在今江西省宜春縣，當初未設學校。到宋仁宗時，州長祖無澤，才爲該州設立州學，李覯爲州學寫了這篇記。本文主旨在闡明教育的功能與重要，並表彰祖無澤的功勞。全文共分四段：首段說當時各州縣，設立學校與否，各地不同。第二段說袁州沒有學校。第三段說州長無澤創立州學的情形與規模。末段是作者的話，舉秦漢的衰亡爲例，說明教育的重要與功能。本文無先王教化一類的話，所以不落俗套。謂學校與國家興衰有關，可算是警句。至於末段一有不幸等語，語含譏諷。大義凜然，尤有膽識。

朋黨論❶

歐陽修

臣聞朋黨之說，自古有之❷，惟幸❸人君辨其君子小人而已。大凡君子與君子，以同道❹爲朋；小人與小人，以同利❺爲朋：此自然之理也。

然臣謂小人無朋，惟君子則有之，其故何哉？小人所好者，祿利也；所貪者，財貨也。當其同利之時，暫相黨引❻以爲朋者，僞也。及其見利而爭先，或利盡而交疏❼，則反相賊害，雖其兄弟親戚，不能相保。故臣謂小人無朋，其暫爲朋者僞也。君子則不然，所守者道義，所行者忠信，所惜者名節❽。以之修身，則同道而相益；以之事國，則同心而共濟，終始如一。此君子之朋也。故爲人君者，但當退小人之僞朋，用君子之真朋，則天下治矣。

堯之時，小人共工❾驩兜❿等四人⓫爲一朋；君子八元⓬八愷⓭十六人爲一朋。舜佐堯，退四凶小人之朋，而進元凱君子之朋，堯之天下大治。及舜自爲天子，而皋⑭夔⑮稷⑯契⑰等二十二人⑱竝列於朝，更相稱美，更相推讓，凡二十二人爲一朋，而舜皆用之，天下亦大治。

書曰：「紂有臣億萬，惟億萬心。周有臣三千，惟一心。」紂之時，億萬人各異心，可謂不爲朋矣，然紂以亡國。周武王之臣，三千人爲一大朋，而周用以興。

後漢獻帝時，盡取天下名士囚禁之，目爲黨人⑲。及黃巾賊起，漢室大亂⑳。後方悔悟，盡解黨人而釋之，然已無救矣。

唐之晚年，漸起朋黨之論㉑。及昭宗時，盡殺朝之名士，或投之黃河，曰：「此輩清流，可投濁流㉒。」而唐遂亡矣。

夫前世之主，能使人人異心不爲朋，莫如紂；能禁絕善人爲朋，莫如漢獻帝；能誅戮清流之朋，莫如唐昭宗之世：然皆亂亡其國。

更相稱美推讓而不自疑，莫如舜之二十二臣。舜亦不疑而皆用之，然而後世不誚㉓舜爲二十二人朋黨所欺，而稱舜爲聰明之聖者，以辨君子與小人也。周武之世，舉其國之臣三千人，共爲一朋。自古爲朋之多且大，莫如周。然周用此以興者，善人雖多而不厭也。

夫興亡治亂之迹，爲人君者，可以鑒矣。

【作　者】歐陽修，字永叔，晚號六一居士，北宋吉州廬陵（今江西吉安縣，一云永豐縣）人。生於真宗景德四年（西元一〇〇七年），卒於神宗熙寧五年（西元一〇七二年），年六十六。修四歲喪父，母鄭氏親自授讀。家貧無紙筆，常以荻畫地學書。仁宗天聖八年，舉進士甲科，時年二十四。慶曆初，召知諫院，改右正言，知制誥。時杜衍、韓琦、范仲淹、富弼等相繼罷去，修上疏極諫，貶知滁州（今安徽滁縣），在滁自號醉翁。徙知揚州、潁州，還為翰林學士，奉敕重修唐書。嘉祐五年，拜樞密副使。六年，參知政事，與韓琦同心輔政。神宗初，出知亳州，轉青州、蔡州，以太子少師致士，歸隱於潁州。卒謚文忠。修早年讀昌黎文，苦心探索，遂倡為古文，以明道致用為主旨，天下翕然師之。修喜獎掖後進，曾鞏、王安石、蘇軾、蘇轍皆出其門下，為北宋古文之宗師。著有文忠集、新五代史、毛詩本義、集古錄，及與宋祁合纂之新唐書。

【註　釋】❶朋黨論　宋仁宗時，杜衍、富弼、韓琦、范仲淹等並執政，歐陽修、王素、蔡襄爲諫官，欲革弊政，致太平。陳執中、章得象、王拱辰、魚周詢等不悅，謀傾陷君子。杜富韓范不安，相繼去國。小人創朋黨之說欲盡去善類，藍先震進朋黨論。歐陽修既上疏論杜富等皆公忠愛國，又上此論，以破邪說，仁宗感悟。❷朋黨之說自古有之　朋黨，泛指以利相勾結而排斥異己的一羣人，猶今言黨派。荀子臣道篇即有「朋黨比周」之說，故曰自古有之。但古人視以道義相交者爲朋，以利害相結者爲黨，故孔子云：「君子羣而不黨。」後凡正人君子同心爲國，常被小人所嫉而誣指爲黨，如東漢有所謂黨錮是也。又如明末東林書院諸君子，亦被魏忠賢指爲東林黨。歐陽修所持，乃孔子之古義，故謂小人無朋，唯君子有之。❸幸　希望。❹同道　道相同也，理想相同也。孟子：「伯夷、伊尹何如？曰：不同道。」❺同利　利益相同也，共利益也。禮記：「車不離幾，不刻鏤，食不二味，以與民同利。」❻黨引　引以爲黨也。❼交疏　相疏遠也。❽名節　名譽與節操也。漢書兩龔傳：「二人相友，並著名節。」❾共工　共工，水官名。書經：「共工方鳩僝功。」共工，水官名，其人名氏未聞，先祖居此官，故以官氏也。按共工氏世居江淮之間，顓頊之衰，共工欲霸九州，帝使辛侯（卽高辛）滅之，然子孫猶不失其官。堯時與驩兜、三苗、鯀相比，是曰四凶。舜流共工於幽州，其官始易他氏。❿驩兜　唐堯時人，與共工比周爲惡，舜放之崇山。⓫四人　卽共工、驩兜、三苗、鯀四凶也。⓬八元　左傳：「高辛氏有才子八人：伯奮、仲堪、叔獻、季仲、伯虎、仲熊、叔豹、季貍，天下之人謂之八元。」注：「此卽稷契朱虎熊羆之倫也。」。⓭八愷　左傳：「昔高陽氏有才子八人：蒼舒、隤敳、檮戭、大臨、尨降、庭堅、仲容、叔達，天下之民，謂之八愷。」注：「此卽垂、益、禹、皋陶之倫。」⓮皋　皋陶也，虞舜時爲獄官之長。書：「帝曰：皋陶，汝作士。」⓯夔　后夔也。舜臣名，曲樂之官。⓰稷　后稷也。虞舜時農官，棄掌其事，因亦稱棄爲后稷，周之始祖也。母姜嫄踐巨人之跡而有娠，生子以爲不祥，欲棄之，因名棄。堯時爲農師，舜時爲后稷，十五傳而至武王，遂有天下。⓱契　舜臣名，爲司徒，敷五教。商之祖，母簡狄，呑玄鳥卵而生契，封於商，賜姓子氏。⓲二十二人　四岳九官十二牧，共二十二人。四岳，官名。九官：禹、稷、契、皋陶、伯益、后夔、伯夷、垂、龍是也。十二牧，十二州之州長也。⓳後漢獻帝時三句　漢之黨錮，有三君、八俊、八顧、八及、八廚。竇武、陳蕃、劉淑爲三君，君者言一世所宗也。李膺、荀昱、杜密、王暢、劉治、魏朗、趙典、朱寓爲八俊，俊者言一世之英也。郭泰、范滂、尹勳、巴肅、宗慈、夏馥、蔡衍、羊涉爲八顧，顧者言能以德行引人者也。張儉、崔超、岑晊、范康、劉表、陳翔、孔融、檀敷爲八及，及者言使人追宗者也。度尚、張邈、劉儒、胡母、班參、周藩響、王章、王孝爲八廚，廚者言能以財救人者也。謂自黨人之禁起，則僞朋進而眞朋退，天下事已不可爲矣。⓴及黃巾賊起漢室大亂　鉅鹿張角，聚衆數萬，皆著黃巾以爲標幟，時人謂之黃巾賊。帝召羣臣會議，太守皇甫嵩以爲宜解黨禁，帝懼而從之，惟張角不赦，然事已無及矣。此引證漢害眞朋。㉑唐之晚年漸起朋黨之論　唐穆宗時，李德裕、牛僧儒有隙，各立朋黨，互相競爭。李黨多君子，牛黨多小人，世謂牛李黨。前後殆四十年，至宣宗時李牛皆死，朋黨遂熄。㉒及昭宗時六句　昭宗時，朱全忠之變，盡殺朝之名士於白馬驛，或投之黃河，曰：此輩自謂清流，可投濁流以汚之。而唐室以亡。此引證唐滅眞朋。㉓誚　責讓也。

【語譯】我聽說：黨派的事情，從古時候就有了，只是希望人君能夠分辨清楚，他們是君子還是小人而已。一般說來，君子和君子，是因爲道義相同，交爲朋羣；小人和小人，是因爲利害相同，結成朋羣。這是很自然的道理。

然而我以爲，小人沒有朋羣，只有君子才有，這是什麼緣故呢？小人所愛好的，是利祿；所貪圖的，是財貨。當他們利害相同的時候，暫時互相牽引，結爲朋羣，這種朋羣是假的。等到他們看見利益，大家都爭先搶奪。或者利益沒有了，大家就彼此疏遠，自相殘害。卽使是他的父兄親戚，也不能互相保護。所以我以爲，小人沒有朋輩，他們雖然暫時結合，但這種朋輩是假的。

君子就不是這樣，他們所守的是道義，所實踐的是忠信，所愛惜的是名節。用這些來修身，就道義相同，而且互相助益；用這種關係來服務國家，大家就能同心共濟，始終如一。這是君子一類的朋輩。所以做人君的人，只應當斥退那種小人的假朋輩，重用這種君子的眞朋輩，那麼天下就平治了。

唐堯的時候，小人共工、驩兜等四個人結爲一個黨派；君子八元八愷等十六人結爲一個朋輩。舜輔佐堯，斥退四凶小人的黨派，而引進八元八愷君子的朋輩，結果堯的天下，國泰民安。到了虞舜自己做了天子，臯陶、后夔、后稷、契等二十二人，都在朝廷上做官，彼此互相贊美，互相推讓，一共二十二人成爲一個朋輩，舜都重用他們，結果天下也太平幸福。

書經上說：「商紂有臣子億萬，但有億萬個心。周朝有臣子三千，只有一個心。」商紂的時候，億萬人每個人的心都不同，可以說並沒有結爲朋輩，商紂因此亡了國。周武王的臣子，三千人結爲一個大朋輩，可是周朝用了他們，卻因此興旺起來。

後漢獻帝的時候，把天下的名士全部都囚禁起來，把他們都看作「黨人」。等到黃巾賊造反，漢朝大亂，然後才懊悔覺悟，把所有的「黨人」全部釋放。但是國家的危亡，已經到了無可挽救的地步了。

唐朝的晚年，漸漸發生朋黨的議論。到唐昭宗時，殺盡朝廷上的名士，有的人被投到黃河裏去，說：「這一批自命清流的人，可以把他們投到濁流裏去。」於是唐朝就滅亡了。

前代的人君，能夠使每個人的心都不同，不結爲朋輩的，沒有那一個能比得上商紂；能夠禁絕好人結爲朋輩的，沒有那一個能比得上漢獻帝；能夠殺戮清流的朋輩的，沒有那一個能比得上唐昭宗那個時代。但是結果都使他的國家紛亂滅亡。

能夠互相贊美，彼此推讓，一點也不自相懷疑的，沒有什麼人能比得上舜的二十二臣；舜也不懷疑他們，而且都加以重用。後代的人，並不譏誚舜被二十二人的朋黨所欺騙，反而稱贊舜是聰明的聖君。這是因爲他對於君子和小人，能夠分辨得清楚。周武王的時候，合計他全國的臣子，一共是三千人，共同結爲一個朋輩。自古以來，朋輩人數之多，而且規模之大，沒有那一個朝代比得上周朝。然而周朝所以會因此而興旺起來，是因爲善人雖多，也沒有滿足的時候啊。唉！這些治亂興亡的事跡，做人君的人，當知拿來做借鏡了吧！

【文章分析】本篇選自文忠集，是屬於論辨類的古文。宋仁宗時，杜衍、富弼、韓琦、范仲淹等人執政，歐陽修、余靖、蔡襄、王素等人爲諫官，想改革弊政，使天下太平。當時陳執中、章得象、王拱辰、魚周詢等人，非常不高興，打算陷害這些君子。杜、富、韓、范等人不安，相繼離去。小人更創朋黨之說，要把所有的好人驅除，藍先震還上了朋黨論。歐陽修非常憂慮，因此既上疏說杜、富、韓、范等人都是公忠愛國之士，同時又上了這篇朋黨論，破他的邪說。後來，仁宗畢竟覺悟了。本文主旨，是駁斥朋黨說的荒謬。全文共分十段：首段說黨派分君子與小人兩類。第二段說小人的黨派是假的。第三段說君子的黨派才是眞的，人君應該重用君子的眞黨派。第四段說堯舜時重用君子的眞黨派，所以天下大治。第五段說商紂時沒有君子的眞黨派，所以亡國。周武王時因爲有眞黨派，所以建立了周朝。第六段說漢獻帝時，因爲囚禁黨人，所以天下大亂。第七段說唐朝的晚年，因爲殺戮黨人，所以亡國。第八段總說商紂、漢獻帝、唐昭宗等，因爲沒有君子的眞黨派，所以滅亡。第九段總說堯、舜、周武王等，因爲有君子的眞黨派，所以興盛。第十段說當人君的人，應該明白這些歷史的教訓。這篇文章，引證古事，來說明只有君子才有眞黨派，人君只有重用君子的眞黨派，天下才能平治。反覆曲暢，婉切近人，所以仁宗讀了，才會感動、覺悟。

縱囚論

歐陽修

信義行於君子，而刑戮施於小人。刑入於死者，乃罪大惡極，此又小人之尤甚者也。寧以義死，不苟幸生，而視死如歸，此又君子之尤難者也。

方唐太宗❶之六年，錄❷大辟❸囚三百餘人，縱❹使還家，約其自歸以就死。是以君子之難能，期小人之尤者以必能也。其囚及期，而卒自歸無後者❺，是君子之所難，而小人之所易也；此其近於人情哉？

或曰：「罪大惡極，誠小人矣。及施恩德以臨之，可使變而爲君子；蓋恩德入人之深，而移人之速，有如是者矣。」

曰：「太宗之爲此，所以求此名也。然安知夫縱之去也，不意其必來以冀免，所以縱之乎？又安知夫被縱而去也，不意其自歸而必獲免，所以復來乎？

夫意其必來而縱之，是上賊下之情❻也；意其必免而復來，是下賊上之心❼也。吾見上下交相賊❽，以成此名❾也，烏有所謂施恩德❿與夫知信義⓫者哉？

不然，太宗施德於天下，於茲六年矣⓬，不能使小人不爲極惡大罪。而一日之恩，能使視死如歸而存信義，此又不通之論也。」

然則何爲而可？曰：「縱而來歸，殺之無赦⓭；而又縱之而又來，則可知爲恩德之致爾；然此必無之事也。

若夫縱而來歸而赦之，可偶一爲之爾。若屢爲之，則殺人者皆不死，是可爲天下之常法乎？不可爲常者，其聖人之法乎？是以堯舜三王之治，必本於人情；不立異⓮以爲高，不逆情以干譽⓯。」

【註釋】❶唐太宗　高祖子，名世民。❷錄　登之於册也。❸大辟　謂死刑。禮記：「其死罪，則曰：某之罪在大辟。」❹縱　釋放也。❺其囚及期二句　言所縱之囚，至期皆自詣朝堂就死，無一亡匿，亦無敢有後至者，太宗於是皆赦之。❻上賊下之情　賊猶盜，賊探人之物而取之也。謂在上之人，逆揣其囚之必來，探囚之意如探人之物，是上探取下之情也。❼下賊上之心　言在下者，探取在上者之心意也。❽交相賊　互相探取。❾此名　指縱囚之美名。❿施恩德　指上言赦囚之死。⓫知信義　指下言囚之自歸。⓬太宗施德於天下二句　謂自貞觀元年太宗卽位，至貞觀六年太宗縱囚，凡六年也。⓭無赦　謂不宥其罪。⓮立異　謂立不常之法。⓯逆情以干譽　逆情，謂違逆人情也。干譽，干求美譽也。

【語譯】對於君子，才能講信義。至於刑戮，是用在小人身上的。一個人犯法，到了被判處死刑，一定是罪很大，可惡到極點，這又是小人中特別壞的。寧願爲了正義而死去，不願苟且僥倖活著，並且把死看作好像回家去一樣，這又是君子中特別難能可貴的。

當唐太宗六年的時候，在名册上登記判處死刑的囚犯，一共有三百多人。唐太宗都釋放他們回家去，和他們約定，到時候自己回來接受死刑。這是以君子所難做到的事，希望那些特別壞的小人一定要做到。後來那些囚犯到了約定日期，果然眞的都自己回來了，沒有一個遲到的。這種君子所難做到，而小人卻很容易做到了，這難道是近於人情的事嗎？

有人說：「罪大惡極，的確是小人了；但是到了用恩德去對待他，也可以使他變爲君子。原來恩德感動人心的深刻，而且改變人性的快速，就有像這種情形的。」

我說：「太宗做這種事，爲的是求得布施恩德的美名。然而，我們那裏能知道，太宗釋放他們回家，他沒有這樣想：他們希望能獲得赦免，因此一定會回來，所以才放了他們呢？我們又那裏能知道，那些囚犯被釋放回去，他們沒有想到：他們自己回來，一定會獲得赦免，所以才又回來呢？

料想他們一定會回來，因此才把他們放了，這是上面的人揣摩下面的人的心理；料想自己一定可以獲得赦免，所以才又回來，這是下面的人揣摩上面的人的心理。我只看見上面的人和下面的人互相揣摩心理，因此才造成這種名譽，那裏有什麼施恩德和講信義的事呢？

如果不是這樣，那麼太宗施恩德給天下的人，到現在已經六年了，不能使小人不做罪大惡極的事，可是一天的恩德，就能使他們把死看成好像回家去一樣，而且心存信義，這又是不通的言論。」

這樣說來，那麼要怎樣做才行呢？我說：「放他們回去，他們回來了，就殺掉他們，決不赦免。以後又放掉囚犯，如果他們又回來了，這樣就可以知道，這是布施恩德所使然。不過，這是一定沒有的事情。

至於放他們回去，他們再來，就赦免他們，這種事情，只可偶然試做一次罷了。如果屢次這樣做，那麼殺人犯死罪的人都可以不死，這難道可作爲天下的常法嗎？不可以做常法的，會是聖人的法令嗎？因此唐堯虞舜和夏商周三王治理天下，一定根據人情，不標新立異來表現高尚，不違背人情來干求名譽。」

【文章分析】本篇選自文忠集，是屬於論辨類的古文。唐貞觀六年，太宗縱死囚三百九十人，無人監督，使自回家，約定來年秋天再回來就死。七年九月，囚自來歸，無一人逃匿，太宗因此全赦之。歐陽修以此事之是非，作爲此論。本文主旨，言治國應本乎人情。不應立異以爲高，逆情以干譽。全文共分九段：首段言君子小人的不同。第二段言太宗縱囚，而囚自歸，不近人情。第三段言囚自歸來，常情必以此爲受恩德所感動。第四段揣測太宗與囚犯的心理以作論。第五段言上下相賊，並非上施恩德，下知信義。第六段言小人因一日之恩，卽知信義，此爲不可能的事。第七段言囚來歸卽殺之，再縱而又來，才可以說是恩德所致，但這也是不可能的事。第八段言太宗縱囚的事，不可爲訓。末段言帝王行事，應本乎人情，點出作論的本意。此文反覆申辯，非常深刻。吳楚材說：「太宗縱囚，囚自來歸，俱爲反常之事。先以不近人情斷定，末以不可爲常法結之，自是千古正論。通篇雄辯深刻，一步緊一步，令人無可躲閃處。此等筆力，如刀斫斧截，快利無雙。」

釋祕演詩集序

歐陽修

予少以進士遊京師，因得盡交當世之賢豪❶。然猶以謂❷國家臣一❸四海❹，休兵革，養息天下以無事❺者四十年；而智謀雄偉非常之士，無所用其能者，往往伏❻而不出。

山林屠販❼，必有老死而世莫見者，欲從而求之不可得。

其後，得吾亡友石曼卿❽。曼卿爲人，廓然❾有大志。時人不能用其材，曼卿亦不屈以求合。無所放其意，則往往從布衣野老，酣嬉淋漓❿，顛倒而不厭。予疑所謂伏而不見者，庶幾狎⓫而得之。故嘗喜從曼卿遊，欲因以陰⓬求天下奇士。

浮屠⓭祕演⓮者，與曼卿交最久，亦能遺外世俗⓯。以氣節相高，二人懽⓰然無所間。曼卿隱於酒，祕演隱於浮屠，皆奇男子也。然喜爲歌詩以自娛，當其極飲大醉，歌吟笑呼，以適天下之樂，何其壯也！一時賢士，皆願從其遊；予亦時至其室。十年之間，祕演北渡河⓱，東之濟鄆⓲。無所合，困而歸；曼卿已死，祕演亦老病。嗟夫！二人者，予乃見其盛衰，則予亦將老矣。

夫曼卿詩辭清絕，尤稱祕演之作，以爲雅健，有詩人之意。祕演狀貌雄傑，其胸中浩然。既習於佛，無所用。獨其詩可行於世，而懶不自惜。已老，胠其橐⓳，尚得三四百篇，皆可喜者。曼卿死，祕演漠然無所向。聞東南多山水，其巔崖崛嵂⓴，江濤洶涌㉑，甚可壯也。遂欲往遊焉，足以知其老而志在也。於其將行，爲敍其詩，因道其盛時，以悲其衰。

【註　釋】❶賢豪　指在位及求仕者。❷以謂　即以為。❸臣一　猶言統一。❹四海　古謂中國四境皆有海環之，故稱四方為四海。即天下。❺養息天下以無事　即養息天下而天下無事也。養息天下，使天下人能休養生息也。以，連接詞，無義。天下無事，謂無兵革之事也。❻伏　匿藏也。❼山林屠販　皆隱士託足之地。❽石曼卿　名延年。❾廓然　大貌。❿酣嬉淋漓　酣嬉，謂飲酒樂而遊嬉也。淋漓，霑濡貌，言其醉也。⓫狎　親狎而不拘禮節也。⓬陰　猶言暗中。⓭浮屠　亦作浮圖。按浮屠、浮圖，皆佛陀之異譯。佛教為佛所創，古人因稱佛教徒為浮屠。⓮祕演　僧之名，其人生平未詳。⓯遺外世俗　謂遺棄世間之事。⓰懽　同歡。⓱河　黃河也。⓲濟鄆　即今山東省濟南、鄆城縣等地。⓳胠其槖　胠，發也，開也。槖，囊也。⓴崛峍　高峻貌。㉑洶涌　水之聲勢大也。

【語　譯】我年輕時，考中了進士，到都城去遊玩，因此能夠結交到許多在位的賢人、求仕的豪傑。但是總還以為，雖然國家統一，天下沒有戰爭，人民能夠休養生息，已經有四十年了；那些有才智謀略、抱負不平凡的士人，沒有機會施展他的才能的，往往就躲藏著沒有出來。這種人，在山野林間，在屠夫走販當中，一定有到老死，都沒有被人發現他的才學的，我想去尋找他們，可是沒有辦法找到。

後來，尋找到我的亡友石曼卿。曼卿為人，非常豁達，有很大的志向。只是當時在位的人，不能重用他的才學。曼卿也不肯屈辱自己去迎合他們。他沒有地方發洩他的心意，於是就常常跟著那些布衣野老，和他們一起喝酒嬉戲，弄得酒汗淋漓，顛顛倒倒，可是他一點也不覺得厭倦。因此我很懷疑：那些所謂躲藏起來，人家不知道他的才學的人，似乎只有在和他們很親近、不拘禮節的情況下，才能找到他們。所以我曾經很喜歡和曼卿一起遊玩，我想用這種方法，來暗中訪求天下的奇士。

祕演和尚這個人，和曼卿交往最久，他也能夠把世俗的一切遺棄。他和曼卿，都是很重視氣節的，兩個人在一起，非常快樂，彼此之間，沒有一點距離。曼卿隱在酒中，祕演隱在佛家，都可說是奇男子。祕演很喜歡作詩歌，用詩歌來娛樂自己。當他拚命喝酒，喝得酩酊大醉的時候，就歌唱吟詠，嬉笑高呼，以求天下的適意快樂，這是多麼雄壯呀！因此一時的賢士，都很願意和他交遊；我也時常到他的屋裏去。在這十年中間，祕演北渡黃河，東邊到山東濟南鄆城縣一帶去，可是沒有遇到什麼志趣相投合的人。他很窮困地回來，這時候，曼卿已經去世了，祕演也老病了。唉！這兩個人，我親眼看到他們的盛衰，那麼我也將要老了！

曼卿的詩文，清新無比。但他特別稱道祕演的作品，認爲很幽雅遒健，有詩人的意味。祕演的樣子，很雄壯英俊，胸襟磊落。後來他學了佛，他的才學便沒有什麼用處。只有他的詩，可以流傳在世間，可是他很懶，對自己的詩，也不愛惜。到了老年，打開他的書囊，找到了三四百首詩，都是很可愛的作品。自從曼卿去世以後，祕演變得很冷漠，也沒有地方可以走動。他聽說東南的地方，山水很多，山峯很高峻，江濤很洶湧，非常壯觀，於是就想去這些地方遊玩。從這點可以知道，他的年紀雖然已經老了，而他的志向，卻依然存在。在他將要動身的時候，我爲他的詩稿寫序，因此就說一點他盛時的情形，來爲他的衰老表示哀傷。

【文章分析】本篇選自文忠集，是屬於序跋類的古文。旨在介紹釋祕演的爲人和他的詩。全文共分四段：首段說奇士難遇。次段說作者的朋友石曼卿是一個奇士。第三段說石曼卿的朋友釋祕演也是一個奇士。末段介紹祕演的詩和爲他的詩集作序的緣由。本文寫祕演的爲人，和普通的和尚不同；因此爲他的詩集作序，也不按照平常作序的路數。文中祕演是主，曼卿與作者是陪襯。夾論夾敍，寫出三人是眞知己。寫到曼卿的死，祕演的老，字裏行間，充滿蒼涼的感傷。過商侯說：「通篇妙以賓主陪襯夾敍，而以盛衰二字爲眼目。映帶收束其間，覺文情花簇，而章法緊嚴矣。」

宋文新譯

卷十　宋文

梅聖俞詩集序

歐陽修

予聞世謂詩人少達而多窮，夫豈然哉！蓋世所傳詩者，多出於古窮人之辭❶也。凡士之蘊❷其所有，而不得施於世者，多喜自放於山巔水涯❸之外。見蟲魚草木風雲鳥獸之狀類，往往探其奇怪。內有憂思感憤之鬱積，其興於怨刺，以道羈臣寡婦之所歎，而寫人情之難言，蓋愈窮則愈工。然則非詩之能窮人，殆窮者而後工也。

予友梅聖俞❹，少以蔭補❺爲吏。累舉進士，輒抑於有司。困於州縣，凡十餘年。年今五十，猶從辟書❻，爲人之佐。鬱其所畜，不得奮見於事業。其家宛陵❼，幼習於詩。自爲童子，出語已驚其長老。既長，學乎六經仁義之說。其爲文章，簡古純粹❽，不求苟說❾於世。世之人，徒知其詩而已。然時無賢愚，語詩者必求之聖俞。聖俞亦自以其不得志者，樂於詩而發之。故其平生所作，於詩尤多。世既知之矣，而未有薦於上者❿。

昔王文康⓫公，嘗見而歎曰：「二百年無此作矣。」雖知之深，亦不果薦也。若使其幸得用於朝廷，作爲雅頌⑫，以歌詠大宋之功德；薦之清廟⑬，而追商周魯頌⑭之作者，豈不偉歟！奈何使其老不得志，而爲窮者之詩，乃徒發於蟲魚物類羈愁感歎之言！世徒喜其工，不知其窮之久而將老也，可不惜哉！

聖俞詩既多，不自收拾。其妻之兄子謝景初⑮，懼其多而易失也，取其自洛陽⑯至於吳興⑰以來所作，次⑱爲十卷。予嘗嗜聖俞詩，而患不能盡得之。遽喜謝氏之能類次⑲也，輒序而藏之。

其後十五年，聖俞以疾卒於京師。余既哭而銘之，因索於其家，得其遺稿千餘篇，幷舊所藏，掇⑳其尤者六百七十七篇爲一十五卷。嗚呼！吾於聖俞詩，論之詳矣，故不復云㉑。

【註釋】❶古窮人之辭　如屈原離騷天問之類是。❷蘊　積也，藏也。❸多喜自放於山巔水涯　放，縱也，縱情也。此言能詩者必好遊山水也。❹梅聖俞　字堯臣，宋宣城人。工詩，有宛陵集六十卷，附錄一卷。❺蔭補　因先世餘廕而得官者曰蔭。敍官曰補，亦補缺之義。聖俞慶曆中爲郎官。❻辟書　徵召之書，猶今言聘書也。❼宛陵　縣名，今安徽省宣城縣。❽簡古純粹　簡潔古樸，純粹精一也。❾苟說　苟且取悅也。說，通「悅」。❿未有薦於上者　嘉祐元年，學士蘇槩等薦梅聖俞爲國子直講，遷都官員外郎。以作序時尚未得官，故不及之也。⓫王文康　字晦叔，宋河南人，文康其謚也。⓬雅頌　詩序：「詩有六義：一曰風、二曰賦、三曰比、四曰興、五曰雅、六曰頌。」禮記：「聽其雅頌之聲，志意得廣焉。」董仲舒文：「敎化之情不得，雅頌之樂不成。」後因以爲盛世之樂。⓭清廟　周代祀文王之廟也。詩鄭箋：「清廟者，祭有清明之德者之宮也。」左傳賈逵注：「肅然清靜，謂之清廟。」⑭商周魯頌 卽詩之三頌，商頌、周頌、魯頌是也，頌爲詩經體裁之一種。大序謂美盛德之形容，以其成功告於神明者也。蓋頌與容古字通用，故序以此言之。所謂頌，卽今所謂贊美詩也。詩經中周之頌凡三十一篇，商頌五篇，魯頌四篇。⑮謝景初 人名，生平未詳。⑯洛陽 縣名，卽今河南洛陽縣。⑰吳興 郡名，卽今江蘇吳興縣。⑱次 編次也。⑲類次 分類而編次也。⑳掇 摘選之也。㉑故不復云 按本序自首至「序而藏之」，作於梅氏生前。末段自「其後十五年」至「故不復云」，係梅氏卒後續書。

【語譯】我聽人說：詩人得意的少，窮困的多，難道眞的是這樣嗎？世間所流傳的許多詩，可以說多半是古時候窮困的人的作品。大凡讀書人，他們懷著學問、抱負，但是又不能施展在世上。這種人，他們多半喜歡縱情於山頭水邊。看見蟲魚、草木、風雲、鳥獸種種不同的東西，往往探求它奇怪的地方，內心有愁思憤慨的苦悶，就表現爲怨恨譏刺的作品，來發洩流放者、寡婦的離愁哀怨，寫出人情中所難說的話。因此處境愈窮困，詩就寫得愈好。這樣說來，不是詩會使人窮困，而是人窮困了，然後詩才能寫得好呢。

我的朋友梅聖俞，年輕的時候，因爲先人的餘廕，補了一個小官。幾次去考進士，都受考官的壓抑，沒有考中。被困在州縣，做點小事，前後一共十幾年。現在已經五十歲了，還要接受人家的聘書，去做人家的僚屬。他滿肚子的學問抱負，不能奮發表現在事業上。他的家在宛陵，從小就學習作詩。在他還是兒童的時候，所說出來的話，已經能驚動那些老前輩。到了長大以後，又學習六經仁義的道理。他所做的文章，文字簡潔古樸，純精不雜，他不隨便討好世俗。社會上一般人，只知道他會做詩罷了。但是在當時，不論是什麼樣的人，談到作詩的，一定要請敎聖俞；聖俞也喜歡把自己不得意的情感，發洩在詩裏。所以他平生所寫的，詩尤其多。後來社會上的人都知道他了，可是始終沒有人向朝廷薦舉他。

以前王文康公見到他的詩，曾經讚歎說：「二百多年來，沒有這樣好的作品了！」雖然他對聖俞很賞識，但是到底也沒有推薦他。如果他幸而能夠在朝廷上被重用，讓他去寫一些雅頌的樂章，來歌頌大宋的功德；使他的作品，能在清廟裏演奏，讓他能追隨詩經中商周魯頌的作者，那豈不是很偉大的事業嗎？爲什麼使他到老還不能得志，去寫些窮困的人的詩，只是受一些蟲魚物類的觸動，說些旅愁感歎的話呢？社會上的人，只是喜歡他的詩寫得好，卻不知道他窮困很久，而且就要老了，這不是很可惜嗎？

聖俞的詩很多，他自己沒有去整理。他的內侄謝景初，怕他的詩多了容易散失，就把從他在洛陽做事到在吳興供職以來所寫的詩，編成十卷。我曾經很喜歡聖俞的詩，可是擔心不能完全蒐集到。很高興謝氏能夠分類編纂成集，於是就替它寫了一篇序藏起來。

以後過了十五年，聖俞因病死在京師。我哭他，爲他寫了墓誌銘以後，就到他的家裏去搜索，結果找到他的遺稿一千多篇，加上以前所藏的，選取了最好的六百七十七篇，編成十五卷。唉！我對於聖俞的詩，已評論得很詳細了，所以就不再說什麼。

【文章分析】本篇選自文忠集，是屬於序跋類的古文。梅聖俞，字堯臣，宣城人。工詩文，但不得志，是作者的朋友。本文主旨，是哀傷梅氏的有才華而不得志，說明梅氏卒後，代爲整理詩集，並爲之作詩集序。全文共分五段：首段說詩「窮而後工」。第二段說梅氏詩寫得很好，只是很不得志。第三段惋惜梅氏有才華而不得志。第四段說梅氏有詩集是謝氏收集的。末段說梅氏卒後，作者又爲整理遺稿。本文於「窮而後工」，寫來抑揚頓挫，一往情深。過商侯說：「昔人有言，虞卿非窮愁，不能著書。意者窮而後工，非特詩也。而永叔特於詩發之。一篇雖序其詩，終傷其窮。蓋詩既窮而後工，寫其窮，正是寫其詩。鬱勃頓挫，須看其終始一片憐才至意處。」

送楊寘序

歐陽修

予嘗有幽憂之疾❶，退而閒居，不能治也。既而學琴於友人孫道滋❷，受宮聲❸數引。久而樂之，不知疾之在其體也。

夫琴之爲技小矣。及其至也，大者爲宮，細者爲羽❹。操絃驟作，忽然變之，急者悽然以促，緩者舒然以和。如崩崖裂石、高山出泉、而風雨夜至也。如怨夫寡婦之歎息、雌雄雍雍❺之相鳴也。其憂深思遠，則舜與文王、孔子❻之遺音也。悲愁感憤，則伯奇❼孤子、屈原忠臣之所歎也。

喜怒哀樂，動人心深。而純古淡泊，與夫堯舜三代之言語、孔子之文章、易之憂患❽、詩之怨刺❾無以異。其能聽之以耳，應之以手，取其和者，道❿其堙鬱⓫，寫⓬其憂思；則感人之際，亦有至者焉。

予友楊君⓭，好學有文。累以進士舉，不得志。及從廕調⓮為尉⓯於劍浦⓰，區區在東南數千里外，是其心固有不平者。且少又多疾，而南方少醫藥，風俗飲食異宜。以多疾之體，有不平之心，居異宜之俗，其能鬱鬱以久乎？然欲平其心，以養其疾，於琴亦將有得焉。故予作琴說以贈其行，且邀道滋酌酒進琴以為別。

【註釋】❶幽憂之疾　莊子：「堯以天下讓於子州支父，子州支父曰：以我為天子，猶之可也。雖然，我適有幽憂之病，方且治之，未暇治天下也。」謂其病深固也。或云憂鬱之疾也。❷孫道滋　宋人，生平未詳。❸宮聲　五音中聲曰宮。❹羽　五音之一。❺雍雍　和睦也。❻舜與文王孔子　舜彈五絃之琴，以歌南風。文王囚於羑里，援琴作歌。孔子有去魯龜山等操。❼伯奇　周人，尹吉甫子。母死，吉甫聽後妻言，怒逐之。已而感悟，復求之於野。❽易之憂患　易繫辭：「作易者，其有憂患乎。」指文王之囚羑里，孔子之周流不遇而言。❾詩之怨刺　詩譜序：「十月之交、民勞、板蕩，勃爾俱作。眾國紛然，刺怨相尋。」按十月之交、民勞、板蕩，皆詩篇名。❿道　通導，開導也。⓫堙鬱　塞也。⓬寫　洩也。⓭楊君　即楊寘，寘字審賢。⓮廕調　以受廕之世職，改調他官。⓯尉　漢有縣尉，掌治盜賊，蓋所以佐縣者。唐亦置縣尉，列從九品上階。⓰劍浦　今福建南平縣。

【語譯】我曾經有一度患了憂鬱的病症，雖然辭去職務，閒居在家裏調養，但是也治不好。後來在朋友孫道滋那裏學彈琴，學習了幾支宮調的曲子。過了一些時候，我就覺得彈琴很快樂，居然忘記自己有病在身了。

彈琴這種技藝，是微不足道的。但是到了彈得非常好的時候，大一點的聲音就是宮調，小一點的聲音就是羽調。按著琴弦，驟然彈奏起來，一會兒忽然又讓琴聲隨著情感而改變，於是聲音急的，就令人覺得很淒涼而且很迫促。聲音慢的，就令人覺得很舒暢而且很和諧。有時好像山崩石裂、高山上流出泉水、夜裏颳大風下大雨。有時好像怨夫寡婦的歎息、雌鳥雄鳥很和睦地在互相鳴叫。那種充滿憂愁、思慮幽深的琴聲，便是虞舜、周文王和孔子的遺音。那種既悲哀憂愁，又感慨憤激的琴聲，就是孤子伯奇、忠臣屈原的歎息啊。

喜怒哀樂的情感，感動人心是很深刻的。至於琴聲所表現出來的純厚古樸與淡泊，和唐堯、虞舜及夏、商、周三代時的語言，孔子的文章，易經作者的憂患，詩經裏所充滿的怨恨和諷刺，是沒有什麼不同的。琴可以用耳朵去聽，用手去配合。用那種和諧的聲音，疏導人心中的鬱結，宣洩人心中的幽思。那麼琴聲在感人方面，也是有很深刻的作用。

我的朋友楊君，很喜歡研究學問，而且會寫文章。他曾經參加好幾次進士的考試，但都不得志，沒有考中。後來從受蔭的世職，被調到劍浦去做一個小小的縣尉，在東南幾千里以外的地方，這樣他心裏本來就已經有感到不平的地方。同時他小時又多病，而在南方又缺少名醫良藥，風俗和飲食的習慣都不一樣。以一個多病的身體，又有不平的心理，住在缺少醫藥、風俗和飲食習慣都不同的地方，怎麼能夠悶悶不樂地支持得很長久呢？然而要使他能夠心平氣和，調養他的疾病，對於琴是可以得到一點益處的，所以我做了這篇琴說，來爲他送行，並且還邀了孫道滋，請他喝酒，爲他彈琴，作爲臨別的紀念。

【文章分析】本篇選自文忠集，是屬於贈序類的古文。楊寘，字審賢。是作者的朋友，不得志。當他被派到遠地去當一名縣尉的小官時，作者知道他鬱鬱不樂，因此寫了這篇「琴說」送他。本文主旨，是對楊氏的不得志表示同情，因此告訴他以琴排遣鬱悶悲憤的道理。全文共分四段：首段說琴曾治癒作者憂鬱的疾病。次段說琴可以排遣憂悶與悲憤。第三段說琴聲是情感的流露，所以感人最深。末段說作者所以作「琴說」贈楊氏的緣由。本文前數段都是寫琴，好像與送友遠行絕不相關。到最後一段，說出作「琴說」的緣由，才讓人知道作者所以極力寫琴，爲的正是寬解楊氏的抑鬱。眞摯的情感，流露於字裏行間，眞是所謂言有盡而情意無窮。

五代史伶官❶傳序

歐陽修

嗚呼！盛衰之理，雖曰天命❷，豈非人事❸哉！原❹莊宗❺之所以得天下，與其所以失之者，可以知之矣。

世言晉王❻之將終也，以三矢❼賜莊宗，而告之曰：「梁，吾仇也❽；燕王，吾所立❾；契丹，與吾約爲兄弟❿：而皆背晉以歸梁。此三者，吾遺恨也。與爾三矢，爾其無忘乃父之志⓫！」莊宗受而藏之於廟⓬。其後用兵，則遣從事⓭以一少牢⓮告廟。請其矢，盛以錦囊，負而前驅，及凱旋而納之⓯。

方其係燕父子以組⓰，函梁君臣之首⓱，入於太廟，還矢先王，而告以成功，其意氣⓲之盛，可謂壯哉！及仇讎已滅，天下已定，一夫夜呼，亂者四應⓳，倉皇東出⓴，未及見賊，而士卒離散㉑。君臣相顧，不知所歸。至於誓天斷髮，泣下沾襟㉒，何其衰也！豈得之難而失之易歟？抑本其成敗之迹㉓，而皆自於人歟？

書㉔曰：「滿招損，謙受益㉕。」憂勞可以興國，逸豫㉖可以亡身，自然之理也。故方㉗其盛也，舉天下之豪傑，莫能與之爭。及其衰也，數十伶人㉘困之，而身死國滅，爲天下笑㉙。夫禍患常積於忽微㉚，而智勇多困於所溺㉛，豈獨伶人也哉！作伶官傳。

【註釋】❶伶官　樂官也。詩序：「簡之賢者，仕於伶官。」鄭箋：「伶氏世掌樂官而善焉，故後世多號樂官爲伶官。」五代史有伶官傳。❷天命　天道流行而賦於物者，有物必有則，如命令也。論語：「五十而知天命。」俗以窮達得失，皆有造物之主宰，謂之天命。❸人事　謂人爲之事。六韜：「戰攻守禦之具，盡在於人事。」❹原　推原，推究事物之本始也。❺莊宗　五代後唐主，姓李，名存勗。克用之長子，驍勇善戰，滅後梁有天下。後漸驕恣，荒於政事。以寵任伶官，終致亂亡。❻晉王　即李克用，存勗父。西域突厥種，原姓朱邪，世爲沙陀部酋長。其父貞元中歸唐，賜姓李。黃巢陷京師，克用以沙陀兵大破之，功稱第一，封晉王。卒後，存勗稱帝，追謚武，廟號太祖。❼矢　箭也。❽梁吾仇也　朱溫初從黃巢爲盜，既而降唐，賜名全忠。天祐末篡位，國號梁。吾仇，言朱全忠嘗夜襲李克用，又竟移唐祚，此與吾有夙怨者也。❾燕王吾所立　劉仁恭，唐深州人，豪縱有智。仁恭攻幽州，戰敗而奔晉。乾寧元年，晉擊破匡儔，乃以仁恭爲留後，留親信監其軍。爲之請命於唐，拜檢校司空盧龍軍節度使，旋叛附朱全忠。其子劉守光，晉王嘗推爲尚父。守光曰：「我南面稱帝，誰如我何！」遂稱帝。此言立燕王，蓋統言之耳。❿契丹與吾約爲兄弟　契丹，國名，本東胡族，有今遼、吉、黑、熱、察、綏諸省，及河北、山西二省北部與蒙古之地。天復五年，克用會契丹阿保機於雲中，握手約爲兄弟，期共舉兵擊梁，阿保機遺晉馬千匹。既而契丹背盟，更附於梁。⓫爾其無忘乃父之志　王禹偁五代史闕文云：「世傳武皇臨薨，以三矢付莊宗曰：『一矢討劉仁恭。汝不先下幽州，河南未可圖也。一矢擊契丹。阿保機與吾把臂而盟，結爲兄弟，誓復唐家社稷。今背約附賊，汝必伐之。一矢滅朱溫。汝能成吾志，死無憾矣。』」⓬廟　宗廟也。古今注：「廟者貌也，所以髣髴先人之靈貌也。」孝經疏：「禮記祭法：天子至士，皆有宗廟。」⓭從事　古官名，佐治之吏也。⓮少牢　羊豕二牲，謂之少牢。禮記王制：「諸侯社稷皆少牢。」⓯及凱旋而納之　凱旋，得勝歸來。王禹偁五代史闕文云：「莊宗藏三矢於武皇廟廷。及討劉仁恭，命幕吏以少牢告廟，請一矢，盛以錦囊，使親將負之，以爲前驅。凱旋之日，隨俘馘納矢於太廟。伐契丹，滅朱氏亦如之。」⓰係燕父子以組　係，縛也，即綑綁。組，綬屬，即絲繩。晉遣周德威攻燕，破其城，執仁恭及其家族三百口。守光走滄州，被擒，送幽州。莊宗械守光並仁恭以從軍。莊宗至太原，仁恭父子曳以組練，獻於太廟。⓱函梁君臣之首　函，匣也。此爲動詞，謂盛以匣也。龍德三年十月，唐軍長驅至，梁末帝朱友貞自刎死。通鑑後唐紀一云：「同光元年冬十月辛巳。詔王瓚收朱友貞尸，殯於佛寺。漆其首函之，藏於太社。」⑱意氣　意態氣概也。史記管晏列傳：「意氣洋洋，甚自得也。」⑲一夫夜呼亂者四應　此謂龍倖伶人郭從謙作亂事也。⑳倉皇東出　倉皇，匆促張皇貌。此謂李嗣源兵至京師，莊宗東幸汴，神色沮喪，登高而歎之事也。㉑士卒離散　謂近臣宿將，皆釋甲潛遁也。㉒誓天斷髮泣下沾襟　舊史莊宗本紀：「甲戌，次石橋。帝置酒野次，悲啼不樂，謂元行欽等諸將曰：『……卿等如何？』元行欽等百餘人垂泣而奏曰：『……乞申後效，以報國恩。』於是百餘人皆援刀截髮，置髻於地，以斷首自誓，上下無不悲號。」㉓迹　蹤迹也。㉔書　即書經，亦曰尚書。㉕滿招損謙受益　語見尚書大禹謨。㉖逸豫　縱逸安樂也。㉗方　當也。㉘伶人　樂官也。㉙身死國滅爲天下笑　按莊宗喜音律，或時自傅粉墨，與優伶共戲於庭，優名之李天下。後因郭從謙作亂而死。以豪傑與伶人對言，可見盛衰得失，懸絕於此。㉚忽微　言極細微如毫芒也。㉛溺　沈迷，嗜好。

【語譯】唉！一個朝代的興盛或衰亡，雖然說是天命注定的，但難道跟人的作爲沒有關係嗎？這個道理，只要推究一下後唐莊宗李存勗所以能夠得到天下，和他後來又所以會失去天下的原因，就可以明白了。

世上有這樣的傳說：晉王李克用臨終的時候，把三枝箭賜給他的兒子莊宗，並且告訴他說：「梁國是我的仇敵，燕王是我所提拔的，契丹的阿保機，和我是結拜的兄弟。可是後來他們都背棄我們晉國，而去歸附梁國。這三件事，是我這一生最遺憾的。現在我給你三枝箭，就是希望你替我報仇，你千萬別忘了你父親的心願！」莊宗接受了這三枝箭，把它藏在宗廟裏。以後每次有戰事，他就派一個官員，到宗廟裏獻祭禱告。請出一枝箭來，裝在一個錦袋裏，由親信的將領背著做先鋒。到戰勝凱旋回來，再把箭放回宗廟裏去。

當他用繩子綑綁著燕王劉仁恭父子，又把梁國君臣的頭顱用木匣裝起來，進入宗廟，把箭送還先王，並且在靈前敬告大仇已報的時候，他的氣概，可以說是夠壯盛的了。到後來，他的仇敵都已消滅了，天下也安定了，可是一個叛逆者在夜裏攘臂一呼，各地叛逆的人，竟四面紛紛響應起來。大家慌慌張張地向東逃生，還沒有見到賊兵，士卒就四處逃散了。這時候，君臣大家你看我我看你，不知何去何從。幾個忠貞的臣子，甚至都截斷頭髮，對天發誓要報仇，眼淚霑溼了衣襟，這是多麼頹喪啊！難道是得到天下困難，而失去天下卻很容易嗎？或者成功與失敗的根源，都是由於人爲的因素呢？

書經上說：「驕矜自滿，必然會招致損傷。謙恭退讓，一定會受到助益。」謹愼勤勞可以使國家興盛，安逸享樂可以使人喪身，這是自然的道理。所以當莊宗很強盛的時候，全天下的英雄豪傑，沒有人能夠和他相抗衡。到了他衰敗的時候，幾十個伶人圍困他，就使他身死國亡，被天下人所恥笑。禍患常常是由細小的事情積累起來的，而有才智又勇敢的人，常常被他所沉湎溺愛的事情所困窘，那裏只是因爲伶人才這樣呢！因此我作伶官傳。

【文章分析】本篇是從新五代史卷三十七伶官列傳中節選出來的，是屬於序跋類的古文。後唐莊宗（李存勖），初登帝位時，委任羣臣，都能因任授官，且能專而不疑，所以羣下悅服。最後滅了梁，完成了帝業。但是自從滅了梁以後，就漸漸怠於政事，喜好賭博，信任伶人。還聽信宦官的讒言，疏遠功臣宿將。最後釀成興教門之變，身死而貽笑天下。

本文主旨，是借莊宗的事迹，說明盛衰的道理，並非由於「天命」，而是取決於「人事」。全文共分四段：首段說推尋莊宗的事迹，可以知道盛衰是由「人事」，而非「天命」。次段說當初莊宗因爲志在復仇，所以能「盛」。第三段說後來因爲莊宗志在逸豫，所以才「衰」。末段引書經說明衰亡都是由於怠忽，點出題旨作結。本篇開頭一段，就概括了全篇的意思。中間兩段敍事，一正一反，引出末段的結論。寫來低昂反覆，感慨淋漓。所以過商侯說：「以豪筆寫其雄心，悲情壯語，縈後繞前，非永叔不能有此姿態。」

五代史宦者傳論

歐陽修

自古宦者❶亂人之國，其源深於女禍。女，色❷而已；宦者之害，非一端也。蓋其用事也，近而習❸；其爲心也，專而忍❹。能以小善中❺人之意，小信固人之心，使人主必信而親之。待其已信，然後懼以禍福而把持❻之。雖有忠臣碩士❼，列于朝廷，而人主以爲去己疏遠，不若起居飲食，前後左右之親，爲可恃也。故前後左右者日益親，則忠臣碩士日益疎，而人主之勢日益孤。勢孤則懼禍之心日益切，而把持者日益牢。安危出其喜怒，禍患伏於帷闥❽，則嚮❾之所謂可恃者，乃所以為患也。患已深而覺之，欲與疎遠之臣，圖左右之親近，緩之，則養禍而益深；急之，則挾人主以為質❿。雖有聖智，不能與謀。謀之而不可為，為之而不可成。至其甚，則俱傷而兩敗。故其大者亡國，其次亡身。而使姦豪得借以為資而起，至抉⓫其種類，盡殺以快天下之心而後已。此前史所載，宦者之禍常如此者，非一世也。

夫為人主者，非欲養禍於內，而疎忠臣碩士於外，蓋其漸積而勢使之然也。夫女色之惑，不幸而不悟，則禍斯及矣。使其一悟，捽⓬而去之可也。宦者之為禍，雖欲悔悟，而勢有不得而去也，唐昭宗之事是已。故曰「深於女禍」者，謂此也，可不戒哉！

【註釋】❶宦者　宦官也。原為宮中之官，後專為閹人之稱。❷色　愛好女色也。❸習　親狎也。❹忍　殘酷也。❺中　合也。❻把持　猶專攬也，謂一手執持，不使他人參預也。❼碩士　賢士也。❽帷闥　帷，幕也。闥，門屏也。帷闥，言其近也。❾嚮　昔也。❿挾人主以為質　挾，挾持也，矜其有而恃以自重也。質，典押以取信之物也。此段指唐昭宗之事。按昭宗為宦者楊復恭所立，復恭恃功專恣。昭宗與崔胤謀誅宦官，宦官懼，幽帝少陽院，共立太子裕。其後朱溫盡殺宦官，昭宗卒為朱溫所弒。⓫抉　取也，摘取而出之也。⓬捽　揪持頭髮。

【語譯】自古以來，宦官使國家紛亂，這種禍害的根源，比婦人亂國的禍害還要深遠。婦人只不過使人君沉迷於女色罷了；可是宦官的禍害，就不止一方面了。這是因為宦官用事，常在人君周圍，和人君很親近狎暱。他用心專一，而且殘酷。他能用小善，去迎合人家的心意，用小信，使人家對他深信不疑，使人君一定很信任他而且親近他。等到在人君的心裏已經建立了信用的基礎，然後他就用禍福去恐嚇人君，把持一切政權。這時候，在朝廷裏，雖然有許多忠臣賢士，但是人君總以爲：他們和自己很疏遠，不像那些起居飲食在一起，經常在自己前後左右，關係很親近的宦官那樣可靠。所以人君和在前後左右的宦官一天比一天親近，那麼就和忠臣賢士，一天比一天疏遠。這樣一來，人君的形勢，就一天比一天孤立了。人君的情勢很孤立，那麼恐懼禍患的心理，就一天比一天嚴重。把持政權的太監，就一天比一天穩固。人君的安危，就看太監的喜怒。人君的禍患就潛伏在宮廷的帷幔門屏之間，這樣一來，以前那些所謂可靠的人，現在就成了禍患。禍患到了已經根深蒂固的時候才發覺，想和那些疏遠的臣子，一起計畫剷除在自己左右而和自己很親近的宦官，事情進行得慢了，那麼就把禍患培養得更深；如果進行得快了，那麼那些宦官就會挾持人君，作爲人質。這樣，即使有大聖大智的人，也無法替人君謀劃；就是計劃好了，也無法去做；就是做了，也不會成功。情勢嚴重的，就要兩敗俱傷。所以禍患大的亡國，小的喪身。同時使一些奸雄，能夠借此機會起來，捕捉那些太監的同黨，把他們全部殺光，使天下人的心裏感到痛快才罷了。以前歷史上的記載，宦官的禍患常常是這樣的，並不是只有一個朝代如此。

一個做人君的，並不想要在宮廷裏培養禍患，而疏遠外面的忠臣賢士。可以說那是漸漸累積起來，情勢使他這樣的。人君對於女色的迷惑，如果不幸不能覺悟，那麼禍患就要臨頭了。假若一旦覺悟，他可以抓著她的頭把她加以驅逐。至於宦官的禍患，即使要懊悔覺悟，可是在情勢上卻有不能把他們除去的時候。唐昭宗被殺的事情，就是這樣的。所以我說宦官這種禍患，比婦人亂國的禍患要深，就是這個緣故。做人君的人，可以不提高警覺嗎？

【文章分析】本篇是從新五代史卷三十八宦者傳中節選出來的，是屬於論辨類的古文。唐昭宗（名曄）時，因爲宦官把持政權，昭宗與崔胤計劃將他們剷除。宦官非常恐懼，於是就把昭宗幽禁在少陽院裏，並共立太子裕爲皇帝，後來宦官雖然全部都被朱溫消滅，但是昭宗也被朱溫所弒。本文主旨，是借昭宗的事迹，警告做人君的人，對於宦官的禍害，須特別警戒。全文共分二大段：首段說明宦官亂國，比女色的禍患要嚴重得多。末段說女色的禍患，人主一旦覺悟，還容易挽救。而宦官的禍患，一旦發生，便不容易收拾。唐昭宗的身死國亡，就是一面鏡子，所以做人君的人，必須特別提高警覺，本文「宦者亂人之國，其源深於女禍」，是全篇的總綱領。寫宦官的禍患，既深刻又詳盡，轉折不窮，共作無數層次。過商侯說：「說出宦豎之隱，計深慮長，始失於近習而莫知，終成乎親暱而難圖，最中隱弊，故人主貴愼於早也。」

相州晝錦堂記

歐陽修

仕宦而至將相，富貴而歸故鄉，此人情之所榮，而今昔之所同也。蓋士方窮時，困阨閭里❶，庸人孺子，皆得易❷而侮之。若季子不禮於其嫂❸，買臣見棄於其妻❹。一旦高車駟馬，旗旄導前，而騎卒擁後，夾道之人，相與駢肩累迹❺，瞻望咨嗟❻；而所謂庸夫愚婦者，奔走駭汗❼，羞愧俯伏，以自悔罪於車塵馬足之間，此一介之士，得志於當時，而意氣之盛，昔人比之衣錦之榮❽者也。

惟大丞相衛國公❾則不然。公，相❿人也。世有令德，爲時名卿。自公少時，已擢⓫高科，登顯仕；海內之士，聞下風而望餘光者⓬，蓋亦有年矣。所謂將相而富貴，皆公所宜素有，非如窮阨之人，僥倖得志於一時，出於庸夫愚婦之不意，以驚駭而夸耀之也。然則高牙大纛⓭，不足爲公榮；桓圭袞冕⓮，不足爲公貴；惟德被生民，而功施社稷，勒之金石⓯，播之聲詩，以耀後世而垂無窮；此公之志，而士亦以此望於公也，豈止夸一時而榮一鄉哉！

公在至和⑯中，嘗以武康之節⑰，來治於相。乃作晝錦之堂於後圃；既又刻詩於石，以遺⑱相人。其言以快恩讎、矜名譽為可薄⑲。蓋不以昔人所夸者為榮，而以為戒。於此見公之視富貴為如何，而其志豈易量哉！故能出入將相，勤勞王家，而夷險一節⑳。至於臨大事，決大議，垂紳正笏㉑，不動聲色，而措天下於泰山之安，可謂社稷之臣矣。其豐功盛烈，所以銘彝鼎㉒而被絃歌㉓者，乃邦家之光，非閭里之榮也。余雖不獲登公之堂，幸嘗竊誦公之詩；樂公之志有成，而喜為天下道也，於是乎書。

【註釋】❶困阨　窮困不得志。❷易　輕視。❸季子不禮於其嫂　季子，蘇秦之字。戰國洛陽人，說秦惠王以連橫之策，惠王不用。金盡裘敝，去秦而歸，嫂不為之炊。事見戰國策秦策。❹買臣見棄於其妻　朱買臣，漢武帝時吳郡人。家貧好學，採薪自給，妻子求去。買臣笑曰：「汝苦日久，待吾富貴，當報汝功。」妻怒曰：「從君當餓死溝中矣。」買臣不能留，卽去。事見漢書朱買臣傳。❺駢肩累迹　駢肩，肩相並也。累迹，足跡相重也。因以言人數之眾多也。❻咨嗟　贊歎。❼駭汗　謂驚駭而出汗。❽衣錦之榮　衣，動詞，穿也。錦，有文彩之絲織品。喻富貴榮歸鄉里。漢書項籍傳：「富貴不歸故鄉，如衣錦夜行。」❾大丞相衞國公　北宋名臣韓琦，字稚圭，相州安陽人。仁宗嘉祐三年，拜中書門下平章事集賢殿大學士，卽大丞相。英宗嗣位，封衞國公，後改封魏國公。清王昶金石萃編云：「右晝錦堂記文稱大丞相衞國公。按韓忠獻於皇祐中，封南陽郡開國公。嘉祐中入相，進封儀國公。英宗嗣位，改衞國公。後又改魏國公。碑立於治平二年三月，猶稱衞國，則魏國之封，當在其後。」❿相　相州。舊治在今河南省安陽縣。⓫擢　拔取。⓬聞下風而望餘光者　而，與也，連詞。謂聞高風而下拜與瞻仰其丰采者。⓭高牙大纛　喻儀從之盛也。牙，指牙旗。纛，儀從後之大旗。⓮桓圭袞冕　桓圭，三公所執之命圭。袞冕，三公所服之禮服。言富貴之至也。⓯勒之金石　勒，雕刻。金，指鐘鼎之類。石，指碑碣之屬。古以有大功者，記其功於鐘鼎碑碣之上，以彰其德。⓰至和　宋仁宗年號。⑰武康之節　韓琦於仁宗慶曆末年，任武康軍節度使，治理并州。至和二年，治理相州。⑱遺　餽贈。⑲薄　鄙薄之也。⑳夷險一節　不論在平時或患難，節操始終一致也。㉑垂紳正笏　紳，大帶。笏，手版。古時自天子至士人，皆執笏爲禮，以玉及象牙或竹爲之。垂紳正笏，言大臣之儀態從容端莊。㉒銘彝鼎　銘，動詞，刻記也。彝，酒器。鼎，食器。應上段「勒之金石」句。㉓被絃歌　被，動詞，施於。絃歌，樂歌也。應上段「播之聲詩」句。

【語　譯】做官做到將相，富貴後回到家鄉，這是一般人情感到榮耀的事，也是古今相同的道理。大抵士子在貧賤時，困窮在鄉里，連平常的人和小孩都會瞧不起他、欺侮他。像蘇秦貧賤時，被嫂子無禮的對待，朱買臣甚至被妻子遺棄。一旦富貴坐了四匹馬的高車子，旌旗引導在前，隨從簇擁在後，路兩旁的人，相互肩並肩腳碰腳對他瞻望贊歎；這時，那些所謂的凡夫愚婦，便會東奔西走嚇得一身汗，羞愧地俯伏在地上，自動到他的車塵馬足間來懺悔告罪。這是一個士子，當得志時，氣勢的盛大，古人用衣錦榮歸來比喻。

只有大丞相衞國公卻不然。韓公，相州人。世代有美德，爲當時有名的公卿。自他小時候，便拔取了高第，登上顯官；海內的人士，聞風下拜，仰慕他的丰采的，已有好幾年了。所謂將相和富貴，都是韓公向來應該所有的，不像一般出身窮困的人，一時僥倖得志，出乎庸夫愚婦意料之外，使他們驚嚇而向他們誇耀。那麼前護後擁的隨從大旗，不足以使韓公榮耀；公卿的圭笏禮服，也不足以使韓公顯貴；惟有他的恩德普施於百姓，而功業及於國家，被記載在鐘鼎碑石上，被播揚在聲樂詩歌中，用來顯耀後世而永垂無窮；這才是韓公的志願，也是士人對他所期望的，豈只是誇耀一時而榮顯一鄉呢？

韓公在至和年間，曾以武康軍節度使來治理相州。於是在他家的後園建晝錦堂；而又寫詩刻在石碑上，留贈給相州的人。他認爲痛快地報恩仇、自誇名譽是可鄙的。大抵不以古人所誇耀的爲榮，而且以此爲戒。從這些可以瞭解韓公對於富貴的看法了，而他的心志豈是容易測度的呢！所以他能夠出入將相，爲國家服務，而不論在太平或患難時，都是同一節操。至於面臨大事，決斷大議，垂帶執笏，儀態從容，不動聲氣，而治理天下如泰山般的安定，可以說是國家的重臣。他的豐功偉業，所以被刻在鐘鼎器上，而播揚在樂歌中，實在是邦國的光彩，不僅是閭里的榮耀啊。我雖不曾登上韓公的晝錦堂，幸而私下曾誦讀他的詩；樂於韓公的志願有成，而喜於向天下人道及此事，於是寫下這篇文章。

【文章分析】本篇選自文忠集，是屬於雜記類的古文。記，文體的一種，爲雜記類。曾國藩經史百家雜鈔序例上說

：「雜記類，所以記雜事者。後世古文家，修造宮室有記，遊覽山水有記，以及記器物，記瑣事皆是。」

宋名臣韓琦，榮歸故里相州，在家宅的後園建堂，名爲「晝錦堂」，並請歐陽修作記。歐陽修作此記，用「富貴不歸故鄉，如衣錦夜行」做主題，襯托韓琦的節操，不以世俗的富貴還鄉爲榮，而反以此爲戒，甚至推致榮耀歸於邦家，點出儒者的胸襟。全文分三段：首段說明世俗所謂的衣錦榮歸，而點出「晝錦」二字。次段闡明韓琦的心志，在於心存社稷，德施人民。三段敍述韓琦一生，把世俗所重的晝錦之榮一筆撇開，且以此爲戒。

全文未曾提及晝錦堂的建築和裝設，而著筆在韓琦的志向和德業，這是歐陽修寫這篇記的特色。依據過庭錄的記載，歐陽修寫好這篇文章，送出後，開頭兩句「仕宦而至將相，富貴而歸故鄉」，沒有「而」字。事後派人追回，補上兩個「而」字，從此可體會文言虛字運用的巧妙。

豐樂亭記

歐陽修

修既治滁❶之明年夏，始飲滁水而甘。問諸滁人，得於州南百步之近。其上豐山❷聳然❸而特立，下則幽谷窈然❹而深藏，中有清泉滃然❺而仰出。俯仰左右，顧而樂之，於是疏泉鑿石，闢地以爲亭，而與滁人往遊其閒。

滁於五代❻干戈之際，用武之地也。昔太祖皇帝❼，嘗以周師破李景❽兵十五萬於清流山❾下，生擒其將皇甫暉、姚鳳❿於滁東門之外，遂以平滁。修嘗考其山川，按其圖記，升高以望清流之關，欲求暉、鳳就擒之所，而故老皆無在者，蓋天下之平久矣。自唐失其政，海內分裂，豪傑並起而爭，所在爲敵國者，何可勝數？及宋受天命，聖人⓫出而四海一，嚮⑫之憑恃險阻，剗⑬削消磨。百年之間，漠然⑭徒見山高而水清，欲問其事，而遺老⑮盡矣。今滁介於江淮之間，舟車商賈四方賓客之所不至，民生不見外事，而安於畎畝衣食，以樂生送死。而孰知上之功德，休養生息，涵煦⑯百年之深也。

修之來此，樂其地僻而事簡，又愛其俗之安閒。既得斯泉於山谷之間，乃日與滁人仰而望山，俯而聽泉，掇⑰幽芳而蔭喬木，風霜冰雪，刻露⑱清秀，四時之景，無不可愛。又幸其民樂其歲物之豐成，而喜與予遊也。因為本其山川，道其風俗之美，使民知所以安此豐年之樂者，幸生無事之時也。夫宣上恩德，以與民共樂，刺史⑲之事也。遂書以名其亭焉。

【註釋】①滁　滁州。即今安徽省滁縣。地當滁水之陽，為江淮間之勝地。②豐山　山名。在滁縣西南。③聳然　高貌。④窈然　深遠貌。⑤滃然　水大貌。⑥五代　指後梁、後唐、後晉、後漢、後周五代，凡五十三年。⑦太祖皇帝　即宋太祖趙匡胤，宋之開國君。曾仕周，從周世宗征淮南、揚州等處，官至檢校太尉。後禦契丹，軍至陳橋驛，諸軍擁立，乃受周禪即帝位，國號宋。⑧李景　南唐昪之子，昪卒，嗣立。周師南征滁州，景懼，對周稱臣。⑨清流山　在安徽滁縣西北二十五里。山上有關。⑩生擒其將皇甫暉姚鳳　皇甫暉、姚鳳，均南唐大將，時周世宗命趙匡胤征淮南，突陣入清流關，暉、鳳等走入滁州，生擒之。⑪聖人　指宋太祖。⑫嚮　昔也。⑬剗　削平也。與鏟同。⑭漠然　安靜貌。⑮遺老　謂先朝舊臣。⑯涵煦　涵，澤潤。煦，溫暖。猶覆育保護之意。⑰掇　拾取。⑱刻露　雕飾呈露。⑲刺史　官名。宋時刺史無職任，以知州兼領之。

【語譯】我治理滁州的第二年夏天，飲滁州的水才覺得很甘美。問那滁州的人，才知道這泉水是得自滁州城南百步附近的所在。在那裏，上面有一座高聳突立的豐山，下面有深遠的幽谷，中間還冒出一股大大的泉水。上下左右，看了覺得非常快樂。於是疏導泉水，鑿開巖石，開闢一塊空地建造亭子，和滁州的人士一同遊覽這地方。

滁州在五代戰亂的時候，是個用兵的地方。從前宋太祖皇帝，曾率領後周的軍隊殲滅了南唐李景的十五萬大軍在清流山下，活捉了南唐的將領皇甫暉、姚鳳在滁州的東門外，於是得以平定滁州。我曾經考察當地的山川，依照圖譜上的記錄，登高眺望清流關，想尋找皇甫暉和姚鳳就擒的所在，然而長一輩的父老都不在世，因爲天下已經昇平很久了。自唐朝政治失修以來，海內分裂，羣豪並起爭奪，在唐朝疆土上相互對敵的，怎能數得清？到宋朝受了天命，聖人出來而四海統一，以前各自憑恃險要割據的，都被剷除消滅。這一百年來，平靜中只見山高水清，想問從前的事，先朝老臣都不在世了。今日的滁州，介於長江和淮河之間，舟車、商人、四方旅客不到這兒，人們看不見外間的事情，只安心地種田飽食足衣，樂生送死。那裏知道這是皇上的功德，養民生息，經過百年覆育的深恩呢。

我來到此地，喜愛這裏的僻靜和人事簡單，又愛這裏風俗的安閒自在。既然我已尋得這山谷間的泉水，就成天和滁州的人擡頭看山，低頭聽泉，春夏拾取幽雅的香花，蔭庇在高樹下，秋冬風霜冰雪降落，雕飾出清秀的氣象，四季的景色，無不可愛。又慶幸當地人們樂得年成豐收，而喜歡跟我同遊。因此我依據當地的山川，稱道此間風俗的美好，使人們明白所以能享受豐年的快樂，是幸而生在太平的時代。至於宣揚皇上的恩德，能與民同樂，這是刺史的職責啊。於是寫上「豐樂」兩個字，作爲這座亭子的名字。

【文章分析】歐陽修於慶曆五年（西元一〇四五年），貶官知滁州。第二年，建亭於城南豐山下，亭下清泉甘美。歐陽修感皇恩化育，人民樂得豐歲，故取名爲「豐樂亭」，並自爲記。

此篇選自文忠集，爲雜記類的古文。全文共分三段：首段說明發現泉水的所在，因此建亭供滁人遊憩。次段敍述五代時，滁州是兵家征戰的地方，記昔年用武，今日承平，因而道及當地的史蹟和民情。末段記滁州豐山一帶四季的景色，並說明皇恩化育，休養生息所致，豐年民樂，取名「豐樂亭」的原因。

歐陽修寫亭園小品，可與柳宗元的山水小品相媲美。歐陽修的亭園小品，典雅深湛；柳宗元的山水小品，深博峭麗，各有千秋，令人百讀不厭。

醉翁亭記

歐陽修

環滁皆山也。其西南諸峯，林壑❶尤美。望之蔚然❷而深秀者，琅邪❸也。山行六七里，漸聞水聲潺潺❹；而瀉出於兩峯之間者，釀泉❺也。峯回路轉❻，有亭翼然❼臨於泉上者，醉翁亭也。作亭者誰？山之僧智僊也。名之者誰？太守❽自謂也。太守與客來飲於此，飲少輒醉，而年又最高，故自號曰醉翁也。醉翁之意不在酒，在乎山水之間也。山水之樂，得之❾心而寓❿之酒也。

若夫日出而林霏⓫開，雲歸而巖穴暝，晦明變化者，山間之朝暮也。野芳發而幽香，佳木秀而繁陰，風霜高潔，水落而石出者，山間之四時也。朝而往，暮而歸，四時之景不同，而樂亦無窮也。

至於負者歌於塗，行者休於樹，前者呼，後者應，傴僂提攜⓬，往來而不絕者，滁人遊也。臨谿而漁，谿深而魚肥；釀泉爲酒，泉香而酒洌⓭；山肴野蔌⓮，雜然而前陳者，太守宴也。宴酣⓯之樂，非絲非竹⓰，射⓱者中，弈⓲者勝，觥籌交錯⓳，起坐而諠譁者，眾賓懽也。蒼顏⓴白髮，頹㉑然乎其間者，太守醉也。

已而夕陽在山，人影散亂，太守歸而賓客從也。樹林陰翳㉒，鳴聲上下，遊人去而禽鳥樂也。然而禽鳥知山林之樂，而不知人之樂；人知從太守遊而樂，而不知太守之樂其樂也。醉能同其樂，醒能述以文者，太守也。太守謂誰？廬陵㉓歐陽修也。

【註　釋】❶林壑　森林山谷。❷蔚然　草木盛貌。❸琅邪　山名，在滁縣西南。❹潺潺　水流聲。❺釀泉　一作讓泉，山泉名。因水清可以釀酒得名。❻峯回路轉　謂山勢回轉，路亦彎曲。❼翼然　如鳥舒翼貌。❽太守　官名。秦置郡守，漢改為太守。宋以後廢，歐陽修此時知滁州，故自稱為太守。❾之　於也。❿寓　寄託。⓫林霏　指林中之霧氣。⓬傴僂提攜　傴僂，背曲，指老者。提攜，牽引以行，指幼童。⓭洌　清也。⓮山肴野蔌　肴，熟肉。蔌，菜蔬。謂山間之佳肴野菜。⓯宴酣　宴會飲酒而樂。⓰非絲非竹　絲竹，泛指音樂。絲指絃樂如琴瑟，竹指管樂如簫管。⓱射　指投壺，為古人之一種遊戲。⓲弈　指下圍棋。⓳觥籌交錯　觥，酒器。籌，籌碼，指行酒令時計算勝負之具。交錯，往來雜亂之意。⓴蒼顏　深青色之容顏，指老人。㉑頹　醉倒。㉒陰翳　昏暗不明。㉓廬陵　舊縣名。即今江西省吉安縣。為歐陽修之故鄉。

【譯　語】環繞在滁州城外的盡是山。在城的西南那些山峯裏，森林山谷格外美好。望過去一片草木茂密而深遠秀麗的，便是琅邪山，在山裏走六七里，漸漸聽得水聲潺潺，在兩座山峯之間傾洩而出的，便是釀泉。山勢回轉，路也跟著彎曲，有一座亭子像鳥展翼般靠在釀泉的上面，那就是醉翁亭了。修築這座亭子的人是誰呢？就是山上的和尚智僊。替這座亭子取名的是誰呢？就是太守自己呀。太守帶了賓客到這兒飲酒，每次喝一點酒便醉倒，而且他的年紀又最高，所以自稱為「醉翁」。「醉翁」的意思不在酒，而在山水之間。山水間的樂趣，是在心靈上獲得而寄託在酒上的啊。

當太陽出來時，林子裏的霧氣被蒸散，雲霧聚集時，山間的巖穴就顯得昏暗，這種昏暗明朗的變化，便是山間早晚的景色啊。野花開放而發散著幽香，樹木繁茂而造成濃蔭，風霜高雅明潔，澗水低落而露出溪石，這些便是山間四季的風光。早上到山裏去，晚上才回來，四季的景致不同，而其中的樂趣也無窮無盡啊。

至於挑擔的在路上唱歌，趕路的在樹下休息，前面的人呼喚，後面的人回答，扶老攜幼，往來不絕的，這是滁州的人們來遊山啊。或在溪邊釣魚，溪水深而魚特別肥；或取泉水來釀酒，因泉水香而酒特別醇清；山間的佳肴野菜，雜錯地陳列在面前，那是太守在宴客。宴會時盡情享樂，不用絲竹管絃，只見投壺的射中了，下棋的獲勝了，酒杯和籌碼往來雜亂，一會兒站起來，一會兒坐下嚷個不停，這是眾多的賓客歡樂的情景。一位蒼顏白髮的老者，頹然醉倒在那許多人中間的，那就是太守，他喝醉了。

一會兒，夕陽在山，人影離散零亂，太守要回去而賓客跟著走了。樹林子昏暗下來，鳥兒上下交鳴，遊人回去而禽鳥樂了。然而禽鳥只知道山林的快樂，卻不知道人世間的快樂；人們也只知道跟著太守去遊山水獲得快樂，卻不知道太守以他們的快樂為快樂。在醉了的時候，能和他們一起同樂，酒醒的時候，能把這些鋪述成文章的，那是太守啊。太守是誰呢？那是廬陵人歐陽修。

【文章分析】本篇選自文忠集，是一篇雜記類的古文。醉翁亭，在滁州城外西南六七里的地方。歐陽修在慶曆年間（西元一〇四一——一〇四八年），因言事獲罪，被貶知滁州。於是他放情於山水間，自號醉翁。而醉翁亭記，便在這段期間所寫的。此篇山水遊記，是歐陽修亭園小品的代表作。

全文分四段：首段首句「環滁皆山也。」便能引人入勝，然後剝蕉式的引出琅邪山、釀泉、醉翁亭的所在，以及醉翁——作者自己。「醉翁之意不在酒，在乎山水之間。」已成為成語。作者把山水與自己的情懷交融，以達情景交融的境界。次段描寫山間四季景色的變化，而樂趣也無窮。三段特寫滁人遊山水，以及歐陽修與賓客遊宴醉翁亭的樂趣。末段抒寫遊宴後回城的感想。全篇句子短，顯得格外活潑。

大抵山水遊記的作法，以「寫景」為主，其次「寫風土人情」，「寫感慨」，這三項素材，交錯成采，自成章法。歐陽修的醉翁亭記，除了包羅以上三項素材外，文中連用二十一個「也」字，個個妥切，能不讚賞他運筆的神奇嗎？

秋聲賦

歐陽修

歐陽子❶方夜讀書，聞有聲自西南來者，悚然❷而聽之，曰：「異哉！」初淅瀝❸以❹蕭颯❺，忽奔騰而砰湃；如波濤夜驚，風雨驟至。其觸於物也，鏦鏦錚錚，金鐵皆鳴；

又如赴敵之兵，銜枚[6]疾走，不聞號令，但聞人馬之行聲。

余謂童子：「此何聲也？汝出視之。」童子曰：「星月皎潔，明河[7]在天，四無人聲，聲在樹間。」

余曰：「噫嘻，悲哉！此秋聲也，胡爲而來哉？蓋夫秋之爲狀也：其色慘淡，煙霏雲斂；其容清明，天高日晶[8]；其氣慄冽[9]，砭[10]人肌骨；其意蕭條，山川寂寥[11]。故其爲聲也，淒淒切切，呼號憤發。豐草綠縟[12]而爭茂，佳木蔥蘢而可悅；草拂之而色變，木遭之而葉脫。其所以摧敗零落者，乃其一氣之餘烈。

夫秋，刑官[13]也，於時爲陰[14]；又兵象[15]也，於行爲金[16]，是謂天地之義氣[17]，常以肅殺而爲心。天之於物，春生秋實。故其在樂也，商聲主西方之音[18]，夷則爲七月之律[19]。商，傷也；物既老而悲傷。夷，戮也；物過盛而當殺[20]。

嗟乎，草木無情，有時飄零。人爲動物，惟物之靈。百憂感其心，萬事勞其形。有動于中，必搖其精[21]。而況思其力之所不及，憂其智之所不能；宜其渥然丹者爲槁木[22]，黟然黑者爲星星[23]。奈何以非金石之質[24]，欲與草木而爭榮？念誰爲之戕賊[25]，亦何恨乎秋聲！」

童子莫對，垂頭而睡。但聞四壁蟲聲唧唧，如助余之歎息。

【註釋】❶歐陽子 作者自稱。❷悚然 恐懼貌。❸淅瀝 落葉聲。❹以 連詞，與而同。❺蕭颯 風聲。❻銜枚 古行軍襲敵時，令士卒銜枚。枚狀如箸，橫銜口中，兩端有繩繫於頸後，以取肅靜。❼明河 天河，銀河。❽晶 光明瑩潔。❾慄冽 因畏寒而戰慄也。❿砭 動詞，刺也。⓫寂寥 寂靜空虛也。⓬綠縟 言綠而繁茂也。⓭刑官 周禮分六官，秋官司寇，掌刑法邦禁之事，故謂秋爲刑官。⓮於時爲陰 古人以宇宙間有陰陽二氣。陽主生育，陰主肅殺。春夏爲陽，秋冬爲陰。⓯兵象 用兵之徵象。兵象主肅殺，秋令亦主肅殺，故以爲喻。⓰於行爲金 古人以五行爲宇宙間五種原素，秋屬金。⓱天地之義氣 謂秋天象徵天地間尊嚴之義氣。禮記鄉飲酒義：「天地嚴凝之氣，始於西南，而盛於西北，此天地之尊嚴氣也，此天地之義氣也。」⓲商聲主西方之音 商聲，五聲之一。古人以五聲配季節，春爲角，夏爲徵，季夏爲宮，秋爲商，冬爲羽。秋位西方，故曰商聲主西方之音。⓳夷則爲七月之律 夷則爲十二律之一，配應七月。史記律書：「七月也，律中夷則。」⓴殺 摧殘滅退之意。㉑必搖其精 言必損耗其精神。㉒渥然丹者爲槁木 言紅潤之容顏忽焉枯槁。渥然，紅潤貌。槁木，枯樹也。㉓黟然黑者爲星星 言烏黑之頭髮忽焉花白。黟然，黑貌。星星，髮斑白貌。㉔金石之質 喻質地堅固如金石也。㉕戕賊 傷害也。

【語譯】歐陽子剛開始夜讀，聽得有聲音從西南傳來，驚懼地細聽它，說道：「奇怪！」起先只聽得像落葉的聲響和颯颯的風聲，突然變成奔騰澎湃；好像波濤在夜裏洶湧而起，風雨驟然來到。它碰到任何物體，發出鏦鏦錚錚的聲響，好比金鐵互撞齊鳴；又好像開往敵前的軍隊，口裏銜著枚迅速地通過，聽不到號令，只聽得人馬疾走的聲音。我對書童說：「這是什麼聲響？你出去看看。」書童答道：「星月潔白明亮，天河橫在天上，四面沒有人聲，聲音從樹間傳來。」

我說：「唉，可悲啊！這是秋聲，何爲而來呢？大抵秋天的形狀是這樣的：它的顏色悽慘黯淡，水氣騰飛，雲彩收斂；它的容貌清新明亮，天顯得高，太陽格外明亮；它的寒氣使人戰慄，能刺人肌骨；它的意況蕭瑟飄零，山川變得寂靜空虛。所以它所發出的聲音，悲淒哀切，呼叫壯盛。青草濃綠而爭繁競盛，美好的樹木青葱而令人悅目；但青草遇到秋風而色變，樹木遇到秋風葉子脫落。秋天所以能使萬物摧殘凋零的原因，是由於寒氣的餘威所造成。

秋天，古代屬於刑官，在節令上是陰氣用事；又代表用兵的徵象，在五行中屬於金。所以秋天象徵天地間尊嚴的義氣，常以嚴肅摧殘爲主。上天對於萬物，春天生長，秋天結實；所以在音樂上，秋天是配以商聲，屬於西方的音樂，夷則屬於七月的音律。商，悲傷的意思；物類已衰老而悲傷。夷，殺戮的意思；物類過盛而應當減退。

唉！草木沒有情感，尙且有時候還會飄零，何況人是萬物中，最具靈性的呢。各種憂慮感動他的心，各種事體勞累他的形。在心中有所感動，必損耗他的精神；何況有些思慮，是人們能力所無法達到的，有些憂慮，是人們智慧所不能解決的；那麼紅潤的容顏變成枯槁，烏黑的頭髮變成花白。爲什麼要以非金石的質地，去跟草木爭榮茂呢？想想是誰給人們的傷害，又何必去怨恨秋聲呢！」

書童沒有回答，垂著頭睡著了。只聽得四邊牆頭蟲聲唧唧，好像在幫助我的歎息。

【文章分析】歐陽修一生以風節自持，屢遭誣陷，放謫流離。年剛四十，被貶到滁州，那時在醉翁亭記中說，他已「蒼顏白髮」，何況他寫秋聲賦時，已年屆五十二。那年秋天，他聽到淒厲的秋聲，感興更多。全文借作者與童子的對話鋪寫而成。林西仲在古文析義中評道：「總是悲秋一意。初言聲，再言秋，復自秋推出聲來，又自聲推出所以來之故；見得天地本有自來之運，爲生爲殺，其勢不得不出於此，非有心於戕物也；但念物本無情，其摧敗零落，一聽諸時之自至，而人日以無窮之憂思，營營名利，競圖一時之榮，而不知中動精搖，自速其老。」一般文人寫秋，多半著筆於悲秋，而歐陽修的秋聲賦，道出人的衰老，是自然的現象；何況人們被情感和慾望的折磨，容易衰老，秋天並沒有給人什麼傷害，那麼又何必埋怨秋天呢？

本篇選自文忠集，是屬於辭賦類的古文。辭賦起源於楚辭和荀子，盛行兩漢、六朝，到隋唐而衰。其間有短賦、古賦、俳賦、律賦、散賦、股賦等類型。秋聲賦爲散賦，以有韻的散文來寫賦，但不拘格律。

祭石曼卿文

歐陽修

維治平四年❶七月日，具官❷歐陽修謹遣尚書都省❸令史❹李敭至於太清❺，以清酌庶羞❻之奠，致祭于亡友曼卿之墓下，而弔之以文曰：

嗚呼曼卿！生而為英，死而為靈。其同乎萬物生死，而復歸於無物者，暫聚之形；不與萬物共盡，而卓然其不朽者，後世之名。此自古聖賢，莫不皆然。而著在簡冊❼者，昭如日星。

嗚呼曼卿！吾不見子久矣，猶能髣髴❽子之平生❾。其軒昂磊落❿，突兀崢嶸⓫，而埋藏於地下者，意其不化為朽壤，而為金玉之精。不然，生長松之千尺，產靈芝⓬而九莖。奈何荒煙野蔓，荊棘縱橫，風淒露下，走燐⓭飛螢；但見牧童樵叟，歌唫而上下，與夫驚禽駭獸，悲鳴躑躅⓮而咿嚶⓯！今固如此，更千秋而萬歲兮，安知其不穴藏狐貉⓰與鼯鼪⓱？此自古聖賢亦皆然兮，獨不見夫纍纍⓲乎曠野與荒城！

嗚呼曼卿！盛衰之理，吾固知其如此，而感念疇昔⓳，悲涼悽愴，不覺臨風而隕涕⓴者，有媿乎太上之忘情㉑。尚饗㉒！

【註釋】❶治平四年　治平，宋英宗年號。四年，西元一〇六七年。❷具官　舊稱備具官爵履歷者。時歐陽修為觀文殿學士，轉刑部尚書，知亳州。❸尚書都省　古官署名。即尚書省。❹令史　官名，主文書，以助郎職。❺太清地名。在今河南省東部。⑥清酌庶羞　言清酒與各種美味。⑦簡册　書籍也。⑧髣髴　依稀貌。⑨平生　即平日。⑩軒昂磊落　謂意態超凡，儀容俊偉也。⑪突兀崢嶸　俊出高邁之意。⑫靈芝　菌類，俗稱瑞草。漢書武帝紀：「元封二年，甘泉宮產芝九莖。」⑬燐　墳間忽隱忽現之野火，俗稱鬼火。⑭躑躅　徘徊不前也。⑮咿嚶　鳥鳴聲。⑯狐貉　狐似犬而小，貉似貍，皆穴居山野之獸。⑰鼯鼪　鼯，類乎松鼠，腹旁有飛膜。鼪，即鼬，一名黃鼠狼。⑱纍纍　相連繫貌。⑲疇昔　往日也。⑳隕涕　落淚。㉑太上之忘情　太上，古聖人。忘情，淡忘人間喜怒哀樂之情。㉒尚饗　臨祭望鬼神來享之辭。

【語譯】在治平四年七月某日，具官歐陽修，謹派尚書都省令史李敭先生前往太清，以清酒和幾樣佳肴做祭品，在亡友曼卿的墓前設祭，並寫一篇祭文來弔祭：

唉，曼卿！生前您是個英才，死後必化爲神靈。那同萬物一樣有生有死，而又回到無物的，是您暫存聚合的肉體；不同萬物一起消滅，而卓立不朽的，是您留傳後世的英名。這是古來聖賢，沒有一個不是如此。那些被紀錄在史籍上的，如同太陽、星星般地光明。

唉，曼卿！我好久沒有看到您了，還彷彿記得您平日的樣子。您的意態超凡，儀容俊偉，卓立高邁，而被埋葬在地下，我想不會化成土壤，應該化成金玉的精粹。不然，也會生長出千尺高的松樹，或九根莖的靈芝。怎禁得滿目荒煙野草，荊棘交錯叢生，在淒風雨露下，飛螢野火流動；只見牧童和樵夫，在那裏上下往來歌吟，再加上那些受驚的飛禽走獸，悲傷地徘徊而咿嚶鳴叫！今日固然如此，就是千年萬年後，怎知它不變成躲藏狐貉或鼯鼪的洞穴呢？古來的聖賢也是如此的遭遇，您難道沒看見連綿不絕的曠野和荒城！

唉，曼卿！盛衰的道理，我固然曉得它是這樣，然而感念往日，心裏覺得悲涼悽愴，不知不覺臨風而掉下眼淚，實在感到慚愧無法達到古聖人不動情的境界。希望您來享用！

【文章分析】本篇選自文忠集，是屬於哀祭類的古文。唐以前的祭文，多爲韻文，四字一句，兩句末字用韻。唐以後古文家的祭文，才用散文來寫，有時也偶而用韻。祭文的首段，往往包括致祭的時間、致祭人、祭品和被祭的人數項。接下才是祭文的正文。祭文是活人對死人講話，內容以抒寫眞摯的哀情爲主。

歐陽修祭他的亡友石曼卿，首段也包括上述的幾項陳套。正文分三段，每段首句，都用「嗚呼曼卿」起句，前代古文家評此篇，都說他三哭曼卿。一哭曼卿，讚曼卿為天地的英靈，人雖亡而名垂簡冊。再哭曼卿，歐陽修抒寫想念亡友往日的音容，但眼前卻看荒墳蕪城，更增千古的哀情。三哭曼卿，歐陽修感悼往事，不覺臨風下淚，哀自己不能達到忘情的境界。全文用庚青韻，韻腳為卿、英、靈、形、名、星、卿、生、精、莖、橫、螢、嚶、鼪、城、卿、情等字。

石曼卿，名延年，宋宋城（今河南商邱縣南）人。重氣節，工詩善書，累遷太子中允，卒年四十八。事蹟具見宋史文苑傳。

瀧岡阡表

歐陽修

嗚呼！惟❶我皇考❷崇公❸，卜吉於瀧岡❹之六十年，其子修始克表於其阡❺。非敢緩也，蓋有待也。

修不幸，生四歲而孤。太夫人❻守節自誓；居窮，自力於衣食，以長以教，俾至於成人。太夫人告之曰：「汝父為吏，廉而好施與，喜賓客；其俸祿雖薄，常不使有餘。曰：『毋以是為我累。』故其亡也，無一瓦之覆❼，一壠之植❽，以庇❾而為生；吾何恃而能自守邪？吾於汝父，知其一二，以有待於汝也。自吾為汝家婦，不及事吾姑❿；然知汝父之能養也。汝孤而幼，吾不能知汝之必有立；然知汝父之必將有後也。吾之始歸⓫也，汝父免於母喪方逾年，歲時祭祀，則必涕泣曰：『祭而豐，不如養之薄也！』間御⓬酒食，則又涕泣曰：『昔常不足，而今有餘，其何及也！』吾始一二見之，以為新免於喪適然耳。既而其後常然，至其終身，未嘗不然。吾雖不及事姑，而以此知汝父之能養也。汝父為吏，嘗夜燭治官書⑬，屢廢⑭而歎。吾問之，則曰：『此死獄也，我求其生不得爾。』吾曰：『生可求乎？』曰：『求其生而不得，則死者與我皆無恨也；矧⑮求而有得邪，以其有得，則知不求而死者有恨也。夫常求其生，猶失之死⑯，而世常求其死也！』回顧乳者劍⑰汝而立於旁，因指而歎曰：『術者⑱謂我歲行在戌將死⑲；使其言然，吾不及見兒之立也，後當以我語告之。』其平居教他子弟，常用此語，吾耳熟焉，故能詳也。其施於外事，吾不能知；其居于家，無所矜飾⑳，而所為如此，是真發於中者邪！嗚呼！其心厚於仁者邪！此吾知汝父之必將有後也。汝其勉之！夫養不必豐，要㉑於孝；利雖不得博於物，要其心之厚於仁。吾不能教汝，此汝父之志也。」修泣而志之，不敢忘。

先公少孤力學，咸平三年㉒進士及第。為道州判官㉓，泗、綿二州推官㉔；又為泰州㉕判官。享年五十有九，葬沙溪之瀧岡。

太夫人姓鄭氏，考諱㉖德儀，世為江南名族。太夫人恭儉仁愛而有禮；初封福昌縣太君㉗，進封樂安、安康、彭城三郡太君㉘。自其家少微時，治其家以儉約，其後常不使過之。曰：「吾兒不能苟合於世，儉薄所以居患難也。」其後修貶夷陵㉙，太夫人言笑自若曰：「汝家故貧賤也，吾處之有素矣。汝能安之，吾亦安矣。」

自先公之亡二十年，修始得祿而養㉚。又十有二年，列官於朝，始得贈封其親。又十年，修為龍圖閣直學士㉛、尚書吏部郎中㉜、留守南京㉝，太夫人以疾終于官舍，享年七十有二。又八年，修以非才入副樞密㉞，遂參政事㉟，又七年而罷。自登二府㊱，天子推恩，褒其三世；蓋自嘉祐以來，逢國大慶，必加寵錫。皇曾祖府君㊲，累贈金紫光祿大夫㊳、太師㊴、中書令㊵；曾祖妣㊶累封楚國太夫人。皇祖府君㊷累贈金紫光祿大夫、太師、中書令兼尚書令㊸；祖妣累封吳國太夫人。皇考崇公，累贈金紫光祿大夫、太師、中書令兼尚書令；皇妣累封越國太夫人。今上初郊㊹，皇考賜爵為崇國公，太夫人進號魏國。

於是小子修泣而言曰：「嗚呼！為善無不報，而遲速有時，此理之常也。惟我祖考，積善成德，宜享其隆，雖不克有於其躬，而賜爵受封，顯榮褒大，實有三朝㊺之錫命，是足以表見於後世，而庇賴其子孫矣。」乃列其世譜，具刻于碑，既又載我皇考崇公之遺訓，太夫人之所以教，而有待於修者，並揭於阡。俾知夫小子修之德薄能鮮，遭時竊位㊻，而幸全大節，不辱其先者，其來有自。

熙寧三年㊼，歲次庚戌、四月辛酉朔十有五日乙亥，男推誠保德崇仁翊戴功臣㊽、觀文殿學士㊾、特進行兵部尚書㊿、知青州(51)軍州事、兼管內勸農使(52)、充京東東路(53)安撫使(54)、上柱國(55)、樂安郡開國公、食邑四千三百戶，食實封一千二百戶修表。

【註釋】❶惟　發語詞，無義。❷皇考　父死稱考，皇考乃敬稱。❸崇公　指歐陽修之父，名觀，字仲賓，宋神宗時追封爲崇國公。❹瀧岡　地名。屬江西吉安府。即今江西永豐縣南鳳凰山附近之沙溪。❺阡　墓道。❻太夫人　母親之尊稱。稱謂錄：「今人之稱其母者，亦必於父沒，後始加太字。」❼無一瓦之覆　謂無片瓦蓋覆，指無屋可居。❽一壠之植　一行農作物可種植。連上句謂無田產。❾庇　庇蔭、庇護。❿姑　婦稱夫之母曰姑。⓫歸　女子出嫁曰歸。⓬間御　間，偶然。御，進也。⓭官書　公文。⓮廢　停止。⓯矧　何況。⓰猶失之死　猶不免入於死罪。⓱劍　作抱解。將嬰兒挾於脅下，如帶劍也。禮記曲禮孔穎達疏：「劍，謂挾於脅下，如帶劍也。」⓲術者　方術之士，指算命、看相者。⓳歲行在戌將死　歲指木星，古者以木星之方位紀年，歐陽修之父卒於宋眞宗大中祥符三年庚戌，果如術者所言。⓴矜飾　矜，持謹也。飾，虛假也。㉑要　求也，期也。㉒咸平三年　咸平，宋眞宗年號。三年，即西元一〇〇〇年。㉓道州判官　道州，今湖南道縣。判官，官名，爲節度使、觀察使之僚屬。㉔泗綿二州推官　泗，今安徽泗縣。綿，今四川綿陽縣。推官，爲節度使、觀察使之僚屬，掌刑獄。㉕泰州　今江蘇泰縣。㉖考諱　稱亡父曰考。諱，與名同，生曰名，死曰諱。㉗福昌縣太君　福昌，今河南宜陽縣。縣太君，爲人母者之封號。宋制，郎中、京府少尹、縣令之母，封爲縣太君。㉘樂安安康彭城三郡太君　樂安，今安徽霍山縣。安康，今陝西漢陰縣。彭城，今江蘇銅山縣。郡太君爲四品官如侍郎、翰林學士、給事中、諫議大夫之母之封號。㉙修貶夷陵　夷陵，今湖北宜昌縣境。宋仁宗景祐三年（西元一〇三六年），因范仲淹觸怒宰相呂夷簡，歐陽修言其不當，被貶爲夷陵令，時年三十歲。㉚修始得祿而養　宋仁宗天聖八年（西元一〇三〇年），修年二十四，中進士。授將仕郎，試祕書省校書郎，充西京留守推官，距其父歿二十年。故曰始得祿而養。㉛龍圖閣直學士　宋建龍圖閣於禁中，初入直館閣，稱爲直學士。㉜郎中　爲六部諸司之長官。㉝留守南京　留守，官名。南京，在今河南商邱縣。㉞入副樞密　仁宗嘉祐五年（西元一〇六〇年），歐陽修入京任樞密院副使。樞密院掌全國軍事。㉟參政事　嘉祐六年，歐陽修轉任戶部侍郎參知政事，即宰相之副貳。㊱二府　宋制，中書省與樞密院分掌文武，號稱二府。㊲皇曾祖府君　皇，對先代之敬稱。府君，子孫尊其先世之辭。歐陽修之曾祖，名彬。㊳金紫光祿大夫　金紫，金印紫綬。光祿大夫爲二品散官。㊴太師　天子之師，爲三公（太師、太傅、太保）之最尊者。㊵中書令　中書省長官，唐時爲宰相，宋以爲贈官。㊶曾祖妣　稱已死之曾祖母。㊷皇祖府君　歐陽修之祖父，名偃。㊸尙書令　尙書省長官。宋以爲贈官，不實授。㊹今上初郊　今上，指神宗。郊，祭天也。熙寧元年十一月，初行郊祀之禮，故推恩封贈羣臣。㊺三朝　指仁宗、英宗、神宗三朝。㊻遭時竊位　作者自謙之詞。言幸逢時機而無才德居高位也。㊼熙寧三年　熙寧，宋神宗年號。三年，即西元一〇七〇年。㊽推誠保德崇仁翊戴功臣　宋帝賞賜之榮銜。㊾觀文殿學士　宋觀文殿，置大學士、學士，非曾任執政者不授。㊿兵部尙書　兵部爲六部之一，掌軍政。尙書爲部長。(51)知青州　熙寧元年，修由亳州調知青州。(52)勸農使　獎勵農作之官。(53)京東東路　路，宋代行政區域名稱。京東東路約在今山東及江蘇北部一帶。(54)安撫使　官名。宋於諸路置安撫司。(55)上柱國　勳官之最尊者。

【語譯】唉！先父崇國公，安葬在瀧岡以後，相隔已六十年，兒子修才能夠作表刻在墓碑上。不是敢故意拖延，實在是有所等待呀。

我很不幸，生下來才四歲，父親便去世。先母立志守節；家裏貧苦，全靠自己的力量謀得衣食，來扶養我敎導我，使我長大成人。先母告訴我：「你的父親做官，清廉而喜歡幫助人，愛交朋友；他的薪俸雖然少，經常不會有盈餘。他說：『不要因爲錢使我受累。』所以當他去世的時候，沒有留下一片瓦可以容身，一畝地可以種植，以維持我的生活；我憑靠什麼而能夠守節呢？無非是我對你父親約略了解，那是指望著你。自從我做了你家的媳婦，沒能趕上伺候婆婆；但我知道你父親是能孝養的。你小時便成了孤兒，我不能確定你長大後必然有所成就；但我確信你父親必然有好的後代。當初我嫁過來時，你父親脫去母親的喪服剛一年，逢年過節祭祀，必然哭著說：『死後祭品的豐盛，還不如生前菲薄的供養。』偶然進酒食，往往又流著淚說：『以前常感到不夠吃，而現在卻有餘，可惜已經來不及了！』我起初一兩次看到這種情形，以爲剛脫去喪服才會這樣；可是後來仍然經常如此，甚至到老死，都沒改變。我雖沒趕上服侍婆婆，卻從這些地方知道你父親是能孝養的。你父親當了官，經常夜間點著蠟燭批公文，每每停下來感歎。我問他歎什麼，他便說：『這是死罪的案子，我想替他找一條生路卻找不到。』我說：『生路可以找到嗎？』他說：『替他找過生路而找不到，那麼死囚和我都沒有遺憾了；何況有時是能找到生路，正因爲可以找到，那麼可以知道不替他找便判他死刑，一定會有遺恨。試想常替他們找生路，還不免要判死罪，何況世間的官吏，唯恐不判人家以死罪呢！』回頭看乳媽抱著你站在旁邊，他因此指著你，歎著說：『算命的人說我只能活到庚戌年就會死；如果他說得靈驗的話，我將看不到孩子的成立了，以後應當把我的話告訴這孩子。』他平時教導子弟，也常用這些話，我因爲聽熟了，所以能記得特別詳細。他在外面所做的事，我便不能知道了；他在家時，沒有一點矜持文飾，他的行爲是這樣，這是發自於內心的呀！唉！他的心是那樣的仁厚呀！因此我確信你父親必然有好的後代。你當勉勵呀！養親不一定要物質豐厚，但期望於孝順；恩惠雖不能普施於萬物，但期望於存心仁厚。我不懂得教導你，這些是你父親的意思啊。」我哭著把這些話記下來，不敢忘掉。

先父小時候失去父親，努力求學，咸平三年考中了進士。做過道州的判官，泗、綿兩州的推官，又擔任過泰州的判官。享年五十九歲，安葬在沙溪的瀧岡。

先母姓鄭，外祖父名叫德儀，世代是江南的名族。先母恭敬節儉仁愛而注重禮節；最初封爲福昌縣太君，後進封樂安、安康、彭城三郡太君。自從我們家境早年貧寒時起，持家便很儉約，以後也一直不肯超過這標準。她說：「我的孩子不能苟且迎合世俗，節儉些才能過患難的日子。」後來我貶官到夷陵，先母談笑自在地說：「你家向來貧賤，我已過慣了。你能夠安心，我也沒有什麼不安了。」

自從先父去世後二十年，我才開始領薪水供養母親。又十二年，在朝廷做官，才得到封贈父母。又過十年，我做龍圖閣直學士、尙書吏部郎中、留守南京，先母因病逝世在官舍，享年七十二歲。又過八年，我以低劣的才能，入京任樞密院副使，不久任參知政事；又過七年才解職。自進入中書省、樞密院二府以後，蒙天子推廣恩澤，褒揚我的三代；自嘉祐年以來，每逢國家大典，一定得到天子的賞賜。先曾祖父累次贈封爲金紫光祿大夫、太師、中書令；先曾祖母累次贈封爲楚國太夫人。先祖父累次贈封爲金紫光祿大夫、太師、中書令兼尙書令；先祖母累次贈封爲吳國太夫人。先父崇國公，累次贈封爲金紫光祿大夫、太師、中書令兼尙書令；先母累次贈封爲越國太夫人。今皇上初行郊祀的祭典，先父賜爵爲崇國公，先母也進號爲魏國太夫人。

於是我哭著說：「唉！凡是做好事沒有得不到好報的，只是在時間上有遲早罷了，這是常理。我的祖先，積善修德，應當享有榮華富貴，雖不能在生前享有，但賜爵受到贈封，光榮褒揚，終於得到三朝的賞賜，這就足夠表現於後世，而庇廕他的子孫了。」於是我列出世代的族譜，一一刻在碑上，並且刊載先父崇國公的遺訓，先母對我的教導和期望，一併揭示在墓碑上。使人知道我德薄又沒有才能，遇到好的機會，竊居高位，所幸能保全大節，不致辱沒先人，實在是有原因的。

熙寧三年，歲次庚戌，四月初一辛酉十五日乙亥，男推誠保德崇仁翊戴功臣、觀文殿學士、特進、行兵部尚書、知青州軍州事、兼管內勸農使、充京東東路安撫使、上柱國、樂安郡開國公、食邑四千三百戶、食實封一千二百戶修表。

【文章分析】本篇選自文忠集，是屬於碑誌類的古文，爲作者在晚年時，追述自己父母生前言行事迹所寫成的一篇墓碑。瀧岡，是地名。阡，是墓道。表，是墓碑。墓碑在表彰其人生前的嘉言懿行，立碑石在墳前，供人瞻仰，以垂後世。

宋仁宗皇祐五年（西元一〇五三年），歐陽修四十七歲，護母喪歸葬吉州時，曾作「先君墓表」，追敍慈母的言行。到神宗熙寧三年（西元一〇七〇年），作者已六十四歲，正值他的父親逝世後六十週年，於是他依據先君墓表，重新增改而成此篇，由於作者年幼喪父，所以對母親的印象極深，事母至孝。全文便借慈母的口述，道出父親的純孝和仁義之心，同時也烘托出母親的賢淑。使人讀此篇不禁感念親恩而思行孝。據羅大經鶴林玉露上說：「歐陽公居永豐縣沙溪，瀧岡阡表以青州綠石鐫刻，高丈餘，光可鑑人。」

林西仲批評這篇文章有四項難寫的地方，但歐陽修都顧慮到，足見這是一篇不凡的文章。林西仲說：「墓表請代作，與誌銘同用於葬日，此常例也。今乃自爲表於既葬六十年後，事屬創見，且其文尤不易作，何也？幼孤不能通知父之行狀，必借母平日所言爲據，多一曲折，一難也。人生大節，莫過廉孝仁厚數端，而母以初歸，既不逮姑，且婦職中饋，外言不入於閫，惡從知之？二難也。母卒已十數年，縱有平日之言，亦不知今日用以表墓，錯綜引入，不成片段，三難也。贈封祖考，實己之顯親揚名，咏歎語稍不斟酌歸美，便涉自矜，四難也。是作開口便擒有待二字，隨接以太夫人教言其有待處，即決於乃翁素行，因以死後之貧，驗其廉；以思親之久，驗其孝；以治獄之歎，驗其仁。或反跌，或正敍，瑣碎曲盡，無不極其斡旋。中敍太夫人將治家儉薄一節，重發而諸美自見。末敍歷官贈封以贊歎語結之。」

管仲論

蘇洵

管仲相桓公❶，霸諸侯，攘戎狄，終其身，齊國富強，諸侯不叛。管仲死，豎刁、易牙、開方❷用。桓公薨於亂，五公子爭立❸，其禍蔓延，訖簡公❹，齊無寧歲。夫功之成，非成於成之日，蓋必有所由起；禍之作，不作於作之日，亦必有所由兆。則齊之治也，吾不曰管仲，而曰鮑叔❺。及其亂也，吾不曰豎刁、易牙、開方，而曰管仲。何則？豎刁、易牙、開方三子，彼固亂人國者，顧其用之者桓公也。夫有舜而後知放四凶❻，有仲尼而後知去少正卯❼；彼桓公何人也？顧其使桓公得用三子者，管仲也。

仲之疾也，公問之相？當是時也，吾以仲且舉天下之賢者以對，而其言，乃不過曰：「豎刁、易牙、開方三子，非人情不可近」而已。嗚呼！仲以爲桓公果能不用三子矣乎？仲與桓公處幾年矣，亦知桓公之爲人矣乎！桓公聲不絕乎耳，色不絕乎目，而非三子者，則無以遂其欲。彼其初之所以不用者，徒以有仲焉耳。一日無仲，則三子者可以彈冠❽相慶矣。仲以爲將死之言，可以縶❾桓公之手足邪？夫齊國不患有三子，而患無仲，有仲，則三子者，三匹夫耳。不然，天下豈少三子之徒？雖桓公幸而聽仲，誅此三人，而其餘者，仲能悉數而去之邪？嗚呼！仲可謂不知本者矣。因桓公之問，舉天下之賢者以自代，則仲雖死，而齊國未爲無仲也。夫何患三子者？不言可也。

五霸❿莫盛於桓文⓫，文公之才，不過桓公，其臣⓬又皆不及仲。靈公⓭之虐，不如孝公⑭之寬厚。文公死，諸侯不敢叛晉，晉襲文公之餘威，得為諸侯之盟主⑮者百有餘年。何者？其君雖不肖，而尚有老成人⑯焉。桓公之薨也，一亂塗地，無惑也。彼獨恃一管仲，而仲則死矣。夫天下未嘗無賢者，蓋有有臣而無君者矣。桓公在焉，而曰天下不復有管仲者，吾不信也。

仲之書⑰，有記其將死，論鮑叔、賓胥無之為人⑱，且各疏其短：是其心以為是數子者，皆不足以託國，而又逆知其將死。則其書，誕謾⑲不足信也。吾觀史鰍⑳以不能進蘧伯玉㉑而退彌子瑕㉒，故有身後之諫㉓；蕭何且死，舉曹參以自代㉔。大臣之用心，固宜如此也。一國以一人興，以一人亡。賢者不悲其身之死，而憂其國之衰。故必復有賢者，而後有以死。彼管仲者，何以死哉？

【作者】蘇洵（西元一〇〇九—一〇六六年），字明允，又號老泉，北宋眉州（今四川眉山縣）人。他二十七歲才發憤為學，後來應進士試不中，於是閉門苦讀，精研經史百家的書，留心時務，擅長於議論，成為著名的古文家。嘉祐年間，他攜同兒子蘇軾、蘇轍，來到京師，拜會當代文壇盟主歐陽修，呈上所著「權書、論衡」二十二篇，經歐陽修的推薦，一時學者競效三蘇的文章。後來得到宰相韓琦的保舉，任祕書省校書郎，與姚闢同修「太常因革禮」，書成去世，享年五十八歲。遺著有「嘉祐集」、「老泉文鈔」。父子三人同列為「古文八大家」，世人稱洵為老蘇，軾為大蘇，轍為小蘇，合稱「三蘇」。

【註　釋】❶管仲相桓公　管仲，姓管，名夷吾，字仲，齊大夫，相齊桓公霸諸侯。❷豎刁易牙開方　三人皆桓公之幸臣。豎刁，爲宦官。易牙，善烹者。開方，衞公子。❸五公子爭立　桓公無嫡子，六如夫人皆生子，卽武孟、元、昭、潘、商人、雍，其中公子昭得立爲太子，桓公病，五公子各樹黨爭立，豎刁三人閉宮門，絕桓公之食，桓公餓死，齊國大亂。後昭立，爲孝公。❹簡公　名壬，後爲陳恆所弒。❺鮑叔　卽鮑叔牙，管仲之友。鮑叔薦管仲，桓公用之。事見史記管鮑列傳。❻四凶　卽共工、驩兜、三苗、鯀。❼少正卯　魯之聞人，孔子攝魯相，以其亂政，誅之。❽彈冠　整潔其冠，言將出仕也。❾縶　捆縛　❿五霸　指春秋五霸：齊桓、晉文、秦穆、宋襄、楚莊。⓫桓文　齊桓公與晉文公。⓬其臣　指晉文公所用之臣，較著者有狐偃、趙衰、先軫、陽處父諸大夫。⓭靈公　名夷皐，晉文公孫。⓮孝公　名昭，齊桓公子。⓯盟主　是諸侯盟會之主，卽霸主。⓰老成人　指賢者。⓱仲之書　指管仲之著作管子。今所傳之管子爲僞書。⓲論鮑叔賓胥無之爲人　管子中記載，管子寢，疾病，對桓公曰：「鮑叔之爲人也，好直而不能以國強；賓胥無之爲人也，好善而不能以國絀。」賓胥無，齊之賢大夫。⓳誕謾　誕妄欺誑。⓴史鰌　卽史魚，衞大夫。㉑蘧伯玉　名瑗，衞之賢大夫。㉒彌子瑕　衞靈公之寵臣。㉓身後之諫　謂陳屍牖下，以屍爲諫。家語云：「史魚病，將卒，命其子曰：『吾在衞朝，不能進蘧伯玉、退彌子瑕，是吾爲臣不能正君也，生而不能正君，則死無以成禮。我死，汝置屍牖下，于我畢矣。』其子從之。靈公弔焉，怪而問焉。其子以其父言告公，公愕然失容曰：『是寡人之過也。』于是命之殯於客位。進蘧伯玉而用之，退彌子瑕而遠之。」㉔蕭何且死舉曹參以自代　蕭何、曹參，均沛人，西漢名相。蕭何病，孝惠親自臨視，因問曰：「百年後，誰可代君者？」曰：「知臣莫若主。」孝惠曰：「曹參何如？」何頓首曰：「帝得之矣。」事蹟具見史記。

【語譯】管仲相齊桓公，使齊桓公稱霸於諸侯，擯除夷狄，一直到死爲止，使齊國富有強大，諸侯不敢叛離齊國。管仲死後，豎刁、易牙、開方三小人進用。齊桓公死於變亂，五個公子爭奪王位，這禍亂蔓延開來，一直到簡公時爲止，齊國沒有一天安寧過。一般功業的成就，不是成在成功的那一天，必定有它成功的原由；禍害的興起，不是起於作害的那一天，也必定有它興起的預兆。那麼齊國的平治，我不認爲是管仲的功勞，而在於鮑叔。等到齊國禍亂起來時，我不認爲是豎刁、易牙、開方三人所引起，而在於管仲。這是什麼緣故呢？豎刁、易牙、開方三個人，他們固然是擾亂國家的人，但是任用他們的是桓公。從前有了舜，然後曉得放逐四凶，有了仲尼，然後曉得除去少正卯；那桓公是怎樣的人？觀察桓公所以會任用這三個人，還不是在於管仲。

當管仲病倒的時候，桓公問他誰可以代替他的相位？那時候，我以爲管仲將會舉薦天下的賢才來回答；可是他所說的，不過是「豎刁、易牙、開方三個人，沒有人情，不應該接近他們」罷了。唉，管仲以爲桓公果能不用這三人嗎？管仲與桓公相處這麼久，也應該了解桓公的爲人啊！桓公的耳朵沒離開過聲樂，眼睛沒離開過女色，而沒有這三個人，便無法滿足他的慾望了。當初他們三人所以不被重用，是因爲管仲還在呀。一旦管仲不在了，他們自然可以整潔冠冕準備上臺而相互慶賀了。管仲以爲臨終的勸告，可以束縛住桓公的手腳嗎？其實齊國不怕有這三個人，怕的是沒有管仲，有管仲，這三個人，便是平常的三個人罷了。不然，天下豈僅會少這三個小人嗎？即使桓公幸而聽信管仲的話，殺掉這三人，而其餘的小人，管仲怎能盡數地除去呢？唉！管仲可以說不知道根本。因桓公的垂問，應該舉薦賢才來代替自己，那麼管仲雖然死了，而齊國未必就沒有管仲；那又何必怕這三個小人呢？就是不必提他們也可以的。

在五霸中沒人能超過齊桓公和晉文公了，晉文公的才幹，沒有超過桓公，他的臣子又都不如管仲。晉靈公的暴虐，不如齊孝公的寬厚。晉文公死後，諸侯不敢背叛晉國，晉沿襲文公的餘威，還能做諸侯的盟主一百多年。這是什麼原因呢？晉國的國君雖然不賢，然而尚有賢臣在。桓公死後，齊國一敗塗地，是毫無疑問的。他單獨憑仗管仲一人，可惜管仲已經死了。其實天下不是沒有賢才，有賢臣在而沒有國君去用他。桓公在世時，卻說天下不再有管仲這種的人才，我不相信。

管仲的著作中，記載他將死的時候，評論鮑叔和賓胥無的爲人，各有他們的疏漏和短處；這是他的內心以爲這幾個人，都不足以把國家的重任託付給他們；同時又預知他自己將要去世。那麼他的著作，便誕妄欺誑不足以取信了。我看衞國的臣子史鰍因爲不能舉薦蘧伯玉而黜退彌子瑕，所以有死後的屍諫；漢代蕭何將死的時候，保舉曹參來代替自己。大臣的用心，固然應當如此。國家往往因一個人而興起，因一個人而衰亡。賢才的人不悲傷自身的死，而擔憂自己國家的衰亡。所以必須找到賢者，然後才可以死去。那管仲，爲什麼就這樣死去呢？

【文章分析】本篇選自嘉祐集，是屬於論辨類的古文。議論文的特色，在於說理明暢。蘇洵的管仲論，是對過去人物得失的評論。本文的主題，在指摘管仲臨死時，未能舉薦賢才的人以自代，致使齊桓公被豎刁、易牙、開方等小人包圍，造成管仲死後，齊國的一敗塗地，不能再稱霸於諸侯間，這完全是管仲的罪過。

全文分四段：首段說明管仲死後，齊國的禍亂不止，罪由管仲而起。次段分析管仲臨死時，桓公問他誰可以代替他的相位，而管仲沒有舉賢才以自代，造成小人得勢的現象。第三段比較五霸中齊桓公和晉文公勢力的消長，齊國是因為有管仲，但管仲死後，齊國便沒有賢者在位；而晉國能持久不衰，是因為有老成人在的緣故。末段指出管子書中的怪誕，並說明「賢者不悲其身之死，而憂其國之衰。」以責備管仲未能做到這點作收結。

辨姦論

蘇洵

事有必至，理有固然。惟天下之靜者，乃能見微而知著❶。月暈❷而風，礎潤❸而雨，人人知之。人事之推移，理勢之相因，其疏闊而難知，變化而不可測者，孰與天地陰陽之事？而賢者有不知，其故何也？好惡亂其中，而利害奪其外也。

昔者山巨源見王衍❹曰：「誤天下蒼生者，必此人也！」郭汾陽見盧杞❺曰：「此人得志，吾子孫無遺類矣！」自今而言之，其理固有可見者。以吾觀之，王衍之為人，容貌言語，固有以欺世而盜名者。然不忮不求❻，與物浮沈❼，使晉無惠帝❽，僅得中主❾，雖衍百千，何從而亂天下乎？盧杞之姦，固足以敗國；然而不學無文，容貌不足以動人，言語不足以眩世，非德宗❿之鄙暗，亦何從而用之？由是言之，二公之料二子，亦容⓫有未必然也。

今有人⓬，口誦孔老之言，身履夷齊⓭之行，收召好名之士、不得志之人，相與造作言語，私立名字，以為顏淵、孟軻復出；而陰賊險狠，與人異趣⑭，是王衍、盧杞合而為一人也，其禍豈可勝言哉！

夫面垢不忘洗，衣垢不忘澣⑮，此人之至情也。今也不然，衣臣虜之衣，食犬彘之食，囚首喪面⑯而談詩書，此豈其情也哉？凡事之不近人情者，鮮不為大姦慝⑰，豎刁、易牙、開方是也。以蓋世之名，而濟其未形之患，雖有願治之主，好賢之相，猶將舉而用之，則其為天下患，必然而無疑者，非特二子之比也。

孫子⑱曰：「善用兵者，無赫赫之功⑲。」使斯人而不用也，則吾言為過，而斯人有不遇之歎，孰知禍之至於此哉！不然，天下將被其禍，而吾獲知言之名，悲夫！

【註釋】①見微而知著　發現隱微之幾能預知顯著之事。②月暈　月之四周圍繞光氣。③礎潤　礎，柱下石。柱礎生汗曰潤。④山巨源見王衍　山巨源，名濤，晉人。王衍，字夷甫。晉惠帝時人。衍少聰慧，山濤見之，歎曰：「何物老嫗，生此寧馨兒，然誤天下蒼生者，必此人也。」⑤郭汾陽見盧杞　郭汾陽，即郭子儀，唐華州人，封汾陽郡王。盧杞，唐清州人，貌醜有口才，時郭子儀每見賓客，姬妾不離側。惟杞至，子儀悉屏侍妾，或問其故，子儀曰：「杞貌陋而心險，婦人見之必笑，他日杞得志，吾族無遺類矣。」⑥不忮不求　忮，害也。求，貪求。謂不害人不貪求。⑦與物浮沈　謂隨俗上下。⑧惠帝　名衷，晉武帝之子。性癡愚，為古今第一庸君。⑨中主　中智之主。⑩德宗　名适，唐代宗之子，性貪鄙。⑪容　應也。⑫今有人　指王安石。⑬夷齊　即伯夷、叔齊。⑭異趣　志趣各別也。⑮澣　洗衣也。⑯囚首喪面　謂髮蓬亂如囚徒，面不洗如居喪。⑰慝　惡之隱於心者。⑱孫子　即孫武，春秋時齊人，兵法家，著孫子十三篇。⑲善用兵者無赫赫之功　赫赫，盛大貌。將有功，則傷人必多，以無事為善。故善於用兵之將，無盛大之功。

【語譯】事情有必然到達的現象，道理有一定不變的原則。只有天下冷靜的人，才能發現隱微的幾兆而預知顯著的事。例如看到月亮四周圍繞著光氣便知道要刮風，看到石柱冒汗就知道要下雨，這是人人知道的道理。人事的變化，理勢的相互因循，是疏遠迂闊而難以了解，變化多端而不可測度的，那裏比得上天地陰陽的事體？但是賢能的人也有不知道的，這是什麼緣故呢？是由於被心中的喜好和厭惡擾亂了他的理性，受外界的利害剝奪了他的心智。

從前山巨源看到王衍，便說：「貽害天下百姓的，必定是這個人啊！」郭子儀看到盧杞，便說：「這個人一旦得志，那我的子孫便不會有剩下來的了！」照目前來說，這道理確有可以見得到的地方。以我看來，王衍的爲人，容貌和言談，固然有他欺瞞世人盜取名譽的地方；可是不害人，不貪求，隨世俗上下，假使晉朝沒有惠帝，或只是個中智的國君，便是有千百個王衍，又何從去擾亂天下呢？盧杞的姦險，確能敗壞國家；然而他不讀書沒有文采，容貌不足以驚動人，言語不足以眩惑世人，不是唐代德宗的鄙陋昏暗，又怎能去任用他呢？這樣說來，二公的預料王、盧兩人，也應該有不盡然的了。

現在有一個人，口裏講著孔子老子的話，身體實踐伯夷叔齊的德行，收羅一般好名的士子、不得意的人，相互揑造言語，私下建立名號，以爲顏回、孟子又再出現；而他的陰賊險狠，又和別人不同志趣，是把王衍和盧杞的性情合併在一人的身上，他的禍害，只怕是說不完的呢！

大抵臉上有汚垢不會忘記洗掉，衣服髒了不會忘記浣淨，這是人的常情。現在卻不然，穿囚犯穿的衣服，吃豬狗吃的東西，蓬頭像囚犯，垢面像居喪的人，而大談詩書，這那裏是合乎常情呢？大凡做事不近人情的人，很少不是個大壞蛋，像豎刁、易牙、開方等便是。以他蓋世的盛名，去引發未發生的禍害，雖然有渴望平治的國君，好用賢才的宰相，尚且還必將舉用他，那麼他將給天下帶來禍患，是必然無疑的，不僅是王、盧兩人所能比得上了。

孫子說：「善用兵的將領，沒有顯赫的功勞。」假使這個人不被任用，那麼便是我的話說錯了，這個人有不遇的感歎，怎知這禍害也僅止於此吧！要不然，天下必受他的禍害，那我倒獲得知言的名聲，這才是可悲呢！

【文章分析】本篇選自宋文鑑，是屬於論辨類的古文。蘇洵爲王安石而作的，文中雖未指名王安石，但從行文上已可呼之欲出了。當時王安石聲名甚噪，朋黨衆多，甚至有人說他是聖人。歐陽修也喜歡他，嘗勸蘇洵跟王安石交往，而王安石也願納交蘇洵；唯獨蘇洵以為王安石凡事不近人情，由見微而知著，認為他將來必貽害天下蒼生。適逢安石母死，士大夫多往弔，只有蘇洵不願前往，因此作這篇文章以辨其姦。後神宗立，安石當國，創新法，由於用人不當，致使百姓受害。世人始服蘇洵有先見之明。

全文共分五段：開端便斷定王安石將來必擾亂天下。次段引王衍、盧杞貽害蒼生的往事作佐證。三段敘述王安石的作為險狠，比起王、盧兩人，尤為利害。四段責備王安石性情異趣，不近人情，將來為害天下，必超過王、盧兩人。末了引孫子的話，盼望時君，見微知著，擯棄不用。結尾數語，尤具深情，足見蘇洵長於策論。

心術

蘇洵

為將之道，當先治心；泰山崩於前而色不變，麋鹿興於左而目不瞬❶；然後可以制❷利害，可以待敵。凡兵上義❸；不義，雖利勿動。非一動之為害，而他日將有所不可措手足也。夫惟義可以怒士❹，士以義怒，可與百戰。

凡戰之道：未戰養其財，將戰養其力，既戰養其氣，既勝養其心。謹烽燧❺，嚴斥堠❻，使耕者無所顧忌，所以養其財；豐犒而優游之，所以養其力；小勝益急，小挫益厲，所以養其氣；用人不盡其所欲為，所以養其心。故士常蓄其怒，懷其欲而不盡。怒不盡則有餘勇，欲不盡則有餘貪。故雖并天下，而士不厭兵❼；此帝黃之所以七十戰而兵不殆❽也。不養其心，一戰而勝，不可用矣。

凡將欲智而嚴，凡士欲愚。智則不可測，嚴則不可犯，故士皆委己而命聽，夫安得不愚？夫惟士愚，而後可與之皆死。凡兵之動，知敵之主，知敵之將，而後可以動於險。鄧艾⑨縋⑩兵於蜀中，非劉禪⑪之庸，則百萬之師，可以坐縛；彼固有所侮而動也。故古之賢將，能以兵嘗敵⑫，而又以敵自嘗，故去就⑬可以決。

凡主將之道：知理而後可以舉兵，知勢而後可以加兵，知節而後可以用兵。知理則不屈，知勢則不沮⑭，知節則不窮。見小利不動，見小患不避；小利小患，不足以辱吾技也，夫然後有以支大利大患。夫惟養技而自愛者，無敵於天下。故一忍可以支百勇，一靜可以制百動。兵有長短，敵我一也。敢問：「吾之所長，吾出而用之，彼將不與吾校⑮；吾之所短，吾蔽而置之，彼將強與吾角⑯，奈何？」曰：「吾之所短，吾抗而暴之⑰，使之疑而卻；吾之所長，吾陰而養之⑱，使之狎⑲而墮其中。此用長短之術也。」

善用兵者，使之無所顧，有所恃。無所顧，則知死之不足惜；有所恃，則知不至於必敗。尺箠⑳當猛虎，奮呼而操擊；徒手遇蜥蜴㉑，變色而卻步；人之情也。知此者，可以將矣。袒裼㉒而按劍，則烏獲㉓不敢逼；冠冑衣甲，據兵㉔而寢，則童子彎弓㉕殺之矣。故善用兵者，以形㉖固。夫能以形固，則力有餘矣。

【註釋】❶麋鹿興於左而目不瞬　麋，形似鹿而體大，亦鹿類。左，言在旁也。瞬，目動也。❷制　裁斷。❸上義　上，猶尚也。言崇尚正義。❹怒士　使士卒振奮也。❺烽燧　古有寇警，舉烽火爲號。如有敵寇來侵，夜間焚燒積薪，稱爲烽，白天焚燒狼糞，使其冒煙，稱爲燧。❻斥堠　軍隊中以探望敵情之尖兵。❼士不厭兵　言士卒不厭戰也。❽不殆　不懈怠。❾鄧艾　三國魏棘陽人，佐司馬懿拒蜀有功，爵關內侯。後遷征西將軍。蜀漢炎興元年，艾率兵入蜀，自陰平行無人之地七百餘里，鑿山通道，山高艱險，將士皆攀木緣崖，魚貫而進，至江油，守將馬邈降，至成都，蜀後主出降。❿縋　用繩索而使之下也。⓫劉禪　蜀後主。劉備子，小字阿斗。炎興元年降魏。⓬嘗敵　試探敵人。⓭去就　去留也。⓮沮　沮喪也。⓯校　較量。⓰角　角鬥也。⓱抗而暴之　與下句「陰而養之」相對。抗，舉也。暴，暴露。言故意暴露也。⓲陰而養之　言隱密而培養之也。⓳狎　輕視。⓴尺箠　一尺長之馬鞭。㉑蜥蜴　爬蟲類，形似蛇而有脚。俗稱四脚蛇。㉒袒裼　露臂，赤膊。㉓烏獲　古之勇士。㉔據兵　言持兵器也。㉕彎弓　引滿弓也。㉖形　力量強弱的表現。

【語譯】做將領的原則，應先修養內心；泰山倒塌在面前而臉色不變，麋鹿跳躍在旁邊而眼睛不動；然後可以裁斷利害，可以對付敵人。大抵士兵要尚義；如果不義，雖然用利來引誘他們也調動不了。並不是一動就關係什麼利害，而是以後再要調動他們，便不知怎麼辦才好。只有義才能激勵士兵，士兵因正義而憤怒，便可以參與百戰了。

凡作戰的原則：沒打仗以前，要培養財物；將打仗時，要培養實力；已經在打仗，要培養士氣；打勝了，要保持榮譽心。謹慎烽火，嚴密監視敵情，使耕田的人無所顧慮，這便是培養財物的方法；豐厚的犒賞，使士兵閒適自在，這便是培養實力的方法；遇到小勝，越發急切，遇到小挫折，越發奮厲，這便是培養士氣的方法；用人不要盡量滿足他所想得到的，這便是培養軍心的方法。所以要士兵經常存有憤慨仇敵的心理，懷有慾望而不能盡情滿足。憤慨不全發洩出來，便有用不完的勇氣；慾望不全達到，才有進取心。因此雖已吞併了天下，而士兵不會討厭戰爭；這就是黃帝帶兵經過七十多次的戰役，而士兵仍不懈怠的緣故。不培養軍心，打一次勝仗，便不能再打了。

凡是將領要有智謀和威嚴，士兵要服從命令；有智謀，使人猜不透他，有威嚴，使人不敢侵犯他；所以士兵都把生命交給將領而聽從命令，這那裏有不服從的呢？只有士兵服從命令，然後才可以和他們一同效死。軍隊有所行動，應該了解敵人的君主，了解敵人的將領，然後才可以冒險犯難。鄧艾從山頂用繩索降兵蜀中，如果不是劉禪的昏庸，就是有百萬的軍隊，也不一定能輕易地捉住他；鄧艾本來就輕視他，才採取這項行動。所以古代的賢將，能用軍隊來試探敵人，而又能引敵兵來考驗自己，因此去留就可以決定了。

凡做將領的道理：懂得軍事原理，然後才可以調動軍隊，懂得形勢，然後才可以出兵打敵人，懂得節制，然後才可以用兵。懂得原理，才不屈服，懂得形勢，才不會沮喪，懂得節制，才不會窮困。見小利不動心，見小患不躲避；小利小患不足以勞動我的才能，這樣才能應付大的利益和大的禍患。只有培養才能而且自愛的人，才能無敵於天下。所以一忍可以支持百勇，一靜可以牽制百動。軍隊有優點和缺點，敵人和我一樣。試問：「我軍的優點，我拿出來運用，敵軍將不跟我較量；我軍的缺點，我隱蔽擺置不用，敵軍將硬要跟我角鬥，那怎麼辦？」答道：「我軍的缺點，我故意地暴露出來，使敵軍懷疑而退卻；我軍的優點，我暗中培養它，使敵軍不經心而中計。這是運用我軍優點和缺點的戰術啊。」

善於用兵的人，使士兵沒有顧慮，有所憑藉。沒有顧慮，便覺得死不足惜；有所憑藉，就曉得不至於必定失敗。拿著一尺長的馬鞭去抵擋猛虎，也能大聲地喊叫揮動鞭子去攻擊；空手遇到蜥蜴，就會臉色變了而退步；這是一般人的常情。明白這道理，可以帶兵了。赤著膊拿著劍，就是像古代的勇士烏獲也不敢逼近你；戴著頭盔穿著鐵甲，拿著兵器睡覺，連小孩子都敢拉著弓來射殺他。所以善用兵的人要表現出堅強，能表現出堅強，那麼力量便充足有餘了。

【文章分析】本篇選自嘉祐集，是屬於論辨類的古文。全文在闡論將領領導士兵作戰的權宜法術。兵家常說：「運用之妙，存乎一心。」蘇洵便取以名篇。列舉做將領的修養，孫子計篇曾說：「將者，智、信、仁、勇、嚴也。」這五項，又稱爲將領的「五德」，蘇洵綜合兵家的理論，寫下心術。

本篇共爲五段：首段說明爲將當先治心，養士尚義。次段說明作戰之道，必先充實戰力，培養士氣。三段說明將領用兵的道理。四段說明用兵在忍與靜，以及善用我軍的優劣點，才能克勝。末了，說明用兵要有憑藉，能表現堅強的信心以收結。所以全文首尾議論，由治心而養士，由養士而審勢，由審勢而出奇，由出奇而守備，前後相應，毫無敗筆。

張益州畫像記

蘇洵

至和元年[1]秋，蜀人傳言，有寇至，邊軍夜呼，野無居人，妖言[2]流聞，京師震驚，方命擇帥。天子曰：「毋養亂，毋助變，眾言朋興❸，朕❹志自定。外亂不作，變且中起，不可以文令❺，又不可以武競❻。惟朕一二大吏，孰為能處茲文武之間？其命往撫朕師。」乃推曰：「張公方平❼其人。」天子曰：「然。」公以親辭❽，不可，遂行。

冬十一月，至蜀。至之日，歸屯軍❾，徹守備，使謂郡縣：「寇來在吾，無爾勞苦。」明年正月朔旦❿，蜀人相慶如他日，遂以無事。又明年正月，相告留公像於淨眾寺⓫，公不能禁。

眉陽⓬蘇洵言於眾曰：「未亂，易治也；既亂，易治也；有亂之萌，無亂之形，是謂將亂。將亂難治，不可以有亂急，亦不可以無亂弛。是惟元年之秋，如器之欹⓭，未墜於地，惟爾張公，安坐於其旁，顏色不變，徐起而正之。既正，油然⓮而退，無矜容。為天子牧小民不倦，惟爾張公；爾繄⓯以生，惟爾父母⓰。且公嘗為我言：『民無常性，惟上所待。人皆曰：「蜀人多變。」於是待之以待盜賊之意，而繩之以繩盜賊之法，重足屏息⓱之民，而以碪斧⓲令。於是民始忍以其父母妻子之所仰賴之身，而棄之於盜賊，故每每大亂。夫約之以禮，驅之以法，惟蜀人為易。至於急之而生變，雖齊魯⓳亦然。吾以齊魯待蜀人，而蜀人亦自以齊魯之人待其身。若夫肆意於法律之外，以威劫齊民⓴，吾不忍為

也。』嗚呼！愛蜀人之深，待蜀人之厚，自公而前，吾未始見也。」皆再拜稽首曰：「然
。」

蘇洵又曰：「公之恩在爾心，爾死，在爾子孫。其功業在史官，無以像爲也。且公意
不欲如何？」皆曰：「公則何事於斯？雖然，於我心有不釋焉。今夫平居聞一善，必問其
人之姓名，與鄉里之所在。以至於其長短大小美惡之狀，甚者或詰其平生所嗜好，以想見
其爲人，而史官亦書之於其傳。意使天下之人，思之於心，則存之於目。有之於目，故其
思之於心也固。由此觀之，像亦不爲無助？」蘇洵無以詰，遂爲之記。

公，南京㉑人。爲人慷慨有節，以度量雄天下。天下有大事，公可屬㉒。系之以詩曰：
「天子在祚㉓，歲在甲午。西人㉔傳言，有寇在垣。庭有武臣，謀夫如雲。天子曰：
『嘻，命我張公。』公來自東，旗纛舒舒。西人聚觀，于巷于塗。謂公暨暨㉕，公來于
于㉖。公謂西人：「安爾室家，無敢或訛。訛言不祥，往卽爾常。春爾條桑㉗，秋爾滌場
㉘。』西人稽首：『公我父兄。公我西囿，草木駢駢㉙。公宴其僚，伐鼓淵淵㉚。西人來
觀，祝公萬年。有女娟娟㉛，閨闥閑閑㉜。有童哇哇㉝，亦既能言。昔公未來，期汝棄捐
。禾麻芃芃㉞，倉庾㉟崇崇。嗟我婦子，樂此歲豐。公在朝廷，天子股肱。天子曰歸，公

敢不承？作堂嚴嚴，有廡有庭。公像在中，朝服冠纓。西人相告，無敢逸荒。公歸京師，公像在堂。』」

【註　釋】❶至和元年　至和，宋仁宗年號。至和元年，西元一〇五四年。❷妖言　謠言。❸朋興　猶言並興也。❹朕　天子自稱爲朕。❺文令　文教感化。❻武競　武力競爭。❼張公方平　名詠，時爲益州刺史。❽以親辭　以親老推辭。❾屯軍　從事墾植戍守之兵。❿朔旦　陰曆每月之初一日也。⓫淨衆寺　在成都縣西北。一名萬福寺。⓬眉陽　老泉眉山人，故稱眉陽。⓭欹　傾斜也。⓮油然　和謹貌。⓯緊　是也。⓰惟爾父母　只有你們的父母官。在此父母是指地方官。⓱重足屏息　重足，裹足不前。屏息，不敢作聲，言懼之甚也。⓲碪斧　碪刀斧鉞，皆戮人之具。⓳齊魯　齊爲太公之封邑，魯爲周公之封邑，皆禮儀之邦。⓴齊民　指百姓也。㉑南京　宋建宋州爲南京，今河南商邱縣。㉒屬託付也。㉓祚　位也。㉔西人　指蜀人。㉕暨暨　果毅貌。㉖于于　行閒暇貌。㉗條桑　斬條於地而采桑葉。㉘滌場　農事畢而掃場地也。㉙駢駢　並茂也。㉚淵淵　平和的鼓聲。㉛娟娟　美好貌。㉜閑閑　自得貌。㉝哇哇　小兒學語聲。㉞芃芃　美盛貌。㉟倉庾　藏穀之處。在邑曰倉，在野曰庾。

【語　譯】至和元年的秋天，蜀人流傳，有賊寇到邊境，守邊的士兵夜裏驚叫，邊野的地方又沒人居住，於是謠言流傳開來，使京城的人士也感到震驚，朝廷正要下令派將出師。天子說：「不可養成寇亂，不要助長事變，衆言紛紜並起，我自有主張。外亂還沒興起，裏面卻要發生變故。既不可用文教來感化，又不可用武力來鎭壓。只是我身旁的一兩位大官員，誰能夠處理這項文武之間的事呢？派他去安撫我的軍隊。」有人推舉道：「張公方平先生比較合適。」天子說：「對。」張公卻以奉侍親上的話來辭謝，皇上沒有答允，於是他只好上任。

那年冬十一月，他到達四川。到的那天，就把戍守的士兵召回，撤換守備的官員，並派人告訴郡縣的長官：「假使賊寇來了，有我在，無庸你們勞苦。」到了第二年的正月初一，蜀地的人相互慶賀跟往常一樣，竟沒有發生什麼事故。又到了第二年的正月，大家商量要把張公的畫像畫在淨衆寺裏，他沒法禁止。

眉陽蘇洵對衆人說道：「沒亂，容易治理；已經亂了，也容易治理；有亂的萌動，沒有亂的跡象，叫做將亂。將亂最難治理，不可以因有亂而管得緊，也不可以因無亂而管得鬆。在元年的秋天，像器物的傾斜，還沒掉到地上，只有張公，安詳地坐在旁邊，顏色不變，慢慢地站起來將它扶正。既然擺正了，很和順地離開，沒有驕矜的容貌。替天子管理百姓不倦的，只有張公；救活你們的，便是你們的父母官。況且張公曾對我說：『老百姓沒有常性，只看在上的怎樣對待他們。常人都說：「蜀人性多變。」於是對待他們像對待盜賊一般，管理他們像管理盜賊一般，對於恐懼極了的老百姓，卻拿碪刀和斧鉞來號令他們。於是老百姓才忍心拿父母妻子所仰賴的身體，拋棄不顧去當強盜，所以每每要大亂。拿禮儀來約束，拿法令來管理，只有蜀人最容易做到；至於管得過嚴而生變亂，卽使是齊魯的地方也是一樣。我拿對待齊魯人的方式來對待蜀人，那蜀人也把自己比做跟齊魯的人對待自身了。至於在法律以外任意橫行，來迫害百姓，我不忍心來做。』唉，他愛蜀人的深切，對待蜀人的優厚，在張公以前，我還沒見過。」大家聽了都再拜點頭說：「對。」

蘇洵接著又說：「張公的恩澤你們都記在心裏，你們死後，你們的子孫還會記住。他的功業史官會記載的，何必要拿畫像來表示呢？何況張公也不願意，該怎麼辦呢？」大家都說：「張公怎麼會在意這些？雖然這樣，但在我們老百姓的心裏卻過意不去。平時聽到有人做一件善行，必問他的姓名，他住在什麼地方，以至於他的高矮、大小、相貌，甚至再問他平時的嗜好，以想見他的爲人，而史官也會記載他的傳。用意是使天下的人，在心裏思慕他，便希望能看到他。看到他後，對思慕他的心也就更加的堅定。這樣看來，能有畫像不也有些幫助嗎？」蘇洵無話可責問，於是爲他寫了一篇記。

張公，南京人。爲人慷慨有節操，以度量稱雄於天下。天下有大事，可以囑託他。接著爲他寫一首詩：

「天子在位，歲在甲午這年。西方蜀人流傳，有賊寇在城垣。朝廷有武官，謀士多如雲。天子說：『唉，派張公去。』張公來自東邊，旌旗大纛搖曳。西方蜀人圍著觀看，滿巷滿路是人。都說張公爲人果毅，來到時舉止安詳。張公對蜀人說：『我來安頓你們的家園，不要聽信謠言。謠言是不祥的，仍然做你們平常的事情。春天你們去採桑，秋天你們清掃場地。』蜀人叩頭說道：『張公是我們的父兄。張公住在西園，草木欣榮茂密。張公宴請僚屬，只聽得鼓樂平和。蜀人來觀賞，祝張公萬壽延年。有美好的女子，在閨閣中那樣嬌好。有小孩牙牙學語，也能說上一兩句話。以前張公沒來前，這些女子小孩可能被捐棄路旁；如今禾麻茂盛，穀倉裏也堆得滿滿的。唉，我的妻兒子女，快樂地享此豐年。張公在朝廷裏，是天子的股肱之臣。天子說回朝廷來，張公怎能不奉命？蜀人造了一座祠堂，有堂廡，有庭院。中間掛著張公的畫像，他穿著朝服戴著朝冠。蜀人相互勸勉，沒人敢淫逸荒怠。張公雖然回京城去了，但是他的畫像卻掛在堂上。』」

【文章分析】本篇選自嘉祐集，是屬於雜記類的古文。記述蜀人在成都的淨衆寺內，留有張方平先生畫像的經過和原因。

由於宋仁宗至和元年，時人謠傳儂智高在南詔（即今雲南一帶），將入寇益州，蜀人大爲恐慌。宋仁宗派張方平去安撫蜀人，並讓他擔任益州刺史，由於他的鎮靜，終於平息了謠言，蜀人也因此得以安居樂業。蜀人爲了感激張刺史治蜀的功績，在淨衆寺留下他的畫像，供人瞻仰。

這篇記共分六段：前兩段敘事。三四兩段議論。第五段是張益州的傳略。第六段是像贊，類似頌，用韻文寫的。這篇記，下筆有兩難，第一是張公到益州，並非有十分汗馬功勞。第二，蘇洵是四川人，對自己的家鄉，說蜀無寇不合理，說蜀多寇也不好。因此如何推崇張益州，如何迴護蜀寇，是這篇文章精妙的地方。

范增論

蘇軾

漢用陳平❶計，間楚君臣，項羽❷疑范增❸與漢有私，稍奪其權。增大怒曰：「天下事大定矣，君王自爲之，願賜骸骨，歸卒伍。」未至彭城❹，疽❺發背死。

蘇子曰：「增之去，善矣；不去，羽必殺增。獨恨其不早爾！」然則當以何事去？增勸羽殺沛公❻，羽不聽，終以此失天下；當以是去耶？曰：「否。增之欲殺沛公，人臣之分也；羽之不殺，猶有君人之度也。增曷爲以此去哉？易曰：『知幾其神乎❼！』詩曰：『如彼雨雪，先集維霰❽。』增之去，當於羽殺卿子冠軍❾時也。

陳涉之得民也，以項燕⑩；項氏之興也，以立楚懷王孫心⑪。而諸侯之叛之也，以弒義帝⑫。且義帝之立，增為謀主矣。義帝之存亡，豈獨為楚之盛衰？亦增之所與同禍福也，未有義帝亡而增獨能久存者也。羽之殺卿子冠軍也，是弒義帝之兆也。其弒義帝，則疑增之本也，豈必待陳平哉？物必先腐也，而後蟲生之；人必先疑也，而後讒入之。陳平雖智，安能間無疑之主哉？

吾嘗論義帝，天下之賢主也；獨遣沛公入關，而不遣項羽；識卿子冠軍於稠人⑬之中，而擢為上將；不賢而能如是乎？羽既矯⑭殺卿子冠軍，義帝必不能堪，非羽弒帝，則帝殺羽，不待智者而後知也。增始勸項梁⑮立義帝，諸侯以此服從。中道而弒之，非增之意也。夫豈獨非其意，將必力爭而不聽也。不用其言，而殺其所立，羽之疑增必自此始矣。

方羽殺卿子冠軍，增與羽比肩⑯而事義帝，君臣之分未定也。為增計者，力能誅羽則誅之，不能則去之，豈不毅然大丈夫也哉？增年七十，合則留，不合即去，不以此明去就之分，而欲依羽以成功，陋矣！雖然，增，高帝之所畏也，增不去，項羽不亡。亦人傑也哉！」

【作者】蘇軾（西元一〇三六！一一〇一年），字子瞻，自號東坡居士，北宋眉山（卽今四川眉山縣）人。與父蘇洵、弟蘇轍，都有文名，時人合稱為「三蘇」。三蘇的散文，寫得很出色，尤長於議論，後世諺語有云：「蘇文生，喫菜根；蘇文熟，喫羊肉。」足見三蘇的策論，被一般士子視為應制的範文。並被尊為古文八大家之一。蘇軾博學才高，嘉祐二年，與弟蘇轍應試禮部，歐陽修擢置於第二，當時他才二十二歲。「刑賞忠厚之至論」那篇古文，便是他應試的作品，歐陽修曾問他，文中皋陶的「殺之，三」，堯的「宥之，三」出於何典？他答道：「想當然耳。」歐陽修大為激賞，並說：「吾當避此人出一頭地。」也可知歐陽修提拔後進的愛心。後蘇軾任鳳翔府判官，召直史館。熙寧中，王安石創作新法，蘇軾上書反對，出為杭州通判。後被謫黃州團練副使。元祐間，累官翰林學士兼侍讀。紹聖元年，累貶瓊州別駕。元符二年，赦歸，北上，建中靖國元年，卒於常州，享年六十六。宋史卷三百三十八有傳。

東坡在「與謝民師推官書」中，自述寫文章的奧妙，「大略如行雲流水，初無定質，但常行於當行，止於不可不止。文理自然，姿態橫生。」又「自評文」道：「吾文如萬斛泉源，不擇地皆可出。」東坡實在得文章的作法。他不僅古文好，詩、詞也是第一流的；甚至書法、圍棋、琴、酒、佛學都有極高的造詣，可謂「全才」。著有仇池筆記、東坡志林、東坡全集、東坡詞等書。

【註釋】❶陳平　漢陽武人，事漢高帝，封曲逆侯。嘗六出奇計，離間范增，即奇計之一。❷項羽　即西楚霸王。❸范增　巢縣人，年七十，輔項羽霸諸侯，尊爲亞父。❹彭城　地名。今江蘇銅山縣。時項羽都彭城。❺疽　背疽。凡瘡毒赤腫者爲癰，不赤腫者爲疽。❻增勸羽殺沛公　鴻門之宴，增以玉玦示羽者三，羽不聽。又使項莊舞劍，項伯與之對舞，翼蔽沛公。沛公，即漢高帝劉邦也。劉邦起兵於沛，衆立爲沛公。❼知幾其神乎　易經繫辭傳句。言能預知事之幾微者，其爲神也。❽如彼雨雪先集維霰　詩經小雅頍弁篇句。霰，雪始結也。謂霰集則將下雪之候。❾羽殺卿子冠軍　卿子冠軍，即上將宋義。初義帝命宋義爲上將，諸別將皆屬之，號爲卿子冠軍。宋義行至安陽，留四十六日不進，羽因晨朝，斬之於帳中。❿陳涉之得民也以項燕　陳涉初起兵，項燕爲楚將，數有功，愛士卒，楚人憐之，或以爲死，或以爲亡，陳涉乃假借項燕之名，從民望也。⓫楚懷王孫心　楚懷王之孫，名心，其先楚懷王客死於秦，楚人哀之。項梁起兵，范增勸梁立楚之後代，求得懷王之孫心，於民間立之，後尊爲義帝。⑫弒義帝 義帝，即楚懷王孫心。羽令九江王英布擊殺於江中。⑬稠人 衆人也。⑭矯 假託。⑮項梁 項燕之子，項羽之叔父。⑯比肩 並肩也。救趙時，項羽爲次將，范增爲末將，故曰比肩。

【語譯】漢王用陳平的計策，離間楚王的君臣，使項羽懷疑范增和漢王有私通，於是稍稍削減他的權力。范增大怒道：「天下的事大體已定了，君王您自己幹吧，讓我這把老骨頭，回到士卒的行伍裏去。」他還沒回到彭城，背上的疽癰發作，便死了。

蘇子說：「范增的離開，太好了；如果不離開，項羽必殺他。只遺憾的，他不早點離開項羽！」那麼應該在什麼事情發生後離開呢？范增勸項羽殺沛公，項羽不聽，竟爲這件事失掉天下；應該在這時候離開嗎？答道：「不是的。范增想殺沛公，這是臣子分內的事；項羽不殺沛公，還有國君的器度。范增怎能爲這件事離開呢？易經上說：『能預知事體幾微的，只有神吧！』詩經上說：『如天要下雪的時候，是先有一些結集的小雪珠。』范增的離開，應該在項羽殺卿子冠軍—宋義的時候。

陳涉所以得到民心，是假借項燕的名分；項羽所以崛起，是他立了楚懷王的孫子心。後來諸侯的叛離項羽，是因爲他弒了義帝。何況義帝的被立，范增是主要的策謀人。義帝的存亡，何只是關係著楚國的盛衰呢？也是關係著范增的禍福啊，那有義帝亡了而范增可以單獨長久存在的呢！項羽殺卿子冠軍，便是弒義帝的徵兆。項羽弒義帝，便懷疑到范增的根本立場，那裏還需要等陳平來離間他們呢？大抵物體一定要自身腐敗了，然後才會生蟲；人也是這樣，彼此先有了疑心，然後別人的讒言才能進來。陳平雖然智慧，又怎能離間沒有起疑心的君主呢？

我曾經研討過，義帝是天下賢明的君主：他單獨派沛公入關，而不派項羽；在衆人中獨賞識卿子冠軍，而擢升他爲上將，不賢明怎能這樣呢？項羽既已矯令殺卿子冠軍，義帝必不能忍受，不是項羽弒帝，便是義帝殺項羽，不必等待智慧的人便可以看得出來。范增起初勸項梁立義帝，諸侯因此服從。半途又把他殺掉，不是范增的意思。這不僅不是他的意思，他必將努力的爭諫而不肯聽從項羽呢！不採用他的話，反而殺害他所擁立的，項羽的懷疑范增，必是從這兒開始。

當項羽殺卿子冠軍的時候，范增和項羽是同樣的地位奉事義帝，君臣的名分還沒確定呢。替范增打算，力量足夠殺項羽便殺了他，不夠便離開他，這樣做，難道不是一個了不起的大丈夫嗎？范增那時已七十歲了，合得來便在一起，合不來便離開，不在這個時候作個去留的決定，而想依靠項羽來成功名，鄙陋極了！雖然這樣說，范增，是漢高帝所畏懼的人，范增不離去，項羽也不會亡掉。范增也可算是人中的豪傑啊！」

【文章分析】本篇選自東坡文集，是屬於論辨類的古文。借楚漢之爭時，佐助項羽稱雄的亞父—范增的史實，做設論的文章。當項羽與劉邦在鴻門之會時，范增曾多次暗示項羽殺劉邦，但項羽不願這樣做。後來項羽聽信劉邦的反間，反而懷疑范增與劉邦有所勾結，使范增離開項羽。見史記項羽本紀。本篇採用「故事新說」的手法，渲染范增的了不起。但史實畢竟是史實，無法改變；如果從中設想，當時范增早點離開項羽，那麼歷史就要重寫了。

這篇設論的古文，用對話的方式寫成。前半多從實處發議論，後半便從虛處設想，重點擺在范增不能早些離開項羽上。文章層層切入，段段迴環，也可看出蘇東坡筆力的細緻所在。

刑賞忠厚之至論

蘇軾

堯舜禹湯文武成康之際，何其愛民之深，憂民之切，而待天下之以君子長者之道也。有一善，從而賞之，又從而詠歌嗟歎之，所以樂其始而勉其終；有一不善，從而罰之，又從而哀矜懲創❶之，所以棄其舊而開其新。故其吁俞❷之聲，歡忻慘戚❸，見於虞夏商周之書❹。

成康既沒，穆王立而周道始衰❺，然猶命其臣呂侯❻，而告之以祥刑❼。其言憂而不傷，威而不怒，慈愛而能斷，惻然有哀憐無辜之心，故孔子猶有取焉。傳曰：「賞疑從與❽，所以廣恩也；罰疑從去❾，所以謹刑也。」

當堯之時，皋陶爲士[10]，將殺人。皋陶曰：「殺之。」三；堯曰：「宥之。」三。故天下畏皋陶執法之堅，而樂堯用刑之寬。四岳[11]曰：「鯀[12]可用。」堯曰：「不可。鯀方命圮族[13]。」既而曰：「試之。」何堯之不聽皋陶之殺人，而從四岳之用鯀也？然則聖人之意，蓋亦可見矣。

書曰：「罪疑惟輕，功疑惟重。與其殺不辜，寧失不經[14]。」嗚呼！盡之矣。可以賞，可以無賞，賞之過乎仁；可以罰，可以無罰，罰之過乎義。過乎仁，不失爲君子；過乎義，則流而入於忍人[15]。故仁可過也，義不可過也。古者賞不以爵祿，刑不以刀鋸。賞以爵祿，是賞之道，行於爵祿之所加，而不行於爵祿之所不加也。刑以刀鋸，是刑之威，施於刀鋸之所及，而不施於刀鋸之所不及也。先王知天下之善不勝賞，而爵祿不足以勸也；知天下之惡不勝刑，而刀鋸不足以裁也。是故疑則舉而歸之於仁，以君子長者之道待天下，使天下相率而歸於君子長者之道。故曰：忠厚之至也。

詩曰：「君子如祉，亂庶遄已。君子如怒，亂庶遄沮[16]。」夫君子之已亂，豈有異術哉？制其喜怒，而不失乎仁而已矣。春秋之義，立法貴嚴，而責人貴寬，因其褒貶之義以制賞罰，亦忠厚之至也。

【註釋】❶哀矜懲創　哀矜，哀憐也。懲創，創亦懲也。猶言懲戒也。❷吁俞　吁，歎其不然之辭。俞，猶俞允也，應許之辭，尚書文中多用之。❸歡忻慘戚　謂歡愉與悲戚也。❹虞夏商周之書　尚書之結構，分虞書、夏書、商書、周書四部分。❺成康既沒二句　指周康王卒，子瑕立，是為昭王。後昭王南巡狩，失踪，於江中得其屍，昭王子滿立，是為穆王。史記周本紀云：「穆王即位，春秋已五十矣，王道衰微。」❻呂侯　一作甫侯，周穆王之臣。穆王用其言，作刑以誥四方。今尚書有呂刑篇。❼祥刑　祥，當作詳。言用刑須審愼也。尚書呂刑：「告爾祥刑。」❽賞疑從與　言與賞而疑，則寧可與之。❾罰疑從去　言當罰而疑，則寧可去之。❿皋陶為士　皋陶，舜臣。士，獄官也。⓫四岳　堯之臣也。羲和之四子，分掌四方之諸侯，故云四岳。⓬鯀　禹父名。四凶之一。⓭方命圮族　方命，逆命也，即今之抗命。圮族，猶言敗類。⓮罪疑惟輕四句　尚書大禹謨句。孔安國傳曰：「刑疑附輕，賞疑從重，忠厚之至。」謂罪可疑者，則從輕以罰之。功可疑者，則從重以賞之，法可以殺，可以無殺者，與其殺之而害彼之生，寧姑生之而自受失刑之責。⓯忍人　謂性情狠戾者。⓰君子如祉四句　詩小雅巧言句。祉，喜也。遄，疾也。沮，止也。言君子見賢者之言，若喜而納之，則亂庶幾止矣；見讒人之言，若怒而責之，則亂庶幾止矣。

【語譯】堯、舜、禹、湯、文、武、成、康的時候，他們愛民是何等地深厚，憂民是何等地眞切，而待天下人都以君子長輩的禮來待他們。遇有善事，就獎勵他，又歌頌、讚賞他，這是為了贊許他開始行善，勸勉他實踐到底；遇有壞事，就處罰他，又哀憐、懲戒他，這是為了讓他拋棄舊的習氣，開創新的風氣。因此先賢嗟歎贊許的話，歡愉哀傷的表情，都記錄在虞、夏、商、周的書上。

成王康王去世後，周穆王即位，周道開始衰微，然而還派他的臣子呂侯，告訴他用刑要審愼。他所說的話，憂慮而不哀傷，有威嚴而不怨怒，慈愛而能決斷，常憂惻地存有同情無辜的心，所以孔子還說他有可取的地方。在傳上說：「賞他如有可疑，依然賞他，這是為了推廣恩澤啊；罰他如有可疑，寧可不罰，這是為了審愼刑罰啊。」

當堯的時候，皋陶擔任獄官，將處死人。皋陶說：「要殺他。」說了三次；堯說：「寬恕他。」說了三次。所以天下人畏懼皋陶執法的嚴厲，而喜歡堯用刑的寬容。四岳說：「鯀可用。」堯說：「不可以。因為鯀抗命，又是敗類。」過些時又說：「不妨試用他。」何以堯不聽從皋陶的處死人，反而聽從四岳的任用鯀呢？那麼聖人的用意，已可以看得出來。

尚書上說：「罪有可疑，當從輕發落，功有可疑，當從重獎賞。與其殺無罪的人，寧可受失刑的責任。」唉，話已說得很明白了。那些可以賞、可以不賞的，賞了他，太過於仁慈；可以罰、可以不罰的，罰了他，太過於嚴厲。太過於仁慈，還不失是個君子；太過於嚴厲，便算是性情殘忍的人了。所以仁可以過分，義不可以過分。古代獎賞人不用爵祿，刑罰人不用刀鋸。用爵祿來獎賞他，是獎賞的正道，施行在爵祿所應當加的人身上，卻不施行在爵祿所不應當加的人身上啊；用刀鋸來刑罰他，是刑罰的威嚴，施用在刀鋸所應當到的人身上，卻不施用在刀鋸所不應當到的人身上啊。先王知道天下的善人，不能夠一一獎賞，而爵祿不足以勸勉他們；知道天下的惡人，不能夠一一刑罰，而刀鋸不足以制裁他們。因此雖有疑，依然把他選拔出來歸入仁者，用君子長輩的禮來待天下的人，使天下的人相率而變成君子長者。所以說：用心忠厚到極點了。

詩經上說：「在位的人喜歡接納賢人的主張，那麼亂事便會很快地停止；在位的人生氣責備讒人的主張，那麼壞事也會很快地停止。」在位的人阻止亂事的發生，難道有特別的方法嗎？不過適當地控制他的喜怒，不失掉仁道罷了。春秋的道理，立法以嚴厲為可貴，而責備人以寬厚為可貴，依照褒貶的原則來裁定賞罰，也是用心忠厚到極點了。

【文章分析】本篇選自東坡文集，是屬於論辨類的古文。此篇為蘇軾在宋仁宗嘉祐二年考進士時的試卷，當時他才二十二歲。那年的主考官是歐陽修，看到蘇軾這份卷子，本擬拔擢為第一名，又恐該卷為門人曾鞏所作，才移置第二名。古代科舉命題，多出自四書五經，是題出於尚書大禹謨：「罪疑惟輕，功疑惟重。」孔安國注：「刑疑附輕，賞疑從重，忠厚之至。」故題為「刑賞忠厚之至論」。全文大意：在闡明在位者如何行使刑賞，使人民歸向於善，才能合乎用心忠厚的最高表現。議論文的可貴，在於說理精到，且能舉史例為佐證。

全文共分五段：首先舉盛世堯、舜等聖君，待民用心的忠厚。次段，舉衰世周穆王命呂侯作刑法，用心在於愛民，勸勉為善，仍不失用心忠厚的表現。三段，引尚書中的記載，說明堯、皋陶、四岳的治事，以見聖人的用心忠厚。四段說明刑賞的意義，而歸於居心的忠厚。末段引詩經、春秋中的防止亂源和褒貶的原則，不外是以忠厚為出發點。所以全文能做到文不離題，首尾呼應，而無一章一句是離題的空言。

留侯論

蘇軾

古之所謂豪傑之士者，必有過人之節❶。人情有所不能忍者，匹夫見辱，拔劍而起，挺身而鬥，此不足為勇也。天下有大勇者，卒然❷臨之而不驚，無故加之而不怒。此其所挾持❸者甚大，而其志甚遠也。

夫子房❹受書於圯上之老人❺也，其事甚怪；然亦安知其非秦之世，有隱君子❻者，出而試之。觀其所以微見其意者，皆聖賢相與警戒之義；而世不察，以為鬼物，亦已過矣。且其意不在書。

當韓之亡❼，秦之方盛也，以刀鋸鼎鑊❽待天下之士。其平居無罪夷滅❾者，不可勝數。雖有賁育❿，無所復施。夫持法太急者，其鋒不可犯；而其末可乘。子房不忍忿忿⓫之心，以匹夫之力，而逞於一擊⓬之間；當此之時，子房之不死者，其間不能容髮⓭，蓋亦已危矣。千金之子，不死於盜賊。何者？其身之可愛，而盜賊之不足以死也。子房以蓋世之材，不為伊尹⓮、太公⓯之謀，而特出於荊軻、聶政⓰之計，以僥倖於不死，此固圯上之老人所為深惜者也。是故倨傲鮮腆⓱而深折之。彼其能有所忍也，然後可以就大事，故曰：「孺子⓲可教也。」

楚莊王伐鄭⓳，鄭伯⓴肉袒牽羊㉑以逆；莊王曰：「其君能下人，必能信用其民矣。」遂舍之。句踐之困於會稽㉒，而歸臣妾於吳者，三年而不倦。且夫有報人之志，而不能下人者，是匹夫之剛也。夫老人者，以爲子房才有餘，而憂其度量之不足，故深折其少年剛銳之氣，使之忍小忿而就大謀。何則？非有平生之素㉓，卒然相遇於草野之間，而命以僕妾之役㉔，油然而不怪者，此固秦皇之所不能驚，而項籍之所不能怒也。

觀夫高祖㉕之所以勝，而項籍之所以敗者，在能忍與不能忍之間而已矣。項籍唯不能忍，是以百戰百勝而輕用其鋒；高祖忍之，養其全鋒而待其弊㉖，此子房教之也。當淮陰破齊㉗而欲自王，高祖發怒，見於詞色。由此觀之，猶有剛強不忍之氣，非子房其誰全之？

太史公㉘疑子房以爲魁梧㉙奇偉，而其狀貌乃是婦人女子，不稱其志氣。而愚以爲此其所以爲子房歟！

【註釋】❶過人之節　指能忍人所不能忍的操守。節，自我節制的力量。❷卒然　卒，與猝通。言忽然也。❸挾持　抱負。❹子房　張良，字子房。漢高祖之功臣，封留侯。❺圯上之老人　史記謂圯上之老人，即濟北穀城山下之黃石公。圯，下邳人謂橋爲圯。張良椎擊秦皇後，奔至下邳，於圯上遇一老人，三遺其履，子房三進其履而履之。老人曰：「孺子可教。」遂授以書一編，曰：「讀此，則爲王者師矣。」言畢而去，遂不復見。事見史記留侯世家。❻隱君子　指隱士。❼韓之亡　韓，韓虔之後，戰國七雄之一。秦始皇十七年（西元前二三〇年），秦滅韓。❽刀鋸鼎鑊　古刑具名。以刀鋸殺人，鼎鑊烹人。❾夷滅　誅滅全族。❿賁育　即孟賁與夏育，皆古之力士。⓫忿忿　怒貌。⓬逞於一擊　逞，快意也。一擊，指子房爲韓復仇，求得力士，椎擊秦皇於博浪沙事。⓭其間不能容髮　喻極危險。⓮伊尹　名摯，佐湯伐桀，後爲商賢相。⓯太公　即姜太公，姓呂名尚，字子牙。文王用之，後佐武王伐紂，爲周賢相。⓰荊軻聶

政　二人皆戰國時刺客。事蹟見史記刺客列傳。⑰倨傲鮮腆　倨傲，謂自尊傲慢。鮮腆，少善也，無禮也。⑱孺子　幼童也。⑲楚莊王伐鄭　楚莊王，春秋五霸之一。伐鄭事，在周定王十年（西元前五九七年）。⑳鄭伯　指鄭襄公。㉑肉袒牽羊　肉袒，露上身表請罪之意。牽羊，犒勞楚軍之用。㉒句踐之困於會稽　越王句踐，於周敬王二十六年（西元前四九四年）受吳王夫差之攻伐，退守會稽（今浙江紹興東南十二里），忍辱求和。㉓素　交誼。㉔僕妾之役　指取履納履事。㉕高祖　劉邦，漢之開國君。㉖弊　疲困。㉗淮陰破齊　韓信破齊七十餘城，請爲假王以鎮之。高祖怒，張良躡足附耳曰：「漢方不利，寧能禁信之王乎？」高祖悟，立封爲齊王。㉘太史公　即司馬遷。㉙魁梧　壯大貌。

【語　譯】古代所說的豪傑，必有超越常人的操守。凡在人情上所不能忍耐的，一個平常人受了這種侮辱，拔著劍跳起來，挺身出來打架，這不能算是勇敢。天下有大勇的人，突然遇到事故而不會驚慌，無故加害他而不會生氣。這是由於他的抱負很大，而他的志向高遠的緣故。

子房接受橋上老人的書，這件事很奇怪；然而又怎能知道他不是秦代的時候，有個隱居的君子，出來試試子房呢？看他略微顯示的心意，都是聖賢相互警戒的道理；而世人不明白，以爲是鬼怪，這就錯了。何況他的用意，不單在書上。

當韓國被滅亡時，秦國正強盛，秦國用刀鋸鼎鑊等酷刑來對待天下的人。那些平常居家沒有罪的人，也遭到滅族的，眞是無法計算。雖然有孟賁、夏育那樣的本事，也無法施展出來。執法太嚴厲的國家，它的鋒頭是不可侵犯的；但它的鋒末是有機可趁的。可是子房忍不住忿忿不平的心，以一個人的力量，而快意地在博浪沙一擊；當這時候，子房的不死，其間差不了一根頭髮，實在危險極了。富家的子弟，不死在盜賊的手中，這是什麼緣故呢？因爲他的生命可貴，不值得爲強盜而死。子房以蓋世的才能，不作伊尹、太公的計謀，卻使出荊軻、聶政刺客的計策，以僥倖求得不死，這是橋上老人爲他十分惋惜的。因此故意以傲慢無禮的態度來折磨他，使他能有所忍耐，然後才能成大事，所以說：「這個孩子可以教訓。」

楚莊王討伐鄭國，鄭襄公打赤膊牽著羊去請罪；莊王說：「這個國君能屈身下人，必定能得到他的百姓的信任。」於是赦免了他。句踐被困在會稽山上，而歸降於吳，三年間不敢有倦色。況且有報仇的志向，卻不能屈身下人，只是平常人的剛強。那個橋上的老人，以爲子房的才能有餘，擔心他的度量不夠，所以才著實地挫折他少年剛強的氣燄，使他忍耐小的氣忿而成大謀。這是怎麼說呢？不是平時有交情，突然在草野間相遇到，而要他做僕人婢妾的事，居然毫不在意而不見怪，這就是秦皇不能使他驚怕，項羽也不能使他發怒的緣故啊！

觀察漢高祖所以得勝，項羽所以失敗，全在於能忍耐和不能忍耐的分別罷了。只因項羽不能忍耐，所以百戰百勝而輕用他的鋒銳；漢高祖忍耐著，培養他的全部兵力而等待項羽的疲困，這是子房教他的。當韓信破了齊國而想自己當王，高祖大怒，表現在言詞臉色上。從這件事看來，高祖還有剛強不能忍耐的氣燄，要不是子房，誰能成全他呢？

太史公以為子房生得體格魁偉，可是他的容貌竟是婦人女子一般，跟他的志氣並不配稱。我以為這就是子房特別的地方吧！

【文章分析】本篇選自東坡文集，是屬於論辨類的古文，對過去人物的得失加以品評。依據史記留侯世家的記載，張良一生的事蹟，近乎傳奇。他的祖先是韓國人，韓被暴秦所滅，他一心要報仇，雖然曾在博浪沙狙擊秦皇，但沒有成功。後來他佐漢王劉邦，終於將秦消滅，做了漢代的開國功臣。但世人對張良的成就，多著重在圯上老人授書的一節上，甚至傳為神話；然而蘇軾的留侯論，卻著筆在張良的能「忍」上，由於能「忍」，所以才能成大事，並不是世人所謂的黃石公的「天書」，給他什麼奇計，他的成功，全憑他的「忍小忿而就大謀」，不是奇蹟。

這篇類似傳評的散文，大題小做，舉一端以明全體，立論新穎，不作人云亦云的論調，是此篇的特色。

賈誼論

蘇軾

非才之難，所以自用者實難。惜乎賈生[1]王者之佐，而不能用其才也。夫君子之所取者遠，則必有所待；所就者大，則必有所忍。古之賢人，皆有可致之才，而卒不能行其萬一者，未必皆其時君之罪，或者其自取也。

愚觀賈生之論，如其所言，雖三代何以遠過。得君如漢文，猶且以不用死。然則是天下無堯舜，終不可有所為耶？仲尼聖人，歷試於天下[2]；苟非大無道之國，皆欲勉強扶持，庶幾一日得行其道。將之荊❸，先之以冉有❹，申❺之以子夏❻。君子之欲得其君，如此其勤也。孟子去齊，三宿而後出晝❼。猶曰：「王其庶幾召我。」君子之不忍棄其君，如此其厚也。公孫丑❽問曰：「夫子何爲不豫❾？」孟子曰：「方今天下，舍我其誰哉？而吾何爲不豫❿？」君子之愛其身，如此其至也。夫如此而不用，然後知天下果不足與有爲，而可以無憾矣。若賈生者，非漢文之不用生，生之不能用漢文也。夫絳侯⓫親握天子璽，而授之文帝。灌嬰⓬連兵數十萬，以決劉呂之雌雄，又皆高帝之舊將，此其君臣相得之分，豈特父子骨肉手足哉？

賈生，洛陽之少年，欲使其一朝之間，盡棄其舊而謀其新，亦已難矣。爲賈生者上得其君，下得其大臣，如絳、灌之屬，優游浸漬⓭而深交之，使天子不疑，大臣不忌。然後舉天下而唯吾之所欲爲，不過十年，可以得志。安有立談之間，而遽爲人痛哭哉？觀其過湘⓮，爲賦以弔屈原⓯，紆鬱憤悶⓰，趯然⓱有遠舉之志。其後卒以自傷哭泣，至於死絕⓲，是亦不善處窮者也。夫謀之一不見用，安知終不復用也？不知默默以待其變，而自殘至此。嗚呼！賈生志大而量小，才有餘而識不足也。

古之人有高世之才，必有遺俗⓳之累。是故非聰明睿哲不惑之主，則不能全其用。古今稱苻堅得王猛於草茅之中⑳，一朝盡斥去其舊臣，而與之謀；彼其匹夫，略有天下之半，其以此哉！

愚深悲賈生之志，故備論之；亦使人君得如賈誼之臣，則知其有狷介㉑之操，一不見用，則憂傷病沮㉒，不能復振。而為賈生者，亦謹其所發哉！

【註釋】❶賈生　即賈誼。漢洛陽人，年十八，通諸子百家之書，文帝召為博士，超遷至太中大夫。請改正朔，易服色，制法度，興禮樂，帝欲任為公卿，周勃、灌嬰等忌而毀之。出為長沙王太傅，渡湘水，為賦以弔屈原，蓋以自況。尋遷梁懷王太傅。疏陳政事，頗得治體。梁懷王墮馬死，誼自傷為傅無狀，歲餘亦卒，年僅三十三。❷歷試於天下　指孔子周遊列國也。試，用也。❸荆　地名，指楚國。❹冉有　即冉求，字子有，魯人。孔子弟子。❺申　繼也。❻子夏　姓卜名商，字子夏。孔子弟子。❼晝　齊邑。今山東臨淄縣。❽公孫丑　姓公孫，名丑，齊人。孟子弟子。❾不豫　不悅也。❿方今天下三句　孟子公孫丑下句。孟子原文，為應充虞之問，非應公孫丑也。⓫絳侯　即周勃。勃誅諸呂，迎文帝立之。帝至渭橋，勃上天子璽符。⓬灌嬰　漢大將軍，與周勃平諸呂，立文帝。封潁陰侯。⓭優游浸漬　優游，委從也，言委心任運也。浸漬，漸進之意。⓮湘　湘水，在今湖南。⓯屈原　名平，字靈均。戰國楚之公族，仕為楚懷王左徒，為同列上官大夫靳尚輩所讒，前後被流放漢北、湘南，終自沈汨羅江而卒。⓰紆鬱憤悶　紆鬱，言愁思旋繞不已。憤悶，蘊結不舒貌。⓱趯然　躍貌。⓲自傷哭泣至於死絕　指梁王墮馬死，賈生自傷為傅無狀，哭泣歲餘而卒。死絕，夭亡也。⓳遺俗　謂前代餘留之習俗，言不合時宜也。⑳苻堅得王猛於草茅之中　秦王苻堅因呂婆樓以招王猛，一見大悅，自謂劉玄德之遇諸葛孔明也，乃以國事任之。草茅，謂在野也。㉑狷介　謂耿介自持也。㉒病沮　困敗失意。

【語譯】一個人能有才學並不難，而是自己能應用才學是難得；可惜賈誼有王佐之才，卻不能自己應用他的才學。大抵君子所懷抱的遠大，那麼必定有所期待；所成就的遠大，那麼必定有所忍耐。古代的賢人，都負有可致用的才學，但終於不能使用他萬分之一的才學，未必都是當時國君的罪過，或者是由於自取的緣故。

我看過賈誼的論說，如果依照他所說的來做，卽使三代的政治，也不能超過。遇到一個國君像漢文帝那樣，還因爲不用他，便自己死了。那麼天下沒有堯、舜那樣的聖君，便終於不能有所作爲了嗎？孔子是聖人，周遊列國；如果不是大無道的國家，他都想勉強扶持國政，希望有一天能實行他的理想。他準備到楚國去，先叫冉有去試試，接著又叫子夏去。一個君子想得到他的國君的信任，是那樣地辛苦啊！孟子離開齊國，住了三夜，然後才離開晝這地方。還說：「恐怕國王還能夠用我。」一個君子不忍離開他的國君，期望是那樣地深厚啊！公孫丑問道：「老師爲什麼不樂呢？」孟子答道：「在這個時代，除了任命我還有誰呢？天意使我不遇明主，我又爲什麼不樂呢？」一個君子愛惜他的自身，是那樣地周全啊！能夠做到這樣，仍然不被國君所用，然後才知道這個時代實在不能夠有所作爲，也可以沒有遺憾了。像賈誼，並不是漢文帝不能用他，是他不能被漢文帝所用。像絳侯周勃親自捧著天子的玉璽，授給漢文帝。灌嬰擁有幾十萬的軍隊，來決定劉、呂的勝敗，他們又是高帝的老將，這是他們君臣和好的情分，那裏只是父子骨肉手足的情感所能比得上呢？

賈誼，是洛陽的少年，要想在一朝之間，使他的國君盡拋棄舊的而用新的，也很難了。賈誼在上能得到國君的信任，在下能得到大臣的支持，像絳侯、灌嬰這般人，委心任運漸次地和他們深交，使天子不疑心，大臣不妒忌他，然後把整個天下，只按照我的意思來做，不過十年工夫，可以得志，又怎能在立談之間，驟然替人家痛哭起來的呢？看他經過湘水時，寫了一篇賦來弔屈原，那愁思旋繞、鬱結不舒的樣子，大有遠離塵世的感覺。後來因爲自己悲傷哭泣，竟至於短命死了，這是不善處在困窮的環境啊！他的謀略只一次不被用，又怎知會一直不被用呢？不懂得默默地等待他變化，卻自己殘害自己到這地步。唉，賈誼的志向遠大，卻器量狹小，才幹有餘而見識不夠。

古時有高出世人才幹的人，必有不合時宜的毛病。所以不是遇到聰明睿智不疑惑的國君，便不能完全信用他。古今稱道苻堅得王猛在草野間，一朝盡排去他的舊臣，而跟王猛謀畫；那苻堅只是一個普通人，竟能擁有半個天下，也許是因爲這個緣故吧！

我深切悲憫賈誼的志向，所以詳細地評論他；也使做國君的，得到像賈誼這樣的臣子，能知道他具有耿介的操守，一次不被任用，便會憂傷懊惱，不能再振作起來；而像賈誼這類型的，也要謹慎他們的情感，不要隨便地就發洩出來啊！

【文章分析】本篇選自東坡文集，是屬於論辨類的古文。文章的主旨在評論賈誼的遭遇，指出他不見容於世，是由於他不能自用，缺乏忍耐性所致，最後還自傷自艾，憂悶而死。史記和漢書，都列有賈誼的傳。作者用史論的筆調，來品評歷史上的人物，討論他的得失，時常有眞知灼見的話，可知三蘇確長於策論。

全文可分五段：首段便指出全篇的主旨來，認爲賈誼有才，但不能自用，缺乏忍耐性，不能見用，是自取的。次段，論賈誼遇漢文帝，不是漢文帝不用他，而是他不能被漢文帝所用；並舉孔子、孟子的遭遇作陪襯。三段，代賈誼籌畫，指出賈誼少年得志，不善於處窮境，加以器量小，見識不夠，才遭致失敗。四段，借苻堅用王猛事，並歸過漢文帝不能用賈誼，文章一轉，尤妙。末段，勸勉後世的國君當憐才而用，並勸勉類似賈誼的臣子，當謹愼他自己所說的話，作爲收結。文意深遠，讀罷眞使人低徊不已。論辨的文章能析理如此細微，便是有內容的作品了。

鼂錯論

蘇軾

天下之患，最不可爲者，名爲治平無事，而其實有不測之憂。坐觀其變，而不爲之所❶，則恐至於不可救；起而強爲之，則天下狃❷於治平之安而不吾信。惟仁人君子豪傑之士，爲能出身爲天下犯大難，以求成大功；此固非勉強期月❸之間，而苟以求名者之所爲也。

天下治平，無故而發大難之端；吾發之，吾能收之，然後有以辭❹於天下。事至而循循焉欲去之，使他人任其責，則天下之禍，必集於我。昔者鼂錯❺盡忠爲漢謀弱山東之諸侯❻，山東諸侯並起，以誅錯爲名；天子不察，以錯爲說。天下悲錯之以忠而受禍，不知錯有以取之也。

古之立大事者，不唯有超世之才，亦必有堅忍不拔之志。昔禹之治水，鑿龍門❼，決❽大河而放之海。方其功之未成也，蓋亦有潰冒衝突可畏之患；唯能前知其當然，事至不懼，而徐為之所，是以得至於成功。

夫以七國之強，而驟削之，其為變，豈足怪哉？錯不於此時捐其身，為天下當大難之衝，而制吳、楚之命，乃為自全之計，欲使天子自將而己居守。且夫發七國之難者，誰乎？己欲求其名，安所逃其患？以自將之至危，與居守之至安；己為難首，擇其至安，而遺天子以其至危，此忠臣義士所以憤惋而不平者也。

當此之時，雖無袁盎❾，錯亦未免於禍。何者？己欲居守，而使人主自將。以情而言，天子固已難之矣，而重違其議。是以袁盎之說，得行於其間。使吳、楚反，錯以身任其危，日夜淬礪❿，東向而待之，使不至於累其君，則天子將恃之以為無恐，雖有百袁盎，可得而間哉？

嗟夫！世之君子，欲求非常之功，則無務為自全之計，使錯自將而討吳、楚，未必無功，唯其欲自固其身，而天子不悅，奸臣得以乘其隙。錯之所以自全者，乃其所以自禍歟！

【註釋】❶所　處置也。❷狃　習也。❸期月　一月也。喻時短也。❹辭　告也。❺鼂錯　漢潁川人。文帝時，爲太子家令，時號智囊。景帝時，遷御史大夫，以倡議削弱諸侯封地，吳、楚等七國反，以討錯爲名。帝與錯議，出軍事，錯欲令上自將，而身居守。後帝用袁盎言，斬鼂錯以謝諸侯。❻山東之諸侯　指吳王濞、膠西王卬、膠東王雄渠、菑川王賢、濟南王辟光、楚王戊、趙王遂等七國。❼龍門　山名。在陝西韓城縣東北。❽決　排除壅塞，導水使行也。❾袁盎　字絲，楚人。素與鼂錯有隙，因言殺鼂錯以止七國之亂，帝用其言。❿淬礪　本謂磨鍊鋒刃，亦用爲刻意進修之喻。

【語譯】天下的禍患，最不容易治理的，是表面看來太平無事，實際上卻有不可測度的憂患。坐看它的變亂，不加以處理，便恐怕發展到不可挽救的地步；如果有人起來勉強有所作爲，那天下的人，已習慣過太平安逸的日子，卻不會信任他。只有仁人君子豪傑的人士，才能出來替天下冒大的患難，求大的成就；這固然不是苟且求名的人，勉強做個一年半載便能做到的呀！

天下太平，無端地去啟發大難的頭緒；我發動它，我收得住它，然後可以向天下人交代。如果事情惹起來了，慢慢地又想推卸掉，使別人擔負這項責任，那麼天下的禍害，便歸到我一人的頭上。從前鼂錯盡忠爲漢景帝計畫削弱山東的諸侯，山東的諸侯連合起來造反，以殺鼂錯爲藉口；然而天子不能細察，反而殺鼂錯來討好他們。天下人悲憐鼂錯因爲盡忠而受到禍害，不知道鼂錯實在是自己招惹來的啊。

古代建立大事業的人，不但有超越世人的才幹，也必然有堅忍不拔的志氣。從前大禹治水，鑿開龍門，引導大河的水流入海裏。當他事情沒有成功以前，也會有河堤潰決、河水亂衝等可怕的禍患；但能預知它必然會發生的現象，事來不畏懼，然後慢慢地來解決它，所以能達到成功。

以當時七國的強大，而驟然把他們削弱，他們起來造反，這難道有什麼奇怪的呢？鼂錯不在這時候犧牲他自身，替天下擔當大難的要衝，去制服吳、楚於死命，卻爲了自全的打算，想要天子親自領兵討伐而自己卻在京城做守備。何況引發七國變亂的，是誰呢？自己想求得這項名譽，怎能逃掉這項禍患呢？就拿自己帶兵去征討的危險，和在京城做守備的安全兩項工作相比較；自己是禍首，選擇最安全的工作，卻留給天子來做最危險的工作，這是忠臣義士所以憤怨而抱不平的緣故啊。

在這時候，雖然沒有袁盎的從中挑撥，鼂錯也難免這次的禍害。爲什麼呢？因爲自己想留在京城裏防守，卻讓國君親自帶兵去征討。拿常情來判斷，天子本來就難以忍受了，而且還要違抗其他臣子的議論。所以袁盎的主張，能在當時被採用。假使吳、楚的造反，鼂錯親身去擔任危險的工作，日夜辛勤磨礪，領了兵向東去對抗他們，使得不至於連累他的國君，那麼天子將憑仗他，沒有恐懼，縱然有一百個袁盎，又怎能去離間呢？

唉，世間的君子，想求得非常的功業，便不必爲自身的安全著想。假使鼂錯親自領兵討伐吳、楚，未必不會成功，只是他想保全自身，使天子不高興，於是奸臣得以利用這間隙。鼂錯這種保全自身的念頭，就是他所以自身受禍的原因吧！

【文章分析】本篇選自東坡文集，是屬於論辨類的古文。全文的重點，擺在鼂錯不能勇於負責，以致遭殺身之禍。蘇軾善於借歷史人物而抒議論，讀其留侯論、賈誼論、鼂錯論，可知蘇軾的策論，能用三論：序論、討論、結論的筆法，此爲論辨類古文的寫作技巧。觀此三篇史論，開端均用一套大道理起筆；然後切入所要評論的人物，依其史事而爲其設想，假設當時能善於變化，便不致落此下場；最後都以作者的感慨收結。

全文結構新穎，起筆出於議論，認爲太平盛世也會蘊藏著禍源，只有豪傑之士，才能洞察，並加以排除。不然，僅察覺禍源，而臨難退卻，便會自招禍害。於是舉漢景帝三年，鼂錯建議削弱七國諸侯事爲證，以呼應前面所說的理論；接著再舉大禹治水，因臨事不懼，所以成功的例子爲佐證。鼂錯的失敗，由於推卸責任，使漢景帝只好用袁盎的建議，殺鼂錯以謝天下，平息了七王之亂。結尾假設鼂錯不退卻，勇於去平定七王，那就不致招來殺身之禍了。文章正反並舉，設想生意，使文章起伏有變化。

卷十一 宋文

上梅直講書

蘇軾

軾每讀詩至鴟鴞❶，讀書至君奭❷，常竊悲周公之不遇。及觀史❸，見孔子厄於陳蔡❹之閒，而絃歌之聲不絕。顏淵、仲由❺之徒，相與問答，夫子曰：「『匪兕匪虎，率彼曠野❻。』吾道非邪？吾何爲於此？」顏淵曰：「夫子之道至大，故天下莫能容；雖然，不容何病？不容然後見君子。」夫子油然❼而笑曰：「回，使爾多財，吾爲爾宰。」夫天下雖不能容，而其徒自足以相樂如此。乃今知周公之富貴，有不如夫子之貧賤。夫以召公之賢，以管、蔡之親❽，而不知其心，則周公誰與樂其富貴？而夫子之所與共貧賤者，皆天下之賢才，則亦足與樂乎此矣。

軾七八歲時，始知讀書。聞今天下有歐陽公者，其爲人如古孟軻、韓愈之徒；而又有梅公❾者，從之遊，而與之上下其議論。其後益壯，始能讀其文詞，想見其爲人，意其飄然脫去世俗之樂，而自樂其樂也。方學爲對偶聲律之文❿，求斗升之祿，自度無以進見於諸公之間。來京師逾年，未嘗窺其門。

今年春，天下之士，羣至於禮部，執事⑪與歐陽公實親試之。誠不自意，獲在第二⑫。既而聞之人：「執事愛其文，以為有孟軻之風；而歐陽公亦以其能不為世俗之文也而取焉，是以在此。」非左右為之先容，非親舊為之請屬⑬，而嚮⑭之十餘年間，聞其名而不得見者，一朝為知己。退而思之，人不可以苟富貴，亦不可以徒貧賤。有大賢焉而為其徒，則亦足恃矣。苟其僥一時之幸，從車騎數十人，使閭巷小民，聚觀而贊歎之，亦何以易此樂也。

傳曰：「不怨天，不尤人⑮。」蓋優哉游哉，可以卒歲⑯。執事名滿天下，而位不過五品，其容色溫然而不怒，其文章寬厚敦朴而無怨言，此必有所樂乎斯道也，軾願與聞焉。

【註釋】❶鴟鴞　詩經豳風篇名。周公居東時所作，託為鳥之愛巢者自比，以貽成王，明其忠愛王室之情。❷君奭　尚書周書篇名。君，尊之之稱。奭，召公名。召公為保，周公為師，共輔成王，召公不悅，周公乃作君奭篇與之，以寓戒勉之意。❸史　指史記。❹陳蔡　春秋時二國名。孔子曾困於陳蔡，路阻絕糧。❺顏淵仲由　皆孔子弟子。顏淵，顏回也。仲由，字子路。❻匪兕匪虎率彼曠野　詩經小雅何草不黃篇句。率，循也。言非兕非虎，何為使之循曠野也。❼油然　新生貌。❽管蔡之親　周武王死，周公攝政，其弟管叔及蔡叔、霍叔乃放流言以誣周公，以惑成王。管、蔡，皆周武王之弟，管叔名鮮，蔡叔名度。❾梅公　即梅聖俞。生平見歐陽修之梅聖俞詩集序。❿對偶聲律之文　講求對仗韻律之文章，即詩歌、詞賦之作也。⓫執事　謂執掌事務之臣。後人書信中每用「執事」爲對人之尊稱，以示謙讓之意。⓬獲在第二　嘉祐二年（西元一○五七年），歐陽修考試禮部進士，疾時文之詭異，思有以救之。梅聖俞特與共事，得蘇軾之刑賞忠厚之至論一文，以示歐陽修，歐陽修驚喜，以爲異人，欲以冠多士，疑爲門生曾鞏所爲，乃置之於第二。是年蘇軾年二十二歲。⓭屬　囑託也。⓮嚮　昔也。⓯不怨天不尤人　語見中庸第十四章。原句爲「上不怨天，下不尤人。」尤，怨恨也。⓰卒歲　終歲也。即一年到頭。

【語譯】我每次讀詩經的鴟鴞篇、尚書的君奭篇，常私自悲歎周公不能獲得知己。後來讀史記，看到孔子困厄在陳蔡間，依然能絃歌不停。顏回和子路等弟子，相互問答，孔子說：「『不是野牛，不是老虎，怎麼會流落到曠野來呢？』是我的道理不對呢？不然怎會弄到這地步？」顏回答道：「夫子的道理博大，所以天下沒法子容得下；雖然這樣，不見容又有什麼害處？不見容才看得出君子來。」孔子浮現著笑意道：「回呀，假使你有很多錢，我來做你的總管。」天下雖然不能容納他們，然而他們師生間能自足快樂到這種情景。現在我才知道周公的富貴，還不如孔子的貧賤呢！以召公的賢明，管叔、蔡叔的親近，卻不知他的心意，那麼周公跟誰一起享富貴的快樂呢？跟孔子在一起的都是貧賤的人，但都是天下的賢才，那也足夠他樂了。

我七、八歲的時候，才懂得讀書。聽說當今有位歐陽先生，他的爲人像古代的孟軻、韓愈等一些人；又有位梅先生，跟他做朋友的，在一起上上下下地討論問題。後來我到了壯年，才讀他們的文章，嚮往他們的爲人，猜想他們超然地擺脫了世俗的快樂，卻能自得其樂。我剛開始學寫對仗排偶駢儷的文章，求一升一斗的俸祿，私下地想，沒有機緣能進見這幾位先生。來到京城裏一年多了，還不知道他們住在那兒。

今年春天，天下的讀書人，大家都來到禮部應試，梅先生和歐陽先生實實在在地親自來考我們。我自己沒想到，能考中第二名。後來聽人說：「先生喜歡那篇文章，以爲有孟軻的遺風；而歐陽先生也認爲他能不寫世俗的時文才錄取的，原因便在於此。」並不是先生左右的人預先爲我關照，也不是先生親舊的人爲我囑託，卻是我在十多年來，只聽得他的名望，而不曾見過一面的，在一朝間視爲知己。退下來想想，做人不可以勉強求取富貴，也不可以但求貧賤，只要有大賢德的人，便去做他的學生，也可以託靠了。如果只希望一時的僥倖，跟隨的車騎有數十人，使閭巷的小民，圍觀而贊歎著，又何能換來這種快樂呢！

中庸上說：「不埋怨天，不怨恨人。」優閒自在地，一年到頭都好過。先生名滿天下，官位卻不過五品，先生的容貌溫和沒有怨意，文章寬厚樸實沒有牢騷，這必然有獲得快樂的道理在，我願跟著在一起，聽聽先生的祕訣。

【文章分析】本篇選自東坡文集，是屬於書說類的古文。蘇軾在二十二歲那年，考取了進士後，寫了一封信給主考官任直講的梅聖俞。梅聖俞是歐陽修的好友。蘇軾信中稱對方爲「執事」，稱自己爲「軾」，這是書信中稱謂的一種方式。

全信的重點，在敘述士遇知己的快樂。起筆稱引周公由於管叔、蔡叔的流言，使召公對他也不能諒解；接著引孔子和門弟子，雖困於陳、蔡，卻融洽和樂。書中將梅聖俞比爲聖人，將自己比著是聖人的門徒，自視頗高，但無世俗溢美的弊端，下筆眞是高妙。然後記述梅先生是他少年時所仰慕的對象，今日能進見而跟從他，實感滿足。尤其結尾數語，活潑中而見親切，好手法。

喜雨亭記

蘇軾

亭以雨名，志❶喜也。古者有喜，則以名物，示不忘也。周公得禾以名其書❷，漢武得鼎以名其年❸，叔孫勝狄以名其子❹。其喜之大小不齊，其示不忘一也。

余至扶風❺之明年，始治官舍，爲亭於堂之北，而鑿池其南，引流種木，以爲休息之所。是歲之春，雨麥❻於岐山之陽❼，其占爲有年❽。既而彌月不雨，民方以爲憂；越三月乙卯，乃雨，甲子又雨，民以爲未足；丁卯大雨，三日乃止。官吏相與慶於庭，商賈相與歌於市，農夫相與抃❾於野；憂者以樂，病者以愈，而吾亭適成。

於是舉酒於亭上，以屬客⑩而告之曰：「五日不雨可乎？」曰：「五日不雨，則無麥。」「十日不雨可乎？」曰：「十日不雨，則無禾。」「無麥無禾，歲且薦饑⑪。獄訟繁興，而盜賊滋熾；則吾與二三子，雖欲優游以樂於此亭，其可得耶？今天不遺斯民，始旱而賜之以雨，使吾與二三子，得相與優游而樂於亭者，皆雨之賜也，其又可忘耶？」

既以名亭，又從而歌之，歌曰：「使天而雨珠，寒者不得以爲襦⑫；使天而雨玉，飢者不得以爲粟。一雨三日，繄⑬誰之力？民曰太守，太守不有；歸之天子，天子曰不然；歸之造物，造物不自以爲功；歸之太空⑭，太空冥冥；不可得而名，吾以名吾亭。」

【註釋】①志　記也。②周公得禾以名其書　唐叔得禾，異穗同穎，獻之成王，成王以餽周公，周公乃作「嘉禾篇」。③漢武得鼎以名其年　漢武帝元狩六年得寶鼎於汾水上，遂改元爲「元鼎」元年。④叔孫勝狄以名其子　魯文公十一年，叔孫得臣，獲長狄僑如，乃名其子曰「僑如」。⑤扶風　古郡名，宋時已改爲鳳翔府。今陝西關中道西部皆是。⑥雨麥　雨作動詞，落也。言雨落於麥上。⑦岐山之陽　岐山，今陝西省岐山縣東北，近鳳翔。陽，山南也。⑧有年　豐年也。⑨抃　拍手，言歡也。⑩屬客　酌酒勸客也。⑪薦饑　連歲不熟也。⑫襦　上衣。此泛指衣服。⑬繄　是也。⑭太空　天空也。

【語譯】亭子用「雨」字來題名，是記載可喜的事。

古人遇到可喜的事，就用來稱物體的名稱，表示不忘。周公得到嘉禾，就拿「嘉禾」來稱他的書，漢武帝得寶鼎，就拿「元鼎」來稱他的年號，叔孫戰勝長狄國僑如，就拿「僑如」作爲他兒子的名字。他們可喜的事大小不同，但表示不忘是一樣的。

我到扶風的第二年，才整修官舍，造一座亭子在堂的北邊，又在南邊挖了一個池塘，引水種樹，作爲休息的場所。那年春天，雨下在岐山南邊的麥田裏，預卜有個好的年成。接著整個月沒下雨，老百姓正爲此擔憂；到三月份乙卯那天才下雨，甲子那天又下雨，老百姓以爲還不夠；丁卯那天大雨，接連三天才停止。官吏在庭中相互慶賀，商人在市井相互唱歌，農夫在田野相互拍手歡呼；憂愁的轉喜，生病的轉好，而我的亭子也剛好落成。

於是設宴在亭上，酌酒勸客，並告訴他們說：「五天不下雨可以嗎？」他們說：「五天不下雨，麥子就沒有收成。」「十天不下雨可以嗎？」「十天不下雨，稻苗也都枯死。」「沒麥子沒稻子，連年又將饑荒。訴訟多了，而盜賊也就到處興起；那麼我和各位，雖然想在這亭子裏優閒自得地遊樂，怎能得到呢？今上天不遺棄老百姓，開始乾旱，然後賜給雨水，使我和各位，能夠相互在這亭子裏優閒自得地遊樂，都是這場雨的賜給，這又怎能忘掉呢？」

既然拿「喜雨」作爲亭子的名字，又接著唱道：「假使天落珍珠，寒冷的人不能以這來做衣服；假使天落玉石，飢餓的人不能以這來做糧食。一場雨連下三天，是誰的力量呢？老百姓說是太守，太守說沒有；歸功於天子，天子說不是；歸功於造物者，造物者不認爲是他自已的功績；歸功於太空，太空那樣深遠蒼茫；沒辦法來定名，因此我就拿來作爲我亭子的名字。」

【文章分析】本篇選自東坡文集，是屬於雜記類的古文。宋嘉祐六年（西元一〇六一年），蘇軾出任鳳翔府（今陝西鳳翔縣）簽判，第二年春，苦旱，後慶得喜雨，所以便用「喜雨」來命亭。

本文首句，將「喜雨亭」三字拆開點題，巧妙。接著引古人用喜事來命名的例子不少，都是表示不忘。三段，記敘作者到扶風，因久旱得雨，百姓歡悅；並說明作亭名亭的原由。四段，記樂得喜雨的不可忘。末段，以詠歌作結。詠歌的用韻：珠、襦爲虞韻。玉、粟爲沃韻。日、力爲質職韻通押。守、有爲有韻。功、空爲東韻。冥、名、亭爲庚青韻。

淩虛臺記

蘇軾

國於南山①之下，宜若起居飲食與山接也。四方之山，莫高於終南；而都邑之麗②山者，莫近於扶風❸。以至近求最高，其勢必得，而太守之居，未嘗知有山焉。雖非事之所以損益，而物理有不當然者，此凌虛❹之所為築也。

方其未築也，太守陳公，杖屨逍遙❺於其下。見山之出於林木之上者，纍纍如人之旅行於牆外而見其髻也。曰：「是必有異。」使工鑿其前為方池，以其土築臺，高出於屋之危而止。然後人之至於其上者，怳然❻不知臺之高，而以為山之踴躍奮迅而出也。

公曰：「是宜名凌虛。」以告其從事❼蘇軾，而求文以為記。軾復於公曰：「物之廢興成毀，不可得而知也。昔者荒草野田，霜露之所蒙翳❽，狐虺❾之所竄伏；方是時，豈知有凌虛臺耶？廢興成毀，相尋於無窮。則臺之復為荒草野田，皆不可知也。嘗試與公登臺而望，其東則秦穆之祈年、橐泉❿也；其南則漢武之長楊⓫、五柞⓬；而其北則隋之仁壽⓭，唐之九成⓮也。計其一時之盛，宏傑詭麗⓯，堅固而不可動者，豈特百倍於臺而已哉！然而數世之後，欲求其髣髴，而破瓦頹垣，無復存者。既已化為禾黍荊棘⓰，丘墟隴畝矣。而況於此臺歟！夫臺猶不足恃以長久，而況於人事之得喪，忽往而忽來者歟！而或者欲以夸⓱世而自足，則過矣。蓋世有足恃者，而不在乎臺之存亡也。」既已言於公，退而為之記。

【註釋】❶南山　即終南山。在今陝西長安縣。❷麗　附也。❸扶風　郡名。故郡治即今陝西鳳翔縣。❹淩虛臺名。在陝西鳳翔縣境。❺逍遙　優游自得貌。❻恍然　彷彿。❼從事　佐吏也。❽蒙翳　蒙蓋遮蔽。❾虺　蛇也。❿祈年橐泉　皆宮殿名。⓫長楊　漢代較獵之場所。揚雄有長楊賦記畋獵事。⓬五柞　漢祀神之宮。⓭仁壽　隋文帝所建爲避暑之宮。⓮九成　即隋之仁壽宮，唐太宗修復，而改此名。⓯宏傑詭麗　指宮殿之宏大綺麗。⓰禾黍荊棘　喻草莽之地。⓱夸　誇也。

【語譯】住在南山的下面，應是起居飲食都跟山接近了。四面的山，沒有比終南山更高；傍著山的都市，沒有比扶風郡更近的。以最近的去求最高的山，在形勢上必可找到，而太守居住在這裏，就從來不知道有山呢。這件事雖然對他不會有什麼損益；但在物理上有不當這樣的，於是淩虛臺便這樣建造起來。

當臺還沒建造前，太守陳先生，手持拐杖步履優游地在它下面，看見山嶺浮現在樹林子的上面，一座座像是牆外往來的人，但見他們的頭髻一般。他說：「這裏必然有奇景。」於是派了工人在臺前挖個方池，利用這些土來築臺，臺的高度，剛好和屋簷平齊爲止。然後人們到臺上來，恍惚不知道臺的高低，還以爲是山勢突然凸出這一塊呢。

陳先生說：「這座臺應當稱它爲淩虛。」便告訴他的屬員蘇軾，要他寫一篇文章，來做紀念。我便回答他說：「物的興廢成毀，不可能預先知道。以前的荒草野田，霜露的籠罩遮蔽，狐虺的逃竄隱伏，那時候，那裏知道會有淩虛臺呢？興衰存毀的事，相互循環到無窮。那麼什麼時候這座臺再變成荒草野田，也都沒法知道的啊。我曾經跟陳先生登臺眺望，它的東邊，是秦穆公的祈年、橐泉宮所在地；它的南邊，是漢武帝的長楊獵場和五柞宮的所在地；而它的北邊，是隋文帝的仁壽宮，唐朝的九成宮所在地。計算他當時的興盛，宮殿的宏大，形式的綺麗，建築的堅固而不能搖動，何只勝過這座淩虛臺百倍呢！然而隔了幾代後，想求它大約的輪廓，就是破瓦頹牆，也沒有存在的了。早已變成禾黍荊棘，土墟田畝了，何況這只是一座臺呢！一座臺尚且不能保持長久，更何況人事的得失，忽然地走了，忽然地來了呢！而有些人想拿些事體來誇耀世人才感到滿足的，那就錯了。因爲世上實在有足以憑恃的事體，卻不在乎這座臺的存亡。」既已拿這番話來告訴先生，回來便寫下這篇記。

【文章分析】本篇選自東坡文集，是屬於雜記類的古文。記敍淩虛臺建築的地點、得名、四周的景色和登臺的感慨。小品文的作法，每每把握其中的一項特色加以發揮，因此本篇東坡著筆在感慨上。

凌虛臺建造在終南山突出的山巔上，像是憑虛而起，因此得名。由於土臺是鳳翔府州官陳公在嘉祐年間所築的，當時東坡才二十五歲左右，任鳳翔府的判官，是陳公的僚屬，陳公要他寫篇記。他大概也想到土臺簡陋，又無史蹟文物可記，於是他在登臺的感慨上用工夫。他慨歎世事滄桑，多少繁華宮殿，轉眼成廢墟荒野。因此他認爲世間實在有足以憑恃的事體，可以永垂後世，當不在臺的存廢。全篇文意空靈，憑虛而發，正與標題配合，巧妙。

超然臺記

蘇軾

凡物皆有可觀，苟有可觀，皆有可樂，非必怪奇偉麗者也。餔糟啜醨❶，皆可以醉；果蔬草木，皆可以飽；推此類也，吾安往而不樂？夫所爲求福而辭禍者，以福可喜而禍可悲也。人之所欲無窮，而物之可以足吾欲者有盡，美惡之辨戰乎中，而去取之擇交乎前。則可樂者常少，而可悲者常多，是謂求禍而辭福。夫求禍而辭福，豈人之情也哉？物有以蓋之矣。

彼遊於物之內，而不遊於物之外；物非有大小也，自其內而觀之，未有不高且大者也。彼其高大以臨我，則我常眩亂❷反覆，如隙中之觀鬥❸，又焉知勝負之所在。是以美惡橫生，而憂樂出焉。可不大哀乎。

余自錢塘❹，移守膠西❺，釋舟楫之安，而服車馬之勞；去雕墻❻之美，而蔽采椽❼

之居；背湖山之觀，而適桑麻之野。始至之日，歲比不登，盜賊滿野，獄訟充斥。而齋廚索然⑧，日食杞菊⑨，人固疑余之不樂也。處之期年，而貌加豐，髮之白者，日以反黑。余既樂其風俗之淳，而其吏民，亦安予之拙也。於是治其園圃，潔其庭宇，伐安丘、高密⑩之木，以修補破敗，為苟全之計。而園之北，因城以為臺者舊矣，稍葺⑪而新之。時相與登覽，放意肆志焉。

南望馬耳、常山⑫，出沒隱見，若近若遠，庶幾有隱君子乎！而其東則盧山⑬，秦人盧敖⑭之所從遁也。西望穆陵⑮，隱然如城郭，師尚父⑯、齊威公⑰之遺烈⑱，猶有存者。北俯濰水⑲，慨然太息，思淮陰⑳之功，而弔其不終。臺高而安，深而明，夏涼而冬溫，雨雪之朝，風月之夕，余未嘗不在，客未嘗不從。擷園蔬，取池魚，釀秫酒㉑，瀹㉒脫粟㉓而食之，曰：「樂哉遊乎！」方是時余弟子由㉔適在濟南，聞而賦之，且名其臺曰超然。以見余之無所往而不樂者，蓋遊於物之外也。

【註釋】①餔糟啜醨　餔，食也。啜，飲也。糟，酒滓也。醨，薄酒也。屈原漁父篇：「餔其糟而歠其釃。」②眩亂　昏亂也。③隙中之觀鬥　隙，間隙。在縫中觀鬥，喻眼界甚小。④錢塘　即杭州。⑤移守膠西　膠西，即今山東膠縣、高密一帶。神宗熙寧四年，王安石創新法，軾上書言不便，忤於安石，軾遂請外，通判杭州三年，改知密州。密州，在膠西。⑥雕墻　雕畫之墻，喻宮室之美。⑦采椽　采，柞木也。采椽，以柞木為椽，言其質素簡陋。漢書藝文志諸子略序：「茅屋采椽。」❽索然　盡也。❾杞菊　枸杞與菊花。謂菜蔬之屬。❿安丘高密　二縣名。⓫葺　補治也。⓬馬耳常山　二山名，在膠州東，即今諸城縣南。秦漢高士，多隱居於此。⓭盧山　山名，在諸城縣東南，秦盧敖避難於此，因而得名。⓮盧敖　秦時博士，始皇命盧入海，使求神仙不死之藥，無所得，遂避於此山。⓯穆陵　關名。在膠州西，即今臨朐縣南大峴山上。⓰師尙父　呂尙也。周武王尊之爲師尙父。⓱齊威公　即齊桓公。⓲遺烈　餘業也。⓳濰水　水名。在膠州北。源出莒縣，北流至昌邑境入海。⓴淮陰　漢韓信封淮陰侯。信伐齊，破楚將龍且於濰水。後爲呂后所害。㉑秫酒　高粱所釀之酒。㉒瀹　煮也。㉓脫粟　糙米也。㉔子由　蘇轍之字。時轍在齊州任書記之職。

【語譯】大凡物體都有可觀賞的，如果可觀賞，自然可以獲得樂趣，並不必要奇特瑰麗的東西才好。喫酒糟、喝薄酒，都可以使人醉；喫果蔬草木，也都可以飽；依照這樣看來，我到那兒不能快樂呢？一般人從事於求福而避禍，以爲福是可喜而禍是可悲的。人的慾望無窮，物質上能滿足我們的慾望有限，於是美惡的分辨，交戰在心中，去取的抉擇，便交互在面前。然人間可樂的事太少，可悲的事太多，所以一般人可說是求禍而避福。求禍而避福，難道是人的常情嗎？是因爲被物慾所掩蓋的緣故。

那些遊於物內的人，不知跳出物體的範圍之外來遊賞；本來物並不是有大小的區別，從它的裏面來看它，沒有不高而且大的。它挾持這種高大的觀念來對付我，我便常常昏亂矛盾，就像在縫中看人爭鬥，又怎能知道勝敗的所在。於是好壞的區別產生了，憂樂的心理也產生了。這怎能不大大地悲哀呢？

我從杭州被遷調到膠西，放棄舟楫的安逸，卻去乘搭車馬的勞苦；離開美麗的宮室，卻去居住柞木蓋的茅屋；背離了湖山的景色，卻行走在桑麻的田野。才到任的時候，連年歉收，到處都是盜賊，獄訟的事常見；而且廚房裏空無一物，每天只喫些蔬菜，別人固然疑心我過得不快樂。住了一年，體貌卻胖了些，本來頭髮白了的，反而一天天變黑。我已愛上當地風俗的淳樸，而當地的民衆，也喜歡我這笨拙的人。於是我整理園圃，掃除庭院，砍伐安丘、高密的樹木，來修補破敗的地方，做暫時苟安的打算。那園的北面，靠著城所築的臺已經舊了，於是稍加修補，把它刷新一下。時常和人們到臺上去登覽，也可以寬暢心意。

向南望馬耳、常山一帶，出沒隱現，好像很近，又似乎很遠，也許有隱逸的君子住在那邊吧！臺的東邊是盧山，是秦人盧敖所隱遁的地方。向西望穆陵關，隱約地像城廓一般，姜太公、齊桓公遺留下來的功業，還有存在的呢。北面低下頭看濰水，慨然長歎，使人想念淮陰侯韓信的功業，卻悲憫他不得善終。這座臺高大而且安適，深廣而且明亮，夏天涼爽，冬天溫暖，在下雪的早上，在輕風涼月的晚上，我未嘗不在臺上，賓客也未嘗不跟著我。採擷園中的蔬菜，釣取池塘裏的魚，釀高粱酒，煮糙米飯，然後喫著說：「優遊閒散，眞好！」我的弟弟子由，正在濟南，聽到我的情形還寫了一首詩，並且叫這座臺爲超然。可以看出我到任何地方，沒有不樂的，是因爲能遊於物外的緣故啊！

【文章分析】本篇選自東坡文集，是屬於雜記類的古文，是蘇軾由杭州通判，被遷調來知密州的第二年所作的。超然臺在密州城內，傍城而築的臺，東坡爲臺作記，借臺而抒寫心志，配以臺上所見的景色，點出自己能怡然享物外之遊的樂趣。

本篇首二兩段說理，已隱然指出超然物外的樂趣。繼而記敘自己謫居膠西恬淡的生活，以及臺上所見四周的景物，憑弔古跡，享四季的風月，故能超然脫俗。然後文末借他弟弟蘇轍的賦詩，而命該臺爲超然臺。文末點題，絕妙！與上篇淩虛臺記，同一機軸。

放鶴亭記

蘇軾

熙寧十年❶秋，彭城❷大水，雲龍山人張君❸之草堂，水及其半扉。明年春，水落，遷於故居之東，東山之麓。升高而望，得異境焉，作亭於其上。彭城之山，岡嶺四合，隱然如大環，獨缺其西十二，而山人之亭適當其缺。春夏之交，草木際天；秋冬雪月，千里一色；風雨晦明之間，俯仰百變。

山人有二鶴，甚馴而善飛，旦則望西山之缺而放焉。縱其所如，或立於陂田❹，或翔於雲表，暮則傃❺東山而歸，故名之曰放鶴亭。

郡守蘇軾❻時從賓客僚吏，往見山人，飲酒於斯亭而樂之。挹❼山人而告之曰：「子知隱居之樂乎？雖南面之君可與易也。易曰：『鳴鶴在陰，其子和之❽。』詩曰：『鶴鳴于九皋，聲聞于天❾。』蓋其爲物，清遠閑放，超然於塵垢之外，故易詩人以比賢人君子。隱德之士，狎而玩之，宜若有益而無損者；然衛懿公好鶴❿，則亡其國，周公作酒誥⓫，衛武公作抑戒⓬，以爲荒惑敗亂無若酒者，而劉伶阮籍⓭之徒，以此全其真而名後世。嗟夫！南面之君，雖清遠閑放如鶴者，猶不得好，好之，則亡其國；而山林遁世之士，雖荒惑敗亂如酒者，猶不能爲害，而況於鶴乎！由此觀之，其爲樂未可以同日而語也。」山人忻然而笑曰：「有是哉！」乃作放鶴招鶴之歌曰：

「鶴飛去兮，西山之缺。高翔而下覽兮，擇所適。翻然斂翼，婉將集兮，忽何所見？矯然而復擊！獨終日於澗谷之間兮，啄蒼苔而履白石。

鶴歸來兮，東山之陰⓮。其下有人兮，黃冠⓯草屨，葛衣而鼓琴。躬耕而食兮，其餘以飽汝。歸來歸來兮；西山不可以久留！」

【註釋】❶熙寧十年　熙寧，宋神宗年號。熙寧十年，即西元一〇七七年。翌年，神宗改元爲元豐。❷彭城　古地名。今江蘇銅山縣。❸雲龍山人張君　張驥，別號雲龍山人。❹陂田　山邊田也。❺傃　向也。❻郡守蘇軾　蘇軾曾任湖州郡守，郡守，即太守。彭城，北宋屬湖州府。❼揖　拱手爲禮。通揖。❽鳴鶴在陰其子和之　易經中孚卦九二爻辭句。王弼注：「立誠篤至，雖在闇暗，物亦應焉。」❾鶴鳴于九皋聲聞于天　詩經小雅鶴鳴篇句。鄭玄箋注：「九，喻深遠也。鶴在澤中鳴，而野聞其鳴聲；喻賢者雖隱居，人咸知之。」❿衞懿公好鶴　衞懿公，春秋衞君，好養鶴，出則鶴乘軒而行。後翟人攻衞，欲禦之，皆曰：「公有鶴，何不以禦敵，乃煩吾爲。」國遂亡。⓫周公作酒誥　酒誥，周書篇名。周公作酒誥，在告誡康叔，謂商紂因酒喪國，引以爲戒。⓬衞武公作抑戒　衞武公，春秋時衞君，作抑戒之詩，以諷周厲王，並以自警。抑戒，詩大雅抑之篇，其三章云：「顚覆厥德，荒湛于酒。」亦戒酒也。⓭劉伶阮籍　二人皆爲「竹林七賢」之一。劉伶，晉代沛國人，平日放情肆志，性尤好酒，著有酒德頌。阮籍，三國魏尉氏人，好老莊，每以沈酒遠禍，有詠懷詩八十餘首。⓮東山之陰　山之陰爲北，水之陰爲南。⓯黃冠　古代農夫所著之衣。後世稱道士爲黃冠。

【語　譯】熙寧十年的秋天，彭城大水爲災，雲龍山人張先生的草堂，水淹到大門的一半。第二年春天，水勢退落，他就搬到老房子的東邊，住在東山的山腳下。在山上登高探望，發現了一塊美好的地方，便蓋一座亭子在上面。彭城的山，山嶺從四面環繞過來，隱約地像一個大環，只是西邊缺少十分之二，而山人所蓋的亭子，正當在這個缺口上。春夏的時候，草木茂盛高達天際；秋冬雪月交映，千里一色；風雨陰晴的時候，低首擡頭間，景色變化多端。

山人養有兩隻鶴，性馴良，很會飛，早上便朝西山的缺口，把鶴放了，聽任牠們飛往那裏，有時站在山邊的田上，有時卻高飛雲外，晚上便向東山飛回來，所以稱這座亭子的名字，叫做放鶴亭。

州官蘇軾時常帶著賓朋同事，去拜候雲龍山人，就在放鶴亭上飲酒賞玩。蘇軾曾向山人作揖而告訴他說：「你曉得隱居的快樂嗎？就拿帝王的位置也值得跟他交換。易經上說：『鶴雖然在陰暗的地方鳴叫，牠的同類必然和牠唱和。』詩經上說：『鶴在水邊的高處鳴叫，牠的聲音，可以傳到天下。』正因爲牠的性格，清遠閒放，超然高出在塵世以外，所以易經和詩經上，將牠比做賢人和君子。凡是隱居的人士，都喜歡跟牠混熟而玩在一起，應該是有益而沒有害的；然而，衞懿公喜歡養鶴，結果國家亡掉，周公寫過『酒誥』篇，衞武公寫過『抑戒』的詩，以爲荒惑敗亂的行爲，沒有比嗜酒更爲厲害的了，而劉伶、阮籍一般人，卻借酒而保全他們的眞性情，傳名後代。唉！有帝王身分的人，雖然是像鶴這種清遠閒放的東西，還不能去愛好，愛好牠，甚至會把國家亡掉；然而山林隱居的人士，雖然像酒那樣能荒惑敗亂人行爲的東西，照樣不能對他造成禍害，何況是鶴呢？這樣看來，隱士的快樂簡直是不能相提並論的啊。」雲龍山人聽了欣然笑道：「眞有這樣的事嗎？」於是我就作了放鶴和招鶴的歌。歌詞是：

鶴飛出去，從西山的缺口。飛得高高地向下張望，挑選牠適合的地方。翻飛斂翼，好像要停下來，忽然又發現些什麼？矯捷地鼓動翅膀向上飛去！牠整天在山谷溪澗上，啄著青苔，踩在白石的上面。

鶴飛回來，來到東山的北面。山下有個人，頭戴黃冠，腳穿草鞋，穿著粗布的衣服在彈琴。他親自耕種而獲得糧食，多下來的把你餵飽。回來吧！回來；西山上不是可以長久停留的啊！

【文章分析】本篇選自東坡文集，是屬於雜記類的古文。放鶴亭，在彭城（今江蘇銅城縣），爲隱士張驥所建造。本文在描寫隱士的情趣，不是南面王所能換得到的；假使是帝王，連愛鶴也會招來禍害；但作爲一個隱士，就是縱酒也不要緊，反而可以逍遙自在，過放逸的生活。

全文可分爲五段：首段記作者的朋友張君在彭城山間築亭。次段，寫隱者張君養鶴，所以亭子便叫做「放鶴亭」。三段，敘述隱者和南面王在生活情趣上迥然不同。隱士不但可以養鶴，甚至縱酒還可以傳名；國君卻不然。四、五兩段是歌，前爲放鶴歌，後爲招鶴歌，以此收結。

這篇文章，妙在氣勢縱橫，自然清暢，完全是作者性情的流露。「放鶴亭」並不算是名勝，卻因這篇文章的關係，也同時流傳下來。

石鐘山記

蘇軾

水經❶云：「彭蠡❷之口，有石鐘山❸焉。」酈元❹以爲「下臨深潭，微風鼓浪，水石相搏，聲如洪鐘」；是說也，人常疑之。今以鐘磬❺置水中，雖大風浪不能鳴也，而況石乎！至唐李渤❻，始訪其遺蹤，得雙石於潭上；扣而聆之，南聲函胡❼，北音清越❽，枹❾止響騰，餘韻徐歇；自以爲得之矣。然是說也，余尤疑之，石之鏗然❿有聲者，所在皆是也，而此獨以鐘名，何哉？

元豐七年[11]六月丁丑，余自齊安[12]舟行適臨汝[13]，而長子邁[14]將赴饒之德興尉[15]，送之至湖口[16]，因得觀所謂石鐘者。寺僧使小童持斧，於亂石間擇其一二，扣之，硿硿焉[17]；余固笑而不信也。

至莫夜，月明，獨與邁乘小舟至絕壁下。大石側立千尺，如猛獸奇鬼，森然欲搏人；而山上栖[18]鶻[19]聞人聲，亦驚起，磔磔雲霄間；又有若老人欬[20]且笑於山谷中者，或曰：「此鸛鶴[21]也。」余方心動，欲還，而大聲發於水上，噌吰[22]如鐘鼓不絕，舟人大恐。徐而察之，則山下皆石穴罅[23]，不知其淺深；微波入焉，涵澹澎湃[24]而爲此也。舟迴至兩山間，將入港口，有大石當中流，可坐百人，空中而多竅，與風水相吞吐，有窾坎鏜鞳[25]之聲，與向之噌吰者相應，如樂作焉。因笑謂邁曰：「汝識之乎？噌吰者，周景王之無射[26]也；窾坎鏜鞳者，魏莊子之歌鐘[27]也；古之人不余欺也。」

事不目見耳聞而臆斷其有無，可乎？酈元之所見聞，殆與余同，而言之不詳。士大夫終不肯以小舟夜泊絕壁之下，故莫能知；而漁工水師[28]，雖知而不能言；此世所以不傳也。而陋者乃以斧斤考擊[29]而求之，自以爲得其實。余是以記之，蓋歎酈元之簡，而笑李渤之陋也。

【註釋】❶水經　漢桑欽所著輿地之書，今有北魏酈道元注，凡四十卷。❷彭蠡　湖名。即今江西鄱陽湖。❸石鐘山　在江西湖口縣境，鄱陽湖口東岸，山有二：南曰上鐘山，北曰下鐘山，高五六百尺，周十里許，其勢相向，下多石穴，風水相激，聲如鐘鳴，土人謂之雙鐘。❹酈元　即酈道元，北魏涿鹿人。所撰水經注，為世所重。❺鐘磬　樂器名。❻李渤　唐洛陽人，隱廬山，順宗時，徵為左拾遺不至。❼南聲函胡　南聲，指宮調。函胡，模糊不清。❽北音清越　北音，指角調。清越，清揚發越。❾枹　與桴同，猶鼓槌也。❿鏗然　金石聲。⓫元豐七年　元豐，宋神宗年號。元豐七年，西元一〇八四年，蘇軾四十九歲，由黃州團練副使改任汝州團練副使。⓬齊安　即黃州。今湖北黃岡縣。⓭臨汝　縣名。今河南臨汝縣。⓮邁　蘇軾之長子蘇邁。⓯饒之德興尉　饒，饒州，府名。德興尉，德興縣尉。德興，今江西德興縣。⓰湖口　縣名。在鄱陽湖之口，今江西湖口縣。⓱硿硿焉　石鳴聲。⓲栖　棲也。⓳鶻　隼也，猛禽之一，一名鶻鷹。⓴欬　咳嗽聲。㉑鸛鶴　即老鸛，形似鶴而頂不丹。㉒噌吰　鐘聲。㉓罅　隙也。㉔涵澹澎湃　涵澹，水搖動貌。澎湃，水波相激。㉕窾坎鏜鞳　鐘鼓聲。㉖周景王之無射　周景王二十三年鑄鐘，名曰無射。無射，十二律之一。㉗魏莊子之歌鐘　魏莊子，晉大夫魏絳也。歌鐘，用於樂歌之編鐘。㉘漁工水師　漁夫水手。㉙考擊　即敲擊也。

【語譯】水經上說：「鄱陽湖口，有石鐘山。」酈道元水經注以為「石鐘山下面靠著深潭，微風吹動波浪，波浪和巖石相撞，發出的聲音像大鐘一樣」；這種說法，一般人常覺得可疑。現在就是把鐘磬放在水中，雖有大風浪的吹擊也不會響，何況石頭呢！到了唐朝李渤，才開始尋找它的遺跡，在潭上找得兩座巖石；敲動它聽聽，發出含糊不清的宮調，或清新發越的角調，鼓槌停止了響聲還在騰播，然後慢慢地才停止；於是他以為已經找得了石鐘山命名的本意。然而這種說法，我更是不相信，石頭鏗鏘有聲音，到處是一樣的，單獨這兒的石頭稱為石鐘，是什麼緣故呢？

元豐七年六月丁丑這天，我從齊安坐船到臨汝，長子邁將前往饒州擔任德興縣尉，送他到湖口，因此能夠看見所謂的石鐘景象。廟裏的和尚叫小孩拿把斧頭，在亂石堆裏揀一兩塊石頭，敲它，發出硿硿的聲音；我笑笑更是不相信。

那天，到了晚上，月色明亮，我獨自和邁兒乘小船到絕壁下。大的巖石斜立在水面有千尺高，像猛獸奇鬼般，陰森森地要抓人；山上棲宿的鶻鳥聽到人聲，也驚動飛起，在雲間磔磔地叫；又有像老人又咳又笑的聲音從山谷中傳來，有人說：「那是鸛鶴。」我剛感到害怕，想回去，突然在水上傳來很大的聲音，像鐘鼓的叮咚不停。船夫大爲恐懼。我慢慢地觀察，原來山下都是些巖洞，不知有多深；水波流入洞中，流進流出，搖動相激，才發出這種聲音來。船來到兩山間，將進入港口，有塊大石擋在水中，面積約可坐一百多人，中間空的，又多洞孔，水和風灌進灌出，發出窾坎鏜鞳的音響，和剛才叮叮咚咚的聲音相呼應，好像音樂演奏般。我因而笑著對邁兒說：「你曉得它的得名嗎？叮咚的聲響，是周景王的無射鐘啊；那窾坎鏜鞳的音響，是魏絳的編鐘啊；古人是不會欺騙我們的。」

事情不是親自見聞的，而憑空猜測它是否事實，可以嗎？酈道元的所見聞，恐怕跟我一樣，可是說得不夠詳細。士大夫始終不肯在夜晚乘小船停泊在絕壁下，所以不能知道；而漁夫船家們，雖然知道，但不能寫文章報導；這就是世間不流傳的原因。鄙陋的人，甚至拿斧頭去敲打，去尋找，自以爲獲得實際的情形。我因此把它記載下來，是感歎酈道元所記的簡略，笑李渤的見解鄙陋。

【文章分析】本篇選自東坡文集，是屬於雜記類的古文。主旨在記敘作者爲尋求石鐘山何以得名的原因，特地半夜到絕壁下泛舟，才知道不是江上有像鐘形的巖石而得名，更不是拿斧頭去敲巖石，有鐘磬的聲音而得名；而是山下多石穴，水灌入穴中，發出洪鐘般的聲響，於是才稱爲「石鐘山」。

全文可分四段：首段記敘水經注和唐李渤所說的石鐘山所以得名的原因，均難以使人相信。次段，記敘作者經此，當地的和尚以爲持斧敲打亂石，有類似鐘的聲音，因此得名，更是不可信。三段，記敘作者當晚泛舟江中，見水流中有一大石，下多洞穴，水波吞吐，發出洪鐘的聲響，於是古人命名的原由，始告明白。末段，寫感慨，認爲凡事不是親自見聞的，不宜臆斷，並說明作記的原因。

此文前後呼應作結，文氣完整。全文最精警處，在第三段寫石鐘山寂寥奇景，使人驚心動魄。寫來興會淋漓，眞是聲容並盛。

潮州韓文公廟碑

蘇軾

匹夫而爲百世師，一言而爲天下法，是皆有以參天地之化❶，關盛衰之運。其生也有自來，其逝也有所為。故申、呂自嶽降❷，傳說為列星❸，古今所傳，不可誣也。

孟子曰：「我善養吾浩然之氣❹。」是氣也，寓於尋常之中，而塞乎天地之間。卒然遇之，則王公失其貴，晉、楚❺失其富，良、平❻失其智，賁、育❼失其勇，儀、秦❽失其辯。是孰使之然哉？其必有不依形而立，不恃力而行，不待生而存，不隨死而亡者矣。故在天為星辰，在地為河岳，幽則為鬼神，而明則復為人。此理之常，無足怪者。

自東漢以來，道喪文弊❾，異端❿並起。歷唐貞觀、開元⓫之盛，輔以房、杜、姚、宋⓬而不能救。獨韓文公起布衣⓭，談笑而麾⓮之，天下靡然從公，復歸於正，蓋三百年於此矣。文起八代⓯之衰，道濟天下之溺。忠犯人主之怒⓰，而勇奪三軍之帥⓱。此豈非參天地，關盛衰，浩然而獨存者乎？

蓋嘗論天人之辨，以謂人無所不至，惟天不容偽。智可以欺王公，不可以欺豚魚⓲；力可以得天下，不可以得匹夫匹婦⓳之心。故公之精誠，能開衡山之雲⓴，而不能回憲宗㉑之惑；能馴鱷魚之暴㉒，而不能弭㉓皇甫鎛㉔、李逢吉㉕之謗；能信於南海㉖之民，廟食㉗百世，而不能使其身一日安之於朝廷之上。蓋公之所能者，天也；其所不能者，人也。

始潮人未知學，公命進士趙德㉘為之師。自是潮之士，皆篤於文行，延及齊民㉙，至於今號稱易治。信乎孔子之言：「君子學道則愛人；小人學道則易使也。」潮人之事公也，飲食必祭，水旱疾疫，凡有求必禱焉。而廟在刺史公堂之後，民以出入為艱。前守欲請諸朝，作新廟，不果。元祐五年㉚，朝散郎王君滌，來守是邦，凡所以養士治民者，一以公為師。民既悅服，則出令曰：「願新公廟者聽。」民讙趨之，卜地㉛於州城之南七里，期年而廟成。或曰：「公去國萬里，而謫㉜於潮，不能一歲而歸，沒而有知，其不眷戀於潮也審矣。」軾曰：「不然。公之神在天下者，如水之在地中，無所往而不在也。而潮人獨信之深，思之至，焄蒿悽愴㉝，若或見之。譬如鑿井得泉，而曰水專在是，豈理也哉？」元豐元年㉞，詔封公昌黎伯㉟，故牓曰：「昌黎伯韓文公之廟。」潮人請書其事於石；因為作詩以遺之，使歌以祀公。其詞曰：

「公昔騎龍白雲鄉㊱，手抉雲漢㊲分天章。天孫㊳為織雲錦裳，飄然乘風來帝旁。下與濁世掃秕糠㊴，西遊咸池㊵略扶桑㊶。草木衣被昭回光，追逐李、杜參翱翔；汗流籍、湜㊷走且僵，滅沒倒景不可望。作書詆佛譏君王，要觀南海窺衡、湘㊸，歷舜九嶷弔英、皇㊹，祝融㊺先驅海若㊻藏，約束蛟鱷如驅羊。鈞天㊼無人帝悲傷，謳吟下招遣巫陽㊽。

犦牲雞卜羞我觴㊾，於粲荔丹與蕉黃。公不少留我涕滂，翩然被髮下大荒㊿。」

【註釋】①化　化育。②申呂自嶽降　申指申伯，周宣王母舅，爲周賢卿士。呂指呂侯，周穆王時名臣。謂申伯、呂侯皆從山嶽降神而生。③傳說爲列星　傳說，殷高宗賢相。相傳爲星宿之化身。星經：「傳說一星在尾上。」④我善養吾浩然之氣　語出孟子公孫丑上。浩然之氣，指天地之正氣。⑤晉楚　春秋時富強之國。⑥良平　張良與陳平。⑦賁育　孟賁與夏育。⑧儀秦　張儀與蘇秦。⑨道喪文弊　道喪，指儒學衰微。文弊，指文章崇尚駢文，無充實內容。⑩異端　指道家佛家之學說。⑪貞觀開元　貞觀，唐太宗年號。開元，唐玄宗年號。皆唐代鼎盛昇平之時。⑫房杜姚宋　房指房玄齡，杜指杜如晦。二人皆唐太宗之賢相。姚指姚崇，宋指宋璟，二人皆唐玄宗之賢相。⑬布衣　粗陋之衣，引申爲平民。⑭麾　揮也。⑮八代　指東漢、魏、晉、宋、齊、梁、陳、隋。⑯忠犯人主之怒　謂韓愈諫迎佛骨，觸怒唐憲宗，被貶潮州。⑰勇奪三軍之帥　謂鎭將王廷湊謀叛，韓愈受命前往招撫，以大義斥責王廷湊，終使其折服歸順。⑱豚魚　豚，小豬。易中孚卦辭：「信及豚魚。」⑲匹夫匹婦　即一夫一妻之庶民。⑳能開衡山之雲　衡山，南嶽衡山，在湖南省。相傳韓愈曾遊衡山，適逢秋雨，他潛心默禱，果然轉晴。韓愈有謁衡山南嶽廟詩。㉑憲宗　唐順宗之子李純，在位十五年。㉒能馴鱷魚之暴　韓愈任潮州刺史時，當地鱷魚爲患，因作祭鱷魚文投入水中，自是潮州無此患。㉓弭　防止。㉔皇甫鎛　憲宗時爲相，性刻薄諂媚。㉕李逢吉　穆宗時爲相。㉖南海　郡名。郡治在今番禺縣。㉗廟食　饗食於廟。謂潮州之民建廟祭祀韓愈。㉘趙德　唐海陽人，進士及第。韓愈任潮州刺史時，請趙德任海陽縣尉，專領學事。㉙齊民　平民。㉚元祐五年　宋哲宗年號。元祐五年，西元一〇九〇年。㉛卜地　謂擇地也。㉜謫　譴也。貶謫也。㉝焄蒿悽愴　禮記祭義：「焄蒿悽愴。」孔疏：「焄，謂香臭也。言百物之氣，或香或臭。蒿，謂氣烝出貌。言此香臭烝而上出，其氣蒿然也。悽愴者，謂此等之氣，人聞之，情有悽愴。」指煙氣騰昇，人情激動，有人神交感之意。㉞元豐元年　元豐，宋神宗年號。元豐元年，西元一〇七八年。㉟昌黎伯　昌黎，韓愈之先居，今河北通縣。宋神宗追封韓愈爲昌黎伯。㊱白雲鄉　天帝所居之處。㊲決雲漢　決，挑開。雲漢，天河。㊳天孫　織女。㊴粃糠　穀粒外層之粗皮。此喻世俗之文章。㊵咸池　古稱日落之處。㊶扶桑　古稱日出之處。㊷籍湜　張籍與皇甫湜。皆韓愈之門生。㊸衡湘　衡，衡山。湘，湘江。㊹歷舜九嶷弔英皇　九嶷，山名，在湖南寧遠縣南，舜葬於此。英皇，指女英與娥皇。舜之二妃，聞舜亡故，均投江殉夫。㊺祝融　火神。㊻海若　海神。㊼鈞天　古稱九天，中央爲鈞天。㊽巫陽　古善占筮者。㊾㸒牲雞卜羞我觴　言獻上犧牲與酒漿。㸒，野牛。雞卜，廣東有用雞骨作占卜者。羞，進也。觴，酒杯。㊿大荒　原野也，此指海外極遠之處。韓愈雜詩：「翩然下大荒，被髮騎麒麟。」

【語　譯】一個普通人能做到百代的宗師，一句話能成爲天下的法則，這都足以參與天地間化育的工作，關係國家盛衰的機運。這種人，他的生命自有來歷，他的消逝也一定有原因。所以申伯和呂侯是由嶽神降世的，傳說死後變爲星宿，古今的傳說，不會是憑空揑造的啊。

孟子說：「我善於培養天地間一種偉大的正氣。」這種正氣，寄託在平常的事物間，而充滿在天地之間。突然碰到它的時候，那麼王公大人也不覺得有什麼尊貴，晉楚的國家也不見得有什麼富庶，張良、陳平也不見得有什麼智慧，孟賁、夏育也不能算是勇猛，張儀、蘇秦也不覺得有口辯。是誰使他們變成這樣子呢？那一定是有一種不依靠形體能站立起來，不倚仗力量便能運行，不需要生命也可以存在，不因爲死亡而消失的因素。所以在天上就成了日月星辰，在地上就成了山川河嶽，在陰間就成了鬼神，在陽世就成了人。這是一種常理，無須感到奇怪。

從東漢以來，儒學衰微，文風敗壞，異端邪說並起。經過唐代貞觀、開元的盛世，加以賢相房玄齡、杜如晦、姚崇、宋璟的輔助尚不能扭轉這風氣；惟獨韓文公，他是平民出身，卻能在談笑之間，把壞的風氣一揮而散，天下人風靡地歸從他，再度地回到正道上來，至今已有三百年了。他的文章，振起了八代的衰頹，他的道德，挽救了天下的淪喪。他的忠心，甚至不怕觸怒皇上，他的勇敢，能夠鎭服三軍的將領。這難道不是參與天地間化育的工作，關係國運的盛衰，表現出浩然正義而獨立存在的本體嗎？

我曾研討過天道和人事的分別，以爲人事儘可以玩各式各樣的手段，只有天道卻不允許一點兒虛僞。使用智慧，可以欺騙王公大人，有時卻欺騙不了豬和魚；使用力量，可以奪得天下，卻不能得到老百姓的心。所以韓公的精誠，能撥開衡山的雲，卻不能挽回憲宗對他的疑惑；能馴服兇猛的鱷魚，卻不能防止皇甫鎛、李逢吉對他的誹謗；能使南海的人民信仰他，替他立廟祭祀，卻不能使他自己在朝廷上有一日的安定。那麼韓公所能做到的，是天道；他所不能做到的，卻在人事上。

當初潮州人不懂得學問，韓公派趙德做他們的老師。自此潮州的讀書人，都注重文章和品行的修養，並影響到一般的老百姓，到今天仍然被認爲容易治理的地方。孔子的話的確有道理：「在位的學了禮樂之道，就能愛民；老百姓學了禮樂之道，就容易聽從教令。」潮州人侍奉韓公，一飲一食都要祭祀他，遇到水災旱災，瘟疫流行時，凡有祈求的必定向他禱告。而韓文公的廟，設在刺史辦公廳的後面，老百姓出入感到不方便。前任太守，曾想請求朝廷，另蓋新廟，沒有實行。元祐五年，朝散郎王滌先生，來擔任潮州太守時，凡是培養讀書人和治理老百姓的方法，一概遵循韓公的遺規。等到老百姓心悅誠服後，他就發出命令：「願意重修韓文公廟的，聽任其便。」大家都高興地參加，就在潮州城南七里的地方，選擇了一塊吉地，一年後，廟就蓋好了。有人說：「當年韓公離開京都，萬里迢迢被貶到潮州來，住不到一年就走了，他死後如果有知，一定不會懷念潮州，這是必然的。」我說：「不對。韓公的精神存在普天之下，好比水藏在地下一樣，任何地方都存在的。只是潮州人對他的信仰特別深，思念他特別切，燒香祭拜，心情感動，就好像見到他一樣。譬如挖井得到泉水，就說只有這地方才有水，這道理說得通嗎？」元豐元年，皇帝下詔封韓公爲昌黎伯，所以廟上的匾題爲「昌黎伯韓文公之廟」。潮州人士要我寫他的生平事蹟，刻在碑上；因此我寫了一首詩給他們，使他們歌唱著，來祭祀韓公。歌辭是：

「韓公從前騎著龍在白雲鄉，親手挑開了天河，寫下天下最偉大的文章。織女替他織成雲錦的衣裳，飄飄地乘著長風來到天帝的身旁。再降到塵俗的人間，掃除了粗俗的文章。他到過西邊的咸池，也到過東邊的扶桑。草木都受到感召，放出光芒。他趕上李白、杜甫，和他們一起翱翔；害得張籍、皇甫湜跟在他後面跑得滿頭汗，甚至跑不動，就像落日的倒影，使人不可捉摸，不能凝望。他上書抨擊佛理，批評君王，要他遊覽南海，觀賞衡山、湘江，在九嶷山上舜的墓地，憑弔女英、娥皇。火神爲他開路，海神聞風躲藏，他約束蛟龍和鱷魚，就像是驅趕綿羊一樣。中天缺少人，天帝感到悲傷，派巫陽唱著歌招他回去。現在我們獻上犧牲和酒漿，還有燦爛的荔枝和橙黃的香蕉。韓公，您不肯稍留一會兒，我們不禁眼淚成行，祈求您的神靈降臨我們這海外僻遠的地方。」

【文章分析】本篇選自東坡文集，是屬於碑誌類的古文。碑誌類的文章本源於詩，屬於韻文，通常是刻在金石上，用來歌頌功德的。蘇軾的潮州韓文公廟碑，在歌頌韓愈。全文可分兩部分：第一部分，是記述韓愈的生平事蹟，著重在他的文章和政事的不朽，以及潮州人士建廟祭祀的原因。用散文寫的。第二部分，是頌歌。用韻文寫的，每句押韻，用「陽」韻一韻到底。

由於這是一篇廟碑，蘇軾把韓愈渲染成爲神。因此在文中不免有些近於神話，以讚揚韓愈精神的不朽；同時，也可以看出他對韓愈的景仰極深，他的歌頌和評價，如「文起八代之衰，道濟天下之溺」兩句，已成爲不變的定論。蘇軾寫這篇文章，是在宋神宗元豐元年，西元一〇七八年，也就是他四十三歲的那年。

乞校正陸贄奏議進御劄子

蘇軾

臣等猥以空疎❶，備員講讀❷；聖明天縱❸，學問日新。臣等才有限而道無窮，心欲言而口不逮，以此自愧，莫知所爲。竊謂人臣之納忠，譬如醫者之用藥，雖進於醫手，方多傳於古人。若已經效於世間，不必皆從於己出。

伏見唐宰相陸贄❹，才本王佐，學爲帝師。論深切於事情，言不離於道德，智如子房❺而文則過，辯如賈誼而術不疏。上以格君心之非，下以通天下之志。但其不幸，仕不遇時。德宗❻以苛刻爲能，而贄諫之以忠厚；德宗以猜疑爲術，而贄勸之以推誠；德宗好用兵，而贄以消兵爲先；德宗好聚財，而贄以散財爲急。至於用人聽言之法，治邊馭將之方，罪己以收人心，改過以應天道，去小人以除民患，惜名器❼以待有功。如此之流，未易悉數。可謂進苦口之藥石❽，鍼害身之膏肓❾。使德宗盡用其言，則貞觀可得而復。

臣等每退自西閣❿，即私相告言：以陛下聖明，必喜贄議論，但使聖賢之相契⓫，即如臣主之同時。昔馮唐論頗、牧之賢⑫，則漢文爲之太息；魏相條鼂、董之對⑬，則孝宣以致中興。若陛下能自得師，莫若近取諸贄。夫六經⑭三史⑮，諸子百家，非無可觀，皆足爲治。但聖言⑯幽遠，末學⑰支離，譬如山海之崇深，難以一二而推擇。如贄之論，開卷了然，聚古今之精英，實治亂之龜鑑⑱。臣等欲取其奏議，稍加校正，繕寫進呈。願陛下置之坐隅，如見贄面，反覆熟讀，如與贄言。必能發聖性之高明，成治功於歲月。臣等不勝區區⑲之意，取進止⑳。

【註釋】①猥以空疎　猥，發語詞，無義。空疎，空乏疎陋，謂無實學也。②備員講讀　備員，謙詞，謂備官數也。講讀，指侍講、侍讀，均官名，屬翰林院。③聖明天縱　縱，猶肆也。謂帝德之聰明，天不爲限量也。當時皇帝爲宋哲宗。④陸贄　唐嘉興人，字敬輿。德宗在東宮時，素知贄名，召爲翰林學士。德宗立，陸贄甚見親信，雖外有宰相主大議，贄常居中參裁可否，時號內相。累官爲中書侍郎。享年五十二歲，諡宣。⑤子房　即張良。⑥德宗　唐帝王之廟號，代宗之子，性多疑，在位二十五年。⑦名器　謂爵號與車服，所以別尊卑也。⑧苦口之藥石　謂良藥也。家語六本：「良藥苦於口而利於病，忠言逆於耳而利於行。」⑨膏肓　喻病篤也。膏，心下之處；肓，膈也，人體中之內臟。⑩西閣　猶署也。⑪契　合也。⑫馮唐論頗牧之賢　馮唐，漢安陵人。頗、牧，指廉頗與李牧二將。馮唐於漢文帝前，進言讚廉頗、李牧之賢。⑬魏相條鼂董之對　魏相，漢定陶人，宣帝時爲丞相。好觀漢故事，條舉漢興以來，國家便宜行事，及鼂錯、董仲舒等所言，請施行之，上任用焉。⑭六經　詩、書、易、禮、樂、春秋。⑮三史　史記、漢書、後漢書。⑯聖言　指六經。⑰末學　指子、史。⑱龜鑑　龜知吉凶，鑑別妍醜，故以爲借鑑前事之稱。⑲區區　赤忱貌。⑳進止　猶言進退。

【語譯】臣等以空乏疏陋的才學，充數當個侍講侍讀的官；幸而皇上才德聰明不可限量，故而學問不斷進步。臣等才能有限而道術無窮，心裏想說的，嘴上不及一一表達，因此自感慚愧，不知怎樣做纔好。私下想：臣子要進納忠言，好比醫生用藥一樣。藥雖由醫生的手裏進上來，藥方卻是多半從古人傳下來的。如果已經在世上施行見效，便不必都遵從自己想出來的。

臣等細察唐朝宰相陸贄，本有佐王的才幹，有學問可以做皇帝的師傅。議論能切合事體；言談不離道德。智慧像張良，而文章還勝過他；辯才像賈誼，而道術卻不疏陋。在上訂正君心的差錯，在下款通人民的心願。但他很不幸，做官沒遇到好的時代。德宗把苛刻當作才能，陸贄卻以忠厚來諫君；德宗把猜忌當作法術，陸贄卻勸他推置赤誠；德宗喜歡用兵，陸贄卻勸他消弭兵禍爲先務；德宗喜歡斂財，陸贄卻勸他散財民間爲急務。至於他用人，採納他人意見的方法，治理邊政、駕御將領的法術，責備自己來收攏人心，遷善改過來配應天理；排除小人來爲民除害，愛惜名位來待有功的人。像這類事情，不能一一盡舉。可以說進苦口的良藥，鍼治害身的疾病。假使德宗盡採用他的話，那麼貞觀的盛世就會重新出現。

臣等每次退出衙門，便私相談論：以陛下的聖明，必定喜歡陸贄的議論，但使聖君和賢臣相合，那麼陸贄也就像現在的臣子一樣了。以前馮唐論廉頗、李牧的賢能，漢文帝便爲他們贊歎；魏相條舉鼂錯、董仲舒的對策，孝宣帝便因此中興。倘若陛下能自己尋得老師，沒有比取法陸贄來得更切近。六經、三史，諸子百家的書，不是無可觀賞，都足以作爲治理的典冊；但聖人的經典太幽深高遠，後來諸子百家的學說又支離不明，譬如山海的高深，難以把一些道理推演選擇。像陸贄的議論，開卷便能十分明白，聚集古今的精英，實可作爲治亂的借鑑。臣等想取他的奏議，稍加校正，謄寫好進呈陛下。願陛下擺在坐位旁邊，就像和陸贄見面一般；反覆熟讀它，就像和陸贄交談一樣。這樣必能啟發聖上性德的高明，在日後的歲月中完成治世的功業。臣等說不盡這赤忱的心意，敬聽從皇上的指示。

【文章分析】本篇選自東坡文集，是屬於奏議類的古文。當時蘇軾任端明殿學士，兼翰林院侍讀學士。蘇軾在宋哲宗元祐八年（西元一〇九三年）五月七日，率同呂希哲、吳安詩、范祖禹等人，校正唐人陸贄的奏議，繕寫成册，獻給哲宗，並附了這篇奏摺。說明上陸贄奏議的本意，在希望哲宗能熟讀陸贄的奏議，作爲治亂的龜鑑。

奏議類的文章，是公文的一種。以說理明快爲主，表明自己的意見。自從漢以來，有表、奏、疏、議、上書、封事、劄子、對策等不同的稱謂，但內容是一樣的。本篇原題「乞校正奏議劄子」，也就是上給皇上的奏議。蘇軾寫這篇時，年五十八。

前赤壁賦

蘇軾

壬戌[1]之秋，七月既望[2]，蘇子與客泛舟遊於赤壁[3]之下。清風徐來，水波不興。舉酒屬[4]客，誦明月之詩，歌窈窕之章[5]。少焉，月出於東山之上，徘徊於斗牛[6]之間。白露橫江，水光接天。縱一葦[7]之所如[8]，凌[9]萬頃之茫然。浩浩乎如馮虛御風[10]，而不知其所止；飄飄乎如遺世[11]獨立，羽化[12]而登仙。

於是飲酒樂甚，扣舷而歌之。歌曰：「桂棹兮蘭槳[13]，擊空明兮泝流光[14]。渺渺兮予懷，望美人[15]兮天一方。」客有吹洞簫者，倚歌而和之，其聲嗚嗚然：如怨如慕，如泣如訴；餘音嫋嫋[16]，不絕如縷；舞幽壑之潛蛟，泣孤舟之嫠婦[17]。

蘇子愀然，正襟危坐，而問客曰：「何爲其然也？」

客曰：「『月明星稀，烏鵲南飛[18]』，此非曹孟德[19]之詩乎？西望夏口[20]，東望武昌，山川相繆[21]，鬱乎蒼蒼；此非孟德之困於周郎[22]者乎？方其破荊州，下江陵[23]，順流而東也，舳艫[24]千里，旌旗蔽空，釃酒[25]臨江，橫槊[26]賦詩；固一世之雄也，而今安在哉？

況吾與子，漁樵於江渚之上，侶魚蝦而友麋鹿；駕一葉之扁舟，舉匏樽㉗以相屬；寄蜉蝣於天地㉘，渺滄海之一粟。哀吾生之須臾，羨長江之無窮；挾飛仙以遨遊㉙，抱明月而長終；知不可乎驟得，託遺響㉚於悲風。」

蘇子曰：「客亦知夫水與月乎？逝者如斯，而未嘗往也；盈虛者如彼，而卒莫消長也。蓋將自其變者而觀之，則天地曾不能以一瞬；自其不變者而觀之，則物與我皆無盡也。而又何羨乎？且夫天地之間，物各有主。苟非吾之所有，雖一毫而莫取。惟江上之清風，與山間之明月，耳得之而爲聲，目遇之而成色。取之無禁，用之不竭。是造物者之無盡藏也，而吾與子之所共適。」

客喜而笑，洗盞更酌㉛，肴核㉜既盡，杯盤狼藉。相與枕藉乎舟中，不知東方之既白。

【註釋】❶壬戌　宋神宗元豐五年，西元一〇八二年，作者年四十七。❷既望　陰曆小月十五，大月十六日爲望。既，已也。故既望當在十六日。❸赤壁　山名。湖北稱赤壁者有數處：一在湖北嘉魚縣東北，長江南岸，岡巒連結如城垣，上鐫有「赤壁」二字，即三國時周瑜破曹處。一在武昌縣東南，亦名赤磯。一在漢陽縣沌口臨漳山，有烏林峯者，俗稱赤壁。一在黃岡縣城外，即東坡所遊處。文中以此爲破曹處，乃借史事以增文情耳。❹屬　勸酒。與「舉匏樽以相屬」的屬相同。❺誦明月之詩歌窈窕之章　明月之詩，指詩經陳風月出篇。窈窕之章，指月出篇之首章，其詞曰：「月出皎兮，佼人僚兮，舒窈糾兮，勞心悄兮。」窈糾，即窈窕，言幽遠愁結也。❻斗牛　斗、牛二星宿。❼一葦　喻小舟也。❽所如　所往也。❾凌　駕乘也。❿馮虛御風　謂乘風行於虛空之間。馮，憑也。御風，駕風而飛行。莊子逍遙遊：「夫列子御風而行。」⑪遺世　遺棄俗世。⑫羽化　道家謂凡人成仙爲羽化。意謂若生羽翼，可以飛騰昇舉也。⑬桂棹兮蘭槳　棹、槳，行船撥水之具，棹在船尾，槳在船邊。以桂爲棹，以蘭爲槳，故曰桂棹，蘭槳。⑭擊空明兮泝流光　空明，月映水中也。泝，逆水而上也。流光，謂月光隨波流動。⑮美人　喻在朝之賢人君子。⑯嫋嫋　聲音悠揚貌。⑰嫠婦　寡婦。⑱月明星稀烏鵲南飛　曹操短歌行句。⑲曹孟德　曹操，字孟德，東漢末，爲丞相，挾獻帝以號令天下。⑳夏口　卽湖北漢口。㉑繆　纏繞。㉒孟德之困於周郎　周郎，周瑜。建安十三年，操軍由荊州沿江而下，孫權使周瑜與劉備合力破之，大敗操兵於赤壁。㉓江陵　今湖北江陵縣。㉔舳艫　船尾曰舳，船頭曰艫。此指兵船頭尾相接，長達千里也。㉕釃酒　酌酒也。㉖槊　馬上所持之長矛。㉗匏樽　酒杯也。㉘寄蜉蝣於天地　蜉蝣，蟲名，朝生暮死。此喻人生之短暫。㉙遨遊　遠遊也。㉚遺響　餘音也。㉛更酌　嘗見東坡手書赤壁賦墨跡，「更」字下自注一平字。則更字當讀平聲，解爲「互」。謂更互酌酒也。㉜肴核　熟肉爲肴，水果爲核。詩經小雅賓之初筵：「籩豆有散，殽核維旅。」

【語譯】壬戌年秋天，七月十六日，我和客人在赤壁下泛舟遊賞。清風徐徐吹來，水面沒有波浪。舉杯勸客喝酒，朗誦詩經月出篇的詩，高唱著「窈窕」那一章。一會兒，月亮從東邊的山上出來，在斗宿與牛宿二星之間緩緩移動。白露瀰漫江面，水光接連著天色。任小船隨意浮動，在茫茫萬頃的水上飄泊。浩浩地像駕著風飛行空中，卻不知道它將止於何處；飄飄地像離開了塵世，單獨卓立，化成了神仙。

於是大家喝著酒樂極了，叩著船舷，唱著歌。歌詞是：「桂木的棹啊，木蘭的槳，打著水上的月色，逆著流水追上流光。我的情懷啊，像水般悠長，懷念著素心人呀，你在何方？」客人中有一位吹洞簫的，配應著歌聲伴奏著，它的聲音嗚嗚地，好似幽怨，好似愛慕，像在哭泣，又像在傾訴；餘音迴蕩繚繞，像絲縷般不盡；可以使幽壑中的潛龍起舞，可以使孤舟中的寡婦哀哭。

我悲愴地變了臉色，整整衣襟端坐著問客人道：「爲什麼吹這樣的曲子呢？」

客人答道：「『月明星稀，烏鵲南飛』，這不是曹孟德的詩嗎？西邊望著夏口，東邊望著武昌，山水圍繞著，草木沈黑黯淡，這不是曹孟德被周郎圍困的地方嗎？當他剛破了荊州，佔領了江陵，順著江水東下，戰船接連千里，旌旗掩蓋長空，在江上喝著酒，橫著長矛寫詩；本來是一代的英豪，如今卻在那兒呢？何況我和您在江邊的沙洲上捕魚打柴，和魚蝦作伴，和麋鹿做朋友；駕著一葉小舟，拿著酒杯相互勸酒；短暫地像蜉蝣寄存在天地間，渺小得像滄海中的一粒粟米。感傷我們生命的短促，羨慕長江的沒有窮盡；想挾著飛仙跟他一起遠遊，想抱著明月跟它永遠長存，知道這是不可能平白得到，只好把餘音寄託在悲涼的秋風中。」

我說：「客人也知道流水和月亮嗎？逝去的像這樣，卻從來不曾走掉啊；像月亮圓了又缺了，但它本身始終沒有增減。要是從變的方面來看，那麼天地也不能在一眨眼間不變化；要是從不變的方面來看，那麼萬物和我們都無窮盡啊。那還有什麼可羨慕呢？並且天地間，任何東西都有它的主人。如果不是我所有的，就是一絲一毫，我也不取。只有江上的清風，和山間的明月；耳朵聽到便成了音樂，眼睛看到便成了美景。去拿它，沒人禁止，用它，沒有窮盡的時候。這是造物者賜給人類的無窮盡的寶藏，也是我和您可以共同享有的。」

客人聽了高興地笑了，洗了杯子相互酌酒。等到菜肴水果喫完，杯盤也雜亂了。大家橫豎地躺臥在船中，不知道這時候東方已經發白了。

【文章分析】本篇選自東坡文集，是屬於辭賦類的古文。跟歐陽修的秋聲賦同屬於「散賦」的典型。散賦是用散文的方式來寫賦，用韻自由，其中雜有散文，不必拘於全篇用韻。

赤壁賦是蘇軾謫居黃州時四十七歲的作品。那年秋天，他和客人遊於湖北黃岡城外的赤壁，覩景興懷，有感作賦。並不是專賦火燒赤壁曹吳的故事，只不過借曹吳的事，以表江山風月的常存罷了。

全文的結構：首先點明與客泛舟赤壁下，描寫江山風月的景色，是何等飄逸。接著，借簫聲引起悲感，並引客人的談話，道出曹氏往事，指出人生易盡，不如江水明月的無窮，又是何等黯淡。繼而，引自己的看法，來回答客人，說明物我水月，皆無窮盡，且吾人可以共享山風明月的樂趣，又是何等超脫。結尾，以痛飲酣睡收結，又是何等暢快。

此篇行文，有如天馬行空，空靈娟逸，筆端寄興，如有神助。清人方望溪曾評道：「此賦文境邈不可攀，非惟他人不能摹倣，即子瞻更爲，亦不能如此調適而暢遂。」今故宮法書第九輯「宋蘇軾墨跡」中，收有東坡親筆寫的赤壁賦。

後赤壁賦

蘇軾

是歲十月之望，步自雪堂❶，將歸於臨皋❷，二客❸從予過黃泥之坂❹。霜露既降，木葉盡脫，人影在地，仰見明月，顧而樂之，行歌相答。已而歎曰：「有客無酒，有酒無肴；月白風清，如此良夜何？」客曰：「今者薄暮，舉網得魚，巨口細鱗，狀似松江之鱸❺。顧❻安所得酒乎？」歸而謀諸❼婦❽，婦曰：「我有斗酒，藏之久矣，以待子不時❾之須！」於是攜酒與魚，復游於赤壁之下。

江流有聲，斷岸千尺；山高月小，水落石出。曾日月之幾何，而江山不可復識矣！予乃攝衣而上，履巉巖，披蒙茸❿，踞虎豹⓫，登虬龍⓬，攀棲鶻之危巢⓭，俯馮夷⓮之幽宮；蓋二客不能從焉。

劃然⓯長嘯，草木震動，山鳴谷應，風起水湧。予亦悄然而悲，肅然而恐，凜乎⓰其不可留也！反而登舟，放乎中流，聽其所止而休焉。

時夜將半，四顧寂寥。適有孤鶴，橫江東來，翅如車輪，玄裳縞衣⓱，戛然長鳴，掠予舟而西也。須臾客去，予亦就睡。

夢一道士，羽衣⓲翩仙⓳，過臨臯之下，揖⓴予而言曰：「赤壁之遊，樂乎？」問其姓名，俛而不答。「嗚呼噫嘻！我知之矣，疇昔㉑之夜，飛鳴而過我者，非子也耶？」道士顧笑，予亦驚悟。開戶視之，不見其處。

【註　釋】❶雪堂　蘇軾謫居黃州時之寓所名。元豐三年（西元一〇八〇年）二月一日，蘇軾到黃州，任黃州團練副使，五年春，築草廬以居，號曰雪堂，蓋於大雪中爲之，因圖雪景於四壁，自書「東坡雪堂」四字於堂上，自號東坡居士。故址在今湖北黃岡縣東。❷臨臯　坡至黃州，始居定惠禪寺，後遷居臨臯亭。在今黃岡縣南大江濱。❸二客　其一爲楊世昌，四川綿竹武都山道士。另一人未詳。❹黃泥之坂　從雪堂至臨臯之長坂。坂，坡也。❺松江之鱸　江蘇松江縣所產之四鰓鱸。長五、六寸，冬至前後，最爲肥美。❻顧　但也。❼諸　猶言「之於」也。❽婦　東坡繼室王夫人，蜀郡眉山青城人，鄉貢進士王方之女。❾不時　隨時，臨時。❿披蒙茸　披，分也。蒙茸，叢生之草。⓫踞虎豹　踞，蹲坐也。虎豹，指猙獰之怪石。⓬登虬龍　登，攀也。虬龍，指盤曲之樹木。⓭栖鶻之危巢　栖，棲也。鶻，隼也，鷹類。危巢，高險之窩巢。⓮馮夷　水神名，即河伯。⓯劃然　劃，分開。如刀破物聲，此指劃空而來。⓰凜乎　凜，淒清也。乎，歎詞。⓱玄裳縞衣　玄，黑色。清本避康熙（名玄燁）諱改玄爲元。縞，白色。上衣，下裳。⓲羽衣　鳥羽所製之衣，道家之服。⓳翩仙　飄然若仙。形容舞容。⓴揖　作揖，古以拱手爲禮。㉑疇昔　往昔。

【語　譯】這一年十月十五日，我從雪堂步行，要回到臨臯亭，兩位客人跟著我走過黃泥坂。霜露已下，樹葉子都脫落了。人影映在地上，擡頭望見月亮，看看四周景象，眞是樂極了。我們邊走邊唱著歌。後來，我感歎地說：「有客人沒有酒，有了酒沒有好菜；月這麼亮，風這麼清爽，怎樣度過這美好的晚上呢？」客人答道：「今天的傍晚，張網捕到一條魚，嘴很大，鱗很細，形狀像松江的鱸魚。但什麼地方能找到酒呢？」回到家裏，跟妻子商量，妻說：「我有一斗酒，存放已經很久了，正是準備供應你隨時需用的！」於是帶著酒和魚，再度到赤壁的下面遊玩。

江中的流水發著聲響，峭壁直立著有千尺高；山高了，月兒顯得小，水低了，石頭都露出來。才隔了沒多少時日，江山的景象，卻教人認不得了！我提起衣服，爬上岸來，踩上峻巖，撥開叢草，蹲在怪石上，攀登過虬龍似的屈曲的樹木，攀援過蒼鷹棲宿的高枝，俯覽河伯居住的水宮；那兩個客人卻不能跟著我了。

突然長嘯一聲，劃破了靜夜，草木都震動起來，山谷鳴響回應，夜風掀起，水濤騰湧，我也暗暗地感到悲傷，毛髮悚然地恐懼起來，淒清地覺得此地不可以久留！於是折回原路，上了船，把船直放江中，聽任它漂到那兒歇下來。

這時已經快半夜了，四面看去靜極了。剛好有一隻仙鶴，橫江朝東邊飛來。翅膀像車輪一般，黑色的下身，白色的上身，嘎嘎地長鳴，掃過我的船，向西邊飛去。不久，客人走了，我也就寢。

夢裏看到一個道士，披著羽毛的氅衣，飄然若仙的樣子，經過臨臯亭下，向我作揖問道：「赤壁之遊，快樂嗎？」

我問他的姓名，他低頭不答。「哦，哦！我知道了，前些時的夜晚，又飛又叫地掃過我的船的，不就是你嗎？」道士回顧而笑，我也驚醒過來。打開門看看，卻已不見他的蹤影。

【文章分析】本篇選自東坡文集，是屬於辭賦類的古文。蘇軾繼「前赤壁賦」後，在同年十月，又寫了一篇「後赤壁賦」，其間相隔三個月，而江山的景色，幾乎要辨認不得了；可是蘇氏一遊再遊，都能歸結到享受江山的樂趣，也可以看出他雖遭貶謫，仍然心境曠達。兩篇遊赤壁的賦，都以遊樂為主題。

前後兩篇賦的作法不同：前賦在寫實景，後賦在寫虛境，虛以實寫，機杼迥然不同。前賦末了有超然高舉的論調，已入悟境；這篇卻借孤鶴掠舟，道出一段夢境，已翩然若仙了。古人云：「讀赤壁兩篇賦，勝讀一部莊子。」難怪姚鼐的「古文辭類纂」中，「詞賦類」的古文中，宋人的作品，只選赤壁賦兩篇罷了。

三槐堂銘

蘇軾

天可必乎？賢者不必壽；天不可必乎？仁者必有後。二者將安取衷哉❶？吾聞之申包胥❷曰：「人眾者勝天，天定亦能勝人。」世之論天者，皆不待其定而求之，故以天為茫茫。善者以怠，惡者以恣。盜跖❸之壽，孔、顏❹之厄，此皆天之未定者也。松柏生於山林，其始也，困於蓬蒿，厄於牛羊。而其終也，貫四時，閱千歲而不改者，其天定也。善惡之報，至於子孫，而其定也久矣。吾以所見所聞所傳聞考之，而其可必也，審矣。

國之將興，必有世祿之臣，厚施而不食其報。然後其子孫能與守文太平之主，共天下之福。故兵部侍郎晉國王公❺，顯於漢、周❻之際，歷事太祖、太宗❼。文武忠孝，天下望以為相。而公卒以直道，不容於時。蓋嘗手植三槐於庭，曰：「吾子孫必有為三公者。」已而，其子魏國文正公❽，相真宗❾皇帝於景德、祥符❿之間。朝廷清明，天下無事之時，享其福祿榮名者，十有八年。

今夫寓物於人，明日而取之，有得有否。而晉公修德於身，責報於天，取必於數十年之後，如持左契⓫，交手相付，吾是以知天之果可必也。吾不及見魏公，而見其子懿敏公⓬，以直諫事仁宗⓭皇帝，出入侍從，將帥三十餘年。位不滿其德，天將復興王氏也歟？何其子孫之多賢也。世有以晉公比李栖筠⓮者，其雄才直氣，真不相上下；而栖筠之子吉甫⓯，其孫德裕⓰，功名富貴，略與王氏等；而忠信仁厚，不及魏公父子。由此觀之，王氏之福，蓋未艾⓱也。懿敏公之子鞏⓲，與吾遊。好德而文，以世其家，吾以是銘之。銘曰：

「嗚呼休⓳哉！魏公之業，與槐俱萌。封植之勤，必世乃成。既相真宗，四方砥平。歸視其家，槐陰滿庭。吾儕小人，朝不及夕。相時射利⓴，皇卹厥德㉑。庶幾僥倖，不種而穫。不有君子，其何能國？王城之東，晉公所廬。鬱鬱三槐，惟德之符。嗚呼休哉！」

【註釋】❶天可必乎五句　坊間版本，此句均作「天可必乎？賢者不必貴，仁者不必壽，天不可必乎？仁者必有後，二者將安取衷哉？」今依商務四部叢刊初編本「經進東坡文集事略」宋刊本改正。二者，指「賢者不必壽」、「仁者必有後」二者。此句乃排偶並行句，如依坊間之文句，則不能對稱矣。衷，折中也。❷申包胥　春秋楚大夫。姓公孫，名包胥，封於申。❸盜跖　春秋魯柳下惠之弟，為大盜。❹孔顏　即孔子與顏回。❺晉國王公　即王祜，晉國，封號，公，尊稱也。王祜累官至兵部侍郎。❻漢周　五代為梁、唐、晉、漢、周。漢姓劉，名知遠。周姓郭，名威。史稱後漢、後周。❼太祖太宗　太祖指宋太祖趙匡胤。太宗，太祖之弟，名光義。❽魏國文正公　即王旦也，王祜之子。字子明，舉進士，宋眞宗時，知樞密院。魏國，封號。文正，諡號。❾眞宗　宋太宗之子，名恆，在位二十五年。❿景德祥符　皆宋眞宗之年號。⓫左契　謂契約也。契約分為左右，各執其一，合之以為信。⓬懿敏公　王旦之子王素也。懿敏，其諡也。⓭仁宗　宋眞宗之子，名禎，在位四十一年。⓮李栖筠　唐贊皇人。官至御史大夫。⓯吉甫　李栖筠之子。字弘憲，元和間累官同平章事，封贊皇侯。⓰德裕　李栖筠之孫。字文饒，武宗時，由淮南節度使入相，當國六年，弭藩鎭之禍，封衞國公。⓱未艾　未盡也。⓲鞏　王鞏，王素之子。字定國。⓳休　美也。⓴射利　謂見利而捷取之，如射之發矢也。㉑皇卹厥德　言何暇憂恤其德也。皇，與遑通。卹，憂也。厥，其也。

【語譯】天理有必然的嗎？但賢者不一定能長壽；天理有不必然的嗎？但仁者必然有好的後代。這兩項又將怎樣取得折中調和呢？我聽過申包胥說的：「人多能勝過天理，但天理依然能勝過人。」世間論天理的人，都沒有等天理成了定論，便去求證它，所以認為天理是茫茫難測的啊！善的人因此懈怠，惡的人因此放肆。盜跖的長壽，孔子、顏回的困厄，這都是天理還沒成定論呢。松柏生在山林中，開始的時候，他被蓬草圍困，受牛羊摧殘。到後來，貫通四季，閱歷千年也不改變它的樣子，這就是天理已成定論了。善惡的報應，延及子孫，這種論定，已經很久了。就我所見所聞所傳的來證驗它，那天理的必然，是很明白的了。

國家要興盛的時候，必然有世代受祿的臣子，廣博的施惠卻不受報償。然後他的子孫能跟守禮文太平的國君，共享天下的福祿。從前兵部侍郎晉國王公，顯貴在後漢、後周的時代，又歷事過太祖、太宗。文武忠孝俱全，天下的人都希望他能做宰相；然而王公終於因正直待人，不能被當時所容納。他曾親手種了三棵槐樹在庭中，說道：「我的子孫必定有做三公的。」不久，他的兒子魏國文正公，在景德、大中祥符年間，擔任眞宗皇帝的宰相。當時朝廷清明，在天下無事的時候，享有他的福祿榮名，共十八年。

假如把東西寄在別人那邊，明天再去拿，有的拿得到，有的便拿不到。但晉國公本身修德，求天的報償，在數十年後卻必然可以獲得，好比拿著契約，拱手就交付了，我所以知道天理果然是有必然的。我沒能看到魏公，卻能看到他的兒子懿敏公，他以直諫事仁宗皇帝，出入跟隨皇帝，擔任將帥三十多年。這種地位尚不能償還他的秉德，天理將再興盛王家的嗎？何以他們家的子孫這麼多賢能的呢？世人拿晉公和唐朝李栖筠相比，他們的雄才大略，剛直氣概，確是不相上下；李栖筠的兒子吉甫，他的孫子德裕，功名富貴，也大約和王家相同；然而在忠恕仁厚上，卻趕不上魏公王家父子。從這些看來，王家的福氣，還剛興盛沒有完呢！懿敏公的兒子王鞏，和我交遊，他勤於修德，又有文彩，用以傳揚他的家聲，我因此作銘報導他的世家。銘文是這樣：

「哦，美哉！魏公的功業，跟槐樹一樣不斷滋生。栽種的勤勞，必然在數代後有收成。既已做了眞宗的宰相，四方像磐石般平定。回到自己的家裏，看到滿院的槐樹陰陰。我輩平凡的人，早上等不及到晚上，看時機去求利，那有時間憂心自己的德行呢！希望圖個僥倖，不耕種便想得到收穫。沒有君子，怎能建立國家呢？王城的東邊，是晉公所住的地方。茂密的三棵槐樹，只有這樣的秉德才能配應。哦，眞美呀！」

【文章分析】本篇選自東坡文集，是屬於箴銘類的古文。銘這種文體，文選序上說，要做到「序事淸潤」。古人多把文章刻在器物上，秦漢以後，有的刻在石上，以示稱揚，或用來有所警惕告誡。

蘇軾的三槐堂銘，是稱揚王祐家世代積德，他的兒子王旦，孫子王素，曾孫王鞏，都能修德，享有福祿，得到天理的報償。「三槐堂」是王祐親手種了三棵槐樹在堂前而得名。蘇軾和王鞏是朋友，看他世代有德，瞻仰他的先世，因此寫下這篇銘。

全文的結構，開始用議論，說明善惡的報應，天理昭著。接著引證王祐家能積德，後代王孫得到報償。然後引唐代李栖筠家跟王家相比，依然不及王家。最後便是一首有韻的銘文，來讚揚王家。

方山子傳

蘇軾

方山子❶，光黃❷間隱人也。少時，慕朱家郭解❸爲人，閭里❹之俠皆宗之。稍壯，折節❺讀書，欲以此馳騁❻當世，然終不遇。晚乃遯❼於光黃間，曰岐亭❽。庵居蔬食，不與世相聞。棄車馬，毀冠服。徒步往來山中，人莫識也。見其所著帽，方聳而高。曰：「此豈古方山冠❾之遺像乎？」因謂之方山子。

余謫居於黃❿，過岐亭，適見焉。曰：「嗚呼，此吾故人陳慥季常也，何爲而在此？」方山子亦矍然⓫，問余所以至此者。余告之故。俯而不答，仰而笑。呼余宿其家。環堵蕭然⓬，而妻子奴婢，皆有自得之意。余既聳然⓭異之。

獨念方山子少時，使酒好劍，用財如糞土。前十九年，余在岐山⓮，見方山子從兩騎，挾二矢，遊西山。鵲起於前，使騎逐而射之，不獲。方山子怒馬獨出，一發得之。因與余馬上論用兵，及古今成敗，自謂一世豪士。今幾日耳，精悍之色，猶見於眉間，而豈山中之人哉？

然方山子世有勳閥⓯，當得官。使從事於其間，今已顯聞。而其家在洛陽，園宅壯麗，與公侯等。河北有田，歲得帛千匹，亦足富樂。皆棄不取，獨來窮山中。此豈無得⓰而然哉？余聞光黃間多異人，往往佯狂垢汙⓱，不可得而見。方山子儻⓲見之歟？

【註釋】❶方山子　宋之永嘉人，姓陳名慥，字季常，自號龍丘子；因好戴方山冠，故稱爲方山子。好俠義，不爲世所用，隱居黃岡。其人以懼內著名於世。❷光黃　宋時二州名。光，今湖北光化縣。黃，今湖北黃岡縣。❸朱家郭解　二人皆漢初游俠。朱家，魯人，結納豪客甚多，曾救季布於危難間。郭解，軹人，正直好義。朱家之後，獨推郭解，世人以「朱郭」並稱。事蹟見史記游俠列傳。❹閭里　鄉里。❺折節　改變平素之志向。❻馳騁　疾走也，此喻顯貴揚名。❼遯　隱居之意。❽岐亭　方山子隱居所處之地。❾方山冠　冠名。與進賢冠相似，宗廟祭祀，樂人所戴之冠。唐宋時爲隱士之冠。❿余謫居於黃　黃，黃州。蘇軾於神宗元豐年間，因作詩遭人訕謗，曾下獄。釋出後，被貶黃州團練副使。⓫矍然　驚視貌。⓬環堵蕭然　四壁蕭條，言居處之簡陋。⓭聳然　驚動貌。⓮岐山　地名，今陝西鳳翔縣東。⓯勳閥　勳，功勳。閥，閥閱。勳閥，引申爲名門望族。⓰無得　不得志。⓱佯狂垢汙　佯，假裝。謂假裝癲狂不潔之人。⓲儻　或也。

【語譯】方山子，是光、黃兩州間的一個隱士。少年時，他仰慕朱家、郭解等游俠的爲人，鄉里間的俠客，也都尊他爲首。壯年，才改變原先的志向用功讀書，想藉此顯貴揚名當世，然而終不能達成願望。晚年，才隱居在光州、黃州間，所住的地方名叫岐亭。起居飲食簡陋，也不和外邊的世界相往來。放棄車馬，拋開美麗的帽子衣服。步行往來於山中，一般人不曉得他的來歷。看見他所戴的帽子，方而高聳。便說：「這難道是古代戴方山冠的人所遺留下來的樣子嗎？」因比便稱他爲「方山子」。

我被貶居到黃州來，路過岐亭，剛好碰到他。便道：「啊，這是我的老朋友陳慥季常呀，爲什麼在這裏呢？」他看到我也感到驚奇，問我怎麼會到這裏來。我把到這裏來的原因告訴他。他聽了低頭不響，忽然擡頭大笑。又招呼我住在他家。他的家四壁蕭條，簡陋極了，然而他的妻子和奴婢，都滿臉自得的神態，眞使我感到驚訝奇怪。

我想方山子年輕時，喜歡喝酒耍劍，用錢像糞土一般。十九年前，我在岐山，曾見方山子帶了兩名從騎，挾著兩副弓箭，遊獵西山。看見鵲在前面飛起，叫人追過去射牠，結果沒有射中。方山子快馬單騎追過去，一箭便把牠射下來。接著便和我就在馬上討論兵法，以及古今成敗的事，自命爲一代的豪傑。現在相隔不過短短的一段日子而已。精明強悍的神采，隱約地還流露在眉目間。難道已變成了住在山中的人了嗎？

然而方山子畢竟是閥閱世家，照理應該得個官職。假使他在這方面下工夫，現在已經很顯貴了。他的家在洛陽，庭園宅第非常壯麗，和公侯的相等。河北又有田產，每年可得絲綢一千匹，也夠他富足安樂了。可是他都拋棄不要，獨自來到偏僻的山裏頭。難道是不得志才這樣的嗎？我聽說光、黃兩州間多奇特的人，往往裝成狂誕齷齪的樣子，使人不容易見到。方山子或許見過這些人吧？

【文章分析】本篇選自東坡文集，是屬於傳狀類的古文。蘇軾爲他的老朋友陳季常所做的傳略。早年，陳季常和蘇軾同學於道士張易簡，後來蘇軾謫居黃州，陳季常也隱居在黃州附近的岐亭，兩人時常往來，賦詩和唱。陳妻柳氏，性善妒且悍，蘇軾戲稱她爲「河東獅」，於是陳季常便成了懼內的代表人物，稱懼內者爲「季常癖」。不過高步瀛唐宋詩舉要中，以方山子傳中「環堵蕭然，而妻子奴婢，皆有自得之色」爲證據，說明季常之事恐不如俗傳之甚。

方山子傳的作法很特別，起筆用懸疑的筆法，說在光州、黃州間有個隱士，頭上經常戴方山冠，而被人稱爲「方山子」；然後才道出方山子，就是他的朋友陳季常，他拋棄豐厚的祖產，來到這窮山中過隱居的生活，並道出陳氏在岐山時善射和論用兵的一件往事，與當前作強烈的對照。然後收結又呼應開端的光州、黃州一帶多異人做結束。明代茅坤用「煙波生色」四字評這篇文章。蘇軾小篇短作，不論寫人、寫景、寫情，都能別開生面，像「方山子傳」、「夜遊承天寺記」、「前後赤壁賦」等小品，都是上上品的佳作。

六國論

蘇轍

愚讀六國❶世家❷，竊怪天下之諸侯，以五倍之地，十倍之眾，發憤西向，以攻山西千里之秦❸而不免於滅亡❹。常爲之深思遠慮，以爲必有可以自安之計。蓋未嘗不咎❺其當時之士，慮患之疏，而見利之淺，且不知天下之勢也。

夫秦之所與諸侯爭天下者，不在齊、楚、燕、趙也，而在韓、魏❻；秦之有韓、魏，譬如人之有腹心之疾❼也。韓、魏塞秦之衝❽，而蔽❾山東之諸侯，故夫天下之所重者，莫如韓、魏也。

昔者范睢⑩用於秦而收韓；商鞅⑪用於秦而收魏。昭王⑫未得韓、魏之心，而出兵以攻齊之剛壽⑬，而范睢以爲憂。然則秦之所忌者，可以見矣。秦之用兵於燕、趙，秦之危事也。越韓過魏而攻人之國都，燕、趙拒之於前，而韓、魏乘之於後，此危道也。而秦之攻燕、趙，未嘗有韓、魏之憂，則韓、魏之附秦故也。夫韓、魏諸侯之障，而使秦人得出入於其間，此豈知天下之勢邪？委區區之韓、魏，以當虎狼之強秦，彼安得不折⑭而入於秦哉？韓、魏折而入於秦，然後秦人得通其兵於東諸侯，而使天下遍受其禍。

夫韓、魏不能獨當秦，而天下之諸侯，藉之以蔽其西，故莫如厚韓親魏以擯秦。秦人不敢逾韓、魏以窺齊、楚、燕、趙之國，而齊、楚、燕、趙之國，因得以自安於其間矣。以四無事之國，佐當寇之韓、魏，使韓、魏無東顧之憂⑮，而爲天下出身⑯以當秦兵。以二國委⑰秦，而四國休息於內，以陰助其急，若此可以應夫無窮⑱。彼秦者將何爲哉？不知出此，而乃貪疆埸⑲尺寸之利，背盟敗約⑳，以自相屠滅㉑。秦兵未出，而天下諸侯已自困矣。至使秦人得間其隙，以取其國，可不悲哉！

【作　者】蘇轍（西元一〇三九年——一一一二年），字子由，北宋眉山（即今四川眉山縣）人。

蘇洵的兒子，蘇軾的弟弟，父子都以詩文名，合稱「三蘇」。蘇轍年十九與兄同登嘉祐二年進士。

宋神宗熙寧年間，王安石推行新法，蘇氏兩兄弟極力反對，並主張罷黜蔡確、呂惠卿、韓縝、章惇等人。累官尚書右丞，門下侍郎。後因得罪元豐年間的大臣，被貶謫到許州，並築室許州，自號潁濱遺老。徽宗時，復官大中大夫，卒於徽宗政和二年，謚文定，年七十四。宋史卷三百三十九有傳。

蘇轍主張寫文章必須養氣，並說明周覽交遊都是養氣的方法，在他的「上樞密韓太尉書」中，已說得很詳盡。宋史本傳評他的文章為「汪洋澹泊，深醇溫粹」，大抵文章跟他為人一樣。著作很多，有詩傳、春秋傳、龍川志略、古史、老子解、欒城集八十四卷等書。

【註　釋】❶六國　戰國時秦嶺以東之韓、趙、魏、齊、楚、燕六國也。❷世家　史記中記諸侯王之傳記。六國世家，指史記中的燕世家、楚世家、趙世家、魏世家、韓世家、田敬仲完世家。❸山西千里之秦　山，指殽山。秦國奄有今陝西長安以西之地，號稱關中，沃野千里。❹不免於滅亡　秦始皇十七年（西元前二三〇年）滅韓，十九年滅趙，二十三年滅魏，二十四年滅楚，二十五年滅燕，二十六年滅齊。❺咎　歸罪。❻而在韓魏句　坊間古文觀止收錄的「六國論」作：「……而在韓、魏之郊；諸侯之所與秦爭天下者，不在齊、楚、燕、趙也，而在韓、魏之野。秦之有韓、魏，……。」本篇依四庫全書及四部叢刊欒城應召集改。❼腹心之疾　猶言心腹之患，以喻地形之要害。❽衝　要衝，指要道。❾蔽　掩護。❿范雎　魏人，先事魏中大夫須賈。後改姓名為張祿，說秦昭王以遠交近攻之策，遂為相，封應侯。⓫商鞅　魏人，相秦孝公，變法立富強之策，封於商，號商君。⓬昭王　名稷。⓭剛壽　即今山東壽張縣。⓮折　屈也。⓯東顧之憂　顧忌東境之憂患。⓰出身　獻出其身也。⓱委　對付。⓲應夫無窮　應付無窮之變。⓳疆埸　邊境也。⓴背盟敗約　周顯王三十六年（西元前三三三年），蘇秦游說六國，結成合縱盟約，以抗秦。秦使張儀倡連橫之說，分化齊、楚，脅誘韓、趙、魏，周赧王二年（西元前三一三年），楚、齊絕交，縱約解。㉑自相屠滅　猶言自相殘殺。

【語　譯】我曾經讀過史記六國世家，獨責怪天下的諸侯，以五倍於秦國的土地，十倍的軍隊，發憤向西，攻打殽山以西千里的秦國，卻免不了滅亡。我常為此事深思細想，以為必定有可以自全的計畫；因此未嘗不歸罪當時的謀士，思慮憂患的疏略，取利眼光的膚淺，而且不知道天下的大勢呢！

秦國和諸侯爭天下的重點，不在齊、楚、燕、趙上，而是在韓、魏兩國；韓、魏的存在對於秦，就好比人在心腹上有了疾病一樣。韓、魏塞住了秦國的要道，卻掩護了殽山以東的諸侯，所以天下所重視的，莫過於韓、魏兩國了。

從前秦國用了范雎，便攻打韓國；秦國用了商鞅，便攻打魏國。昭王沒得到韓、魏的歸心，卻出兵去攻打齊國的剛壽，范雎爲此擔憂。那麼秦國所顧忌的，可以看出來了。秦國在燕、趙上用兵，是危險的事。越過韓國、魏國去攻人家的國都，燕、趙在前面抗拒他，韓、魏乘機會在後面打擊他，所以說這是危險的做法。然而秦國攻打燕、趙，不曾擔心韓、魏，那是因爲韓、魏已歸附秦國的緣故。韓、魏是諸侯的屏障，卻讓秦國人能夠自由出入他們的國境，這那裏算是知道天下的大勢呢？委棄小小的韓、魏，讓他們去抵擋虎狼一般的強秦，他們怎能不屈服而倒向秦國呢？韓、魏屈服而倒向秦國，然後秦國人便可以派兵通過他們的國境，去攻打東邊的諸侯，使天下普遍遭受到他的禍害。

韓、魏不能單獨抵擋秦國，而天下的諸侯，卻要藉著他們掩護西邊，所以不如親近韓、魏來抵抗秦國。秦國人也就不敢跨越韓、魏，來窺伺齊、楚、燕、趙四國，那麼齊、楚、燕、趙四國，也就可以自我保全於其間了。以四個沒有外患的國家，幫助面臨敵寇的韓、魏，使韓、魏沒有東顧的憂慮，替天下人挺身出來抵擋秦兵。以韓、魏兩國對付秦國，而其餘四國在裏面休息，暗中援助他們的危急，如果這樣，便可以應付無窮的變化了。那秦國還有什麼作爲呢？不知道用這種計謀，卻貪圖邊境上尺寸土地的小利，違背盟誓，破壞條約，甚至自己互相殘殺。秦國的軍隊還沒出來，天下諸侯已經各自疲困了。使得秦國人能窺伺到機會，消滅他們的國家，這不是很悲痛的事嗎？

【文章分析】本篇選自欒城集，是屬於論辨類的古文，也是一篇史論的文章。蘇轍借戰國時六國——韓、趙、魏、齊、楚、燕的史實，縱論六國所以被秦國滅亡的原因。當時他的父親蘇洵也寫過一篇六國論，重點是說明六國被滅的原因，在於不能合縱抗秦，而紛紛割地以媚敵，致使秦國得以不戰而日強。蘇洵的立論，是針對北宋時，仁宗對遼和西夏的軟弱政策有所諷諭。

蘇轍的六國論，說明六國被滅的原因，在於當時的謀士，不知天下的大勢。應該六國密切配合，互助團結，讓韓、魏直接抗拒強秦，而其他四國暗中資助韓、魏，使秦國東向的出口被堵住，六國也就可自我保全了。事實上，蘇秦的合縱何嘗不是採取這條路線？只是當時六國昧於眼前的小利，而撕毀盟約，自相殘殺，使秦人坐收漁利，以致六國前後遭滅亡的命運。所以蘇轍的議論，能別開生面，而自創一說。

上樞密韓太尉書

蘇轍

太尉執事❶：轍生好爲文，思之至深，以爲文者氣之所形。然文不可以學而能，氣可以養而致。孟子曰：「我善養吾浩然之氣。」今觀其文章，寬厚宏博❷，充乎天地之間，稱其氣之小大。太史公❸行天下，周覽❹四海名山大川，與燕、趙❺間豪俊交游。故其文疏蕩❻，頗有奇氣。此二子者，豈嘗執筆學爲如此之文哉？其氣充乎其中，而溢乎其貌，動乎其言，而見乎其文，而不自知也。

轍生十有九年矣。其居家所與游者，不過其鄰里鄉黨❼之人。所見不過數百里之間，無高山大野，可登覽以自廣❽。百氏之書，雖無所不讀，然皆古人之陳迹，不足以激發其志氣。恐遂汨沒❾，故決然捨去，求天下奇聞壯觀，以知天地之廣大。過秦漢之故都❿，恣觀⓫終南⓬、嵩、華⓭之高；北顧黃河之奔流，慨然想見古之豪傑。至京師⓮，仰觀天子宮闕之壯，與倉廩府庫⓯、城池苑囿之富且大也，而後知天下之巨麗。見翰林歐陽公⓰，聽其議論之宏辯，觀其容貌之秀偉，與其門人賢士大夫遊，而後知天下之文章聚乎此也。

太尉以才略冠天下，天下之所恃以無憂，四夷之所憚以不敢發。入則周公、召公⑰，出則方叔、召虎⑱。而轍也未之見焉。且夫人之學也，不志其大，雖多而何爲？轍之來也，於山見終南、嵩華之高；於水見黃河之大且深；於人見歐陽公。而猶以爲未見太尉也！故願得觀賢人之光耀，聞一言以自壯，然後可以盡天下之大觀而無憾者矣。

轍年少，未能通習吏事。嚮⑲之來，非有取於升斗之祿⑳。偶然得之，非其所樂。然幸得賜歸待選㉑，使得優游數年之間。將歸益治其文，且學爲政。太尉苟以爲可教而辱教之㉒，又幸矣。

【註釋】❶執事　對人之尊稱。書信中之敬辭，因不敢直接與言，猶如書信中稱左右，以示謙讓之意。❷寬厚宏博　謂文章具有寬大溫厚，宏深廣博之氣度。❸太史公　即司馬遷，嘗爲太史令，著有史記。❹周覽　遍視也。❺燕趙　燕，今河北一帶。趙，今山西一帶。古代豪俠之士，多出於此。❻疎蕩　意氣橫佚之貌，猶言瀟灑豪邁也。❼鄉里鄉黨　言鄉里近鄰也。周制，五家爲鄰，二十五家爲里，萬二千五百家爲鄉，五百家爲黨。❽自廣　擴大自己的胸襟。❾汨沒　滅沒之意。❿秦漢之故都　秦都咸陽，今陝西咸陽縣。漢都長安，今陝西長安縣。⓫恣觀　任性觀賞。⓬終南　即終南山。⓭嵩華　中嶽嵩山，在河南省登封縣北。西嶽華山，在陝西華陰縣南。⓮京師　宋都汴京，即今河南開封縣。⓯倉廩府庫　倉廩，貯藏米糧之所。府庫，儲藏文書財帛之所。⓰翰林歐陽公　歐陽修，曾任翰林院侍讀學士。⓱入則周公召公　言在朝有如周公、召公佐武王定天下。周公，姬旦。召公，姬奭。⓲出則方叔召虎　言經略在外有如方叔、召虎，爲周宣王平定蠻夷，中興周室。方叔，周宣王之武將，奉命南征，荊蠻來服。召虎，召公之後裔，爲宣王輔伐淮夷有功。⓳嚮　昔也。⓴升斗之祿　非薄之俸祿。㉑待選　等候銓選任職。㉒辱教之　謂屈身教我。辱，屈也。

【語譯】太尉左右：轍生性喜歡寫文章，曾深切地想過，以爲文章是才氣的表現。然而文章不是單靠學習就可以做好，才氣則是靠培養可以獲得的。孟子說：「我善於培養我浩然的正氣。」現在讀他的文章，寬厚博大，充滿了天地間，跟他的器量大小相配稱。太史公走遍天下，看遍海內的名山大川，跟燕、趙間的豪傑交往。所以他的文章瀟灑豪邁，頗有奇特的才氣。這兩位先生，難道曾經執筆學寫這樣的文章嗎？他們的才氣充滿心中，然後洋溢在他的形貌上，流動在他的言談間，然後表現在他的文章裏，自己還不知道呢。

我蘇轍已有十九歲了。平日居家所交遊的，不過是一些鄉里附近的人。所看到的，不過附近幾百里的地方，沒有高山大野，可以去登臨眺望，以擴大自己的胸襟。諸子百家的書，雖然無所不讀，但畢竟是古人的遺跡故事，不能激發我的志氣。恐怕長此下去消沉了志氣，所以我決心離開家鄉，探訪天下的奇聞壯觀，以便了解天地的廣大。

我經過秦、漢的故都咸陽、長安，盡情地觀賞終南山、嵩山、華山的高大；北邊看黃河的奔流，想見古代的豪傑，不禁激昂起來。到京城開封，仰觀天子宮闕的壯麗，倉廩財庫、城池園囿的富足和高大，然後才知道天下的廣闊壯麗。拜見翰林歐陽修公，聽到他議論的宏大博辯，看到他容貌的清秀魁偉，又同他的門人賢士大夫們交遊，然後才知道天下的文章都聚集在此。

太尉的才略是天下第一，天下憑靠您，因此沒有憂患，四方的夷邦畏懼您的威名，因此不敢發動戰爭。您在朝中，就像周公、召公佐助武王定天下，您出師遠征，就像方叔、召虎爲周宣王平定夷邦。但是我還沒有拜晤過您的面。況且一個人的學識，不效法偉大的對象，學識再多又有什麼用呢？我到這裏來，在山方面，看到終南山、嵩山、華山的高峻；在水方面，看到黃河的廣闊且深；在人方面，拜見過歐陽公。但尚未能拜見太尉呢！所以希望能瞻仰到賢人的光采，聽您幾句教訓來壯大自己的志願，然後可以算是看過天下的高山名川偉人而沒有遺憾了。

我年紀輕，還未學通政事。以前到這裏來，並不是想求得一官半職。偶然得到了，也不覺得高興。幸而得到賜准，回家等候詮選任職，使我能優閒自在地過幾年。我要回去再練好文章，而且學習辦理政事。太尉如果認爲我還可以教而教導我的話，那是我最慶幸的事了！

【文章分析】本篇選自欒城集，是屬於書說類的古文，也就是一封書牘。蘇轍在宋仁宗嘉祐二年（西元一〇五七年），跟他哥哥蘇軾同時考取進士，被考官歐陽修所賞識。由於蘇轍只有十九歲，被賜歸待選，於是他在京都寫了這封信給樞密使韓琦。

這種信最難下筆了，蘇轍沒見過韓琦，他寫這封信的目的，又不是有什麼要求，純然是一封聯絡感情的應酬信，但他們又是素昧平生，的確談不上感情可言。於是蘇轍在這種情形下，以晚輩的身分，訴說對韓琦的敬仰。起筆借孟子、司馬遷的為文，是由於養氣所致，才寫出好文章。接著說明自己離開家鄉的原因，是年幼見識有限，希望增廣見聞，有助於為文。因此引述來京見過名山大水，更希望會見當代大賢。結尾，盼望能得到韓琦的垂教。以十九歲的少年，寫這樣一封思慮純熟的信，給當時的樞密使韓琦，也足見蘇轍的少年英氣了。

韓琦，宋安陽人，嘉祐元年任樞密使。宋代樞密院是掌管軍國機務和邊防戎馬的事，而樞密使便是武相了，他的職權相當於漢代的太尉，所以蘇轍的上書稱韓琦為「樞密韓太尉」。

黃州快哉亭記

蘇轍

江出西陵❶，始得平地，其流奔放肆大。南合沅、湘❷，北合漢、沔❸，其勢益張。至於赤壁❹之下，波流浸灌，與海相若。清河❺張君夢得，謫居齊安❻，即其廬之西南為亭，以覽觀江流之勝。而余兄子瞻，名之曰「快哉」。

蓋亭之所見，南北百里，東西一舍❼。濤瀾洶湧❽，風雲開闔❾。晝則舟楫出沒於其前，夜則魚龍悲嘯於其下。變化倏忽❿，動心駭目，不可久視。今乃得翫之几席之上，舉目而足。西望武昌⓫諸山，岡陵⓬起伏，草木行列。煙消日出，漁夫樵父之舍，皆可指數。此其所以為快哉者也。至於長洲之濱，故城之墟，曹孟德⓭、孫仲謀⓮之所睥睨⓯；周瑜⑯、陸遜⑰之所騁騖。其流風遺跡，亦足以稱快世俗。

昔楚襄王⑱從宋玉⑲、景差⑳於蘭臺之宮㉑，有風颯然㉒至者。王披襟當之，曰：「快哉此風！寡人㉓所與庶人共者耶？」宋玉曰：「此獨大王之雄風耳，庶人安得共之！」玉之言，蓋有諷焉。夫風無雌雄之異，而人有遇不遇之變。楚王之所以為樂，與庶人之所以為憂，此則人之變也，而風何與焉？

士生於世，使其中不自得，將何往而非病？使其中坦然不以物傷性㉔，將何適㉕而非快？今張君不以謫為患，竊會計㉖之餘功，而自放山水之間，此其中宜有以過人者。將蓬戶甕牖㉗，無所不快；而況乎濯長江之清流，揖㉘西山之白雲，窮耳目之勝㉙，以自適㉚也哉？不然，連山絕壑，長林古木，振之以清風，照之以明月，此皆騷人、思士㉛之所以悲傷憔悴而不能勝㉜者，烏睹其為快也哉？

【註釋】①江出西陵　江，指長江。西陵，為巫山三峽之一，在今湖北宜昌縣西北二十五里。②沅湘　指沅水、湘水。沅水源出貴州甕安縣，東流入湖南，折曲流經辰谿、沅陵，在常德流入洞庭湖。湘水源出廣西興安縣，東北流入湖南，經零陵、衡陽，至長沙、湘陰，注入洞庭湖。③漢沔　指漢水、沔水。漢水源出陝西寧羌縣，經漢陽入長江。漢水之上游稱為沔水。④赤壁　在湖北黃岡縣城外，亦名赤壁磯。⑤清河　即今河北清河縣。⑥齊安　即黃州，宋為齊安郡。⑦一舍　三十里為一舍。⑧洶湧　言水勢大貌。⑨開闔　聚散之意。⑩倏忽　快速貌。⑪武昌　今湖北武昌縣，在長江南岸。⑫岡陵　山脊曰岡。土坡為陵。⑬曹孟德　即曹操，字孟德。⑭孫仲謀　即孫權，字仲謀。⑮睥睨　傲慢斜視貌，引申為藐視一切的意思。⑯周瑜　三國吳將。建安十三年，曹操率軍南下，瑜與劉備合兵，大敗操兵於赤壁。⑰

陸遜　三國吳將，曾統軍過武昌，大破劉備軍於夷陵。後爲相。⑱楚襄王　楚懷王之子，名橫，在位三十六年，卒諡頃襄王。⑲宋玉　戰國楚人，屈原之弟子，有神女、風賦、高唐等賦。⑳景差　戰國楚人，事頃襄王，好辭賦，宗屈原，與宋玉齊名。㉑蘭臺之宮　蘭臺，地名，今湖北鍾祥縣東。宋玉風賦序：「楚襄王游於蘭臺之宮，宋玉、景差侍，有風颯然而至。」㉒颯然　風聲。㉓寡人　古代諸侯自稱。㉔以物傷性　言受外物之誘，損害天性也。㉕適　往也。㉖會計　即總計與考核，引伸爲日常之政務。㉗蓬戶甕牖　喻貧家也。蓬戶，以蓬草編成門戶。甕牖，取破甕爲窗，一說窗口小如甕也。㉘揖　會集。邀集。㉙勝　勝景。㉚自適　自得也。㉛騷人思士　騷人，指詩人。思士，指多愁善感之士。思，憂也。㉜勝　忍受也。

【語譯】長江出了西陵峽，才得到平地，它的水流也更寬大自由。南邊匯合沅水、湘水，北邊匯合漢水、沔水，水勢更是浩瀚。到了赤壁下面，各方的水都灌注在一起，彷彿大海一般。清河人張夢得先生，貶官到齊安郡。在他住的寓所西南造了一座亭子，用來觀賞江流的勝景。我的哥哥子瞻，給這亭子起個名字叫做「快哉亭」。

由亭子向外看，可以看到南北一百里，東西三十里。只見長江的波濤洶湧，風雲聚散。白天有船隻在亭的前面出沒；晚上有魚龍在亭下怪叫。景色迅速地變化，看了教人心驚動魄，不敢看得太久。現在卻能夠在桌子旁，坐席上玩賞，放眼看個足夠。向西望武昌一帶的山，山峯高低起伏，草木一行行排列著。煙霧消失，太陽出來時，漁夫和樵子的屋舍，可以一家家數出來。這就是它所以稱快哉亭的原因。至於沙洲的邊上，故城的舊址，是曹孟德、孫仲謀當年稱雄傲視一世的地方；也是周瑜、陸遜往來奔馳的地方。他們的流風遺跡，也足夠讓後世的人拍手叫好。

從前楚襄王帶著宋玉和景差到蘭臺宮，剛好有一陣風颯颯地吹來。楚襄王打開衣襟，迎風說道：「好痛快啊，這陣風！這可是我和老百姓共同享受的嗎？」宋玉接著說：「這只是大王獨享的雄風罷了，老百姓怎能共同享受呢！」宋玉的話，大概有所暗諷吧。其實風沒有雌雄的分別，但是人是有得意和不得意的變化。楚王樂的原因，和老百姓憂愁的原由，這是人事上的變化，跟風又有什麼相干呢？

人活在世間上，假使他心裏不痛快，無論到那兒，能不感傷嗎？假使他心裏坦然，不因外物的影響而傷害天性，無論到那兒，能不痛快嗎？現在張先生不因被貶謫感到憂傷，利用公餘的時間，把自己的心情寄託在山水間，這是他內心的修養有超過常人的地方。就是拿蓬草做門，破甕做窗，也不會不樂呀；何況還能在長江的清流中洗滌心胸，把西山的雲邀引來作伴，還有看不完聽不盡的景色音響，來自我陶醉呢？否則，綿亙的山，斷隔的深谷，長遠的森林，古老的樹木，在清風的吹拂下，在明月的照耀下，這都足以使感傷的詩人和多愁善感的人們，悲傷憔悴得受不了，那裏還看得到什麼可樂的呢？

【文章分析】本篇選自欒城集，是屬於雜記類的古文。蘇轍在宋神宗元豐六年（西元一〇八三年）十一月初一所作的，也就是他四十五歲的作品。這篇記，是為他朋友張夢得的「快哉亭」而作的。當時張夢得被貶官到黃州，公餘之暇，在湖北黃岡縣南，長江的水濱，建造了一座「快哉亭」，作為遊憩的地方。

全文的結構：首先點出江流的勝景，以及「快哉亭」得名的原因。接著描寫亭上所見的景色，想望三國時的流風遺跡，可眞樂。然後借宋玉的話，說明樂與悲全仗自己心靈的感受。最後，指出張君不因貶謫而憂傷，他反而能利用江上的景色來自我陶醉，在別人可能早就愁死了。全篇中每段不離「快哉」，不管是寫景物、寫古跡、寫人情，都沒有離題過。快哉亭記，眞是一篇輕快的好文章。

寄歐陽舍人書

曾鞏

去秋人還，蒙賜書及所撰先大父❶墓碑銘❷。反覆觀誦，感與慚幷。夫銘誌之著於世，義近於史，而亦有與史異者。蓋史之於善惡，無所不書。而銘者，蓋古之人有功德材行、志義之美者，懼後世之不知，則必銘而見之。或納於廟，或存於墓，一也。苟其人之惡，則於銘乎何有？此其所以與史異也。

其辭之作，所使死者無有所憾，生者得致其嚴❸。而善人喜於見傳，則勇於自立；惡人無有所紀，則以媿而懼。至於通材達識，義烈節士，嘉言善狀❹，皆見於篇，則足為後法。警勸之道，非近乎史，其將安近？

及世之衰，人之子孫者，一欲褒揚其親，而不本乎理。故雖惡人，皆務勒銘❺以誇後世。立言者，既莫之拒而不爲，又以其子孫之所請也，書其惡焉，則人情之所不得，於是乎銘始不實。後之作銘者，當觀其人，苟託之非人，則書之非公與是❻，則不足以行世而傳後。故千百年來，公卿大夫至于里巷之士，莫不有銘，而傳者蓋少。其故非他，託之非人，書之非公與是故也。然則孰爲其人而能盡公與是歟？非畜道德而能文章者，無以爲也。蓋有道德者之於惡人，則不受而銘之，於衆人則能辨焉。而人之行：有情善而迹非；有意奸而外淑；有善惡相懸而不可以實指；有實大於名；有名侈❼於實。猶之用人，非畜❽道德者，惡能辨之不惑❾，議之不徇❿？不惑不徇，則公且是矣。而其辭之不工，則世猶不傳，於是又在其文章兼勝焉。故曰：非畜道德而能文章者，無以爲也，豈非然哉？

然畜道德而能文章者，雖或並世而有。亦或數十年，或一二百年而有之。其傳之難如此，其遇之難又如此。若先生之道德文章，固所謂數百年而有者也。先祖之言行卓卓，幸遇而得銘其公與是，其傳世行後無疑也。而世之學者，每觀傳記所書古人之事，至其所可感，則往往衋然⓫不知涕之流落也。況其子孫也哉？況鞏也哉？其追晞⓬祖德，而思所以傳之之繇。則知先生推一賜於鞏，而及其三世。其感與報，宜若何而圖之？抑又思若鞏之淺薄滯拙⑬，而先生進之；先祖之屯蹶否塞⑭以死，而先生顯之。則世之魁閎⑮豪傑不世出之士，其誰不願進於門？潛遁幽抑⑯之士，其誰不有望於世？善誰不爲，而惡誰不媿以懼？爲人之父祖者，孰不欲教其子孫？爲人之子孫者，孰不欲寵榮其父祖？此數美者，一歸於先生。既拜賜之辱，且敢進其所以然。所諭世族⑰之次，敢不承教而加詳焉！愧甚不宣。

【作者】曾鞏（西元一〇一九年——一〇八三年），字子固，北宋建昌南豐人。在他十二歲那年，曾寫六論一篇，受人讚賞。從他的「學舍記」一文中，自述十六、七歲時，才明白六經的深奧，而對時下空疏膚廓的駢文起反感，於是專心散文的寫作，當他廿七歲時，歐陽修曾替曾鞏的祖父寫了一篇墓誌銘，後來曾鞏答歐陽修的書信中，感激他的賜文，並提出真正不朽的作家，必須以道德為基礎。年三十九舉嘉祐二年進士，後來擔任過史館的編校，龍圖閣的校勘，集賢院的校理。歷知齊、襄、洪、福、明、亳、滄諸州。晚年，拜中書舍人，並參與宋史的整理。卒於神宗元豐六年，年六十五。宋史卷三百十九有傳。

真正代表他的作品，應該是在他擔任編纂工作和流徙在外十餘年間所寫的，像序跋類有「新序目錄」、「戰國策目錄序」，雜記類有「擬峴台記」、「宜黃縣學記」、「墨池記」。曾鞏之文，源於六經，風格頗似劉向、班固。學者稱為南豐先生，明、清古文家，多奉他的文章為規範。著有元豐類藁五十卷行世。

【註釋】❶先大父　凡已故稱先。先大父，自稱已故之祖父。❷墓碑銘　墓碑，即墓前之碑，古人立碑，以木爲之，漢以後始用石。銘，刻石之文。墓碑銘，即墓誌銘，所以誌功業善狀以著於後世也。❸嚴　尊敬也。❹嘉言善狀　狀，事實。即善言善行也。❺勒銘　刻銘文於石。❻公與是　謂公正與事實。❼侈　大也。❽畜　積也。❾不惑　謂不迷於理也。❿不徇　謂不徇私也。徇，從也。⓫蠹然　傷痛貌。⓬追睎　追慕也。睎，望也，慕也。⓭滯拙　愚鈍之意。⓮屯蹶否塞　謂困頓不遇也。⓯魁閎　大也。⓰潛遁幽抑　潛藏隱遁，抑鬱不遇。⓱世族　即世家，指累世仕官之家。

【語　譯】去年秋，我派去的人回來，承您給我信和您所寫的先祖父墓碑銘。我反覆地誦讀，眞是又感激，又慚愧。墓誌銘的流傳於世，它的意義和歷史相近，但也有和歷史不同的地方。因爲歷史上對於善惡的事，沒有不記載的。但銘誌的作品，是古代有功德才能嘉行、志向道義美好的人，怕後代人不知道，便一定要用銘誌來顯揚他。有的進獻到廟裏，有的存放在墓中，道理是一樣的。如果那個人有什麼壞事，在墓誌銘裏怎會記載呢？這便是墓誌銘和歷史不同的地方。

墓誌銘的製作，是使死去的人沒有遺憾，活著的人可以表達對他的尊敬。善的人喜歡看到被記載在傳上，便勇於自立；惡的人沒有什麼可記載，便能羞愧而自感害怕。至於有才幹有見識的人，忠義英烈的志士，他們的嘉言美行，都記載在文章上，足以做後人的法式。那種警世勸勉的道理，不是和歷史相近，還跟什麼相近呢？

到後來世道衰微，一般人的子孫，一味地想褒揚他自己的親人，卻不依照道理。所以雖是不善的人，都從事刻勒墓誌銘來誇耀後世。寫文章的人，既然沒辦法拒絕不寫，又因他子孫的請託，再寫他的壞事，在人情上便說不過去，於是墓誌銘便開始失去了眞實。後人寫墓誌銘的，當看寫的人怎樣了，如果請託不得當的人，所寫出來的便不公正、不眞實，那麼便不能夠流傳世間而傳於後代。所以千百年來，從公卿大夫到里巷的人士，沒有一個沒有墓誌銘的，但眞正能流傳下來的實在很少。沒有其他原因，只是所託的人不當，所寫的文章不公正不眞實的緣故。那麼要怎樣的人才能做到公正和眞實呢？不是有積德，又能寫文章的人，是無法做到的。因爲有道德的人對於不善的人，要他寫墓誌銘他不受理，同時在衆人中，他又能辨別好壞。人的品行：有的用意良善結果卻不好；有的用心奸險，外表卻裝得很好；有的善惡相差很大，卻不能指出事實來；有的實際超過名望；有的名望超過實際。就如同用人一樣，不是有道德修養的人，又怎能不迷於理來辨別他們，不徇私來批評他們呢？不迷於理、不循私，便能做到公正和眞實了。但如果他的文辭不夠工巧，在世上依然不會流傳，於是又要在文章方面也好才行。所以說：不是有道德修養，又能寫文章的人，是無法做到的，難道不是這樣嗎？

然而，有道德修養，又能寫文章的人，或許在當代有。或許要等數十年，或一兩百年才有。有嘉言美行能傳於後世，這已經是不容易了，還要遇到一個能寫銘的人，這更是困難。像先生的道德文章，的確可說是幾百年才有的。先祖的言行卓越，幸好能遇到寫銘誌公正和眞實的人，他可以傳於世上，流傳後世是沒有疑問的了。世間的學者，往往讀傳記中所寫古人的事，以至感動的，便常常悲痛地不知不覺間掉下眼淚。何況是他的子孫呢？更何況是鞏自己呢？當我追慕先祖的德行，卻想到所以傳誦他的原因。才知道先生推廣這種賞賜在鞏的身上，還推及到我的三代。這項感激和報答，我應該怎樣來表示呢？並且想到像鞏這樣淺薄愚笨的人，先生卻引進我；先祖因困頓不遇而死，先生卻顯揚他。那麼世間的大豪傑，不世出的才能之士，那一個不願到先生的門下呢？潛藏隱遁，抑鬱不遇的人，那一個不寄希望在世上呢？善事誰不願做，惡事誰不感到慚愧害怕？做人的父親和祖父的，誰不想教導他的子孫？做人的子孫的，誰不想寵榮他的父親和祖父？這幾樁好事，一起歸到先生身上。已經拜受賞賜銘誌，並敢向您表示感激的心意。先生所告示世族的次序，怎敢不承受教益而詳加了解呢！慚愧，這封書信不能盡言我的心意。

【文章分析】本篇選自元豐類藁，是屬於書說類的古文。是曾鞏寄給歐陽修的一封謝函。歐陽修曾替曾鞏寫了一篇他祖父的墓誌銘，於是曾鞏寫了這封信向他誌謝並表示感激之意。

全信的主要內容：前半篇全是敍述墓誌銘的源流，繼而說明寫墓誌銘的人，必須道德文章兼具的人，才能做到公正和眞實。然後推尊歐陽修的道德文章，是數百年來僅見的。能替他受盡困頓不遇而死的祖父寫墓誌銘，無形中鼓勵天下的人樂於行善，使爲惡的人因此羞愧。末了，謹申他對歐陽修的謝意和敬承教益。

因此，曾鞏的這封信，末段寫得最好。王文濡批評道：「頗似歐之神韻，收束謹嚴，是子固獨到處。」

贈黎安二生序

曾鞏

趙郡❶蘇軾，余之同年友❷也。自蜀以書至京師遺余，稱蜀之士，曰，黎生安生者。既而黎生攜其文數十萬言，安生攜其文亦數千言，辱以顧余❸。讀其文，誠閎壯雋偉❹，善反復馳騁，窮盡事理。而其材力之放縱，若不可極者也。二生固可謂魁奇❺特起❻之士，而蘇君固可謂善知人者也。

頃❼之，黎生補江陵❽府司法參軍❾。將行，請余言以爲贈。余曰：「余之知生，既得之於心矣。乃將以言相求於外邪？」黎生曰：「生與安生之學於斯文❿，里之人皆笑以爲迂闊⓫。今求子之言，蓋將解惑於里人。」

余聞之，自顧而笑。夫世之迂闊，孰有甚於予乎？知信乎古，而不知合乎世；知志乎道，而不知同乎俗。此余所以困於今而不自知也。世之迂闊，孰有甚於予乎！今生之迂，特以文不近俗，迂之小者耳，患爲笑於里之人。若余之迂大矣，使生持吾言而歸，且重得罪。庸詎⓬止於笑乎？

然則若余之於生，將何言哉？謂余之迂爲善，則其患若此。謂爲不善，則有以合乎世，必違乎古；有以同乎俗，必離乎道矣。生其無急於解里人之惑，則於是焉，必能擇而取之。遂書以贈二生，并示蘇君，以爲何如也？

【註釋】❶趙郡　今河北趙縣。蘇軾之遠祖味道，爲唐時趙州人，故云。❷同年友　謂同年登科之朋友。曾鞏與蘇軾同登嘉祐二年進士。❸辱以顧余　意指前來顧我，不以爲辱。❹閎壯雋偉　謂規模偉大挺秀也。❺魁奇　傑出異於恆常也。❻特起　特異，特別傑出。❼頃　不久也。❽江陵　今湖北江陵縣。❾司法參軍　官名。參軍，郡府中參謀官員，並冠以職名，掌司法者，爲司法參軍。⑩斯文　此種文章，指古文，與時文異。⑪迂闊　謂迂曲高遠不切實際也。迂，曲也。闊，疏也。⑫庸詎　反詰之詞。庸與詎同義，何也。猶言豈只也。

【語　譯】趙郡蘇軾，是我同年登科的朋友。他從四川寄封信到京都來給我，稱道四川的兩個書生，叫黎生、安生的。後來黎生帶來他的文章幾十萬字，安生帶來他的文章也幾千字，不以爲辱來看我。看他們的文章，確實是規模偉大出色，能反覆對照來寫，窮盡事物的道理。他們才力的奔放，好像沒有止境。二生的確可稱得上傑出特異的讀書人，而蘇先生的確可說是善於知人了。

不久，黎生補上江陵府司法參軍的缺。將要動身的時候，請我說幾句話作爲贈別。我說：「我了解你，已經明白地記在心裏。又何必拿話來求取外表的虛榮呢？」黎生說：「我和安生學寫這種文章，鄉里的人都嘲笑我們迂曲不切實際。現在要您說幾句話，是想解釋鄉里人的疑惑。」

我聽了這話，自覺得好笑。世間迂曲不切實際的人，那裏還有比我更甚的呢？只知相信古代的，卻不知迎合現代的；知道存心在道德上，卻不知道配合世俗。這是我今天困惑而自己還不知道的原因。世間迂曲不切實際的人，那裏還有比我更甚的呢？目前你的迂曲，只是文章不合世俗，這是迂曲中的小事罷了，怕被鄉里的人恥笑。像我的迂曲才大了，假使你拿了我的文章回去，就要重重地開罪他們。何止只是恥笑呢？

那麼我對於二生，將用什麼話來贈別呢？說我迂曲還好，那爲患只是這樣。如果說他不好，那麼可以迎合現代的，必然要違背古代的了；可以配合世俗，必然要背離道德了。我看你不必急於解釋鄉里人的疑惑，就在這道理上，必定能夠有所選擇去把握它。於是我把這些寫下來送給二生，並且給蘇先生看看，他以爲怎樣呢？

【文章分析】本篇選自元豐類藁，是屬於贈序類的古文。古人臨別贈人以嘉言，便是贈序類的特色。

全文分四段：首段敘述曾鞏在京都時，蘇軾介紹同鄉中的晚輩黎、安二生來拜謁他，曾鞏讀了他們的文章，並稱揚他們。次段說明黎生後來補上官，臨別要曾鞏送他幾句話作爲紀念。三段曾鞏借黎君的古文被人譏笑，引出詼諧的文筆，表明自己便是寫「信乎古」、「志乎道」的古文，以致窮困到今。末段啟示他們：如果要配合今人，便不能信古，要迎合世俗，便不能志道。要他們自己去選擇。末句呼應前句，結構雋妙完整。

北宋時，歐陽修提倡「師古」、「明道」的古文，曾鞏、王安石、三蘇都起來響應，造成宋代文風的轉變。但當初西崑體駢偶的時文還很流行，於是世俗多譏笑寫古文的人。從這篇短文中，可見當時文壇潮流的趨向，以及古文家努力寫古文來校正時俗。

讀孟嘗君傳

王安石

世皆稱孟嘗君❶能得士，士以故歸之，而卒賴其力，以脫於虎豹之秦❷。嗟乎！孟嘗君特❸雞鳴狗盜❹之雄耳，豈足以言得士？不然，擅齊之強，得一士焉，宜可以南面❺而制秦，尚何取雞鳴狗盜之力哉？夫雞鳴狗盜之出其門，此士之所以不至也。

【作者】王安石（西元一〇二一年——一〇八六年），字介甫，號半山，北宋撫州臨川（今江西臨川縣）人。年二十二歲舉慶曆二年進士，歐陽修曾贈詩給他，有「老去自憐心尚在，後來誰與子爭先」句，可知歐陽修很賞識他，後來他追隨歐陽修，致力於古文的創作，成為古文八大家之一。

宋神宗時，王安石曾兩度拜相，一次是在他四十九歲到五十四歲，另一次是在他五十五歲到五十六歲。在位期間，謀改革政治，行青苗、水利、均輸、保甲、募役等新法，同時更定科舉法，不再以詩賦取士，而改考經義，同時他寫了一篇「里仁為美」作例子，啓開了八股文製作的先河。由於任呂惠卿等人的不當，致使新法無效。熙寧九年，罷相，出判江寧府，第二年，辭判府事，自是稱病不再起用，卒於哲宗元祐元年，年六十六歲。宋史卷三百二十七有傳。

如果拿「文如其人」，來說王安石的為人文章，那是再恰當不過了。與他接觸過的人，都會感到他那倔強的個性，異人的思考力和組織力。後人從他拗折峭深的詩文中，也可領略到他特出的性格。從他的「上人書」和「上邵學士書」中，他對文學的見解，認為文章在濟世，內容要正確、真實，至於辭藻的美，尚在其次。著有臨川文集、周官新義。編有唐百家詩選。

【註釋】❶孟嘗君　戰國齊靖郭君之子，姓田名文。相齊，封於薛，號孟嘗君。養賢士食客數千人，入秦，秦昭王欲殺之，賴其食客有能爲鷄鳴狗盜者，得免於難。事見史記孟嘗君列傳。❷脫於虎豹之秦　孟嘗君入秦，秦昭王囚而欲殺之，孟嘗君有客能爲狗盜者，乃夜爲狗入秦宮，盜孟嘗君所獻昭王之白狐裘，以獻昭王幸姬，姬爲言於昭王，孟嘗君乃得脫。卽馳去，夜半至函谷關。關法：鷄鳴而出客。孟嘗君恐追至，客有能爲鷄鳴者，一鳴而羣鷄盡鳴，乃得出。❸特　但，只是。❹雞鳴狗盜　言學鷄鳴，爲狗作盜，指爲宵小之徒。❺南面　古時帝王之座位向南，故引申爲帝王之地位。

【語譯】世人都說孟嘗君能得賢士，所以賢士也都來歸向他，終於憑藉了他們的力量，使他從虎豹似的秦國脫險出來。唉！孟嘗君只是個鷄鳴狗盜的頭目罷了，怎能說能得賢士呢？不然的話，憑著齊國的富強，只要得到一個賢士，就應該可以南面稱王制服住秦國，那裏還用得著鷄鳴狗盜的力量呢？鷄鳴狗盜的人物都出在他的門下，所以眞正的賢士便不願來到了。

【文章分析】本篇選自臨川文集，是屬於序跋類的古文，也是傳評式的讀後感。王安石讀了史記孟嘗君傳後，有感而發，文章不過百字，而能給予孟嘗君新的評價，主旨在說明孟嘗君不能得眞正的賢士，確是一篇精短絕好的文章。劉大櫆曾說：「此作寥寥數語，而文勢如懸崖斷塹，於此見介甫筆力。」吳楚材說：「文不滿百字，而抑揚呑吐，曲盡其妙。」

同學一首別子固

王安石

江之南有賢人焉，字子固❶，非今所謂賢人者，予慕而友之。淮之南有賢人焉，字正之❷，非今所謂賢人者，予慕而友之。二賢人者，足未嘗相過也，口未嘗相語也，辭幣❸未嘗相接也。其師若友❹，豈盡同哉？予考其言行，其不相似者，何其少也？曰：「學聖人而已矣。」學聖人，則其師若友，必學聖人者。聖人之言行，豈有二哉？其相似也適然。予在淮南，爲正之道子固，正之不予疑也；還江南，爲子固道正之，子固亦以爲然。予又知所謂賢人者既相似，又相信不疑也。子固作懷友一首⑤遺⑥予，其大略欲相扳⑦以至乎中庸⑧而後已，正之蓋亦常云爾。

夫安驅徐行，轥⑨中庸之庭，而造於其堂⑩，舍⑪二賢人者而誰哉？予昔非敢自必其有至也，亦願從事於左右焉爾，輔而進之，其可也。噫，官有守，私有繫，會合不可以常也。作同學一首⑫，別子固以相警，且相慰云。

【註釋】①子固　曾鞏字。②正之　王安石之友，生平未詳。③辭幣　文辭與幣帛也。④其師若友　指其師其友。若，其也。⑤懷友一首　懷友，詩篇名，曾鞏所作贈與王安石之詩。⑥遺　贈與也。⑦扳　引援。⑧中庸　不偏不倚，無過不及，而平常之理也。⑨轥　車所踐也。⑩造於其堂　造，至也。有登堂入室之意。⑪舍　與捨同，捨去也。⑫同學一首　同學，詩篇名，王安石所作贈與曾鞏之詩也。

【語譯】長江的南面有個賢人，字叫子固，不是現在人所說的一般賢人，我仰慕他，跟他交朋友。淮水的南面有個賢人，字叫正之，不是現在人所說的一般賢人，我仰慕他，跟他交朋友。他們兩個賢人，從來沒有交往過，彼此沒說過話，也不曾以文章禮物相交接過。他們的老師和朋友，難道都相同嗎？我細察過他們的言語德行，不相同的地方，爲什麼那麼少呢？有人說：「只是學聖人的罷了。」若說學聖人，那麼他們的老師和朋友，必定是學聖人的。聖人的言語德行，難道有兩種嗎？他們會那樣相似是當然的。

我在淮南，跟正之談到子固，正之不疑心我所說的；回到江南，跟子固談到正之，子固也是這樣。因此我又知道賢人們的樣子既是相似，又彼此相信，沒有疑心。子固寫了一首懷友詩送給我，大意是說，要大家相互引援以達到中庸的境地才停止，正之也曾經講過這些話。

那安穩地走，慢慢地行，踩進中庸的門庭，到達它的堂上，除了這兩位賢人還有誰呢？我以前不敢自己肯定必然能達到這種境地，也願意跟隨在左右，幫著來做，就是了。唉，官有職守，私誼有牽掛，會合在一起，不可能經常有的。於是作一首同學詩，和子固作別，用來相互警惕，並且相互慰勉呢。

【文章分析】本篇選自臨川文集，是屬於贈序類的古文。是王安石早年送給曾鞏的一篇文章，並附有同學詩一首相酬答。文中除了說明仰慕曾鞏的言行外，並借正之作配，相互勸勉以達中庸的境地。文章淡而有緻，細讀能使人尋味無窮。

遊褒禪山記

王安石

褒禪山❶亦謂之華山，唐浮圖❷慧褒❸始舍於其址，而卒葬之，以故其後名之曰褒禪。今所謂慧空禪院❹者，褒之廬冢❺也。距其院東五里，所謂華陽洞者，以其在華山之陽名之也。距洞百餘步，有碑仆道❻，其文漫滅❼，獨其為文猶可識，曰花山❽。今言「華」如「華實」之「華」者，蓋音謬也❾。其下平曠，有泉側出，而記遊者甚眾，所謂前洞也。由山以上五六里，有穴窈然❿，入之甚寒，問其深，則其好遊者不能窮也，謂之後洞。

余與四人擁火⓫以入。入之愈深，其進愈難，而其見愈奇。有怠而欲出者，曰：「不出，火且盡。」遂與之俱出。

蓋予所至，比好遊者尚不能十一，然視其左右，來而記之者已少。蓋其又深，則其至又加少矣。方是時，予之力尚足以入，火尚足以明也。既其出，則或咎[12]其欲出者，而予亦悔其隨之，而不得極乎遊之樂也。

於是予有歎焉，古人之觀於天地、山川、草木、蟲魚、鳥獸，往往有得，以其求思之深而無不在也。夫夷[13]以近，則遊者眾；險以遠，則至者少。而世之奇偉瑰怪非常之觀，常在於險遠，而人之所罕至焉。故非有志者不能至也。有志矣，不隨以止也，然力不足者，亦不能至也。有志與力，而又不隨以怠，至於幽暗昏惑，而無物以相[14]之，亦不能至也。然力足以至焉而不至，於人為可譏，而在己為有悔。盡吾志也，而不能至者，可以無悔矣。其孰能譏之乎？此予之所得也。

余於仆碑，又以悲夫古書之不存。後世之謬其傳而莫能名者，何可勝道也哉？此所以學者不可以不深思而慎取之也。

四人者：廬陵[15]蕭君圭君玉[16]，長樂[17]王回深父[18]，余弟安國平父、安上純父[19]。

【註釋】❶褒禪山 因僧慧褒而得名，原名北山，又名華山，在安徽含山縣北。❷浮圖 梵語「佛陀」之異譯。

僧也。❸慧褒　唐高僧之法號。❹慧空禪院　即慧空寺。禪院，禪宗之寺院。❺廬冢　屋舍與墳墓。❻仆道　橫倒於道上。❼漫滅　因風雨浸漬而磨滅也。❽花山　即華山。❾今言華三句　言王安石指當時人將華山的「華」，讀成華（ㄏㄨㄚˊ）實的「華」，在音讀上有錯誤，應該讀成ㄏㄨㄚ，與碑上的「花山」的花，才能配合。華，同花。謬，錯誤。❿窈然　深遠貌。⓫擁火　持火把也。⓬咎　歸罪。⓭夷　平坦。⓮相　輔助也。⓯廬陵　今江西吉安縣。⓰蕭君圭君玉　蕭君圭，字君玉，生平未詳。⓱長樂　今福建長樂縣。⓲王回深父　王回，字深父，王安石之友，卒於宋英宗治平二年，臨川集有王深甫墓誌銘，祭王深甫文。父，與甫字通用。⓳安國平父安上純父　皆王安石之弟。王安石兄弟七人，安石排行第三，安國第四，安上最小。

【語　譯】褒禪山又叫做華山，唐代高僧慧褒最先住在這裏，死後也葬在這裏，因此，後來就叫褒禪山了。現在的慧空禪院，也就是以前慧褒的屋舍和墳墓的所在地。距禪院東五里，有一個叫華陽洞的，因它在華山的南邊而得名。距洞口一百來步，有一塊碑橫倒在路上，碑上的文字被風雨浸漬已看不清楚，只有碑上的文字還可以辨認，稱爲「花山」。今人把「華」（ㄏㄨㄚ）讀成「華（ㄏㄨㄚˊ）實」的「華」，大概是字音讀錯了。在洞的下面，平坦空曠，有道泉水在旁邊冒出來，寫過遊記的人很多，大家稱它爲前洞。從山下上山五六里的地方，有個巖洞很深，進入洞內很冷，問它有多深，就是好遊的人也無法子走到底的，這便是後洞。

我和四個人，打著火把進去。進去越深，前進越難，但所見的也越奇特。其中有人累了想出來的，便說：「不出來，火把要燒完了。」於是便跟他一起出來。

大概我所到的，比起好遊的還不及他們的十分之一，然而看左右兩旁，進到洞裏來所做的記號已經少了。大約進去越深，到的人便越少。當時，我的力氣還足夠再深入，火把還足夠照明用的。既然出來後，便有人歸罪先提議要出來的，我也後悔跟著他出來，致使不能得到盡興的遊樂。

於是我有所感慨。古人觀察天地、山川、草木、蟲魚、鳥獸，往往有心得，由於他人探求思慮的深刻，無所不到。那平坦和近的，遊客就多；那危險和遠的，到的人便少了。但世間奇特瑰怪的、不尋常的景致，常在危險和遙遠而人們所罕到的地方。所以非得有志氣的人不能到達。有了志氣，不隨人家停止下來，然而力氣不夠的，也不能到達。有了志氣和力氣，又不隨人家懈怠下來，然在幽暗看不見的地方，如果沒有其他的工具來幫助他，也是不能到達的。不過力氣足以到達而不到的，便會遭人譏笑，在他自己卻要後悔。盡了我的志氣，卻不能到達的，可以沒有後悔了。那還有誰會去譏笑他呢？這是我所獲得的心得。

我在橫倒的碑前，又悲傷古書的不能保存，後代錯誤的傳聞，卻不能說出眞正的名稱，眞不知道有多少呢？這便是學者不可不深加思慮，並加以審愼抉擇的啊。

同遊的四人是：廬陵人蕭君圭君玉，長樂人王回深父，和我的弟弟安國平父、安上純父。

【文章分析】本篇選自臨川文集，是屬於雜記類的古文。此篇王安石作於宋仁宗至和元年（西元一〇五四年）七月某日，也是他三十四歲的作品。

那年，王安石遊罷褒禪山的後洞，有感而作。這篇遊記，不著重寫景，也不著重寫名勝古蹟，或風土人情，而著重在個人的感慨上。可以說借遊巖洞來抒寫個人對做事治學的人生哲學。所以文章的佳妙，盡在「於是予有歎焉」那段上。吳楚材評此篇道：「借遊華山洞，發揮學道，或敘事，或詮解，或摹寫，或道故，意之所至，筆亦隨之，逸興滿眼；餘音不絕，可謂極文章之樂。」

泰州海陵縣主簿許君墓誌銘

王安石

君諱平，字秉之，姓許氏。余嘗譜其世家，所謂今泰州海陵縣❶主簿❷者也。君既與兄元❸相友愛，稱天下；而自少卓犖不羈❹，善辯說，與其兄俱以智略，爲爲世大人所器。寶元❺時，朝廷開方略之選❻，以招天下異能之士。而陝西大帥范文正公❼，鄭文肅公❽爭以君所爲書以薦❾，於是得召試，爲太廟齋郎❿。已而選泰州海陵縣主簿。貴人多薦君有大才，可試以事，不宜棄之州縣，君亦常慨然自許，欲有所爲。然終不得一用其智能以卒。噫！其可哀也已。

士固有離世異俗，獨行其意，罵譏笑侮，困辱而不悔，彼皆無衆人之求，而有所待於後世者也，其齟齬⑪固宜。若夫智謀功名之士，窺時俯仰，以赴勢物⑫之會，而輒不遇者，乃亦不可勝數。辯足以移萬物，而窮於用說之時；謀足以奪⑬三軍，而辱於右武⑭之國，此又何說哉⑮？嗟乎！彼有所待而不悔者，其知之矣。

君年五十九，以嘉祐⑯某年某月某甲子，葬真州⑰之揚子⑱縣甘露鄉某所之原。夫人李氏。子男瓌，不仕；璋，真州司戶參軍；琦，太廟齋郎；琳，進士。女子五人，已嫁二人：進士周奉先，泰州⑲泰興⑳縣令陶舜元。銘曰：

「有拔而起之，莫擠而止之。嗚呼！許君而已於斯，誰或使之？」

【註釋】❶海陵縣　今江蘇泰縣。❷主簿　官名。掌簿書之事，與丞、尉同爲縣佐。❸元　許平之兄。字子春，慶曆中，擢江淮制置發運判官。❹卓犖不羈　才能出衆而不受拘束也。❺寶元　宋仁宗年號。❻開方略之選　謂開科選拔俊秀之才。❼陝西大帥范文正公　陝西，省名。宋置陝西路，以在陝原之西，故名。大帥，統軍之主帥也。范文正公，即范仲淹，文正其諡也。❽鄭文肅公　即鄭戩，字天休，蘇州吳縣人。文肅其諡也。❾薦　舉而進之。❿太廟齋郎　太廟，天子之祖廟。齋郎，祭祀時執事之官員。⓫齟齬　齒不相值，引申爲意見不合而相惡也。⓬勢物　勢，指權勢。物，指外物。或本作勢利，則指權勢與利祿。⓭奪　強取也。⓮右武　尚武也。⓯此又何說哉　像韓非工說，而發憤于韓王；李廣善戰，而終詘于漢武。這樣的千古恨事，又該怎樣解釋呢？⓰嘉祐　宋仁宗年號。⓱眞州　宋置，治揚子縣，即今江蘇儀徵縣。⑱揚子　縣名，爲眞州之府治。⑲泰州　五代南唐置，宋仍之。即今江蘇泰縣。⑳泰興　縣名，在泰縣南。

【語　譯】先生名平，字秉之，姓許。我曾記述過他的世家，便是現在泰州海陵縣的主簿。先生和他哥哥許元很友愛，被天下人所稱道；但他從小便才能出衆，不受拘束，善於辯說，跟他哥哥都以才智多，被當代的士大夫所器重。寶元時，朝廷開科選拔秀才，來徵招天下才能特異的人。陝西大帥范文正公，鄭文肅公都爭先把先生的佳行上書舉薦給朝廷，因此能受召面試，授給他太廟齋郎的官。不久，選拔爲泰州海陵縣的主簿。一般官員多推薦他，說他有才幹，可以用他來做事，不應該把他隨便安揷在州縣裏，先生也曾激昂地自己期望，想有所作爲。然而終於沒用到他的智能便去世了。唉！眞可悲呀！

一個士必然有離世異俗，獨行他的意願，遭人冷笑熱駡，嘲笑侮辱，雖受困頓侮辱卻不後悔，他們都沒有普通人的要求，卻有所等待於後世的呢，他的不合時宜當然是會的。像那些有智謀功名的士子，觀察時機，上下逢迎，去求取權勢和外物的會合，卻往往不得志的，也都多到無法計算。他的辯才能夠轉移萬物，卻在用游說的時候受到窮困；智謀能夠奪得三軍，卻在尙武的國家受辱。這又怎樣解釋呢？唉！他有所等待卻不後悔的，可以知道了。

先生享年五十九歲，在嘉祐某年某月某日，葬在眞州揚子縣甘露鄉的某所。夫人李氏。兒子瓌，不做官；璋，爲眞州司戶參軍；琦，爲太廟齋郎；琳，進士。女兒五個，已嫁的兩個：一個嫁給進士周奉先，一個嫁給泰州泰興縣令陶舜元。銘辭是這樣的：

「有人把他提拔起來，不要去排擠他、阻撓他。唉！許先生卻止於這地步，是誰使他這樣的呢？」

【文章分析】本篇選自臨川文集，是屬於碑誌類的古文。古人立石墓上的稱碑，稱表，埋在土裏的稱誌；後世無論對已亡故的人頌功或傳敘生平，都稱爲墓誌銘，或神道碑。

全文共分四段：首段敘述許平有異才，被當世的士大夫所器重；但僅及於州縣的官，未被重任，實在可悲。二段，說明世上有離世遠俗的人，不逢迎勢利，他所盼望的，便是傳名後世，像許平，便是屬於這類的人。三段，記述許平的年壽，安葬的所在，及其家人。末段是簡短的銘。文章平實，依墓誌銘的體式來傳人，合乎尙書所說的：「文尙體要，不惟好異。」穩健平實，便是此篇的特色。

明文新譯

卷十二　明文

送天台陳庭學序

宋濂

西南山水，惟川蜀❶最奇。然去中州❷萬里，陸有劍閣棧道❸之險，水有瞿唐、灩澦之虞❹。跨馬行篁竹❺間，山高者，累旬日不見其顛際；臨上而俯視，絕壑萬仞，杳莫測其所窮，肝膽爲之掉栗❻。水行則江石悍利，波惡渦詭❼，舟一失尺寸，輒糜碎❽土沈，下飽魚鼈，其難至如此。故非仕有力者，不可以遊；非材有文者，縱遊無所得；非壯強者，多老死於其地，嗜奇之士恨焉。

天台❾陳君庭學，能爲詩，由中書左司掾❿，屢從大將北征有勞，擢四川都指揮司照磨⓫，由水道至成都。成都，川蜀之要地。揚子雲⓬、司馬相如⓭、諸葛武侯⓮之所居，英雄俊傑戰攻駐守之迹，詩人文士遊眺飲射賦詠歌呼之所，庭學無不歷覽。既覽，必發爲詩，以記其景物時世之變，於是其詩益工。越三年，以例自免歸⓯，會余於京師⓰，其氣愈充，其語愈壯，其志意愈高，蓋得於山水之助者侈⓱矣。

余甚自愧，方余少時，嘗有志於出遊天下，顧以學未成而不暇。及年壯可出，而四方兵起，無所投足⑱。逮今聖主興而宇內定，極海⑲之際，合為一家。而余齒⑳已加耄㉑矣！欲如庭學之遊，尚可得乎？然吾聞古之賢士，若顏回㉒、原憲㉓，皆坐守陋室，蓬蒿沒戶，而志意常充然，有若囊括㉔於天地者。此其故何也？得無有出於山水之外者乎？庭學其試歸而求焉，苟有所得，則以告余，余將不一愧而已也。

【作者】宋濂（西元一三一〇年——一三八一年），字景濂，明代金華浦江人。原籍浙江潛溪，後遷居浦江。自小英敏強記，喜歡讀書，沒有一天離開過書本。元末至正間，薦授翰林院編修，因親老辭謝不就，隱居龍門山，有十餘年。明太祖取婺州，召他任郡學五經師，第二年，出任江南儒學提舉，累官至翰林學士，教皇太子，修元史，歷十餘年。洪武十四年，因長孫宋慎犯法，舉家謫茂州，路中宋濂病卒，年七十二。明史卷一百二十三有傳。

宋濂出於元末文家吳萊、柳貫的門下，文章醇深渾穆，自中節度，為明初古文大家。著有龍門子凝道記二卷、浦陽人物記二卷、篇海類編二十卷、宋學士全集三十六卷。

【註釋】❶川蜀　即四川。❷中州　泛指古中原之地。時宋濂正講學河南龍門山，河南在華夏之中，故又稱為中州。❸劍閣棧道　四川省劍閣縣北，大小劍山之間，有棧道名曰劍閣。棧道，險絕之處，傍山架木作為道路。❹瞿唐灩澦之虞　瞿唐，長江三峽之一，在四川奉節縣東十三里，兩岸對峙，中貫一江，水勢怒激，為全蜀江路之門戶。灩澦，一名淫澦堆，在瞿唐峽口，水經江水注：「白帝城西江中有孤石，為淫澦石，冬出水二十餘丈，夏則沒。」虞，憂慮。❺篁竹　竹林。❻掉栗　戰慄也。❼波惡渦詭　波濤險惡，水流詭異莫測。❽糜碎　粉碎也。❾天台　浙江省縣名，因北有天台山而得名。❿中書左司掾　元併尚書省於中書省，下置左右司，分治省事，明沿其制。掾者，屬官之通稱。⓫

都指揮司照磨　都指揮司之屬官也。照磨者，以照對磨勘爲職，乃主管文書核對之官職。⑫揚子雲　卽揚雄。西漢賦家，成都人。⑬司馬相如　西漢賦家，成都人。⑭諸葛武侯　卽諸葛亮，字孔明，三國蜀相，封武鄉侯。⑮以例自免歸　例，援例。自免，辭職。言援例辭職而歸鄉里。⑯京師　京都也。明朝成祖以前，京師在南京。⑰侈　大也。⑱投足　立足也。⑲極海　窮盡四海。⑳齒　年紀也。㉑耄　老也。釋名：「七十曰耄。」㉒顏回　孔子弟子。魯國人。亦稱顏淵。㉓原憲　孔子弟子。魯國人。亦稱原思。㉔囊括　包羅也。

【語　譯】西南的山水，只有四川最爲奇特。然而離開中原有萬里，陸路有劍閣棧道的險阻，水路有瞿唐峽、灩澦堆的憂慮。騎馬在竹林裏行走，山是高峻的，一連幾十天都看不見山頂；居高往下看，斷崖深谷有萬仞的深，深遠到沒法測出它的底來，嚇得肝膽都會戰慄。從水路走，江中的巖石凶悍銳利，水波險惡，渦流詭異，行船只要差錯尺寸，往往會粉碎沉沒，給魚鼈吃掉，難行到這種地步。所以要不是做官有體力的，不可能去遠遊；要不是有才能有文采的，縱然遠遊了也沒有獲得；要不是身體強壯的，大半老死在這塊地方，好奇的人都因此感到遺憾。

天台陳庭學先生，能寫詩，從中書左司掾，屢次跟大將軍北征有功，提升四川都指揮司照磨，由水路到成都。成都，是四川重要的地方。揚雄、司馬相如、諸葛亮等人所住過，英雄豪傑征戰攻伐，駐節防守所留下來的遺跡，也是詩人文士遊覽眺望、飲酒投壺、賦詩詠唱的地方，庭學沒有不一一去遊覽的。遊覽過的，必定有所感發寫下詩篇，來記述那兒的景物，時世的變化，於是他的詩更加工巧。過了三年，他援例辭職還鄉，在京城裏會見我，他的神氣更充沛，他的言語更豪壯，他的志意更高強，是因爲得力於山水的幫助不少。

我自己感到慚愧得很，當我年少時，曾立志要到各地去遊歷，但因爲學業未完成，沒空暇出遊。到壯年可以出遊，但四方兵亂，沒有地方可以立足。到了現在，聖明的國君起來，海內安定，窮盡四海的地方，已合成一家。可是我的年紀更加老了！要想像庭學的遊歷，還可能得到嗎？然而我聽說古代的賢士，像顏回、原憲，他們都是坐守在陋室中，蓬蒿掩沒了門戶，意志卻經常充沛，好像能包羅天地似的，這是什麼緣故呢？也許是高出山水以外的陶冶吧？庭學將要回鄉去尋求這道理，如果有心得，便來告訴我，我將不只是慚愧一下便算了。

【文章分析】本篇選自宋學士文集，是屬於贈序類的古文。作者送給他的至友陳庭學臨別的贈言。陳庭學，浙江天台人，曾任四川都指揮司照磨，生平未詳。

全文共分三段：首段描寫四川山水奇險，水陸兩路都很難行，能去遊歷，實在不易。次段記述陳君的詩文、氣象、志意高壯，是得自山水的幫助，末段敘述自己不能出遊的原因，更由於庭學罷仕歸鄉，以古人有得於山水以外的修養，來勉勵他。

通篇文句簡短，輕快活潑，寫山水，道人事，都能層層呼應，不啻面語。

閱江樓記

宋濂

金陵❶為帝王之州，自六朝❷迄於南唐❸，類皆偏據❹一方，無以應山川之王氣❺。逮我皇帝❻，定鼎❼於茲，始足以當之。由是聲教所暨❽，罔間朔南❾，存神穆清❿，與道同體。雖一豫一游⓫，亦思為天下後世法。京城之西北，有獅子山⓬，自盧龍⓭蜿蜒⓮而來，長江如虹貫，蟠⓯繞其下。上以其地雄勝，詔建樓於巔，與民同游觀之樂。遂錫⓰嘉名為閱江云。

登覽之頃，萬象森列，千載之祕，一旦軒露，豈非天造地設，以俟大一統之君，而開千萬世之偉觀者歟？當風日清美，法駕⓱幸臨，升其崇椒⓲，凭欄遙矚，必悠然而動遐思。見江漢之朝宗⓳，諸侯之述職，城池之高深，關阨⓴之嚴固；必曰：「此朕櫛風沐雨㉑、戰勝攻取之所致也！」中夏㉒之廣，益思有以保之。見波濤之浩蕩，風帆之下上，番舶

㉓接跡而來庭，蠻琛㉔聯肩而入貢；必曰：「此朕德綏㉕威服，覃及外內之所及也！」四夷㉖之遠，益思有以柔之。見兩岸之間，四郊之上，耕人有炙膚皸足㉗之煩，農女有捋桑行饁㉘之勤；必曰：「此朕拔諸水火，而登於衽席㉙者也！」萬方之民，益思有以安之。觸類而推，不一而足。臣知斯樓之建，皇上所以發舒精神，因物興感，無不寓其致治之思，奚止閱夫長江而已哉？

彼臨春、結綺㉚，非弗華矣；齊雲、落星㉛，非不高矣。不過樂管絃之淫響㉜，藏燕趙之豔姬，一旋踵間而感慨係之，臣不知其為何說也？雖然，長江發源岷山㉝，委蛇㉞七千餘里而始入海，白湧碧翻。六朝之時，往往倚之為天塹㉟。今則南北一家，視為安流，無所事乎戰爭矣。然則果誰之力歟？逢掖之士㊱，有登斯樓而閱斯江者，當思帝德如天，蕩蕩難名，與神禹疏鑿之功，同一罔極。忠君報上之心，其有不油然而興者耶？臣不敏，奉旨撰記，故上推宵旰㊲圖治之切者，勒諸貞珉㊳。他若留連光景之辭，皆略而不陳，懼褻㊴也。

【註釋】①金陵 古地名。即今南京市及江蘇江寧縣地。②六朝 三國東吳、東晉、宋、齊、梁、陳六朝，均都金陵。③南唐 國名。五代十國之一，徐知誥受吳禪，稱帝於金陵，國號唐，史稱南唐。④偏據 偏安據守。言帝力未及全國。❺王氣　古有望氣之術，有王者起，氣或先見，是曰王氣。❻逮我皇帝　逮，及也。皇帝，指明太祖。❼定鼎　建都之意。❽暨　及也。❾朔南　朔北與江南。❿穆清　和穆清明。⓫一豫一遊　一度享樂，一度遊覽也。孟子梁惠王下：「一游一豫，爲諸侯度。」朱注：「豫，樂也。」⓬獅子山　在南京西北，山形若獅，故名。亦名雲龍寨。⓭盧龍　山名。在南京西北，明太祖嘗大破陳友諒於此。⓮蜿蜒　屈曲之狀。⓯蟠　曲也。⓰錫　賜也。⓱法駕　天子之車駕也。⓲崇椒　山之高處。椒，山頂也。⓳朝宗　諸侯朝見天子。春見曰朝，夏見曰宗。此言江漢之水歸宗入海。⓴關阸　關塞也。㉑櫛風沐雨　莊子天下篇：「沐甚雨，櫛疾風。」蓋言勤苦執勞，無暇櫛沐也。今因謂人操勞暴露曰櫛風沐雨。㉒中夏　即中國。㉓番船　外國之船舶。㉔蠻琛　異國之珍寶。㉕綏　安撫。㉖四夷　四方之夷邦也。㉗炙膚皸足　炙膚，言在烈日下，肌膚如炙。皸足，言天寒足凍而裂也。㉘捋桑行饁　捋桑，以指捋取桑葉，即採桑也。行饁，餉耕者以食也。㉙衽席　衽，亦席也。引申爲安樂之意。㉚臨春結綺　陳後主所建之閣樓也。故址在今南京市。㉛齊雲落星　皆古樓名。齊雲，五代韓浦所建。落星，三國吳大帝時，建高樓於落星山。㉜浤響　浤湃之音。㉝岷山　在今四川松潘縣。禹貢所謂岷山導江。長江發源岷山，乃古人之誤。實源於青海之巴顏喀拉山南麓。㉞委蛇　蜿曲貌。㉟天塹　天然之塹坑。言天險也。塹，坑也。㊱逢掖之士　指儒士。逢掖，大衣也，古儒者之服也。㊲宵旰　天未明而衣，日既暮而食，言天子勤於政事也。㊳貞珉　碑石之美稱。㊴褻　輕慢。

【語　譯】金陵是帝王的京城，從六朝到南唐，大抵都偏安據守一方，不能配應山川的王氣。到了我朝皇帝，定都在此，才能配應得上。於是聲聞教化所到的地方，不分朔北江南，心神所在，和穆清明，跟天道同體。雖是天子的一次遊巡一次宴樂，都希望成爲天下後世的楷模。京城的西北方，有獅子山，從盧龍山蜿蜒而來，長江像一道長虹橫貫當中，彎曲圍繞在山下。皇上因這地方形勢險勝，下令在山頂建樓，跟老百姓同享遊觀的樂趣，於是賜美名爲「閱江樓」。

當人們在樓上登臨遊覽的時候，各種氣象森然羅列，千年的奧祕，一旦開豁顯露出來，這難道不是天造地設，來等候一位一統的國君，開創千萬世的大觀嗎？當風清日麗的時候，天子駕到，登上高山，憑欄遠眺，必然悠悠地引起遐思。看到江漢的水，歸宗入海，諸侯的來朝稱述職守，城池的高深，關塞的嚴密堅固；他必然會說：「這是我風吹雨打、出征攻打辛苦所獲得的呀！」對廣闊的中國江山，便越發地想保有它。看到波濤的浩蕩，風帆的往來其間，外國的船隻，接連地來朝見，蠻夷的珍寶，接連地來進貢；他必然會說：「這是我德化的安撫、威儀鎮服，聲威延及內外所能到的地方啊！」對遼遠的四境夷邦，便越發想柔懷他們。看到兩岸的地方，四面郊野上，農夫日曬受凍的煩勞，村女採桑送飯的辛勤；他必然會說：「這是我把他們從水火中拯救出來，引他們登上安樂的境地的呀！」對萬方的民衆，便越發想安撫他們。觸類旁通地想，不是一項便可滿足了。臣知道皇上修築此樓的用意，是在發抒博大的精神，因景物興起感觸，無不寄寓他求治的想法，哪裏僅止於觀覽長江的風景而已呢？

那臨春閣、結綺閣，不能不算華麗；齊雲樓、落星樓，不能不算高大。不過這些地方只是享受絲竹的淫聲，嬌藏燕、趙的豔女；不多久便消失了，徒使人感慨，臣不知它有何意義？雖然，長江發源於岷山，蜿蜒七千餘里，然後入海，白波碧水翻湧。六朝時，往往靠了它做爲天然的險要。現在南北一家，看做安詳的江流，不再用在戰爭上了。那麼果眞是誰的力量呢？穿著儒服的士子，每登上這座樓，去望長江，便當想到聖德如天，浩大地無法形容，跟神禹疏導開鑿的功勞，同樣的沒有窮盡。忠君報上的心，怎能不油然地興起呢？臣愚笨得很，奉聖旨寫這篇記，想推崇皇上日夜圖治的功勞，刻在美石上。至於其他留連光景的話，都略去不說，是恐怕褻瀆輕慢呢！

【文章分析】本篇選自宋學士文集，爲雜記類的古文。宋濂奉明太祖的聖旨，作閱江樓記。文中記敘建造閱江樓的意義，在君王能與民同樂。描寫登樓覽長江，極感山川的博大，讚揚皇恩的浩蕩。文氣雄偉，不失爲大家的手筆。閱江樓的地址，在南京的西北，獅子山上，俯視長江，形勢險勝。

全文的結構，首先點出「金陵爲帝王之州」，開端不凡，接著指出「閱江樓」的地點及得名的由來，已應題文。中段，用情景的交融的手法，更見高妙。描寫登樓遠眺江山，必悠然動遐思；見江漢朝宗，思有以懷諸侯；見番舶來庭，思有以柔遠人；見四郊農桑勤勞，思有以子庶民，因物興感，不僅是閱覽長江罷了。末段，列舉前代金陵所建的宮樓，只是帝王享樂的地方，而閱江樓是供天下人士登覽，始知皇恩如天，使人思忠臣報國之心；結語指出寫刻石的用意，點出「記」字。文竟首尾圓合，可與范仲淹的岳陽樓記媲美，不僅寫江山美景，還融有忠國憂民的思想，絕妙。

司馬季主論卜

劉基

東陵侯❶既廢，過司馬季主❷而卜❸焉。

季主曰：「君侯④何卜也？」東陵侯曰：「久臥者思起，久蟄⑤者思啟，久懣⑥者思嚏⑦。吾聞之：『蓄極則洩，閟⑧極則達，熱極則風，壅極則通。一冬一春，靡屈不伸；一起一伏，無往不復。』僕竊有疑，願受教焉！」

季主曰：「若是，則君侯已喻之矣！又何卜為⑨？」東陵侯曰：「僕未究其奧⑩也，願先生卒⑪教之。」

季主乃言曰：「嗚呼！天道何親？惟德之親；鬼神何靈？因人而靈。夫蓍⑫，枯草也；龜⑬，枯骨也；物也。人，靈於物者也，何不自聽而聽於物乎？且君侯何不思昔者也？有昔必有今日。是故碎瓦頹垣，昔日之歌樓舞館也；荒榛斷梗⑭，昔日之瓊蕤玉樹⑮也；露蠶風蟬，昔日之鳳笙龍笛⑯也；鬼燐螢火，昔日之金缸⑰華燭也；秋荼春薺⑱，昔日之象白駝峯⑲也；丹楓白荻⑳，昔日之蜀錦齊紈㉑也。昔日之所無，今日有之不為過；昔日之所有，今日無之不為不足。是故一晝一夜，華開者謝；一春一秋，物故者新。激湍之下，必有深潭；高丘之下，必有浚谷㉒。君侯亦知之矣！何以卜為？」

【作者】劉基（西元一三一一年——一三七五年），字伯溫，明代青田人。從小慧穎，通經史，尤其擅長天文兵法。元至順間舉進士，任高安丞，有好的名聲。後痛政治黑暗，棄官還鄉，隱居青田山中，著郁離子十八篇以諷世。郁離子為寓言之作，語近詼謔而有深意。

明太祖起兵，劉基佐太祖滅陳友諒、張士誠，北伐中原，統一天下。官至御史中丞，兼太史令，封誠意伯。劉基性情剛直，與人無忤，明太祖稱他為老先生，不稱他名字，最後被胡惟庸所陷害，憂憤而死，享年六十五歲。明史卷一百二十八有傳。

明史本傳稱他的文章，氣昌而奇，與宋濂並為一代的宗匠。詩歌沉鬱頓挫，可與高啓相抗。作品有郁離子、覆瓿集等書，文集為誠意伯集。

【註釋】❶東陵侯　秦邵平封東陵侯，秦亡被廢，家貧，種瓜於長安城東，世稱爲東陵瓜。❷司馬季主　漢楚人，遊學長安，賣卜東市，遇中大夫宗忠、博士賈誼，相與論卜。見史記日者列傳。❸卜　問龜曰卜，以兆測知吉凶也。❹君侯　列侯之尊稱。後爲尊貴者之泛稱。❺蟄　伏藏也。❻懣　煩悶。❼嚏　噴鼻。❽閟　閉也。❾爲　疑問語助詞，無義。❿奧　深奧。⓫卒　盡也。⓬蓍　草名，古取其莖爲占筮之用。⓭龜　古灼龜甲以卜也。⓮荒榛斷梗　言遍地荒蕪。榛，叢林。梗，枝莖。⓯瓊蕤玉樹　言草木華茂如瓊玉。瓊，美玉也。蕤，草木花垂貌。⓰鳳笙龍笛　皆梁武帝所製之曲名。此指笙歌也。⓱金缸　華燈也。⓲秋荼春薺　荼，苦菜。薺，蔬菜類，味甘可食。⓳象白駝峯　皆珍貴之佳餚。象白，象鼻也。駝峯，駱駝背之肉。⓴丹楓白荻　楓葉入秋轉紅，故曰丹楓。蘆花色白，故稱白荻。㉑蜀錦齊紈　錦，文繪也。四川所出之錦，稱蜀錦。山東所產之絹曰齊紈。㉒浚谷　深谷。

【語譯】東陵侯被廢後，到司馬季主那兒去占卜。

季主說：「您要卜什麼？」東陵侯說：「躺得太久的人想起來，伏藏很久的人想出來，煩悶太久的人想打噴嚏。我聽人說：『積蓄過滿便要發洩，關閉過分便要開放，熱到極點就要生風，擁塞過度就要疏通。經過一冬一春，沒有曲而不伸的；經過一起一伏，沒有去而不回的。』我心裏感到疑惑，願意接受您的教導！」

季主說：「這樣說來，您已經明白了！又何必要占卜呢？」東陵侯答道：「我還沒徹底瞭解箇中奧妙，願先生儘量教導我。」

季主於是說道：「哦，天道對誰親近呢？只有親近有德的人；鬼神何以會靈驗呢？那是要靠人才會靈驗。蓍草，只是枯草；龜甲，只是枯骨；屬於物類。人，在萬物中是有靈性的，爲什麼不聽信自己，卻聽信物類呢？並且您爲什麼不想想過去呢？有過去的必定有現在。所以破瓦斷牆，是過去的歌樓舞館；荒林斷草，是過去的瓊花玉樹；露天的蠶，風中的蟬，是過去的笙歌曲調；鬼火流螢，是過去的金燈華燭；秋天的荼草，春天的薺菜，是過去的象鼻駝峯；紅的楓樹，白的荻花，是過去的蜀錦齊紈。過去沒有的，現在有了，不算過份；過去有的，現在沒有了，也不算不夠。所以經過一天一夜，花開的謝了；經過一春一秋，物類舊的變新了。在急流的下面，必定有深潭，高山的下面，必定有深谷。您也明白這些道理了，爲什麼還要來占卜呢？」

【文章分析】本篇選自誠意伯集，爲論辨類的古文。該篇爲郁離子天道篇中的一段，選文者題以「司馬季主論卜」，文中借秦代東陵侯邵平，入漢後爲平民，向漢代善卜的司馬季主問卜，論人間興衰貴賤事，都有時命。劉基作此篇的用意，可能是看到元末遺臣，入明後不被任用，所以用盛衰起伏的道理，來規諷他們。所以全文的重點，擺在末段季主的答言上。

林西仲的古文析義評道：「自首至尾，總是一個屈伸起伏道理。」又說：「其中撫今追昔一段，說得如許悲涼，富貴驕人之徒讀之，便是一服清涼散也。」

賣柑者言

劉基

杭❶有賣果者，善藏柑❷，涉寒暑不潰，出之燁然❸，玉質而金色。置于市，賈❹十倍，人爭鬻之。予貿得其一，剖之，如有烟撲口鼻。視其中，則乾若敗絮❺。予怪而問之曰：「若❻所市於人者，將以實籩豆❼、奉祭祀、供賓客乎？將衒外以惑愚瞽❽也？甚矣哉！爲欺也。」

賣者笑曰：「吾業是有年矣，吾賴是以食❾吾軀。吾售之，人取之，未嘗有言。而獨不足⑩於子乎！世之為欺者不寡矣，而獨我也乎？吾子未之思也！今夫佩虎符⑪、坐皋比⑫者，洸洸⑬乎干城⑭之具也，果能授孫、吳⑮之略耶？峨⑯大冠、拖長紳⑰者，昂昂⑱乎廟堂⑲之器也，果能建伊、皋⑳之業耶？盜起而不知禦，民困而不知救，吏姦而不知禁，法斁㉑而不知理，坐糜廩粟而不知恥。觀其坐高堂、騎大馬、醉醇醴㉒而飫㉓肥鮮者，孰不巍巍㉔乎可畏，赫赫乎可象㉕也！又何往而不金玉其外、敗絮其中也哉！今子是之不察，而以察吾柑。」

予默然無以應。退而思其言，類東方生㉖滑稽之流。豈其憤世疾邪者耶？而託于柑以諷耶？

【註釋】❶杭　即杭州。❷柑　果名。實似橘而圓大，生青熟黃。❸燁然　光澤貌。❹賈　通「價」。❺敗絮　破爛之棉絮。❻若　你。❼籩豆　盛果實肉脯的禮器。竹曰籩，木曰豆。❽衒外以惑愚瞽　衒，炫耀。愚瞽，闇鈍而目不辨物者。謂炫耀於外，以迷惑愚鈍盲目者。❾食　動詞，養也。❿不足　不滿也。⓫虎符　虎形的兵符，用為信物。⓬皋比　虎皮坐褥，指武將之座席。⓭洸洸　威武貌。⓮干城　扞衛之意。干，盾。⓯孫吳　即孫武、吳起，皆古代兵法家。⓰峨　高。⓱長紳　大帶。⓲昂昂　高貌。⓳廟堂　天子之宗廟，指朝廷。⓴伊皋　即伊尹、皋陶，皆古代賢相。㉑斁　敗也。㉒醇醴　酒也。厚酒曰醇，甜酒曰醴。㉓飫　飽也。㉔巍巍　高大貌。㉕赫赫乎可象　赫赫，勢盛貌，象，取法。㉖東方生　指漢武帝時東方朔，字曼倩，善詼諧，寓諷諫，武帝常為其所感悟。

【語譯】杭州有個賣水果的，善於保藏柑子，經過寒暑也不腐爛，拿出來仍很有光澤，像玉的質地，金的色澤。擺在街上賣，價錢比以前貴十倍，一般人還搶著購買。我也買到一個，剖開來，好像有煙氣嗆人口鼻；看柑子裏面，乾得像破棉絮。我感到奇怪，便去責問賣柑者：「你所賣給人的柑子，是要裝在籩豆裏、供祭祀、享賓客的呢？還是要炫耀它的外表，來欺騙愚鈍盲目的人呢？這樣的欺騙人，實在太過份了！」

賣柑的人笑著答道：「我操這行業有好幾年了，我是靠這來養活我自己。我賣柑子，人家買去，沒有聽到有人講閒話的。卻偏偏不能滿意於你嗎！世上從事欺騙的人不少，難道只我一個人嗎？你沒有去想罷了！如今佩帶虎符、坐在虎皮坐墊上的人，威武地像扞衞國家的良才，他果能策劃出孫武、吳起的謀略嗎？戴高冠、拖大帶的人，高高地像朝廷的賢才，他果能建立起伊尹、臯陶的功業嗎？盜賊興起卻不知道防止，民生疾苦卻不知道拯救，官吏奸惡卻不知道制裁，法令敗壞卻不知道整飭，空耗公糧卻不知恥辱。看他們坐在高堂上，騎著大馬、美酒吃得醉醺醺的，肥美的食物吃得飽飽的，誰不是現出崇高得令人生畏，顯赫得令人羨慕！又何嘗不是外表好看，內裏草包一個呢！現在這些你都不理會，卻專門挑剔我的柑子。」

我默默地沒話回答。回來後細想他所說的，很像東方朔一流的滑稽人物。難道他是憤世嫉俗的人嗎？或者是寄託在柑子上來諷刺世俗呢？

【文章分析】此篇選自誠意伯文集，爲寓言性的雜記類古文。寓言根源於諸子，作者借一段故事來烘托他所要表達的意思，做到罕譬而喻。古文家的寓言，便含有世教的意義，像韓愈的圬者王承福傳，柳宗元的種樹郭橐駝傳、黔之驢等，都是著名的例子。

劉基的賣柑者言，是假託賣柑者的話，來譏諷當時的文武百官無能，專做些欺世盜名的事，就如同杭人的柑橘，金玉其外，敗絮其中，中看不中用。文章結構嚴謹，首段記敘所賣的柑，便是虛有其表，並以此設問。二段記賣柑者言，有所諷刺。末段，謂賣柑者的話，出於憤世嫉邪，發人深省。

深慮論

方孝孺

慮天下者，常圖其所難，而忽其所易；備其所可畏，而遺其所不疑。然而禍常發於所忽之中，而亂常起於不足疑之事。豈其慮之未周與？蓋慮之所能及者，人事之宜然；而出於智力之所不及者，天道也。

當秦之世，而滅六諸侯，一天下；而其心以爲周之亡，在乎諸侯之強耳。變封建而爲郡縣❶，方以爲兵革❷可不復用，天子之位可以世守；而不知漢帝起隴畝❸之匹夫，而卒亡秦之社稷❹。漢懲❺秦之孤立，於是大建庶孽❻而爲諸侯，以爲同姓之親，可以相繼而無變；而七國❼萌篡弒之謀。武、宣❽以後，稍剖析之而分其勢，以爲無事矣；而王莽❾卒移漢祚。光武之懲哀、平❿，魏之懲漢⓫，晉之懲魏⓬，各懲其所由亡而爲之備；而其亡也，皆出其所備之外。

唐太宗聞武氏之殺其子孫⓭，求人於疑似之際而除之；而武氏日侍其左右而不悟。宋太祖見五代方鎭之足以制其君⓮，盡釋其兵權⓯，使力弱而易制；而不知子孫卒困於夷狄⓰。此其人皆有出人之智，負蓋世之才，其於治亂存亡之幾，思之詳而備之審矣。慮切於此，而禍興於彼，終至於亂亡者，何哉？蓋智可以謀人，而不可以謀天。良醫之子，多死於病；良巫之子，多死於鬼。彼豈工於活人而拙於活己之子哉？乃工於謀人而拙於謀天也。

古之聖人，知天下後世之變，非智慮之所能周，非法術之所能制，不敢肆其私謀詭計，而惟積至誠、用大德，以結乎天心，使天眷其德，若慈母之保赤子⑰而不忍釋。故其子孫，雖有至愚不肖者足以亡國，而天卒不忍遽亡之，此慮之遠者也。夫苟不能自結於天，而欲以區區之智，籠絡當世之務，而必後世之無危亡，此理之所必無者也，而豈天道哉？

【作者】方孝孺（西元一三五七年——一四〇二年），字希直，一字希古，明代寧海人。他是宋濂的學生，以明王道、致太平為己任。他的書房叫做「正學」，世人稱他為正學先生。惠帝時，任侍講學士，朝廷的政令多出自他的手筆。建文四年，燕王棣攻陷南京，卽帝位，是為明成祖。孝孺被捕下獄，成祖派使請孝孺擬寫詔誥，孝孺不肯，被殺，時年四十六。明史卷一百四十一有他的傳。四庫全書總目評論他的文章為：「孝孺學術醇正，而文章乃縱橫豪放，頗出入東坡（蘇軾）、龍川（陳亮）之間。」著有遜志齋集、侯成集、希古堂稿等書。

【註釋】❶變封建而爲郡縣　周採封建制度。王者以爵土分封諸侯。其後秦統一天下，廢封建，置郡縣，分海內爲三十六郡。❷兵革　泛指軍事。兵，指矛戟之屬；革，指甲冑之屬。❸隴畝　田野也。❹社稷　社爲土地神，稷爲穀神，皆天子諸侯之所祭。引申爲國家之意。❺懲　戒也。❻庶孽　庶子也。❼七國　指漢孝景帝時，吳、楚、趙、膠西、濟南、菑川、膠東七國。❽武宣　武帝、宣帝也。❾王莽　字巨君，平帝時爲大司馬，獨攬朝政，號安漢公。後弒平帝，立孺子嬰，尋篡位自立，改國號曰新，是爲新莽。❿光武之懲哀平　哀，平，哀帝、平帝也。謂光武鑑於前漢權落貴戚之弊，不任三公以事，而政歸臺閣。⓫魏之懲漢　言曹丕以漢多外戚之禍爲戒。⓬晉之懲魏　言司馬炎鑑於魏之孤立，大封宗室於要地，致肇八王之亂。又去州郡武備，召五胡之亂。⓭唐太宗句　唐太宗，姓李，名世民，唐高祖之子，在位二十三年。武氏，名曌。有傳祕記云：唐三世之後，女主武氏代有天下。上問太史令李淳風，對曰：「其人已在陛下宮中，不過三十年，當王天下，殺唐子孫殆盡。」上曰：「疑似者盡殺之何如？」對曰：「天之所命，人不能違也。」事見資治通鑑唐紀。⓮宋太祖句　宋太祖，姓趙，名匡胤。五代，指梁、唐、晉、漢、周。方鎭，統領兵權，駐節州郡，如唐之節度使。⓯盡釋其兵權　宋太祖建隆二年，召諸鎮節度，會於京師，賜第留之，分命朝廷文臣出守列郡，自此藩鎮割據之禍除。⓰子孫卒困於夷狄　北宋有遼夏爲患。靖康二年，金兵陷汴京，擄徽、欽二帝，北宋亡。南宋，向金稱臣，卒爲蒙古所滅。⓱赤子　初生之嬰兒。

【語譯】憂慮天下的人，往往想到艱難的方面，卻忽略了容易的；防備了可怕的方面，卻忽略了不成問題的。然而，禍害常發生在疏忽的地方，變亂常興起在不成問題的事情中。難道是他們的思慮不周全嗎？由於所能思慮到的，是人事應當的情形；但有些事是人的智力所不能到的，那是天道啊。

當秦朝的時代，吞併六國，統一天下；但他心想，周朝的亡國，在於諸侯的坐大。於是變封建制度爲郡縣制度，正以爲兵器可以不必再用，天子的位可以世代保有；卻不知道漢高帝是由田野間的一介平民興起，而終於滅了秦國。漢代鑑於秦國的孤立，於是大封庶子爲諸侯，以爲同姓的親屬，可以世代繼續下去，不會變亂；但七國萌生了篡位弒君的陰謀。武帝、宣帝以後，稍微分割諸侯的土地，分散諸侯的勢力，以爲這樣可以無事了；可是王莽終於篡得漢朝的天下。光武帝以哀帝、平帝的禍患爲戒，魏朝以漢代的禍患爲戒，晉朝以魏代的禍患爲戒，各警戒於他們所以滅亡的原因，而加以防備；然而他們的滅亡，都出於他們所防備以外的事故。

唐太宗聽說姓武的將殺掉他的子孫，便查訪那些有嫌疑的人，想把他們殺掉；但武氏每天侍候在他左右，反而察覺不到。宋太祖看到五代的方鎮足以牽制君權，於是盡解軍人的兵權，使他們力量薄弱，容易控制；卻想不到他的子孫卻受困於夷狄。這些人都有出乎常人的智慧，有蓋世的才華，對於治亂存亡的先兆，思慮得很精詳，防備得很周密。考慮到這一頭，禍患卻興起在那一頭，終至於混亂滅亡，這是什麼道理呢？大抵智慧可以謀畫人事，卻不可能謀畫天道。良醫的兒子，很多死於疾病；良巫的兒子，很多死於鬼魅；他們難道擅長於醫活別人卻短於醫活自己的兒子嗎？實際上是擅長於謀畫人事，短於謀畫天道的緣故。

古代的聖人，明察天下後世的變化，不是智慧思慮所能周全的，不是法術所能控制的；不敢肆意運用他的計謀，只有積存至誠，施用大德，來結合天心；使蒼天顧念他的德澤，如同慈母的愛護嬰兒，不忍心放棄他。所以他的子孫，雖有極愚蠢不賢的足以把國家亡掉，但天不忍心驟然使他亡掉，這是思慮深遠的緣故。如果不能自己結合天心，卻想以小小的智謀，籠絡當代爲務，卻要後代子孫不遭到危亡，按理說這是絕對不可能的，那裏會是天道呢？

【文章分析】此篇選自遜志齋集，爲論辨類的古文，方孝孺闡明治國的方法，曾著有「深慮論」十篇。此篇爲第一篇，文中的要旨，在申論國家的興衰，在於天道，君王應配合天道，行仁政，以保社稷，不應在智術上用工夫，籠絡天下。否則終於會失去國家。

全篇的結構，綱領在「天道」兩字上，故首段便申明君主治國，所能謀慮的，只限於人事上的。天道的事，不是智力所能及。二、三兩段，便列舉秦以後各代，就前代滅亡的原因，加以防患，但國祚的窮盡，都是由於工於謀人而拙於謀天所致。末段，點明國君唯有積至誠，用大德，來結合天心，才能免於危亡。全文反復申論配應天道的重要，故能首尾呼應，不失主題。

豫讓論

方孝孺

士君子立身事主，既名知己，則當竭盡智謀，忠告善道❶，銷患於未形，保治於未然，俾身全而主安。生爲名臣，死爲上鬼❷，垂光百世，照耀簡策❸，斯爲美也。苟遇知己，不能扶危於未亂之先，而乃捐軀殞命❹於既敗之後，釣名沽譽❺，眩世駭俗❻。由君子觀之，皆所不取也。

蓋嘗因而論之：豫讓❼臣事智伯❽，及趙襄子❾殺智伯，讓爲之報讎。聲名烈烈，雖愚夫愚婦，莫不知其爲忠臣義士也。嗚呼！讓之死固忠矣。惜乎處死之道，有未忠者存焉。何也？觀其漆身吞炭❿，謂其友曰：「凡吾所爲者極難，將以愧天下後世之爲人臣而懷二心者也。」謂非忠可乎？及觀斬衣三躍[11]，襄子責以不死於中行氏[12]，而獨死於智伯。讓應曰：「中行氏以眾人待我，我故以眾人報之；智伯以國士[13]待我，我故以國士報之。」即此而論，讓有餘憾矣。

段規之事韓康[14]，任章之事魏獻[15]，未聞以國士待之也；而規也章也，力勸其主，從智伯之請，與之地以驕其志，而速其亡也。郗疵之事智伯[16]，亦未嘗以國士待之也；而疵能察韓、魏之情以諫智伯，雖不用其言，以至滅亡，而疵之智謀忠告，已無愧於心也。讓既自謂智伯待以國士矣。國士，濟國之事也。當伯請地無厭之日，縱欲荒棄之時，為讓者，正宜陳力就列[17]，諄諄然而告之曰：「諸侯大夫，各受分地，無相侵奪，古之制也。今無故而取地於人，人不與，而吾之忿心[18]必生；與之，則吾之驕心以起。忿必爭，爭必敗；驕必傲，傲必亡。」諄切懇告[19]，諫不從，再諫之；再諫不從，三諫之；三諫不從，移其伏劍[20]之死。死於是日，伯雖頑冥不靈，感其至誠，庶幾復悟。和韓、魏，釋趙圍，保全智宗，守其祭祀。若然，則讓雖死猶生也，豈不勝於斬衣而死乎？讓於此時，曾無一語開悟主心，視伯之危亡，猶越人視秦人之肥瘠[21]也。袖手旁觀，坐待成敗，國士之報，曾若是乎？智伯既死，而乃不勝血氣之悻悻[22]，甘自附於刺客之流，何足道哉？何足道哉？

雖然，以國士而論，豫讓固不足以當矣。彼朝爲讎敵，暮爲君臣，靦然㉓而自得者，又讓之罪人也。噫！

【註　釋】❶忠告善道　盡忠心以規勸，導其爲善也。道，同導。論語顏淵：「忠告而善道之。」❷上鬼　上德之鬼。❸簡策　謂典籍也。簡，竹簡。連編數簡謂之策。❹捐軀殞命　猶言犧牲生命。❺釣名沽譽　謂有意釣取聲名使人頌揚也。❻眩世駭俗　謂惑亂世人，驚駭世俗也。❼豫讓　戰國時晉人，嘗事范中行氏，無所知名，乃去而事智伯。後智伯爲趙襄子所殺，豫讓爲其復仇，未果，亦死之。事見史記刺客列傳。❽智伯　晉大夫荀瑤也。❾趙襄子　晉大夫，與韓康子、魏桓子共敗智伯軍，遂殺智伯而滅其族，盡分其地。❿漆身呑炭　豫讓欲謀刺趙襄子，爲智伯報仇，乃漆身爲癩，以變其容，呑炭爲啞，以變其音。⓫斬衣三躍　趙襄子出，豫讓伏於所當過之橋下，謀刺未果，被虜獲。讓曰：「今日之事，臣固伏誅，然願請君之衣而擊之，以致報仇之意，則雖死不恨。」於是襄子大義之，乃使使持衣與讓，讓拔劍三躍而擊之。遂伏劍自殺。⓬中行氏　春秋時晉卿，中行文子荀寅也。自荀林父將中行，後因以官爲氏。⓭國士　濟國之士也。⓮段規之事韓康　智伯請地於韓康子，康子欲弗與。段規曰：「不如與之。彼狃於得地，必請於他人。他人不與，必向之以兵，我得免於患而待事之變也。」康子乃與之。⓯任章之事魏獻　魏獻，魏桓子。智伯又求地於魏桓子，桓子以無故，欲弗與。任章曰：「無故索地，諸大夫必懼。吾與之地，智伯必驕。彼驕而輕敵，此懼而相親。智氏之命，必不長矣。」桓子亦與之。⓰郗疵之事智伯　智伯率韓、魏之兵圍道城而灌之。郗疵曰：「夫從韓、魏而攻趙，趙亡。難必及韓、魏，韓、魏必反矣。」智伯不聽，襄子陰與韓、魏約，夜使人殺守隄之吏，決水灌智伯軍，遂滅智氏。⓱陳力就列　言居其位當盡才力而爲也。陳，布也。列，位也。論語季氏：「陳力就列，不能者止。」⓲忿心　怨恨之心。⓳諄切懇告　謂忠厚誠意以告之也。⓴伏劍　自刎也。㉑越人視秦人之肥瘠　喻痛癢不相關也。越人在東南，秦人在西北，相去甚遠，秦人之肥瘦，與越人無關，故以此爲喻。㉒悻悻　忿恨貌。㉓靦然　厚顏不知恥貌。

【語　譯】一個士君子處身社會上，事奉主人，既稱得上爲知己，便當竭盡智謀，忠心規勸引導他從善，在禍患未形成前清除，在問題未發生前治理，使自身保全，主人安寧。生前做個名臣，死後做個善鬼，留名百代，照耀在史册，這才算是好人。如果遇到知己，在未亂前不能扶持危難，在失敗後卻犧牲了生命，有意來釣取聲譽，迷惑世人，驚駭世俗。以君子的眼光來看，這樣做是不可取的。

就這問題來討論，豫讓做智伯的臣子，等到趙襄子殺了智伯，豫讓替他報仇。聲名顯赫，雖是愚夫愚婦，也沒人不知道他是個忠臣義士啊。唉，豫讓的死的確是忠的表現；可惜他處理死亡的方法，還有不忠的地方存在。何以見得？看他漆身吞炭，對他的朋友說：「凡是我所做的事，都是極難的。將使天下後世懷有二心的臣子感到慚愧。」說他不忠可以嗎？看到他三次跳斬趙襄子的空衣，趙襄子責備他不爲中行氏死，卻單獨爲智伯死。豫讓應道：「中行氏以普通人待我，我所以以普通人的方式報答他；智伯以國士的禮節待我，我所以以國士的節操報答他。」就此而論，豫讓有遺憾的地方了！

段規事韓康，任章事魏獻，沒有聽說韓、魏以國士的禮節待他們。但段規和任章，盡力勸他的主人，依照智伯的請求，給他土地，讓他心志驕縱，而促使他速亡。郤疵事智伯，也沒聽說智伯以國士待他。但郤疵明察韓、魏的實情以諫智伯，雖智伯不用他的話，以致敗亡；然而郤疵已盡了他的智謀和忠告，已經無愧於心了。豫讓既然自謂智伯以國士的禮待他。國士，當從事救國的事。當智伯索取別人土地永遠沒有滿足的時候，縱慾荒淫暴亂的時候，做臣子的豫讓，正應當就他的地位盡才力來做，忠實地告訴他：「諸侯大夫們，各人接受所分得的封地，不要互相侵奪，這是古代的制度。現在無緣無故侵奪他人的土地，別人不給，使我產生怨恨的心；別人給了你，便造成我驕縱的心。怨恨必然會引起爭鬥，爭鬥必然要失敗，驕縱必然引起傲慢，傲慢必然要亡國。」忠厚誠意地告訴他。忠諫了他不聽，便要再諫；再諫不聽，便要三諫；三諫不聽，轉移斬衣的刀自刎而死。死在屢諫不聽的那一天，智伯雖是頑冥不靈，受他至誠的感召，或許會重新覺悟。跟韓、魏和好，解了趙國的圍困，保全智氏的宗廟，守住智家的香火。如果這樣，豫讓雖身死，依然跟活著一樣，難道不勝過斬衣而死嗎？豫讓在這時候，竟無一句話開悟主人的心，看著智伯的危亡，就如同越國人看秦國人的肥瘦一樣。袖手旁觀，坐待事體的成敗，國士的報答，何嘗是這樣呢？智伯已經死了，卻忍不住血氣的憤恨，自己甘心附在刺客一流的當中，還有什麼好稱道的呢？還有什麼好稱道的呢？不過，以國士來論，豫讓固然夠不上。但那些早上是仇敵，到了晚上便成了君臣，厚著臉皮還自鳴得意的人，那又該是豫讓的罪人了。唉！

【文章分析】本篇選自遜志齋集，屬於論辨類的古文。司馬遷的史記，有豫讓的傳，收在「刺客列傳」中。豫讓是刺客，漆身吞炭謀刺趙襄子，來報答智伯以「國士」待他的厚恩；後雖謀刺不成而身死，他卻是盡了忠心。方孝孺借歷史的人物，加以評論，寫下此篇，主旨在「讓之死固忠矣」句上，先揚後抑，深得春秋褒貶的義法。

全文可分三段：首段說明君子立身事主，當扶亂持危，防患未然。次段，論豫讓的事智伯，為主報仇，他的死固然算是忠義，但未能在亂前加以防患，也可算是遺憾。末段，引段規、任章事主作陪襯，說明豫讓未能在智伯縱欲荒淫時，加以勸阻，到智伯被滅後，卻以身殉仇，落為刺客，實在不能算是「國士」，加以貶抑。

宋代三蘇史論的作品最多，像蘇老泉的孫武論、項籍論，蘇東坡的伊尹論、始皇論、留侯論，蘇子由的六國論、漢文帝論，都能有獨特的見解。方孝孺的豫讓論，責豫讓未能在智氏未亂前加以諫阻，也能筆開生面，道前人所未道。

親政篇

王鏊

易之泰曰：「上下交而其志同❶。」其否曰：「上下不交而天下無邦❷。」蓋上之情達於下，下之情達於上，上下一體，所以為泰。上之情壅閼❸而不得下達，下之情壅閼而不得上聞，上下間隔，雖有國如無國矣，所以為否也。交則泰，不交則否，自古皆然；而不交之弊，未有如近世之甚者。

君臣相見，止於視朝❹數刻，上下之間，章奏❺批答❻相關接，刑名❼法度❽相維持而已。非獨沿襲故事，亦其地勢使然。何也？國家常朝於奉天門❾，未嘗一日廢，可謂勤矣。然堂陛❿懸絕，威儀赫奕⓫，御史糾儀⓬，鴻臚⓭舉不如法，通政司⓮引奏，上特是之，謝恩見辭，惴惴⓯而退。上何嘗問一事，下何嘗進一言哉？此無他，地勢懸絕，所謂堂上遠於萬里。雖欲言，無由言也。

愚以爲欲上下之交，莫若復古內朝之法。蓋周之時，有三朝⑯：庫門⑰之外爲正朝，詢謀大臣在焉；路門⑱之外爲治朝，日視朝在焉；路門之內曰內朝，亦曰燕朝。玉藻⑲云：「君日出而視朝，退適路寢⑳聽政。」蓋視朝而見羣臣，所以正上下之分；聽政而適路寢，所以通遠近之情。

漢制，大司馬㉑、左右前後將軍㉒、侍中、散騎常侍、散騎㉓諸吏，爲中朝；丞相以下至六百石㉔，爲外朝。唐皇城之北，南三門曰承天，元正冬至㉕，受萬國之朝貢，則御㉖焉，蓋古之外朝也；其北曰太極門，其內曰太極殿，朔望㉗則坐而視朝，蓋古之正朝也；又北曰兩儀門，其內曰兩儀殿，常日聽朝而視事，蓋古之內朝也。宋時常朝，則文德殿。五日一起居㉘，則垂拱殿。正旦㉙、冬至、聖節㉚，稱賀則大慶殿。賜宴則紫宸殿，或集英殿。試進士則崇政殿。侍從以下，五日一員上殿，謂之輪對㉛，則必入陳時政利害。內殿引見，亦或賜坐，或免穿鞾㉜，蓋亦三朝之遺意焉。蓋天有三垣㉝，天子象之。正朝，象太微㉞也；外朝，象天市也；內朝，象紫微也，自古然矣。

國朝聖節、正旦、冬至，大朝會則奉天殿，卽古之正朝也；常朝則奉天門，卽古之外朝也；而內朝獨缺。然非缺也，華蓋、謹身、武英㉟等殿，豈非內朝之遺制乎？洪武㊱中，如宋濂、劉基㊲，永樂㊳以來，如楊士奇、楊榮㊴等，日侍左右。大臣蹇義、夏元吉㊵等，常奏對便殿㊶。於斯時也，豈有壅隔之患哉？今內朝罕復臨御，常朝之後，人臣無復進見。三殿高閟㊷，鮮或窺焉。故上下之情，壅而不通，天下之弊，由是而積。孝宗㊸晚年，深有慨於斯，屢召大臣於便殿，講論天下事，將大有爲，而民之無祿㊹，不及覩至治之美，天下至今以爲恨矣。

惟陛下遠法聖祖，近法孝宗，盡剗㊺近世壅隔之弊。常朝之外，即文華㊻、武英，倣古內朝之意，大臣三日或五日一次起居。侍從臺諫㊼各一員，上殿輪對。諸司有事咨決㊽，上據所見決之。有難決者，與大臣面議之，不時引見羣臣。凡謝恩辭見之類，皆得上殿陳奏，虛心而問之，和顏色而道之，如此人人得以自盡。陛下雖深居九重㊾，而天下之事，燦然畢陳於前。外朝所以正上下之分，內朝所以通遠近之情，如此豈有近世壅隔之弊哉？唐虞之世，明目達聰，嘉言罔伏，野無遺賢，亦不過是而已。

【作者】王鏊（西元一四五○年——一五二四年），字濟之，明代江蘇吳縣人。年十六，隨父讀書，國子監諸生爭傳誦他的文章。年二十六，參加成化十一年的會試，獲得第一。廷試第三，授編修。累官戶部尚書，文淵閣大學士。正德三年，因劉瑾弄權，朝廷的官員三百多人被執下獄，王鏊不能救，便辭官還鄉。世宗卽位，派人慰問他，已七十三歲，於是他上「講學」、「親政」兩篇。嘉靖三年卒，享年七十五歲，諡文恪。明史卷一百八十一有他的傳。晚年著性善論一篇。

【註釋】❶上下交而其志同　易經泰卦之彖辭。言君臣交好，故志意和同也。上，謂君也。下，謂臣也。❷上下不交而天下無邦　易經否卦之彖辭。言君臣不交好，非但志意不和同，且將遭致邦國滅亡也。❸壅閼　言阻塞不通。❹視朝　天子臨朝以見羣臣也。❺章奏　人臣上書於天子之名也。❻批答　天子視臣子之上書，而定其可否，謂之批答。❼刑名　謂以名責實，尊君卑臣。指君臣之名分。❽法度　猶言規律也。❾奉天門　明時殿前中門也。❿堂陛　古者君居堂上，臣處階下，相去甚遠。⓫赫奕　盛美也。⓬御史糾儀　御史糾正朝儀也。御史，官名，專任彈劾糾察之職者。⓭鴻臚　官名。掌朝賀慶弔之贊導相禮。鴻，聲也。臚，傳也。傳聲贊導，故曰鴻臚。⓮通政司　官名。掌內外章疏臣民密封申訴之事者。⓯惴惴　心不安貌。⓰三朝　周天子諸侯皆設有三朝，卽正朝、治朝、燕朝三處。⓱庫門　天子宮門有五，外曰皐門，二曰雉門，三曰庫門，四曰應門，五曰路門。庫門，天子禁宮之第三層門也。⓲路門　禁宮中最內層之門也。⓳玉藻　禮記篇名，記天子服冕之事。⓴路寢　天子之正寢，人君聽政之處也。㉑大司馬　官名。掌軍政，漢置大司馬以冠將軍之號，其後但稱大司馬，祿比丞相，位司徒上。㉒左右前後將軍　將軍，一軍之率也。自戰國置大將軍，周秦以後，復於將軍之上加名號，始有前後左右將軍，驃騎將軍。漢代左右前後將軍，位次上卿，掌京師兵衞之職。㉓侍中散騎　侍中，官名。漢用儒者，侍帝左右，掌乘輿服物。東漢，爲人主親信之官。散騎，卽散騎常侍。秦置，漢因之，司專獻之職。㉔六百石　漢之官秩也。漢代受六百石之官秩，如太史令、博士祭酒、太宰令等。㉕元正冬至　元正，元旦也。冬至，節候名。在陽歷十二月二十二或二十三日。㉖御　幸臨也。㉗朔望　農曆每月初一曰朔，十五曰望。㉘五日一起居　羣臣五日一隨宰相入見內殿，請候天子之起居也。㉙正旦　元旦也。正月初一。㉚聖節　言天子之華誕。㉛輪對　輪班奏對也。㉜韡　靴也。㉝三垣　我國天文家分周天之恆星爲三垣，卽太微垣、紫微垣、天市垣。㉞太微　三垣中的上垣。位於北斗以南，軫翼以北有星十顆。㉟華蓋謹身武英　皆明代之宮殿名。㊱洪武　明太祖年號。㊲宋濂劉基　宋濂，見送陳庭學序作者。劉基，見司馬季主論卜作者。㊳永樂　明成祖年號。㊴楊士奇楊榮　楊士奇，明泰和（今江西省泰和縣）人，建文初，以史才入翰林，正統中，與楊溥、楊榮同輔政，時號三楊，居官廉能，爲有明一代名臣。楊榮，明建安（今福建省建甌縣）人，建文進士，官至工部尙書，歷事成、仁、宣、英四朝，並見倚重。㊵蹇義夏元吉　蹇義，明巴（今四川省巴縣）人，洪武進士，惠帝擢爲吏部右侍郎，永樂初進尙書，與夏元吉齊名。夏元吉，明湘陰（今湖南省湘陰縣）人，洪武時，以鄉薦入太學，成祖時，爲戶部尙書。㊶便殿　別於正殿而言，猶言別殿，天子更衣閒居之處。㊷高閟　猶言高閉也。㊸孝宗　明憲宗之子，在位十八年，年號弘治。㊹無祿　猶言無福。㊺剗　鏟除。㊻文華　明宮殿名。㊼臺諫　謂御史臺及諫院。㊽咨決　咨詢裁奪也。㊾九重　謂天子所居之處。楊愼古雋：「九，陽數之極，故天子稱九重。」

【語　譯】易經泰卦上說：「君臣交好而上下志意和同。」又否卦上說：「君臣不交好，便會遭致邦國滅亡。」由於在上的國君，情志傳達於下，在下的臣民，情志傳達於上，君臣一體，所以叫做泰。在上國君的情志壅塞，不能傳到下面去，在下臣民的情志壅塞，不能傳到上面去，君臣的情志間隔不通，雖稱有國家，也好像沒有國家了。所以叫做否。上下交好便是泰，不交好便是否，自古以來都是這樣；但君臣不交好的缺點，沒有比近代的更爲嚴重。

君臣會見，只不過在上朝的幾刻鐘，上下的關係，只是臣子的上奏，君主的批答相交接，名分和法度上的相連繫罷了。不但因循舊例，也是形勢使他們這樣。何以見得？國君照常在奉天門視朝，沒有一天荒廢過，可算是勤勞了；然而君臣堂上階下的懸隔，威儀的美盛，御史糾正朝儀，鴻臚檢舉不依法度的行爲，通政司傳送奏章，天子只是表示贊同而已，然後謝恩辭退，心裏不安地退了出來。皇上何曾諮問一件事，臣子何曾進過一句話呢？這沒有其他原因，地勢的懸隔，所謂天子在堂上，遠在萬里，雖想進言，無從說起。

我以爲要使君臣交好，沒有比恢復古代內朝的法子更好的。周代有三朝：在庫門外的爲正朝，天子詢問大臣謀略的所在；在路門外的爲治朝，天子每日視朝的所在；在路門內的爲內朝，也稱燕朝。玉藻篇說：「國君在日出時視朝，然後退到路寢聽政。」視朝是會見羣臣，用以正上下的名分。聽政便到路寢，用以通達遠近的情志。

漢代制度，大司馬、左右前後將軍、侍中、散騎常侍、散騎等官員在中朝；丞相以下到六百石的官員在外朝。唐代皇城的北邊南三門，叫承天門，正月初一和冬至，天子幸臨該處，接受萬國的朝貢，略相當於古代的外朝；殿的北邊有太極門，門內是有太極殿，每月初一、十五便坐殿視朝，略相當於古代的正朝；再北邊些有兩儀門，門內是兩儀殿，是天子平時聽政和治理事務的地方，略相當於古代的內朝。宋代，平時朝見，在文德殿。五天羣臣入見一次，問候天子的起居，在垂拱殿。正月初一、冬至、天子華誕，接受慶賀在大慶殿。賜宴在紫宸殿，或集英殿。考進士在崇政殿。侍從以下的官員，每隔五日派一名官員上殿，叫做輪班奏對，入見天子必陳說當前措政的得失。在內殿召見，有時也賜坐，有時可免穿靴子，大概也有三朝的遺意在。因爲天有三垣，天子便仿效天。正朝，象徵太微垣；外朝，象徵天市垣；內朝，象徵紫微垣，自古便是這樣了。

本朝天子華誕、正月初一、冬至，大朝會在奉天殿，即古代的正朝；平時朝會在奉天門，即古代的外朝；但獨缺內朝。然而不是沒有內朝，華蓋、謹身、武英等殿，難道不是內朝的遺制嗎？洪武年間，如宋濂、劉基，永樂以來，如楊士奇、楊榮等大臣，每日奉侍在天子左右。蹇義、夏元吉等大臣，時常在便殿奏對。在這時候，難道還愁會閉塞隔閡嗎？如今內朝很少再親臨視事，常朝以後，臣子沒有再進見的機會。三殿的門高高緊閉，很少人有機會親近。所以上下的情志，閉塞不通，天下的弊端，從此堆積。孝宗晚年，深感於此，屢次在便殿召見大臣，討論天下大事，將大有所爲，但百姓沒有福分，不能看到盛世的美好，直到現在天下人認爲是件憾事。

望陛下遠效聖祖，近效孝宗，盡量剷除近代閉塞隔閡的弊病。在常朝以外，就文華、武英兩殿，仿效古代內朝的意義，大臣每三天或五天入宮一次，問候皇上的起居。侍從、御史臺、諫院各派一員，上殿輪班對奏。各官員有事前來咨詢裁決，皇上照所見的情形加以定奪。如有難以解決的問題，跟大臣們當面議處，時常召見羣臣。凡是謝恩、辭行、召見一類的，都在上殿時陳述奏稟，皇上虛心地問他們，和顏悅色地輔導他們，這樣，人人便能盡述他們的意見。陛下雖處在深宮中，然天下事，都明白地陳現在眼前。外朝所以正上下的名分，內朝所以通達遠近的情志，這樣，怎會有近代閉塞隔閡的弊病呢？唐虞時代，天子耳聰目明，好的言論沒有被隱伏的，草野沒有被遺棄不用的賢人，也不過是這樣做罷了。

【文章分析】此篇選自震澤集，爲論辯類的古文，作者主張朝廷除了有「正朝」、「外朝」外，還要恢復「內朝」的制度，才不致使國君居深宮之中，不明天下實情。天子應多與賢大夫接觸，親理政事，溝通上下的情志，如此，唐虞盛世，便可再現。

此篇的結構可分六段：⑴引易經所謂的「泰」、「否」，便是君臣的情志能否溝通，上下交爲泰，不交便爲否。⑵

說明今日君臣不交的原因，上下壅隔的情形。⑶主張恢復內朝的制度，以消除壅隔；並舉周代三朝的制度爲證。⑷列舉漢代、唐代、宋代都存有內朝的遺制。⑸引述明初，天子經常親臨三殿，奏對便殿，也是內朝的形態，但後來三殿高閉，使上下壅隔。⑹提出恢復內朝的辦法，以掃除上下壅隔之情。

全文的作法，以「愚以爲欲上下之交，莫若復古內朝之法」句爲樞紐，勸國君親政，以切應題文，並舉歷代朝廷的制度來佐證。所以能合乎「論則析理精微」的標準。

尊經閣記

王守仁

經❶，常道也。其在於天，謂之命❷；其賦於人，謂之性❸；其主於身，謂之心❹。心也，性也，命也，一也。通人物，達四海，塞天地，亙❺古今，無有乎弗具，無有乎弗同，無有乎或變者也，是常道也。其應乎感也，則爲惻隱，爲羞惡，爲辭讓，爲是非❻；其見於事也，則爲父子之親，爲君臣之義，爲夫婦之別，爲長幼之序，爲朋友之信❼。是惻隱也，羞惡也，辭讓也，是非也；是親也，義也，序也，別也，信也，一也。皆所謂心也，性也，命也。通人物，達四海，塞天地，亙古今，無有乎弗具，無有乎弗同，無有乎或變者也，是常道也。

以言其陰陽消息❽之行焉，則謂之易；以言其紀綱❾政事之施焉，則謂之書；以言其歌詠性情之發焉，則謂之詩；以言其條理節文❿之著焉，則謂之禮；以言其欣喜和平之生焉，則謂之樂；以言其誠偽邪正之辨焉，則謂之春秋。是陰陽消息之行也，以至於誠偽邪正之辨也，一也，皆所謂心也，性也，命也。通人物，達四海，塞天地，亙古今，無有乎弗具，無有乎弗同，無有乎或變者也。夫是之謂六經。六經者非他，吾心之常道也。

故易也者，志[11]吾心之陰陽消息者也；書也者，志吾心之紀綱政事者也；詩也者，志吾心之歌詠性情者也；禮也者，志吾心之條理節文者也；樂也者，志吾心之欣喜和平者也；春秋也者，志吾心之誠偽邪正者也。君子之於六經也，求之吾心之陰陽消息而時行焉，所以尊易也；求之吾心之紀綱政事而時施焉，所以尊書也；求之吾心之歌詠性情而時發焉，所以尊詩也；求之吾心之條理節文而時著焉，所以尊禮也；求之吾心之欣喜和平而時生焉，所以尊樂也；求之吾心之誠偽邪正而時辨焉，所以尊春秋也。

蓋昔者聖人之扶人極[12]，憂後世，而述六經也，猶之富家者之父祖，慮其產業庫藏[13]之積，其子孫者，或至於遺忘散失，卒困窮而無以自全也，而記籍[14]其家之所有以貽之，使之世守其產業庫藏之積而享用焉，以免於困窮之患。故六經者，吾心之記籍也；而六經之實，則具於吾心，猶之產業庫藏之實積，種種色色，具存於其家；其記籍者，特名狀數目而已。而世之學者，不知求六經之實於吾心，而徒考索於影響之間，牽制於文義之末，硜硜然⑮以爲是六經矣。是猶富家之子孫，不務守視享用其產業庫藏之實積，日遺忘散失，至爲窶人丐夫⑯，而猶囂囂然⑰指其記籍曰：「斯吾產業庫藏之積也！」何以異於是？嗚呼！六經之學，其不明於世，非一朝一夕之故矣。尚功利，崇邪說，是謂亂經；習訓詁⑱，傳記誦⑲，沒溺於淺聞小見，以塗天下之耳目，是謂侮經；侈淫辭，競詭辯，飾奸心盜行，逐世⑳壟斷㉑，而猶自以爲通經，是謂賊經。若是者，是并其所謂記籍者，而割裂棄毀之矣，寧復知所以爲尊經也乎？

越城㉒舊有稽山書院，在臥龍㉓西岡，荒廢久矣。郡守渭南㉔南君大吉㉕，既敷政於民，則慨然悼末學之支離，將進之以聖賢之道，於是使山陰㉖令吳君瀛㉗拓書院而一新之，又爲尊經之閣於其後，曰：「經正則庶民興；庶民興，斯無邪慝㉘矣。」閣成，請予一言，以諗㉙多士，予既不獲辭，則爲記之若是。嗚呼！世之學者，得吾說而求諸其心焉，其亦庶乎知所以爲尊經也矣。

【作　者】王守仁（西元一四七二年——一五二八年），字伯安，明代浙江餘姚（今餘姚縣）人，曾在紹興會稽山的陽明洞，築室講學，學者稱為陽明先生。

守仁聰明過人，性情豪邁。十五歲，便到長城居庸關、山海關一帶遊覽，慨然有經略四方的志氣。年二十八，舉弘治十二年進士，授刑部主事。三十五歲，因上書營救南京給事中御史戴銑等二十多人，觸怒了閹宦劉瑾，受廷杖幾死，貶為龍場驛驛丞。劉瑾被殺後，他升任為南京刑部主事、太僕少卿。正德十一年，任右僉都御史，巡撫南贛汀漳等地，討平地方寇賊。十四年，寧王宸濠反，也被他所平定。遷升南京兵部尚書，封新建伯。嘉靖六年，任左都御史，總督兩廣，平定思恩、田州土酋的叛亂。嘉靖七年十月，告病歸，十一月行至南安（今江西大庾縣）卒，年五十七歲。明史卷一百九十九有他的傳。

王陽明是明代的大哲學家，倡「知行合一」、「致良知」的學說，弟子徧天下，世人稱為「姚江學派」。與宋代陸九淵的思想相近，學術史上並稱陸王。與程、朱一派的理學，同為我國近世哲學的兩大宗派。陽明長於詩文，古文被評為博大昌明，詩歌秀逸有緻。卒後，門人編訂王文成公全書三十八卷行世。

【註釋】❶經　聖人之制作曰經，常道也。❷命　常道在天者，言天道也，又稱天命。❸性　天道賦於人者，即心之本體。❹心　心為一身之主宰，常道為天地萬物之主宰；常道在身，即謂之心。❺亙　通也，言自此端通於彼端也。❻則為惻隱四句　此四者，人性之善端也。本乎孟子公孫丑上所云之善端，即仁、義、禮、智之心也。❼則為父子之親五句　此五者，人之常理也，即人倫之道。語出孟子滕文公上。❽陰陽消息　言陰陽之盛衰生滅也。❾紀綱　謂法紀與政綱也。❿條理節文　謂禮儀之層次，品節文章之屬也。⓫志　記載也。⓬人極　言人道也。⓭庫藏　謂倉庫也。⓮記籍　登記於簿籍之中，猶今之帳簿。⓯硜硜然　專確之意。⓰窶人丐夫　即窮人乞丐。⓱囂囂然　無欲自得之貌。⓲訓詁　文義之解釋也。⓳記誦　謂默記已讀之書而背誦之。⓴逐世　猶言隨俗也。㉑壟斷　謂獨擅利也。㉒越城　舊縣名。即會稽，在今浙江省紹興縣。㉓臥龍　山名。在紹興縣境內。㉔渭南　縣名。在今陝西渭南縣。㉕南君大吉　字元善，正德進士，歷紹興知府。為王守仁之門人。㉖山陰　舊縣名。與會稽縣同為紹興府，民國廢府，併山陰、會稽二縣為紹興縣。㉗吳君瀛　吳瀛，曾任山陰縣令，生平未詳。㉘邪慝　邪惡。㉙諗　告也。

【語譯】經，便是常道。它在天，便稱為命；它賦予人的，便稱為性；它作為一身的主宰的，便稱為心。心，性，命，名稱不同，實質是一樣的。可以用來通達人物，流傳四海，充塞天地，貫通古今，沒有不具備，沒有不相同，沒有稍變的，這便是常道。它在吾人的感應上，便是惻隱的心，羞惡的心，辭讓的心，是非的心；它表現在人間的事理上，便是父子親愛的感情，君臣相敬的禮義，夫妻內外的分別，長幼大小的次序，朋友交誼的信實。這惻隱的心，羞惡的心，辭讓的心，是非的心，這親情、禮義、分別、次序、信實，名稱不同，實質是一樣的，都是所謂的心、性、命。可以用來通達人物，流傳四海，充塞天地，貫通古今，沒有不具備，沒有不相同，沒有稍變的，這便是常道。

說明常道在陰陽生滅上的流行，便叫做易經；說明常道在法紀政綱政事上的措施，便叫做尙書；說明常道在歌詠性情上的發抒，便叫做詩經；說明常道在禮儀上的層次，文章品節上的顯著，便叫做禮經；說明常道在內心的欣悅與和平的發生，便叫做樂經；說明常道在眞僞邪正上的分辨，便叫做春秋經。所以由陰陽生滅的流行，以至於眞僞邪正的分辨，名稱不同，實質是一樣的，都是所謂的心，性，命。可以用來通達人物，流傳四海，充塞天地，貫通古今，沒有不具備，沒有不相同，沒有稍變的。這就稱爲六經，六經的道理沒有別的，便是吾人內心的常道。

因此，易經是記述吾人內心的陰陽生滅，書經是記述吾人內心的法紀政綱政事，詩經是記述吾人內心的歌詠性情，禮經是記述吾人內心的禮儀層次、文章品節，樂經是記述吾人內心的欣悅和平，春秋經是記述吾人內心的眞僞邪正。君子對於六經，求吾人內心的陰陽生滅，並依時流行，這是尊重易經的表現；求吾人內心的法紀政綱政事，並依時措施，這是尊重書經的表現；求吾人內心的歌詠性情，並依時發抒，這是尊重詩經的表現；求吾人內心的禮儀層次，文章品節，並依時顯著，這是尊重禮經的表現；求吾人內心的欣悅和平，並依時發生，這是尊重樂經的表現；求吾人內心的眞僞邪正，並依時分辨，這是尊重春秋經的表現。

因爲古代聖人的扶持人道，憂慮後代，於是著述六經。好比富家的父祖輩，憂慮他的產業，倉庫中的積存，到他的子孫輩，或許會遺忘了或散失了，終於遭到困窮不能自身保全的地步。於是把他所有的家財記在帳簿上送給他們，使子孫們世代守住祖先的產業，倉庫的積存，而享用無窮，以免遭到困窮的憂患。所以六經是吾人內心的帳簿。但六經的實質，便具備在吾人的內心中，好比產業倉庫的實存，各式各樣，都存放在家中；那帳簿，只不過是表示數目罷了。然而世間的學者，不知從吾人的內心去求六經的實質，卻在影子和聲響間去考究，被文義的末節所牽制，那樣固執地以爲便是六經的眞義。這好比富家的子孫，不從事守財的管理，享用他的產業，倉庫的實存，日漸遺忘散失，以至變爲窮人乞丏，尙且得意地指著帳簿說：「此是我家產業倉庫的積存呢！」這又有什麼不同呢。

唉！六經的學說，不明於世，不是一朝一夕的緣故了。崇尙功利，崇尙邪說，這叫做擾亂經書；學習文章解釋，傳授句讀背誦，沈溺在淺聞小見中，來掩蓋天下人的耳目，這叫做侮經；誇大放蕩的言辭，競尙詭異的辯論，掩飾他奸邪的居心和不軌的品行，追隨世俗，壟斷專利，卻自認爲通經，這叫做戕害經書。像這些人，是連他所謂的帳簿，也都撕碎毀棄了，又怎能知道所以尊經的道理呢？

越城舊有稽山書院，在臥龍山的西邊，荒廢已久了。郡太守渭南人南大吉先生，既已敷施德政於百姓，又慨傷末學的支離破碎，將以聖賢的道理來引導百姓，於是派山陰縣令吳瀛先生，擴充書院，並重新加以整修，又在書院的後面築一座尊經閣，說道：「經書受到應有的重視以後，百姓便振作；百姓振作了，便沒有邪惡的思念了。」閣落成時，要我說一些話，來告訴衆多的士子。我既然推辭不掉，便替他寫下這篇文章。唉！世間的學者，得到我的說法，再回過來求證自己的內心，這樣或許可以知道所以要尊經的道理吧！

【文章分析】本篇選自王文成公全書，是一篇雜記類的古文。浙江紹興縣，舊有稽山書院，明代時重新整修，在該院的後面，增建尊經閣一座，請王陽明撰「尊經閣記」以記此盛舉。王氏作此記在明世宗嘉靖四年（西元一五二五年），也就是他五十四歲那年。

本文的結構，凡六段：⑴點出「經」，是不變的常理，演申爲心、性、命，爲善端，爲人倫，名稱不同，實質一樣。⑵說明六經的特色，各表示常道的一體，也是根源於吾心的常道。⑶說明六經既爲吾心的常道，故當尊經，點出「尊經」二字。⑷把六經比做富家傳給子孫的遺產，不宜從帳簿上去求取；六經應從吾心的根本去索求，不宜從文義、外在去尋求。⑸指出世俗不尊經的弊端。⑹記敘尊經閣建造的經過，及作記的意義在尊經。

王陽明的稽山尊經閣記，全文以「吾心」兩字爲樞紐，他是明代姚江學派的宗師，主張「心，即理也。」提倡「致良知」、「知行合一」的學說，所以他所說的「吾心」，便是天理常道的所在；尊經，便是尊常道了。

象祠記

王守仁

靈、博❶之山，有象祠❷焉。其下諸苗夷❸之居者，咸神而事之。宣慰安君❹，因諸苗夷之請，新其祠屋，而請記於予。予曰：「毀之乎，其新之也？」曰：「新之。」「新之也，何居乎❺？」曰：「斯祠之肇❻也，蓋莫知其原。然吾諸蠻夷之居是者，自吾父、吾祖，遡曾、高而上，皆尊奉而禋祀❼焉，舉之而不敢廢也。」

予曰：「胡然乎？有鼻❽之祠，唐之人蓋嘗毀之❾。象之道，以為子則不孝，以為弟則傲。斥❿於唐，而猶存於今。毀於有鼻，而猶盛於茲土也，胡然乎？我知之矣，君子之愛若人也，推及於其屋之烏⓫，而況於聖人之弟乎哉？然則祀者為舜，非為象也。意象之死，其在干羽既格⓬之後乎！不然，古之驁桀⓭者豈少哉？而象之祠獨延於世。吾於是益有以見舜德之至，入人之深，而流澤之遠且久也。象之不仁，蓋其始焉耳，又烏知其終之不見化於舜也？

書不云乎？『克諧以孝，烝烝乂，不格姦⓮。』瞽瞍⓯亦允若⓰，則已化而為慈父。象猶不弟，不可以為諧。進治於善，則不至於惡；不抵於姦，則必入於善，信乎象蓋已化於舜矣。孟子曰：『天子使吏治其國，象不得以有為也⓱。』斯蓋舜愛象之深，而慮之詳，所以扶持輔導之者之周也；不然，周公之聖，而管、蔡⓲不免焉，斯可以見象之既化於舜，故能任賢使能而安於其位，澤加於其民，既死而人懷之也。諸侯之卿，命於天子，蓋周官⑲之制。其殆倣於舜之封象歟？吾於是益有以信人性之善，天下無不可化之人也。然則唐人之毀之也，據象之始也；今之諸夷之奉之也，承象之終也。斯義也，吾將以表於世，使知人之不善，雖若象焉，猶可以改。而君子之修德，及其至也，雖若象之不仁，而猶可以化之也。」

【註釋】❶靈博　二山名，即靈鷲山與博南山，在今雲南保山縣西北。❷象祠　象之廟。象，舜之同父異母弟，性傲，常欲謀殺舜，而舜友愛彌篤，及舜為天子，封象於有庳。在今湖南道縣。❸苗夷　夷之一種。居我國西南之土著。❹宣慰安君　宣慰，官名。元置，明代於邊地仍置之，猶清之土司。安君，其名不詳。❺何居乎　何故也。居，與故通，理由。❻肇　始也。❼禋祀　齋戒以祀也。❽有鼻　地名，即有庳。舜封弟象於此。❾唐之人蓋嘗毀之　道州有庳亭神，象之祠也。唐元和九年，河東薛伯高為道州刺史，拆除象祠，謂象不孝不悌，不宜有祠。柳宗元曾有「道州毀庳亭神記」一文，記載此事。❿斥　廢棄。⓫推及於其屋之烏　謂推愛之意。即愛屋及烏，尚書大傳大戰：「愛人者，兼其屋上之烏。」⓬干羽既格　干羽，干楯羽翳也，皆舞者為執。格，感服也。尚書大禹謨載：舜命禹征有苗，三旬，苗民逆命。舜於是改用文教，不用武事，舞干羽於兩階，七旬，有苗乃格。⓭驁桀　言性情暴戾。⓮克諧以孝烝烝乂不格姦　尚書堯典句。言能以至孝和諧頑嚚昏傲，使進而以善自治，不至於姦惡也。克，能也。烝烝，進貌。乂，治也。格，至也。⓯瞽瞍　舜父名。舜父有目不能分別好惡，故時人謂之瞽。配字曰瞍，瞍，無目之稱。⓰允若　信順也。⓱天子使吏治其國二句　孟子萬章上原文作：「象不得有為於其國，天子使吏治其國。」⓲管蔡　管叔、蔡叔，皆周武王之弟。曾流言於國以誣周公，以惑成王。⓳周官　言周代之官制，為周公所定。

【語譯】在靈鷲山和博南山之間，有一座象的祠堂。山下居住的那些苗人，都尊他為神而奉事他。宣慰安君，因應各族苗夷的請求，重修祠堂，並要求我寫一篇記。我說：「是毀了它，還是將它重新整修呢？」他說：「將重新整修。」「是什麼理由，要重新整修呢？」他說：「這座祠堂的開始建造，沒有人知道它的原委。然而我們這些苗夷住在這兒的，從我的父親、祖父，追溯到曾、高祖以上，他們都尊奉並齋戒祭祀，世代遵行，不敢廢止。」

我說：「這是什麼道理呢？有鼻地方的象祠，唐朝的人已經把它毀了。象做人的道理，做兒子不孝，做弟弟又倨慢驕縱。祠堂早被唐人廢棄了，今天在這兒卻還保存著。在有鼻的被摧毀，在此地的卻很興盛。這是什麼道理呢？我知道了，君子的愛人，推及於愛他屋上的烏鳥，更何況對待聖者的弟弟呢？那麼受祭祀的是舜，不是象了。我想象的死，當在舜用干楯羽翳的舞感化三苗以後吧！不然的話，古代性情暴戾的人難道少嗎？爲什麼單獨象的祠堂延續到今天呢？我從這點上，看出舜德澤的普及，影響人的深入，以及恩澤流傳的久遠了。象的不仁，大概是他早期的現象吧。又怎知他後來不被舜感化而變好呢？

尙書上不是說過嗎？『能夠以至孝和睦他人，使他進而以善自治，不致於走上邪惡。』瞽瞍也能夠信順，那麼他已變爲慈父。象雖不悌，不能跟舜和睦。但他能進而以善自治，便不會爲惡；不爲姦惡，那麼必可進入善道，確實象已被舜感化了。孟子說：『天子派官員替他治理國事，象不能有所作爲。』這大概是舜愛護象的深，思慮的精詳，所以輔導他那樣周全。不然的話，像周公的聖賢，依然不免有管叔、蔡叔叛亂的事發生。這也可以看出象受舜的感化，所以才能任用賢能的人，而安於其位，使恩澤施及他的百姓，死後，百姓對他懷念啊。

諸侯的卿大夫，由天子任命，是周代的官制。這種制度恐怕是做照舜的封象吧？我對這點更相信人性是善的，天下沒有不可敎化的人。那麼唐人的摧毀象祠，是根據象早期的行爲；當今諸夷的崇奉象祠，又是依照象後來的善行。這個道理，我將向世人表明，使一般人了解人的不善，雖像象那樣，依然可以改過。而君子的修德，當他達到極點，雖像象的不仁，尙且可以感化他呢。」

【文章分析】本篇選自王文成公全書，是一篇雜記類的古文。象祠在雲南保山縣靈鷲、博南山間，明代爲苗人所宗奉。象是舜的弟弟，桀傲不善，不該有祠。象的封地有庳，本有祠，唐代薛伯高任道州刺史時，曾將象祠毀掉。柳宗元的「道州毀鼻亭神記」一文，便記載此事。但王守仁此文，筆開生面，著重在象的不仁，是他早期的行爲，後來已受舜的感化，不但改過遷善，已能任賢使能，澤加於民，所以死後被人立祠紀念。不僅設想新穎，推論嚴謹，且爲有關世敎的好文章。

全文採用對答體的方式寫就，記敍作者和當地的土司安君相互問答，以及立象祠的意義和經過。文章共分四段：首段記敍苗夷的土司請王守仁寫一篇象祠記，並問答何以立象祠的原因。二段以後，都是王守仁應答的話。說明象的封地有庳的祠，在唐時已毀，而此間的象祠，反而興盛，是象的不仁，已受舜所感化而遷善了。三段，引書經、孟子的文字，證明象已受感化，還能任賢使能，澤加於民，所以死後人們對他懷念。末段，推論天下沒有不可感化的人。諄諄以修德化人為訓，勸勉作結。

瘞旅文

王守仁

維正德四年❶、秋月三日，有吏目❷云自京來者，不知其名氏，攜一子、一僕，將之任。過龍場❸，投宿土苗家。予從籬落❹間望見之。陰雨昏黑，欲就問訊北來事，不果。明早，遣人覘❺之，已行矣。薄午❻，有人自蜈蚣坡來，云：「一老人死坡下，傍兩人哭之哀。」予曰：「此必吏目死矣。傷哉！」薄暮，復有人來云：「坡下死者二人，傍一人坐嘆。」詢其狀，則其子又死矣。明日，復有人來云：「見坡下積尸三焉。」則其僕又死矣。嗚呼，傷哉！

念其暴尸❼無主，將二童子持畚鍤❽往瘞❾之。二童子有難色然。予曰：「噫，吾與爾猶彼也。」二童憫然涕下，請往。就其傍山麓為三坎，埋之。

又以隻雞，飯三盂❿，嗟吁涕洟⓫而告之曰：

嗚呼，傷哉！繄⑫何人？繄何人？吾龍場驛丞餘姚王守仁也。吾與爾皆中土之產，吾不知爾郡邑，爾烏為乎⑬來為茲山之鬼乎？古者重去其鄉，遊宦不踰千里。吾以竄逐⑭而來此，宜也。爾亦何辜乎？聞爾官，吏目耳，俸不能五斗⑮。爾率妻子躬耕，可有也。烏為乎以五斗而易爾七尺之軀？又不足，而益以爾子與僕乎？嗚呼，傷哉！爾誠戀茲五斗而來，則宜欣然就道。烏為乎吾昨望見爾容蹙然，蓋不勝其憂者？夫衝冒霜露，扳援⑯崖壁，行萬峯之頂，饑渴勞頓，筋骨疲憊，而又瘴癘⑰侵其外，憂鬱攻其中，其能以無死乎？吾固知爾之必死，然不謂若是其速；又不謂爾子爾僕，亦遽然奄忽⑱也！皆爾自取，謂之何哉！

吾念爾三骨之無依，而來瘞耳，乃使吾有無窮之愴也！嗚呼，痛哉！縱不爾瘞，幽崖之狐成羣，陰壑之虺⑲如車輪，亦必能葬爾於腹，不致久暴露爾。爾既已無知，然吾何能為心乎？自吾去父母鄉國而來此，二年矣。歷瘴毒而苟能自全，以吾未嘗一日之戚戚也。今悲傷若此，是吾為爾者重，而自為者輕也。吾不宜復為爾悲矣。吾為爾歌，爾聽之！

歌曰：「連峯際天兮，飛鳥不通。遊子懷鄉兮，莫知西東。莫知西東兮，維天則同。異域殊方兮，環海㉑之中。達觀隨寓㉒兮，莫必予宮。魂兮魂兮，無悲以恫㉓！」

又歌以慰之曰：「與爾皆鄉土之離兮，蠻之人言語不相知兮，性命不可期！吾苟死於茲兮，率爾子僕，來從予兮！吾與爾遨㉔以嬉兮，驂紫彪而乘文螭㉕兮，登望故鄉而噓唏㉖兮！吾苟獲生歸兮，爾子爾僕尚爾隨兮，無以無侶悲兮！道傍之冢累累㉗兮，多中土之流離兮，相與呼嘯而徘徊兮，餐風飲露，無爾饑兮！朝友麋鹿，暮猿與棲兮。爾安爾居兮，無爲厲㉘於茲墟兮！」

【註釋】①正德四年　正德，明武宗年號。四年，西元一五〇九年。②吏目　明代胥吏之職官名，各州每千戶置之，掌獄犯簿籍之事。③龍場　今貴州修文縣。明時漢、苗雜居於此。④籬落　籬笆。⑤覘　視也。⑥薄午　近午也。⑦暴尸　暴露尸骨於野。⑧畚鍤　畚，畚箕。鍤，挖土之具。⑨瘞　埋葬。⑩盂　盛器。⑪涕洟　涕，眼淚。洟，鼻涕。⑫繄　此也。是也。⑬烏爲乎　爲什麼。⑭竄逐　猶流放也。⑮俸不能五斗　言微俸也。晉書陶潛傳：「潛曰：『吾不能爲五斗米折腰，拳拳事鄉里小人邪。』」⑯扳援　攀登。⑰瘴癘　山川濕熱鬱蒸之氣，能使人中毒生病。⑱遽然奄忽　謂死之速也。⑲虺　毒蛇。⑳戚戚　憂也。㉑環海　猶言海內。㉒達觀隨寓　心胸開闊，隨遇而安也。㉓悁　悲痛。㉔遨　遊也。㉕驂紫彪而乘文螭　驂、乘，皆駕也。紫彪，紫色之虎。文螭，有文采之螭，螭，似龍而無角。㉖噓唏　悲泣貌。㉗累累　多貌。㉘厲　惡鬼。

【語譯】正德四年七月三日，有一個吏目，據說是從京城來的，不知道他的姓名，帶著一個兒子，一個僕人，要去上任。經過龍場，投宿在當地苗人的家裏。我從籬笆間望見他們。天正下著雨，陰沈昏暗，想過去問問他從北方來的事情，沒去成。明天一早，派人去看他，已經走了。快中午的時候，有人從蜈蚣坡來說：「有一個老人死在坡下，旁邊兩個人悲哀地哭著。」我說：「必定是那個吏目死了，眞慘！」快黃昏的時候，又有人來說：「坡下死了兩個人，一個人坐在旁邊歎息。」問他的樣子，知道吏目的兒子也死了。明天，又有人來說：「坡下堆著三具屍體。」知道那個僕人也死了。唉，好慘啊！

我顧念他們屍首暴露野外，沒人收斂，於是帶領兩個童子拿著畚箕和掘土的工具去埋他們。兩個童子顯出爲難的神色。我說：「唉，我和你們的處境，就跟他們一樣。」兩個童子聽了，掉下同情的淚，這才願意去。就在那旁邊山腳下挖了三個坑，把他們埋了。

又供了一隻雞，三碗飯，流著眼淚鼻涕祭告他們說：

唉！好慘啊！你是什麼人？是什麼人？我是龍場驛站的站長餘姚王守仁。我和你都生長在中原，我不知道你是那一府那一縣人，你爲什麼到這兒來做這山的鬼呢？古代的人不輕易離開家鄉，做官也不離開家鄉千里的地方。我因爲被流放來這兒，是應該的。你有什麼罪過呢？聽說你的官，只是一個吏目罷了，俸祿不到五斗米。你如果帶領妻子親自耕種，也可以得到的。爲什麼爲了五斗米卻換了你的一條命？甚至這樣還不夠，再加上你的兒子和僕人呢？唉，夠慘了！你眞的是眷戀這五斗米而來，便應該很高興地上路啊。爲什麼我昨天看到你的臉色愁苦地，好像擔負不了憂愁似的呢？你冒著霜露，去攀登巖崖峭壁，走在萬峯的山頂，飢渴勞苦，筋骨疲憊，外遭瘴癘的侵襲，內受憂鬱的煎熬，怎能不死呢？我固然知道你一定會死，但沒想到會這樣快；更想不到你的兒子和僕人，也突然那麼快死去，都是你自己惹來的，還有什麼好講呢！

我體念你們三具屍骨沒人處理，特地來埋葬你們，使我感到有無窮的悲痛！唉，眞慘！卽使我不來埋你，山崖的狐狸成羣，深谷的蛇粗得像車輪，你們必然也會埋葬在它們的腹中，不會長久暴露在外面。你們雖已沒有感覺，然而我怎能忍心這樣呢？自從我離開父母家鄉來到此地，已二年了。遭遇到瘴毒，卻勉強能夠自已保全，是因爲我沒有一天憂慮過。今天卻悲傷到這樣，實在是爲你的成份多，爲我自己的成份少。我不應該再爲你悲傷了。我爲你作首歌吧，你且聽著。

歌詞是這樣的：「山峯連接著天喲，飛鳥也沒法過去。遊子懷念家鄉喲，不辨西東。不辨西東喲，只有天空相同。異地他鄉喲，在這四海之中。心放寬些，隨遇而安喲，不一定要住在自己的家裏。魂兮，魂兮，不要悲傷哀痛！」

又作首歌來安慰你：「我和你都是離鄉的人喲，蠻人的言語不相通喲，生死不可預期！我如果死在這裏喲，帶你的兒子僕人，來跟我在一起喲！我和你遨遊嬉戲喲，駕著紫虎，騎著文螭喲，去眺望故鄉，悲傷哭泣！我如果還能獲得生還喲，你的兒子僕人，尚能跟隨著你喲，不必悲傷沒有伴侶！路旁的墳墓累累喲，多半是中原流離的人，跟他們在一起呼嘯徘徊喲，吃的有山風，喝的有露水，不會使你饑餓！早上跟麋鹿做朋友，晚上跟猿猴一起棲息。你們安心地住下來喲，不要在荒野裏變做厲鬼！」

【文章分析】本篇選自王文成公全書，是一篇哀祭類的古文，明武宗正德元年，王守仁三十五歲，因上疏救諫官戴銑、薄彥徽等，得罪宦官劉瑾，下獄，廷杖四十，然後被謫爲貴州龍場驛丞。次年，始赴任，正德三年春，到龍場。龍場在貴州西北萬山叢莽中，毒蛇瘴癘，隨時都可能病死，但他終於幸免。正德四年秋，那年王守仁三十八歲，他忽見一吏目，帶著兒子和僕人，經過龍場。不久，便聽說吏目三人先後死在蜈蚣坡下，客旅在外，無人收埋。王守仁得知，出於高度的同情心，帶了兩個童子，前往代爲收埋，並寫下這篇祭文來祭他們。

全文可分三部分：前段敘事，記敘吏目和子僕三人的死，以及作者前往瘞埋的經過。中段爲祭告文，詰問死者爲何流落來此，責他自取，並告以代埋的心意。末段以兩首歌做結。這種祭文很特別，因爲王守仁所祭告的，非親非故，完全出於悲憫的同情心，全篇沒有一句怨尤的話，文中處處顯現精誠，所以能情到文生，不自覺已纏綿悱惻，婉轉悲愴之極。

信陵君救趙論

唐順之

論者以竊符❶爲信陵君❷之罪，余以爲此未足以罪信陵也。夫強秦之暴亟矣，今悉兵以臨趙，趙必亡。趙，魏之障也。趙亡，則魏且爲之後。趙、魏，又楚、燕、齊諸國之障也。趙魏亡，則楚、燕、齊諸國爲之後。天下之勢，未有岌岌❸於此者也。故救趙者，亦以救魏；救一國者，亦以救六國也。竊魏之符，以紓❹魏之患；借一國之師，以分六國之災，夫奚不可者？

然則信陵果無罪乎？曰：又不然也。余所誅[5]者，信陵君之心也。信陵一公子耳，魏固有王[6]也，趙不請救於王，而諄諄焉[7]請救於信陵。是趙知有信陵，不知有王也。平原君以婚姻激信陵[8]，而信陵亦自以婚姻之故，欲急救趙，是信陵知有婚姻，不知有王也。其竊符也，非為魏也，非為六國也，為趙焉耳；非為趙也，為一平原君耳。使禍不在趙，而在他國，則雖撤魏之障，撤六國之障，信陵亦必不救。使趙無平原，或平原而非信陵之姻戚，雖趙亡，信陵亦必不救。則是趙王與社稷之輕重，不能當一平原公子；而魏之兵甲，所恃以固其社稷者，祇以供信陵君一姻戚之用。幸而戰勝，可也；不幸戰不勝，為虜於秦，是傾魏國數百年社稷以殉[9]姻戚，吾不知信陵何以謝魏王也？

夫竊符之計，蓋出於侯生[10]，而如姬[11]成之也。侯生教公子以竊符，如姬為公子竊符於王之臥內，是二人亦知有信陵，不知有王也。余以為信陵之自為計，曷若以脣齒之勢，激諫於王；不聽，則以其欲死秦師者，而死於魏王之前，王必悟矣。侯生為信陵計，曷若見魏王而說之救趙；不聽，則以其欲死信陵君者，而死於魏王之前，王亦必悟矣。如姬有意於報信陵，曷若乘王之隙，而日夜勸之救；不聽，則以其欲為公子死者，而死於魏王之前，王亦必悟矣。如此，則信陵君不負魏，亦不負趙；二人不負王，亦不負信陵君。何爲計不出此？信陵知有婚姻之趙，不知有王。內則幸姬，外則鄰國，賤則夷門野人⑫，又皆知有公子，不知有王。則是魏僅有一孤王耳。

嗚呼，自世之衰，人皆習於背公死黨之行，而忘守節奉公之道。有重相而無威君，有私讎而無義憤。如秦人知有穰侯⑬，不知有秦王；虞卿⑭知有布衣之交，不知有趙王。蓋君若贅旒⑮久矣。

由此言之，信陵之罪，固不專係乎符之竊不竊也。其爲魏也，爲六國也，縱竊符猶可；其爲趙也，爲一親戚也，縱求符於王，而公然得之，亦罪也。雖然，魏王亦不得爲無罪也，兵符藏於臥內，信陵亦安得竊之？信陵不忌魏王，而徑請⑯之如姬，其素窺魏王之疏也；如姬不忌魏王，而敢於竊符，其素恃魏王之寵也。木朽而蛀⑰生之矣。古者人君持權於上，而內外莫敢不肅⑱。則信陵安得樹⑲私交於趙？趙安得私請救於信陵？如姬安得銜信陵之恩⑳？信陵安得賣恩㉑於如姬？履霜之漸㉒，豈一朝一夕也哉？由此言之，不特㉓眾人不知有王，王亦自爲贅旒也。故信陵君可以爲人臣植黨㉔之戒，魏王可以爲人君失權之戒。春秋書「葬原仲㉕」、「翬帥師」㉖。嗟乎！聖人之爲慮深矣。

【作者】唐順之（西元一五〇七年——一五六〇年），字應德，一字義修，明代江蘇武進（今武進縣）人。嘉靖八年擧進士，官至淮陽巡撫右僉都御史。巡撫鳳陽，得病，死在通州，年五十四歲。他在古文方面，倡文章本色說，著重體、志、氣、韻四項。反對明代「前七子」何景明、李夢陽「文必秦漢，詩必盛唐」的論調，被後人尊為明代中葉的古文家，學者稱荊川先生。明史卷二百〇五有他的傳。著有句股測望論、分法論、荊川集十二卷等書。

【註釋】❶竊符　秦圍趙都邯鄲，平原君乃遣使請救於魏。魏王使將軍晉鄙救趙，但又畏秦，故遣人止晉鄙，而留駐於鄴。信陵君欲急救趙，而不得兵符。夷門監者侯生，教信陵君請如姬竊兵符於王之臥內。奪晉鄙軍，救邯鄲而解趙圍。事見史記信陵君列傳。❷信陵君　魏昭王之少子，名無忌，安釐王卽位，封為信陵君，門下食客三千人。與齊孟嘗君、楚春申君、趙平原君，合稱為戰國四公子。❸岌岌　危貌。❹紓　解也。❺誅　責也。❻王　指魏安釐王。❼諄諄焉　忠懇貌。焉，詞尾，無義。❽平原君以婚姻激信陵　平原君，趙公子，名勝，趙武靈王之子，惠文王之弟，封於平原，故號平原君。時為趙相。其夫人，為魏信陵君之姊。適秦軍圍趙邯鄲，請兵於魏，魏將晉鄙留軍不通，乃使讓魏公子曰：「勝所以自附為婚姻者，以公子之高義，為能急人之困。」激，感發也。❾殉　從也，犧牲之意。❿侯生　名嬴，年七十，為夷門監者，信陵君禮為上賓。⓫如姬　魏安釐王之寵姬。先是如姬父為仇人所殺，欲復仇不得，信陵君使客斬其仇人之頭以進，如姬德之。⓬夷門野人　夷門，大梁城之東門也。其地有夷門山，門以山名。今河南開封城內東北隅。夷門野人，指侯生。⓭穰侯　卽魏冉，秦昭王母宣太后之異父弟，三度為相，封於穰，故稱穰侯。⓮虞卿　戰國游說之士，姓虞，其名不傳。說趙孝成王，趙以為上卿，乃號虞卿。後魏齊窮困來歸，虞卿解印，與魏齊同去趙，困於大梁。⓯贅旒　謂虛居其位而無權。⓰徑請　直接請求。⓱蛀　蠹木蟲，卽蛀蟲。⓲肅　敬嚴之意。⓳樹　建立。⓴銜信陵之恩　銜，感也。蓋信陵君曾為如姬報殺父之仇，故如姬感其恩也。㉑賣恩　謂施惠於人，使之感激也。㉒履霜之漸　易經坤卦：「履霜堅冰至。」謂因履霜而以堅冰將至為戒，所以防漸慮微也。㉓不特　不但也。㉔植黨　培植黨羽也。㉕春秋書葬原仲　春秋魯莊公二十七年：「秋，公子友如陳葬原仲。」公子友，卽魯季子。如陳，私行也。原仲，陳大夫。謂魯季子私行葬陳大夫原仲於陳，非禮也，春秋書此，所以戒人臣之植黨也。㉖翬帥師　春秋魯隱公四年：「秋，翬帥師。」翬，卽公子羽父，魯卿。宋公乞師，翬以不義強其君，固請而行。春秋書此，所以戒人君之失權。羽父後弑隱公。

【語譯】一般人評論信陵君，都認爲他盜取兵符是一項罪狀，我認爲這件事不能算是他的罪。那時，強秦的暴虐已到極點了，現在它以所有的軍隊來圍攻趙國，趙國必定要亡國。趙國，是魏國的屏障；趙國亡了，那麼魏國便跟著亡了。趙、魏，又是楚、燕、齊等國的屏障；趙、魏亡了，那麼楚、燕、齊等國家便會相繼被滅亡。天下的大勢，沒有比這更危急的了。所以救趙國，也就等於救魏國；救一個國家，也就等於救六國。盜取魏國的兵符，來解救魏國的危難；借一國的兵力，來解除六國的災難，這有什麼不可以的呢？

那麼信陵君果眞沒有罪嗎？我說，這又不然，我所責備的，是信陵君的用心啊。信陵君只是一個公子罷了，魏國本來有國王的，趙國不向國王求救，卻忠懇地向信陵君求救。這是趙國只知道有信陵君，而不知道有魏王。平原君拿姻親來激勵信陵君，信陵君也自以爲婚姻的緣故，想急於救趙，這是信陵君知有姻親，不知有魏王。信陵君的盜取兵符，不是爲了魏國的安全，也不是爲了六國。那麼是爲了趙國的安全嗎？不是爲趙國，只是爲平原君一個人罷了。假使當時的禍患不在趙國，而在其他的國家，那麼雖撤除魏國的屏障、撤除六國的屏障，信陵君也必然不會去解救。假使趙國沒有平原君，或者平原君不是信陵君的姻戚，雖然趙國要滅亡了，信陵君也必然不會去解救。那是趙王和整個國家的分量，還不及一個平原公子的重要；可是魏國的軍隊，是憑藉它來安定國家的，現在只是供給信陵君來保全一家姻戚的用處了。幸好，這一仗打勝還可以，不幸打敗了，做了秦國的俘虜，是傾盡魏國幾百年的社稷犧牲在姻戚上面，我不知道信陵君將怎樣向魏王謝罪呢？

其實盜取兵符的計謀，是出自侯生，而如姬把它完成了。侯生教公子去盜兵符，如姬替公子從國王的臥室內盜得兵符，這兩個人也只知有信陵君，不知道有國王。我認爲信陵君自全的計謀，何不把趙、魏脣齒相關的形勢，用來直諫感動魏王。魏王不聽從，然後把他決心死在秦師前的身子，死在魏王的面前，魏王必然會覺悟了。侯生替信陵君出計謀，何不去謁見魏王，勸他去救趙。魏王不聽從，然後把他想爲信陵君而死的身子，死在魏王的面前，魏王也必然會覺悟了。如姬有心要報信陵君的恩惠，何不乘魏王的空暇，日夜勸他救趙。魏王不聽從，然後把她想爲公子而死的身子，死在魏王的面前，魏王也必然會覺悟的。這樣做，信陵君便不負魏國，也不負趙國；侯生、如姬兩人不負魏王，也不負信陵君。爲什麼不出這樣的計謀？信陵君只知有婚姻關係的趙國，不知道有魏王；在內的寵姬，在外的鄰國，在野的夷門看守，又都只知有公子，不知道有魏王；那麼魏國僅有一個孤王罷了。

唉，自世道衰微以來，世人習慣做些背離公益，勾結死黨的行爲，卻忘了守節奉公的道理。有權重的宰相，而沒有威嚴的國君；有私人的仇怨，而沒有正義的公憤。例如，秦人只知有穰侯，卻不知道有秦王；虞卿只知有貧賤的朋友魏齊，卻不知道有趙王。國君只是個虛位而沒有實權，由來已久了。

從這樣說來，信陵君的罪狀，固然不單是關係於盜符不盜符。如果他是爲了魏國，爲了六國，縱使是盜符還可饒恕；如果只是爲了趙國，爲了一門親戚，縱使是向魏王求得兵符，而且公然得到了，也是有罪的。不過，魏王也不能說沒有罪。兵符藏在臥室裏面，信陵君又怎能偷得到？信陵君不顧忌魏王，卻直接請求於如姬，可見他已看出魏王素來是疏忽的。如姬不顧忌魏王，而敢盜取兵符，可見她素來就憑恃魏王的寵幸。木朽了才生蛀蟲。古代國君在上掌有政權，使內外的人沒有敢對他不敬畏。那麼信陵君怎能對趙國建立私交？趙國怎能私下向信陵君求救？如姬怎能感報信陵君的恩惠？信陵君怎能施惠給如姬，使她感激？踩到霜，便知道堅冰的季節將來到，難道是一朝一夕的緣故嗎？這樣說來，不但衆人不知有君王，君王也自認爲有虛位而無實權。所以信陵君可以做爲臣子培植黨派的警戒，魏王可以做爲國君失去實權的警戒。春秋記載「魯季子私下葬陳大夫原仲」、「翬統領軍隊」，便是表明人臣植黨、人君失權的警戒。唉！聖人的思慮，的確太深遠了。

【文章分析】本篇選自荊川先生文集，屬於論辨類的古文，就史實評論魏公子信陵君竊符救趙事。作者認爲信陵君竊符救趙，出於徇私，況且竊符罪小，心目中不存魏王罪大。

全文可分五段：首段先從竊符說起，如果竊符救趙，是爲六國的安危，那麼信陵君是無罪的。次段分析信陵君救趙的用心，只是救姻親平原君一家罷了，因此他的竊符是有罪的了。三段說明竊符的計謀出於侯生，由如姬完成這項工作；侯生、如姬幫助信陵君，完全出於報恩，而不知有魏王；並替信陵君出主意，如果使侯生、如姬以死苦勸魏王出兵，便不至於背負魏王盜符的事了。四段說明亂世的臣子，只知結黨營私，不知奉公守節，使國君成爲有名無實的虛位。末段結語，責魏王疏忽，造成竊符的事；並責信陵君植黨營私，向爲春秋義法所貶謫。全篇層層駁入，直使信陵君無地置喙；揣摩情形，如見肺肝，筆鋒眞是快利無比。

報劉一丈書

宗臣

數千里外，得長者❶時賜一書，以慰長想，卽亦甚幸矣；何至更辱饋遺❷，則不才❸益將何以報焉？書中情意甚殷，卽長者之不忘老父，知老父之念長者深也。至以「上下相孚❹，才德稱位」語不才，則不才有深感焉。

夫才德不稱，固自知之矣；至於不孚之病，則尤不才爲甚。且今之所謂孚者，何哉？日夕策馬❺候權者之門，門者❻故不入，則甘言媚詞作婦人狀，袖金❼以私之。卽門者持刺❽入，而主人又不卽出見；立廄❾中僕馬之間，惡氣襲衣袖，卽飢寒毒熱不可忍，不去也。抵暮，則前所受贈金者出報客曰：「相公倦，謝客矣！客請明日來！」卽明日，又不敢不來。夜披衣坐，聞雞鳴，卽起盥櫛❿，走馬抵門；門者怒曰：「爲誰？」則曰：「昨日之客來。」則又怒曰：「何客之勤也？豈有相公此時出見客乎？」客心恥之，強忍而與言曰：「亡奈何矣，姑容我入！」門者又得所贈金，則起而入之；又立向所立廄中。

幸主者出，南面召見，則驚走匍匐⓫階下。主者曰：「進！」則再拜，故遲不起；起則上所上壽金⓬。主者故不受，則固⓭請。主者故固不受，則又固請。然後命吏納之。則又再拜，又故遲不起；起則五六揖始出。出揖門者曰：「官人⓮幸顧我，他日來，幸無阻我也！」門者答揖。大喜奔出，馬上遇所交識，卽揚鞭⓯語曰：「適自相公家來，相公厚我，厚我！」且虛言狀。卽所交識，亦心畏相公厚之矣。相公又稍稍語人曰：「某也賢！某也賢！」聞者亦心許交讚之。此世所謂上下相孚也，長者謂僕能之乎？前所謂權門者，自歲時伏臘⑯，一刺之外，卽經年不往也。閒道經其門，則亦掩耳閉目，躍馬疾走過之，若有所追逐者。斯則僕之褊衷⑰，以此長不見悅於長吏，僕則愈益不顧也。每大言曰：「人生有命，吾惟守分而已。」長者聞之，得無厭其爲迂⑱乎？

【作者】宗臣（西元一五二五年——一五六○年），字子相，明代揚州興化人。二十六歲舉嘉靖二十九年進士，歷官吏部考功郎。稱病還鄉，在百花洲上築書室，後來又出仕，任稽勳員外郎，因送賻金弔楊繼盛的喪，被奸相嚴嵩所惡，出為福建布政司參議，防倭寇有功，遷升為提學副使，死在任所，才三十六歲。宗臣和李攀龍、王世貞、謝榛、徐中行、吳國倫、梁有譽等，並稱為「嘉靖七子」。卽「後七子」。明史文苑傳收有他的傳。著有宗子相集十五卷。

【註釋】❶長者 年長者之尊稱。❷餽遺 以物贈人。遺，贈也。❸不才 言己無才，自謙之詞。❹相孚 相互信任。❺策馬 鞭馬也。❻門者 守門之人。❼袖金 袖中藏金也。❽刺 卽今之名片。❾廄 馬舍。❿盥櫛 言梳洗整容也。⓫匍匐 以手伏地而行也，此言卑恭之甚。⓬壽金 以金帛贈人也。⓭固 堅決。⓮官人 稱人之居官者。唐時惟有官者方得稱官人，宋以後則不然，對下吏之尊稱，亦稱官人。⓯揚鞭 舉馬鞭也。此言得意之狀。⓰歲時伏臘 猶言逢年過節。伏日在夏，臘日在冬，秦漢時之令節也。⓱褊衷 言心地褊狹也。⓲迂 迂闊不近事理。

【語譯】在幾千里外，時常得到您的來信，安慰我深長的思念，那已經夠榮幸了；何況還送我東西，教我眞不知如何來報答呢？信中情意很殷切，單就您忘不了家父來說，可以推知家父也很思念著您呢！至於拿「上下相互信任，才德和地位相配稱」這些話來告訴我，我卻有很深的感慨啊。

才德和地位不配稱，本來我就知道了；至於上下不信任的痛苦，在我來說尤其厲害。況且現在所謂的上下信任，是些什麼呢？每天早晚騎著馬在權貴的門口等候，看門的故意不讓他進去，就得甜言蜜語做出女人的樣子，從袖子裏拿出錢來塞給看門的人，看門的人才拿了名片進去；但主人也不立刻出來見客，只好靠馬棚邊站在馬和馬夫中間，臭氣熏人，即使是再冷或再熱，使人沒法忍受，也不願離開啊。到了傍晚，剛才收過錢的那個人出來回報客人說：「相公疲倦，不見客了，請客人明天來！」到了明天，又不敢不來。半夜裏披衣坐著，聽到雞叫，便起來梳洗，騎了馬抵達門口；看門的生氣地問：「誰呀？」便答道：「我是昨天來的那個客人。」看門的人生氣地說：「怎麼客人跑得這樣勤？那有相公這時候見客的呢？」客人聽了心裏很難受，勉強忍住跟他說：「沒有辦法啦，姑且讓我進去！」看門的又得到贈金，便起來讓他進去；他又站在以前所站的馬棚邊。

幸而等到主人出來，面向南坐著召見他，他便驚慌地向前走，匍匐在臺階下。主人說：「進來！」便再拜，故意遲遲不起；起來後便呈上所要送的禮品。主人故意不接受，他便堅決請求收下。主人故意堅決不收，他便又堅決請求收下。然後主人才叫下人收了。他又再拜，又故意遲遲不起；起來後又作了五六個揖才出來。出來對看門的作揖道：「幸好官人照顧我，下次來，希望不要阻擋我！」看門的還他一禮。他十分高興地跑出來，在馬上遇到所認識的人，就揮揮鞭子說：「我剛從相公家裏出來，相公對我實在太好了，太好了！」並且誇大當時見面的情狀。就是朋友們，心裏也怕他，因爲相公對他那麼好。相公又稍稍對人講：「某人很好！某人很好！」聽到的人，大家也都心裏頭交互地贊許他。這就是世間所謂的上下相互信任啊，您說我能做到這樣嗎？

前面所說的達官貴人，我除了逢年過節投一張名片以外，便一年到頭不去了。偶爾路過他們的門口，便掩著耳朵，閉上眼睛，快馬加鞭趕緊地走過，好像後面有人追趕似的。這便是我的心胸褊狹，因此永遠得不到長官的喜歡，我卻更不理這些，常常說大話：「人生來有命運，我只知道守本分罷了。」您聽了，能不討厭我不近情理嗎？

【文章分析】本篇選自宗子相集，屬於書說類的古文，或稱爲書牘類。不外是當面相互告訴的話，或是信件往來的文辭，古人稱做「書」，或稱做「啟」、「移」、「牘」、「簡」、「刀筆」、「帖」等，名稱不同，其實都是書信。

宗臣是明代嘉靖七才子之一，嘉靖七子，也可稱爲「後七子」。當時嚴嵩和他的兒子嚴世蕃弄權，京師有大、小丞相的稱呼，百官奔走他們的門下，士風敗壞極了。作者有感於此，在答覆長輩劉一丈的信中，就來信所提的話題發議論，譏諷當時官場的陋俗，描寫下官袖金門房，站在馬廄旁等候召見，備禮金巴結權貴的嘴臉，神情逼眞。最後，作者自述他恥於這樣做，至今宦途坎坷。這不啻給當時奔走伺候的官僚當頭一棒，諷世深刻，眞是一篇有關世教的好文章。

林西仲在古文析義中評道：「敍上下相孚處，未免涉於輕薄。然仕途中，更有甚于此者，但不可對人言耳。昏暮乞哀，驕人白日，此別無可進身處。余生平以恥字，淪落至今，讀此猶爲之面熱汗下，始知非人可學而能也。」

吳山圖記

歸有光

吳、長洲①二縣，在郡治所②，分境而治。而郡西諸山，皆在吳縣，其最高者，穹窿③、陽山④、鄧尉⑤、西脊⑥、銅井⑦；而靈巖⑧，吳之故宮在焉，尚有西子⑨之遺跡；若虎丘、劍池⑩及天平⑪、尚方⑫、支硎⑬，皆勝地也；而太湖汪洋三萬六千頃⑭，七十二峯⑮，沈浸其間，則海內之奇觀矣！

余同年友魏君用晦爲吳縣，未及三年，以高第召入爲給事中⑯。君之爲縣，有惠愛，百姓扳留⑰之不能得，而君亦不忍於其民，由是好事者繪吳山圖以爲贈。

夫令⑱之於民，誠重矣。令誠賢也，其地之山川草木亦被其澤而有榮也；令誠不賢也，其地之山川草木亦被其殃而有辱也。君於吳之山川，蓋增重矣。異時吾民將擇勝於巖巒之間，尸祝⑲於浮屠⑳、老子㉑之宮也固宜；而君則亦既去矣，何復惓惓㉒於此山哉？昔蘇子瞻稱韓魏公㉓去黃州四十餘年，而思之不忘，至以為思黃州詩；子瞻為黃人刻之於石。然後知賢者於其所至，不獨使其人之不忍忘而已，亦不能自忘於其人也！

君今去縣已三年矣！一日，與余同在內庭㉔，出示此圖，展玩㉕太息，因命余記之。噫！君之於吾吳，有情如此，如之何而使吾民能忘之也！

【作　者】歸有光（西元一五〇六年——一五七一年），字熙甫，明代江蘇崑山（今崑山縣）人。九歲能寫文章，少年時，讀遍五經三史。嘉靖間，連應鄉試八次，都沒中舉。於是遷居嘉定安亭江上，讀書談道，門生經常有幾百人，大家稱他為震川先生。嘉靖四十四年，才考中進士，已經六十歲了。官至南京太僕丞，在內閣修「世宗實錄」，死在隆慶五年，年六十六。

歸有光工古文，推尊史記、唐宋諸古文家文集，反對李攀龍、王世貞等後七子的主張，認為他們所提倡的「文必秦漢，詩必盛唐」，只落於摹擬抄襲罷了。由於他的官位不顯，早歲又講授在荒江老屋中，文章不被時人重視。直到晚明錢謙益等，才推崇他為明代唯一的古文家，可與唐宋八大家相媲美。明史文苑傳有他的傳。著有震川文集、易經淵旨、三吳水利實錄、文章指南等書。

【註　釋】❶吳長洲　舊二縣名，今併為江蘇省吳縣。❷郡治所　郡，指蘇州府。治所，地方政府所在地。❸穹窿　山名，在吳縣西南。❹陽山　山名，在吳縣西北。❺鄧尉　山名，又名光福山，在吳縣西南。❻西脊　山名，又名西蹟山，在鄧尉山之西。❼銅井　山名，在鄧尉山之西南。❽靈巖　山名，在吳縣西南，為吳王館娃宮之舊址，上有西施洞、響屧廊、吳王井等遺蹟。❾西子　即西施。❿虎丘劍池　虎丘，山名，在吳縣西北，為吳王闔閭安葬之處。劍池，在虎丘山上，相傳秦始皇以劍擊虎，誤中於石，陷而為池。⓫天平　山名，在吳縣西，山頂平曠，曰望湖臺。⓬尚方　山名，在吳縣東北，又名楞伽山。⓭支硎　山名，在吳縣西南，晉僧支遁道林隱此。⓮太湖汪洋三萬六千頃　太湖，即五湖。周圍五百里。讀史方輿紀要江南大川：「太湖，周回三萬六千頃。」頃，一百畝。⑮七十二峯　包括太湖中羣峯而言。⑯給事中　官名，掌侍從規諫，稽察六部百司之職。⑰扳留　挽留。⑱令　縣令也。⑲尸祝　尸，代表鬼神接受祭享的人。祝，傳告鬼神言辭的人。此處尸祝當動詞，謂設神位而祭祀之。⑳浮屠　梵語佛陀之異譯，此指佛教。㉑老子　道家之祖，後世道教宗奉之。姓老名耼，曾爲周守藏室之史，所著老子八十一章，凡五千餘言。㉒惓惓　猶拳拳，念念不忘。㉓韓魏公　卽韓琦。宋仁宗時爲相，封魏國公。㉔內庭　宮禁之內。㉕展玩　展開玩賞。

【語　譯】吳、長洲兩縣，同在蘇州府的轄境內，分界治理。但郡府西邊的許多山，都在吳縣境內；其中最高的有穹窿山、陽山、鄧尉山、西脊山和銅井山。靈巖山，有吳國的故宮在上面，還留有西施的遺跡。像虎丘山、劍池，以及天平山、尙方山、支硎山，都是名勝的所在地。那太湖，湖面汪洋有三萬六千頃，湖上七十二峯，沈浸在其中，可稱得上是海內的奇觀了。

我同年及第的朋友魏用晦先生治理吳縣，還沒到三年，由於他考試的等第高，被召去擔任給事中。魏君治理吳縣，能惠愛百姓，百姓挽留他不得，魏君也不忍離開他的百姓，於是好事的人，畫了一張吳山圖送給他。

縣令對於百姓，的確很重要。縣令如果確實賢明，當地的山川草木，也受到他的恩澤而感到光耀；縣令如果確實不賢明，當地的山川草木，也受到他的禍害而感到恥辱。魏君對於吳地的山川，大概增加了不少聲價。後日當地的人將在巖石峯巒間揀個勝地，在佛教、道教的廟堂裏設神位禱祝他，固然是應當的；但魏君已經離開了，又爲什麼老是忘不了這些山呢？從前蘇東坡稱道韓魏公離開黃州四十多年，還思念不忘，甚至寫思念黃州的詩；東坡替黃州人把他的詩刻在石上。然後明白賢者對於他所到的地方，不但使當地的人忘不了他，而且連自己也不會把別人忘了！

魏君離開吳縣已有三年了！有一天，我和他同在朝廷宮禁裏，他拿出這幅圖畫，展開玩賞，然後長歎，因此要我寫一篇記。唉！魏君對於我們吳縣，有這樣的恩情，怎能教我們百姓忘掉他呢！

【文章分析】本篇選自震川先生集，是一篇雜記類的古文。歸有光記他的同年友魏用晦任吳縣縣令，有惠政，臨去，吳人贈吳山圖一幀給他，表示不忘。後歸有光在朝廷遇到魏君，談到自己的家鄉吳縣，魏君便把吳山圖拿出來，並要他作記。

歸有光作此記，文情婉轉，著筆在良吏不忘百姓，百姓也不忘惠政，而寄情在吳地的山水中，更是出色。全篇結構，可分四段：首段描寫吳、長洲兩縣的名山古蹟，太湖景色蓋天下，點出「吳山」。次段記敍魏君治吳有惠政，離去時，吳人獻吳山圖，點出「圖」字。三段闡述良吏能行惠政，不僅百姓受惠，連山水也增光澤，並舉韓琦治黃州爲例。末段記作者在朝內與魏君會見，魏君拿出吳山圖要他作「記」的經過。全文結構謹嚴，並和題文呼應。

王文濡評此篇道：「不泛作贊頌語，而令之與民兩不能忘，其賢可知，寫來自淡宕有致。」

滄浪亭記

歸有光

浮圖文瑛❶，居大雲庵❷，環水，卽蘇子美滄浪亭❸之地也。亟❹求余作滄浪亭記，曰：「昔子美之記，記亭之勝也；請子記吾所以爲亭者。」

余曰：「昔吳越❺有國時，廣陵王鎭吳中❻，治南園❼於子城❽之西南；其外戚❾孫承佑❿亦治園於其偏。迨⓫淮海納土⓬，此園不廢，蘇子美始建滄浪亭，最後禪者居之，此滄浪亭爲大雲庵也。有庵以來二百年，文瑛尋古遺事，復子美之構於荒殘滅沒之餘，此大雲庵爲滄浪亭也。夫古今之變，朝市⓮改易，嘗登姑蘇之臺⓯，望五湖⓰之渺茫，羣山之蒼翠，太伯、虞仲⓱之所建，闔閭、夫差⓲之所爭，子胥、種、蠡⓳之所經營，今皆無有矣！庵與亭何爲者哉？雖然，錢鏐因亂攘竊，保有吳越，國富兵强，垂及四世，諸子姻戚，乘時奢僭，宮館苑囿⓴，極一時之盛；而子美之亭，乃爲釋子㉑所欽重如此。可以見士之欲垂名於千載之後，不與其澌然㉒而俱盡者，則有在矣！」

文瑛讀書，喜詩，與吾徒㉓游，呼之爲滄浪僧云。

【註　釋】❶浮圖文瑛　浮圖，梵語佛陀之異譯。此指僧也。文瑛，僧之名也。❷大雲庵　北宋蘇舜欽滄浪亭之舊址。一名結草庵，元至正間，僧善慶所建。在今江蘇吳縣城內。❸蘇子美滄浪亭　蘇子美，北宋蘇舜欽；子美，其字。詩與梅聖俞齊名，曾流寓蘇州，建滄浪亭，並作滄浪亭記以記其事，道水竹風月之勝。❹亟　屢次。❺吳越　五代時十國之一。唐末，錢鏐據此，唐亡，受梁太祖之封，稱吳越國王。❻廣陵王鎭吳中　廣陵王，錢鏐第六子，名元璙。封爲廣陵郡王，鎭守吳中。吳中，卽今蘇州。❼南園　錢氏廣陵王之舊圃也。❽子城　大城所屬之小城也。❾外戚　帝王母黨、妻黨之稱。❿孫承佑　廣陵王之外戚，官至光祿大夫，治園吳中，池館極一時之盛。⓫迨　及也。⓬淮海納土　宋太宗太平興國三年，錢鏐之孫錢俶，上表，奉土地歸宋，宋封俶爲淮海國王。⓭禪者　僧也。⓮朝市　猶言朝野。⓯姑蘇之臺　姑蘇，山名，在吳縣城西南。吳王夫差破越，越進西施，吳王築姑蘇臺以居之。⓰五湖　卽太湖也。張勃吳錄：「五湖者，太湖之別名。以其周行五百餘里，故以五湖爲名。」⓱太伯虞仲　皆周太王之子。兄弟二人讓位其三弟季歷，遂之荊蠻，太伯所居，卽今吳縣；虞仲居虞山，卽今常熟縣。⓲闔閭夫差　闔閭，虞仲之後，僭稱吳王。夫差，闔閭之子，後爲越王句踐所滅。⓳子胥種蠡　子胥，卽伍子胥，名員，楚人，父奢兄尙，俱爲楚平王所殺，子胥奔吳，佐吳伐楚以復仇，遂使闔閭稱霸。種，卽文種。蠡，卽范蠡，皆越王句踐之大夫，佐句踐滅吳。⓴宮館苑囿　宮，王者所居之處。館，待賓之處。苑囿，種植花木、畜養禽獸之處。㉑釋子　卽僧徒也。㉒澌然　盡也。㉓吾徒　吾輩也。

【語　譯】文瑛和尙，居住在大雲庵裏，庵的四周環繞著江水，這就是北宋蘇子美滄浪亭的舊址。他屢次要求我寫一篇滄浪亭記，他說：「從前蘇子美的滄浪亭記，是記亭上的勝境；現在請您記一些我築亭的經過。」

我說：「從前吳越建國的時候，廣陵王鎭守吳中，在小城的西南修築庭園；他的外戚孫承佑也在旁邊修築庭園。到了淮南國王錢俶獻地歸順宋朝，這些庭園依然沒被廢棄，蘇子美才修建滄浪亭，後來和尙們住在這裏，這就是滄浪亭變爲大雲庵的經過。有大雲庵以來，已兩百年了，文瑛搜尋古代的遺事，在荒殘湮沒的餘燼中，恢復蘇子美的建築，這就是大雲庵變爲滄浪亭的經過。那古今的變遷，朝野的改換，我曾經登臨過姑蘇臺，眺望過五湖的飄渺遼闊，羣山的青葱翠綠，使我想起太伯、虞仲所建立的，闔閭、夫差所爭奪的，以及伍子胥、文種、范蠡所經營的，今天都已不存在了！那麼廟庵和亭子又算得了什麼呢？雖然，錢鏐趁著離亂時竊取了權位，保有吳越的地方，國富兵強，王位傳了四代，他的子孫和姻戚，也乘機踰分越禮，宮庭館閣園囿的盛況，在當時達到極點，但蘇子美的亭，竟被 徒們所欽佩重視到這種地步。可見士人要想傳名在千年以後，不跟外界的形體同歸於盡的，自有它的道理在喲！」

文瑛讀書，喜愛詩，跟我們交往，我們都喊他爲滄浪僧。

【文章分析】 本篇選自震川先生集，是一篇雜記類的古文。一般雜記類的文章，多半著筆在記宮室、寫景物上；但歸有光的滄浪亭記，要寫景，便會跟北宋蘇子美的滄浪亭記雷同，於是他把重點擺在園變爲亭，亭變爲庵，庵再變爲亭的感慨上。末了指出士人想傳名後代，自有道理在。

道理究竟在何處？文中不直接道出，這是歸有光寫這篇文章的巧妙懸疑，使人讀罷，追思尋繹，大有繞樑之音，餘韻不絕的感覺。比起北宋蘇子美的滄浪亭記，又是另一種氣象。

青霞先生文集序

茅坤

青霞沈君❶，由錦衣經歷❷上書詆宰執❸，宰執深疾之，方力構❹其罪，賴天子❺仁聖，特薄其譴❻，徙之塞上❼。當是時，君之直諫之名滿天下。已而君纍然❽攜妻子，出家塞上。會北敵數內犯，而帥府以下，束手閉壘❾，以恣敵之出沒，不及飛一鏃以相抗。甚且及敵之退，則割中土之戰沒者，與野行者之馘❿以爲功；而父之哭其子，妻之哭其夫，兄之哭其弟者，往往而是，無所控籲⓫。

君既上憤疆埸之日弛，而又下痛諸將士之日菅刈⓬我人民以蒙國家也。數嗚咽欷歔⓭，而以其所憂鬱，發之於詩歌文章，以泄⓮其懷；即集中所載諸什⓯是也。君故以直諫爲重於時，而其所著為詩歌文章，又多所譏刺，稍稍傳播，上下震恐，始出死力相煽構[16]，而君之禍作矣。

君既沒，而一時闒寄[17]所相與讒君者，尋且坐罪罷去。又未幾，故宰執之仇君者，亦報罷。而君之門人給諫[18]俞君，於是裒輯[19]其生平所著若干卷，刻而傳之。而其子以敬，來請予序之首簡。

茅子[20]受讀而題之曰：「若君者，非古之志士之遺乎哉？孔子刪詩，自小弁之怨親[21]，巷伯之刺讒[22]以下，其忠臣、寡婦、幽人、懟士[23]之什，並列之為風[24]，疏之為雅[25]，不可勝數，豈皆古之中聲[26]也哉？然孔子不遽遺之者，特憫其人，矜其志，猶曰『發乎情，止乎禮義』、『言之者無罪，聞之者足以為戒』焉耳！予嘗按次春秋以來，屈原之騷[27]疑[28]於怨，伍胥之諫[29]疑於脅，賈誼之疏[30]疑於激，叔夜之詩[31]疑於憤，劉蕡之對[32]疑於亢。然推孔子刪詩之旨而裒次之，當亦未必無錄之者。君既沒，而海內之薦紳[33]大夫至今言及君，無不酸鼻而流涕。嗚呼！集中所載鳴劍、籌邊諸什[34]，試令後之人讀之，其足以寒賊臣之膽，而躍塞垣戰士之馬，而作之愾[35]也固矣。他日，國家采風[36]者之使出而覽觀焉，其能遺之也乎？予謹識[37]之；至於文詞之工不工，及當古作者之旨與否？非所以論君之大者也，予故不著。」

【作者】茅坤（西元一五一二年——一六〇一年），字順甫，號鹿門，明代浙江歸安（今吳興縣）人。二十七歲舉進士，官至廣西兵備僉事，因破猺賊有功，遷為大名兵備副使。後被忌者所中傷，解官歸里。死在萬曆二十九年，享年九十歲。明史文苑傳有他的傳。

茅坤工古文，最崇拜唐順之，順之喜愛唐宋古文家的作品，於是茅坤便編選唐代韓愈、柳宗元，宋代歐陽修、三蘇、曾鞏、王安石等八家的古文，稱為「八大家文鈔」，這本古文選本，當時流行各地，鄉里讀書人沒有不知道茅鹿門的。因此後人提到古文家，便以「唐宋古文八大家」為典型了。他的著作還有白華樓藏稿、玉芝山房稿、耄年錄等書。

【註釋】❶青霞沈君　名鍊，字純甫，號青霞山人，明會稽（今浙江省紹興縣）人。曾任錦衣衛經歷，因抗書言嚴嵩父子誤國，被流徙塞上。明史有傳。❷錦衣經歷　官名。錦衣，明禁衞軍之簡稱。經歷，掌出納文移之職。❸宰執　宰相執一國之政柄，故稱宰執。此指嚴嵩及其子嚴世蕃。❹構　附會以成之。❺天子　指明世宗。❻譴　責罰也。❼塞上　邊境也。❽纍然　羸弱疲憊之貌。❾閉壘　緊閉軍壘。❿馘　殺敵割取其左耳曰馘。⓫控籲　控訴也。⓬菅刈　殘害之意。⓭嗚咽欷歔　失聲哭泣也。⓮泄　發洩。⓯什　篇什。⓰煽構　以言惑世，陷人於罪也。⓱閫寄　寄以閫外之事，謂委以軍職也。閫，城郭之門。⓲給諫　即給事中，掌侍從規諫，補闕拾遺，稽察六部百司之職。⓳裒輯　編纂也。⓴茅子　茅坤自稱也。㉑小弁之怨親　小弁，詩小雅篇名。趙岐謂尹吉甫之子伯奇所作也。蓋親有大過，為子女者抒怨之作也。㉒巷伯之刺讒　巷伯，詩小雅篇名。謂主宮內道官之長，因被讒遭刑，故作是詩也。㉓懟士　怨士也。㉔風　歌謠。詩經中收有十五國國風，列於書首。㉕雅　朝廷之樂歌。詩經中有雅，分大小雅。㉖中聲　平和中正之樂聲。㉗屈原之騷　戰國時，楚懷王之左徒屈原，以忠信見疑，憂愁幽思，而作離騷。㉘疑　類似。似乎。㉙伍胥之諫　春秋時，吳國之大夫伍子胥，時夫差伐越大破之，越王句踐請和，夫差許之，子胥諫不聽，其後屢請謀越亦不納。㉚賈誼之疏　賈誼，漢雒陽（今河南省洛陽縣）人，文帝召為博士，遷至太中大夫。後招忌出為長沙王太傅，尋遷梁懷王太傅。上疏條陳政事，頗得治體。今有新書傳世。㉛叔夜之詩　晉嵇康，字叔夜，因呂安事下獄，作幽憤詩。㉜劉蕡之對唐劉蕡，文宗時應賢良對策，極言宦官之禍，言中高亢，有越分之嫌。㉝薦紳　猶搢紳也。薦與搢通。古之仕者，插笏於紳，是曰搢紳；後因謂仕官曰搢紳。紳，大帶。㉞鳴劍籌邊諸什　鳴劍、籌邊，詩篇名。什，篇什也。㉟愾　憤怒。㊱采風　古有采詩之官，王者所以觀風俗，知得失，自考正也。㊲識　記也。

【語譯】青霞沈先生，擔任錦衣衞經歷時，上書譏諷宰相，宰相恨死他了，正竭力誣告他的罪行；幸好得到皇上的仁聖，特減輕他的罪，改爲流徙到邊塞去。在這時候，沈先生的直諫，出名極了。不久，沈先生帶著妻子，搬到邊塞上去住。剛好遇到北方敵人屢次來寇邊，自統帥以下的人，都想不出辦法，緊閉營門，讓敵寇任意出沒，連射一枝箭去抵抗都沒用上。甚至等到敵人退了，便割取中原人戰死的頭，連同野外行路人的耳朶來獻功；於是父親哭他的兒子，妻子哭他的丈夫，哥哥哭他的弟弟的，到處都是，他們卻無處可以控訴。

沈先生對上既憤恨邊界國防的日漸鬆懈，對下又悲痛一般將士，時常殘害國人，來蒙蔽皇上。因此每每失聲哭泣，把他所憂傷的，發抒在詩歌文章中，以排遣他的情懷；卽文集中所載的許多小篇作品便是。沈先生以前便因直諫受到當時人所重視，他所著的詩歌文章，又多有所譏刺，稍爲流傳開來，朝野上下的人都震動恐懼。才有人出死力煽惑構罪陷害他，因此他的禍害發生了。

沈先生死後，當時握有兵權進讒言陷害先生的那幫人，不久也都犯罪罷官。沒多久，以前仇視沈先生的宰相，也丟了官。沈先生的門人給事中俞君，於是編纂沈先生一生的著作若干卷，刻印流傳世間。沈先生的兒子以敬，特地來請我寫篇序，擺在書的前面。

我讀了他的文章，並題辭道：「像沈先生這樣的人，難道不是古代志士一類的人嗎？孔子刪詩經，從小弁篇的怨親，巷伯篇的刺讒以下，那些忠臣、寡婦、幽人、怨士的篇什，一併收列在國風中，分爲大雅、小雅，不能一一細數，這些難道都是古代平和中正的樂聲嗎？然而孔子不忍遽然刪去的原因，只是憐憫這些人，同情他們的心志，還說是『發自於眞情，限止於禮義』、『唱這些歌的人沒有罪，聽到的人足以作爲警戒』的呢！我曾從春秋以來，依次探討過，屈原的離騷，近於幽怨；伍子胥的爭諫，近於脅迫；賈誼的上疏，近於激憤；嵇叔夜的詩，近於憤慨；劉蕡的對策，近於高亢失禮。然而推演孔子刪詩的本旨，把後來的作品編纂起來，這些人的作品未必不被選錄。沈先生死後，海內的官員們，到現在提到他的，沒有一個不酸鼻而掉淚的。唉！集中所收鳴劍、籌邊這幾篇，不妨讓後代的人讀它，也足以使賊臣膽怯，使邊城的戰馬踴躍，進而興起敵愾的心理，這是必然無疑的。過些時候，國家採詩的使者出來採錄作品加以觀賞，怎能漏掉他的呢？我審愼地記下這些；至於文詞的工巧不工巧，以及合乎古代作者的要旨與否？不是我評論沈先生的重點所在，所以我不論及。」

【文章分析】本篇選自明文在，是一篇序跋類的古文。寫在書前的叫做「序」，相當於「開場白」；寫在書後的叫做「跋」，相當於「後記」。序也好，跋也好，不外對一本書的作者加以介紹，或對該書的內容加以評介。

茅坤此篇，便是分兩部分，前半寫「作者」，後半評介他的「書」。全文可分四段：首段記沈鍊的直諫，上書譏諷宰執嚴嵩父子，被流塞上，又見守將曠職冒功。次段記敍他將所見不快的事，抒發在詩文中，由於作品多有所諷，因此招來殺身之禍。三段記沈鍊死後，他一生的作品由門人編纂成集的經過。四段評介該書，主旨在強調沈鍊的詩文能合乎古代詩人的諷喩精神，他的作品可供後世采風的人作爲觀民風、知得失的眞實材料。

茅坤爲明代的古文家，與唐順之同爲反對「前七子」抄襲的文風，讀他的文章，可見他的筆力渾厚。

藺相如完璧歸趙論

王世貞

藺相如❶之完璧，人皆稱之，予未敢以爲信也。夫秦以十五城之空名，詐趙而脅❷其璧，是時言取璧者，情❸也，非欲以窺趙也。趙得其情則弗予，不得其情則予；得其情而畏之則予，得其情而弗畏之則弗予，此兩言決耳，奈之何既畏而復挑其怒也？

且夫秦欲璧，趙弗予璧，兩無所曲直❹也。入璧而秦弗予城，曲在秦；秦出城而璧歸，曲在趙。欲使曲在秦，則莫如棄璧；畏棄璧，則莫如弗予。

夫秦王既按圖以予城，又設九賓⑤，齋⑥而受璧，其勢不得不予城。璧入而城弗予，相如則前請曰：「臣固知大王之弗予城也。夫璧，非趙寶也；而十五城，秦寶也。今使大王以璧故而亡其十五城；十五城之子弟，皆厚怨大王以棄我如草芥⑦也。大王弗予城而紿⑧趙璧，以一璧故而失信於天下，臣請就死於國，以明大王之失信。」秦王未必不返璧也。今奈何使舍人⑨懷而逃之，而歸直於秦？

是時秦意未欲與趙絕耳。令秦王怒而僇⑩相如於市，武安君⑪十萬眾壓邯鄲⑫，而責璧與信；一勝而相如族⑬，再勝而璧終入秦矣！吾故曰：「藺相如之獲全於璧也，天也。」若其勁澠池⑭，柔廉頗⑮，則愈出而愈妙於用；所以能完趙⑯者，天固曲全之哉！

【作　者】王世貞（西元一五二六年——一五九〇年），字元美，號鳳洲，別號弇州山人，明代江蘇太倉人。二十二歲，舉進士，官至南京刑部尚書。他繼李攀龍之後，掌文壇盟主，達二十年之久，主張「文必秦漢，詩必盛唐」，與李攀龍、謝榛、宗臣、梁有譽、徐中行、吳國倫等，被譽為「後七子」，但前後七子的古文，往往落於摹擬的陋俗，為後人所詬病。王世貞卒於神宗萬曆十八年，年六十五歲，明史文苑傳有他的傳。作品很多，有弇州山人四部稿、弇山堂別集、觚不觚錄、王氏書苑、畫苑等書。

【註　釋】①藺相如　趙人，為趙宦者令繆賢之舍人。趙惠文王時，得楚和氏璧，秦昭王聞之，願以十五城與趙易璧，趙惠文王恐見欺於秦，使藺相如懷璧入秦，終於能完璧歸趙，拜為上大夫。見史記廉頗藺相如列傳。②脅　以威力迫人也。❸情　實情。❹曲直　猶言是非。❺九賓　原爲周王接見使臣朝聘之禮，命各國賓客會同觀禮，以示隆重。❻齋　齋戒沐浴，以示虔敬。❼草芥　輕賤之意。❽紿　欺詐也。❾舍人　親近左右之通稱。❿僇　殺戮。⓫武安君　秦將白起之封號。⓬邯鄲　趙國都城，即今河北邯鄲縣西南。⓭族　言誅及親族。⓮勁澠池　言相如於澠池之會，不屈於秦王之前。勁，強也。⓯柔廉頗　言相如之於廉頗，不與之計較。柔，柔服也。⓰完趙　謂保全趙國。

【語　譯】藺相如的完璧歸趙，人都稱讚他，我實在不敢相信呢！秦國本想拿十五座城的空名，來詐取脅迫趙國的璧，這時秦國聲明想得璧，是實在的，不是想伺機取得趙國。趙國探得秦國想詐取璧的實情，便不給，沒獲得秦國想詐取的實情，便給它；獲得詐取的實情，卻畏懼秦而給它，獲得詐取的實情，卻不畏懼秦而不給，這件事兩句話便可解決了，爲什麼畏懼秦國，卻又惹他生氣呢？

何況秦國想要璧，趙國不給他，雙方面沒有什麼是非。送了璧，秦國卻不給城，錯在秦國；秦國拿出城來，璧卻送回趙國，錯在趙國。想使錯在秦國，便不如捨棄這塊璧；怕捨棄這塊璧，便不如不給。

秦王既已指著地圖要把十五座城給趙國，又設九賓的大禮，齋戒沐浴後接受這塊璧，秦國在這種情勢下，不得不把城給趙國。如果璧送到而城不給，相如便可在秦王前請求道：「臣本來就知道大王不會給城的。那塊璧，不算是趙國的珍寶；那十五座城，卻是秦國的寶物。現在假使大王因璧的緣故，卻失去十五座城；十五座城的子弟，都會深深地怨恨大王，以爲拋棄我們像草芥賤物一般。大王不給城，卻騙了趙國的璧玉，因一塊璧玉的緣故，卻失信於天下，臣請就死在這裏，來表明大王的失信。」這樣秦王未必不把璧玉送還。如今爲什麼派底下的親信，懷藏著璧玉逃回趙國，卻把正直合理留給了秦國呢？

在這時，秦國並沒意思要跟趙國斷絕邦交。假使招惹秦王動怒，殺相如於市，派武安君帶兵十萬迫近邯鄲，並責問那塊璧和失信的事；一仗打勝，相如會被滅族，再勝，那塊璧終究還是歸於秦國所得了！所以我說：「藺相如保全了那塊璧，是天意啊！」至於他在澠池的盟會上，對秦王的強硬；在趙國朝廷上，對廉頗的柔弱，眞是越來越神妙了。趙國所以能保全的緣故，實在是天意委曲成全了他啊！

【文章分析】本篇選自弇州山人四部稿，是一篇論辨類的古文，就史記所載藺相如完璧歸趙的史實，加以發揮評論，因此是屬於史論的散文。此篇的主旨是說：藺相如能完璧歸趙，是天意成全了他。其實按照他的做法，不僅不夠光明正大，且使秦國變得正直合理了。王世貞寫這篇史論，始終是站在趙國的立場，替趙國設想。

全文共分四段：首段說明秦國想用城來換取趙璧，趙國如果怕秦國，便把璧給秦；不怕，便不給，直截了當，誰也沒錯。次段強調趙國既答允交換，如果秦國出城換璧，趙國不給，錯在趙；假使趙國把璧給了，秦不給城，錯在秦。三段作者替相如設想，使璧依然還趙，並可以使秦國理屈；但相如不這樣做，卻偷偷地派人將璧帶回趙國，實非上策。末段說明相如的做法，後果可能亡身，亡璧，亡趙。不過史實卻不然，眞是天意成全了他。

徐文長傳

袁宏道

徐渭，字文長，爲山陰諸生①，聲名藉甚②。薛公蕙校越③時，奇其才，有國士之目；然數奇④，屢試輒蹶⑤。中丞⑥胡公宗憲⑦聞之，客諸幕⑧。文長每見，則葛衣烏巾⑨，縱談天下事，胡公大喜。是時公督數⑩邊兵，威鎭東南；介冑之士⑪，膝語蛇行⑫，不敢舉頭，而文長以部下一諸生傲之；議者方⑬之劉眞長、杜少陵⑭云。會得白鹿⑮，屬⑯文長作表。表上，永陵⑰喜。公以是益奇之，一切疏計⑱，皆出其手。文長自負才略，好奇計，談兵多中。視一世事無可當意者；然竟不偶⑲。

文長既已不得志於有司，遂乃放浪麴糵⑳，恣情山水，走齊、魯、燕、趙㉑之地，窮覽朔漠㉒。其所見山奔海立，沙起雷行，雨鳴樹偃，幽谷大都，人物魚鳥，一切可驚可愕之狀，一一皆達之於詩。其胸中又有勃然不可磨滅之氣，英雄失路、托足無門之悲；故其爲詩，如嗔㉓如笑，如水鳴峽，如種出土，如寡婦之夜哭，羈人㉔之寒起。雖其體格時有卑者，然匠心獨出，有王者氣，非彼巾幗㉕而事人者所敢望也。文有卓識，氣沈而法嚴，不以模擬損才，不以議論傷格，韓、曾之流亞㉖也。文長既雅㉗不與時調合，當時所謂騷壇㉘主盟者，文長皆叱而奴之，故其名不出於越，悲夫！

喜作書，筆意奔放如其詩，蒼勁㉙中，姿媚躍出；歐陽公㉚所謂「妖韶㉛女，老自有餘態」者也。間以其餘，旁溢爲花鳥㉜，皆超逸有致。卒以疑殺其繼室㉝，下獄論死；張太史元忭㉞力解，乃得出。晚年，憤益深，佯狂㉟益甚；顯者至門，或拒不納。時攜錢至酒肆，呼下隸與飲；或自持斧，擊破其頭，血流被面，頭骨皆折，揉㊱之有聲；或以利錐㊲錐其兩耳，深入寸餘，竟不得死。周望㊳言：晚歲詩文益奇，無刻本，集藏於家。余同年㊴有官越者，托以鈔錄，今未至。余所見者，徐文長集、闕編二種而已。然文長竟以不得志於時，抱憤而卒。

石公㊵曰：「先生數奇不已，遂爲狂疾；狂疾不已，遂爲囹圄㊶。古今文人，牢騷困苦，未有若先生者也！雖然，胡公閒世㊷豪傑，永陵英主，幕中禮數㊸異等，是胡公知有先生矣；表上，人主悅，是人主知有先生矣；獨身未貴耳。先生詩文崛起，一掃近代蕪穢之習；百世而下，自有定論，胡為不遇哉？梅客生㊹嘗寄予書曰：『文長吾老友，病奇於人，人奇於詩。』余謂：文長無之而不奇者也；無之而不奇，斯無之而不奇也！悲夫！」

【作　者】袁宏道（西元一五六八年——一六一〇年），字中郎，號石公，明代湖北公安（今公安縣）人。同他的哥哥袁宗道，弟弟袁中道，並有才名，號稱「三袁」。十六歲那年，中秀才，結社城南，自為社長，詩文挺秀。萬曆二十年，他二十五歲，中進士，累官稽勳郎中。所作詩文，主妙悟，以清新輕俊的風格，反對「後七子」王世貞、李攀龍等模擬抄襲文風，提倡性靈之作，認為文學是進化的，重視小說戲曲的作品，被當時的人稱為「公安體」。享年四十三歲，明史文苑傳有他的傳。作品有袁中郎集、觴政、明文雋，及瓶花齋雜錄等。

【註　釋】❶諸生　明時稱生員為諸生，俗稱秀才。❷藉甚　聲名遠播。❸薛公蕙校越　薛蕙，明亳州（今安徽省亳縣）人，字君采。正德九年進士，累官吏部考功司郎中。嘉靖中，獲罪解職。世稱西原先生。公，尊老之稱。校，考校，學官考試諸生。越，今浙江紹興縣治。❹數奇　命運不好。❺屢試輒蹶　屢考不中。蹶，仆倒。❻中丞　官名。明時稱巡撫為中丞。❼胡公宗憲　明績溪（今安徽省績溪縣）人。嘉靖進士，以御史巡按浙江。累官兵部尚書。公，尊稱也。❽客諸幕　聘為幕友。❾葛衣烏巾　平民所服之裝束。葛衣，葛布之衣。烏巾，黑色頭巾。❿督數　督責也。⓫介胄之士　即軍人。介，甲也。胄，頭盔。⓬膝語蛇行　膝語，以膝跪地而語。蛇行，彎腰俯伏而行。言卑遜之極。⓭方　比也。⓮劉眞長杜少陵　劉眞長，劉惔，眞長其字，晉簡文帝初作相。杜少陵，即杜甫，自稱杜陵布衣，唐詩人。⓯會得白鹿　嘉靖三十七年，胡宗憲得白鹿於舟山，獻於廷，視為祥物。⓰屬　與囑同。吩咐。⓱永陵　即明世宗葬永陵，故以代稱。⑱疏計　奏章報表。⑲不偶　不遇。⑳麴蘗　酒也。㉑齊魯燕趙　古地名。齊、魯，即今之山東。燕、趙，即今之河北、山西一帶。㉒朔漠　北方沙塞間。㉓嗔　怒也。㉔羈人　猶言羈旅，言客居異地者。㉕巾幗　婦女包裹之巾，髮飾曰幗。指婦女也。㉖韓曾之流亞　韓愈、曾鞏同等之人才。流亞，同一流人物。㉗雅　常也。㉘騷壇　猶言文壇也。㉙蒼勁　古老而強勁也。㉚歐陽公　歐陽修有「水谷夜行寄子美聖俞」詩，內云：「譬如妖韶女，老自有餘態。」㉛妖韶　妍媚貌。㉜花鳥　指繪畫花卉禽鳥之類。㉝以疑殺其繼室　繼室，續娶之妻。據顧公燮消夏閒記摘鈔云：文長夜歸，瞥見其妻與僧私通，手刃之，然妻無他染，其事殆由疑也。下獄七年，始遇赦。㉞張太史元忭　張元忭，浙江山陰（今紹興縣）人。明隆慶進士，官至翰林侍讀，明代修史屬翰苑諸臣，故翰林亦稱太史。㉟佯狂　詐為狂者。㊱搽　按摩。㊲錐　銳器，用以鑽孔者。㊳周望　明陶望齡，字周望，號石簣。舉萬曆十七年進士，有詩名。㊴同年　同年登科者。㊵石公　袁宏道，號石公。㊶囹圄　牢獄也。㊷閒世　隔世，言不世出也。㊸禮數　禮儀之等級。㊹梅客生　即梅克生，名國楨，明萬曆進士，累官御史。

【語譯】徐渭，字文長，是山陰縣的秀才，聲名很好。薛蕙先生擔任浙江考官時，驚異他的才學，把他視為國士；但他命運不好，屢次應試都失敗。巡撫胡宗憲先生聽到他的聲名，請他做幕僚。文長每次見巡撫，便穿著布衣、戴黑頭巾，縱橫談論天下事；胡先生非常高興。當時胡先生督責邊兵，威鎮東南一帶；將士們見了他，跪著講話，低著頭過去，不敢擡頭，然文長以他部下的一個秀才卻豪邁不在乎；評論的人，把他比做劉真長和杜少陵。剛好遇到胡先生獲得一隻白鹿，吩附文長作一篇表。表呈上去，世宗皇帝看了很喜歡。胡先生更是看重他，一切奏章報表，都是出於他的手筆。文長自負他的才略，喜歡用奇計，談論軍事多被言中。他看世上的一切事情，沒有滿意的；但是終究不能遇到好的時機。

文長在官場上既已不得志，於是任意飲酒，盡情於山水之間，到過齊、魯、燕、趙等地方，還到過朔北沙漠。他所看過的山勢的奔騰，海水的洶湧，沙石的飛起，雷電的疾行，雨的鳴嘯，樹的頹倒，寂靜的山谷，大的都市，以及人物魚鳥，一切令人驚奇的形狀，都一一表達在他的詩中。他的胸中，又有蓬勃不可磨滅的氣概，英雄失意，沒有地方可容身的悲哀；所以他所寫的詩，好像發怒，又好像嘲笑，好比激流鳴於山峽，好比種子暴出泥土，好比寡婦夜晚哭泣，羈旅的人寒夜披衣而起。雖然他的詩，體裁格調，偶爾有些卑下；但匠心獨出，有王者的氣勢，不是那些像婦女般專討好人所能跟他相比的。他的文章有特殊的見解，氣勢深沈，法度謹嚴，不以模擬折損他的才氣，不以議論損傷他的格調，可說是韓愈、曾鞏一流的人物。文長既然常與時俗不合，當時所謂文壇領袖，文長都抨擊過他們、鄙薄他們，所以他的聲名不出浙江，眞是可悲呀！

他喜歡寫字，筆意奔放像他的詩，蒼老勁健中，躍出嫵媚的姿態；如同歐陽修所說的：妖冶的女子老了，也自有風韻呢。在餘暇時，偶爾也畫些花卉禽鳥，都能超逸有韻味。後來因疑心而殺了他續娶的妻子，下獄判定了死罪，張太史元忭先生努力解救他，才得赦免。晚年，憤世更深，假裝發狂；顯貴的人來看他，有的被拒絕不會見。他時常帶了錢到酒店，招呼賤僕跟他喝酒；有時自己拿了斧頭，把自己的頭砍破，流血滿臉，頭骨都折斷，摸上去都會有聲音；有時用銳利的錐子，錐自己的耳朵，深入一寸多，卻死不了。周望說他晚年的詩文越發奇妙，沒有刻本傳世，全集藏在他家裏。我的同年有一位在浙江做官的，我托他抄了一些，到現在還沒抄來。我所看到的只是徐文長集和闕編兩種罷了。唉！可憐文長終於在當時不得志，抱恨死去了。

石公說：「先生命運不好，因此變爲狂妄病，狂妄病老不好，因此得罪下獄。古今的文人，牢騷窮困，沒有一個像先生這樣的了！雖然如此，胡先生是不世的豪傑，世宗是英明的國君，在幕僚中以最高的禮儀待他，是胡先生賞識先生的啊；表章呈上去，國君很喜歡，是國君賞識先生的啊；只是他未曾顯貴罷了。先生的詩文特出，一掃近代蕪雜穢亂的習尙；百代以後，自然有人給他重新評價，怎能說他不遇時機呢？梅客生曾寄給我一封信，信上說：『文長是我的老友，他的毛病比別人奇特，他的人比他的詩更奇特。』我說：文長沒有一樣不奇特，因爲沒有一樣不奇特，所以他的遭遇沒有不乖舛的！實在可悲呀！」

【文章分析】本篇選自袁中郎文鈔，是一篇傳狀類的古文，記敘明代狂士徐渭的一生。全文的結構，共分四段：首段記敘徐渭才華傑出，但屢試不中；後被胡宗憲巡撫所倚重，收爲幕僚，因命蹇，終於罷去。次段記敘他罷去後，放浪於酒國林野，詩文愈奇。三段記敘他書畫俱佳，由於被疑有殺妻罪，幸得張元汴的救助。晚年，行爲更加狂虐，詩文也愈奇，終因坎坷一生，抱恨而死。末段爲作者對徐渭的傳評，引梅國楨的話作證，說他沒有一樣不奇特。

此文著筆寫徐渭詩奇，文奇，字奇，畫奇，行爲也奇，所以不見容於世，繪形繪聲，使他的言行舉止，躍然紙上。全文以首段中「數奇」兩字爲通篇的眼目，寫人能如此傳神，末了加評，構思完整，可以跟史家的作品相媲美了。

五人墓碑記

張溥

五人❶者，蓋當蓼洲周公❷之被逮，激於義而死❸焉者也。至於今，郡之賢士大夫請於當道❹，卽除魏閹廢祠❺之址以葬之；且立石於其墓之門，以旌❻其所爲。嗚呼，亦盛矣哉！夫五人之死，去今之墓而葬焉，其爲時止十有一月耳。夫十有一月之中，凡富貴之子，慷慨得志之徒，其疾病而死，死而湮沒不足道者，亦已衆矣；況草野之無聞者歟？獨五人之皦皦❼，何也？

予猶記周公之被逮，在丁卯三月之望，吾社❽之行爲士先者，爲之聲義❾，斂貲財以送其行，哭聲震動天地。緹騎❿按劍而前，問：「誰爲哀者？」衆不能堪，抶⓫而仆之。是時以大中丞撫吳⓬者，爲魏之私人；周公之逮，所由使也。吳之民方痛心焉，於是乘其厲聲以呵，則譟而相逐，中丞匿於溷藩⓭以免。既而以吳民之亂請於朝，按誅五人，曰：顏佩韋、楊念如、馬杰、沈揚、周文元，卽今之傫然⓮在墓者也。然五人之當刑也，意氣揚揚，呼中丞之名而詈之，談笑以死；斷頭置城上，顏色不少變。有賢士大夫發五十金，買五人之脰⓯而函⓰之，卒與屍合，故今之墓中，全乎爲五人也。

嗟夫！大閹之亂，縉紳而能不易其志者，四海之大，有幾人歟？而五人生於編伍[17]之間，素不聞詩書之訓，激昂大義，蹈死不顧，亦曷故哉？且矯詔[18]紛出，鉤黨[19]之捕，徧於天下；卒以吾郡之發憤一擊，不敢復有株治[20]。大閹亦逡巡[21]畏義，非常之謀，難於猝發。待聖人之出，而投繯[22]道路，不可謂非五人之力也！由是觀之，則今之高爵顯位，一旦抵罪，或脫身以逃，不能容於遠近；而又有剪髮杜門，佯狂不知所之者，其辱人賤行，視五人之死，輕重固何如哉？

是以蓼洲周公，忠義暴[23]於朝廷，贈謚[24]美顯，榮於身後，而五人亦得以加其土封[25]，列其姓名於大堤[26]之上。凡四方之士，無有不過而拜且泣者，斯固百世之遇也。不然，令五人者，保其首領，以老於戶牖之下，則盡其天年，人皆得以隸使之，安能屈豪傑之流，扼腕墓道，發其志士之悲哉？故予與同社諸君子，哀斯墓之徒有其石也，而為之記；亦以明死生之大，匹夫之有重於社稷也。賢士大夫者，冏卿因之吳公[27]，太史文起文公[28]，孟長姚公[29]也。

【作　者】張溥（西元一六〇二年——一六四一年），字天如，明代太倉人。他從小愛讀書，所讀詩文，往往反覆抄寫六七遍，書房便叫做「七錄齋」。他寫詩文敏捷，跟同鄉張采齊名，被稱為「婁東二張」。三十歲那年考上進士，任庶吉士。因葬親請假還鄉，便不再做官。連結四方名士，倡「復社」以繼「東林社」，聲勢浩大，被執政者所厭惡，差點得禍。思宗崇禎十四年病卒，年四十歲。明史文苑傳有他的傳，著有七錄齋集十二卷，詩三卷，史論等書，編有漢魏六朝百三名家集。

【註 釋】❶五人 即文中所稱顏佩韋、楊念如、馬杰、沈揚、周文元五人，皆蘇州（今江蘇省吳縣）之平民。❷蓼州周公 姓周，名順昌，號蓼洲，吳縣人。萬曆四十一年（西元一六一三年）進士。公，尊稱也。❸激於義而死 初宦官魏忠賢亂政，給事中魏大中劾之，被逮。過蘇州，周公與之飲酒三日，以季女許嫁其孫，忠賢聞之，怒甚。江蘇巡撫毛一鷺，魏黨也，誣周公有怨言，密報忠賢，遣官騎來捕，吳人不服，憤起擊官騎，官騎抱頭鼠竄。毛一鷺匿廁中得免。後忠賢發兵來蘇，五人毅然出認，於是只誅五人，而吳人得免。❹當道 謂居要地，指握政權者。❺魏閹廢祠 魏閹，即魏忠賢，明熹宗時之宦官，故稱閹。時擅朝專政，生祠徧天下。思宗立，貶於鳳陽，自縊死。廢祠，在虎邱山塘，即其地為五人墓所。❻旌 表彰。❼皦皦 明亮貌。❽吾社 指復社。時張溥與同里張采等，共結此社，以繼東林聲氣。❾聲義 聲明大義。❿緹騎 謂逮治犯人之吏役。即官騎。緹，帛丹黃色，漢執金吾騎以此帛為服。⓫抶 笞擊也。⓬大中丞撫吳 指江蘇巡撫毛一鷺。大中丞，官名，以御史中明法律者任之。明代中丞之官，以副、僉都御史任巡撫之職。⓭溷藩 廁所。⓮傫然 相連繫貌。⓯脰 頭也。⓰函 匣藏也。⓱編伍 指平民。古以五家十家相互連保，謂之什伍。編伍，謂編入戶口冊之平民。⓲矯詔 詐稱皇帝之詔令也。⓳鉤黨 相牽引為同黨。⓴株治 謂株連多人治罪。㉑逡巡 行不進貌。㉒投繯 自縊。㉓暴 顯也。㉔贈諡 謂贈予死者之美號，以彰其德也。㉕土封 聚土為封，指加封其墳墓也。㉖大堤 地名。在今蘇州虎邱山塘。㉗冏卿因之吳公 冏卿，官名，即太僕卿。因之，吳默之字，吳縣人。㉘太史文起文公 太史，官名。明代修史之翰林稱之。文起，文震孟之字，吳縣人。㉙孟長姚公 姚希孟，字孟長。長洲（今江蘇省吳縣）人。

【語 譯】這五個人，便是當周蓼洲先生被捕時，激於義憤而被處死的。到現在，吳郡的賢士大夫，請求當局，用魏閹生祠的廢址來安葬他們；並在他們的墓前立一塊石碑，來表彰他們生前所做的義行。唉！眞是美盛極了！這五個人的死，距現在修好墳墓安葬他們，其間僅十一個月。在這十一個月當中，舉凡富貴的人，或慷慨得意的人，因病而去世，死後卻湮沒不被人所稱道的，也多極了；何況草野那些沒有聲名的人呢？惟獨這五人光耀顯著，是什麼道理呢？

我還記得周先生的被捕，是在丁卯年（明熹宗天啟七年）三月十五那天，我們社裏那些可以做爲士人前導的，替他聲明大義，募集錢財來爲他送行，當時哭聲震動了天地。拘人的官吏按劍上前，喝道：「誰哀憐他？」衆人不能忍受，把他們擊倒地上。當時大中丞江蘇巡撫，是魏某的私人；周先生的被逮捕，便是由他派來的，吳地的百姓正痛心恨死他，於是乘他厲聲呵責人時，便騷動起來驅逐他，中丞藏匿到廁所裏才得脫身。後來他請求朝廷發令查辦吳地的暴動，按罪處死這五個人，他們是：顏佩韋、楊念如、馬杰、沈揚、周文元，就是現在相連的五座墳墓中的人呢。當他們五個人臨刑的時候，意氣高揚，喊中丞的名字，並且大罵他，談笑從容地就死；砍斷的頭顱被擺在城上，顏色不稍改變。有賢士大夫花五十金，購買五人的頭，用木匣裝好，終於使他們的頭和屍體相合，所以現在的墳中，五人是全屍而葬的呢。

唉！宦官作亂時，官員能不更易他的操守的，四海這樣大，又有幾個人呢？這五個人卻生在尋常老百姓家，向來沒聽過詩書的教訓，受大義的感發，不惜生命赴死，又是什麼緣故呢？況且當時假託天子的聖旨紛紛地傳出，牽連同黨的被逮捕，徧天下到處都是；終於因我郡的奮力一擊，使株連治罪的事不再發生。大宦官也因害怕大義，那篡奪帝位的奸謀，才難於驟然發生。等到聖人出來，他便自縊在路途上，不能不說是這五個人的力量啊！從這件事看來，那些當今的達官貴人，一旦犯了罪，有些便脫身逃亡，到遠近的地方都不被容納；更有些剪了頭髮，閉門不出，假裝發狂，不知逃往何處的，他們的丟人卑賤的行爲，比起這五個人的慷慨就死，輕重又該是怎樣呢？

所以周蓼洲先生，忠義顯揚在朝廷，天子賜給他諡號，美盛顯譽，死後得到哀榮，而這五個人也得到建墳安葬，列舉他們的姓名在大堤上。凡是四方的人士，經過他們的墳前，無不下拜哭泣的，這眞是百代的機遇了。假使不是這樣，這五個人，保全他們的頭顱，因而終老在他們自己的屋裏，享盡他們的天年，人家都可以隨意役使他們，怎能折服豪傑之輩，在墓前扼腕歎息，發出對志士的悲傷呢？所以我和同社的諸君子，覺得墓前還有空著沒用的碑石，因此寫下這篇記。也可以表明死生的大節，一個人對於國家的重大貢獻！前面所說的賢士大夫，是太僕卿吳因之先生，太史文文起先生，姚孟長先生。

【文章分析】本篇選自古文析義，是一篇碑誌類的古文。「碑」與「表」相同，都是在墓前立碑，以旌表死者的德行而頌揚他的功業。本篇在宣揚五人因義憤抗魏忠賢閹黨而死，大義凜然，得張溥的碑記以表彰，使他們的義行，秉照千秋。今五人墓，仍存於蘇州虎邱山塘，供人瞻仰。

全文共分四段：首段點出五人爲義而死的原由，以及後人建墓立碑的經過。次段記敘周公被捕時，吳人義憤，追擊中丞；後五人挺身認罪，慷慨死義。三段貶責當時達官貴人懼畏閹黨，正所以讚揚五人出身編伍能激昂大義，發憤一擊，打擊閹黨，功不可沒。末段讚揚五人死得其所，雖死猶生，受世人的推崇和景仰。

碑文本爲韻文，除了前面用散文記事外，往往在末了加一段「其詞曰」的韻文，然此篇已純然是散文的體式了。碑最早用於帝王的紀號封禪，周代才用於宗廟，漢以後，才用於墓前；然古人碑表多流於「諛墓」，對死者過分讚揚；而五人墓碑記，表揚忠貞義行，可說是頌而有實，自然不是諛墓一類的碑文可比。

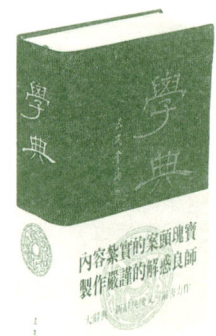